›Aufführung‹ und ›Schrift‹

GERMANISTISCHE SYMPOSIEN
BERICHTSBÄNDE

Im Auftrag der Germanistischen Kommission
der Deutschen Forschungsgemeinschaft und in Verbindung
mit der »Deutschen Vierteljahrsschrift
für Literaturwissenschaft und Geistesgeschichte«

herausgegeben von
Wilfried Barner
XVII

›Aufführung‹ und ›Schrift‹
in Mittelalter
und Früher Neuzeit

Herausgegeben
von Jan-Dirk Müller

Verlag J. B. Metzler
Stuttgart · Weimar

Germanistische Symposien
Berichtsbände, XVII

Die Deutsche Bibliothek – CIP-Einheitsaufnahme

Deutsche Forschungsgemeinschaft:
DFG-Symposion ... – Stuttgart ; Weimar : Metzler.
Früher nicht als Gesamttitel einer zeitschr.-artigen Reihe,
sondern als Zusatz des jeweiligen Stücktitels erfaßt
NE: HST
1994. »Aufführung« und »Schrift« in Mittelalter und früher Neuzeit. – 1996
»Aufführung« und »Schrift« in Mittelalter und früher Neuzeit /
hrsg. von Jan-Dirk Müller. – Stuttgart ; Weimar : Metzler, 1996
(DFG-Symposion ... ; 1994)
(Germanistische-Symposien-Berichtsbände ; 17)
ISBN 978-3-476-01423-8
NE: Müller, Jan-Dirk [Hrsg.]; 2. GT

ISBN 978-3-476-01423-8
ISBN 978-3-476-05562-0 (eBook)
DOI 10.1007/978-3-476-05562-0

Dieses Werk einschließlich aller seiner Teile ist urheberrechtlich geschützt. Jede Verwertung außerhalb der engen Grenzen des Urheberrechtsgesetzes ist ohne Zustimmung des Verlages unzulässig und strafbar. Das gilt insbesondere für Vervielfältigungen, Übersetzungen, Mikroverfilmungen und die Einspeicherung und Verarbeitung in elektronischen Systemen.

© 1996 Springer-Verlag GmbH Deutschland
Ursprünglich erschienen bei J.B. Metzlersche Verlagsbuchhandlung
und Carl Ernst Poeschel Verlag GmbH in Stuttgart 1996

Inhalt

WILFRIED BARNER: Vorbemerkung des Gesamtherausgebers
zum Berichtsband XVII der Germanistischen Symposien IX
JAN-DIRK MÜLLER: Vorbemerkung XI

I.
Vortrag – Abbildung – Handschrift
am Beispiel der höfischen Lied- und Sangspruchdichtung

CHRISTOPH CORMEAU: Einführung 3
PETER STROHSCHNEIDER: »nu sehent, wie der singet!« Vom Hervortreten
des Sängers im Minnesang 7
HEDWIG MEIER UND GERHARD LAUER: Partitur und Spiel. Die Stimme
der Schrift im ›Codex Buranus‹ 31
HELMUT TERVOOREN: Die ›Aufführung‹ als Interpretament
mittelhochdeutscher Lyrik 48
THOMAS BEIN: Das Singen über das Singen. Zu Sang und Minne im
Minne-Sang 67
MARTIN HUBER: Fingierte Performanz. Überlegungen zur Codifizierung
spätmittelalterlicher Liedkunst 93
GERHARD HAHN: Mündlichkeit und Schriftlichkeit in der Frühgeschichte
des evangelischen Kirchenliedes am Beispiel Wittenbergs 107
JOACHIM BUMKE: Der unfeste Text. Überlegungen zur Überlieferungs-
geschichte und Textkritik der höfischen Epik im 13. Jahrhundert . . . 118
MONIKA UNZEITIG-HERZOG: Diskussionsbericht 130

II.
Partizipation – Mimesis – Repräsentation
in Liturgie, Recht und Hof

HORST WENZEL: Einführung 141
MICHAEL CURSCHMANN: Höfische Laienkultur zwischen Mündlichkeit
und Schriftlichkeit. Das Zeugnis Lamberts von Ardres 149

HAIKO WANDHOFF: Gefährliche Blicke und rettende Stimmen.
Eine audiovisuelle Choreographie von Minne und Ehe in Hartmanns
›Erec‹ 170
WALTER HAUG: Die Verwandlungen des Körpers zwischen ›Aufführung‹
und ›Schrift‹ 190
ELKE BRÜGGEN: Inszenierte Körperlichkeit. Formen höfischer
Interaktion am Beispiel der Joflanze-Handlung in Wolframs
›Parzival‹ 205
INGRID BENNEWITZ: Der Körper der Dame. Zur Konstruktion von
›Weiblichkeit‹ in der deutschen Literatur des Mittelalters 222
GERD ALTHOFF: Der König weint. Rituelle Tränen in öffentlicher
Kommunikation 239
GERT MELVILLE: Der Held – in Szene gesetzt. Einige Bilder und
Gedanken zu Jacques de Lalaing und seinem Pas d'armes de la
Fontaine des Pleurs 253
HELGA MEISE: Höfische Repräsentation im ›Thesaurus picturarum‹ des
Marcus zum Lamm (1544–1606) 287
ACHIM DIEHR: Diskussionsbericht 307

Abendvortrag

PAUL ZUMTHOR: Mappa Mundi und Performanz. Die mittelalterliche
Kartographie 317

III.
Inszenierung von Gesellschaft –
Ritual – Theatralisierung

HANS ULRICH GUMBRECHT: Einführung 331
THOMAS HARE: Nohbody. The Performing Body in Japanese Medieval
Drama 338
SETH LERER: »Representyd now in yower syght«. The Culture of
Spectatorship in Late-Fifteenth-Century England 356
GERHARD WOLF: Inszenierte Wirklichkeit und literarisierte Aufführung.
Bedingungen und Funktion der ›performance‹ in Spiel- und
Chroniktexten des Spätmittelalters 381
LIESELOTTE E. SAURMA-JELTSCH: Bildverfremdung gegen Bildverehrung.
Zu einigen Darstellungsstrategien in der nördlichen Tafelmalerei des
Spätmittelalters 406
SEBASTIAN KLOTZ: Matte Idealität. Beobachtungen zu Schrift- und
Verhaltensformen im Quattrocento-Tanz 429
CHRISTIAN KIENING: Inszenierte Tode, ritualisierte Texte.
Die Totenklagen um Isabella von Bourbon (†1465) und Maria
von Burgund (†1482) 455

SYLVIA HUOT: Drama and Exemplarity in the Narrative Text. Reader
Responses to a Passage in the ›Roman de la Rose‹ 494
UTE VON BLOH: Diskussionsbericht 508

IV.
Verkörperung von Texten – Texte in Körpern

ERICH KLEINSCHMIDT: Einführung 525
ANDREAS KABLITZ: Der Fürst als Figur der Selbstinszenierung –
Machiavellis ›Principe‹ und der Verfall mittelalterlicher Legitimationen
der Macht 530
JOSEPH VOGL: Die zwei Körper des Staates 562
WOLFGANG HARMS: In Buchstabenkörpern die Chiffren der Welt lesen.
Zur Inszenierung von Wörtern durch figurale oder verdinglichte
Buchstaben 575
WOLFGANG SCHÄFFNER: Schauplatz der Topographie.
Zur Repräsentation von Landschaft und Körper in den Niederlanden
(1550–1650) 596
BARBARA KORTE: Körpertext im Schrifttext: Eine Skizze zur Evolution
des nonverbalen semiotischen Systems im englischen Roman des
18. Jahrhunderts 617
HILMAR KALLWEIT: Ausdruck: Homogenisierung des Textes ans
›lebendige Princip‹ in Seele und Körper 633
STEPHANIE KRATZ: Diskussionsbericht 654

Verzeichnis abgekürzt zitierter Literatur 663
Namenregister 666

Vorbemerkung des Gesamtherausgebers zum Berichtsband XVII der Germanistischen Symposien

Dem vorangegangenen Berichtsband XVI der Germanistischen Symposien hat Albrecht Schöne als Initiator und Hauptverantwortlicher der Symposienreihe »Nachbemerkungen« angefügt, die über zwei Jahrzehnte eindrucksvoll Rechenschaft geben und zugleich die Zukunft anmahnen. Dem soll hier, zu Beginn von Berichtsband XVII, eine erbetene kurze »Vorbemerkung« entsprechen.

An vorderster Stelle steht der Dank an Albrecht Schöne, daß er das Konzept dieser Reihe im richtigen Augenblick entwickelt und mit Anregungskraft und Konsequenz zugleich lebendig erhalten hat. Die Senatskommission für Germanistische Forschung der Deutschen Forschungsgemeinschaft hat im Mai 1990 beschlossen, mir die weitere Hauptverantwortung für die Symposienreihe zu übertragen. Ich habe sie, nach einigem Überlegen, schließlich gerne übernommen, weil die Germanistischen Symposien angesichts der besonders schwierigen Lage des Fachs in Deutschland eines der wichtigsten, produktivsten Instrumente der Forschungsanregung und Forschungsförderung darstellen. Dies gilt es auch bei knapper gewordenen öffentlichen Mitteln unbedingt zu erhalten. Ans Sparen wurde bereits unaufgefordert gedacht, indem beispielsweise die Teilnehmerzahl reduziert wurde.

Mit dem von Jan-Dirk Müller herausgegebenen Berichtsband XVII tritt in Buchform das erste Symposion ans Licht, für das ich schon in der frühen Planungsphase mitverantwortlich war. Als nächste Bände werden ›Poststrukturalismus. Herausforderung an die Literaturwissenschaft‹ (Steinheim 1995, herausgegeben von Gerhard Neumann) und ›Kanon Macht Kultur‹ (Steinheim 1996, herausgegeben von Renate von Heydebrand) erscheinen. Die Reihe hält damit, wie schon die Titel erkennen lassen, an den beiden Prinzipien der Interdisziplinarität und des aktuellen Forschungsinteresses fest. Anregungen und konstruktive Kritik sind auch künftig willkommen.

Wilfried Barner

Vorbemerkung

Die Beiträge diese Bandes gehen aus einem von der Deutschen Forschungsgemeinschaft veranstalteten Symposion hervor, das im September 1994 in der Tagungsstätte des Klosters Seeon veranstaltet wurde. Mit dem folgenden Text waren interessierte Wissenschaftler aufgefordert worden, Exposés einzureichen, auf Grund derer dann der Kreis der Teilnehmer endgültig ausgewählt wurde:

>*Aufführung< und >Schrift< in Mittelalter und Früher Neuzeit*
>*1994 im Kloster Seeon*

Im Auftrag der Germanistischen Kommission der Deutschen Forschungsgemeinschaft soll vom 26.–30.9.1994 im Kloster Seeon (Obb.) ein internationales Symposion über das Thema >Aufführung und Schrift< stattfinden. Es folgt organisatorisch dem Muster der DFG-Symposien, deren Folge mit dem Barock-Symposion des Jahres 1974 eröffnet wurde.

In jüngeren Forschungen hat sich die Einsicht durchgesetzt, daß die volkssprachliche Literatur des Mittelalters und noch der Frühen Neuzeit weniger in der Schrift als in der >Aufführung< (performance) lebt. Anders als in der Moderne haben sich spezifisch theatralische Gattungen wie das Drama noch nicht durchweg gegenüber dominant schriftgebundenen Gattungen wie Roman, Erzählungen, Lyrik o.ä. ausdifferenziert. Vielmehr ist literarische Rezeption in der Regel >Kommunikation unter körperlich Anwesenden<. Die Übermittlung von Texten ist an die mündliche Aktualisierung, an die Stimme, an Gesten, an Zeichen, an Inszenierung und bestimmte Situationen gebunden. Die Aufführung von Literatur vollzieht sich im Rahmen einer überschaubaren Öffentlichkeit, in die jeder Anwesende mit allen seinen Sinnen einbezogen ist. Der schriftlich überlieferte Text ist oft nur Stütze eines derartigen Vollzuges und Element einer alle Sinne affizierenden Inszenierung, ja der Schrift selbst wird Aufführungscharakter zugeschrieben. Mit fortschreitender Verschriftlichung verselbständigt sich der verschriftliche Text zwar gegenüber seinen Realisationen in Aufführungen, doch wird er bis in die Frühe Neuzeit hinein immer wieder an derartige Realisationen zurückgebunden. Erst allmählich setzt sich einsame Lektüre durch, und wird der literarische Text als ein situationsunabhängig gültiges, geschlossenes Gebilde von seinen möglichen Aktualisierungen abgehoben. Gleichwohl prägten lange

Zeit diese Rezeptionsform und diese Auffassung vom ›Werk‹-Charakter die Leitmodelle literaturwissenschaftlicher Textanalyse.

So scheint es sinnvoll, den besonderen Status mittelalterlicher und frühneuzeitlicher europäischer Literaturen (mit Ausblicken auf frühneuzeitliche Traditionen im 18. Jahrhundert und möglicherweise auch außereuropäische Alternativen) zum Gegenstand eines Symposions zu machen. Dabei soll die Interdependenz von situationsgebundener Aufführung und schriftgebundener Gestalt thematisiert werden, die Einbettung von Literatur in religiöse, rechtliche, politische Rituale, die Beschreibung von Texten, die durch ihren Aufführungscharakter, ihre Bindung an face-to-face-Kommunikation geprägt sind, Formen der Theatralisierung in der mittelalterlichen und frühneuzeitlichen Gesellschaft, schließlich die Interferenzen zwischen Text, Bild und Körper in der literarischen Präsentation.

Das Symposion gliedert sich in vier Sektionen. Vorbereitung und Durchführung liegen in den Händen von Christoph Cormeau, Horst Wenzel, Hans Ulrich Gumbrecht, Erich Kleinschmidt und Jan-Dirk Müller, dem auch die Gesamtleitung obliegt.

Für die vier Sektionen schlagen die Kuratoren die folgenden Themen und Arbeitsfelder vor. Die Stichworte sind als heuristische Vorgaben verstanden. Sie erheben keinen Anspruch auf Vollständigkeit. Auch sind andere Akzentuierungen möglich.

1. Vortrag – Abbildung – Handschrift
(am Beispiel der höfischen Lied- und Sangspruchdichtung)
Leitung: Christoph Cormeau, Bonn

Vortragsmodalitäten (Musik, Gestik, Requisiten) – Gebrauchstext und Verschriftlichung – Rollencharakter (Inklusionen und Exklusionen: Geschlecht, Alter, soziale Stellung usw.) – Reaktion und Reaktionslenkung – Funktionstrennung und Interdependenz Sänger/Publikum – Vertextung pragmatischer Aspekte: Sprechsituation und Deixis – Typen- und Situationsüberlagerungen – dramatische Artikulationsformen – Inszenierung sozialer Normen vs. Dominanz der Form (poésie formelle, Gesellschaftsspiel, Normdiskussion) – Selbstdefinition des höfischen Singens im Kontrast – diachrone Veränderungen (Monologisierung/Dialog mit dem Publikum, Anwesenheit/Abwesenheit des Subjekts, narrative Kompensation) – Prozesse der Ritualisierung, Fiktionalisierung, Professionalisierung.

2. Partizipation – Mimesis – Repräsentation in Liturgie, Recht und Hof
Leitung: Horst Wenzel, Essen

Semantik der sinnlichen Wahrnehmung in literarischer face-to-face-Kommunikation (performance, poiesis, mousike) – Choreographie der liturgischen Feier, der Rechtsprechung, des höfischen Festes – Einbettung von Texten in kirchliche, rechtliche, höfische Rituale – Aktualisierung des kulturellen Gedächtnisses – Mnemotechnik (Reim und Rhythmus, Alliteration, Episodenreihung etc.) – Bildhaftigkeit (Szenarien, Gebärdensymbolik, Typisierung, Personalisierung, Metonymisierung) – Memorialzeichen und -bilder (Reliquien, Rechtssymbole,

Herrschaftszeichen) – Schrift in der Gedächtniskultur – Poetik der Stimmen in der Schrift – Visualisierungsstrategien in Bild und Schrift (vividness, iconicity) – Buch und Körperschema – Metaphern der Partizipation (Speise-, Bienen- Gebäudemetapher etc.).

3. Inszenierung von Gesellschaft – Ritual – Theatralisierung
Leitung: Hans Ulrich Gumbrecht, Stanford

Inszenierung gesellschaftlicher und politischer Ordnung (im Kontext von Entrées royales, Prozessionen, autos sacramentales, Hochzeiten, Begräbnisriten, Karneval) – Rituale kollektiver Selbstdarstellung und Verschriftlichung ihrer Choreographie (Fest und Festprogramme, Tableau, Szenario) – Texte als Ordnungsmuster theatralischer Darstellung: Spielvorlagen, Anweisungen für Schauspieler usw. – Text und Improvisation (Commedia dell'arte, Fastnachtspiele, außereuropäisches Theater) – ›Posieren‹ und Selbstinszenierung in der Schrift – Metaphern des Theaters, der Theatralisierung und des Spiels in soziologischen, anthropologischen und philosophischen Diskursen.

4. Verkörperung von Texten – Texte in Körpern
Leitung: Erich Kleinschmidt, Köln

Texte nach Bildern/Bilder nach Texten – Lese- und Vorlesekultur – Rede und Schrift: Entwürfe von ›Autor‹ und ›Publikum‹ (Sprecher/Schreiber; Mitspieler/Hörer/Leser) – die ›Sprache‹ von Blick und Gestalt – literarische Körpersprachen (in geschlechtsspezifischer Differenzierung) – Körpercodes (Mimik, Gestik, Kleidung) – Erfassung des Körpers als Text – Schriftbilder (Körperalphabete, Kalligraphie, Schrift im Bild) – Schrift/Text/Notation als gestische Mimesis – Text als nachahmender Ausdruck von Wahrnehmung – höfische Körperrhetorik vs. repräsentierende Textrhetorik – Kartierung statt Beschreibung: der Wechsel von der deskriptiven zur Zeichenabbildung.

Eingeladen sind Vertreter neuerer Philologien mit Schwerpunkt in Mittelalter und Früher Neuzeit, Theater-, Kunst- und Musikwissenschaftler, Historiker, Volkskundler, Soziologen, Theologen, Philosophen. Besonders erwünscht sind Beiträge mit komparatistischer Perspektive. [...]

Im Auftrag der Senatskommision für Germanistische Forschung der Deutschen Forschungsgemeinschaft

Jan-Dirk Müller (München)

Auf diese Ausschreibung gingen ca. 60 Vorschläge ein, aus denen die Veranstalter im Juli 1993 31 Teilnehmer auswählten.

Leider mußten wegen des Wechsels an andere wissenschaftliche Institutionen der Soziologe Hans-Georg Soeffner (Hagen/Konstanz) und der Historiker Michael Richter (Konstanz/Princeton) im Sommer 1994 absagen. Das war umso bedauerlicher, als damit das fachliche Spektrum eingeschränkt wurde.

Paul Zumthor, dem neben Hugo Kuhn das Verdienst zukommt, das Thema ›Aufführung‹ in die mediävistische Diskussion eingeführt zu haben, sollte den Abendvortrag halten. Er schickte den Text rechtzeitig, war dann aber wegen einer Erkrankung an der Teilnahme verhindert. Das Bedauern der Teilnehmer und einer weiteren universitären Öffentlichkeit, die zu diesem Vortrag eingeladen werden sollte, veranlaßte ihn zu dem Versprechen, bei seiner nächsten Europareise in München vorzutragen. In einer längeren Korrespondenz im Herbst 1994 wirkte er noch an der redaktionellen Überarbeitung seines Beitrags mit, trotz seiner gesundheitlichen Beeinträchtigung, die er kaum andeutete. Sein Tod kam völlig überraschend. Der Band dokumentiert die vielfältigen Anregungen, die ihm zunehmend auch die deutsche Mediävistik verdankt.

Kurzfristig mußten auch Joachim Bumke und Helmut Tervooren wegen einer Erkrankung die Teilnahme absagen. Da ihre Beiträge seit langem vorlagen und in den Diskussionen vielfach aufgegriffen wurden, sollten sie wenigstens in den Band aufgenommen werden, und die Veranstalter waren froh, daß die Autoren dem zustimmten.

Anstelle des geplanten Vortrags von Zumthor sprach Hans Ulrich Gumbrecht am zweiten Abend über die Theatralität der Commedia dell'arte.

Das Thema ›Aufführung und Schrift‹ zielt auf eine Wende der Wissenschaft von der älteren Literatur, die sich seit längerem vorbereitet hat: in Untersuchungen zur literarischen Kommunikation im Mittelalter, in der Oralitätsforschung, in Interpretationen höfischer Liedkunst, zuletzt sogar in der Editionsphilologie. Es handelt sich um eine Wende vor allem innerhalb der Mediävistik, die die besonderen Bedingungen für ›Literatur‹ in einer semioralen Gesellschaft – vor der Erfindung des Buchdrucks – thematisierte; doch stellte sich heraus, daß jene Bedingungen auch noch in den ersten Jahrhunderten danach fortgalten.

Das ist der historische Aspekt des Themas, doch gibt es auch einen systematischen. Angesprochen ist zugleich eine Wende der Literaturwissenschaft insgesamt, die ihre Fixierung auf die Schrift und die Verdrängung des Körpers und seiner Inszenierungen einbekennt und revidiert. Den Zusammenhang mit und den Widerpart zu einer aktuellen Theoriediskussion erläutert Hans Ulrich Gumbrecht in der Einleitung zu seiner Sektion. Damit rückt das Problem der Medialität von Kommunikation ins Zentrum. Das Medium hat zum einen selbst Zeichencharakter; doch andererseits läßt sich seine Materialität im Akt hermeneutischer Aneignung des vermeinten ›Sinnes‹ nicht vollständig auflösen. Die Schrift ist innerhalb der Kultur nur eine Zeichenordnung unter anderen; die Kultur insgesamt kann wie ein Text gelesen werden (›cultural poetics‹). Aber die Schrift ist zugleich mehr als nur Text, sie ist auch ›Performanz‹, geronnene Bewegung des Schreibaktes, der in ihr seine Spuren hinterläßt. Sie setzt die Abwesenheit dessen voraus, das sie thematisiert, doch so, daß sie bemüht ist, mit ihren Mitteln dem Abwesenden Präsenz zu verschaffen, es zu re-präsentieren.

Die Fragen, die das Kolloquium beschäftigten, haben damit zwei Wurzeln, und Antworten auf sie sind in zwei Richtungen zu suchen. Es geht einmal um eine Besonderheit der Literatur vor dem Zeitalter des Buchdrucks und in den ersten Jahrhunderten nach seiner Erfindung, es geht aber auch um ein grundsätzlich anderes Verständnis von Literatur überhaupt.

›Aufführung‹ und ›Schrift‹ sind polare Gegensätze. ›Aufführung‹ meint zunächst den Vollzugscharakter literarischer Kommunikation und den Rahmen, in dem sich solcher Vollzug ereignet. Das impliziert ein methodisches Problem: Dieser Vollzug konnte bis zur Erfindung der audiovisuellen Medien nur in Schrift festgehalten werden, die ihn doch andererseits stillstellt, den aktuellen Situationsrahmen ausblendet und, wo sie ihn thematisiert, nur die Distanz zum ursprünglichen Vollzug erkennbar macht. Aufführungen sind uns auf Dauer nur über Schrift zugänglich. Der performative Akt hat jedoch im verschrifteten Text seine Spuren hinterlassen, so daß Aufführungen rekonstruiert werden können.

Andererseits, Schrift hat Aufführungscharakter. So war eine gängige Annahme über den historischen Ablauf zu kritisieren, die auf die Formel ›von der Aufführung zur Schrift‹ hinausläuft. Es läßt sich zwar beobachten, wie die Schrift bis hin zur Moderne jene Räume besetzt, die die Domäne von Aufführung waren, wie sie aber in einer Gegenbewegung dazu ihre Funktionen integriert: Je mehr der Körper aus literarischer Kommunikation verdrängt wird, desto stärker kann er sich – Beispiel war der englische Roman des 18. Jahrhunderts – im verschrifteten Text in den Vordergrund drängen; oder: je weniger der Sprecher eine reale Bühne braucht, damit der Status seiner Rede eindeutig bestimmt werden kann, desto mehr kann der literarische Text als Bühne begriffen werden, auf der die Seele ganz unmittelbar zu agieren scheint. Das Verhältnis ist also bei weitem komplizierter; und es sind nicht erst die neuen Medien, die den performativen Aspekt sprachlicher und außersprachlicher Kommunikation erneut zur Geltung bringen.

Ziel konnte es deshalb nicht sein, möglichst viele Daten zu mittelalterlichen ›Aufführungssituationen‹ zu sammeln, zu typisieren und ihre mehr oder minder gelungene Überführung in Schrift zu registrieren. Vielmehr sollten, ausgehend von einer vergangenen literarischen Praxis, grundsätzlichere Aspekte des skizzierten literaturwissenschaftlichen Perspektivenwechsels bedacht werden. Daher war der Diskussionsrahmen auch nicht auf Mittelalter und Frühe Neuzeit, näherhin auf vorschriftliche oder bloß schriftgestützte Formen literarischer Kommunikation eingeschränkt, wenn auch auf diesem Zeitraum das Hauptgewicht lag.

Es kristallisierten sich vor allem vier eng miteinander verbundene Themenkomplexe heraus:

– Erstens eine Revision des Textbegriffs, und zwar auf allen Ebenen, von der philologischen Herstellung eines verantworteten Textes (Edition) bis zur Textanalyse. Zur Disposition steht der Text als geschlossenes Gebilde, von einem Autor verantwortet, auf allen Ebenen kontrolliert und ein für alle Male fixiert, ein Gebilde, dem dann auf Rezipientenseite eine abschließbare Interpretationstätigkeit entspricht. Philologisch erweist sich dieser feste Autortext (mit seinen Derivaten Original, Archetyp, Autorvariante, Kontamination etc.) für die ältere Literatur als eine Fiktion, die nicht nur unmöglich rekonstruiert werden kann, sondern den Blick verstellt auf das Transitorische des in wechselnden Aufführungen realisierten und jedes Mal neu und unverwechselbar zu Papier gebrachten Textes, den Blick auf seine ›mouvance‹ (Zumthor). Der Text hat nicht Varianten, sondern ›ist‹ ›variance‹ (Cerquiglini). Am mittelalterlichen und frühneuzeitlichen Manuskript ist daher eine Eigenschaft unmittelbar ersichtlich, die der im Druck fixierte Text verbirgt und die die Literaturwissenschaft erst in jüngerer Zeit wieder zur Sprache brachte: seine Offenheit und die Unabschließbarkeit der Bedeutungszuweisungen.

– Zweitens der Literaturbegriff: Anders als vor 25 Jahren geht es nicht um eine Erweiterung des Gegenstandsbereichs, um die Öffnung einer auf Literatur als Kunst spezialisierten Wissenschaft für Trivial- oder Gebrauchsliteratur, sondern um einen erweiterten Zeichenbegriff. Wenn Kultur insgesamt als Text lesbar ist (›cultural poetics‹), dann bilden sprachliche Zeichen, geschrieben oder gesprochen, nur eine Ordnung innerhalb komplexerer Zeichenordnungen, die in einem bestimmten Situationsrahmen wirksam werden, neben den Gebärden, den Kleidern, Wappen, Bildern, Klängen, kurz neben allem, was in der Aufführung in Erscheinung tritt. In dieser Perspektive sind traditionelle Unterscheidungen (etwa zwischen Chronik, Festbeschreibung, Panegyrikus, Ritual, selbst Landkarte und anatomischem Atlas) von nachgeordneter Bedeutung. Wichtig sind sie nur insofern, als sie den Status der jeweiligen Zeichenproduktion innerhalb einander überlagernder Zeichensysteme angeben. Auch die Frage nach dem Literaturbegriff hat also einen historischen Aspekt (die Einbettung von Literatur in einen größeren kulturellen Kontext) und einen systematischen (das Verhältnis heterogener Zeichenordnungen zueinander).

– Drittens der Fiktionsbegriff: Der Aufführung und den verwandten Phänomenen Demonstration, Repräsentation, performance, Inszenierung, Theatralität ist eine Haltung des ›Als ob‹ gemeinsam, daneben der Umstand, daß sie sowohl in der Alltagsrealität wie in Kunst und Literatur auftreten können und häufig einen ungewissen Status zwischen beiden behaupten. Der Charakter dieses ›Als ob‹ erfordert genauere historische Ausarbeitung. Jede Handlung kann momentan aus dem Alltagsgeschehen heraustreten, indem sie ›demonstrativ‹ vollzogen wird. Sie nähert sich dabei verwandten Formen repräsentativen oder theatralischen Handelns an. Repräsentation im mittelalterlichen Sinne bringt darüber hinaus eine Sinndimension zur Erscheinung, die im kontingenten Alltagshandeln nicht erkennbar ist, die ihm aber gleichwohl zugrundeliegen soll. Sie muß daher Distanz zur Kontingenz von Alltagsrealität wahren, um sie in eine höhere Ordnung zu überführen. Die Aufführung etwa eines Liedes oder Epos beim höfischen Fest ist Teil dieser Repräsentation und kann insofern an ihr mitwirken, doch ist die Distanz zu dem, was gewöhnlich gilt, noch einmal vergrößert (z.B. durch Musik, Form der Rede, Gegenstand). Weiter, die Aufführung eines derartigen Werks kann dann mehr oder minder komplett ›inszeniert‹ werden, wobei die Akteure explizit andere Rollen als ihre gewöhnlichen übernehmen (Frau, Bote, Krautjunker). Diese Theatralisierung der Darstellung kann schließlich zu einer Ausgrenzung von Spielrealität führen, die freilich bis zur Institutionalisierung des Theaters labil bleibt und ihre Nähe zu ritualisierten Überhöhungen des Alltagshandelns nicht aufgibt. Diese hier abgekürzt skizzierten Stufen des ›Als ob‹ zwingen zu einer Differenzierung des Fiktionsbegriffs. Ein minimales Bewußtsein des Fingierens liegt wohl jedem demonstrativem Handeln zugrunde, erst recht aufwendigen Repräsentationsakten, aber es tangiert offensichtlich nicht den Geltungsanspruch des jeweiligen Handelns. Bewußter, wenn auch noch keineswegs mit einem modernen Fiktionsbegriff identisch, ist der Akt des Fingierens in literarischen Texten, die in solche Repräsentation eingebettet sind oder sich auf sie beziehen. Das Minnelied, in dem der Sänger ›ich liebe‹ sagt, hat offenbar einen höheren Grad pragmatischer Verbindlichkeit als ein Liebesgedicht in einer neueren Lyriksammlung: Der Sprecher tritt mit seiner Präsenz für die Wahrheit dessen ein, was er sagt. Indem Literatur seit dem Mittelalter mit dieser Suggestion spielt, die Aufführung institutionalisiert, an bestimmte (wiederholbare) Anlässe mit besonderen Regeln und Erwartungen bindet, wird das Interesse weg von der Pragmatik der Aussage auf ihre Form gelenkt und die Wahrheitsfrage suspendiert. Diese Tendenz setzt sich mit zunehmender Verschriftlichung fort (ablesbar z.B. am höfischen Roman), erst recht in der Ausbildung besonderer Anlässe und Räume theatralischer Darstellung, doch bleibt das Fiktionsbewußtsein labil.

– Viertens die ›Materialität der Kommunikation‹ oder auch: das, was sich dem hermeneutischen Zugang sperrt. Das Tafelbild, der Tanz, das Lied, das Turnier, das Fest – um nur diese zu nennen – gehen in ihrer textuell zu vermittelnden Botschaft nicht auf und können deshalb nur partiell im geschriebenen Text repräsentiert werden. Zwar können der geschriebene Text – können seine Elemente, die Buchstaben – selbst als ›Körper‹ thematisiert werden, er kann Körperkonfigurationen abbilden, er kann Präsenzeffekte simulieren. Aber es bleibt ein Hiatus, der im Be-schreiben von Körperfiguren nicht überspielt werden kann. Präsenz der Körper, Bewegung, die verschiedenen Reize der Sinne können als gegenwärtig erfahren, nicht aber symbolisch re-präsentiert werden. Allenfalls lassen sich die Wahrnehmungsmuster und -abläufe, die Formen der Partizipation und der Exklusion, die Modi distanzierter Beobachtung oder distanzloser Verwicklung beschreiben, in denen sie erfahren werden. Körperkonfigurationen, Gebärden, Klänge, Farben können immer nur partiell als ›Sprache‹ gefaßt werden und sind deshalb auch nie völlig in Schrift vermittelbar. Wohl kann jene von der Schrift nicht einholbare Präsenz ihrerseits wieder Gegenstand schriftliterarischer Reflexion werden. Doch ist damit eine Grenze erreicht, an die nur die letzten Fallstudien des Kolloquiums heranführten.

Das Kolloquium hatte eine imponierende Fülle von Einzeluntersuchungen zu bewältigen, die jede für sich eine ganze Reihe enger disziplinärer Probleme aufwarfen. Den Fachwissenschaftler wird das besondere Beispiel mehr interessieren als die grundsätzlichen Probleme, die die verschiedenen Beispiele aus unterschiedlichen Kontexten gemeinsam haben. In den Diskussionen stand gleichwohl dieses Grundsätzliche im Vordergrund. In ihnen konnten die auf den ersten Blick recht heterogenen Themen miteinander in Zusammenhang treten. Den Diskussionen kommt deshalb eine besonders hohe Bedeutung zu.

Der Band gibt die vier Sektionen wieder, für die jeweils fast ein Tag zur Verfügung stand. Die Anordnung folgt im ganzen der Chronologie vom Mittelalter bis ins 18. Jahrhundert, jedoch so, daß sich mit dem chronologischen Fortschreiten auch jeweils der thematische Aspekt verschiebt. Auf diese Weise ist es möglich, historische und systematische Aspekte zu kombinieren. Am offensichtlichsten ist der Konnex in der ersten Sektion (Cormeau), die sich mit dem Aufführungscharakter mittelalterlicher Lyrik befaßt. Von der mittelalterlichen Lyrik ist Hugo Kuhn bei seinen Beobachtungen ausgegangen, und in der Lyrik-Forschung sind seine Gedanken am häufigsten aufgegriffen worden. Das Zentrum der zweiten Sektion (Wenzel) läßt sich vielleicht abgekürzt unter dem Stichwort ›Repräsentation‹ subsumieren, Repräsentation im allgemeinen wie auch in einem spezifisch literarischen Sinn: als die Vollzugsform nämlich des Vortrags von Liedern und Erzählungen. Die dritte Sektion (Gumbrecht) setzt sich mit dem Problem der Theatralität, verstanden als Präsent-Machen des Körpers auseinander. Der Aufführungscharakter von Schrift und in Schrift steht, wenn auch hier am deutlichsten in Einzelbeispielen isoliert, in der vierten Sektion (Kleinschmidt) im Vordergrund.

Abschließend bleibt mir zu danken: der Deutschen Forschungsgemeinschaft, daß sie dieses Kolloquium in der kostbaren Umgebung des Klosters Seeon möglich machte, den Damen und Herren des Forschungszentrums dort, den Helfern in München, Berlin, Bonn, Köln und Stanford, vor allem den Mitarbeiterinnen und Mitarbeitern, die das dornige Geschäft des Protokollierens übernahmen, last not least den Teilnehmern, die eine Atmosphäre ebenso intensiver wie entspannter intellektueller Auseinandersetzung herstellten.

München, Februar 1995   *Jan-Dirk Müller*

Während der Arbeit an den Druckfahnen erreicht uns die Nachricht vom Tod Christoph Cormeaus. Wie gewohnt hatte er vorbildlich schnell und sorgfältig trotz schwerer Krankheit seine Korrekturarbeiten erledigt. Daß er das Erscheinen des Bandes nicht mehr erleben durfte, betrübt alle tief, die sich an seine Präsenz, seine entspannte Souveränität und seine stimulierenden Beiträge erinnern. Seinem Andenken und dem an Paul Zumthor sollen die Ergebnisse der Tagung gewidmet sein.

München, Januar 1996   *Jan-Dirk Müller*

I.
Vortrag – Abbildung – Handschrift
am Beispiel
der höfischen Lied- und Sangspruchdichtung

I.

Vortrag – Abbildung – Handschrift
am Beispiel
der höfischen Lied- und Sangspruchdichtung

Einführung

CHRISTOPH CORMEAU

Die im Titel der Sektion genannten Begriffe beschreiben die grundlegende Spannung, innerhalb derer die Vorlagen argumentieren: Der Vortrag als transitorischer, einmaliger Akt, für den die Lieder, die im Mittelpunkt stehen sollen, zuerst bestimmt sind, die Abbildung als Zeugnis und Interpretament davon und die Handschrift als dauerhafte Konservierung von Bestandteilen dieses Aktes, die historisch hätte das Material für eine erneute Aufführung bereitstellen können und uns Quelle für die Rekonstruktion einer kulturellen Praxis ist. Die Beziehung zwischen den beiden Polen ist für den konkreten Fall jeweils erst zu suchen – und der Weg, soweit überhaupt möglich, uns dem Verständnis der Diskursbedingungen von Vortragstexten anzunähern.

Minnesang und Sangspruch in diesen Koordinaten zu begreifen, ist in der germanistischen Literaturwissenschaft nicht mehr neu.

Daß die Aufführung als Determinante, forschungsgeschichtlich betrachtet, bisher am aufmerksamsten beim höfischen Lied registriert, ja sozusagen entdeckt wurde, hat sicher seinen Grund in der Sache. Erwägungen zum Epenvortrag konnten bis vor kurzem als eher peripher betrachtet werden, weil epische Texte ihre Diskurssituation offensichtlich viel mehr aus sich selbst bestimmen und deshalb der Wechsel vom Vortrag zur Lektüre akzidentell scheint. Anders beim Lied: Überwiegend sind die Texte von Minnesang und Sangspruchdichtung so verdichtet, daß sie nach genauer Lektüre und Auslegung verlangen. Diese stoßen aber rasch auf semantische Strukturen, die innerhalb des Textes keine klare Bedeutung vermitteln: Deixis auf situationelle Elemente ›vor‹ dem und außerhalb des Textes. Frühere Forschung, auf die Texte allein fixiert, hätte kaum solche Neigung entwickelt, Liedreihen als – fiktive oder gar biographische – ›Minneromane‹ zu deuten, wenn sie sich nicht genötigt gesehen hätte, die Deixis des einen Lieds durch ein anderes zu referentialisieren. Deshalb wurden, auch schon vor der expliziten Reflexion auf die Aufführungsform durch Hugo Kuhn, Elemente der vermuteten jeweiligen Diskurssituation für das Verständnis der Texte herangezogen; als Beispiel nenne ich nur die Aufsätze Wolfgang Mohrs. Hinzu kommt ein weiteres. Frühere Liedforschung mag im Zeichen der Philologisierung gestanden und die Editionspraxis sich an der Lyrikanthologie neuzeitlicher Art orientiert haben, was auch zu Verfälschungen z.B. in der Glättung der Texte auf eine Lesemetrik hin geführt hat, dennoch konnte nie ganz davon abgesehen werden, daß die lyrischen Strophen Texte von Liedern waren, was der Frage nach den Melodien und dem Ort der musikalischen Realisierung ein anderes Gewicht gab.

Seit Hugo Kuhns Aufsatz ›Minnesang als Aufführungsform‹[1], der an der situationsgebundenen Semantik eines konkreten Lieds grundsätzliche Determinanten aufzeigte, hat sich eine Konvention pragmatisch fundierter Minnesang- und Sangspruch-Deutung ausgebildet. Insoweit kann die Arbeit des Symposiums hier schon an eine Reihe beachtlicher Vorarbeiten anknüpfen. Doch ist auch an eine grundlegende Schwierigkeit für das Bemühen in dieser Richtung zu erinnern: die notorische Armut an Quellen. Mag die Textüberlieferung ein noch einigermaßen zutreffendes Bild von der Dichtungspraxis widerspiegeln – auch hierin sind nicht alle Zweifel ausgeschlossen –, so ist die Melodieüberlieferung schon äußerst lückenhaft. Von Ausnahmen wie Neidhart abgesehen, sind nur einzelne Melodien überliefert, und diese sind noch später aufgezeichnet als die auch ihrerseits schon späten Textsammlungen der großen Liederhandschriften. Gerade die großen Sammelhandschriften des Minnesangs zeigen so gut wie keine Spur von der zugehörigen Musik. Zwar unterstreicht dieses Faktum nochmals die Verwurzelung dieser Kunstübung im Usuellen, doch bleibt für uns der Mangel an Einblick in die Praxis.

Von den sonstigen Aufführungsbedingungen wissen wir noch weniger. Die Bild- und Textquellen von höfischer Festlichkeit sind zu spärlich, um ein halbwegs konkretes Bild von der Vortragspraxis entwerfen zu können. Wer auftrat, in welchem Rahmen, vor welchem Publikum, um ein Lied vorzutragen, diese Fragen finden nur allgemeine und hypothetische Antworten, weil allenfalls die bloße Tatsache der Realisation von literarischen Texten belegbar ist, und das auch wieder vorwiegend aus literarischen Quellen. Am konkretesten unterrichten über den Vortragskünstler und über sein – authentisches oder rollenhaftes – Selbstverständnis in der Relation zu seinen anwesenden Zuhörern und zur gesellschaftlichen Gruppe, zu der sich alle am Diskurs Beteiligten rechnen, wieder die Liedtexte selbst, und damit ist die Erschließung der Diskursbedingungen schon in einer gefährlich zirkulären Situation gefangen, die nur begrenzt methodisch kontrollierte Schlüsse über die Texte hinaus zuläßt.

Die theoretische Diskussion der letzten Jahre, die Jan-Dirk Müller in seiner Einleitung resümierte und die die Themenstellung unseres Symposions initiiert hat, hat den Horizont für eine aufführungsbezogene Deutung des höfischen Lieds deutlich verschoben. Stärker als bisher trat ins Bewußtsein, daß es um die grundlegende Verfaßtheit der damaligen Kultur geht, daß Text und Vortrag sich unauflösbar wechselseitig bedingen. Es genügt nicht, zum in gewohnten literarischen Koordinaten begriffenen Lied additiv nach den Voraussetzungen für seine Aufführung zu fragen, sondern es gilt, das Lied als aus der Möglichkeit der Aufführung entstanden zu verstehen; d.h. alle Begriffe, unter denen es erfaßt wird, sind anhand der Prämisse der Einbindung in die höfische Gesellgkeit zu reformulieren. Damit ist der ganze Aktionsraum einer höfischen Gesellschaft gemeint: ihre Zusammensetzung, das Agieren des einzelnen in diesem Ensemble

---

1 Kuhn, »Minnesang als Aufführungsform«.

bis hin zu den erotischen Komponenten der Geselligkeit, ihre Ausdrucksformen in Ausstattung, Ritualen und eben auch musikalisch-literarischen Diskursformen. Lied und Erzähltexte rücken von ihrer Gebrauchssituation her eng zusammen. Auch unter diesem veränderten Blickwinkel hat jüngere Forschung schon Ansatzpunkte erarbeitet,[2] doch sind viele Fragen noch offen, und die Argumentation ist schwierig, muß doch der Weg vom Determinierten zu den Determinanten gesucht werden.

Für diese Sektion wurden sechs Vorlagen ausgewählt. Überwiegend beschäftigen sie sich mit dem höfischen Minnelied, und das gibt der Diskussion eine Geschlossenheit, die in den anderen Sektionen nicht zu erreichen war. Die zweite höfische Liedgattung, der Sangspruch, ist dagegen unberücksichtigt geblieben. Das war nicht Absicht der Veranstalter, sondern mußte als zufälliges Ergebnis hingenommen werden. Zu erinnern ist aber hier an diese Gattung, damit sie wenigstens als virtueller Bezugspunkt gegenwärtig bleibt, sie hätte nämlich außer Gemeinsamkeiten mit dem Minnelied auch deutliche Unterschiede in der Thematik, im Rollenverständnis und in der sozialen Einbindung der Sprecher markiert. Die diskutierten Vorlagen eröffnen aber ihrerseits weite Perspektiven.

Peter Strohschneider geht von Rainer Warnings Beschreibung des inszenierten Diskurses aus und wendet das theoretische Modell auf konkrete Minnelieder an. Die Begriffe des textinternen und des textexternen Ich werden versuchsweise mit Ich-Aussagen, die in den Liedern auftauchen, verbunden. Die Probe zielt darauf, zu erfahren, was hinter der Ich-Aussage der Sänger an Referentialisierung in Erscheinung tritt und für das Publikum identifizierbar ist. Die unterschiedlichen Selbstaussagen werden einerseits einer Haltung zugeordnet, in der Affekt und Ausdruck übereinstimmen, das Ich für seine Aussage völlig einsteht, andererseits der langsamen oder spontanen Herausbildung einer ›Als ob‹-Haltung. Vom Typ der ausgebildeten Sängerrolle her läßt sich fragen, wieweit die Liebesaussagen in einen fiktionalen Horizont gerückt werden und Minnesang als Literatur konventionalisiert ist.

Helmut Tervooren geht von einem auffallenden Merkmal der Minnesangtexte aus: von der starken Pronominalisierung, die viele Referenzen offenläßt, d.h. nicht textintern vereindeutigt. Mit den pragmatischen Koordinaten einer Aufführung erhalten viele dieser Positionen einen jeweils situationsabhängigen deiktischen Sinn zugewiesen. Wieweit solche Bezüge darüber hinaus noch durch außersprachlichen Zeigegestus konkretisiert werden oder werden können, muß im einzelnen diskutiert werden.

Thomas Bein befaßt sich mit der reflektierten Sängerrolle, die auch im Beitrag von Peter Strohschneider im Mittelpunkt stand. Er liefert aber nun aus dem Überblick über die Geschichte des Minnesangs eine Typologie der Formen, in denen das Thema des Singens, die Selbstreflexion des eigenen Agierens und seiner Bedingungen, verwendet wurde. Diese Inventarisierung des Motivs legt ein tragfähiges Fundament für die Auslegung der Sängerrolle im Hinblick auf den

---

2 Ich verweise als Beispiel nur auf Rainer Warnings Erwägungen zu Denotation und Konnotationen im trobadoresken Rollenprogramm; vgl. ders., »Lyrisches Ich«.

Vortrag und ermöglicht eine spannungsvolle Auseinandersetzung mit den beiden anderen Vorlagen.

Die Beiträge von Hedwig Meier und Gerhard Lauer und von Martin Huber setzen an einer ganz anderen Stelle an, bei konkreten Handschriften, zielen aber ebenso auf die Gesamtgestalt der Realisation. Sie lesen diese Überlieferungsträger nicht aus dem textphilologischen Blickwinkel, sondern sie versuchen, die Aufführungsmarkierungen darin zu analysieren. Bestimmte Handschriften gehen über die etablierte Literarizität hinaus und konservieren auch andere Dimensionen der kulturellen Semantik, die bisher zu wenig Beachtung fanden und als Exempel von Aufführungshorizonten gelten können.

Wir haben uns für eine Verschränkung der Vorlagen im Diskussionsverlauf entschieden, nicht nur aus Gründen der historischen Abfolge, sondern um einer möglichen Konzentration auf die Textaussagen vorzubeugen.

Mit Gerhard Hahns Vorlage ist ein Grenzsaum erreicht, der in die anderen Sektionen hinüberführt. Dem Beitrag geht es um die nun bewußte und auch theologisch unterfangene Mündlichkeit des evangelischen Kirchenlieds. Sie hat in ihrer Erscheinungsform sicher noch Gemeinsamkeiten mit dem höfischen Lied, wenn auch der kollektive Gebrauch beabsichtigt ist, aber durch die Einbindung in den Gottesdienst stellt sich hier wieder ein ganz anderer Anspruch auf Authentizität und Repräsentativität. Jegliche kulturelle Distanz des ›Als ob‹ ist hier zurückgenommen. Das geordnete Gesangbuch ist Handlungsanleitung für den Gottesdienst, ist dem Lebensrhythmus angepaßter Katechismus und tendiert als Teil des lebendigen Wortes Gottes wieder zur mündlichen Verlautbarung zurück.

Es ist für diese Sektion bedauerlich, daß die Vorlage von Joachim Bumke nicht diskutiert werden kann. Bumke deutet eine historische Schwelle in der Literarisierung der Erzähltexte an. Sie könnte Anlaß zu einer kritischen Rückfrage an die Liedüberlieferung geben, weil auch dort zu einem Zeitpunkt, der wohl dem von Bumke anvisierten ziemlich parallel zu setzen ist, eine Literarisierung einsetzt. Es wäre interessant zu diskutieren, ob hier ein gattungsübergreifender, gemeinsamer Umformungsprozeß kultureller Institutionen greifbar wird. Dies muß einer anderen Gelegenheit vorbehalten bleiben.

»nu sehent, wie der singet!«
Vom Hervortreten des Sängers im Minnesang

PETER STROHSCHNEIDER

I.

Als eine Handlung teilt die Rede die Welt zunächst nicht mit, sondern sie teilt sie ein, differenziert sie in Sprecher und Hörer.[1] Diese basale Unterscheidung kann auf der Ebene der textuellen Manifestation jener Handlung präsent sein, sie muß es nicht: Der Text kann ein sprechendes ›Ich‹ aufweisen oder auf einen derartigen Aufweis verzichten, er kann auf eine solche Redeinstanz auch in der Präsentation ihrer Abwesenheit verweisen und dieserart offenlassen, ob es sich um ein einzelnes ›Ich‹, ein kollektives ›Wir‹ oder um eine überhaupt mit Kategorien personaler Identität schwerlich bestimmbare Instanz handelt. Diesen systematisch gewissermaßen ›mittleren‹ Fall inszeniert die erste Strophe des ›Nibelungenliedes‹[2], wenn sie im Vollzug ihres wohl apokoinou konstruierten Satzes aus dem kollektiven *Uns* der Rezipienten einer überpersonalen Narration (*mæren*), deren Subjekt die Tradition selbst ist,[3] eine dem Erzählen gegenübertretende Hörerschaft herausschält (*muget ir nu wunder hœren sagen*) und dabei – so sieht man am Pronominalgefüge des Textes – die Subjektstelle des also anhebenden Erzählten gerade leer läßt. Der hier spricht, ist – zunächst, müßte man sagen, denn der Text organisiert seine Sprechordnung alsbald gemäß seinem schriftliterarischen Status um (Str. 7) – kein Subjekt, kein ›Ich‹, sondern leiht nur einer überpersonalen, ›sich selbst‹ erzählenden Geschichte die Stimme. Auf sie aber wird im Modus ihrer textuellen Absenz verwiesen.[4]

---

1 Vgl. Niklas Luhmann, »Reden und Schweigen«, in: ders. u. Peter Fuchs, *Reden und Schweigen*, stw 848, Frankfurt/M. 1989, S. 7–20, hier: S. 7.
2 *Das Nibelungenlied nach der Handschrift C*, hrsg. Ursula Hennig, ATB 83, Tübingen 1977. Vgl. dazu Michael Curschmann, »Dichter ›alter mære‹. Zur Prologstrophe des ›Nibelungenliedes‹ im Spannungsfeld von mündlicher Erzähltradition und laikaler Schriftkultur«, in: Hahn/Ragotzky, *Grundlagen*, S. 55–71, bes. S. 62 ff.
3 Vgl. Curschmann (Anm. 2), S. 57 u. S. 59 ff.; Rainer Warning, »Der inszenierte Diskurs. Bemerkungen zur pragmatischen Relation der Fiktion«, in: Dieter Henrich u. Wolfgang Iser (Hrsg.), *Funktionen des Fiktiven*, Poetik und Hermeneutik 10, München 1983, S. 183–206, hier: S. 195.
4 Gerade darin liegt die Signifikanz der Stelle gegenüber vergleichbaren Exordien der Epentradition; vgl. etwa Ursula Schaefer, *Vokalität. Altenglische Dichtung zwischen Mündlichkeit und Schriftlichkeit*, ScriptOralia 39, Tübingen 1992, S. 133 ff.

Der Eingang des ›Nibelungenliedes‹ inszeniert in poetologisch riskanter, schriftliterarisch nicht auf Dauer zu stellender Weise die Erinnerung an einen historisch abgeschiedenen Modus der epischen Rede, welcher nicht mehr einholbare Formen der Subjektkonstitution voraussetzt. Für diese Inszenierung selbst freilich und für den überlieferten Text ist gleichwohl die Instanz eines Redesubjekts schon theoretisch vorauszusetzen. »Auch der textuell abwesende Sprecher ist auf pragmatischer Ebene stets vorhanden. Die textuelle Manifestation eines Sprechaktes ist nicht schon mit diesem Akt selbst identisch. Als solcher, d.h. als Handlung, präsupponiert jeder Text ein Handlungssubjekt und also einen Sprecher.«[5] Die Voraussetzung dieser Präsupposition ist elementar, ohne daß damit zugleich zu unterstellen wäre, daß der Subjektstatus des als Sprecher Handelnden historisch invariant sei.

Eine zweite Voraussetzung konkretisiert diese vorangegangene für den Fall minnesängerischer Rede. Sie ist, von den ältesten deutschsprachigen Texten angefangen, Ich-Rede und vollzieht sich (auch) in der Situation mündlichen Vortrages vor Zuhörern.[6] Andere Modalitäten der Realisierung von Minnesang, etwa das einsame Singen ohne weitere Zuhörer oder umgekehrt die schriftgestützte Rezeption ohne einen anwesenden Sänger, sind damit nicht ausgeschlossen, doch soll von ihnen hier nicht gehandelt werden. In der Aufführungssituation des Minneliedes jedenfalls ist der vom Text des Liedes wie von jedem Text präsupponierte Sprecher als Sänger körperlich präsent. Weil aber Minnelieder einen Sprecher nicht nur präsupponieren, sondern zugleich auch immer im Text ein ›ich liebe‹ bzw. ›ich singe‹ sagendes Ich auftreten lassen, sind mit dem Auftritt des Minnesängers vor höfischem Publikum stets (mindestens) zwei Ich gegeben, ein textexternes, körperlich anwesendes und ein textinternes, sprachlich gegebenes Sänger-Ich. Beider Relation steht in Frage, und die Diskussion um mögliche Antworten reißt offenbar deswegen nicht ab, weil uns diese Relation nur noch von einem ihrer Elemente, eben dem vertexteten Sänger/Minner-Ich her einsehbar ist.

Die unter den Bedingungen des gegebenen pragmatischen Rahmens (dessen Bestimmungsmerkmale ihrerseits in Frage stehen) denkbaren Referenzialisierungsalternativen zwischen diesen beiden Ich-Instanzen lassen sich vielleicht wie folgt unterscheiden – ich systematisiere vom textinternen Ich her: Dieses Ich könnte auf ein überpersonales ›Man‹ verweisen,[7] auf eine vom Einzelsubjekt abgelöste Tradition des Singens und Wissens, die in der Stimme des Singenden aktual wird, ohne mit ihr wieder zu verstummen,[8] die als Ich in den Text gerät, ohne indes personal gedacht werden zu können. Der Fall ist spekulativ, ich kenne auch keine Liedstelle, an welcher, wie im Epos, die Erinnerung an ihn schriftliterarisch inszeniert würde. Dennoch veranlaßt die Prologstrophe des ›Nibelungenliedes‹ dazu, diese Möglichkeit – so schwer sie theoretisch zu fassen sein mag –

---

5 Warning (Anm. 3), S. 186.
6 Vgl. zum Stand der germanistischen Forschung Strohschneider, »Aufführungssituation«.
7 Vgl. Leo Spitzer, »Note on the Poetic and the Empirical ›I‹ in Medieval Authors«, *Traditio* 4 (1946), S. 414–422.
8 Vgl. Zumthor, *Die Stimme und die Poesie*.

nicht von voneherein auszuschließen. Man könnte, innerhalb des Kosmos der höfisch-aristokratischen Welt, von universaler Referenz des textuellen Ich sprechen. Die zweite Referenzialisierungsalternative bezöge demgegenüber das Text-Ich strikt auf das textexterne Sänger-Ich. Biographische Minnesangforschung hat stets diese Möglichkeit unterstellt und dabei den Sänger zugleich als Autor identifiziert. So obsolet dies mit Recht mittlerweile geworden sein mag, so wenig wäre doch die von diesem Forschungsparadigma angenommene personale, man könnte sagen: metonymische Referenz des textinternen Ich auf das textexterne Ich der Sänger-Persona damit zugleich jeder Plausibilität selbstverständlich verlustig gegangen. Vielmehr ist sie gerade unter der Voraussetzung und für die Situation des körpergebundenen Liedvortrages unter Anwesenden zu bedenken. Der Situationsrahmen der Minnesang-Aufführung nämlich, ich komme darauf zurück, ist anders als zum Beispiel der neuzeitliche Theaterrahmen dergestalt, daß praktischer Lebensvollzug und ästhetische Praxis nicht selbstverständlich und stabil gegeneinander abgedichtet sind. Literarische Kommunikation und soziale Interaktion liegen hier anscheinend noch so nahe beieinander, daß ihre Unterscheidung leicht und historisch noch erstaunlich lange aus dem Blick geraten kann.[9] Jan-Dirk Müller hat, ausgehend von des Strickers ›Minnesängern‹, jüngst gezeigt, daß wesentliche Elemente des hochmittelalterlichen ästhetischen Fiktionalitäts-Diskurses genau dies voraussetzen: die Plausibilität der Möglichkeit, daß das textinterne auf das textexterne Ich (und hinter diesem auf den Autor des Textes) referiere.[10]

Die dritte Referenzialisierungsalternative im Verhältnis von textueller und pragmatischer Ich-Instanz wäre »eine fiktive Referenz, eine Als-ob-Referenz [...]. Der Rollenträger des fiktionalen Diskurses behauptet nicht, was er sagt, sondern er tut so, als ob er es behaupte.«[11] Das textuelle Ich, umgekehrt, wäre referenzlos, doch dies in der spezifischen Weise, daß sich seine Referenzlosigkeit hinter einer ›Als ob‹-Referenz auf das textexterne Ich des Sängers (und/ oder Autors) verbärge.

II.

Alternativen, auch solche der Referenzialisierung von textuellem Sprecher-Ich und pragmatischer Sänger-Rolle, fordern Entscheidungen. Sie wären je für Einzeltexte, mindestens Texttypen oder -corpora vorzunehmen, denn im Zu-

---

9 Und zwar selbst dort noch, wo der neuzeitliche Theater-Rahmen schon weitgehend etabliert zu sein scheint; vgl. Stephen Greenblatt, *Verhandlungen mit Shakespeare. Innenansichten aus der englischen Renaissance*, übers. Robin Cackett, Berlin 1990, S. 17 ff. Daß im Zeichen universaler Medialisierung unserer Wahrnehmungen und Virtualisierung unserer Wahrnehmungsfelder diese Grenze zwischen praktischem Lebensvollzug und künstlerischer Praxis sich wieder auflöst oder jedenfalls neu organisiert, liegt so nahe wie die Einsicht, daß solche Erfahrung nicht ohne Belang ist für unsere Chance, die Genese dieser Grenze zu thematisieren.
10 Vgl. Müller, »Ir sult sprechen willekomen«.
11 Warning (Anm. 3), S. 198.

sammenhang des mittelhochdeutschen Minnesangs schließen sich diese Möglichkeiten der Ich-Referenz schwerlich aus. Sie müssen wohl vielmehr als systematisch alternative oder als historisch sukzessive Referenzialisierungsvarianten aufeinander bezogen werden. Das Problem liegt dabei aber in jedem Falle darin, daß bei der Zuordnung dieser Möglichkeiten zu bestimmten Texten oder Textgruppen das entscheidende Kriterium ein pragmatisches ist.[12]

Daß dies so sei, wurde eben anläßlich der personalen Referenz angedeutet, und Rainer Warning hat es für die fiktive ›Als ob‹-Referenz gezeigt. Sein Theorieentwurf legt für die »Pragmatik fiktionaler Rede« dar, »daß wir es hier mit einem höchst komplizierten Situationsgefüge zu tun haben, welches in letzter Instanz dominiert wird von einer historischen soziokulturellen Situation, für die und innerhalb derer Fiktion Fiktion ist.«[13] Die Fiktionalität eines Diskurses beruht auf einer gemeinsamen Situationsdefinition der Teilnehmer des Inhalts, daß sie sich in einem Spiel befinden, welches »Rollenspiel seitens des Autors und [!] seitens der Rezipienten voraussetzt« (S. 193). Die Fiktionalität eines Diskurses, die ›Als ob‹-Referenz seiner Textinstanzen ist nicht über linguistische Kriterien zu bestimmen, die es dafür nicht gibt (ebd.), sondern allein über die situationellen einer Inszenierung, über deren Gegebenheit seine Produzenten und Rezipienten einen Kontrakt schließen müssen. Was fiktionale Rede sei, ist mithin »nur zu bestimmen im Rahmen einer historischen Pragmatik [...]« (S. 198).

Jener historisch pragmatische Rahmen für den minnesängerischen Liebesdiskurs, auf welchen sich diese Skizze konzentrieren wollte, ist die Situation des Singens bei Hofe. Sie ist nicht – ich komme damit auf eben Angedeutetes zurück –, jedenfalls nicht jeweils selbstverständlich und schon immer derart definiert, daß in ihr die Grenze von unmittelbar lebenspraktischen und spielerisch inszenierten Diskursen klar definiert, also ein Fiktionalitätskontrakt zwischen Sänger und Hörern fest etabliert wäre; dieser setzt sich allenfalls erst sukzessive durch und steht damit immer wieder neu in Frage.[14] Ich versuche dies in einigen notwendig sehr allgemeinen Bemerkungen zur Situation der Minnesangaufführung zu skizzieren, welche diese insbesondere kontrastiv absetzt vom Modell des neuzeitlichen Theaters, das einerseits ein Paradigma für einen Interaktionsrahmen ist, der einen Fiktionalitätskontrakt zwischen Darstellern und Zuschauern (weithin) garantiert, und dem anderseits in der Minnesangforschung nicht selten modellbildende Relevanz zugetraut worden ist.

Die Performanzsituation des Minneliedes konstituiert sich mit dem Auftritt des Sängers in der höfischen Gesellschaft. Sie ist ein vielfältig nach Herrschafts-, Standes-, Alters- und Geschlechterrollen, ansatzweise wohl auch nach

---

12 Die Sachlage kompliziert sich insofern, als nicht auszuschließen ist, daß bestimmte pragmatische Zusammenhänge gerade durch einen Kontrakt über die situative Koexistenz verschiedener Referenzialisierungsalternativen bestimmt waren, etwa: Was X hier singt, ist im Gegensatz zum Gesang von Y nicht fiktiv.
13 Warning (Anm. 3), S. 192; hiernach die folgenden Seitenangaben.
14 Vgl. Müller, »›Ir sult sprechen willekomen‹«; ders., »Ritual, Sprecherfiktion und Erzählung. Literarisierungstendenzen im späteren Minnesang«, in: Schilling/Strohschneider, *Wechselspiele*.

Funktionsrollen gegliedertes Sozialgebilde. Daß in ihm vor und um 1200 die Funktionsrolle des höfischen Sängers schon immer hinlänglich institutionell verfestigt, damit auf Dauer gestellt und zugleich einem Rollenträger (oder mehreren) eindeutig zugewiesen worden wäre, wird man indes kaum ohne weiteres voraussetzen dürfen. Plausibler ist die Rolle des Sängers zunächst als eine immer wieder ad hoc aufgenommene, freilich an geprägte Situationen – das höfische Fest – gebundene zu denken. Sie zu übernehmen scheinen der Fürst, seine Vasallen, vielleicht adelige Gäste oder andere Könner, möglicherweise quer zur Ordnung der geltenden sozialen Strata, gleichermaßen die Lizenz gehabt zu haben. Weniger personal als vielmehr situativ begründet stellt sich damit die Rolle des höfischen Sängers dar, und als eine labile Konstruktion, wenn nämlich die mit ihr gesetzte Leitdifferenz von Sänger und Hörern die geltenden Leitdifferenzen der stratifizierten Gesellschaft unterscheidet (wenn also momentan schweigen muß, wer sonst das Wort führt, wenn einer die Ordnungen der Blicke zentriert, der sonst marginal ist).

Der Sänger, wie ungesichert seine Rolle und deren Übernahme durch eine Person sein mag, und die Hörer, sofern sie sich auf diese Rollenverteilung verständigen, erzeugen die Situation der Aufführung. Diese ist zunächst und vor allem anderen interaktiv. Sie setzt die räumliche und zeitliche Ungeschiedenheit von Sänger und Hörern voraus, ihre körperliche Kopräsenz. Im Vorgang des Liedvortrages verschränken sich damit neben textuellen und musikalischen Zeichenordnungen auch wohl paralinguistische, kinesische, mimische, gestische, proxemische usw.[15] Das hat Folgen für die Referenz des textinternen Ich, weil der textexterne Sänger sich so zeigen kann, daß er als dessen Referent ausscheidet. Das Text-Ich eines Liedes Heinrichs von Morungen faßt diesen Sachverhalt der Verdoppelung der relevanten Wahrnehmungsebenen und die Möglichkeit der Widersprüchlichkeit gleichzeitiger Wahrnehmungen im Zitat einer Hörerkritik in die Formel: *nu sehent, wie der singet!* (MF 133, 21) Allein unter den anderen Bedingungen exklusiv schriftliterarischer Kommunikation handelt es sich hierbei um ein Paradoxon.

Es sind vor allem ihre interaktive Struktur und die Rollentrennung von Sänger und Hörern, welche für die Performanzsituation des höfischen Minneliedes den Interaktionsrahmen des Theaters als ein taugliches Modell erscheinen lassen mochten. Indes ist näher zuzusehen und insbesondere festzuhalten, daß der Kontrakt über einen Interaktionsrahmen und die Verteilung von Sänger- und Hörerrolle – anders als im Theater – nicht auch schon die Verständigung impliziert, diese Rollen ›nur‹ spielen zu wollen. Rollenübernahme und Rollenspiel sind nicht zu verwechseln. Der im Hervortreten aus dem Kollektiv performativ sich konstituierende Sänger gelangt nicht auf eine helle Bühne, die nach allgemeinem Einverständnis seine Rollenübernahme als Inszenierung kenntlich macht. Auch bleiben die Mitglieder der Hofgesellschaft nicht in einem Raum zurück, in welchem sie unter bestimmten Voraussetzungen nichts als Zuschauer des Liedvor-

---

15 Vgl. Erika Fischer-Lichte, *Semiotik des Theaters. Eine Einführung*. Bd. I: *Das System der theatralischen Zeichen*, Tübingen 1983, v.a. S. 25 ff. u. S. 151 ff.

trages sein können, in einem Raum, der verdunkelt würde, sie dieserart gegeneinander isolierte und als je vereinzelte Zuschauer auf eine theatralische Präsentation bezöge.[16] Ja, man wird noch nicht einmal ohne weiteres unterstellen dürfen, daß im Rahmen der Aufführungssituation immer schon, wie im Theater, klar sei, worauf die Beteiligten ihre Aufmerksamkeit zu lenken hätten.[17] Der Rahmen der Liedaufführung löst nicht das Kollektiv der Hörer/Zuschauer in eine Summe von Individuen auf, er versperrt auch nicht, so wird man analoge Beobachtungen zum mittelalterlichen Theater adaptieren dürfen, dem Sänger die ›Raum-Erfahrung‹ eines ›Darinnen-Seins‹[18], und er garantiert schließlich keine Zuschauerrolle und keinen spielerischen Modus der Übernahme der Sängerrolle. Hier ist gerade nicht gegeben, was Erving Goffman als Basiselement seiner Konstruktion des theatralischen Interaktionsrahmens ansetzt,[19] nämlich die räumliche Fundierung und Stabilisierung der Rollentrennung und des Rollenspiels von Akteuren und Zuschauern in der Abgrenzung von Bühne und Parkett vermittels Vorhang, Beleuchtung etc., welche das gesamte Theater als eine Welt des Spiels, des ›Als ob‹, der Täuschung von ihrer nicht-theatralischen Umwelt absetzen. Die Rollentrennung mag sich in der Situation der mittelalterlichen Liedaufführung vielleicht in der Ordnung der Körper im Raum abgebildet haben – doch ist auch dies keineswegs selbstverständlich[20] –, nicht aber war sie oder der Inszenierungscharakter von Rollenübernahmen in der Ordnung des die Körper umgebenden Raums eingebaut und von dort her garantiert. Ebensowenig gibt es Hinweise auf Kostüme oder etwa eine exaltierte Körpersprache als Indizien eines dem Theaterrahmen analogen Fiktionalitätskontraktes.

Der Rahmen, in welchem der Sänger seine Rolle – spielerisch oder nicht – entfaltet, ist demnach nicht nur vermittels des übergeordneten Handlungszusammenhangs des höfischen Festes definiert als ein sozial exklusiver und als ein

---

16 Vgl. Greenblatt (Anm. 9), S. 10.
17 Vgl. Erving Goffman, *Rahmen-Analyse. Ein Versuch über die Organisation von Alltagserfahrungen*, übers. Hermann Vetter, stw 329, 2. Aufl. Frankfurt/M. 1989, S. 163 f. Höfisches Singen scheint durchaus auch in einem Interaktionsrahmen seinen Platz gehabt zu haben, der es nicht vom Druck konkurrierender Aufmerksamkeitsziele freisetzte; vgl. zum Beispiel Walther L. 20, 4.
18 Vgl. Hans Ulrich Gumbrecht, »Für eine Erfindung des mittelalterlichen Theaters aus der Perspektive der frühen Neuzeit«, in: *FS Walter Haug und Burghart Wachinger*, 2 Bde., Tübingen 1992, Bd. II, S. 827–848, hier: S. 837; vgl. auch Gerhard Hahn, »Zu den ›ich‹-Aussagen in Walthers Minnesang«, in: *Walther von der Vogelweide. Hamburger Kolloquium 1988 zum 65. Geburtstag von Karl-Heinz Borck*, hrsg. Jan-Dirk Müller u. Franz Josef Worstbrock, Stuttgart 1989, S. 95–104, hier: S. 97.
19 Goffman (Anm. 17), S. 143 ff.
20 Zum Beispiel das Klingsor-Bild (fol. 219^v) der Manessischen Handschrift könnte derartige Körperordnungen belegen (vgl. auch fol. 13^r, 290^r, 344^v, 415^v u. 423^v: mehrheitlich nichtadlige Sänger), doch so, daß die fürstlichen Zuschauer auf herausgehobener ›Bühne‹, die Sänger darunter sich befinden. Die Inszenierungen räumlicher Deixis in den überlieferten Texten lassen diese jedenfalls als Äußerungen in einem Zeigeraum erscheinen. Etwa in der Rolle des Tanzmeisters (Walther L. 75, 1, Neidharts Sommerlieder, Tannhäuser) zeigt sich das Sänger-Ich als integrierter Teil einer Tanzgruppe (vgl. im Cpg 848 die Bilder fol. 70^v, 146^r u. 312^r), auch proxemisch nicht von ihr abgesetzt.

situational insularer, dergestalt, daß es nur in ›Sonder-Situationen‹ (wie dem Fest) Anlaß zu seiner Etablierung gibt.[21] Dieser Rahmen ist nach dem Gesagten auch als einer zu denken, auf den man sich ad hoc verständigt (und der also auch spontan wieder entfallen kann), als eine okkasionelle Sphäre für ein Singen ›bei Gelegenheit‹. Jederzeit und ohne Anstrengung läßt sich dieser Rahmen wieder entgrenzen, also die Situation des Singens in die übergeordnete des Festes auflösen. Die Rollentrennung von Sänger und Hörern zwar ist konstitutiv, doch scheinen rasch wechselnde Rollenübernahmen möglich zu sein.[22] Das heißt, der Rahmen impliziert nicht schon immer einen dauerhaften Kontrakt darüber, wer welche Rolle übernimmt. Nicht nur die Grenze gegenüber der ihn umgebenden Situation, auch die jene Zäsur mit konstituierende interne »Grenze zwischen dem Trobador und seinen Zuhörern [scheint] wesentlich ›*niedriger*‹, wesentlich ›*durchlässiger*‹ gewesen zu sein, als wir dies zunächst einmal voraussetzen.«[23] Und dies vor allem auch deswegen, weil mit diesem Rahmen – nach allem, was wir wissen können – ein Kontrakt über die Inszeniertheit der Lieddiskurse und über den Spielcharakter der textexternen Sängerrolle zwar gegeben sein mochte, doch keineswegs gegeben sein mußte. Der Performanz-Rahmen des Minnesangs war kein Theater-Rahmen, und ob mit ihm eine Fiktionalitätskonvention verbindlich war, sind wir ihm selbst abzulesen außerstande.

III.

Dieserart kann man wohl eines der prinzipiellen Dilemmata gegenwärtiger Minnesangforschung formulieren. Sie ist für die Klärung der Referenzen lyrischer Ich-Rede auf ein pragmatisches Kriterium angewiesen, das es für sie historisch offenkundig nicht mehr gibt. Unter diesem Dilemma ist das ›Als ob‹ von Plausi-

---

21 Gumbrecht, »Beginn von ›Literatur‹«, S. 26.
22 Das wird nicht nur deswegen plausibel sein, weil Minnesang, insofern er adelige Standeskunst ist, immer wieder die Mittelpunktsfigur des Hörerkreises, den Fürsten, zum Sänger werden läßt oder weil überhaupt in Stegreifsituationen des Singens die wechselnde Übernahme der Sängerrolle naheliegt. Mit der Möglichkeit des Austausches von Sänger- und Hörerrolle ist auch deswegen zu rechnen, weil Texte ihn noch zu Zeiten inszenieren, da man längst eine institutionelle Verfestigung der sozialen Sängerrolle ansetzen wird (vgl. Neidhart WL 29, IV; Tannhäuser I, 25). – Die Ausgaben: *Die Lieder Neidharts*, hrsg. Edmund Wießner, fortgeführt von Hanns Fischer, 4. Auflage revidiert von Paul Sappler, ATB 44, Tübingen 1984; Tannhäuser, *Die lyrischen Gedichte der Handschriften C und J, Abbildungen und Materialien zur gesamten Überlieferung der Texte und ihrer Wirkungsgeschichte und zu den Melodien*, hrsg. Helmut Lomnitzer u. Ulrich Müller, Litterae 13, Göppingen 1973. Auch wenn Singen zum Amt eines Sängers geworden ist, scheint die okkasionelle Übernahme der Sängerrolle durch einen Hörer nicht ausgeschlossen. In ähnlicher Richtung weisen epische Schilderungen lyrischer Vortragssituationen; vgl. zum Beispiel Gottfried von Straßburg, *Tristan*, hrsg. Karl Marold, 4. Aufl. besorgt von Werner Schröder, Berlin u. New York 1977, V. 3503–3630; Bumke, *Höfische Kultur*, Bd. II, S. 753 (zum *Roman de Horn*).
23 Gumbrecht, »Beginn von ›Literatur‹«, S. 27.

bilisierungsprozessen textanalytisch gewonnener Annahmen nicht hintergehbar. Dabei kann die Interpretation freilich durchaus Textverhältnisse in den Blick nehmen, welche die Relation von textinternem und textexternem Ich, von Lied und Sänger reflektieren. Dies scheint mir etwa im Falle von Liedern gegeben, bei deren Aufführung der Sänger nicht nur zwei, sondern drei Ich zur Darstellung bringt, nämlich neben seinem pragmatischen Ich zwei textuelle, die nun aber nicht, wie im Falle von Frauen- und Botenstrophen, oppositiv oder substitutiv vom Minner-Sänger-Ich immer schon unterschieden sind, sondern aus ihm hervorgehen. Es geht um Lieder, die gewissermaßen ein Heraustreten der textuellen Sängerrolle aus sich selbst, also deren Verdoppelung zeigen.[24] Solches ist in der mittelhochdeutschen Minnelyrik nicht der Normalfall. Hoher Sang zeigt sich vielmehr zentral als Minnewerbung, das singende Ich ist das um die Liebe der Dame – auch im Medium seines Sanges – werbende Ich, das Singen von dieser Werbung erscheint als diese selbst. ›Ich singe‹, ›ich liebe‹, ›ich werbe‹ und ›ich diene‹ sind in diesem Liedmodell synonyme Sätze. Beispielhaft ließe sich das an einem Text Rudolfs von Fenis (II) im einzelnen zeigen:

> Minne gebiutet mir, daz ich singe
> unde wil niht, daz mich iemer verdrieze,
> nu hân ich von ir weder trôst noch gedinge
> unde daz ich mînes sanges iht genieze.
> Si wil, daz ich iemer diene an sölhe stat,
> dâ noch mîn dienst ie vil kleine wac,
> unde al mîn stæte niht gehelfen mac.
> nu wære mîn reht, moht ich, daz ich ez lieze.
>   (MF 80, 25–81, 5)

Rollenprogramm, Redekonstellationen und -gesten, Minnekonzept, Metaphorik dieses Textes sind in jeder Hinsicht konventionell. Er ist »variierende Wiederholung eines Grundschemas« (und darin repräsentativ), dies aber nicht nur als ganzes, sondern schon in sich »von Strophe zu Strophe, unüberhörbar darin, daß der letzte Satz einer Strophe im ersten der nächsten Strophe aufgegriffen und zum Beginn eines neuen Durchgangs durch die Motivreihe wird.«[25] Das Prinzip dieses Musters ist geradezu die bloß linguistisch veränderte Wiederkehr der immer identischen Ich-Aussage, ob diese nun in der Form des *ich minne* (MF 81, 9) auf den Zustand des Ich, als *ich diene* (MF 81, 2; 81, 13; 81, 14; 81, 19; 81, 25) auf seine soziale Praxis oder als *ich singe* (MF 80, 25) auf ästhetische Übung verweist. Das eine erscheint als vom anderen systematisch und auch zeitlich *iemer* ungeschieden, und gleichermaßen zeigt sich das sprechende Ich je zugleich als Minner, Diener und Sänger.

Gleiches ist etwa der Fall in Reinmars Preislied (XIV) MF 165, 10, doch hat es hier seine Selbstverständlichkeit verloren, wird also reflexiv. Minnetheoretisches Zentrum des Liedes ist die berühmte dilemmatische Entfaltung der Para-

---

24 Vgl. Hahn (Anm. 18), S. 97 f. Ich stütze mich im folgenden in der Regel auf die einschlägigen Editionen. Probleme der Überlieferung und Textherstellung werden – für diesmal – nur ausnahmsweise eigens thematisiert. Mitbedacht sind sie.
25 Gerhard Hahn, »›dâ keiser spil.‹«, S. 92 f.

doxie hoher Minne[26], die währendes Leid begründet und in dessen Ausdruck, der unablässigen Klage, ihre für wichtige Sektoren des Reinmar-Corpus verbindliche Gestalt gewinnt.[27] Dabei sind Affekt und Äußerung, Leid und Leidgesang hier – wie Liebe und Liebeslied in Rudolfs Text – metonymisch konzipiert. Doch genau dies wird im vorliegenden Text ›von außen‹, und zwar schrittweise, in Frage gestellt:

> die vriunt verdriuzet mîner klage.
> des man ze vil gehœret, dem ist allem sô.
> (MF 165, 12 f.)

Es ist zunächst die ungebrochene Dauer (*Swaz ich nu niuwer mære sage, des endarf mich nieman vrâgen*, MF 165, 10 f.) des Klagegesanges – nicht auch schon des zugehörigen Affekts –, welche gesellschaftlichen Überdruß erzeugt. Die *vriunt* dokumentieren damit, so wird sich im Fortgang des Liedes (Str. 4) erweisen, daß sie die hier reflektierte Minnekonzeption nicht verstanden haben, welche konstitutiv auf Paradoxie gestellt ist und darum nicht anders denn als dauerhafte Klage ins Wort kommen kann. Eine Gebärde: Einsam ist das klagende Ich nicht nur als liebendes, sondern auch als Liebestheoretiker. Wichtiger ist im Moment, daß die Kritik der Freunde eine Entkopplung von Affekt und Ausdruck ankündigt. Man sieht das spätestens dann, wenn das Ich sie dementiert:

> ich engelige herzeliebe bî,
> sône hât an mîner vröude nieman niht.
> (MF 165, 17 f.)

Ein Irrealis, wie Strophe 4 zeigen wird, doch von jener bemerkenswerten Art, daß er den gesellschaftlichen Funktionsbezug des Sanges, die *vröude* der *vriunt*, hinter ein Authentizitätspostulat zurückstellt. Die Kongruenz von Affekt und Ausdruck ist wichtiger als der Zustand der Gesellschaft, man könnte auch sagen: In der textinternen Kommunikationssituation verweigert sich das singende Ich einem Fiktionalitätskontrakt mit seinen Hörern.

Das Dementierte kehrt freilich in der zweiten Strophe (nach den Handschriften BCE) wieder – als um so stärkerer Vorwurf:

> Die hôchgemuoten zîhent mich,
> ich minne niht sô sêre, als ich gebâre, ein wîp.
> si liegent und unêrent sich:
> si was mir ie gelîcher mâze sô der lîp.
> (MF 165, 19–22)

Hier begegnet erstmals jener Aussagetyp, den diese Überlegungen zur Selektionsregel für ihr Textcorpus wählen: Affekt und Ausdruck scheinen auseinanderzutreten. Die Sätze *ich minne* und *ich gebâre* (dies verstanden als Ausdruck für

---

26 Vgl. Ingrid Kasten, »›geteiltez spil‹ und Reinmars Dilemma MF 165, 37. Zum Einfluß des altprovenzalischen dilemmatischen Streitgedichts auf die mittelhochdeutsche Literatur«, *Euph.* 74 (1980), S. 16–54, hier: S. 40 ff.

27 Vgl. MF 155, 27 f. Die nötigen Differenzierungen bei Helmut Tervooren, *Reinmar-Studien. Ein Kommentar zu den »unechten« Liedern Reinmars des Alten*, Stuttgart 1991, bes. S. 234 ff.

die performative Realisierung der Klage) artikulierten, so lautet die Kritik, keine identische Aussage mehr, es gebe zwei Ich, eines, das modest liebe, ein zweites, das in der Aufführungsform exaltierte Klage darstelle. Die textinternen Hörer, *hochgemuot* auf die Realisierung gesellschaftlicher Freude gestimmt, nehmen am textinternen Sänger-Ich eine Disjunktion wahr. Sie sehen es auseinandertreten in ein Ich, das sich in der Rolle des Minners befindet, und in ein zweites Ich, das die Rolle eines demgegenüber unverhältnismäßig heftig klagenden Sängers spielt. Wiederum anders gesagt: Jene Hörer verstehen die Gesangsvorführung als ein Angebot des Sängers, einen Fiktionalitätskontrakt einzugehen. Das lehnen sie ab (sie *zîhent*), sie kritisieren, was sie wahrnehmen, als ein ›Als ob‹, und sie machen diese Wahrnehmung übrigens in charakteristischer Weise genau in dem Moment, wo sich gegenüber der ersten Strophe ihre Aufmerksamkeit vom Hören (*klage*) auf das Sehen (*gebâren*) verschoben hat: *nu sehent, wie der singet!*

Nun blieb bislang außer acht, daß all dies im Zitat vermittelt und gebrochen ist. Das textinterne Ich referiert seine Kritiker, die ihm einen bloß fingierten Klagegesang unterstellen, allein um dies erneut zu dementieren. Es handelt sich in den beiden ersten Strophen von Reinmars Lied um die Darstellung einer kollabierenden Kommunikationsstruktur: Textinternes Sänger-Ich und textinterne Hörer verweigern sich beide einem Fiktionalitätskontrakt, den anzustreben sie sich wechselseitig unterstellen. Sie insistieren auf der notwendigen Metonymie von Affekt und Ausdruck, ohne daß Verständigung gelänge. Das ist offenbar deswegen so, weil die Teilnehmer an der textinternen Welt sich nicht auf ein gemeinsames Minnekonzept verständigt haben (das mag mit Blick auf den Reflexionsprozeß des Liedes hin zur vierten Strophe für eine weiterführende Interpretation bedeutsam sein) und weil sie daher, der Sänger am Ende der ersten, die Hörer im Aufgesang der zweiten Strophe, mit Fiktionalisierungsstrategien rechnen. Für den Text insgesamt heißt dies, daß sein Ich hier auf seiner Echtheit und Identität insistiert, daß es dies aber auch muß! Die Einheit von Minner und Sänger, die Metonymie von Affekt und Ausdruck ist hier ›noch nicht‹ auseinandergelegt, aber sie ist auch ›nicht mehr‹ selbstverständlich, sie ist vielmehr reflexiv geworden.[28]

Der Befund läßt sich an einer nur in E und lückenhaft überlieferten fünften Strophe überprüfen, die, nach der Fixierung des dilemmatischen Kerns der hohen Minne in Strophe 4, mit ihrem Abgesang noch einmal genau auf dieses Problem der Nicht-Fiktionalität des Klagegesanges, auf seine Authentizität zurückkommt:

> Swer nu giht, daz ich ze spotte künne klagen,
> der lâze im beide mîn rede singen unde sagen
> <................>
> unde merke, wâ ich ie spreche ein wort,
> ezn lige, ê i'z gespreche, herzen bî.
>
> (MF 166, 11–15)

---

28 Diese Konfiguration ist natürlich keineswegs singulär im Reinmar-Corpus; vgl. etwa MF 158, 11; 175, 8 u. 197, 9.

Hier wird, auf der Textebene, noch einmal expressis verbis der metonymische Charakter der Rede behauptet; die Metapher dafür ist der Sexualakt (*bî ligen*) von Herz und Wort des einen Ich. Der bloße Behauptungscharakter der Aussage liegt freilich offen zutage. Darin zeigt sich, was man ein Ausdrucksdilemma nennen könnte.[29] Der Satz ›ich liebe so sehr, wie ich klage‹, die Behauptung der Kongruenz der Ausdrücke ›ich singe‹ und ›ich liebe‹ ist, einmal in Frage gestellt, nicht zu beweisen. Sie ist nur zu wiederholen.

IV.

Dieses Ausdrucksdilemma läßt sich ableiten von einer Differenz zwischen einem in einer Kommunikationsgemeinschaft möglichen, wahrscheinlichen oder dominanten Zeichenrelationstyp einerseits (›Als ob‹-Referenz: man tut so, als ob man Minnesang als Minnewerbung betreibe) und anderseits demjenigen Zeichenrelationstyp, den das aktuelle Lied für sich reklamiert (also etwa: Metonymie von Affekt und Äußerung). Wo stets mit ›Als ob‹-Referenzen zu rechnen wäre, haben metonymische Artikulationen nur geringe Chancen, kommunikativ durchgesetzt zu werden. Auch Nicht-Fiktionalität beruht auf einem pragmatischen Kontrakt zwischen den Situationsteilnehmern, welchen das gerade besprochene Lied Reinmars eben als zerstörten vorführt. Eine Strategie, auf dieses Dilemma zu reagieren, ist Ästhetisierung:

> Die ich mir ze vrowen hâte erkorn,
> dâ vant ich niht wan ungemach.
> waz ich guoter rede hân verlorn!
> jâ, die besten, die ie man gesprach.
> Sî was endelîchen guot.
> nieman konde sî von lüge gesprochen hân,
> ern hete als ich getriuwen muot.
>   (MF 175, 29–35)

Der Zusammenhang von Wahrheit und Schönheit der Ich-Rede wird freilich in dieser Strophe Reinmars vom sprechenden Ich nur postuliert, doch liegt die Leistung dieses Postulats offenbar darin, die nackte Behauptung von der Bedeutungskongruenz der Sätze ›ich singe‹ und ›ich liebe‹ in einen immerhin diskutablen Nexus von Ästhetik und Ethik einzubauen und so von ihrer sprachlichen Unbegründbarkeit in einer nicht mehr metonymischen Welt abzulenken. Gesteigerte Künstlichkeit wird dieserart als Indiz gesteigerter Echtheit der Rede ausgegeben, Ästhetisierung als Authentisierungsstrategie unter den Bedingungen ungesicherter Verständigung über den geltenden Situationsrahmen reflektiert.

---

29 Vgl. Harald Haferland, *Höfische Interaktion. Interpretationen zur höfischen Epik und Didaktik um 1200*, Forschungen zur Geschichte der älteren deutschen Literatur 10, München 1989, S. 55 ff., bes. S. 63 ff.

Die hier unterstellten Bedingungen lassen freilich auch eine alternative Bewältigungsstrategie zu: Ethisierung. Ich diskutiere sie in einem ganz themenbezogenen, daher selektiven Durchgang durch Walthers Lied L. 13, 33.[30] Es beginnt, wie bekannt, ebenfalls mit dem Zitat der Unterstellung, das Ich inszeniere bloß die Rolle des Klagesängers:

> Maneger frâget waz ich klage,
> unde giht des einen daz ez iht von herzen gê.
> (L. 13, 33 f.)

Die folgende Reaktion des Ich-Sängers freilich ist neu. Er läßt sich keineswegs auf die Defensive ein, in welcher ihm nichts als das Ausdrucksdilemma bliebe, sondern stellt umgekehrt vielmehr die Beurteilungskompetenz der Kritiker in Frage:

> der verliuset sîne tage:
> wand im wart von rehter liebe weder wol noch wê:
> des ist sîn geloube [gelûke, C] kranc.
> swer gedæhte
> waz diu minne bræhte,
> der vertrüege mînen sanc.
> (L. 13, 35–14, 5)

gedenken versteht sich sowohl als Erinnerung an je eigene Minneerfahrung wie als allgemeine Minnereflexion. Der Redeakt zielt selbstverständlich auch hier auf die Kongruenz zwischen der Befindlichkeit des singenden Ich und seinem Gesang; auch in diesem Fall lag das Wort erst beim Herzen, ehe es auf die Zunge kam. Doch wird die Referenz des Ausdrucks auf den Affekt an dieser Stelle behauptet auf dem Wege der Negation jeder denkbaren Infragestellung. Damit allerdings ist ein Zeichenproblem schon aufgerufen: Es gibt solche, die über Minne (mit-)reden mögen, ohne selbst je geliebt zu haben. Die zweite Strophe generalisiert, sehr weitgehend, dieses Problem eines Auseinandertretens von res und verbum der Minne zum Signum des Weltzustandes:

> Minne ist ein gemeinez wort,
> und doch ungemeine mit den Werken: dêst alsô.
> minne ist aller tugende [sel den, p] ein hort:
> âne minne wirdet niemer herze rehte frô.
> Sît ich den gelouben hân,
> frouwe Minne,
> fröit ouch mir die sinne.
> mich müet, sol mîn trôst zergân.
> (L. 14, 6–13)

Hier werden – gegen die Reflexe einer ersten Lektüre – nicht sentenziös zu den hinlänglich gewechselten Minne-Worten endlich auch die entsprechenden

---

30 Vgl. Hugo Kuhn, *Minnelieder Walthers von der Vogelweide. Ein Kommentar*, hrsg. Christoph Cormeau, Untersuchungen zur deutschen Literaturgeschichte 33, Tübingen 1982, S. 1 ff.

Minne-Taten eingefordert, ganz im Gegenteil. Der definitorische Gestus bestimmt Minne als den exklusiven Ort (*hort*) aller höfisch-feudalen Qualifikationen (*tugend*), bestimmt sie als eine höchst elitäre Norm. Sie ist notwendig faktisch *ungemeine*, und eben deswegen ist es dem Ich nötig, sich selbst als Vertreter eines dieserart exklusiven Minnekonzepts zu bezeugen (*sît ich den gelouben hân*). Das von der Strophe als unauflösbar (*dêst alsô*) ausgegebene Problem ist also nicht die (unmögliche) ›Popularisierung‹ einer exklusiven Minnekultur, sondern die gesellschaftliche Ubiquität von Minne-Worten,[31] der grassierende, doch größtenteils zwingend referenzlose Minnesang.

Seiner Hoffnung auf Liebeserfüllung gibt das Ich in Walthers Lied in der dritten Strophe Ausdruck, doch mit einer konditionalen Einschränkung – *swenne ir güete erkennet mîn gemüete* (L. 14, 19 f.) –, welche sich in der folgenden Strophe als prinzipielle Begrenzung erweisen wird. Diese vierte Strophe bildet das hervorgetretene Zeichenproblem, die – so wie die Welt ist – allermeist gegebene ›Als ob‹-Referenz des Satzes ›ich liebe‹, nun auf die konkret vorausgesetzte Werbungssituation ab:

Wiste si den willen mîn,
liebes unde guotes des wurd ich von ir gewert.
wie möht aber daz nû sîn?
sît man valscher minne mit sô süezen worten gert,
daz ein wîp niht wizzen mac
wer si meine.
disiu nôt alleine
tuot mir manegen swæren tac.
(L. 14, 22–29)

Die beiden Sätze des Abgesangs spezifizieren genau jene Klage, deren Nicht-Fiktionalität liederöffnend in Frage stand. Die Klage ist im Kern keine Minneklage (denn die Dame ist *sô guot* [L. 14, 18], daß ihr das Scheitern der Werbung nicht zugerechnet werden kann), sondern eine sozusagen pragma-semiotische: Die *nû* gegebenen Kommunikationsverhältnisse lassen so schrankenlos (*gemeine*) *süeziu wort* auf *valsche minne* beziehen, daß authentischer Sang als solcher nicht mehr erkennbar, nämlich die Identität von ›ich singe‹ und ›ich minne‹ ungewiß geworden und also die Werbungsfunktion des Sangs hintertrieben ist.[32] Man könnte es auch von der Dame her beschreiben. Sie hat kein Kriterium, für ein gegebenes Lied zwischen den alternativen Referenzmöglichkeiten von Text-Ich und Sänger-Ich zu scheiden. Daraus ist zu folgern, daß Walthers Lied die von ihm textuell erzeugte Welt so aufbaut, daß in ihr innerhalb des Interaktionsrahmens, welcher Sänger/Minner und Dame eine Begegnung gestattet, konstitutiv Ungewißheit darüber herrscht, ob das

---

31 Vgl. etwa auch Gottfried von Straßburg, *Tristan* (Anm. 22), V. 12283–12361.
32 Vgl. auch: Reinmar MF 157, 21; Walther L. 48, 25; 53, 25; Rudolf von Rotenburg KLD 49, IV 44 ff.; Walther von Mezze KLD 62, VII 3, sowie insbesondere Morungen MF 131, 25 (nach BC), und dazu Günther Schweikle, »Textkritik und Interpretation. Heinrich von Morungen ›Sît siu herzeliebe heizent minne‹ (MF 132, 19)« [1964], in: ders., *Minnesang in neuer Sicht*, Stuttgart u. Weimar, 1994, S. 216–264

Singen einer Fiktionskonvention unterliegt oder nicht. Hier ist nicht gesichert, wie *gemeiniu* und *süeziu wort* auf *valsche minne* und *ungemeine werke* referieren, hier ist eine metonymische Welt in der Arbitrarisierung von Zeichenbeziehungen längst aufgelöst – weil und seitdem (*sît*) die Täuschung in der Welt ist.

Die Datierung für diesen Vorgang liefert, heilsgeschichtliche Dimensionen aufreißend, der Aufgesang der abschließenden Strophe nach:

> Der diu wîp alrêrst betrouc,
> der hât beide an mannen und an wîben missevarn.
> (L. 14, 30 f.)

Die Stelle spielt auf ein dem Sündenfall analoges ›historisches Ereignis‹ an, da Täuschung, Lüge, Fiktionalität in die Welt kamen,[33] womit gesellschaftliche Beziehungen überhaupt gefährdet sind. Angesichts dieses Weltzustandes verlieren schließlich die Probleme von Minne und Minnesang ihre zentrale Bedeutung, rücken sie – typische Figur bei Walther – in eine indizierende Funktion (vgl. L. 14, 25 mit 14,33):

> in weiz waz diu liebe touc,
> sit sich friunt gein friunde niht vor valsche kan bewarn.
> (L. 14, 32 f.)

Schrittweise, so mag sich gezeigt haben, radikalisiert Walthers Lied ein Problem, das zunächst bloß eines von Minnekommunikation zu sein schien.[34] Wenn am Ende mit jederart Täuschung zugleich auch die Disjunktion einer Sänger- und einer Werberrolle oder ein fiktionaler Umgang mit dem Satz ›ich minne‹ als sündhaft insinuiert wird, dann ist damit zwar eine radikale Ethisierung vorgenommen, doch jenes Ausdrucksdilemma, das in den vorangegangenen Liedern zuerst hervortrat, sowenig aufgehoben oder bewältigt wie durch die Ästhetisierungsstrategie Reinmars.

V.

Verfahren der Ästhetisierung oder – im Gegenteil – der Ethisierung sind Möglichkeiten, das Ausdrucksdilemma metonymischer Ich-Rede unter den Bedingungen mindestens potentiell arbiträrer Zeichenrelationen zu prozessieren; auflösen können sie es nicht. Dies geschieht erst in dem Moment, in dem, in abrupter Wendung, die Identität von Sänger- und Minnerrolle zur Disposition gestellt wird. Ich wähle zunächst zwei unterschiedlich komplexe Beispiele aus ›Minnesangs Frühling‹ und beginne bei Friedrichs von Hausen sogenanntem ›Lied von der Gedankenminne‹ (XIV, MF 51, 33). Der Text organisiert Distanz zwischen Ich und

---

33 Vgl. etwa: Der Stricker, *Der Pfaffe Amis. Mittelhochdeutsch/Neuhochdeutsch. Nach der Heidelberger Hs. cpg 341*, hrsg. u. übers. Michael Schilling, RUB 658, Stuttgart 1994, V. 39 ff. u. V. 1321 ff.

34 Und etwa bei Kristan von Luppin (KLD 31, I 2) genau darauf wieder begrenzt wird: Ausbeutung dieser Ethisierung für die Werbungsrede.

Dame als soziale (Str. 2), vor allem aber als räumliche. Ein Reden mit der Dame hätte beider körperliche Gegenwart in einem Raum zur Voraussetzung:

> Ich denke underwîlen,
> ob ich ir nâher wære,
> waz ich ir wolte sagen.
> (MF 51, 33 ff.)

Solche Nähe unterstellt das Lied als illusionär. Was bleibt, ist das Nachdenken, der Erkenntnisakt, welcher der räumlichen Abgrenzung von der Dame (besonders prägnant: MF 52, 23 ff.) so zugeordnet ist wie die Möglichkeit der Rede einer Nähe zu ihr:

> daz kürzet mir die mîlen,
> swenne ich mîne swære
> sô mit gedanken klage.
> (MF 51, 36–52, 2)

> Swie klein es mich vervâhe,
> sô vröwe ich mich doch sêre,
> daz mir nieman kan
> erwern, ich gedenke ir nâhe,
> swar ich landes kêre.
> (MF 52, 27–31)

Man hat hier von einem »Rückzug ins eigene Bewußtsein« gesprochen,[35] und dies sicher insofern zu Recht, als Hausens Lied den Erkenntnisakt als Ort einer Autonomisierung des Ich anvisiert. Indes erreicht es diesen nicht schon selbst. Denken und Erkennen setzen die Ablösung von der Dame voraus und bleiben doch an deren Einverständnis gebunden.[36] Vor allem aber zeigt der Text sehr genau, daß der Preis solcher Autonomie die Aufgabe jeder Identität von Sänger- und Liebhaberrolle wäre. Die *klage* allein *mit gedanken* ist nicht kommunikabel, auf sie referieren jene sprachlichen und körpersprachlichen (*sehen!*) Zeichen gerade nicht, vermittels welcher das höfische Sänger-Ich[37] den Anforderungen gesellschaftlicher Rollenzuschreibungen gerecht wird:

---

35 Grubmüller, »Ich als Rolle«, S. 400.
36 Genau in diese Bindung kehrt der Reflexionsprozeß des Textes zurück:

> den trôst sol sî mir lân.
> wil sîz *[die gedankliche Annäherung]* vür guot enpfân,
> <des vröwe ich mich iemer mêre,>
> wan ich vür alle man
> ir ie was undertân.
> (MF 52, 32–36)

Grubmüller hat das Problem gesehen (»Ich als Rolle«, S. 400: »[…] von der Billigung solcher Unabhängigkeit des Bewußtseins durch die Dame abhängig […]«), ohne jedoch interpretatorische Folgen daraus zu ziehen.

37 Dieses Verständnis setzt voraus, daß das Pronomen des im folgenden zitierten Satzes (MF 52, 3 ff.) auf die Rolle des Sängers in der Aufführung referiert. Solches wird zumindest durch die im weiteren zu nennenden motivverwandten Formulierungen anderer Texte nahegelegt.

Mich sehent manige tage
die liute in der gebærde,
als ich niht sorgen habe,
wan ich si alsô vertrage.
  (MF 52, 3–6)

Anders gesagt ist für das Ich Autonomie im Erkenntnisakt also nur zu haben um den Verlust der Authentizität der Ich-Rede, diese wird zur fiktiven ›Als ob‹- Rede, das redende Ich zeigt sich vielmehr als ein sorgenfreies, und ohne ein solches Abkippen ist der Sachverhalt wohl nicht ins Lied zu bringen: Das redende Ich zeigt, daß es sich als ein sorgenfreies zeigt, es führt die Differenz eines liebenden, klagenden, denkenden Ich und eines singenden und damit sorglos Freude stiftenden Ich vor. Anders als in den Textbeispielen des vorigen Abschnitts tritt die Disjunktion von Affekt und Ausdruck hier nun nicht mehr allein im Spiegel gegenseitiger Unterstellungen und Unterstellungsunterstellungen als bloße Möglichkeit zutage, sondern sie wird als Gegebenheit dargestellt. Das Ich verdoppelt sich in dem Moment, da seine sozialen Funktionsbeziehungen nicht mehr zur Deckung zu bringen sind – und dies eben wird ja im Raumprogramm der Distanz anschaubar –, sondern die Beziehung des liebenden Ich zur Dame (Minne, Leid) sich gegenüber derjenigen des singenden Ich zur Gesellschaft (Minnesang, Freude) ausdifferenziert.[38] Liebhaberrolle und Sängerrolle scheiden sich, was offenbar nur auf dem Wege der Selbstreferenzialisierung geschehen kann, indem nämlich genau diese Verdoppelung vom Lied besprochen – und so zugleich wieder aufgehoben – wird. Auf der Textebene indes tritt das Sänger-Ich als solches hervor und als eines, das nur fiktive Rede artikulieren kann. Die Erfindung der Sängerrolle ist die Erfindung ihrer Fiktionalität.

In aller Kürze stelle ich dem ein zweites, in mehrfacher Hinsicht vergleichbares Beispiel[39] ausschnittsweise zur Seite. An Reinmars Lied XIII *Mich hœhet, daz mich lange hœhen sol* (MF 163, 23) zeigt sich zunächst, daß der Weltbezug des zur Freude genötigten Ich unverkennbar der Funktionszusammenhang der Sängerrolle ist (*rede*: MF 163, 24 u. 164, 6; ›singen‹: 164, 10 f.; *liet*: 164, 11). Sodann aber ist dieser Text auch benutzbar, um darzulegen, daß hier mit Bedacht von einer Verdoppelung der Ich-Rollen gesprochen ist. Es steht nämlich jene Einheit und kategoriale Bestimmtheit eines Subjekts gerade in Frage, die immer schon vorausgesetzt wird von der These, das »Austragen des Widerspruchs zwischen gesellschaftlich geforderter Haltung und persönlicher Erfahrung« verlege »die Verantwortung ins Subjekt«[40]; ganz abgesehen davon, daß solch Widerspruch weniger ausgetragen als konstatiert wird.

Die vierte Strophe (nach bC, sechste nach E) von Reinmars Lied thematisiert in konventioneller Weise das Scheitern des Minnesangs als Minnewerbung:

  mir hât mîn rede niht wol ergeben:
  Ich diende ie, mir lônde niemen.
      (MF 164, 6 f.)

---

38 So gesehen wäre die These von einer funktionalen Identität der begehrten Frau und der *liute* zu revidieren; vgl. Grubmüller, »Ich als Rolle«, S. 399.
39 Vgl. ebd., S. 403.
40 Ebd., S. 405; vgl. auch Müller, »»Ir sult sprechen willekomen««, S. 10 f.

Der Akzent liegt indes darauf, daß der resultierende Liebesschmerz sogleich in seiner sozialen Dysfunktionalität reflektiert wird: *daz truoc ich alsô, daz mîn ungebærde sach lützel iemen* [...] (MF 164, 8). Die vorangegangene Strophe hatte eben dies bereits entfaltet:

> Tæte ich nâch leide, als ich ez erkenne,
> si liezen mich vil schiere, die mich dâ gerne sâhen eteswenne,
> die mir dâ sanfte wâren bî.
> nu muoz ich vröiden nœten mich,
> dur daz ich bî der welte sî.
>
> (MF 164, 34–38)

Hier ist gut erkennbar, daß das Prekäre der vorgestellten Situation darin liegt, daß das *dienen* in der Werbungsbeziehung und das *bî der welte sîn* gerade nicht hierarchisiert werden können. Die beiden Sätze ›ich liebe‹ und ›ich singe‹ entstammen unterschiedlichen Funktionskontexten und haben einen je eigenen Fiktionalitätsstatus, doch unterschiedlich wichtig sind sie nicht. Was vorliegt, ist schwerlich als das Verhältnis etwa von Innen- und Außenseite eines Ich rekonstruierbar, die nach einer Logik von größerer oder minderer ›Eigentlichkeit‹ zu hierarchisieren wären. Es ist vielmehr die gleiche Verbindlichkeit des Minnebezugs auf die Dame und des Minnesangbezugs auf die Gesellschaft das eigentliche Problem – und die Verdoppelung des Ich, die Ausdifferenzierung der Sängerrolle und ihr Spielcharakter dessen Lösung.

Hatten die Textbeispiele der vorangegangenen Abschnitte III. und IV. gezeigt, wie Minnesang in einer Behauptung der Identität von Sänger- und Minnerrolle, der Metonymie von Affekt und Ausdruck – per negationem also – die Möglichkeit ihrer Disjunktion ins Wort kommen lassen kann, so operieren die beiden zuletzt diskutierten Lieder unter geänderten Voraussetzungen.[41] Sie nützen das Zentralelement des Minneparadoxons, die konstitutive Unerfülltheit der Werbung und die Klage des Werbers als die Konsequenz daraus, zu dem Zweck, die Einheit des textuellen Ich zu verdoppeln in Minnerrolle und Sängerrolle sowie letzterer den Status einer ›bloß‹ fiktiv übernommenen ›Als ob‹-Rolle zu attestieren. Darin tritt die Sängerrolle als sie selbst, als eine Inszenierung hervor, darin löst sich der poetologische vom Liebesdiskurs und zeigt sich jener als ein inszenierter. Solche Differenzierungen auf der Textebene darzustellen scheint nur dann sinnvoll, wenn sie ursprünglich in einer Situation fungierten, die einen Fiktionalitätskontrakt zwar zuließ (ihn also nicht nur als unvermeidliches Signum von Erbsünde duldete), nicht aber schon immer über einen solchen Kontrakt als selbstverständliches Definitionsmerkmal bestimmt war. Erst unter solcher Voraussetzung mag man für plausibel und funktional halten, daß der Sänger zeigt, daß er einen Sänger spielt, der mit der Rolle des Liebenden nicht identisch ist.

---

41 Vgl. etwa auch Bligger von Steinach I, MF 118, 10 ff.; Götfrid von Neifen KLD 15, XLVI 3; Rubin KLD 47, IX 1; Neidhart WL 16, II; Heinrich von Sax SMS 6, 1 IX f.; Heinrich von Frauenberg SMS 7, 2 I; Der von Gliers, SMS 8, 2 IV; Ulrich von Singenberg SMS 12, 9 II; Heinrich Teschler SMS 21, 11.

VI.

Bevor abschließend mit Heinrichs von Morungen Lied XIII *Leitlîche blicke* der nächste und – im System des klassischen Sangs, wie mir scheint – weitestführende Schritt einer Radikalisierung des lyrischen Fiktionalitätsdiskurses zur Sprache kommen soll, mag es zuvor dienlich sein, an einer intrikaten Strophenfolge[42] die bislang skizzierten Positionen noch einmal aufeinander zu beziehen und zu zeigen, wie eine Disjunktion von Affekt und Ausdruck – offenbar in engem Kontakt mit anderen hier bereits beigezogenen Liedern – auch invers durchgespielt werden kann.

Die erste Strophe dieses Liedes formuliert den steten Frauenpreis als die unabschließbare Aufgabe des Sängers (*Ich wil immer singen dîne hôhen wirdekeit*, MF 146, 11 f.), die zweite zeigt Frauenpreis im Vollzug. Sie hebt die Dame dadurch exklusiv heraus, daß sie sie und ihre *tugenden* vorführt als Thema des allgemeinen Frauenpreises einer Mehrzahl von Sängern – die zugleich als sie schmückende Konversationspartner der Dame (*redegesellen*, MF 146, 23) erscheinen.[43] In der dritten Strophe sodann sieht man das Sänger/Minner-Ich beim Versuch, selbst in den Raum exklusiver Kommunikation mit der Dame vorzustoßen, ihr *redegeselle* zu werden:

> Vrouwe, ich wil mit hulden
> reden ein wênic wider dich.
> daz solt dû verdulden.
> zürnest dû, sô swîge aber ich.
> (MF 146, 27–30)

Es ist also mit rollenkonformem, doktringemäß Nähe, Kommunikation gar verweigerndem Verhalten der Geliebten zu rechnen. Die imaginierte Kompensation ist diesesfalls freilich, bemerkenswert genug, ein ›Als ob‹-Verhalten:

> Wilt du dîner jugende
> kumen gar zuo tugende,
> sô tuo vriunden vriuntschaft schîn,
> swie dir doch ze muote sî.
> (MF 146, 31–34)

Es ist genau dieser Abgesang, mit dem das Lied den alternativen Abgesang der C-Überlieferung im Anschluß an einen in beiden Texten identischen Aufge-

---

42 MF 146, 11. Dies sind die Strophen 20–23 der Walther-Sammlung in der ›Würzburger Liederhandschrift‹ (E), die mit einem Lied aus dem Morungencorpus des Manessecodex die Strophenform sowie in der – hier wie da – dritten Strophe die ersten fünf Verse gemeinsam haben. In ›Minnesangs Frühling‹ stehen die Strophen aus E als Nr. XXXIII[2] unter Morungen. Günther Schweikle hat den Überlieferungsbefund so gedeutet, daß es sich bei dem E-Text um eine von Walther stammende Parodie des Morungen-Liedes XXXIII[1], MF 145, 33 – 146, 3 – 146, 27 handele (»Eine Morungen-Parodie Walthers? Zu MF 145, 33« [1971], in: ders. [Anm. 32], S. 265–277).
43 Eine ironische Lesart der Strophe, so Schweikle (Anm. 42), S. 274, scheint mir nicht selbstverständlich zu sein und gerät auch mit dem abschließenden Vers MF 146, 26 in Konflikt.

sang substituiert. Solche Abweichung erhöht die Signifikanz der Verse, die sich zunächst kontrafaktisch eng mit der Schlußstrophe von Walthers *Maneger frâget* (vgl. oben IV.) verknüpfen lassen. Daß *sich friunt gein friunde niht vor valsche kan bewarn* (L. 14, 33), war dort Signatur eines depravierten Weltzustands und ist im Gegenzug hier geradewegs Bedingung einer gesitteten höfischen Kommunikationskultur: Diese verlangt, daß die Dame *vriunden vriuntschaft schîn* werden lasse – und zwar völlig unabhängig von ihrer ›Befindlichkeit‹ (*swie dir doch ze muote sî*). Gesellschaftliche Freude ist demnach davon abhängig, daß auf Seiten derjenigen, die die Rolle der Minnedame übernimmt, Affekt und Ausdruck auseinandertreten, daß die Rolle spielerisch übernommen wird, daß sie eine kommunikative, mimische, gebärdenhafte (*schîn tuon*) Inszenierung ist. Das Lied verschiebt das Moment einer fiktiven Rollenübernahme vom Sänger/Minner auf die Dame. Nur so ist unter seinen Voraussetzungen – die hier als die Bedingungen einer zivilisierten höfischen Konversationsgeselligkeit eingehen – die Identität von Sänger- und Minnerrolle zu wahren.[44] Denn für deren Rede, und da liegt die Pointe der inversen Konfiguration in diesem Text, wird in der vierten Strophe das Authentizitätspostulat, die Metonymie von Affekt und Ausdruck als selbstverständliche Regel unterstellt. Der Liedabschluß inszeniert die Fraglosigkeit der ›Echtheit‹, der Nicht-Fiktionalität des Sanges, seine Gebundenheit an authentische ›Erfahrung‹:

> Nieman sol daz rechen,
> ob ich hôhe sprüche hân.
> wâ von sol der sprechen,
> der nie hôhen muot gewan?
> (MF 146, 35–38)

Wollte man die Position dieser Strophen versuchsweise weiter generalisieren, um ihren systematischen Ort zu markieren, dann wäre zu bedenken, daß alle Redeakte des Textes, weil Minnesang hier als Werbungssang erscheint, an die Dame gerichtet sind.[45] So selbstverständlich Minner- und Sängerrolle identisch sein mögen, so deutlich rückt also die Dame hier zugleich in die Hörerrolle. Der vom Lied insinuierte Situationskontrakt stülpt jene Asymmetrien um, welche die Interaktionsmuster in den zuvor diskutierten Texten bestimmen, und zwar dergestalt, daß ein ›Als ob‹-Verhalten nicht auf Seiten des Sprechers, sondern nun auf Seiten der Hörerrolle einkalkuliert ist. Systematisch betrachtet, komplementiert der Text die Erfindung der Sängerrolle um Ansätze zu einer Erfindung der Dame- und Hörerrolle als fiktiver, als bloß spielerisch übernommener.

---

44 Ein Gegenentwurf hierzu wäre der C-Text von Walthers Lied L. 69, 1–70, 1; Ausgabe: *Mutabilität im Minnesang. Mehrfach überlieferte Lieder des 12. und frühen 13. Jahrhunderts*, hrsg. Hubert Heinen, GAG 515, Göppingen 1989, S. 215 f.
45 Ein von Schweikle (Anm. 42) übersehener, doch ziemlich fundamentaler, seine Parodiethese tangierender Unterschied zum formgleichen Morungen-Lied XXXIII[1], MF 145, 33.

VII.

Nicht auf die Spuren einer Autonomisierung, Subjektivisierung des Ich führen die in dieser Skizze besprochenen Lieder, wohl aber auf die einer Ablösung der textuellen Sängerrolle von derjenigen des Liebhabers, auf die Spur einer Ausdifferenzierung von poetologischem und Liebesdiskurs[46] und damit offenbar von Textpositionen, welche für ihre pragmatischen Kontexte die Etablierung einer Fiktionalitätskonvention sukzessive vorauszusetzen scheinen. Ein Blick auf den vorläufigen systematischen Endpunkt dieser Spur soll nun die Versuchsreihe abschließen.[47]

Heinrichs von Morungen ›Lied vom Singen‹[48] (XIII, MF 133, 13) eröffnet mit der Fixierung des konventionsgerechten Affektzustands des minnenden Ich. *Leitlîche blicke* der Dame als Ursache *unde grôzlîche riuwe* als Folge davon – wobei diese kausative Gerichtetheit im syntaktischen Parallelismus gerade eingeebnet wird – haben dem Ich *daz herze und den lîp nâch verlorn* (MF 133, 13 f.). Sodann wird, den Normal- und Regelfall einer Metonymie von Affekt und Ausdruck unterstellend, die währende Klage als einzig adäquate Form des Sangs gezeigt,[49] die ausbleibt,[50] allein weil das Ich *der schimpfære zorn* fürchtet (MF 133, 15 f.). *vür niuwe* zu klagen oder es zu unterlassen setzt aber voraus, daß man vormals schon geklagt hat, daß der Konnex von Affekt und Ausdruck, von *nôt* und *klage* also, realisierbar gewesen war. Aufgesprengt wird er in der Gegenwart der Ich-Rede durch die Einführung zweier weiterer Affekte. Sie stammen nicht aus der Minner-Dame-, sondern aus der Sänger-Hörer-Relation: der *zorn* der Kritiker und die Furcht des Ich davor. Die Antizipation solcher Kritik an einem Sang, der zu den ›wahren‹ Affekten des Sängers und Minners

---

46 Vgl. auch Hahn (Anm. 18), S. 102. Im Kontext gattungsgeschichtlicher Entwürfe lautet ein Stichwort dafür ›Literarisierung‹; vgl. auch Hahn, »dâ keiser spil««, S. 95 ff.; Müller, »Ritual« (Anm. 14); sowie neuerdings zusammenfassend Gesine Lübben, »*Ich singe daz wir alle werden vol*«. *Das Steinmar-Œuvre in der Manesseschen Liederhandschrift*, Stuttgart 1994, S. 19 ff.
47 Vgl. auch Dagmar Hirschberg, »wan ich dur sanc bin ze der welte geborn‹. Die Gattung Minnesang als Medium der Interaktion zwischen Autor und Publikum«, in: Hahn/Ragotzky, *Grundlagen*, S. 108–132, hier: S. 123 f. u. passim.
48 Dierk Rodewald, »Morungens Lied vom Singen (MF 133, 13)«, *ZfdA* 95 (1966), S. 281–293; hier auch eine in ihren Ergebnissen insgesamt vernünftige Diskussion der Textherstellungsprobleme im einzelnen. Sie ist für den Wortlaut in der Neubearbeitung von ›Minnesangs Frühling‹ weithin (wichtigste Ausnahme: 133, 25) folgenreich geworden. Ich setze diesen Wortlaut voraus.
49 Es geht dabei nicht um die Erfindung eines stilistisch neuen Sangs, so Rodewald (Anm. 48), S. 284 f., vielmehr – und zwar im wörtlichen Zitat eines Liedeingangs Bliggers von Steinach (I, MF 118, 1) – um das neuerliche Präsentieren langdauernder Minnequal im längst etablierten Typus der Minneklage; in diesem Sinne auch Tervoorens Übersetzung von MF 133, 15 (Heinrich von Morungen, *Lieder. Mittelhochdeutsch/Neuhochdeutsch*, hrsg. u. übers. Helmut Tervooren, RUB 9797, Stuttgart 1975, S. 79), sowie Klaus Speckenbach, »Gattungsreflexion in Morungens Lied ›Mir ist geschehen als einem kindelîne‹ (MF 145, 1)«, *FMST* 20 (1986), S. 36–53, hier: S. 49 f.
50 Dies Verständnis setzt die Konjektur *klagte* (*klage*, C) voraus, dazu Rodewald (Anm. 48), S. 282 f.

gerade metonymisch sich verhielte, hat ihre Plausibilität in der Funktionslogik höfischen Sangs, welche am Ende der zweiten Strophe sentenziös fixiert ist: Für Klagegesänge wird die höfische Festgesellschaft den Sänger nicht entlohnen (*sorge ist unwert, dâ die liute sint vrô*, MF 133, 28). Das läßt sich auch so formulieren: Funktional betrachtet, muß das Lied metonymischer Ausdruck der Zuhörer-Affekte, nicht der Sänger/Minner-Affekte sein. Daß beide differieren, ist jene systemimmanent selbstverständliche Voraussetzung, die das Lied für seine Paradoxierungsstrategie ausbeutet.

Klagegesang als Artikulationsform von Minnequal scheidet demnach als dysfunktional aus. So bleibt eine Alternative, die im Abgesang von Strophe 1 angedeutet (*Singe aber ich* […], MF 133, 17) und die – nachdem sie vorab reflektierend ausgeleuchtet wurde – in Strophe 3 aktualisiert wird. Im Bezug auf jenes »Lied im Lied«[51] ist deutlich, daß die vom Sänger für den aktuellen Gesang gewählte Alternative als ein Preislied aufzufassen ist. Es paßt nicht zur gegenwärtigen Affektlage des Minners, wohl aber zu derjenigen der Hörer. Vor allem aber artikuliert es jenes vergangene Glück, das die Dame *hie bevorn* (MF 133, 17) anscheinend gewährt hatte.

Der Sänger antizipiert bereits in der ersten Strophe Hörerkritik an diesem vorerst nur projektierten Liedtyp des Frauenpreises. Dessen Problem wäre mangelnde Authentizität, die arbiträre Zeichenrelation von Liebesqual und Frauenpreis: *sô velsche dur got nieman mîne triuwe* (MF 133, 18). Indem das Sänger-Ich in dieser Weise Hörerkritik antizipiert, unterstellt es seinen Rezipienten eine Erwartungshaltung, welche ›Echtheit‹ des Liedes, also Kongruenz von Minner-Affekt und Sänger-Ausdruck fordert. Im Vorgriff auf Folgendes wird sich sagen lassen: Das Sänger-Ich unterstellt den Hörern eine Mißachtung der vom lyrischen Frauenpreis hier vorausgesetzten Fiktionalitätskonvention.

Diese Unterstellung wird manifest, wenn mit der zweiten Strophe Hörerkritik nicht nur antizipiert, vielmehr schon zitiert wird:

> Maniger der sprichet: »nu sehent, wie der singet!
> wære ime iht leit, er tæte anders danne sô.«
> (MF 133, 21 f.)

Solche Kritik, indem sie den Sang einer Authentizitätsregel unterwirft, macht die Situation des Sängers – auf der Grundlage der Fundamentalparadoxie höfischen Sangs: Liebesklage zum Zweck gesellschaftlicher Freude – dilemmatisch. Er kann im gegebenen Zusammenhang wählen zwischen Liebesklage und Frauenpreis. Jene orientiert sich authentisch an der Affektlage des Minners, ist nichtfiktional, doch gesellschaftlich dysfunktional, dieser hingegen richtet sich aus an der Rolle des Sängers und ist daher zwar funktional gerechtfertigt, aber unauthentisch-fiktiv.[52]

---

51 Ebd., S. 287; vgl. auch Hirschberg (Anm. 47), S. 128.
52 Insofern liegt das Dilemma etwas anders, als Ingrid Kasten meint: *Frauendienst bei Trobadors und Minnesängern im 12. Jahrhundert. Zur Entwicklung und Adaption eines literarischen Konzepts*, GRM-Beihefte 5, Heidelberg 1986, S. 325.

In den beiden ersten Strophen von Morungens Lied und auf Seiten seines textuellen Ich wie seiner internen Hörer stehen sich demnach zwei Konzepte von Poesie gegenüber, die sich über das Kriterium der Fiktionalität unterscheiden lassen. Deren Möglichkeiten reflektiert das Lied (Strophen 1 u. 2) und erprobt es zugleich ›praktisch‹ – gewissermaßen in der lizensierten Fiktion eines nicht selbstverständlich fiktional sein dürfenden Preislieds – in Strophe 3. Dabei ist nicht zu übersehen, daß der Entwurf des Neuen an seine negierte Alternative gebunden bleibt: Auch das fiktionale Preislied tradiert noch einen Authentizitätsrest. Es artikuliert nicht die gegenwärtige Affektlage des Minners, erinnert aber an eine vergangene, es rühmt als *mînes herzen ein wunne und ein krôn* (MF 133, 29), als die *aller schônist* (MF 133, 31) jene Dame, *diu mich vröwet hie bevorn* (MF 133, 17). Die Zeitstruktur der lyrischen Reflexion ist dieser nicht nebensächlich. Das neue poetische Konzept kappt nicht alle Referenzen zwischen dem Sang und dem Minner-Ich, doch löst es diesen aus der Verpflichtung, seine momentanen Affekte artikulieren zu müssen.

Wozu indes blieb jener Authentizitätsrest in diesem Lied, der in seiner Zeitstruktur bewahrt ist? Meine Hypothese wäre, daß er in der Auseinandersetzung des Ich mit den Zuhörern seine Funktion hat. Das nur noch erinnerte Glück markiert zusammen mit dem aktuellen Leid einen affektiven Innenraum, den das Ich seinen Hörern vorzeigt als einen ihnen konstitutiv unzugänglichen: *der mac niht wizzen, waz mich leides twinget* (MF 133, 23). Die Affekte des Ich sind ihm teilweise selbst – als nur noch erinnerte – und prinzipiell den Hörern unzugänglich[53] – was zugleich heißt: Es scheint keine Ausdrucksform zu existieren, die jene Affekte authentisch an die Kommunikationspartner vermitteln könnte (weil der Sang fiktional ist). Damit aber ist der Anspruch der vielen Kritiker des Ich auf Authentizität des Sangs ad absurdum geführt. Was das Ich seinen textinternen Hörern demonstriert, ist, daß aus ihrer Perspektive über die Authentizität der Ich-Rede, über die Kongruenz von Affekt und Ausdruck grundsätzlich keine Aussage möglich ist. Deswegen kann das Programm des Sängers auch logisch schlüssig lauten: *nu tuon aber ich rehte, als ich tet aldô* (MF 133, 24; vgl. auch 123, 27 f., 128, 14). Die Weigerung der Hörer, für die Dauer der Minnesangaufführung dem vom Sänger angebotenen Fiktionalitätskontrakt beizutreten, erweist sich als unbegründbar.

Aus dem skizzierten Dilemma zwischen nicht-fiktionaler dysfunktionaler Minneklage und fiktionalem funktionalem Frauenpreislied gibt es (unter den Bedingungen hoher Minne) im Prinzip zwei Auswege, den sich abzeichnenden der Etablierung eines Fiktionalitätskontraktes für den Sang oder die Alternative des Verstummens; die Sängerrolle könnte gewissermaßen von der Minnerrolle sich lösen oder – sich selbst auflösend – völlig in dieser verschwinden. Diese zweite Lösung scheidet im Zusammenhang lyrischer Selbstreflexion wohl aus, programmatisch negiert wird sie am Ende der ersten Strophe von Morungens Lied: *wan ich dur sanc bin ze der welte geborn* (MF 133, 20). Das Verstummen wäre der Tod des Ich, das hier allein noch über die Sänger-Rolle definiert ist, und

---

53 Vgl. Hirschberg (Anm. 47), S. 113 f. u. S. 129 f.

nur noch diese Rolle ist es, der gesellschaftliche Funktionszusammenhang des Singens (welte), auf welchem das neue fiktionale Lied sich fundieren ließe. In seinem Kontext begründet Morungens berühmtester Vers, daß Minnesang einzig als fiktionaler möglich sei. Nicht mehr Minneerfahrung, die Sänger-Rolle ist es, die Minnesang legitimiert. Jedes Authentizitätsproblem ist mit dieser Setzung a priori ausgeschlossen.

VIII.

An dieser Stelle bricht meine Reihe von – freilich durchwegs perspektivisch verkürzten – Interpretationsskizzen ab. Sie operierten ausschließlich auf der Ebene überlieferter Texte, und sie hypostasieren kein literarhistorisches Entwicklungsmodell. Vielmehr handelt es sich um eine ganz auf die leitende Fragestellung bezogene Musterung solcher Möglichkeiten der lyrischen Reflexion auf die Referenzen lyrischer Ich-Rede, von denen man annehmen wird, daß sie spätestens um 1200 in der Aufführungssituation bereits so koexistieren konnten, wie sie es drei Generationen später in der Schrift nachweislich tun.[54] Zu verfolgen war dabei das Hervortreten des textinternen Sängers aus der Minnerrolle und ineins damit ein textueller Diskurs über die Fiktionalität der minnelyrischen Ich-Rede. Dieser ist mit einer Durchsetzung von Fiktionalitätskontrakten in der pragmatischen Performanzsituation nicht zu verwechseln. Der Interaktionsrahmen der Minnesangaufführung hat sich endgültig aufgelöst, er ist – jenseits allgemeinster Bestimmungen – wohl auch nicht mehr rekonstruierbar, und das Verhältnis von pragmatischer und textueller Ebene als schlichte Abbildungsrelation aufzufassen, verbietet sich von selbst. Indes mag es unabhängig davon vernünftig sein, den textanalytisch einholbaren Diskurs der Minnelieder immerhin als – um eine ehrwürdige hermeneutische Metapher zu bemühen – Antwort auf pragmatische Fragen zu verstehen, auch als eine Stellungnahme in jenem Gespräch, in welchem (zunächst offenbar immer wieder neu) die Situationsdefinitionen für den Liedvortrag, die Rollen, die Modi von Rollenübernahmen und die Fiktionalitätsstatus der lyrischen Reden ausgehandelt werden müssen. Als eine solche Positionsbeschreibung bleibt das Minnelied vielleicht nicht ohne die Konkurrenz alternativer Standortbestimmungen, doch mag die Annahme plausibel sein, daß es als solche Positionsbeschreibung in der pragmatischen Situation Plausibilität beanspruchen kann. Insofern indizieren die Texte den Möglichkeitshorizont ihrer pragmatischen Kontexte. Die Aufführungssituationen mittelhochdeutscher Lyrik hätten demnach – zu der Zeit, von welcher hier die Rede geht – die Konstitution einer spielerisch übernommenen Sängerrolle, ihr Hervortreten aus dem Minner-Werber und den Entwurf ihres Sanges als eines fiktionalen zugelassen.

Dies heißt, daß auch das konkrete Textmaterial jenen oben von allgemeinen Erwägungen her vorgetragenen Schluß erlauben wird, wonach im Interaktionsrahmen der Performanz ein Kontrakt über die je situativ zugelassene universale,

---

54 Vgl. Tervooren (Anm. 27), S. 264 ff.

personale oder ›Als ob‹-Referenz lyrischer Ich-Rede nicht immer schon geschlossen war. Es wäre sonst schwer verständlich, daß Gedichte der hier herangezogenen Art genau von den Schwierigkeiten handeln, denen die Verständigung auf eine gemeinsame Situationsdefinition, die Festlegung auf eine der bestehenden Referenzialisierungsalternativen für das textuelle Ich immer wieder begegnet.

Ich würde solche Textsachverhalte also als Index für die Nichtselbstverständlichkeit der bestimmenden Merkmale der Aufführungssituation lesen. In ihr mag ein Fiktionalitätskontrakt nicht regelhaft etabliert sein, doch scheint auch ein ›Nichtfiktionalitätskontrakt‹ nicht fraglos zum Situationsrahmen zu gehören. Es sieht demnach so aus, als wäre mit den angedeuteten Interpretationen am ehesten ein Modell verknüpfbar, das den pragmatischen Kontext der Lieder als einen vorstellt, in welchem Rollenübernahmen und deren Modi sowie der Fiktionalitätsstatus des Sangs je situationsgebunden, okkasionell ausgehandelt werden mußten.

Für solche Situationsdefinierungen haben die in der vorgelegten Textreihe beobachteten Verdoppelungen der textuellen Ich-Instanzen einschneidende Konsequenzen. In ihnen zeigt sich nämlich mit der Rolle des Minners/Werbers und derjenigen des Sängers zugleich beider Differenz und beider Rollenhaftigkeit; insofern könnte man sagen, daß Minnesang nicht so sehr Rollenlyrik ist,[55] als vielmehr in bestimmten seiner Sektoren als Rollenlyrik sich selbst beschreibe. Dieserart lockert sich die Bindung des Textes an seinen pragmatischen Sprecher, der Regelzusammenhang selbstverständlich metonymischer Rede wird suspendiert: Wo zwei differente textuelle Ich-Rollen begegnen, wird deren Referenz diskutabel, beginnt der textexterne Sänger offenbar Rollen zu spielen – auch solche Rollen, die Rollen spielen. So lösen sich die Rollen von dem, der sie aktuell innehat, der sie nun vielmehr spielt. Eine universale oder personale Referenz der textuellen Ich-Figuren wird zum unwahrscheinlicheren Fall, die Etablierung einer Fiktionalitätskonvention für den Interaktionsrahmen der Minnesangaufführung liegt nahe. Und hiermit erst wird es auch wahrscheinlich, daß die exklusive, insulare und okkasionelle Situation des Liedvortrages gegenüber der sie umgebenden Situation des höfischen Festes höhere Grenzmauern errichtet: als ein Möglichkeitsraum fiktionaler Rede nämlich, der sich in einer weithin metonymischen Welt eröffnet und den jene Zeremonialhandlungen, Repräsentationsakte, geselligen Unterhaltungsformen, Wettkämpfe jederzeit alsbald wieder schließen, von welchen er im Zusammenhang des höfischen Festes stets umgeben ist. Dann löst sich auch die Grenze zwischen Vortragendem und Hörern wieder auf, mit deren Errichtung die Performanzsituation entstanden war, und der Sänger verschwindet – im Kollektiv der Hofgesellschaft oder in der Marginalität.[56]

---

55 Den Forschungskonsens formuliert Schweikle, *Minnesang*, S. 113 ff. u. S. 215.
56 Herzlich dankbar bin ich den Mitgliedern eines Dresdner Oberseminars, insbesondere Beate Kellner, Franziska Wenzel und Eberhard Zeiler, auf deren interpretatorische Phantasie und konzentrierte Diskussionsbereitschaft die Arbeit an den Texten substanziell angewiesen war.

Partitur und Spiel.
Die Stimme der Schrift im ›Codex Buranus‹

HEDWIG MEIER UND GERHARD LAUER

Im Jahr 1803 wurde im Rahmen der Säkularisation der bayerischen Klöster aus der Abtei Benediktbeuern eine mittelalterliche Sammlung von 112 Pergamentblättern lateinischer Dichtungen und deutscher Verse in die damalige Kurfürstliche Hofbibliothek München übereignet. Dort verwahrt unter der Signatur clm 4660 und um 7 Blätter clm 4660a ergänzt, beginnt die Geschichte des ›Codex Buranus‹ als literarisches Buch nach den Begriffen des 19. Jahrhunderts. Der Codex wird in einem emphatischen Sinne zur Schrift, wenn man Schrift als Metonymie für jenen Prozeß der Verschriftlichung versteht, an dessen Ende, so wird behauptet, wir heute stünden[1] und dessen an einer Textsammlung wie dem ›Codex Buranus‹ noch ablesbaren oralen Voraussetzungen unkenntlich geworden sind. Denn mit der Übereignung des mittelalterlichen und obendrein nur fragmentarisch überlieferten Codex ist eine Schrift nach dem kategorialen Verständnis moderner Philologie geworden. 1847 hat der königliche Hofbibliothekar Johann Andreas Schmeller mit seiner Ausgabe den Anfang gemacht und den titellosen Lagen der Pergamenthandschrift den Namen ›Carmina Burana‹ gegeben.[2] 1901 edierte der Göttinger Professor Wilhelm Meyer die von ihm als Teil der Textsammlung erkannten sieben Blätter clm 4660a in seiner Abhandlung ›Fragmenta Burana‹[3]. Meyer hat auch die Vorarbeiten geleistet, auf die der Frankfurter Gymnasialprofessor Otto Schumann zurückgreifen konnte. Zusammen mit Alfons Hilka begann er eine kritische und mit Kommentarbänden ausgestattete Ausgabe herzustellen, die Bernhard Bischoff weitergeführt hat.[4] Die Edition numeriert die Carmina und Spiele, faßt sie zu thematischen Gruppen zu-

---

1 Vgl. z. B. Norbert Bolz, *Am Ende der Gutenberg-Galaxis. Die neuen Kommunikationsverhältnisse*, München 1993.
2 *Carmina Burana. Lateinische und Deutsche Lieder und Gedichte einer Handschrift des XIII. Jahrhunderts aus Benedictbeuern aus der K. Bibliothek zu München*, hrsg. Johann Andreas Schmeller, Stuttgart 1847.
3 *Fragmenta Burana*, hrsg. Wilhelm Meyer, Berlin 1901.
4 *Carmina Burana*, mit Benutzung der Vorarbeiten Wilhelm Meyers kritisch hrsg. Alfons Hilka u. Otto Schumann, Bd. I: Text. 1. *Die moralisch-satirischen Dichtungen*. 2. *Die Liebeslieder*, hrsg. Otto Schumann, Heidelberg 1930–1941, Bd. II: *Kommentar. Einleitung*, Heidelberg 1930, Bd. I: Text. 3. *Die Trink- und Spielerlieder – Die geistlichen Dramen. Nachträge*, hrsg. Otto Schumann u. Bernhard Bischoff, Heidelberg 1970.

sammen und nimmt gattungspoetische Klassifikationen vor. Der Codex wird auf diese Weise nach den Orientierungsmustern des philologischen Jahrhunderts überarbeitet und seine fremde Gestalt ins Vertraute gewendet.

Trotz kritischer Kommentierung und faksimilierter Editionen ist damit aus den unvollständig gebundenen Lagen von Pergamentblättern ein ›literarisches‹ Buch, mehr noch ein Werk im Sinne des 19. Jahrhunderts geworden, das zur meditativen Privatlektüre geeignet ist. Auch ein nur kursorischer Blick auf die Wissenschaftsgeschichte der mittellateinischen Philologie zeigt, wie schon bei der Editorik und ihrer für die Gründerzeit der modernen Philologien so typischen Akzentuierung kritischer Lesarten, Stemmata und Suche nach Archetypen, daß sich auch die Forschung an modernen literarischen Funktionen orientiert und entsprechend Fragen nach dem Entstehungsort, der Überlieferungsgeschichte, nach der Trägerschaft und den Vorbildern, nach der Erstellung von Konkordanzen und dem Vergleich mit Parallelhandschriften favorisiert.[5] Die fast durchgängig in der Sammelhandschrift vorgesehene, aber nur teilweise ausgeführte Neumierung wird dabei als weitgehend selbständiger Gegenstand der Musikwissenschaft ausgegliedert. Hier entsteht eine eigene hochspezialisierte Forschung.[6] Und da als »Absicht der Sammler die Anlage eines großen Liederbuches«[7] vermutet wird, sind auch die geistlichen Spiele eher Anhang und gesonderter Forschungsgegenstand denn integraler Bestandteil der ›Carmina Burana‹ und ihrer Erforschung.[8]

Wie sehr aus den unvollständigen Lagen der übereigneten Pergamente ein Werk nach den Begriffen des 19. Jahrhunderts geworden ist, zeigt sich besonders deutlich im Bemühen um die Zuordnung der Texte zu Autorennamen. Denn die Sammlung überliefert ja keine Verfassernamen und stellt auch keinen Anspruch auf Autorschaft, wie es nicht nur für volkssprachliche Literatur, sondern auch im

---

5 Sehr differenziert und in der These herausfordernd, die beiden Hauptschreiber, h^1, ein hochgebildeter, aber des Deutschen kaum mächtiger Norditaliener mit guten Kenntnissen der in seiner Heimat weitverbreiteten provenzalischen Lyrik, und h^2, ein französischer Student aus dem Grenzgebiet Deutschlands mit Kenntnissen des gesprochenen Deutsch und Italienisch, hätten die meisten der nur im ›Codex Buranus‹ überlieferten lateinischen und deutschen Strophen selbst verfaßt: Olive Sayce, *Plurilingualism in the Carmina Burana. A study of the linguistic and literary influences on the codex*, Göttingen 1992.
6 Hans Spanke, »Der ›Codex Buranus‹ als Liederbuch«, *Zeitschrift für Musikwissenschaft* 13 (1930/31), S. 241–251; ders., »Zum Thema ›Mittelalterliche Tanzlieder‹«, *Neuphilologische Mitteilungen* 33 (1932), S. 1–22; Walther Lipphardt, »Carmina Burana«, in: *Die Musik in Geschichte und Gegenwart* [MGG], hrsg. Friedrich Blume, Kassel u. Basel 1952, Bd. II, Sp. 853–855; ders. »Unbekannte Weisen zu den Carmina Burana«, *Archiv für Musikwissenschaft* 12 (1955), S. 122–142; ders., »Einige unbekannte Weisen zu den *Carmina Burana* aus der zweiten Hälfte des 12. Jahrhunderts«, in: *FS Heinrich Besseler*, Leipzig 1962, S. 101–125; *Carmina Burana. Lateinisch – deutsch. Gesamtausgabe der mittelalterlichen Melodien mit den dazugehörigen Texten*, hrsg. Michael Korth, München 1979.
7 Dieter Schaller, »Carmina Burana«, in: *Lexikon des Mittelalters*, München u. Zürich 1983, Bd. II, Sp. 1512–1515, hier: Sp. 1514.
8 Es ist für die Abkopplung der Spiele bezeichnend, daß eine neue, für eine breite Leserschaft konzipierte Ausgabe die geistlichen Spiele nicht aufnimmt, obwohl sie eine repräsentative Auswahl anstrebt: *Carmina Burana. Lateinisch/Deutsch*, ausgew., übers. u. hrsg. Günter Bernt, Stuttgart 1992, bes. S. 9.

Lateinischen des 13. Jahrhundert durchaus üblich war.[9] Aber genau die Autorfunktion sichert im kategorialen Literatursystem des 19. Jahrhunderts wie keine zweite Textfunktion den präsupponierten Werkcharakter ab. Aus eben dieser Präsupposition an den Text ist die Signierung der Einzeltexte durch die Herausgeber und die Forschung zu verstehen. Indem Autoren-Zuschreibungen vorgenommen, auf Parallelüberlieferungen verwiesen oder Entstehungsorte diskutiert werden,[10] vereindeutigt man die für die mittelalterliche Sammelhandschrift signifikante, nach unseren Begriffen anonyme Mehrsprachigkeit der Stimmen zum gedruckten Buch mit Titel, Autoren und Gattungszuweisung. Was aus dieser philologischen Vereindeutigung entsteht, gleicht mehr einem gefilterten, für moderne Bedürfnisse eingerichteten Arrangement denn einer vielschichtigen Partitur der in der Handschrift aufgezeichneten Parameter von Klang, Spiel und Text. Deshalb werden die auf Mündlichkeit und Aufführung verweisenden Merkmale der Sammlung isoliert, und ihr Zusammenhang mit dem überlieferten Text gerät dann fast unvermeidlich aus dem Blick der Forschung. Die Stimme im ›Codex Buranus‹ ist zur Schrift hin verschoben, ihre Präsenz wird nahezu aufgehoben.

Paul Zumthor hat in seinen Arbeiten zu einer Poetik der Stimme mit besonderer Eindringlichkeit entwickelt, daß die Stimme nicht als Verkleidung der Schrift, nicht als Träger der Sprache aufzufassen sei, sondern eine körperliche, der Sprache vorgeordnete und mit ihr niemals zur Deckung kommende Größe ist.[11] Mündlichkeit bezeichnet in diesem Begriffskontext die historische Dimension ihres Gebrauchs. Sie ist darum auch, weil hier ein körperliches, vorgrammatisches Phänomen in Erscheinung tritt, stets mit anthropologischen Ausdrucksmustern wie Klangfarbe, Melodie, Rhythmus, Tanz, Mimik, Gestik, Maske, Kostüm und Dekor verknüpft. Sprache und Schrift sind der Stimme dabei auf eine so ausgezeichnete Weise zugeordnet, daß sie sie latent verdrängen. Aber die Stimme ist es, die die Regeln für die Lektüre festlegt, nicht die Schrift. Schrift ist vielmehr darauf angelegt, durch die Stimme hindurchzugehen. Schrift will zwar gehört werden, ist aber darum, wenn sie als das Werk selbst mißverstanden wird, tatsächlich nicht mehr als ein Arrangement von Zeichen, dem die Stimme zu fehlen scheint. Ohne Stimme fehlt dem überlieferten Text genau das, was ihn erst zum Werk macht. Auch im ›Codex Buranus‹ findet man ja nur wenige Hinweise auf Merkmale der Stimme verzeichnet, und vielleicht gerade ihre entscheidendsten nicht.

Können diese Vorüberlegungen Plausibilität für sich in Anspruch nehmen, dann verschwindet der körperliche Aspekt mittelalterlicher Texte in der kategorialen Systematik der modernen Editorik. Und selbst die Schrift erfährt eine ihren Darbietungscharakter entstellende Veränderung, weil die überlieferten Gliederungssignale ersetzt werden, wie etwa mittels der durchgängigen Wiedergabe in Verszeilen, während die Handschrift nur die Strophenanfänge durch

---

9 Burghart Wachinger, »Autorschaft und Überlieferung«, in: ders. u. Walter Haug (Hrsg.), *Autorentypen*, Fortuna Vitrea 6, Tübingen 1991, S. 1–28.

10 Georg Steer, »›Carmina Burana‹ in Südtirol. Zur Herkunft des clm 4660«, *ZfdA* 112 (1983), S. 1–37.

11 Paul Zumthor, *Einführung in die mündliche Dichtung*, Berlin 1990.

Initialen und Rubrizierung hervorhebt, oder durch Einfügung von Lesehilfen, wie etwa von Anführungszeichen für die Wiedergabe direkter Rede, die der Codex nicht kennt, oder durch die mit der Zusatzsigle ›a‹ versehenen und getrennt abgedruckten mittelhochdeutschen Strophen, deren Anordnung in der Handschrift ebenfalls keine graphische Begründung findet.

Nicht zuletzt durch die Ausdifferenzierung der Disziplinen in Literaturwissenschaft, Theaterwissenschaft und Musikwissenschaft ist ein Gegenstand wie der ›Codex Buranus‹ nur schwer adäquat zu beschreiben, denn die Ausdifferenzierung ist selbst Folge jener Trennung von Text, Aufführung und Notation, deren Einheit für das Mittelalter zu vermuten ist und gerade zu beschreiben wäre. So hält jede disziplinär gebundene Untersuchung tendenziell nur das zur eigenen disziplinären Matrix passende Arrangement in den Händen, eine gefilterte Schrift, nicht die darstellerischen Implikationen der Stimme. Das stellt das Verhältnis von Stimme und Schrift, wie es für das Mittelalter Gültigkeit hat, auf den Kopf. Denn stimmt die Vermutung, daß der Stimme im Mittelalter der Primat gehört, der Schrift dagegen ein mehr subsidiärer Charakter zukommt, dann heißt es die Untersuchung vom Kopf auf die Füße zu stellen, wenn nach der Stimme im ›Codex Buranus‹ gefragt wird. Es gilt dabei eher, eine vertikale Partitur als ein horizontales Arrangement zu erstellen. Freilich kann eine solche Partitur der Parameter Text, Aufführung und Klang nicht mehr als eine unvollständige, weil den Ereignischarakter der Aufführung prinzipiell nicht rekonstruierende Lesart, besser: Hör- und Sehart anbieten; sie ist nur die Partitur einer modellhaften Rekonstruktion der Stimme in der ›performance‹, nicht die Stimme selbst. Aber vielleicht können im Zusammenwirken von Literaturwissenschaft, Theaterwissenschaft und Musikwissenschaft die Grenzen genauer abgesteckt werden, die jeder Nachzeichnung der Stimme aus der Schrift gesetzt sind.[12]

Ein Perspektivenwechsel auf den ›Codex Buranus‹ setzt freilich, trotz aller Einwände gegen bestimmte Konzeptualisierungen der Edition und Forschung, die philologischen Leistungen des 19. Jahrhunderts voraus. Mehr aber noch hängt er von einer Präzisierung der Terminologie für die Untersuchung ab. Einzusetzen ist bei dem bisher nur metonymisch gebrauchten Begriff ›Schrift‹. Eine Handschrift wie der ›Codex Buranus‹ ist auf den ersten Blick ein ›Text‹, eine Folge von sprachlichen Zeichen. Auf den zweiten Blick aber finden sich im Codex auch Hinweise auf die Darbietung des Textes. Zumthor nennt diesen in der Darbietung realisierten Text ›Œuvre‹ (›Werk‹). Solche Hinweise auf die Realisation im Text betreffen »die vokale Aktion, die den poetischen Text an seine Adressaten übermittelt, einschließlich der Umstände und Vorgänge, die ihr vorangehen, sie begleiten, ihr folgen.«[13] Diese Realisationsformen lassen sich unter dem Begriff der ›performance‹ zusammenfassen, einem Begriff, der bei Zumthor weniger der handlungsorientierten Linguistik als vielmehr der Theaterwissenschaft entlehnt ist: ›performance‹ lebt vom Ereignis körperlicher Präsenz,

---

12 Zur generellen Kritik an der klassizistischen Editorik und ihren Folgen vgl. die Beiträge in *Speculum* 65 (1990); kritisch zu dieser Kritik: Karl Stackmann, »Neue Philologie«, in: Heinzle, *Modernes Mittelalter*, S. 398–427.
13 Zumthor, *Die Stimme und die Poesie*, S. 35.

von Gestik und Atem.[14] Nicht primär Autorfunktion oder Gattungszuweisungen sichern also die Autorität des Textes, sondern Stimme und Gestik. Die Autorisation des Textes ist unter performativen Merkmalen stets nur eine des Spiels. Erst das Spiel der ›performance‹ erschafft den poetischen Gegenstand, oder wie es Paul Zumthor formuliert hat, es »macht erst die Stimme in der *performance* den Text zum Œuvre.«[15] Das impliziert, daß die Stimme in der Überlieferung hinter die Schrift zurücktritt, – »Der Text verbirgt das Œuvre«[16] – da uns nur die Schrift überliefert und durch eine klassizistische Editorik und eine vom Text her denkende Forschung auch in den Vordergrund gerückt ist.

Der ›Codex Buranus‹ ist eine der zentralen Textsammlungen für den langsamen, aber schon Konturen gewinnenden Übergang von der Stimme zur Dominanz der Schrift, der sich in der ersten Hälfte des 13. Jahrhunderts abzeichnet. Denn so sehr die Sammelhandschrift einen Formenreichtum der primär textualisierten, weil nicht aus der direkten mündlichen Tradition hervorgehenden lateinischen Carmina und Spiele entfaltet, so überliefert sie doch zugleich jenen

> »einzigen direkten und im allgemeinen auch sicheren Beweis, dafür, daß dieser Text (unabhängig von seiner Kompositionsweise) kraft einer Intuition des Autors oder einer gesellschaftlichen Konvention vokal verbreitet worden ist: nämlich das Vorhandensein einer musikalischen Notation über den Sätzen im Manuskript.«[17]

Die teilweise ausgeführte Neumierung des Textes ist ein Ausgangspunkt für den Versuch, Hinweise auf die Stimme im Codex aufzuspüren und sukzessiv zu einer Logik der Partitur zu verbinden. Der Befund ermöglicht vielleicht eine Antwort auf die Frage, ob es sich bei den ›Carmina Burana‹ nicht nur um ein Liederbuch handelt, sondern auch um ein Aufführungsbuch. Damit wäre der ›Codex Buranus‹ zwar nicht vereindeutigt[18], aber zumindest in einen andersartigen Kontext von ›Ritual‹ beziehungsweise ›Theatralität‹ versetzt und müßte neu diskutiert werden.[19]

---

14 Vgl. Paul Zumthor, »Körper und Performanz«, in: Gumbrecht/Pfeiffer, *Materialität*, S. 703–713, bes.: S. 713.
15 Zumthor, *Die Stimme und die Poesie*, S. 38.
16 Paul Zumthor, »Mittelalterlicher ›Stil‹. Plädoyer für eine ›anthropologische‹ Konzeption«, in: Hans Ulrich Gumbrecht u. K. Ludwig Pfeiffer (Hrsg.), *Stil. Geschichten und Funktionen eines kulturwissenschaftlichen Diskurselements*, Frankfurt/M. 1986, S. 483–496, hier: S. 495.
17 Zumthor, *Die Stimme und die Poesie*, S. 14 f.
18 Peter Strohschneider hat mit Blick auf die Minnesangforschung gezeigt, daß der Hinweis auf die Aufführungssituation nicht zu einer interpretatorischen Vereindeutigung führt, sondern im Gegenteil neue Fragen nach dem kommunikativen Liedvollzug aufwirft (Strohschneider, »Aufführungssituation«).
19 Wie sehr Musik aus unserer Vorstellung von Aufführung, speziell von Theateraufführung geschwunden ist, so daß das entmusikalisierte Sprechtheater heute nahezu der Normalfall ist, wird auch daran deutlich, daß die Tradition der Schauspielmusik als wesentlicher Bestandteil der Aufführung, die noch weit ins 20. Jahrhundert hineinreicht, heute kaum mehr bekannt ist, vgl. dazu Hedwig Meier, *Schauspielmusik im deutschen Theater. Bedeutung und Gestaltung im 18. und 19. Jahrhundert unter besonderer Berücksichtigung der Kompositionen zu Inszenierungen von Goethes Faust* [im Druck]. Besonders aufschlußreich, weil eine der wenigen Quellen überhaupt, sind die vergessenen Kapellmeisterbücher, die Einblick in den Prozeß von Text als Schrift und Text als Aufführung gewähren.

Der Versuch, diverse Parameter eines Partiturmodells zu definieren, das es besser ermöglicht, die performative Extension des Textes herauszuheben, lenkt den Blick zurück in die mittelalterliche Handschrift. Natürlich erlauben auch die modernen Ausgaben erste Ansätze, ein Gerüst neuer Lesarten zu zimmern, ausgehend von der exemplarischen Untersuchung des Textes nach Gattungen, Kategorien und Themen. Doch hierbei läßt sich nur mit Hilfe einer übergreifenden Fragestellung wie beispielsweise nach den zyklischen Komponenten[20] der Sammlung im ›Codex Buranus‹ neues Terrain gewinnen. Aber selbst an diesem Punkt erschließt die Betrachtung des mittelalterlichen Schriftbilds neue Zusammenhänge zwischen Text und Aufführung.

Dem heutigen Rezipienten, dem die ›Carmina Burana‹ entweder in Gestalt eines Lesetextes oder des musikalischen Werks von Carl Orff – dessen Aufführungskonzept ebenfalls eine szenische Darbietung vorsieht – bekannt sind, verblüfft die augenscheinlich disparate Kombination der vier thematischen Abteilungen, geordnet nach moralisch-satirischen Liedern, Liebesliedern, Trink- und Spieler-Liedern, deren Schlußpunkt die geistlichen Spiele bilden.[21] Die Thematisierung von vier elementaren Lebensbereichen, die die Hauptteile der ›Carmina Burana‹ auszeichnen, findet ihren artifiziellen Zusammenhalt, wenn man das Manuskript als Anleitung zum Œuvre liest, nicht ausschließlich in der musikalischen Auffassung der Texte, wie die Bezeichnung ›Liedersammlung‹ suggeriert, sondern auch im gemeinsamen Spielcharakter. Mit dieser auf das Spiel hin verlagerten Deutung sollen die Lieder der Handschrift nicht ausgegrenzt, sondern vielmehr im Kontext mit den Spielen der Sammlung auf ihre Theatralität im metonymischen Sinn untersucht werden. Denn vor dem Hintergrund dessen, daß wir Modelle zyklischer Strukturen in Liturgie oder Mythos wie etwa in der Bauweise der mittelalterlichen Osterspiele finden,[22] drängt sich die Frage nach den Momenten des Spiels im ›Codex Buranus‹ auf. In der Anlage der Gegenüberstellung der Lieder und der geistlichen Spiele spiegelt sich, so läßt sich vermuten, das Abbild einer zyklischen Struktur. Diese erste Vermutung erlaubt auch die Einbindung der philologischen Hypothese, geistliche Dichtungen hätten die ur-

---

20 Paul Zumthor spricht in diesem Zusammenhang von der ›integrierten Zeit‹ und zählt darunter kosmische Zyklen, Zyklen der menschlichen Existenz, rituelle Zyklen und wiederkehrende soziale Dauern wie etwa Schlachten oder Siege, die Anlaß der ›performance‹ sein können und damit zugleich eine bedeutungskonstituierende Funktion für die Aufführung einnehmen (*Die Stimme und die Poesie*, S. 39 f.). Daß auch die Notation als ein möglicher Hinweis auf mythische Elemente gelesen werden kann, plausibilisiert etwa die Auffassung von Claude Lévi-Strauss, derzufolge die Musik den Mythos beerbt habe, vgl. ders., »Mythe et musique«, *Magazine littéraire* 311 (Juni 1993), S. 41–45.
21 *Carmina Burana. Die Lieder der Benediktbeurer Handschrift*, übers. Carl Fischer u. Hugo Kuhn, hrsg. Günter Bernt, München 1985, S. 840; Bernhard Bischoff, *Carmina Burana. Einführung zur Faksimile-Ausgabe der Benediktbeurer Liederhandschrift*, München 1967, S. 7.
22 Herman Braet, Johan Nowé u. Gilbert Tournoy (Hrsg.), *The Theatre in The Middle Ages*, Löwen 1985; Rainer Warning, *Funktion und Struktur. Die Ambivalenzen des geistlichen Spiels*, München 1974.

sprüngliche Ordnung des ›Buranus‹ eröffnet.[23] Nach Northrop Fryes Überlegungen zum mittelalterlichen Spiel in seinem Buch ›Analyse der Literaturkritik‹ setzt sich die

»Handlungsformel des umfassenden Mythos, in Nachbildung des kosmologischen Kreises von Frühling, Sommer, Herbst und Winter, aus den vier Phasen von Geburt (anagnorsis), Wachstum (agon), Abnahme (pathos) und Tod oder Verschwinden des göttlichen Helden (sparagmos) zusammen. Der letzten Phase schließt sich aber gleich die Wiedergeburt des identischen Gottes an, so daß der Kreis aufs Neue durchlaufen werden kann.«[24]

Diese Struktur umfaßt die mittelalterliche Theatralität der mündlichen und vokalen Kunst, die daher nicht auf die endgültige Lösung eines dramatischen Konflikts angelegt ist, sondern auf Wiederholung und Variation innerhalb eines zyklischen Ablaufs. Nur deshalb sind, wie auch Anlage und Schriftbild der ›Carmina Burana‹ demonstrieren, fließende Grenzen, Rückungen und Auslassungen einzelner Teile entgegen einer handlungsorientierten Linie möglich, weil sie eingebettet sind in ein übergeordnetes Ganzes, dessen Sinn, eine wiederkehrende Ordnung, den vermittelnden Zusammenhang präsupponiert. Die versuchsweise Übertragung dieses Ordnungsprinzips auf die ›Carmina Burana‹ erschließt die Möglichkeit, die tektonischen Elemente des Gefüges sowohl auf einer Makro- wie Mikroebene neu zu perspektivieren.

Ein erster Hinweis auf vermutete zyklische Strukturen wird der als ›Codex Buranus‹ gebundenen Sammlung im Zuge der Neuordnung der Lagen und Blätter im 17. oder 18. Jahrhundert mit dem Bild ›Rad der Fortuna‹ in bezeichnender Weise vorangestellt.[25] Wie die Miniatur, so symbolisiert auch die begleitende Beischrift, *regnabo – regno – regnavi – sum sine regno* (fol. 1r, CB 18a), einen unaufhaltsamen temporalen Zyklus des Schicksals. Das Ordnungssystem immer wiederkehrender Ereignisse, seien es die jahreszeitlichen Phasen oder die der menschlichen Existenz, die rituellen Zyklen der liturgischen lateinischen und volkssprachlichen Poesie oder Handlungen, die das Leben rhythmisieren, wie beispielsweise Feste, Liebesbegegnungen und politische Akte, eben dieses durchritualisierte Ordnungssystem projiziert im ›Buranus‹ zugleich auch ein spielerisches Moment auf das Leben in der Gemeinschaft. In diesem Wechselspiel von Ritus und Spiel erwachsen Räume für das artifizielle Begehen eines Systems bis hin zur Inszenierung des Gegenentwurfs, der Satire und Parodie. Doch für die ›Carmina Burana‹ scheint noch ein weiteres Element aus dem Bereich der ordnenden Lebensstrukturen Einfluß auf die Momente des Spiels zu nehmen, vor allem wenn es darum geht, die zahlenmäßige Dominanz der Lie-

---

23 Günter Bernt beschreibt in diesem Zusammenhang auch die planvolle Anlage der vier thematischen Abteilungen, die den ›Buranus‹ als einzigartig unter den mittelalterlichen Handschriften hervorheben: *Carmina Burana. Die Lieder der Benediktbeurer Handschrift* (Anm. 21), S. 840.
24 Zitiert nach Johan Nowé, »Kult oder Drama? Zur Struktur einiger Osterspiele des deutschen Mittelalters«, in: Braet/Nowé/Tournoy (Anm. 22), S. 304.
25 Fortuna tritt hier nicht mehr nur als Dienerin der Providenz auf, wie es nach christlichem Verständnis ihrer Rolle entspräche, sondern gewinnt an Eigenmacht, die in Ansätzen auf frühneuzeitliche Denkformen vorausweist.

beslieder in der Sammlung verstehen zu wollen. Denn es fällt auf, daß diese zahlenmäßige Dominanz mit der während der Entstehungszeit der Handschrift zwischen 1230–50 intensiv diskutierten Einführung des Zölibats kontrastiert. Die Liebeslieder scheinen eine Übergangssituation zu reflektieren, in der die jungen Kleriker, die sich selbst auf der Schwelle zwischen dem geistlich-klösterlichen und weltlichen Leben befinden, ihre Situation zwischen geistlicher Struktur und weltlicher Antistruktur umspielen: das Spielen des Liebeswerbens, eingebunden in einen Ort, dessen Alltag die reale Handlung eigentlich verbietet und zugleich zwanglos die Umkehrung der von der Struktur vorgegebenen Regeln als Spielentwurf konstituiert.

Die Handschrift, statt sie nur als rückwärts gewandte Sammlung divergierender Lied-Traditionen und Spiele zu untersuchen, als eine Art von Partitur mit einer Orchestrierung performativer Merkmale zu lesen, impliziert die Rekonstruktion einer vertikalen Anordnung von Aufführungs-Parametern aus dem horizontalen Verlauf des Schriftbildes. Denn so kann mindestens ausschnittweise die Vereinigung von Sprache, Musik und Gestik in der körperlichen Präsenz wenigstens eines actors greifbar gemacht werden. Dabei müssen Fixierungsmuster von Aufführungshinweisen aus der Schrift entwickelt werden, um grundlegende Konstanten der ›performance‹, die »das vokale Spiel als unabdingbare Begleiterscheinung einer jeden Handlung, eines jeden Wortes, eines jeden abstrakten Gedankens«[26] hervorruft, bestimmbar zu machen und am Detail zu interpretieren. Denn gerade die nicht geringe Anzahl von Texten bescheideneren Niveaus in den ›Carmina Burana‹ legt die Frage nahe, ob nicht die ›performance‹ die mündliche Kommunikation erst zu einem poetischen Gegenstand erhebt, da Stimme, Text und Geste dem Rezitator als Ausdrucksmittel zur Verfügung stehen. Gesang und Geste wiederum sind an emotionale Bewegungen geknüpft. Aber auch das gesprochene Wort erfüllt die Funktionen des Klangspiels wie die der artikulierten Botschaft. Weil die Texte im senso-motorischen Sinne nur ein unvollständiges Wort überliefern, gilt es deren sinnliche Aspekte aufzunehmen, die sowohl mit den zeremoniellen Grundlagen von Zyklus, Ritus und Spiel verbunden sind wie mit dem Raum, den sich die Stimme in der Schrift verschafft, letztlich mit dem Ziel, »ein metaphorisches Universum zu durchdringen«[27]. Die Summe der zu untersuchenden Parameter setzt sich für die vorliegende Untersuchung ausschließlich aus intratextuellen Belegen wie vokalen Modulationen, gestischen Untermalungen, Bildern und Zeichnungen, Notation, Farbkombinationen der Schrift- und Notationszeichen, Symbolen, Mehrsprachigkeit, Verbindung von Liedern und Spielen sowie Spielanweisungen zusammen.

Ausgehend von der Frage, auf welche Weise sich die Stimme durch das Schriftbild hindurch artikulieren kann, sind an erster Stelle die Neumen zu nennen, freilich im Kontext des hier vorgeschlagenen Partiturmodells, statt im Sinne einer disziplinär isolierten Musikwissenschaft. Gerade gegen die disziplinäre Verengung ist die Suche nach Hinweisen über die direkte Neumierung hinaus

---

26 Zumthor, *Die Stimme und die Poesie*, S. 20.
27 Ebd., S. 61.

nach Zeichen für die Aktivität der Stimme im Textmanuskript zu forcieren. Hierbei fallen besonders zwei visuelle Umsetzungen des stimmlichen Anteils auf, die im Codex häufig zum Einsatz kommen: die rot-schwarze Verbindung zweier Endreime vor der paenultima, mündend in ein spitzwinkliges Dreieck und eine rote Linie als Unterbrechung im schwarzen Schriftbild, jeweils beginnend auf fol. 1ᵛ (CB 20) und fol. 3ᵛ (CB 27, I). Allein schon die Zweifarbigkeit hat im zurückhaltend verzierten Codex Signalwirkung. Besonders die Antepaenultima in der letzten Verszeile von CB 27 erfährt durch die farbige Dehnung eine auffallende Kennzeichnung. Obwohl dieses Gedicht unneumiert ist, scheint es sich hier um eine vokale Betonung zu handeln, wie der synchrone Vergleich mit neumierten Passagen auf roter Linie nahelegt (fol. 50ʳ, 80ʳ/ᵛ). Denn die rote Linie als melismatischer Platzhalter empfiehlt sich als variables graphisches Element, das zwischen den Schriftsystemen der Sprache und der Musik wandert und in seltenen Fällen eine gleichzeitige Verdoppelung erfährt (fol. 54ʳ). Die spezifische Funktionsweise der Dreiecksbildung hängt zusammen mit der Hervorhebung des Endreims, die auch in Form einer Bündelung von gewellten roten Linien auf fol. 4ᵛ sichtbar wird. Der Nachweis mündlicher Rezeptionsweise in Verbindung mit optischen Verzierungen könnte auch ein Verweis auf die gleichzeitige Benutzung der ›Carmina Burana‹ als ein in Gemeinschaft gebrauchtes Lese- wie Aufführungsbuch sein. Der rhythmisch-klangliche Anteil der Stimme wird auf diese Weise im Text optisch transponiert. Wie die graphische Variation des Dreieckmotivs, so kann auch die rote Linie im Schriftbild durch eine zusätzliche vertikale Querstrichelung oder durch Einfügung kleiner Häkchen bewegungsdynamisch im Schriftbild modifiziert werden (fol. 5ᵛ u. fol. 17ᵛ–18ʳ).

Gleichsam als textuelle Subschicht fungieren die tituli zwischen den einzelnen Gedichten, die beispielsweise als *Item*, *Versus* oder Leerstellen in der Zeile auftreten. Daß das Prinzip der Aneinanderreihung prägend ist, zeigt sich auf zwei Ebenen: zum einen in der Abfolge der einzelnen Gedichte, zum anderen in der übergeordneten Struktur der vier Hauptteile, die thematisch geordnete Liedkomplexe nebeneinanderstellt. An den Übergängen wird das Prinzip des Ineinandergreifens optisch forciert. Inhaltlich jedoch kommt das Prinzip der Reihung oder, musikalisch gesprochen, der Rückung zum Tragen. Nach einer zweizeiligen Dämonenanrufung etwa folgen in unmittelbarem Anschluß *Incipiunt Jubili* (fol. 18ᵛ), wobei das erste Carmen der Liebeslieder (CB 56) mit dem Topos des Natureingangs beginnt, der als Metapher für das Liebeserwachen fungiert. Auch hier schimmert die Anlage eines rituellen Zyklus durch, wobei der Wechsel der Hauptteile fortschreitet und ein Spiel mit den Elementen inszeniert. Das spielerische und bewegungsdynamische Prinzip der Rückung aber zieht sich in mannigfaltiger Gestalt und auf unterschiedlichen Ebenen durch den ›Codex Buranus‹ und ist selbst ein Beleg für die Stimme in der Schrift. Zum einen verfährt die mittelalterliche Musik nach dem Prinzip der Klang-Rückung, das sich entgegen dem Spannungsverhältnis der Tonika-Dominant-Tonalität artikuliert. Zum anderen ›rückt‹ die lateinische Sprache der Liebesgedichte in der jeweils letzten Strophe in die Welt der Volkssprache. In den geistlichen Spielen stehen ebenfalls Volks- und Gelehrtensprache nebeneinander. Auch in der dramaturgischen Abfolge der Spiele tritt diese Bauweise vehement in Erscheinung, sobald die einzelnen Teile entgegen den Kriterien der logischen Spannungsverläufe aneinander gereiht werden. Dabei stellen die Texte quasi eine zyklische Bilderordnung auf, die durch Brüche und Sprünge variiert wird. Aber die Verbindung zwischen den Teilen reißt nie in Gänze ab. Die Sinnhaftigkeit der immanenten Zusammenhänge steht vielmehr in einem direkten Traditionsverhältnis. Es ist die Matrix der chronologischen Heilsgeschichte, die als übergeordneter Zyklus des geistlichen Spiels im Gedächtnis der Gemeinschaft verankert ist und die Zusammenhänge absichert.

Ein weiteres Prinzip des Textbildes, das vermutlich auch mit dem Prinzip der Rückung wie mit der Präsenz der Stimme zu tun hat, die ihren Niederschlag in der Schrift findet, ist die deutsche Übersetzung der lateinischen Tiernamen auf fol. 56r (CB 132–134). In diesem Gedicht setzt der Schreiber anstelle der artifiziell ›klingenden‹ Neumen die Sprachmelodie der volkssprachlichen Bezeichnung durch die in kleinerer Schrift eingetragen deutschen Tierbezeichnungen über den lateinischen Text. Das Eindringen der Klangwelt der illitterati vollzieht sich gleichsam als vokales Muster über dem lateinischen Text der litterati. An diesen Punkten werden die Spannungen zwischen schriftlichen und gesprochenen Normen verifizierbar. Über die Poesie der Volkssprache klingt die suggestive Intention der Stimme in die Schrift hinein. Daß der Kopist neben dem visuellen Bild der Worte auch ein klangliches aufgezeichnet hat, zeigt die zweimalige Lautmalerei auf fol. 73v: Durch die Spaltung des Wortes *perci – ei ei ei ei ei ei ei ei ei – pitur* gewinnt die Stimme Raum, indem die Bedeutung des Wortes als klangliches Spiel widerhallt. An diesen Stellen wird die Kraft der Stimme nicht durch das Schriftsystem der lateinischen Sprache zum Schweigen gebracht, sondern sie dringt in Anlehnung an das perzeptuelle System der musikalischen Notation in die Schrift ein. Hier findet die Stimme nicht nur in den Neumen ihren Widerhall, sondern auch im aufgeschriebenen Text.

Obwohl das Schriftsystem der lateinischen Sprache in seiner Entwicklung den Klang der Stimme weitgehend eliminiert, finden sich dennoch spielerische Hinweise auf die Sinnlichkeit der mündlichen Sprache. In einem dazu gegenläufigen Prozeß entwickelt die klangbezogene Schrift der Noten ein Übertragungssystem stimmlicher Bewegung. Die Neumenschrift des ›Codex Buranus‹ bietet allerdings nicht die Möglichkeit, unbekannte Melodien zu lesen, sondern dient als Erinnerungshilfe für bekannte Melodien. Während sich in Frankreich um 1200 die Choralschrift auf Linien, jedoch ohne rhythmische Fixierung, durchgesetzt hatte, wurde in Deutschland weiterhin die Praxis der adiastematischen Neumen gepflegt. In den ›Carmina Burana‹ liegt eine Notationsweise in späten St. Galler Neumen vor, wie sie im 11. Jahrhundert üblich war. Die anachronistische Verwendung der Neumenschrift könnte die konservative Haltung in Deutschland gegenüber der Notation widerspiegeln. Doch wichtiger als die Frage, ob es sich um ein Mittel der Abgrenzung gegenüber dem französischen Gebrauch handelt, ist diejenige, ob es sich um ein Mittel des Schreibers handelt, die Schlichtheit des Gesanges darzustellen, der sich darum vermutlich in der Nähe zur Sprache befindet. In einer sich durch stimmliche Bewegung auszeichnenden Gattung wie dem Planctus etwa spielen melismatische Verdichtungen, wie im Falle der Marienklage *Planctus ante nescia* (fragmenta fol. 4r, CB 14*) kaum eine Rolle. Zwar suggeriert das Notenbild in den ›Carmina Burana‹ im allgemeinen eher eine weniger artikulierte Singweise. Doch diese Notationsform könnte vielleicht auch nur die Fertigkeiten des Schreibers dokumentieren und darf daher nicht überschätzt werden. Nichtsdestoweniger erfüllen die Neumen die Aufgabe, Anhaltspunkte für den Vortrag und die Begleitung eines Gedichtes zu illustrieren.

Im Gegensatz zur statuarischen Würde von CB 14* zeichnen sich die Klagen *Olim lacus colueram* (fol. 53r/v) und *Dic Christi veritas* (fol. 54r/v) durch eine Anzahl ausgeprägter Melismen aus. Besonders diese beiden Lieder weisen ein hohes Maß an spielerisch-theatralischen Elementen auf, wobei die Klage des gebratenen Schwans geradezu zur parodistischen Darstellung auffordert. Und im folgenden Gedicht kommentiert jeweils eine satirische Strophe die Klage, die als inhaltliche Klammer fungiert, indem die textuellen Ebenen zweier Gedichte ineinander geschoben werden, so daß ein neuer Text entsteht, dessen Spielcharakter in der Wechselrede der Strophen zur Aufführung kommt. Dabei wird die Melodie des ersten Schlußmelismas aufgegriffen und das tropisch-textuelle Verfahren in den Bereich der Ironie gewendet. Sowohl die Bezeichnung wie die graphischen Zeichen der Neumen tragen die Bedeutung einer Gebärde. Die gesenkte Stimme als markantes Zeichen eines Abschlusses wird von der vokalen Melodieführung übernommen (fol. 4r). Die Korrelation von gesprochener und gesungener Stimmführung verweist auf die emphatische Verbindung des Sprachlichen mit dem Vokalen und darüber hinaus dem Gestischen, was sich in der Verbeugung des Interpreten als ultimativer Schlußgeste manifestiert. In den ausgedehnten Melismen zu Beginn eines Gedichtes ist dagegen förmlich der Einschwingvorgang der Stimme zu beobachten (fol. 35r, 54r). Sine littera wird die Stimme wie ein Instrument eingesetzt und bringt die Freude am klanglichen Spiel zum Ausdruck.

Die Gestik ist neben dem Text und der Stimme die dritte der Sprachen des Rezitators, die in der ›performance‹ gleichzeitig, aber nicht immer deckungsgleich zur Aufführung kommen und daher als zentrales performatives Merkmal der Partitur aufzuzeigen sind. Im ›Codex Buranus‹ sind Hinweise zur Rekonstruktion dieses Parameters nur vereinzelt zu finden. Am Rand der Vagantenstrophen *De Phillide et Flora* (CB 92; fol. 39r) etwa hat eine spätere Hand die Figur der Phyllis gezeichnet, die, in einer stereotypen Gegenüberstellung zur Figur der Flora, die Liebe der Kleriker gegenüber der der Ritter lobt, und zwar mit offenem Haar, wie es auch die dritte Strophe beschreibt. Das geöffnete Haar fungiert als erotische Geste. Text und Bild verstärken hier gegenseitig die erotische Symbolik. Vermutlich von der gleichen Hand ist bei einem anderen der Liebeslieder, der Sequenz CB 70 (fol. 27v), eine zum Schwur erhobene Hand an den Rand gezeichnet. Ob dies ein Hinweis auf eine in der Rezitation aufgebotene Geste ist oder nur die in einer Pastourelle gängige Versicherung der Liebe unterstreichen soll, läßt sich nicht entscheiden. Auch die Illustrationen, die entweder auf eigene Seiten oder zwischen die Zeilen gemalt wurden, sind bis auf die Tricktrackspieler auf fol. 91v durch den Text motiviert. Die Trinker halten sich die Bäuche oder erheben gar ihre rechte Hand zur Geste des Schwörens auf den Weinbecher, den sie in der linken halten (fol. 89v), während die Spieler als Gemeinschaft um einen Tisch versammelt sind oder als Kontrahenten einander gegenübersitzen. Selbst die Geste einer Todsünde wird in der Drastik von Didos Selbstmord dargestellt (fol. 77ᵛ). Die rechte Hand hält noch das Schwert, das sie sich durch die Brust gestoßen hat, während sie sich von der Mauer stürzt. Die Gesten sind jeweils durch den Stoff, die Form oder die Gattung legitimiert, bilden aber zugleich einen eigenen Text, quasi einen bildlichen Tropus. Wichtiger ist dabei, daß die aufgezeichneten Gesten nicht dem Bereich des gestus entnommen sind, wie sie etwa in den Unterweisungen für Novizen vorgeschrieben sind, sondern ihrer Gegenwelt, der gesticulatio. Damit sind für die gebildete Welt des Mittelalters jene Gesten bezeichnet, die als »ausschweifend und regellos, als eitel und lasterhaft wahrgenommen werden.«[28] Sie gehören zur Welt der Histrionen und bedürfen daher einer Legitimation als spielerischer Umgang mit kanonisiertem Schullehrstoff oder stereotypen Gattungsbildern und Figuren.

Noch deutlicher tritt in den geistlichen Spielen die Gestik im Sinne der gesticulatio hervor, weil hier alle Parameter zur Aufführung kommen, die die maßvolle Gestik und demütige Haltung des Körpers verkehren. Gestus und gesticulatio sind dabei nach dem Muster des Heiligen und des Profanen verteilt. In den rot geschriebenen Regieanweisungen des Weihnachtsspiels (CB 227) wird den Darstellern der Propheten nach dem Ende des einleitenden Prophetenspiels (fol. 101ʳ) ausdrücklich der Rat erteilt, entweder abzutreten oder sich auf ihre Plätze zu setzen, um so den feierlichen Eindruck des Spiels zu erhöhen ([...] *vel ut redecedant vel sedeant in locis suis propter honorem ludi*). Im großen Passionsspiel (CB 16*) wird die Bekehrung der Maria Magdalena mit Worten, durch das Abtreten des Liebhabers, das des Teufels und noch zusätzlich durch die Regieanweisung hervorgehoben: *Tunc deponat vestimenta secularia et induat nigrum pallium* (fol. 108ʳ). Und der heilige Augustinus verteidigt im Weihnachtsspiel die Wahrheit des christlichen Heilsereignisses *voce sobria et discreta* (fol. 100ᵛ). Nur an einer Stelle, im großen Passionsspiel (fol. 109ʳ), verläßt eine heilige Figur den Rahmen des Maßvollen, der sonst nur in der bewegten Klage überschritten werden darf. Die Stimme Jesu, als er die Jünger zum dritten Mal schlafend im Garten Gethsemane vorfindet, singt deutlich aufsteigende, Erregung verratende Melismen, die sich in ihrer Dichte und Richtung von der sonst im Spiel üblichen Neumierung deutlich unterscheiden. An Stellen wie diesen drängen sich Gestik und Stimme so ineinander, daß von einer Gestik der Stimme gesprochen werden kann.

Demgegenüber ist die Gestik der heidnischen Sybilla im Weihnachtsspiel ausdrücklich mit dem Hinweis versehen, daß sie *gesticulose* vortreten und *cum gestu mobili* singen solle (fol. 99ʳ). Das grenzt ihren Auftritt von dem der Propheten ab. Noch deutlicher hebt sich im selben Spiel die Gestikanweisung für den Auftritt des Archisynagogus ab. Hier wird detailliert ausgeführt, was sonst nur angedeutet wird. Notiert ist außer der auch in anderen Spielen notierten Lautstärke der stimmlichen Präsenz das ständige Anstoßen seiner Begleiter, die Bewegung seines Kopfes und seines Körpers. Selbst das Stampfen mit dem Fuß

---

28 Jean-Claude Schmitt, *Die Logik der Gesten im europäischen Mittelalter*, übers. Rolf Schubert u. Bodo Schulze, Stuttgart 1992, S. 31.

wird ausdrücklich hervorgehoben. Und auch der Stab soll so bewegt werden, daß die Gebärden eines Juden nachgeahmt werden:

> Archisynagogus cum suis Iudeis valde obstrepet auditis prophetiis et dicat trudendo socium suum, movendo caput suum et totum corpus, et percuciendo terram pede, baculo etiam imitando gestus Iudei in omnibus. Et sociis suis indignando dicat (fol. 99ᵛ).

Es ist der vom Heiligen Ausgeschlossene, dessen Gestik als gesticulatio aufgeführt wird und in einem spannungsvollen Verhältnis zu der sich auf die ratio berufenden Rede des Archisynagogus steht. Nur das stereotype Bild des Juden bringt hier Rede und Gestik zur Deckung. Das Spiel dagegen nutzt diese Spannung mimetisch aus.

Daß das Spiel der Bedeutung evozierenden Parameter gerade an den Nahtstellen kultureller Subsysteme entsteht, ist auch an der Mehrsprachigkeit im ›Codex Buranus‹ abzulesen. Der Parameter der Mehrsprachigkeit ist schon durch die Heilige Schrift vorgegeben, und das große Passionsspiel nimmt dies auf, wenn es die Sterbeworte Jesu, die zugleich ein Zitat eines hebräischen Psalms sind, *Ely, Ely, Lema sabactany* [...], vom selben Sprecher mit dem deiktischen Hinweis *hoc est* ins Lateinische übersetzen läßt: [...] *Deus, Deus meus, ut quid dereliquisti me*« (fol. 111ʳ). Diese Worte folgen unmittelbar auf die mittelhochdeutschen Strophen des Longinus, der wiederum auf die Sterbeworte Jesu lateinisch und gegen die biblische Überlieferung, die diese Worte dem Centurio zuschreibt, ausruft: *Vere filius Dei erat iste*.[29] Daran schließt die Verdeutschung des Ausrufs an. So folgen drei Sprachen fast im ständigen Wechsel von Verszeile zu Verszeile. Motiviert wird diese Mehrsprachigkeit durch die Heiligkeit des Geschehens und die gleichzeitige Heilsbedeutung für alle Gläubigen, gleich ob litterati oder laici.

Anders wird die Mehrsprachigkeit in den Liebesliedern eingesetzt, denn die Nahtstelle zwischen litterati und laici verläuft hier zwischen Liebhaber und Mädchen und muß nicht einmal durch Sprecherwechsel angezeigt werden. So etwa in CB 118: Das möglicherweise um 1150 unter dem Einfluß des Hilarius von Orléans in Pariser Studentenkreisen entstandene Lied mischt Latein und ungelenkes Französisch zu einer satirisch-burlesken Zweisprachigkeit innerhalb der Strophen. Ob damit der Status des ausländischen und der Volkssprache nur mangelhaft kundigen Studenten nachgeahmt werden soll oder seine Sprache, die er durch sein Mädchen gelernt hat, zu Wort kommt, läßt sich nicht entscheiden. Nur ist es in jedem Falle eine Sprecherrolle, die vorgeführt wird, und in der die Volkssprache auf die Gegenwelt verweist. Das gilt auch für die Sequenz CB 70, in der die Sprecherrolle des Mädchens durch fehlerhaftes Latein von der des werbenden Klerikers abgesetzt wird. Auch im sogenannten Krämerlied des großen Passionsspiels (fol. 107ʳ/ᵛ) fungiert die Volkssprache in charakteristischer Verbindung mit den Parametern des Rhythmus und der Neumierung und folgt damit dem Vorbild der weltlichen Vaganten-Strophe. Denn die Neumierung der Parallel-Über-

---

29 Zur Abfolge der Szenen vgl. Ursula Hennig, »Der Abschluß des Großen Passionsspiels in den ›Carmina Burana‹«, *Mittellateinisches Jahrbuch* 15 (1980), S. 121–127.

lieferung dieses Liedes im ›Wiener Passionsspiel‹ belegt, daß es sich um eine weltliche Weise handelt, die sich von der kirchentonal gebundenen und kunstvollen melismatischen Musik der übrigen Melodien des Spiels deutlich abhebt (fol. 107ᵛ), wie Ulrich Müller im Anschluß an die Arbeiten von Alfred Orel gezeigt hat.[30]

Im Kreuzzugslied CB 48 sind die Sprachen nicht zur Kennzeichnung der Rolle genutzt, sondern sie spielen die Möglichkeiten des Kontrafazierens über Gattungsgrenzen hinweg aus. Auf die fünf lateinischen Strophen, die zum Aufbruch zum Kreuzzug im rechten Geiste aufrufen, folgt als sechste Strophe die mittlere Strophe eines mittelhochdeutschen Tageliedes von Otto von Botenlauben. Ganz unabhängig davon, ob das deutsche oder das lateinische Lied eine Kontrafaktur ist, wird durch die Parallelisierung des lateinischen Refrains *Exurge, Domine* mit dem mittelhochdeutschen *stand uf, riter* eine semantische Veränderung des lateinischen Textes erreicht, die nur durch ein volkssprachliches Lied provoziert werden kann und hier wahrscheinlich nicht satirisch gemeint ist. Da nur der lateinische Text mit Neumen versehen ist, muß offen bleiben, ob die deutsche Strophe auf die selbe Melodie gesungen wurde. Denkbar ist allerdings, daß die von den lateinischen Strophen abweichende Abhebung des Abgesangs vom Aufgesang, die die Kanzonenform der Tageliedstrophe unterstreicht, auch in der Melodiegebung verdoppelt wurde. Im Trinklied CB 211 ist entgegen dem Vorschlag von Michael Korth der lateinische Text, der sich in Versbau, Reimstellung und Zeilenzahl von der deutschen Strophe unterscheidet, vermutlich auf eine andere Melodie als auf die abschließende deutsche Strophe aus Walthers Palästina-Lied gesungen worden.[31] Die satirische Verbindung des lateinischen Textes mit dem mittelhochdeutschen bleibt auch dann erhalten, wenn man annimmt, daß die Parameter der Musik und der Sprache im Sinne einer gleichzeitigen Rückung voranschreiten, zumal ein ermahnendes Distichon (CB 212) nachfolgt.[32]

In den lateinischen Liebesliedern dagegen, denen als letzte Strophe mittelhochdeutsche Verszeilen folgen, deutet die Neumierung darauf hin, daß die lateinischen wie auch die deutschen Strophen mit der gleichen Melodie zu singen waren, und nur die Abweichungen begründen, warum auch die deutschen Strophen hie und da neumiert wurden (CB 143a, 146a, 147a, 148a, 150a, 151a, 180a). Das Umgekehrte, daß nämlich nur die deutschen, nicht aber die lateinischen Zeilen neumiert sind, findet sich nicht in der Handschrift, wobei fast immer die Töne übereinstimmen (CB 167/167a). Umstritten ist dabei in vielen

---

30 Ulrich Müller, »Beobachtungen zu den ›Carmina Burana‹: 1. Eine Melodie zur Vaganten-Strophe – 2. Walthers ›Palästina-Lied‹ in ›versoffenem‹ Kontext: Eine Parodie«, *Mittellateinisches Jahrbuch* 15 (1980), S. 104–111. Müller verweist auf die Arbeit von Alfred Orel, »Die Weisen im Wiener Passionsspiel aus dem 13. Jahrhundert«, *Mitteilungen für die Geschichte der Stadt Wien* 6 (1926), S. 73 ff.

31 Michael Korth, *Carmina Burana. Lateinisch – deutsch* (Anm. 6), S. 139 f. u. S. 198, überträgt die in der Handschrift Münster, Staatsarchiv, ms. VII 51, überlieferte Melodie auf die vorangehenden lateinischen Strophen.

32 Dagegen nimmt Ulrich Müller (Anm. 30), S. 108 ff., in Zusammenarbeit mit Michael Korth an, daß der lateinische Text eine Kontrafaktur der deutschen Strophe ist.

Fällen, wo der lateinische Text dem deutschen nachgedichtet ist, wo die deutschen Lieder den lateinischen vorausgehen oder wo eine spätere Zusammenstellung unabhängig voneinander entstandener Texte anzunehmen ist.[33] Viel wichtiger ist aber, wie Burghart Wachinger herausgearbeitet hat, daß die mittelhochdeutschen Strophen, vor allem aus der jüngeren Sammlung von Liebesliedern (CB 112–115 u. 135–186) gerade jene Elemente der Minnelyrik herausstellen, die in der Minnelyrik in dieser Häufung sonst eher unüblich sind. Dazu gehören etwa die auffällige Häufung von Natureingängen (17 von 46 Minnelied-Nummern), die Freude aus Liebesgewißheit (CB 139a, 143a, 147a), der Frühlingsjubel und die Aufforderung an einzelne oder an eine gesellige Gemeinschaft zu Tanz und Freude (CB 137a, 135a, 138a, 140a, 141a, 144a, 148a, 151a, 161a, 171a, 178a, 180a). Schließt man aus der Auswahl von Liedern bekannter Meister, daß die Musizierpraxis ebensowenig den Komplexitätsstandards der Minnelyrik entspricht, sondern eher den Tanzspielen nahesteht und der Sprachwechsel, wie etwa in CB 137/137a, die soziale Grenze zwischen litterati und laici im Spiel nachbildet, dann ist die Folgerung plausibel, daß die lateinische Schrift nicht die volkssprachliche Stimme in einem repressiven Sinne kolonisiert, sondern

»daß nunmehr der Minnesang als Gesamtphänomen im lateinischen Bereich zur Kenntnis genommen und verwertet wurde. Darin liegt eine Anerkennung für eine nicht mehr übersehbar spezifische Kulturleistung der Laien, zunächst auf musikalisch-formalem Gebiet«[34],

was der ›Codex Buranus‹ auf eine spielerische Weise nachvollzieht. Daß gegenüber dem Minnesangbild der hohen Minne die zyklischen Momente der Natur oder die Erneuerung des Liebesbündnisses wie etwa in CB 153/153a in den Vordergrund gerückt werden, ist einer der Hinweise darauf, daß die Buchstaben Bilder für neu Gehörtes sind und daß die Handschrift in ihrem Benutzerkreis dieses Aufeinandertreffen kultureller Subsysteme aufführt. Der ›Codex Buranus‹ ist daher weniger eine rückwärtsgewandte Liedersammlung als vielmehr ein Zeugnis für jene lebendige ›Zwischenkultur‹, in der die Modi der Kommunikation auf eine spielerische Weise gemischt sind und die damit die Schwellensituation am Übergang zum Spätmittelalter abbilden.[35]

»Man kann sich des Eindrucks nicht erwehren,« schreibt der Religionshistoriker Peter Brown über die Neubestimmung der Grenzen zwischen dem Heiligen und dem Profanen um das Jahr 1000,

---

33 So nimmt Burghart Wachinger, »Deutsche und lateinische Liebeslieder. Zu den deutschen Strophen der Carmina Burana«, in: Hans Fromm (Hrsg.), *Der deutsche Minnesang. Aufsätze zu seiner Erforschung*, Darmstadt 1985, Bd. II, S. 275–308 nur für CB 136a, 138a, 142a, 170a und 180a eine gesicherte Priorität des lateinischen Liedes an, während Konrad Vollmann in der von ihm herausgegebenen Ausgabe *Carmina Burana*, Frankfurt/M. 1987, weit mehr lateinische Lieder als Kontrafakturvorlagen für deutsche Strophen annimmt.
34 Wachinger (Anm. 33), S. 302.
35 Michael Curschmann, »Hören – Lesen – Sehen. Buch und Schriftlichkeit im Selbstverständnis der volkssprachlichen literarischen Kultur Deutschlands um 1200«, in: *PBB* 106/1 (1984), S. 218–257.

»daß eine Entladung von Energie und Kreativität aus der Entflechtung der beiden Sphären des Heiligen und des Profanen in den darauffolgenden zwei Jahrhunderten hervorging, die einem Kernspaltungsprozeß vergleichbar ist.«[36]

Die Energie dieses Prozesses liest Brown an der veränderten Abgrenzung der Kleriker von den Laien ab, an der Erhöhung der Majestät der Sakramente gegenüber religiösen Formen wie dem Ordal (denn das Lateránkonzil von 1215 verbietet die Teilnahme von Geistlichen an Gottesurteilen und billigt zugleich die Lehre von der Transsubstantiation) – oder auch an der veränderten Symbolik, die anstelle der nichtmenschlichen Bilder der Engel die des idealisierten Menschlichen setzt, die Gestalt der Jungfrau Maria etwa. Der ›Codex Buranus‹ verrät dagegen weniger über die Energie der Entflechtung als über die diesem Prozeß innewohnende Kreativität. Denn der Codex ist nicht nur eine Quelle für die Macht der Schrift und das Selbstbewußtsein ihrer Träger, nicht nur ein Beispiel für die Kolonisierung der Stimme durch die Schrift, der Volkssprache durch das Latein, sondern vielleicht mehr noch für die spielerische, wenn nicht theatralische Dimension dieser Übergänge im Spätmittelalter. War man jahrhundertelang damit befaßt, die Stimme auf die Heiligkeit der Schrift zu verpflichten, Bewegung und Gestik des Körpers zu disziplinieren und auf ein Ideal der Zurückhaltung und Bescheidenheit, verecundia et modestia, der rechten Mitte gerade unter den Klerikern einzufrieden, so beginnt sich im 12. Jahrhundert, trotz vielfacher Widerstände innerhalb der geistlichen Kultur, eine Akzeptanz theatraler Bewegung, Gestik und Stimme abzuzeichnen. Man kann dies an der Genauigkeit, an der »Beredtheit der Gesten bei dramatischen Darstellungen der Leiden Christi, sei's auf der Bühne des liturgischen Dramas, sei's in der Malerei spätmittelalterlicher Retabeln«[37] nachweisen – und an der zunehmend größeren Toleranz, mit der den Gauklern oder den vom etablierten Klerus angefeindeten Goliarden, die ihre Schauspiele in den Kirchen aufführen, begegnet wird. Damit wird die disziplinierte Statik der Geste und Heiligkeit der auf die Schrift verpflichteten Stimme aufgebrochen. Zu dem in der Moralliteratur kanonisierten maßvollen gestus wird die übertriebene gesticulatio der lange negativ bewerteten Histrionen ins Spiel gebracht, auch wenn sie im ›Codex Buranus‹ nur als Gestik der Fremden, der heidnischen Sybilla oder des verstockten Archisynagogus, verzeichnet ist und so noch ihre Herkunft aus der ›bösen‹ Gestik belegt. Analog dazu dringt in die sakrale Abgeschlossenheit der lateinischen Schrift die volkssprachliche Stimme durch Formen wie Meßparodie, Spielermesse, Mischstrophe oder Kontrafaktur ein. Sie bilden so etwas wie eine Antistruktur zur durchritualisierten Struktur der geistlichen Kultur. Gerade wenn man dem Perspektivierungsvorschlag zum ›Codex Buranus‹ folgt und die in der Handschrift überlieferten Texte nicht nur als Lieder, sondern als Spiele auffaßt, wird die Kreativität des Wechselspiels von Antistruktur und Struktur deutlicher und damit auch die rituelle Dimension der Handschrift.

---

36 Peter Brown, »Die Gesellschaft und das Übernatürliche: Ein mittelalterlicher Wandel« in: ders., *Die Gesellschaft und das Übernatürliche. Vier Studien zum frühen Christentum*, Berlin 1993, S. 66–85, hier: S. 67.
37 Schmitt (Anm. 28), S. 246.

Der Ethnologe Victor Turner hat zu zeigen versucht, daß das Spiel von Struktur und Antistruktur eine elementare menschliche Verhaltensweise sei, die sich sowohl in den Riten primitiver Völker wie in den Verhaltensmustern der Gegenwart finden lasse und immer auf die Lösung ›sozialer Dramen‹, so Turners Ausdruck, abziele.[38] Das Spiel hat seinen exakten Ort an der Nahtstelle zwischen der geltenden Struktur und der Umkehrung dieser Struktur im sozialen Drama. Im Anschluß an Arnold van Genneps Theorie der Übergangsriten[39] nennt Turner diese Phase zwischen dem Bruch des Hergebrachten und der Reintegration oder Spaltung ›liminale Phase‹. Sie ist zugleich ein Zustand der Krise wie der Erprobung von Lösungen zur Beilegung sozialer Dramen. Sie ist insofern reflexiv, als sie die geltende Struktur in Frage stellt, und spielerisch, als sie zwar die Struktur voraussetzt, aber Antistrukturen erproben kann, ohne die Lösungsmöglichkeiten der Struktur übernehmen zu müssen.

Wenn man diese Überlegungen Turners als Perspektivierungsmöglichkeit auf die ›Carmina Burana‹ einbezieht, dann liegt es nahe, die Handschrift nicht nur als Liedersammlung aufzufassen, sondern auch als jenes Spiel, das seinen Ort in einem liminalen Zustand hat. Damit ist nicht nur der historische Zustand der Epochenschwelle gemeint, sondern auch der Schwellenzustand, wie ihn die Texte von der Moral, von der Liebe, vom Trinken und Spielen und von der Heilsverkündigung und Auferstehung aufrufen. Auch wenn wir über die pragmatische Situierung der Handschrift zu wenig wissen, um das kathartische Element, das sich nach Turner in jedem ›sozialen Drama‹ findet, genauer zu fassen, und damit auch die Bedingungen für einen Fiktionalitätskontrakt offen bleiben müssen, können wir doch festhalten, daß in dieser Perspektive zwischen Ritual und Theater der ›Codex Buranus‹ die Stimme eines Spiels versammelt. Freilich, von ihm können wir nicht mehr als eine Partitur rekonstruieren.

---

38 Victor Turner, *Vom Ritual zum Theater. Der Ernst des menschlichen Spiels*, übers. Sylvia M. Schomburg-Scherff, Frankfurt/M. u. New York 1989, S. 14: »Das soziale Drama stellt die ursprüngliche, alle Zeiten überdauernde Form der Auseinandersetzung dar. In dem Maße aber, in dem wir Menschen im Laufe der Zeit im Umgang und in der Handhabung von Symbolen geschickter geworden und unsere technologische Beherrschung der Natur wie unsere Kräfte der Selbstzerstörung in den letzten Jahrtausenden ins Unermeßliche gestiegen sind, haben wir auch gelernt, kulturelle Formen der Auseinandersetzung, des Verstehens, der Sinnstiftung und manchmal der Bewältigung von Krisen zu erfinden – und damit die zweite Phase des unausrottbaren sozialen Dramas erreicht, das uns zu allen Zeiten, an allen Orten und auf allen Ebenen soziokultureller Organisation bedrängt. Die dritte Phase (Bewältigungsformen, die immer schon den Keim der Selbstreflexivität in sich trugen; eine öffentliche Methode zur Einschätzung unseres Sozialverhaltens) verlagert sich aus dem Einflußbereich des Rechts und der Religion in den der verschiedenen Künste.«
39 Arnold van Gennep, *Übergangsriten (Les rites de passage)*, übers. Klaus Schomburg u. Sylvia M. Schomburg-Scherff, Frankfurt/M. u. New York 1986 [frz. Original 1909].

Die ›Aufführung‹ als Interpretament mittelhochdeutscher Lyrik

HELMUT TERVOOREN

> Wie oft hat man zu mir gesagt: Aber es steht ja gar nichts drin in Ihren Liedern, wenn man sie liest! Das stimmte nicht. Sie beinhalteten alles, was ich in ihnen fand.
>
> *Yvette Guilbert (Chansonnette)*

I.

Minnesang ist uns überkommen im Medium der Schrift, aber er lebte in Formen des mündlichen Vortrags. Lediglich bei verhinderter Kommunikation ist ein Medienwechsel hin zur Schriftlichkeit bezeugt.[1] Erst die Schriftlichkeit der Überlieferung reduzierte – wie heute allgemein angenommen wird – eine multimediale Kommunikation auf einen Text, der situationsunabhängig zu sein scheint, oder präziser: so rezipiert wird und wurde, als sei er situationsunabhängig.

Dieser paradoxale Status ist bekannt. Seit Hugo Kuhns Aufsatz zum sogenannten dritten Kreuzzugslied[2] wird in Interpretationen von Minneliedern immer wieder darauf verwiesen, allerdings meist dann, wenn der Text allein zu keinem angemessenen Verständnis führte. »Der Schluß ist sinnlos, wenn nicht [...] noch etwas anderes folgte, oder eine Gebärde die Worte begleitete.« So kommentierte – um einen frühen Beleg zu bringen – etwa Wilhelm Wilmanns Walther L. 176, 8.[3]

---

1 Vgl. etwa Kaiser Heinrich, MF 5, 20 ff.; *Ulrich von Lichtenstein*, hrsg. Karl Lachmann, Berlin 1841, 321, 21 ff. Dieser Feststellung widerspricht nicht, daß Minnesang schon früh auch als Leselyrik rezipiert wurde (so etwa Günther Schweikle, *Minnesang*, Sammlung Metzler 244, Stuttgart 1989, S. 49 ff.; siehe auch Manfred Günter Scholz, *Hören und Lesen. Studien zur primären Rezeption der Literatur im 12. und 13. Jahrhundert*, Wiesbaden 1980; sehr skeptisch jetzt: Dennis H. Green, *Medieval Listening and Reading. The Primary Reception of German Literature 800–1300*, Cambridge 1994).
2 Kuhn, »Minnesang als Aufführungsform«. Weitere Interpretationen zu diesem Lied und damit auch Auseinandersetzungen mit Kuhns Thesen diskutiert Eberhard Nellmann, »Saladin und die Minne. Zu Hartmanns drittem Kreuzlied«, in: *Philologie als Kulturwissenschaft. FS Karl Stackmann*, Göttingen 1987, S. 136–148.
3 *Walther von der Vogelweide*, hrsg. Wilhelm Wilmanns u. Victor Michels, 4. Aufl., Halle 1924, S. 435.

Das verwundert nicht, wirken sich doch in Edition und Interpretation noch die Anfänge der germanistischen Wissenschaft aus, die als Buchwissenschaft betrieben wurde und, dem protestantischen ›sola scriptura‹ verpflichtet, ihre Methoden an Texten schriftbestimmter Kulturen entwickelte. Solange man die lyrischen Texte in ihrer Buchexistenz beließ und als Lesetexte aufbereitete – das sind unsere frühen kritischen Ausgaben durchweg –, störte ihre Situationslosigkeit nicht. Sie förderte vielmehr die (anachronistische) Rezeption, weil der Leser die gewohnten Rezeptionsbedingungen beibehalten konnte. Erst als die Literaturwissenschaft ihre Auffassung vom Werkcharakter dieser Lieder und der dadurch begründeten ästhetischen Autonomie überprüfte und gleichzeitig über ihren ›Sitz im Leben‹ nachdachte, erwies sich die Situationslosigkeit als ein Hindernis für ein angemessenes historisches Verständnis.

Um den situativen Kontext bemühte sich zunächst die Kulturgeschichte, indem sie Zeugnisse aus historiographischen, ikonographischen und literarischen (d.h. epischen) Quellen sammelte, die Elemente der Aufführung beschrieb oder darstellte. Die sozialhistorische Forschung (insbesondere die zum höfischen Fest, aber auch die zu sozialen Randgruppen) intensivierte diesen Zugriff, zeigte aber auch, wie schwer die Quellen zu interpretieren sind.[4] Solche Sammlungen dokumentieren die Aufführung und beschreiben den allgemeinen Rahmen bzw. die äußerlichen Bedingungen. Sie dienen damit der Veranschaulichung gesellschaftlicher Vorgänge und Verhaltensweisen, wohl auch des kommunikativen Ortes, an dem sich das Minnelied ›vollzieht‹. Sie werfen aber kein Licht auf das ›Wie‹ des Vollzugs, auf das kommunikative Geschehen, die darin eingelagerten Interaktionsprozesse und der Wirkungsintentionen.

Mit solchen Überlegungen eröffnen sich – neben dem traditionellen Bereich der Rhetorik (Figuren der Publikumszugewandtheit, die ich aber hier übergehe) – genuin literaturwissenschaftliche und linguistische Bereiche. Darauf gerichtete Untersuchungen benutzen zwar z.T. verschiedene Zugriffe, aber alle zielen auf die Erhellung (u.U. auch auf die Rekonstruktion) des komplexen kommunikativen Handlungsspiels ›Vortrag‹ bzw. ›Aufführung‹. Es liegt auf der Hand, daß sprachliches Handeln in einer Situation unter Anwesenden mehr Kohärenz bewirkende und deutungsträchtige Faktoren besitzt (kinesische, d.h. nichtverbale Begleithandlungen wie Gestik, Körperhaltung und Mimik, suprasegmentale Faktoren wie Pausen, Intonation und Akzent, visuelle Erscheinungen wie Kostüm, Erkennungssymbole usw.) als die in Schrift konservierte Sprache, in der Minnesang tradiert ist. Linguistische Fragestellungen, die wie die Pragmatik darauf eingehen, können deswegen zur Beschreibung und Deutung der Auf-

---

4 Unter verschiedenen Gesichtspunkten und zu verschiedenen Zwecken sammelten etwa: Bumke, *Höfische Kultur*, Bd. I, S. 301–313; Hannes Kästner, *Harfe und Schwert. Der höfische Spielmann bei Gottfried von Straßburg*, Tübingen 1981; Volker Mertens, »Kaiser und Spielmann. Vortragsrollen in der höfischen Lyrik«, in: Kaiser/Müller, *Höfische Literatur*, S. 455–468; Eva Willms, *Liebesleid und Sangeslust. Untersuchungen zur deutschen Liebeslyrik des späten 12. und frühen 13. Jahrhunderts*, MTU 94, München 1990, S. 35–46; Hahn, »›dâ keiser spil‹«

führungssituation beitragen. Modelle, wie sie etwa Wunderlich vorgibt,[5] sind darum auch dem Literaturwissenschaftler dienlich.

Ein streng pragmatischer Ansatz zur Interpretation mittelhochdeutscher Lyrik liegt – soweit ich sehen kann – bisher nur in der Dissertation von B. Niles vor, der aber auch nicht ohne Grund die stärker situationsverpflichteten Texte des Sangspruchs als Untersuchungsgegenstand wählt.[6] Niles kommt von der Linguistik; Literaturwissenschaftler hätten den Ansatz stärker auf eigene Bedürfnisse und Erkenntnisinteressen zugeschnitten, wie etwa Rainer Warning, dessen Versuch einer Anwendung auf die Trobadorlyrik[7] stärker rezipiert wurde als Niles' Arbeit.

Punktuell wurden allerdings pragmatische Fragestellungen auch schon früher angewandt, und zwar bei ›doppelbödigen‹ Texten, in denen das Gesagte nicht für das Gemeinte steht und besondere Signale zum richtigen Verständnis notwendig waren, bei Texten also, die mit dem Mittel der Ironie arbeiten, bei parodistischen und polemischen Texten.[8] Die sogenannte ›Reinmar-Walther-Fehde‹ ist ein Beispiel dafür und darin wiederum das Altersmotiv.[9]

Ob der Zugriff nun linguistisch oder literaturwissenschaftlich angelegt ist, ob er der Deutung von Primärgattungen wie dem Minnelied oder von Sekundärgattungen wie der Parodie dient, er öffnet die Welt der Worte, welche die Überlieferung uns einzig vorgibt, zum ›Raum‹, d.h. zur *Aufführung*. Normen und Erwartungen der Zeit (d.h. des Publikums), gestaltet in Rollen, füllen sie; Rollenwechsel und -spaltung bringen Spannung hinein. Der Einsatz der internen und externen Sprechsituation ermöglicht dem Autor weitere interessante Konstellationen. Reizvolle dramaturgische Möglichkeiten ergeben sich besonders an den Grenzen, an denen sich – etwa bei bekannten historischen Persönlichkeiten – fiktive und reale Welt begegnen können. Tritt z.B. der Kaiser als Minnesänger auf (Kaiser Heinrich III, 2; MF 5, 16), wird aus einer rhetorischen Hyperbel (Kaisertopos) eine Anspielung auf die reale Aufführungssituation. Stellt Wizlav, der Fürst von Rügen, die Pose des fahrenden Sängers nach (HMS III, I 10), wird der Vortrag zu einer Huldigung der Kunst – oder doch zur

---

5 Dieter Wunderlich, »Pragmatik, Sprechsituation, Deixis«, *LiLi* 1 (1971), S. 153–190.
6 Bernd Niles, *Pragmatische Interpretationen zu den Spruchtönen Walthers von der Vogelweide. Ein Beitrag zu einer kommunikationsorientierten Literaturwissenschaft*, GAG 274, Göppingen 1979. Ansätze zu einer pragmatischen Stilistik auch bei Marquis, *Sprachliche Kommunikation*. Beide Arbeiten sind kaum rezipiert worden.
7 Warning, »Lyrisches Ich«. Die Auseinandersetzung mit diesem Aufsatz bei G. Eifler berührt den pragmatischen Aspekt nicht; vgl. G. Eifler, »Liebe um des Singens willen. Lyrisches Ich und Künstler-Ich im Minnesang«, in: Gerhard Augst (Hrsg.), *FS Heinz Engels*, GAG 561, Göppingen 1991, S. 1–21.
8 Als frühe Stimme zitiere ich R. Meissner, »Zu Walther 64, 4«, *ZfdA* 65 (1928) S. 217–220, als modernere M. Schiendorfer, *Ulrich von Singenberg, Walther und Wolfram. Zur Parodie in der höfischen Literatur*, Studien zur Germanistik, Anglistik und Komparatistik 112, Bonn 1983.
9 Vgl. Jeffrey Ashcroft, »Crabbed Age and Youth: The Self-stylisations of Reimar and Walther«, *GLL* NF 28 (1974/75), S. 187–199; siehe auch Cormeau, »Minne und Alter«.

Eigenwerbung oder zu einem Gaukelspiel? (Für Jan I. von Brabant sind solche Gaukeleien bezeugt).[10]

Auf diesem Feld ist die Forschung zur Aufführungssituation am weitesten vorangetrieben worden.[11] Sie entwickelte Theorien einer pragmatischen Poetik[12] und spielte sie in Paradigmen durch. Zweifellos führt eine solche Betrachtung zu einem angemesseneren Verständnis des Minnesangs und der höfischen Kultur, aber sie gründet auch in der Annahme, daß die Lieder nicht nur eine Spielwelt ausdrücken, sondern reale Möglichkeiten und Normen, Gedachtes und Gefühltes reflektieren. Solche Interpretationen müssen sich darum ganz »auf den Inszenierungsgestus der Texte und den Umgang mit dem vorausgesetzten Publikum stützen.«[13]

Das Publikum ist also der Joker im Spiel. Denn ob – kommunikationstheoretisch formuliert – der intendierte Sprechakt geglückt ist, läßt sich empirisch nicht nachweisen. Mit Hilfe der Pragmatik erschließt man jedenfalls nur eine idealisiert gedachte, modellartige Sprechsituation, eine wenig differenzierte Welt, die nur aus Interaktionen von Autor und Publikum gezeichnet werden kann. Ob aber diese Welt, wie man sie in den Rekonstruktionen annimmt, auch so existiert hat oder existieren konnte, kann mit Sicherheit nicht geklärt werden. Hier liegt natürlich ein Einfallstor für Mutmaßungen, weil an dieser entscheidenden Stelle wieder die Theorie und die aus ihr abgeleiteten Postulate einspringen müssen. Dies und die Gefahr des Zirkelschlusses, der schon allein wegen der Beschaffenheit der Quellen droht – sie könnten ja auch schon manuskriptgerechte Formen darstellen –, sind Schwachpunkte dieses Ansatzes.

II.

Mein Versuch ist die Zusammenfassung von mehrjährigen Lesefrüchten, nicht jedoch das Ergebnis von systematischem Suchen nach Belegen in Handschriften und Editionen. Auch ich möchte pragmatische Fragestellungen anwenden und die Texte in eine kommunikative Situation stellen, weil dieser Ansatz mir angemessen erscheint (auch wenn der minnesängerische Produktionsmodus unsicher ist und die Frage offenbleibt, ob es sich um schriftlich konstituierte Texte handelt, die mündlich vorgetragen wurden, oder um mündliche Texte, die später den Weg aufs Pergament fanden)[14]. Ich konzentriere mich zunächst auf wenige rele-

---

10 Vgl. Helmut Tervooren, »Einige Bemerkungen zu Jan I. von Brabant und zu seiner Pastourelle ›Eins meien morgens fruo‹«, in: *FS Günther Schweikle*, Stuttgart 1989, S. 127–141.
11 Vgl. etwa Hahn, »›dâ keiser spil‹«, am differenziertesten und umfangreichsten aber bei Händl, *Rollen*.
12 Vgl. Strohschneider, »Aufführungssituation«.
13 Grubmüller, »Ich als Rolle«, S. 389.
14 Die Frage nach dem Produktionsmodus ist in der Germanistik – soweit ich sehe – nur en passant gestellt worden. Bei den Romanisten sieht es etwas besser aus, vgl. Dietmar Rieger, »›Chantar‹ und ›faire‹. Zum Problem der trobadoresken Improvisation«, *ZfrPh* 106

vante Elemente, auf rückverweisende (›anaphorische‹) Pronomina und Adverbien. Sie eignen sich für solche Untersuchungen besonders, da sie sowohl als textimmanente Elemente in der internen wie als texttranszendente in der externen Sprechsituation Funktionen haben. *In einem Text dienen sie als Mittel der Rekurrenz und damit der semantischen Kohäsion. Sie können aber zugleich als Mittel der Deixis den Text transzendieren und auf seinen Ort, seine Zeit und seine Funktion verweisen. Dabei erfahren sie ihre Bedeutungsfüllung und -präzisierung von Fall zu Fall und deuten darum auch eher auf die besondere situative Einbettung des Einzelliedes, d.h. auf ein bestimmtes Publikum zu einem aktuellen Zeitpunkt, als auf den allgemeinen Rahmen (wie dies sonst pragmatische Analysen unterstellen).

Ich gehe von einer Beobachtung aus, die auf den ersten Blick banal erscheinen mag. Wir lesen Minnesang mit mehr oder weniger großen Vorkenntnissen. Wer aber zum ersten Mal, mit einer normalen Sprachkompetenz ausgerüstet, Minnesangtexte liest, wird nicht nur durch die andere Vorstellungswelt, d.h. durch die historische Fremdheit der Texte verwirrt, sondern allein schon durch ihre sprachliche Organisation. Er kann den Eindruck bekommen, in eine laufende Sprechsituation einzutreten, aber den Anfang verpaßt zu haben. Manche Regeln, die alltagssprachliche, aber auch schriftbestimmte Kommunikation bestimmen, gelten nicht. Die Textkohärenz scheint aufgehoben, Ambiguitäten tauchen auf. Dieser Sachverhalt läßt sich an beliebigen Minnesangtexten erläutern. Ich wähle Reinmars Lied *Si jehent, der sumer der sî hie* (XVI).

> ›Si jehent, der sumer der sî hie,
> diu wunne diu sî komen,
> und daz ich mich wol gehabe als ê.
> nu râtent unde sprechent wie.
> der tôt hât mir benomen,
> daz ich niemer überwinde mê.
> Waz bedarf ich wunneclîcher zît,
> sît aller vröiden hêrre Liutpolt in der erde lît,
> den ich nie tac getrûren sach?
> ez hât diu welt an ime verlorn,
> daz ir an einem manne nie
> sô jâmerlîcher schade geschach.‹
> (MF 167, 31–168, 5)

Wer ist *sî*, mit dem die Strophe fast programmatisch beginnt? Wo ist die Referenz für *hie*? Diese Fragen muß sich ein Leser stellen, denn in der gewohnten Alltagssprache gebraucht er Pronomina und Adverbien nur bei Wiederaufnahme bereits erwähnter Referenzträger oder mit Zeigegesten verbunden. Ihm wird auch nicht klar, ob eine männliche oder eine weibliche Person spricht. Nur soviel ist

---

(1990), S. 423–435; Jörn Gruber, »Singen und Schreiben, Hören und Lesen als Parameter der (Re-)Produktion und Rezeption des Occitanischen Minnesangs des 12. Jahrhunderts«, *LiLi* 57/58 (1985), S. 35–51; darauf als Antwort: Dietmar Rieger, »›Senes breu de parguamina‹? Zum Problem des ›gelesenen Liedes‹«, *Romanische Forschungen* 99 (1987), S. 1–18; siehe weiter: Andrew Taylor, »The Myth of the Minstrel Manuscript«, *Speculum* 66 (1991), S. 43–73.

Die ›Aufführung‹ als Interpretament mittelhochdeutscher Lyrik 53

unzweifelhaft: Jemand trauert, weil ein *herre Liupolt* gestorben ist. Erst die zweite Strophe des Liedes löst zumindestens das Sprecherproblem: Es ist die Klage einer Frau. Auch Reimars Lied *Als ich werbe unde mir mîn herze stê* (XXIX) weist solche Unsicherheiten auf.

> Als ich werbe unde mir mîn herze stê,
> alsô müeze mir an vröiden noch beschehen.
> mir ist vil unsanfter nu dan ê:
> mîner ougen wunne lât mich nieman sehen,
> Diu ist mir verboten gar.
> nu verbieten alsô dar
> und hüeten,
> daz sie sich erwüeten!
> wê, wes nement sie war?
>
> (MF 179, 3–11)

Wieder bleibt es in der Schwebe, wer klagt, ein Mann oder eine Frau. Wieder gibt es eine Gruppe (*sie*: V. 8–9), die ohne Referenzträger eingeführt wird. Weiter kann man fragen: Was steckt hinter *mîner ougen wunne* (im Kontext der Hs. b Plural!), die ihm verboten sind? Wie ist die syntaktisch bedingte Ambiguität aufzulösen? Ist *mîner ougen wunne* Subjekt oder Objekt?

Diese *Texte* halten dem *Leser* also gewohnte Informationen vor. Man mag hier einwenden, der Rezipient wisse, was ihn erwarte. Darum seien solche Solözismen unerheblich. Der Einwand ist zu beachten. Er wäre es noch mehr, wenn nicht nur der von mir bemühte uneingeweihte Leser der Neuzeit verunsichert wäre. Ein jüngerer Überlieferungsträger (die Hs. der Burgerbibliothek Bern cod. 260, p) aus der Mitte des 14. Jahrhunderts (also etwa 250 Jahre nach der Entstehung und 120–130 Jahre nach der ersten uns faßbaren schriftlichen Aufzeichnung) hält die Textspannung im 2. Vers der zitierten Strophe ebenfalls nicht durch und ersetzt in *vröiden* durch *frouwen min* (vgl. MF 179, 4). Damit ist Kohärenz gegeben und die semantische und syntaktische Unsicherheit aufgehoben. Auch im ersten Beispiel ist es nicht nur der an Minnesangtexte nicht gewöhnte Rezipient, der Unsicherheit zeigt. Moriz Haupt und andere frühe Interpreten verstanden die erste Strophe des Liedes, ›Si jehent, der sumer [...]‹ als Rede des Dichters – für die BC-Fassung mögen sie sogar Recht haben.[15]

Nach Harweg sind Pronomina »die für den Prozeß der Textkonstitution verantwortlichen Ausdrucksmittel«[16], für die es jedoch Restriktionen bei der Anwendung gibt. »Der Textanfang ist grundsätzlich kataphorisch«, formuliert Dressler.[17] Mit anderen Worten: Ein Text kann mit gewissen Pronomina *nicht* beginnen, weil sie ihre semantische Füllung von Fall zu Fall durch einen Refe-

---

15 Vgl. *Reinmar. Lieder nach der Weingartner-Liederhandschrift (B) mittelhochdeutsch/ neuhochdeutsch*, hrsg. Günther Schweikle, RUB 8318, Stuttgart 1986, S. 353 f.
16 Roland Harweg, *Pronomina und Textkonstitution*, Beihefte zur Poetica 2, München 1968, S. 10; vgl. ders., »Textanfänge in geschriebener und gesprochener Sprache«, *Orbis* 17 (Louvain 1968), S. 343–388.
17 Wolfgang Dressler, *Einführung in die Textlinguistik*, Konzepte der Sprach- und Literaturwissenschaft 13, Tübingen 1973, S. 57 f.

renzträger bekommen. Der Gebrauch des Pronomens im Anfangsvers des Liedes Reinmar XVI (MF 167, 31) ist also unter dem Gesichtspunkt der Textgrammatik ungrammatisch und ein Verstoß gegen die Wohlgeformtheit der Rede – zumindestens wenn man an dieses Lied die Anforderungen stellt, die ein kohärent abgefaßter schriftlicher Text zu erfüllen hat.

Nun ist die referenzlose Einführung der personae dramatis durch Substituentia wie *er* und *si* (bzw. ihre flektierten Formen) keine vereinzelte Erscheinung in Minnekanzonen (die mittelalterlichen ›objektiven‹ Gattungen sind einer anderen Poetik verpflichtet), sondern ein qualitativ und quantitativ signifikantes Merkmal der Gattung.[18] Besonders häufig begegnet es bei der Einführung der Dame; in eindrucksvoller Anfangsstellung oder pointiert im ersten Vers etwa:

Sî darf mich des zîhen niet (Hausen MF 45, 37).

Ir stüende baz, daz sî mich trôste (Veldeke MF 66, 32).

Ist ir liep mîn leit und mîn ungemach (Morungen MF 132, 27).

Ich sprach, ich wolte ir iemer leben (Hartmann MF 207, 11).

Ich wil nu mêr ûf ir genâden wesen frô (Walther L. 184, 1).

Ir munt der liuhtet als der liehte rubîn tuot (Reinmar von Brennenberg KLD 44, IV 1).

Das auflösende Substantiv (*frouwe, wîp* bzw. logische Inklusionen in Synonymen wie die *guote, schœne* usw.) folgt in diesen Liedern gar nicht oder erst in der zweiten oder dritten Strophe.[19] Solche Erscheinungen würden in der Alltagskommunikation in der Regel Rückfragen provozieren. In Minneliedern scheint das Publikum die grammatische ›Unkorrektheit‹ aber hinzunehmen. Möglicherweise gewinnt es ihr sogar positive Seiten ab. Zwei Gründe könnte man für die Akzeptanz der Erscheinung anführen. Wenn sich der Hörer/Leser mit dem Ethos der Texte vertraut gemacht hat, dann vermag er in dieser Erscheinung etwas zu erkennen, was die Finalität der Gattung offenlegt. Es ist zwar auf den ersten Blick verwunderlich, wenn die Dame, zentraler Fluchtpunkt jeden Minneliedes, im Text nicht mit allen Attributen der Macht, Güte und Schönheit geschildert

---

18 Dieses Merkmal ist aus der auch sonst zu beobachtenden Vorliebe lyrischer Texte für Personalpronomina zu verstehen. Statistische Untersuchungen liegen dazu nicht vor. Trude Ehlert zeigte aber an einigen Liedern Morungens und Reimars exemplarisch, daß Minnesang eine auf Pronomina abgestellte Lyrik ist: 72,7% aller Subjekte in Hauptsätzen sind Pronomina, in den Nebensätzen sind es sogar 84,9%. Da Ehlert stark auf die redende Person (›ich‹) rekurriert, deren Identität durch den Auftritt unzweifelhaft ist, wird aber die Eigentümlichkeit dieser besonderen Erscheinung verdeckt. (Trude Ehlert, *Konvention – Variation – Innovation. Ein struktureller Vergleich von Liedern aus ›Des Minnesangs Frühling‹ und Walther von der Vogelweide*, Philologische Studien und Quellen 99, Berlin 1980, S. 51 f.)

19 Eine extreme Fernstellung wie in den obigen Beispielen ist allerdings nicht die Regel; vgl. aber weiter Morungen MF 141, 37; Reinmar MF 187, 31; Hartmann MF 212, 13; Walther L. 40, 19, L. 112, 17 u.a. In weniger extremen Positionen: Dietmar MF 36, 5; Hausen MF 50, 19, MF 51, 13; Fenis MF 80, 1, MF 80, 25, MF 81, 30, MF 84, 10; Johansdorf MF 87, 5, MF 91, 36, MF 92, 7; Bligger MF 118, 1; Morungen MF 124, 32, MF 125, 19, MF 127, 12, MF 140, 32, MF 141, 15; Reinmar MF 184, 31, MF 194, 34, MF 196, 35; Hartmann MF 205, 1; Walther L. 65, 33; L. 109, 1 u.a.

wird, sondern in einem scheinbar inhaltslosen Formwort ›abgebildet‹. Aber gerade diese äußerste Reduktion hat eine Funktion: Das Numinose, Verehrungswürdige benennt man nicht. Sieht man es so, dann läßt sich das, was sich textuell als Defizit darstellt (und ungrammatisch bleibt), als ein gattungsadäquater *Stilzug* mit hagiographischer Qualität verstehen. Dies ist der erste Grund.

Der zweite – und in unserem Zusammenhang wichtigere – ist auf der Ebene der Performanz zu suchen.[20] Es liegt nahe, das Informationsdefizit des überlieferten Textes durch Anschluß an die jeweilige aktuelle Sprechsituation aufzufüllen. Für den großen Rahmen hat die Forschung das – mehr oder weniger reflektiert – vorausgesetzt, etwa bei rollenhaftem Sprechen. »Die Grenzen des Fingierbaren sind dabei keineswegs eng anzunehmen, kann der Sänger doch allem Anschein nach ohne Schwierigkeit in Frauenlied und -strophe die Liebesrolle der Frau ebenfalls als Ich-Rolle vorführen.«[21] Aber auch bei (unklaren) pronominalen Verweisen und Verkettungen vermag die aktuelle Sprechsituation Bezüge zu schaffen; dies umso mehr, als Pronomina – wie oben erwähnt – auch Mittel der Deixis sind und dann auf die im Sprechakt gegenwärtige außersprachliche Welt verweisen.[22]

Ich wähle zur Erläuterung zunächst ein einfaches, meines Erachtens unproblematisches Beispiel. Es steht in Hausens berühmtem Kreuzlied *Mîn herze und mîn lîp diu wellent scheiden* (VI). In Str. 3, V. 6 liest man dort mit den Hss. BC: *ob ez den tumben willen sîn verbære. ez* muß sich hier auf *herz* (Str. 1, V. 1 bzw. Str. 2, V. 1) beziehen, auf eine Referenz, die 16 bzw. 24 Verse vorausgeht. In einem Text, der nach Gesetzen der Schriftlichkeit organisiert ist, ist das eine ungewöhnliche, kaum zu akzeptierende Fernstellung. Und so ist es denn nicht verwunderlich, daß bis 1977 mit viel Aufwand immer wieder konjiziert wurde. Daß eine auf den schriftlichen Text reduzierte Strophe nur einen Teil des Bedeutungspotentials aktualisieren, aber eine kleine Geste textlich änigmatische Stellen aufhellen kann, scheint niemandem in den Sinn gekommen zu sein.

Wie Deixis bei einer konkreten Aufführung funktionieren könnte, mag eine Szene des Nibelungenliedes (1705; nach de Boor zur Stelle übrigens »die einzige durchgeführte Szene höfischen Minnedienstes«) illustrieren. Sie enthält alle wesentlichen Elemente der Vortragssituation: den Raum, das Publikum, den Interpreten.

---

20 Ein dritter Grund läge sicherlich in den Aufführungsvoraussetzungen (Präsuppositionen): Die Hörer sind Teilnehmer am Diskurs über die Minne und treffen als ›Eingeweihte‹ die ›richtigen‹ Zuordnungen. Das trifft sicher zu; aber so allgemein formuliert, macht es auch *jede* interpretatorische Bemühung überflüssig. Rein mechanische Gründe, die sich aus der Überlieferung ergeben könnten, übergehe ich (etwa die Strophenfolge einzelner Hss.). Sie können in dem einen oder anderen Fall immer zutreffen.
21 Cormeau, »Minne und Alter«, S. 150.
22 Unklare Referenzen dürften auch in der Epik Hinweis auf semi-orale Zustände in der mittelalterlichen Gesellschaft sein, vgl. dazu H.-J. Diller, »Literacy and Orality in ›Beowulf‹: the Problem of Reference«, in: Willi Erzgräber u. Sabine Volk (Hrsg.), *Mündlichkeit und Schriftlichkeit im englischen Mittelalter*, ScriptOralia 5, Tübingen 1988, S. 15–25.

Volkêr der snelle   mit sîner videlen dan
gie gezogenlîche   für Gotelinde stân.
er videlte süeze dœne und sanc ir sîniu liet.
dâ mit nam er urloup, dô er von Bechelâren schiet.

Volker tritt vor Gotelinde. Allein der Gang zu ihr macht allen Anwesenden die Gerichtetheit seines Liedes deutlich. Sänge er nun ein Minnelied, etwa *Si ist zallen êren* o. ä., wäre nicht nur die Adresse klar, die gewählte Darbietung des Anliegens in der dritten Person drückte zudem die geforderte Distanz zur Dame aus. Solche Situationen lassen sich in der Überlieferung aufspüren, in den Editionen sind sie freilich oft durch Konjekturen, welche den vermißten Anschluß herstellen, verdeckt. Dafür zwei Beispiele aus dem Reinmar-Œuvre. Reinmar XVII, 2, 4 f. (MF 168, 39 f.) lesen wir in der Ausgabe Carl von Kraus':

daz fröide mich betrâge.
Sist mir liep und wert [...]

Die Verse sind korrekt verbunden: *si* hat in *fröide* die notwendige Referenz. Aber die Handschriften lesen in Vers 4 nicht den Singular *fröide*, sondern den Plural *fröiden*, so daß *si* in der internen Sprechsituation ohne Bezug ist. Nur durch einen Verweis auf relevante Situationselemente, etwa durch eine Zeigegeste auf die anwesende Dame kann die Aussage aktualisiert werden, so daß der Vers die Vorstellung der Dame und ein Liebesbekenntnis zugleich ist.[23]

Da wir die Grenzen des Zumutbaren in einer Aufführung nicht kennen, mag das zweite Beispiel (Reinmar X) extrem erscheinen.

Ich wirbe umbe allez, daz ein man
ze weltlîchen vröiden iemer haben sol.
daz ist ein wîp, der ich enkan
nâch ir vil grôzem werde niht gesprechen wol.
Lobe ich si, sô man ander vrouwen tuot,
daz engenimet si niemer tac von mir vür guot.
doch swer ich des, si ist an der stat,
dâs ûz wîplîchen tugenden nie vuoz getrat.
daz ist in mat!

(MF 159, 1–9)

Im letzten Vers lesen alle Herausgeber bis auf Schweikle: *daz ist i n mat*, wiewohl es so in keiner Handschrift überliefert ist. Aber durch diesen Eingriff entsteht ein kohärenter Text, denn *in* koreferiert mit *vrouwen* in V. 5. Die Konjektur entspringt aber einem »literalisierten Denken«[24], das sich an *Lese*texten orientiert. In einer Aufführung hätten Blick und Geste genügt, die Gerichtetheit des *iu*, wie die Handschrift A statt *in* überliefert, deutlich zu machen. Der Affront, der in der Direktheit der Ansprache liegt, ist allerdings stark (aber wohl aus der agonalen Situation zu erklären, in der Strophe und Lied stehen). Eine Parallele

---

23 Vgl. zu der Stelle die Kommentare der einzelnen Ausgaben und H. W. Nordmeyer, »Ein Anti-Reinmar«, *PLMA* 45 (1930), S. 629–683, hier: S. 638.
24 Walter J. Ong, *Oralität und Literalität. Die Technologisierung des Wortes*, Opladen 1987, S. 13.

findet sich denn auch in einer Auseinandersetzung des Unverzagten mit *gîgern* (d.h. *künstelôse[n]* Unterhaltungskünstlern).

Ez ist ein lobeliche kunst,
der seiten spil ze rehte kan;
die giger vröuwen(t) maniges muot:
Hie vor trag ich ze dem sange gunst,
sank lert vrouwen und man
sank ist ze gotes tische guot;
Er biest da in der seiten klank
swer iu da lobet vor meistersank,
der sol mines lobes ane wesen:
sank mak man schriven unde lesen,
mit sank ist als diu werlt genesen.
(HMS III, 44a 1)

Stärker ausgeprägt ist die Deixis bei Demonstrativpronomina und lokalen und temporalen Adverbien, die ja in der Regel durch Zeigegesten determiniert oder bei temporalen Deiktika durch den Zeitpunkt des Sprechens gefüllt werden. Im Minnesang sind es, wie die Wortindices zeigen, stark frequentierte Wortarten, so daß viel Material zur Verfügung stünde, wenn man ihre Verwendung als textverweisende Proformen oder als texttranszendierende Deiktika untersuchen wollte. Der Ort der Aufführung und der Wahrnehmungsraum des Sprechers werden durch solche Untersuchungen sicher nicht als reale rekonstruiert werden können, aber gelegentlich doch Möglichkeiten einer dem Text angemessenen Aufführungsform andeuten. Wenn Spervogel (AC-Überlieferung 18) eine Strophe mit dem Vers *Wir loben alle disen halm* beginnen läßt, kann er das nur, weil sein Lied in einen nonverbalen Rahmen eingepaßt ist. *disen* braucht als Korrelat eine räumlich definierte Zeigegeste. Der Sänger weist also mit einem lokalen Deiktikon und mit einer Geste auf ein Requisit, d. h. auf eine Ähre bzw. auf ein Ährenbündel – oder auf den Platz der Aufführung, der in der Nähe eines Ährenfeldes liegt.[25]

Ähnlich müßte man bei Herger V, 5 argumentieren:

Korn sâte ein bûman,
dô enwolte ez niht ûf gân.
ime erzornte daz.
ein ander jâr er sich vermaz,
Daz erz ein egerde lieze.
er solde ez ime güetlîche geben,
der dem andern umbe sîn dienest iht gehieze.
(MF 30, 6–12)

---

25 Für das ›hohe Lied‹ (d.h. für die Kanzone) hielte ich die Vorstellung einer solchen Situationseinbettung für problematisch. Aber es handelt sich ja um frühe Sangspruchdichtung, die praktische Ethik verbreitet und auf einen rituellen Rahmen verzichten kann. Weitere Liedanfänge mit *diser/dirre* im 1. Vers: Reinmar MF 197, 15, Hartmann MF 217, 14, Walther L. 73, 25; Neidhart WL 7, WL 20, WL 35; Neifen KLD 15, L; Sachsendorf KLD 51, I; Lichtenstein KLD 58, XLVI; Winterstetten KLD 59, I u. XV; von Sachs SMS 4, 3; Hadlaub SMS 50, 50; u.a.; *diser/dirre* steht hier stellvertretend für andere Demonstrativpronomina, lokale und temporale Adverbien (*hie, dort, da, nû, hiute, morgen,* u.a.), die in der aktuellen Rede frei verfügbare Größen sind. Eine Untersuchung wäre interessant.

Der grammatisch notwendige Bezug von *ez* (V. 5) auf *korn* (V. 1) ist semantisch nicht möglich. *ez* muß sich auf ein nicht genanntes Feld beziehen, das der *bûman* als Brache liegen läßt. Will man einen Anschluß an die aktuelle Sprechsituation herstellen, leistet dies nur der Aufführungsort selbst.[26]

Man kann also – das belegen diese Beispiele – über modellhafte Beobachtungen hinaus gelegentlich zu einem realen hic et nunc vorstoßen. Das zeigt auch ein noch unveröffentlichter Aufsatz von Thomas Bein.[27] »Lieder mit Jahreszeitenallusionen sind topisch«, so resümiert er, aber in den meisten Fällen »haben solche Lieder wohl einen Bezug zur außerliterarischen Realität, sie ›leben‹ durch eine konkrete Aktualität«.

Ich versuche ein erstes vorsichtiges Fazit: Minnesang ist publikumsbezogen und wird mit Blick auf seine Aufführung produziert. Das ist nicht nur historischen und literarischen Zeugnissen zu entnehmen oder modellhaft mit Hilfe pragmatischer Analysen zu erschließen, es ergibt sich auch aus der sprachlichen Verfaßtheit der Texte selbst. Es sind Texte, die stark durch die Pronominalisierung gekennzeichnet sind (was auf eine orale Vergangenheit deuten könnte) und die zum angemessenen Verständnis nichtsprachlicher Zeichen bedürfen. Letzteres ist eine elementare Feststellung, sie kann ohne großen Aufwand an Theorie allein aufgrund einer genauen Lektüre getroffen werden. Ob so ein sicherer Rückschluß vom Text auf die Aufführungssituation gegeben ist, möchte ich dahingestellt lassen. Jedenfalls bedingen sich Text und Situation, ohne daß man eine weitere Bezugsebene (etwa Requisiten) einbeziehen muß. Das ist der Unterschied zu der zu Recht bewunderten Interpretation des Hartmannschen dritten Kreuzliedes durch Hugo Kuhn. Sie erbringt zwar einen beträchtlichen Mehrwert durch den Einbezug eines Requisits, eines Kreuzes auf dem Gewand des Sprecher-Ichs, das ihn als Ausfahrenden zu erkennen gibt. Aber nur wenn das von Anfang an für das Publikum sichtbar ist und – wie Hugo Kuhn formuliert – als »ungesagtes Formelement dialektisch gegen den ganzen Text mitspielt«[28], ist dieser Mehrwert zu erzielen.

Wenn ich formulierte, Text und Lied brauchten einander, dann trifft das natürlich nur in Einzelfällen zu. (Die Zahl der Texte, die keinerlei Anhaltspunkte für eine Rekonstruktion der Aufführung bieten, dürfte sicherlich größer sein). Aber es gibt sie. Ich habe einige diskutiert, weil mir daran lag, zu zeigen, daß die Texte unter gewissen Bedingungen Rückschlüsse auf die Aufführungssituation, selbst auf konkrete Einzelheiten, erlauben. Solche positiven Anhaltspunkte mögen

---

26 Solche Beobachtungen sollten Auswirkungen auf die Editionen haben, wo Pronomina noch immer durch sprachliche Manipulationen eines glatten Metrums wegen bis zur Unkenntlichkeit entstellt werden. In einer Sprechsituation notwendige Deiktika so zu verkürzen, daß sie nicht mehr hörbar sind (vgl. etwa die nur noch graphisch deutbaren Formen *dazs* > *daz es* bzw. *daz si oder dâs* < *daz si*), verhindert Kommunikation.
27 Thomas Bein, »Jahreszeiten – Beobachtungen zur Pragmatik, kommunikativen Funktion und strukturellen Typologie eines Topos«, demnächst in: Rhythmus und Saisonalität. Kongreßakten des 5. Symposions des Mediävistenverbandes in Göttingen 1993. Hrsg. v. Peter Dilg u. a. Sigmaringen 1995. S. 215-237.
28 Kuhn, »Minnesang als Aufführungsform«, S. 190.

neben den üblichen ›logischen‹ Argumenten auch deshalb willkommen sein, weil die Möglichkeit zu Rückschlüssen in pragmatisch angelegten Interpretationen gelegentlich bestritten wird.[29]

III.

Wir haben gesehen, daß das Informationsdefizit, das die *Lektüre* mancher Minnekanzone zu suggerieren scheint, in der Aufführung aufgefüllt werden *kann*. Mit anderen Worten: Es entsteht bei medial andersgelagerter Rezeption, nicht aber bei der Primärrezeption, d.i. bei der Aufführung. Dieser Sachverhalt wirft Fragen auf: Ist die Aufführung die Bedingung einer Minnekanzone schlechthin? *Lesen* wir darum notgedrungen defizitäre Texte, wenn wir die Überlieferung studieren? Die Fragen zielen auf das Programm der Texte als autonome Kunstwerke und auf die Programmierung der Texte durch den Autor.

Bei der Erörterung dieser Fragen beschränke ich mich zunächst wieder auf die Pronominalisierung von Minnesangtexten. Defizitär sind solche Texte, in denen die Substitutionssequenzen nicht eindeutig sind, nur in Blick auf ganz bestimmte Rezeptionssituationen. Unter anderen Blickwinkeln erweist sich die unklare pronominale Verkettungsstruktur aber als produktiv. Es entstehen nämlich Ambiguitäten, die im Rahmen einer gewissen Textstrategie eingesetzt werden können. Die grammatische Grundlage dafür bietet die Homonymie beim Personalpronomen in der dritten Person (*si* = Nom. Sg. f; Nom. Pl. m, f, n; Akk. Pl. f; *ir* = Gen., Dat. Sg. f; Gen. Pl. m, f, n; *in* = Akk. Sg. m; Dat. Pl. m, f, n); die pragmatische Grundlage ist die oben beschriebene Mehrfachgerichtetheit vieler Pronomina – in dem »Zeigfeld der Sprache«[30] fungieren sie als Deiktika, bei der Textkonstitution als Substituenten.[31] Ein drittes, das Ambiguitäten Vorschub leistet, ist eine Vorliebe von Minnedichtern, neben der Dame auch die weitere Instanz im Lied, die *liute*, die wohlwollend oder mißgünstig in das Geschehen eingreifen, pronominal einzuführen.[32]

Die Eingangsstrophe des Reinmar-Liedes LII erläutert exemplarisch den Sachverhalt.

Kæm ich nû von dirre nôt,
ich enbegunde es <...> niemer mê.
volge ichs lange, ez ist mîn tôt;
jâ wæn ich michs geloben wil: ez tuot ze wê.

---

29 »Nicht-verbale Begleithandlung wie Mimik und Gestik beim Vortrag ist vorstellbar, aber nicht nachzuweisen« (Händl, *Rollen*, S. 11); – »konkrete Einzelheiten der Aufführungssituation werden [...] nicht sichtbar« (Hahn, »›dâ keiser spil‹«, S. 98); – »[...] zumal nie ein sicherer Rückschluß von Texten auf Aufführungssituationen möglich ist« (Ulrike Draesner, »Minnesangs Pragmatik. Kommunikationsgeschichtliche Interpretationen zur mhd. Lyrik in gattungssystematischen Übergangszonen. [Tagungsbericht] Seewies/Starnberger See 1992«, *ZfdPh* 112 (1993), S. 112 f., hier: S. 113).
30 Karl Bühler, Sprachtheorie. *Die Darstellungsfunktion der Sprache*, Jena 1934, S. 80.
31 Harweg (Anm. 16), S. 42, spricht von »Substitution versus Deixis«.
32 Einige Belege: Dietmar MF 36, 8; Horheim MF 115, 3; Reinmar MF 162, 25, MF 167, 31, MF 175, 8 u. ö; Walther L. 49, 31, L. 63, 32, L. 110, 31.

Ôwê, leider ich enmac.
Swenne ich mich von ir scheiden muoz,
dâst an mînen vröiden mir ein angeslîcher tac.
(MF 197, 15–21)

Die pronominale Verkettung in dieser Strophe ist vertrackt. Semantisch wäre -*s* in V.3 u. 4 gut auf *nôt* (V. 1) zu beziehen, grammatisch nicht (fem. vs. neutr.). Dagegen wäre *ir* (V. 6) ein grammatisch korrektes Substituens für *nôt*, aber der unmittelbare Kontext legt einen Bezug auf eine nicht genannte *frouwe* nahe. Eine wenig durchsichtige Substitutionssequenz also, die auch andere Möglichkeiten der Deutung zuläßt, aber durch nicht-verbale Begleithandlungen[33] oder durch Präsuppositionen des Publikums Festigkeit gewinnen kann.

In dieser Strophe ist es das semantische Gleiten zwischen *nôt* und *frouwe*, die nicht genannt wird, aber natürlich der Grund für die *nôt* bzw. den Weg in die *nôt* ist. Nach Gesetzen der Schriftlichkeit kann *nôt* zwar metonymisch (und das heißt auch situationsunabhängig) verstanden werden, aber es läßt sich auch im Pronomen *ir* (V. 6) durch zusätzliche Pointierungen (Geste, Stimmodulation) die *frouwe* evozieren. Nicht anders ist die semantische Struktur in Lied XXXVIII:

Nu muoz ich ie mîn alten nôt
mit sange niuwen unde klagen,
wan sî mir alse nâhen lît ,
daz ich ir vergezzen nien enmac.
(MF 187,31–34)

Liegt dem Sprecher-Ich die *nôt* nahe und kann er sie nicht vergessen, oder ist es doch die Dame? Es gibt weitere Möglichkeiten durch Homonymie bedeutungsvolle Gefüge zu schaffen. So läßt es der Text der Lieder XX und LVII (MF 170, 36 u. 201, 33) im Reinmar-Corpus über Strophen hin offen, ob das Lob und der Tadel der Herrin oder den Frauen allgemein gilt.

Solche unklaren Referenzidentitäten bauen Spannungen auf und öffnen dem Vortragenden (der ja nicht der Autor sein muß) einen Raum, den er auf der Ebene der pronuntiatio situationsspezifisch füllen kann. Dabei kann er die textlichen Unbestimmtheiten durch nicht-verbale, körperbestimmte Begleithandlungen auflösen oder verstärken und so Spannungen dosieren. Hier hat also der reproduzierende Sänger, der neben dem Wort zwei weitere ›Sprachen‹ einsetzen kann, nämlich Geste und Stimme, seinen Gestaltungsraum. Hier liegt auch der ästhetische Reiz der sekundären Verwendung von Liedern und Strophen, den ein sachkundiges Publikum als inszenierte Diskrepanz zwischen Erst- und Zweitrezeption, zwischen Autor und reproduzierendem Künstler genießen kann.

An dieser Stelle der Überlegungen ist an die Anfangsfrage des Abschnitts zu erinnern. Ist in der ambigen Textstruktur das oben insinuierte Performanzprogramm angelegt – oder ist es doch nur Ergebnis einer auf Aufführung fixierten wissenschaftlichen Rezeption? Eine erste Antwort gibt das Phänomen der Ambiguität selbst. Wie sie im Rahmen der Textgrammatik ungrammatisch bleibt,

---

33 Darauf könnte *dirre* (V. 1) verweisen. Es bedarf in der Regel einer Zeigegeste, die das Korrelat bestimmt.

muß sie auch unter kommunikationspragmatischen Aspekten als Fehler gelten, da sie ja den Erfolg von Redeakten verhindert. Bei einer Anwendung in elaborierten literarischen Texten darf man jedoch Planmäßigkeit vermuten und der Ambiguität stilistische und auch ästhetische Qualitäten zubilligen. Dies trifft für den Einsatz der Pronomina im Minnelied in besonderer Weise zu. Dort schaffen – wie oben angedeutet – die unklaren pronominalen Verkettungen Spannung, Spannung für Hörer u n d Leser. Aber während bei kurzen Spannungsbögen wie etwa bei Reinmar XXI (MF 171, 32), wo 1, 5 die determinierende Apposition unmittelbar auf das referenzlose *si* folgt, oder bei Reinmar XXXVIa (MF 186, 1), wo 1, 4–6 der ambivalente Bezug von *ir* und *klage* deutlich zur Pointenbildung in der Strophe beiträgt, wo Hörer wie Leser also die Spannung auflösen können, wird der Hörer bei weitergespannten Bögen grammatische Zuordnungsschwierigkeiten haben. Er hat anders als der Leser nicht die medial begründete Möglichkeit, sich durch Rückschau der Richtigkeit seiner Identifizierung bei der Füllung der pronominalen Leerstellen zu versichern.[34] Hier wird der Vortragende durch verbale und nichtverbale Handlungen, durch musikalisch-mimische Pointierungen Hilfestellung leisten müssen. Beispiele für weitgreifende Spannungsbögen wären etwa die Lieder Reinmar VII (MF 156, 10) und XX (MF 170, 36). In Lied VII hält ein verhüllender Plural (*vriunde*: V. 6) die Identität des/der Adressaten über neun Verse offen. In Lied XX läßt das Schwanken zwischen Singular und Plural bei den homonymen Formen des femininen Pronomens in der dritten Person erst am Ende der 4. Strophe erkennen, daß dieses Lied nicht ein allgemeines Preislied auf die Frau ist, sondern der Geliebten gilt. Die Bögen zu verkürzen, Vermutungen hervorzulocken, ihnen Richtung zu geben, d. h. spielerisches Explizieren und Aktualisieren, ist in das Belieben des Vortragenden gestellt und von seinen körperlichen Fähigkeiten, d. i. von seinem sprecherischen und schauspielerischen Können abhängig. Pronomina und ihre Referenzidentitäten werden dabei zu Elementen in einem Spiel, das Autor, Vortragender und Publikum mit artistischer Raffinesse spielen und das wesentlich zu den Vollzugsformen höfischer Geselligkeit gehört.

IV.

Ambiguität erzeugen in Minneliedern nicht nur Pronominalsequenzen. Auch Polysemie und – was für eine Aufführungskunst von besonderer Bedeutung ist – prosodische Faktoren schaffen produktive Mehrdeutigkeit. Polysemie spielt beim erotischen Sprechen eine besondere Rolle. Zu Dietmar XV, 3, 8 (MF 41, 1): *waz half, daz er tœrschen bî mir lac? jô enwart ich nie sîn wîp* bemerkt Günther Schweikle, das Verständnis des Verses hänge davon ab, wie man das Adverb *tœrschen* deute: ›unbedacht, naiv‹ oder ›tölpelhaft‹. Das eine weise auf ein

---

34 Paul Zumthor sieht darin den »fundamentalen Gegensatz« in der Rezeption: »verschobene visuelle Wahrnehmung eines schriftlichen Zeichensystems oder unmittelbar gegenwärtige auditive Wahrnehmung«; ders., *Die Stimme und die Poesie*, S. 46.

harmloses tête-a-tête, das andere auf eine aus eigener Schuld (Impotenz etwa) verpaßte Gelegenheit.»Welche dieser Interpretationen [...] jeweils nahe lag, mochte wohl von der Phantasie des Publikums abhängen, welche durch die Art des Vortrags, durch Prononcierung einzelner Wörter (z.B. tærschen) in eine bestimmte Richtung gelenkt sein könnte.«[35] Oder auch von Gestik und Gebärde hängt es ab, darf man ergänzen und auf Walthers Tagelied (L. 88, 9) verweisen. Asher bemängelte dort den stockenden Dialog, der verständlicher werde, wenn er durch Gesten unterstrichen und von erotischen Gebärden begleitet werde.[36]

Eines aufschließenden Hinweises bedarf es in der Regel auch bei sogenannten ›aktuellen‹ Metaphern, d.h. bei unbelasteten Wörtern, die durch den Kontext oder durch die Situation sexuell aufgeladen werden. Ein drastisches Beispiel bietet ein Lied, das unter Walthers Namen überliefert ist. Es ist die Schilderung einer Belagerung, die eine Frau ihrem in der Ferne weilenden Mann zukommen läßt (L. XXVI, 1). (Ich nehme den sicher nicht ganz unproblematischen Text, den Carl von Kraus mit sicher notwendigen, aber auch unsicheren Ergänzungen herstellt.)

Ez sprach ein wîp bî Rîne
ze einem vogelîne
›mîn man der heizet Îsengrîn,
dû solt im sagen, bote mîn,
daz er umb unser êre
von Pülle wîder kêre.

Unser zweier veste,
dar suochent vremde geste.
wan daz ich vil listec bin,
sie stigen nahtes zuo mir in
und slichen zeiner lucken,
die birge ich vor ir tucken.

Ich han gegen ir mangen
niht schermes vür gehangen,
wan einen rihten sie her vüre,
der snellet vaste unz an die türe.
waz frumte ich alters eine?
er wirfet swære steine.‹

An disem vogelîne
sô stêtz nu Îsengrîne.
geswîchet ir daz vogelîn,
daz klaget iemer Îsengrîn.
›wan hebestu dich ze Pülle?‹
›wîp, den graben gefülle!‹
(L. XXVI, 7–24)

---

35 Die mhd. Minnelyrik. I. Die frühe Minnelyrik. Texte und Übertragungen, Einführung und Kommentar, hrsg. Günther Schweikle, Darmstadt 1977, S. 407.
36 John Alexander Asher, »Das Tagelied Walthers von der Vogelweide. Ein parodistisches Kunstwerk«, in: FS Helmut de Boor, S. 278–286, hier S. 285.

Wem die literarische Anspielung auf die Vergewaltigung Hersants durch Reinhart Fuchs in Vers L. XXVI, 3 (*mîn man der heizet Îsengrîn*) nichts sagt,[37] braucht sprachliche Pointierung und Gestik, um die Belagerung selbst und die termini technici (*veste, lucken, schermen, türe, graben*) als sexuelle Metaphern zu begreifen. In diesem Zusammenhang wäre auch auf den Refrain zu verweisen, der dem Vortragenden die Möglichkeit gibt, den Hörer emotional anzusprechen. Er ist unter zwei Aspekten interessant. So verwies etwa Günther Schweikle auf die mögliche ironisch-humorvolle Kommentierung des Dietmar-Liedes *Nu ist ez an ein ende komen* (XII; MF 38, 32) durch den Refrain *sô hôh ôwî*. Mir scheint das richtig, aber »solch unerwartete, wiederholte Interjektion in ihrer vokalen Verspieltheit«[38] erreicht ihre volle Wirkung erst durch zusätzliche Pointierungen im Vortrag. Der zweite Aspekt betrifft eine bestimmte Art des Refrains, den onomatopoetisch gestalteten Klangrefrain, der ja in besonderer Weise der stimmlichen Realisierung im Vortrag verpflichtet ist. Wirkungen solcher Refrains sind heute noch nachzufühlen, wenn man sich verschiedene moderne Einspielungen von Walthers ›Lindenlied‹ anhört. Das *tanderadei* reizt jeden Sänger zu einer sinnlichen Interpretation. Ich kann hier auf einen Aufsatz von Albrecht Classen verweisen. Er zeigt, daß »Onomatopoesie als metaphorischer Ausdruck von Erotik und somit gemeinhin als komisch-unterhaltsames Element«[39] in mittelhochdeutscher Lyrik zu verstehen ist. Man muß aber hinzufügen, daß der Sänger einen großen Spielraum zur Improvisation hat und die Funktionen des Refrains sehr vielschichtig sind: Dieselbe Lautfolge, die in einem Vortrag erotisch konnotiert ist, kann in einem anderen lediglich die vokale Unterlegung eines Melodieabschnitts bzw. reiner Schallrefrain sein.[40]

Den auffallendsten Typ prosodischer Ambiguität findet man in Liedern, in denen der Vortragende durch prosodische Mittel Vorstellungen evoziert, die der Text an sich nicht hat. Ein Beispiel findet sich beim Kol von Niunze:

Ich saz bî mîner frouwen biz mir bgunde stân
mîn herze hô; daz kumt von mîm lieplîchen wân.
mir kunde nie von wîbe stân
sô sêre mîn gemüete;
daz kumt von trôste den ich hân
zuo ir wîplîchen güete.

(KLD 29, III)

Dem reinen Wortsinn nach ist es eine Zusammenstellung konventioneller Minnesangversatzstücke. Aber der Autor bringt eine Spannung in die Strophe und

---

37 Vgl. *Der Reinhart Fuchs des Elsässers Heinrich*, hrsg. Klaus Düwel, ATB 96, Tübingen 1984, V. 1154 ff.
38 Günther Schweikle, »Humor und Ironie im Minnesang«, *Wolfram-Studien* 7 (1982), S. 55–74, hier: S. 63; vgl. weiter Renate Hausner, »Spiel mit dem Identischen. Studien zum Refrain deutschsprachiger lyrischer Dichtung des 12. und 13. Jahrhunderts«, in: Peter K. Stein (Hrsg.), *Sprache – Text – Geschichte*, GAG 304, Göppingen 1980, S. 281–384.
39 Albrecht Classen, »Onomatopoesie in der Lyrik von Jehan Vaillant, Oswald von Wolkenstein und Niccolò Soldanieri«, *ZfdPh* 108 (1989) S. 357–377, hier: S. 358.
40 Zu Einzelheiten vgl. Hausner (Anm. 38).

gibt dem Interpreten Möglichkeiten zu einer interessanten sprecherischen Gestaltung, indem er das Prädikat *stân* (V. 1 u. 3) durch den Versschluß vom Subjekt trennt. Der *Vortragende* kann jetzt durch eine starke Pause sexuelle Vorstellungen wecken, um sie dann freilich durch das nachschlagende minnesangkonforme Subjekt wieder aufzulösen. Ein spielmännisches Mittel, das seine Wirkung selten verfehlt.[41]

All diese prosodisch, grammatisch und semantisch ambigen Erscheinungen sind Spiel- und Gestaltungselemente, die nur bedingt auf einer rein verbalen Ebene wirken. Sie bedürfen der ›Stimme‹ und des ›Körpers‹, der Aktualisierung im Vortrag und des Mitspielens des Publikums. Damit käme ich zu einem letzten Punkt, den ich noch kurz ansprechen möchte, obwohl er in den Überlegungen schon immer mitspielte, zur Rolle des Publikums bei der Aufführung. Wir kennen es in seiner sozialen Zusammensetzung aus historischen und literarischen Quellen und in seinen ethischen und ästhetischen Dispositionen aus der Rekonstruktion in pragmatischen Interpretationen. Auch meine Überlegungen setzen ein exklusives höfisches Publikum voraus, mit entsprechenden sprachlichen, literarischen und kulturellen Kompetenzen, die es ihm gestatteten, am Sprach- und Gesellschaftsspiel ›Minnesang‹ teilzunehmen. Dem Publikum diese Rolle zuzuschreiben, ist prinzipiell richtig, es ist aber auch nicht unproblematisch, denn Minnesanginterpretationen bleiben durch diese Annahme oft in dem der Pragmatik eigenen Argumentationskreis stecken und agieren, als wäre das höfische Publikum das einzig denkbare für Texte, die den Stempel ›Minnesang‹ tragen.

Es gibt eine schon mehrfach beschriebene Verbindung zwischen der Bildwelt, der Form und dem Stil des Minnesangs und der Marienlyrik.[42] Diese Verbindung ist so produktiv, daß es bei manchen Liedern – wiederum leisten die semantischen, nur pronominal besetzten Leerstellen dem Vorschub – schwer fällt, Zuordnungen zu treffen. Pointierter formuliert: Man könnte sich manche Minnesangstrophe mit (oder ohne) leichten Retouchen gut als Gebetspreis an Maria vorstellen (und manche Frauenstrophe könnte Christus als Adressat haben). Beispiele finden sich bei Oswald von Wolkenstein[43] (etwa Klein Nr. 12 oder 34), aber durchaus auch in der frühen und in der klassischen Zeit. Ein Beispiel aus früherer Zeit wäre etwa das Lied der Mystikerin Hadewijch *Ay, in welken sæ verbœrt die tijd*[44]. Der Text verrät nichts über das Sprecher-Ich, noch wird hinreichend deutlich, wer der Adressat ist (Mann–Frau, Gott–Mensch). Auf der Text-

---

41 Weitere Beispiele vgl. Tervooren (Anm. 10), S. 133 f.
42 Hier ist vor allem auf verschiedene Arbeiten Friedrich Ohlys hinzuweisen. Bibliographiert (mit weiterer Literatur) in: Helmut Tervooren, »Säkularisierungen und Sakralisierungen in der deutschen Liebeslyrik des Mittelalters«, in: Lothar Bornscheuer [u.a.] (Hrsg.), *Glaube, Kritik, Phantasie. Europäische Aufklärung in Religion und Politik, Wissenschaft und Literatur*, Europäische Aufklärung in Literatur und Sprache 6, Frankfurt/M. 1993, S. 213–231.
43 *Die Lieder Oswalds von Wolkenstein*, hrsg. Karl Kurt Klein, 3. neubearb. u. erw. Aufl. hrsg. Hans Moser [u.a.], ATB 55, Tübingen 1987.
44 Hadewijch, *Strofische Gedichten*, hrsg. E. Rombauts u. N. de Paepe, Zwolle 1961, Nr. 45.

ebene ist die Spannung nicht auflösbar. Daß nicht nur heutige Rezipienten mit solchen Erscheinungen Probleme hatten, sondern auch zeitgenössische, zeigt die Überlieferung des kleinen Liedchens aus den ›Carmina Burana‹ (Namenlose Lieder IX).

Wære diu werlt alle mîn
von deme mere unze an den Rîn,
des wolt ich mich darben,
daz chunich von Engellant
læge an mînem arme.
(MF 3, 7–11)

Dort ist in V.4 in der Hs. *chunich* gestrichen und *diu chunegin* darüber geschrieben. In Kontext mit *Engellant* könnte die Stelle auf die Himmelskönigin bezogen werden, so daß man die Strophe als Ansprache der Braut an den himmlischen Bräutigam (Christus) verstehen kann. Entscheidend wäre die Aufführungssituation, die Öffentlichkeit, in die hineingesprochen wird: der (Nonnen-)Konvent oder der (Fürsten-)Hof.

V.

Ich wollte an einigen Textbeispielen zeigen, daß es sich bei der Interpretation eines Minneliedes lohnt, die Aufführung mitzudenken, weil im reinen *Text* das Bedeutungspotential des Liedes nur zum Teil sichtbar wird. Ich wählte zur Demonstration mit den Pronomina und Adverbien Wortarten, die außerhalb der aktuellen Rede frei schwebende grammatische Entitäten sind. Sie schaffen wie prosodische und semantische Ambiguitäten, die ich in einem zweiten Schritt in meine Überlegungen einbezog, Textstrukturen, die dem Vortragenden einen gestalterischen Freiraum zur Auffüllung semantischer Leerstellen öffnen bzw. zur Disambiguierung durch nonverbale Kommunikationshandlungen drängen. Daß solche Strukturen wesentlich zum Minnelied gehören und als Schaltstellen zur Publikumslenkung benutzt wurden, zeigt sich schon darin, daß die poetologischen Ansätze zur Ab- und Umwandlung des Minnesangs bei Neidhart, Tannhäuser u. a. eben darin bestanden, die Pronomina durch Namen und Nomina festzulegen.

Meine Untersuchung nutzte die Leistung der Wortart ›Pronomen‹, die Text und Vortragssituation verbinden kann, blieb aber wie vorhergehende Untersuchungen auf Indizien und Schlüsse angewiesen. Auch sie konnte darum die spezifische Differenz zwischen multimedialer Aufführung mit ihren visuellen, auditiven und oralen Bestandteilen und der Überlieferung, die den Gesetzen der Schriftlichkeit verpflichtet ist, nicht schließen. Sie konnte aber die Rolle des Vortragenden stärker pointieren und damit auf eine Instanz im Aktualisierungs- und Überlieferungsprozeß aufmerksam machen, die mehr Beachtung verdient, als ihr bisher geschenkt wurde. Das erwiesen die obigen Interpretationen. Der Vortragende überblickt die Referenzidentitäten, verknüpft die textexternen und -internen Netze, er verdichtet Spannung und hebt sie auf. Zumthor formuliert diesen Sachverhalt sehr viel konkreter: »Stimme und Geste sind es, die Wahrheit und

Kohärenz stiften.«[45] Untersuchungen zur Rolle des Vortragenden könnten darum auch Aufschluß darüber geben, warum die schriftliche Überlieferung so unzulänglich ist, wenn es um Fragen der Aufführung geht.

Die Unzulänglichkeit wird zwar beklagt, aber auch hingenommen, ohne daß man beachtet, daß ihr Grund nicht in den technischen Möglichkeiten der Zeit liegen *muß*. Diese sind nämlich gar nicht so beschränkt: Melodien konnten aufgezeichnet und Regieanweisungen in Über- oder Zuschriften gegeben werden, Sprechpausen konnten durch Interpunktionssysteme markiert und Hervorhebungen durch Majuskeln, Unterstreichungen u. a. angezeigt werden.[46] Alle diese Praktiken kennen die lateinischen und volkssprachigen Texte. Wenn sie in der Minnesang-Überlieferung gar nicht oder selten zu finden sind, verlangt das nach einer Erklärung. Die mag darin liegen, daß es für eine differenzierte Aufzeichnung keine Notwendigkeit gab, solange der *Vortragskünstler* mit den Techniken und Usancen seiner Zunft vertraut war. Er brauchte zwar Textstützen (vor allem wenn er nicht der Autor war) – und das mögen die Liedblätter und Repertoirehefte, die ja in irgendeiner Form am Anfang der schriftlichen Überlieferung gestanden haben, gewesen sein –, aber er brauchte keine Performanzregeln. Sie waren damals noch in (residualen) Domänen der Oralität angesiedelt, in denen der vortragende Künstler ›zu Hause‹ war. Er stünde dabei durchaus in einer Reihe mit anderen reproduzierenden Künstlern: Den Chormönchen haben die aus heutiger Sicht (d.h. aus der Sicht einer völlig interiorisierten Literalität) unvollkommenen Neumen bei der Reproduktion des Chorgesangs genügt und den Musikern Gerüstnotierungen, die ihnen nicht nur die Instrumentalisierung überließen, sondern auch die Melismierung und andere Ausgestaltungsmöglichkeiten der Melodie. Im übrigen findet man noch heute Wedekind- oder Tucholsky-Texte, die für die Kleinkunstbühne geschaffen sind, in graphisch anspruchsvoll gestalteten Lyrikanthologien, die nicht den geringsten Hinweis auf die Aufführung enthalten.

---

45 Zumthor, *Die Stimme und die Poesie*, S. 76.
46 Siehe etwa Frank, »Zur Entwicklung der graphischen Präsentation mittelalterlicher Texte«; dort auch weitere Literatur.

Das Singen über das Singen.
Zu Sang und Minne im Minne-Sang

THOMAS BEIN

I.

Zur höfischen Gesellschaftskunst zählt neben anderen artistischen Vergnügungen der Minnesang. Der Minnesang ist ein Singen über die Minne, zur Minne, ist Werbung um eine Frau, Preis einer Frau, Liebesklage; eine gesellschaftliche, künstlerische Verständigung über das Geschlechterverhältnis, die – bei aller Stereotypie, die dem Minnesang eigen ist – außerordentliche Differenzierungen und Nuancierungen aufweisen kann.[1]

Was ›Minne‹ sei, beschäftigt nicht nur den modernen Literar- und Mentalitätshistoriker[2], sondern hat bereits die Minnesänger selbst zu angestrengtem Nachdenken veranlaßt[3], zu einem Nachdenken, das sie ebenso wie Liebesklage, Schönheitspreis und Schwelgen in vergangenem Liebesglück einem Publikum vortrugen, das sich wohl aus den Angehörigen der adligen Gesellschaft an größeren und kleineren Höfen zusammensetzte. Das alles ist bekannt. Die Rekapitulation sollte nur (noch einmal) deutlich machen, welche Instanzen und Größen zu der Kunstübung gehören, die Minnesang genannt wird. Da sind zum einen die thematische Größe ›Minne‹ und das imaginierte Gegenüber: die Frau (auch die Frau Minne); da sind zum anderen die Instanzen des Dichters (und Sängers)[4] und

---

1 Vgl. zu den zahlreichen Texttypen des Minnesangs, die je eigene thematische und formale Schwerpunkte setzen, die informative Überschau von Schweikle, *Minnesang*.
2 Vgl. z. B. (mit weiteren Hinweisen) Burghart Wachinger, »Was ist Minne?«, *PBB* 111 (1989), S. 252–267; Christoph Cormeau, »Minne«, in: *TRE*, Bd. XXII, S. 759–762; Rüdiger Schnell, »Die ›höfische Liebe‹ als Gegenstand von Psychohistorie, Sozial- und Mentalitätsgeschichte. Eine Standortbestimmung«, *Poetica* 23 (1991), S. 374–424; Peter Dinzelbacher (Hrsg.), *Europäische Mentalitätsgeschichte. Hauptthemen in Einzeldarstellungen*, Stuttgart 1993 (dort ders., »Sexualität/Liebe, Mittelalter«, S. 70–89).
3 Am bekanntesten dürfte Walthers Lied ›Saget mir ieman, waz ist minne?‹ (L. 69, 1) sein; es bildet aber nur den Anfang einer größeren Reihe von Versuchen, dem ›Wesen‹ der Minne näherzukommen.
4 Zunächst sind beide Instanzen identisch zu denken: der Dichter trägt seine Lieder selbst vor. Das ändert sich in jedem Fall nach seinem Tod (sofern seine Texte dann noch von literarischem Interesse sind), vielleicht aber auch schon früher, zu Lebzeiten des Dichters, wenn andere mit seinen Werken ›auftreten‹. Bekanntlich wissen wir über dieses literarische Leben wenig.

des Publikums. Die Kommunikation zwischen Dichter-Sänger und Publikum über den Gegenstand ›Minne‹ konkretisiert sich zunächst und vor allem im öffentlichen Vortrag, in mündlicher Rede, im Singen, später dann auch in der (stillen?) Lektüre (die den Dichter in seiner physischen Existenz mit der Möglichkeit spontanen Eingreifens in seinen Text verschwinden läßt).

Das Rahmenthema dieses Symposions enthält den Begriff ›Aufführung‹, der auf die Pragmatik künstlerischer Produktion und Rezeption zielt. In diesen Forschungskomplex, der sich in den letzten Jahren größerer Aufmerksamkeit erfreut,[5] gehört auch mein Beitrag.

II.

Im Minnesang begegnen verschiedene Sprechhaltungen. Der Minnesänger kann sagen: ›Ich liebe dich‹, also unmittelbar zu einer imaginierten Frau sprechen.[6] Er kann auch sagen: ›Ich liebe eine Frau‹, dann artikuliert er nicht unmittelbar ein wie auch immer stilisiertes Gefühl, sondern er spricht – räsonierend – *über* sein Gefühl.[7] Er kann weiter sagen: ›Ein Mann liebt eine Frau‹ und verschwindet dann hinter der Instanz eines Erzählers.[8] Er kann schließlich sagen: ›Ich singe darüber, daß ich eine Frau liebe‹ oder ›Ich singe, weil ich eine Frau liebe‹ oder ›Ich singe nicht mehr, weil mich meine Angebetete nicht erhört‹; er kann fragen: ›Warum singe ich?‹, ›Warum singe ich über die Liebe?‹, ›Für wen singe ich?‹, ›Warum ist mein Singen traurig?‹, ›Wie könnte mein Sang wieder fröhlich werden?‹ usw.

Um diesen Typus des Sprechens soll es mir im folgenden gehen,[9] um das explizite Benennen des eigenen Tuns, um poetologische Reflexionen sowie

---

5 Vgl. z.B. Händl, *Rollen*; Hahn, »»dâ keiser spil.««; Strohschneider, »Aufführungssituation«. Strohschneider läßt die Forschungsgeschichte dieses Frageansatzes Revue passieren, die er mit Kuhns »Minnesang als Aufführungsform« beginnen läßt. – Die ›Aktualität‹ des Frageansatzes spiegelt auch die Tagung ›Minnesangs Pragmatik‹ (1992); vgl. dazu den Tagungsbericht von Ulrike Draesner, »Minnesangs Pragmatik. Kommunikationsgeschichtliche Interpretationen zur mhd. Lyrik in gattungssystematischen Übergangszonen. [Tagungsbericht] Seewies/Starnberger See 1992«, *ZfdPh* 112 (1993), S. 112 f.; die Vorträge lagen bis zur Fertigstellung dieses Manuskriptes noch nicht gedruckt vor (geplant für die Beihefte der *GRM*).

6 Vgl. z.B. Dietmar X (MF 36, 34): *Vrouwe, mînes lîbes vrouwe,/ an dir stêt aller mîn gedanc;/ dar zuo ich dich vil gerne schouwe.* – Über den Umweg eines Dritten ist dies auch im sogenannten ›Botenlied‹ realisiert (z.B. Dietmar XI 3; MF 37, 30); auch der ›Wechsel‹ zeigt eine solche Sprechhaltung.

7 Vgl. z.B. Heinrich von Rugge I: *ie noch stêt aller mîn gedanc/ mit triuwen an ein schoene wîp./ ich enweiz, ob ichs iht geniezen muge,/ si ist mir liep alsam der lîp* (MF 99, 36–39).

8 Dieser Typus begegnet im sogenannten ›genre objectif‹, vor allem im Tagelied (vgl. z.B. Wolfram I: *si pflâgen minne ân allen haz* (MF 3, 32). Vgl. mit weiterführenden Hinweisen Christoph Cormeau, »Zur Stellung des Tagelieds im Minnesang«, in: Johannes Janota [u.a.] (Hrsg.), *FS Walter Haug u. Burghart Wachinger*, 2 Bde.,Tübingen 1992, Bd. II., S. 695–708.

9 Bei den vier genannten Typen ist nicht berücksichtigt, daß es selbstverständlich auch Mischformen gibt. Darauf sei zumindest an dieser Stelle nachdrücklich hingewiesen, denn

um ihre Funktion und Wirkung im und ihre Auswirkung auf den Minne->Text<.[10]

Im Mittelpunkt meiner Untersuchung steht die Analyse ausgewählter Einzelfälle mit dem Ziel, sie zu einer Typologie des >Singens über das Singen< im Minnesang zu ordnen. Dem voran geht eine kurze Skizze zum Stand der Forschung zu poetologischen Äußerungen in mittelhochdeutscher Lyrik. Am Schluß will ich in einem Ausblick, der vor allem zur Diskussion anregen soll, auf die Bedeutung der Typen für das innerliterarische Thema >Minne< und für den außerliterarischen, pragmatischen Rahmen der Aufführung der Lieder eingehen.

III.

Äußerungen mittelhochdeutscher Dichter über ihr Dichten sind im Laufe der Forschungsgeschichte immer wieder Gegenstand philologischer Beobachtung gewesen.[11]

Waren Viëtor, Boesch und Tschirch bestrebt, möglichst viel Material in diachroner Perspektive zu besprechen, so betrachtet Dierk Rodewald[12] nur *einen* einschlägigen Text. Es geht ihm um die Deutung der berühmten >Selbstaussage< Heinrichs von Morungen in seinem Lied >Leitlîche blicke< (XIII, MF 133, 13): *wan ich dur sanc bin ze der welte geborn.* Im Gegensatz zu anderen Interpreten, die seiner Meinung nach den Vers zu isoliert betrachtet haben,[13] will Rodewald ihn im Kontext des Liedganzen zu verstehen versuchen. Er ist der Ansicht, daß »*Sanc* [...] im höfischen Mittelalter niemals als künstlerischer Selbstzweck verstanden werden [konnte], sondern [...] als Minnesang immer *sanc* für die *frouwe*

---

der Wunsch des Literaturanalytikers, das >System< Literatur kategorial in den Griff bekommen zu wollen, führt manchmal zu der Versuchung, das >Untypische< einzuebnen. Davor sollte man sich hüten. Walther L. 42, 31 >Wil ab iemen wesen frô< zeigt z.B. (ungeachtet der disparaten Strophenreihenfolge in den Handschriften) eine Mischung aus Reflexion und unmittelbarer Ansprache.

10 Es sei nur kurz daran erinnert, daß das Phänomen >Dichtung über Dichtung< (fast?) so alt wie Dichtung überhaupt ist; vgl. mit einschlägigen Hinweisen und theoretischen Deutungsansätzen jetzt Monika Schmitz-Emans, »Überleben im Text? Zu einem Grundmotiv literarischen Schreibens und einigen Formen seiner Reflexion im poetischen Medium«, *Colloquia Germanica* 26 (1993), S. 135–161.

11 Vgl. Karl Viëtor, »Die Kunstanschauung der höfischen Epigonen«, *PBB* 46 (1922), S. 85–124; Bruno Boesch, *Die Kunstanschauung in der mittelhochdeutschen Dichtung von der Blütezeit bis zum Meistergesang*, Bern u. Leipzig 1936, S. 5–7 (zum Stand der Forschung); Fritz Tschirch, »Das Selbstverständnis des mittelalterlichen deutschen Dichters«, in: Paul Wilpert (Hrsg.), *Beiträge zum Berufsbewußtsein des mittelalterlichen Menschen*, Miscellanea mediaevalia, Berlin 1964, S. 239–285.

12 Vgl. Dierk Rodewald, »Morungens Lied vom Singen (MF 133, 13)« *ZfdA* 95 (1966), S. 281–293.

13 Hingewiesen sei auf Julius Schwietering, »Einwirkung der Antike auf die Entstehung des frühen deutschen Minnesangs«, *ZfdA* 61 (1924), S. 61–82, hier: S. 68, und auf Hennig Brinkmann, *Entstehungsgeschichte des Minnesangs*, Halle/S. 1926, S. 148.

[ist]« (S. 287 f., Anm. 1). Morungen stelle nicht sein Ich in den Mittelpunkt (wie etwa Walther), sondern den »*sanc* und das Zum-Singen-geboren-Sein« (S. 289). »Es geht in der Wirklichkeit des Singens um dessen Möglichkeit selbst« (S. 290).

Mit Rodewalds Studie wurde ein Schritt fort von der positivistischen Materialsammlung hin zur pragmatischen sowie poetologischen und poetischen Deutung des Phänomens gemacht.

Auch in der kommunikations- und rollenpragmatisch ausgerichteten Studie von Claudia Händl[14] kommt der »Stellenwert von Minne- und Sangthematik« zur Sprache (S. 352 ff.). Sie stellt heraus, daß Singen »Minnedienst und gleichzeitig Gesellschaftsdienst« sei (S. 353), daß sich bei seiner Thematisierung historische Verschiebungen ausmachen ließen und daß (zumindest bei Uolrich von Winterstetten) eine allmähliche Loslösung der Sangkunst vom Minnedienst zu beobachten sei; er sei »derjenige Sänger, der auf die Werthaftigkeit beider Bereiche unabhängig voneinander verweist, ohne den einen Bereich zugunsten des anderen abzuwerten« (S. 355).

Ähnliche, wenn auch allgemeiner gehaltene Aussagen macht auch Gerhard Hahn[15], wenn er feststellt, daß um die Wende vom 12. zum 13. Jahrhundert »sich im *ich* der Minnekanzone neben dem werbenden Mann (*ich minne*) zunehmend der Sänger (*ich singe*) [artikuliert], und im selben Maße wird im Lied neben der auf die Minne des Minnepaares ausgerichteten Gesellschaft das auf das Singen des Sängers ausgerichtete Publikum thematisiert« (S. 96). Eine ›Literarisierung‹ des Minnesangs sei unübersehbar (S. 97).

Hier möchte ich mit meinen Beobachtungen einsetzen, einschlägige Texte vorstellen, systematisieren, und das Gefüge aus Dichter, Sänger, imaginierter Frau/Minne, Thematik, Publikum und Kommunikationsmedium analysieren.

IV.

Als Basis für meine Untersuchung haben gedient: ›Des Minnesangs Frühling‹, Walther von der Vogelweide, ›Die Lieder Neidharts‹[16], ›Deutsche Liederdichter des 13. Jahrhunderts‹, ›Die Schweizer Minnesänger‹, Der Marner[17], Rumzlant[18]. Dies ist – denke ich – ein einigermaßen repräsentativer Querschnitt durch die Sangeskunst des 13. Jahrhunderts.

---

14 Händl, *Rollen*.
15 Hahn, »*dâ keiser spil.*«.
16 *Die Lieder Neidharts*, hrsg. Edmund Wießner, fortgeführt von Hanns Fischer, 4. Auflage revidiert von Paul Sappler, ATB 44, Tübingen 1984.
17 *Der Marner*, hrsg. Philipp Strauch, Nachwort, Register u. Literaturverzeichnis von Helmut Brackert, Berlin 1965.
18 *Die Jenaer Liederhandschrift. I. Getreuer Abdruck des Textes*, hrsg. Georg Holz, Hildesheim 1966, S. 82–107; der einfacheren Lesbarkeit wegen habe ich jedoch den Text in Verse abgesetzt.

Die herangezogenen Sammlungen enthalten Minnesang und Sangspruchdichtung. Für meine Untersuchung habe ich die Sangspruchdichtung (weitgehend) ausgeblendet. Zwar ist es im Einzelfall nicht einfach, deutlich zwischen einem Minnelied und einer Minne-Sangspruchreihe zu unterscheiden,[19] aber in der Regel ist es doch so, daß das Verhältnis von Einzelstrophen zu nächsthöheren Organisationseinheiten ein loseres ist als im Lied; hinzu kommt, daß der Sangspruch meist ein in sich ruhender Textstein ist, so daß eine Untersuchung seiner Relation zu einem übergeordneten Themenkomplex wenig ertragreich, wenn überhaupt möglich ist.

Ein schönes Beispiel bietet ein Sangspruch Rumzlants (Nr. 74 [73]), ein Räsonieren über die Kunst, das recht modern anmutet, eine ›Metaphysik‹, eine ›Ethik‹ der Kunst (*Kvnst ist gůt in sich*):

Alle kvnst ist gůt, da man ir gůte tzv̊ bedirbet;
Swa man vbele tůt myt kvnst, des ist die kvnst vnschuldich;
Kvnst ist gůt in sich, tzv̊ gůte hat sie got gedacht.
Swer nicht gůter kvnst ne kan, der laze sie vnvůrtirbet;
Kvnstere, wis by grozer kvnst demv̊tich vnde geduldich,
So wirt gotes wille an dir myt kvnsten vůllenbracht.
Den got myt kvnsten hat gerichet,
Tůt her wol myt kvnst, der edele riche,
So hat [er] ez also gelichet,
Daz er sich eyme edelen manne geliche.
Kvnster, hůte, daz by kvnst din laster nicht enbliche;
So hute eyn edel man, daz in die scande nicht besliche,
Nicht vz adele wiche,
Der in adele ist wol geslacht.

Die Strophe ruht in sich, ist für sich eine Stellungnahme zum Kunstbegriff, die keine weitere poetische Konsequenz für ein größeres Liedganzes hat. Texte dieser Art[20] bedürfen (methodisch und theoretisch) neuer Interpretation, was ich

---

19 Vgl. zu diesem Problemkomplex, mit weiteren Hinweisen: Helmut Tervooren,, »Spruchdichtung, mittelhochdeutsche«, in: Klaus Kanzog u. Achim Masser (Hrsg.), *Reallexikon der deutschen Literaturgeschichte*, 2. Aufl., Berlin u. New York 1984, Bd. IV, S. 160–169; ders., »›Spruch‹ und ›Lied‹. Ein Forschungsbericht«, in: Hugo Moser (Hrsg.), *Mittelhochdeutsche Spruchdichtung*, Darmstadt 1972, S. 1–25 (mit weiterführender Literatur); ferner Günther Schweikle, »Minnethematik in der Spruchlyrik Walthers von der Vogelweide. Zum Problem der Athetesen in der Minnesangphilologie«, in: Walter Tauber (Hrsg.), *Aspekte der Germanistik. FS Hans-Friedrich Rosenfeld*, Göppingen 1989, S. 173–184; Thomas Bein, »Das hochmittelalterliche deutsche Lied als überlieferungsgeschichtliche, poetologische und philologische Größe. Eine Problemskizze«, *Jahrbuch für Internationale Germanistik* 25/2 (1993), S. 36–49.

20 Bei der Auswertung der Textsammlungen sind mir eine Reihe von einschlägigen Fällen aufgefallen. Ich nenne hier die Fundstellen: Walther L. 18, 1; L, 28, 1; L. 28, 31; L. 31, 33; L. 32, 7; L. 32, 27; L. 56, 14; L. 82, 24; L. 83, 1; L. 84, 22; L. 108, 6. – Der Kanzler KLD 28, I 1; II 9; XVI 10 (!). – Liutolt von Savene KLD 35, VII 2. – Reinmar von Brennenberg KLD 44, IV 13. – Reinmar der Videler KLD 45, III 1. – Der von Gliers SMS 8, 3 VII. – Ulrich von Singenberg SMS 12, 20 V; 29 III. – Johannes Hadloub SMS 30, 8. – Der Marner XI 3; XIV 18; XV 14; XV 19g. – Rumzlant Nr. 37; *61 (69); 74 (73); 87 (86); 88 (87); *98 (97).

hier jedoch nicht unternehme. Überdies hat Christoph Huber in einer Fallstudie zur literarischen Interessenbildung im Mittelalter einen ersten neuen Vorstoß in diese Richtung gemacht, so daß es auch von daher naheliegt, eine andere Textsorte in den Mittelpunkt zu rücken.[21]

V.

Ich beginne meine Textbeobachtungen mit einem Lied Rubins[22], das denkbar geeignet ist, eine Diskussion über das Geflecht von Sänger, Publikum, Singen, Kunst, Minne, über Sprechperspektiven und intertextuelle Referenzen zu eröffnen, denn wie in kaum einem anderen Lied sind hier alle Größen und Instanzen explizit gemacht. Nach der Analyse dieses Liedes will ich versuchen, dessen literarhistorische Dimensionen auszuloten, und vorsichtig einige Konsequenzen beschreiben, die das ›Singen über das Singen‹ mit sich bringt. Rubins Lied (KLD 47, II A):

[1]
Joch kunde ich guoten liuten wol
vil minneclîche singen,
wan daz mir Minne unrehte tuot.
swer wol von minnen singen sol
und leich ze samene bringen,
der muoz ouch frôlich sîn gemuot.
Minne, ich bin dir und dem reinen wîbe
gewaltes iemer undertân:
schaffet daz ich senende nôt vertrîbe,
die ich doch von iu beiden hân.
helfet daz ich frô belîbe:
sô singe ich des ich nie began.

---

21 Vgl. Christoph Huber, »Herrscherlob und literarische Autoreferenz«, in: Heinzle, *Literarische Interessenbildung*, S. 452–473. – Huber untersucht im Bereich der Sangspruchdichtung die Gruppe der panegyrischen Texte; sein Ziel: »Konkret will diese Untersuchung nun das Mit- und Zueinander, nicht Gegeneinander von äußerer Zweckbindung und literarischem Autonomiebewußtsein als semiotischer Autoreflexivität im Herrscherlob erkunden« (ebd., S. 455). – Vgl. auch den Diskussionsbericht (ebd., S. 496).
Zu beachten ist ferner – wenngleich das Mittelalter hier nicht mehr thematisiert ist: Friedhelm Rudorf, *Poetologische Lyrik und politische Dichtung. Theorie und Probleme der modernen politischen Dichtung in den Reflexionen poetologischer Gedichte von der Aufklärung bis zur Gegenwart*, Frankfurt/M. [u.a.] 1988 (es wäre zu überlegen, ob man Rudorfs Methodik auch an mittelalterlichen Texten erprobt).
22 Zu Rubin vgl. Gisela Kornrumpf, »Rubin«, in: *VL*, 2. Aufl., Berlin u. New York 1991, Bd. VIII, Sp. 293–296. Die Datierung, die für unsere Betrachtung nicht uninteressant wäre, ist vage und unsicher: »wohl 1. Hälfte des 13. Jh.s« (Sp. 293). Sein ›Verhältnis‹ zu Walther und Reinmar, formal und thematisch, wurde in der Forschung vielfach diskutiert, es bleibt aber noch manches zu tun: »Der Ort R.s im Kreis der Reinmar- und Walther-Nachfolger wird sich erst genauer bestimmen lassen, wenn die individuellen Modi der Adaptation in den einschlägigen Œuvres (v. a. Lichtenstein, –> Rudolf von Rotenburg, Singenberg, Walther von Metze) vergleichend untersucht sind« (Sp. 296).

[2]
Ich singe sunder mînen danc
und âne hôchgemüete:
die fröidelôsen machent daz.
dô ich ûz hôhem muote sanc
von eines wîbes güete,
dô kunde ich wol gesingen baz.
nû lât si mir diu vil liebe guote
die ungefüegen an gesigen.
doch hân ich mich durch ir leiden huote
des lieben wânes niht verzigen,
ich enmüge ûz hôhem muote
noch singen, liebe bî geligen.

[3]
Ich wünsche daz ich ir gelige
sô minneclîche nâhe
daz ich mich in ir ouge ersehe
und daz mîn stæte an ir gesige,
daz si mich umbevâhe
und daz si mîn ze friunde jehe:
sô træt ich ûz leide in hôchgemüete.
mir tuot iedoch diu sorge wê
daz si mich vergê und ouch ir güete.
sô sol ich nû niht wünschen mê
wan daz ir got iemer hüete
und daz ich frô von ir bestê.

In dieser Form ist das Lied nur in Hs. a anonym überliefert. Die Handschriften zeigen folgendes Bild:[23]

Strophe	Hs. A	Hs. a	Hs. B	Hs. C
1	—	anonym	—	—
2	Gedrut	anonym	—	Rubin
3	—	anonym	Rubin	Rubin
3		anonym		

Str. 1 ist nur (namenlos) in a (1) tradiert; Str. 2 schließt sich ihr ebenfalls namenlos in a (2) an; zudem wird sie in C (4) unter Rubin, in A (12) unter Gedrut überliefert. Str. 3 erscheint zweimal anonym in a (3 und 58), davon einmal im Anschluß an 1 und 2; einmal unter Rubin in C (7), aber nicht im Verbund mit 2; und einmal schließlich in B (3) unter Rubin.

Immerhin können wir *eine* Handschrift als historische Referenz für das Lied in der zitierten Gestalt geltend machen.

Die Strophen 1 und 2 diskutieren sehr ausführlich Zusammenhänge, Korrelationen, Bedingungen des Minne-Singens; Strophe 3 verläßt diese Metaebene und stellt Wünsche des liebenden Ich sowie deren revocatio dar.

---

23 Vgl. zur Rubin-Überlieferung auch Gert Kaiser, *Beiträge zu den Liedern des Minnesängers Rubin*, München 1969, S. 10–30. Eine neue Untersuchung kündigt Gisela Kornrumpf an (Anm. 22).

Der erste Stollen der ersten Strophe präsentiert bereits vier wesentliche Größen: *ich* (der Sänger, Dichter), *guote liute* (das Publikum), *singen* (die Tätigkeit, Kunstübung), *minne* (das Thema). Und noch ein Weiteres wird angesprochen: Das reibungslose Funktionieren des Singens scheint gestört (*wan daz* [...]), weil die Minne (hier als Personifikation eingeführt) das Sänger-Ich enttäuscht.

Der zweite Stollen abstrahiert (*swer*) die Aussage des ersten: Von Minne singen kann nur, wer fröhlich ist. Der Aspekt der künstlerischen Tätigkeit wird nun ›technischer‹ gefaßt, nicht mehr wird nur vom ›Singen‹ gesprochen, sondern vom *leich ze samene bringen*; es wird also auf die konkrete poetische Produktion abgehoben[24], ähnlich wie es einige Jahrhunderte später Christian Weise in der zweiten Strophe seines Liedes ›Poeten müssen verliebet seyn‹ ausdrückt:

> Ich fühle keine Lust
> Die mich zu Versen treibt/
> Weil meine kalte Brust
> Unangefochten bleibt/
> Das harte Silber fleust
> Nur bey der grossen Hitze/
> Und der Poeten Geist
> Wird nur im Lieben nütze.[25]

Rubins Abgesang der ersten Strophe erweitert das Panorama und verändert die Sprechhaltung. Die personifizierte Minne als Macht, die über Männer und Frauen gebietet, wird unmittelbar in demütiger und unterwürfiger Weise angesprochen. In der direkten Anrede an sie kommt eine weitere konstitutive Größe des Minnesangs zur Sprache: das *wîp*, gleichsam die Konkretion des Minne-Themas. Von V. 9 an sind Minne und Frau die Adressaten der Ich-Rede (*schaffet, helfet*). Beide werden als Verursacher der *senenden nôt* des Ich betrachtet, und beide werden aufgefordert, diese Not zu beenden. Die Gegenleistung des Ich: *sô singe ich des ich nie began*. Es stellt außergewöhnliche Kunstleistung in Aussicht. Liebesglück und vollendete Kunst stehen somit in einem unmittelbar kausalen (oder modalen) Verhältnis.

Die zweite Strophe knüpft lexikalisch an die erste an (*singe* [...] *singe*). Die Sang- und Kunstreflexion wird weitergeführt und nun um einen Aspekt erweitert. Kunst ist nicht nur wegen fehlender Zuneigung von seiten der Frau zum Problem geworden, sondern wird gestört und beeinträchtigt durch falsch disponierte Dritte: *die fröidelôsen*. Damit kommt eine gesellschaftliche Dimension ins Lied und in die Kunstdiskussion. Es ist wahrscheinlich, daß es sich hier um die negative Entsprechung zu den *guoten liuten* aus der ersten Strophe handelt, um die begriffliche Umschreibung eines nicht erwünschten Publikums.

---

24 Carl von Kraus (KLD-Kommentar, S. 409) weist auf Walther L. 84, 29 hin: *Daz wir als ê ein ungehazzet liet zesamene bringen*. Rubins Abhängigkeit von den Klassikern wurde im Laufe der Forschung des öfteren, z. T. recht exzessiv nachzuweisen versucht. Vgl. dazu auch Kaiser (Anm. 23), S. 57–71.
25 Christian Weise, *Gedichte 1600–1700. Nach den Erstdrucken in zeitlicher Folge*, hrsg. Christian Wagenknecht, 3. Aufl., München 1982, S. 267.

Im zweiten Stollen gestaltet der Sänger eine Retrospektive. Er blickt auf früheres, ›hochgemutes‹ Singen zurück, erinnert also an vergangene gelungene Kunstübung, gelungen, weil er aus *hôhem muote* sang. Im Rückblick auf die erste Strophe wird deutlich, daß der ›hohe Mut‹ gebunden ist an Liebesglück.

Im Abgesang beklagt das Sänger-Ich, daß die Frau den *ungefüegen*, den Nebenbuhlern, zum ›Sieg‹ verhilft, daß sie sich diesen (Be-)Werbern also geneigter zeigt. Aber das Ich gibt die Hoffnung dennoch nicht auf, doch noch einmal *ûz hôhem muote* singen zu können. Asyndetisch wird dem Singen das *bî ligen* beigeordnet: Deutlicher kann die Interdependenz von Kunst und Liebesfreude nicht gemacht werden.

Die dritte Strophe – erneut lexikalisch die zweite aufgreifend (*bî geligen* [...] *nâhe geligen*) – ist nun ganz der erotischen Zweisamkeit gewidmet, freilich als Wunschprojektion, als Imagination, deutlich gemacht durch das Verb *wünschen* und den Modus *træt*. Mit Beginn des Abgesangs fällt das Ich wieder auf den nüchternen Boden der Wirklichkeit zurück, wo Angst und Sorge herrschen, daß die Frau diese Wünsche womöglich nicht erfüllt. Und in Bescheidung auf Unverfängliches nimmt das Ich seine erotischen Wunschphantasien zurück und wünscht der Frau nurmehr Gottes Schutz und sich selbst, daß er *frô von ir bestê*.

Wir können die Elemente des Liedes modellhaft wie folgt darstellen:

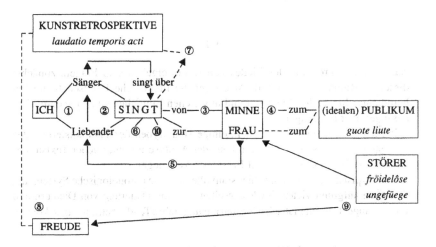

Erläuterungen:
1: Das Ich tritt auf als Sänger und Liebender; beide Rollen sind explizit benannt.[26]
2: Das Ich übt aus und benennt seine Tätigkeit: singen, dichten (*leich ze samene bringen*).
3: Gesungen wird zur Minne, über die Minne, zur Frau; dieses Singen stellt Liebesdienst dar, für den (in der Regel) Lohn erhofft wird; der Liebesdienst ist in Dichtung konkretisiert.
4: Der gesungene Liebesdienst wird einem Publikum vorgetragen, das einmal mehr, einmal weniger ausdrücklich im Text erscheint.

---

26 Im Unterschied dazu präsentieren sich Lieder, in denen nur die Liebhaber-Rolle explizit ge- und benannt ist. Die Sänger-Rolle bleibt unausgesprochen und wird nur im Vortrag selbst manifest.

5: Die Reaktion der Frau/der Minne auf den Dienst/das Singen beeinflußt das Ich, zunächst den Liebenden, dann den Sänger.
6: Fällt die Reaktion der Frau nicht wie erhofft aus, so hat das Konsequenzen für das weitere Singen; dies wird nun explizit ›be-sprochen‹. Der Adressat dieses Singens zweiten Grades bleibt undeutlich; es ist kaum noch die Frau (3), eher das Publikum (4).
7: Angesichts der üblen Lage für die Kunst erinnert das Ich an das (singt das Ich vom) Singen in früheren Zeiten, als die Reaktion der Frau noch *hôhen muot* verlieh. Diese Erinnerung richtet sich wohl nur noch an das Publikum (4).
8: Im Kontext der Kunstretrospektive kommt eine allgemeine, aber wichtige Größe in die Diskussion: die Freude, an der Ich, Frau, Publikum, kurz: die Gesellschaft, partizipieren sollten.
9: Diese Freude aber ist gestört. Und es ist nicht mehr nur die Frau/die Minne, die sie stören, sondern gesellschaftliche Gruppen, von denen bislang noch nicht die Rede war (*fröidelôse, ungefüege*). Diese Störer können entweder im Mikrokosmos der Ich-Frau-Beziehung Unheil stiften, indem sie die Aufmerksamkeit der Frau vom Ich ablenken, oder aber die Gesellschaft ganz allgemein in einen freudlosen Zustand versetzen, der ›Kunst, so wie sie früher war‹, nicht mehr möglich erscheinen läßt.
10: Diese schlimme Vision wird durch *lieben wân* relativiert und in ihrer Konsequenz aufgefangen. Das Ich beginnt gleichsam von vorn, taucht wieder ein in den Mikrokosmos des Dienstes als Minnesänger und singt über die Minne zum Publikum. Problemlos könnte auf die dritte Strophe wieder die erste folgen und Rubins Lied somit ein endloses Umkreisen der Minne-Sang-Aporie werden.

VI.

Nach der Beschreibung des Liedes von Rubin ergeben sich Fragen, zunächst diese: Ist Rubin ein Einzelfall? Wie sieht die literarische Landschaft um ihn herum aus? In welcher Intensität und in welchen Bereichen singen andere Minnesänger über das Singen?

Ich will im folgenden versuchen, einige Haupttypen der Thematisierung des Singens im Minnesang – basierend auf der Analyse umfangreicher Textsammlungen – zu beschreiben und mit Beispielen zu belegen.[27]

Eine Typisierung scheint mir hier sinnvoller als eine chronologische Systematik, die schon aufgrund vieler Unwägbarkeiten, was die Datierung von Dichtern und Liedern angeht, problematisch wäre und nur ungefähre Tendenzen aufzeigen könnte.

a) Sang und Singen als Dienst an der Frau[28]

Worin besteht Minnedienst? Was tun eigentlich die Männer, welcher Art ist ihr z.T. verzehrender Dienst, der so oft ohne Lohn bleibt? Häufig geben die Texte

---

27 Eine vollständige Bestandsaufnahme kann ich hier nicht leisten. Es wäre wünschenswert, eine einschlägige, auf Vollständigkeit abzielende Textanthologie zu erarbeiten, die man gegebenenfalls ähnlich wie meine Typologie strukturieren könnte.
28 Neben den im folgenden ausführlicher besprochenen Textstellen wären auch zu vergleichen: Veldeke XII 2 (MF 62, 4); Johansdorf IV (MF 89, 9); Horheim VI (MF 115, 27); Morungen XXV (MF 140, 32); Reinmar VIII (MF 156, 27); Der Schenk von Limpurg KLD 34, VI.

keine konkrete Antwort, es ist nur allgemein von ›Dienst‹ die Rede, aber worin er besteht oder bestand, erfahren wir nicht.

Es gibt aber auch eine Reihe von Stellen, die die abstrakte Größe ›Dienst‹ konkretisieren: Dienst ist dann ›Sang‹, ›Minnesang‹. In den ersten beiden Strophen eines Liedes Liutolts von Savene (KLD 35, II) werden in rhetorischem Parallelismus Begriff (›Dienst‹) und Inhalt (›Sang‹) nebeneinandergestellt:

> Ich enkan mit mînem sange
> mîner lieben frouwen hulde nâher komen,
> der ich hân gedienet lange.
> [...]
> Sol mîn sprechen, sol mîn singen,
> sol mîn langer dienest, sol mîn stætekeit
> niht ein liebez ende bringen?

Das *liebe ende* wäre Liebeslohn. Wenn er ausbleibt, dann kann die Konsequenz sein, daß der Dienst, das Singen, eingestellt wird; dazu Götfrit von Nifen (KLD 15, IX 5):

> Ich hân minneclîch gesungen
> der vil lieben und der Minne:
> doch lât sie mich trûric stân.
> sost mir senden niht gelungen
> an mîs herzen küniginne:
> dâ von wil ich singen lân
> unde wil mich von ir scheiden.
> got der gebe gelücke uns beiden.
> wære ab ich ein wilder heiden,
> mîner triuwe solte ich baz genozzen hân.

Nifen wiederholt – das ist bekannt – als formvirtuoser ›Nachklassiker‹ Themen seiner Vorgänger.[29] Sang als (Minne-)Dienst finden wir auch in ›Minnesangs Frühling‹ an vielen Stellen, darunter sind die folgenden besonders interessant, da sie das Singen objektivieren und ›materialisieren‹ und im Singen die Tätigkeit selbst reflektieren:

Albrecht von Johansdorf (X) objektiviert sein Tun wie folgt:

> Got weiz wol, ich vergaz ir niet,
> sît ich von lande schiet.
> ich engetorste ir nie gesingen disiu liet,
> wær sî vil reine niet und alles wandels vrî.
>   (MF 92, 7–10)

Kaiser Heinrich (III) geht noch weiter, er benennt nicht nur explizit das Medium seines ›Grüßens‹, sondern rechnet bereits mit der Möglichkeit fremder Interpreten:

> Ich grüeze mit gesange die süezen,
> die ich vermîden niht wil noch enmac.
> daz ich sie von munde rehte mohte grüezen,
> ach leides, des ist manic tac.

---

29 Vgl. z.B. die fünfte Strophe von Walther L. 47, 36: *Ich sanc hie vor den frowen umbe ir blôzen gruoz.*

> Swer nu disiu liet singe vor ir,
> der ich sô gar unsenfteclîch enbir,
> ez sî wîp oder man, der habe si gegrüezet von mir.
> (MF 5, 16–23)

Auf die innerliterarische Ebene wird die Diskussion des Singens in Albrechts Dialoglied (XII) verlagert, wo es in der siebten Strophe heißt:

> »Sol mich dan mîn singen
> und mîn dienst gegen iu niht vervân?«
> ›iu sol wol gelingen,
> âne lôn sô sult ir niht bestân.‹
> »Wie meinent ir daz, vrowe guot?«
> ›daz ir dest werder sint unde dâ bî hôchgemuot.‹
> (MF 94, 9–14)

Ein solches Spiel baut Reinmar noch mehrdimensional aus. In Lied XIII kommt das enttäuschte Ich zu folgendem Schluß:

> Der ie die welt gevröite baz danne ich,
> der müeze mit gnâden leben;
> der tuot ouch noch, wan sîn verdriuzet mich.
> mir hât mîn rede niht wol ergeben:
> Ich diende ie, mir lônde niemen.
> daz truoc ich alsô, daz mîn ungebærde sach lützel iemen
> und daz ich nie von ir geschiet.
> si sælic wîp enspreche: ›sinc!‹,
> niemer mê gesinge ich liet.
> (MF 164, 3–11)

Als Stimulus für die Tätigkeit des Singens wird eindeutig der Wunsch der Frau genannt. Wenn sie nicht zum Sang auffordert, wird dieser eingestellt. In den Liedern XLIX (MF 195, 10) und XXVII (MF 177, 10) nimmt Reinmar auf diese Stelle Bezug. Einmal singt das Ich: *Dô ich gesanc, daz ich gesunge niemer liet in mînen tagen,/ – ôwê sô langez klagen! –,/ ich wæne, ez ouch alsô stê* (MF 195, 32–34), und einmal wird ein fiktives Frau-Bote-Gespräch inszeniert, in dessen dritter Strophe es heißt:

> ›Hât aber er gelobt, geselle,
> daz er niemer mê gesinge liet,
> ez ensî ob ich ins biten welle?‹
> »vrowe, ez was sîn muot, dô ich von ime schiet.
> Ouch mugent irz wol hân vernomen.«
> ›owê, gebiute ichz nû, daz mac ze schaden komen.‹
> (MF 177, 22–27)

Welchen Stellenwert hat hier das Liedersingen? Ist es Metapher für Werbung und Liebesvollzug? Oder geht es nicht mehr um die Liebe, sondern nurmehr um die Bedingungen für die Kunst, um die Disposition des Publikums, um das Verhältnis von Rezipient und Produzent? Ist das Singen also Metapher für die Stellung des Künstlers in der Gesellschaft? Auf solche Fragen werde ich am Ende des Beitrags noch einmal zurückkommen.

Bei Neidhart sind Minnedienst und Sangeskunst bereits des öfteren getrennt. Wenn die Mädchen über den Riuwentaler sprechen, dann wird er zunächst als Sänger apostrophiert; seine Absichten, seine Neigungen, das Verhältnis zu den

Mädchen wird davon abgelöst thematisiert, wobei natürlich implizit gemeint sein kann, daß der Riuwentaler mittels seines Sanges den Kontakt zum Mädchen hergestellt und somit seine Werbung, ›Minnedienst‹ betrieben hat (SL 14, VII):

»Den si alle nennent
von Riuwental
und sînen sanc erkennent
wol über al,
derst mir holt. mit guote ich im des lône:
durch sînen willen schône
sô wil ich brîsen mînen lîp. wol dan, man liutet nône!«[30]

Daß Minnedienst indes nur zum Teil mit Sang identisch ist, legt WL 19 nahe, wo es in der zweiten Strophe heißt:

von dir [dem Winter] und einem wîbe lîde ich leider ungemach,
der ich gar
mîniu jâr
hân gedienet lange
von herzen willîchen, eteswenne mit gesange.

Andererseits scheint in WL 22, II das Singen wieder alleiniger Bestandteil der Bemühungen um die Frau zu sein:

Ich wil aber singen,
swie ez vür ir ôren gê,
diu mich êrste singen hiez.
wê, war umbe hœret niht diu guote mînen sanc?
von dem ungelingen
singe ich wol von schulden ›wê‹.
sît ich mich an sî verliez
(des ist in der mâze wol bî drîzec jâren lanc),
sît was ich ir undertân
alles, des si mir gebôt.
nû wil sî mich ungelônet lân:
ist daz niht ein schädelîchiu nôt?

Der Aspekt der Wiederholung (V.1: *aber*), des Singens und Wiedersingens, was dann auch als *triuwe*-Signal gedeutet wird (z. B. Hiltbolt von Swanegöi, KLD 24, X 1) wird noch um einiges deutlicher und unmittelbarer von Götfrit von Nifen (KLD 15, II [5]): *Disiu liet wil ich der lieben singen/ der ich lange her gesungen hân*, und besonders von Friderich dem Knecht ins Spiel gebracht (KLD 11, IV 1): *daz ist nû der dritte winter den ich hân gesungen ir mînen sanc./ wil si, daz ist ze lanc, sît ich mit triuwen ie nâch ir hulden ranc*.

Daß der Sang nicht nur Mittel zum Zweck, nicht nur Medium des Werbens, sondern bereits eine alleinige Erfüllung in sich darstellt, demonstriert – vielleicht in ironisch-parodistischer Verzerrung (vgl. die Romanismen)[31] – der Graf von Anhalt (KLD 2, II 2):

---

30 Ähnlich SL 16, IIa u. ö.
31 Carl von Kraus geht darauf in seinem Kommentar (Anm. 24), S. 19 f., nur ›streng philologisch‹ ein und macht keinen Deutungsversuch.

> Ich sach die schônsten in den landen:
> dâ man aller frouwen muoz geswîgen.
> ir ougen klâr, ir wîzen handen,
> swâ si wonet, dar muoz ich iemer nîgen.
> müeste ich bî der wolgetânen liebiu kint prônieren
> und eine ganze naht bî ir dormieren!
> ahî, jô wær des alze vil:
> mich gnuogte, solde ich in ir dienste mînen sanc schantieren.

Eine sicher ironische Note dürfen wir schließlich im Refrain des Liedes IX Uolrichs von Winterstetten herauslesen, der in vier von fünf Strophen so lautet:

> swer vil dienet âne lôn
> mit gesange, tuot erz lange,
> der verliuset mangen dôn.

b) Motivationen für das Singen

Sang als Dienst impliziert bereits einen inneren Antrieb. Dieser Antrieb wird indes auch explizit benannt, die Motivation zum Singen wird vom frühen bis zum späten Minnesang immer wieder Thema des Singens selbst.

Es lassen sich mehrere Stimuli ausmachen: Da ist zum einen eine allgemeine, nicht immer definierte oder begründete, aber wohl meist mit Liebesgunst oder Hoffnung auf solche verbundene ›Freude‹, die das Ich zum Singen treibt. *Ganzer fröiden wart mir nie sô wol ze muote:/ mirst geboten, daz ich singen muoz*, so drückt es Walther von der Vogelweide aus (L. 109, 1).[32] Aber auch das genaue Gegenteil kann als Begründung für den Sang fungieren, das Singen wird gleichsam als Therapeutikum gegen depressive Stimmung genutzt. Heinrich von Veldeke (XXVII, MF 66, 24) stellt fest: *Schœniu wort mit süezeme sange/ diu trœstent dicke swæren muot*. Rudolf von Fenis (III) will sich gleichfalls dieses Remediums bedienen, muß dann aber erkennen, daß die Minnekrankheit stärker ist:

> Mit sange wânde ich mîne sorge krenken.
> dar umbe singe ich, daz ich sî wolte lân.
> sô ich ie mêre singe und ir ie baz gedenke,
> sô mugent si mit sange leider niht zergân,
> Wan minne hât mich brâht in sölhen wân,
> dem ich sô lîhte niht mac entwenken,
> wan ich ime lange her gevolget hân.
> (MF 81, 30–36)

Trotz dieser Erkenntnis singt er noch vier weitere Strophen, die das Singen selbst nicht mehr reflektieren.

Als Motivation zum Singen fungieren auch der nicht näher bestimmte ›Wille‹ des Sängers (Ruodolf von Rotenburg, KLD 49, IX 1: *Ich wil singen unde lachen,/ swanne ich sihe diu mich betwungen hât*)[33], ein diffuser ›Zwang‹ (Brunwart von Oughein,

---

32 Vgl. noch den Burggrafen von Rietenburg IV (MF 19, 7).
33 Wenn man *wellen* hier nicht nur als Umschreibung für das Futur ansieht. – Vgl. auch Brunwart von Oughein KLD 4, II.

KLD 4, V 2: *Nieman dur sîn tugent mir daz verkêre,/ obe ich aber singen muoz der frouwen mîn*) oder ganz allgemein eine ›gute Stimmung‹ (Ruodolf von Rotenburg, KLD 49, Leich III A 1: *Ein hôher muot mich singen tuot/ disen wunneclichen sanc*). Besonders häufig motiviert wird das Singen mit den erotischen Reizen der Frau und der Macht der personifizierten Minne. Rudolf von Fenis (II) etwa sagt:

> Minne gebiutet mir, daz ich singe
> unde wil niht, daz mich iemer verdrieze,
> nu hân ich von ir weder trôst noch gedinge
> unde daz ich mînes sanges iht genieze. (MF 80, 25–28)

Konkreter äußern sich Reinmar (XXVII, MF 177, 10) und vor allem Götfrit von Nifen, der nicht nur sagen kann: *Swaz ich ie gesanc von wîben,/ daz geschach von einem wîbe,/ diust mir liep für elliu wîp* (KLD 15, XXVI 2), sondern deutliche erotische Signale als Anreize für das Singen geltend macht[34] (KLD 15, XXXIV 2):

> Ich sach einen rôten munt
> lieplîch lachen gein mir senden: des ist niht ze lanc.
> dâ von wart mir fröide kunt
> (trûren swachen kan si), dô daz in mîn herze dranc.
> ich muoz singen: des wil twingen mich ein wîp
> und der künc, dar zuo ir triutelehter lôser lîp.[35]

Einen zunächst ganz anders scheinenden Aspekt bringt Reinmar in seinem Lied XVII (MF 168, 30) ins Spiel; die ersten beiden Strophen lauten:

> Ich was vrô und bin daz unz an mînen tôt,
> mich enwende es got aleine.
> mich enbeswære ein rehte herzeclîche nôt,
> mîn sorge ist anders kleine.
> Sô daz danne an mir zergât,
> sô kumet aber hôher muot, der mich niht trûren lât.
>
> Sô singe ich zwâre durch mich selben niht,
> wan durch der liute frâge,
> die dâ jehent, des mir – ob got wil – niht geschiht,
> daz vröiden mich betrâge.
> Si ist mir liep und wert alse ê,
> ob ez ir etlîchem tæte in den ougen wê.

In der zweiten Strophe werden zwei Gründe für die Motivation zum Singen genannt: einmal *durch mich selben*, das wäre ein Singen aufgrund der eigenen subjektiven Befindlichkeit[36]; und einmal *durch der liute frâge*, das verlagert die Mo-

---

34 So wohl auch Hiltbolt von Swanegöi KLD 24, II 1: *Ein schapel brûn, underwîlent ie blanc,/ hât mir gehœhet daz herze und den muot./ hie bî künd ich mîner frouwen den sanc,/ daz si bekenne, wer mich singen tuot.*

35 Die Bedeutung des Königs ist umstritten. Carl von Kraus (Anm. 24), S. 138, faßt die Forschung zusammen und kommt selbst zu folgendem Fazit: »die Bezeichnung bleibt merkwürdig und die Unterscheidung von ›*ein wîp*‹ und ›der König dazu, ihr Leib‹ mehr als wunderlich«.

36 In diese Richtung geht auch die folgende Äußerung Ulrichs von Gutenburg (Lied): *Ich wil niemer durch mînen kumber vermîden,/ ich ensinge des alleine, swie ez mir ergat.* (MF 78, 33 f.)

tivation in die Gesellschaft, ins Publikum. Die *liute* machen sich (unzutreffende) Gedanken um den Sänger, deshalb antwortet er, singt er. Diese Art von Motivation hat einen anderen Status als etwa die Antriebe durch Frau und Minne. In diesem Fall ruht die literarische Welt in sich, bleibt geschlossen; mit Reinmars Formulierung wird sie aufgeschlossen, die Instanzen der Rezeption von Minnesang werden mit in den Diskurs geholt und insofern einem Literarisierungsprozeß unterworfen: der Künstler, die Kunst vereinnahmt das Publikum.

c) Art und Qualität des Sanges

Wir sahen, daß die Frau (die Minne) und das Publikum (die Gesellschaft) als Auslöser für die Sangeskunst genannt werden. Der Einfluß dieser Instanzen geht jedoch noch weiter; er berührt auch Art und Qualität des Sanges. Allgemein gesprochen heißt das, daß der Sang dann >gut<, >fröhlich<, >schön< ist, wenn die Frau auf die Werbung des Mannes positiv reagiert. Fast lapidar formuliert es Liutolt von Savene (KLD 35, II 5): *wolte ein wîp ze helfe mînen fröiden komen,/ sô künd ich gefüegen dingen mâze geben,/ wol gesprechen, wol gesingen, wol geleben.*[37] Damit sind dann eigentlich Werbung und Sang als getrennte Tätigkeiten bestimmt (was aber wohl zu philologisch-analytisch gedacht ist); vielmehr wird man mit Überschneidungen dieses und jenes Diskurses zu rechnen haben.

Wir finden Reflexe solcher Art in verschiedenen Stadien des Minnesangs. Ulrich von Gutenburg (I, MF 69, 1) formuliert in seinem Leich: *und gan es mir diu guote,/ Diu mir tuot daz herze mîn/ vil menger sorgen lære,/ sô wirt an mîme sange schîn/ der winter noch dehein swære.* Was Ulrich noch metaphorisch ausdrückt, benennt Albrecht von Johansdorf (VI) direkt:

> Ich hân alsô her gerungen,
> daz vil trûreclîche stuont mîn leben.
> dicke hân ich >wê< gesungen,
> dem wil ich vil schiere ein ende geben.
> >Wol mich< singe ich gerne,
> swenne ich ez gelerne.
> des ist zît, wan ich gesanc sô nie.
> vröide und sumer ist noch allez hie.
> (MF 90, 24–31)

Der Sänger zeigt sich hier als willfähriger >Schüler<, der sich in die Schule der Dame begibt, um dort fröhliches Singen zu erlernen. Dieses Schüler-Lehrerin-Verhältnis baut Reinmar XXXIX noch weiter aus:

> Wil diu vil guote, daz ich iemer singe
> wol nâch vröiden, mac sî mich danne lêren
> alsô, daz sî mir mîne nôt geringe.
> ân ir helfe triuwe ich niemer sî verkêren.
> Mac si sprechen eht mit triuwen jâ,
> als ê sprach nein, sô wirt mîn wille dâ,
> daz ich singe vrô mit hôhem muote.

---

37 Ähnlich KLD 35, V 2: *Wie solt ich ze tanze wol gesingen,/ sît ein wîp mir tuot sô wê?*

> dâ bî sô ist diu sorge mîn,
> daz man ze lange beitet. daz kumet niht wol ze guote.
>
> (MF 189, 14–23)

Neidhart gestaltet diesen Komplex anders; bei ihm geht es ganz konkret um ›schlechte Texte‹, die Ergebnis eines frustrierenden Liebesdienstes seien (WL 28, VI)[38]:

> Ahzic niuwer wîse
> loufent mir nû ledic bî,
> diech ze hôhem prîse
> mîner vrouwen lange her ze dienste gesungen hân.
> ditze ist nû diu leste,
> die ich mêre singen wil,
> an vröuden niht diu beste,
> als ir an dem wunderlîchen sange iuch müget verstân.
> diust sô künstelôs
> beide an worten unde an rîme,
> daz mans ninder singen tar ze terze noch ze prîme.
> ich klage, daz ich solhe vrouwen ie ze dienste erkôs.

Aber nicht nur das Verhalten der Frau hat seine Wirkungen auf das Singen; auch Publikum und Gesellschaft und ihre Disposition werden als wesentliche Faktoren thematisiert. Am allgemeinsten drückt es Götfrit von Nifen (KLD 15, XLVII 2) aus: *Sît diu welt an fröiden wil verswinden, / sô möht ich wol lâzen ungesungen.*[39]

So intensiv und häufig wie Walther allerdings hat kein anderer die Interdependenz von allgemeiner ›Weltlage‹ und psychisch-sozialer Befindlichkeit einerseits und Dicht- und Sangeskunst andererseits herausgestellt. Die Texte sind prominente Stücke Waltherscher Liedkunst und brauchen hier nur kurz anzitiert werden. In L. 58, 21 wettert er gegen die *zwîvelære*, die Pessimismus verbreiten und den *sanges tac* nicht mehr für möglich halten. In L. 112, 3 zweifelt er selbst am Sinn des Sanges angesichts allgemeiner Freudlosigkeit: *Waz sol lieblich sprechen? waz sol singen? / waz sol wîbes schœne? waz sol guot? / sît man nieman siht nâch fröiden ringen* [...]. In L. 64, 31 malt er den Untergang des *hovelîche[n] singen[s]* aus, an dem die, die *daz rehte singen stœrent*, schuld seien; für sie hat er nur noch wütendes Hohngelächter übrig: *Die sô frevellîchen schallent, / der muoz ich vor zorne lachen, / dazs in selben wol gevallent / mit als ungefüegen sachen.* Und in L. 110, 27 denkt er über die schwierige Lage des Poeten nach, der trotz unterschiedlicher Stimmungen auf Seiten der Rezipienten noch das Richtige singen muß:

> Wer kan nû ze danke singen?
> dirre ist trûric, der ist frô:
> wer kan daz zesamene bringen?
> dirre ist sus und der ist sô.

---

38 Die im folgenden zitierte Strophe gilt als unecht. Dem muß man nicht beipflichten; im einzelnen kann ich hier nicht auf die Überlieferungssituation eingehen.

39 Ähnlich auch Morungen XXIX: *Sît daz diu werlt mit sorgen sô gar betwungen stât, / maniger swîget nu, der doch dicke wol gesungen hât* (MF 143, 8 f.); und Hug von Mülndorf in seinem einzigen Lied KLD 26, 1: *Wê waz hilfet al mîn singen? / jô wil nieman wesen frô. / niuwan al mit übelen dingen / twinget sich diu werlt alsô.*

> sie verirrent mich
> und versûment sich:
> wess ich waz si wolten, daz sung ich.[40]
>
> (L. 110, 27–33)

Nimmt man solche Aussagen ernst, dann lassen sie sich als Reflexe kultureller Lebenswirklichkeit begreifen, als in der Dichtung widergespiegelte Bedingungen derselben.

Auch Neidhart kennt ähnliche Probleme, allerdings erscheint bei ihm, da die Sängerfigur des Riuwentalers deutlich als Rolle gekennzeichnet ist, das Sang-Problem stärker fiktionalisiert, literarisiert, insbesondere dann, wenn als Störenfriede namentlich genannte Figuren aus dem Arsenal der Winterlieder erscheinen (WL 15, I):

> Nu sage an, sumer, war wiltû den winter hine fliehen?
> geruochestû sîn gerne, ich leiste dir geselleschaft:
> ich wil mich von mînem üppiclîchen sange ziehen.
> mîne widerwinnen mit dem tievel sint behaft;
> die enlâzent mir an mînem liebe niht gelingen:
> daz ist ein schade bî der scham.
> Gîselbolt und Engelram
> die leident mir mîn singen.[41]

d) Der literarisierte Dialog mit dem Publikum

Das Publikum liefert nicht nur zuweilen die Motivation für das Singen und bestimmt seinen Charakter, sondern es kann für den Sänger auch unmittelbarer Partner in einem Gespräch über das Singen oder eine Hilfsinstanz beim Singen sein. In beiden Fällen wird – wie bereits oben angedeutet – das literarische Kunstwerk um seine außerliterarischen Bedingungen erweitert, indem diese literarisiert werden. Meistens wird ein solcher ›Dialog‹ in Form eines ›Berichtes‹ gestaltet, wobei zu beachten ist, daß dann bereits eine deutliche Trennung des literarisierten vom realen Publikum vorgenommen wurde. Bernger von Horheim singt (V):

> Si vragent mich, war mir sî komen
> mîn sanc, des ich ê wîlent pflac.
> si müejent sich; êst unvernomen,
> war umbe ich nû niht singen mac.
> Noch wære mir ein kunst bereit,
> wan daz mich ein sendez herzeleit
> twinget, daz ich swîgen muoz.
> des mir unsanfte wirdet buoz.
>
> (MF 115, 3–10)

---

40 Vgl. noch Morungen VII (MF 127, 34) und Walther L. 47, 36: *Hie vor, dô man sô rehte minneclîchen warp.*

41 Diese Fiktions-Distanz erscheint in Neidhart WL 19 VI etwas zurückgenommen: *Swer versmæhet mînen sanc/ und sîn spottelachet,/ wol singen unde rûnen habent ungelîchen lôn.*

Bernger befindet sich mit diesem Lied in einer paradoxen Situation: Er singt, daß er *niht singen mac*. Zwei Ebenen sind hier deutlich getrennt: das Singen, über das hier gesungen wird und das wohl nicht mehr möglich ist, ist der Minnesang, der Liebesdienst; das Singen über das Singen aber ist möglich und nötig, sonst könnte die Klage des Ich (die sich noch in zwei Strophen fortsetzt) nicht artikuliert werden. Als Anlaß für sein Singen über das Singen läßt sich das Fragen von unbestimmten Dritten ausmachen (aus dem – realen? – Publikum?), ein Fragen, das sich bereits in metasprachlicher Ausdrucksweise auf das Singen des Ich bezog (*war* [...] *sî komen/ mîn sanc*); d.h., die Diskussion des Singens bekommt eine ›geschichtliche‹ Dimension, eine fingierte (?) ›Vor-Geschichte‹, auf die der Sänger im Medium des Problematisierten mit hypothetischem Blick in die Zukunft antwortet (*Noch wære mir ein kunst bereit*), und mit dieser konditionalen Perspektive wird denn auch der Bogen zur Minnethematik gespannt (*sendez herzeleit*).

In anderen Fällen von Publikumsreaktionen wird eher das Besungene als das Singen selbst thematisiert, so, wenn Reinmar die ironische Frage des Publikums zitiert (XV): *si vrâgent mich ze vil von mîner vrowen jâren/ Und sprechent, welcher tage si sî,/ dur daz ich ir sô lange bin gewesen mit triuwen bî* (MF 167, 16–18) – oder wenn Hartmann sehr deutlich den fiktionalen Rahmen des Liedes durchbricht und singt (XV, MF 216, 29): *Maniger grüezet mich alsô/ – der gruozt mich ze mâze vrô –:/ »Hartmann, gên wir schouwen/ ritterlîche vrouwen«*.

Beachtenswert ist auch das – meines Erachtens zu Unrecht – für unecht erachtete Walther-Lied L. XV, 1 ›Ja waz wirt der kleinen vogeline‹, dessen vierte Strophe lautet:

Tumbe liute nement mich besunder,
und frâgent bî,
wer sie sî.
rieten siz, daz wære ein michel wunder;
wan daz nie geschach
des ich dâ jach.
Müget ir hœren gemelîchiu mære?
gerne weste ich selbe, wer sie wære.
              (L. XV, 25–32)

Diese Strophe bricht aus der literarischen Welt der ersten Strophen heraus, verläßt die Ebene der poetisierten Minnereflexion und eröffnet eine neue Dimension: Das Ich berichtet von ›Reaktionen‹ auf die ersten Strophen, literarisiert und fiktionalisiert also Rezeption. Literarhistorisch lehnt sich die Strophe an den Typus des ›Lügenliedes‹ an, bei dem am Ende alles Gesagte als unwahr, gelogen, nichtig bezeichnet wird. Gleichzeitig macht sich das Ich dieser Strophe, das nun eher dem vortragenden Künstler als dem Minnenden zuzuweisen ist, über sein Publikum lustig, das das Lied für bare Münze genommen zu haben scheint. Die Strophe stellt also einerseits eine deutliche Distanzierung zu den Gedankenspielen des Ich in den ersten drei Strophen dar; andererseits relativiert sie als Bestandteil des (ja als so vorgetragen zu denkenden) Textes das ganze Lied mit den zahlreichen intertextuellen Anspielungen auf den literarischen Kontext als Kunstübung überhaupt.

Das Publikum kann aber noch in anderer Weise in den gesungenen Text einbezogen werden, nämlich als ›Helfer‹ des Sänger-Ich, wie es Uolrich von Liechtenstein (KLD 58, LII 1) tut: *Wol her alle, helfet singen/ wîbes lop, daz ich ie gerne sanc*; oder Heinrich von Morungen (XXXIII[1], MF 145, 33): *Helfent singen alle,/ mîne vriunt, und zieht ir zuo/ mit <......> schalle,/ daz si mir genâde tuo.* Mit solchen Aufrufen werden die Distanzen zwischen Sänger, Text und Publikum verringert, zumindest nicht weiter ausgebaut.

Anders ist dies bei folgendem Text Heinrichs von Veldeke (XXXI), bei dem man sich allerdings fragen kann, ob er nicht eher eine Spruchstrophe ist.

Die dâ wellen hœren mînen sanc,
ich wil, daz si mir sîn wizzen danc
stæteclîche und sunder wanc.
die ie gemminneten oder noch minnen,
die sint vrô in manigen sinnen –
des die tumben niene beginnen,
wan sî diu minne noch nie betwanc –
noch ir herze ruochte enbinden.
(MF 67, 25–32)

Hier wird – wie aus der Sangspruchdichtung hinlänglich bekannt[42] – der Sang deutlich als eine Dienstleistung gekennzeichnet, die zu entlohnen ist (V. 1–3). Die ›Rollen‹ sind eindeutig verteilt: hier der Sänger, da das Publikum; hier Dienst, da Lohn.

e) Bilanz und Repertoire

Die Sänger singen und dichten als Dienst an der Frau, als Dienst für ein Publikum; sie reagieren auf Befindlichkeiten des Publikums, bieten unterschiedliche Sangestypen an.

Darüber zu reflektieren, d.h. über das eigene Kunstrepertoire Auskunft zu geben, das eigene Künstlerleben Revue passieren zu lassen, liegt eigentlich nahe. Indes finden sich – von reinen Sangspruchstrophen abgesehen – nur wenige entsprechende Stellen, die sich auf Walther von der Vogelweide und Neidhart beschränken.[43]

Ir reinen wîp, ir werden man, so hebt Walther in L. 66, 21 an und bilanziert vor dem Publikum sein Schaffen: *wol vierzec jâr hab ich gesungen oder mê/ von minnen und als iemen sol./ dô was ichs mit den andern geil:/ nu enwirt mirs niht, ez wirt iu gar./ mîn minnesanc der diene iu dar,/ und iuwer hulde sî mîn teil.* Nicht nur die angegebene Zeitspanne ist hier von Interesse,[44] sondern insbesondere auch die begriffliche Umschreibung *mîn minnesanc*, der als Dienst aufgefaßt wird. Indem Walther so spricht, hat er einen ganz deutlichen Ebenenwechsel vollzogen: Es ist nicht mehr der Minnesang, in dem über Minnesang gesungen

---

42 Vgl. nur Walthers ›Preislied‹ L.56, 14.
43 Hingewiesen sei aber doch auf eine Spruchstrophe Reinmars des Fiedlers, der die Sangeskunst Des von Seven mit einer Kaskade von Texttypenbezeichnungen beschreibt (KLD 45, III 1).
44 Vgl. dazu Cormeau, »Minne und Alter«.

wird, sondern es ist ›nur‹ noch die lyrische Form, das Lied, das als Medium für ein öffentliches Sprechen über Kunst verwendet wird.

In ähnlicher elegischer Retrospektive formuliert Neidhart (WL 30, IXc):

> Vier und hundert wîse, diech gesungen hân
> von niuwen, die der werlte noch niht vollekomen sint,
> unde ein tagewîse: niht mêr mînes sanges ist.
> swaz ich dar an üppiclîchen hân getân,
> daz machte wan diu Werlt und ir vil tumberæzen kint.
> daz geruoche mir vergeben, herre Jêsus Krist!
> sît ich dîner hulde ger,
> sô lâz mich hie gebüezen
> durch willen dîner marter hêr!
> des bitte ich dich vil süezen.

Auch hier hat ein ›Registerwechsel‹ stattgefunden: Neidharts Kunst wird quantifiziert nach Tönen,[45] es geht nicht mehr um Inhalte, höchstens um den törichten, weltlichen Gehalt dieser Lieder als solchen. Kunst, Minnesang wird zur gemachten, ›zählbaren‹ Tätigkeit.

Demgegenüber hat Strophe IX in SL 11 einen anderen Status. Dort heißt es: *Solt ich mit ir nu alten,/ ich het noch eteslîchen dôn/ ûf minne lôn/ her mit mir behalten,/ des tûsent herze wurden geil.* Hier wird zwar ebenfalls das reiche Repertoire angesprochen, aber doch im Kontext eines Minneliedes. Es wird innerliterarisch, intertextuell auf den geforderten langen, *stæten* Dienst angespielt und eine ironisch-komische Antwort auf das mögliche Problem, das damit verbunden ist, gegeben. Gleichzeitig weist diese Neidhart-Stelle wieder darauf hin, daß Sang mit Minnedienst gleichgesetzt wird.

f) Minne und Sang als ›Kunstprodukt‹

Wir haben bei den vorangegangenen Typen immer wieder beobachten können, daß durch das Singen über das Singen der fiktionale, artifizielle Charakter des Tuns der ›Minnesänger‹ deutlicher wurde als in Liedern, die nur eine nach ›außen‹ (auf die Frau, die Minne) hin gerichtete Perspektive aufweisen.

Es gibt nun eine Reihe von Texten, die diese Tendenz noch deutlicher ausbauen, ja, die geradezu als bewußte Durchbrechung fiktionaler Minne-Welten angesehen werden können. Der Sänger (Dichter) spricht über sein Tun und signalisiert damit, daß der ganze Minnesang mit all seinen Akzidentien gemacht ist, ein ›Kunstprodukt‹ im doppelten Sinne des Wortes.

Ein weithin bekanntes Beispiel für diesen Typus ist Walthers ›Sumerlaten‹-Lied (L. 72, 31), in dem neben einer Reihe schon bekannter Phänomene (Retrospektive: *Lange swîgen des hât ich gedâht:/ nû wil ich singen aber als ê*; Publikum: *dar zuo hânt mich guote liute brâht*) deutlich gemacht wird, welchen

---

45 Günther Schweikle, *Neidhart*, Sammlung Metzler 253, Stuttgart 1990, S. 94, weist darauf hin, daß die »Bilanzierung des lyrischen Schaffens« eine »absolute Novität in der mhd. Lyrik« sei. Er verweist noch auf Ulrich von Liechtenstein (Frauendienst, Str. 1846) und Hugo von Montfort, Lied 31, XXXI ff.

Stellenwert das Singen hat: *jon weiz si niht, swenn ich mîn singen lâze, daz ir lop zergât* und – in Umkehrung des Reinmarschen Diktums: *stirbe ab ich, sô ist si tôt*.

Natürlich verläßt Walther mit diesem Lied den Rahmen des fiktiven Minnedienstes nicht völlig, denn zumindest auf der Textebene geht es noch um das ›Lob‹ einer ›Frau‹, das notwendig an das Singen gebunden ist.

Ähnlich ist es mit L. 118, 24 bestellt: Die ersten beiden Strophen sind noch konventionelle Minnereflexion des Ich. Die dritte Strophe bricht diesen gewohnten Diskurs auf: *Disen wünneclîchen sanc / hân ich gesungen mîner frowen ze êren*. Wenn auch nicht klar ist, worauf sich das deiktische *disen* bezieht (auf die ersten beiden Strophen? auf das ganze Lied? auf ein anderes Lied?), so wird doch deutlich, daß Minneklage, Minnereflexion ›Sang‹ ist, ›Kunst‹. Und dieser Ebenenwechsel wird schließlich in der fünften Strophe noch in einer Selbstparodie zu Ende geführt:

> Hœrâ Walther, wiez mir stât,
> mîn trûtgeselle von der Vogelweide.
> helfe suoche ich unde rât:
> diu wol getâne tuot mir vil ze leide.
> kunden wir gesingen beide,
> deich mit ir müeste brechen bluomen an der liehten heide!
> (L. 119, 11–16)

Walther geht aber nicht nur auf den fiktionalen Status des Lobes ein, er macht auch deutlich, daß die ›Frau‹ nur Chiffre ist, keine individualisierbare Person, sondern die Allegorie abstrakter Vorstellungen (L. 63, 32):

> Si frâgent unde frâgent aber alze vil
> von mîner frowen, wer si sî.
> daz müet mich sô daz ichs in allen nennen wil:
> sô lânt si mich doch danne frî.
> genâde und ungenâde, dise zwêne namen
> hât mîn frowe beide. die sint ungelîch:
> der ein ist arm, der ander rîch.
> der mich des rîchen irre,
> der müeze sich des armen schamen.[46]
> (L. 63, 32–64, 2)

Und schließlich ist Walther auch einer derjenigen Lyriker, die mittels Selbstzitat die Fiktionalität des literarischen Sprechens aufdecken. Im Bereich seiner Sangspruchdichtung ist die Figur des *klôsenære* ein solcher Signalgeber, im Minnesang ist es die Rückschau auf eigene Positionsbestimmungen (L. 44, 11):

> Noch dulde ich tougenlîchen haz
> von einem worte daz ich wîlent sprach.
> waz mac ichs, zürnents umbe daz?
> ich wil nû jehen des ich ê dâ jach.
> ich sanc von der rehten minne
> daz si wære sünden frî.
> der valschen der gedâhte ich ouch dâ bî
> und rieten mir die mîne sinne

---

46 Vgl. auch das bereits vorgestellte ›unechte‹ Walther-Lied L. XV,1.

daz ich si hieze unminne, daz tet ich.
nû vêhent mich ir undertâne.
als helfe iu got, werde ich vertriben,
ir frouwen, sô behaltet mich.[47]
(L. 171, 1–12)

All diese autoreflexiven Strategien sind dazu angetan, den literarischen Charakter der Minnediskussion, der Minneklage, des Frauenpreises explizit zu machen. Walther tut dies in seinem Werk recht häufig und nimmt insofern auch in literaturtheoretischer Hinsicht eine herausragende Position ein: die ›Unschuld ist verloren‹[48].

Aber selbstverständlich ist er nicht der einzige. Auch Heinrich von Morungen macht deutlich, daß es beim Frauenpreis nicht um *eine* bestimmte, gar individualisierbare Dame geht. In Lied II (MF 123, 10) findet nämlich in der dritten Strophe ein Wechsel vom Singular zum Plural statt, von der *einen* Frau zu *den* Frauen überhaupt: *Nu râtent, liebe vrouwen,/ waz ich singen muge,/ sô daz ez iuch tuge!/ sanc ist âne vreude kranc.*

Rubin, dessen Werk viele Reflexionen über das Singen aufweist, macht durch termini technici der lyrischen Kunst den Minne-Sang als Sang deutlich (KLD 47, XIX):

Wâfen über der Minne rât!
wâfen über der Minne lôn!
dirre ruof sol sô geschaffen sîn,
sît mîn sanc mich niht vervât,
und ich ir sô mangen dôn
habe gesungen in den jâren mîn,
sît daz si mir an die minneclîchen riet,
diu mich hât versûmet mîner tage und mich von fröiden schiet.

Noch konziser wird Uolrich von Winterstetten (KLD 59, XVI 1), wenn er in Liedform über die *mâterje* eines Liedes handelt und somit den Prozeß poetischer Arbeit bespricht:

Sumer ouget sîne wunne,
daz ist an der zît:
prüeve er wol swer tihten kunne
waz mâterje lît
an dem walde und ûf der heide breit.
man mac schouwen wie die ouwen stânt bekleit,
waz der anger liehter bluomen treit.
est ein altgesprochen wort:
swâ dîn herze wont, dâ lît dîn hort.

Schließlich sei noch Uolrich von Singenberg (SMS 12, 23) genannt, da er ein (wohl sehr seltenes) Beispiel dafür gibt, wie in einem Lied über die Bausteine

---

47 Vgl. auch L. 117, 29: *Nû sing ich als ich ê sanc,/ ›wil abe iemen wesen frô?‹/ daz die rîchen haben undanc,/ und die jungen haben alsô!*

48 Ich beziehe mich hier auf Viëtors Worte (Anm. 11), S. 87: »Gleichzeitig fing die dichtung auch an, die ersten ansätze zu einer theorie zu entwickeln; und theorie ist, nach A. W. Schlegels worten, ›für die poesie der baum der erkenntnis des guten und bösen; sobald diese davon gekostet hatte, war ihr paradies der unschuld verloren‹ (Sämtl. werke, 1846.7, 106).«

des Liedes (Strophen = mhd. *liet*) gesprochen wird, die bestimmte Inhalte transportieren. Uolrichs Publikum wird regelrecht durch das Lied geführt, alles, was gesagt wird, ist ›Lied‹, ist Dichtung: Nach drei Strophen Liebesklage lautet die vierte wie folgt (SMS 12, 23):

Ich wil in dem vierden liede
an ein ende ir muot erspehen:
Der mirz noch nach willen schiede, daz lieze ich zem fünften sehen.
Ich bin beidenthalp bereit,
al darnâch daz lôz geseit:
seit ez wol, so singe ich baz,
misseseit ez aber mir, ich singe och daz.

VII.

Ich fasse meine Beobachtungen zusammen und stelle noch einige Überlegungen zur Diskussion. Das ›Singen über das Singen‹ finden wir schon relativ früh bei verschiedenen Sängern aus ›Des Minnesangs Frühling‹; hier ist es in den meisten Fällen eine explizite Erläuterung des Minnedienstes und insofern noch recht eng an das innerliterarische Thema gebunden.

Deutlicher auf die Bedingungen der Kunstübung gehen Äußerungen über die Motivationen für das Singen ein. Zum einen haben wir auch hier noch die ›Motivation von innen‹, sprich: durch die literarisierte Frau; zum anderen zeigen sich aber schon deutliche Verweise nach ›außen‹, in die Gesellschaft.

Ähnlich steht es um Darlegungen, die die Art und Qualität des Sanges betreffen. ›Guter Sang‹ setzt eine geneigte Frau voraus. Aber auch ein geneigtes Publikum, eine fröhliche Gesellschaft, ein harmonisches Miteinander.

Der literarisierte Dialog mit dem Publikum stellt dann eine weitere Stufe dar, die aus der Welt des Liedes heraus- und in die Welt der ›Gesellschaftskunst‹ hineinführt. Das Minnethema rückt weiter in den Hintergrund.

Mit Bilanzstrophen und Verweisen auf ihr künstlerisches Repertoire verdeutlichen die Dichter den ›materiellen‹ Status ihrer Kunst, das Gemachte.

Und mit dem expliziten Hinweis darauf, daß Minne und Sang Kunstprodukte sind, daß die ganze ›Minnekultur‹, daß der Frauenpreis allein abhängig vom Dichterwort ist, wird die weitestgehende Abstraktion erreicht.

Was bedeutet all das für den Minne-Sang? Die meisten der hier vorgestellten und anzitierten Lieder sind immer nur zu einem Teil poetologische Reflexion; meist ist diese eingebettet in einen Minne-Text, der sehr unterschiedlichen Gehaltes sein kann.

Es fragt sich, in welcher Weise die Minnediskussion durch das Explizitmachen des sängerischen Tuns beeinflußt wird, wobei selbstverständlich auch die Rezeptionsdisposition zu berücksichtigen ist.

Kommen wir zu diesem Zweck noch einmal auf das vollständig vorgestellte Lied Rubins zurück. Zwei der drei Strophen diskutieren die Möglichkeit bzw. Unmöglichkeit des rechten Singens. Der Sang ist in zweierlei Hinsicht gefährdet: zum einen – auf der innerliterarischen Ebene – durch die Frau, zum anderen

– im außerliterarischen Bereich – durch *fröidelôse* und *ungefüege*. Das heißt: Kunst wird zum Problem aufgrund ihres Themas und des gesellschaftlichen Rahmens. Beide Bereiche haben natürlich miteinander zu tun, aber betrachten wir sie zunächst noch einmal getrennt voneinander:

Warum kann die Minne den Sang gefährden? Wesentlich ist hier die Fokussierung zweier Rollen im sprechenden Ich. Das Ich ist Sänger und ›Liebender‹ und kann und will diese Symbiose nicht aufgeben. Der Dichter-Sänger stilisiert eine (unglückliche, unerfüllte) Liebesbeziehung, die sich ungünstig auf seine künstlerische Tätigkeit auswirkt, auswirken kann; und das singt er! An dieser Stelle müssen wir gleichsam zweierlei Singen unterscheiden: einmal das Singen als konkrete Aufführung und einmal das Singen, über das gesungen wird. Die Reflexion des künstlerischen Tuns, die Problematisierung des Mediums findet in eben diesem Medium statt. Man könnte sich fragen, wie ernst eigentlich die ganze Diskussion sei, ob nicht das Singen über das Singen nur ein literarisches Spiel ist, dem nun keine ›Krise der Kunst‹ zugrunde liegt. Aber andererseits: Welche metasprachlichen, metamedialen Formen einer solchen Diskussion wären im 13. Jahrhundert denkbar?[49]

Und sehen wir uns die zweite Größe an, die die ›gute‹ Kunst bedroht: bestimmte gesellschaftliche Gruppen. Sie werden zwar (bei Rubin, auch in anderen Texten) teilweise in die innerliterarische Minnewelt einbezogen, haben aber doch auch deutliche Bezüge zur außerliterarischen Gesellschaft, unter anderem auch zum Publikum. Ihre Mißstimmung, ihr feindseliges Verhalten beeinträchtigt ebenfalls das Ich, jetzt eher das Sänger-Ich als das Ich des Werbenden. Die gesellschaftlichen Voraussetzungen für angemessene Kunst sind nicht (mehr) gegeben oder sind doch bedroht. Indem dies ›gesungen‹ wird, wird dem Publikum (das ja ein Teil der Gesellschaft ist) eine Mitverantwortung für gute Kunst zugewiesen.

Und wenn wir nun das innerliterarische Minnethema und die außerliterarischen Verhältnisse zusammen betrachten, dann wird deutlich, daß guter Sang der Harmonie bedarf, der individuellen Harmonie (Minne) und der sozialen Harmonie (Freude).

Wenn wir die verschiedenen Typen des ›Singens über das Singen‹ noch einmal Revue passieren lassen, so können wir eine gewisse Abstufung ausmachen:

Eine Aussage wie ›Ich singe, weil ich fröhlich bin‹ fügt sich noch gut in das Minne-Thema ein. Andere, ausführlichere Reflexionen über die Qualität des Sanges, über Störenfriede künstlerischer Betätigung, über unzureichende Disposition des Publikums haben deutlichere Auswirkungen auf das Minnethema, insofern Minne als eigentliches Thema des Sanges verschwindet und nurmehr als Katalysator eines anderen Themas dient. Das heißt: Die Sänger machen sich einen beim Publikum etablierten Diskurs zunutze, um diesen in einen anderen, gleichsam in einen Metadiskurs zu überführen.

Was soll das? Was hat das mit einem Sprechen über die Liebe zu tun? Geht es hier noch um das Geschlechterverhältnis, oder ist eigentlich etwas anderes gemeint?

---

49 Ein Forum wie in unserem Jahrhundert, vor dem lang und breit diskutiert werden kann, ob z.B. Gedichte nach Auschwitz noch möglich seien, ist für die hochmittelalterliche Gesellschaft wohl nicht anzunehmen; jedenfalls kennen wir ja keine Literaturdiskussion in anderen als literarischen Medien.

Die des öfteren festzustellende Gleichsetzung von Singen mit Minnedienst und, in einem weiteren Schritt, mit künstlerischem Dienst an der Gesellschaft macht wohl noch einmal die Diskussion nötig, zu überlegen, ob der Minnesang als solcher nicht Metapher ist, Metapher für einen Gesellschaftsdienst, der entlohnt werden will. Diese Überlegungen sind nicht neu, sondern schon früh im Kontext sozialgeschichtlicher Minnesanginterpretationen vorgetragen worden.[50] In letzter Zeit hat Theodor Nolte einen solchen Ansatz – basierend auf dem textlinguistischen Konzept der »konnotativen Isotopie« – für Walther in Anschlag bringen wollen.[51] Nolte will im wesentlichen aufzeigen, daß in einem Großteil von Walthers Minnesang die angesprochene *vrouwe* allegorisch über ihre innerliterarische Rolle (als wie immer auch sich gebärdende Partnerin des Mann-Ich) hinausweist und ›eigentlich‹ die Hofgesellschaft, insbesondere die Wiener, meint, mit der Walther zu seinem Vorteil zu kommunizieren suche.

Dies konsequent zu Ende gedacht, bleibt aber die Frage, ob denn Minnesang nichts sei als eine sich selbst genügende, chiffrierte Kunstübung von ›gerenden‹ (Heischenden), ob er also eine ästhetisierte Bettelei sei.

Freilich – viele Texte lassen sich so interpretieren. Aber andererseits: Viele Minnelieder kennen keine Selbstreflexion. Und das Thema ›Minne‹/›Liebe‹ bietet noch zu viele andere Konnotationen (gerade auch auf der Seite der Rezipienten), als daß man diese Texte so eindimensional betrachten und verstehen dürfte.

Wir kommen wieder zur Frage: Was hat das ›Singen über das Singen‹ im Minnesang zu suchen?

Die Interdependenz von gesellschaftlicher, höfischer Freude und von gut aufgelegten, weil entlohnten Sängern wird dem Publikum im Medium Kunst selbst deutlich gemacht. Wenn wir davon ausgehen, daß die Sänger nicht primär zur Artikulation ihrer eigenen Bedürftigkeit engagiert werden, sondern Kunst zur höfischen Freude produzieren sollen, dann läßt sich das hier analysierte Bild des Minne-Sangs so deuten, daß die Sänger die Chance, auf der Bühne zu stehen und dem Publikum ins Auge blicken zu können, beim Schopfe packen und ihre eigenen Interessen als Kunstübung artikulieren. Minnesang als solcher wäre also primär eine poetisierte Darstellung von Typen der Geschlechterkultur. Die Struktur dieses Diskurses bietet indes Möglichkeiten, noch andere Denotate unterzubringen: das Singen, das Dienen, die Kunst.[52]

---

50 Vgl. mit einschlägigen Hinweisen Schweikle, *Minnesang*, S. 74 ff.
51 Vgl. Theodor Nolte, *Walther von der Vogelweide. Höfische Idealität und konkrete Erfahrung*, Stuttgart 1991, und meine Rezension dazu (*Arbitrium* 10 (1992), S. 162–165).
52 Nurmehr als Fußnote sei angemerkt, daß man versuchen müßte, die Ergebnisse bzw. die Fragen, die meine Untersuchung zeitigten, mit Ansätzen zusammenzubringen, wie sie in folgenden Arbeiten zur Diskussion gestellt wurden: Ernst von Reusner, »Hebt die Vollendung der Minnesangkunst die Möglichkeit von Minnesang auf? Zu Morungen ›Ich hôrte ûf der heide‹ (MF XXIII; 139, 19) und ›Mir ist geschehen als einem kindelîne‹ (MF XXXII; 145, 1)«, *DVjs* 59 (1985), S. 572–586; Dagmar Hirschberg, »Zur Funktion der biographischen Konkretisierung in Oswalds von Wolkenstein Tagelied-Experiment ›Ain tunckle farb von occident‹ Kl. 33«, *PBB* 107 (1985), S. 376–388; Grubmüller, »Ich als Rolle«.

Fingierte Performanz.
Überlegungen zur Codifizierung spätmittelalterlicher Liedkunst

Martin Huber

I.

Die Forschung der Literatur- wie Musikwissenschaft zu Text und Musik der mittelalterlichen Liedkunst sieht sich mit grundlegenden Problemen konfrontiert. Die vielfältigen kommunikativen Prozesse der Aufführungssituation sind historisch kaum zu klären. In den Überlieferungszeugen fehlen oft die Melodien zu den Texten, oder sie sind nicht eindeutig zu entschlüsseln; zudem wurden Melodien selbst innerhalb eines ›autorisierten‹ Œuvres mit den verschiedensten Texten versehen.[1] Traditionelle Zugänge über einen geschlossenen Werkbegriff scheinen deshalb obsolet.

Im Bewußtsein dieser Problemlage führen Fragen nach Sinnbildungsmustern weiter, die im Wechsel des Zeichensystems von einem mündlichen (dann verschriftlichten) in ein körpersprachliches (Mimik, Ausdruck, Gesang) zu suchen sind. Wie die mittelalterliche musikalische Notation in Neumen – ursprünglich eine physiologische Notation, die die Flexion der Stimme und die Steuerung des Atems andeutete – nur die ungefähre Tonhöhe angibt, mittelalterliche Musik sich also erst im Vortrag konstituiert, so gilt dies vergleichsweise auch für den Status von Schrift: Die Konstitution von Sinn erfolgt zu großen Teilen über verschiedene Ausdrucksmöglichkeiten des menschlichen Körpers in der Aufführung.

In produktiver Auseinandersetzung mit Hugo Kuhns wegweisendem Vortrag »Minnesang als Aufführungsform (Hartmann 218, 5)« aus dem Jahre 1966[2], der an Hartmanns Kreuzzuglied ›Ich var mit iuweren hulden, herren unde mâge‹ mittelhochdeutsche Lyrik erstmals im Kontext ihrer höfischen Aufführung zu deuten versuchte, hat sich ein Feld mediävistischer Forschung entwickelt, das die Liedertexte unter Aspekten wie gesellschaftliche Inszenierung, potenzierte Differenzierung verschiedener Rollen, Selbstinszenierung und bewußte Fiktionali-

---

1 So werden etwa bei Oswald von Wolkenstein die Lieder 28 bis 32 sowie 33 bis 36 der Handschrift B auf jeweils nur eine Melodie gesungen. Vgl. Abbildungen zur Überlieferung I: *Die Innsbrucker Wolkenstein-Handschrift B*, hrsg. Hans Moser u. Ulrich Müller, Litterae 12, Göppingen 1972, fol. 13ᵛ–15ᵛ.
2 Kuhn, »Minnesang als Aufführungsform«.

sierung untersucht.[3] Eingedenk des hermeneutischen Problems, daß die Präsenz der Texte im mündlichen Vortrag dem heutigen Interpreten nicht mehr zugänglich ist, erfordern jene Fragestellungen jeweils die methodische Gratwanderung, einerseits deiktische (Aufführungs-)Signale für sinnstiftenden Medienwechsel aus den Texten selbst abzuleiten, ohne andererseits im Wechsel der Argumentationsebene das literaturwissenschaftliche Interpretationsmodell durch die Aufführungssituation sichern zu wollen.[4]

Jene Fragestellungen, die die Beschäftigung mit mittelhochdeutscher Lyrik mittlerweile in ein komplexes Deutungsgefüge aufgefächert haben, versuche ich im folgenden um Stichworte zu einem Analysemodell zu erweitern, das – im Bewußtsein der genannten Problematik – eine umgekehrte Blickrichtung vorschlägt und das Überlieferungsmedium, den Codex selbst, zum Ausgangspunkt für die Frage nach dem Verhältnis von Aufführung und Schrift nimmt. Mein Modell, das die Texte freilich um eine weitere Komplexitätsebene erweitert, sich also komplementär und nicht konkurrierend zu überlieferungsgeschichtlichen und textorientierten Zugängen verstanden wissen will, geht von einem differenzierten Verständnis des Mediums ›Codex‹ aus. Sind die frühen Verschriftlichungen durch ihre vordergründige memoria-Funktion noch als subsidiäres Medium gegenüber der Oralität zu verstehen, so löst sich die Lyrik, die zunächst an ein interaktives mündliches Zeichensystem der Aufführung gekoppelt ist, durch die fortschreitende Verschriftlichung mehr und mehr aus der Bindung an körpersprachliche Aufführungsformen. Spätestens seit Mitte des 14. Jahrhunderts erhalten die Codices zunehmend einen eigenständigen Status, dem aus heutiger Sicht mit entsprechend gewandelten Vorstellungen von Realisations- und Rezeptionsformen des ›Minnesangs‹ begegnet werden muß.[5] Der Verschriftlichungsprozeß ist dabei nicht mehr nur in diachroner Abfolge *nach* der Aufführung anzusetzen, sondern tritt zur Oralität in ein synchrones Verhältnis der Komplementarität und Konkurrenz. Dieses Nebeneinander und Ineinandergreifen von primärer körperlicher Aufführung und lesenden wie betrachtenden Rezeptionsmöglichkeiten im Codex hat Folgen für den Umgang mit den Überlieferungszeugen.

Über die rein funktionale Überlieferung der Text- und Notenzeugnisse hinaus gilt das Interesse dem Codex als ›Schrift‹. Müßig ist es wohl, aus philologischer Sicht (im Sinne eines positivistisch-sammelnden Blicks auf das Mittelalter) die mangelhafte Sorgfalt bei deren Erstellung, insbesondere bei den Noten, zu be-

---

3 Vgl. etwa: Kleinschmidt, »Minnesang als höfisches Zeremonialhandeln«; Warning, »Lyrisches Ich«; Grubmüller, »Ich als Rolle«; Händl, *Rollen*; Müller, »›Ir sult sprechen willekomen.‹«. Zur Forschungsgeschichte und einer systematischen kommunikationsanalytischen Kritik des Aufführungsbegriffs: Strohschneider, »Aufführungssituation«. Die jüngsten Ergebnisse eines kommunikationsorientierten Blicks auf mittelhochdeutsche Lyrik sind versammelt in: Schilling/Strohscheider, *Wechselspiele*.
4 Vgl. hierzu Strohschneider, (Anm. 3), S. 62 f.
5 Etwa bei Ulrich von Liechtenstein; vgl. hierzu die Einleitung der Herausgeber in Schilling/Strohschneider (Anm. 3); sowie ebd. Michael Schilling, »Minnesang als Gesellschaftskunst und Privatvergnügen. Gebrauchsformen und Funktionen der Lieder im ›Frauendienst‹ Ulrichs von Liechtenstein«.

dauern. Die überlieferten Liederhandschriften provozieren doch vielmehr, in ihrer vorliegenden Form wahrgenommen und *interpretiert* zu werden. Die Codices werden dabei nicht als (aus heutiger Sicht defizitäre) Niederschriften der Aufführungen verstanden, sondern als komplexe, inszenierte Zeichensysteme, die sich aus unterschiedlichen Parametern zu einer Art ›Partitur‹ zusammenfügen, deren Notationsregeln wir allerdings nur unzureichend kennen.

›Partitur‹ bezeichnet im weiteren ein aus horizontalen und vertikalen Parametern gebildetes Zeichensystem, dessen spezifischer Sinn sich nur in der Verbindung der Parameter erschließt.[6] Nicht der musikwissenschaftliche Terminus im engeren Sinne ist jedoch im Blick; der Begriff ›Partitur‹ wurde vielmehr – nicht zuletzt aufgrund seiner metaphorischen Aussagekraft – als Grundlage für ein allgemeineres heuristisches Beschreibungs- und Analysemodell gewählt. Konstitutiv für das Zeichensystem ›Partitur‹ ist, daß es sich erst in der Aufführung vollständig semantisch entfaltet. Wird das Zeichensystem in der Lektüre als ›Schrift‹ rezipiert, verlangt dies einen möglichst synchronen Nachvollzug der horizontalen wie vertikalen semantischen Parameter. Gemäß dem Bildspender für das ›Partitur‹-Modell, der komplexen Opernpartitur des 19. Jahrhunderts, sind Text, Zeitgestaltung (Rhythmus) und Melodiebildung horizontale Parameter; die musikalische Gestaltung des Textes durch Instrumentation oder gesangliche Besetzung sowie Hinweise auf die szenische Gestaltung wären etwa vertikale Parameter.

Beide Verstehensweisen von Partitur gilt es freilich im folgenden auseinanderzuhalten, auch wenn die Parameter interferieren. Aus musikwissenschaftlicher Sicht dürften mittelalterliche Liederhandschriften im übrigen wohl kaum Partituren genannt werden, denn die überlieferten Handschriften lassen sich nun gerade nicht wie eine musikalische Partitur synoptisch lesen. Die Niederschrift der Musik kann hier die Aufführung noch nicht ersetzen;[7] der bei mehrstimmigen Liedern semantisierende Zusammenklang etwa läßt sich nicht optisch-analytisch erschließen, sondern bleibt der Aufführung vorbehalten.[8]

---

6 Geschichte und allgemeine Begriffsdefinition eines literaturwissenschaftlichen Analysemodells ›Partitur‹ sind noch zu schreiben. Gleichwohl hat das strukturelle Modell hinter der Metapher, neben den bekannten Ausformungen in der Literatur – etwa Thomas Manns Diktum, seine Texte seien immer gute Partituren gewesen (vgl. *Gesammelte Werke in dreizehn Bänden*, Frankfurt/M. 1974, Bd. XII, S. 319), oder Claude Lévi-Strauss' Mythenanalyse über den Vergleich mit einer Orchesterpartitur (vgl. *Mythos und Bedeutung*, Frankfurt/M. 1980, S. 57 ff.) – auch bereits Anwendung in der Literaturwissenschaft gefunden, bisher allerdings vornehmlich in der Erzähltheorie. Als Sinnbildungsmuster nämlich, das nicht nur den Text als ein horizontal wie vertikal verwobenes ›textum‹ verdeutlicht, sondern es u. a. mit dem Moment der Generalpause erlaubt, abseits der linearen Kohärenzzusammenhänge, und damit jenseits des Dilemmas erzählerischer ›Brüche‹, nach vertikaler Sinnstiftung in Erzähltexten zu fragen.

7 Am Ende dieser Entwicklung steht E.T.A. Hoffmann, der bekanntlich die berühmte Rezension zu Beethovens ›Fünfter Symphonie‹ schrieb, ohne eine Aufführung des Werks erlebt zu haben. Die für die musikalische Analyse wegweisende Besprechung entstand anhand der Partitur und eines Klavierauszugs.

8 Vgl. etwa Oswalds Kanon *Die minne fueget niemand*; Hs. B. (Anm. 1), fol. 30^r–30^v. Bei der Aufführung ergibt sich im Zusammenklang der Stimmen teilweise ein neuer Text.

II.

Für den Umgang mit der besonderen Stellung mittelalterlicher Literatur zwischen ›Aufführung‹ und ›Schrift‹ schärft das Verständnis der Codices als ›Partituren‹ den Blick zumindest in dreifacher Weise. Codex als ›Partitur‹ macht die Handschrift (1.) als Sinnsystem sichtbar, dessen Gestaltung konstitutiv an die Rezeption gebunden ist. Die einzelnen, aus heutiger Sicht teilweise unverständlichen Zeichen der einzelnen Parameter können (2.) grundsätzlich als *sinnsichernd* verstanden werden. Im Zusammenspiel der Parameter wird schließlich (3.) die zunehmende *Verkörperung* der Aufführung im Codex sichtbar.

In der Handschrift wird mittelalterliche Dichtung, eine mündliche Kommunikationsform zwischen Anwesenden, in ein schriftliches Medium übertragen und dabei deren interaktives Potential nur teilweise in die Schriftzeichen transformiert. Nicht nur die Auswahl des Textes, vielmehr noch alle anderen Zeichenmerkmale, die in der Handschrift notiert sind, sind als Akte direkter Kommunikation mit den Rezipienten zu verstehen, aus deren Summe sich erst das Programm eines Codex ergäbe. Die Anzahl und Qualität der Parameter, also was schriftlich fixiert wird und wie genau dies geschieht, hängt wesentlich von den Mitgliedern des Kreises ab, in dem jene Literatur produziert und verschriftlicht wird. Bekanntlich handelt es sich für die höfische Epik und Lieddichtung dabei um ein kulturelles Phänomen, das mit Niklas Luhmann praktikabel als Ausdifferenzierung eines autopoietischen Teilsystems ›Kunst‹ innerhalb des gesellschaftlichen Gesamtsystems beschrieben werden kann. Dieses Teilsystem organisiert sich auch die kommunikativen Gesetzmäßigkeiten selbst und kann deshalb nur von einem ästhetisch spezifisch geschulten Publikum genossen werden.[9] Daraus ergibt sich für die Codices der weitreichende Schluß, daß die Aufzeichnungen heute nur mangelhaft erscheinen, fehlende oder ungenaue Notationen der Melodien geradezu als Defizit erlebt werden müssen, denn uns fehlen jene systeminternen Informationen. Da es sich im Fall der Literatur nicht um Geheimschriften handelt, darf im ursprünglichen Kommunikationszusammenhang großes Interesse an weitestgehender Rezeptionssicherheit vorausgesetzt werden. Alles, was in den verschiedenen Parametern des Codex *nicht* notiert ist, läßt sich so für die damalige Kommunikation als bekannt oder für die spezifische Kommunikation innerhalb des Systems als nicht relevant voraussetzen. Anders gewendet heißt dies: Besonders mitteilenswert

---

9 Vgl. Luhmanns gegen literatursoziologische Modelle gerichtete Argumentation »Das Kunstwerk und die Selbstreproduktion der Kunst«, in: Hans Ulrich Gumbrecht u. K. Ludwig Pfeiffer (Hrsg.) *Stil. Geschichten und Funktionen eines kulturwissenschaftlichen Diskurselements*, Frankfurt/M. 1986, S. 620–672. Hierzu die Kritik von Otto Gerhard Oexle, »Luhmanns Mittelalter«, *Rechtshistorisches Journal* 10 (1991), S. 53–66 und Luhmanns Replik, ebd., S. 66–70. Eine exemplarische Untersuchung, basierend auf Luhmanns Modell, bietet: Sebastian Neumeister, »Die ›Literarisierung‹ der höfischen Liebe in der sizilianischen Dichterschule des 13. Jahrhunderts«, in: Heinzle, *Literarische Interessenbildung*, S. 385–400.

sind die Differenzen zum Systemüblichen; sind also bestimmte Teile des Codex in auffälliger Dichte der Parameter überliefert, werden Informationen kommuniziert, die vom allgemeinen Wissen und den üblichen Formen innerhalb des Systems abweichen.[10] Grundsätzlich, läßt sich folgern, dienen alle Zeichen der einzelnen Parameter zur Sinnsicherung.

Anhand der wechselnden Parameter und deren unterschiedlicher Dominanz in den Codices, anhand dessen also, was notiert wird und – vielleicht wichtiger noch – was nicht notiert wird,[11] ließe sich so eine Geschichte der Lied- und Spieldichtung schreiben, die die mittelalterliche Literatur als Aufführungskunst per se ins Zentrum des Blickfeldes rückte. Versteht man die einzelnen Parameter als Sinnsicherungsstrategien, heißt das: Je differenzierter die Partitur gestaltet ist, desto größere Aufführungssicherheit besteht. Da Aufführung an Körper gebunden ist, wäre an der Komplexität der Codices darüber hinaus eine zunehmende *Verkörperung* der Aufführung im Text der Handschrift abzulesen, die dabei die ›performance‹[12] als fingierte zu großen Teilen im Text präfiguriert.

Meine Überlegungen zur Codifizierung spätmittelalterlicher Lieddichtung basieren, wie bereits skizziert, auf einem differenzierten Verschriftlichungsmodell. Grundlegend ist zunächst ›Schrift‹ als memoria, wobei der Sinn des Niedergeschriebenen sich zu großen Teilen erst durch die Aufführung realisiert. Diese quantitativ vermutlich überwiegende Form der Verschriftlichung wäre – so mein Vorschlag – neben den auf andere Rezeptionsformen zielenden Verschriftlichungsmöglichkeiten um einen weiteren Modus zu ergänzen: um eine Form der Verschriftlichung nämlich, die bereits im Moment der Verschriftlichung an die Aufführung denkt, also Performanz in der Schrift fingiert.

Für einzelne spätmittelalterliche Codices schiene es mir deshalb angebracht, Paul Zumthors scharfe Trennung von ›Text‹ (Folge der Zeichen in der Schrift) und ›Werk‹ (in der Darbietung realisierter Text) zu modifizieren. Denn diese ›Texte‹ sind mittels Sinnsicherungsstrategien gerade auch mit Vorgaben für die körperliche Realisierung der Aufführung versehen, die die Freiräume der Produzenten wesentlich einschränken. So kann hier nicht mehr uneingeschränkt gelten, daß erst in der körperlichen Performanz die Stimme dem ›Text‹ das ›Werk‹ entnehme,[13] wenn doch das ›Werk‹ im ›Text‹ bereits zu großen Teilen *lesbar* ist. Wird den Codices der Status eigenständiger Sinnsysteme zugeschrieben, wäre für das späte Mittelalter gar die Möglichkeit von Schrift zu denken, die sich implizit dem Zweck der körperlichen Aufführung verweigert – Hugos von Mont-

---

10 So auch neueste, kognitiv orientierte Thesen zur frühen Ausbildung einer musikalischen Notation *innerhalb* des ›Sprachsystems‹: Michael Walter, *Grundlagen der Musik des Mittelalters. Schrift, Zeit, Raum*, Stuttgart 1994, S. 82–84.
11 Vgl. etwa die Verschiebung des Aufzeichnungsinteresses zwischen höfischer Liedkunst und meisterlichem Sang. Wenn Melodien nur noch mit Kurzformeln aufgerufen werden, zeigt dies, daß sie den Meistersingern bekannt sind.
12 Vgl. Paul Zumthor, *Die Stimme und die Poesie*, bes. S. 35–58; ders., »Körper und Performanz«.
13 Vgl. Zumthor, »Körper und Performanz« (Anm. 12), S. 705.

fort Prachthandschrift (Heidelberg cpg 329) ist jüngst dahingehend plausibel interpretiert worden.[14]

Die körpergebundene Performanz freilich läßt sich in der Praxis nicht mehr rekonstruieren, gleichwohl liegt der Gewinn für mediävistische Forschungen gerade in der Erweiterung der Aufführungsvorstellung, die Zumthor auch als Spiel, »Spiegel, verdoppelnde Spaltung des Handelns und der Handelnden«[15] vorgeführt hat, womit er Anstoß zu erneuter Reflexion auf vermeintliche Beschreibungsstandards (wie Rolle, Figur, Handelnder etc.) gab. Die Strukturen der Sinnsicherung oder, anders ausgedrückt, die Spuren der fingierten Performanz im Codex hingegen, sind als Schrift auch heute noch deutlich zugänglich und lassen als Kern der jeweiligen Aufführung doch zumindest Umrisse der körperlichen Performanz sichtbar werden.

III.

An weltlichen Liedern, vermutlich im späten 14. Jahrhundert entstanden und unter dem Autornamen ›Mönch von Salzburg‹[16] überliefert, möchte ich Spuren jener fingierten Performanz in der Verschriftlichung nachgehen. Materialgrundlage ist die wichtigste Corpushandschrift für die weltlichen Lieder des Mönchs, der Mittelteil des Codex Vindobonensis 2856, die um 1450 entstandene sogenannte ›Mondsee-Wiener Liederhandschrift‹.[17] Unter der Fragestellung von Aufführung und Schrift scheinen insbesondere die Lieder MR 11 bis 15[18] geeignete Beispiele, Liederaufzeichnungen wie komplexe ›Partituren‹ zu lesen. Als

---

14 Herfried Vögel, »Die Pragmatik des Buches. Beobachtungen und Überlegungen zur Liebeslyrik Hugos von Montfort«, in: Schilling / Strohschneider (Anm. 3). Vögel zeigt an der Kommunikation zwischen den verschiedenen Parametern des Codex (Anordnung der Texte, Wappen etc., Bilder, Melodien – bzw. deren Fehlen), wie sich Hugo in der Prachthandschrift selbst zum adeligen Dilettanten stilisiert, um sich von den lohnabhängigen höfischen Gesellschaftskünstlern abzugrenzen, deren artistische, aber nichtige Texte das Verdikt der Kirche zu Recht treffe. Die Summe der Einzelbeobachtungen läßt den Schluß zu, Hugo habe seine Texte aus dem höfischen Vortragszusammenhang ausgrenzen wollen und sie deshalb im Codex hinsichtlich einer von ihm favorisierten lesenden und betrachtenden Rezeption verschriftlicht.
15 Zumthor, »Körper und Performanz« (Anm. 12), S. 717.
16 Zur Autorfrage vgl. Burghart Wachinger, »Mönch von Salzburg«, in: VL, 2. Aufl., Berlin u. New York 1987, Bd. VI, Sp. 658–670; ders., *Der Mönch von Salzburg. Zur Überlieferung geistlicher Lieder im späten Mittelalter*, Hermaea 57, Tübingen 1989, bes. S. 119–137.
17 *Mondsee-Wiener Liederhandschrift. Aus Codex Vindobonensis 2856*, hrsg. Hedwig Heger, Codices selecti 19, Graz 1968; zum Codex vgl. Burghart Wachinger, »Mondsee-Wiener Liederhandschrift«, in: VL, 2. Aufl., Berlin u. New York 1987, Bd. VI, Sp. 672–674; zur Datierung siehe die Rezension der Faksimileausgabe von Karl Bertau in *AfdA* 86 (1975), S. 12–20.
18 Im folgenden übernehme ich die übliche Zählung nach Mayer/Rietsch (RM); vgl. F. Arnold Mayer u. Heinrich Rietsch, *Die Mondsee-Wiener Liederhandschrift und der Mönch von Salzburg. Eine Untersuchung zur Litteratur- und Musikgeschichte, nebst den zugehörigen Texten aus der Handschrift*, Berlin 1896.

horizontale Parameter in meinem Modell sind der Text, dessen rhythmische Zeitgestaltung durch Angaben zum Metrum sowie die Notation der Melodie selbst zu verfolgen. Als vertikale Parameter geraten alle Paratexte wie Schreiberzusätze zur Instrumentierung sowie die gesamte (vor allem optische) Organisation der (Noten-)Schrift in den Blick. Ganz im Sinne des Beschreibungsmodells interferieren die Parameter und werden sich nicht immer exakt trennen lassen.

Die Lieder ›Das nachthorn‹ (MR 11), ›Das taghorn‹ (MR 12), ›Das kchühorn‹ (MR 13), ›Ain enpfahen‹ (MR 14) und ›Dy trumpet‹ (MR 15)[19] sind im Codex auf fol. 185v bis 189r notiert und eröffnen als Tagelied-Corpus nach geistlichen Liedern einen weltlichen Liedteil der Handschrift.[20] Unmißverständlich markiert dies der Schreiber durch den Zusatz *Werltlich* in roter Tinte, die alle seine Anmerkungen vom Text deutlich abhebt, am linken Rand auf Höhe der Schmuckinitiale zu Lied MR 11. Neben redaktionellen Notizen wie dieser, die gewöhnlich Gattungszugehörigkeiten oder auch Hinweise zur Melodiebildung mitteilen (vgl. etwa fol. 184v *Dy letany singt man als oben das guldein vingerlein*), finden sich nun in den Lagen der ›Mondsee-Wiener Liederhandschrift‹, die der ältesten Hand 7 zugeschrieben werden, Zusätze,[21] die unter den Parametern eine neue Mitteilungsperspektive eröffnen: die Kommunikation über die Körper der Aufführung. So heißt die Überschrift zu Lied 11 *Das nachthorn . vnd ist gut zu blasen*. Mit diesem Hinweis wird nicht nur auf die Möglichkeit verwiesen, die Melodie des Liedes mit einem Blasinstrument solo zu blasen oder mitzuspielen, sondern implizit die Präsenz eines Bläsers bei der Aufführung evoziert. Dieser körperlichen Präsenz ist im Codex noch stärker Nachdruck verliehen, indem eine weitere Unterstimme am Ende von fol. 186r beigegeben wird: *Das ist der pum-*

---

19 Vgl. Abb. im Anhang S. 105 f.; Text und Melodien auch zugänglich neben Mayer/Rietsch (Anm. 18) in: *Der Mönch von Salzburg. ich bin du und du bist ich. Lieder des Mittelalters*, hrsg. u. bearb. Franz Viktor Spechtler, Michael Korth, Johannes Heimrath u. Norbert Ott, München 1980, S. 16–43 u. S. 179 f.

20 Ich greife im weiteren unter meiner Perspektive auf bereits mehrfach beschriebene Fakten zurück. Vgl. Hans Ganser, *Die mehrstimmigen Lieder des Mönchs von Salzburg*, München 1980 [Magisterarbeit, masch.]; Lorenz Welker, »Das Taghorn des Mönchs von Salzburg«, *Schweizer Jahrbuch für Musikwissenschaft* NF 4/5 (1984/85), S. 41–61; Renate Hausner, »Thesen zur Funktion frühester weltlicher Polyphonie im deutschsprachigen Raum«, *Jahrbuch der Oswald von Wolkenstein Gesellschaft* 3 (1984/85), S. 47–78; Christoph Petzsch, »Das Hirtenhorn-Lied des Mönchs von Salzburg. Neues nach Korrektur der Ausgaben«, *Augsburger Jahrbuch für Musikwissenschaft* 1 (1984), S. 7–24; Dagmar Hirschberg, »›dy trumpet‹ (MR 15). Ein Tagelied-Experiment des Mönchs von Salzburg«, in: *Anglo-German Colloquium* (1991) (im Druck).

21 Jene Schreiberzusätze in der Handschrift sind seit Mayer/Rietsch (Anm. 18) bekannt und in der ›Mönch‹-Forschung auch Gegenstand der Argumentation. Unter überlieferungsgeschichtlicher, auch an der Frage nach dem Autor orientierter Perspektive: Walter Röll, »Redaktionelle Notizen in der Kolmarer Liederhandschrift und in der anderen Überlieferung der Lieder des Mönchs von Salzburg«, *PBB* 102 (1980), S. 125–231, hier: S. 222 f.; sowie Burghart Wachinger, *Der Mönch von Salzburg* (Anm. 16), S. 119 ff.; mit kurzem Blick, allerdings auf *heutige* Aufführungsmöglichkeiten Franz Viktor Spechtler, »Mittelalterliche Liedforschung. Aufzeichnungs- und Aufführungsform der Lieder des Mönchs von Salzburg«, *Jahrbuch der Oswald von Wolkenstein Gesellschaft* 1 (1980/81), S. 175–184, hier: S. 183 f.

hart darzu. Aus musikwissenschaftlicher Sicht ist dies ein seltener Fall einer ausnotierten Instrumentalstimme, auch wenn jene noch keine selbständige Melodie bildet, sondern die Gesangstimme lediglich in Quintsprüngen umspielt. In der Forschung wird diese Angabe meist als Hinweis auf die Besetzung mit Pommer[22] interpretiert, mindestens ebenso plausibel scheint jedoch die Möglichkeit, *pumhart* als (schreiberspezifische) Bezeichnung für eine Bordunbegleitung zu lesen, die sowohl gesungen, geblasen oder auf den tiefen Saiten der Laute gezupft werden konnte.[23] Als Besetzung für die Aufführung implizierte die Handschrift dann also einen Sänger, ein hohes Blasinstrument (Zink, Tenorpommer) und eine Bordunbegleitung.

Ähnliches kann für Nr. 12 ›Das taghorn‹ gelten, das vom Schreiber ebenfalls mit ausführlichen Zusätzen versehen wurde: *Das taghorn · und ist sein pumhart dy erst note vnd yr v̈nder octaua slecht hin* (fol. 186ᵛ). Auch hier wird der Hinweis gegeben, daß sich die Melodie gut mitblasen läßt, die Bordunstimme wird allerdings nicht ausnotiert, sondern in Fachterminologie verbalisiert: Der Bordun ist die erste Note (c) und deren Oktave (c').

In MR 13 ›Das kchühorn‹ gibt der Schreiber in einem ausführlichen Zusatz nach dem Titel keine aufführungspraktischen Hinweise, sondern erklärt für ›Nicht-Salzburger‹ die Wendung *untarn* (*vntarn ist gewonlich redn ze Salzburg . vnd bedeutt so man izzet nach mittem tag vb<er> ain stund od<er> zwei* [fol. 187ʳ]). Die beiden Stimmen des Dialogs zwischen Mann und Frau hat der Schreiber mit roten Vermerken am Rand oder auch im Notensystem deutlich markiert (*er* und *sy*), in der zweiten Strophe des Mittelteils, die den Text – in spiegelbildlich verändertem Verhältnis zur ersten Strophe – zwischen Frau und Mann aufteilt, ist der Frauen-Text noch einmal rot unterstrichen.

Eine Sonderstellung nimmt MR 15 *Das haizt dy trumpet vnd ist/ auch/*[24] *gut zu blasen* (fol. 188ᵛ) ein. Links neben die Initiale fügte der Schreiber die Notiz *daz swarcz ist er/ das rot ist sy* ein, um die ungewöhnliche zweifarbige Ausführung von Text und Melodie zu erklären. Bei aufgeschlagenem Codex ist auf der gegenüberliegenden Seite (fol. 189ʳ) – mit eigener Initiale abgehoben – unter der Überschrift: *das ist der wachter darzu*, eine dritte auskomponierte Stimme notiert, der nicht nur eine neue Melodie, sondern auch ein eigener Text zugeteilt ist. Die Niederschrift der ›Trumpet‹ imaginiert in ihrer exakten zweistimmigen Notierung demnach neben fakultativen Bläsern zumindest drei Sänger: zwei stichisch alternierende Sänger (*er* und *sy*) und den *wachter*. Da die Wächterstimme als eigenständige Gegenmelodie synchron zum Wechselgesang komponiert ist, ist es wie schon beim ›Kchühorn‹ kaum plausibel, daß der Dialog zwischen *frau* und *knecht* von einem einzigen Sänger in permanentem Stimm- und Ausdruckswechsel gesungen wurde. Die dabei entstehenden geringen Zeitverschiebungen würden jeweils zu ungewollten rhythmischen Verschiebungen mit der exakt komponierten Wächterstimme führen.

---

22 Zu den spätmittelalterlichen Instrumenten vgl. K. Restle, »Musikinstrumente«, in: *Lexikon des Mittelalters*, Bd. VI, Sp. 955–969, hier: Sp. 958.
23 Vgl. Ganser (Anm. 20), S. 20–25.
24 Einfügung in Sofortkorrektur.

Nach diesen Details aus vertikalen Parametern zeigt auch ein Blick auf den horizontalen Parameter der Notation Sicherungsstrategien, die die Körperlichkeit der Aufführung betreffen. Alle fünf Melodien sind auf fünflinigem Notensystem in Mensuralnotation[25] aufgezeichnet, die durch die Form der Noten relativ exakt die einzelnen Tonlängen vorschreibt. MR 11 und MR 12 sind zudem mit Mensurzeichen für das Metrum versehen.[26] Insbesondere die – freilich durch die komplexe Mehrstimmigkeit bedingte – Notation der Pausen, die selbst in den Custoden verzeichnet sind, zeigt auffällig, wie die Aufführung gesichert werden soll und gerade dadurch der Interpretationsspielraum geringer wird. Das bisher noch nicht erwähnte Lied MR 14 ›Ain enpfahen‹ (fol. 187ᵛ–188ʳ), ein fugiertes Dialog-Lied zweier Sänger, zeugt neben der ›Trumpet‹ von nahezu moderner Notationsgenauigkeit. Die Frauen- und Männerstimme des Dialogs ist jeweils eigenständig notiert, die komplexe Abfolge der Stimmeneinsätze ist durch exakte Notenwerte und Pausennotation gewährleistet; die einander entsprechenden Verse innerhalb der Strophen sind für jede Stimme deutlich mit roten Minuskeln alphabetisch durchmarkiert.

Gerade mit Blick auf die Aufführungssicherung muß ein weiteres Kriterium der Notation die optische Organisation und Präsentation der verschiedenen Parameter sein. Kaum zufällig scheint es mir deshalb, daß Schreiber 7 zumindest für das Ensemble der fünf Tagelieder die einzelnen Lieder jeweils so anzuordnen sucht, daß sie bei aufgeschlagenem Codex auf gegenüberliegenden Seiten zu stehen kommen. Die einzige Bruchstelle innerhalb eines Liedes, die sich bei fünf Liedern auf acht Seiten dennoch nicht vermeiden ließ, hat er deshalb – und das ist für diesen Codex singulär – mit *ker vmb* markiert (vgl. ›Kchühorn‹, fol. 187ʳ).[27]

Nach den vom Schreiber zu verantwortenden Paratexten und Notationsparametern können schließlich die fünf Texte selbst nicht länger ausgeblendet werden. Gestützt auf die herausragende Stellung zu Beginn des weltlichen Liederteils sowie mit Blick darauf, daß nach MR 15 – thematisch fremd – auf fol. 189ᵛ ein ›Tischsegen‹ eingeschoben wurde, besteht Konsens in der Forschung, daß jene fünf Lieder als Tagelied-Variationen (oder gar -Parodien) ein Corpus bilden. Ohne im folgenden auf die Texte im Detail eingehen oder gar Gattungsprobleme anzusprechen zu können, versuche ich darüber hinausgehend zu zeigen, daß jene fünf Lieder keine zufällige Themengruppe im Codex bilden, sondern eine vom Schreiber inszenierte, geschlossene Aufführungseinheit bilden.

Die Lieder ergeben nach der Plazierung ihrer Sujets im Tagesablauf den Kreislauf eines vollständigen Tages. ›Das nachthorn‹ spielt, wie der Titel andeutet, in der Nacht, ›Das taghorn‹ in den frühen Morgenstunden, ›Das kchühorn‹ nach

---

25 Vgl. Johannes Wolf, *Geschichte der Mensuralnotation von 1250–1460* [...], Bd. III, Teil I: *Geschichtliche Darstellung*, Leipzig 1904, bes. S. 379–384.

26 MR 11 im tempus imperfectum cum prolatione minori, MR 12 im tempus imperfectum cum prolatione maiori. Zum System der Mensurzeichen vgl. Carl Dahlhaus, »Die Tactus- und Proportionenlehre des 15. bis 17. Jahrhunderts«, in: *Hören, Messen und Rechnen in der frühen Neuzeit*, Geschichte der Musiktheorie 6, Darmstadt 1987, S. 333–361.

27 Zur kontroversen Anordnung der Liedteile vgl. Petzsch (Anm. 20).

Mittag (was dem Schreiber offensichtlich wichtig ist, weshalb er es für alle verständlich erklärt); ›Ain enpfahen‹ enthält zwar keine eindeutigen Zeitsignale im Text, wird durch seine Stellung innerhalb des Zyklus jedoch zwingend mit frühem Abend konnotiert, da ›Dy trumpet‹ erneut zur Nachtzeit situiert ist. Dieser zyklischen Struktur, der auch die kreisförmige Anbindung der Sujets im Liedensemble korrespondiert, steht ein klimaktischer Aufbau im Sängerpersonal gegenüber. Im ›Nachthorn‹ wälzt sich der einsame und sehnsüchtige Liebhaber schlaflos im Bett und beklagt sein Los gegenüber der Geliebten, die ihn freilich nicht hören kann. Jene monologische Rede mit imaginiertem Gegenüber gerät im ›Taghorn‹ zu einem Monolog im Beisein des Ansprechpartners. Der Liebhaber weckt die Frau nach der Liebesnacht am frühen Morgen, und ihr Anblick reizt ihn vor seinem Aufbruch bereits von neuem.[28] Im dritten Lied, dem ›Kchühorn‹, einer mit deftiger Sexualmetaphorik ins bäuerliche Milieu und in die Mittagszeit verlegten Tagelied-Parodie, treten nun zwei Personen, Mann und Frau im *wehsel*, als Dialogpartner auf. Aus der Leser- bzw. Zuschauerposition wird jedoch durch die Liedform mit Einleitung, Dialog und chorischem Refrain, der jeweils wieder die Außensicht präsentiert, die Unmittelbarkeit des Dialogs als Liedkonvention enthüllt. Aufgrund seiner szenischen Teile kommt dem ›Kchühorn‹ in der Mitte des Ensembles Achsenfunktion zu. Denn die letzten beiden Lieder heben sich insbesondere durch ihre szenische Qualität ab, die in der vorliegenden Niederschrift auch im Codex sichtbar wird. ›Ain enpfahen‹ ist im Codex wie bei der Aufführung als vertontes Gespräch zwischen zwei nach Text und Melodie eigenständigen Figuren zu erkennen, die sich nach einer Trennung der gegenseitigen Liebe erneut versichern. Durch die zweistimmige Vertonung, die aus dem traditionellen Wechselgesang zwei zum Teil komplex verwobene Stimmkörper entstehen läßt, wird die neue szenische Qualität der Darstellung deutlich markiert. In der ›Trumpet‹, dem Höhepunkt der Liedfolge gelingt noch eine weitere Steigerung. Zum einstimmigen Dialog der Liebenden, die – allerdings durch eine Tür getrennt – abwechselnd miteinander sprechen, tritt als eigenständige Gegenstimme der Monolog des Wächters. Das Thema der Auseinandersetzung zwischen den Liebenden, die gemeinsame Furcht vor den *klaffern* und deren sich über drei Strophen erstreckende allmähliche Überwindung durch eine bewußte Wendung nach außen,[29] wird durch den dreimal gleichen Text und den Gesang des Wächters konterkariert. Es entsteht eine geradezu bühnenhafte Inszenierung einer Tageliedszene,[30] in der die Wächterrolle in der Stereotypie ihrer Aussage durch den Argumenta-

---

28 Auf die erotische Semantik in den ersten drei Liedern kann hier nicht näher eingegangen werden. Hingewiesen sei jedoch nur auf die Multifunktionalität der Titel, die neben Zeit- und Ortsangaben mit der phallischen Hornmetaphorik auf doppelte Lesarten einstimmen, welche dann wieder subtil über musikalisch-erotische Metaphern an die Melodiebildung zurückgebunden werden. Vgl. etwa *geschelle* in der zweiten Strophe des ›Taghorn‹. Die Titel sollten deshalb keinesfalls auf ihre aufführungspraktische Teilfunktion reduziert werden.
29 Zur ausführlichen Deutung vgl. Hirschberg (Anm. 20).
30 Vgl. hierzu schon Ganser (Anm. 20), S. 31 ff.

tionsablauf des Liebespaares bald überholt wird, um sie schließlich bis zur Lächerlichkeit als *Rolle* bloßzustellen.[31]

In der Abfolge des Liedcorpus zeigt sich ab dem ›Kchühorn‹ eine zunehmende Dramatisierung und Inszenierung traditionellen Formelinventars, das in der ›Trumpet‹ bis zur Dekonstruktion der Wächterfigur führt. Es wäre das Liedensemble indes aber keine gelungene Inszenierungseinheit, fehlte die zumindest für den aufmerksamen Rezipienten wahrnehmbare Rückbindung an den Beginn der Sequenz: So scheidet der Liebhaber in der ›Trumpet‹ zwar mit neuer Liebesgewißheit, doch ohne Erfüllung von der Dame, die ihm wohl eine gute Nacht wünscht. Dieser Wunsch mag in Erfüllung gehen, auf der Ebene der fingierten Aufführungssituation jedoch vielleicht nicht – und den Liebhaber ereilt erneut das Schicksal des ›Nachthorns‹.

IV.

Zu Recht gilt also die Überlieferung der Lieder MR 11–15 als glückliches Beispiel für eine ungewöhnlich genaue Aufzeichnungsform spätmittelalterlicher Liedkunst.[32] Vor dem Hintergrund meiner bisherigen Deutung des Liedcorpus als Aufführungszyklus läßt sich dieses einzigartige Überlieferungszeugnis nun auch im Kontext des Codex verstehen und die Frage beantworten, warum bei MR 11 und 13 im Gegensatz zu den Dubletten im selben Codex offensichtlich nach anderen Kriterien aufgezeichnet wurde.

Die Dubletten zu MR 11 ›Das nachthorn‹ MR 81 (fol. 245ᵛ–246ʳ) und zu MR 13 ›Das kchühorn‹ MR 31 (fol.198ᵛ–199ᵛ) von der Hand des Schreibers 8 sind mit weniger Parametern und zudem nachlässiger notiert.[33] Es fehlen die Titelüberschriften, MR 81 ist ohne *pumhart* aufgezeichnet, bei MR 31 finden sich keine Hinweise auf die Stimmenverteilung (Mann und Frau). Der Wechsel muß vom Text aus erschlossen werden. Die Anordnung von Text und Melodie der Dubletten erlaubt keine synoptische Rezeption, sondern zwingt immer wieder

---

31 Überzeugend ist deshalb die Interpretation von Hirschberg (Anm. 20), die den Titel ›Trumpet‹ im Anschluß an Ganser (Anm. 20; und im übrigen ganz im Sinne des Zyklus) nicht aufführungspraktisch liest, sondern als programmatische Kriegserklärung an die *klaffer* – passenderweise eben mit dem Repräsentations- und Signalinstrument *trumpet*.

32 Mit großer Sicherheit jedenfalls handelt es sich bei den Niederschriften *nicht* um die »erste Aufzeichnung von Mehrstimmigkeit im deutschsprachigen Lied« (Spechtler, »Mittelalterliche Liedforschung« (Anm. 21), S. 182), wie in der Forschung (auch nach Karl Bertaus Neudatierung der Lage von Schreiber 7 in die Mitte des 15. Jahrhunderts) immer wieder zu lesen ist; die großen Liederhandschriften Oswalds von Wolkenstein zumindest wurden Jahrzehnte früher begonnen. Erklären läßt sich die Trübung des Blicks, wie mir scheint, durch das Bemühen, jene Aufzeichnungen mit einem authentischen Sänger-Dichter ›Mönch von Salzburg‹, der historisch vor Oswald wirkte, zu verrechnen – auf Kosten eines differenzierten Verständnisses der Handschrift als ganzer.

33 Für Details vgl. Mayer/Rietsch (Anm. 18), S. 317–319, S. 324–326, S. 387–391 u. S. 393–395.

zum Umblättern. Den beiden Dubletten fehlen insbesondere alle Hinweise auf Körperlichkeit und Performanz, die Schreiber 7 auszeichnete.

Dieser Befund, in der Forschung allgemein mit dem Hinweis auf verschiedene Vorlagen beantwortet,[34] gewinnt unter meiner Perspektive paradigmatisch Relevanz – auch für andere Codices. Im Blick auf die ›Mondsee-Wiener Liederhandschrift‹ als ›Partitur‹ läßt sich das Phänomen, jenseits traditioneller überlieferungsgeschichtlicher Fragen nach den Vorlagen, auf einer neuen Ebene beschreiben. Beide in etwa zeitgleich entstandenen Verschriftlichungen sind als je eigene (auftraggeberorientierte) Schreiberleistungen zu erkennen, die ihre Notationsparameter insbesondere hinsichtlich der Aufführungssicherung signifikant anders gewichten.[35] Wohl notieren beide Schreiber im Blick auf spätere Aufführungen. Die unterschiedliche Komplexität der Verschriftlichung entsteht jedoch dadurch, daß Schreiber 7 die Lieder als Zyklus aufzeichnet und so komplexere Formen der Schrift zur Sinnsicherung benötigt. Im ›Partitur‹-Modell zeigen sich die Lieder MR 11 und MR 13 als Teil des zyklisch ausgerichteten Sinnsystems der Lieder MR 11–15; ihre Dubletten MR 81 und MR 31 wiederum sind in anderen kommunikativen Kontexten, mit Blick auf andere (hier nicht lesbare) Aufführungsformen verschriftlicht – und werden damit zu anderen Werken.

Auch im Vergleich der Dubletten in der ›Mondsee-Wiener Liederhandschrift‹ wird noch einmal deutlich: Die Lieder MR 11–15 verdanken ihre Bedeutung der ungewöhnlich exakten Notation und der Dichte der Parameter, die bereits im Stadium der Schrift als gedachte Aufführung eine Komplexität der Semantik entwickeln, wie sie sonst der Aufführung selbst vorbehalten bleibt. Während der Schreiber der Parallelüberlieferung mit einem Verschriftlichungsmodell arbeitete, das vorrangig memoria-Funktion hatte, verdanken wir die einzigartige Tageliedfolge MR 11–15 einem Schreiber, der bei der Niederschrift an den Aufführungszyklus dachte, in der Schrift Performanz fingierte.

Anhang: Abbildungen aus dem Cod. Vind. 2856, fol. 185^v–189^r.

(Seite 105 u. 106)

---

34 Damit sind Dubletten in einem Codex freilich nicht erklärt, das Problem wird vielmehr auf die vorhergehende Ebene verschoben.
35 Vgl. auch die Verschriftlichungen von Liedern des ›Mönchs‹ in der wenige Zeit später mit noch ›ungenauerer‹ Hufnagelnotation erstellten *Kolmarer Liederhandschrift*, die wiederum vor einem anderem Rezipienten- wie Codifizierungsmodell zu lesen sind. Vgl. das Faksimile: *Die Kolmarer Liederhandschrift der Bayerischen Staatsbibliothek München (cgm 4997) in Abbildungen*, hrsg. Ulrich Müller, Franz Viktor Spechtler u. Horst Brunner, Litterae 35, 2 Bde., Göppingen 1976, Bd. II, fol. 644^r–662^v, hier: fol. 657^v–658^r.

Überlegungen zur Codifizierung spätmittelalterlicher Liedkunst 105

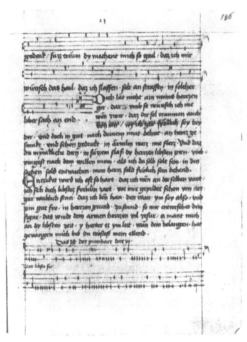

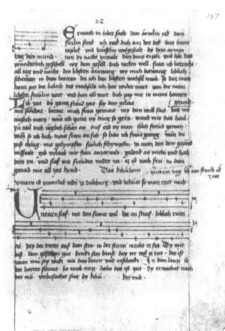

106 Martin Huber

Mündlichkeit und Schriftlichkeit
in der Frühgeschichte des evangelischen Kirchenliedes
am Beispiel Wittenbergs

GERHARD HAHN

I.

Die Wahl des Themas ist kurz zu begründen: Luther hat den deutschsprachigen Liedern der Gemeinde einen festen Platz und eine tragende Funktion im Gottesdienst zuerkannt. War ihnen im Mittelalter, soweit sie aus den Randzonen geistlichen Lebens in gottesdienstliche Kernbereiche einrücken konnten, gelegentlich eine ›additive‹ Stellung zu obligatorischen lateinischen Teilen eingeräumt,[1] so können sie nun so wesentliche liturgische Elemente der Messe wie Introitus, Graduale, Credo, Sanctus, Agnus Dei vollgültig ersetzen, ›substituieren‹. Die Gemeinde nimmt im Lied lobend, bittend, bekennend, aber auch in gegenseitiger Verkündigung und Belehrung zentrale gottesdienstliche Aufgaben wahr.[2] »In dieser Maßnahme ist mit Recht die bedeutungsvollste und folgenreichste liturgische Neuerung der Reformation neben der festen Verankerung der Predigt gesehen worden.«[3]

Im Gottesdienst selbst aber findet konzentrierten Ausdruck und tritt demonstrativ an die Öffentlichkeit, was zu Beginn des 16. Jahrhunderts noch allgemeine Grundlage der Anschauung von Welt ist: der christliche Glaube. In der Form des Gottesdienstes bietet sich jedoch nicht nur das enger geistliche Selbst- und Weltverständnis der Gemeinde dar, jetzt, in der Zeit der Glaubensspaltung, auch in der Weise konfessioneller Abgrenzung.[4] Bei der engen Ver-

---

1 Vgl. Johannes Janota, *Studien zu Funktion und Typus des deutschen geistlichen Liedes im Mittelalter*, MTU 23, München 1968.
2 Vgl. Gerhard Hahn, *Evangelium als literarische Anweisung. Zu Luthers Stellung in der Geschichte des deutschen kirchlichen Liedes*, MTU 73, München 1981; Patrice Veit, *Das Kirchenlied in der Reformation Martin Luthers*, Stuttgart 1986.
3 Walter Blankenburg, »Der gottesdienstliche Liedgesang der Gemeinde«, in: ders. u. Karl Ferdinand Müller (Hrsg.), *Leiturgia. Handbuch des Evangelischen Gottesdienstes*, Kassel 1954 ff., Bd. IV, S. 562.
4 Welche Rolle dabei gerade das Lied spielt, zeigt sich darin, daß den reformatorischen Liedern und Gesangbüchern in der katholischen Reform und Gegenreformation katholische entgegengestellt werden wie Michael Vehes Gesangbuch von 1537 und Johann Leisentrits Gesangbuch von 1567; vgl. Philipp Harnoncourt, *Gesamtkirchliche und teilkirchliche Liturgie*, Freiburg 1974, und die Beschreibung der beiden Gesangbücher durch Walther Lipphardt in: *Musik und Altar* 9 (1956/57) S. 46–53 u. S. 140–149.

flechtung von Kirche und staatlicher Herrschaft äußert sich in der Einführung oder Ablehnung neuer gottesdienstlicher Formen demonstrativ auch politische Entscheidung. Vorgänge in Landesherrschaft und Reichsstadt bieten anschauliche Belege.[5]

Das Lied ist durch seine musikalische Gestalt primär für die mündliche Aufführung bestimmt, wird aber immer wieder auch – der Mediävist denkt sogleich an die großen Minnesanghandschriften um 1300 – aus unterschiedlichen Motiven und in unterschiedlichen Formen in die Verschriftlichung einbezogen. Das kirchliche Lied findet zum selben Zeitpunkt, an dem es als gesungenes Lied im reformatorischen Gottesdienst fest installiert wird, im Gesangbuch eine schriftliche Vermittlungsweise von eigener Qualität, die sehr bald konfessionelle Grenzen überschreitet und eine ununterbrochene Tradition bis in die unmittelbare Gegenwart entfaltet: Erst im vergangenen Jahr ist ein neues Evangelisches Gesangbuch erschienen.[6] Die Rolle, die das Kirchenlied und das Gesangbuch im Verbund mit deutscher Bibel, Katechismus und Erbauungsschrifttum für eine ›Volksbildung‹ vor deren staatlicher Institutionalisierung spielten, nicht nur für die Lebensorientierung, sondern auch für die Artikulations- und Lesefähigkeit, ist bislang kaum abzusehen.

Das Beispiel Wittenbergs empfiehlt sich aus mehreren Gründen. Von diesem Zentrum der Reformation gingen die wesentlichsten und folgenreichsten hymnodischen Impulse aus. Kirchenlied und Gesangbuch, für deren Geschichte eine zureichende neuere Darstellung fehlt, sind für den gewählten Ort am besten erschlossen. Nicht zuletzt liegen aus Wittenberg, besonders durch Luther, programmatische Äußerungen vor, die den thematisierten Aspekt zu erschließen helfen. Er ist meines Wissens noch nicht zusammenhängend behandelt worden. Mehr als eine Skizze kann auch hier nicht geboten werden.

Ich behandle Aspekte der Mündlichkeit des Kirchenliedes (II.), Aspekte der Schriftlichkeit des Kirchenliedes (III.).

---

5 Selbst in Wittenberg erlangte die Reformation, die bis dahin als fachtheologische Auseinandersetzung, ja sogar als ›Mönchsgezänk‹ eingeschätzt worden war, erst nach Änderungen an den gottesdienstlichen Formen volle Öffentlichkeitswirkung, bis hin zum Aufruhr – mit wirtschaftlichen, gesellschaftlichen und politischen Folgen. Die radikaleren Reformer, voran Karlstadt, hatten während Luthers Schutzhaft auf der Wartburg 1521/22 u. a. das Abendmahl in beiderlei Gestalt gereicht, Teile der Messe auf deutsch und in bürgerlicher Kleidung gehalten, Totenmessen abgeschafft. Vgl. Roland Bainton, *Martin Luther*, hrsg. Bernhard Lohse, 7. Aufl., Göttingen 1980, S. 168. – In der Reichsstadt Regensburg wird die Reformation 1542 offiziell mit einer Abendmahlsfeier eingeführt, in der das Sakrament in beiderlei Gestalt gereicht wird, die sonst aber in hohem Maße konservativ gestaltet ist, da Rücksicht auf die bischöfliche und die herzogliche Partei zu nehmen war. Vgl. Hans Schwarz (Hrsg.), *Reformation und Reichsstadt. Protestantisches Leben in Regensburg*, Schriftenreihe der Universität Regensburg NF 20, Regensburg 1994.

6 Vgl. den Bericht Hermann Kurzkes in der Frankfurter Allgemeinen Zeitung vom 7. 12. 1993.

II.

1. Mündlichkeit ist bemüht, die speziellen Möglichkeiten von Aufführung sind eingesetzt, wenn die neue Stellung der christlichen Gemeinde in reformatorischer Sicht, die theologisch letztlich im allgemeinen Priestertum der Gläubigen begründet ist und zu aktiver gottesdienstlicher Teilnahme berechtigt und auffordert, durch gemeinsamen Gesang der Gemeinde zur Erscheinung und Wirkung gebracht wird. Luther hat diese Maßnahme nicht ohne Begründung gelassen. Sie geschieht allgemeiner in seiner ersten Gesangbuchvorrede von 1524.[7] Das Singen geistlicher Lieder ist durch das Vorbild der alttestamentlichen Propheten und Könige und durch den Brauch der Christen von Anfang an, nicht zuletzt durch Schriftbeweis gerechtfertigt und geboten, durch die Aufforderung des Apostels Paulus an die Korinther (1 Kor 14, 15.26) und die Kolosser (Kol 3, 16), geistliche Lieder und Psalmen zu singen. In seiner ›Formula missae et communionis‹ hatte Luther zuvor schon, 1523, den Gemeindegesang während der Messe begründet und geplant. In Paul Speratus' Übersetzung:

› Ich wollt auch, daß wir viel deutsche Gesänge hätten, die das Volk unter der Messe sänge oder neben dem Gradual und neben dem Sanctus und Agnus Dei. Denn wer zweifelt daran, daß solche Gesänge, die nun der Chor allein singet oder antwortet auf des Bischofs oder Pfarrherrs Segen oder Gebet, vorzeiten die ganze Kirche gesungen hat? Es können aber diese Gesänge durch den Pastor also geordnet werden, daß sie entweder zugleich nach den lateinischen Gesängen oder ein Tag um den andern, jetzt lateinisch, dann deutsch, gesungen würden, bis so lange die Messe ganz deutsch angerichtet würde. Aber es fehlet uns an deutschen Poeten und Musicis oder sind uns noch zur Zeit unbekannt, die christliche und geistliche Gesänge (wie sie Paulus nennet) machen könnten, die es wert wären, daß man sie täglich in der Kirchen Gottes brauchen möchte.‹[8]

2. Mündlichkeit dürfen wir in der Art des Gemeindegesangs, die Luther vorsieht, berücksichtigt und betont finden. Er kritisiert die Versuche, die lateinischen Meßgesänge mit deutschen Texten zu unterlegen:

Ich wolt heute gerne eyne deutsche Messe haben, Ich gehe auch damit umbe, Aber ich wolte ja gerne, das sie eyne rechte deutsche art hette, denn das man den latinischen text verdolmetscht und latinischen don odder noten behellt, las ich geschehen, Aber es laut nicht ertig noch rechtschaffen. Es mus beyde text und notten, accent, weyse und geperde aus rechter mutter sprach und stymme komen, sonst ists alles eyn nachomen, wie die affen thun.[9]

---

7 Die Texte sind in der Regel abgedruckt nach *D. Martin Luthers Werke. Kritische Gesamtausgabe*, Weimar 1883 ff. (WA: Werke; WAB: Briefwechsel; WATR: Tischreden; WADB: Deutsche Bibel). – Zum Liederband WA 35 ist ergänzend erschienen: *Luthers geistliche Lieder und Kirchengesänge*, bearb. Markus Jenny, Archiv zur Weimarer Ausgabe der Werke Martin Luthers 4, Wien 1985. – Die *Vorrhede Martini Luther* (1524): WA 35, S. 474 f.; Martin Luther, *Die deutschen geistlichen Lieder*, hrsg. Gerhard Hahn, Neudr. dt. Lit.werke NF 20, Tübingen 1967, S. 56 f.

8 Nach: Martin Luther, *Liturgische Schriften*, hrsg. Otto Dietz, 2. Aufl., Evangelische Lehr- und Trostschriften 1, München 1950. Sonderdruck aus der Münchener Lutherausgabe, hrsg. Hans Heinrich Borcherdt u. Georg Merz, 2. Aufl., München 1950, Bd. III. – Lateinisch WA 12, S. 218; *Die deutschen geistlichen Lieder* (Anm. 7), S. 64 f.

9 *Wider die himmlischen Propheten* (Ende 1524), WA 18, S. 123, Z. 19–24 (Auseinandersetzung mit Karlstadt).

Es wird nicht überzogen sein, wenn man dieses so betont aus der mündlichen Vortragsweise abgeleitete Prinzip nicht nur in der Bearbeitung der Gesänge des Liturgen verwirklicht sieht, wie Luther sie in seiner ›Deutschen Messe und Ordnung Gottesdiensts‹ von 1526[10] vorgelegt hat, sondern wenn man davon auch seine Vorkehrungen für den Gemeindegesang geleitet sieht. Er wählt in der ›Formula Missae‹ für den vorläufigen Gebrauch drei mittelalterliche Leisen aus (›Gott sei gelobet und gebenedeiet‹, ›Nun bitten wir den heiligen Geist‹, ›Ein Kindelein so löbelich‹) und greift, wie die übrigen Verfasser seiner Zeit auch, für seine eigenen Gemeindelieder auf die Tradition des geistlichen, auch weltlichen deutschen Strophenliedes zurück, oft genug in Bearbeitung überlieferter Strophen.[11] Er bedient sich einer Form, in der die Gemeinde bereits im Mittelalter, wenn auch begrenzt, in Frömmigkeitspraxis und Gottesdienst tätig werden konnte, und er dokumentiert auch an dieser Stelle, daß er nicht ›neuern‹, sondern ›reinigend‹ an gute Tradition anknüpfen will. Ist ihm darüber hinaus das deutsche Strophenlied die Form für den Gemeindegesang, die ›aus rechter Muttersprache und Stimme‹ kommt? Die ›Besserungen‹, die er an überlieferten Strophen vornimmt, sind nicht nur inhaltlich-theologischer, sondern auch sprachlich-stilistischer Natur und belegen Luthers Aufmerksamkeit auch für diesen Bereich.[12]

3. In einem pragmatischen Sinne ist Mündlichkeit gefordert und geübt, wenn die weitgehend des Lesens, gar des Notenlesens unkundige Gemeinde die neuen Lieder aus dem Vorsingen von Musikkundigen, des Kantors bzw. Küsters, der zugleich Schulmeister war, oder der Schülerchores erlernt.[13]

4. Es ist wieder auf die begrenzte Lesefähigkeit bezogen, und es begegnet den Grenzen einer weitgehend in der Mündlichkeit lebenden Gemeinde mit Mitteln der Mündlichkeit, wenn Luther die bessere Einprägsamkeit und Merkbarkeit von sprachlichen Äußerungen hervorhebt, die in Metrum und Reim verfaßt sind. *Denn Reyme oder Vers machen gute Sentenz oder Sprichwort/ die man lieber braucht/ denn sonst schlechte rede.*[14] Es war eines der reformatorischen Hauptanliegen Luthers, einen geregelten katechetischen Unterricht in Gottesdienst, Haus und Schule einzurichten, der insbesondere die Jugend zum Glauben führen und in ihm befestigen sollte.[15] Er hat 1529 dafür nicht nur seinen ›Kleinen Katechismus‹ (in der eindringlichen ›mündlichen‹ Frage-Antwort-Form) und den

---

10 *Deutsche Messe und Ordnung Gottesdiensts. 1526*, WA 19, S. 44–113 [Text: *Deudsche Messe und ordnung Gottis diensts*, S. 72–113]; vgl. dazu Walthers Bericht über die Zusammenarbeit, WA 19, S. 44–69, hier: S. 49 f.
11 Vgl. Hahn (Anm. 2), S. 174–245; Veit (Anm. 2), S. 54–59.
12 Vgl. z.B. Walther Lipphardt, »Mitten wir im Leben sind. Zur Geschichte des Liedes und seiner Weise, *Jahrbuch f. Liturgik u. Hymnologie* 8 (1963), S. 99–118.
13 Vgl. u. a. Christhard Mahrenholz, »Gesangbuch«, in: *Die Musik in Geschichte und Gegenwart* [MGG], hrsg. Friedrich Blume, Kassel u. Basel 1955, Bd. IV, Sp. 1876–1889, bes. Sp. 1887.
14 Aus der Vorrede zur Sammlung der Begräbnislieder (1542), WA 35, S. 481; *Die deutschen geistlichen Lieder* (Anm. 7), S. 60.
15 Betont etwa in der *Deutschen Messe und Ordnung Gottesdiensts* (Anm. 10), bes. 76–78.

›Großen Katechismus‹ zur Verfügung gestellt,[16] sondern die drei Hauptstücke auch mit strophischen Liedern versorgt, mit zwei Dekalog-, einem Credo- und einem Vaterunserlied.[17] Die Einprägsamkeit und Merkbarkeit gewährleisten übersichtlicher Strophenbau und sachbezogene, klare Gliederung. So sind die beiden Dekaloglieder in der denkbar einfachsten Form abgefaßt, die keinen Lernaufwand auf sich selbst zieht: als Vierzeiler aus zwei Reimpaaren. Im längeren, zwölfstrophigen Lied präsentiert jede Strophe ein Gebot (9 und 10 traditionell zusammengefaßt) vorwiegend in der Weise, daß das erste Reimpaar den Dekalogtext wiedergibt, das zweite in kurzer Auslegung die Reichweite des Gebotes absteckt; die Rahmenstrophen formulieren Anspruch und rechten Gebrauch der Zehn Gebote.[18] *Nicht alleyne also, das sie die wort auswendig lernen*[19] – für das rechte Verständnis der Gebote im heils- und lebensgeschichtlichen Zusammenhang hat Luther durch weitere Lieder gesorgt, wenn er den Katechismusliedern im Klugschen Gesangbuch (*1529, 1533, 1535; siehe unten S. 116 u. Anm. 41) als allgemeinere ›Deutelieder‹ sein ›Nun freut euch, lieben Christen, gmein‹ und sein ›Mitten wir im Leben sind‹ beigibt.[20]

5. [...] *vnd also das guete mit lust/ wie den iungen gespürt/ eyngienge.* Dieser Satz aus Luthers Vorrede von 1524[21] begründet zwar näherhin die Mehrstimmigkeit der Lieder im ersten in Wittenberg gedruckten Gesangbuch, dem Walterschen Chorgesangbuch von 1524, das vor allem für den – vorsingenden – Schülerchor bestimmt war. Die genannte Wirkung des gesungenen Liedes, das emotionale Wecken der Aufnahmebereitschaft für die ›gute Botschaft‹ (gleichzeitig als Abwehr der *bul lieder* und als Erziehung zur *Musica vnd andern rechten kunsten* gedacht) will Luther gewiß nicht auf den Tonsatz und die Jugend eingeschränkt wissen. Er nennt sich einen von denen, *quos poemata fortius movent, vehementius delectant tenaciusque in eis haereant quam soluta oratio, sit sane vel ipse Cicero et Demosthenes.*[22] Musik verstärkt diese affektiv konditionierende, den ganzen Menschen erfassende, in sein Leben eindringende gute Wirkung.[23]

Hier kan nicht sein ein böser Mut
wo da singen Gesellen gut.
Hie bleibt kein zorn/ zank/ hass noch neid/
Weichen mus alles hertzeleid.
Geitz/ sorg vnd was sonst hart anleit
Fert hin mit aller trawrigkeit.

---

16 WA 30,1 (mit wichtiger Einleitung).
17 Vgl. Christhard Mahrenholz, »Auswahl und Einordnung der Katechismuslieder in den Wittenberger Gesangbüchern seit 1529«, in: *Gestalt und Glaube. FS Otto Söhngen*, Witten u. Berlin 1960, S. 123–132; Veit (Anm. 2), S. 68–72.
18 Hahn (Anm. 2), S. 286–288.
19 Aus der *Deutschen Messe und Ordnung Gottesdiensts* (Anm. 10), S. 76, Z. 15 f.
20 Vgl. Mahrenholz (Anm. 17).
21 Vgl. Anm. 7.
22 In einem Brief an Eoban Heß (1537), WAB 8, S. 107, Z. 29–31.
23 Vgl. Veit (Anm. 2), S. 22–26; Christhard Mahrenholz, »Luther und die Kirchenmusik«, in: Karl Ferdinand Müller (Hrsg.), *Musicologica et liturgica*, Kassel 1960, S. 136–153.

[...]
Dem Teuffel sie sein werck zerstört
Vnd verhindert viel böser Mörd.
[...]
Zum Göttlichen wort vnd warheit/
Macht sie das Hertz still vnd bereit.²⁴

6. Luther hat die Kirchenlieder nicht nur der (lobenden, bittenden, bekennenden) ›Antwortseite‹ des gottesdienstlichen Geschehens zugeordnet. Sie haben teil an der ›Wortseite‹. Es ist, in der geschichtlichen Stunde, ihr Hauptziel über allen Teil- und Nebenzielen, bei der Verkündigung des Evangeliums mitzuwirken.

> Dem nach hab ich auch, sampt ettlichen andern, zum gutten anfang vnd vrsach zugeben denen die es besser vermügen, ettliche geystliche lieder zu samen bracht, das heylige Euangelion, so itzt von Gottes gnaden widder auff gangen ist, zu treyben vnd ynn schwanck zu bringen [...].²⁵

Genuine sprachliche Darbietungsform des *Euangelion, auff deutsch gute botschafft*, aber ist die Mündlichkeit als ein *gutt geschrey*²⁶, während dem Charakter des ›Gesetzes‹ die Schrift entspricht, prototypisch die Mosaischen Gesetzestafeln, typisch die Bücher des Alten Testaments. Christus und die Apostel hätten gepredigt und predigend bekehrt, nicht geschrieben, führt Luther aus. Die Schriften des Neuen Testament seien ein geschichtlicher Notbehelf, mit dem Verfälschungen der Lehre vorgebeugt worden seien.²⁷[...] *das gesetz und allte testament ist eyne todte schrifft ynn bucher verfasset. Aber das Euangelion soll eyn lebendige stymme seyn.*²⁸ *Das newe testament solt eygentlich nur leyplich lebendige wort seyn und nitt schrifft.*²⁹ In der Mündlichkeit ist, dem Evangelium gemäß, die Fähigkeit von Sprache in Anspruch genommen, personale Konstellationen herzustellen, in denen Sprechen zum Ansprechen, sogar zum Anspruch (auf verbindliche Entscheidung), dann aber auch zum verbindlichen Zuspruch (des Heiles) werden kann. Der Zuspruch des *pro me, pro te, pro nobis, pro vobis*, in dem das geschichtliche Heilswerk Christi zur gegenwärtigen Heilsmöglichkeit wird, kommt am wirkungsvollsten in der ›lebendigen Stimme‹, als ›leiblich lebendiges Wort‹ zur Geltung, und das christliche unter den menschlichen Sinnesorganen ist das Ohr. Der Glaube kommt aus dem Hören: *fides ex auditu* (Röm 10, 17).³⁰ Lied und Gesang aber sind in hervorragender Weise *viva vox*, denn: *Die nothen machen den text lebendig.*³¹ Nicht nur die Gestaltung der Lieder von

---

24 Aus Luthers gereimter *Vorrede auf alle gute Gesangbücher: Frau Musika* (1538), nach *Die deutschen geistlichen Lieder* (Anm. 7), S. 62 f.; vgl. WA 35, S. 483 f.
25 Aus der *Vorrhede* von 1524 (Anm. 7).
26 Aus Luthers Vorrede zum *Septembertestament* (1522), WADB 6, S. 2 u. 4.
27 Vgl. Hahn (Anm. 2), S. 68–70.
28 Aus der *Adventspostille* (1522), WA 10,1,2, S. 204, Z. 21 f.
29 Aus der *Adventspostille* (1522), WA 10,1,2, S. 35, Z. 1 f. – Weitere Stellen bei Hans Preuß, *Martin Luther. Der Künstler*, Gütersloh 1931, bes. S. 130–135.
30 Vgl. Ernst Bizer, *Fides ex auditu. Eine Untersuchung über die Entdeckung der Gerechtigkeit Gottes durch Luther*, 3. Aufl., Neukirchen 1966.
31 WATR 2, 2545 b.

der Typuswahl über ihren Aufbau bis ins stilistische Detail,[32] sondern auch ihr mündlicher Gebrauch als im Gottesdienst, im Haus, in der Schule und auf der Straße gesungene Lieder finden in der Zuordnung zum Evangelium ihre letzte Begründung und Sinngebung.[33]

III.

1. Die Lieder werden zunächst vorwiegend auf mündlichem Wege weitergegeben und erlernt (siehe oben S. 110). Das neue Medium des Druckes bietet wie für das übrige reformatorische Schrifttum so auch für die überaus beliebten und wirksamen Lieder eine weitere Möglichkeit der – nun auch überörtlichen – Verbreitung. Lesekundige wirken als Multiplikatoren. Lieder Luthers aus seinem ersten Liederjahr 1523/24 dürften sehr bald nach ihrer Entstehung in Wittenberg als Einzeldrucke erschienen, verbreitet und auch anderorts nachgedruckt worden sein. Erhalten sind keine Originale und nur wenige nachgedruckte Exemplare dieser publizistischen ›Verbrauchsform‹, einige sind erschließbar.[34] Magdeburger Chroniken überliefern den Fall eines ›Kolporteurs‹, eines alten, armen Tuchmachers, der im Mai 1524 auf dem Marktplatz den Kirchgängern Luthersche Lieder im Druck feilbot und zugleich vorsang. Er wird von Bürgermeister und Rat inhaftiert, auf Drängen der Bürger aber aus dem Gefängnis entlassen, die beteiligten Stadtknechte werden aus der Stadt verwiesen. *Dies war der erste Aufruhr.*[35]

2. Das ›Achtliederbuch‹ des Nürnberger Druckers Jobst Gutknecht, frühestens an der Wende 1523/1524 entstanden, gilt in der Forschung als ein Unternehmen, das vorwiegend von verlegerisch-buchhändlerischem Interesse geleitet war und in unserer Skizze dieses Motiv der Verschriftlichung vertreten kann.

»Die ersten vier Lieder des Achtliederbuchs, Luthers ›Nun freut euch, lieben Christen gmein‹ und drei Lieder von Speratus, stellte er sich aus Einzeldrucken zusammen, von denen möglicherweise der eine oder andere vorher bei ihm erschienen war. Dann verschaffte er sich den Text von drei weiteren Lutherliedern, die in Wittenberg bereits in der Kirche gesungen wurden, und verwies sie auf die Melodie ›Es ist das Heil uns kommen her‹ (Zahn 443). Schließlich fügte er noch das Lied ›In Jesu Namen heben wir an‹ hinzu, dessen Verfasser ungenannt geblieben ist.«[36]

---

32 Hahn (Anm. 2).
33 Luther wollte selbstverständlich auch in seinen Schriften, nicht nur in den mündlichen Formen wie Lied, Predigt, Vorlesung, das ›Evangelium treiben‹. In ihnen äußert sich dieses Anliegen in einer Sprachgebung, als deren wichtigstes Kennzeichen immer schon deren mündlicher, dialoghafter Duktus hervorgehoben worden ist. Er hat nicht nur in seiner Bibelübersetzung ›den Leuten aufs Maul geschaut‹ und in die Ohren geredet. – Vgl. u. a. Heinrich Bornkamm, *Luther als Schriftsteller*, SB d. Heidelberger Akad. d. Wiss., Phil.-hist. Kl., Jg. 1965, 1. Abh., Heidelberg 1965.
34 Vgl. WA 35, S. 5–12 u. S. 375–382; auch *Luthers geistliche Lieder und Kirchengesänge* (Anm. 7), S. 19.
35 *Die deutschen geistlichen Lieder* (Anm. 7), S. 69. [Aus der Magdeburger Chronik des Georg Butze.]
36 Konrad Ameln, »Das Achtliederbuch vom Jahre 1523/24«, *Jahrbuch f. Liturgik u. Hymnologie* 2 (1956), S. 89–91.

Den werbekräftigen Hinweis auf den schriftgemäßen Inhalt der Lieder, auf die bekannten Autoren, auf Wittenberg, auf das aktuelle Datum 1523, 1524 hat Gutknecht nicht nur bei einzelnen Liedern belassen, sondern auch dem Titelblatt seines schmalen Druckes beigegeben:

> Etlich Cristlich lider Lobgesang/ vnd Psalm/ dem rainen wort Gottes gemeß/ auß der heyligen schrifft/ durch mancherley hochgelerter gemacht/ in der Kirchen zů singen/ wie es dann zum tayl berayt zů Wittenberg in übung ist.[37]

3. 1524 erscheinen in Erfurt zwei Drucke mit reformatorischen Liedern unter dem Titel ›Enchiridion oder Handbüchlein‹.[38] Inhaltlich fast völlig übereinstimmend, nur in Kleinigkeiten von einander abweichend, scheinen auch sie aus verlegerischem Interesse, näherhin aus der Konkurrenz der Druckereien des Johannes Loersfeld, der wohl voranging, und des Matthes Maler, der nachzog, entstanden zu sein. Jedenfalls konnte bis heute kein Auftraggeber mit einiger Sicherheit namhaft gemacht werden. Der Anspruch der Erfurter Drucke aber reicht über den des Nürnberger ›Achtliederbuches‹ hinaus. Das Titelblatt erklärt den Zweck: *Eyn Enchiridion oder Handbuchlein. eynen ytzlichen Christen fast nutzlich bey sich zuhaben/ zur stetter vbung vnd trachtung geystlicher gesenge vnd Psalmen/ Rechtschaffen vnd kunstlich verteutscht.* Der Druck, im bequemen Taschenformat (Satzspiegel 8 x 11,5 cm), bietet die Lieder zu einem Gebrauch dar, der unabhängig vom gottesdienstlichen Vorsingen und Mitsingen stattfinden kann, wenn das Büchlein gewiß auch dieser Gelegenheit dienen soll und kann. So spricht die anonyme Vorrede, die nach geistlichem Gehalt und sprachlichem Tonfall wohl Johann Eberlin von Günzburg, der sich 1524 in Erfurt aufhält, zuzuschreiben ist, die Hoffnung aus, die Gemeinde könne durch die deutschen Gesänge verständnisvoller am Gottesdienst teilnehmen, als dies im ›Waldeselgeschrei‹ und ›Bienengesumm‹ lateinischer Gesänge möglich war. Sie führt jedoch im Sinne des Titels fort, die hier abgedruckten schriftgemäßen Lieder könne und solle *eyn ytzlicher Christ billich bey sych haben [...] vnd tragen zur steter ybung*. Im ›Handbüchlein‹ sind die Lieder für eine ›Übung‹ des geistlichen Lebens dargeboten, die unabhängig von besonderer Zeit und Gelegenheit jederzeit und kontinuierlich geschehen kann. Wenn auf den Wert für die Kindererziehung hingewiesen wird, so ist vorausgesetzt, daß die Lesekundigen ihr Wissen weitergeben. Daß das spätere Gesangbuch nicht nur dem gottesdienstlichen Gebrauch dient, sondern zum geistlich-literarischen Lebensbegleiter werden wird, ist in den Enchiridien bereits angebahnt. Sie bieten 25 Lieder mit und ohne Melodien, darunter 18 Lutherlieder, und das Apostolicum in Prosa, ohne daß ein bewußter Auf-

---

37 Ebd., S. 89 (Faksimile-Beilage).
38 Loersfelds Druck *Das Erfurter Enchiridion. Gedruckt in der Permentergassen zum Ferbefaß 1524* und der Ergänzungsdruck *ETliche Christliche Gesenge vnd Psalmen, wilche vor bei dem Enchiridion nicht gewest synd* [Erfurt 1525]: *Enchiridion oder Handbüchlein*, hrsg. Konrad Ameln, Faksimiledruck d. Ausg. Erfurt 1524 u. 1525, Kassel [u. a.] 1983. – Für das Folgende vgl. Amelns Geleitwort, ebd., S. 3–12; ders., »Johann Eberlin von Günzburg. Ein Nachtrag«, *Jahrbuch f. Liturgik u. Hymnologie* 30 (1986), S. 96–98; vgl. auch *Luthers geistliche Lieder und Kirchengesänge* (Anm. 7), S. 20 f.

bau der Sammlung erkennbar wäre. Als 1524 in Wittenberg das Waltersche Chorgesangbuch erschienen war, bringt Loersfeld 1525 in einem Ergänzungsdruck die dortige Vorrede Luthers, sieben weitere Lieder und den 114. und 115. Psalm in Prosa.

4. Vom Walterschen Chorgesangbuch von 1524, dem ersten Wittenberger Gesangbuch, war schon die Rede (siehe oben S. 111). Der junge kurfürstliche Bassist und Komponist Johann Walter stellte mit Hilfe Luthers, der wohl nicht nur nachträglich eine Vorrede beisteuerte, 43 Lieder und Gesänge zusammen, darunter 24 des Reformators, und versah sie mit drei-, vier- und fünfstimmigen Tonsätzen für den Chor.[39] Der Druck (in einzelnen Stimmbüchern) dient der mehrstimmigen Aufführung, deren pädagogischer Zweck schon genannt ist (siehe oben S. 111). Hier soll ergänzt werden, daß Luther mit der kunstvollen Mehrstimmigkeit, deren Einübung und bewahrende Tradition mehr als der einstimmige Gesang auf die Notenaufzeichnung angewiesen ist, dokumentieren will, er sei keinesfalls der Meinung, *das durchs Euvangelion/ sollten alle künste/ zů boden geschlagen werden vnd vergehn [...] Sondern ich wollt alle künste/ sonderlich die Musica gerne sehen ym dienst/ des der sie geben vnd geschaffen hat.*[40] Eine einstimmige Aufbereitung *fur die leyen* aus der Wittenberger Druckerei Hans Lufts, die die mündliche Einübung für die Gemeinde unterstützen kann, ist für 1526 erhalten, für 1525 zu mutmaßen;[41] der Titel ›Enchiridion‹ weist allerdings, wie in Erfurt, auf einen weitergehenden Anspruch.

5. Eine neue Qualität der Verschriftlichung von Kirchenliedern tritt uns in den von Luther autorisierten, bei Joseph Klug gedruckten Wittenberger Gesangbüchern ab 1529 entgegen, die von der Auflage 1533 an erhalten sind.[42] Das Lied der Reformation war von vornherein nicht auf den gottesdienstlichen Gebrauch eingeschränkt. Die Vorstellung, daß eine Sammlung dieser Lieder geeignet sei, das Leben in allen Stationen zu begleiten und christliche Lebensführung einüben zu helfen, ist uns schon in den ›Enchiridien‹ begegnet. War in ihnen aber noch keine (Erfurt) oder nur ansatzweise eine Gliederung (Wittenberg)[43] des Liedercorpus zu erkennen, so wird nun der Aufbau der Sammlung – und damit ein wesentliches Moment von Schriftlichkeit – bewußt und planvoll in die Funktion und Wirkungsmöglichkeit einbezogen. Wenn sich in heutigen – nicht nur evangelischen – Gesangbüchern das gottesdienstliche Leben in seinen unterschiedlichen Anlässen und Formen abbildet, in Ordinarium und Proprium de tempore, wenn sie darüber hinaus etwas wie ein heilsgeschichtliches Kompendium, eine theologische Summe und einen Katechismus in Liedern bieten, wenn sie die

---

39 Johann Walter, *Das geistliche Gesangbüchlein.* ›*Chorgesangbuch*‹, hrsg. Walther Blankenburg, Faksimiledruck d. 2. Aufl. Worms 1525, Kassel [u. a.] 1979 (mit einer ausführlichen Einleitung Blankenburgs).
40 Aus Luthers *Vorrhede* 1524 (Anm. 7).
41 Vgl. *Luthers geistliche Lieder und Kirchengesänge* (Anm. 7), S. 25–30.
42 *Das Klug'sche Gesangbuch 1533*, erg. u. hrsg. Konrad Ameln, Kassel [u.a.] 1954 (mit Geleitwort Amelns).
43 Vgl. Hahn (Anm. 2), S. 13–16; *Luthers geistliche Lieder und Kirchengesänge* (Anm. 7), S. 22.

wichtigsten Stationen menschlichen Lebens begleiten und, anpassungsfähig, auch zeittypische Probleme aufgreifen,[44] so haben Gestalt und Bedeutung dieser Bücher ihren Ursprung im 16. Jahrhundert.[45]

In den Klugschen Gesangbüchern ist diese summaartige und systematische Ordnung allerdings noch durch ein personales Prinzip überformt: I. Luthers Lieder sind zu einer eigenen Gruppe zusammengefaßt; dann folgen II. *andere der vnsern lieder* (Jonas, Agricola); weiter III. die *von den Alten* gemachten (lateinische und deutsche, z. B. ›Dies est laetitiae‹, ›Christ ist erstanden‹); IV. kritisch ausgewählte, *durch andere zu dieser zeit gemachte* (Speratus, Spengler u. a.; diese Gruppe wird 1543 noch einmal gesichtet und mit II. zusammengefaßt); V. *die heiligen lieder aus der heiligen schrifft* (Psalmen und Cantica in deutscher Prosa). Den Grund hat Luther in einer weiteren Vorrede benannt, die er den Klugschen Gesangbüchern beigegeben hat.[46] In den Vorrat guter Lieder würden zunehmend unbrauchbare gemengt, die guten durch fehlerhaftes Nachdrucken verdorben. Den Gesangbüchern drohe das Schicksal aller guten Bücher.

Summa/ Es wil je der meuse mist vnter dem Pfeffer sein. Deshalb habe er jetzt

der vnsern lieder zusammen nacheinander/ mit ausgedrücktem namen gesetzt/ welchs ich zuuor/ vmb rhumes willen vermidden/ aber nu aus not thun mus/ damit nicht vnter vnserm namen/ frembde vntüchtige gesenge verkaufft würden.

Die personale Gliederung dient also dazu, in der reformatorischen Situation die Reinheit des ›Wortes‹ auch im Lied zu garantieren und zu sichern. – Die Lieder Luthers selbst allerdings sind vorausweisend nach Sachgruppen eingeteilt: 1. die Festlieder, mit Advent/Weihnachten beginnend und einer zeitlichen Ordnung folgend, die nicht nur das gottesdienstliche, sondern auch das praktische Leben gliedert und geistlich ausrichtet; 2. Katechismuslieder, der gebotenen Hinführung zum Glauben und dessen Festigung dienend (vgl. oben S. 110 f.); 3. Psalmlieder, in denen, biblisch legitimiert und angeleitet, die (bedrängte) Lage des Gläubigen und der Gemeinde artikuliert werden kann; 4. die übrigen, wie Luthers deutsches Sanctus, Te Deum, die Litanei. Zum Bild und zur Gebrauchsmöglichkeit dieser Gesangbücher gehört, daß die Liedthemen in eingestreuten kurzen Kollektengebeten aufgenommen sind.

Wie die Mündlichkeit des Kirchenliedes ihre letzte Begründung und ihre intensivste Wirksamkeit in der Teilnahme am ›Treiben des Evangeliums‹ findet, so erreicht die Schriftlichkeit ihren höchsten Anspruch im planvoll angelegten Gesangbuch, das zugleich der aktiven Teilnahme am Gottesdienst, der theologischen Orientierung, katechetischen Belehrung und christlichen Lebensbewältigung dient.

6. Ein Aspekt von Schriftlichkeit ist noch zu erwähnen. Bereits die Klugschen Gesangbücher waren mit illustrierenden Holzschnitten ausgestattet; der Titel war durch Zierleisten, die Vorreden und Einleitungen zu den Gesangbuchteilen

---

44 So enthält das neue Evangelische Gesangbuch erstmals eine Rubrik »Erhaltung der Schöpfung, Frieden und Gerechtigkeit«.
45 Vgl. Mahrenholz (Anm. 13), bes. Sp. 1882.
46 WA 35, S. 475 f.; *Die deutschen geistlichen Lieder* (Anm. 7), S. 57 f.

waren durch Initialen herausgehoben. 1545 bringt der Leipziger Drucker Valentin Babst ein Gesangbuch heraus, in dem der Liedbestand des Klugschen von 1543 übernommen und durch weitere Lieder ergänzt wird.

»Überdies ist auf die Ausstattung des Buches großer Wert gelegt. Der saubere, gleichmäßige Schnitt der Noten, der klare, gut verteilte Satz des Textes, die Zierleisten, von denen jede Seite eingefaßt ist, und nicht zuletzt die guten, zum Teil ganz hervorragenden Holzschnitte ungenannter Meister vereinigen sich zu einem Gesamtbilde, das uns große Achtung vor der Buchkunst jener Zeit abnötigt, das uns aber auch zugleich erkennen läßt, welcher Wertschätzung sich die Choräle erfreuten, da man ihnen ein so kostbares Gewand gab.«[47]

Hier ist etwas von der Dignität kostbar ausgestatteter liturgischer Schriften des Mittelalters auf das Gesangbuch übertragen. Luther hat in der Vorrede, die er beisteuerte, auf den Anreiz zum Singen, der von solcher ›Zier‹ ausgehen möge, und in bissigem Spiel mit dem Namen des Druckers Valentin Babst auf den Schaden hingewiesen, der dem ›römischen Papst‹ dadurch geschehen möge.

Den letzten Sinn und die höchste Möglichkeit des geistlichen Liedes aber, die bewegte und bewegende Verkündigung des Evangeliums, sieht Luther in dieser vermächtnishaften Vorrede ein Jahr vor seinem Tod in der Mündlichkeit, im Singen realisiert:

Singet dem HERRN ein newes lied/ singet dem HERRN alle welt [Ps 96]. Denn Gott hat vnser hertz vnd mut frölich gemacht/ durch seinen lieben Son/ welchen er für vns gegeben hat zur erlösung von sunden/ tod vnd Teuffel. Wer solchs mit ernst gleubet/ der kans nicht lassen/ er mus frölich vnd mit lust dauon singen vnd sagen/ das es andere auch hören vnd herzu komen.[48]

---

47 *Das Babstsche Gesangbuch von 1545*, mit einem Geleitwort hrsg. Konrad Ameln, Faksimiledruck, 2. Aufl., Kassel [u.a.] 1966. Zitat aus dem Nachwort d. 1. Aufl. 1929.
48 WA 35, S. 476 f.; *Die deutschen geistlichen Lieder* (Anm. 7), S. 58 f.

Der unfeste Text.
Überlegungen zur Überlieferungsgeschichte und Textkritik der höfischen Epik im 13. Jahrhundert

JOACHIM BUMKE

I. Vorbemerkung

Der folgende Beitrag paßt nicht genau zum Ausschreibungstext des DFG-Kolloquiums. Mein Gegenstand ist die Überlieferungsgeschichte der höfischen Epik im 13. Jahrhundert. Das methodische Interesse an diesem Gegenstand eröffnet jedoch Verbindungen zu den Fragen, um die es im Kolloquium geht.

Die Methoden des Umgangs mit den schriftlich überlieferten Texten des Mittelalters sind bis heute weitgehend durch eine Textkritik geprägt, die sich auf Lachmann beruft und die ihre wissenschaftliche Grundlegung durch die Übertragung von Begriffen und Textvorstellungen aus der Altphilologie und der Bibelphilologie auf volkssprachliche Texte erfahren hat. In den letzten Jahrzehnten ist die Berechtigung solcher Verfahrensweisen für weite Teile der mittelalterlichen Literatur in Frage gestellt worden. Nur der Bereich der höfischen Epik (der von Anfang an für die Ausformulierung der textkritischen Methodik von zentraler Bedeutung war) ist bisher weitgehend ausgespart worden, abgesehen von den Forschungen zum ›Nibelungenlied‹, das jedoch eine Sonderstellung im Hinblick auf die Überlieferungsgeschichte einnimmt. Das Ziel meiner Arbeit ist, auch für die höfische Epik die Frage nach den Prämissen der Textkritik und Überlieferungsgeschichte neu zu stellen. Dabei gehe ich von der Voraussetzung aus, daß es nicht eine objektive, für alle Zeiten und alle Kulturen gültige Methode der Textbehandlung geben kann, sondern daß schriftlich fixierte Texte als kulturelle Zeugnisse zu verstehen sind, die von den geschichtlichen Gegebenheiten ihrer Zeit geprägt sind. Für die höfische Epik des 13. Jahrhunderts bedeutet das, daß die spezifischen Überlieferungsbedingungen – vor allem die Tatsache, daß diese Texte für eine noch weitgehend schriftlos lebende Adelsgesellschaft bestimmt waren – für das Verständnis der Textgeschichte fruchtbar gemacht werden.

Im Hintergrund der Überlegungen steht die Überzeugung, daß es nicht im Interesse der Altgermanistik liegen kann, einen Gegensatz zwischen traditioneller Philologie und innovativen Fragestellungen, die sich an neueren literaturtheoretischen Entwürfen orientieren, zu konstatieren. Es kommt, glaube ich, vielmehr darauf an, daß diejenigen, die sich hauptsächlich mit Textfragen beschäftigen, und diejenigen, die sich mehr den Fragen der Kategorienbildung und den Problemen des Verstehens widmen, im fachlichen Gespräch miteinander bleiben, weil Methoden und Ziele der philologischen Arbeit immer neu hinterfragt und neu definiert werden müssen und die Maßstäbe dafür nur aus den Denkvoraussetzungen der eigenen Zeit genommen werden können – und weil andererseits für die Literaturwissenschaft die Anwendung und Erprobung neuer Theorien an der literarischen Überlieferung unverzichtbar ist.

II. Der Überlieferungsbefund und seine Deutung durch die traditionelle Textkritik

Durch seine kritischen Ausgaben des ›Iwein‹ von Hartmann von Aue (1827) und der Werke Wolframs von Eschenbach (1833) hat Lachmann der Germanistik den philologischen Weg gewiesen. Noch heute werden Hartmanns ›Iwein‹ und Wolframs ›Parzival‹ nach Lachmanns Ausgaben zitiert. Insbesondere die ›Iwein‹-Ausgabe (in der 2. Auflage von 1843) galt lange Zeit als »das Muster einer kritischen Ausgabe« und hatte »auf die Entwicklung der Editionstechnik den allergrößten Einfluß«[1]. Die späteren Untersuchungen zur handschriftlichen Überlieferung des ›Iwein‹, angeregt von Hermann Paul[2], haben jedoch zu dem Ergebnis geführt, daß das klassische Ziel der Textkritik, die Rekonstruktion des originalen Wortlauts, im Fall des ›Iwein‹ nicht zu erreichen ist, weil in der ›Iwein‹-Überlieferung – wie Zwierzina schrieb – »die varianten wirr durcheinander«[3] gehen und die Handschriften sich nicht zu einem klaren Stemma ordnen lassen.

Der ›Iwein‹ ist kein Einzelfall. Für die meisten höfischen Epen, die so reich überliefert sind, daß eine genauere textkritische Untersuchung durchgeführt werden kann, hat die Forschung keinen Konsens über die ursprüngliche Textgestalt erreicht. Das ist besonders deutlich am ›Tristan‹ von Gottfried von Straßburg. Auch für den ›Tristan‹ läßt sich »ein Stemma der Überlieferung nicht reinlich durchführen«[4], weil das Verhältnis der Handschriften zueinander »besonders unübersichtlich«[5] ist. Der Grund für die Unübersichtlichkeit ist überall derselbe: Das Verwandtschaftsverhältnis der Handschriften läßt sich nicht sicher bestimmen, weil die Übereinstimmungen zwischen den Handschriften häufig in unerwarteter Weise wechseln, so daß man eine »weitgehende Vermischung der Überlieferung«[6] konstatieren muß. Die textkritische Forschung spricht von ›Mischhandschriften‹ und hat festgestellt, daß die meisten Epenhandschriften,

---

1 Hendricus Sparnaay, *Karl Lachmann als Germanist*, Bern 1948, S. 79.
2 Hermann Paul, »Über das gegenseitige Verhältnis der Handschriften von Hartmanns Iwein«, *PBB* 1 (1874), S. 288–401.
3 Konrad Zwierzina, »Allerlei Iweinkritik«, *ZfdA* 40 (1896), S. 225–242, hier: S. 225.
4 Friedrich Ranke, »Vorwort«, in: Gottfried von Straßburg, *Tristan und Isold. In Auswahl*, hrsg. ders., Altdeutsche Übungstexte 3, Bern 1946, S. 3.
5 Hans Fromm, »Stemma und Schreibnorm. Bemerkungen anläßlich der Kindheit Jesu des Konrad von Fußesbrunnen«, in: *FS Helmut de Boor*, S. 193–210, hier: S. 199.
6 Hans Steinger, »Nachwort«, in: Hartmann von Aue, *Iwein*, hrsg. ders., Leipzig 1933, S. 282.

gerade die älteren Handschriften, die noch aus dem 13. Jahrhundert stammen, Mischhandschriften sind.

Auf die Frage, wie Mischhandschriften entstanden sind, kennt die traditionelle Textkritik nur eine Antwort: Mischhandschriften sind das Ergebnis von Kontamination. Kontamination liegt vor, wenn »ein Schreiber mehrere Vorlagen benutzt« hat.[7] In der Überlieferungsgeschichte der höfischen Epik trifft man – wie Karl Stackmann festgestellt hat – »in der großen Mehrzahl der Fälle auf kontaminierte Überlieferung«[8]. Der Begriff ›Kontamination‹ stammt aus der Klassischen Philologie. Kontamination setzt voraus, daß (1.) an einem Schreibort mehrere Handschriften desselben Textes vorhanden waren und daß (2.) die Schreiber eine »fast philologisch anmutende« Einstellung zum Text hatten[9], daß sie um den ›richtigen‹ Text besorgt waren und deswegen nicht die Mühe scheuten, mehrere Handschriften miteinander zu vergleichen und zu kollationieren. Eine solche Einstellung gegenüber dem Text hat es auch im Mittelalter gegeben, besonders im Umgang mit den Heiligen Schriften und den römischen Klassikern. In Einzelfällen kann es auch vorgekommen sein, daß ein volkssprachiger Epentext ›philologisch‹ behandelt wurde.

Die eindeutigen Fälle von kontaminierten Epenhandschriften sind allerdings anderer Art: Nicht aus Sorge um den echten Text, sondern weil eine Vorlage unvollständig war oder nicht länger zur Verfügung stand, hat man gelegentlich eine zweite Handschrift herangezogen. Eine Überprüfung des vorhandenen Materials führt zu dem Ergebnis, daß für die deutschsprachigen Epentexte im 13. Jahrhundert beide Voraussetzungen der Kontamination nicht gegeben waren. Selbst wenn es gelänge, philologische Kontamination in Einzelfällen sicher nachzuweisen, würde das die Überlieferungsbefunde nicht erklären können. Denn angesichts der großen Zahl vorhandener Textmischungen müßte man Kontamination als übliche Praxis erweisen können, und das ist angesichts der kulturgeschichtlichen Gegebenheiten ausgeschlossen.

III. Die Forschungssituation

Bevor eine andere Erklärung der angesprochenen Phänomene versucht wird, ist zu fragen, inwiefern die Erörterung dieser Fragen überhaupt literarhistorische Relevanz beanspruchen kann. Kennzeichnend für die augenblickliche Forschungssituation scheint mir zu sein, daß es eine kleine Anzahl von Mediävistinnen und Mediävisten gibt, die sich mit Fragen der Textkritik und der Überlieferungsgeschichte beschäftigen, und eine Mehrheit, für die im Vordergrund

---

7 Hartmut Erbse, »Überlieferungsgeschichte der griechischen klassischen und hellenistischen Literatur«, in: Herbert Hunger (Hrsg.), *Geschichte der Textüberlieferung der antiken und mittelalterlichen Literatur*, Zürich 1961, Bd. I, S. 207–283, hier: S. 210.
8 Karl Stackmann, »Mittelalterliche Texte als Aufgabe«, in: William Foerste u. Karl-Heinz Borck (Hrsg.), *FS Jost Trier*, Köln u. Graz 1964, S. 240–267, hier: S. 249.
9 Friedrich Ranke, *Die Überlieferung von Gottfrieds Tristan*, Darmstadt 1974, S. 157.

literarwissenschaftliche Probleme im engeren Sinn stehen und die dabei nur am Rande Bezug auf Textbefunde nehmen. Die Hauptwerke der Zeit um 1200 werden noch immer nach Ausgaben zitiert, die im 19. Jahrhundert gemacht worden sind, obwohl die Prinzipien der Textgestaltung in diesen Ausgaben als unzureichend oder unsicher erkannt worden sind. Für die Werke, für die es keine durch die Fachtradition legitimierten Ausgaben gibt, ist die Situation noch schlechter. Veldekes ›Eneit‹ wird heute meistens nach der Ausgabe von Ludwig Bechstein zitiert, obwohl die philologischen Mängel dieser Ausgabe bekannt sind. Und Gottfrieds ›Tristan‹ zitiert man entweder nach Marold oder nach Ranke. Wenn es aber für die ›Tristan‹-Interpretation gleichgültig ist, welche Ausgabe man zugrundelegt, dann scheint es keinen essentiellen Zusammenhang zwischen philologischer und interpretatorischer Arbeit mehr zu geben.

Man sollte sich jedoch vor Augen halten, daß diese Situation im Bereich der höfischen Epik besonders ausgeprägt ist. Für die höfische Lyrik sieht es bereits ganz anders aus. Niemand würde heute mehr, wenn er die Lieder Walthers von der Vogelweide oder Neidharts interpretiert, einfach die kritischen Augaben von Lachmann und Haupt zugrundelegen und sich im übrigen von der Orientierung an der Überlieferung dispensiert fühlen. Außerhalb der höfischen Literatur ist die Forschungslage noch entschiedener. Es ist vor allem das Verdienst von Kurt Ruh, durch seine überlieferungskritischen Arbeiten zur geistlichen Prosa das Bewußtsein dafür geschärft zu haben, daß die volkssprachliche Literatur des Mittelalters zunächst überhaupt nur als Überlieferungsphänomen erfaßbar ist und daß die »Überlieferungsgeschichte mittelalterlicher Texte als methodischer Ansatz zu einer erweiterten Konzeption von Literaturgeschichte« verstanden werden kann.[10] Für die höfische Epik liegen die Verhältnisse nicht grundsätzlich anders. Die meisten höfischen Epen sind so schlecht überliefert, daß sich die Anwendung textkritischer Methoden von selbst verbietet. Die Epen der Zeit vor 1200 sind meistens nur fragmentarisch überliefert oder nur in späteren Bearbeitungen erhalten. Auch von zahlreichen Epen des 13. Jahrhunderts besitzen wir so wenige Handschriften, daß die Frage nach dem Original sich gar nicht stellt. Man macht die überraschende Beobachtung, daß auf Grund der Überlieferungslage die Voraussetzungen für die Anwendung der Lachmannschen Methode – die als methodische Grundlegung des ganzen Faches gedacht war – überhaupt nur für zehn oder zwölf Texte gegeben sind. Diese wenigen Werke sind allerdings von besonderer Bedeutung, nicht nur wegen ihres künstlerischen Rangs, sondern auch, weil sich an der reicheren Überlieferung dieser Werke die Bedingungen, unter denen volkssprachliche Texte im Mittelalter hergestellt und verbreitet wurden, besonders gut ablesen lassen.

Daß die moderne Interpretationsforschung darauf so wenig Bezug nimmt, ist nicht in der Sache begründet, sondern ist wohl eher als Reaktion auf die Tatsache zu werten, daß die textkritische Forschung nicht zu gesicherten Ergebnissen

---

10 Kurt Ruh, »Überlieferungsgeschichte mittelalterlicher Texte als methodischer Ansatz zu einer erweiterten Konzeption von Literaturgeschichte«, in: ders. (Hrsg.), *Überlieferungsgeschichtliche Prosaforschung*, Tübingen 1985, S. 262–272.

im Hinblick auf die Bewertung der verschiedenen Textzeugnisse gelangt ist. Wenn man verfolgt, mit welchen Argumenten vielfach begründet wird, welche Lesart ›besser‹ und welche ›schlechter‹ ist, dann kann man sich manchmal fragen, worin der wissenschaftliche Gewinn der dabei gewonnenen Ergebnisse liegt. Sich nur an die alten kritischen Ausgaben zu halten, ist jedoch keine empfehlenswerte Alternative. Dafür ein Beispiel: Keine ›Iwein‹-Interpretation verzichtet darauf, Laudines Fußfall vor ihrem Ehemann am Schluß der Dichtung als gewichtiges Zeugnis für Hartmanns Deutung des Geschlechterverhältnisses und des Eheproblems einzubringen; und man schreibt dieser Geste eine umso größere Bedeutung für die Sinngebung der Dichtung zu, als Hartmann in diesem Punkt über seine französische Vorlage hinausgegangen ist. Laudines Fußfall steht in Lachmanns kritischer ›Iwein‹-Ausgabe – wie auch in allen anderen ›Iwein‹-Ausgaben –, ohne daß im Text kenntlich gemacht wäre, daß dieses Textstück nur in den Handschriften B, a und d überliefert ist und daß es nach den Prämissen der Textkritik »ein späterer Zusatz«[11] zu Hartmanns Text sein muß. Es ist klar, daß Interpretationen, die diesen Überlieferungsbefund nicht zur Kenntnis nehmen, gravierende methodische Mängel aufweisen. Auch für die höfische Epik sollte der Zusammenhang von Textkritik und Interpretation gewahrt bleiben.

IV. Parallelfassungen höfischer Epen

Ich suche die Antwort auf die Frage, wie sich die zahlreichen Textmischungen erklären, wenn sie nicht das Ergebnis vielfacher Kontamination sind, in einem Überlieferungsphänomen, das der Forschung seit langem bekannt ist, das jedoch bisher wenig Beachtung gefunden hat. Die meisten höfischen Epen des 12. und 13. Jahrhunderts sind in mehreren Fassungen überliefert. In der Überlieferungsgeschichte von Veldekes ›Eneit‹ tritt bereits sehr früh eine »oberdeutsche Variante«[12] hervor, die von den Handschriften B und M sowie von den ältesten Fragmenten bezeugt wird. Von Hartmanns ›Erec‹ ist seit der Auffindung neuer Teile der Wolfenbütteler Fragmente eine andere Fassung zu vermuten, die sich durch ihre größere Nähe zu Hartmanns französischer Vorlage von den übrigen ›Erec‹-Handschriften unterscheidet. Die beiden ältesten ›Iwein‹-Handschriften A und B repräsentieren zwei verschiedene Fassungen, die im Textbestand und in den Lesarten vielfach auseinandergehen. Die ›Parzival‹-Überlieferung teilt sich – wie bereits Lachmann gesehen hat – in die beiden Gruppen *D und *G, die textlich »von gleichem werth«[13] sind. Auch von Wolframs ›Titurel‹-Fragmenten sind zwei verschiedene Fassungen des 13. Jahrhunderts bekannt, vertreten durch die

---

11 Ludwig Wolff, in: Hartmann von Aue, *Iwein*, hrsg. G. F. Benecke u. Karl Lachmann, 7. Ausg., neu bearb. L. W., Berlin 1968, Bd. II, S. 219.
12 Gabriele Schieb u. Theodor Frings, »Einleitung«, in: Henric van Veldeken, *Eneide. Bd. I: Einleitung – Text*, hrsg. dies., DTM 58, Berlin 1964, S. IX–CIX, hier: S. XXXVI.
13 Karl Lachmann, »Vorrede«, in: *Wolfram von Eschenbach*, hrsg. ders., Berlin 1833, S. VI.

Handschriften G und HM. Die älteste Handschrift von Gottfrieds ›Tristan‹, die Münchener Handschrift M, bezeugt eine Kurzfassung des Textes, in der unter anderem die allegorische Auslegung der Minnegrotte fehlt. Auch vom ›Liet von Troie‹ des Herbort von Fritzlar gibt es eine Kurzfassung, die in den Skokloster-Fragmenten erhalten ist. Von der ›Nibelungenklage‹, dem Anhang zum ›Nibelungenlied‹, existieren sogar vier verschiedene Fassungen.[14] Die reicher überlieferten Epen des 13. Jahrhunderts zeigen dasselbe Bild. Besonders ausgeprägt sind die verschiedenen Textfassungen in der Überlieferung des ›Jüngeren Titurel‹.

Die textkritische Forschung hat sich mit dem Problem der epischen Parallelfassungen kaum beschäftigt. Eigentlich dürfte es frühe Parallelfassungen in der höfischen Epik gar nicht geben. Wenn am Anfang der epischen Überlieferung Originaltexte gestanden haben, dann kann es immer nur eine vollwertige Textfassung gegeben haben. Andere Fassungen müssen im Sinne der Textkritik als fehlerhafte Verschlechterungen des Originals betrachtet werden. Deswegen hat die Textkritik ihre Aufgabe darin gesehen, beim Vorhandensein von Mehrfachfassungen nur eine Fassung als ›echt‹, die anderen als Entstellungen des ›echten‹ Textes zu erweisen. Wo diese Erklärung versagte, hat man es für wahrscheinlich erklärt, daß beide Fassungen auf den Autor selbst zurückgehen, daß es also zwei Originale gegeben habe. Mit beiden Möglichkeiten muß man rechnen. Es hat tatsächlich frühe Epen-Bearbeitungen gegeben: Die ›Nibelungenlied‹-Fassung *C ist ein Beispiel dafür. Im allgemeinen lassen sich jedoch frühe Parallelfassungen und spätere Bearbeitungen deutlich gegeneinander abgrenzen. Angesichts der Bedingungen, unter denen höfische Epen verfaßt und verbreitet wurden, ist es nicht nur möglich, sondern sogar wahrscheinlich, daß manche Autoren verschiedene Fassungen ihrer Werke hergestellt haben. Es ist jedoch bisher in keinem Fall gelungen, Mehrfachfassungen von höfischen Epen mit Sicherheit als Autorvarianten zu erweisen. Deswegen empfiehlt es sich, die Frage, wie die epischen Fassungen entstanden sind, zurückzustellen – sie läßt sich ohnehin nicht sicher beantworten – und sich der Aufgabe zuzuwenden, die Fassungen zunächst genau zu beschreiben und zu überlegen, wie man mit ihnen umgehen soll.[15] Dabei ist es hilfreich, daß in anderen Bereichen der mittelalterlichen Literatur das Vorhandensein von Mehrfachfassungen längst beobachtet und zum Teil bereits gut erforscht ist. Mehrfachfassungen von Texten findet man nicht nur in der religiösen und didaktischen Literatur, in der Geschichtsschreibung, im Fachschrifttum und in der Rechtsliteratur, sondern auch in der höfischen Literatur: in der Dietrichepik, in den kleineren Verserzählungen und Schwänken wie in der höfischen Lyrik. Mehrfachfassungen sind geradezu ein Kennzeichen mittelalterlicher, vor allem volkssprachlicher Textüberlieferung. Es ist zu vermuten, daß die verschiedenen

---

14 Eine Untersuchung der vier Fassungen der ›Klage‹ ist in Vorbereitung.
15 Neue Ansätze in dieser Frage bieten Peter Strohschneider, »Höfische Romane in Kurzfassungen«; Nikolaus Henkel, »Kurzfassungen höfischer Erzähltexte als editorische Herausforderung«, *editio* 6 (1992), S. 1–11; ders., »Kurzfassungen höfischer Erzähldichtung im 13./14. Jahrhundert. Überlegungen zum Verhältnis von Textgeschichte und literarischer Interessenbildung«, in: Heinzle, *Literarische Interessenbildung*, S. 39–59.

Erscheinungen dieselbe Wurzel haben und sich gegenseitig erhellen. Es ist aber auch eine Tatsache, daß Parallelfassungen in verschiedenen literarischen Gattungen in unterschiedlicher Weise auftreten, woraus sich die Aufgabe ergibt, die Befunde zunächst einzeln anzusprechen und erst dann miteinander zu vergleichen. Hier soll es nur um die Parallelfassungen höfischer Epen gehen.

Von Fassungen spreche ich, wenn ein Epos in mehreren Versionen vorliegt, die in solchem Ausmaß wörtlich übereinstimmen, daß man von ein und demselben Werk sprechen kann, die sich jedoch im Textbestand und/oder in der Textfolge und/oder in den Textformulierungen so stark unterscheiden, daß die Unterschiede nicht zufällig entstanden sein können, vielmehr in ihnen ein unterschiedlicher Formulierungs- und Gestaltungswille sichtbar wird. Fassungen sind immer eindeutig; wenn sie nicht eindeutig sind, muß es offen bleiben, ob Fassungen vorliegen. Fassungen werden positiv definiert durch den ihnen eigenen Textbestand und die ihnen eigenen Formulierungen. Das unterscheidet Fassungen von den Handschriftengruppen, mit denen die traditionelle Textkritik arbeitet: diese Gruppen können nur negativ definiert werden, durch die Fehler, die ihnen gegenüber dem ›Original‹ gemeinsam sind. Die Beschäftigung mit Fassungen ist immer eine Beschäftigung mit dem Werk selbst, das uns oft nur durch die Fassungen zugänglich ist. Die Textkritik dagegen hat es immer nur mit Textelementen zu tun, die nicht zum Werk selbst gehören, sondern die erst sekundär im Überlieferungsprozeß entstanden sind.

Eine Schwierigkeit beim Umgang mit Fassungen besteht darin, daß alle Begriffe, mit denen Textunterschiede erfaßt werden, durch die herkömmliche Betrachtungsweise der Textkritik geprägt sind. Wenn man von Kürzungen oder Erweiterungen spricht, von Umstellungen oder Verschiebungen, von Ergänzungen oder Auslassungen, von Textersatz oder Neuformulierungen: immer wird mit diesen Begriffen schon eine bestimmte Änderungsrichtung suggeriert – und damit die Vorstellung von primären und sekundären Textteilen. Die Entwicklung eines Beschreibungsmodells für epische Parallelfassungen ist eine dringliche Aufgabe.

Die Textunterschiede zwischen parallelen Fassungen lassen sich als Variation beschreiben. Epische Variation beginnt auf der Ebene kleinster Veränderungen des Textes, als »ein Schwanken zwischen vertauschbaren oder benachbarten Schreibungen, Lauten, Formen, Wortteilen, Wörtern, Phrasen«[16]. Diese Formen der Variation sind noch nicht fassungsspezifisch: Sie begegnen überall in der handschriftlichen Überlieferung, auch zwischen nicht-verwandten Handschriften. Charakteristisch für Fassungsunterschiede sind die stärkeren Formen der Variation, die von der unterschiedlichen Formulierung derselben Aussage bis zur selbständigen Ausgestaltung des Textes durch neue Erzählelemente reichen. Es gibt epische Fassungen, die sich hauptsächlich im Textbestand unterscheiden, in den Formulierungen dagegen weitgehend übereinstimmen; und andere, die in den Formulierungen weit auseinandergehen, im Textumfang jedoch kaum voneinander abweichen. Bei relativ geringer Variation ist zu prüfen, ob wirklich ver-

---

16 Stackmann (Anm. 8), S. 257 f.

schiedene Fassungen vorliegen. Die stärkste Variation, die ich in der Epenüberlieferung des 13. Jahrhunderts kenne, besteht zwischen den Fassungen *B und *C der ›Nibelungenklage‹: Die beiden Fassungen gehen in jedem zweiten Vers auseinander, besitzen eine unterschiedliche Textgliederung (in *C ist der Text in âventiuren eingeteilt, in *B nicht) und weisen beide mehrere hundert Verse auf, die jeweils nur einer Fassung zugehören.

V. Der unfeste Text

Das Phänomen epischer Variation, das sich im Vorhandensein von Parallelfassungen manifestiert, ist mit den Methoden der traditionellen Textkritik, die sich als »Lehre von den Fehlern«[17] definieren läßt, nicht angemessen zu erfassen. Epische Variation ist Anzeichen einer prinzipiellen Unfestigkeit mittelalterlicher Texte, die bereits von verschiedenen Seiten beobachtet wurde. Jean Rychner hat, in Bezug auf die französischen fabliaux, von einer ›tradition vivante‹ gesprochen.[18] Paul Zumthor hat den Begriff ›mouvance‹ geprägt.[19] Joachim Heinzle hat, im Hinblick auf die deutsche Dietrichepik, eine »strukturelle Offenheit der Texte«[20] konstatiert. Am nächsten verwandt mit der hier angesprochenen epischen Variation ist das, was Bernard Cerquiglini ›variance‹ genannt und unter anderem an Lesarten aus höfischen Epen erläutert hat.[21] Von Cerquiglini stammt auch die Feststellung, daß die schriftliche Überlieferung im Mittelalter nicht Varianten ›hervorgebracht‹ hat, sondern daß die Variation vielmehr das ›Prinzip‹ mittelalterlicher Schriftlichkeit ist.[22] Tatsächlich müssen wir für die mittelalterliche Literatur, insbesondere für die volkssprachliche, von einem anderen Textbegriff ausgehen als für die Neuzeit. Wir müssen mit unfesten, beweglichen Texten rechnen, die sich verändern können, ohne daß die Veränderungen als Störungen zu begreifen wären. Mittelalterliche Texte sind nicht zuerst fixiert und dann nachträglich verändert worden, sondern der ›Text‹ ist von Anfang an eine veränderliche Größe.

Im neunten Buch des ›Parzival‹ erfährt der Held von Trevrizent, wie die Erlösungsfrage lautet, die man von ihm in Munsalvæsche erwartet hat: *hêrre, wie stêt iwer nôt?* (484, 27). Als Parzival dann am Schluß der Dichtung die Frage stellt, fragt er: *œheim, waz wirret dier?* (795, 29). Die beiden Formulierungen stimmen

---

17 Ebd., S. 256.
18 Jean Rychner, *Contribution à l'étude des fabliaux. Variantes, remaniements, dégradations*, Neuchâtel u. Genf 1960, Bd. I, S. 38 ff.
19 Paul Zumthor, *Essai de poétique médiévale*, Paris 1972, S. 507.
20 Joachim Heinzle, *Mittelhochdeutsche Dietrichepik. Untersuchungen zur Tradierungsweise, Überlieferungskritik und Gattungsgeschichte später Heldendichtung*, München 1978, S. 231.
21 Bernard Cerquiglini, *Eloge de la variante. Histoire critique de la philologie*, Paris 1989, S. 57 ff.
22 »L'écriture médiévale ne produit pas des variantes, elle est variance« (ebd., S. 111).

in keinem einzigen Wort überein, und dennoch ist es dieselbe Frage, und beide Formulierungen sind ›richtig‹. Die Unfestigkeit der Texte manifestiert sich nicht nur in Formulierungsvarianten, sondern auch in Motivvarianten. Auf einem Bildblatt der ›Parzival‹-Handschrift G ist zu sehen, wie Parzival seiner Frau Condwiramurs entgegenreitet, die ihm zu Pferde, mit den beiden Söhnen im Arm, entgegenkommt. Der Text erzählt jedoch, daß Parzival seine Ehefrau schlafend im Zelt vorfindet, als er auf dem Plimizœl ankommt (800, 15 ff.). Hier gewinnt die Bilderzählung geradezu die Qualität einer selbständigen Textfassung, da dieselbe Szene im Bild anders abläuft als im Text, obwohl es dieselbe Szene ist. Der Vergleich von Textsprache und Bildsprache erweist sich auch an anderen Stellen als aufschlußreich.

Die Forschung der letzten Jahrzehnte hat uns gelehrt, daß Kommunikation und Sinnvermittlung in der vorschriftlichen Gesellschaft des Mittelalters grundsätzlich anders strukturiert waren als in der neuzeitlichen Schriftgesellschaft. Kommunikation war im Mittelalter nicht primär auf Abstraktionsfähigkeit angewiesen, sondern funktionierte wesentlich durch sinnliche Wahrnehmung. Der Begriff ›Mündlichkeit‹ – als der geläufigste Gegenbegriff zu ›Schriftlichkeit‹ – zielt auf die fundamentale Bedeutung des Sprechens und der Stimme als den Medien der Sinnvermittlung. Ebenso wichtig waren die visuellen Kräfte anzunehmen – aktiv als Blick und Vision, passiv als Sichtbarkeit der Kultur – und der vielgestaltige Bereich der Sinnstiftung und Sinnvermittlung durch Körperhaltung und Körperbewegung. Von diesem kulturgeschichtlichen Hintergrund her, der in vielen Einzelheiten noch der genaueren Erforschung bedarf, ist das Phänomen des ›unfesten‹ Textes zu verstehen. Das ist weitgehend bekannt; hier aber geht es konkret um eine neue Sicht auf die Überlieferungsgeschichte der höfischen Epik, die sich aus diesem Zusammenhang ergibt.

VI. Formen volksprachlicher Schriftlichkeit

Joseph Bédier, der große Kritiker der Lachmannschen Textphilologie, hat die Beobachtung gemacht, daß in den meisten Handschriften-Stammbäumen, die von den Textkritikern der Lachmann-Schule gezeichnet wurden, um das Verwandtschaftsverhältnis der Handschriften graphisch sichtbar zu machen, die unteren Verzweigungen, die die spätere Überlieferung darstellen, einen hohen Grad an Evidenz besitzen, daß aber die Verhältnisse immer undeutlicher werden, je weiter man nach oben geht, in die Nähe des Originals.[23] Bédier hat daran mit Recht die Frage geknüpft, ob Stemmazeichnungen überhaupt die Überlieferungsverhältnisse der volkssprachlichen Literatur angemessen darstellen können. Bédiers Beobachtung, daß der Evidenzgrad von Textbeziehungen für die ältere Zeit der Epenüberlieferung anders aussieht als für die spätere Zeit, spricht

---

23 Joseph Bédier, »La tradition manuscrit du Lai de l'ombre. Réflexions sur l'art d'éditer les anciens textes«, *Romania* 54 (1928), S. 161–196, 321–356, hier: S. 356.

ein wichtiges Phänomen der Überlieferungsgeschichte an. Tatsächlich kann man in der Überlieferung fast aller Epen dieselbe Beobachtung machen: daß die jüngeren Handschriften sich unproblematisch zu Gruppen ordnen lassen, während über die Zuordnung der älteren Textzeugen zueinander vielfach große Unsicherheit besteht. Die großen textkritischen Kontroversen gingen überall um die Frage, in welchem Verhältnis die Hauptzweige der Überlieferung, die sich bereits in der Anfangsphase der schriftlichen Bezeugung ausgebildet haben, zueinander und zum vorausgesetzten Original standen. Man hat sich nicht genügend darüber gewundert, daß die Epenüberlieferung überall dasselbe Bild zeigt: eine frühe Aufspaltung in zwei oder mehrere Gruppen (im Stemma als Zweige gezeichnet) und später nur noch weitere Verzweigungen innerhalb der alten Hauptzweige. Wenn man die Epenüberlieferung nicht nach Fehlern, sondern nach Fassungen gruppiert, läßt sich der Befund der Textkritik auch anders beschreiben. Von den meisten Epen besitzen wir frühe Mehrfachfassungen, deren Verhältnis zum ›Original‹ mit den Methoden der traditionellen Textkritik nicht sicher bestimmt werden kann. In vielen Fällen bleibt das ›Original‹ undeutlich oder verschwindet ganz, da man textgeschichtlich nicht über die Fassungen zurückgelangt. Statt von einem Autor-Text können wir meistens nur von autor-nahen Fassungen sprechen. Die autor-nahe Textüberlieferung ist durch einen hohen Grad an Variabilität gekennzeichnet. Die frühen Mehrfachfassungen bezeugen, daß der Text in Autor-Nähe in seiner schriftlichen Gestalt noch so ›unfest‹ war, daß verschiedene Ausformulierungen entstehen konnten. Das ist nicht so überraschend, wie es vielleicht auf den ersten Blick scheint. Auf Grund der vorwaltenden Mündlichkeit des höfischen Literaturbetriebs ist für die Frühphase der Überlieferung mit Teilveröffentlichungen, Mehrfachredaktionen und wechselnden Vortrags- und Aufzeichnungssituationen zu rechnen. Dabei können Textvarianten entstanden sein, die sich in den älteren Handschriften als eigenständige Fassungen oder auch als Textmischungen niedergeschlagen haben. So könnte sich das Vorhandensein früher Mischtexte erklären. Welchen Anteil die Autoren daran hatten und wie weit Varianten erst bei der Weitergabe der Texte entstanden sind, läßt sich nicht mehr feststellen.

Ein völlig verändertes Bild zeigt sich, wenn man die spätere Epenüberlieferung seit dem Ende des 13. Jahrhunderts betrachtet. Zur Ausbildung neuer Fassungen scheint es nach der autor-nahen Überlieferungsphase nirgends mehr gekommen zu sein. Vielmehr zeigt die spätere Überlieferung eine erstaunliche Festigkeit der schriftlichen Überlieferung. Die in Autor-Nähe entstandenen Fassungen lassen sich in den meisten Fällen jahrhundertelang in der Textüberlieferung weiterverfolgen, oft bis zum Ende der Überlieferungsgeschichte im 15./16. Jahrhundert. Das bedeutet, daß für die spätere Überlieferung mit einem veränderten Textbegriff zu rechnen ist, der sich von der ursprünglichen Variabilität weit entfernt und sich dem modernen Begriff der Wortwörtlichkeit annähert. Dieser Prozeß der Verfestigung der volkssprachlichen Texte ist bisher noch nicht genügend beachtet worden. Wenn man nach den kulturgeschichtlichen Hintergründen dieser Entwicklung fragt, zeigt sich eine auffallende Nähe zu dem, was Malcolm B. Parkes und Richard H. Rouse unter der Formulierung ›new attitudes to the page‹ beschrieben haben.²⁴ Sie haben beobachtet, daß die Schriftpraxis sich im 12./13. Jahrhundert entscheidend verändert hat, und sie haben gezeigt, daß dieser Prozeß in den frühscholastischen Bildungszentren des 12. Jahrhunderts begonnen hat und in der scholastischen Schreibkultur des 13. Jahrhunderts einen ersten Höhepunkt erreichte. Es handelt sich um einen Prozeß der Rationalisierung der Schreibformen. Die neuen Schrifttechniken des Kompilierens, Glossierens, Kommentierens, Registrierens, Indizierens, Alphabetisierens usw. haben zunehmend Funktionen übernommen und Fähigkeiten ersetzt, die vorher das Gedächtnis geleistet hatte. Wie sich die neue Einstellung gegenüber dem geschriebenen Blatt in Handschriften mit poetischen Werken ausgewirkt hat, ist noch nicht untersucht worden. Es ist zu erwarten, daß es bei der Niederschrift poetischer Werke nicht nur um eine Rationalisierung des Textzugangs ging, sondern zugleich auch um Techniken des Schmucks und der Auszeichnung. Ich vermute, daß der von Parkes und Rouse beschriebene Prozeß auch in Handschriften mit volkssprachlichen Texten seinen Niederschlag gefunden hat. Die deutschen Epenhandschriften setzen um 1200 ein. Die ältesten Handschriften sind durchweg kleinformatig und unscheinbar in der Anlage und in der Ausstattung. Im Verlauf des 13. Jahrhunderts verändert sich das Erscheinungsbild der Epenhandschriften jedoch in auffälliger Weise: Das Format wird größer, die Ränder werden breiter, die zweispaltige Beschriftung wird zur Regel; und neue Formen der Textauszeichnung treten hervor. Die Absetzung der einzelnen Verse erweist sich als besonders geeignete Schreibform für die Reimpaarverse der Epen. Zur Gliederung werden Initialen benutzt, nicht selten in verschiedener Größe und Ausführung, um Groß- und Kleinabschnitte zu unterscheiden.²⁵ Für die Benutzer der Handschriften ging von der Einrichtung und Gestaltung der Seiten eine Fülle von sichtbaren Signalen aus, die ihnen den Zugang zu den Texten leichter machten oder überhaupt erst ermöglichten. Die rationale und ästhetische Durchgestaltung der Seiten bezeugt eine neue Einstellung zum Text, die – so vermute ich – in der gleichzeitigen Verfestigung des Wortlauts eine kulturelle Parallele hat. Gegen Ende des 13. Jahrhunderts gab es in Deutschland einen Verschriftlichungsschub von bis dahin ungeahntem Ausmaß. In dieser Zeit nimmt die Zahl der erhaltenen Epenhandschriften um ein Vielfaches zu. Aus derselben Zeit stammen die ersten umfangreichen Lyriksammlungen, die ersten Sammelhandschriften mit Kleinepik, die ersten deutschen Erbauungsbücher, die ersten großen Legendare, die

---

24 Malcolm B. Parkes, »The Influence of the Concepts of Ordinatio and Compilatio on the Development of the Book«, in: Jonathan J. G. Alexander u. Margaret T. Gibson (Hrsg.), *Medieval Learning and Literature*, Oxford 1976, S. 115–114; Richard H. u. Mary A. Rouse, »Statim invenire. Schools, Preachers, and New Attitudes to the Page«, in: Robert L. Benson and Giles Constable (Hrsg.), *Renaissance and Renewal in the Twelfth Century*, Oxford 1982, S. 201–225.
25 Vgl. dazu Nigel F. Palmer, »Kapitel und Buch. Zu den Gliederungsprinzipien mittelalterlicher Bücher«, *FMST* 23 (1989), S. 43–88; ders., »Von der Paläographie zur Literaturwissenschaft. Anläßlich von Karin Schneider, Gotische Schriften in deutscher Sprache, Bd. I«, *PBB* 113 (1991), S. 212–250; Frank, »Zur Entwicklung der graphischen Präsentation mittelalterlicher Texte«.

ersten umfangreichen Predigtwerke und vieles andere. Es ist dieselbe Zeit, in der zahlreiche Kanzleien zur deutschen Urkundensprache übergegangen sind, was zur Folge hatte, daß die Anzahl der deutschsprachigen Urkunden sich in wenigen Jahren verhundertfacht hat. In derselben Zeit setzt die Aufzeichnung von Ratsbüchern, Stadtrechten, Zunftordnungen, Verträgen, Urbaren, Landfrieden und Rechtsbüchern in größerem Umfang ein. Die bildungsgeschichtlichen und organisatorischen Voraussetzungen dieser Entwicklung sind noch nicht hinreichend geklärt. Deswegen bleibt es vorläufig eine Vermutung, daß die Veränderung des Textbegriffs, der sich in der Überlieferungsgeschichte der höfischen Epik manifestiert, im Zusammenhang mit den Veränderungen der Schreibpraxis zu sehen ist.

VII. Folgerungen

Kurt Ruh hat gefordert, daß die traditionellen textkritischen Gesichtspunkte durch überlieferungskritische Gesichtspunkte ergänzt oder ersetzt werden.[26] Für die höfische Epik müßte die Beschreibung variierender Überlieferung zu einer Hauptaufgabe der textphilologischen Arbeit werden. Außerdem müßten neue Formen der Edition entwickelt werden. Bisher ist nur einmal der Versuch gemacht worden, epische Parallelfassungen in Gestalt eines Paralleldrucks zu edieren. Anton Edzardis Ausgabe der ›Nibelungenklage‹ von 1875 ist an den eigenen Unzulänglichkeiten gescheitert. Gleichwertige Textfassungen verdienen eine gleichwertige Präsentationsform.[27] Der Paralleldruck von zwei (oder mehreren) Fassungen erschwert zwar die Benutzung einer Ausgabe, doch geht von dieser Textanordnung der Appell aus, die Überlieferungssituation ständig im Auge zu behalten und für die Interpretation nutzbar zu machen. Wenn wir Hartmanns ›Iwein‹ interpretieren, interpretieren wir in Wirklichkeit die Fassung A oder die Fassung B des ›Iwein‹, ohne sagen zu können, wie sich die Fassungen zum Autor-Text verhalten. Deswegen sollte man auch nicht mehr von Hartmanns Verhältnis zu seiner französischen Vorlage sprechen, sondern davon, wie Chrétiens Text in den verschiedenen Fassungen verarbeitet ist. Von Hartmanns Eheauffassung wissen wir gar nichts; wir können nur die Ehedarstellung im ›Iwein‹ A oder im ›Iwein‹ B untersuchen. Die Beachtung der epischen Variation wird die Aufmerksamkeit vielleicht wieder stärker auf die sprachlich-stilistische Gestalt der Texte lenken; das könnte der Interpretation nur zugute kommen.

---

26 Kurt Ruh, »Votum für eine überlieferungskritische Editionspraxis«, in: Ludwig Hödl u. Dieter Wuttke (Hrsg.), *Probleme der Edition mittel- und neulateinischer Texte*, Boppard 1978, S. 35–40.

27 In der der neuen Ausgabe des ›Jüngeren Titurel‹ von Wolf und Nyholm füllt die erste Fassung, als kritischer Text, den größten Teil der Seiten, während die zweite Fassung, in Form eines Handschriftenabdrucks, klein daruntergesetzt ist. Das scheint mir keine nachahmenswerte Darbietungsform zu sein. (*Albrechts von Scharfenberg Jüngerer Titurel*, Bd. I–II/2, hrsg. Werner Wolf, Berlin 1955–68, Bd. III/1–III/2, hrsg. Kurt Nyholm, Berlin 1985–92.)

Diskussionsbericht
Vortrag – Abbildung – Handschrift am Beispiel der höfischen Lied- und Sangspruchdichtung

Die folgende Zusammenfassung referiert die Fragen und Beiträge zur jeweiligen Vorlage, obwohl die Vorlagen nicht nacheinander besprochen, sondern jeweils zwei Vorlagen zeitlich zusammen diskutiert wurden.

Vorlage Strohschneider
Die Ausdifferenzierung von poetologischem Diskurs (›singen‹) und Liebesdiskurs (›minnen‹), also von Ausdruck und Affekt, führt zur Etablierung einer Fiktionalitätskonvention, dem ›Als ob‹. Die vorgestellte Beispielreihe ist als typologische Ordnung aufzufassen, bei der die Texte und ihre unterschiedliche Reflexion zum ›minnen‹ und ›singen‹ relativ gleichzeitig, z.B. in einem Aufführungszusammenhang oder in einem Sängerrepertoire, nicht also in ihrer Entwicklung, gedacht sind. Es fragt sich, ob man bei der Beschreibung des Sängerauftritts und des Vortrags von Liebesklage und Frauenpreis nicht auf den Fiktionsbegriff verzichten sollte; es reicht, daß eine Referenzmöglichkeit für das Ich besteht, wobei ›eigentliches‹ und ›uneigentliches‹ Ich nicht hierarchisch anzuordnen sind (Strohschneider).

Hier stellt sich die Frage, ob die Dissoziation zwischen Fühlen und Verhalten im Minnelied schon als rudimentäre ›Als ob‹-Handlung gesehen werden kann oder ob sie nicht vielmehr im Zusammenhang höfischen Verhaltens auf Affektkontrolle deutet, die nicht mehr jedem Handlungsantrieb seinen Lauf läßt, sondern Distanz nimmt, wobei diese Distanz vom Sänger faktisch vorgeführt und dann in einem nächsten Schritt als Distanz auch benannt wird (Müller). Die Reflexionsmöglichkeiten des Sängers über sein Lieben und Singen scheinen besser als durch den Verweis auf eine theatralische Raumordnung durch die Festsituation, d. h. den doppelten Rahmen von Fest und Aufführung, beschreibbar (Haug). Das Fest als Verdichtung sozialer Ordnung braucht keine Referenz. Anders dort, wo das Ineinander von Fest und Vortrag seinerseits in einem Text, z.B. im Roman, beschrieben wird; dort etabliert sich die Sprache als neue Ebene sozialer Reflexion (Wandhoff). Bei der Aufführung von Minnesang muß zusätzlich mit dem Aus-der-Rolle-Fallen, dem möglichen skandalträchtigen Auftreten des Sängers gerechnet werden, indem er den konventionellen Ablauf stört (Strohschneider). Die Diskussion darüber ist nur unter Berücksichtigung der gesellschaftlichen Integration, deren Grad für Minnesänger und Spruchdichter verschieden war, sinnvoll. Die zweite höfische Gattung, den Sangspruch, haben die Vorlagen als Thema allerdings ausgeklammert (Cormeau).

Wichtig erscheint die interaktionelle Seite des Fiktionalitätskontrakts zwischen Sänger und Publikum (Hahn/Curschmann). Wenn der Fiktionalitätskontrakt mit dem Publikum schon allein durch den Auftritt des Sängers zustandekommt, welche Notwendigkeit steht dann hinter der Vertextung und Thematisierung dieses Kontraktes, die viele, aber längst nicht alle Lieder aufweisen (Bein)? Jedenfalls ist dieser Kontrakt okkasionell, was Konsequenzen für die Interpretation hat (Wenzel), und er hat Angebotscharakter. Aussagen über den Fiktionalitätskontrakt scheitern an der Unkenntnis über die Aufführungssituation. Textintern läßt sich hingegen sehr deutlich feststellen, daß die Sänger nicht so sehr das Problem des Minnens als vielmehr das des Sprechens artikulieren und daß mit der Problematisierung der Fiktionalität natürlich auch die Konvergenz von ›minnen‹ und ›singen‹ gestört wird (Strohschneider). Deutlich zeigt sich, wie problematisch der moderne Fiktionalitätsbegriff für Aufführungssituationen ist. So ist an ein Postulat Landwehrs in der Definition des fiktiven Sprechens zu erinnern: Der Sprecher darf nicht die Absicht haben zu täuschen (Brüggen). Die Historisierung des Fiktionalitätsbegriffs ist nur anhand von je einzelnen mittelalterlichen Texten möglich, eine aufgestülpte Systematik methodisch problematisch, wenn sie nicht in historische Dimensionen einbezogen wird (Haug, Gumbrecht u.a.). Daß etwa der Körperkontakt zwischen Rollenträger und Publikum möglich ist, ohne das Rollenspiel zu beenden, demonstriert das Beispiel Ulrichs von Lichtenstein (Harms). Selbst wenn diese Grundsatzdiskussion eher Probleme aufzeigt als löst, so bieten sich doch überdenkenswerte Differenzierungsversuche für einen methodisch sinnvollen Gebrauch des Fiktionalitätsbegriffs oder als Grundlage für weitere Analysen an. Die Referentialität des lyrischen Ich und seiner Aussagen ›ich singe‹ und ›ich minne‹ ist nicht allein über die Pragmatik zu bestimmen, sondern muß auch die graduellen Unterschiede der Semantik berücksichtigen, denn während die Referentialität für die Aussage ›ich singe‹ im Hier und Jetzt eindeutig ist, verweist die Aussage ›ich minne‹ auf einen entfernteren, weniger offensichtlichen Sachverhalt (Cormeau).

Es bleiben grundsätzliche Zweifel, ob im 12. Jahrhundert von einer ›Als ob‹-Struktur gesprochen werden kann. Die in der Aufführung präsente Körperlichkeit dringt – das gleiche Funktionieren des sprachlichen Systems vorausgesetzt – über die Pronominalisierung in die Texte ein. Körperlichkeit und Körperbewußtsein werden ausagiert und eingeordnet. Das Publikum kann dies durchschauen. Insofern bietet es sich an, mit Weinrich von einer ›Grammatik der Präsenz‹ zu sprechen. Die Textrolle vermittelt Präsenz. Den Teilnehmern an diesem Spiel ist ein Wissen um die unterschiedlichen Grade von Präsenz zu unterstellen (Kleinschmidt).

Versucht man die modernen Begriffe ›Subjektivität‹ und ›Fiktion‹ und ihren Zusammenhang, die für das Mittelalter offensichtlich nicht zutreffend sind, zu umschreiben, so bietet es sich an, auf zwei Begriffe zurückzugreifen, ›Exzentrizität‹ und ›Absenz‹, die sie voraussetzen: Fiktionalität im Zeichenbegriff de Saussures setzt Absenz voraus, indem ein signifiant auf ein abwesendes oder fiktionales signifié verweist; Subjektivität deutet das Ich neuzeitlich als exzentrisch der Welt gegenüber (vgl. Plessner) und als ein nicht körperliches. So könnten bei einer Historisierung Grade der Präsenz, wie sie Texte anstelle von Absenz und Exzentrizität erzeugen, unterschieden werden. An die Stelle eines unbrauchbaren Binarismus ›fiktional‹/›nicht-fiktional‹ träten damit Stufen von Präsenz. Sie ließen sich auch sinnvoll mit dem Begriff der ›Darstellung‹ im Sinne von ›in den Vordergrund rücken‹ verbinden (Gumbrecht). Die Demonstration von Präsenz wird von der Rezeptionsseite aufgespalten, denn für die Rezipienten wird die Suggestion des präsenten Ich dadurch aufgebrochen, daß gesagt wird, daß das, was demonstriert wird, eigentlich nicht das ist, was es vorgibt zu sein. Verschiedene Ebenen werden sichtbar gemacht. Dies ist aber nicht allein als literarisches Phänomen zu sehen, sondern gehört in den allgemeinen kulturellen Kontext höfischer Vergesellschaftung, dissimulatio ist eine Kernforderung des höfischen Verhaltens (Müller).

Vorlage Meier / Lauer
Die ›Carmina Burana‹-Handschrift als Textsammlung bietet Anzeichen für das, was ursprünglich den Text zum ›œuvre‹ im Sinne Zumthors, zum Vortragsereignis gemacht haben könnte. Beispiele dafür sind zum einen die unterschiedliche Neumierung, durch die der Beginn eines Liedes visuell herausgehoben werden kann, und zum anderen die Verschriftlichung von Gestik. Eindeutig handelt es sich nicht um eine bloße Liedanthologie, wie Ausgaben der ›Carmina‹ dies suggerieren, sondern um ein Zeugnis spezifischer Theatralität. Im Sinne von Turners Schwellenphase entsteht Bedeutsamkeit an den Schnittflächen von kulturellen Subsystemen, wie dem lateinischen und dem volkssprachlichen, und die dort erzeugte Reibung kann künstlerische Ausdrucksformen freisetzen (Lauer). Der Zusammenhang mit Turner und seinem Begriff des ›social drama‹ ist problematisch. Damit ist nämlich immer ein kathartisches Element verbunden, für das hier kein Äquivalent zu erkennen ist. Zudem fehlt für die ›Carmina Burana‹ der zu benennende plot (Gumbrecht). Das Verhältnis des ›Codex Buranus‹ zur Aufführungsrealität ist kaum mehr zu bestimmen (Müller). Oralität wird in unseren Quellen immer nur in Interferenzen greifbar. So gibt es im ›Codex Buranus‹ dafür Anzeichen (z.B. bei der letzten Strophe im Liebeslieder-Teil oder in graphischen Korrespondenzen), daß auch die Schrift spielerisch inszeniert wird. Schriftsprachlich ist auch der Naturzyklus in der Anordnung des Codex (Curschmann/Lauer). Der Natureingang im Liebeslied ist zwar konventionell (Bein), doch bleibt die Auswahl von Strophen, die die Natur akzentuieren, auffällig (Lauer). Der Zyklusgedanke kann an verschiedenen Inhalten – Fortuna, Natur – konkretisiert werden. Der Charakter der Aufführungspartitur ist schwerer zu konkretisieren. Der Partiturbegriff müßte die verschiedenen Referenzebenen integrieren können (Kiening). Auffällig bleiben die Inszenierung von Bild und Text und die Einfachheit der Neumierung, obwohl doch – im Dienste einer Aufführung – eine präzisere Codierung möglich gewesen wäre. Jeder der Parameter, die in einer ›Partitur‹ zusammengeordnet werden sollen, müßte auf Techniken, Referenzen und Verweise auf Texte geprüft werden. Dabei schließt der Partiturbegriff keinen ›Rekonstruktionsrealismus‹ ein, da fraglich bleibt, welchen Wirklichkeitsstatus jedes einzelne Element für das ›œuvre‹ (im Sinne Zumthors) hat (Lauer).

Vorlage Tervooren
Die Analyse der Pronomenverwendung in den Minneliedern zielt auf »eingeschriebene Situationen von Mündlichkeit«, denn Pronominalisierung läßt textextern und textintern die Referenzidentität offen, und erst der Sänger als Verwalter der Beziehungsnetze stiftet durch Stimme und Gestik Sinn und Kohärenz (Referat Tervooren). Selbst wenn die konkrete Ausführung durch den Sänger schwer vorstellbar bleibt (Huber), zeigt der Gesamtüberblick in der Eigenart der Pronomenverwendung die performativen Möglichkeiten des Minnesangs auf (Cormeau). Die pronominalen Leerstellen verweisen, obwohl sie bei der ersten Lektüre als kommunikationspragmatische Fehler erscheinen, eindeutig auf das Performanzprogramm der Texte. Zu rechnen ist aber auch mit den spielerischen Möglichkeiten dieses Stilmittels, mit einer beabsichtigten Offenheit; diese müßte zuerst ausgeschlossen werden, ehe die Leerstellen als Performanzprogramm aufgefaßt werden dürfen (Kallweit). Die Leerstellen der Texte stehen für eine Offenheit, die durch die Performanz zwar sinnvoll geschlossen, damit aber auch im grundsätzlich irreversiblen Ereignis vereindeutigt und mithin trivialisiert wird. Jede Offenheit der ›Partitur‹ ist dadurch fürs erste gelöscht (Gumbrecht/Müller), denn jede einzelne Performanz ist nur sie selbst (Gumbrecht), und die jeweilige Performanz ist die jeweilig aktuelle Interpretation des Textes (Haug).

Andererseits können zwar ambige Strukturen in der Performanz abgeschafft werden, aber umgekehrt kann das, was in der Schrift fixiert ist, auch geöffnet, ambiguiert werden (Strohschneider). Wenn entgegen den hier diskutierten Befunden Editionen, speziell des 19. Jahrhunderts, eine Kohärenz der Texte favorisieren, wäre nach den Vorentscheidungen im Editionskonzept zu fragen (Lerer). Auch Editionsprinzipien können als eine besondere Art von Performanz verstanden werden (Gumbrecht). Schon die Hersteller und Auftraggeber der großen Liederhandschriften wurden von analogen Interessen geleitet. Sind Leerstellen Teil des ästhetischen Programms, ist nicht auszuschließen, daß es sich beim Minnesang auch um inszenierte Mündlichkeit handeln kann (Müller). Die Vereindeutigungen in späteren Handschriften, wofür die Vorlage Beispiele nennt, stellen die Aufgabe, durch breit angelegte Vergleiche den Wechsel von einer mehr aufführungsbezogenen Phase zu einer eher ›literarischen‹ Phase genauer zu untersuchen (Bein). Über die Editionsphilologie lassen sich Verbindungen zur Epenüberlieferung ziehen, die Bumke in seiner Vorlage diskutiert; die je gattungsgebundenen Phasen der Verschriftlichung verdienten eine parallele Analyse (Strohschneider).

Die bisherigen Erwähnungen bezogen sich auf den Text; daneben ist aber auch die Melodieüberlieferung zu berücksichtigen. Die Melodie als wesentlicher Bestandteil der Aufführung kann unter Umständen metrische und syntaktische Strukturen verzerren, so daß die vermutete performative Deixis nicht so glatt aufgeht. Die Verschriftlichung geht im deutschen Raum mit einem zunehmenden Verlust der Melodien einher; vielleicht kommen manche Performanzhinweise erst dann hinein. Es lohnt ein vergleichender Blick auf die razos, die Zeugnisse für die Textsituation auch mit Einschluß des Musikalischen geben. Dieses Verhältnis von Verschriftlichung der Texte und musikalischer Darbietung gilt es zu präzisieren (Curschmann).

Freilich fehlt empirisches Wissen über die Texte hinaus, und verallgemeinernde hypothetische Ableitungen sind wieder für den Einzeltext nicht auffüllbar, so daß das Reden über die Performanz Gefahr läuft, das komplexe Verhältnis von Text und Aufführung zu reduzieren, durch ein allgemeines Passepartout doch wieder nur die Texte in den Blick zu nehmen (Huber/Brüggen/Kiening). Auch ist die Performanzfrage nicht ohne Rücksicht darauf zu diskutieren, was überhaupt verschriftlicht werden darf. Und trotz der ›mouvance‹ der Texte darf nicht übersehen werden, in welch hohem Maß sie in ihrem Kern doch konsistent und identisch bleiben (Cormeau).

Vorlage Bein
Die empirisch ausgerichtete Analyse steht unter der Leitfrage, was das Singen über das Singen zu bedeuten habe und wie die Beispiele typologisch zu ordnen sind. Mit einer Differenzierung zwischen autonomem Kunstgebilde und sozialer Funktion (Gesellschaftsdienst) entsteht die Schwierigkeit, daß etwas, das nur innerhalb der sozialen Praxis geschieht, herausgelöst wird, um es nachträglich wieder mit dieser sozialen Praxis zusammenzubringen. Eine andere Perspektive kann dies von vorneherein vermeiden. Geht man von der Liebessemantik und der Diskurswelt als dem Mehr an Ordnung aus, dann kann man schon an der Semantik das Aufwerten des Begehrens und die Domestizierung eines eher illegitimen Affekts ablesen; damit kann von einer Autonomisierung nicht mehr die Rede sein (Kablitz). Okkasionell kann der Vortrag des Minnelieds immer polysem verstanden werden, entscheidend ist aber, ob dies konstitutiv und institutionell geplant war (Gumbrecht). Zu unterstreichen ist, daß Hugo Kuhn – ›Der Text ist seine eigene Situation und Qualität‹ – mit der Prägung ›Aufführungsform‹ gerade auf eine textanalytische Genauigkeit abzielte, um zum sozialen Akt zu kommen, so wie er dem Literaturwissenschaftler zugänglich ist.

Ein wesentliches Moment im Zeichenkomplex Minnesang ist die Dame, die in der Absenz präsent gesetzt wird, sie wird in dieser Form der gesellschaftlichen Präsentation doublefähig. Darin liegen Attraktivität und Leistung des Minnesangs. Eine solche Umschreibung läßt sich etwa mit der Herrscherrepräsentation vergleichen, und sie verknüpft theoretische Analyse und soziale Praxis (Kleinschmidt).

Es wird vorgeschlagen, auf den traditionellen Kunstbegriff zugunsten einer Betrachtungsweise der sozialen Kommunikationsebene als Wechselverhältnis von Werk und Rezipient zu verzichten (Saurma-Jeltsch). Bein präzisiert, daß der mittelhochdeutsche Terminus ›kunst‹ durchaus vom Minnesänger für sein Tun verwendet wird, wenn vielleicht auch nur im Sinne von ›Kunstfertigkeit‹, doch scheint damit eine Verwendung des Begriffs durchaus legitimiert.

Das Thematisieren des Singens im Minnesang ist auch unter literarhistorischem Aspekt zu analysieren, und zwar weniger, um zu überprüfen, was das Singen über das Singen für die Minnekonzeption bedeutet, sondern um Entwicklungsprozesse aufzudecken (Hahn). In den Anfängen des Minnesangs fehlt fast völlig das Moment der Selbstreferentialität; es folgt dann, ob zuerst bei Friedrich von Hausen (Vorlage Strohschneider) oder einem Generationsgenossen, müßte noch kritisch geprüft werden, das Reflektieren des Singens als neues Thema additiv zum Minnethema, das bis zu Walther von der Vogelweide immer breiteren Raum einnimmt, dann in der Frequenz stark abfällt und nur noch am Rand in serieller Produktion oder in anderen, mehr erzählenden Kontexten existiert. Dieser quantitative Befund läßt sich am wahrscheinlichsten doch auf die pragmatische Situation hin interpretieren, und es stellt sich die Frage, ob die Veränderung im Minnesang nach Walther von der Vogelweide etwa mit einer zu diesem Zeitpunkt endgültig etablierten und institutionalisierten Fiktionalitätsverabredung zusammenhängt, die es überflüssig macht, das Singen zu thematisieren (Cormeau). Abgesehen von dieser historischen Perspektive zeigt eine Analyse der jeweiligen überlieferten Sängerrepertoires, daß die Minnesänger in sehr unterschiedlicher Intensität über das Singen im Minnesang reflektieren, manche gar nicht, andere, wie z.B. Rubin, häufig, so daß hier nach möglichen Begründungen gesucht werden muß. Ebenso bleibt zu fragen, wie in der Aufführung das Repertoire eines Sängers ausgesehen haben könnte, wie stark der jeweilige Anteil der den Minnesang reflektierenden Lieder war (Bein).

Vorlage Huber
Untersucht man ausgehend vom Überlieferungsmedium, also vom Codex selbst, das Verhältnis von Schrift und Aufführung, so lassen sich mehrere intendierte Rezeptionsmöglichkeiten von der lesenden Rezeption bis zur Aufführung am Beispiel der Tagelieder des Mönchs von Salzburg, insbesondere am Verhältnis von Liederzyklus und zwei von diesem unabhängigen Doubletten, feststellen. Notiert werden offensichtlich nur die mitteilenswerten Abweichungen von der üblichen Praxis, so daß die Zeichen der Sinnsicherung und Rezeptionssicherheit dienen. Für diese zusätzlichen Zeichendimensionen, die sich erst in der Aufführung semantisch entfalten, bietet sich der Partiturbegriff an. Die unterschiedlichen Formen der Verschriftlichung dienen sowohl dem Fingieren von Performanz wie der memoria-Funktion. ›Partitur‹ bezieht sich so verstanden auf die Wahrnehmung des Ganzen im synchronen Nachvollzug, und das Partiturmodell dient als heuristisches Instrument, um Codices umfassend als komplexe Sinnsysteme, insbesondere hinsichtlich ihrer über die Schrift hinausreichenden nonverbalen Bedeutungspotentiale, beschreiben zu können (Huber).

Auf der Suche nach dem, was der Partiturbegriff Spezifisches bezeichnen könnte, wird das Moment der Inszenierung verworfen, wohl aber ausgehend von der musikalischen Partitur überlegt, ob der Codex als Partitur eine Rhythmisierungsanweisung enthalte, ein Gefüge von Instruktionen für simultane Operationen unter Ausblendung der Semantik (Gumbrecht/Müller). Doch wird darauf verwiesen, daß musikgeschichtlich die Partituren zu immer genaueren Aufzeichnungen werden, deren Umsetzung gleichzeitig immer schwieriger wird (Müller), und daß die musikalische Partitur einen schier unendlichen Spielraum der Interpretation läßt. Die Art der möglichen Anweisungen zur Umsetzung, die damit gemeint sind, ist jedenfalls zu klären (Kablitz). Der Begriff bleibt wegen seiner Implikate problematisch, insbesondere wird er hier mit einer neuen Verwendung eingeführt, die auch von der schon geläufigen texttheoretischen Verwendung bei Weinrich und Barthes differiert (Vogl/Kleinschmidt). Wenn die Parameter Sicherung von Sinn leisten sollen, stellt sich die Frage, wer diesen

Sinn erzeugt, ob dieser als *ein* Sinn festlegbar ist und inwiefern die Einmaligkeit der konkreten Aufführung damit in Einklang zu bringen ist (Strohschneider/von Bloh). Umgekehrt muß daran erinnert werden, daß bei sehr verdichteten Texten wie den Minneliedern strukturelle Dimensionen sich der Wahrnehmung in der Aufführung entziehen. Daraus könnte dem Codex die Funktion einer subsidiären memoria zuwachsen. Die Spuren von Aufführungshinweisen im Tageliedzyklus gelten der Aufführung (Huber), auch wenn nicht zu bestreiten ist, daß hinter dem Zyklus inhaltliche und thematische Einteilungsprinzipien stehen, die als ordnungsschaffende Merkmale ein Prinzip der Schriftlichkeit sind (Hahn).

Vorlage Hahn
Die Veränderungen durch die Reformation werden für die Zeitgenossen am deutlichsten erfahrbar im öffentlichen Gottesdienst; dazu gehört neben der Predigt das Kirchenlied. Aus der Verankerung des Kirchenlieds im Gottesdienst erwächst rasch ein neues Verschriftlichungsmedium, das Gesangbuch. Neben den Wirkungsaspekten, die das Kirchenlied mit jeder Aufführung teilt, gehen einige Aspekte über diese allgemeine Gegebenheit hinaus: So besteht für Luther die vordringlichste Aufgabe des Kirchenliedes in der Verkündigung des Evangeliums in volkssprachlicher Mündlichkeit, die im Gegensatz zur schriftlichen Darbietungsform des Gesetzes (des Alten Testaments) steht. Das Gesangbuch ist nicht bloßes Hilfsmittel, sondern gibt durch seine Anordnung weitere Impulse für den Gebrauch: als heilsgeschichtliches Kompendium und Katechismus in Liedform für alle Lebenssituationen (Hahn).

Diese sekundäre Mündlichkeit auf der Grundlage des Gesangbuchs, die im Gegensatz zu einer in mancher Hinsicht analogen gegenwärtigen Situation nicht medial, sondern aus der reformatorischen Theologie begründet ist, wirft zum einen die Frage nach der Differenz zur primären Mündlichkeit auf (Wenzel), zum anderen nach der Funktion von Gesang als dem Neuen. Ist damit ein Absetzen von der Gebetskultur verbunden (Haug)? Eliminiert das Kirchenlied in seinem Gebrauch, als Antwort auf die Verkündigung, manches, was eine Problematisierung bedeutet (Schäffner)? Luthers Theologie geht genau und dicht in die Lieder ein; wieviel an Sinnvellierung durch das Singen bewirkt wird, bleibt allerdings schwer abzuschätzen. Die programmatische Mündlichkeit ist wohl abzusetzen von der neuzeitlichen Mündlichkeit, die an ein Subjekt gebunden ist, das über die Sprache verfügen kann, und damit näher an der Mündlichkeit des Mittelalters, für die Sprache noch kollektiv bestimmt ist. Analog ist für die Freude, die aus dem Singen erwächst, ein kollektives Bezugssubjekt anzusetzen (Gumbrecht). Ebenso wie jeder sich aufgrund persönlicher Entscheidung in die heilsgeschichtliche Ordnung hineinstellen soll, leitet Luther aus biblischen Beispielen seine Vollmacht zur Predigt ab, er spricht nie als kontingentes Subjekt. Freude ist kollektive Freude des Heils, die auf die Verkündigung antwortet (Hahn).

Die positive Bewertung und die Zuordnung der Stimme zum Evangelium, der Schrift zum Gesetz ist eine erstaunliche Umbesetzung gegenüber der mittelalterlichen Tradition, in der, auch ikonographisch, dem Alten Testament Oralität, dem Neuen Schriftlichkeit zugewiesen wird (Curschmann). Sicher ist die neue volkssprachliche Mündlichkeit auch als bewußte Befreiung aus der klerikalen Schriftkultur gedacht (Curschmann/Hahn). Der Widerspruch, daß Luther trotz der hoch gewerteten Mündlichkeit zur Sicherung der Authentizität wieder auf die Autorschaft an den Liedtexten, einem genuin schriftliterarischen Mittel, insistieren muß, ist allerdings dadurch gemildert, daß Mündlichkeit durch die Sprechsituation der Verkündigung charakterisiert ist. Diese persönliche seelsorgerliche Hinwendung, die den Hörer zu Entscheidungen veranlassen soll, kennzeichnet auch Luthers Schriften. Zusätzlich muß bei den Kirchenliedern auch eine Eigendynamik der veröffentlichten Lieder bedacht werden, die die Angabe von Autorschaft erfordert (Müller/Hahn/Harms).

Monika Unzeitig-Herzog

II.
Partizipation – Mimesis – Repräsentation in Liturgie, Recht und Hof

II.

Einführung:
Aufführung und Repräsentation

HORST WENZEL

Im Verlauf der Diskusssion kristallisierten sich die Begriffe der ›Repräsentation‹ und der ›Aufführung‹ als Leitbegriffe heraus; sie verbinden diese Sektion mit der vorangegangenen und der folgenden.

Der Begriff der ›Aufführung‹, der uns im Hinblick auf die Literatur des Mittelalters und der frühen Neuzeit als Thema vorgegeben ist, sei hier zunächst im Sinne Paul Zumthors als ›performance‹ eingeführt. Zumthor gebraucht den Begriff ›performance‹ in seiner angelsächsischen Bedeutung als Schlüsselwort einer Poetik der Stimme und der Inszenierung, die er nicht nur für die eigentliche Oralität reklamiert, sondern auch für alle die Literaturen, in denen die Vorstellung und Rezeption von Texten an die sprachliche Aktualisierung und damit an den körperlichen Ausdruck und die wechselseitige Wahrnehmung im Raum der Kopräsenz gebunden bleibt. Der gesprochene Text gewinnt sein Profil durch den und mit dem Körper seines Interpreten: »Autour d'un corps humain par l'opération de sa voix, de tous les facteurs sensoriels, affectifs, intellectifs, d'une action totale, à la fois spectacle et participation.«[1]

Ist es der Körper des Vortragenden, sind es Stimme und Gesten, die eine schriftlich fixierte Vorlage erneut mit Leben füllen, um sie im Kontext ihrer ›Aufführung‹ sensorisch und intellektuell erfahrbar zu machen, dann erweist sich die textliche Fixierung als Reduktionsform einer ›Literatur‹, die Mündlichkeit und Schriftlichkeit umfaßt, in ihrer Vollform aber an die Mündlichkeit gebunden bleibt. Man wird also den mittelalterlichen Schrifttext, der uns überliefert ist, nicht mit dem ›Werk‹ verwechseln dürfen, zu dem er erst in der Aufführung wird: »In this sense medieval texts are nothing but an empty form that is without a doubt profoundly distorted from what was, in another sensimotor context, the whole potential of the spoken word.«[2]

Implizit ist dieser Argumentation der bimediale Charakter der mittelalterlichen Kommunikationsverhältnisse, die wechselseitige Referentialität von materieller

---

1 Paul Zumthor, *La poésie et la voix dans la civilisation médiévale*, Paris 1984, S. 48.
2 Paul Zumthor, »The Text and the Voice«, *New Literary History* 16 (1984/85) S. 67–92, hier: S. 70; vgl. auch Schmitt, *La raison des gestes*, S. 261.

Schrift und körpergebundenem Wort, die sich nicht alternativ gegenüberstehen, sondern bedingen und modifizieren. Der Text erscheint als ›Werk‹ im Zustand der Latenz, als Bedingung für die Möglichkeit seiner körpergebundenen Aktualisierung; die ›Aufführung‹ ihrerseits erweist sich als Inkorporation und Darstellung des Wortes und damit zugleich als Voraussetzung für eine neue, textliche Festlegung. Dieses ›Gleiten‹ der Texte im Prozeß der Überlieferung, das Zumthor als ›mouvance‹ bezeichnet und Bumke als ›Unfestigkeit der Texte‹, relativiert unsere Vorstellungen von Authentizität und Originalität und damit auch die klassischen Prinzipien der Textkritik. Mehrfachfassungen, Kurzfassungen, Langfassungen, Aufführungsvarianten von Epik und Lyrik zeigen, daß die Texte sich noch lange den Traditionen und Bedürfnissen wechselnder Erzählsituationen anpassen, und führen auf das Problem ›flexibler‹ Interpretationen, die den Überlieferungsbefund unfester Texte angemessen aufzunehmen hätten.[3]

Gleichzeitig stellt sich das Problem von Abbildung und Aufzeichnung. Die Deixis im Sinne einer demonstratio ad oculos ist eine Grundfunktion gesprochener und geschriebener Sprache.[4] Im Anschluß an Zumthors Poetik der Stimme ist deshalb über Zumthor hinaus nach einer Poetik der Sichtbarkeit zu fragen. Wie sich das gesprochene oder gesungene Wort mit inneren und äußeren Bildern verbindet, so tendiert das geschriebene Wort zu Visualisierungsstrategien, zu Techniken der Autopsie unter Verwendung ikonischer und sprachlicher Zeichen. So entspricht dem visuellen Bild des Sprechers oder Sängers, der seine Worte vorträgt oder vorsingt, die Verbindung von handschriftlichen Texten mit Autorenbildern, die den Zusammenhang von Hören und Sehen, von Stimme und Körper zeichenhaft in Wort und Bild vergegenwärtigen. Miniaturen (extramental) und sprachlich vermittelte Schaubilder (intramental) verbinden sich in mittelalterlichen Handschriften auf eine höchst komplexe Weise, die im umfassenderen Rahmen einer Poetik der Visualität noch weitgehend zu erschließen wäre. Die Zusammensetzung des Kolloquiums, die Berücksichtigung kunsthistorischer und musikhistorischer Vorlagen hat auch in diesem Sinne programmatischen Charakter.

Die Aufführung von Texten steht im umfassenderen Kontext einer immer wieder zu vollziehenden Vergegenwärtigung der mémoire collective, der Repräsentationsformen von Hof und Kirche. Als ›Repräsentation‹ sei hier – im Anschluß an Kantorowicz[5] und Hofmann[6] – in einem ersten Zugriff die Verkörperung von geistlicher und weltlicher Herrschaft verstanden. Die vieldiskutierte Vorstellung von den zwei Körpern des Königs, seinem historischen und seinem symboli-

---

3 Joachim Bumke, »Zur Überlieferungsgeschichte der höfischen Epik im 13. Jahrhundert«, *ZfdA* 120 (1991), S. 257–304. Strohschneider, »Höfische Romane in Kurzfassungen«; Karl Stackmann, »Neue Philologie?«, in: Heinzle, *Modernes Mittelalter*, S. 398–427.
4 Harald Weinrich, »Über Sprache, Leib und Gedächtnis«, in: Gumbrecht/Pfeiffer, *Materialität*, S. 80–93.
5 Kantorowicz, *Die zwei Körper des Königs*.
6 Hasso Hofmann, *Repräsentation. Studien zur Wort- und Begriffsgeschichte von der Antike bis ins 19. Jahrhundert*, Schriften zur Verfassungsgeschichte 22, Berlin 1974.

schen Körper, stellt Kantorowicz in einen sachlichen Zusammenhang mit den Reflexionen über die zwei Körper des menschgewordenen Gottes, den historischen und den sakramentalen Leib Christi. Dabei stehen sich zwei Lehren gegenüber, die der ›Identität‹ von historischem und sakramentalem corpus und die ihrer ›Vermittlung‹ im Geiste. ›Repraesentatio‹ kann deshalb etwas Unsichtbares oder Entferntes – Abstraktes oder Abwesendes – entweder vergegenwärtigen (rem praesentem facere) oder bezeichnen (significare).[7] Als Fachterminus gehört der Begriff der ›Repräsentation‹ sowohl in den Bereich der Sakramentenlehre und Liturgiegeschichte als auch zur Terminologie von Verfassungsgeschichte, Staatsrecht und Politikwissenschaft.

In der weiteren Bedeutung als significatio durch Bilder, Spiegel, Spuren, materielle und sprachliche Zeichen wird der Begriff ›repraesentare‹ für das stellvertretende (metonymische) Verhältnis von Zeichen und Bezeichnetem gebraucht. Derart ist seine Verwendung für den Umkreis von Kirche und Hof, für geistliche und weltliche Herrschaft in einem breiten Auslegungsspielraum belegt. Der engere Terminus ›repraesentatio‹ als liturgische ›Vergegenwärtigung‹ und ›Darstellung‹ im Sinne eines abbildlich vermittelten ›In Erscheinung-Tretens von Geistigem‹, der im Laufe der Jahrhunderte die Bedeutung ›Aufführung‹ erhalten hat, ohne daß die Vorstellung einer ontologischen ›Vergegenwärtigung‹ gänzlich verloren gehen muß, erscheint geeignet, den von Zumthor verwendeten Begriff ›performance‹ in Teilbereichen zu modifizieren und gleichzeitig erkennbar zu machen, daß die Aufführungsformen antiker oder außereuropäischer Kulturen mit den höfischen und kirchlichen Aufführungsformen des europäischen Mittelalters, die im Rahmen christlicher Kosmologie und Anthropologie durch ein genuines Verständnis von der Leistungsfähigkeit verbaler und ikonischer Zeichen geprägt waren, vergleichbar, aber nicht identisch sind.

In dramatisch-liturgischen Texten bezieht sich der Begriff ›repraesentatio‹ auf »Personen, Gegenstände und Vorgänge«, die durch das Spiel real vergegenwärtigt werden. Von der ›Vergegenwärtigung‹ des Herodes in den liturgischen Zeremonien zu Epiphanias wird in einem ordinarium des 13. Jahrhunderts aus Padua berichtet: *Representatio Herodis in Nocte Epyphanye*.[8] Herodes wird zwar dargestellt von einem Kleriker, die Formulierung aber meint die Vergegenwärtigung des im Heilsgeschehen eingebundenen Herodes und nicht seine Abbildung durch einen Schauspieler. In einem Beleg aus dem 14. Jahrhundert, der die Reihenfolge der liturgischen Elemente am Ende der Ostermatutin benennt, wird die Darstellung der drei Marien am Grabe Christi erwähnt: *Post representationem Mariarum sequitur Te Deum Laudamus*.[9] Der Begriff ›repraesentatio‹ bezieht sich hier auf die durch clerici dargestellten Marien, ist also wieder nicht mit Aufführung, sondern ganz wörtlich mit Vergegenwärtigung der Marien zu übersetzen.[10] Da im klassischen Latein das Wort ›repraesentatio‹, das ›erinnern‹ meinen

---

7 Ebd., S. 80.
8 Erwin Wolff, »Die Terminologie des mittelalterlichen Dramas in bedeutungsgeschichtlicher Sicht«, *Anglia* 78 (1960), S. 1–27, hier: S. 4, hiernach auch das Zitat.
9 Ebd., S. 3.
10 Ebd., S. 3 f.

kann oder ›aus dem Gedächtnis hervorrufen‹ (*vis memoriae repraesentat aliquid*), in dieser spezifisch mittelalterlichen Ausprägung nicht belegt ist,[11] erklärt sich seine liturgische Bedeutung am ehesten aus der theologischen Auffassung der Eucharistie: Der liturgische Vollzug des Meßopfers ist gleichzeitig Vergegenwärtigung, Abbild und Realsymbol des Leidensganges Christi (*repraesentatio mortis et passionis Christi*). Die liturgische Formel *personam alicuius repraesentare* und im besonderen *personam Christi repraesentare* zielt auf Sichtbarmachung (Vergegenwärtigung) einer unsichtbaren, aber ontologisch stets vorausgesetzten Wirklichkeit. Ihr bildhaftes Äquivalent hat diese Darstellung in christlichen Ikonen und in Herrscherbildern.

Die Darstellung der Passion durch das Meßopfer zog eine Ergänzung durch die repraesentatio anderer heilsgeschichtlicher, aber auch historischer und politischer Vorgänge nach sich, soweit sie heilsgeschichtlich fundiert waren oder fundiert werden konnten. Wie Christus Mensch ist als der Sohn Marias und als corpus Christi mysticum die Kirche, so hat auch der König, der als Mensch geboren ist, einen zweiten symbolischen Körper, der für das Land steht und das Land erfüllt. Die Darstellung politischer Einheit durch Personifizierung, das mehr oder weniger zeremonielle Rollenspiel des Herrschers, das bereits in der Antike vorgebildet wird, erhält eine christliche Fundierung. »In der Analogie zwischen einer bestimmten und einer zu bestimmenden Ordnung, namentlich zwischen der zu erkennenden irdischen und der geoffenbarten himmlischen Ordnung, markiert die eigentlich liturgische Formel *personam alicuius repraesentare* in der Konsequenz des Zusammenhangs von Rolle und Status zugleich den hierarchischen Rang einer Figur.«[12] Der Zusammenhang von christlich begründeter Status-Demonstration und herrscherlichem Rollenspiel eröffnet eine historische Perspektive, die den Sprachgebrauch von Repräsentation begründet, »welcher ›würdiges, standesgemäßes Verhalten‹ im Sinne hat.«[13]

In einem zweiten Zugriff wäre der Repräsentationsbegriff deshalb als spezifischer Terminus für die öffentlichkeitsrelevanten Muster geistlicher und weltlicher Herrschaftsdarstellung im hohen und im späten Mittelalter aufzufassen, die eine hauptsächlich symbolisch-verweisende Bedeutung haben. Er verbindet die öffentliche Darstellung politisch und rechtlich begründeter Statuspositionen und Statusrelationen mit der Vergegenwärtigung christlicher Grundwahrheiten über die Welt und den Menschen. Beide Aspekte gehören zusammen: In den christlichen Sakramenten und im kirchlichen Ritus werden die Grundwahrheiten des Glaubens für die sinnliche Wahrnehmung faßbar gemacht, wird der abwesende Gott vergegenwärtigt und derart eingebunden in die materielle Welt; in den höfischen Lebensformen, im höfischen Zeremoniell und in der höfischen Literatur wird die Abstufung von politischer Herrschaft dargestellt in einer ästhetisierenden Überhöhung des adligen Lebens, die für alle Sinne wahrnehmbar ist, aber zugleich in ihrem Deutungspotential auf die öffentlich gültigen Werte christ-

---

11 Hofmann (Anm. 6), S. 38 ff.
12 Ebd., S. 169.
13 Ebd., S. 170.

licher Sinndeutung zurückverweist. Die labile gesellschaftliche Rangordnung manifestiert sich demzufolge in der repräsentativen Ausgestaltung des adlig-höfischen Lebens (im höfischen Zeremoniell, in Festen und Turnieren) als eine stabile gesellschaftliche Konfiguration, als eine harmonische Zuordnung von Statuspositionen, von Innen und Außen adliger Erscheinung, von materiellen Zeichen und ihrer immateriellen Sinngebung. Nur dann wird die Präsenz der postulierten Ordnung herstellbar und anschaulich, die mit dem Herrn zugleich die Abstufungen und Ausdifferenzierungen des ganzen höfischen Systems vergegenwärtigt. Deshalb sind die Erscheinungsformen repräsentativen Handelns im geistlichen und weltlichen Bereich eng miteinander verbunden, aber dennoch unterschiedlich akzentuiert in der Darstellung kirchlicher und höfischer Selbstdeutung. Der Repräsentationsbegriff kann dementsprechend auch stärker im rechtlich-politischen Sinne als Kategorie der Stellvertretung verwendet werden oder mehr im theologischen Sinne als Wiedervergegenwärtigung vorgegebener Ideen und Ordnungsstrukturen.

In einer Gesellschaft, in der der Status jedes Statusträgers und die sie verbindenden Statusrelationen durch permanente Repräsentation immer wieder neu bewährt und gewährleistet werden müssen, agieren Körper durch Mittel der Gestik, durch Mimik, Habitus und Ausstattung, als personale Zeichenträger, die zu bedeutenden Konfigurationen zusammentreten oder im Schauraum von Schrift und Bild vermittelt werden. Die Literatur als Repräsentation der Repräsentation fungiert dabei zugleich als Metaebene, von der aus höfische Repräsentation beobachtet und in ihren Möglichkeiten und Grenzen demonstriert (abgebildet) werden kann. Diese literarisch diagnostizierbare Distanz macht einsichtig, daß die Muster repräsentativer Statusdemonstration zumindest von einer schmalen Gruppe Intellektueller in ihrer Zeichenhaftigkeit erkannt und im Bewußtsein dieser Zeichenhaftigkeit artistisch verwendet werden.

Im späten Mittelalter gewinnt der Begriff ›repraesentatio‹ mehr und mehr die Bedeutung von ›Aufführung‹, ›Darstellung‹ oder ›Abbildung‹, die Trennung zwischen den Darstellern und dem Dargestellten wird immer deutlicher erkennbar. Repräsentation erscheint nun im modernen Sinne als ein Darstellungsprinzip, das ein (anwesendes) Zeichen und das (abwesende) Signifikat im Sinne einer dechiffrierbaren Kodierung aufeinander bezieht. In der italienischen Sprache hat der Begriff ›rappresentazione‹ für Theatervorstellung und Schauspiel den Zusammenhang mit dem lateinischen Terminus ›repraesentatio‹ bewahrt. Die semantische Umakzentuierung signalisiert jedoch gleichzeitig die Herauslösung des geistlichen und weltlichen Spiels aus der Sphäre von Kultus und Herrschaftsdarstellung. Mit der Relativierung der mittelalterlichen repraesentatio, der ontologisch fundierten Vergegenwärtigung des *corpus Christi mysticum* und des symbolischen Herrscherkörpers, wird die gemeinsame Teilhabe an Kultus und Zeremoniell, die weitgehend an die Kirche und den Hof gebunden waren, ersetzt durch eine mehr oder weniger ausgeprägte Gegenüberstellung von Spielern und Gespieltem, Bühne und Zuschauern und eine Ausdifferenzierung von Spielorten und Spielformen, die zunehmend professionell dargeboten werden. Der Zusammenhang von Repräsentation und Theater kehrt sich deshalb schon im Übergang zur frühen Neuzeit gegen seine Ursprünge. Bei Castiglione wird der

Pomp fürstlicher Umzüge als theaterhafter Schein der öffentlichen Herrschaftsdarstellung polemisch attackiert.[14] Diese Kritik zielt darauf ab und macht nun weithin einsichtig, daß die Signifikanten nicht repräsentieren, nicht auf ein essentielles Signifikat verweisen, sondern daß sie fingieren und maskieren, ihr Signifikat erst herstellen, auf das sie zu verweisen scheinen.

In den Referaten der Sektion verbinden sich die thematischen Schwerpunkte von ›Aufführung‹ und ›Repräsentation‹ mit dem allgemeineren, für die ganze Tagung grundsätzlichen Feld der Überlegungen zu Mündlichkeit und Schriftlichkeit.

In der Tradition oraler Kulturen gibt es kein Wissen und kein Gedächtnis außerhalb menschlicher Körper. Stets sind es Personen, die sich erinnern, indem sie erzählen und handeln, sind es Personen, die lernen, indem sie andere hören und sehen. In den Frühstadien volkssprachlicher Literaturentwicklung fügen sich die Texte in diese Komunikationsverhältnisse ein. Das gilt auch für das europäische Mittelalter, das seine Besonderheit jedoch darin besitzt, daß die lateinische Literalität mit der volkssprachlichen Oralität vermittelt wird. Lateinisch tradierte Überlieferungen werden in die Volkssprache transformiert, mündliche Überlieferungen von lateinkundigen Klerikern volkssprachlich verschriftet.

Einen Schlüsseltext und Kronzeugen für die Schwellensituation um 1200, für den gleitenden Übergang einer ganz überwiegend mündlichen zu einer mehr und mehr auch schriftlichen Profankultur, stellt Michael Curschmann mit der Chronik des Lambert von Ardres vor. Am Beispiel zweier Fürstengenerationen wird die Komplexität der Literaturverhältnisse einsichtig, deren Thematisierung allerdings nicht als bloßer Reflex historischer Realität verstanden werden darf, wie Curschmann zeigt, sondern selbst schon literarisch vorgeprägt erscheint.

Walter Haug untersucht den Übergang von der körpergebundenen Erinnerung zur schriftgebundenen Erinnerung, der eine beträchtliche Umstellung tradierter Vorstellungen und Denkgewohnheiten erfordert, besondere Kompensationsleistungen und die Entwicklung eigener Strukturen der schriftsprachlichen Vermittlung. Für den höfischen Roman und für die Heldenepik kann Haug zeigen, daß dabei mit Abwandlungen von vorfindlichen Grundmustern gearbeitet wird, daß vor allem das Prinzip der variierenden Wiederholung für die Sinngebung in epischen Großformen von konstitutiver Bedeutung ist. Die Trennung des Sinns vom Körper ermöglicht die Rhetorisierung des Körperschemas, macht das Körperliche zum Symptom und dennoch zur Bedingung für das Nachspielen literarischer Muster in arthurischen Inszenierungen. Schriftlichkeit und Körperlichkeit werden dabei nicht wieder zusammengeführt, sondern kollidieren miteinander.

Haiko Wandhoff demonstriert, wie die volkssprachliche Dichtung des höfischen Laienadels den Schauraum körperlicher Repräsentation in den Schauraum höfischer Literatur überführt bzw. erweitert. Der Sinn haftet noch immer an den Körpern, an Sichtbarkeit und Hörbarkeit, auch wenn diese Körper durch den

---

14 Baldassar Castiglione, *Il libro del Cortegiano*, eingel. Amedo Quondam, komment. Nicola Longo, Mailand 1981, 4, VII.

›epischen Blick‹ der Schrift geschildert werden. Wandhoff belegt diese These durch eine Studie zu Sichtbarkeit und Hörbarkeit im ›Erec‹ Hartmanns von Aue: Die einzelnen Episoden und Szenen, in denen die gemeinsamen Auftritte des Paares Erec und Enite zu beobachten sind, geben kaum Einblicke in Bewußtseinslagen, sie liefern vielmehr Ansichten von choreographischen Figuren und machen die Entwicklung der Protagonisten an einer Abfolge von Körperzuständen kenntlich. Hier geht es um die Darstellung von ganzen Handlungszügen als Oberfläche, als Vermittlung einer Perspektive, die im epischen Blick eine Sicht auf höfisches Handeln ermöglicht, das noch ganz durch die Kategorien der wechselseitigen Wahrnehmung geprägt ist, im Textraum jedoch so beobachtet und variiert wird, daß sie als Modell für den höfischen Handlungsraum erscheinen kann.

Komplementär dazu zeigt Elke Brüggen die Inszenierung von Körperlichkeit am Beispiel der Joflanze-Handlung in Wolframs ›Parzival‹. Sie deutet das Körperschema als Darstellungsfeld höfischer Semantik und demonstriert mit ihren Belegen, wie stark der Sinn an die Ausstattung der Körper gebunden bleibt, an Gestik, Mimik, Habitus, an die Positionierung der Personen im Raum und die Konfigurationen, die die kommunizierenden Körper miteinander bilden. Sie demonstriert damit, daß für die Poetik mittelalterlicher Texte sprachlich vermittelte Körperbilder von hoher Bedeutung sind, Texte jedoch viel mehr schildern bzw. ›zeigen‹, im Sinne einer demonstratio ad oculos, als sie diskursiv ›beschreiben‹, im Sinne einer situationsabstrakten Darlegung.

Ingrid Bennewitz konzentriert sich bei der Beobachtung des Körperschemas auf die literarische Beschreibung und Festlegung von Weiblichkeit. Die Verhüllung durch Kleidung, die räumliche Einschränkung, die Dämpfung der Affekte und die intellektuelle Zurückhaltung einerseits, die ›Ornamentfunktion‹ anderseits, die das Weiblichkeitsschema von der dargestellten Männlichkeit absetzen, werden von ihr hervorgehoben. Bei Ulrich von Liechtenstein zeigt sich die Aufnahme und artistische Variation des Weiblichkeitskanons im Sinne eines spielerischen Rollenwechsels, der die drohende Grenzüberschreitung als Möglichkeit erkennbar werden läßt und sie zugleich im Gelächter aufhebt. Im Anschluß an die Diskussion über ›sex‹ und ›gender‹ versteht Bennewitz den Körper selbst als Text, in den seine Geschlechterrolle eingeschrieben wird, die gegeneinander profilierten Muster von Männlichkeit und Weiblichkeit als »Theater des Geschlechts«.

Kirchliche Rituale und höfisches Zeremoniell, die Sichtbarkeit der Körper und die Hörbarkeit der Stimmen sind die wichtigsten Medien in einer Gesellschaft, in der das kulturelle Wissen durch Repräsentation sensorisch erfahrbar werden muß. Mit der Festlegung eines mehr oder weniger offenen Repertoires von symbolischen Zeichen wird die Darstellung von Herrschaft zur Inszenierung, und damit erhebt sich die Frage nach dem Aufführungscharakter, nach der Theatralität des öffentlichen Herrschaftshandelns. Gerd Althoff fragt am Beispiel des rituellen Weinens nach Emotionalität und Konventionalität, nach dem Verhältnis von Öffentlichkeit und Heimlichkeit, nach der Vorderbühne und der Hinterbühne politischen Handelns. Aus historischer Perspektive fordert er, in Konvergenz zu entsprechenden literarhistorischen Ansätzen, die Eigenart einer Kommunikation zu rekonstruieren, die mehr durch Gesten und durch Zeichen ausdrückt als durch Verbalisierung.

Gert Melvilles Vorlage über Jacques de Lalaing wirft die Frage nach der Abgrenzung von Repräsentation und Spiel auf. Das repräsentative, öffentlichkeitsrelevante Bild des Ritters bindet sich an einen einzelnen hervorragenden Repräsentanten des Hofes, der eine ›Bühne‹ im Turnier erhält, im festlichen Spiel, das durch eigene Regeln von der Alltagswirklichkeit abgegrenzt wird. Dieses Spiel ist noch kein Theaterspiel, kein professionelles Spiel, vielmehr ein Spiel der Ehre, des gesellschaftlichen Ansehens. Es verschafft dem Hof die Möglichkeit, seiner selbst in überhöhter, aber zugleich in verkörperter Form ansichtig zu werden. Dies ist umso wichtiger, weil die harte, rüde Welt der Kriege, die Welt der Ökonomie und der Interessengegensätze die Erfahrung bestimmt, von der sich das höfische Spiel der Ehre abhebt. Der lebendige Körper des Jacques de Lalaing hält gegen den historischen Wandel das überhöhte Selbstbild einer gesellschaftlichen Elite gegenwärtig, erscheint als Schaubild, als tableau vivant im Licht des fürstlichen Hofes, aber nicht als Körper eines Schauspielers. Das Spiel des Jacques de Lalaing ist nicht als Ritual zu deuten, weil er seiner selbst bewußt ist, aber auch nicht als bloßes Spiel, weil es keine Trennung von Bühne und Zuschauer gibt; es ist stellvertretende Repräsentation und gleichzeitig Artistik im oszillierenden Wechsel von der harten Pragmatik zur Darstellung des Rittertums als Kunst. Melville zeigt Jacques de Lalaing als Darsteller aristokratischer Repräsentation, dessen fama schließlich in das Medium der Literatur transportiert wird, so daß sein Gedächtnis (memoria) die Trauer über seinen Tod langfristig überstrahlen und aristokratische Idealität in Raum und Zeit ausdehnen kann.

Aus dem ›Thesaurus picturarum‹, einer Sammlung von illustrierten Flugblättern und Flugschriften aus dem späten 16. Jahrhundert, hebt Helga Meise die Dokumentation von Repräsentationsakten hervor. Sie demonstriert an ausgewählten Beispielen, wie sich die Ablösung der ›Literatur als Aufführung‹ durch die ›Literatur als Schrift‹ vollzieht. Schrift und Bild erweisen sich demnach als Darstellungsraum, in dem herrschaftliche Repräsentation beschrieben und bewahrt wird, in den aber durch den individuellen Autor auch Aussagen und Konfigurationen eingeschrieben werden, die den Anspruch der Dokumentation überschreiten, entweder indem sie die Repräsentationsakte im Sinne ihres idealen Anspruchs vollenden oder gemäß der besonderen Autorenperspektive modifizieren und umdeuten, bis hin zu einem sanften Kollabieren von Repräsentation.

Höfische Laienkultur
zwischen Mündlichkeit und Schriftlichkeit.
Das Zeugnis Lamberts von Ardres

MICHAEL CURSCHMANN

I.

Geplant war einiges mehr: darzustellen, wie sich in der Zeit zwischen 1150 und 1250 die Darbietung volkssprachig-höfischer Romanstoffe in drei Phasen entwickelt, vom freien mündlichen Vortrag des bretonisch-französischen conteur zur Bildlichkeit der illustrierten Handschrift und damit zum vorläufigen Abschluß der allmählichen Literarisierung dieser Stoffe. Den Angelpunkt dieser Umgestaltung bildet – zumindest in typologischer Hinsicht – eine Schriftlichkeit, die die Situation mündlicher Kommunikation dem Text mit einschreibt, und in dieser Hinsicht bietet Wolfram von Eschenbach, insbesondere sein ›Parzival‹, das instruktivste Beispiel. Bewußt und provokant als illiterater Laie agierend, trägt der ritterliche Erzähler dieses Abenteuerromans seinen Standesgenossen und Standesgenossinnen seine ganz eigene Version eines klerikalschriftlich konzipierten Werkes als persönlich verantwortete Stegreifdichtung vor – *âne der buoche stiure*.

Wolframs bekannter programmatischer Proklamation einer Literatur von Laien für Laien steht auf der anderen Seite (und zunächst scheinbar unvereinbar damit) seine Gelehrsamkeit in einigen Bereichen der freien und mechanischen Künste gegenüber, die u.U. sogar dem allerneuesten Kenntnisstand entspricht. Das läßt sich heutzutage nicht mehr wegdisputieren und scheint unter bestimmten Umständen genauso wie diese dezidierte volkssprachige Mündlichkeit der Kommunikation zum Bild des höfischen Literaturbetriebs zu gehören, den ein Dichter auch an einem der kleineren Höfe dieser Zeit, wenn nicht voraussetzen, so doch als bekannt oder denkbar unterstellen konnte.

Was für ein Milieu ist das, auf das sich Wolfram dergestalt bezieht und auf das er diesen Erzähler offensichtlich einstimmt? Es scheint an der Zeit, ein Zeugnis heranzuziehen, das wie keine andere außerliterarische Quelle sich konzentriert zum literarischen Betrieb am Hof des Laienadels um 1200 äußert: die etwa gleichzeitig mit den frühen Teilen von Wolframs ›Parzival‹ verfaßte Familienchronik der pikardischen Grafen von Guines und Ardres. Die fraglichen Passagen, Kapitel 80, 81 und 96 der ›Historia Comitum Ghisnensium‹[1] sind an sich gut bekannt, ist doch die Chronik als ganze seit langem als überregional bedeutende Quelle zur Kulturgeschichte des Hochmittelalters anerkannt und von mehreren Disziplinen schon bis zum gelegentlichen Überdruß ausgewertet worden.[2] Reto Bezzola hat sogar die erwähnten, für seine engere literarische Thematik wichtigen Kapitel wenigstens dem Inhalt nach relativ ausführlich vorgestellt.[3] Auszüge und Kommentare zu einzelnen der dort gebotenen bildungs- und literaturgeschichtlichen Details haben zeitweilig vor allem die Debatte um Mündlichkeit und Schriftlichkeit im Hochmittelalter befruchtet, und mit der Intensivierung der curialitas-Forschung ist ihre Zahl noch einmal sprunghaft angestiegen.[4] Was kurioserweise nach wie vor fehlt, ist eine Gesamtinterpretation, und das heißt vor allem eine Kritik dieses Textes als Text. Gemeinsam ist nämlich allen diesen Hinweisen, daß sie, allenfalls mit leichten Abstrichen, die Angaben Lamberts für bare Münze nehmen, d.h. als direkte Wiedergabe historischer Realität in außerliterarisch-objektiver Evidenz. Bei näherem Zusehen stellt sich jedoch schnell heraus, daß gerade dieser Text zunächst einmal der Analyse seiner rhetorischen und strukturellen Strategien bedarf, für sich genommen wie auch in seinem eigenen übergreifenden Textzusammenhang. Erst dann wird

---

1 *Lamberti Ardensis Historia Comitum Ghisnensium*, hrsg. Johannes Heller, in: *MGH* SS 24, Hannover 1879, S. 550–642. Die Kapitel 80, 81 und 96 gebe ich im Anhang nochmals wieder, auf den sich meine Zitate aus diesem Teil der Chronik beziehen. Daß ich meine Vorstellungen darüber im Regensburger Oberseminar Gerhard Hahns und Nikolaus Henkels vortragen und diskutieren durfte, ist der schriftlichen Fassung sehr zugute gekommen.
2 Schon Charles H. Haskins hat sie besonders im Bezug auf die von ihm so genannte ›Renaissance‹ des 12. Jahrhunderts gewürdigt: ders., *The Renaissance of the Twelfth Century*, Cambridge 1927, bes. S. 249–252. Die grundlegende territorialgeschichtliche Wertung stammt von Hans Patze, »Adel und Stifterchronik. Frühformen territorialer Geschichtsschreibung im hochmittelalterlichen Reich«, *Blätter für deutsche Landesgeschichte* 100 (1964), S. 8–81, und 101 (1965), S. 67–128, hier: S. 79–87 [1965] (dieser zweite Teil auch bei Joachim Bumke (Hrsg.), *Literarisches Mäzenatentum*, Wege der Forschung 598, Darmstadt 1982, S. 248–330). In neuerer Zeit spielt das Werk in verschiedenen sozialgeschichtlichen Arbeiten Georges Dubys eine größere Rolle. Vgl. vor allem ders., *Hommes et structures du moyen âge*, Le savoir historique 1, Paris 1973, darin: »Les ›jeunes‹ dans la société aristocratique dans la France du Nord-Ouest au XIIe siècle«, S. 213–225 (eine veränderte deutsche Fassung in: ders., *Wirklichkeit und höfischer Traum. Zur Kultur des Mittelalters*, Berlin 1986, S. 103–116 u. S. 171–173); »Structures de parenté et noblesse dans la France du Nord aux XIe et XIIe siècles«, S. 267–285; »Remarques sur la littérature généalogique en France aux XIe et XIIe siècles«, S. 287–298; ders., »The Culture of the Knightly Class. Audience and Patronage«, in: Robert L. Benson u. Giles Constable (Hrsg.), *Renaissance and Renewal in the Twelfth Century*, Oxford 1982, S. 248–262 (hier bes. S. 261 f. über Balduin II.); ders., *Ritter, Frau und Priester. Die Ehe im feudalen Frankreich*, Frankfurt/M. 1988, darin bes. S. 294–329: »Die Grafen von Guines«.
3 Reto R. Bezzola, *Les origines et la formation de la littérature courtoise en occident (500–1200)*, Paris 1967, Bd. III/2, S. 431–435.
4 Mehrfach ist z.B. diese Chronik herangezogen von Bumke, *Höfische Kultur*, passim. In dem wichtigen Sammelband: Fleckenstein, *Curialitas*, sind im Zusammenhang besonders die Arbeiten von Werner Rösener (»Die höfische Frau im Hochmittelalter«, S. 170–230), Josef Fleckenstein (»Miles und clericus am Königs- und Fürstenhof [...]«, S. 302–325) und Sabine Krüger (»›Verhöflichter Krieger‹ und miles illitteratus«, S. 326–349) von Interesse. Vgl. zum ganzen Komplex den monumentalen Forschungsbericht von Joachim Bumke, »Höfische Kultur. Versuch einer kritischen Bestandsaufnahme«.

sich sein historischer Erkenntniswert genauer taxieren und umfassender dienstbar machen lassen.[5] So hat sich unversehens das ursprüngliche Projekt auf eine vor allem in diesem Sinne kommentierende Interpretation von Lamberts Bericht reduziert. Hier hat ein geistig ungewöhnlich beweglicher litteratus der Zeit Wolframs sich systematisch Gedanken gemacht über eine Situation, die er selbst als ausgesprochene Schwellensituation empfand und die vor allem auch die Rolle des literarischen Unterhalters am Hof ganz neu bestimmte. Ich beginne mit diesem Punkt.

II.

Magister Lambert von Ardres ist uns nur aus seiner Chronik bekannt. Danach war er verheirateter und mit Kindern gesegneter Priester zu Ardres, südlich von Calais. Im weiteren gesellschaftlichen Bezug gehörte er zur familia des Grafen Balduin II. von Guines (1169–1206) und seines Sohnes Arnold, Herr von Ardres und später (als Arnold II.) Nachfolger seines Vaters als Graf von Guines (1206–1220). Um Balduin, seinen Eigenkirchenherren, bei dem er vorübergehend in Ungnade gefallen war, zu versöhnen, unternahm Lambert es 1194, diese Familiengeschichte zu schreiben, aber gewidmet hat er sie dem Sohn, Arnold, der ihn selbst auch mehrfach zum Schreiben aufgefordert habe. Sie endet mit Ereignissen des Jahres 1203 und bricht (anscheinend kurz vor Schluß) abrupt ab. Der Umstand, daß sie erst aus dem 15. Jahrhundert überliefert ist, hat Zweifel an den Angaben Lamberts inspiriert, aber, wie schon François Ganshof dargelegt hat, beruht die Spätdatierung Wilhelm Erbens auf ca. 1400 auf unhaltbaren Argumenten.[6] Daß der junge Arnold letztlich die prominentere Rolle als Mäzen spielt, kommt nicht von ungefähr. Die für die frühere Zeit oft schwer zu durchschauende Beziehung zwischen den kleinen, südlich von Calais und südöstlich von Boulogne landeinwärts gelegenen Territorien Guines und Ardres war mit der Heirat Balduins II. von Guines und Christianes von Ardres in ein neues Stadium getreten, und der Erstgeborene aus dieser Ehe war Arnold II., der also in seiner Person die Familien zusammenführte. Im übrigen war seine Mutter 1177 gestorben, und er hatte es erreicht, schon in relativ jungen Jahren, am wahrscheinlichsten um 1187, als vom Vater weitgehend unabhängiger Verwalter des mütter-

---

5 Obwohl Ausgangspunkt und Zielrichtung meiner Überlegungen etwas anders liegen, hoffe ich doch, damit auch einer Anregung Joachim Bumkes zu entsprechen (»Höfische Kultur. Versuch einer Bestandsaufnahme«, S. 418, Anm. 28), man solle im Hinblick auf die von Ursula Peters (vgl. Anm. 19) gegen Dubys Methodik geäußerten Bedenken u. U. bei der »Auswertung von Lamberts ›Historia‹ genauso vorsichtig verfahren wie bei der Auswertung von literarischen Zeugnissen«. Die Frage, was unter mittelalterlichen Bedingungen eine ›historische‹ von einer ›literarischen‹ Quelle unterscheidet, ist im vorliegenden Band auch von Gerd Althoff angesprochen.

6 François L. Ganshof, »A propos de la chronique de Lambert d'Ardres«, in: *Mélanges d'histoire du moyen âge offerts à M. Ferdinand Lot*, Paris 1925, S. 205–234. Hier werden im Effekt die Ergebnisse des Herausgebers Heller im wesentlichen bestätigt. Zustimmend zuletzt Rösener (Anm. 4), S. 189, Anm. 69.

lichen Erbteils und Herr von Colvide und Ardres eingesetzt zu werden. Damit war eine zweite herrschaftliche Hofhaltung begründet, und von deren Beginn handelt das Kapitel 96.

Zum Bild dieser Hofhaltung gehört u. a., daß der junge Fürst sich mehr und mehr auch mit betagten Ratgebern umgibt, die ihn (und den Hof) unterhalten, indem sie in didaktisch wirksamer Form von bedeutenden Geschehnissen der Vergangenheit berichten, so wie sie sich in einer ganzen Reihe von verschiedenen Erzähltraditionen bereits literarisch ausgeprägt hatten (Z. 61 f.). Drei von ihnen werden namentlich genannt: Robert von Coutances (*Constantinensis*), Philipp von Monjardin (*de Mongardinio*) und Walter von LeClud (*de Clusa*),[7] von denen jeder für ein anderes Stoffgebiet zuständig ist. Davon wird noch zu reden sein; im Augenblick ist die vom Chronisten im folgenden geschilderte Situation von Interesse, die all das aktualisiert: Als Regen und Sturm einmal die Gesellschaft für zwei Tage und eine Nacht in der *domus* zu Ardres festhalten, erschöpfen zuerst Robert und Philipp, wenn auch vielleicht nicht ihr Repertoire, so doch ihr Publikum, und dann entspricht Walter von LeClud dem allgemeinen Wunsch, *coram omnibus et nobis hoc ipsum audientibus* (Z. 84) etwas aus der Geschichte derer von Ardres zum besten zu geben. Auf diesen Moment steuert das ganze Kapitel zu, und er ist in der genrehaften Beschreibung der Gestik des Alten (Z. 84 f.) sehr hübsch hervorgehoben. Es ist der Moment, in dem zugleich diese Stimme die Schriftlichkeit von Lamberts Werk und sein Selbstverständnis als Autor neu begründet.

Lambert hat seine Chronik aus zwei langen Hauptteilen und einem kürzeren Schlußteil aufgebaut: aus der Geschichte derer von Guines bis etwa 1196 (Kap.1–95), der Geschichte derer von Ardres bis etwa 1146 (Kap. 97–146) und aus den Geschehnissen nach dem Zusammenschluß der Familien (Kap. 147–154). Diesen Plan erläutert er zum Abschluß des ersten Teils ausdrücklich mit dem Hinweis auf das rhetorisch-kompositorische Prinzip des *ordo artificialis*, das es gestatte, nunmehr auch die Geschichte des Hauses Ardres als geschlossenen Block einzufügen, ohne die schließlich erstrebte Einheit des ganzen zu gefährden (Kap. 95; S. 606, Z. 40 ff.). Die auf solche Weise literarisch motivierte Einfügung, die in Kapitel 97 folgt, ist natürlich die Erzählung Walters von LeClud, und Kapitel 96 wird damit zum zentralen Scharnier der gesamten Komposition. Es schafft die Situation, in der als zweites nun die Geschichte der mütterlichen Linie, deren Erbe Arnold ja bereits ist, buchstäblich zur Sprache kommt, und zwar als mündlicher, volkssprachiger Stegreifvortrag vor der andächtig lauschenden Hofgesellschaft – das Heulen des Windes hatte ja, fast wie zu diesem Zweck, etwas nachgelassen (Z. 83 f.)! Lambert tut des weiteren zwar nichts, um diesen Vortrag irgendwie mediengerecht, etwa in anderer Stillage, wiederzugeben, ganz zu schweigen von der Sprache, aber er hält die Fiktion konsequent durch und löst sie schließlich (in eigenen Versen!) ebenso konsequent wieder auf:

---

7 Hellers Identifizierung dieses Clusa mit Lecluse im Bezirk Douai hat Ganshof (Anm. 6), S. 206, wie mir scheint, mit Recht korrigiert. Historisch-phonetisch ist LeClud (im Mittelalter ›clus‹ oder ›clusa‹) im Bezirk St.-Omer wahrscheinlicher.

audita Ardensium historia et cessantibus pluviis wird Walter de Clusa belobigt, und die Jungen erkennen die Weisheit der Alten an (Kap. 147; S. 636, Z. 26 ff.). Grundsätzlich hat bereits Heinz Hofmann das Verfahren richtig beschrieben:

»Lambert führt mit dieser Schilderung vor, in welchem Kontext er selbst sein Werk sehen und welche Funktion er ihm zuschreiben will, und er thematisiert diese Funktion durch den literarischen Kunstgriff der Vertextung des erzählenden Walters in seinem Geschichtswerk selbst.«[8]

Was Walters Erzählung legitimiert, sind nicht Bücher, sondern einmal seine Familienzugehörigkeit – er bezeichnet sich selbst zweimal als (illegitimen) Sohn des Grafen Balduin II. von Ardres, der 1146 auf dem 2. Kreuzzug ums Leben gekommen war (Kap. 129; S. 625, Z. 41; Kap. 144; S. 634, Z. 48)[9] – und zum anderen eben dieses hohe Alter, Signum historischen Wissens in archaischen Gesellschaften mit ausschließlich mündlicher Tradition. In solcher Weise greifen in der volkssprachigen Geschichtsschreibung der Zeit z. B. Snorri Sturlusson und sein Vorgänger Ari in die Vergangenheit zurück.[10] Lambert allerdings, der, wie schon zitiert, unter den Zuhörern ist, findet in Vergils 7. Ekloge eine Metapher, die Walters Bericht abschließend dann noch in einem weiteren – und wiederum literarisch gefärbten – Sinn als ›Augenzeugenbericht‹ legitimiert: Er sei *Melebeico more* inseriert worden (Kap. 146; S. 636, Z. 45), wie der Sängerwettstreit zwischen den Hirten Thyrsis und Corydon, den Vergil als Augenzeugenbericht aus der Erinnerung (*haec memini*: V. 69) des Meliboeus wiedergibt.

Die Verbindung von gerne zur Schau getragener klassischer Belesenheit und Verbeugung vor der mündlichen Tradition ist charakteristisch für Lamberts Werk überhaupt. Er, der mit Ovid und dem Topos beginnt, daß vergehen müsse, was nicht aufgeschrieben sei (*prefatio*: S. 559, Z. 31), weiß doch genauso um die Verwurzelung dieser Gesellschaft im mündlich Tradierten und erweist der lebendigen Kraft dieses *memini* auch vorher schon mehrfach seine Reverenz, z.B. wenn er den Grafen Eustache von Guines einen alten Mann bitten läßt, der Gesellschaft über Leben und Taten des Grafen Regemar von Boulogne zu berichten – ein Bericht, der dann die nächsten drei Kapitel füllt (Kap. 20–22). Auch das ist dramatisch wirksam inszeniert: *consurgens igitur senex quidam in medium et manu indicens silentium, facto silentio, dixit* [...] (Kap. 19; S. 572, Z. 3). Lambert seinerseits ist darüber hinaus Mitglied der familia und sitzt diesmal als Hörer dabei, und er benützt sozusagen die Gelegenheit, seine eigene Rolle von daher

---

8 Heinz Hofmann, »Artikulationsformen historischen Wissens in der lateinischen Historiographie des hohen und späten Mittelalters«, *GRLMA*, Heidelberg 1987, Bd. XI/1, 2. Teilbd., hier: S. 458 (das Kapitel 96 ist S. 457–459 relativ ausführlich unter diesem Gesichtspunkt behandelt).

9 Daß öfter in der Literatur Lambert selbst als Verwandter (in diesem Fall der Guines) bezeichnet wird, z.B. von Bezzola (Anm. 3), S. 431, erklärt sich vermutlich aus Nichtbeachtung eben dieser Fiktion: Der Sprecher hier ist Walter de Clusa.

10 Darüber neuerdings Alois Wolf, »Snorris Wege in die Vergangenheit und die Besonderheiten altisländischer Mündlichkeit und Schriftlichkeit«, in: ders. (Hrsg.), *Snorri Sturlusson. Kolloquium anläßlich der 750. Wiederkehr seines Todes*, ScriptOralia 51, Tübingen 1993, S. 267–293.

zu bestimmen. Indem er gut ein Drittel seines Werkes diesem Walter von LeClud in den Mund legt, der im übrigen auch für anglonormannische Literatur zuständig ist (s.u.), tritt er dessen Nachfolge an, im neuen Medium zwar und in der Sprache des Gelehrten, aber doch im Geist traditionellen Geschichtsverständnisses und traditioneller Wissensvermittlung. Dieser neue Unterhaltertypus nimmt zugleich natürlich dem ›nur‹ unterhaltenden, ambulanten ioculator das Heft aus der Hand. Er gehört zum Hof als familiaris und domesticus und benützt sein Material für ganz bestimmte, nicht zuletzt erzieherische Zwecke. Einen solchen Walter de Clusa hat es genau wie die anderen Berater mit größter Wahrscheinlichkeit wirklich gegeben, aber die Umstände seines Wirkens und seines Auftretens hier sind Teil einer literat-verbalen Konstruktion und nicht Wiedergabe historischer Fakten. Der Realitätscharakter von Lamberts Darstellung liegt vielmehr in erster Linie in diesem seinem Entwurf zur Selbstbestimmung

III.

Was im einzelnen das Ambiente charakterisiert, in dem Lambert sein Werk ansiedelt, wird noch zu erörtern sein. Wenden wir uns zunächst Balduin und dessen Hofhaltung zu. Die betreffenden Passagen gehören zum ersten Teil der Historie und in einen anderen Zusammenhang. Das Kapitel über den Sohn bezieht sich im wesentlichen punktuell auf eine spezifische und relativ kurze Zeitspanne, grob gesagt um 1190. Die Kapitel über den Vater sind dagegen Teil einer summarischen Charakterisierung des Fürsten, die zeitlich zurückgreift und in benachbarten Kapiteln auch noch ganz andere Aspekte seiner Herrschaft und Lebensführung betrifft, darunter durchaus auch negativ beurteilte wie seine exzessive Jagdlust (Kap. 88; S. 603, Z. 5 ff.) oder seine außerehelichen Eskapaden, mit denen er sogar Jupiter übertreffe (Kap. 89; S. 603, Z. 14 ff.). Mit Kapitel 90 ändert sich bereits die Blickrichtung: *Ad Arnoldum igitur, eius filium primogenitum, ad quem nobis sermo est, stilum convertamus* (S. 603, Z. 33 ff.). Auch aus dieser Perspektive hat das, was Lambert zu den literarischen und akademischen Interessen des Vaters ausführt, eher zusammenfassend retrospektiven Charakter, und in jedem Fall ist es inhaltlich wie rhetorisch als Fürstenlob konzipiert. Spezifisch knüpft dabei die Überschrift zu Kapitel 80 an das Stichwort ›Klugheit in allen weltlichen Dingen‹ an, die schon vorher der ritterlichen Tüchtigkeit des Fürsten ausdrücklich an die Seite gestellt worden war,[11] und das überschwengliche Lob seines Ingeniums, zu dem sich Lambert jetzt aufschwingt (Z. 1–6), ist selbstverständlich topisch zu verstehen. Selbst die Reaktion der übrigen Bewunderer ist zumindest in ihrem ersten Teil rein rhetorisch: Von *quis est hic* bis *mirabilia* ist dieser erstaunte Ausruf ein Zitat aus Jesus Sirach![12] Dieser

---

11 Kap. 74; S. 596, Z. 11 f.: *in omni secularitatis sapientia eloquentissimus et in milicia pro quantitate corporis nulli per Flandrensium circuitum secundus aut posthabitus*.
12 Z. 18 f.; vgl. Sir. 31, 9: *Quis est hic et laudabimus eum/ fecit enim mirabilia in vita sua*. Der Zusammenhang ist im übrigen dort ein völlig anderer.

panegyrische Ton fällt auf, ist aber keineswegs das Hauptindiz für den literarisch überhöhten Charakter von Lamberts Darstellung; das ist vielmehr die Gründlichkeit und Systematik, mit der er sein Thema auslotet.

Die *sapientia* des Grafen erstreckt sich bis auf die Gegenstände der freien und mechanischen Künste, die er sich als *omnino laicus* und *illiteratus* (Z.3) mit Hilfe seiner Kleriker über die Volkssprache und über das Gehör aneignet: Das ist das Thema von Kapitel 80. Die Termini *laicus* und *illiteratus* hat Lambert, indem er wiederholt auf den Hörvorgang Bezug nimmt oder auch vom Auswendiglernen spricht, auf der Bedeutungsskala des 12./13. Jahrhunderts so gewichtet, daß der Akzent eindeutig auf ›schriftunkundig‹ liegt und nicht etwa auf ›lateinunkundig‹.[13] Die Bereiche sollen deutlich auseinandertreten; funktional gesehen bedingen sich das *omnino laicus* und das folgende übersteigerte Lob gegenseitig. Lesen lernt erst der Bibliothekar des Grafen, Hasard von Andrehem (*Aldehen*), der neue Typus des volkssprachigen *litteratus*, der dann im nächsten Kapitel auftritt, in einer deutlich differenzierteren Beschreibung, die Lesen und Bildung klar unterscheidet: Unter dem Einfluß seines Herrn habe Hasard lesen gelernt und sich durch Lektüre gebildet (Z. 42 bzw. 44: *litteras didicisse et litteratum factum / legit et intelligit*). Solche feineren Unterschiede werden für den Grafen, der hier noch einmal durch das *simili modo* (Z.42) als reiner Analphabet in Erinnerung gebracht wird, nicht gemacht. Er bleibt im technischen Sinn ein Vertreter der mündlich-volkssprachigen Ritterkultur, obwohl er das Neue anerkennt und fördert. Und er repräsentiert diese Kultur aktiv (und symbolisch), indem er seinerseits den Klerikern im Austausch die heimische, nicht christlich überformte Dichtung vermittelt. Auch dies ein scharf betonter Kontrast! Wer den Begriff *gentilium nenias* (Z.11), so wie er hier gebraucht wird, inhaltlich füllen will, müßte an etwas dem germanischen Heldenlied Analoges denken und könnte das sogar mit dem quasi-mythischen Ahnen der Guines, dem Wikinger Siegfried, in Verbindung bringen, aber darum geht es offensichtlich gar nicht. Es geht um programmatische Absteckung von allgemeinen Positionen.

Zugleich aber verwandelt sich der Graf die Inhalte der klerikalen Schriftkultur praktisch gleichwertig an. Franz Bäuml hat ohne den Beistand mittelalterlicher Zeugnisse den Begriff ›quasi-literate‹ für eine Person geprägt, die persönlich Analphabet ist, aber doch schon von Geschriebenem irgendwie abhängig oder ihm verbunden. Das authentische *quasi literatus* hier besagt etwas anderes: ›so gut wie gelehrt‹.[14] Diese Qualität stellt Balduin als *ultra quam necesse erat in mul-*

---

13 *Non surdus erat auditor* (Z. 6 f.); *patulo capescebat [...] auditu* (Z. 9); *auditorum conservator* (Z.12); *eos audiebat* (Z. 20); *corde tenus retinere* (Z. 23). Insoweit sie diesen Unterschied überhaupt machen, tendieren die neueren Kommentare zur Stelle eher in die andere Richtung, z.B. der von Patze, (Anm. 2), S. 86. Vgl. dagegen Herbert Grundmann, »Litteratus – illitteratus. Der Wandel einer Bildungsnorm vom Altertum zum Mittelalter«, *AfK 40* (1958), S. 1–65 (wieder in: ders., *Ausgewählte Aufsätze*, Bd. III, Stuttgart 1978, S. 1–66), hier: S. 10, Anm. 28: »Nur lesen lernte er offensichtlich nicht, sonst hätte es Lambert [...] zweifellos erwähnt und sich anders ausgedrückt.«

14 Z.13; vgl. Franz H. Bäuml, »Varieties and Consequences of Medieval Literacy and Illiteracy«, *Speculum* 55 (1980), S. 237–265, hier: S. 246. So sieht denn Krüger (Anm. 4), S. 333, auch den Grafen Balduin. Anders schon Patze (Anm. 2), S. 86: »fast ein Gelehrter«; Grundmann (Anm. 13), S. 10: Er »disputierte *quasi litteratus*«.

tis edoctus (Z. 14), in seinem Handeln unter Beweis, indem er nämlich sein Wissen in dem Bereich engagiert, für den eigentlich die ›anderen‹ zuständig sind. Diese weitere Dimension entfaltet sich in seiner so eingehend beschriebenen Debattierfreude und -tätigkeit (Z. 6/11-17). Er beherrscht eben nicht nur die Inhalte, sondern auch die Technik, das Instrumentarium (Z. 4) der *artes* und vermag so seine eigenen Lehrer regelrecht zu düpieren. Weiter konnte man in dieser Richtung nicht gehen, ohne die Basis des ganzen Vergleichs zu verlassen. Auch diesmal geht es also um das Grundsätzliche. Lambert hat hier den Typus des Fürsten entworfen oder – im doppelten Sinn des Wortes – vorgestellt, der in seiner Person und in der seinem Stand gemäßen Form die beiden Kulturen integriert. Das ist dasselbe, was Lambert selbst von seiner Warte, der Warte des clericus aus, für sich in Anspruch nimmt, und damit sieht er den Hof und seinen Dichter in einer neuen Art von Symbiose.

Das zweite Balduinkapitel verfolgt dann diesen Prozeß der Integration noch einen wesentlichen Schritt weiter. Sein Thema ist die Entstehung einer neuen volkssprachigen Schriftlichkeit als Ergebnis dieser Symbiose, und zwar einer Schriftlichkeit, die dann diese und andere Bildungsinhalte auch dem Gefolge zugänglich macht. Praktisch gesprochen wird, wieder zunächst am Grafen selbst exemplifiziert, eine Zwischenstufe eingeschaltet: die Übersetzung einschlägiger Texte in die Volkssprache, in diesem Fall Französisch. Daß das nicht die eigentliche Volkssprache dieser Region war, steht auf einem anderen Blatt (s. u.). Außerstande, alles, was es zu lernen gibt, auswendig zu behalten, ist so der hohe Schüler nicht mehr auf mündliche Belehrung ad hoc und durch Mittelsmänner angewiesen, sondern er läßt sich nach Bedarf die Sache selbst vorlesen, u. U. wieder und wieder (Z. 26). Damit hat jetzt auch der größere Kreis des Hofes an dieser Belehrung Anteil: Der neue französische Solinus des Magisters Simon von Boulogne wird z. B. *publice* vorgetragen (Z. 34), und in der Person des ersten Kustos der so entstehenden Bibliothek, des erwähnten Hasard von Andrehem, lernen wir dann sogar einen ersten Privatleser kennen (Z. 41-44).

Damit ist umgeschaltet: Jetzt bildet das Schriftliche und nicht mehr das Mündliche die Basis der Integration, aber als eine dem Laien konforme volkssprachige Schriftlichkeit. In diese Richtung wird deshalb nun auch das Unterthema ›einheimische Dichtung‹ umfunktioniert. Die vorher erwähnten *gentilium nenias* kann man sich in ihrem dortigen Zusammenhang nur als mündliche Dichtung vorstellen. Wenn jetzt erneut die Kennerschaft des Grafen im Bereich volkssprachig-traditioneller Dichtung zur Sprache kommt, welche im Normalfall die *ioculatores* vortragen (Z. 40), dann mit einem ganz anderen Stellenwert: Jetzt gehört die einheimische Dichtung zum Bestand einer Bibliothek, derselben, die es den Grafen sogar einem Augustinus in der Theologie oder einem Dionysius Areopagita in der Philosophie gleichtun läßt. Die Assoziation des Thales von Milet mit den »milesischen Fabeln«, wie noch Gottsched sie nennt, ist ein Mißgriff, aber die unterhaltsame antike Erzählung als solche – das muß *neniae gentilium* an dieser zweiten Stelle bedeuten – ist wichtig als Überleitung zur mittelalterlichen. Diese nun wird nicht mehr pauschal angezeigt, sondern in Katalogform kategorisiert: *in cantilenis gestoriis sive in eventuris nobilium sive etiam in fabellis ignobilium* (Z. 39 f.). Man erkennt in dieser systematischen

Aufstellung nach Gattungen der Erzähldichtung unschwer die französischen Termini ›chanson de geste‹, ›roman d'aventure‹ und ›fabliau‹ wieder, wobei ›fabliau‹ (*fabellis ignobilium*) in Analogie zu *eventuris nobilium* wohl als Erzählung schwankhaft-bäurischen Inhalts gedacht ist. Aus früherer Zeit hat sich nur eine Systematik dieser Art erhalten, und sie ist denn auch volkssprachig-französisch: Der Prolog des Pierre de Saint-Cloud zur zweiten Branche des ›Roman de Renart‹,[15] der um 1176 angesetzt wird. Das Repertoire der dort apostrophierten *conteurs* umfaßt ebenfalls Klassisches, d.h. in diesem Fall die Trojageschichte, dazu einen Tristan als höfischen Roman, *chancon de geste* und *fabliaus* (V. 3–7):

> Conment Paris ravi Elaine,
> le mal qu'il eu ot et la paine:
> De Tristan qui la chievre fist,
> qui assez bellement eu dist
> et fabliaus et chancon de geste.

Offensichtlich steht also Lambert, genau wie mit der noch zu besprechenden Aufstellung in Kapitel 96, bereits in einer Tradition solcher klassifizierenden Auflistung des literarischen Angebots. Während aber Pierre de Saint-Cloud mit der seinen natürlich einen bestimmten Zweck im Hinblick auf das eigene Werk verfolgt, erstrebt Lambert bereits eine allgemeine Systematik, über die er die volkssprachige Dichtung als solche programmatisch in den Kanon des schriftlich Verfügbaren einordnet. Eine beachtliche reflektierende Distanz zu diesem literarischen Betrieb!

In letzter Konsequenz dieser Integration auf der neuen Basis der Schriftlichkeit wird der Graf selbst noch zum Kulturmäzen und -stifter in weiteren Bereichen, indem er nicht nur Kult und Kultur der Kirche, sondern darüber hinaus originales volkssprachiges Schrifttum aktiv fördert. Mit Hinweisen auf die Literatur des Gottesdienstes und die Mittel für die Musikpflege im Kloster (Z. 34–37) nimmt Lambert unter dem neuen Gesichtspunkt ein Thema auf, die Tätigkeit Balduins als Kirchenherr, das auch anderweit anklingt, etwa in der Ausstattung der Nikolauskapelle in Audruicq *cum libris et ceteris ecclesiasticis ornamentis ad sufficientiam* (Kap. 78; S. 597, Z. 33 f.). Ganz neu aber ist die persönlich kreative Rolle, die der Graf bei der Planung und Ausführung eines neuen volkssprachigen Textes und seiner Ausstattung gespielt haben soll: *ipso quoque preceptore et monitore* (Z. 45) habe der Baumeister Magister Walter Silens ein Buch geschrieben und illustriert – diesen Schluß mag der Terminus *exornavit* erlauben –, mit dem Titel ›Roman de Silence‹. Offensichtlich ist das ein Werk profanen Inhalts, im wichtigsten Punkt bleibt der Passus leider unklar. Wenn die Vokabel *roman* nicht wäre, die u. U. auf ein Mißverständnis in der Überlieferung zurückgeht, würde man sofort an ein illustriertes Fachbuch denken, ein Skizzen- oder Hüttenbuch wie das des 1230/35 tätigen Pikarden Villard de Honnecourt, in dem Walter Silens, der gerade in Ardres zwei öffentliche Bauten erneuert hatte (Z. 46 f.),

---

15 *Le Roman de Renart*, übers. Helga Jauß-Meyer, Klassische Texte des romanischen Mittelalters 5, München 1965.

unter direkter Beteiligung seines Bauherrn seine gesammelte Erfahrung niederlegte.[16] Wie dem auch sei, der Ausflug in diesen weiteren Wirkungsbereich, die vielgerühmte Bautätigkeit der Herren von Guines überhaupt, gerade an dieser Stelle und im Zusammenhang mit der neuen Schriftlichkeit, demonstriert noch einmal Lamberts Bestreben, die Kreise systematisch weiter und weiter zu ziehen, in denen sich die ursprünglich ganz persönliche Neigung des illiteraten Grafen Balduin schließlich zum allgemeinen Wohl auswirkt, wie der Fall eines Steins in stilles Wasser. Er stellt in möglichst erschöpfender Form den bei weitem gravierendsten Wandel im kulturellen Bewußtsein der laikalen Oberschicht dar, den er selbst miterlebt hat, und er tut das natürlich bei aller Sympathie für das Alte aus der Perspektive des Literaten. Das Erstaunliche ist, daß er diese Darstellung so ausschließlich auf diese eine Figur konzentriert. Das konnte er kaum ohne konkrete Anhaltspunkte tun; in seiner Totalität ist dieses Bild aber sicher ein Ideal-, wenn nicht ein Wunschbild.

IV.

Ganz anders verfährt Lambert, wenn er sich der Hofhaltung des jungen Arnold zuwendet, in der er sich ja nun selbst, wie beschrieben, einen Platz zuweist. Arnold, von dem wir leider nicht wissen, wann er geboren wurde, hatte sich, kaum dem Knabenalter entwachsen, bereits auf ausgedehnte Turnierfahrten begeben und war nach gängigem Muster am Hof des Grafen Philipp von Flandern zu Ritterschaft und höfischer Sitte erzogen worden (Kap. 90). Seiner Schwertleite zu Pfingsten (!), am 24. Mai 1181, war eine weitere Turnierreise gefolgt (Kap. 91/92). Natürlich, möchte man sagen, zeigt das Siegel des späteren Grafen von Guines einen gewappneten Ritter zu Pferd, der galoppierend sein Schwert schwingt, gleich dem solcher Zeitgenossen wie der Grafen Philipp von Flandern, Heinrich III. von Sayn oder Gerhard von Geldern und Zutphen, und vom gleichen allgemeinen Typus des Reitersiegels wie auch z.B. das des Landgrafen Hermann von Thüringen.[17] Räumlich spielt diese ritterliche ›Jugend‹ überdies in dem Teil der Welt (Flandern und angrenzende Regionen), von dem auch der junge Gregorius Hartmanns von Aue in seinem

---

16 Immerhin erwähnt sei, daß die französische Literaturgeschichte tatsächlich einen ›Roman de Silence‹ kennt. Der Titel ist jedoch modernen Ursprungs, der Text erst im späteren 13. Jahrhundert entstanden und von einem Heldris de Cornuälle (Cornwall) verfaßt: *GRLMA*, Heidelberg 1984, Bd. IV/2, S. 139 f. (Nr. 256); im *GRLMA*, Heidelberg 1978, Bd. IV/1, S. 467–474 eine Beschreibung durch Jean Frappier (Ausgabe von L. Thorpe, Cambridge 1972). Der Name der Heldin, die jahrelang als Mann verkleidet durchs Leben geht, ist um dieses Verschweigens ihrer Identität willen Silence, und der Dialekt dieser Versdichtung ist Pikardisch.
17 Die letzteren sind abgebildet in: *Die Zeit der Staufer. Geschichte – Kunst – Kultur*, hrsg. Reiner Hausherr, Stuttgart 1977, Bd. II, Abb. 15, 18, 22 bzw. Abb. 20. Das Siegel Arnolds (bezeugt für 1210) ist mir aus einer Vitrine des Stadtmuseums von Guines bekannt.

Zwiespalt zwischen Feder und Schwert wußte, daß man dort Ritterschaft in Vollendung pflegte.[18] Eine Affaire mit der älteren, aber besonders lebens- und liebeslustigen Gräfin Ida von Boulogne hatte im Kerker zu Verdun geendet (Kap. 93): Das ist das letzte große Abenteuer dieser ›Jugend‹, auf das Überschrift und Anfang von Kapitel 96 noch kurz Bezug nehmen. Derweil war ›zuhause‹ (*infra patriam*) bereits – vom Vater ernannt – ein Ratgeber tätig gewesen, Philipp von Monjardin, der dem Sohn im Ohr lag, dem Vater das mütterliche Erbe abzufordern (Kap. 92; S. 604, Z. 24 ff.), und der sich gleichzeitig bemühte, ihn auf eine seinem Reifestand angemessene Weise zu domestizieren: *infra patriam cum eo conversationem habuit et eum iocis et ludicris ad moralia provocavit* (S. 604, Z. 41 f.). Alle diese Fäden laufen in Kapitel 96 zusammen: Die Symptome dieser ›jeunesse‹, wie sie Georges Duby beschrieben hat (Anm.2), sind auch hier noch dicht gesät (Z. 52 f./54–56/59–61), einschließlich des keineswegs völlig entspannten Verhältnisses zum Vater, und die Heirat mit Beatrix von Bourbourg (1194) steht noch bevor, aber Arnold hat seinen eigenen Hausstand gegründet, und es kommen andere Einflüsse zur Geltung, eben die Philipps von Monjardin und seinesgleichen. George Duby hat ausgerechnet diese Stelle wiederholt zur Stütze seiner These von der tragenden Rolle der ›jeunes‹ bei der Entstehung volkssprachig-höfischer Literatur herangezogen: ›Junge Männer wie er selbst‹ erzählten da dem jungen Fürsten ›in den Pausen zwischen ihren Kriegsspielen‹ Geschichten vom Fall Jerusalems usw.[19] Der Text besagt genau das Gegenteil: *Senes autem et decrepitos* [!] [...] *venerabatur et secum detinebat* (Z. 61–63). Diese ›Alten‹ sollen, so will es jedenfalls Lambert sehen, ein Gegengewicht zu den leichtlebigen Gefährten der Jugend bilden, und sie tun das zunehmend auch, wie das Beispiel Walters von LeClud eigens ausführlich exemplifiziert. Geht es also in Kapitel 80 und 81 um retrospektives Fürstenlob, so geht es in Kapitel 96 um planend vorausschauende Fürstenlehre.

Diejenigen am Hof, die mit literarischen Themen und Stoffen umzugehen verstehen, sind also zugleich diejenigen, die die Weichen neu stellen. Nun ist Arnold natürlich seiner ganzen jungen Vergangenheit nach kein *quasi litteratus* oder *sa-*

---

18 Hartmann von Aue, *Gregorius*, hrsg. Hermann Paul, 13., neu bearb. Aufl. besorgt v. Burghart Wachinger, ATB 2, Tübingen 1984, V. 1575–78: *swelh ritter ze Henegouwe,/ ze Brâbant und ze Haspengouwe/ ze orse ie aller beste gesaz,/ so kan ichz mit gedanken baz.*

19 Duby, »Remarques sur la littérature généalogique« (Anm. 2), S. 295: »Trois de ses amies, trois ›jeunes‹ comme lui«, also »*commilitones* of the young hero who recounted, for the company's amusement in the intervals between their war games, tales of the Holy Land [...]« (ders., »Knightly Class« (Anm. 2), S. 261). In der deutschen Fassung ist der Passus anders, aber kaum weniger irreführend, ausgewertet; ders.: *Wirklichkeit und höfischer Traum* (Anm. 2), S. 113. – In allgemeinerer Form hat schon Ursula Peters darauf hingewiesen, daß diese und andere Stellen viel eher »die herrschaftliche Welt adeliger ›Unterweisung‹« evozieren als den Literaturkonsum peregrinierender Jungadliger; vgl. dies., »Von der Sozialgeschichte zur Familienhistorie. George Dubys Aufsatz über die Jeunes und seine Bedeutung für ein funktionsgeschichtliches Verständnis der höfischen Literatur«, *PBB* 112 (1990), S. 404–436, hier: S. 435.

piens, sondern *miles* ohne den besonderen Fortbildungsdrang des Vaters, also eher, wie sein Ziehvater Philipp von Flandern, ein ›quasi illitteratus‹, um eine Formulierung Sabine Krügers zu gebrauchen.[20] Das bedeutet letztlich, daß diese Fürstenlehre nicht aus Schulwissen, sondern aus den res gestae gewonnen und in der Volkssprache vorgetragen werden muß. Wer in dieser Weise seinen Herrn zugleich *instruebat et aures eius demulcebat* (Z. 65), der sollte offensichtlich über die Literatur ein historisches Gedächtnis aufbauen. Im Zusammenhang mit Balduin stehen diese literarischen Traditionen trotz dessen anerkannter Kennerschaft insgesamt eher am Rand; hier stehen sie im Zentrum. Zugleich aber sind die Träger anders definiert: Ritterliche Mitglieder der *familia* haben das Amt der hier gar nicht mehr genannten *fabulatores* (Z. 10 f.) und *ioculatores* (Z. 40) übernommen. Damit tut Lambert einen Schritt, der das für den Fall Balduins Dargestellte im Hinblick auf den Trägertypus und den ›Ort‹ solcher Literatur am Hof in dramatischer Weise ergänzt: Während ein hochliterater Zeitgenosse wie Peter von Blois die Zugkraft insbesondere des neuen höfischen Romans noch einigermaßen hilflos beklagt,[21] findet er den Übergang vom potentiell ›fremden‹, allgemein unterhaltsamen profanen Erzählen zu einem Erzählen, das speziell an den Hof und zum Hof gehört und in der Tat von dort her erst seinen Sinn bekommt. Etwa 15 Jahre später sollte der Tiroler Thomasin von Zerklaere vom höfischen Roman als der geeigneten Lektüre derer sprechen, die nicht lesen können, und damit indirekt sogar die visuelle Darstellung solcher Erzählstoffe legitimieren.[22] Die Vision Lamberts reicht, abgesehen davon, bereits weiter und umfaßt mehr: Alles, was man sich unter dem Stichwort *veterum eventuras* usw. zu seiner Zeit vorstellen konnte, wird ebenfalls gleichsam domestiziert, d. h. durch Lehre zur Lehrdichtung umfunktioniert (Z. 61–63): *veterum eventuras et fabulas et historias ei narrarent et moralitatis seria narrationi sue continuarent et annecterent.* Zu diesem Zweck wird es anschließend in beachtlichem Detail aufgelistet.

Bezeichnenderweise beginnt dieses Unternehmen mit einer Formel, die wir wieder aus einer volkssprachigen, diesmal zeitgenössischen Quelle kennen. Das Repertoire Roberts von Coutances (Z. 64 f.) orientiert sich offensichtlich an der Triade ›matière de Rome‹, ›matière de France‹ und ›matière de Bretagne‹, die etwa gleichzeitig im nicht weit entfernten Arras der städtische *jongleur* und *menestrel* Jean Bodel[23] als typologischen Hintergrund zu seiner ›Chanson de Saisnes‹ aufbaute (V. 6–11):

---

20 Krüger (Anm. 4), S. 337. Im übrigen konnte, wer als Laie überragendes geschichtliches Wissen besaß, auch ›quasi litteratus‹ oder ›modice litteratus‹ genannt werden (Beispiele bei Krüger, ebd., S. 333).
21 Zu diesem bekannten Zeugnis und anderen, verwandten siehe im Zusammenhang vor allem Klaus Schreiner, »›Hof‹ (›curia‹) und ›höfische Lebensführung‹ (›vita curialis‹) als Herausforderung an die christliche Theologie und Frömmigkeit«, in: Kaiser/Müller, *Höfische Literatur*, S. 67–138, hier: S. 108 ff.
22 Vgl. Michael Curschmann, »Der aventiure bilde nemen: The Intellectual and Social Environment of the Iwein Murals at Rodenegg Castle«, in: Martin Jones u. Roy Wisbey (Hrsg.), *Chrétien de Troyes in the Middle Ages*, Cambridge 1992, S. 219–227.
23 Jehan Bodel, *La chanson des Saisnes*, hrsg. Annette Brasseur, Genf 1989, Bd. I.

> Ne sont que .III. matieres a nul homme antandant:
> de France et de Bretaigne et de Rome la grant;
> et de cez .III. trois matieres n'i a nule samblant.
> Li conte de Bretaigne sont si vain et plaisant,
> cil de Rome sont sage et de san aprenant,
> cil de France de voir chascun jor aparant.

Es fehlt bei Lambert die relative Wertung, auf die Jean Bodel es speziell abgesehen hat, also die Art von aktuellem Zusammenhang, aus dem solche Kategorisierungen ursprünglich hervorgehen. Wieder hat er das so Gewachsene, ein vermutlich bereits gängiges Schema, abgehoben und einer eigenen, in diesem Sinn wertfreien Systematik dienstbar gemacht. Über die beiden anderen ›Alten‹ vergrößert er den Kreis zu einer weiteren, übergreifenden Trias, in der zugleich stoffliche und geographische Gesichtspunkte mit verpackt sind: Weltgeschichte im Spiegel der Dichtung. Neben dem gattungsbezogenen kontinental-westeuropäischen Kanon, den auch Jean Bodel bringt, steht das Corpus der Kreuzzugsdichtung u. ä., mithin der Osten (Philipp von Monjardin), und – etwas schwieriger zu durchschauen – eine Stoffgruppe, die mit dem normannischen England, also dem Nordwesten, verbunden wird. Wir wissen bereits, zu welchem Zweck darüber hinaus diese letzte, Walter de Clusa zugeteilte Gruppe außerdem noch die Kenntnis der lokalen Geschichte mit einschließt: Über ihn nimmt Lambert von Ardres die neue Definition des Dichtungsträgers auch für sich in Anspruch, womit dann in Verlängerung volkssprachiger Erzähldichtung auch Geschichtsschreibung, selbst lateinische, zur Hofdichtung wird. Für sich genommen summieren sich all diese diversen Titel zu einem Gesamtinventar derzeit und in diesen Regionen bekannter und verfügbarer Stoffe und Themen. Sie waren damals de facto bereits weitgehend verschriftlicht, und ihre Zuordnung zu dem jungen Ritterfürsten Arnold bezweckt im Prinzip dasselbe wie die Zuschreibung der allseitigen akademischen Interessen an seinen Vater. Allerdings unter ganz anderem Vorzeichen: In Arnolds Gesellschaft wird nicht vorgelesen, sondern informell mündlich erzählt (s. u.)! Auch dieser partielle ›Rückschritt‹ gehört wesentlich zur allgemeinen Umschichtung des traditionellen Gefüges, ganz abgesehen davon, wie der Chronist die Situation dann weiter in seinem Sinn ausmünzt. Wieder also eine überlegte Konstruktion, die ebenfalls als solche erst einmal bewußt werden muß, bevor man die einzelnen Angaben auf ihren Zeugniswert befragt.

V.

Machen wir noch eine Gegenprobe! Die Schwierigkeiten, die sofort auftreten, wenn man zuerst auf der Ebene des inhaltlich Faktischen liest und versucht, sich den angedeuteten volkssprachigen Literaturbetrieb im einzelnen und konkret zu vergegenwärtigen, beginnen schon mit der Sprache. Das gilt für beide Hofhaltungen. Die Sprache des Volkes wie des Adels in diesen eng mit Flandern verbundenen Gebieten war zur fraglichen Zeit noch Flämisch – das hat im Anschluß an die ältere Dialektgeographie schon Ganshof angemerkt und z.T. ganz speziell aus Lamberts Chronik in neuerer Zeit Ludo Milis belegt.[24] Es fällt ja auf, wie Balduins Kenntnis des Französischen zweimal eigens hervorgehoben wird (Z.32 f.: *in sibi notam linguam*; Z.29 f.: *in sibi notissimam Romanitatis linguam*). Seine Muttersprache war das offensichtlich nicht, die Anlage einer ganzen Bibliothek in dieser Sprache signalisiert vielmehr die besonderen kulturellen Ambitionen des Grafen. Er hätte damit, das ist die nächstliegende Erklärung, seinem Lehensherren Philipp von Flandern nacheifern wollen, einem der großen Mäzene volkssprachiger Dichtung in dieser Zeit, und in dieser Vorstellung hat er natürlich auch die ›cantilenae gestoriae‹ usw. (schriftlich) auf französisch besessen. Was aber, wenn er, wie in Kapitel 80 angedeutet, seinen Lehrern die mündliche Dichtung, mit der er sozusagen aufgewachsen war, vortrug oder sonstwie nahebrachte? Muß man da nicht eher ans Flämische denken? Außerdem: Sprach der ganze Hof, dem aus dieser Bibliothek vorgetragen wurde, ebenfalls gut genug Französisch als Zweitsprache? Für Arnold, den Sohn, ist das immerhin recht wahrscheinlich, in Anbetracht seines längeren Erziehungsaufenthaltes am Genter Hof. Aber heißt das, daß Robert von Coutances und die anderen ihn und die Seinen ebenfalls auf französisch unterhielten? Die in Kapitel 96 aufgeführten Titel und Stoffe vertreten den französisch-anglonormannischen Literaturbetrieb der Zeit, aber nichts deutet darauf hin, daß die ›Erzählungen‹ dieser Herren aus dem Vortrag der entsprechenden Versdichtungen nach Manuskript bestanden. *Narrare* (Z.62) spricht – insbesondere im Kontrast zu *legere* in Kapitel 81 (Z. 26) – eindeutig dafür, daß Lambert an eine Form freien Vortrags gedacht hat, und dafür käme auch wieder am ehesten Flämisch in Frage, besonders bei einer Nacherzählung in Prosa. Auch Walters Geschichte von Ardres existiert ja zunächst als mündliche Prosa – ob auf französisch oder flämisch, sagt Lambert auch diesmal nicht. Diesen Unterschied – vor flämischsprechendem Publikum – zu machen, daran scheint ihm überhaupt nur in dem einen Fall gelegen, in dem es um repräsentative Verschriftlichung geht. ›Romana lingua‹ ist nicht mehr und nicht weniger als das Gütezeichen der neuen volkssprachigen Schriftkultur.

Fragen nach den praktischen Modalitäten der von Lambert geschilderten Verhältnisse führen also im Zweifelsfall rasch ins Leere. Anders und positiver gesagt, Lambert überspielt – verdrängt, wenn man so will – die faktischen Gegebenheiten im Hinblick auf allgemeine Positionen und Vorstellungen, an deren Profilierung ihm offensichtlich mehr gelegen ist als an akkurater Berichterstattung. Umso bemerkenswerter ist die Tatsache, daß trotzdem in diesem Kapitel 96 praktisch alle Angaben zum literarischen Hintergrund ›stimmen‹, d.h. in das Bild passen, das wir ohnehin schon haben. Kaum ein Titel

---

24 Ganshof (Anm. 6), S. 225; Ludo Milis, »La frontière linguistique dans le comté de Guînes: un problème historique et méthodologique«, in: *Actes du 101ᵉ congrès national des Sociétés Savantes. Section d'histoire moderne et contemporaine*, hrsg. Ministère de l'Education Nationale, Comité des Travaux Historiques et Scientifiques, Paris 1978, Bd. I, S. 249–262, hier: S. 254: »La noblesse est flamand et le comte Baudouin constitue une exception, particulièrement accentuée«.

oder Stoff, mit dem wir nichts anzufangen wüßten! Selbst die etwas zusammengewürfelte dritte Gruppe ist im einzelnen durchaus plausibel: Mit *Merchulfus* (Z. 69. Französisch ›Marcoul‹ und deutsch ›Markolf‹) ist sicher, besonders in unmittelbarer Nachbarschaft Merlins, eine (verlorene) anglo-normannische Fassung der Spruch- und Schwankdichtung von Salomon und Marcolfus gemeint,[25] und im Fall der tatsächlich (fragmentarisch) erhaltenen französischen chanson de geste ›Isembart et Gormont‹ ist durchaus nachzuvollziehen, warum Lambert sie zu dieser ›englischen‹ Gruppe geschlagen hat, denn ihr (negativer) Held, der Sarazenenführer Gormund, kommt eben aus England. Selbst die in Kapitel 81 ausgemalte Übersetzer- und Autorentätigkeit läßt sich, obwohl bei solchen akzidentiellen Formen volkssprachigen Schrifttums die Verlustquote sehr viel höher zu veranschlagen ist,[26] in einigen Fällen doch so weit ›verifizieren‹, daß auch die restlichen Angaben beträchtlich an Autorität gewinnen.

Ich ziehe dazu zunächst die Chronik selbst heran, d.h. die Fälle, in denen die fragliche Person oder der fragliche Text nicht nur an dieser Stelle oder in dieser Weise in das Gesamtwerk integriert ist. In solchen Fällen verstärkt sich immerhin der Eindruck historischer Substanz. Prominentestes Beispiel ist natürlich Walter von LeClud, dessen Bericht als Text im Zentrum der Chronik beginnt und der sich im Verlauf selbst in die Geschichte der Familie einordnet. Ein weiteres Beispiel ist ebenfalls bereits angesprochen: Philipp von Monjardin. Er spielt geradezu eine Doppelrolle, wenn nicht gar ein doppeltes Spiel, als Berater beider Fürsten – eine prominente Figur, die man unter den Umständen schwer einfach erfinden konnte. Weniger auffällig, aber kaum völlig aus der Luft gegriffen, ist die Rolle des hochgelehrten Magisters Gottfried, von dem es in Kapitel 81 heißt, daß er *maximam quoque phisice artis partem* ins Französische übertragen habe (Z. 28 f.). Er taucht ebenfalls schon vorher auf, und zwar als einer der beiden Leibärzte Graf Balduins, die sich vergeblich bemühen, das Leben der Gräfin Christiane zu retten: *phisici et magistri eius, Heremannus videlicet et Godefridus* (Kap. 85; S. 600, Z. 32. Ähnlich Kap. 86; S. 601, Z. 15). Er könnte gut für seinen Herrn eine Art ›Regimen sanitatis‹ verfaßt haben. Einen letzten, weniger direkten Anknüpfungspunkt für einen in diesen Abschnitten genannten Text bietet vielleicht der Tadel Walters von LeClud an dem Autor einer *cantilena* über den ersten Kreuzzug, der dort die Taten und Verdienste seines Vorfahren Arnold von Ardres einfach unterschlagen habe und deshalb *nullo nomine dignus habetur* (Kap. 130; S. 627, Z. 1). Schon der Herausgeber hat diese Stelle mit der ›Chanson d'Antioch‹ in Verbindung gebracht, die um 1130 von einem gewissen Richard le Pélerin verfaßt sein soll und die Lambert sogar als

---

25 Anders hat z.B. Jan de Vries vor allem auf Grund dieser Stelle auf eine französische Fassung des spielmännischen Epos ›Salman und Morolf‹ geschlossen: *Dat dyalogus of twisprake tusschen den wisen coninck Salomon ende Marcolphus*, hrsg. W. de Vreese u. Jan de Vries, Leiden 1941, S. 69. Ebenso Bezzola (Anm. 3), S. 432, Anm. 2.
26 Hans Fromm, »Volkssprache und Schriftkultur«, in: Peter Ganz (Hrsg.), *The Role of the Book in Medieval Culture*, Bibliologia 3, Tournhaut 1986, Bd. I, S. 99–108, hier: S. 105 f. zur Stelle.

Quelle benützt habe.[27] Sie ist zumindest als Überarbeitung des Pikarden Graindor von Douai im späteren 12. Jahrhundert, und zwar in engem Verbund mit dessen ›Chanson de Jerusalem‹, erhalten – dieselbe Kombination wie in Lamberts Text (Z. 66). In jedem Fall setzt dieser damit sein eigenes Werk noch eigens zu solchen vermutlich bekannten ›historischen‹ Erzähltraditionen in Beziehung, und auch darin spürt man einen Hauch konkreter Wirklichkeit.

Die Autoren und Übersetzer Landri von Waben, Alfrid, Simon von Boulogne und Walter Silens (Z. 23, 28, 31 f., 45) sind, ebenso wie der Bibliothekar Hasard von Andrehem, nur in dieser Chronik und nur an dieser Stelle belegt. Andererseits lassen gerade die ganz spezifischen Namensnennungen doch wieder bestimmte historische Zusammenhänge erahnen, die den Zeitgenossen etwas bedeuteten, und in einem Fall hat sich ein Text erhalten, der diese Zusammenhänge sogar beträchtlich erhellt. Die älteste Hoheliedichtung in einer romanischen Volkssprache ist eine Versdichtung, die nur anonym überliefert ist. Aber sonst ›paßt‹ sie in jeder Beziehung: sprachlich, zeitlich, inhaltlich in ihrer Mischung von Paraphrase und Exegese, und überdies noch über den Namen eines wenig bekannten Lokalheiligen, der in der Gegend dieses Waben eine bedeutende Rolle spielte. Sie wird deshalb auch gewöhnlich als das von Lambert ihm zugeschriebene Werk angesehen. Der Einwand des Herausgebers Cedric Pickford, daß eine Widmung an Balduin fehle und der Dichter stattdessen mehrfach im Text eine (ungenannte) hohe Dame anspreche, einmal sogar als *cele por cui jo travail* (V. 2367), sollte schon für sich betrachtet daran nichts ändern, und auch der aus der Quellenlage abgeleitete zeitliche Ansatz Toni Hunts auf »frühestens um 1200« schließt die Verfasserschaft eines von Lambert zur selben Zeit namhaft gemachten Autors keineswegs aus.[28] Aus unserer Sicht eröffnen diese scheinbaren Unge-

---

27 S. 626, Anm. 1 u. 6. Über Richard le Pélerin s. »La littérature historiographique des origines à 1500 (Partie documentaire)«, *GRLMA*, Heidelberg 1993, Bd. IX/2, S. 28 (Nr. 11015). Er hat seinerseits offenbar lateinische chronikalische Quellen benützt, und über die Fragen, ob sein Bericht überhaupt selbst Quellenwert besitzt und ob Lambert wirklich ihn meint, gibt es inzwischen eine kleine Literatur. Vgl. zuletzt Joseph J. Duggan, »Medieval Epic as Popular Historiography: Appropriation of Historical Knowledge in the Vernacular Epic«, in: *GRLMA*, Heidelberg 1986, Bd. XI/1, 1. Teilbd., S. 285–311, hier: S. 289 f. (vgl. auch S. 301 f.).

28 *The Song of Songs: A Twelfth-Century French Version*, hrsg. Cedric E. Pickford, Oxford 1974, S. XVII–XXV. Vgl. *GRLMA*, Heidelberg 1970, Bd. VI/2, S. 210 f. (Nr. 4116). Über den höfischen Charakter dieser, anders als das ›St. Trutperter Hohelied‹, offensichtlich nicht fürs Kloster bestimmten Dichtung haben Friedrich Ohly, *Hohelied-Studien*, Wiesbaden 1958, S. 280–302, und Kurt Ruh, *Geschichte der abendländischen Mystik*, München 1993, Bd. II, S. 53–62, relativ ausführlich gehandelt. Der vernichtenden Kritik Toni Hunts an der Ausgabe Pickfords zufolge, auf die mich Morgan Powell freundlicherweise gemacht hat, zeichnet dessen Text allerdings gerade in diesem Punkt ein möglicherweise ganz falsches Bild: Toni Hunt, »The O. F. Commentary on the ›Song of Songs‹ in MS Le Mans 173«, *Zeitschrift für romanische Philologie* 96 (1980), S. 267–297. Hunts Datierung scheint mir stichhaltig, aber seine Ablehnung der Autorschaft Landris ist daraus, wie gesagt, nicht abzuleiten. Er selbst bezieht ja auch, wohl ebenfalls zu Recht, die auffallend negative Stellungnahme des Generalkapitels der Zisterzienser vom Jahr 1200 zu einer neuen volkssprachigen Hoheliederklärung ohne weiteres auf diesen Text (S. 272).

reimtheiten vielmehr geradezu eine neue Perspektive. Die Angaben Lamberts stimmen nämlich dann nur insofern nicht, als er eben Balduin persönlich alles zuweist, was irgendwie in dessen Umkreis gehört oder gehören könnte. Kurt Ruh, der das Werk auf 1176–1181 datiert, hat natürlich an die Gräfin Christiane als eigentliche Gönnerin und Gesprächspartnerin gedacht, aber sie ist schon 1177 gestorben. Eher ist diese ungenannte Dame wohl als ›Kunstfigur‹ zu verstehen, die dann ja sogar nach Bedarf oder Geschmack mit mehr als einer der in diesen Kreisen lebenden Damen identifiziert werden konnte. In jedem Fall spiegelt wohl gerade die Diskrepanz zwischen dem Zeugnis der aktuellen Überlieferung und der Nachricht des Chronisten den historischen Hintergrund von Lamberts Schilderungen am besten wider.

Leider ist das der einzige Fall, in dem uns ein direkter Blick hinter die Kulissen von Lamberts Rhetorik vergönnt ist. Immerhin weist er die Richtung, in der künftige Überlegungen zum Wahrheitsgehalt seiner sachlichen Angaben sich bewegen müssen. Anders als die praktischen Modalitäten der Vermittlung, zu denen natürlich auch gehört, wie der klerikale Unterricht, den Graf Balduin genommen haben soll, im einzelnen vor sich ging, waren sie ihm offensichtlich wichtig, aber auch nicht um ihrer selbst willen, sondern als Maßstab und Zeugen kultureller Aktivität. Um diese Aktivität beispielhaft darzustellen, hat er alles mögliche Material zusammengezogen, um es dann auf zwei deutlich verschiedene Typen mäzenatisch-herrschaftlicher Praxis sozusagen typengerecht zu verteilen. Selbstverständlich geht das in seiner Gattung nicht ohne einen wahren Kern, der die Darstellung im Bereich des zeitgenössisch glaubhaft Vermittelbaren hält, angefangen mit persönlichen Anlagen und Neigungen von Vater und Sohn und generations- oder temperamentsbedingten Unterschieden in ihrem Verständnis der neuen curialitas. Dazu kommen, wie gesagt, Personen, Titel, die man tatsächlich insbesondere mit dem Vater in Verbindung brachte oder bringen konnte, und das Wissen um das Einsickern der artes in den höfischen Gedankenaustausch, ins höfische Gespräch. Der Kreis ließe sich wahrscheinlich auch unschwer (und glaubhaft) um Realien aus der weiteren Umgebung erweitern: Es ist schließlich eine Bewegung auf breiter Front, die damit exemplifiziert werden soll. Einfach aufzulisten, was ›wirklich gewesen ist‹, ganz gleich was und in welcher Ordnung, hätte sowieso nicht genügt, diesen Umbruch als solchen und in seinen Konsequenzen verständlich zu machen. Gerade das aber wollte Lambert offensichtlich. Hans Patze (Anm. 2) hat seinen Worten die »ordnende Ratio« (S. 84), den »planenden Verstand« (S. 85) und die »geistige Einsicht« (S. 87) dieser Herren abgehört; in ganz besonderem Maß aber kommen alle diese Attribute ihrem Chronisten zu. Er macht sich zum Sprecher der Gruppe und Sprachrohr ihres Selbstverständnisses, und als solcher schildert er nicht nur, sondern verdeutlicht und interpretiert, was insgesamt geschehen ist. Er ordnet die Elemente der Situation, so wie sie sich aus der Sicht eines ›liberalen‹ Hofklerikers im Idealfall ausnimmt, und er systematisiert und überhöht sie dabei zu einem abgerundeten Gesamtbild, in dem sich seine Darstellung zur kulturgeschichtlichen und nicht zuletzt kulturpolitischen Aussage weitet. Der Hof wird zur Bühne, auf der vor der Kulisse des Überkommenen alle möglichen Modalitäten und Variationen der neuen Situation in mehrfacher gesellschaftlicher Brechung durchgespielt werden. Zu diesem Zweck hat Lambert z.B., um daran nochmals zu erinnern, das Phänomen der volkssprachigen Literatur in jedem Kapitel in ganz anderer Erscheinungsform und Funktion eingesetzt, womit zugleich nicht nur die neuen Grundformen volkssprachiger Verschriftlichung, sondern gerade auch noch einmal die Hauptvarianten oraler Dichtungstradition, vom freien Liedvortrag über mündliche Erzählprosa bis zum Vortrag nach Manuskript, vorgeführt werden. Daß die Gattung Lyrik völlig fehlt, mag andeuten, daß das ephemere, gesungene Lied überhaupt noch nicht unter die Kategorie potentieller Verschriftlichung fällt. Das gleiche Streben nach Vollständigkeit und Systematik hat den Chronisten offensichtlich auch veranlaßt, Ordnungsschemata samt ihren Inhalten heranzuziehen, die bereits anderswo vorgezeichnet waren, Formeln, die aus dem Literaturbetrieb selbst kommen, nun aber das Muster seiner Darstellung und seiner Einordnung in weitere Zusammenhänge abgeben.

Wo bleibt die Wirklichkeit – das gesellschaftliche und kulturelle Leben in den kleinen Residenzen Guines, Colewide und Ardres oder, wo es sonst noch stattgefunden hat, im letzten Viertel des 12. Jahrhunderts? Selbstverständlich ändert meine Analyse nichts am Status dieses Textes als eines der bedeutendsten Zeugnisse überhaupt für den gleitenden Übergang einer ganz überwiegend mündlichen zu einer mehr und mehr auch schriftlichen Profankultur, die im Kern jetzt von der einst so fern stehenden Klerikerkultur mitgetragen wird. Nur erscheint seine Bedeutung jetzt in etwas anderem Licht. Als primäre Wirklichkeit ist Lamberts Verfahren selbst zu sehen, seine Konstruktionen und Rationalisierungen, sein Versuch, zu begreifen und zugleich mitzusteuern. Bei den Inhalten im einzelnen wird man, wie hier auch schon angedeutet, von Fall zu Fall entscheiden müssen. Die Möglichkeiten reichen jedenfalls vom Faktischen über die Metapher bis zur Wunschvorstellung. Was wir damit an liebgewordenen Gewißheiten punktueller Art verlieren, wird allerdings mehr als wettgemacht durch den Gewinn an Einsicht in das Bewußtsein, dem sich die herangezogenen Details bereits um 1200 zum Bild einer epochalen Wende zusammenfügen. Auf der Abstraktionsebene analytisch rationalisierender Organisation etabliert sich die indirekte, stilisierende Wiedergabe einer Fülle von disparaten Daten auf knappstem Raum als eigene, höhere Wirklichkeit der intellektuellen Wahrnehmung und Reaktion. Sie betrifft vor allem auch den am Hof tätigen Autor, der sich mit all dem selbst in Szene setzt und den beiden Fürstentypen, die er gezeichnet hat, einen neuen Dichtertypus zugesellt. Diese neue Standortbestimmung hat Lambert im Grunde stellvertretend für alle geleistet. Er selbst ist Kleriker, aber offensichtlich mehr an Akkommodation als an sinnlos gewordenen Stellungskämpfen interessiert, vielmehr auf der Suche nach dem Punkt, von dem aus sich alte Traditionen und Institutionen ins neue Medium und das von ihm veränderte gesellschaftliche Ambiente überspielen lassen. Er ist auch Chronist, und deshalb bleibt er beim Latein, schon wegen der Prosa.

Wolfram von Eschenbach sei zum Schluß nicht vergessen. Folgt man dessen eigener Selbstdarstellung, dann ist der Dichter-Erzähler des ›Parzival‹ in jeder Hinsicht ein Antipode des clericus Lambert. Dabei setzt er sich de facto – aus der völlig anderen Perspektive des volkssprachigen Dichters – in der Neugestaltung von Chrétiens ›Perceval‹ mit derselben Situation coram publico und in der

Volkssprache auseinander, die Lambert auf seine eigene Weise zu umschreiben und zu beeinflussen sucht. Es sind ganz verschiedene Typen, die in ganz verschiedenen Gattungen arbeiten, aber sie arbeiten beide für den Hof, und die Ebene, die Bewußtseinsstufe, auf der jeweils die gleichermaßen als nötig empfundene Standortbestimmung sich ansiedelt, ist doch in etwa die gleiche, und ihr entspricht eine Abstraktionsebene des wissenschaftlichen Arguments, auf der es vielleicht doch nicht so schwierig wäre, die Brücke von den Verhältnissen in dieser kulturellen Übergangslandschaft zu denen im Kernland des Reichs zu schlagen.[29] Das ist freilich eine Aufgabe für die Zukunft.

Anhang

Lamberti Ardensis Historia comitum Ghisnensium, hrsg. Johannes Heller, in: *MGH* SS 24, Hannover 1879, S. 550–642, hier: S. 598 (Kap. 80/81) u. S. 607 (Kap. 96)

80. De sapientia comitis Balduini.
Comes autem studiosissimus omnium indagator nullius sapientie Minervam intactam reliquit, et licet omnino laicus esset et illiteratus – o ineffabilem et mire capacitatis et ingenii virum et cuiuslibet philosophie alumnum et filium eruditissimum! – liberalium tamen, ut iam diximus, omnino ignarus artium, liberalibus sepe et sepius usus instrumentis, non refrenans linguam suam aut cohibens, contra artium doctores disputabat. Et quoniam theologice scripture non surdus erat auditor, prophetarum oracula et historiarum divinarum et euangelice doctrine non solum superficiem, sed et misticam virtutem patulo capescebat et avertebat auditu. Unde et clericos miro venerabatur affectu. Ab illis enim divinum accepit eloquium, et eis, quas a fabulatoribus accepit, gentilium nenias vicario modo communicavit et impartivit. Sicque plerumque fiebat, ut a suis eruditoribus in questiunculis diligentissimus auditorum conservator comes instructus et eruditus, quasi literatus suis adprime respondebat et alios ad respondendum provocabat. Et merito, a clericis ultra quam necesse erat in multis edoctus, clericis in multis obviabat et contradicebat. Sic autem eos plerumque provocabat et mire calliditatis, qua in multis eminebat, eloquentia ludificabat, ut tamen eos post disputationis altercationem mira veneraretur honoris magnificentia. Unde et multi eum audientes et super obiectionibus et responsis eius in admirationem prorumpentes, sepe de eo dixerunt: ›Quis est hic? et laudabimus eum; dicit enim mirabilia. Sed quomodo scit litteras, cum non didicerit?‹ Propter hoc secum clericos et magistros retinebat et eos in multis interrogabat et diligenter eos audiebat.

81. Quomodo translatari fecit multos libros.
Sed cum omnem omnium scientiam avidissime amplecteretur et omnem omnium scientiam corde tenus retinere nequivisset, virum eruditissimum magistrum Landericum de Wabbanio, dum Ardensis honoris preesset comes dominio, Cantica canticorum non solum ad litteram, sed ad misticam spiritualis interpretationis intelligentiam de Latino in Romanum, ut eorum misticam virtutem saperet et intelligeret, transferre sibi et sepius ante se legere fecit. Euangelia quoque plurima et maxime dominicalia cum sermonibus convenientibus, vitam quoque sancti Anthonii monachi a quodam Alfrido diligenter interpretatam diligenter didicit. Maximam quoque phisice artis partem a viro eruditissimo magistro Godefrido de Latino in sibi

---

29 Dies als Vorschlag zur Beseitigung von Joachim Bumkes Skepsis, für den »der Zeugniswert dieser Quellen für die Verhältnisse in Deutschland ziemlich gering ist«; vgl. ders., »Höfische Kultur. Versuch einer kritischen Bestandsaufnahme«, S. 418, Anm. 28.

notam linguam Romanam translatam accepit. Solinum autem de naturis rerum non minus phisice quam philosophice proloquentem, quis nesciat, a venerabili patre Ghisnensi magistro Sy-
mone de Bolonia studiosissima laboris diligentia de Latino in sibi notissimam Romanitatis
linguam fida interpretatione translatum et, ut eius captaret et lucrifaceret, immo dudum sibi
comparatam refocillaret gratiam, ei presentatum et publice recitatum? Sic sic divinos ei libros
et in ecclesia ad cultum et venerationem Dei necessarios scribi fecit et parari et in capellis suis
hic illic collocari. Unde etiam organica musice artis instrumenta ad divini cultus excitationem
et delectationem apud Ghisnas sanctimonialibus contulit et comparavit. Quid plura? Tot et
tantorum ditatus est copia librorum, ut Augustinum in theologia, Areopagitam Dionisium in
philosophia, Millesium Talem fabularium in neniis gentilium, in cantilenis gestoriis sive in
eventuris nobilium sive etiam in fabellis ignobilium ioculatores quosque nominatissimos
equiparare putaretur. Quis autem nisi expertum et auditum crederet Hasardum de Aldehen
omnino laicum ab ipso simili modo omnino laico litteras didicisse et litteratum factum? Ipse
enim, quem iam diximus Hasardum, totam comitis bibliothecam retinens et custodiens,
omnes eius libros de Latino in Romanam linguam interpretatos et legit et intelligit. Quid amplius? Ipso quoque preceptore et monitore magister Walterus Silens sive Silenticus nomina-
tus, dum Ardee dominaretur et in Ardea forum causarum et mercatorum ghilleolam nuper edi-
ficasset et plumbeo tabulatu contexisset, librum, quem ab agnominatione sue proprietatis
Silentium sive romanum de Silentio nominavit, tractavit, composuit et exornavit. Pro quo ei
comes equos et vestes et multa contulit remunerationis muniuscula.

96. *Quomodo Arnoldus de Ghisnis a Viridonio reversus ad voluntatem patris se habuit et
continuit.*
Postquam igitur Arnoldus de Ghisnis ad se ipsum reversus muliebrem deprehendit incon-
stantiam et fallaciam, postquam relictis Viridonensium finibus in patriam devenit, patri paca-
tus et placatus, ad voluntatem patris per omnia se habebat, excepto, quod plures dicebatur habere commilitones quam pater, et quod plures lautiores expensas faciebat, quam rerum
suarum facultas exigebat, eo quod maioribus donativis insistebat, quam patris consilium ex-
petebat aut docebat. Plus enim donabat, quam habebat vel quam retinebat. Torniamenta enim
cum militibus, quos miro venerabatur affectu, ubicumque poterat, frequentabat. In patria
autem a torniamentis quandoque rediens, sepe Colvide, sepius Ardee morabatur. Ubi cum militibus et familiaribus ludicris et iocis, prout iuvenilis exigebat etas, indulsit. Unde et iuvenes
et coevos cum eo conversantes diligebat. Senes autem et decrepitos, eo quod veterum eventuras et fabulas et historias ei narrarent et moralitatis seria narrationi sue continuarent et
annecterent, venerabatur et secum detinebat. Proinde militem quendam veteranum Robertum
dictum Constantinensem, qui de Romanis imperatoribus et de Karlomanno, de Rolando et
Olivero et de Arthuro Britannie rege eum instruebat et aures eius demulcebat; et Philippum
de Mongardinio, qui de terra Ierosolimorum et de obsidione Anthiochie et de Arabicis et Ba-
bilonicis et de ultramarinarum partium gestis ad aurium delectationem ei referebat; et cogna-
tum suum Walterum de Clusa nominatum, qui de Anglorum gestis et fabulis, de Gormundo
et Ysembardo, de Tristanno et Hisolda, de Merlino et Merchulfo et de Ardentium gestis et de
prima Ardee constructione, eo quod ipse Arnoldus de Ghisnis, de cuius cognatione et fami-
liaritate erat idem Walterus, ab Ardensibus, sicuti iam superius diximus, in parte originem tra-
xit, diligenter edocebat, familiares sibi et domesticos secum retinebat et libenter eos audiebat.
Factum est autem in una dierum sub eodem ferme temporis cursu, quo idem Arnoldus de
Ghisnis Hugonis Candentis- vel Campestris-Avene dicti, Sancti-Pauli comitis, filiam nomine
Eustochiam vel Eustachiam affidaverat, cum apud Ardeam moraretur idem Arnoldus, et hie-
malibus increbrescentibus pluviis et Eolicis apertis utribus, in aere conflictarent invicem
nubes et venti in altissimis perflarent et per terram evagarent cuiuscumque sibilantes; cum in
domo Ardee cum militibus et familiaribus propter aeris inclementiam per duos dies detinere-
tur Ghisnensis Arnoldus et unam noctem et multa audisset de Romanis imperatoribus et de
Arthuro a Roberto Constantinensi multoque plura de terra Ierosolimorum et de Antiochia a
Philippo de Mongardinio: tandem rogatus ab eo et a nobis omnibusque familiaribus Walterus

Höfische Laienkultur zwischen Mündlichkeit und Schriftlichkeit   169

de Clusa, ut de Ardensibus et de Ardensium gestis aliquid revolveret nobis et explicaret, pluviis nondum cessantibus, sed ventorum rabie aliquantulum quasi auscultandi causa nobis pacificata atque mitigata, coram omnibus et nobis hoc ipsum audientibus, apposita ad barbam dextera et, ut senes plerumque facere solent, ea digitis insertis appexa et appropexa, aperto in medium ore incipit et dicit: [Es folgt Kap. 97].   85

Gefährliche Blicke und rettende Stimmen.
Eine audiovisuelle Choreographie von Minne und Ehe in Hartmanns ›Erec‹

HAIKO WANDHOFF

> Den altromantischen Roman kann man vom Drama eigentlich nicht trennen, als durch die Ecken des Buchs.
>
> *(Friedrich Schlegel)*[1]

I.

Als man im letzten Drittel des 12. Jahrhunderts an den großen weltlichen Fürstenhöfen dazu übergeht, schriftliche Großepen in der Volkssprache anzufertigen, geraten durch sie nicht nur neue und unbekannte Erzählräume – vor allem Orient und matière de Bretagne – in den Blick des höfischen Adels. Das Medium des schriftlichen Erzählens wird auch dazu genutzt, die maßgeblichen Formen der sozialen Interaktion innerhalb der aristokratischen Oberschicht an ausgewählten Beispielen zu beobachten und zu reflektieren. Allenthalben kreisen die Texte um Situationen, in denen die Beteiligten von Angesicht zu Angesicht agieren, und immer wieder geben sie dabei eine besondere Aufmerksamkeit gegenüber den Formen und Funktionen der sinnlichen Wahrnehmung zu erkennen. Die schriftliche Informationstechnologie wird hier – medientheoretisch gesprochen – dazu eingesetzt, die vordringlichen Probleme einer Gemeinschaft sichtbar zu machen, die ihr soziales Band auch weiterhin in der Kommunikation mit Augen, Ohren und allen anderen Sinnen findet. Keineswegs wird die Schrift dagegen benutzt, um – wie man meinen könnte – den Primat der körperorientierten face-to-face-Interaktion durch neue, interaktionsferne Verkehrsformen abzuschwächen oder gar zu verdrängen.

Vor diesem Hintergrund soll in der vorliegenden Studie gezeigt werden, daß ins Zentrum der Minnehandlung des ›Erec‹ bei Hartmann ein Kommunikationsproblem rückt, wodurch die Vorgaben Chrétiens nicht unwesentlich verändert werden. Im Mittelpunkt des deutschen Texts wird die Minne- und Ehepartnerschaft von Erec und Enite als eine Gemeinschaft kenntlich, die sich immer wieder kommunikativ realisieren muß und dazu vor allem optische und akustische

---

1 Friedrich Schlegel, *Literarische Notizen 1797–1801. Literary Notebooks*, hrsg. Hans Eichner, Ullstein Materialien, Frankfurt/M., Berlin u. Wien 1980, S. 178.

›Kanäle‹ benutzt. Wie sich das Paar in diesem Spannungsfeld von Hören und Sehen zu bewähren hat, wird im Text aber weniger erklärt als vielmehr in einer Abfolge von kontrastiv aufeinander bezogenen Szenen ›gezeigt‹. Durch oft nur minimale Veränderungen seiner Vorlage läßt Hartmann eine präzis konzipierte Choreographie der Minne-Interaktionen entstehen, in der immer wieder die Wirkungen optischer und akustischer Sinnesdatenflüsse beobachtet werden können.

II.

Hartmanns ›Erec‹[2] ist in jüngerer Zeit immer wieder als Roman einer ›Partnerschaft‹ aufgefaßt worden,[3] und dieser Lesart liegt der Sachverhalt zugrunde, daß die Bewährung des ritterlich-höfischen Protagonisten hier von Anfang an und aufs engste an das gemeinsame Auftreten mit der schönen Enite gebunden ist. Schon als Erec zu Beginn der Erzählung den Artushof verlassen muß, weil er vor den Augen der Königin beleidigt und geschlagen worden ist, führt ihn sein Weg in das Haus des verarmten Grafen Koralus und seiner überaus schönen Tochter. Für sein *âventiure*-Unternehmen ist diese Station deshalb so wichtig, weil ihm hier nicht nur die Identität des Ritters enthüllt wird, der ihm seine Ehre genommen hat, sondern auch dessen bevorstehender Auftritt beim jährlich ausgetragenen Schönheitswettbewerb auf der Burg Tulmein bekanntgegeben wird. Außerdem bekommt Erec auf sein Bitten hin eine Kampfausrüstung und – last but not least – Enite als Begleiterin zur Seite gestellt, was für ihn unverzichtbar ist, denn nur in Begleitung einer schönen Dame kann er als Teilnehmer zu der besagten Konkurrenz überhaupt zugelassen werden. Die Veranstaltung, auf der Erec seine Schande an Iders zu rächen gedenkt, ist ein Wettbewerb für Paare.

Auf der Burg Tulmein angelangt, zeigt Enites überragende Schönheit erstmals Wirkung. Sie verschafft Erec nicht allein das Entrebillet zum Kampf mit Iders, sondern verhilft ihm sogar zum Sieg, und am Ende wird ihr einhellig der Schönheitspreis zugesprochen. Ihre strahlende äußere Erscheinung zeitigt aber auch bei Erec Folgen. Er kann den langen und schweren Zweikampf zum Schluß nur deshalb für sich entscheiden, weil er sich einerseits der erlittenen Schmach erinnert (V. 930–934), aber auch weil die unter den Zuschauern weilende Enite ihm wortlos ihre Anteilnahme mitteilt (V. 802). Als er im rechten Moment ihrer Schönheit ansichtig wird, verleiht ihm präzis dieser Anblick die noch fehlende Kraft, um den Gegner niederzuringen:

---

2 Hartmann von Aue, *Erec*, hrsg. Albert Leitzmann u. Ludwig Wolff, 6. Aufl. besorgt v. Christoph Cormeau u. Kurt Gärtner, ATB 39, Tübingen 1985.
3 So besonders von Kathryn Smits, »Die Schönheit der Frau in Hartmanns ›Erec‹«, *ZfdPh* 101 (1982), S. 1–28. Vgl. auch Ursula Schulze, »âmis unde man‹. Die zentrale Problematik in Hartmanns ›Erec‹«, *PBB* 105 (1983), S. 14–47; Patrick M. McConeghy, »Women's Speech and Silence in Hartmann von Aue's ›Erec‹«, *PMLA* 102 (1987), S. 772–783; Bruno Quast, »›Getriuwiu wandelunge‹. Ehe und Minne in Hartmanns ›Erec‹«, *ZfdA* 122 (1993), S. 162–180.

und als er dar zuo ane sach
die schœnen vrouwen Ênîten,
daz half im vaste strîten:
wan dâ von gewan er dô
sîner krefte rehte zwô.
(V. 935–939)

»Iders wird nicht nur vom kämpfenden Erec besiegt«, resümiert Kathryn Smits treffend, »sondern von der Partnerschaft Erec-Enite«.[4] Folglich ist auch Erecs *êrstiu ritterschaft* (V. 1266), die dem Artushof in Kürze wieder zur *vreude* verhilft, ein Ergebnis ihres gemeinschaftlichen Handelns.

Als sie sich kurze Zeit später auf den Rückweg dorthin machen, entbrennt auch die Minne zwischen ihnen. Aber während Chrétien[5] an dieser Stelle von Küssen berichtet und noch einmal Enites[6] Schönheit hervorhebt (V. 1484 ff.), reduziert Hartmann die Szene mitsamt ihren Liebesäußerungen ganz auf den Austausch hingebungsvoller Blicke:[7]

alsô si dô beide
kâmen ûf die heide,
Êrec begunde schouwen
sîne juncvrouwen.
ouch sach si vil dicke an
bliuclîchen ir man.
dô wehselten si vil dicke
die vriuntlîchen blicke.
ir herze wart der minne vol;
si gevielen beide ein ander wol
und ie baz und baz.
dâ envant nît noch haz
ze blîbenne dehein vaz:
triuwe und stæte si besaz.
(V. 1484–1497)

Die Partnerschaft zwischen Erec und seiner Begleiterin, an der Enite bereits im Kampf zu Tulmein ausschließlich mit ihrer Schönheit beteiligt war, festigt sich durch den regen Austausch von Minneblicken im optischen Medium – und zwar abermals unter Anwendung und Hervorhebung eines durchaus traditionellen Motivs.[8] Zu der gelungenen *âventiure* gesellt sich die Minne, und so fügt sich

---

4 Smits (Anm. 3), S. 7. Das Motiv der schönen Frau, die durch ihre visuelle Präsenz in den Kampf der Männer eingreifen kann, ist mit Ernst Scheunemann, *Artushof und Abenteuer. Zeichnung höfischen Daseins in Hartmanns Erec*, Breslau 1937, S. 24, »eine stehende Formel der Kampfschilderung, die den Kerngedanken der mittelalterlichen Minneanschauung enthält.«
5 Chrétien de Troyes, *Erec und Enide*, nach dem Text von Wendelin Foerster hrsg. und übers. Ingrid Kasten, Klassische Texte des romanischen Mittelalters 17, München 1979.
6 Ich verwende durchgängig die Schreibweise des deutschen Texts.
7 Vgl. zu den Unterschieden in der Gestaltung Wolfgang Mohr, *Hartmann von Aue. Erec*, GAG 291, Göppingen 1980, S. 266 f.; Scheunemann (Anm. 4), S. 25: »Hartmann übernimmt nur das Gerüst, hat von allem nur das Anblicken«.
8 Daß die Liebe sich durch die Augen anbahnt und auf diesem Wege die Herzen miteinander verbindet, ist seit der Antike ein feststehendes Motiv. Vgl. grundlegend Gudrun

Erecs im Zeichen der Entehrung unternommener Ausritt am Ende zu einem vollen Erfolg.

Festzuhalten ist für den hier verfolgten Zusammenhang, daß Enite bis zu diesem Zeitpunkt lediglich *optisch* in Erscheinung tritt und sich auch die Gemeinschaft mit Erec, soweit die Textbenutzer darüber informiert werden, ausschließlich im Medium der Augenwahrnehmung realisiert. Das Motiv, welches der optischen Kommunikation das Fundament liefert, ist das der einzigartigen Frauenschönheit, die kurz darauf am Artushof noch einmal effektvoll in Szene gesetzt wird. Auch dort kürt man nämlich Enite einstimmig zur schönsten Dame (V. 1750–1794), und selbst die welterfahrenen Artusritter sind von ihrem Anblick so beeindruckt, daß sie sogar ihre vornehmen Sitten vergessen:

> dô diu maget in gie,
> von ir schœne erschrâken die
> zer tavelrunde sâzen
> sô daz si ir selber vergâzen
> und kapheten die maget an.
> (V. 1736–1740)

III.

Hartmann rückt Enites Schönheit durchweg stärker in den Mittelpunkt als Chrétien,[9] und auch die nun folgende Krise der Minnegemeinschaft ist davon berührt. Nach einem prachtvollen Hochzeitsfest am Artushof, wo Erec noch einmal höchste Auszeichnungen im Turnier erringen kann, tritt er an der Seite seiner Frau die Herrschaft in Karnant an. Bald nachdem sie dort angekommen sind, zeichnet sich ein Niedergang ihrer bisher so erfolgreichen Kooperation ab. Erec versäumt es, seine neuen Aufgaben als Landesherr mit den Anforderungen der Minne zu harmonisieren. Enites Schönheit, die ihm bisher alle Türen geöffnet hat, wird ihm nun zum Verhängnis. Indem er seinen Lebenswandel zu sehr auf *minne* (V. 2930) und *gemache* (V. 2933) ausrichtet, keine Turniere mehr aufsucht und so seine Pflichten der Herrschaftsrepräsentation vernachlässigt, erfüllt er den Tatbestand des *verligens* (V. 2971). Sein hohes soziales Ansehen verwandelt sich in *schande*, und der Hof verliert nicht nur seine *vreude*, sondern beginnt sogar sich aufzulösen (V. 2989–2995).

Als Erec, der von diesen Vorkommnissen weder etwas hört noch sieht, schließlich aus Enites Mund erfährt, wie es um sein Ansehen und seinen Hof steht, beschließt er einen neuerlichen *âventiure*-Ausritt. Auffällig ist daran nicht nur, daß Enite ihn begleiten muß – ein Motiv, das in der späteren Artusepik bekanntlich

---

Schleusener-Eichholz, *Das Auge im Mittelalter*, Münstersche Mittelalter-Schriften 35 I/II, 2 Bde., München 1985, Bd. II, S. 759 ff. Besonders im Minnesang findet es allenthalben Anwendung, wo durchweg, mit Eva B. Scheer, das »gegenseitige Sich-in-die-Augen-Schauen als Grundbedingung für das Entstehen von Minne angesehen« wird; dies., ›*Daz geschach mir durch ein schouwen*‹. *Wahrnehmung durch Sehen in ausgewählten Texten des deutschen Minnesangs bis zu Frauenlob*, Frankfurt/M. [u.a.] 1990, S. 78.

9 Vgl. dazu grundlegend Smits (Anm. 3).

wieder verschwindet –, sondern daß über die Ausfahrt außerdem ein seltsamer *kommunikativer* Ausnahmezustand verhängt wird. Bei Androhung des Todes gebietet Erec seiner Frau,

> daz ze sprechenne ir munt
> zer reise iht ûf kæme,
> swaz si vernæme
> oder swaz si gesæhe.
> (V. 3099–3102)

Dieses merkwürdig kategorische Schweigegebot hat die Forschung immer wieder beschäftigt,[10] weil es offenbar mitten in die zentrale Problematik des Texts führt, jedoch bei Hartmann weder erläutert noch subjektiv motiviert wird. Zunächst fällt daran auf, daß Hartmann die bei Chrétien zu findende Einschränkung übergeht, wonach Enite sehr wohl reden darf, wenn Erec das Wort an sie richtet (V. 2773 f.). Der deutsche Text gibt also neben dem Schönheitsmotiv auch dem Redeverbot stärkere Konturen, als dies in seiner französischen Vorlage zu erkennen ist, und lenkt damit die Aufmerksamkeit auf die akustische Kommunikation des Paares. Wurde Enite im ersten Durchgang ausschließlich von ihrer optischen Seite betrachtet, so rückt das Verbot zu sprechen nun unweigerlich ihre akustischen Äußerungen in den Vordergrund.

Daß dies indes nicht unvermittelt geschieht, hat Uwe Ruberg durch den Hinweis verdeutlicht, daß das Schweigen bereits im ersten Durchgang eine Rolle gespielt hat, wo es für Erec immer auch darum ging, durch seine *âventiure* den unhöfisch verschwiegenen Iders gegenüber der Königin zum Sprechen zu bringen.[11] Im Anschluß daran werde nun »die für Schweige-Situationen geweckte Aufmerksamkeit auf Enite gelenkt.«[12] Aber wie schon im ersten Durchgang die Problematik von Reden und Schweigen nicht isoliert für sich behandelt wurde, sondern eingebettet war in einen umfassenderen, nämlich *audiovisuellen* Kontext, wo, parallel zur Ohrenwahrnehmung und eng mit dieser verknüpft, immer zugleich die sozialen Funktionen des Gesichtssinns beobachtet werden konnten,[13] so ist auch Enites Reden oder Schweigen stets in einem Spannungsfeld aus Hören *und* Sehen zu verorten. Nicht die Ohrenwahrnehmung allein tritt während der nun folgenden Reise in den Vordergrund; das reitende Paar bleibt auch wei-

---

10 Vgl. zuletzt Wendy Sterba, »The Question of Enite's Transgression: Female Voice and Male Gaze as Determining Factors in Hartmann's ›Erec‹«, in: Albrecht Classen (Hrsg.), *Women as Protagonists and Poets in the German Middle Ages. An Anthology of Feminist Approaches to Middle High German Literature*, GAG 528, Göppingen 1991, S. 57–68; Albrecht Classen, »Schweigen und Reden in Hartmanns ›Erec‹«, in: Danielle Buschinger u. Wolfgang Spiewok (Hrsg.), *Erec, ou l'ouverture du monde arthurien*, Wodan 18, Greifswald 1993, S. 25–42.
11 Vgl. Uwe Ruberg, *Beredtes Schweigen in lehrhafter und erzählender deutscher Literatur des Mittelalters. Mit kommentierter Erstedition spätmittelalterlicher Lehrtexte über das Schweigen*, Münstersche Mittelalter-Schriften 32, München 1978, S. 184 ff.
12 Ebd., S. 188.
13 Das habe ich an anderer Stelle ausgeführt: Haiko Wandhoff, »»Âventiure‹ als Nachricht für Augen und Ohren. Zu Hartmanns von Aue ›Erec‹ und ›Iwein‹«, *ZfdPh* 113 (1994), S. 1–22.

terhin auf die visuelle Kommunikation mit seiner Umwelt angewiesen. Die durch das Redeverbot – paradoxerweise – angezeigte Relevanz des Sprechens wird, wie zu zeigen sein wird, mit Hilfe einer subtilen »Szenenregie«[14] in die Gesamtchoreographie des gemeinsamen Ausritts eingebunden, in der das Reden und Hören stets kontrastiv auf die Leistungen des Gesichtssinns bezogen ist.

Aufschlußreich sind bereits die ›Regieanweisungen‹, mit denen Hartmann die Schauplätze des Ausritts markiert. Erec und Enite brechen spät am Tage in Karnant auf, und ihr Weg zur âventiure führt sie zugleich in die Nacht (V. 3106–3110), wo ihre Sicht schon durch die äußeren Umstände gemindert ist. Immer wieder haben sie fortan ihre Bewährungsproben im Dunkeln zu bestehen. Weil sie in der Kemenate den Tag zur Nacht gemacht haben, so könnte man folgern, müssen sie zur Wiedergutmachung nun ein ums andere Mal die Nacht zum Tage machen.

Vor allem aber ergehen zu Beginn des Ausritts neben dem Schweigegebot zwei weitere Anweisungen an Enite: Sie soll außerdem ihr schönstes Gewand anlegen (V. 3053–3058) und in deutlichem Abstand zu Erec vorausreiten (V. 3094–3097). Beide Bestimmungen haben Auswirkungen, die in erster Linie *sichtbar* sind. Ein ums andere Mal werden Erec und Enite in den folgenden Episoden gesehen, zunächst gleich zweimal hintereinander von wegelagernden Räubern, denen jeweils die seltsame Choreographie des reitenden Paares ins Auge fällt.[15] Es wird vermerkt, daß die Räuber einerseits durch Enites Schönheit angelockt werden, hinter der sie, in Verbindung mit ihrer prächtigen Kleidung, reiche Beute vermuten (V. 3194–3201). Andererseits macht sie der Umstand aufmerksam, daß eine allem Anschein nach edle Frau in so unehrenhafter Position zu sehen ist (V. 3320–3323), denn bald muß Enite auch noch die Pferde der geschlagenen Räuber betreuen. Am Ende verleiht die *sichtbare* Diskrepanz im Auftreten des Paares dem Vorhaben der Räuber sogar noch eine gewisse Legitimität, scheint es doch vertretbar, die schöne Dame aus den Händen eines augenscheinlich so unwürdigen Herren zu befreien (V. 3324–3331).

In der anschließenden Episode ist es ein – wie der Erzähler versichert – an sich ehrenhafter Graf, der gleichwohl von Enites Schönheit so in Bann geschlagen ist (V. 3615–3622), daß er ebenfalls versucht, sie vollends von ihrem Begleiter zu trennen.[16] In der räumlichen Distanz, die Erec und Enite selbst bei Tisch aufrechthalten, sieht auch er die Legitimation und die Chance, Enite auf seine Seite zu ziehen:

---

14 Der Begriff ist in diesem Zusammenhang entlehnt von Hugo Kuhn, »Über nordische und deutsche Szenenregie in der Nibelungendichtung«, in: Hermann Schneider (Hrsg.), *Edda, Skalden, Saga. Festschrift für F. Genzmer*, Heidelberg 1952, S. 279–306. Vgl. zur Diskussion um den szenischen Charakter der höfischen Epen außerdem Horst Wenzel, »Szene und Gebärde. Zur visuellen Imagination im Nibelungenlied«, *ZfdPh* 111 (1992), S. 321–343; Wandhoff (Anm. 13).
15 V. 3193–3199, V. 3211, V. 3320, V. 3323, V. 3332–3335.
16 Das bisher recht eindeutige Schönheitsmotiv wird während des zweiten Ausritts mehrschichtig gehandhabt. Smits (Anm. 3), S. 13, kommentiert: »*schœne* wirkt auf den, der sie *sieht*: verderblich auf die beiden Grafen, inspirierend auf Erec im Sperberkampf. Es genügt, daß der Mann sieht: ein tieferes Verständnis der Zusammenhänge ist nicht unbedingt notwendig.«

den grâven nam grôz wunder
daz si sô besunder
an dem tische sâzen
und niht ensament âzen.
    (V. 3730–3733)

Und schließlich ist auch für den höfischen Zwerg Guivreiz, den nächsten Widersacher, in erster Linie das ausschlaggebend, was er von dem reitenden Paar zu Gesicht bekommt, und das ist einmal mehr Enites Schönheit. Da sie außerdem vorausreitet, nimmt er Enite als erste wahr und grüßt sie (V. 4323), bevor er sich Erec zuwendet. Daß es sich bei diesem um einen *degen* handeln muß, erkennt er nicht nur an seinen Waffen (V. 4336–4340), sondern vor allem an der Begleitung einer so schönen Dame, denn *wer gæbe die einem bœsen man?* (V. 4335).

In allen geschilderten Fällen kann Erec die drohenden Gefahren nur dadurch abwenden, daß Enite ihn jeweils unter Verletzung ihrer Schweigepflicht durch Ansprache rechtzeitig zu warnen vermag. Denn während Erec von den Gefahren, die die überragende Schönheit seiner Frau – in Kombination mit ihrer augenfälligen Distanz zu ihm – immer wieder heraufbeschwört, einmal mehr weder etwas hört noch sieht, ist es stets Enite, die die entscheidenden Signale der *âventiure* empfängt. Sie dient während ihres gemeinsamen Ausritts »der Partnerschaft als Auge und Ohr«.[17]

Erec leidet dagegen unter einer seltsamen Wahrnehmungsschwäche, die Hartmann gegenüber seiner Vorlage nicht unwesentlich verstärkt, wodurch er zusätzlich die spezifisch audiovisuelle Perspektive der Problematik hervorhebt. Während Erecs Blind- und Taubheit bei Chrétien nur vorgetäuscht ist, um Enites Treue auf die Probe zu stellen, schildert Hartmann sie als durchaus real und erläutert sogar ausführlich die Hintergründe dieses Defekts:

nû endarf niemen sprechen daz,
von wanne kæme daz diu vrouwe baz
beide gehôrte und gesach.
ich sage iu von wiu daz geschach.
diu vrouwe reit gewæfens bar:
dâ was er gewâfent gar,
als ein guot ritter sol.
des gehôrte er noch gesach sô wol
ûz der îsenwæte
als er blôzer tæte.
des was im warnunge nôt
und vrumte im dicke vür den tôt.
doch ez im solde wesen zorn,
er hæte dicke verlorn
von unbesihte den lîp,
wan daz in warnte daz wîp.
    (V. 4150–4165)

---

17 Smits (Anm. 3), S. 16.

Wird Enite bei Chrétien von Erec, der die Lage längst wieder unter Kontrolle hat,[18] nur getestet, so hat sie hier tatsächlich die Entscheidung über Leben und Tod Erecs – nicht in der Hand, sondern gewissermaßen im *Mund*.[19]

Aber Hartmann erläßt noch eine Reihe weiterer ›Regieanweisungen‹, mit denen er Schritt für Schritt das prekäre Verhältnis von Hören und Sehen, Reden und Schweigen weiter in den Mittelpunkt des Textes rückt. Dazu gehört vor allem Enites Versuch, bei der ersten Räuberattacke Erec mit den Mitteln der Gebärdensprache auf die drohende Gefahr aufmerksam zu machen, die bei Chrétien fehlt:

> si wolde imz mit gebâren
> gerne kunt hân getân.
> (V. 3129 f.)

Der Versuch der visuellen Kontaktaufnahme – durch die das Redeverbot ja nicht verletzt würde – scheitert jedoch an Erecs Sehschwäche:

> dô enmohte ers niht verstân,
> ouch enhete ers selbe niht ersehen
> (V. 3131 f.).

Der Gesichtssinn, das wird daran deutlich, steht als Medium für Mitteilungen zwischen Erec und Enite nicht mehr zur Verfügung, und auch fortan wird es keinen Blickkontakt von Bedeutung mehr zwischen ihnen geben.

Durch oft nur geringfügige Eingriffe in die Szenenregie nimmt Hartmann also das Verhältnis der optischen und akustischen Informations- und Kommunikationsmöglichkeiten des Paares ins Visier. Er gibt dadurch der Handlung eine Wendung, die nur noch wenig mit dem *san* der Episodenfolge bei Chrétien zu tun hat.

Dort läßt sich der Sinn der gemeinsamen Ausfahrt unter den Bedingungen des Schweigegebots wie folgt rekonstruieren:[20] Durch die harschen Anschuldigungen, die Erec in der heimischen Kemenate aus Enites Mund vernehmen muß, wird er nicht nur aus dem Schlaf ins tätige Leben zurückgerufen, sondern auch in seiner Ehre verletzt (V. 2496 ff.). Wenn er auf dem folgenden Ausritt seiner Begleiterin das Sprechen verbietet, so ist dies als unmittelbare Reaktion auf ihre vorschnelle und entehrende *parole* in der Kemenate zu verstehen. Das Redeverbot ist daher Strafe für ihre Worte und Prüfung, ob sie dennoch zu Erec steht, zugleich. Hinzu kommt aber noch ein Drittes. Denn Erec hat die *âventiure*-Situation nicht nur stets unter Kontrolle, sondern er inszeniert die Serie von Überfällen geradezu, um Enite etwas zu *zeigen*: Stets muß sie mitansehen, wie er die Angreifer zurückschlägt und sich ein ums andere Mal als kampfstarker Rit-

---

18 Mohr (Anm. 7), S. 274: »Im Grunde ist er schon wieder in Form, als er dort auf dem Teppich sitzt und sich die Waffen anlegen läßt.«
19 Das Existentielle der Gefahr wird weiter dadurch von Hartmann hervorgehoben, daß er die Schelte, die sich Enite wegen ihrer unerlaubten Rede gefallen lassen muß, stets auf die Zeit *nach* dem Kampf verlegt, wohingegen Chrétiens Erec jeweils noch *vor* den Kampfhandlungen Zeit findet, um Enite zu maßregeln. Vgl. Ruberg (Anm. 11), S. 191.
20 Ich greife dabei auf die Erörterung der Passage bei Ruberg (Anm. 11), S. 189 ff. u. S. 198 ff., zurück.

ter auszeichnet, was ihre *parole* ja gerade in Abrede gestellt hat. Folglich sieht sie bald ein, daß sie im Unrecht war:

>Lasse!< fet ele, >con mar vi
Mon orguel et ma sorcuidance!
Savoir pooie sanz dotance
Que tel chevalier ne mellor
Ne savoit l'an de mon seignor.
Bien le savoie, or le sai miauz:
Car je l'ai veü a mes iauz,
Que trois ne cinc armez ne dote.
Honie soit ma langue tote,
Qui l'orguel et l'outrage dist,
Don mes cors a tel honte gist<
(V. 3108–3118).

Während der Hauptzweck des gemeinsamen Ausritts bei Chrétien also darin besteht, daß Enite Erec nach der *recreantise* wieder in ritterlicher Form zu *sehen* bekommt, so daß ihrer entehrenden Rede die Grundlage entzogen wird, spielt diese optische Information bei Hartmann keine Rolle mehr.

Er kann sie deshalb völlig weglassen, weil in seiner Sicht Enite auch gar nicht eines voreiligen oder gar falschen Wortes überführt werden muß. Bereits die Kemenatenszene hat er leicht, aber wirkungsvoll verändert. Zwar wird Erec auch hier durch Enites Stimme aufgeweckt, jedoch ist es, anders als bei Chrétien, keine Anklagerede, die er vernehmen muß. Es handelt sich eher um eine leise und schüchterne, vor allem aber monologische Klage, die Enite mehr an sich selbst als an ihren Mann richtet.

si sprach: >wê dir, dû vil armer man,
und mir ellendem wîbe,
daz ich mînem lîbe,
sô manegen vluoch vernemen sol.<
(V. 3029–3032)

Sie beklagt, genau genommen, nicht einmal sein Verhalten, sondern präzis den Umstand, daß sie diejenige ist, die die Klagen und Flüche der Hofgesellschaft vernehmen muß. Und nicht sie selbst ist es, die das Schweigen eigentlich bricht, sondern »es bricht sich selbst«[21]. Sie bringt nämlich ihren Klageseufzer überhaupt nur deshalb heraus, weil sie Erec schlafend wähnt (V. 3011 f., V. 3026). Der jedoch hört *die rede wol* (V. 3033)[22], aber was er versteht, ist weniger die konkrete Bedeutung von Worten – und schon gar nicht eine entehrende Beleidigung –, sondern Enites Stimme *an sich*. Er hört, daß sie spricht, und entnimmt ihrer Rede vor aller Wortbedeutung den *Gestus des Verschweigens*, »jene Geste, welche das Wort aufhält, bevor es in den Mund kommt«[23]. Er bemerkt, daß Enite

---

21 Ruberg (Anm. 11), S. 189.
22 Hartmanns Enite *wähnt* Erec schlafend (V. 3026), während Chrétiens Erec wirklich schläft (V. 2479) und erst von den Worten aufwacht.
23 Vilém Flusser, *Gesten. Versuch einer Phänomenologie*, Düsseldorf u. Bensheim 1991, S. 54.

ihm etwas vorenthalten will (V. 3034–3044), und erst dadurch wird er hellhörig und verlangt nach inhaltlichen Informationen.

Die äußerst subtile Änderung, die Hartmann an der Choreographie der Kemenatenszene vornimmt, besteht also darin, daß er die von Chrétien vorgegebene Rede Enites zwar beibehält, jedoch ihren *kommunikativen* Charakter tilgt. Aus dem unbedachten Wort oder gar der »Reizrede«[24] bei Chrétien wird hier ein monologischer Seufzer, dem jeglicher Mitteilungscharakter abhanden gekommen ist. Ist dort ein Übermaß an verbaler Äußerung zu konstatieren, liegt das Problem hier in einem Mangel an Kommunikation.[25]

Nicht Enites Sprechen ist in Hartmanns Perspektive für Erecs Ehrverlust verantwortlich, sondern sein eigenes Verhalten hat längst dazu geführt, daß der Hof in Unordnung geraten ist. Da er selber aber weder die Klagen der Hofleute hört (V. 2985–3000) noch den Niedergang seiner Herrschaft sieht, bleibt es an Enite, ihn davon in Kenntnis zu setzen. Bereits hier – und nicht erst auf dem anschließenden *âventiure*-Ausritt – fungiert sie als Auge und Ohr der Partnerschaft. Aber am Hof versäumt sie eben das, was sie später selbst unter Einsatz ihres Lebens immer wieder vollbringen wird, nämlich ihren Mann allen Widerständen und Befürchtungen zum Trotz vor den drohenden Gefahren zu warnen – und zwar mit dem Mittel ihrer Stimme.

Damit hat das Schweigegebot bei Hartmann eine grundlegend andere Funktion als in seiner Vorlage. Ist es bei Chrétien psychologisch motivierte Vergeltung und buchstäbliche Tilgung eines unbedachten Wortes, eine schlüssige Reaktion also auf die verbale Übertretung einer Norm, so sieht Hartmann das Problem gerade in der schweigsamen Zurückhaltung Enites, die zwar den Anforderungen der höfischen Etikette genügen mag, unter den Bedingungen einer Herrschaftskrise aber fatale Konsequenzen zeitigt. Enite wird im ersten Durchgang mehrfach als ihrer Jugend und ihrem Geschlecht entsprechend schüchtern und zurückhaltend beschrieben,[26] und der Text erwähnt bis zur Kemenate kein einziges Wort, das sie an Erec richtet.[27] Vielmehr verläßt sie sich, wie gesehen, mit großem Erfolg ganz auf ihre optische Ausstrahlung. Nun aber, unter den kritischen Bedingungen des *verligens*, reicht ein solches Verhalten nicht mehr aus. Jetzt muß Enite auch ihre akustischen Qualitäten in die Waagschale werfen, um Erecs Niedergang zu verhindern, und weil sie das versäumt, wird auch für sie ein zweiter Ausritt nötig. Nicht nur Erec muß auf der gemeinsamen *âventiure* seine Rolle als sozialverantwortlicher Ritter und Herrscher finden, sondern auch Enite muß unter Beweis stellen, daß sich ihre Rolle in der Ehegemeinschaft nicht auf

---

24 Mohr (Anm. 7), S. 272 ff. Vgl. auch Ruberg (Anm. 11), S. 189, Anm. 34.
25 Hinzu kommt, daß bei Chrétien im Anschluß an die *parole* eine ausführliche Diskussion zwischen Erec und Enite in direkter Rede folgt (V. 2515 ff.), die Hartmann ebenfalls tilgt.
26 Vgl. Ruberg (Anm. 11), S. 188; McConeghy (Anm. 3), S. 772. In einer Zutat Hartmanns heißt es: *ir gebærde was vil bliuclîch,/ einer megede gelîch./ si enredte in niht vil mite:/ wan daz ist ir aller site/ daz si zem êrsten schamic sint/ unde blûc sam diu kint* (V. 1320–1325).
27 Einzig eine kurze Demutsformel gegenüber ihrem Vater ist zu vernehmen (V. 322), die keine Entsprechung bei Chrétien hat, sowie die Andeutung einer Klage während des Iders-Kampfes (V. 852).

ihre bloße Schönheit beschränkt. Sie wird nun auf die Suche nach ihrer Stimme geschickt.

So paradox es auch klingen mag, das Redeverbot und die gesamte Choreographie des zweiten Ausritts dienen exakt dem Zweck, Enite zur Kommunikation mit Erec zu zwingen.[28] Denn erst durch das ausdrückliche Verbot wird neben dem Sprechen unweigerlich auch ihr Nichtsprechen als Form der Kommunikation, nämlich als Mitteilung, wahrnehmbar.[29] Das gilt zumal unter den gefährlichen Bedingungen der *âventiure*, auf der Enite die Funktion eines Sensoriums übernimmt, also ständig wichtige Signale empfängt, aber genau »über das, was sie sieht und hört, darf sie nicht berichten (3101 f.)«.[30] In dieser Situation würde ihr Nichtreden einem gezielten Verschweigen gleichkommen, wäre es von Erec, auf jeden Fall aber von den Hörern und Lesern, relativ sicher als Mitteilung aufzufassen. Ihre zurückhaltende Schweigsamkeit, die bisher allenfalls als indifferente Einhaltung höfischer Etikette gewertet werden konnte,[31] würde unter den verschärften Bedingungen der *âventiure* einer Aufkündigung ihrer *triuwe* zu Erec gleichkommen. Derart eingezwängt zwischen dem Bedrohlichen, das sie ständig hören und sehen muß, und dem Verbot, darüber zu berichten, ist es ihr überhaupt nicht mehr möglich, *nicht* zu kommunizieren. Immer wieder aufs neue wird ihr Entscheidungshorizont offengelegt, und ein ums andere Mal entscheidet sich Enite fürs verbotswidrige und obendrein lebensgefährliche Sprechen, wodurch sie Erec unablässig ihre *triuwe* mitteilt.

Daß sich Enite immer wieder neu für die Gemeinschaft mit Erec entscheidet, stimmt mit der Vorlage Chrétiens überein. Die Art aber, wie dies unumgänglich aufs akustische Medium festgeschrieben wird, ist ein Ergebnis der Hartmannschen Szenenregie. Denn während das Schweigegebot bei Chrétien einen umfassenden Verzicht auf die »Kommunikation der Sinne«[32] impliziert und damit Kommunikation vollständig unterbindet, kündet Enites gescheiterter Versuch, per Gebärdensprache Kontakt aufzunehmen, von veränderten Verhältnissen. Die Passage, in der Chrétiens Enite neben der sprachlichen Fühlungnahme auch der Blickkontakt mit Erec untersagt wird (V. 3005 ff., V. 2794),[33] verschwindet bei Hartmann. Die optische Kommunikation fällt hier gerade nicht unters Verbot,

---

28 McConeghy (Anm. 3), S. 780, faßt dies mit dem Terminus ›temptation‹ (anstelle von ›punishment‹).
29 Entscheidend ist, »ob Ego ein Nichtreden als Alters Wahl angesichts einer ihm als Entscheidungshorizont unterstellten Alternative versteht und somit als Mitteilung auffaßt«. Alois Hahn, »Rede- und Schweigeverbote«, *Kölner Zeitschrift für Soziologie und Sozialpsychologie* 43 (1991), S. 86–105, hier: S. 86; zur kommunikationsfördernden Funktion von Verboten auch S. 99.
30 Smits (Anm. 3), S. 16, die hier ein sensualistisches Frauenbild am Werk sieht: »Symbolisch wird ihr damit verboten, das typisch Weibliche in ihr, die höhere Sensibilität und die schärfere sinnliche Wahrnehmung, zum Wohl der Ehepartnerschaft einzusetzen.«
31 Vgl. McConeghy (Anm. 3), S. 772 ff.
32 Volker Roloff, *Reden und Schweigen. Zur Tradition und Gestaltung eines mittelalterlichen Themas in der französischen Literatur*, Münchener Romanistische Arbeiten 34, München 1973, S. 131.
33 Ebd., S. 120.

sondern scheitert an *objektiven* Widrigkeiten. Das aber hat zur Folge, daß die Dringlichkeit speziell *akustisch-verbaler* Mitteilungen noch einmal gesteigert ins Bewußtsein gehoben wird. Wo Chrétiens Enite *irgendeinen* Informationskanal wählen könnte, um Erec zu unterrichten – sie würde mit allen gleichermaßen gegen das Kommunikationsverbot verstoßen –, bleibt ihr bei Hartmann am Ende das Sprechen als letzter Ausweg.

Selbst die räumliche Distanz, die im Vorausreiten Enites sichtbar wird, dient im deutschen Text – anders als bei Chrétien – nicht zur Bestrafung. Auch sie ist nur die gesteigerte Fortsetzung einer choreographischen Figur, die ihren Ursprung in der Kemenatenszene hat, denn schon in Karnant ist Enite körperlich ein Stück von Erec abgerückt.[34] Ebenso wie Erecs sensorischer Defekt und Enites feine Wahrnehmung wird auch dieses Motiv mit dem gemeinsamen Ausritt aus der sicheren Sphäre des Hofes, wo man allenfalls seine Ehre verlieren kann, in die Wildnis der *âventiure* übertragen, wo es um Leben und Tod geht.

Der gemeinsame Ausritt des Paares unter den Bedingungen des Redeverbots dient bei Hartmann also gerade nicht mehr dem Zweck einer räumlichen Trennung der Minnenden, einem »Verzicht auf Gemeinschaft miteinander«[35] oder gar der »Aufhebung der Minnegemeinschaft«[36]. Wollte man Erec und Enite trennen, gäbe es wahrlich einfachere Wege, als sie gemeinsam auf *âventiure* zu schicken.[37] Die Choreographie des zweiten Ausritts sieht vielmehr vor, sie bis zur Zwischeneinkehr am Artushof stets in einem *audiovisuellen Nahraum* zu vereinen, in dem akustische wie auch optische Kommunikation jederzeit grundsätzlich möglich ist, auch wenn sie sich aus den genannten Gründen schwierig gestaltet. Sinn und Zweck der Hartmannschen Szenenregie ist es, kenntlich zu machen, daß der Krise der Ehepartnerschaft ein Mangel an Mitteilung zugrunde liegt, der nur kommunikativ überwunden werden kann, und daß die einseitig auf den Gesichtssinn ausgerichtete Gemeinschaft des Paares notwendig auch auf auditive Verkehrsformen ausgeweitet werden muß.

IV.

Der zweite Ausritt, der das Paar von Karnant *nâch âventiure wâne* (V. 3111) führt, bleibt bis zur Zwischeneinkehr am Artushof von der Choreographie her weitgehend dem im *verligen* erreichten Zustand verhaftet. Die Gefahren, die von Enites weithin – und selbst bei Nacht – sichtbarer Schönheit ausgehen, werden von Erec weder gehört noch gesehen. Immer wieder muß Enite selbst ihn unter

---

34 Während Chrétien durch eine *taktile* Interaktion die räumliche Nähe der beiden in der Kemenate anzeigt – er läßt Enites Tränen auf Erec fallen (V. 2493 ff.) –, läßt Hartmann Enite mit ihrem Seufzer von Erec abrücken (V. 3025) und streicht den Tränenfluß ganz.
35 Hugo Kuhn, »Erec«, in: ders.: *Dichtung und Welt im Mittelalter*, Stuttgart 1959, S. 133–150, hier: S. 142.
36 Roloff (Anm. 32), S. 131, mit Blick auf Chrétien.
37 Vgl. Ruberg (Anm. 11), S. 175.

äußerst riskantem Einsatz ihrer Stimme darauf aufmerksam machen, so daß es ihm jedesmal gerade noch gelingt, die drohende Gefahr abzuwenden. Diese choreographische Figur des Paares, die in Karnant zu einer Krise von êre, Hof und Herrschaft führte, hat vor der Kulisse der âventiure ein ums andere Mal lebensbedrohliche Konsequenzen, aber diese Zuspitzung des Problems führt es auch schrittweise einer Lösung entgegen. Denn erst jetzt wird Enite drastisch vor Augen geführt, welche vitale Bedeutung ihrer Stimme als Kommunikationsmedium zukommt.

Eine völlig neue Choreographie bringt erst der dritte Ausritt, das Paar nach einem kurzen und unfreiwilligen Zwischenstop am Artushof erneut auf âventiure führt. Erecs Verfassung war in den vorausgehenden Episoden seltsam konstant, allein in der Abfolge der Gegner – erst einige Räuber, dann ein verirrter Graf, schließlich der höfische Zwerg Guivreiz und mit Keie am Ende sogar ein Artusritter – ist eine Steigerung zu erkennen, die ihn zuletzt sogar wieder bedingt artuswürdig macht.[38] Als er sich mit Enite wieder auf den Weg macht, ist es plötzlich er selbst, der Signale aus dem Wald empfängt. Seine Wahrnehmungsschwäche scheint überwunden, denn er hört den Hilferuf einer Frau und folgt sogleich ihrer akustischen Spur (V. 5296–5305). Enite wird derweil am Wegesrand zurückgelassen (V. 5306–5308), so daß nun zum ersten Mal auch der audiovisuelle Nahraum aufgehoben ist, der beide bisher miteinander verbunden hat. Und Erec *hört* nicht nur, was die Frau ihm berichtet, sondern er *sieht* bald auch mit eigenen Augen, was sie zu beklagen hat: Zwei Riesen mißhandeln ihren Mann, den Ritter Cadoc, mit Stangen und Peitschen. Erst durch Erecs selbstlose Intervention wird er gerettet, um daraufhin am Artushof von Erec und seiner Tat zu berichten.[39]

Als Erec nach getaner Hilfeleistung zu Enite zurückkehrt, bricht seine alte, von Guivreiz empfangene Wunde wieder auf, und er fällt ohnmächtig vom Pferd. Enite hält ihn für tot und bricht in eine lange Totenklage aus, die Hartmann gegenüber Chrétien um etwa das Sechsfache erweitert und die bisweilen als Mittelpunkt des Textes angesehen wird.[40] Betrachtet man diese Klage einmal nicht von ihrem *Inhalt* her, sondern als *Medium*, dann läßt sich konstatieren, daß Enites akustische Emissionen hier qualitativ und quantitativ noch einmal gesteigert werden: War ihre verbale Tätigkeit bisher auf diskursives Sprechen in einem Nahraum mit Erec beschränkt, so erhebt sie ihre Stimme nun zu einer lauten Klage. Und die verhallt nicht etwa zölibatär im Wald, sondern trifft – vom Echo noch verstärkt (V. 5746 f.) – bald auf die Ohren eines Grafen, der sich in der Nähe aufhält. Sein Interesse ist geweckt, und er folgt dem Laut bis zu seinem Ursprung (V. 6138–6145). Als er Enites ansichtig wird, ist er zwar wie seine Vorgänger von

---

38 Durch den Sieg über Guivreiz, so Kurt Ruh, *Höfische Epik des deutschen Mittelalters. Erster Teil: Von den Anfängen bis zu Hartmann von Aue*, 2. Aufl., Grundlagen der Germanistik 7, Berlin 1977, S. 133, »ist Erec wieder artuswürdig geworden«. Allerdings weigert sich Erec, seinen Namen zu nennen, und kann nur mit Hilfe einer List an den Hof gelockt werden, den er nach nur einer Nacht wieder verläßt.
39 Erst jetzt ist auch sein Name wieder artuswürdig!
40 Für Mohr (Anm. 7), S. 287, ist sie »die Mitte des Romans«.

ihrer Schönheit überwältigt (V. 6160–6166), aber festzuhalten bleibt doch, daß sein initiales Interesse durch ihre *Stimme* geweckt wurde. Das aber markiert wahrlich einen Wendepunkt: Zum ersten Mal überhaupt wirkt Enite hier akustisch – durch die Stimme – auf ihre Umwelt, während sie bislang ausschließlich optisch – durch ihre Schönheit – in Erscheinung trat.

Die von Hugo Kuhn aufgedeckte Dopplungsstruktur des zweiten Kursus – zwei Räuberepisoden, zwei Grafen, zwei Guivreiz-Kämpfe –, in der er die kontrastierende Gegenüberstellung von *ungemach* und *vreude* sah,[41] läßt sich damit, so scheint es, auch auf den Kontrast von Sehen und Hören übertragen. Wurde der erste Graf von Enites Schönheit (und der seltsamen Choreographie des reitenden Paares) angelockt, so folgt der zweite Graf ihrer Stimme. Als er sie mitsamt Erec auf seine Burg entführt, mißhandelt und überdies zu heiraten trachtet, steigert sich ihre Stimme sogar zum Schrei. Dieser hallt so laut durch die Burg, daß selbst der unweit aufgebahrte Erec davon aus seiner Ohnmacht aufwacht:

dô si sô lûte begunde klagen,
Êrec fil de roi Lac
(dannoch unversunnen lac)
in des tôdes wâne,
und doch des tôdes âne.
geruowet was er etewaz
unde doch niht vil baz.
er lac in einem twalme
und erschrihte von ir galme
als der dâ wirt erwecket,
von swærem troume erschrecket.
er vuor ûf von der bâre
in vremder gebâre
und begunde mit den ougen sehen.
in wunderte waz im wære geschehen,
und enweste wie er dar kam.
anderstunt er sie vernam,
wande si vil dicke schrê:
›ouwê, lieber herre, ouwê!
dîner helfe ger ich âne nôt,
wan dû bist eht aber leider tôt.‹
als si in dô nande,
zehant er si erkande
und vernam wol daz si wære
in etelîcher swære,
er enweste wie oder wâ.
er enlac niht langer dâ:
als er erkande ir stimme,
ûf spranc er mit grimme
und rûschte vaste under sî.
(V. 6587–6616)

Nicht nur verhilft ihm Enites Schrei aus seinem Dämmerzustand, sondern er verschafft ihm auch noch das, was seine Augen nicht vermögen, obwohl er wieder

---

41 Kuhn (Anm. 35), S. 142.

sehen kann: Hinreichende Informationen nämlich über die aktuelle Situation, in der er und Enite sich befinden. Enites Stimme wird von ihm sogleich identifiziert und zur nötigen Orientierung benutzt. Als er darin seinen eigenen Namen vernimmt, findet er in seine ›alte‹ Identität zurück. Er befreit Enite, erschlägt den Grafen und treibt die Hofgesellschaft in die Flucht.

Hier wird noch einmal deutlich, was bereits in der Kemenatenszene zu beobachten war: Es ist Enites Stimme *an sich*, die im Mittelpunkt des Textes steht, und nicht irgendein konkreter Inhalt ihrer Rede. Das diskursive, an Erec adressierte Sprechen des zweiten Ausritts wird nun zwar zur Klage und schließlich zum Schrei gesteigert, aber selbst in dieser extremen Form der Entäußerung bleiben ihre Laute immer an Erec gerichtet. Und erst hier, wo Enites Stimme selbst einem scheinbar Toten noch etwas mitteilen will, kann ihre *triuwe* endgültig als bewiesen gelten und das Redeverbot faktisch aufgehoben werden. Letzteres geschieht, indem Erec sich für sein Verhalten entschuldigt und Enite fragt (V. 6763), was in der Zwischenzeit alles geschehen sei. Damit beendet er faktisch die kommunikativen Ausnahmebedingungen des zweiten Ausritts und stellt den Normalzustand des sprachlichen Verkehrs wieder her.

Obwohl Enite, wie es scheint, mittlerweile ausreichend akustisch in Erscheinung getreten ist, wird auch die folgende Episode von ihrer Stimme bestimmt. Wieder ist es dunkle Nacht, als Erec *hört*, daß sich ihnen ein Ritter nähert (V. 6872–6880). Es handelt sich um den Zwerg Guivreiz, der von Erecs *âventiure* erfahren hat und ihm gegen den Grafen Oringles zur Hilfe kommen will. Da aufgrund der Dunkelheit ein gegenseitiges Erkennen unmöglich ist, kommt es unweigerlich zum Kampf, den Enite auf Geheiß Erecs aus einiger Entfernung hinter einer Hecke verfolgen muß. Von dort aus bekommt sie zu sehen, wie ihr Mann wegen seiner noch nicht ausgeheilten Verletzung unterliegt (V. 6887–6925). Als Guivreiz ihn töten will, schreitet sie ein letztes Mal ein. Sie wirft sich über Erecs am Boden liegenden Körper und bittet den Angreifer um Gnade (V. 6940–6956). Daß dieser auf ihre Bitte eingeht und Erec verschont, liegt einmal mehr an ihrer Stimme:

> Guivreiz frouwen Ênîten
> bî der stimme erkande,
> ouch half ez daz si in nande.
>   (V. 6957–6959)

Aufgrund der akustischen Identifizierung Enites weiß er aber auch, daß es sich bei dem unterlegenen Ritter um Erec handeln muß, wovon er sich mit eigenen Augen erst überzeugen kann, als Enite ihrem Mann den Kopfschutz abgebunden hat (V. 6988–6990).

Es ist also nicht bloß ein weiteres Mal, daß Enites verbale Intervention Erec vor dem Tod rettet, sondern sie wirkt dabei auch zum wiederholten Mal, statt durch ihre Schönheit mit dem Klang der Stimme auf ihre Umwelt. Und konnte gezeigt werden, daß das erste Zusammentreffen mit Guivreiz von eben dieser Schönheit geprägt war, so wird dem in der zweiten Begegnung nun ein akustisches Korrektiv entgegengestellt. Wie schon im Fall der beiden Grafen dient auch die Dopplung des Guivreiz-Kampfes dazu, einer ersten, optisch dominierten Szene eine zweite gegenüberzustellen, die von Enites akustischen Äußerungen bestimmt wird. Konnte der Zwerg beim ersten Zusammentreffen aufgrund ihrer außergewöhnlichen Schönheit Erec als einen *degen* identifizieren, so lassen ihn jetzt der Klang ihrer Stimme und die Nennung seines Namens den Freund erkennen.

Gleichzeitig mit der Ersetzung optischer durch akustische Kommunikation – alle handlungsauslösenden Signale während des dritten Ausritts werden von Ohren empfangen – wird die Choreographie des gemeinsamen Ausritts noch in einem weiteren, letzten Punkt ›korrigiert‹. Dabei geht es nicht mehr um eine bestimmte Qualität und Quantität von Sinnesdatenströmen, sondern um eine besondere Choreographie der Körper. Nachdem Enite ihre akustische Prüfung eigentlich schon bestanden hat, kann sie endlich auch die räumliche Distanz aufheben, durch die sie stets von Erec getrennt war. War sie in der Kemenate zu Karnant unwillkürlich von ihrem schwer belasteten Mann abgerückt, so daß sie auch auf dem folgenden *âventiure*-Ausritt in deutlichem Abstand vorausreiten mußte, so kann sie diese Lücke nun schließen: Als sie aus der sicheren Entfernung ihres Versteckes Erecs mißliche Lage bemerkt, eilt sie zu ihm und legt sich schützend über seinen Körper.

Daran wird deutlich, daß der dritte Ausritt nicht allein Enites akustische Emissionen immer weiter steigert – vom diskursiven Sprechen über die monologische Klage bis hin zum lauten Schmerzens- und Hilfeschrei. In all diesen Szenen scheint außerdem immer wieder eine ›Ur-Szene‹ durch, an der sich der Text wie unter Wiederholungszwang abarbeitet. Es ist die *Figur* des schlafenden Erec von Karnant, der am hellichten Tag in seinem Bett liegt und einem seltsamen Dämmerzustand anheimgefallen ist, von Enite für schlafend gehalten, jedoch nicht wirklich schlafend, und der durch ihre vorsichtige Klage schlagartig daraus ›erweckt‹ wird. Die drei zentralen Szenen des dritten Ausritts weisen jeweils diese Grundfigur auf: Immer wieder liegt Erec am Boden, entweder für tot gehalten oder in unmittelbarer Lebensgefahr, und immer wieder sind es Enites auditive Interventionen, die ihn – wie schon in Karnant – aus diesen Metamorphosen des *verligens* herausbefördern. Zum ersten Mal liegt Erec zu Füßen seiner Frau, als er nach der Befreiung des Cadoc ohnmächtig wird. Wie in der Kemenate beklagt sie sein und ihr eigenes Schicksal, und da sie ihn diesmal nicht für schlafend, sondern sogar für tot hält, wird aus dem schüchternen Seufzen eine lange und laute Totenklage. Diese weckt zwar ihren Mann nicht auf, lockt aber einen fremden Grafen an. Als Erec später in der Burg des Oringles aufgebahrt liegt, immer noch in einem paralysierten Zwischenzustand gefangen, den Enite nach wie vor fälschlich für seinen Tod hält, stößt sie abermals einen Schrei aus – und diesmal reicht die Lautstärke, um Erec aus seinem »Todesschlaf«[42] aufzuwecken. Und schließlich kehrt die Figur des am Boden liegenden Erec, der von Enite beschützt und vor dem Tode gerettet wird, noch ein drittes Mal wieder, als er von Guivreiz geschlagen ist. Ein letztes Mal interveniert Enite mit ihrer Stimme, aber auch mit ihrem Körper, den sie nun schützend über den Leib ihres Mannes wirft.

---

42 Walter Ohly, *Die heilsgeschichtliche Struktur der Epen Hartmanns von Aue*, Diss. Berlin 1958, S. 92.

V.

Es kommt nach dem allgemeinen Wiedererkennen zu einer weiteren Hofeinkehr, diesmal bei Guivreiz und diesmal über 14 Tage hinweg. Die Ehepartnerschaft von Erec und Enite hat sich unter den schwierigen Bedingungen der meist nächtlichen *âventiuren* als funktionierendes *akustisches* Kommunikationssystem auf verschiedenen Niveaus bewährt. Die Einseitigkeit der rein optischen Kooperation in der Vergangenheit ist komplettiert und überlagert worden durch eine akustische Handlungsebene in der Gegenwart, und beides zusammen scheint sich zur nötigen Mehrdimensionalität einer idealen Minne- und Ehegemeinschaft zu fügen.

Daher setzt die berühmte Schlußepisode in Brandigan die Episodenkette nicht einfach fort, sondern nimmt – auch und gerade was die Choreographie des gemeinschaftlichen Handelns von Erec und Enite angeht – eine Sonderstellung ein.[43] Zusammen mit Guivreiz sind sie bereits auf dem Rückweg zum Artushof, als sie sich im Wald verirren und auf eine prächtige Burg stoßen. Als Erec erfährt, daß dort ein Ritter mit seiner Freundin abgeschieden in einem Garten lebt, der jeglichen Kontakt mit der Hofgesellschaft meidet und bisher jeden Herausforderer getötet hat, läßt er sich nicht mehr zurückhalten. Er nimmt sich trotz aller Warnungen der Aufgabe an, den Ritter zu besiegen, um die mittlerweile 80 Witwen seiner Vorgänger zu befreien und schließlich auch die *vreude* des Hofes wiederherzustellen.

Wieder ist nun Hartmanns Szenenregie bei den anstehenden Ereignissen bemerkenswert. Um Zutritt zum Garten zu gelangen, muß Erec allein gehen. Obwohl der Ritter Mabonagrin unter den Augen seiner Freundin kämpfen kann, muß der Herausforderer ohne fremde Hilfe antreten, und auch die übrige Hofgesellschaft hat keinen Zutritt zum Garten. In dieser seltsamen Konfiguration spiegeln sich zwei konkurrierende Minne- und Ehekonzeptionen. Erec bekämpft in dem Paar, das Mabonagrin mit seiner Freundin bildet, eine Minne, die sich von der Gesellschaft abschließt und dadurch dem Hof seine *vreude* nimmt. Zugleich bekämpft er damit noch einmal seinen eigenen Zustand in Karnant, als auch er infolge allzu enger Bindung an seine schöne Frau das Repräsentieren vergaß und den Hof in die Krise stürzte. Er bekämpft also in Mabonagrin nicht zuletzt »sich selbst, das ist den Königssohn von Karnant«.[44]

Aber Erec muß dies auch allein tun, und das setzt die Szene des Kampfes im Garten in eine kontrastierende Beziehung zu seinem Kampf in Tulmein. Er kann nicht – wie dort – auf die Unterstützung durch Enites Schönheit zurückgreifen, die sich ihm abrufbereit am Rande des Kampfplatzes zur Verfügung hielt. Hartmanns Szenenregie fügt gegen Chrétien ausdrücklich den Hinweis ein, daß Mabonagrin auf dem Wege der Augenwahrnehmung von der Anwesenheit seiner

---

43 Vgl. Christoph Cormeau, »Joie de la curt. Bedeutungssetzung und ethische Erkenntnis«, in: Walter Haug (Hrsg.), *Formen und Funktionen der Allegorie. Symposion Wolfenbüttel 1978*, Germanistische Symposien-Berichtsbände 3, Stuttgart 1979, S. 194–205.
44 Ruh (Anm. 38), S. 139. Vgl. auch Cormeau (Anm. 43), S. 199.

schönen Freundin im Kampf profitiert, was Erec jedoch versagt bleibt. Er bekämpft also nun auch das, was im ersten Durchgang als Triumph seiner eigenen, optisch operierenden Partnerschaft mit Enite herausgestellt werden konnte. Erec überwindet durch den Sieg über Mabonagrin die Konzeption eines kämpfenden Paares, das durch Blickkontakt miteinander verbunden ist. Gleichwohl streitet auch er nicht ohne Unterstützung:

> ›geselle Hartman, nû sage,
> wie erwerte inz der lîp?‹
> die kraft gâben in ir wîp.
> diu dâ gegenwürtic saz,
> diu geschuof ir manne daz:
> ob im dehein zwîvel geschach,
> swenne er si wider ane sach,
> ir schœne gap im niuwe kraft,
> sô daz er unzagehaft
> sîne sterke wider gewan
> und vaht als ein geruoweter man.
> des enmohte er niht verzagen.
> sô wil ich iu von Êrecke sagen:
> Êrec, ze swelhen zîten
> er gedâhte an vrouwen Ênîten,
> sô starcten im ir minne
> sîn herze und ouch die sinne,
> daz er ouch mit niuwer maht
> nâch manlîcher tiure vaht.
> (V. 9169–9187)

Noch der letzte Rest optischer Vereinseitigung wird hier von Erec abgeschüttelt, indem er die Unterstützung seiner Frau ganz aus der *Erinnerung* ihrer Schönheit leisten muß. Der face-to-face-Interaktion seitens des gegnerischen Paares muß er einen mentalen Kontakt zu Enite gegenüberstellen. Nicht – wie dort – der Blick, sondern

> der gedanc an sîn schœne wîp
> der kreftigete im den lîp.
> (V. 9230 f.)

Mit Erecs Sieg triumphiert am Ende ein Konzept der Ehegemeinschaft, in der die Frauenschönheit im Gedächtnis des Mannes repräsentiert ist, über eines, das ihre ständige optische Kopräsenz erfordert. Es unterliegt eine falsch verstandene und einseitige Minne, die den Mann zwangsläufig seinen Herrschaftsaufgaben entfremden muß. Die Auflösung des Dilemmas, die Anforderungen der Minne mit denen der aristokratischen Herrschaft angemessen zu vereinen, liegt darin, wie Nietzsche sagt, *dem Menschen-Thiere ein Gedächtniss*[45] zu machen.

---

45 Friedrich Nietzsche, *Genealogie der Moral, Kritische Studienausgabe*, hrsg. Giorgio Colli u. Mazzino Montinari, 2. Aufl., München, Berlin u. New York 1988, Bd. V, S. 246–412, hier: S. 295.

Dabei bleibt die Augenwahrnehmung bis zum Schluß ausgeblendet. Um Enite sowie dem mit Anspannung wartenden Hof seinen Triumph mitzuteilen, muß Erec ein akustisches Signalsystem betätigen, das aus einem bereitliegenden Horn besteht. Indem er dreimal hineinstößt, gibt er per *hornschal* öffentlich den Sieg des Herausforderers bekannt (V. 9610–9627, vgl. V. 8776–8802). Der Hof erfährt daher ebenso wie Enite durch einen *Laut* vom Ausgang des Kampfes – und davon, ob *des hoves vreude* wiederhergestellt wird.

Nicht nur der Weg des Paares wird also in der *Joie de la curt*-Episode noch einmal abschließend in einer einzigen *âventiure* gebündelt; auch das Medium der akustischen Mitteilung rückt noch einmal paradigmatisch in den Mittelpunkt der Szene. Nicht nur in der Ehegemeinschaft von Erec und Enite, sondern auch am Hof von Brandigan bedarf es am Ende akustischer Interventionen, um den erstrebenswerten Zustand der *vreude* wiederherzustellen. Und dieser ist erst dann dauerhaft gesichert, wenn zwischen Präsenz und Abwesenheit, Minne und Herrschaft, Sehen und Hören ein Ausgleich erfolgt. Als Erec mit Enite schließlich nach Karnant zurückkehrt, ist das ganze Land von seinem Ruhm durchdrungen – und zwar auf visuellen ebenso wie auf auditiven Kanälen:

> an sînem lobe daz stât
> daz er genant wære
> Êrec der wunderære.
> ez was eht sô umbe in gewant
> daz wîten über elliu lant
> was sîn wesen und sîn schîn.
> sprechet ir, wie möhte daz sin?
> waz von diu, schein der lîp nû dâ,
> sô was sîn lop anderswâ.
> alsô was sîn diu werlt vol:
> man sprach eht niemen dô sô wol.
>   (V. 10043–10053)

VI.

In Hartmanns ›Erec‹ ist beispielhaft zu beobachten, welche Funktionen das verschriftlichte Erzählen in einer weitgehend mündlich und in öffentlicher Interaktion kommunizierenden Gemeinschaft übernehmen kann. Das neue Medium wird an den Höfen des weltlichen Adels dazu eingesetzt, den Blick auf die sozial relevanten Formen der sinnlichen Wahrnehmung zu schärfen sowie mögliche Defizite und Fehlentwicklungen zu problematisieren. Immer wieder, gleichsam Szene um Szene, wird die soziale und gemeinschaftsfördernde Funktion des Sprechens den Folgen einer auf bloße Sichtbarkeit abgestellten Minne- und Ehepartnerschaft gegenübergestellt. Damit aber bleibt der schriftlich fixierte Text in grundlegender Weise auf die Körper und ihre Bewegungen in Raum und Zeit ausgerichtet. Die These Hans Ulrich Gumbrechts, daß die handschriftliche Kommunikation des Mittelalters durchweg auf die Körper als ›Quellen des Sinns‹ bezogen bleibe und erst die Buchdrucktechnologie die Voraussetzungen für das Entstehen von ›Literatur‹ im eigentlichen Sinne schaffe, nämlich als

Kommunikationsform, die die Körper der Beteiligten durch ihr Bewußtsein ersetze,[46] findet hier zumindest für die mittelalterliche Seite des Problems eine Bestätigung. Nicht nur in der öffentlichen Aufführung – wahrscheinlich zu festlichen Anlässen –, vermittelt durch Gestik, Mimik und Stimmlage des Vortragenden und die Kopräsenz verschiedener Zuhörer, sondern auch von seinem Inhalt her liefert Hartmanns ›Erec‹ verbindliche »Programme des Verhaltens«,[47] die das Zusammenspiel der adligen Körper auf der Bühne des Hofes regeln.

Dabei unterläuft die intensive Fokussierung der audiovisuellen Interaktionsformen zwischen Erec, Enite und ihrer Umwelt immer wieder den narrativen Zusammenhalt des Textganzen. Die stets präzisen Detailbeobachtungen gerinnen zu einzelnen Szenen, die – selbst hinreichend kohärent – vor allem durch kontrastive Bezüge untereinander informativ werden. Das Spiel der Wiederholungen und Überbietungen von Motiven und choreographischen Figuren destruiert die straff erzählte und kausal motivierte Handlungsfolge,[48] wie sie noch bei Chrétien begegnet, und kreist in zahlreichen Variationen stets um dasselbe Thema: die Behauptung einer Minne- und Ehegemeinschaft im Spannungsfeld von Hören und Sehen, von körperlich-gestischen und verbalen Verkehrsformen. Die einzelnen Episoden und Szenen, in denen die gemeinsamen Auftritte des Paares zu beobachten sind, geben kaum Einblicke in Bewußtseinslagen; sie liefern vielmehr Ansichten von choreographischen Figuren und machen die ›Entwicklung‹ der Protagonisten an einer Abfolge von Körperzuständen kenntlich. Von den Akten und Aufzügen eines Dramas unterscheiden sie sich daher lediglich durch die Ecken des Buchs.

---

46 Gumbrecht, »Beginn von ›Literatur‹«.
47 Ebd., S. 28.
48 Nach Christoph Cormeau, ›Wigalois‹ und ›Diu Crône‹. Zwei Kapitel zur Gattungsgeschichte des nachklassischen Aventiureromans, MTU 57, Zürich u. München 1977, S. 9, bestehen die frühen deutschen Artusepen allesamt aus »einer *Handlungskette*, einer Reihe von Einzelepisoden«, die so miteinander verknüpft sind, daß die »Isolierbarkeit der Motivbausteine« durchgängig »ihre Integrierung in einen Gesamtablauf« überwiegt.

Die Verwandlungen des Körpers
zwischen ›Aufführung‹ und ›Schrift‹

WALTER HAUG

I.

Im Gegenüber von ›Aufführung‹ und ›Schrift‹ steckt eine Problematik, deren Aspekte sich – seit Hugo Kuhn mit dem Stichwort ›Aufführungsform‹ den Anstoß zur Diskussion gegeben hat[1] – zunehmend facettenreicher und komplexer erwiesen haben. Daß das Verhältnis von Mündlichkeit und Schriftlichkeit kein einfaches Entweder-Oder ist, daß die Ablösung einer mündlichen Überlieferung durch eine schriftliche Tradition keinen problemlosen Medienwechsel darstellt, kann heute als communis opinio gelten. Wenn ich diese Selbstverständlichkeit trotzdem erwähne, dann deshalb, weil mir der Hinweis die Gelegenheit gibt, darauf aufmerksam zu machen, daß in dem zur Debatte stehenden Verhältnis zwei Oppositionen stecken, die unterschieden werden sollten – so wie Ursula Schaefer dies jüngst in ihrer Übersicht über die Problemlage treffend getan hat[2]: auf der einen Seite Mündlichkeit und Schriftlichkeit als allgemeine mediale Kategorien, konkret: der Gegensatz von Vortrag und schriftlicher Fixierung, und auf der andern Mündlichkeit und Schriftlichkeit als Denk- und Darstellungsformen, die für bestimmte kulturelle Entwicklungsstadien prägend sind.[3]

Unter dem Aspekt der allgemeinen, kategorialen Opposition sind vielfältige Verbindungen, Verschränkungen und Zwischenformen denkbar: Vorlesen von Texten, Vortragen memorierter Texte, schauspielerische Darstellung auf Textbasis, Evokation von Mündlichkeit in Texten usw. Trotz dieser vielfältigen Kombinationen und Übergangsformen ist jedoch daran festzuhalten, daß die Bedingungen mündlicher und schriftlicher Vermittlung in bedeutsamer Weise voneinander abweichen. Bei mündlicher Kommunikation trägt der Kontext der Aufführung die Bedeutung in mehr oder weniger hohem Maße mit. Schriftlichkeit verlangt demgegenüber einen »höheren Aufwand an Versprachlichung«[4],

---

1 Kuhn, »Minnesang als Aufführungsform«.
2 Ursula Schaefer, »Zum Problem der Mündlichkeit«, in: Joachim Heinzle (Hrsg.), *Modernes Mittelalter. Neue Bilder einer populären Epoche*, Frankfurt/M. u.Leipzig 1994, S. 357–375.
3 Ebd., 359 f. bzw. S. 360 ff.
4 Ebd., S. 360. Vgl. auch Brigitte Schlieben-Lange, »Zu einer Geschichte des Lesens (und Schreibens). Ein Forschungsgebiet zwischen Sprachwissenschaft und Literaturwissenschaft«, *Romanistische Zeitschrift für Literaturgeschichte 14* (1990), S. 251–267, hier: S. 253 ff.

denn sie muß den Verlust an Sinnkonstitution über den Kontext durch explizite Bedeutungssetzung kompensieren. Diese Differenz ist gerade auch da zu bedenken, wo man es mit Zwischenformen zu tun hat, bei denen sie zurückgenommen erscheint, etwa bei Texten, die von vornherein für den Vortrag bestimmt sind, die also die Aufführung einkalkulieren, und dies gilt um so mehr, je spezifischer die Situation ist, für die ein Text geschrieben wird. – Das ist der Sinnkern des ebenso berühmten wie überzogenen McLuhanschen Diktums: »The medium is the message.«

Was die Opposition von mündlicher und schriftlicher Tradierung, also den Kulturgegensatz betrifft, so ist in letzter Zeit eingehend über die verschiedenen Symbiosen gehandelt worden, zu denen es kommen kann, und dies insbesondere für den Übergang von der Mündlichkeit zur Schriftlichkeit im europäischen Mittelalter. ›Hören und Lesen‹ lautet das bekannte Stichwort.[5] So deutlich sich hier zwei Kulturen, eine lateinisch-gelehrte, schriftlich vermittelte und eine oral-ungelehrte, volkssprachliche Kultur voneinander abheben, so offen sind die Möglichkeiten für ein Zusammenwirken, und dies gerade auch bei vehementer Auseinandersetzung. Zunächst ist jedoch auch hier wiederum auf die unterschiedlichen Bedingungen zu achten, unter denen die beiden Traditionsformen stehen, denn erst wenn die grundsätzliche Differenz erfaßt ist, können die Zwischenformen in ihrer Eigenart und auch in ihrer inneren Problematik zureichend beschrieben werden.

Die mündliche Tradition ist durch ein Verhältnis zur Vergangenheit gekennzeichnet, das bestimmt wird durch die unmittelbare Aktualität dessen, was im Gedächtnis festgehalten wird. Es mangeln ihr sowohl eine differenzierte geschichtliche Tiefe – man denke z. B. an die unbestimmte Vergangenheit des heroic age, in dem die Heldendichtung ihre Stoffe ansiedelt – wie die Möglichkeit, Wissen unabhängig von einer denkbaren Applikation verfügbar zu halten.

---

5 Manfred Günter Scholz, *Hören und Lesen. Studien zur primären Rezeption der Literatur im 12. und 13. Jahrhundert*, Wiesbaden 1980. – Dennis H. Green hat sich in einer Reihe von Untersuchungen mit dem Problem auseinandergesetzt und das vielfältige Zusammenwirken der beiden Bereiche textnah analysiert. Ich nenne hier nur die wichtigsten Arbeiten, d.h. diejenigen, die nicht auf bestimmte Texte eingeschränkt sind: »On the primary reception of narrative literature in medieval Germany«, *FMLS* 20 (1984), S. 289–308; »The spread of literacy. An aspect of the twelfth-century renaissance in Germany«, *Res Publica Litterarum* 9 (1986), S. 143–153; »Die Schriftlichkeit und die Geschichte der deutschen Literatur im Mittelalter«, *Lit.wiss. Jb.* NF 30 (1989), S. 9–26; »Orality and reading: The state of research in medieval studies«, *Speculum* 65 (1990), S. 267–280; »Hören und Lesen: Zur Geschichte einer mittelalterlichen Formel«, in: Wolfgang Raible (Hrsg.), *Erscheinungsformen kultureller Prozesse*, ScriptOralia 13, Tübingen 1990, S. 23–44. Die Summe seiner Bemühungen liegt jetzt vor in: *Medieval Listening and Reading. The primary reception of German literature 800–1300*, Cambridge 1994. Ferner: Michael Curschmann, »Hören – Lesen – Sehen. Buch und Schriftlichkeit im Selbstverständnis der volkssprachlichen literarischen Kultur Deutschlands um 1200«, *PBB* 106 (1984), S. 218–257. Für den Übergang zur Neuzeit siehe Jan-Dirk Müller, »Sprecher-Ich und Schreiber-Ich. Zu Peter Luders Panegyricus auf Friedrich d. S., der Chronik des Mathias von Kemnat und der Pfälzer Reimchronik des Michel Beheim«, in: ders. (Hrsg.), *Wissen für den Hof. Der spätmittelalterliche Verschriftungsprozeß am Beispiel Heidelberg im 15. Jahrhundert*, Münstersche Mittelalter-Schriften 67, München 1994, S. 289–321.

Erst die schriftliche Überlieferung schafft einen differenzierten historischen Horizont, und erst sie stellt Wissen für den beliebigen Gebrauch zu einer beliebigen Zeit zur Verfügung: Geschichte und zugleich Ablösung von der Geschichte.[6] Die beiden Traditionsformen implizieren also ein unterschiedliches historisches Bewußtsein. Von den zudem wesentlich voneinander abweichenden Bedingungen der Produktion und Rezeption wird gleich noch die Rede sein.

Zunächst ist somit festzuhalten, daß die kategoriale Opposition ›Mündlich – Schriftlich‹ ihre Bedeutung in den unterschiedlichen konzeptuellen Verfahren besitzt, die der Blick auf eine Aufführung bzw. auf bloßes Lesen mit sich bringt. Die zweite, die kulturhistorische Opposition gewinnt ihre Bedeutung in Hinsicht auf die grundsätzlich andersartigen Denk- und Darstellungsformen genuin mündlicher und genuin schriftlicher Vermittlung. Die beiden Oppositionen überschneiden sich gewissermaßen in der Aufführungssituation. Denn sie ist zugleich generell der Ort der mündlichen Kommunikation und historisch der Ort des oralen Typs von Tradition.

Aber gerade weil es aufgrund dieser Überschneidung schwierig ist, die beiden Oppositionspaare auseinanderzuhalten, sollte man sie im Prinzip unterscheiden, denn nur so gewinnt man ein sauberes begriffliches Instrumentarium, mit dem man die Zwischen- und Übergangsformen dann um so besser zu bestimmen vermag. Es wird also darum gehen, ohne die Differenzen zu verwischen, mit der allgemeinen Kategorie ›Mündlich–Schriftlich‹ vor dem Hintergrund der historischen Dichotomie ›mündliche‹ vs. ›schriftliche‹ Tradition zu operieren.

Doch nun zunächst zum Unterschied der Produktions- und Rezeptionsweisen bei den beiden Kommunikationsformen und zu der Bedeutung, die dies für die Auseinandersetzung zwischen ihnen besitzt. Dabei sieht man sich vor der bekannten Schwierigkeit, daß uns die orale Literaturtradition des Mittelalters nicht mehr unmittelbar zugänglich ist.[7] Wir wissen zwar unzweifelhaft, daß es in alt- und mittelhochdeutscher Zeit vor und neben der lateinischen und vulgärsprachlichen Schrifttradition eine breite mündliche Überlieferung gegeben hat; dies nicht nur aufgrund indirekter Zeugnisse, sondern auch, weil ein Teil dieser Tradition verschriftlicht worden ist. Doch es gibt keinen Weg, von hier aus ihre Gestalt im Status der Mündlichkeit zurückzugewinnen.

---

6 Schaefer (Anm. 2), S. 362 f., mit der einschlägigen Literatur. Ferner: Klaus Grubmüller, »Mündlichkeit, Schriftlichkeit und Unterricht. Zur Erforschung ihrer Interferenzen in der Kultur des Mittelalters«, *DU* 41/1 (1989), S. 41–54, hier: S. 45 f. Die Verfügbarkeit wird mit dem Buchdruck schließlich inflationär, so daß die Geschichte in neuer Weise – philologisch – rekonstruiert werden muß; vgl. Jan-Dirk Müller, »Der Körper des Buchs. Zum Medienwechsel zwischen Handschrift und Druck«, in: Gumbrecht/Pfeiffer, *Materialität*, S. 203–217.

7 Vgl. zum Folgenden: Walter Haug, »Mittelalterliche Epik. Ansätze, Brechungen und Perspektiven«, in: Volker Mertens u. Ulrich Müller (Hrsg.), *Epische Stoffe des Mittelalters*, Stuttgart 1984, S. 1–19, hier: S. 2, u. ders., »Normatives Modell oder hermeneutisches Experiment: Überlegungen zu einer grundsätzlichen Revision des Heuslerschen Nibelungen-Modells«, in: ders., *Strukturen als Schlüssel zur Welt. Kleine Schriften zur Erzählliteratur des Mittelalters*, Tübingen 1989 (Studienausgabe 1990), S. 308–325, hier: S. 309 f.

Eine Chance für einen solchen Rückgriff bestünde nur, wenn wir so etwas wie ›mündliche Texte‹ voraussetzen könnten, d.h. eine in festem Wortlaut memorierte orale Überlieferung. Wir kennen Kulturen, die eine solche mündliche Texttradition besaßen: Sie war z.B. kennzeichnend für die großen indischen Epen. Eine solche memorierte mündliche Tradition ist jedoch nur dort möglich, wo es eine Instanz gibt, die die Weitergabe organisiert und überwacht: Dichterschulen, priesterliche Kontrolle auswendig gelernter heiliger Texte usw. Von einer solchen Instanz wissen wir im europäischen Kulturraum nichts, und es ist höchst unwahrscheinlich, daß es sie gegeben haben könnte, ohne daß uns irgendein Hinweis darauf erreicht hätte.[8] Das bedeutet, daß wir bei der alteuropäischen oral-narrativen Tradition mit jener Improvisationstechnik rechnen müssen, wie sie für die meisten der noch lebenden oralen Kulturen charakteristisch ist.[9] Das Lied der Sänger entsteht bei dieser Form des Vermittelns bei jedem Vortrag neu, und zwar auf der Basis eines feststehenden Handlungsgerüsts (einschließlich der Besetzung mit bestimmten Personen) und mit Hilfe von poetischen Versatzstücken, d.h. von szenischen Klischees und formelhaften Wendungen. Von dieser mündlichen Tradition aus besteht kein Anlaß, sie in die Schriftlichkeit zu überführen, im Gegenteil, es kommt zu großen Schwierigkeiten, wenn man versucht, einen Sänger dazu zu bringen, schreibend zu improvisieren.[10] Der Schritt von der Mündlichkeit zur Schriftlichkeit ist deshalb nur als bewußter Akt von der schriftlichen Kultur aus vollziehbar. Von ihr her muß der Anstoß kommen, in den Interessen der Träger der Schriftkultur muß er seinen Grund haben. Und dieser Grund ist in der Frühzeit nicht etwa antiquarischer Sammeleifer.[11] Denn solange die mündliche Tradition lebendig ist, besteht keine Notwendigkeit, sie schriftlich

---

8 Vgl. dazu meine Auseinandersetzung mit Theodore W. Andersson in: Walter Haug, »Die Grausamkeit der Heldensage. Neue gattungstheoretische Überlegungen zur heroischen Dichtung«, in: *Studien zum Altgermanischen. FS Heinrich Beck*, Berlin u. New York 1994, S. 303–326, hier: S. 322, Anm. 47. Damit will ich keineswegs ausschließen, daß es kurzfristig und bei kürzeren Liedern zu fixierten mündlichen Texten kommen kann. Doch man weiß, wie schnell sie zersungen werden. Zur spezifischen Situation im Norden vgl. Alois Wolf, »Altisländische theoretische Äußerungen zur Verschriftlichung und die Verschriftlichung der Nibelungensagen im Norden«, in: Wolfgang Raible (Hrsg.), *Zwischen Festtag und Alltag. Zehn Beiträge zum Thema ›Mündlichkeit und Schriftlichkeit‹*, ScriptOralia 6, Tübingen 1988, S. 167–189.
9 Den Anstoß zur Diskussion hat bekanntlich Albert B. Lord mit seinem Werk *The Singer of Tales*, Cambridge (Mass.) 1960, gegeben; dt.: *Der Sänger erzählt. Wie ein Epos entsteht*, München 1965 (ich zitiere nach der deutschen Fassung). Die Literatur zur oral formulaic poetry ist inzwischen ins kaum mehr Überschaubare gewachsen. Eine größere Zahl von Titeln bei Edward R. Haymes, *Das mündliche Epos. Eine Einführung in die ›Oral Poetry‹-Forschung*, Stuttgart 1977. Eine kritische Zwischenbilanz: Michael Curschmann, »Oral Poetry in Mediaeval English, French and German Literature: Some Notes on Recent Research«, *Speculum* 42 (1967), S. 36–52.
10 Lord (Anm. 9), Kapitel 6: »Mündliche Überlieferung und Schrift«, S. 184–205, hier: S. 186 ff. Etwas einschränkend: ders., »Perspectives on recent work on the oral traditional formula«, *Oral Tradition* 1 (1986), S. 467–503, hier: S. 479 f.
11 Dem Gedanken, daß Karl der Große eine Heldenliedsammlung habe zusammenstellen lassen, kann man deshalb nur mit größter Skepsis begegnen. Vgl. Gerhard Meissburger, »Zum sogenannten Heldenliederbuch Karls des Großen«, *GRM* 44 (1963), S. 105–119.

festzuhalten; und daß z.B. die mündliche heroische Dichtung in Deutschland bis ins 16. Jahrhundert hinein und in Rückzugsgebieten gewiß noch länger gelebt hat, das bezeugen uns die späten Aufzeichnungen.

Wenn in mündlicher Tradition eine Erzählung bei jeder Aufführung neu entsteht, wobei allein das Handlungsgerüst die Identität trägt, während die konkrete Gestalt variiert, in der schriftlichen Tradition hingegen eine Erzählung im Prinzip in ihrer ganzen Textgestalt festgeschrieben wird, so korrespondiert diesem Produktionsgegensatz eine entsprechend verschiedene Rezeptionsweise. Der Zuhörer nimmt beim mündlichen Vortrag unmittelbar am Akt der dichterischen Gestaltung teil. Das Publikum des Heldenliedsängers kennt aufgrund des mehrfachen Vortrags das Gerüst der Erzählung, d. h., es hat das, was ihre Identität ausmacht, gegenüber dem, was sich bei jedem Vortrag wandelt, erfaßt. Sein Interesse richtet sich deshalb nicht zuletzt auf die Variationskunst des Sängers bei der jeweiligen Realisierung, und es ist die Virtuosität der improvisierenden Gestaltung, die die Bewunderung des Zuhörers hervorruft.[12] Der Sinn der Erzählung jedoch liegt nicht in der Besonderheit der Ad-hoc-Variation, sondern im gleichbleibenden Handlungsschema. Der Vortrag fordert also keine Interpretation heraus. Anders beim schriftlich fixierten Text. Hier ist eine variierende Wiederholung ausgeschlossen. Es gibt bei mehrfachem Lesen kein Gegenüber von etwas, das sich gleichbleibt und damit als das Wesentliche heraustritt, und dem bloß Beiläufigen. Das Wesentliche wie das Unwesentliche ist ununterscheidbar festgeschrieben, und das gilt auch, wenn der Dichter Signale für eine Unterscheidung setzt, denn diese stehen mit zur Debatte. Kurz: Der Sinn wird zum Problem; der Leser ist gezwungen zu interpretieren.

Es ist nun überraschend festzustellen, daß die Dichter bei der Ablösung der oralen durch die schriftliche Produktionsweise das für die mündliche Tradition charakteristische Prinzip der Variation aufgreifen, um damit – in freilich ganz anderer Weise – Sinn zu konstituieren.[13] Die Variation erscheint nun als Handlungsdoppelung unter wechselnden Vorzeichen. So wird die einfache Brautwerbungserzählung der mündlichen Tradition auf schriftlicher Ebene zweimal oder sogar vielfach durchgespielt: Die Braut wird zurückgeraubt und muß erneut gewonnen werden. Der Paradefall in der mittelhochdeutschen Literatur ist der ›König Rother‹; eine komplexe Form liegt im ›Salman und Morolf‹ vor. In der Heldenepik wird bei der Verschriftlichung ebenfalls mit Abwandlungen von Grundmustern gearbeitet. Das gilt sowohl für das ›Nibelungenlied‹ wie für die ›Kudrun‹. Chrétien hat schließlich vom Prinzip der variierenden Wiederholung her eine höchst differenzierte Stufenstruktur entwickelt.

Es ist offenkundig, daß diese schriftliche Variation gegenüber der entsprechenden oralen Technik etwas völlig Neues darstellt, denn sie ist hier zu einem

---

12 Beispiele für das Verhältnis zum Publikum bei Lord (Anm. 9), z.B. S. 40 u. S. 132: Es kann sich in seiner Kennerschaft begeistern, durch seine Begeisterung den Sänger zu weiterer Ausgestaltung antreiben usw.
13 Vgl. zum Folgenden: Walter Haug, »Struktur, Gewalt und Begierde. Zum Verhältnis von Erzählmuster und Sinnkonstitution in mündlicher und schriftlicher Überlieferung«, in: *Idee, Gestalt, Geschichte. FS Klaus von See*, Odense 1988, S. 143–157, hier: S. 151 ff.

Mittel der Sinnkonstitution geworden. Während bei mündlicher Vermittlung durch die wiederholte Improvisation das Handlungsgerüst heraustritt, indem sich das, was bei der Variation identisch bleibt, als das sinntragende Grundmuster vom Beiläufigen abhebt, dient die Wiederholung auf schriftlicher Stufe dazu, gerade in der Variation, d.h. in dem, was das Grundmuster in unterschiedliche Perspektiven stellt, den Sinn heraustreten zu lassen. Die Abweichung signalisiert, wo die Interpretation anzusetzen hat. Kurz gesagt: Beim unfesten Text der improvisierenden Dichtung liegt der Sinn im Identischen, beim festen Text der schriftlichen Dichtung liegt er in der Differenz. Beim Übergang von der Mündlichkeit zur Schriftlichkeit bemächtigt sich der schriftliche Dichter also nicht nur der mündlichen Stoffe, sondern er greift auch das mündliche Prinzip der Variation auf, um gerade damit diese Stoffe einer neuen Sinngebung zu unterwerfen. Es ist dies – so muß man wohl sagen – ein Akt geistiger Usurpation. Auf lange Sicht gelingt damit die völlige Ablösung von der mündlichen Kommunikationsform und ihrer Denkweise, es wird eine rein schriftliche Tradition etabliert, die mit ihrer Form der Sinngebung Raum, Zeit und soziale Schichtungen überwindet.

Dieser langfristigen kulturhistorischen Entwicklung gegenüber ist jedoch im Übergang das Miteinander von mündlicher und schriftlicher Tradition unter dem Aspekt der kategorialen Dichotomie zu bedenken. Ich komme damit auf die Überschneidung der beiden Perspektiven in der Aufführungssituation zurück.

Die Aufführungssituation ist, wie gesagt, der genuine Ort mündlicher Dichtung. Schriftlich fixierte Texte des neuen Typs können jedoch in diese Situation gewissermaßen zurückgeholt werden, ja der Vortrag ist auch die ursprüngliche Kommunikationsform des neuen, schriftlichen Mediums. Erst die zunehmende Lesefähigkeit führt hier zu einem allmählichen Wandel, was dann, als Ersatz für den situativen Kontext, wie gesagt, eine neue Explizitheit der Darstellung mit sich bringen muß.

Dabei ist jedoch nicht allein diese technische Seite der Vermittlung zu beachten, sondern zugleich zu bedenken, daß es kulturhistorisch bei der Aufführung schriftlicher Texte zu einer Konkurrenzsituation kommen konnte. Denn es ist damit zu rechnen, daß der mündliche Sänger und der einen fixierten Text vortragende Dichter zunächst vor demselben Publikum aufgetreten sind. Und wenn die Verschriftlichung als mehr oder weniger harte Auseinandersetzung mit der oralen Tradition und ihrer Denkweise zu verstehen ist, dann kann man sich die Spannung ausmalen, die sich ergibt, wenn die beiden Dichtertypen gegeneinander antreten. Dabei demonstriert der schriftlich arbeitende Dichter den neuen, überlegenen Umgang mit den traditionellen Stoffen, er zeigt seine sinngebende Strukturierungskunst gegenüber dem Improvisator, der an seine Handlungsgerüste gebunden ist und die Variation nur als formale Virtuosität anbieten kann. Die Aufführung gab dem schriftlichen Text also ursprünglich dadurch eine besondere dramatische Aktualität, daß sie ihm erlaubte, sich am genuinen Ort der mündlichen Tradition mit dieser zu messen. Diese Aktualität aus dem kulturellen Kampf muß in dem Maße verloren gehen, in dem der schriftliche Text nicht mehr gemeinschaftlich gehört, sondern einsam gelesen wird.

II.

In der Aufführungssituation fungiert der Körper mit als Kommunikationsmedium. Das Miteinander von Körpersprache und Wort entlastet das Wort und verstärkt es zugleich, indem der körperliche Ausdruck in seiner Unmittelbarkeit das Wort stützt, überhöht oder auch unterläuft und differenziert: Man kann z.B. eine Geschichte in einem heiteren Ton erzählen und dabei weinen, oder man kann ein groß gesprochenes Wort mit einer Geste zunichte machen. Auch schriftliche, aber für den Vortrag bestimmte Texte können diese Möglichkeit eines Zusammen- und Gegenspiels von Körpersprache und Wort nützen. Will man es schriftlich steuern, so sind direkte oder indirekte Regieanweisungen erforderlich, etwa durch eingebaute Deiktik.[14]

Aber schon die Sprache an sich ist bekanntlich beides: Ausdruck und Darstellung, und dies gilt in erhöhtem Maße für das gesprochene Wort.[15] Dem genuin mündlichen Dichter eignet dabei, auch wenn er zur Darstellung von Emotionen formelhafte Materialien verwendet, insofern ein höheres Maß an Spontaneität, als er seinen Ausdruck immer neu finden muß.[16] Der schriftliche Dichter hingegen fixiert die emotionale Seite rhetorisch und muß dann versuchen, diese Rhetorik beim Vortrag mit Leben zu erfüllen, d.h., er ›spielt‹ den Ausdruck aus größerer Distanz als der mündliche Dichter. Zugleich freilich erlaubt ihm diese größere Distanz, die Effekte bewußter, kunstvoller zu setzen. Die Beziehung zum Publikum verändert sich: An die Stelle eines gemeinsamen Mitgehens mit dem Sänger tritt das Gegenüber von Dichter und Publikum, es entsteht die ästhetische Barriere. Es sei angemerkt, daß diese auch wieder abgebaut werden kann, wenn der schriftlich fixierte Text nur als ›Libretto‹ dient, auf dessen Grundlage improvisiert werden darf: Im geistlichen Schauspiel insbesondere ist mit dieser Möglichkeit zu rechnen – dies übrigens in signifikanter Kombination von Improvisation und sakralen, d.h. verbindlich fixierten mündlichen Texten.

Der Vermittlung genuin mündlicher Traditionen über die körperliche Präsenz des Sängers korrespondiert die Welt, die er vermittelt, insofern, als in dieser Welt Erfahrungen am Körper, mit dem Körper gemacht werden. Es hängt dies am spezifischen Themenkomplex mündlich-narrativer Poesie: Sie kreist um die drei großen Lebenserfahrungen Geburt, Hochzeit und Tod. Die Überwältigung durch körperliche Erfahrung in Lust und Qual und Schrecken, das ist der Gegenstand des Mythos wie der Heldensage.

---

14 Beispiele bei Kuhn, »Minnesang als Aufführungsform«, S. 184 u. 187. Vielseitig anregend im Blick auf die Bedeutung der Körperlichkeit zwischen gesprochenem Wort und Schriftkultur: Gumbrecht, »Beginn von ›Literatur‹«.

15 In diesem Zusammenhang hat Paul Zumthor in *Die Stimme und die Poesie* programmatisch statt von Mündlichkeit (›oralité‹) von Stimmlichkeit (›vocalité‹) gesprochen und damit diesen vernachlässigten Aspekt der Aufführung eindringlich zum Bewußtsein gebracht.

16 Lord (Anm. 9), S. 121, spricht von der »Tiefe des Gefühls« und der besonderen »Ausdruckskraft«, durch die sich ein großer Improvisator von den geringeren Sängern abhebt. Es gibt also durchaus die Möglichkeit zum persönlichen, ausdrucksvollen Engagement.

Die Bewältigung dieser drei Urerfahrungen erfolgt durch das Wort.[17] Dies, indem es jene Erfahrung vermittelt und sie zugleich in eine Form bringt, durch die man sich von ihr zu distanzieren vermag. Diese Doppelheit hängt an dem erwähnten Doppelcharakter der Sprache: Die körperliche Erfahrung kann sich im Wort körperlichen Ausdruck verschaffen, und sie läßt sich gleichzeitig im Wort darstellen und damit von der Unmittelbarkeit der Überwältigung abrücken.

Im mythisch-rituellen Vollzug stellt sich das Geschehen ungebrochen am Körper dar; für die Heldensage ist es hingegen kennzeichnend, daß es zu einer gewissen Brechung im Bewußtsein der Figuren kommt. Ich gebe ein Beispiel aus der irischen Heldensage, bei dem der Übergang vom Mythos zur Sage noch faßbar ist: ›Derbforgaills Tod‹[18]:

Derbforgaill, die Tochter des Königs von Skandinavien, verliebt sich in CuChulainn aufgrund dessen, was man ihr über den irischen Helden erzählt. Sie erscheint in Schwanengestalt auf dem Loch Cuan, an dessen Ufern CuChulainn und Lugaid, sein Ziehsohn, sich aufhalten. CuChulainn schießt mit der Steinschleuder auf den Schwan, worauf Derbforgaill ihre menschliche Gestalt annimmt und sich über den wenig freundlichen Empfang beklagt. CuChulainn saugt ihr den Stein aus der Wunde. Da er dabei aber etwas von ihrem Blut schluckt, gilt er nunmehr als mit ihr verwandt, er kann sie nicht heiraten, und so muß sie sich mit Lugaid begnügen. Es wird eine gute Ehe, und sie schenkt ihm viele Kinder.

An einem Wintertag machen die Männer von Emain einen gewaltigen Schneeblock. Die Frauen steigen hinauf und verabreden eine Wette: Jede soll ihr Wasser lassen, und die, die dabei den ganzen Schneeblock durchdringe, dürfe als diejenige gelten, die ihren Mann am besten zu befriedigen vermöge. Keiner der Frauen gelingt der Versuch. Da fordern sie auch Derbforgaill auf mitzutun. Sie weigert sich zunächst, aber massiv gedrängt, steigt sie schließlich doch auf den Schneeblock, und ihr Wasser schlägt bis zum Erdboden durch. Aus Wut darüber

---

17 Vgl. Hans Blumenberg, »Wirklichkeitsbegriff und Wirkungspotential des Mythos«, in: Manfred Fuhrmann (Hrsg.), *Terror und Spiel. Probleme der Mythenrezeption*, Poetik und Hermeneutik 4, München 1971, S. 11–66, bes. S. 23 f.
18 *The deaths of Lugaid and Derbforgaill*, hrsg. u. übers. [ohne die Verspartien] von Carl Marstrander, *Eriu* 5 (1911), S. 201–218; zuerst hrsg. in: Heinrich Zimmer, »Keltische Beiträge I«, *ZfdA* 32 (1888), S. 196–334, hier: S. 216 ff. Vgl. Rudolf Thurneysen, *Die irische Helden- und Königssage bis zum siebzehnten Jahrhundert*, Halle/S. 1921, S. 426–428. – Es könnte der Einwand erhoben werden, daß ich hier und im folgenden nun doch schriftlich überlieferte Heldensagen als Zeugnisse für mündliches Erzählen nehme. Dem ist entgegenzuhalten, daß ich sie nur im Sinne von Regesten verlorener mündlicher Stofftraditionen benütze. Dies ist in der irischen Überlieferung um so eher möglich, als die schriftliche Form im wesentlichen prosaisch ist (abgesehen von den typischen Verseinlagen), daß sie also auf eine neue metrische Bindung auf schriftlicher Stufe und zudem auf eine neue sinnstiftende Strukturierung verzichtet. Der Übergang der heroischen Tradition in die Schriftlichkeit scheint in Irland nicht von jenem scharfen Kulturkonflikt geprägt gewesen zu sein, der für England und den Kontinent charakteristisch war. Vgl. zur spezifischen Überlieferungssituation in Irland: Stephan N. Tranter u. Hildegard L. C. Tristram (Hrsg.), *Mündlichkeit und Schriftlichkeit in der älteren irischen Literatur – Early Irish literature: Media and communication*, ScriptOralia 10, Tübingen 1989.

fallen die Frauen über sie her, reißen ihr die Nase und die Ohren ab, raufen ihr das Haar aus und kratzen ihr die Augen aus. Dann tragen sie die Verstümmelte in ihr Haus. CuChulainn und Lugaid stehen indessen auf dem Hügel bei Emain. Sie wundern sich, daß Schnee auf Derbforgaills Hausdach liegt. Lugaid schließt daraus, daß seine Frau im Sterben liegt. Sie eilen hin, aber Derbforgaill hat das Haus verriegelt, und als sie schließlich mit Gewalt eindringen, ist sie tot. Entsetzt von dem Anblick, den sie bietet, stirbt Lugaid ihr nach. CuChulainn aber bringt das Haus, in dem die Frauen versammelt sind, zum Einsturz, so daß 150 Fürstinnen in den Trümmern begraben werden.

Das Motiv der Vogelerscheinung ist nicht untypisch in irischen Sagen von jenseitigen Frauen, die ins Land kommen, sich dem König vermählen und Fruchtbarkeit und Glück bringen, bis sie durch irgendein verhängnisvolles Ereignis wieder davonziehen müssen. Die Weitergabe der Frau an den Ziehsohn ist zweifellos sekundär; sie ist erst durch den Anschluß der Erzählung an die CuChulainnsage zustandegekommen. Die mythische Basis der Derbforgaillsage ist schwerlich zu verkennen: Es gehören dazu nicht nur das wunderbare Erscheinen einer jenseitigen Frau und die Fruchtbarkeit, die sie bringt, dargestellt im Kindersegen, sondern auch die Wende im Winter, die körperliche Verstümmelung als Ausdruck der negativen Phase.

Aber das mythische Muster ist heroisch uminterpretiert worden. Die Wende wird ausgelöst durch eine Wette der Frauen, bei der ihre Liebesfähigkeit zur Debatte steht, und der Umschlag läuft über eine heroische Provokation, der Derbforgaill nach anfänglichem Zögern nicht ausweichen kann. Ihr Wasser in seiner Hitze und Durchschlagskraft ist das Zeichen ihrer alles überbietenden Liebesfähigkeit. Ihr Tod folgt auf die Demonstration dieses Übermaßes, er wird als heldenepischer Wut- und Racheakt inszeniert. Man hat also die mythische Syzygie durchwegs mit heroischen Motiven besetzt. Die Figuren sind dem Geschehen nicht einfach ausgeliefert, sondern sie stellen sich jenem Gesetz, nach dem aus der Kulmination der positiven Phase die Wende erfolgen muß: Das Übermaß wird personalisiert, und der Umschlag wird als ebenso persönliche Replik zu einem Akt bewußter Grausamkeit. Immer noch aber stellen die Figuren die Position, in der sie sich befinden, über ihren Körper dar: Derbforgaills übermächtige Liebesfähigkeit in der Hitze ihres Wassers, die Zerstörung der Harmonie und Fruchtbarkeit in der Verstümmelung – ein Verfahren, das leicht ins Groteske umkippen kann.

Wie der Wechsel von der Fruchtbarkeit zum Tod, so läßt sich auch die Gegenbewegung mythisch-heroisch als körperlicher Durchgang durch die Gegenposition darstellen. Wieder bietet die irische Heldensage besonders eindrucksvolle Beispiele. Ich wähle CuChulainns Kampf mit den drei Söhnen der Nechta.[19] Dieser Dreikampf, aus dem der Held als Sieger hervorgeht, ist, wie man gesehen hat, eine Variante des Kampfes mit dem dreigestaltigen Drachen.[20] Dabei gerät Cu-

---

19 Tranter/Tristram (Anm. 18), S. 126 ff.; vgl. auch Haug (Anm. 8), S. 312 ff.
20 Haug (Anm. 8), S. 313 m. Anm. 32.

Chulainn in eine ungeheure Kampfwut. Nach dem Sieg hängt er die Köpfe der Erschlagenen an seinen Streitwagen und macht sich rasend auf den Rückweg. Dabei treibt er ein Rudel Hirsche in einen Sumpf, fängt das prächtigste Tier und bindet es hinten an seinen Wagen, dann betäubt er neunzehn Schwäne mit seiner Steinschleuder und bindet sie ebenfalls an seinem Wagen fest. Mit seinem Pferdegespann rast er dann auf Emain zu: hinter sich den Hirsch und über sich die neunzehn flatternden Schwäne. In Emain bekommt man es mit der Angst zu tun. Doch König Conchobar schickt ihm die Frauen mit entblößten Brüsten entgegen. Da wendet der Held für einen Augenblick sein Gesicht ab. Die Krieger von Emain packen ihn und stecken ihn in ein Faß mit kaltem Wasser, das von der Hitze des Helden birst, dann in ein zweites, dessen Wasser noch faustgroße Blasen wirft, während das dritte dann nur mehr mäßig warm wird.

Um den dämonischen Gegner zu besiegen, muß der Held also dessen Dämonie in sich aufnehmen, d.h., er geht durch das Negative hindurch, das er überwindet, und so muß er dann seinerseits wiederum entdämonisiert werden. Wieder aber ist für die heroische Stufe kennzeichnend, daß der Held selbst seine Verwandlung ins Groteske steigert, er inszeniert seine Rückkehr als hyperbolisches Bild dessen, was er durchgestanden hat, er präsentiert sich als wahnwitziges tierisches Ensemble. Er setzt dabei gewissermaßen den Überschuß an Kraft, der ihm zugewachsen ist, in heroischen Mutwillen um. Die Bändigung mit Hilfe der Frauen und die Abkühlung im kalten Wasser bekommt etwas entsprechend Spielerisches. Und der Prozeß vollzieht sich am Körper des Helden – es gibt übrigens groteske Schilderungen von den Verzerrungen, die CuChulainns Gesicht entstellen, wenn er in seine Kampfwut gerät –,[21] zugleich aber setzt er die Wende ins Bild, er überzieht sie in heroischer Brechung, so daß der Durchgang durch das Negative positiv aufgefangen werden kann.

Im Prinzip, wenngleich nicht so eindrucksvoll, läßt sich dieser im Bewußtsein gebrochene, inszenierte Einsatz des Körpers auch in der germanischen Heldensage aufzeigen. Man denke an Gunnars Harfenspiel in der Schlangengrube, an die körperliche Selbstpreisgabe Rosimunds, an das grausame Racheszenarium des verstümmelten Wieland usw.[22]

Es ist also kennzeichnend für die Heldensage, daß die Figuren sich provozierend einem an sich objektiven Geschehen stellen und, indem sie ihren Körper dabei ins Spiel bringen, eine Brechung über das Bewußtsein herbeiführen.

Dem korrespondiert in der Aufführungssituation die Spannung zwischen körperlichem Ausdruck und sprachlicher Form. Zu letzterer gehört auch das Metrum, das den Vortrag in ein autonomes, von außen gesetztes Maß einbindet. Der Sänger führt bei der Improvisation diese Bannung ins Metrum vor, und der Zuhörer kann an diesem Akt unmittelbar teilnehmen.

Gerade auch dies setzt den mündlich improvisierenden Vortrag entscheidend vom Vortrag memorierter oder verschriftlichter Texte ab, denn bei den letzteren

---

21 Ebd., S. 322 f.
22 Dazu ausführlicher: Walter Haug, »Mündlichkeit, Schriftlichkeit und Fiktionalität«, in: Heinzle (Anm. 2), S. 376–397, hier: S. 383 ff.

ist diese Bändigung immer schon vollzogen. Der spontane Akt der Einbindung kann beim Vorlesen bestenfalls spielerisch wiedererweckt werden. Doch ist das Interesse beim schriftlich konzipierten Text ohnehin nicht auf diesen Akt gerichtet, es verlagert sich vielmehr auf die Einsicht in die neue über die Strukturierung vollzogene Sinngebung. Und dabei gewinnt auch das Körperliche auf der Gegenstandsseite eine veränderte Position und Bedeutung:

Als Yvain von Laudine verstoßen wird, verliert er seinen Verstand, er reißt sich die Kleider vom Leib und lebt wie ein wildes Tier im Wald.[23] Schlafend wird er schließlich von der Frau von Narison gefunden, die eines ihrer Mädchen mit einer Wundersalbe hinschickt, damit sie ihn heile, d.h. ihn wieder zum Menschen mache. Man könnte denken, hier vollziehe sich wie bei CuChulainn der Durchgang durch die Gegenposition am Körper: Verwandelt sich der Held nicht auch hier jene Welt an, in die er abgestiegen ist? Und wiederum sind es Frauen, die ihm seinen ihm gemäßen Status zurückgeben. Wirkt hier somit die Gesetzlichkeit der Darstellung am Körper über die Schriftgrenze hinweg weiter? Wenn ja, dann sicherlich nicht unreflektiert. Denn die Nähe zum mündlich-heroischen Umgang mit Körperlichkeit ist so augenfällig, daß dies nur als Zitat verstanden worden sein kann, und zwar als ein Zitat, das zugleich zeigen sollte, daß der Stellenwert des Vorgangs sich radikal gewandelt hat. Denn der Abstieg Yvains ins Animalische und seine Rückkehr auf die menschliche Ebene trägt sich ja nicht selbst, d.h., er findet nicht in sich selbst seinen Sinn, vielmehr handelt es sich um eine Episode in einem komplex strukturierten Ereigniszusammenhang, von dem her sie erst ihre Bedeutung erhält. Yvains Tierdasein gewinnt deshalb in einem hohen Maße metaphorischen Charakter. Es ist Metapher des Selbstverlusts durch den Verlust der Liebe. Und die Problematik ist durch die Heilung Yvains denn auch keineswegs schon bewältigt, sondern die Rückkehr ins Menschsein ist nur der erste Schritt auf einem über eine Mehrzahl von weiteren Erfahrungen führenden Weg. Mit anderen Worten: Körperliche Erfahrungen werden auf schriftlicher Stufe symbolisch eingesetzt. Das Körperliche fungiert als Bildbereich für einen geistigen Vorgang. Zugleich wird diese Erfahrung, die Erfahrung von Eros und Tod, aber zum Thema, d.h., es geht um ihre Verarbeitung in einem Bewußtseinsprozeß. Man stirbt nur symbolisch: Erec auf Limors, Lancelot im ›Land, von welchem niemand wiederkehrt‹.

Das Verfallensein an das Körperliche, an das Animalische, an die physische Lust und Schwäche, an Eros und Sterblichkeit ist also nicht mehr eine Erfahrung, die an sich durchzustehen wäre oder in der man unterginge – wie in der Heldensage –, es stellt sich uns vielmehr als eine geistige Erfahrung dar, und dies in der Form eines fiktionalen Experiments. Und in diesem Rahmen wird denn auch der integre Körper symbolisch dagegengesetzt: die Schönheit, die formvollendete Haltung, die höfische Balance von Innen und Außen, die Harmonie aller Kräfte in der Einheit von Sein und Erscheinung. Der Körper ist idealiter einbezogen ins

---

23 Chrestien de Troyes, *Yvain*, nach dem Text v. Wendelin Foerster hrsg. u. übers. Ilse Nolting-Hauff, Klassische Texte des Romanischen Mittelalters 2, München 1962, hier: V. 2796 ff.

ritterliche Spiel, ins Kampfspiel, ins Liebesspiel, ins Wortspiel des Erzählens. Er ist hier Metapher der arthurischen Utopie, also wiederum Bild im Ablauf einer fiktionalen Handlung und damit Position in einem Bewußtseinsprozeß.[24] In dem Maße jedoch, in dem diese Position utopisch, d. h. immer nur Durchgangspunkt einer Bewegung ist, die stets neu in die Welt der physischen Verfallenheit zurückführen muß, im selben Maße ist diese Gegenwelt nicht zu erledigen – auch wenn alle arthurischen Ritter nichts anderes als gerade dies zu tun scheinen –, vielmehr bleibt die Macht dieser Gegenwelt im Bewußtsein präsent, ja sie wird insofern in den utopischen Status hineingezogen, als sie es ist, die ihm diesen Charakter gibt. Das ist die Kühnheit dieses fiktionalen Romans: Die elementaren körperlichen Erfahrungen, die Irreversibilität des Todes und die absolute Forderung des Eros, werden nicht wirklich überwunden und zurückgelassen, sondern sie bleiben als fiktionale Erfahrungen im Bewußtsein aufgehoben.[25] Das ist der Sinn, den z.B. der spielerische Umgang mit den prekären Entscheidungssituationen im ›Yvain‹ vermitteln soll: Wenn der Held gleichzeitig zu zwei Hilfsaktionen aufgerufen ist, wenn er unwissentlich gegen seinen besten Freund zum Kampf antritt, so sind es jedesmal bloße Zufälligkeiten, die die Katastrophe verhindern. Das Zufällige demonstriert, daß hier keine wirklichen Lösungen geboten werden können. Die Katastrophe bleibt als Möglichkeit im Bewußtsein präsent. Und dasselbe gilt für den Trick, mit dem im ›Yvain‹ das Happy-End herbeigeführt wird.

Deshalb gehört zum idealen Fest am arthurischen Hof auch das Erzählen. Im Rahmen der geglückten Balance bleibt der Weg, der dahin geführt hat, narrativ präsent. Ein solches Hereinholen der körperlichen Elementarerfahrungen in einen Bewußtseinsprozeß, der es gestattet, sie fiktional durchzuspielen, sie zu integrieren, d.h. sie zu bewältigen und doch stehen zu lassen, ist selbstverständlich nur auf der Basis eines die Schrift voraussetzenden Strukturentwurfs denkbar. Die Schrift erst befreit vom Körper, wobei sie eine eigentümliche Zwischenlage zwischen Verfallensein und Unterdrückung ermöglicht. Der Garant dieser Zwischenlage ist der metaphorische Charakter der Körperlichkeit im fiktionalen Roman. Die Metapher bietet nicht nur das Bild für eine Position in einem Bewußtseinsprozeß, sondern sie gibt dem Bildbereich zugleich eine neue Dimension: Die körperlichen Vorgänge nehmen am geistigen Prozeß teil, sie sind in ihrer ganzen Übermacht in ihn einbezogen.[26]

In der Sage von Derbforgaills Tod und von CuChulainns Kampf gegen die Söhne der Nechta meinen die körperlichen Vorgänge nur sich selbst; das Ge-

---

24 Es sollten trotz der unzweifelhaften Wechselwirkung im Prinzip auseinandergehalten werden das von der didaktischen Literatur propagierte höfische Ideal auf der einen und die Position und Funktion dieser Idealität im Romanzusammenhang auf der andern Seite. Zum Wirklichkeitsaspekt: Horst Wenzel, »Repräsentation und schöner Schein am Hof und in der höfischen Literatur«; Joachim Bumke, »Höfischer Körper – höfische Kultur«, in: Heinzle (Anm. 2), S. 67–102.
25 Vgl. Walter Haug, »Lesen oder lieben? Erzählen in der Erzählung, vom ›Erec‹ bis zum ›Titurel‹«, *PBB* 116 (1994), S. 302–323.
26 Dies versteht sich auf der Basis der Interaktionstheorie: Max Black, »Die Metapher«, in: Anselm Haverkamp (Hrsg.), *Theorie der Metapher*, WdF 389, Darmstadt 1983, S. 55–79, hier: S. 68 ff.

schehen vollzieht sich unmittelbar am Körper; das Körperliche besitzt keinen metaphorischen Aspekt. Wenn man doch versucht, die Vorgänge zu deuten, macht man sie zu Allegorien: Derbforgaills Hochzeit und Tod als Allegorie des jahreszeitlichen Wechsels, CuChulainns Raserei und Besänftigung als Allegorie der Überwindung des Andern, des Fremden, des Dämonischen durch Anverwandlung und Ablösung. Die metaphorische Form der Problemdarstellung, die die Probleme nicht erledigt, sondern sie in einem übergreifenden Konzept in die Schwebe bringt, bedarf des festen Textes als Basis, wobei der Vortrag jedenfalls zunächst im Blick bleibt. Dabei stützt die Mündlichkeit den neuen sinnbezogenen Charakter der körperlichen Phänomene. Denn die Teilnahme des Körpers an der Aufführung verstärkt das interagierende Spiel zwischen Darstellung und Bedeutung.

Genuin schriftlich steht jedoch von Anfang an eine andere Möglichkeit zur Verfügung, Körperlichkeit und geistige Erfahrung in eine Beziehung zu setzen. Ich denke an die schon erwähnte Rhetorisierung des Körperlichen. Sie ist zwar zunächst gewiß in die für die höfische Klassik kennzeichnende Korrelation von Innen und Außen, von Sein und Erscheinung eingebunden, doch trägt sie den Keim der Spaltung in sich: Das Ergebnis ist eine psychophysisch-kausale Relation: das Körperliche wird zum Symptom. Und umgekehrt können Affekte in körperlichen Ursachen gründen. Typisch dafür ist etwa die psychologisch gesehene Angst oder die sinnliche Erregung des Helden in Konrads von Würzburg ›Partonopier und Meliur‹. Hier tritt also an die Stelle der metaphorischen Schwebe zwischen Geist und Körper eine wechselseitige Spannung, die auf eine Problematisierung und letztlich auf eine Disziplinierung des Körperlichen zielt. Die Ablösung aus der Vortragssituation, der Rückzug in die reine Schriftlichkeit befördert diesen Prozeß. Der Leseroman wird zur ›moralischen Anstalt‹, bald mehr im alten und bald mehr im neuen Sinn des Begriffs. Der literarische Paradefall in der deutschen spätmittelalterlichen Literatur ist Albrechts ›Jüngerer Titurel‹. Das sinngebende Kernstück dieses Universalromans ist die Ethik der Brackenseilinschrift.[27] Sie wird bestimmt von einem neuen mâze-Begriff. Mâze meint hier nicht mehr die Balance der höfischen Idealität, sondern zuchtvolle Beherrschtheit. So wird denn in diesem Zusammenhang auch klar zwischen irdischer und himmlischer Liebe unterschieden. Der ›Jüngere Titurel‹ mit seiner komplizierten Strophenform ist zweifellos als Leseroman konzipiert. Um so auffälliger ist es, daß die Brackenseilethik auf einem arthurischen Fest vorgelesen wird. Das heißt: die Stelle, die im höfischen Roman von der utopischen Balance, von Spiel und Tanz und Erzählen, eingenommen wurde, wird nun von der Moral besetzt. Damit ist die Aufführungssituation gewissermaßen programmatisch mißbraucht und ihrem Sinn nach aus den Angeln gehoben.

Die didaktische Wende des höfischen Romans spielt im übrigen mit jenem narrativen Typus zusammen, der, im Gegensatz zu Chrétiens Konzept, mit einem krisenlos-unanfechtbaren Helden arbeitet. Dieser makellose Protagonist wird zur

---

27 Vgl. Walter Haug, *Literaturtheorie im deutschen Mittelalter. Von den Anfängen bis zum Ende des 13. Jahrhunderts*, 2. Aufl., Darmstadt 1992, S. 368 ff.

Leitfigur des späteren Artusromans. Er ist der Schützling der sælde – so z.B. Wigalois und der Gawein der ›Crône‹. Seine absolute Idealität impliziert, daß negative körperliche Erfahrungen, wenn es sie überhaupt gibt, für ihn nichts mehr bedeuten. Erscheint hingegen körperliche Gewaltsamkeit in der Gegenwelt – und es zeigt sich eine Tendenz zu geradezu sadistischen Exzessen, man denke an die sinnlosen Bilderserien in der ›Crône‹ –, so ist dies Sinnlosigkeit als Selbstzweck, denn sie ist ohne Beziehung zum Helden und damit unintegrierbar.[28] Bei einer konsequenten Moralisierung müssen also Gut und Böse, Idealität und Verworfenheit polar auseinandertreten, das Schema bleibt entsprechend schriftlich-abstrakt, wobei jedoch das Verdrängte in seiner negativ-zerquälten Körperlichkeit die Imagination obsessiv besetzen kann.

Erstaunlicherweise gibt es nun aber gerade von der Moralisierung des höfischen Romans her eine Rückkehr zur konkreten Körperlichkeit. Ich denke an die Umsetzungen der arthurischen Fiktion in Faktizität, die seit dem frühen 13. Jahrhundert faßbar sind, sich durch das ganze späte Mittelalter durchhalten und schließlich auch im städtischen Milieu weitergetragen werden.[29] Man gründet nicht nur allenthalben Tafelrunden und hält Turniere ab, sondern man hat arthurische Szenen geradezu nachgespielt. Einzelne Ritter haben sogar ihr Leben weitgehend romanhaft stilisiert. Besonders eindrucksvoll ist in dieser Hinsicht die Biographie von Jean Le Meingre, genannt Boucicaut. So hat er u.a. im Jahre 1390 die Ritterschaften von England, Deutschland und Spanien zu einem Turnier in St. Ingelvert bei Calais aufgefordert, und es kam hohe Prominenz zusammen. An einer Ulme hingen zwei Schilde, einer für den Krieg und einer für den Frieden. Wer am Turnier teilnehmen wollte, mußte in ein Horn blasen, dann an einen dieser Schilde schlagen und darauf, je nachdem, mit scharfen oder stumpfen Waffen zum Kampf antreten. In einem großen Zelt standen Wein und Erfrischungen bereit. – Es gibt Zeugnisse für derartige Veranstaltungen, die in noch viel spezifischerer Form Romanepisoden in Szene gesetzt haben. – Im übrigen hat dieser Boucicaut dann auch mit 12 Freunden den Orden *de la Dame Blanche à l'écu vert* gegründet, zum Schutz von Frauen, Jungfrauen und Witwen. Die Mitglieder verpflichteten sich, allen *gentils-femmes* auf einen Notruf hin unverzüglich zu Hilfe zu eilen. Die Statuten des Ordens wurden in ganz Frankreich bekannt gemacht.

Man kann sagen, diese Übertragung einer fiktionalen Welt in die faktische Wirklichkeit sei ein schlichtes Rezeptionsmißverständnis gewesen. Aber damit hat man das eigentümliche kulturelle Phänomen natürlich nicht wirklich erfaßt.

---

28 Vgl. Walter Haug, »Paradigmatische Poesie. Der spätere deutsche Artusroman auf dem Weg zu einer ›nachklassischen‹ Ästhetik«, in: ders., *Strukturen als Schlüssel zur Welt* (Anm. 7), S. 651–671, hier: S. 657 ff.

29 Die Materialien finden sich bei Walter Haug, »Von der Idealität des arthurischen Festes zur apokalyptischen Orgie in Wittenwilers ›Ring‹«, in: ders. u. Rainer Warning (Hrsg.), *Das Fest*, Poetik und Hermeneutik 14, München 1989, S. 157–179, hier: S. 166 ff. Vgl. nunmehr bes. Gert Melville, »Der Held – in Szene gesetzt. Einige Bilder und Gedanken zu Jacques de Lalaing und seinem Pas d'armes de la Fontaine des Pleurs«, in diesem Band.

Auch ist es nicht mit dem Hinweis getan, daß sich dies zu einer Zeit abspielte, in der das Rittertum – aufgrund des sozialen Wandels und nicht zuletzt auch durch die neuen Kriegstechniken – seine Bedeutung verlor, und daß man in dieser Situation eine angeblich ideale Vergangenheit noch einmal nostalgisch beschwören wollte. Man muß vielmehr auch mit der Möglichkeit rechnen, daß die prononcierte Moralisierung des Romans auf rein schriftlicher Basis – sozusagen als kulturpsychologische Reaktion – das Spiel, die körperliche Aufführung, zurückgefordert hat. Dabei kommt dem Wort freilich nur mehr eine geringe Bedeutung zu.

Wie bodenlos diese ganze Übertragung einer fiktional konzipierten und nur fiktional sinnvollen Dichtung in die faktische Wirklichkeit erscheinen mußte, das zeigt die Reaktion, die wiederum von der Literatur aus erfolgte. Die Didaktisierung des Romans und ihre praktische Applikation in arthurischen Inszenierungen werden in ihrer Fragwürdigkeit frühzeitig erkannt und erzeugen z.T. grandiose Persiflagen. Am Ende steht – mit Weltgeltung – der ›Don Quijote‹, aber das Gelächter setzt schon Jahrhunderte zuvor ein, mit Ulrichs von Liechtenstein ›Frauendienst‹ um 1250,[30] und dann vor allem mit dem seiner kulturhistorischen Schlüsselstellung nach noch immer nicht genügend gewürdigten ›Ring‹ des Heinrich Wittenwiler. Gerade im ›Ring‹ wird nicht nur die arthurischhöfische Welt als entleerte Geste dem Gelächter preisgegeben, sondern zugleich auch die didaktische Literatur, inseriert in Form von Lehrstücken, als praktisch sinnlos hingestellt.[31] Das ist die Rache der Literatur für das große Rezeptionsmißverständnis über Schrift und Moral.

Diese Entwicklung, die in ihrem Endpunkt das, was ursprünglich in der Einheit der Aufführung beisammen war, in reine Schriftlichkeit und bloße Körperlichkeit auseinanderfallen läßt, scheint einer inneren Logik zu folgen. Das Wort besitzt seine Lebendigkeit in der gesprochenen Sprache im Rahmen einer Kommunikationssituation. Doch das Miteinander von Ergriffensein und Formung ist ein Balanceakt, der immer neu gesucht werden muß. Die Schriftlichkeit ermöglicht es, diesen Akt zu diskutieren, wobei er zunächst noch an der Lebendigkeit der Aufführung teilhaben kann. Aber die Schwierigkeiten und der Anspruch an ein differenziertes Bewußtsein beim Publikum erhöhen sich immens, und so ist es nicht verwunderlich, daß, befördert durch die Schrift, die offene Problematik in die Moral umkippt. Und diese war dann praktisch umzusetzen, ob sie nun tatsächlich verwirklicht werden konnte oder nur als Geste präsentiert wurde. Daß man vor allem mit letzterem rechnen muß, zeigen die Persiflagen, mit denen die Literatur auf die Usurpation des Fiktionalen durch seine Umsetzung in die faktische Wirklichkeit reagiert und der Gattung schließlich den Todesstoß versetzt.

---

30 Aus der reichen Literatur zum ›Frauendienst‹ nur eine Analyse, die sich meiner Perspektive in besonderem Maße einfügt: Renate Hausner, »Ulrichs von Liechtenstein ›Frauendienst‹. Eine steirisch-österreichische Adaption des Artusromans. Überlegungen zur Struktur«, in: *FS Adalbert Schmidt*, Stuttgart 1976, S. 121–192.
31 Siehe Haug (Anm. 29).

Inszenierte Körperlichkeit.
Formen höfischer Interaktion
am Beispiel der Joflanze-Handlung
in Wolframs ›Parzival‹

ELKE BRÜGGEN

I.

An die höfische Kultur des 12. und 13. Jahrhunderts sind in den letzten Jahren verstärkt Fragestellungen herangetragen worden, die sich der Kommunikationstheorie[1], der Historischen Anthropologie[2] und der Erforschung mittelalterlicher Literatur im Spannungsfeld von Mündlichkeit und Schriftlichkeit[3] verdanken. Ein thematisches Zentrum des interdisziplinär geführten Forschungsgesprächs bildet die kulturelle Bedeutung des Körpers[4], ein Gebiet, »dem, nach dem schönen Wort Peter Szondis, ›der alte Briest seine Lieblingswendung schwerlich ver-

---

1 Umfangreiche Literaturnachweise bei Barbara Korte, *Körpersprache in der Literatur. Theorie und Geschichte am Beispiel englischer Erzählprosa*, Tübingen 1993, S. 291–310.
2 Vgl. den Forschungsüberblick von Ursula Peters, »Historische Anthropologie und mittelalterliche Literatur. Schwerpunkte einer interdisziplinären Forschungsdiskussion«, in: Johannes Janota [u.a.] (Hrsg.), *FS Walter Haug u. Burghart Wachinger*, 2 Bde., Tübingen 1992, Bd. I, S. 63–86 (mit Literatur); zur methodischen Orientierung der historischen Anthropologie, ihrer Relation zur Nouvelle Histoire im Umkreis der Annales und ihren thematischen Schwerpunkten vgl. bes. Jacques Le Goff, »L'histoire et l'homme quotidien«, in: *L'historien entre l'éthnologue et le futurologue. Actes du séminaire international, Venise 2–8 avril 1971*, Le savoir historique 4, Paris u. Den Haag 1972, S. 238–250; ders. [u.a.] (Hrsg.), *La Nouvelle Histoire, Les encyclopédies du savoir moderne*, Paris 1978; Teilübersetzung: *Die Rückeroberung des historischen Denkens. Grundlagen der Neuen Geschichtswissenschaft*, Frankfurt/M. 1990 (darin bes. André Burguière, »Historische Anthropologie«, S. 62–102); Hans Süssmuth (Hrsg.), *Historische Anthropologie. Der Mensch in der Geschichte*, Göttingen 1984 (darin bes. Michael Erbe, »Historisch-anthropologische Fragestellungen der Annales-Schule«, S. 19–31).
3 Die Literatur zu diesem neuen »Paradethema der Mediävistik« (Joachim Heinzle, »Einleitung: Modernes Mittelalter«, in: ders., *Modernes Mittelalter*, S. 9–29, hier: S. 24) ist zu umfangreich, um sie hier ausführlich zu dokumentieren; vgl. bes. Hagen Keller u. Franz Josef Worstbrock, »Träger, Felder, Formen pragmatischer Schriftlichkeit im Mittelalter. Der neue Sonderforschungsbereich 213 an der Westfälischen Wilhelms-Universität Münster«, *FMST* 22 (1988), S. 388–409 (mit Literatur).
4 Vgl. Peters (Anm. 2), S. 66–73.

sagt hätte«»[5]. In der mediävistischen Literaturwissenschaft ist das ›weite Feld‹ derzeit unter einer eingegrenzten Perspektive besonders präsent: als Frage nach dem symbolischen Deutungspotential und nach den kommunikativen Fähigkeiten des Körpers unter den Bedingungen der semi-oralen Gesellschaft des Mittelalters. Im Lichte neuerer Arbeiten zum Zeichencharakter mittelalterlicher Gebärdensprache[6] erscheint die Interaktion der Körper als eine zentrale Kategorie für die Beschreibung der höfischen Kultur des hohen Mittelalters und als wichtige, bislang nicht genügend beachtete Komponente der Sinnkonstitution ihrer Literatur.[7]

Die literarische Signifikanz des Körpers gehört in einen größeren Zusammenhang, den vor allem die Diskussion um das eigentümliche Verhältnis von Mündlichkeit und Schriftlichkeit im Mittelalter aufgewiesen hat. Gemeint ist die Bedeutsamkeit, die den non-verbalen Zeichen und der sinnlichen Wahrnehmung für die Verständigung in einer weitgehend analphabetischen adligen Laiengesellschaft zukam, eine Bedeutsamkeit, von der auch die für diese Gesellschaft verfaßte schriftlich fixierte Literatur Zeugnis ablegt, insofern als ihre Darstellung von Formen und Funktionen sozialer Interaktion maßgeblich auf die Kultur der Mündlichkeit, auf die Kommunikation von Angesicht zu Angesicht, auf ein Agieren im audiovisuellen Raum öffentlicher Wahrnehmung bezogen bleibt.[8]

---

5 Thomas Pittrof, »Umgangsliteratur in neuerer Sicht: Zum Aufriß eines Forschungsfeldes«, *IASL*, 3. Sonderheft, Forschungsreferate, 2. Folge (1993), S. 63–112, hier: S. 80; Peter Szondi, »Über philologische Erkenntnis«, in: ders., *Hölderlin-Studien. Mit einem Traktat über philologische Erkenntnis*, edition suhrkamp 379, Frankfurt/M. 1970, S. 9–34, hier: S. 9.

6 Vgl. Ruth Schmidt-Wiegand, »Gebärdensprache im mittelalterlichen Recht«, *FMSt* 16 (1982), S. 363–379; Jean-Claude Schmitt, »The Ethics of Gesture«, in: Michel Feher [u.a.] (Hrsg.), *Fragments for a History of the Human Body*, New York 1989, Bd. II, S. 128–147; ders. (Hrsg.), *Gestures*, History and Anthropology 1/1 (1984/85), London 1984; Jacques Le Goff, »Kleidungs- und Nahrungskode und höfischer Kodex in Erec und Enide«, in: ders., *Phantasie und Realität des Mittelalters*, Stuttgart 1990, S. 201–217 u. S. 386–390; Schmitt, *La raison des gestes*; Jan Bremmer u. Herman Roodenburg (Hrsg.), *A Cultural History of Gesture. From Antiquity to the Present Day. With an Introduction by Sir Keith Thomas*, Cambridge 1991.

7 Vgl. Joachim Bumke, »Höfische Kultur. Versuch einer kritischen Bestandsaufnahme«, S. 477 ff.; ders., »Höfischer Körper – Höfische Kultur«, in: Heinzle, *Modernes Mittelalter*, S. 67–102. – Zur Gebärdensprache: Peil, *Gebärde*; Rudolf Suntrup, *Die Bedeutung der liturgischen Gebärden und Bewegungen in lat. und dt. Auslegungen des 9.–13. Jhs.*, MMSt 37, München 1978; Martin J. Schubert, *Zur Theorie des Gebarens im Mittelalter. Analyse nichtsprachlicher Äußerung in mhd. Epik. Rolandslied. Eneasroman, Tristan*, Kölner germanist. Studien 31, Köln 1991.

8 Vgl. Horst Wenzel, »›zuht und êre‹. Höfische Erziehung im »Welschen Gast« des Thomasin von Zerclaere (1215)«, in: Alain Montandon (Hrsg.), *Über die deutsche Höflichkeit. Entwicklung der Kommunikationsvorstellungen in den Schriften über Umgangsformen in den deutschsprachigen Ländern*, Bern [u.a.] 1991, S. 21–42; ders., »Imaginatio und Memoria. Medien der Erinnerung im höfischen Mittelalter«, in: Aleida Assmann u. Dietrich Harth (Hrsg.), *Mnemosyne. Formen und Funktionen der kulturellen Erinnerung*, Fischer Wissenschaft 10724, Frankfurt/M. 1991, 57–82; ders., »Szene und Gebärde. Zur visuellen Imagination im Nibelungenlied«, *ZfdPh* 111 (1992), S. 321–343.

Unter dieser Perspektive ist besonders die Ritualisierung des gesellschaftlichen Umgangs von Interesse,[9] in der sich jene Tendenz zur Verfeinerung, zur Stilisierung und Disziplinierung von Erscheinung und Verhalten am Hof dokumentiert, welche die Forschung zunehmend als wesentliches Moment der curialitas herausstellt.[10] Im poetischen Entwurf einer weltlichen adligen Kultur kommt den Zeremonialformen gemeinschaftlichen Handelns große Bedeutung zu.[11] Die höfischen Dichter führen schöne adlige Körper vor, die sie einem ausgeklügelten Zeremoniell der Haltung, der Bewegung, der Mimik und Gestik unterwerfen und in artifiziellen Konfigurationen präsentieren. Literarische Beispiele wie historisch bezeugte Vorgänge machen deutlich, daß derartige Inszenierungen neben den traditionellen Herrschaftszeichen und Rechtsgebärden für das öffentlich-soziale Handeln der Zeit bestimmend waren.

»Es gibt keine befriedigende Arbeit über das höfische Zeremoniell«.[12] Dieser Satz stammt aus der Feder von Josef Fleckenstein, der damit ein Desiderat *historischer* Forschung benennt. Zwar schenkten die Quellen nur selten, im allgemeinen »nur an besonders aufsehenerregenden Festen dem Zeremoniell ihre Aufmerksamkeit«, doch sei dieses »als eine die innere Ordnung der höfischen Gesellschaft widerspiegelnde Regelung feierlicher Handlungen an sich schon bedeutsam genug.«[13] Ohne eine systematische Sammlung und Auswertung der historischen Festnachrichten des 12. und vor allem des 13. Jahrhunderts bleibt die Forschung zum höfischen Zeremoniell notwendig punktuell und auf bestimmte thematische Komplexe – Krönung, Einzug und Empfang des Herrschers, Schwertleite, Turnier – konzentriert.[14] Eine übergreifende Ar-

---

9   Die Wichtigkeit non-verbaler Zeichen und die Ritualisierung des Verhaltens findet zunehmend die Aufmerksamkeit der Mittelalter-Historiker; vgl. z. B. Gerd Althoff, »Demonstration und Inszenierung. Spielregeln der Kommunikation in mittelalterlicher Öffentlichkeit«, *FMST* 27 (1993), S. 27–50; Vgl. bes. Janet Nelson, *Politics and Ritual in the Early Medieval Europe*, London 1986; Althoff, *Verwandte*, S. 182–211; Thomas Zotz, »Präsenz und Repräsentation. Beobachtungen zur königlichen Herrschaftspraxis im hohen und späteren Mittelalter«, in: Alf Lüdke (Hrsg.), *Herrschaft als soziale Praxis. Historische und sozialanthropologische Studien*, Veröff. d. Max-Planck-Inst. f. Geschichte 91, Göttingen 1991, S. 168–194; Geoffrey Koziol, *Begging Pardon and Favor. Ritual and Political Order in Early Medieval France*, Ithaca, London 1992.
10 Vgl. Kleinschmidt, »Minnesang als höfisches Zeremonialhandeln«; C. Stephen Jaeger, »Beauty of Manners and Discipline (›schoene site‹, ›zuht‹): An Imperial Tradition of Courtliness in the German Romance«, in: Martin Bircher [u. a.] (Hrsg.), *Barocker Lust-Spiegel. Studien zur Literatur des Barock. FS Blake Lee Spahr*, Chloe, Beihefte zum Daphnis 3, Amsterdam 1984, S. 27–45; Bumke, *Höfische Kultur* (mit Literatur); Fleckenstein, »Nachwort: Ergebnisse und Probleme«, S. 466–470; Thomas Zotz, »Urbanitas. Zur Bedeutung und Funktion einer antiken Wertvorstellung innerhalb der höfischen Kultur des hohen Mittelalters«, in: Fleckenstein, *Curialitas*, S. 392–451; Ursula Peters, »Rezension Fleckenstein (Hrsg.), Curialitas«, *ZfdA* 121 (1992), S. 346–355, hier: S. 354 f.
11 Zusammenfassend Bumke, *Höfische Kultur*, Bd. I, bes. Kap. III u. IV.
12 Fleckenstein, »Nachwort: Ergebnisse und Probleme«, S. 467.
13 Ebd., S. 466.
14 Literaturhinweise bei Bumke, *Höfische Kultur*; vgl. außerdem János M. Bak (Hrsg.), *Coronations. Medieval and Early Modern Monarchic Ritual*, Berkeley, Los Angeles u.

beit über das höfische Zeremoniell wurde auch von literaturwissenschaftlicher Seite bislang nicht vorgelegt, und die Forschung zu einzelnen Bereichen und Aspekten ist von recht unterschiedlicher Aktualität und Güte. Dennoch wird erkennbar, daß – bei aller Problematik der Quellenauswertung – über die literarischen Belege ein detailliertes, farbigeres Bild der entsprechenden Vorgänge zu gewinnen sein müßte. Zudem zeigen Materialsammlungen zu den ›Situationen‹ ›Empfang und Begrüßung‹, ›gastliche Aufnahme und Bewirtung‹, ›Abschied und Aufbruch‹, ›Kampf‹[15], daß die Literatur der Zeit die Ritualisierung der Lebensformen im weltlichen Bereich auch außerhalb der ›besonders aufsehenerregenden Feste‹ und der vornehmlich untersuchten Anlässe bezeugt.

Mit den Stichworten ›kulturelle und literarische Signifikanz des Körpers‹, ›Bedeutung non-verbaler Zeichen und sinnlicher Wahrnehmung‹, ›Zeremonialformen gesellschaftlichen Umgangs‹ scheinen mir ineinandergreifende Fragekomplexe benannt zu sein, deren literaturwissenschaftliche Dimensionen sich in neueren Beiträgen zur mittelhochdeutschen höfischen Epik gerade erst abzuzeichnen beginnen.[16] Um ihre Tragweite beurteilen zu können, fehlt es derzeit noch an Einzeluntersuchungen, die der literarischen Darstellung der Phänomene nachspüren und ihre interpretatorische Bedeutung reflektieren. Hier setzt der vorliegende Beitrag an, und zwar mit einer Betrachtung der Joflanze-Handlung in Wolframs ›Parzival‹[17]. Dazu vorab ein Wort der Begründung: Eine Aufmerksamkeit für die Körperlichkeit höfischen Verhaltens, für die Rituale des gesellschaftlichen Umgangs, für Protokoll, Zeremoniell und Etikette zeigen auch andere Passagen des ›Parzival‹, der diese Eigenheit wiederum mit weiteren Werken der Erzählliteratur um 1200 teilt. So konzentriert wie in der Joflanze-Handlung begegnen diese Phänomene allerdings nicht noch einmal. Auffällig ist dabei vor allem, wie sehr Wolfram hier neben dem Erscheinungsbild und den Leistungen einzelner die Selbstpräsentation gesellschaftlicher Gruppen und Formen kollektiven Verhaltens fokussiert. Eine nähere Betrach-

---

Oxford 1990; Detlef Altenburg [u. a.] (Hrsg.), *Feste und Feiern im Mittelalter*, Paderborner Symposion des Mediävistenverbandes, Sigmaringen 1991 (darin bes. die Beiträge von Alois Niederstädter, Agostino Paravicini Bagliani u. Bernard Ribemont); Heinz Duchhardt, Richard A. Jackson u. David Sturdy (Hrsg.), *European Monarchy. Its Evolution and Practice from Roman Antiquity to Modern Times*, Stuttgart 1992.

15 Der Begriff der ›Situation‹ und die genannten Stichwörter entstammen der Arbeit von Peil, *Gebärde*; vgl. auch Renate Roos, *Begrüßung, Abschied, Mahlzeit. Studien zur Darstellung höfischer Lebensweise in Werken der Zeit von 1150–1320*, Diss. Bonn 1975.
16 Vgl. Peter Czerwinski, *Der Glanz der Abstraktion. Frühe Formen von Reflexivität im Mittelalter. Exempel einer Geschichte der Wahrnehmung*, Frankfurt/M. u. New York 1989; Harald Haferland, *Höfische Interaktion. Interpretationen zur höfischen Epik und Didaktik um 1200*, Forschungen zur Geschichte der älteren deutschen Literatur 10, München 1989. Die für Haferland zentralen Begriffe ›Agon‹, ›Reziprozität‹ und ›Ausdruck‹ rücken in erster Linie die Normen höfischer Interaktion, ihre Grundregeln in den Blick; allerdings berührt der Verfasser in seinen Interpretationen einzelner Textstellen auch die hier angesprochenen Phänomene; vgl. Haiko Wandhoff »Âventiure als Nachricht für Augen und Ohren. Zu Hartmanns von Aue ›Erec‹ und ›Iwein‹«, *ZfdPh* 113 (1994), S. 1–22.
17 *Wolfram von Eschenbach*, hrsg. Karl Lachmann, 6. Aufl., Berlin 1926.

tung erscheint daher lohnend, wobei versucht werden soll, die Frage nach der Semiotik dieser non-verbalen Kommunikation rückzubinden an die Thematik der gesellschaftlichen (Re-)Integration, welche für die zweite Gawanpartie bestimmend ist.[18]

II.

Nicht sattsehen und -hören möchte sich die Fabel an den Versöhnungen und Zusammenführungen, Fest- und Hoch-Zeiten, die sie selbst angezettelt hat. Ein Wunder nach dem anderen möchte sie, nachdem es eingefädelt ist, in ihren Strumpf wirken. Sie hat inzwischen so viel Personal zusammengerafft, daß sie Gefahr läuft, den kostbarsten Stoff zu verschwenden, mit dem sie es ausstaffieren kann, das ist: den guten Willen ihres Publikums.[19]

Zur Rekapitulation:[20] Am Ende des 12. Buches von Wolframs ›Parzival‹ lesen wir, daß Gawan sich Tinte und Pergament bringen läßt, um einen Brief an König Artus und seine Gemahlin zu schreiben (625, 12 ff.). Mit dramatischen Worten appelliert er an die triuwe des Königspaares. In einer Situation der Bedrängnis ([...] *kampf ûf al sîn êre*, 625, 27) bittet er Artus und Ginover, das ganze Gefolge mit allen Damen des Hofes nach Joflanze zu führen. Der Wortlaut des Briefes enthält allerdings kaum mehr als eine Abbreviatur jener Vorgänge, die das Ansinnen des Tafelrundenritters motivieren; *der kampf wære alsô genomn/ daz er werdeclîche müese komn* (625, 29 f.): Wenn wir dem Erzähler Glauben schenken, ist das alles, was Gawan die Artusgesellschaft wissen läßt. Als Hörer(in) oder Leser(in) kann man an dieser Stelle Informationen einsetzen, welche die erzählerische Regie gut 1000 Verse früher verteilt hat. Sie betreffen zum einen die Bedingungen, die Gawan und Gramoflanz für ihren Zweikampf vereinbart haben. Gramoflanz hat vorgeschlagen, sich vor den Augen vornehmer Damen in Szene zu setzen. Fünfzehnhundert will er selber stellen, Gawan soll die Bewohnerinnen von Schastel marveile, des von ihm eroberten Wunderschlosses, mitbringen und überdies auf das Gefolge seines Oheims Artus zurückgreifen, das dieser binnen acht Tagen von Bems an der Korca nach Joflanze führen könne (610, 6–20). Sie betreffen zum anderen die Gründe der

---

18 Die verbale Kommunikation bleibt aus der Betrachtung ausgeklammert. Auch sie spielt im Prozeß der Konfliktlösung und der Friedensstiftung eine wichtige Rolle. Es käme daher in einem zweiten Schritt darauf an, das Zusammenwirken der beiden Kommunikationsmodi zu beschreiben. Zur Bedeutung des Gesprächs vgl. die Bemerkung bei Walter Haug, »Parzival ohne Illusionen«, *DVjs* 64 (1990), S. 199–217, hier: S. 212.
19 Adolf Muschg, *Der Rote Ritter. Eine Geschichte von Parzivâl*, Frankfurt/M. 1993, S. 787.
20 Knappe Rekapitulationen der Verwicklungen von Joflanze findet man bei Sidney M. Johnson, »Parzival and Gawan: Their Conflict of Duties«, *Wolfram-Studien* 1 (1970), S. 98–116, hier: S. 105, und bei Heinz Rupp, »Die Bedeutung der Gawan-Bücher im ›Parzival‹ Wolframs von Eschenbach«, in: J.P. Stern (Hrsg.), *London German Studies II*, Publications of the Institute of Germanic Studies 32, London 1983, S. 1–17, hier: S. 9.

kämpferischen Auseinandersetzung. Gawan sucht die Konfrontation im Dienste Orgeluses; ein Sieg über König Gramoflanz, der ihren Mann erschlug und sie zur Ehe zwingen wollte (616, 27 ff.), ist die letzte und entscheidende Bedingung, welche die Herzogin von Logroys vor der Einlösung ihres Liebesversprechens erfüllt sehen möchte (600, 20–24).[21] Gramoflanz indes findet sich erst zum Kampf bereit, als er erfährt, wen er vor sich hat: Gawan, den Sohn Lots, des Königs von Norwegen, der König Irot, seinen Vater, *ime gruoz* erschlagen haben soll (608, 11–31) – die vor der Tafelrunde vorgebrachte Anschuldigung Kingrimursels, Gawan habe seinen Herrn bei einer freundschaftlichen Begrüßung heimtückisch ermordet (321, 8–15), findet hier ein bezeichnendes Echo.[22]

Daß der verabredete und aufwendig vorbereitete Schaukampf[23], bei dem Gramoflanz dem Bruder seiner Geliebten Itonje gegenüberstehen würde, nicht zustande kommt, ist vielleicht der auffälligste Hinweis darauf, daß in den Gawan-Büchern »der ritterliche Kampf sowohl als Mittel der Konfliktlösung wie auch in seinem ideologischen Wert (Bewährungsgedanke) abgewertet wird«[24]. Konfliktlösung aber ist das beherrschende Thema der Joflanze-Handlung, und sie tut in der Tat not. Haß und der Wunsch nach Rache bestimmen die Beziehungen zwischen Orgeluse und Gramoflanz und zwischen Gramoflanz und Gawan. Daß dies so ist, vergiftet wiederum die Gefühle anderer und läßt Begegnungen hochproblematisch werden: Itonje haßt in Orgeluse die erbitterte Feindin ihres Geliebten und muß in ihr doch die Minnedame und künftige Ehefrau des Bruders begrüßen. Orgeluse sieht sich Parzival gegenüber, den Gawan als Freund und Vertrauten ins Lager führt, in dem sie aber den Ritter erkennt, der ihr Liebesangebot zurückgewiesen und ihr damit eine Hoffnung auf die Vernichtung ihres Feindes genommen hat. Artus erblickt in Gramoflanz nicht nur den Kontrahenten Gawans, sondern zugleich einen Gegner der Artusfamilie. Die junge Bene, die zu Itonje, aber auch zu Gawan und zu Gramoflanz eine freundschaftliche Beziehung unterhält, soll Augenzeugin ihrer Feindseligkeiten sein. Gawan nimmt in Kauf, daß Artus' Heer, das zu seiner Unterstützung anrückt, und Orgeluses Truppen sich aus Unkenntnis der Sachlage heftige Gefechte liefern, und will beide doch auf der Ebene von Joflanze friedlich vereint wissen.

Am Ende der Tage von Joflanze sind sämtliche Konflikte beigelegt. Mehr noch: Wenn Gawan mit Artus und seinem Gefolge zusammentrifft, ist damit seine mehr als viereinhalb Jahre währende Abwesenheit vom Hof beendet. Indem er die von Clinschor gefangengehaltenen Ritter und Damen in die Artus-

---

21 Zur handlungstechnischen und thematischen Bedeutung von Cidegasts Tod vgl. Haug (Anm. 18), S. 200 u. S. 212.
22 Vgl. Marianne Wynn, »Parzival and Gâwân – Hero and Counterpart«, *PBB* 84 (1962), S. 142–182, hier: S. 150.
23 Vgl. Czerwinski (Anm. 16), S. 143 ff.
24 Norbert Sieverding, *Der ritterliche Kampf bei Hartmann und Wolfram. Seine Bewertung im ›Erec‹ und ›Iwein‹ und in den Gahmuret- und Gawan-Büchern des ›Parzival‹*, Heidelberg 1985, S. 275.

gesellschaft integriert, beendet er sein auf Schastel marveile begonnenes Erlösungswerk und führt dabei seine eigene Großmutter Arnive, seine Mutter Sangive und seine Schwestern Itonje und Cundrie wieder mit ihrem Verwandten Artus und seiner Dynastie zusammen. Parzival wird wieder ehrenvoll in die Tafelrunde aufgenommen, und auch Gramoflanz, Orgeluses Minneritter Lischoys Gwelljus und Florand von Itolac sowie Feirefiz, der bei Joflanze seinem Bruder Parzival begegnet, werden zu Rittern der Tafelrunde.

Die Geschehnisse von Joflanze, die im 12. Buch mit der Begegnung zwischen Gawan und Gramoflanz einsetzen und sich bis zu Parzivals Berufung zum Gral im 15. Buch erstrecken, hat man mit Recht als Höhepunkt der gesamten Gawan-Handlung gelesen. Erzählstränge, die zum Teil lange zuvor ihren Anfang genommen haben, werden ihrem Ende entgegengeführt und dabei geschickt miteinander verflochten. Auch unter thematischem Aspekt kulminiert die Gawan-Handlung in den Ereignissen von Joflanze; die neuere ›Parzival‹-Forschung hat sogar zur Diskussion gestellt, ob die Frage nach dem Verhältnis von Artusgesellschaft und Gralgesellschaft, die für das Verständnis des Werkes von großer Wichtigkeit ist, hier nicht zugunsten der Artusgesellschaft entschieden werde.[25] Joflanze, geplant als prunkvoller Rahmen für eine Inszenierung modulierter Gewalt, wird umgewandelt zu einem Fest des Wiedersehens, der Versöhnung, des Friedens und der Liebe, zur Evokation einer Gesellschaftskultur, die sich im Zeichen der Konfliktlösung und der Integration präsentiert und durch die positive Beziehung der Geschlechter fundiert wird.

Betrachtet man die epische Realisation dieser Programmatik, wird man zunächst den Abstand zum ersten Teil der zweiten Gawanpartie verzeichnen. Gerade vor dem Hintergrund von Gawans Erlebnissen im Dienst Orgeluses und seinen Abenteuern auf Schastel marveile, von denen Wolfram unmittelbar zuvor mit farbiger Personengestaltung und spannend-komischer Ereignisfolge erzählt hat, tritt der ganz andere Charakter der Joflanze-Handlung deutlich hervor. In geradezu obsessiv anmutender Weise, welche die Aufmerksamkeit moderner Rezipienten strapaziert, ist Wolfram hier mit der literarischen Darstellung gesellschaftlicher Auftritte beschäftigt.[26] Wir sehen zunächst den Artushof, dann Gawans Gefolge nach Joflanze ziehen, beobachten Gawans Ankunft und das Eintreffen von Orgeluses Truppen, können einen Blick in Gramoflanz' Heerlager bei Rosche Sabbins tun und dürfen schließlich dabei sein, wenn Gramoflanz sich auf Artus' Bitte nur mit kleinem Gefolge zum verabredeten Treffpunkt begibt. In schneller Folge reihen sich die festlichen Empfänge und Begrüßungen: Gawan und seine Leute bei Artus und Ginover, Par-

---

25 Joachim Bumke, »Geschlechterbeziehungen in den Gawanbüchern von Wolframs ›Parzival‹«, in: Ulrich Mehler u. Anton H. Touber (Hrsg.), *Mittelalterliches Schauspiel. FS Hansjürgen Linke*, ABäG 38/39, Amsterdam 1994, S. 105–121, hier: S. 120.

26 Karl Bertau, *Über Literaturgeschichte. Literarischer Kunstcharakter und Geschichte der höfischen Epik um 1200*, München 1983, S. 60: »Schließlich weiß der Held all seine Eroberungen mit dem Artushof zu vereinigen zu einem Fest, das er wie ein Ballett inszeniert.« Czerwinski (Anm. 16), S. 137, spricht von einer »Mechanik des großen Wiedererkennungs- und Hochzeitsfestes«.

zival in Gawans und Gramoflanz in Artus' Lager, Parzival und Artus bei Gawan, das Heer des Gramoflanz bei Gawan, Feirefiz bei Gawan, schließlich Artus' Einzug in Gawans Lager, zu Beginn des großen Festes, bei dem Gramoflanz, Orgeluses Beschützer Lischoys und Florand sowie Feirefiz in die Tafelrunde aufgenommen werden. Mähler und Feste gibt es noch mehr: Gawan richtet ein Festmahl für Parzival und eines für Feirefiz aus, und dazwischen ist das große Versöhnungsfest montiert, das mit Hunderten von Eheschließungen besiegelt wird. Bestimmend ist bei all diesem die ausführliche und detaillierte, Wiederholungen nicht scheuende Schilderung höfischen Zeremoniells.

III.

Wie ein Jahrhundertkampf von drei Seiten vorbereitet wird.[27]

Nu warp der künec sîne vart (652, 1): König Artus' festlicher Zug auf die Ebene von Joflanze bildet den Auftakt weiterer Heer- und Festzüge, denen Wolfram – mit wechselnder Akzentuierung – besondere Beachtung schenkt. Geschildert wird er zunächst aus der Perspektive Gawans, in der ebenso wie in späteren Bemerkungen des Erzählers die Komponente der Sachkultur in den Vordergrund rückt: die große Menge neuer Banner und glänzender Lanzen[28] und die Vielzahl schöner Zelte, die es erlaubt, eine Reihe weiter Zeltringe abzustecken (661, 10–14; 662, 10–12; 662, 28–663, 6). Auch sonst wird der Prunk der Aufzüge stets registriert, mitunter auch von den Figuren der Dichtung thematisiert. Bevor Gawan selbst mit seinem Gefolge nach Joflanze reitet, trägt er seinen Hofbeamten folgendes auf: *nu schaffet mir für unbetrogn/ mîn reise alsô mit koste dar,/ daz mans vür rîchheit neme war* (667, 22–24)[29]. Prächtige Zelte auch hier (666, 2–5), darunter dasjenige, mit dem einst Iblis ihre Liebe zu Clinschor öffentlich machte (668, 9–17), ferner kräftige Lasttiere, schöne Damenpferde und Rüstungen für alle Ritter (666, 17–19). König Gramoflanz unterstreicht seine Bedeutung, indem er unter einem schattenspendenden seidenen Baldachin reitet, der an zwölf Stangen befestigt ist, die von ebensovielen adligen jungen Damen getragen werden (683, 19–23; 687, 22–30). Bei seiner Reise mit kleinem Gefolge vertraut Gramoflanz dagegen auf den Ausdruckswert kostbarer Kleidung und edler Jagdvögel (721, 15–19; 721, 24–28).

Als ein sicherer Indikator für das Maß an gesellschaftlicher Anerkennung der jeweiligen Akteure gilt die personelle Ausstattung der Festzüge. Es zählt der

---

27 Muschg (Anm. 19), S. 735.
28 Vgl. 674, 15 f. u. 676, 14 (über Orgeluses Ritterschaft).
29 Vgl. 676, 3–8.

Name hochrangiger Persönlichkeiten, die sich zur Unterstützung bereitfinden, und es zählen der Status, das Ansehen und die strahlende Schönheit derer, die sie mit sich führen. Und selbstverständlich kommt es auf die Größe des Gefolges an. Deshalb muß es Gawans Anliegen sein, den gesamten Artushof nach Joflanze zu bringen.[30] Bei Gramoflanz rechnet der Erzähler vor: Sechshundert Damen in Begleitung ihrer Geliebten stellt ihm sein Oheim, König Brandelidelin; Bernout von Riviers, der schöne Sohn des Grafen Narant, erscheint mit 400 Damen und 500 kampferprobten Rittern (682, 8–683, 2).[31] Wer die Zahlen nicht kennt, der

---

30 Wolfram hat der Realisierung dieses Anliegens eine eigene Episode gewidmet, die mit ihrer Spannung zwischen Geheimdiplomatie und öffentlichem Herrschaftshandeln einiges über die Verteilung der Macht und die Mechanismen politischer Willensbildung und Entscheidungsfindung am Artushof enthüllt. Im Rahmen eines Symposions über »›Aufführung‹ und ›Schrift‹« liegt es näher, den Blick auf den Umgang mit der Schrift zu lenken, darauf aufmerksam zu machen, wie hier ein Schriftzeugnis in eine Aufführung vor einer mündlichen Kommunikationsgemeinschaft umgesetzt wird. Wolfram beschreibt nämlich eine mehrstufige mündliche Aktualisierung eines Textes, der den Körper dessen, der ihn schrieb, nicht verabschiedet hat und der in einer von der Königin zu verantwortenden Inszenierung sein Wirkungspotential wiederum mit Hilfe von Körperzeichen entfaltet, die ihm zum Zwecke der Beglaubigung mitgegeben werden. Ich gebe einige Hinweise. Gawan läßt sich von Arnive einen geeigneten Boten empfehlen und instruiert ihn, mit dem Brief zunächst die Königin Ginover aufzusuchen und alles Weitere ihr zu überlassen. So geschieht es. Ginover erkennt den Absender des Briefes bereits an den Schriftzügen, in denen die Hand dessen, der ihn schrieb, so gegenwärtig ist, daß es ihr möglich wird, ihre sorgenvolle Klage um Gawans Abwesenheit dem Brief selbst anzuvertrauen (644, 27–645, 6). Freudentränen artikulieren die emotionale Nähe der Königin zu Gawan, eine Nähe, um die Gawan weiß und auf die er vertraut, wenn er im mündlichen Botenbericht eine signifikante Veränderung gegenüber der schriftlichen Mitteilung vornehmen läßt: Von Ginover allein hängt sein Glück ab, einzig ihr *trôstes gebe* (645, 18) vermag ihm die vröude zurückzugeben. Die Worte verfehlen ihre Wirkung nicht. In der Heimlichkeit der Kapelle sichert Ginover dem Boten spontan ihre Unterstützung zu (645, 23–30). Bevor sie ihre Absicht realisieren kann, muß Gawans briefliche Bitte für die Öffentlichkeit des Hofes allerdings erst noch wirkungsvoll inszeniert werden. Ginover übernimmt die Regie (646, 23–647, 22). Sie instruiert den Knappen, sich heimlich von ihr fortzustehlen und im Verborgenen abzuwarten, bis sich die Gesellschaft bei Hofe versammelt hat. Es muß dann so aussehen, als komme er gerade erst an. Eilig solle er in den Hof reiten, sich nicht weiter um sein Pferd kümmern und auf die Schar der edlen Ritter zulaufen. An seinem Verhalten muß die Dringlichkeit seines Anliegens ablesbar sein (*als du gâhest ûzem fiure/ gebâr mit rede und ouch mit siten*, 647, 6 f.), damit die ungeduldige Neugier, mit der die Gesellschaft reagieren wird, ihm das nötige Maß an Aufmerksamkeit sichert. Es gilt dann, sich bis zum Herrscher vorzudrängen, seinen Gruß zu erlangen und ihm Gawans Brief zu überreichen. In einer zweiten Phase des Schauspiels will die Königin vor aller Augen und Ohren eigens angesprochen werden. Der Knappe führt die Vorgaben Ginovers mit großem Geschick aus, wobei die Erzählung von der Durchführung dieser Inszenierung noch einmal interessante Details bereithält, auf die ich hier nicht mehr eingehen kann.
31 Wenn Gramoflanz auf Artus' Geheiß mit engstem Gefolge nach Joflanze kommt, tritt er immerhin noch in Begleitung von zwölf Königen und Fürsten, zahllosen jungen Adligen und vielen Knappen auf; Beacurs, der dazu bestimmt ist, ihm das Geleit zu geben, kommt ihm mit fünfzig strahlend schönen Edelknaben entgegen, Söhne von Herzögen, Grafen und Königen (721, 2–14; 722, 1–5). – Die von Gramoflanz diktierten Kampfbedingungen wollen es, daß die Präsenz der Damen ein besonderes Gewicht erhält. In diese Linie fügt sich auch das Motiv der schattenspendenden Jungfrauen ein, die in Gramoflanz'

kann sich an anderes halten: an die Größe der Fläche, die zum Lagern benötigt wird, an die Länge des Zuges, an die Spur, die er in der Landschaft hinterläßt,[32] an den Schall, den eine solche Menschenmenge produziert und der durch den Einsatz von Musikinstrumenten und durch das klingende Zaumzeug der Damen noch verstärkt wird.[33] Realisieren lassen sich derartige Unternehmungen nur mit der Hilfe von Verwandten, Freunden und Getreuen.[34] Insofern handelt es sich bei den Festzügen auch um sichtbare Manifestationen von triuwe, an denen sich die Bedeutung dessen bemißt, dem diese triuwe zuteil wird.[35]

Ein wesentliches Moment stellt die Ordnung des Festzuges dar, der sich die Beteiligten einzufügen haben. Gawans Zug wird von Saumtieren angeführt, die mit Gewändern für den Hof, mit Rüstungen, Schilden und Helmen beladen sind. Im Anschluß an die kastilischen Pferde, die dann folgen, reiten dichtgedrängt die Ritter und die Damen (668, 30–669, 13). Es heißt, daß Gawan zusammen mit seiner weiblichen Verwandtschaft, mit Orgeluse und ihren fürstlichen Verehrern Florand und Lischoys reitet; daß diese Gruppe das Ende des Zugs bildet, wird nicht direkt gesagt, aber man kann es erschließen (669, 21–30). Das Prinzip der Steigerung, das, die hierarchische Gliederung der mittelalterlichen Gesellschaft und die mit ihr verknüpfte gestufte Wertschätzung der Personen aufgreifend, die Komposition der Festzüge in der Literatur üblicherweise bestimmt,[36] ist zwar vorhanden, tritt bei dieser Schilderung aber zurück. Betont wird dagegen etwas anderes. Gawan habe, so heißt es, dafür gesorgt, daß jeder schönen Frau ein gutaussehender Ritter zugesellt wurde (669, 16–18): *daz wâren kranke sinne,/ op die sprâchen iht von minne* (669, 19 f.), merkt der Erzähler dazu an. Indem er den adligen Damen und Herren seines Gefolges die Gelegenheit gibt, die Sprache der Liebe einzuüben, setzt Gawan konsequent fort, was er auf dem Fest auf Schastel marveile initiiert und mit Orgeluse am eigenen Leib vorgelebt hat (636, 15–644, 11): das Gesellschaftsleben, das durch den Zauber Clinschors abgestorben war, durch die Zusammenführung und Annäherung der Geschlechter neu zu begründen.[37]

Bevor Gawan nach Joflanze aufbricht, um dort mit Artus und den Seinen zusammenzutreffen, wählt er vier vornehme Ritter aus, die er mit den Ämtern des

---

Festzug durch ihre besondere Nähe zum Herrscher ausgezeichnet sind (687, 22–688, 2). – Vgl. dazu auch Walter Delabar, ›Erkantiu sippe und hôch gesellschaft‹. Studien zur Funktion des Verwandtschaftsverbandes in Wolframs von Eschenbach ›Parzival‹, GAG 518, Göppingen 1990, S. 159.

32 662, 26–663, 8; 669, 14 f.
33 Vgl. 667, 4 f.; 681, 25–29. Zur Rolle von Musik und Lärm im höfischen Zeremoniell des Mittelalters vgl. Sabine Zak, *Musik als ›Ehr und Zier‹. Studien zur Musik im höfischen Leben, Recht und Zeremoniell*, Neuß 1979; dies., »Die Rolle der Musik in der Repräsentation«, in: Ragotzky/Wenzel, *Höfische Repräsentation*, S. 133–148.
34 Vgl. dazu Gerd Althoff, *Verwandte, Freunde und Getreue. Zum politischen Stellenwert der Gruppenbindungen im früheren Mittelalter*, Darmstadt 1990.
35 Vgl. 661, 6–662, 2; 676, 20–22.
36 Vgl. Bumke, *Höfische Kultur*, Bd. I, S. 292 f.
37 Vgl. dazu Joachim Bumke, »Die Utopie des Grals. Eine Gesellschaft ohne Liebe?«, in: Hiltrud Gnüg (Hrsg.), *Literarische Utopie-Entwürfe*, st 2012, Frankfurt/M. 1982, S. 70–79, hier: S. 76 f.; ders. (Anm. 25).

Kämmerers, des Mundschenken, des Truchsessen und des Marschalls betraut (666, 23–30). Diese Einsetzung der vier mittelalterlichen Hofämter kann ebenfalls als ein Beitrag zu einer Reanimation und Stabilisierung des Gesellschaftslebens gedeutet werden.[38] Außerdem schafft sie die Voraussetzung dafür, daß die Repräsentation des Hofes beim Zusammentreffen des internationalen Adels bei Joflanze auf adäquate Art und Weise erfolgen kann (667, 9 ff.). Von großer Bedeutung sind dabei die Dienste des Marschalls, der den Aufbau des Zeltlagers leitet (667, 27–668, 22). Gawan legt größten Wert auf *sunderleger*, also auf ein eigenes, von Artus räumlich abgesondertes Lager (667, 11–14). Seinen Direktiven folgend, läßt der Marschall das prächtige Zelt der Iblis, das Gawan selbst benutzen wird, *bî Artûs sunder ûf ein gras* errichten, eingefaßt vom weiten Rund der übrigen Zelte (668, 9–21): *daz dûhten rîlîchiu dinc* (668, 22). Daß dieser Anlage der Zeltstadt indes ein Zeichenwert zukommt, der die Ostentation von Reichtum, Macht und Bedeutung übersteigt, fängt der Text in der Kritik Keies, Artus' obersten Hofbeamten, ein.[39] Dieser vergleicht Gawans Vorgehen mit der Handlungsweise seines Vaters und findet für den Sohn deutlich abwertende Worte: [...] ›*mîns hêrren swâger Lôt, / von dem was uns dehein nôt / ebenhuiz noch sunderringes*‹ (675, 7–9). Daß der Erzähler die Figurenperspektive sogleich als Ausfluß von Mißgunst diskreditiert und damit die Kritik zu entschärfen vorgibt (675, 10–676, 2), nimmt ihr nichts von ihrem Gewicht. Sie zeigt, wie Gawans Lager auch aufgefaßt werden kann: als Demonstration einer eigenständigen Herrschaftsposition.[40] Um Gawans Ring zu erreichen, dies sollte noch erwähnt werden, müssen die Scharen seines Gefolges den Weg durch Artus' Lager nehmen (670, 1–3): *waz man schouwens dâ gepflac!* (670, 4). Dieses Arrangement schafft eine Art Bühne für Gawans Zug, drängt die Tafelrunde in die Rolle der Zuschauerschaft und stellt damit sicher, daß Gawans Rang sich der Gesellschaft des Artushofes mitteilt.

IV.

Neffe! sang Herr Artûs.
Oheim! erwiderte Herr Gâwân.
Liebster! lächelte Frau Ginovêr.
Einzige Tante! flüsterte Herr Gâwân.[41]

---

38 Zur Bedeutung der Hofämter vgl. Irmgard Latzke, *Hofamt, Erzamt und Erbamt im mittelalterlichen deutschen Reich*, Diss. Frankfurt/M. 1970; Werner Rösener, »Hofämter an mittelalterlichen Fürstenhöfen«, *Deutsches Archiv für Erforschung des Mittelalters* 45 (1989), S. 485–550.
39 Zu diesem Motiv vgl. Helmut Brall, *Gralsuche und Adelsheil. Studien zu Wolframs Parzival*, Germanische Bibliothek, NF, 3. Reihe, Heidelberg 1983, S. 297. – Wolfram läßt Keie schon an früherer Stelle Kritik üben; vgl. 651, 7–14.
40 Daß Gawan durch seine Abenteuer auf Schastel marveile und im Dienste Orgeluses tatsächlich in den Rang eines mächtigen Landesherrn gerückt ist, kann Keie (aufgrund von Gawans Heimlichkeiten) zu diesem Zeitpunkt noch nicht wissen. Öffentlich wird dieser Umstand auch auf dem Hoffest von Joflanze erst, wenn Orgeluse ihre Herrschaft auf Gawan überträgt (730, 15 ff.).
41 Muschg (Anm. 19), S. 739.

Mit Gawans Ankunft auf der Ebene von Joflanze eröffnet Wolfram den Reigen der festlichen Begrüßungen und Empfänge. Er lenkt den Blick in diesem Fall besonders auf die Choreographie des Geschehens, die sich in erster Linie den planvollen Aktionen von Gawan und Artus verdankt. Es beginnt damit, daß Gawan nicht einfach durch Artus' Lager hindurchschreitet, sondern [...] *durch hoflîchen site/ und ouch durch werdeclîchiu dinc* (670, 6 f.) sein Gefolge, zu Pferde, dichtgedrängt und zu Paaren geordnet,[42] am Zeltring des Königs Aufstellung nehmen läßt (670, 5–19)[43]. Auf diese Weise erzielt er eine Kulisse für die Handlungen der Hauptpersonen. Es sind seine vornehmsten Begleiter, diejenigen, die als einzige gemeinsam mit ihm absitzen: Arnive, Sangive, Cundrie und Itonje, also Artus' weibliche Verwandtschaft, außerdem Orgeluse und ihre beiden Minneritter (670, 23–27). Die Qualität des Empfangs, der mit den Worten des Erzählers *minneclîche* (670, 22), *friwentlîche* (670, 30) und *mit getriulîcher liebe kraft* (671, 4) sich vollzieht, erweist sich daran, wie das Königspaar in der Öffentlichkeit mit symbolischen Handlungen antwortet. Daß Artus und Ginover aus dem Zelt heraustreten und den Ankömmlingen entgegengehen, muß als hohe Auszeichnung gelten. Die Wertschätzung, die Gawan am Artushof genießt, dokumentiert sich ferner darin, daß die Königin auf seinen Wunsch hin die Begleiter Orgeluses mit einem Kuß begrüßt:[44] Daß Gawan ihre vornehme Herkunft beteuert, reicht als Empfehlung für die am Hofe Unbekannten aus (671, 7–16). Mit einer spektakulären Geste der Höflichkeit schließt Artus den Empfang im Freien ab: Während die übrigen bereits gemeinsam das Zelt betreten, springt er aufs Pferd und reitet den Kreis der Ritter und Damen ab, um sie einzeln willkommen zu heißen (671, 20–26).

Betrachtet man vor dieser Folie den Empfang, den Artus Gramoflanz zuteil werden läßt, zeigen sich deutliche Unterschiede. Ehrbezeugungen und Gesten der Verbundenheit, wie sie beim Empfang Gawans beobachtet werden konnten, sind hier nicht in gleichem Ausmaß vorhanden. Die Gründe für das veränderte Verhalten des Königs und der Königin liegen auf der Hand: Gramoflanz kommt weder als enger Verwandter noch als Freund noch als Mitglied der Tafelrunde, sondern als Gegner Gawans und damit des Artusgeschlechtes,[45] als ein Gegner allerdings, den man zu einer friedlichen Lösung der Konflikte zu bewegen hofft. Damit ist der Spielraum für signifikantes Verhalten abgesteckt. Schauen wir uns an, wie er ausgefüllt wird. Artus schafft zunächst einen würdigen Rahmen für die schwierige Begegnung, indem er hundert besonders schöne und vornehme

---

42 Zur Signifikanz dieser Anordnung vgl. oben. Daß auch für das Gesellschaftsbild des Artushofes die paarweise Zuordnung von Rittern und Damen im Zeichen der Minne eine große Rolle spielt, zeigen wenig später die Bemerkungen über die Regeln der Tafelrunde (776, 17–24).

43 Es ist Gawans Wille, daß sie bis zum gemeinsamen Aufbruch in dieser Position verharren (671, 27–29); *daz was ein höfschlîcher site*, bemerkt der Erzähler dazu (671, 30).

44 Ganz lapidar kommentiert der Erzähler Küsse, die Frauen untereinander tauschen: *dâ wart manec kus getân/ von maneger frouwen wol getân* (671, 5 f.). Heißt das, daß Küsse unter Frauen einen geringeren Ausdruckswert besitzen und deshalb kein strenges Reglement für sie vonnöten ist?

45 Vgl. dazu Artus' Rede vor der Hofgesellschaft in Bems an der Korca und sein Gespräch mit den Boten, die Gramoflanz nach Joflanze geschickt hat (650, 13–20; 719, 19–25).

Damen und zahlreiche strahlende Ritter in einem gesonderten Zelt versammelt (723, 11–25). Dann geht indes nicht das Königspaar dem Gast entgegen, sondern Gramoflanz muß sich umgekehrt auf die Gastgeber zubewegen (723, 26 ff.). Er tut dies im Schutze seiner Verwandtschaft, indem er nämlich auf dem Weg zur Königin seinem Mutterbruder Brandelidelin als zugleich ältestem und ranghöchstem Mitglied seines Gefolges den Vortritt läßt (724, 1–9). Die öffentlichen Küsse, mit denen Ginover zunächst König Brandelidelin, sodann Gramoflanz selbst und seine beiden fürstlichen Begleiter Bernout von Riviers und Affinamus von Clitiers bedenkt (724, 8–13), dürften als Gesten der ehrenvollen Begrüßung wie auch der Versöhnungsbereitschaft gemeint sein. Wenn Gramoflanz im Anschluß daran Gawans Schwester Itonje küßt (724, 19–30), dann hat dieser Kuß ebenfalls nicht nur die Bedeutung einer Begrüßung. Es handelt sich hierbei um einen Kuß zwischen Liebenden, mit dem eine bislang geheimgehaltene (und zudem völlig unkörperliche) Minnebeziehung öffentlich gemacht wird. Daß Artus Gramoflanz zu diesem Kuß auffordert (724, 14–18), sollen wir gewiß als Hinweis darauf lesen, daß die öffentliche Liebesgeste als wichtiger Baustein im Versöhnungswerk des Königs fungiert. Ihren strategischen Wert muß man erschließen. Er dürfte zum einen darin liegen, daß das Öffentlichmachen der Liebe zwischen Itonje und Gramoflanz die Voraussetzung dafür schafft, daß alle begreifen, wie widersinnig und grausam der geplante Kampf ist, bei dem sich Itonjes Bruder und ihr Geliebter gegenüberstehen sollen. Zum anderen wäre zu überlegen, ob man auf diese Weise Gramoflanz' Friedensbereitschaft zu stimulieren sucht; die nur wenig später eingeflochtene Erzählerbemerkung über die feindlichen Gefühle des Gramoflanz, die in der Gegenwart und beim Anblick der lieblichen Itonje wie Schnee in der Sonne zerfließen (728, 13–19), gibt jedenfalls ausreichend Anlaß, in diese Richtung zu denken.

Zu einem zeremoniellen Höhepunkt des Gesellschaftslebens hat Wolfram die dritte große Empfangsszene bei Joflanze ausgestaltet, die anläßlich der feierlichen Begrüßung von Parzivals Bruder Feirefiz durch Gawan und Artus arrangiert wird. Ort des Geschehens ist dieses Mal Gawans Zelt, und dementsprechend obliegt nun Gawan die Organisation des Ganzen. Da Parzival und Feirefiz in voller Rüstung eintreffen, sorgt Gawan nach einer ersten freudigen Begrüßung zunächst dafür, daß man sie entwappnet und ihnen kostbare Gewänder bringt (756, 14–758, 23). Beide Vorgänge gehören zum formelhaften Repertoire gastlicher Aufnahme. Die hofgemäße Einkleidung der beiden Helden schafft die Voraussetzung für den zweiten Abschnitt der Begrüßung, das Hinzutreten der Damen und deren zeremonielle Küsse. Hierbei legt Orgeluse, ihrer neuen Rolle als Gawans Ehefrau gemäß, das Reglement fest: Cundrie und Sangive erhalten den Vortritt vor ihr selbst und der Königin Arnive (758, 24–28). Von Gawan wird schon vorher berichtet, daß er Feirefiz wieder und wieder küßt (758, 16 f.). Es ist nicht allein die Intensität der Geste, die ihr einen besonderen Ausdruckswert verleiht; hinzu kommt der Umstand, daß hier ein Mann einen anderen Mann küßt, was im Rahmen des höfischen Begrüßungszeremoniells durchaus ungewöhnlich ist. Gawans Handlungsweise erklärt sich daraus, daß Parzival ihn unmittelbar zuvor über die Identität seines Gegenübers in Kenntnis gesetzt hat (758, 6–15): Gawan begrüßt in Feirefiz nicht nur einen hochadligen Gast, sondern auch einen engen, ihm bislang unbekannt gebliebenen Verwandten.

Mit einem festlichen Mahl wird Feirefiz sodann in die Gemeinschaft aufgenommen. Wolfram beleuchtet dabei fast ausschließlich die Sitzordnung und wertet sie als Ausdruck höfischer Sitte (762, 6–763, 6).[46] Deutlich wird, daß auch hier wieder die herausragende Stellung einzelner durch ihre Positionierung im Raum sichtbar gemacht werden soll. Die alte Königin Arnive, ihre Tochter Sangive und ihre Enkelin Cundrie, Orgeluse und ihre beiden Ritter, Gawan und Jofreit speisen offenbar in unmittelbarer Tischnachbarschaft. Wolframs Angaben lassen sich so verstehen, daß Orgeluse und Arnive, Gawan und Jofreit nebeneinander Platz nehmen; Florand von Itolac und seine Frau Sangive sowie Lischoys Gwelljus und seine Frau Cundrie sitzen einander gegenüber. Daß Orgeluse und Arnive, Gawan und Jofreit in freundschaftlicher Verbundenheit speisen und daß Arnive als Gawans Großmutter zwischen ihm und Orgeluse sitzt (762, 26–763, 6), wird eigens betont. Es liegt nahe, diese Informationen so auszulegen, daß die von Gawan gewählte personelle Konstellation Freundschaft (Orgeluse und Arnive, Gawan und Jofreit[47]), Verwandtschaft (Arnive und Gawan) sowie Ehe und Liebe (Orgeluse und Gawan, Florand und Sangive, Lischoys und Cundrie) als elementare Konstituenten der höfischen Gesellschaft ins Bild setzen soll. Die übrigen Anwesenden faßt Gawan zu drei großen Gruppen zusammen, wobei er Orgeluses Gefolge zu seiner Rechten und Clinschors Ritter zu seiner Linken plaziert; die Damen von Schastel marveile dagegen sitzen ihm gegenüber, mit Parzival und Feirefiz in ihrer Mitte (762, 9–20). Nachdem Gawan die Geschlechter während des Festes auf der Zauberburg behutsam miteinander in Berührung gebracht hat, mutet ihre erneute Separierung zunächst merkwürdig an. Offenbar ging es Wolfram hier nicht um die Programmatik der Geschlechterbeziehung. Die Sitzordnung scheint eher als ehrenvolle Reverenz Gawans an den orientalischen Gast gemeint zu sein, der gemeinsam mit seinem Bruder den Gegensitz erhält und inmitten der Frauenschar speisen darf. Ungeachtet der Höflichkeit, die darin liegt, die beiden Helden, die ohne weibliche Begleitung gekommen sind, zu den Damen zu setzen, könnte bei diesem Arrangement durchaus leise Ironie im Spiel sein: Zu den Schwächen, mit denen Wolfram Parzivals Bruder ausstattet, gehört seine übermäßige Fixierung auf schöne Frauen.[48]

---

46 Zur gesellschaftskonstitutiven Bedeutung geselligen Speisens und zur Wichtigkeit der Sitzordnung vgl. Elke Brüggen, »Von der Kunst, miteinander zu speisen. Kultur und Konflikt im Spiegel mittelalterlicher Vorstellungen vom Verhalten bei Tisch« in: Kurt Gärtner, Ingrid Kasten u. Frank Shaer (Hrsgg.), *Spannungen und Konflikte menschlichen Zusammenlebens in der deutschen Literatur des Mittelalters*, Tübingen 1996, S. 235–249.
47 Daß Gawan und Jofreit überdies miteinander verwandt sind, wird dagegen nicht eigens hervorgehoben. Zum Verwandtschaftsverhältnis der beiden vgl. Karl Bertau, »Versuch über Verhaltenssemantik von Verwandten im ›Parzival‹«, in: ders., *Wolfram von Eschenbach. Neun Versuche über Subjektivität und Ursprünglichkeit in der Geschichte*, München 1983, S. 190–240, hier: S. 236 f.
48 Vgl. Horst Brunner, »Wolfram von Eschenbach: ›Parzival‹ – zum Verhältnis von Fiktion und außerliterarischer Realitätserfahrung«, in: Albrecht Weber (Hrsg.), *Handbuch der Literatur in Bayern. Vom Frühmittelalter bis zur Gegenwart*, Regensburg 1987, S. 89–97, hier: S. 95; Joachim Bumke, *Wolfram von Eschenbach*, 6. Aufl., Sammlung Metzler 36, Stuttgart 1991, S. 120.

Seinen glanzvollen Höhepunkt erreicht dieser Empfang mit dem Erscheinen von Artus.[49] Gawan leitet es in die Wege, indem er seinen Gefährten Jofreit als Boten zum König schickt. Jofreit informiert Artus allerdings nicht nur über Feirefiz' Ankunft, er bittet ihn außerdem, dem Heiden einen Empfang zu bereiten, der seiner Abstammung (*des stolzen Gahmuretes kint*, 761, 17), seinem märchenhaften Reichtum und seinem höfischen Auftreten würdig sind (761, 11–762, 5). Artus sagt eine angemessene Inszenierung zu, und der Erzähler gibt davon einen Eindruck aus der Perspektive des fremden Gastes. Die Herrlichkeit des Königs findet ihren Ausdruck in der Großartigkeit seines Einzugs: hörbar im Lärm und Schall der verschiedenen Musikinstrumente (764, 24–765, 1), sichtbar in der blühenden Schönheit seines Gefolges (765, 2–10; 765, 15 f.). Die Begrüßung erfolgt durch das Königspaar und durch Itonje und Gramoflanz, wobei das Zeremoniell die übliche geschlechtsspezifische Rollenzuweisung zeigt: Der offizielle Begrüßungskuß fällt in den Zuständigkeitsbereich der Damen (765, 17–20). Auch Ginover gestaltet diesen Akt so, daß sie der jüngeren Itonje den Vortritt läßt; erst danach tritt sie ebenfalls auf Feirefiz zu und gibt ihm einen Kuß. Von Artus und Gramoflanz wird gesagt, daß sie den Heiden *mit getriulîcher liebe ganz* empfangen und ihm ihre Dienste antragen (765, 21–25). Indes, welche Gesten damit verbunden sind, erwähnt Wolfram nicht. Die Bedeutung körpersprachlicher Zeichen blitzt lediglich noch einmal auf, wenn es heißt, daß Artus sich neben Feirefiz niederläßt (766, 19) und damit seinen Willen zu Nähe und Vertraulichkeit bekundet, die im folgenden durch ein ausgedehntes Gespräch[50] hergestellt werden.

V.

Wolfram hat sich Zeit gelassen in den Büchern XII–XV. Wer sie »rasch übergehen«[51] wollte, liefe Gefahr, Entscheidendes zu übersehen. Wir sind leicht geneigt, die Stilisierung des höfischen Daseins, die Verfeinerung des Verhaltens, die Wahrung der Formen, die Ritualisierung des Umgangs als »bloße Äußerlichkeiten« aufzufassen.[52] Wie fern der hier in Rede stehenden Zeit ein solches Verständnis liegt, offenbaren auf eine ganz eigene Weise Situationen, in denen die zeremoniellen Formen problematisch werden. Wolfram hat eine derartige Situation für Orgeluse und für Itonje konstruiert. Vor Logroys hat Orgeluse sich Parzival angeboten und ist schroff zurückgewiesen worden (619, 1–14), in Joflanze wird von ihr erwartet, daß sie ihn mit einem offiziellen Begrüßungskuß ehrt: *des*

---

49 Den König und die berühmten Ritter und schönen Damen seiner Tafelrunde hatte Parzival seinem Bruder nach dem Kampf als lohnendes Ziel vor Augen gestellt (753, 25–754, 4), und auf ihr Kommen bereitet er ihn während des Festmahls erneut vor (763, 21–764, 4).
50 Vgl. dazu Anm. 18.
51 So äußert sich Rupp (Anm. 20), S. 9, im Hinblick auf das XIII. Buch.
52 Davor warnt eindringlich Heinrich Fichtenau, *Lebensordnungen des 10. Jahrhunderts. Studien über Denkart und Existenz im einstigen Karolingerreich*, Monographien zur Geschichte des Mittelalters 30/1–2, 2. Aufl., München 1992, S. 49.

kom si hie von scham in nôt (696, 12). Als deutlich wird, daß sie beim Festmahl an seiner Seite speisen soll, verbalisiert sie ihre Bedenken: [...] *welt ir bevelhen mir / den der frouwen spotten kan? / wie sol ich pflegen dises man?* (697, 16–18). Itonje muß auf Schastel marveile die ihr verhaßte Orgeluse und die beiden sie begleitenden Fürsten, die Feinde ihres Geliebten, küssen (634, 17–635, 12). Für die Öffentlichkeit, die Itonjes Gefühle nicht kennt, liegen hier Zeichen des Friedens und der Versöhnung vor, die für den weiteren Umgang einen bindenden und verpflichtenden Charakter haben. Itonje selber weiß es besser, und sie bringt ihre Handlungsweise deshalb mit dem Judaskuß in Zusammenhang und behauptet von sich: *elliu triwe an mir verswant* (634, 21). Gruß, Kuß und Tischgemeinschaft erscheinen hier als bedeutungstragende Zeichen einer eloquentia corporis, die auf der Basis einer Kongruenz von Innen und Außen die Orientierung und Verständigung in der Gesellschaft sicherstellt.

»We are now aware that the courtly romance, in spite of being a formally complex and highly artificial literary genre, is nevertheless capable of accomodating and reflecting upon various aspects of contemporary chivalric and aristocratic life, especially in the hands of Hartmann and Wolfram.«[53] Daß auch die inszenierte Körperlichkeit der Literatur in der Wirklichkeit der zeitgenössischen Hofkultur gründet, legen historische Quellen nahe, welche für die hier am Beispiel der Joflanze-Handlung besprochenen Phänomene Parallelen bieten. Sie können hier nur noch in Auswahl herangezogen werden. Gislebert von Mons etwa berichtet, daß Graf Balduin V. von Hennegau sich *cum probis et discretis viris* [...], *sericis vestibus ornatis,* [...] *et cum servientibus honeste ornatis* zum Mainzer Hoffest von 1184 aufmachte; und er erwähnt außerdem das eigens mitgeführte silberne Gerät sowie die Zelte, zahlreicher und schöner als die der übrigen Herren.[54] Das Protokoll für den Festzug, mit dem König Philipp von Schwaben am Weihnachtstag des Jahres 1199 in Magdeburg beeindruckte, wurde von Konrad von Querfurt, dem Leiter der Reichskanzlei, ersonnen; in der Halberstädter Bischofschronik ist die Ordnung des Zuges genau beschrieben und ebenso stark akzentuiert wie die Pracht der Insignien oder die Feierlichkeit und Würde der Bewegungen.[55] Besonders eindrücklich ist die Beschreibung eines Festzugs, dem Thomas Becket im Jahre 1158 als Kanzler des englischen Königs Heinrich II. vorstand; Lutz Fenske hat kürzlich in einem anderen Zusammenhang auf sie aufmerksam gemacht,[56] und ich möchte sie hier abschließend heranziehen,

---

53 Timothy McFarland, »Clinschor. Wolfram's Adaption of the Conte du Graal: The Schastel Marveile Episode«, in: Martin H. Jones u. Roy Wisbey (Hrsg.), *Chrétien de Troyes and the German Middle Ages. Papers from an International Symposium,* Arthurian Studies, Publications of the Institute of Germanic Studies, Cambridge u. London 1993, S. 278 f.

54 L. Vanderkindere (Hrsg.), *Gislebert von Mons, Chronicon Hanoniense,* Brüssel 1904, S. 155; vgl. auch die Nachrichten über die Auftritte des Erzbischofs Albero von Trier bei Bumke, *Höfische Kultur,* Bd. I, S. 74 u. S. 286.

55 Bumke, *Höfische Kultur,* Bd. I, S. 297–299.

56 Lutz Fenske, »Der Knappe: Erziehung und Funktion«, in: Fleckenstein, *Curialitas,* S. 55–127, hier: S. 59–63. Die Quelle: William Fitzstephen, *Vita sancti Thomae,* hrsg. J. C. Robertson, Rolls Series 67/3, London 1877.

obwohl die englischen Verhältnisse, die sie beleuchtet, nicht ohne weiteres übertragbar sein dürften. Becket hatte den Auftrag, so sein Biograph William Fitzstephen, in Frankreich den Reichtum der englischen Krone zu demonstrieren; Ziel der diplomatischen Mission war eine Eheverabredung zwischen dem ältesten Sohn des englischen Königs, Heinrich dem Jüngeren, und Margarete, der Tochter des französischen Königs Ludwig VII. Ich übergehe die interessanten Einzelheiten zur materiellen Ausstattung[57] und richte den Blick allein auf das Arrangement des Zuges, das offenbar gebührend bestaunt wurde.[58] Sobald man französischen Boden betrat, begannen sich die 250 Fußknechte in Sechser- oder Zehnerreihen zu ordnen. Ihnen folgten Pferdeknechte, die ihre Reitkunst zur Schau stellten, indem sie auf der Hinterhand der Pferde kniend ritten. Ihnen schlossen sich die Knappen an, welche die Schilde der Ritter trugen. Eine weitere Gruppe von Knappen trug wertvolle Vögel. Hinter die Dienerschaft der Hofhaltung des Kanzlers reihten sich, in Zweierreihen, die milites und die clerici ein, und den Schluß bildete der Kanzler selber, umgeben von seinen familiares. Man wird Lutz Fenske zustimmen wollen, wenn er schreibt, daß das von William Fitzstephen überlieferte Bild der Hofhaltung des englischen Kanzlers »Merkmale trägt, die einzelnen Elementen der literarisch geschilderten Hofkultur der höfischen Epik nahekommen und vergleichbar erscheinen«.[59] Zu beachten bliebe allerdings, daß die Körperlichkeit höfischer Erscheinung und höfischen Verhaltens im literarischen Diskurs stets auf ein ästhetisch wie ethisch höchst anspruchsvolles Programm höfischer Vorbildlichkeit bezogen bleibt und daher in einen Verweiszusammenhang gestellt ist, der die Ostentation von Status, Rang, Macht, Würde und Reichtum, die in den historischen Zeugnissen im Vordergrund zu stehen scheint, transzendiert.

---

57 Siehe Fenske (Anm. 56), S. 61.
58 Zum folgenden vgl. ebd., S. 61 f.
59 Ebd., S. 63.

Der Körper der Dame.
Zur Konstruktion von ›Weiblichkeit‹ in der deutschen Literatur des Mittelalters[1]

INGRID BENNEWITZ

I. Der literarhistorische Befund

Als ein wesentliches Charakteristikum der deutschen Literatur des Mittelalters gilt ihre grundsätzliche Nähe zur Didaxe.[2] Dazu tritt die nicht zuletzt durch die hohe Zahl der erhaltenen Handschriften (und Drucke) nachhaltig demonstrierte Beliebtheit von Werken, die sich eindeutig als didaktische verstehen, mithin also jene Form des ›Lehrgedichts‹ repräsentieren, das der Neuzeit als poetologisches und ästhetisches Grenzphänomen gelten sollte.[3] An der mittelalterlichen und frühneuzeitlichen Didaxe läßt sich deutlich ein bewußtes ›gendering‹ von Literatur erkennen, und zwar in doppelter Hinsicht: Zum einen zeigt sich in einigen Fällen die Tendenz zur geschlechtsspezifischen Adressierung an ein männliches oder weibliches Publikum. Als Paradebeispiel dafür kann der Fall des ›Winsbecken‹ bzw. der ›Winsbeckin‹ herangezogen werden.[4] Die beiden Werke fin-

---

1 Die folgenden Ausführungen sind zum Teil bewußt thesenhaft formuliert. Sie stehen in engem Zusammenhang mit meinen Überlegungen zur Rezeption geschlechtergeschichtlicher Ansätze in der mediävistischen Germanistik; vgl. Ingrid Bennewitz, »›Vrowe/maget/ubeles wîp‹. Alterität und Modernität mittelalterlicher Frauenbilder in der zeitgenössischen Rezeption«, in: Katrina Bachinger [u. a.] (Hrsg.), *Feministische Wissenschaft. Methoden und Perspektiven*, Stuttgart 1990, S. 121–144; sowie: »Frauenliteratur im Mittelalter oder feministische Mediävistik? Überlegungen zur Entwicklung der geschlechtergeschichtlichen Forschung in der germanistischen Mediävistik der deutschsprachigen Länder«, *ZfdPh* 112 (1993), S. 383–393. – Meinen Salzburger Kollegen Gerold Hayer und Peter K. Stein habe ich einmal mehr für ihre Hilfe und Unterstützung zu danken.
2 Zur zentralen Stellung des Erziehungsgedankens in der didaktischen Literatur und in der höfischen Dichtung vgl. Joachim Bumke, »Höfischer Körper – Höfische Kultur«, in: Heinzle, *Modernes Mittelalter*, S. 67–102. Selbstverständlich ist hier zu unterscheiden zwischen dem (literarisch dokumentierten) programmatischen Anspruch – um den es auch im folgenden gehen wird – und der konkreten Alltagspraxis höfischer Erziehung.
3 Vgl. Bernhard Fabian, »Das Lehrgedicht als Problem der Poetik«, in: Hans Robert Jauß (Hrsg.), *Die nicht mehr schönen Künste. Grenzphänomene des Ästhetischen*, Poetik und Hermeneutik 3, München 1968, S. 67–89.
4 Die Texte werden im folgenden zitiert nach: *Winsbeckische Gedichte nebst Tirol und Fridebrant*, hrsg. Albert Leitzmann, 3. Aufl. bearb. Ingo Reiffenstein, ATB 9, Tübingen 1962; *Fridankes Bescheidenheit*, hrsg. H. E. Bezzenberger, Nachdruck d. Ausg. 1872, Aalen

gieren Lehrgespräche zwischen Vater und Sohn, respektive Mutter und Tochter mit gänzlich unterschiedlicher Ausrichtung.[5] – Ein vergleichbarer Fall wird vom Erzähler im ›Ritter vom Turn‹ zumindest konstruiert, und zwar mit der Erwähnung eines zweiten, seinen Söhnen gewidmeten Werkes, das er – dem Vorwort zufolge – angeblich parallel zu diesem Lehrbuch für seine beiden Töchter verfaßt habe (*eins seinen sünen/ das ander seinen tœchtern zuo underweisung*). Weder die romanische noch die deutsche Überlieferungsgeschichte können diese Aussage belegen; spekuliert wurde immerhin darüber, ob der Roman ›Pontus und Sidonia‹ dieses vermißte Gegenstück sein könnte.[6] Zum anderen aber macht der überwiegende Teil der didaktischen Werke – und hier wieder speziell die als besonders repräsentativ geltenden Vertreter, also etwa Freidank, Thomasin, Hugo von Trimberg – deutlich, daß die mittelalterliche Literatur im wesentlichen nur *ein* Geschlecht kennt, nämlich das weibliche. Die Norm, das Männliche, wird hingegen offensichtlich nicht als sexuell bestimmt empfunden.[7] Als Adressat gilt vor allem der didaktischen Literatur implizit das rechts- und wehrfähige, der gesellschaftlichen Öffentlichkeit des Hofes verantwortliche Subjekt. Dieses wird zudem konzipiert und differenziert auf der Basis seiner Teilhaftigkeit an den *driu leben: gebûre, ritter und pfaffen* (Freidank 27, 1) und ist dem kontextuellen

---

1962; Hugo von Trimberg, *Der Renner*, hrsg. Gustav Ehrismann, Tübingen 1908; *Der wälsche Gast des Thomasin von Zirclaria*, hrsg. Heinrich Rückert, mit einer Einleitung und einem Register von Friedrich Neumann, Nachdruck d. Ausg. 1852, Texte des Mittelalters, Berlin 1965; (*Le livre du Chevalier de La Tour Landry pour l'enseignement de ses filles*, dt.:) Marquard vom Stein, *Der Ritter vom Turn*, hrsg. Ruth Harvey, Texte des späten Mittelalters und der frühen Neuzeit 32, Berlin 1988; Ulrich von Liechtenstein, *Frauendienst*, hrsg. Franz Viktor Spechtler, GAG 485, Göppingen 1987; Ulrich von Liechtenstein, *Frauenbuch*, hrsg. Franz Viktor Spechtler, GAG 520, Göppingen 1989; Gottfried von Straßburg, *Tristan. Mittelhochdeutsch/neuhochdeutsch*, hrsg. Rüdiger Krohn, RUB 4471–4473, 3 Bde., Stuttgart 1984; *Das Nibelungenlied*, nach d. Ausg. v. Karl Bartsch hrsg. Helmut de Boor, Wiesbaden 1972. – Zur didaktischen Literatur für Mädchen und Frauen vgl. Trude Ehlert, »Die Frau als Arznei«, *ZfdPh* 105 (1986), S. 42–62; Ulrike Hörauf-Erfle, *Wesen und Rolle der Frau in der moralisch-didaktischen Literatur des 16. und 17. Jahrhunderts im Heiligen Römischen Reich deutscher Nation*, Frankfurt/M. 1991; Susanne Barth, *Jungfrauenzucht. Literaturwissenschaftliche und pädagogische Studien zur Mädchenerziehungsliteratur zwischen 1200 und 1600*, Stuttgart 1994.

5 Vgl. dazu: Ingrid Bennewitz, »Moraldidaktische Literatur«, in: Ursula Liebertz-Grün (Hrsg.), *Deutsche Literatur. Eine Sozialgeschichte. Bd. I: Aus der Mündlichkeit in die Schriftlichkeit*, Reinbek 1988, S. 333–343; und Ann Marie Rasmussen, »Bist du begehrt, so bist du wert. Magische und höfische Mitgift für die Töchter«, in: Helga Kraft u. Elke Liebs (Hrsg.), *Weiblichkeitsbilder in der Literatur*, Stuttgart u. Weimar 1993, S. 7–33.

6 Vgl. dazu Hans-Joachim Kreutzer, »Marquart vom Stein«, in: *VL*, 2. Aufl., Berlin u. New York 1987, Bd. VI, Sp. 129–135, hier: Sp. 131.

7 Vgl. dazu grundsätzlich Judith Butler, *Gender Trouble*, New York [u.a.] 1990; dt: *Das Unbehagen der Geschlechter*, Frankfurt/M. 1991, hier: S. 168, mit Bezug auf Wittig (vgl. Anm. 10), sowie zur Situation im Mittelalter: Clare E. Lees [u.a.] (Hrsg.), *Medieval Masculinities. Regarding Men in the Middle Ages*, Medieval Cultures 7, University of Minnesota Press 1994; vgl. etwa dort den Beitrag von Jo Ann McNamara, »The ›Herrenfrage‹. Restructuring of the Gender System 1050–1150«, S. 3–29, hier: S. 3: »Experience indicates that the masculine gender is fragile and tentative, with weaker biological underpinnings than the feminine.«

Verständnis zufolge männlich, ohne daß die Kategorie des Geschlechts zu seiner Charakterisierung namhaft gemacht werden müßte. Es spricht für die immanente Kohärenz des Verfahrens, daß die Literaturwissenschaft des 19. und 20. Jahrhunderts bis zuletzt diese Vorgabe übernommen hat.[8]

Swer gerne list guotiu maere,
ob *er* dan selbe guot waere,
sô wære gestatet *sîn* lesen wol.
ein ieglîch *man* sich vlîzen sol
daz *er* erfüll mit guoter tât
swaz *er* guots gelesen hât
[...]
Swelich man gerne seit
eins andern vrümkeit,
der sol sich vlîzen des vil hart
daz *er* kome in sîne vart,
wan sich ein *ieglîcher* vlîzen sol
daz man von im ouch spreche wol.
man sol von vrumen liuten lesen
unde sol doch gerner selbe wesen
ein biderbe man [...]
(›Wälscher Gast‹, V. 1–19; Herv. v. mir).[9]

II. Grenzziehungen: Die Be-Schreibung des Weiblichen

»Language casts sheaves of reality upon the social body,
stamping it and violently shaping it.«[10]

Die Literatur des Mittelalters produziert unterschiedliche Konzeptionen von ›Weiblichkeit‹ und weiblichen Körpern. Mich interessieren an dieser Stelle we-

---

8 Es ist im Grunde müßig, die Fiktion der Komplizenschaft zwischen mittelalterlichem Text und Wissenschaftler einmal mehr zu belegen. Ein schönes Beispiel gibt jedenfalls Bezzenberger in seiner Einleitung zum ›Freidank‹: »[...] er [›Freidank‹] ist mir von da an ein treuer gefährte gewesen, selbst unter der mächtigen erregung eines nach führung und erfolgen einzig in der weltgeschichte dastehenden krieges [...]« (S. V).
9 Selbstverständlich schließt das weder aus, daß gerade in den einleitenden Passagen Frauen in der Publikumsadresse mit angesprochen werden oder daß sich größere oder kleinere Bestandteile des Werks sogar direkt an Frauen wenden oder daß sich Frauen in Einzelfällen mitgemeint fühlen konnten. Es geht vielmehr um die Frage der konkreten inhaltlichen Einlösung solcher Adressierungen und um die inhaltliche Besetzung der Geschlechterkonstruktion. – Was ich im folgenden versuche, ist ein Nachvollzug des mainstream thought in Hinblick auf die Be-Schreibung von ›Weiblichkeit‹ (als ›sex‹ und ›gender‹) in der deutschsprachigen Literatur des Mittelalters, wobei die Ausnahmen und möglichen Gegentendenzen zu diesem mainstream stets mitgedacht sind (vgl. dazu aber S. 230).
10 Monique Wittig, *The Straight Mind*, Boston 1992, S. 43 f.

niger die kanonischen Entwürfe des schönen[11] bzw. des häßlichen[12] Frauenkörpers durch männliche Autoren als vielmehr der angestrengte Versuch einer normativen Konditionierung, die sich im wesentlichen der Strategien raumzeitlicher und mentaler De-Mobilisierung sowie physischer und intellektueller Reduktionierung bedient. Als Beschreibungskriterium für diesen Vorgang ist das Stichwort ›Passivität‹ deshalb nur beschränkt brauchbar. Es geht vielmehr um eine Kenntlichmachung des Sonderfalls ›weiblicher Körper‹ über das Medium der Literatur, deren Ziel – nur scheinbar paradoxerweise – sein Unsichtbarmachen zu sein scheint. Als einzelne Schritte auf diesem Weg zeichnen sich ab:

1. Die Ver-Hüllung des Körpers durch Kleidung (deren Auswirkungen viel weitreichender sind, als auf den ersten Blick ersichtlich ist: Einschränkung der Wahrnehmungs- und Bewegungsfreiheit etc. – In der Folge werden sozial tolerierte Geschenke (›Gaben‹) auf diesen weiblichen Körper, seine Verhüllung und seinen Schmuck reduziert).

2. Die räumliche Einschränkung (das Verbot des Zu- und Angreifens; das Lauf-Verbot, das andere Formen der raschen Fortbewegung, z. B. beim Reiten, inkludiert; das Verbot der Er-Fahrung[13]).

3. Die sensuelle Einschränkung (vom Gebot des leisen Redens bis zum Rede-Verbot, Hör- und Seh-Verbot).

Daraus resultiert in logischer Konsequenz eine intellektuelle Einschränkung (durch die Reduktion der gesellschaftlichen Anforderungen wie durch die im umfassendsten Sinne reduzierte Mobilität) bzw. die Forderung nach Unsichtbarmachen des (trotzdem noch vorhandenen) Intellekts. – Ich entnehme die Belege dafür Thomasins ›Wälschem Gast‹; sie sind jedoch aus anderen Quellen beliebig erweiterbar.

Ein junvcrouwe sol senticlîch
und niht lût sprechen sicherlîch.
[...]
ein vrouwe sol ze deheiner zît
treten weder vast noch wît.

---

11 Vgl. Helmut Tervooren, »Schönheitsbeschreibungen und Gattungsethik in der mittelhochdeutschen Lyrik«, in: Theo Stemmler (Hrsg.), *Schöne Männer – schöne Frauen. Literarische Schönheitsbeschreibungen, 2. Kolloquium der Forschungsstelle für europäische Literatur des Mittelalters*, Mannheim 1988, S. 171–198.

12 Vgl. Ingrid Kasten, »Häßliche Frauenfiguren in der Literatur des Mittelalters«, in: Bea Lundt (Hrsg.), *Auf der Suche nach der Frau im Mittelalter. Fragen, Quellen, Antworten*, München 1991, S. 255–276.

13 Alle diese Phänomene lassen sich in der mittelalterlichen Didaxe an den Darstellungen alt- und neutestamentlicher Frauenfiguren verfolgen, vgl. etwa im ›Ritter vom Turn‹ die Interpretation von 1 Mose, 34, 1. Die Geschichte Dinas, die aufbricht, *die Toechter des Lands zu sehen* und dabei von Sichem vergewaltigt wird, hat folgenden Epilog (im folgenden zitiert nach der Fassung des ›Buchs der Liebe‹, gedruckt in Frankfurt/M. 1587 von Sigmund Feyerabend, S. 293): *Darumb lieben Toechter/ seyt nicht zu gar fürwitzig/ alle ding in der Welt zu schawen/ denn es ist sich halb feyl gebotten* [...]. – Das Verbot, sich Neuem und Unbekanntem körperlich auszusetzen, inkludiert den (zukünftigen) Mangel an Er-Fahrung.

[...]
ein vrouwe sol sich, das geloubet,
kêren gegen des phertes houbet,
swenn si rîtet; man sol wizzen,
si sol niht gar dwerhes sitzen.
[...]
ein vrowe sol recken niht ir hant,
swenn si rît, vür ir gewant;
si sol ir ougen und ir houbet
stille haben, daz geloubet.
[...]
Wil sich ein vrowe mit zuht bewarn,
si sol nicht âne hülle varn.
si sol ir hül ze samen hân,
ist si der garnatsch ân.
lât si am lîbe iht sehen par,
daz ist wider zuht gar.
[...]
ein vrouwe sol niht hinder sich
dicke sehen, dunket mich.
si sol gên vür sich geriht
und sol vil umbe sehen niht;
gedenke an ir zuht über al,
ob si gehœre deheinen schal.
ein juncvrouwe sol selten iht
sprechen, ob mans vrâget niht.
ein vrowe sol ouch niht sprechen vil,
ob si mir gelouben wil,
und benamen swenn si izzet,
sô sol si sprâchen niht, daz wizzet.
         (V. 405–470).

Ein vrouwe hât an dem sinne genuoc
daz si sî hüfsch unde gevuoc,
und habe ouch die gebærde guot
mit schœner rede, mit kiuschem muot.
ob si dan hât sinnes mêre,
sô hab die zuht und die lêre,
erzeig niht waz si sinnes hât:
man engert ir niht ze potestât.
ein man sol haben künste vil:
der edelen vrouwen zuht wil
daz ein vrouwe hab niht vil list,
diu biderbe unde edel ist:
einvalt stêt den vrouwen wol
         (V. 837–849).

Ich lêrt waz einer vrouwen zeme
daz si von ir vriunde neme:
hantschuoch, spiegel, vingerlîn,
vürspangel, schapel, blüemelîn
         (V. 1338–1341).

Eine besondere Bedeutung erwächst in diesem Zusammenhang der Disziplinierung des weiblichen Blicks.[14] Während das Senken der Augen von Männern nur vorübergehend unter der Voraussetzung eines direkten Funktionsbezugs – als Signal der Akzeptanz des herrscherlichen Machtanspruchs – gefordert werden kann, so wird andererseits der gesenkte Blick ein generelles Merkmal des weiblichen Körpers und kennzeichnet seine grundsätzliche und andauernde Bereitschaft zur Anerkennung der männlichen Vorherrschaft in sozialer und sexueller Hinsicht. Diese Forderung impliziert, daß das adelige Mädchen, die adelige Dame »ihre Situation in der Öffentlichkeit nicht selbständig interpretieren« darf, daß sie sich vielmehr »im Sinne eines vorgegebenen Verhaltenscodes bewegen [soll], in dem sich die gültigen Ordnungsvorstellungen immer schon abbilden.«[15] – Aufschlußreich ist in diesem Zusammenhang die *rede von ainer geaitterten junckfrauen* in der Prosaübersetzung des ›Secretum secretorum‹ der Hiltgart von Hürnheim:

O Alexander, gedennckh an die getät der küniginn von Inndia, das sie durch freüntschaft willen santt gabe groß und löbliche klainät; unnder den dir gesantt ward die gar schön junckfrau die von irr kinthait gelert wart und getzogen mit schlanngen aitter, allso das si verwanndelt was von irr natur in schlanngen nature. Unnd an der weil sach ich si fleissigklich an unnd vand von lisstenn das si aittergifftig was, davon das si als getürstigklich und als egeslich an underlas und unschämlich ir gesicht stäte an der mann antlütz; und also wetrachtt ich das si allain mit irem gesichtt die leüt erschlueg [...].[16]

Wie unterschiedlich männliche und weibliche Blicke ›organisiert‹ und konnotiert werden und welche Bedeutung der Einschränkung des weiblichen Blicks auch im Bereich der Kunstgeschichte zukommt, hat Daniela Hammer-Tugendhat anhand der Aktkunst der Frühen Neuzeit eindrucksvoll demonstriert. Ihrer Beobachtung zufolge zählt die pudica-Geste, d. h. das Bedecken des Schoßes mit

---

14 Es lohnt, die oben zitierten Passagen des ›Wälschen Gast‹ mit jenen zu vergleichen, die speziell dem Verhalten jüngerer und/oder in der gesellschaftlichen Hierarchie noch nicht etablierter Männer gelten. Hier werden zwei Bezugspunkte deutlich: zum einen – in Relation zum Ganzen eher marginal – das korrekte Verhalten gegenüber Frauen (junge Männer sollen nicht reiten, wenn eine Dame zu Fuß geht, V. 420; sie sollen vermeiden, reitende Damen zu erschrecken, V. 425; sie sollen Frauen nicht durch Geschenke zu erkaufen suchen, V. 1243 ff.; sie werden davor gewarnt, allein auf die körperliche Schönheit einer Frau zu achten, V. 995 u. V. 1304; usw.); zum anderen das korrekte Verhalten gegenüber anderen/älteren Männern und männlichen/institutionellen Autoritäten (junge Männer sollen die Ratschläge (älterer, erfahrener) Männer befolgen, V. 407 ff.; sie sollen nicht auf einer Bank stehen, an der ein Ritter sitzt, V. 413; sie sollen grundsätzlich die körperliche Distanz gegenüber Höhergestellten wahren, d.h. sie nicht berühren, gar kollegial auf die Schulter klopfen, V. 447; sie sollen als Fürsten und Adelige Vorbild für alle anderen sein, vgl. dazu das 2. Buch, V. 1707 ff.). – In einer direkten Gegenüberstellung werden den beiden Geschlechtern darüber hinaus zentrale höfische Werte in differenzierter Form zugeordnet (V. 969 ff.).
15 Horst Wenzel, »›zuht und êre‹. Höfische Erziehung im ›Welschen Gast‹ des Thomasin von Zerclaere (1215)«, in: Alain Montandon (Hrsg.) *Über die deutsche Höflichkeit*, Bern [u.a.] 1991, S. 21–42, hier: S. 32.
16 Hiltgart von Hürnheim, *Mittelhochdeutsche Prosaübersetzung des ›Secretum secretorum‹*, hrsg. Reinhold Möller, DTM 56, Berlin 1963, S. 53 f.

einer Hand, zu einem immer wiederkehrenden Motiv bei der Darstellung weiblicher Akte:

»Der Gestus ist höchst ambivalent. Er verdeckt, was nicht gesehen werden darf, dennoch wird gerade durch das Verdecken der Blick auf den Schoß gelenkt und das Begehren des Betrachters geweckt. Der Blick wird zum voyeuristischen Blick, der hinschaut, wo er angeblich nicht hinschauen dürfte. So wird eine grundsätzliche Struktur inszeniert, die das Geschlechterbehältnis unserer Kultur mitgeprägt hat: Der Mann ist der Blickende, sein Blick ist voyeuristisch; die Frau, die blicklose, ›muß‹ sich schämen, sich verdecken.«[17]

III. Die Ornamentalisierung und Fragmentierung des weiblichen Körpers

Vor allem in der (höfisierten, verschriftlichten) Heldenepik und dem höfischen Roman erwächst dem weiblichen Körper die integrale Funkton des Ornaments im Rahmen des höfischen Festzeremoniells, und zwar eines zur Vervollständigung notwendigen, grundsätzlich jedoch additiven Elements. Zudem erhält er aus der vorgegebenen Stilisierung und der Distanz zum Männlichen den Charakter des Fremden, Exotischen, Animalischen. Er ist – in der dazu erforderlichen Kleidung – ein künstliches Licht, die höfische Adaptation der Himmelskörper, in deren Glanz sich die Gesellschaft (und stellvertretend für sie das männliche Subjekt) darstellen kann. Es ist zugleich eine Inszenierung in dem Anderen und über das Andere, das Weibliche:

sus kam diu küniginne Isôt,
daz vrôlîche morgenrôt,
und vuorte ir sunnen an ir hant,
daz wunder von Irlant,
die liehten maget Isôte
(Gottfried v. Straßburg, ›Tristan‹, V. 10885–10889)

si was an ir gelâze
ûfreht und offenbære,
gelîch dem sperwære,
gestreichet alse ein papegân
(ebd., V. 10992–10995)

---

17 Daniela Hammer-Tugendhat, »Körperbilder – Abbild der Natur? Zur Konstruktion von Geschlechterdifferenz in der Aktkunst der Frühen Neuzeit«, *L'Homme* 5/1 (1994), S. 45–58, hier: S. 51. – Ganz wesentlich auch für meine Ausführungen ist die von Hammer-Tugendhat im Anschluß getroffene Feststellung zum Kontextbezug historischer Wahrnehmung, gerade auch im Rahmen geschlechtergeschichtlicher Untersuchungen: »Die Frage ist also nicht, ob Männer auch nackt dargestellt worden sind. Nacktheit kann vielmehr eine geschlechtsspezifisch unterschiedliche, ja entgegengesetzte Bedeutung und Funktion haben. [...] Bei der männlichen Figur signalisiert der nackte Körper Autonomie, freie Verfügung über die eigene Bewegung und die Fähigkeit, Meister des eigenen Schicksals zu sein; weibliche Nacktheit hat nichts mit Autonomie zu tun, sie ist verbunden mit Passivität« (ebd.).

Nu gie diu minneclîche, alsô der morgenrôt
tuot ûz den trüeben wolken [...]
(›Nibelungenlied‹, Str. 281)

Sam der liehte mâne vor den sternen stât,
des scîn sô lûterlîche ab den wolken gât,
dem stuont si nu gelîche vor maneger frouwen guot. [...]
(Nibelungenlied, Str. 283)

Eine vergleichbare Rollenzuordnung findet sich auch im Minnesang (s. u. MF 124, 35 ff.). – Besonders deutlich wird das Paradoxon der vom männlichen Autor imaginierten Subjekt-Objekt-Relation, des aktiv Sehenden und der Anzusehenden, die allenfalls *ein wênic umbe sehende* (s. u.) sein darf und dennoch der höfischen Gesellschaft – die hier, ohne daß es explizit gesagt werden müßte, deutlich als männliche vorgestellt wird – als Sonne dient, in Walthers Lied L. 45, 37. Es wird zugleich eben dieser Autor sein, der die Voraussetzungen für den solcherart scheinbar literarisch inszenierten Machtzuwachs der *vrouwe* in Erinnerung rufen und zugleich die Konditionen dieses Diskurses nachdrücklich klarstellen wird. Am Horizont des weiblich dominierten Firmaments erscheint bei Walther der männliche Sänger – und zwar in der Rolle des internen Sprechers und des externen Sängers –, der durch die Produktion von Kunst über das (literarische) Leben oder aber den (literarischen) Tod der Dame verfügt (*stirbe aber ich, so ist sie tot*; L. 73,16, nach Hs. E).[18]

ich muoz iemer dem gelîche spehen,
Als der mâne tuot, der [den C] sînen schîn
von des sunnen schîn enpfât,
als kumt mir dicke
ir wol liehten ougen blicke
in daz herze mîn, dâ si vor mir gât.
(Heinrich von Morungen III, MF 124, 35–40)

Swâ ein edeliu schœne frowe reine,
wol gekleidet unde wol gebunden,
durch kurzewîle zuo vil liuten gât,
hovelîchen hôhgemuot, niht eine,
umbe sehende ein wênic under stunden,
alsam der sunne gegen den sternen stât, –
der meie bringe uns al sân wunder,
waz ist dâ sô wünneclîches under,
als ir vil minneclîcher lîp?
wir lâzen alle bluomen stân, und kapfen an daz werde wîp
(L. 46, 10–20)

Vor allem dort, also im Medium des Minnesangs, genügt die Aufrufung von Fragmenten dieses weiblichen Körpers – insbesondere des roten Munds – im Sinne erotischer Signalements mit gleicher Funktion:

Rôter munt, nu lache,
daz mir sorgen swinde;
rôter munt, nu lache, daz mir sendez leit zergê.

---

18 Vgl. dazu etwa Müller, »›Ir sult sprechen willekomen‹«, zu Walther S. 10, Anm. 29.

lachen du mir mache,
daz ich fröide vinde;
rôter munt, nu lache, daz mîn herze frô bestê.
sît dîn lachen mir gît hôchgemüete,
neinâ, rôter munt, sô lache mir durch dîne güete
lachelîche, rœselehte: wes bedörfte ich me?
(Gotfrit von Neifen KLD 15, IV 3)

Ein schapel brûn, underwîlent ie blanc,
hât mir gehœhet daz herze und den muot [...]
(Hiltbolt von Swanegöi KLD 24, II)

IV. Das Dilemma der Konditionierung

Vergleicht man die oben vorgestellten Konzeptionen, so könnte der Eindruck entstehen, daß in den unterschiedlichen literarischen Gattungen divergierende Modelle von Weiblichkeit und weiblichen Körpern entworfen werden – ein Umstand, der zugleich eine Einschränkung der Verbindlichkeit dieser Normierung bedeuten könnte. Tatsächlich finden sich diese rivalisierenden Entwürfe bereits in zeitlicher und gattungsgeschichtlicher Parallelität, aber ohne daß der mit ihnen eingeklagte Anspruch auf Verbindlichkeit leiden würde. Das Problem wird vielmehr erkannt u n d delegiert, indem die Verantwortung für die normgerechte Erfüllung dieser konfligierenden Modelle als integrativer Bestandteil weiblicher Rollen u n d weiblicher Körper definiert wird.[19]

Den klassischen Ort der Verhandlung dieser Rollenentwürfe bietet die ›Winsbeckin‹. Der Dialog zwischen Mutter und Tochter verdeutlicht die ambivalente Gratwanderung zwischen Internalisierung der huote, also ›freiwilliger‹ erotischer/sexueller Enthaltsamkeit, und der gleichzeitigen Notwendigkeit, Objekt der erotischen Begierde zu werden:

›mahtû die tugent ûf gewegen,
dir wirt von mangem werden man
mit wünschen nâhen bî gelegen.
soltû mit sælden werden alt
zuo der schœne, die dû hâst,
durch dich verswendet wirt der walt.‹

›Sol, muoter, mir daz êre sîn,
ob man mîn wünschet ûf ein strô?
es ahtent niht die sinne mîn,
daz im von wârheit sî alsô.

---

[19] Zur vergleichbaren Konstruktion in der Kunstgeschicht vgl. Hammer-Tugendhat (Anm. 17), S. 51: »Weiblichkeit wird mit Schönheit gleichgesetzt. Ebenso gehören zu dieser Weiblichkeitskonzeption Passivität, Keuschheit und Erotik, wobei die widersprüchlichen Anforderungen, die sich daraus für Frauen ergeben – sie sollen keusch und zugleich verführerisch sein – scheinbar harmonisch miteinander verschmolzen werden.«

Zur Konstruktion von ›Weiblichkeit‹ in der deutschen Literatur des Mittelalters

[...]
ich wil dar an unschuldic sîn,
ob man mîn wünschet ûf daz gras.‹
›[...] sô man gedenket ofte an dich
und wünschet dîn, sô bistû wert.‹
(13, 5–15, 10)

In der Rolle der Mutter werden jene Beschränkungen des weiblichen Körpers funktionalisiert, wie sie etwa auch der ›Wälsche Gast‹ einfordert, zugleich aber wird ihre Gültigkeit im Rahmen bestimmter gesellschaftlicher Voraussetzungen verortet:

schiuz wilder blicke niht ze vil,
dâ lôse merker bî dir sîn.
(›Winsbeckin‹, 5, 9 f.)[20]

In Ulrichs von Liechtenstein ›Frauenbuch‹ führen Ritter und Dame eine engagierte Auseinandersetzung über die Frage, wer daran schuld sei – Männer oder Frauen –, daß es der höfischen Gesellschaft an der rechten vröide mangle. Dabei erhebt der männliche Gesprächspartner Vorwürfe, die implizit nichts anderes beinhalten als die Aussage, daß die weiblichen Körper zu genau jene Vorschriften internalisiert haben, die in der moralisch-didaktischen Literatur eingefordert werden: das Senken des Kopfes, das Niederschlagen der Augen, das Verstummen beim Anblick und in Gegenwart eines Mannes. Diese Körper entsprechen bereits dem Kunstprodukt, als das sie entworfen wurden (vgl. V. 130: *ir sitzet sam ir gemalet dar*).

welher unnser kumbt da er frawen sicht
das haubt in nider siget
vil kaume ir aine niget
ainem ritter das ist also
wie mochten wir dabey wesen fro
ewr dhaine uns güettlich ansicht
ewr augen unns auch grüessent nicht
auch erstumment euch ser (zestunt)
baide zungen und auch der (munt)
redt unnser ainer mit euch da
ir sprechet weder nain noch ja
fraw ir wisset wol ich han war
ir sitzet sam ir gemalet dar
da wirt unns lang gar kurtz ze zeit
ist dann da ein hofischer man
der wol mit frawen reden kan
dem gebt ir auch antwurt nicht
sein rede ist als die meine entwicht

---

20 Vgl. Michael Schröter, »Wildheit und Zähmung des erotischen Blicks. Zum Zivilisationsprozeß von deutschen Adelsgruppen im 13. Jahrhundert«, Merkur 41 (1987), S. 468–481, hier: S. 476: Nicht das (widersetzliche) Verhalten selbst gefährdet die Ehre der Dame, sondern »seine Wahrnehmung durch andere: sie ist es, die in erster Linie vermieden werden muß.«

> was er gesprichet und gesaget
> im antwurt weder weib noch maget
> wolt ir nicht annder antwurt han
> so sprächet doch kawau her man
> der rede muos er lachen
> und er hinwider machen
> rede die euch auch deuchte guot
> das geb euch baiden hohen muot
>   (›Frauenbuch‹, V. 118–143)

Gleichzeitig aber zeigt nichts deutlicher die Konsensfähigkeit dieser Beschränkung des weiblichen Körpers als deren Imitation durch den Ich-Erzähler in Ulrichs von Liechtenstein ›Frauendienst‹. In dieser Rolle, zugleich dem prominentesten Beispiel für das Phänomen des ›cross-dressing‹ in der deutschen Literatur des Mittelalters, übernimmt der männliche Protagonist mit den weiblichen Kleidern zugleich die Bewegungsnorm *und* die Einschränkung des weiblichen Körpers:

> Ich gie ze dem opfer schone sa,
> nach mir gie vil manic vrowe da.
> daz ich den ganc so blide an vie,
> des wart gelachet dort und hie;
> min nigen und min umbeswanc
> diu wurden da envollen lanc.
> ich gie nach blider vrowen sit,
> chum hende breit was da min trit.
>
> Swie seine ich gie, swie sanfte ich trat,
> ich chom doch wider an die stat,
> da e gestanden was min lip
>   (›Frauendienst‹, Str. 945 f.)

V. Der Körper: Das Theater des Geschlechts

Zu den seit den ausgehenden siebziger und den beginnenden achtziger Jahren als selbstverständlich akzeptierten methodischen Voraussetzungen der Frauen- bzw. Geschlechtergeschichte zählt die Unterscheidung von ›sex‹ und ›gender‹: Im Gegensatz zum biologischen Geschlecht (›sex‹) bezeichnet ›gender‹ die soziale und kulturelle Konstruktion der Differenz zwischen den Geschlechtern. Erst diese Unterscheidung unterlief das traditionell-biologistische Verständnis der Geschlechterrollen und trug zugleich dazu bei, ›Männlichkeit‹ und ›Weiblichkeit‹ als kulturelle und damit veränderliche Kategorien zu verstehen: als »Vorstellungen, welche durch besondere soziale, rechtliche und ökonomische Bedingungen geformt sind und diese gleichzeitig formen«.[21] Eben diese Unterscheidung aber ist in den letzten Jahren erneut ins Zentrum der Diskussion gerückt. So versucht

---

21 Ann Marie Rasmussen, »Feminismus in der Mediävistik Nordamerikas«, *Mitteilungen des Deutschen Germanistenverbandes* 3 (1992), S. 19–27, hier: S. 19.

Judith Butler in ihrem Buch ›Gender trouble‹ (1990; dt. ›Das Unbehagen der Geschlechter‹, 1991) den Nachweis zu führen, daß auch die Kategorie des (biologischen) Geschlechts eine diskursiv produzierte sei. Dies ist eine möglicherweise unerwartete, letztlich aber logische Weiterführung der gender-Diskussion:

»Wenn der Begriff ›Geschlechtsidentität‹ die kulturellen Bedeutungen bezeichnet, die der sexuell bestimmte Körper (*sexed body*) annimmt, dann kann man von keiner Geschlechtsidentität behaupten, daß sie aus dem biologischen Geschlecht folgt. [...] Wenn wir jedoch den kulturell bedingten Status der Geschlechtsidentität als radikal unabhängig vom anatomischen Geschlecht denken, wird die Geschlechtsidentität selbst zu einem freischwebenden Artefakt.«[22]

Der Körper ist, in Weiterführung von Überlegungen Simone de Beauvoirs, demzufolge »als Ort kultureller Interpretationen [...] eine materielle Realität, die bereits in einem gesellschaftlichen Kontext lokalisiert und definiert ist«; er ist zugleich »aber auch die Situation, aus der heraus ein Set von gegebenen Interpretationen aktiv aufzunehmen und zu deuten ist«,[23] mit anderen Worten: er ist jener Ort, an dem und in dem sich ›das Theater des Geschlechts‹ inszeniert, d.h., er ist zugleich Ort der Handlung und der Aufführungsakt selbst. Butler trifft sich hier mit Beobachtungen zur zirkulären Struktur der Geschlechtsidentifikation, wie sie Stefan Hirschauer in Hinblick auf das Phänomen der Transsexualität präzisiert hat: »*den* Eigenschaften und Verhaltensweisen, die einem Geschlecht zugeschrieben werden, wird implizit auch selbst ein Geschlecht zugeschrieben.«[24]

Daraus resultiert für Butler die Forderung nach einer Subversion der Geschlechterdichotomie durch Verfahren der wiederholenden Parodie, deren Ziel es ist, zu offenbaren, »daß die ursprüngliche Identität, der die Geschlechtsidentität nachgebildet ist, selbst nur eine Imitation ohne Original ist.«[25] An ihrem Ende stünde dann die Vervielfältigung der Geschlechter-Konfigurationen[26] und damit die Ablösung der Kategorie ›Geschlecht‹ in ihrer derzeitigen binären Festlegung.

Butlers Thesen sind in den deutschsprachigen Ländern zum Teil auf harschen Widerstand gestoßen; stellvertretend für andere mag hier die polemische Replik Barbara Dudens[27] genannt sein. Ohne die Berechtigung dieser Kritik im einzelnen zurückweisen zu wollen, wird an ihr doch deutlich, wie stark das für uns verbindliche Zwei-Geschlechter-Modell als Maßstab der Beurteilung gedient hat

---

22 Butler (Anm. 7), S. 22 f.
23 Vgl. Judith Butler, »Variationen zum Thema Sex und Geschlecht. Beauvoir, Wittig und Foucault«, in: Gertrud Nunner-Winkler (Hrsg.), *Weibliche Moral. Die Kontroverse um eine geschlechtsspezifische Ethik*, Frankfurt/M. 1991, S. 56–76, hier: S. 64.
24 Stefan Hirschauer, *Die soziale Konstruktion der Transsexualität. Über die Medizin und den Geschlechtswechsel*, Frankfurt/M. 1993, S. 28. Hirschauers Studie enthält wertvolle Beobachtungen, die auch in Hinblick auf die Konstruktion von Männlichkeit und Weiblichkeit in mittelalterlichen Texten beachtet werden sollten (vgl. etwa ebd., S. 56, zur Bedeutung der Geschlechtskonstruktion über den Blick des/der Anderen).
25 Butler (Anm. 7), S. 203.
26 Ebd., S. 215.
27 Barbara Duden, »Die Frau ohne Unterleib. Zu Judith Butlers Entkörperung. Ein Zeitdokument«, *Feministische Studien* 2 (1993), S. 24–33.

und welche (durchaus nachvollziehbaren) Ängste mit einer Aufgabe der Identitätspolitik verbunden sind. Nichtsdestoweniger hat die geschlechtergeschichtliche wie die postmoderne/poststrukturalistische Diskussion um den Körper erreicht, daß sicher scheinendes Alltagswissen mehr als fragwürdig geworden ist: Der Körper ist »weder Garantie für Authentizität noch vereinheitlichendes Rückzugsgebiet«; Körper und Geschlechtsidentitäten sind im Anschluß an Le Doeuff vielmehr zu verstehen als »ge/er/lernte Imaginationen in ihrer jeweiligen konkreten historischen, geographischen und politischen Lokalität.«[28]

Was im Zuge der gegenwärtigen Körper-Debatte jedoch in Vergessenheit geraten zu sein scheint, ist die Tatsache, daß das Modell der biologischen bzw. anatomischen Zweigeschlechtlichkeit – zumindest in der Medizingeschichte – ein Entwurf der europäischen Aufklärung, des späten 18. Jahrhunderts ist und keineswegs jene historische Verbindlichkeit beanspruchen kann, die es augenblicklich auszuzeichnen scheint. – Mindestens für die beiden vorangegangenen Jahrtausende galt im großen und ganzen die Vorstellung von der Existenz nur eines

---

28 Marie-Luise Angerer, »Zwischen Ekstase und Melancholie: Der Körper in der neueren feministischen Diskussion«, *L'Homme* 5 (1994), S. 28–44, hier: S. 42 f. mit Bezug auf Probyn und Le Doeuff. – Angerer, die im übrigen für das Konzept der Tagung »The Body of Gender« (Linz, 23.–25. 9. 1994) verantwortlich zeichnete, bietet zur Zeit wohl den besten deutschsprachigen Überblick zum Thema; verwiesen sei hier auch auf den schönen Katalog zur gleichzeitigen Ausstellung »Andere Körper« (hrsg. Sigrid Schade, Wien 1994), u. a. mit Beiträgen von Martin Sturm, Sigrid Schade, Frank Wagner, Sigrid Weigel und Djuna Barnes. – Wenn ich mich hier vor allem auf Butler beziehe, dann deshalb, weil sie als eine der bekanntesten Exponentinnen in diesem umfassenden Diskurs der Geschlechtergeschichte gelten darf (dies vor allem für die deutschsprachigen Länder). Anregungen verdanke ich aber mindestens im gleichen Ausmaß den auch bei Angerer vorgestellten Positionen von Monique Wittig, Teresa de Lauretis, Donna J. Haraway, Tania Modleski, Michele Le Doeuff und Elspeth Probyn, den einschlägigen Publikationen von Erving Goffman und Sigrid Weigel sowie der Diskussion in den *Feministischen Studien* 2 (1993), in *L'Homme* 5/1, (1994) und folgenden Publikationen für den Bereich der Antike und des Mittelalters (im weitesten Sinn): Rudolf zur Lippe, *Vom Leib zum Körper. Naturbeherrschung am Menschen in der Renaissance*, Reinbek 1988; Dietmar Kamper u. Christoph Wulf (Hrsg.), *Transfigurationen des Körpers. Spuren der Gewalt in der Geschichte*, Berlin 1989; Klaus Schreiner u. Norbert Schnitzler (Hrsg.), *Gepeinigt, begehrt und vergessen. Symbolik und Sozialbezug des Körpers im späten Mittelalter und in der frühen Neuzeit*, München 1992; E. Jane Burns, *Bodytalk. When Women Speak in Old French Literature*, University of Pennsylvania Press 1993; Linda Lomperis u. Sarah Stanbury (Hrsg.), *Feminist Approaches to the Body in Medieval Literature*, University of Pennsylvania Press 1993; Lesley Dean-Jones, *Women's Bodies in Classical Greek Science*, Oxford 1994; Jonathan Goldberg (Hrsg.), *Queering the Renaissance*, Duke University Press 1994; Margo Hendricks u. Patricia Parker (Hrsg.), *Women, ›Race‹ and Writing in the Early Modern Period*, London u. New York 1994; Lees (Anm. 7); sowie den Beiträgen in *Speculum* 68/2 (1993), die mir erst nach der Abfassung meiner Diskussionsvorlage zugänglich waren und hier eingearbeitet wurden. Umso mehr hat es mich gefreut, in den Beiträgen z. B. von Clover enge Berührungen und zum Teil direkte Bestätigungen meiner eigenen Ausführungen zu finden. Auch die Diskussionen dieser Tagung haben im übrigen einmal mehr deutlich gemacht, was Judith M. Bennett für die Beziehung zwischen »Medievalism and Feminism« feststellt: »Yet although *women* are better assimilated into medieval studies in the 1990s, *feminist scholarship* ist not« (S. 314, Hervorhebungen im Original).

anatomischen Geschlechts als verbindlich, wie Thomas Laqueur in Erinnerung gerufen hat:

»Über Tausende von Jahren hatte als Allerweltsweisheit gegolten, daß Frauen über dieselben Genitalien verfügen wie Männer, mit dem einzigen Unterschied, daß, wie Bischof Nemesius von Emesa es im 4. Jahrhundert formulierte, ›ihre innerhalb und nicht außerhalb des Körpers sind‹. Galen, der im 2. nachchristlichen Jahrhundert das einflußreichste und anpassungsfähigste Modell von der strukturellen, wenngleich nicht räumlichen Identität der männlichen und weiblichen Reproduktionsorgane entwickelte, zeigte des langen und breiten, daß Frauen im Grunde genommen Männer sind, bei denen ein Mangel an vitaler Hitze – an Perfektion – zum Zurückbehalten von Strukturen im Inneren des Leibes geführt hat, die bei Männern äußerlich sichtbar sind.«[29]

Auch wenn man den zum Teil aufs äußerste zugespitzten Positionen – etwa jener, die den Sexus vor dem 17. Jahrhundert generell als eine soziologische und jedenfalls nicht als ontologische Kategorie beurteilt[30] – nicht in jedem Fall folgen mag, kommt Laqueur doch das Verdienst zu, den Blick einmal mehr auf die historische und kulturelle Bedingtheit wissenschaftlicher Wahrnehmung gerichtet zu haben.[31] Die Grenzen zwischen männlichen und weiblichen Körpern und ihre je spezifische Merkmalsmatrix sind für das Mittelalter und die Frühe Neuzeit jedenfalls anders zu ziehen als für das 18. und 19. Jahrhundert. Dies zeigt sich im medizinhistorischen Diskurs an Analogievorstellungen, die sich zum einen etwa in der Benennung der Eierstöcke als weibliche testiculi niederschlagen, noch viel deutlicher aber auch in der noch von Johannes Hartlieb in seiner Bearbeitung der ›Secreta mulierum‹ kolportierten Ansicht, daß nicht nur Frauen, sondern auch Männer menstruierten:

Dw solt mercken, das wol muglich ist, das etlich man auch dye selben fluß haben, ettlich all manet, ettlich all quottember, ettlich all ainst ym jar, vnd das geschicht also: Dye juden haben den fluß gar vast, wann sy essenn kaltew vnd vnraine speysß vnd haben gar sellten guete dewing, wan sy sind kalter vnd fewchter natur, vnd in der leber haben sy gewonlich bosse dewung. Darvmb get das selb all manet von in als von denn weyben, vnd vmb dye vnd nach geschriben sach sind gewondlich all iuden, den fluß all manet tzw haben.[32]

---

29 Thomas Laqueur, *Auf den Leib geschrieben. Zur Inszenierung der Geschlechter von der Antike bis Freud*, Frankfurt/M. 1992, S. 16. – Eine Detailbeobachtung Laqueurs, die in diesem Zusammenhang – der Abhängigkeit von körperlicher Wahrnehmungsfähigkeit und Sprache – besondere Beachtung verdient, ist die Tatsache, daß es in der gleichen Zeit für die Eierstöcke keinen eigenen (sprachlichen) Begriff gibt, ebensowenig wie für die Vagina (vgl. ebd., S. 17).
30 Ebd., S. 20 f.
31 Die Kritik an Laqueur setzt, wie auch in der Diskussion meines Beitrags einmal mehr deutlich wurde, zumeist am falschen Ort an. Tatsächlich geht es in diesem Zusammenhang gar nicht (oder nur sekundär) um die Frage der (sexuellen) Unterscheidung(smöglichkeit) zwischen den Geschlechtern, wie Carol J. Clover ganz richtig feststellt: »The point here is not that there is no notion of sexual difference but that the difference was conceived less as a set of absolute opposites than as a system of isomorphic analogues, the superior male set working as a visible map to the invisible and inferior female set – for the one sex in question was essentially male, women being viewed as ›inverted, and less perfect, men«« (dies., »Regardless of Sex. Men, Women, and Power in Early Northern Europe«, *Speculum* 68 (1993), S. 363–387, hier: S. 377).
32 Zitiert nach Kristian Bosselmann-Cyran, ›*Secreta mulierum*‹ *mit Glosse in der deutschen Bearbeitung von Johann Hartlieb*, Würzburger medizinhistorische Forschungen 36, Pattensen 1985, S. 135 f.

Die Grenzziehung verläuft hier also nicht zwischen männlichen und weiblichen Körpern, sondern zwischen den ›perfekten‹ männlichen und den als ›anders‹ – diesen nicht gleichwertig – auszugrenzenden Körpern, die als Kennzeichen ihrer Stigmatisierung vorgeblich das Phänomen der monatlichen Blutung teilen:[33] »the fault line runs not between males and females per se, but between ablebodied men (and the exceptional woman) on one hand and, on the other, a kind of rainbow coalition of everyone else (most women, children, slaves, and old, disabled, or otherwise disenfranchised men).«[34] – Ähnliches gilt für die Konstruktion von gender: (Moralisch) positiv gewertetes weibliches Verhalten ist nicht ›weiblich‹, sondern vielmehr ›männlich‹, scheinbar unabhängig gedacht vom Körper, der dieses Verhalten praktiziert:

wan swelh wîp tugendet wider ir art,
diu gerne wider ir art bewart
ir lop, ir êre unde ir lîp,
diu ist niwan mit namen ein wîp
und ist ein man mit muote
(Gottfried v. Straßburg, ›Tristan‹, V. 17971–18975)

Mit dem Prozeß der Verschriftlichung setzt in der deutschsprachigen Literatur des Mittelalters zugleich jener des Erschreibens und Festschreibens von ›Geschlecht‹ als Geschlechtsidentität (gender) ein. Erst unter der Voraussetzung, daß die Geschlechterrollen sozial und kulturell determiniert werden mußten, um die Unterscheidung der Geschlechter zu gewährleisten *und* ihre unterschiedliche Partizipation an gesellschaftlicher Öffentlichkeit und Macht zu legitimieren, wird deutlich, welcher Stellenwert der Inszenierung des (weiblichen) Körpers in der mittelalterlichen Literatur zukommt. Jene Signalements, die hier als Bestandteil seiner Rolle im ›Theater des Geschlechts‹ fixiert, oft in rituell anmutenden Repetitionen beschworen wurden, trugen wesentlich dazu bei, den weiblichen Körper so zu beschreiben, daß er danach der ganz und gar andere werden konnte.

Wenn also Thomasin im ›Wälschen Gast‹ fordert, daß eine Frau *senfticlîch und niht lût sprechen* und jedenfalls nicht zeigen soll, *waz si sinnes hât*, so konstituiert er damit Elemente weiblichen Rollenverhaltens, weiblicher Geschlechtsidentität. Das 19. Jahrhundert hingegen, genauer: die (männliche) Naturwissenschaft und Philosophie dieser Zeit, wird jene Faktoren, die als soziale und kulturelle Bestandteile der weiblichen Rolle seit Jahrhunderten auf den weiblichen Körper projiziert wurden, als ontologische Kategorien (miß-)verstehen und

---

33 Der Verbindung von Frauen und Juden wird in jeder Hinsicht eine eigenständige Tradition erwachsen, auch in Hinblick auf die Geschichte ihrer ›Emancipation‹. So erschien 1792 in Berlin die Schrift ›Ueber die bürgerliche Verbesserung der Weiber‹ in Analogie zur 1781 publizierten Arbeit von Christian Wilhelm Dohm (›Ueber die bürgerliche Verbesserung der Juden‹) und der dadurch ausgelösten Debatte (vgl. dazu Claudia Honegger, *Die Ordnung der Geschlechter. Die Wissenschaften vom Menschen und das Weib*, Frankfurt/M. u. New York 1991, S. 72; auf Honeggers Arbeit sei insbesondere wegen ihrer brillanten Analyse des medizinhistorischen Diskurses der Neuzeit verwiesen).
34 Clover (Anm. 31), S. 380.

den Ursprung für den »physiologischen Schwachsinn des Weibes«[35] auf der Basis eines anderen (medizinhistorischen) Diskurses ›end-gültig‹ in der ›weiblichen‹ Anatomie verorten.[36] Für die mittelalterliche Literatur hingegen, nicht nur für die deutschsprachige, gilt, was auch die Untersuchungen Carol J. Clovers zu den altnordischen Sagas bestätigen: Die moderne Trennung von ›sex‹ und ›gender‹ ist für sie in dieser Form jedenfalls inadäquat. ›Männlichkeit‹ und ›Weiblichkeit‹ erscheinen vielmehr – in Hinblick auf ihre biologische wie ihre soziale Konstruktion – als ›shifting identities‹ (de Lauretis): »[...] it is a world in which gender, if we can even call it that, is neither coextensive with biological sex, despite its dependance on sexual imagery, nor a closed system, but a system based to an extraordinary extent on winnable and loseable attributes.«[37]

VI. »in vrowen chleit nach riters siten«

Es gibt kaum einen anderen mittelhochdeutschen Autor, der das Spiel mit den Masken und Rollen der Geschlechter so perfekt inszeniert wie Ulrich von Liechtenstein. ›Frauendienst‹ und ›Frauenbuch‹ zeigen jedoch zugleich, daß die Aufbereitung dieser Rollen nicht unabhängig von der literarischen Gattung *und* ihrem jeweiligen normativen Anspruch zu denken ist. Der Ich-Erzähler im ›Frauendienst‹ kann als ›Frau Venus‹ Kleidung und Gestus einer Frau annehmen, ohne seine Autorität zu gefährden, solange für alle Betroffenen seine ›eigentliche‹,

---

35 Paul Möbius, *Über den physiologischen Schwachsinn des Weibes*, Halle/S. 1912.
36 Die ›klassische‹ Formulierung dieser Verbindung bietet, worauf schon Hiltrud Gnüg verwiesen hat, Hegel in der ›Enzyklopädie der philosophischen Wissenschaften‹ (1817): »Wie im Manne der Uterus zur bloßen Drüse herabsinkt, so bleibt dagegen der männliche Testikel beim Weibe im Eierstocke eingeschlossen, tritt nicht heraus in den Gegensatz, wird nicht für sich, zum tätigen Gehirn, und der Kitzler ist das untätige Gefühl überhaupt. Im Manne hingegen haben wir dafür das tätige Gefühl, das aufschwellende Herz, die Bluterfüllung der *corpora cavernosa* und der Maschen des schwammigen Gewebes der Urethra; dieser männlichen Bluterfüllung entsprechen dann die weiblichen Blutergüsse. Das Empfangen des Uterus, als einfaches Verhalten, ist auf diese Weise beim Manne entzweit in das produzierende Gehirn und das äußerliche Herz. Der Mann ist also durch diesen Unterschied das Tätige; das Weib aber ist das Empfangende, weil sie in ihrer unentwickelten Einheit bleibt«; zitiert nach Gnüg, »Ansichten einer feministischen Literaturwissenschaft. Einleitung«, in: Johannes Janota (Hrsg.), *Kultureller Wandel und die Germanistik in der Bundesrepublik. Vorträge des Augsburger Germanistentags 1991*, 4 Bde., Tübingen 1993, Bd. IV, S. 247–250, hier: S. 249.
37 Clover (Anm. 31), S. 379. – Die Beobachtung, daß dieses System zwar ›natürlich‹ grundsätzlich Männer bevorzugt, daß aber »being born female was not so damaging that it could not be offset by other factors [...] (wealth, marital status, birth order, historical accident, popularity, a forceful personality, sheer ambition, and so on« (ebd.), läßt sich an der deutschsprachigen Literatur des Mittelalters und der Frühen Neuzeit in ausreichendem Maße belegen (vgl. etwa Ingrid Bennewitz, »Melusines Schwestern. Beobachtungen zu den Frauenfiguren im Prosaroman des 15. und 16. Jahrhunderts«, in: *Germanistik und Deutschunterricht im Zeitalter der Technologie. Vorträge des Germanistentages Berlin 1987*, Berlin 1988, Bd. I, S. 291–300).

nämlich männliche Identität feststeht und im Lachen des Publikums das Einverständnis darüber herstellbar ist (vgl. Str. 538).[38] Als Prüfstein für diese Identität gilt ihr Begehren: das Begehren des Weiblichen, womit zugleich die Erfüllung der gesellschaftlichen Norm garantiert scheint. Dies wird deutlich, als Ulrich, der immer noch *in vrowen chleit nach riters siten* (Str. 514) auftritt, mit der Herausforderung durch ein *windisch wip* konfrontiert wird:

> Ich smielt und hiez dem boten sagen:
> ›swa ich noch ie bi minen tagen
> getyostirt het wider diu wip,
> da wær gar harnasch bloz min lip
> gegen ir aller tyost gewesen,
> und bin doch vor in wol genesen [...]‹.
>
> (›Frauendienst‹, Str. 688)

Auf die Replik des Boten, auch Ulrich trage unter den Frauenkleidern eine Rüstung und ebenso wolle es *diu vrowe [s]în* halten, insistiert Ulrich auf der ›Richtigkeit‹ seines Begehrens (*ich bin vor allen mannen maget/ und bin den wiben bi gelegen*; Str. 690) und provoziert damit die Preisgabe des Geheimnisses seines Gegners (*ez ist ein ritter vil gemeit/ und hat sich als ein wip gechleit*; Str. 691).

Die Grenzen dieses Spiels sind freilich aber dort erreicht, wo keine Sicherheit mehr über den Adressat/die Adressatin des Begehrens besteht. Deshalb genügt die (vorläufige) Zurückweisung eines Kampfantrages durch ›Venus‹-Ulrich, um das Gerücht aufkommen zulassen, Ursache dafür sei die vermutete Homosexualität seines Gegners (Str. 878). Im ›Frauenbuch‹ werden sich Ritter und Dame darauf verständigen, daß der Grund für das Scheitern der Geschlechterbeziehungen, für den Verlust von vröide und damit der Grund für das Scheitern der höfischen Gesellschaftskonzeption darin liegt, daß *nu die man/ mit ein ander daz begant/ des vogel noch tier nicht willen hant/ und alle creature/ dunket ungehiure* (V. 650 ff.). – Die Parodie der Geschlechterrollen findet in der deutschen mittelalterlichen Literatur also genau dort ihr Ende, wo sie zur Subversion der heterosexuellen Norm führen könnte, jener Norm, die nicht zuletzt von dieser Literatur erschrieben wurde.

---

38 Vgl. dazu grundsätzlich Jan-Dirk Müller, »Lachen – Spiel – Fiktion. Zum Verhältnis von literarischem Diskurs und historischer Realität im ›Frauendienst‹ Ulrichs von Lichtenstein«, *DVjs* 58 (1984), S. 38–73.

Der König weint.
Rituelle Tränen in öffentlicher Kommunikation

GERD ALTHOFF

Tränen sind keine Domäne historischer Forschung, im Gegenteil. Das bemerkt derjenige sehr schnell, der sich mit der Frage beschäftigt, wie denn das öffentliche Weinen des Königs zu verstehen sei, das in den historiographischen Quellen zu verschiedenen Anlässen notiert wird. Er findet in der historischen Zunft wenig oder keine Vorarbeiten zu dieser Thematik.

Deutlich anders ist die Lage in den Literaturwissenschaften. Leid, Klage, Weinen und Tränen sind wie andere Ausdrucksformen menschlicher Emotionalität oder menschlichen Verhaltens dort seit langem Forschungsgegenstand. Es gibt ausgezeichnete Sammlungen einschlägiger Belegstellen; es gibt Kategorisierungen und Typologisierungen, die als Richtschnur auch historischen Forschens brauchbar sind.[1] Eine Frage ist in diesen Arbeiten allgegenwärtig und letztlich ungelöst: Wie ist das Verhältnis von Emotionalität und Konventionalität bei einer scheinbar so persönlichen Gefühlsäußerung wie dem Weinen gelagert?[2] Faßt man mit den Tränen eine jener für die Zeit des Mittelalters so schwer zugänglichen Äußerungen individueller Befindlichkeit, die sich den konventionellen Formen stereotypen Verhaltens entziehen und Zeugnis von je eigenständigen Reaktionen des Individuums geben? Oder gehören Tränen zu den rituellen Ausdrucksmitteln des Verhaltens, sind sie Bestandteil von Aufführungen, Inszenierungen, an denen die öffentliche Kommunikation des Mittelalters so reich ist?

Mittels verschiedenster Inszenierungen vollzieht sich vor allem die Repräsentation mittelalterlicher Herrschaft. Man kann auch sagen: Eine spezifische mit-

---

1 Als Überblick über das Forschungsfeld mögen ausreichen: Friedrich Maurer, *Leid. Studien zur Bedeutungs- und Problemgeschichte, besonders in den großen Epen der Stauferzeit*, Bern u. München 1951; Heinz Gerd Weinand, *Tränen. Untersuchungen über das Weinen in der deutschen Sprache und Literatur des Mittelalters*, Diss. Bonn 1958; Dietmar Peil, *Die Gebärde bei Chrétien, Hartmann und Wolfram. Erec – Iwein – Parzival*, München 1975; Gudrun Schleusener-Eichholz, *Das Auge im Mittelalter*, Münstersche Mittelalter-Schriften 35, 2 Bde., München 1985, bes. S. 723 ff.; Martin J. Schubert, *Zur Theorie des Gebarens im Mittelalter*, Köln u. Wien 1991, S. 96 f., S. 148 ff. u. S. 176 f., jeweils mit weiteren Hinweisen.
2 Vgl. dazu Weinand (Anm. 1), S. 87 f.; Peil (Anm. 1), S. 17.

telalterliche Form der Machtausübung ist die Repräsentation.[3] Viele wesentliche Akte öffentlicher Kommunikation dienen solcher Repräsentation von Herrschaft, sei es der demonstrative Empfang oder der Abschied, seien es Huldigungen, Investituren, Unterwerfungen, Friedensschlüsse, Mähler und Feste oder auch Beratungsrunden. Wenn daher im folgenden nach Situationen gefragt wird, in denen der König weint, dann richtet sich das Interesse vorrangig auf Situationen, die sich in dieser Öffentlichkeit abspielen. Nur über diesen Umweg – die Beobachtung der Funktionen des Weinens in der öffentlichen Kommunikation – läßt sich wohl auch die Frage nach dem Verhältnis von Emotionalität und Konventionalität des Vorgangs behandeln. Haben Tränen nämlich ihren Platz neben anderen rituell-demonstrativen Verhaltensweisen, dürfte auch ihnen diese rituell-demonstrative Eigenheit zuzubilligen sein. Material zu diesem Problemfeld möchte der folgende Beitrag zusammenstellen und diskutieren.

Auch bei dieser notwendigen Einbettung des Themas in einen weiteren Horizont – den der Eigenart öffentlicher Kommunikation und Interaktion im Mittelalter – muß wieder gesagt werden, daß diese Thematik ebenfalls bisher in den Literaturwissenschaften mehr Beachtung gefunden hat als in der historischen Mediävistik.[4] Der Bereich nonverbaler Kommunikation mit seiner Vielfalt an Gesten, Gebärden, Ritualen und Zeremoniell wird von zünftigen Historikern bei ihrer Rekonstruktion des ›wirklichen‹ Geschehens weitgehend vernachlässigt, wenn man von dem seit den Arbeiten Percy Ernst Schramms vieldiskutierten Feld der ›Herrschaftszeichen und Staatssymbolik‹ einmal absieht.[5] Dabei dürfte leicht einsichtig sein, daß die Erzählungen der Zeitgenossen über den Ablauf historischen Geschehens so lange kaum zureichend verstanden werden können, so lange man die gültigen ›Spielregeln‹ öffentlicher Interaktion nicht kennt. Ein wesentlicher Grund für das bisherige Desinteresse könnte sein, daß sie nirgendwo zusammenfassend schriftlich fixiert wurden, weder in normativer noch in reflektierender Absicht. Die Autoren nennen sie selten expressis verbis, setzen

---

3 Vgl. zu diesem bisher eher vernachlässigten Blickwinkel auf mittelalterliche Herrschaft: Thomas Zotz, »Präsenz und Repräsentation. Beobachtungen zur königlichen Herrschaftspraxis im hohen und späten Mittelalter«, in: Alf Lüdtke (Hrsg.), *Herrschaft als soziale Praxis*, Göttingen 1991, S. 168–194; Gerd Althoff, »Demonstration und Inszenierung. Spielregeln der Kommunikation in mittelalterlicher Öffentlichkeit«, *FMSt* 27 (1993), S. 27–50; sowie demnächst die Beiträge einer Tagung des Konstanzer Arbeitskreises, welche erscheinen unter dem Titel: Gerd Althoff u. Ernst Schubert (Hrsg.), *Herrschaftsrepräsentation im ottonischen Sachsen*, Vorträge und Forschungen.

4 Vgl. dazu etwa die Diskussion in den Sammelbänden: Kaiser/Müller, *Höfische Literatur*; Ragotzky/Wenzel, *Höfische Repräsentation*; Helmut Brall, Barbara Haupt u. Urban Küsters (Hrsg.), *Personenbeziehungen in der mittelalterlichen Literatur*, Düsseldorf 1994. Zur neueren Forschung auf diesem Feld vgl. den instruktiven Überblick von Bumke, »Höfische Kultur. Versuch einer kritischen Bestandsaufnahme«, bes. S. 477–485.

5 Percy Ernst Schramm, *Herrschaftszeichen und Staatssymbolik. Beiträge zu ihrer Geschichte vom dritten bis zum sechzehnten Jahrhundert*, Schriften der MGH 13/1–3, 3 Bde., Stuttgart 1954–1956; vgl. neuerdings Schmitt, *La raison des gestes*; Geoffrey Koziol, *Begging Pardon and Favor. Ritual and Political Order in Early Medieval France*, Ithaca u. London 1992; János M. Bak (Hrsg.), *Coronations. Medieval and Early Modern Monarchic Ritual*, Berkeley, Los Angeles u. Oxford 1990.

vielmehr ihre Kenntnis stillschweigend voraus, deuten allenfalls an, daß Normen und Regeln erfüllt oder verletzt wurden. Dennoch ist nicht zu bezweifeln, daß ein ausdifferenziertes Regelwerk ›ungeschriebener Gesetze‹ mittelalterlichem Verhalten zugrundelag, das trotz fehlender schriftlicher Fixierung hohen Geltungsanspruch besaß und gerade das Verhalten in der Öffentlichkeit weitestgehend bestimmte.[6]

Den Bedürfnissen einer rangbewußten und ehrfixierten Gesellschaft entsprechend, schrieben die Regeln ein ritualisiertes Verhalten vor, ließen der Spontaneität und Individualität wenig Raum. Sie bestanden aus einer Fülle von Zeichen und Handlungen, die eine ständige Selbstvergewisserung der Gesellschaft zum Ziel und zum Ergebnis hatten. Es gab vielerlei Zeichen, um deutlich zu machen, daß die Verhältnisse und Beziehungen in Ordnung waren; ebenso stand natürlich ein Zeichenrepertoire zur Verfügung, um anstehende oder drohende Veränderungen und Verschlechterungen frühzeitig zu signalisieren. Nonverbale Ausdrucksmittel vom Friedenskuß bis zum finsteren Blick leisteten auf diese Weise einen nicht unbeträchtlichen Beitrag zur Stabilisierung und Kalkulierbarkeit öffentlicher Kommunikation. Wir stehen jedoch noch ganz am Anfang der Beschreibung und des Verständnisses dieser Regeln. Denn auch die literaturwissenschaftlichen Bemühungen um das ›Zeremoniell und die Zeichen‹ oder um eine ›Theorie des Gebarens‹ haben bisher ein Grundproblem allenfalls thesenartig gelöst: das des Verhältnisses von Fiktion und Realität, das die literarischen Texte in aller Schärfe aufwerfen.[7] Und eine Lösung dieses Grundproblems ist in der Tat schwierig. So wie bei den Tränen das Verhältnis von Emotionalität und Konventionalität auf der Basis literarischer Texte nur schwer zu klären ist, so sind die Spielregeln öffentlicher Kommunikation im Mittelalter mit diesen Texten allein kaum zu bestimmen, da fiktionale Partien oder Aussagen nie auszuschließen sind. Selbst wenn man die Frage des Bezugs dieser Texte zur Wirklichkeit weder im Sinne von ›Abbilden‹ noch von ›Spiegeln‹, sondern von ›Vermitteln‹ versteht, ist diese ›Vermittlung‹ von Wirklichkeit erst dann zu beschreiben, wenn man diese Wirklichkeit aus anderen Zeugnissen rekonstruiert hat.[8]

---

6 Dieses Thema war Gegenstand einer interdisziplinären Sektion auf dem Hannoveraner Historikertag 1992. Die Beiträge von Gerd Althoff, Hagen Keller, Dagmar Hüpper und Jan-Dirk Müller wurden unter dem Sektionstitel »Spielregeln in mittelalterlicher Öffentlichkeit« in den *FMST* 27 (1993), S. 27–146, veröffentlicht. Meine diesbezüglichen Überlegungen habe ich in einer Ringvorlesung des Gießener Graduiertenkollegs weitergetrieben, die unter dem Titel ›Staatsgrundgesetze‹ ausgeführt wurde; vgl. demnächst Gerd Althoff, »Ungeschriebene Gesetze. Herrschaft ohne schriftlich fixierte Normen«, in: Peter Moraw (Hrsg.), *Staatsgrundgesetze*.

7 Vgl. dazu bereits die wegweisende Arbeit von Erich Köhler, *Ideal und Wirklichkeit in der höfischen Epik*, 2. Aufl., Tübingen 1970; dazu grundsätzlich auch Bumke, *Höfische Kultur*, bes. das Einführungskapitel »Fiktion und Realität«, Bd. I, S. 9–32.

8 Vgl. dazu Erich Köhler, »Einige Thesen zur Literatursoziologie«, in: ders., *Vermittlungen*, München 1976, S. 8–15. Zwar öffnen sich auch die Historiker inzwischen dem Gedanken, daß es die ›Wirklichkeit‹ vergangenen Geschehens gar nicht gibt, sondern nur Vorstellungen von solcher Wirklichkeit, doch ist davon unberührt, daß die verbindlichen Verhaltensnormen, die es zweifellos gab, auf der Grundlage fiktionaler Texte nur schwer behandelt werden können.

Damit sind die Historiker gefordert. Zwar soll zweifelsohne nicht behauptet werden, ihre Quellen – allen voran die Historiographie – bildeten die Wirklichkeit einfach ab. Denn natürlich haben auch die historiographischen Zeugnisse literarischen Charakter, sind ›Literatur‹ im weiteren Sinne. Doch sind sie in der zeitgenössischen Theorie vielfältig definiert als Beschreibungen der ›res gestae, quae factae sunt‹, und sie sind auf die ›Wahrheit‹ und auf die Methoden ihrer Ermittlung verpflichtet.[9] Somit ist ein Abweichen von der Wirklichkeit bis hin zu ihrer plumpen Verfälschung nicht ausgeschlossen, ist aber als Regelfall nicht anzunehmen und auch nicht wahrscheinlich. Anders und konkreter ausgedrückt: Wenn in mittelalterlicher Historiographie immer wieder von unterschiedlichen Autoren und in unterschiedlichen Zusammenhängen an bestimmten Stellen öffentlicher Kommunikation Tränenausbrüche berichtet werden, spricht alles dafür, daß es sie an diesen Stellen wirklich gegeben hat und daß sie eine bestimmte Funktion erfüllten. Ohne daher die Tatsache gering zu achten, daß uns die mittelalterlichen ›Aufführungen‹ nur noch in ihren schriftlichen Substraten greifbar sind, wird man methodisch legitim von diesem Substrat ausgehen können, um sich der Wirklichkeit der Aufführungen zu nähern. Entscheidend für die Beurteilung dürfte sein, ob gleichartiges Verhalten immer wiederkehrt und sich so als Teil von consuetudines erweist, das von Gewohnheit, Brauch oder Sitte in bestimmten Situationen vorgeschrieben wird.

Fragt man unter diesen Prämissen, wann und zu welchen Anlässen der mittelalterliche König in der Öffentlichkeit weint, fallen fünf Situationen besonders ins Auge. Zunächst einmal und wohl am wenigsten überraschend: Er weint über den Tod und den Verlust von Vertrauten, ein Vorgang, der durch das literarische Genre der Totenklage bestens vertraut ist.[10] Ferner weint der König, und hierin unterscheidet er sich gleichfalls nicht von anderen Menschen, wenn er sich seiner eigenen Sünden bewußt wird. Reue und Tränen stehen traditionell in einer sehr engen Beziehung.[11] Drittens weint der König in Situationen, in denen er eindringliche Bitten an Getreue richtet, deren Ernst er durch Fußfall und Tränen unterstreicht. Viertens – und hier ist er als König besonders herausgehoben – weint er dann, wenn er im Begriff ist, seine christlichen Herrschertugenden unter Beweis zu stellen. Das Elend oder die flehentlichen Bitten anderer bewegen ihn zu clementia und misericordia, und diese Bereitschaft findet ihren Ausdruck im

---

9 Vgl. dazu bereits Marie Schulz, *Die Lehre von der historischen Methode bei den Geschichtsschreibern des Mittelalters (VI.–XIII. Jh.)*, Abhandlungen zur mittleren und neueren Geschichte 13, Berlin u. Leipzig 1909, S. 16 ff.; Helmut Beumann, »Der Schriftsteller und seine Kritiker im frühen Mittelalter«, Studium Generale 12 (1959), S. 497 ff; zuletzt zusammenfassend Franz-Josef Schmale, *Funktion und Formen mittelalterlicher Geschichtsschreibung. Eine Einführung*, Darmstadt 1985, S. 68 ff. u. bes. S. 19 ff.
10 Vgl. Weinand (Anm. 1), S. 46–48; Wilhelm Neumann, *Die Totenklage in der erzählenden deutschen Dichtung des 13. Jahrhunderts*, Diss. Münster 1933; Erhard Lommatsch, »Darstellung von Trauer und Schmerz in der altfranzösischen Literatur«, ZfromPh 43 (1923), S. 20–67.
11 Vgl. Weinand (Anm. 1), S. 30 ff. Zu den demonstrativen Ausdrucksformen von Reue vgl. den Art. »Buße«, in: *Lexikon des Mittelalters*, München u. Zürich 1983, Bd. II, Sp. 1123–1144, bes. Sp. 1136 f., mit weiteren Hinweisen.

öffentlichen Weinen des Königs. Fünftens weint der König wie andere Menschen, wenn er von Vertrauten und Freunden Abschied nimmt. Die Tränen zeigen die Intensität der Beziehung. Die Tatsache, daß die königlichen Tränen also im wesentlichen stereotypen Situationen vorbehalten sind, deutet sicher in die Richtung, die konventionellen Aspekte des Geschehens höher zu bewerten als die emotionalen. Doch verspricht hier eine Feinanalyse exemplarischer Fälle genauere Aufschlüsse.

Schwer entscheidbar ist der Anteil von Emotionalität gewiß auf dem Felde der Totenklage des Herrschers bzw. der Herrscherin über verlorene Vertraute. Berühmt sind auf literarischem Felde die Klagen Karls des Großen um Roland und die der Königin Kriemhild um Siegfried.[12] Sie finden ihr Pendant durchaus in historiographischen Texten. So spricht auch Einhard in seiner ›Vita Caroli Magni‹ davon, wie erschüttert der Kaiser über den Tod seiner Söhne, seiner Tochter, aber auch seines Freundes, des Papstes Hadrian, gewesen sei:

Mortes filiorum ac filiae pro magnanimitate, qua excellebat, minus patienter tulit, pietate videlicet, qua non minus insignis erat, conpulsus ad lacrimas. Nuntiato etiam sibi Hadriani Romani pontificis obitu, quem in amicis praecipuum habebat, sic flevit, acsi fratrem aut carissimum filium amisisset.[13]

In der Vorstellung Einhards verträgt sich die Eigenschaft der *magnanimitas* nicht mit Tränen und übermäßiger Klage. Sie wird jedoch überdeckt und überwunden von der *pietas* Karls, die ihn beim Tode der Kinder weinen ließ.

Nicht anders reagierte Otto der Große nach der Darstellung Widukinds, als er vom Tode seines Sohnes Liudolf hörte:

Litterae autem obitus eius allatae sunt imperatori, cum esset in militia, qua militavit contra Redarios; quapropter satis plurimum lacrimarum pro filii interitu fudit; de caetero, qui adhuc ordinavit imperium suum, rectori omnium Deo fideliter commisit.[14]

Für die Frage nach Emotionalität und Konventionalität gibt diese eher konventionelle Darstellung wohl nicht viel her. Dies ist nicht anders bei der Schilderung Thietmars, der über die Tränen des Thronbewerbers Heinrich, des späteren Kaisers Heinrich II., zu berichten weiß, die dieser beim Empfang des Leichenzuges Kaiser Ottos III. vergoß: [...] *cum ad Pollingun* [...] *venirent, ab Heinrico duce suscepti lacrimis eiusdem vehementer iterum commoti sunt.* Die Trauer hinderte

---

12 Vgl. die entsprechenden Textstellen: *Das Rolandslied des Pfaffen Konrad. Text, Nacherzählung, Wort- und Begriffserklärungen, Wortliste*, hrsg. Horst Richter, Darmstadt 1981, V. 6950–6982; *Das Nibelungenlied. Kudrun. Text, Nacherzählung, Wort- und Begriffserklärungen*, hrsg. Werner Hoffmann, Darmstadt 1972, Str. 1007–1013; Der Stricker, *Karl der Große*, hrsg. Karl Bartsch, Deutsche Neudrucke, Reihe: Texte des Mittelalters, Reprint d. Ausg. Quedlinburg u. Leipzig 1857, Berlin 1965, V. 10505–10674.

13 Einhard, *Das Leben Karls des Großen*, Kap. 19, in: *Quellen zur karolingischen Reichsgeschichte, Teil 1*, unter Benutzung der Übers. von O. Abel u. J. v. Jarmund, neu bearb. Reinhold Rau, Freiherr vom Stein-Gedächtnisausgabe 5, Darmstadt 1955, S. 190 f.

14 Widukind von Corvey, *Sachsengeschichte*, 3. Buch, Kap. 58, in: *Quellen zur Geschichte der sächsischen Kaiserzeit*, unter Benutzung der Übers. von Paul Hirsch, Max Büdinger u. Wilhelm Wattenbach, neu bearb. Albert Bauer u. Reinhold Rau, Freiherr vom Stein-Gedächtnisausgabe 8, Darmstadt 1971, 164 f.

Heinrich jedoch nicht, seine politischen Ziele zu verfolgen: *Quos singulatim, ut se in dominum sibi et regem eligere voluissent, multis promissionibus hortatur* [...].[15] Zur Erlangung der Reichsinsignien setzte er in diesem Zusammenhang auch stärkere Mittel ein als Versprechungen, indem er Erzbischof Heribert von Köln in Beugehaft nahm.

Wie schwierig konventionelle Schilderungen von individuell emotionalen zu unterscheiden sind, macht auch die Reaktion der Königin Mathilde auf die briefliche Nachricht vom Tode ihres besonders geliebten Sohnes Heinrich deutlich, von der ihre jüngere Lebensbeschreibung berichtet: *pallor in facie apparuit et gelidus tremor per omnia membra cucurrit et liber, quem in manibus tenebat, cadentem vultum suscepit.*[16] Blässe und Zittern scheinen hier unmittelbar individuelle Äußerungen persönlicher Betroffenheit zu sein, bis man bemerkt, daß bei der Schilderung, zumindest in Teilen, Vergil zitiert wird. Die alte Frage: Ist damit ein ›leerer‹ Topos aufgedeckt, oder bot der Topos nur die beste Form für das, was man ausdrücken wollte, stellt sich auch hier wieder – und ist kaum sicher zu beantworten.[17] Danach jedoch – und das ist für uns wichtiger – beginnt für die Königin die konventionelle Trauerphase, und erst die ist voll von Tränen: *Cum autem paululum refrigesceret meroris asperitas, statim prorupit in lacrimas et totum diem flendo peregit nec pre doloris amaritudine quicquam cibi eo die gustavit.*[18] Als sie sich vom unmittelbaren Schrecken erholt hatte, kamen die Tränen, und die versiegten den ganzen Tag nicht. Die Schilderung ist so realitätsfern nicht, wie gewiß jeder aus persönlicher Erfahrung bestätigen kann. Es gibt diese Erstarrung durchaus, die den Tränen vorausgeht. Doch ob hier tatsächlich die Reaktion der Königin als emotionale geschildert ist, läßt sich kaum entscheiden. Weinen beim Tod von Verwandten oder Vertrauten beobachtet man bei Königen und Königinnen wie bei anderen mittelalterlichen Menschen auch. Gewiß mag in manchen Fällen der Verdacht gerechtfertigt sein, daß hier Trauer dargestellt und durch Tränen rituell belegt wird. So etwa in dem von Pseudo-Fredegar berichteten Fall des Kinderkönigs Sigibert, der hoch zu Roß und tränenüberströmt die Gefallenen in einer für sein Heer verlustreichen Schlacht beklagte: *Sigybertus cum suis fedelebus grave amaretudines merorem adreptus, super aequum sedens, lacremas oculis prorumpens, plangebat quos perdederat.*[19] Doch auch hier ist eine begründete Entscheidung über die Faktizität des Berichteten und vor

---

15 Thietmar von Merseburg, *Chronik*, hrsg. Werner Trillmich, Freiherr vom Stein-Gedächtnisausgabe 9, Darmstadt 1960, 4. Buch, Kap. 50, S. 166 f.
16 Vgl. die zitierte Stelle aus der *Jüngeren Vita Mathildis*, Kap. 16, in: *Die Lebensbeschreibungen der Königin Mathilde*, hrsg. Bernd Schütte, MGH SSrG Nova series 66, Hannover 1994, S. 177.
17 Zur Frage solcher Topoi und ihrer Interpretation vgl. Helmut Beumann, »Topos und Gedankengefüge bei Einhard«, in: ders., *Ideengeschichtliche Studien. Zu Einhard und anderen Geschichtsschreibern des früheren Mittelalters*, Darmstadt 1962, S. 1–14.
18 *Die Lebensbeschreibungen der Königin Mathilde* (Anm. 16), S. 177.
19 *Die vier Bücher der Chroniken des sogenannten Fredegar*, 4. Buch, Kap. 87, in: *Quellen zur Geschichte des 7. und 8. Jahrhunderts*, unter der Leitung von Herwig Wolfram neu übers. Andreas Kusternig, Freiherr vom Stein-Gedächtnisausgabe 4a, Darmstadt 1982, S. 260–263, hier: S. 262 f.

allem über die Emotionalität und Spontaneität des Geschilderten kaum möglich. Man wird daher wohl sagen dürfen, daß über die Tränen im Zusammenhang der Totenklage kein Weg zum Nachweis der Aufführung von ritueller Trauer führt.

Der zweite Grund, aus dem Könige häufiger weinen, ist der der Reue über ihre Sünden. Es gibt ein sehr instruktives Beispiel für diesen Sachverhalt, in dem Totenklage und Reuetränen eindrucksvoll verbunden sind. Abt Bern von der Reichenau erinnerte Kaiser Heinrich III. in einem Brief daran, wie dieser den Tod seiner Mutter Gisela öffentlich beklagt hatte. Er hatte die königlichen Gewänder ab- und das Büßergewand angelegt, hatte sich mit bloßen Füßen zur Erde niedergeworfen, die Arme in Kreuzesform ausgebreitet, mit seinen Tränen den Boden getränkt, öffentliche Buße geleistet und so alle Anwesenden zu Tränen gerührt. So weinend und büßend hatte er Genugtuung geleistet und die göttliche Barmherzigkeit versöhnt.[20] In diesem öffentlichen Akt flossen Totenklage und Bußritual in eins, ja, die Totenklage scheint vom Bußritual überlagert. Man hat das darauf zurückgeführt, daß Heinrich III. so die Entzweiung mit seiner Mutter sühnte, von der die Quellen in anderen Zusammenhängen sprechen. Für den hier diskutierten Zusammenhang ist wichtiger, daß die königlichen Tränen an dieser Stelle in einem Ritual ihren festen Platz und die Funktion haben, die Ernsthaftigkeit der Bußgesinnung und der Reue demonstrativ unter Beweis zu stellen. Zugespitzt kann man sagen, die Tränen gehören zum Bußritual wie die bloßen Füße des Büßenden. Auch die Wirkung dieser Tränen auf die Öffentlichkeit ist stereotyp: Diese wird gleichfalls zu Tränen gerührt (*omnesque, qui aderant, ad lacrymas commovistis*).

Nicht anders war die Inszenierung des Bußrituals in einem früheren und berühmten Fall. Im Jahre 833 setzten die Söhne und die Mehrzahl der übrigen Großen – unter ihnen nicht wenige Bischöfe – Kaiser Ludwig den Frommen ab. Dies geschah zunächst durch eine formlose Herrscherverlassung auf dem sogenannten Lügenfeld bei Colmar. Der der Unterstützung beraubte Kaiser geriet in die Gewalt seiner Söhne und wurde von Bischöfen bedrängt, sich einer öffentlichen Kirchenbuße zu unterziehen. Ziel war nicht zuletzt, ihn als Angehörigen des Büßerstandes herrschaftsunfähig zu machen und ihn zum Eintritt in den Mönchsstand zu bewegen. Der öffentlichen Kirchenbuße unterzog sich der Kaiser in Soissons, warf sich vor Lothar und den Bischöfen in der Kirche mehrfach zu Boden, bekannte seine Sünden, indem er ein ausführliches Sündenverzeichnis verlas, legte die weltliche Kleidung, das *cingulum militiae*, ab und empfing das Büßergewand. In diesem Ritual hatten Ludwigs Tränen ihren festen Platz. Die Quellen sprechen von der Tränenflut (*cum habundanti effusione lacrimarum*)

---

20 Vgl. *Die Briefe des Abtes Bern von Reichenau*, hrsg. Franz-Josef Schmale, Veröffentlichungen der Kommission für Geschichtliche Landeskunde in Baden-Württemberg, Reihe A: Quellen 6, Stuttgart 1961, Nr. 24, S. 54: *Cum nuper venerandae memoriae matrem vestram Giselam more humano terrae commendare debuissetis, abiecta regali purpura assumptoque lugubri poenitentiae habitu, nudis pedibus, expansis in modum crucis manibus, coram omni populo in terram corruistis, lachrymis pavimentum rigastis, publicam poenitentiam egistis omnesque, qui aderant, ad lachrymas commovistis. Sic flendo, sic poenitendo Domini sacerdotibus, qui pro vobis rationem redditori sunt, satisfecistis et misericordiam divinam placastis.*

des Kaisers, nicht jedoch davon, daß diese seine Widersacher und die Anwesenden gleichfalls zu Tränen gerührt hätten.[21]

Die Konventionalität solchen Geschehens, bei dem die Tränen ritueller Ausdruck echter Bußgesinnung sind, macht auch ein ebenso berühmter Fall königlicher Erniedrigung deutlich, der sich 1077 in Canossa ereignete. Gregor VII. schildert in einem Rechtfertigungsbrief an die deutschen Fürsten den Vorgang folgendermaßen:

›Dort [in Canossa] harrte er während dreier Tage vor dem Tor der Burg ohne jedes königliche Gepränge auf Mitleid erregende Weise aus, nämlich unbeschuht und in wollener Kleidung, und ließ nicht eher ab, unter zahlreichen Tränen [cum multo fletu] Hilfe und Trost des apostolischen Erbarmens zu erflehen, als bis er alle, die dort anwesend waren und zu denen diese Kunde gelangte, zu solcher Barmherzigkeit und solchem barmherzigen Mitleid bewog, daß sich alle unter vielen Bitten und Tränen für ihn verwandten und sich fürwahr über die ungewohnte Härte unserer Gesinnung wunderten; einige aber klagten, in uns sei nicht die Festigkeit apostolischer Strenge, sondern gewissermaßen die Grausamkeit tyrannischer Wildheit.‹[22]

Gregor VII. insistiert aus gutem Grund auf bestimmten Aspekten des Geschehens, weil er den Gegnern Heinrichs erklären muß, warum er sich zur Rekonziliation Heinrichs bereitgefunden hatte. Kleidung wie Haltung Heinrichs sind in dieser Darstellung unverkennbar den unverzichtbaren Bestandteilen des Rituals der deditio wie der Kirchenbuße verpflichtet – und zu ihnen gehören die Tränen. Auch die Reaktion der Öffentlichkeit ist die bekannte: Sie ist gleichfalls zu Tränen gerührt.[23]

Eher individuelle Züge scheint das Verhalten auszuweisen, das Otto III. in Regensburg beim Zusammentreffen mit dem Konvent von St. Emmeram an den Tag gelegt haben soll. Er beichtete dem Abt von St. Emmeram seine Sünden und kehrte danach tränenüberströmt zu den Seinen zurück. Doch auch hier war die Begegnung des Konvents mit dem Kaiser hochritualisiert: In Auseinandersetzungen mit dem Regensburger Ortsbischof verstrickt, hatte der Konvent über Vermittler um ein Gespräch mit dem Kaiser ersucht, der bis dahin die Partei des

---

21 Vgl. *Agobardi cartula de poenitentia ab imperatore acta*, neu hrsg. Alfred Boretius u. Viktor Krause, in: *MGH, Capitularia regum Francorum* 2, Hannover 1897, S. 56 f., hier: S. 57: *Pro qua re accesserunt ad eum denuo omnes, qui in praedicto conventu aderant, episcopi condolentes et conpatientes infirmitatibus et miseriis eius, exhortantes atque exoptantes et postulantes, ut omnipotens Deus manu pietatis suae educeret eum ›de lacu miseriae et de luto ceni‹. Quod clementissimus dominus non solum non abstulit, sed nec distulit. Sed mox resuscitata in mente eius contritione humiliati cordis prostratus coram eis non semel vel iterum, sed tertio aut amplius crimina cognoscit, veniam poscit, auxilium orationum praecatur, consilium recipit, penitentiam postulat, iniunctam sibi humilitatem libentissime impleturum promittit. Innotescitur ei lex et ordo publicae penitenciae, quam non rennuit, sed ad omnia annuit; ac demum pervenit in ecclesiam coram cetu fidelium ante altare et sepulcra sanctorum et prostratus super cilicium bis terque quaterque confessus in omnibus clara voce cum habundanti effusione lacrimarum, deposita arma manu propria et ad crepidinem altaris proiecta, suscepit mente compuncta penitentiam publicam per manuum episcopalium impositionem cum psalmis et orationibus.*
22 Vgl. den Brief Gregors VII., Nr. 77 (12 a), in: *Quellen zum Investiturstreit. Erster Teil: Ausgewählte Briefe Papst Gregors VII.*, hrsg. u. übers. Franz-Josef Schmale, Freiherr vom Stein-Gedächtnisausgabe 12a, Darmstadt 1978, S. 240–243, hier: S. 242 f.
23 Vgl. Anm. 20, 30 u. 35.

Bischofs ergriffen hatte. Abt und Konvent erwarteten den Kaiser in der Kirche ihres Klosters bei seinem Besuch auf dem Boden liegend, auf diese Art wortlos die inständigste Form der Bitte benützend. Danach hatten sich Kaiser und Abt zum Gespräch über die strittigen Angelegenheiten zurückgezogen, an das sich die Beichte anschloß.[24] Trotz anderer Belege für ein sensibles Sündenbewußtsein Ottos III. wird man daher auch in diesem Fall auf die konventionellen Aspekte des Geschehens hinweisen, da vom reuigen Sünder Tränen als Beweis der Aufrichtigkeit abverlangt wurden.

Konventionell ist auch die Technik, die inständigste Form der Bitte, die des Fußfalls, mit Tränen zu verbinden, was eine abschlägige Antwort fast unmöglich machte. Häufig bezeugt ist dies Verhalten bei den deditiones, in denen sich Personen dem König unterwarfen, ihn fußfällig um Leben und Gnade baten und dabei tränenüberströmt Selbstbezichtigungen ausstießen. In diesen Fällen schrieb die consuetudo solches Verhalten zwingend vor – die Tränen waren ritueller Teil der Handlung.[25] Umgekehrt – und dies ist vielleicht überraschender – nutzten auch Könige die Form der fußfälligen, mit Tränen verbundenen Bitte, um in wichtigen Situationen ihre Anliegen durchzusetzen. Die consuetudo erlaubte es nicht, in solch einem Fall eine ablehnende Antwort zu geben. Eine eindringliche Szene dieser Art schildert Kaiser Heinrich IV. von einer Begegnung mit seinem Sohn und Gegner Heinrich V. in einem Brief, den er in verzweifelter Lage an Abt und Konvent von Cluny sandte:

> ›Nachdem wir uns dort getroffen hatten, warfen wir uns ihm sogleich zu Füßen und baten einzig um Gottes und seiner Seele willen aufs innigste, er möge doch von der unmenschlichen Verfolgung seines Vaters ablassen. Er aber warf sich seinerseits unter dem Anschein und Deckmantel des Friedens und Einverständnisses uns zu Füßen und bat unter Tränen und beschwor uns, wir möchten uns ihm bei seiner Seele und seiner Treue anvertrauen und, da er von unserem Bein und Fleisch sei, nicht zögern, mit ihm zu dem genannten Tag nach Mainz zu gehen.‹[26]

Dieser Bitte entsprach der Vater, was sich nach seiner eigenen Aussage bitter rächen sollte. Doch unabhängig von der Schuldzuweisung ist das Verhalten beider Akteure dem Wissen verpflichtet, daß die tränenreiche fußfällige Bitte eine Kraft besitzt, der man sich schwer entziehen kann.

---

24 Vgl. den ausführlichen Bericht in: *Ex Arnoldi libris de S. Emmerammo*, Kap. 31–33, hrsg. G. Waitz, in: *MGH SS 4*, Hannover 1841, S. 543–574, hier: Kap. 33, S. 566 f.: *Cumque caesarem diligenter intuerentur eius familiares, admirati sunt super inmutatione vultus eius dicentes: Domine, quid tibi contigit, quod adeo perfusus es lacrimis et sudore? Quibus ille respondit: Nolite mirari, quod sim udus ex sudore, sed quia vivo pre timore. Numquam me contingat talem quaestionem incidere, nisi pro animae meae salute. In isto sancto seniore comperi manifeste, quantus honor debeat exhiberi servis electis Dei.*

25 Vgl. dazu demnächst Gerd Althoff, »Das Privileg der deditio. Wie entstehen und wann ändern sich Rituale«, in: Otto Gerhard Oexle u. Werner Paravicini (Hrsg.), *Nobilitas. Kolloquium zum 70. Geburtstag von K.F. Werner*, Schriften des Max-Planck-Instituts für Geschichte, Göttingen.

26 Vgl. *Die Briefe Heinrichs IV.*, Nr. 37, in: *Quellen zur Geschichte Kaiser Heinrichs IV.*, hrsg. u. neu übers. Franz-Josef Schmale, Freiherr vom Stein-Gedächtnisausgabe 12, Darmstadt 1963, S. 112–121, hier: S. 116 f.

Einige Jahrzehnte zuvor hatte Heinrich IV. sie bereits mehrfach eingesetzt, um sich in brisanter politischer Situation Unterstützung zu sichern. Auch in diesen Fällen markiert die Empörung seiner Gegner über den Einsatz dieses Mittels seine Wirksamkeit. So schildert Bruno in seinem Buch vom Sachsenkrieg das Verhalten Heinrichs IV., nachdem die Sachsen die Harzburg zerstört und dabei die Gräber von Angehörigen der Königsdynastie geschändet hatten:

›Er versammelte also die Fürsten jener Lande, warf sich bald vor den einzelnen, bald vor der ganzen Versammlung demütig zu Boden und erhob Klage, daß das Unrecht, das ihm früher mit seiner Vertreibung zugefügt worden sei, ihm nun unbedeutend erscheine, dieses neue aber dagegen groß und unsühnbar. Mit dem früheren habe man nur ihn und die Fürsten mißachtet, mit diesem aber sei dieser Verachtung auch noch die der himmlischen Heerscharen, und was schwerer als dieses wiege, die der göttlichen Majestät hinzugefügt worden. Mit Tränen erzählte er ihnen, daß er gegen seinen eigenen Willen ihrem Rat nachgebend den Sachsen seine mit königlichem Aufwand errichtete Burg zur Zerstörung übergeben habe. Jene aber hätten nicht allein diese, was ihnen ja erlaubt war, auf mancherlei Weise zerstört, sondern darüber hinaus das Gott und seinen Heiligen geweihte Stift mit ärgerem Wüten als die Heiden bis auf den Grund niedergerissen, Glocken, Kelche und alles übrige, was dort zur Ehre Gottes gesammelt war, zerbrochen, als seien es profane Gegenstände, oder wie Feindesgut geplündert. Seinen Bruder und seinen Sohn, beide Söhne von Königen, hätten sie in Mitleid erregender Weise aus ihren Gräbern gerissen und ihre Glieder in alle Winde zerstreut. Das Entsetzlichste sei aber, daß sie die Reliquien der Heiligen mit entweihender Hand von den geweihten Altären gerissen und wie Unrat auf unheilige Stätten zerstreut hätten. Das alles brachte er unter Tränen vor, dann küßte er jedem die Füße und bat, sie möchten wenigstens die Gott und seinen Heiligen angetane Schmach nicht ungestraft lassen, wenn sie schon das ihm selbst zugefügte Unrecht nicht rächen wollten.‹[27]

Obgleich Bruno ansonsten jede Möglichkeit nutzt, das Verhalten des Königs zu kritisieren, fehlt jede Kritik an den hier zitierten Aktivitäten Heinrichs. Bruno bemüht sich lediglich, die Erfolge dieser Bitten herunterzuspielen. Doch ist ihm hierin wohl nicht zu folgen.

Wie wirksam der tränenreiche Fußfall des Königs vielmehr war, zeigt auch das Beispiel Konrads II., der bei seinem Versuch, den Herzog Adalbero zu stürzen, zunächst von seinem Sohn Heinrich III. keinerlei Unterstützung erhalten hatte. Dies deshalb, weil Heinrich mit dem Herzog durch ein Freundschaftsbündnis verbunden war. Als dies der Vater erfuhr, fiel er nach dem vertraulichen Bericht eines Informierten zunächst in Ohnmacht; als er wieder zu sich kam, beschwor er unter Tränen und fußfällig seinen Sohn, den Feinden seines Vaters keinen Anlaß zur Freude, dem Reich und sich selbst aber keine Schande dadurch zu bereiten, daß er in Zwietracht mit dem Vater verharre.[28] Diese Maß-

---

27 Vgl. Brunos *Buch vom Sachsenkrieg*, Kap. 35, in: *Quellen zur Geschichte Kaiser Heinrichs IV.* (Anm. 26), S. 238–241.
28 Vgl. dazu den Brief eines Klerikers ›G.‹ an den Bischof Azecho von Worms, in: *MGH, Briefe der deutschen Kaiserzeit 3: Die ältere Wormser Briefsammlung*, hrsg. Walter Bulst, Weimar 1949, Nr. 27, S. 49 ff., hier: S. 51: [...] *sese ad pedes filii sui humotenus proiecit, lacrimis multum obtestatus, quatinus recordari dignaretur patris, ne inimicis gaudium augeret, ne regno dedecus, ne sibi infamiam pararet, dum a patre discordaret* [...]; vgl. dazu Heinrich Fichtenau, *Lebensordnungen des 10. Jahrhunderts. Studien über Denkart und Existenz im einstigen Karolingerreich*, Monographien zur Geschichte des Mittelalters 30/1 u. 2, Stuttgart 1984, S. 64 f.

nahme hatte den gewünschten Erfolg, und der Sohn fügte sich in die Absetzung seines Freundes.

Tränen in Verbindung mit Fußfällen unterstreichen also auch hier ganz unterschiedliche Sachverhalte: Fallen Gegner den Königen im Rahmen von deditiones zu Füßen, signalisieren die Tränen die Selbsterkenntnis der eigenen Fehler und die Reue über das Getane. Der König selbst dagegen vollbringt seine Selbsterniedrigung durch Fußfall im Interesse einer aus seiner Sicht guten Sache – und er dokumentiert durch die vergossenen Tränen, wie ernst und wichtig ihm die Angelegenheit ist. Diese Selbstentäußerung verbietet, die Bitte abzuschlagen; allerdings durfte der König wohl auch nicht zu häufig zu diesem Mittel greifen, um seinen Willen durchzusetzen.

Weinte der König in den bisherigen Beispielen sozusagen in eigener Sache, so gibt es auch die Fälle, in denen er öffentlich und demonstrativ Tränen über die Lage anderer vergoß. Dann nämlich, wenn er sich öffentlich zum Erbarmen bewegen ließ und hierbei Forderungen an den christlichen König erfüllte, die in mittelalterlichen Quellen vielfach und programmatisch angesprochen werden: *proxima sceptris semper clementia* oder *more regio subditis* [rex] *factus est mitis*[29] sind nur zwei exempla für diesen Sachverhalt. Auch hierzu zunächst ein Beispiel: Im Zuge der Königserhebung Konrads II., deren Schilderung durch Wipo eine ganze Reihe speziell auf Konrads Situation zugeschnittener Inszenierungen aufweist, hielt Erzbischof Aribo von Mainz eine Ansprache, die einem kleinen Fürstenspiegel gleichkommt. Zum Schluß der Rede richtete der Erzbischof eine direkte Forderung an den König:

›»[…] Jetzt aber, Herr König, bittet die ganze heilige Kirche mit uns um deine Huld für alle, die bisher gegen dich gefehlt und durch irgendwelche Beleidigung deine Huld verloren haben. Zu ihnen gehört der edle Herr Otto, der dich beleidigt hat. Für ihn und alle anderen erbitten wir deine Milde, verzeih ihnen um der Liebe Gottes willen, die heute einen neuen Menschen aus dir gemacht hat und dich teilhaben läßt an ihrem göttlichen Walten, wie auch Gott selbst wiederum dir für alle deine Sünden verzeihen möge!« Während dieser Ansprache seufzte der König ergriffen von Erbarmen und vergoß unsägliche Tränen. Dann gewährte er allen Verzeihung, wie es Bischöfe, Herzöge und alles Volk verlangten, für das, was sie an ihm gefehlt hatten. Dankbar nahm alles Volk die Gnadenbeweise entgegen. Beim Anblick der offensichtlichen Frömmigkeit des Königs weinten alle vor Freude. Eisern wäre ein Mensch, der keine Tränen vergossen, wo solch hohe Macht so schwere Schuld hat vergeben.‹[30]

Die Tränen unterstreichen und untermauern des Königs Bereitschaft zur misericordia; sie finden in der Öffentlichkeit das schon mehrfach erwähnte Echo: ›Beim Anblick der offensichtlichen Milde des Königs weinten alle vor

---

29 Vgl. Widukind von Corvey, *Sachsengeschichte*, Vorrede zum ersten Buch, in: *Quellen zur Geschichte der sächsischen Kaiserzeit*, (Anm. 14), S. 16 f.; bzw. *Die Chronik des Propstes Burchard von Ursberg*, hrsg. Oswald Holder-Egger u. Bernhard Simpson, MGH SSrG 16, 2. Aufl., Hannover 1916, S. 30.
30 Wipo, *Gesta Chuonradi II. imperatoris*, Kap. 3, in: *Quellen des 9. und 11. Jahrhunderts zur Geschichte der Hamburgischen Kirche und des Reiches*, hrsg. u. neu übers. Werner Trillmich u. Rudolf Buchner, Freiherr vom Stein-Gedächtnisausgabe 11, Darmstadt 1961, S. 546–551, hier: S. 548–551.

Freude.‹[31] In einem ganz ähnlich gelagerten Fall, in dem der Bischof Gottschalk von Freising Kaiser Heinrich II. öffentlich mahnte, Milde gegenüber einem inhaftierten Gegner walten zu lassen und diesem wieder seine Huld zu gewähren, wird lediglich gesagt, daß der Bischof diese Predigtmahnung unter Tränen vortrug und so Heinrich zu dem Gelöbnis brachte, sie befolgen zu wollen.[32] Von Tränen des Königs ist hier zwar nicht ausdrücklich die Rede, doch gehören sie als Antwort auf die inständige Mahnung eigentlich fast notwendig zur Szene.

Eine berühmte Predigtmahnung richtete ferner Bernhard von Clairvaux an König Konrad III. beim weihnachtlichen Hochfest im Speyrer Dom, indem er ihn eindringlich ermahnte, endlich seinen Verpflichtungen nachzukommen und das Kreuzzugsgelübde abzulegen. Auch hier wird die positive Wendung in seiner Haltung und die Bereitschaft, der Forderung Folge zu leisten, von Konrad III. nicht allein mit Worten ausgedrückt. Die Tränen unterstreichen, daß der Sinneswandel tief und echt ist.[33] Alle Predigtmahnungen, die hier angesprochen wurden, werden von den jeweiligen Quellen so erzählt, als ob sie unvorbereitet und überraschend dem König vorgehalten worden seien. Doch dem ist mit einiger Gewißheit nicht so: Die Mahnung in der öffentlichen Predigt und ihre Befolgung ist vielmehr Teil einer zuvor abgesprochenen Inszenierung, in der alle die ihnen zugedachte Rolle spielen. Diese Einsicht hat – wie leicht verständlich – auch beträchtliche Konsequenzen für die Einschätzung der in solchen Szenen fließenden Tränen. Doch darüber wird im Schlußabschnitt genauer zu handeln sein.

Als letzte der Gelegenheiten, bei denen Könige öffentlich weinten, ist der Abschied von Freunden und Vertrauten anzusprechen. Abschied wurde im Mittelalter bei vielerlei Gelegenheiten nicht formlos, sondern hochzeremoniell gestaltet; er hatte seine rituellen Akte, wie die Bitte um ›Urlaub‹ und das Austeilen von Geschenken, und diente der Vergewisserung, daß die Beziehungen ungetrübt seien.[34] Eine Abreise ohne Abschied war dagegen ein eindeutiges Zeichen, daß ein Konflikt bevorstand. Insofern nimmt es nicht wunder, daß der Abschied besonders Vertrauter als tränenreich geschildert wird. Tränen spielen etwa eine herausragende Rolle beim Abschied Ottos des Großen von seiner Mutter Mathilde,

---

31 Vgl. die Angaben in Anm. 20, 22 u. 35.
32 Vgl. Thietmar von Merseburg, *Chronik* (Anm. 15), 6. Buch, Kap. 13, S. 256–259, hier: S. 258: *Hac rex exhortatione lacrimabiliter profusa placatus sic se facturum firmiter spopondit et post haec domum veniens misericorditer adimplevit.*
33 Vgl. die *Vita prima* Bernhards von Clairvaux, in: *Migne PL* 185, VI, 1, 4 § 15, Sp. 382: *[...] his et hujusmodi verbis commovit hominem* [Konrad III.], *ut in medio sermone non sine lacrymis exclamaret: ›Agnosco prorsus divina munera gratiae; nec deinceps, ipso praestante, ingratus inveniar: paratus sum servire ei, quandoquidem ex parte ejus submoneor.‹*
34 Behandelt wurde auch dieses Thema vorwiegend in den Literaturwissenschaften, vgl. Renate Roos, *Begrüßung, Abschied, Mahlzeit. Studien zur Darstellung höfischer Lebensweise in Werken der Zeit von 1150–1230*, Diss. Bonn 1975; zuletzt Ulrike Zellmann, »Abschied – Tradition des Bruchs«, in: Brall/Haupt/Küsters (Anm. 4), S. 389–425, mit weiteren Hinweisen.

wie ihn deren jüngere Vita in einem ganzen Kapitel schildert.[35] Funktion dieser Schilderung ist nicht zuletzt zu zeigen, in welcher Intensität die Mutter dem Sohn die Sorge für ihre Klostergründung in Nordhausen ans Herz legte und wie bereitwillig der Sohn diesen Wunsch der Mutter zu erfüllen bereit war. Nicht weniger tränenreich – wenn auch kürzer – wird in der ›Vita Brunonis‹ der Abschied zwischen dem gleichen Kaiser und seinem Bruder Brun, dem Erzbischof von Köln, charakterisiert: *contubernia ruens prius in oscula et flens largiter*.[36] Auch ein Abschied nach dem Abschluß eines Freundschaftsbündnisses wird mit den gleichen Zeichen geschildert: Beide Freunde vergießen Ströme von Tränen.[37]

Einen besonderen Akzent setzt die ›Vita Bernwardi‹, als sie vom Abschied ihres Protagonisten von seinem Schüler und Freund Otto III. berichtet: *dici non potest, quanto moerore, quantis utrorumque lacrimis fusis, ut in publicum procedere vererentur*.[38] Scheuten in den meisten der hier diskutierten Beispiele die Tränen die Öffentlichkeit nicht, waren sie geradezu an sie adressiert und erhielten von dieser Öffentlichkeit ihr Echo, indem diese gleichfalls in Tränen ausbrach, so wird in diesem Fall die Heimlichkeit der Tränen und die Scheu vor der Öffentlichkeit eigens hervorgehoben. Der Autor geht von der Vorstellung aus, daß die beiden Protagonisten sich der Heftigkeit ihrer Abschiedsschmerzen schämten und deshalb die Öffentlichkeit mieden. Diese Meinung markiert einen Sonderfall, dessen Bedingungen bisher nicht geklärt sind. Unbezweifelbar ist jedoch, daß in vielen anderen Fällen gerade die Öffentlichkeit der Adressat von Tränen ist, deren Intensität demonstrativ eingesetzt wird. Vielleicht wird hier gerade auf die Konventionalität ›normaler‹ Abschiedstränen angespielt, die die Öffentlichkeit nicht zu scheuen brauchten, während der in diesem Fall vorliegende tiefe Schmerz die Zurückgezogenheit brauchte. Besser jedenfalls konnte man das innige Verhältnis zwischen Bernward und dem Kaiser nicht charakterisieren.

Die Durchsicht einschlägiger Quellen hatte zum Ergebnis, daß der König im Mittelalter zu durchaus verschiedenen Anlässen und durchaus nicht selten öffentlich weint. Es besteht in dieser Hinsicht kein entscheidender Unterschied zu anderen Menschen, die gleichfalls häufig und zu verschiedenen Gelegenheiten in Tränen ausbrechen. Weder bei ihnen noch beim König haftet diesem Weinen irgendein pejorativer Beigeschmack an. Das Weinen gehört zu den adäquaten und üblichen Ausdrucksmitteln in bestimmten Situationen. Es findet sich im

---

35 Vgl. *Die Lebensbeschreibungen der Königin Mathilde* (Anm. 16), Kap. 23, S. 188–193, hier: S. 191: *Deinde pariter egressi ecclesiam [...] lacrimas fundebant*. Vgl. hierzu auch Anm. 20.
36 *Leben des hl. Bruno, Erzbischof von Köln, verfaßt von Ruotger*, Kap. 43, in: *Lebensbeschreibungen einiger Bischöfe des 10.–12. Jahrhunderts*, hrsg. u. übers. Hatto Kallfelz, Freiherr vom Stein-Gedächtnisausgabe 22, Darmstadt 1973, S. 244–247, hier: S. 244 f.
37 Vgl. *Iocundi translatio S. Servatii*, hrsg. Rudolf Köpke, in: *MGH SS 12*, Hannover 1856, S. 85–126, hier: S. 99: [...] *uterque habundantissimis perfusus lacrimis* (über den Abschied eines westfränkischen Königs Lothar und eines ostfränkischen dux Heinrich); vgl. zu dieser Erzählung Althoff (Anm. 3), S. 40 f.
38 *Leben des hl. Bernward, Bischof von Hildesheim, verfaßt von Thangmar*, Kap. 27, in: *Lebensbeschreibungen einiger Bischöfe des 10.–12 Jahrhunderts* (Anm. 36), S. 320–325, hier: S. 320 f.

Zusammenhang von Totenklage und Abschiedschmerz ebenso wie als Ausweis echter Reue. Es wird als Mittel intensiver Bitte ebenso benutzt wie als Nachweis von Mitleid und Erbarmen. Derartige Tränen lösen nicht selten ein spezifisches Echo aus: Die Adressaten oder Zeugen der Tränen beginnen gleichfalls zu weinen.

Damit aber stellt sich erneut die Frage nach dem Verhältnis von Emotionalität und Konventionalität derartiger Tränen. Sie ist auf der Basis der hier vorgetragenen Beispiele besser zu entscheiden, als dies vielleicht bisher möglich war. Eines ist nämlich auffällig: Tränen haben ihren festen Platz in öffentlichem Geschehen, das inszeniert ist. Weder die Predigtmahnungen noch die Unterwerfungsrituale, noch die anderen behandelten Geschehnisse kamen für die Könige nämlich überraschend. Es waren vielmehr abgesprochene Formen rituellen Verhaltens, durch die etwas der Öffentlichkeit mitgeteilt wurde. Tränen sind mit anderen Worten häufig Teil einer Aufführung, was nicht für eine besondere Bedeutung von Emotionalität in diesen Fällen spricht. Ob Ludwig der Fromme unter Tränen seine Sünden verlas, Konrad II. aus Erbarmen über das Schicksal seines Gegners Tränen vergoß, Heinrich IV. sich tränenreich in einer Beratung seinen Großen zu Füßen warf, um ihnen die ihm angetane Schmach eindringlich vor Augen zu führen: Immer handelt es sich um ein Geschehen, dessen Ablauf im einzelnen zuvor vereinbart bzw. geplant worden war, das also aufgeführt wurde. Die Tränen waren demonstrativer und ritueller Bestandteil dieser Aufführungen, die sich zudem aus vielen anderen demonstrativen Akten und Verhaltensweisen zusammensetzten. Die Eigenart dieses Kommunikationsstiles, der mehr durch Gesten und Zeichen ausdrückt als er verbalisiert, und seine Konsequenzen für das Verständnis des Geschehens in mittelalterlicher Öffentlichkeit sind in der bisherigen Forschung lange geradezu sträflich vernachlässigt worden. Hier Wandel zu schaffen, ist daher dringend angebracht; möglich wird er wohl am ehesten durch das interdisziplinäre Gespräch.[39]

---

39 Das hier andiskutierte Thema hat der Verfasser weiter verfolgt in: Gerd Althoff, »Empörung, Tränen, Zerknirschung. ›Emotionen‹ in mittelalterlicher Öffentlichkeit«, *FMST* 30 (1996).

Der Held – in Szene gesetzt.
Einige Bilder und Gedanken zu Jacques de Lalaing und seinem Pas d'armes de la Fontaine des Pleurs

GERT MELVILLE

I.

[...] car pour le temps qu'il régna au monde, pareil de luy on n'eust sçu, ne pu trouver en nulle terre plus parfait, plus preux, plus vaillant, ne plus hardy chevalier.[1]

Gegen Kanonenkugeln kämpfen selbst die Helden vergebens. Wie es der Zufall wollte, stand Jacques de Lalaing während des Genter Krieges am Nachmittag des 4. Juli 1453 vor der belagerten Feste Poeke in der Flugbahn des Geschosses eines veuglaire. Er starb sofort.

La fleur des chevaliers, die schön war wie *Paris le Troyen, pieux comme Énée, sage comme Ulysse le Grégeois*, die in der Schlacht einen Zorn gegen die Feinde bewies wie *Hector le Troyen*,[2] ein Held, der Dutzende Male bei Turnieren und Tjosten seine Kräfte maß und dazu *toute la Franche, toutes les Espaingnes, toutes les Italies, le royalme d'Escoce, le royalme d'Engleterre* bereiste, *faisant et quérant armes, le plus pompeulx que oncques y entra*,[3] dieser *vaillant chevalier* mit einem Leben voller *haulz et nobles faiz*[4] – er erfuhr ein schnödes Finale. *La fin telle que en tout le siècle n'avoit chevalier mains vicieulx de luy*[5] bewegte die Welt des Adels zutiefst, und noch Jahrzehnte später wird Olivier de la Marche in seinen Memoiren aufs heftigste mit der *mauldicte forsenée Fortune* hadern, *qui est de prendre la fleur sans fruit ou le fruict sans meurison*.[6] Hatte sie sich doch

---

1 *Livre des Faits de Jacques de Lalaing, Œuvres de Georges Chastellain*, hrsg. [Joseph Bruno] Baron Kervyn de Lettenhove, Brüssel 1866, Bd. VIII, S. 252.
2 *Livre des Faits de Jacques de Lalaing* (Anm. 1), S. 252 f.
3 Aus einem zeitgenössischen biographischen Abriß, abgedruckt in der Ausgabe des *Livre des Faits de Jacques de Lalaing* (Anm. 1), S. 253, Anm. 1.
4 *Epître de Jean le Fèvre, seigneur de Saint-Remy, contenant le récit des faits d'armes, en champs clos, de Jacques de Lalain*, hrsg. François Morand, *Annuaire-Bulletin de la Société de l'histoire de France* 21 (1884), S. 181.
5 Wie Anm. 3.
6 So angeklagt ob ihres frevelhaften Tuns an Jacques de Lalaing in den *Mémoires d'Olivier de la Marche*, hrsg. Henri Beaune u. Jules d'Arbaumont, Paris 1883 (Bd. I) u. 1884 (Bd. II), hier: Bd. II, S. 310.

offensichtlich in bitterer Ironie geübt, als sie die Idealgestalt des ritterlichen Kampfes, die jedem Ebenbürtigen widerstand, durch eine Waffe vernichtete, die keine Auswahl unter ihren Zielen traf!

Jacques de Lalaing, hennegauischem Adel entstammend, war jung zunächst in den Umkreis des Herzogs von Kleve gekommen und dann in die Hofgesellschaft Philipps des Guten aufgenommen worden.[7] *Une bonne renommée* wußte er sich rasch zu verschaffen, denn: *Joustes, ne tournois ne luy eschappoient, où il se gouverna toujours grandement à son honneur.*[8] Sie bildeten den Auftakt zu großen Waffengängen, gefochten mit den bedeutendsten Turnierhelden seiner Zeit. Er maß sich mit Giovanni di Bonifacio aus Sizilien, mit Diego de Guzman vor dem kastilischen König, mit Sir James Douglas vor dem König Schottlands. Auf Reisen war er gegangen durch halb Europa, stets auf Suche nach *haulz, loables et honorables faiz d'armes*, um seine *vaillance* und *prouesse* unter Beweis zu stellen. Ein chevalier errant sans reproche war er. Seinem seigneur, dem burgundischen Herzog, folgte er auf Kriegszügen gegen Luxemburg, gegen das aufständische Gent und zeigte sich dabei als einer seiner ersten und geschätztesten Kampfgefährten. Er wurde zum Ritter des Ordens vom Goldenen Vlies ernannt, Gesandtschaften vertraute man ihm an – nach Rom zum Papst, nach Neapel zum König von Aragon. Und den Höhepunkt seines Lebens stellte sicherlich – wie uns die Überlieferung glaubhaft macht – der durch Philipp den Guten finanzierte Pas d'armes de la Fontaine des Pleurs in den Jahren 1449 und 1450 dar, als Jacques de Lalaing, der Veranstalter und Held dieses Spieles, bereit war, über die Spanne von zwölf Monaten hinweg gegen jeden Mann von Adel zu kämpfen und mit theatralischem Pomp die ›Jungfrau der Tränen‹ zu verteidigen.

Angesichts der Tatsache, daß dies alles in der Dauer von etwa 32 Lebensjahren geschah, ist es wohl nicht übertrieben, von einer außerordentlichen Karriere als chevalier und homme d'armes[9] zu sprechen. Und dann: *Rompu par ung cop de canon* – er, von dem man sagte: *en affaires trouvoit en luy bras et espée de Roland*,[10] hinweggerissen von einem blanken Instrument unritterlicher Technik!

Manchmal – so ist man versucht zu sagen – agiert das Schicksal symbolischer, als menschlicher Gestaltungswille es je vermag. Oft nur eines einzigen greifbaren Mittels, wenn es hinreichend Sinnbild einer neuen Wirklichkeit ist, bedarf die Kraft des Faktischen, um Mythen, die Lebenswerte vorzeichnen und Traditionen rechtfertigen, mit einem Schlage zu entleeren.

Honneurs mondains, soit en armes, comme en assaulx, batailles, sieges, ou autrement en joustes, en tournois, en haultes et pompeuses festes et obseques,[11]

---

7 Die Literatur über Jacques zusammengestellt von Paul De Win, in: Raphaël de Smedt (Hrsg.), *Les Chevaliers de l'Ordre de la Toison d'or au XVe siède*, Frankfurt a.M. [u.a.] 1994, S. 112 f.
8 *Livre des Faits de Jacques de Lalaing* (Anm. 1), S. 29.
9 Zu den Zeitumständen, die erfordern, hier dem Begriff ›chevalier‹ noch den umfassenderen des ›hommes d'armes‹ hinzuzusetzen, siehe noch unten.
10 Wie Anm. 3.
11 *Le débat des hérauts d'armes de France et d'Angleterre*, hrsg. Léopold Pannier u. Paul Meyer, Paris 1872, S. 2.

deren Überwachung und Berichterstattung man den Herolden[12] auftrug, *vaillance, prouesse, preudommie*, im Vorbild der ›Neun Helden‹ Gestalt gewordene Tugenden der chevalerie[13] – sie sollten die Leitlinien des kriegerischen Adels zur Zeit eines Jacques de Lalaing sein.[14] Und diesem Helden glaubte man, daß er tatsächlich ihnen gemäß lebte. Dennoch, schien es nicht ein Leben der Vergeblichkeit gewesen zu sein? Überholt bereits von einer neuen Zeit, deren Barschheit das Ideal eines chevalier errant[15] als Chimäre entlarven ließ und die dem wilden Genuß, Ehre und Ruhm in schieren Festspielen des Kampfes zu gewinnen, den schalen Geschmack des Illusionären verlieh? Stand am Horizont nicht bereits der Kampf gegen quijotische Windmühlen, als man mit jener »Sehnsucht nach schönerem Leben«, mit jenem »Traum von Heldentum und Liebe«, die Huizinga in seinem Buch über den ›Herbst des Mittelalters‹[16] so farbig nachzeichnete, sich die Welt gestaltete?

---

12 Zu den (gegenüber dem 12. und 13. Jahrhundert) stark erweiterten und letztendlich auch institutionalisierten Aufgabenbereichen der Herolde im westlichen Europa siehe Gert Melville, »Hérauts et héros«, in: Heinz Duchhardt, Richard A. Jackson u. David Sturdy (Hrsg.), *European Monarchy. Its Evolution and Practice from Roman Antiquity to Modern Times*, Stuttgart 1992, S. 81–97; demnächst ders., »›Un bel office‹. Zum Heroldswesen in der spätmittelalterlichen Welt des Adels, der Höfe und Fürsten«, in: Peter Moraw (Hrsg.), *Deutscher Königshof, Hoftag und Reichstag*, Sigmaringen 1996 (jeweils mit ausführlichen Literaturhinweisen).

13 Siehe z. B. *Le débat des hérauts* (Anm. 11), S. 3: *Item, a l'un des coustés* [l'ymage d'Onneur] *sont mises les figures d'Alexandre, de Jullius Cesar, de Judas Macabeus, de David et de Charlesmaigne, de Rolland et de Olivier, et d'autres plusieurs notables chevaliers; et de l'autre part les figures d'Hector de Troye, du roy Artus, de Godeffroy de Billon, et autres, representans en effect les personnes des vaillans chevaliers qui ont esté le temps passé, pour la vaillance desquelz l'on a fait les romans et les croniques.* – Zu den ›Neun Helden‹ (deren Reihe in diesem Zitat allerdings Rolland und Olivier hinzugefügt wurden unter gleichzeitiger Auslassung von Josua) vgl. Robert L. Wyss, »Die neun Helden. Eine ikonographische Studie«, *Zeitschrift für schweizerische Archäologie und Kunstgeschichte* 17 (1957), S. 73–106; Horst Schröder, *Der Topos der Nine Worthies in Literatur und bildender Kunst*, Göttingen 1971.

14 Einen Überblick über einschlägige Adelstraktate gibt Malcolm Vale, *War and Chivalry. Warfare and Aristocratic Culture in England, France and Burgundy at the End of the Middle Ages*, Athens (Georgia) 1981, S. 14 ff. Siehe auch J. Rychner, *La littérature et les mœurs chevaleresques à la cour de Bourgogne*, Neuchâtel 1950.

15 Siehe zum zeitgenössischen Verständnis in dichterischer Form die Werke von Tommaso III di Saluzzo, *Il cavaliere errante* (unediert; vgl. dazu Hasenohr/Zink, *Dictionnaire des Lettres Françaises*, S. 1440, mit neuester Bibliographie); Merlin de Cordebeuf, *Ordonnance et maniere des chevaliers errants*, 1. Teil, in: R. de Belleval, *Du costume militaire des Français en 1446*, Paris 1866, S. 78–83; Antoine de la Sale, *Jehan de Saintré*, hrsg. Jean Misrahi u. Charles A. Knudson, Genf 1965. Zu einer realen Person, die wenige Jahrzehnte vor Jacques de Lalaing das Ideal des chevalier errant herausragend verkörperte, siehe *Le Livre des fais du bon messire Jehan Le Maingre, dit Bouciquaut*, hrsg. Denis Lalande, Genf 1985; vgl. dazu Denis Lalande, *Jean II le Meingre, dit Boucicaut (1366–1421)*, Genf 1988, S. 17 ff.

16 So zwei Kapitelüberschriften in Johan Huizinga, *Herbst des Mittelalters. Studien über Lebens- und Geistesformen des 14. und 15. Jahrhunderts in Frankreich und in den Niederlanden*, 11. Aufl., Stuttgart 1975, S. 36 u. 99. Über eine der Kernaussagen dieses Buches – nämlich über den dort unterstellten Niedergang des spätmittelalterlichen Ritter-

Die Welt des ernsten Kampfes war rüde.[17] Geistreich elaborierte Traktate über das Kriegsrecht[18] und über die ars militaris[19] sowie manche (zumindest für den Sieger) glorreich gefochtene Schlacht können darüber nicht hinwegtäuschen. Schlachten waren selten, galten im Grunde nur als letzter kulminierender Punkt eines Krieges und wurden gefürchtet ob ihres Risikos.[20] Die Erinnerung an Azincourt, wo das französische Heer binnen Stunden 40 Prozent seiner chevalerie in Morast und Pfeilhagel verlor, riet jedem Feldherrn zur sorgfältigeren Abwägung. An der Tagesordnung war die ›guerre guerroyante‹[21] – der Zermürbungskrieg, der Krieg der verlorenen und zurückgewonnenen Plätze, der schäbigen Hinterhalte, der Scharmützel und der Verwüstungen. Das geeignete Personal war dafür vorhanden. Menschen, denen es kaum um die Ehre ging, sondern um Lohn und Raubgewinn, standen zur Verfügung dem, der sie bezahlen konnte – und der sie dann oft nicht wieder loswurde.[22] Neue, ernst zu nehmende Gegner – die Aufgebote der Städte oder der Bauern[23] – stellten sich. Sie wandten andere Taktiken an

tums, das sich in illusionären Welten verstrickte und die Kluft nicht erkannte (oder nicht erkennen wollte), die zwischen seiner Lebensweise und seinen Ambitionen einerseits und der harschen Realität der Politik und der Kriege andererseits stand – hat sich bekanntlich eine recht bewegte Diskussion entsponnen. Die Gesichtspunkte Huizingas haben vor allem weiterverfolgt: A.-B. Ferguson, *The Indian Summer of English Chivalry. Studies of the Decline and Transformation of Chivalric Idealism*, Durham (N.C.) 1960; Raymond L. Kilgour, *The Decline of Chivalry as Shown in the French Literature of the Late Middle Ages*, Gloucester (Mass.) 1966; und noch F. Cardini, »Der Krieger und der Ritter«, in: Jacques Le Goff (Hrsg.), *Der Mensch des Mittelalters*, Frankfurt/M. u. Paris 1990, S. 87–129, vor allem S. 121 ff. Kritik an Huizinga übten (und in manchen Aspekten auch nicht unberechtigt) vor allem Vale (Anm. 14) und Maurice H. Keen, *Das Rittertum*, München u. Zürich 1987 – um nur einige führende Titel dieser grundlegend wichtigen Auseinandersetzung zu nennen. Auch der vorliegende Beitrag steht vor dem Hintergrund dieser Debatte, möchte jedoch versuchen, in einer etwas unaufgeregteren Weise dazu Stellung zu nehmen. Vgl. schon Melville, »Hérauts et héros« (Anm. 12), S. 93 ff.
17 Anschaulich dazu Keen (Anm. 16), S. 348 ff. Eine drastische zeitgenössische Schilderung liefert Jean de Bueil, *Le Jouvencel*, hrsg. Camille Favre u. Léon Lecestre, 2 Bde., Paris 1887/89 (insbesondere der 1. Teil); vgl. dazu Jean Blanchard, »Ecrire la guerre au XVe siècle«, *Le Moyen français* 24/25 (1989), S. 7–21.
18 Siehe Maurice H. Keen, *The Laws of War in the Late Middle Ages*, London u. Toronto 1965; N.A.R. Wright, »The Tree of Battles of Honoré Bouvet and the Laws of War«, in: C.T. Allmand (Hrsg.), *War, Literature, and Politics in the Late Middle Ages*, Liverpool 1976, S. 12–31; Philippe Contamine, *La Guerre au Moyen Age*, 3. Aufl., Paris 1992, S. 452 ff.; ders., »L'idée de guerre à la fin du Moyen Age, aspects juridiques et éthiques«, in: *Académie des Inscriptions et Belles-Lettres. Comptes rendus des séances 1979*, S. 70–86.
19 Im Überblick Contamine, *La Guerre* (Anm. 18), S. 358 ff.
20 Siehe B. Schnerb, »La bataille rangée dans la tactique des armées bourguignonnes au début du XVe siècle: essai de synthèse«, *Annales de Bourgogne* 61 (1989), S. 5–32. Vgl. im Überblick auch V. Schmidtchen, *Kriegswesen im späten Mittelalter. Technik, Taktik, Theorie*, Weinheim 1990.
21 Contamine, *La Guerre* (Anm. 18), S. 365.
22 Vgl. Vale (Anm. 14), S. 154 ff.
23 Vgl. Roger Sablonier, »Rittertum, Adel und Kriegswesen im Spätmittelalter«, in: Fleckenstein, *Das ritterliche Turnier*, S. 532–567, hier: S. 553 ff.

als die der herkömmlichen Ritterheere, und sie machten keine Gefangenen um des Lösegelds willen.

Rüde waren seit jeher alle Kriege, doch nun wurden sie zunehmend rationaler und kalkulierter geführt. Neue Waffentechniken erforderten ein Umdenken in der Strategie des Angriffs und der Verteidigung.[24] Die unsägliche Dauer der Kriege machte lehensrechtliche Bindungen ziemlich sinnlos und führte zum Aufbau von stehenden Heeren, deren Schlagkraft sich durch eine Disziplin der strikten Unterordnung unter eine funktionale Militärorganisation erweisen sollte.[25] Dem Berufssoldaten der Fürsten und Könige galt die Zukunft, nicht einem Feudaladel, aus dem sich jene Krieger rekrutierten, die zu glauben schienen, den Erfolg im Gefecht allein auf das Konto ihrer persönlichen Ehre gutschreiben lassen zu können. – Weniger also die Rüdheit der ›guerre guerroyante‹ als vielmehr die Banalität der ›guerre de l'ordonnance‹, der Artillerie, der Kompanien und des geregelten Kriegsdienstes, die einen so krassen Gegensatz zu den kämpferischen Idealen und dem hochfliegenden Lebensstil eines chevalier errant zu bilden schien, läßt fragen, wo da noch Raum war für Männer wie Jacques de Lalaing.

II.

Car comme bras et mains se moeuvent al ayde et commandement du corps de créature, semblablement chevallier doibt estre prest et obéissant au prince et à son commandement, sans doubter péril de mort, effusion de sang, ne espargnier corps, membre, ne chevance à lui ayder à soustenir l'Eglise, justice, et gouverner le peupple.[26]

So faszinierend gewisse dramatische Effekte der Geschichte auch sein mögen, wir sollten uns vielleicht doch nicht so sehr von einer vermeintlich symbolischen Kanonenkugel in Bann schlagen lassen.

---

24 Siehe H. Dubled, »L'artillerie royale française à l'époque de Charles VII et au début du règne de Louis XI (1437–1469): les frères Bureau«, *Mémorial de l'Artillerie française* 50 (1976), S. 555–637; Malcolm Vale, »New Techniques and Old Ideals. The Impact of Artillery on War and Chivalry at the End of the Hundred Years War«, in: Allmand (Anm. 18), S. 57–72; und im allgemeinen Überblick V. Schmidtchen, *Bombarden, Befestigungen, Büchsenmeister. Von den ersten Mauerbrechern des Spätmittelalters zur Belagerungsartillerie der Renaissance. Eine Studie zur Entwicklung der Militärtechnik*, Düsseldorf 1977; Jim Bradbury, *The Medieval Siege*, Woodbridge 1992, bes. S. 153 ff. u. S. 241 ff.

25 Vgl. Philippe Contamine, *Guerre, état et société à la fin du Moyen Age. Etudes sur les armées des rois de France, 1337–1494*, Paris [u. a.] 1972, S. 278 ff; A. E. Curry, »The First English Standing Army? Military Organization in Lancastrian Normandy, 1420–1450«, in: C. Ross (Hrsg.), *Patronage, Pedigree and Power in Later Medieval England*, Gloucester u. Totwa 1979, S. 193–214. Zur Gesamtentwicklung im Überblick Philippe Contamine, »Structures militaires de la France et de l'Angleterre au milieu du XVe siècle«, in: Reinhard Schneider (Hrsg.), *Das spätmittelalterliche Königtum im europäischen Vergleich*, Sigmaringen 1987, S. 319–334.

26 *Parties inédites de l'œuvre de Sicile, héraut d'Alphonse V roi d'Aragon, maréchal d'armes du pays de Hainaut*, hrsg. P. Roland, Mons 1868, S. 62.

Jacques de Lalaing war an seinem Todestag auch längst schon *conseiller*, *chambellan* und *chevallier de l'hostel du duc de Bourgogne*.[27] Seine Mitgliedschaft im Orden vom Goldenen Vlies hatte ihn eingebunden in den Schwur, *avoir bonne et vray amour à souverain dudit ordre*, zu Philipp dem Guten also.[28] Als Offizier des Heeres war er strengen Weisungen unterworfen, die keineswegs immer Rücksicht darauf nahmen, ein Leben sans reproche führen zu wollen.[29] Jacques de Lalaing gehörte zu einem herzoglichen Hof, der ihn nährte und versorgte; dort nahm er Ämter wahr, und dort übte er sich als loyaler Gehilfe der fürstlichen Politik und Kriegskunst.[30]

Jene Kanonenkugel vernichtete also einen Mann, der sehr wohl verstand, nach den neuen Zeichen der Zeit zu leben. Die einbindende Kraft der Höfe, die Gewaltmonopolisierung der Fürsten und Könige, die kühl berechnete Heeresorganisation hatten auch ihn erfaßt – wie die meisten anderen seiner Standesgenossen, die eine vielversprechende Karriere und ein lukratives Auskommen anstrebten und die sich um dieses Zieles willen scheinbar mühelos der Pragmatik des Fürstendienstes unterzuordnen vermochten:[31] Bertrand du Guesclin, den man als zehnten den neuf preux hinzuzuzählen beliebte, der ein gefürchteter Turnierheld und Söld-

---

27 *Chronique de Mathieu d'Escouchy*, hrsg. Gaston L[ouis Emmanuel] du Fresne de Beaucourt, Paris 1863, Bd. I, S. 264.
28 Siehe den Text der Statuten in der *Chronique de Jean le Fèvre, seigneur de Saint-Remy*, hrsg. François Morand, Paris 1881, Bd. II, S. 210 ff., hier: S. 213. Zur Herrschaft stützenden Funktion dieses Ordens (wie anderer vergleichbarer auch) vgl. Vale (Anm. 14), S. 33 ff.; D'Arcy J. D. Boulton, *The Knights of the Crown. The Monarchical Orders of Knighthood in Later Medieval Europe*, 1325–1520, Woodbridge 1987, S. 356 ff.
29 Eine Anekdote ist bezeichnend. Als Jacques die Burg Audenhove kurz vor seinem Tode eingenommen hatte, ließ er bei der Führung des Heeres anfragen, was nun zu tun sei. Das Ergebnis war: *Vray est que le duc fut conseillé de la* [die Burg] *démolir et ardoir, et ainsi le manda à messire Jacques, qui est très-envis et à grand regret accomplit le commandement du duc, car jamais de feu bouter ne vouloit-il estre consentant.* – *Chronique, livre III, Œuvres de Georges Chastellain*, hrsg. [Joseph Bruno] Baron Kervyn de Lettenhove, Brüssel 1863, Bd. II, S. 359.
30 Zum Adel am burgundischen Hof siehe Werner Paravicini, »Soziale Schichtung und soziale Mobilität am Hof der Herzöge von Burgund«, *Francia* 5 (1977), S. 127–82; Marie-Thérèse Caron, *La noblesse dans le duché de Bourgogne, 1375–1477*, Lille 1987. Grundlegend zu Philipp dem Guten: Richard Vaughan, *Philip the Good, the Apogy of Burgundy*, London 1970. Zum Briefadel zur Zeit Philipps des Guten siehe jetzt die exemplarische Untersuchung von Hermann Kamp, *Memoria und Selbstdarstellung. Die Stiftungen des burgundischen Kanzlers Rolin*, Sigmaringen 1993. Überblicke über die Politik und die höfische Kultur Burgunds liefern Richard Vaughan, *Valois Burgundy*, London 1975; Laetitia Boehm, *Geschichte Burgunds. Politik – Staatsbildungen – Kultur*, 2. Aufl., Stuttgart 1979.
31 Vgl. R. Wohlfeil, »Adel und neues Heerwesen«, in: H. Rössler (Hrsg.), *Deutscher Adel 1430–1555*, Schriften zur Problematik der deutschen Führungsschichten in der Neuzeit 1 (1965), S. 203–233; Maurice H. Keen, »Chivalry, Nobility, and Man-at-Arms«, in: Allmand (Anm. 18), S. 32–45. Auf die wirtschaftliche Situation des Adels, die insbesondere für Angehörige des niederen Adels vielfach äußerst prekär war – ein Sachverhalt, der hier nur genannt werden kann – gehen neben den militärgeschichtlichen Aspekten ausführlich ein: Philippe Contamine, »Points de vue sur la chevalerie en France à la fin du Moyen Age«, *Francia* 6 (1978), S. 255–285; Guy Bois, »Noblesse et crise des revenus seigneuriaux en France au XIVe et XVe siècles«, in: Philippe Contamine (Hrsg.), *La noblesse au Moyen Age*, Paris 1976, S. 219–233; Sablonier (Anm. 23).

nerführer war, brachte es im ausgehenden 14. Jahrhundert auch zum Amt eines connétable des französischen Königs;[32] oder Jean le Meingre, genannt Boucicaut, der im Stile eines chevalier errant auf ›Preußenreisen‹[33] ging, ins Heilige Land zog und zu Saint-Inglevert 1390 mit Gleichgesinnten einen großartigen Pas d'armes bestand – seine Laufbahn schloß gleichermaßen die Stellung eines capitaine-général und gar maréchal des französischen Heeres sowie eines Statthalters Karls VI. in Genua ein.[34] Jean de Bueil malte belehrend mit seinem viel gelesenen Roman ›Jouvencel‹[35] ein facettenreiches Idealbild derartiger Krieger, die Fürstendiener zugleich waren. Propagandistische Traktate der Zeit bemühten sich, *le bon chevalier* davon zu überzeugen, *qu' il garderoit le service et honneur de prince qui lui donnoit ledit, qu' il garderoit le bien et prouffit de la chose publique, qu' il garderoit et tendroit l' ordonnance de son cappitaine*,[36] und sie gaben als beispielhafte Träger der *vertus des nobles* nur mehr selten die Heroen der Epen und der höfischen Romane an, sondern bezogen sich vornehmlich auf jene der römischen Geschichte[37] und suchten Belege für ihre Aussagen bei den Historiographen und Philosophen der Antike.[38] Mit Sallust, Seneca oder Cicero schien man die Ungestümtheit des Adels zivilisieren zu wollen, weil diese der Staatsräson das Wort redeten.[39]

Eine zweckorientierte Welt ist da kampfgesinnten Männern wie Jacques de Lalaing eröffnet worden. Nach wie vor wurden sie gebraucht; wirklich nutzvoll

---

32 Cuvelier hat in den Jahren 1380–85 den Ruhm du Guesclins durch eine Chronik in Form von ›Chansons de geste‹ verherrlicht (*DuGuesclin du Cuvelier*, hrsg. Jean-Claude Faucon, 3 Bde., Toulouse 1990/91). Vgl. R. Levine, »Myth and Antimyth in La vie brillante de Bertrand du Guesclin«, *Viator* 16 (1985), S. 259–275.
33 Dazu jetzt Werner Paravicini, *Die Preußenreisen des europäischen Adels*, Sigmaringen 1989, Bd. I, S. 99.
34 Zur biographischen Literatur siehe Anm. 15.
35 Siehe Anm. 17.
36 Hugues de Salve, *Petit traictyé de noblesse* [Übersetzung von Diego de Valera, *Espejo de verdadera nobleza*], hrsg. in: Arie J. Vanderjagt, *Qui sa vertu anoblist. The Concept of noblesse and chose publique in Burgundian Political Thought*, Groningen 1981, S. 235–283, hier: S. 262; vgl. auch C.C. Willard, »The Concept of True Nobility at the Burgundian Court«, *Studies in the Renaissance* 14 (1967), S. 33–48; Vale (Anm. 14), S. 14 ff. Neuestens zur Frage, inwiefern mit der Evozierung transpersonal orientierter Begriffe wie ›la chose publique‹ sich der Beginn des ›modernen‹ Staates abzeichnete: Wolfgang Mager, »Spätmittelalterliche Wandlungen des politischen Denkens im Spiegel des ›res publica‹-Begriffs«, in: Jürgen Miethke u. Klaus Schreiner (Hrsg.), *Sozialer Wandel im Mittelalter. Wahrnehmungsformen, Erklärungsmuster, Regelungsmechanismen*, Sigmaringen 1994, S. 401–410.
37 Vgl. Bernard Guenée, »La culture historique des nobles: le succès des Faits des Romains (XIIIe–XVe siècles)«, in: Contamine, *Noblesse* (Anm. 31), S. 261–88. Materialreich auch Georges Doutrepont, *La Littérature Française à la Cour des Ducs de Bourgogne. Philippe le Hardi – Jean sans Peur – Philippe le Bon – Charles le Téméraire*, Bibliothèque du XVe siècle 8, Paris 1909, S. 120 ff.; Yvon Lacaze, »Le rôle des traditions dans la genèse d'un sentiment national: La Bourgogne au temps de Philippe Le Bon«, *Bibliothèque de l'École des chartes* 129 (1971), S. 302–385; Ruth Morse, »Historical Fiction in Fifteenth Century Burgundy«, *MLR* 75 (1980), S. 48–64.
38 Ausführlich dazu Vanderjagt (Anm. 36), S. 9 ff.
39 Wobei selbstverständlich das christliche Element nicht fehlte; siehe Vanderjagt (Anm. 36), S. 35 ff.

aber waren sie, wie es hieß, jetzt nur als willige und gehorsame *bras et mains* der Fürsten.[40] Das fürstliche Heer bedurfte kühner und geübter Anführer, bedurfte schwergepanzerter Stoßtrupps, die überraschende raids ausführen, die Linien aufreißen und in höchster Beweglichkeit zu raschen Vernichtungsschlägen ausholen konnten und die dennoch bereit waren, sich diszipliniert einer sorgfältig geplanten Strategie zu unterwerfen.[41] Die höheren militärischen Ränge rekrutierten sich auch im 15. Jahrhundert wie selbstverständlich aus dem Adel. Dessen sozialständisches und in weiten Grenzen auch autonom ausgeübtes Recht zum Kampf jedoch war in steigendem Maße ersetzt durch die Aufgaben und Pflichten, die dem Berufsstand eines festbesoldeten Kriegertums zukamen.[42] *Si puis dire* – heißt es im ›Jouvencel‹[43], dem Lehrbuch für junge Adelige, die auf dem Weg waren zu Kriegstaten,

> que les haultes virtus et grans perfections ont esté trouvées es gens de guerre, comme la vertu de force et constance et aussi de charité. Premièrement la vertu de force, en tant que plusieurs ont esté qui aymoient mieulx mourir en combatant que fuyr à leur deshonneur[...] Et qui puet estre plus grant charité que mettre son corps et sa vye à abandon, pour garantir aultruy, comme font les vaillans hommes d'armes qui se mettent en dangier de jour en jour pour garder le droit de leur seigneur et preserver le menu peuple de toute tribulacion et de l'invasion?

Wenn aber die ungebrochene Bereitschaft des Adels zur körperlichen Gewaltausübung sich so trefflich einfügen ließ in die Ziele der Fürstenmacht und dabei gewiß hinreichend ausgelebt werden konnte, dann darf man wohl im Falle von Jacques de Lalaing keineswegs – wie eben noch geschehen – von Vergeblichkeit seines Strebens und Trachtens sprechen. Er hatte wahrlich Erfolg, als er seinem seigneur als Krieger und Mann des Hofes diente. *D'honneur* erwarb er sich, wie auf seinem Epitaph ausdrücklich vermerkt ist, beim Feldzug, den sein Herr gegen die Unbotmäßigkeit der Stadt Gent führte. Das Mißgeschick, schließlich von einer Kanonenkugel getroffen worden zu sein, reduziert sich zur Folge des einkalkulierten Berufsrisikos eines in seiner Zeit modernen Offiziers.

Über die militärischen Leistungen Jacques' de Lalaing im Genter Krieg ist jedoch auf dem Epitaph noch mehr vermerkt: *Cy gist celuy qui ès guerres gantoises/ Acquit d'honneur autant que mains grégeoises/ Entre Troyens, durant leurs felles noises,/ Et dont gloire a survolant mille toises.*[44]

---

40 *Parties inédites de l'œuvre de Sicile* (Anm. 26), S. 62.
41 Dazu anschaulich Contamine, *Guerre, état* (Anm. 25), S. 398 u. 544 ff. Zur erforderlichen »discipline de chevalerie« vgl. ders., *La Guerre* (Anm. 18), S. 284 f.
42 Kennzeichnend ist, daß sich die Begriffe ›noble‹, ›chevalier‹ und ›guerrier‹ kaum mehr trennen ließen und daß die Häufigkeit der Ritterschläge drastisch abnahm. Dazu Keen (Anm. 16), S. 233: »Die Akzentverlagerung vom Ritterschlag zum Geburtsadel [...] erschütterte keineswegs die Konzeption, daß die grundlegende Rolle der weltlichen Aristokratie eine kriegerische sei. Im weitesten Sinne des Begriffs ›Rittertum‹ waren die Adeligen die chevalerie, die Ritterschaft, ob sie nun formell zum Ritter geschlagen waren oder nicht. Sie bildeten den über ihre Funktion definierten Kriegerstand.« – Siehe zu diesen Strukturen besonders eindringlich auch Contamine, »Points de vue« (Anm. 31). Zu den »tarifs des gages des gens de guerre« ders., *Guerre, état* (Anm. 25), S. 619 ff.
43 Jean de Bueil, *Le Jouvencel* (Anm. 17), Bd. I, S. 51 f.
44 *Livre des Faits de Jacques de Lalaing* (Anm. 1), S. 258.

Man sollte diese Quellenstelle nicht leichtfertig überlesen! Warum wurde der homme d'armes des Herzogs mit Recken des Trojanischen Krieges verglichen? War es nur ein Ornament der panegyrischen Rhetorik oder die wohl überlegte Inszenierung einer memoria, die zum Messen mit überzeitlichen Werten verleiten möchte? Wenn letzteres zutrifft, ist doch alles präsent und aktuell – die *vaillance, prouesse* und *preudommie* der chevalerie! Denn die mythische Anspielung greift nicht beim ›modernen Offizier‹ jener Zeit mit seinen rational strukturierten Aufgaben, wohl aber beim chevalier, der die Ursprünge seines Standes auf dem heroischen Schlachtfeld von Troja zu wissen glaubte[45] und daraus Ideale ableitete, die von schier unvordenklichem Alter sind.

Frappierend ist zudem, daß als konkrete Geschehnisse aus dem Leben Jacques' de Lalaing in jenem Epitaph sonst nur noch der Pas d'armes de la Fontaine des Pleurs und die Turnierreisen erwähnt werden!

> Cy gist celuy qui en seule personne / Tint pas d'un an à Chalon sur la Sonne, / Dont du hault los que bouche luy en donne, / L'air s'enrichit et le ciel en résonne. – Cy gist celuy qui France et Angleterre, / Castille, Escosse, Italie et Naverre, / Portugal tout parvoyagea par terre, / Quérant les bons pour los entre eux acquerre.[46]

Kein Wort findet man von dem, was sich eben beim ›Jouvencel‹ so insistierend angesprochen zeigte – nichts über die Karriere des chevalier im Heer, nichts über dessen Fürstendienst, nichts über dessen diplomatischen Geschäfte. Die Rede ist nur von *honneur* und *hault los*, die der chevalier durch eigene Kraft und eigenes Können erworben habe – *Cy gist d'honneur l'exemplaire assouvie, / Le miroir clair de noble et haute vie, / Des bons spectacle, et l'aiguisoir d'envie / Par avoir trop gloire en soy déservie*, heißt es unterstreichend[47] – und in den Vordergrund gerückt ist der Ort, wo diese persönlichen Ehren angeblich in besonderem Maße errungen werden konnten: nicht das Schlachtfeld, sondern die festliche Bühne des Kampfspieles. Die Worte des Epitaphs binden memoria ausschließlich an eine *bonne renommée*, die Jacques de Lalaing durch seine ritterliche Lebensführung, näherhin durch seine Leidenschaft für Turniere, Tjoste und Pas d'Armes erlangt hatte, und rechnen augenscheinlich damit, daß gerade diese Themen die Fortdauer der Verehrung stiften werden.

Offensichtlich standen Männer wie Jacques de Lalaing also in einem Spannungsfeld.[48] Wie wir sahen, war es nicht erzeugt, weil überflüssig gewordenen Epigonen einer längst verwelkten Zeit der Raum fehlte, die Lust zum Kämpfen

---

45 Im französischen Sprachraum wesentlich initialisiert durch Benoît de Sainte-Maure, *Roman de Troie en vers*, hrsg. L. Constans, 6 Bde., Paris 1904–12. Einen guten allgemeinen Überblick vermittelt jetzt Horst Brunner (Hrsg.), *Die deutsche Trojaliteratur des Mittelalters und der Frühen Neuzeit. Materialien und Untersuchungen*, Wiesbaden 1990; direkt zum Verständnis am burgundischen Hof Doutrepont (Anm. 37), S. 171 ff.
46 *Livre des Faits de Jacques de Lalaing* (Anm. 1), S. 259.
47 Ebd., S. 258.
48 »Spannung des Lebens« nannte Huizinga (Anm. 16) sein erstes Kapitel, in dem er über Leidenschaft und Lebenswirklichkeit handelt, und es sei nicht verhehlt, daß hier im gewissen Sinne zitiert wird.

sinnvoll zu befriedigen. Das Spannungsfeld schien vielmehr auf dem Kontrast zu gründen zwischen den pragmatischen Anforderungen der fürstlichen Politik und des Heereswesens einerseits und den ungebrochenen Vorstellungen des Adelsstandes andererseits, im virtuosen Lebensstil eines pompösen Kultes um den individuellen Erfolg sich stolz seiner elitären Position versichern zu wollen.

III.

Comme il soit ainsin que les nobles et vaillans chevaliers et escuiers aient acoustumé par cy devant, et font encores, pour avoir cognoissance l'un de l'autre, et de trouver à leur povoir voies et manières d'eulz amploier en l'excercite de la très noble usance d'armes, par lequel ilz ont acquis et acquièrent chascun jour bone renommée qui tousiours dure, et il soit ainsin que un chevalier noble de toutes lignes et sans repreuche, qui de tout son cuer desire aprendre et d'expérimenter les très nobles faiz d'armes, a entrepris et entreprent, à l'aide de Dieu et de la glorieuse vierge Marie, ce qui s'ensuit.[49]

Waren die ritterlichen Kampfspiele jener Epoche,[50] die die so sehnsüchtig erstrebte *bonne renommée* auf direktem Wege verschufen, entlastende und von der harschen Wirklichkeit abgetrennte Nischen, in denen der Adel sich noch ungeschoren dem Vergnügen der Selbstversicherung seiner Brillanz hingeben konnte?

Es lassen sich genügend Stimmen anführen, die dies nicht so sahen. Sie nannten einen wesentlich praktischeren Zweck: das Training für den Waffengebrauch im Ernstfall.[51] Christine de Pizan z.B. hatte vorgeschlagen, zwei- oder dreimal jährlich in jeder Diözese Frankreichs Turniere abzuhalten, damit der Adel für den Kriegsdienst in Übung bleibe.[52] William Caxton griff diesen Gedanken für England auf.[53] Auch Olivier de la Marche stimmte ihr zu mit der Bekräftigung: *Les armes de plaisance* [die (stumpfen) Turnierwaffen] *se font pour exercer les armes et pour continuer le mestier, pour habiliter les corps et apprendre a val-*

---

49 *Epître de Jean le Fèvre* (Anm. 4), S. 207.
50 Zum spätmittelalterlichen Turnier siehe die Aufsätze von Philippe Contamine, Thomas Zotz, Werner Meyer und Ortwin Gamber in Fleckenstein, *Das ritterliche Turnier*, S. 425 ff.; Keen (Anm. 16), S. 305 ff.; Richard Barber u. Juliet Barker, *Tournaments. Jousts, Chivalry and Pageants in the Middle Ages*, New York 1989, S. 107 ff., um aus der großen Fülle einschlägiger Untersuchungen nur einige wichtige herauszugreifen.
51 Dazu ausführlich Vale (Anm. 14), S. 63 ff.
52 Christine de Pizan, *The ›Livre de la Paix‹*, hrsg. C.C. Willard, Den Haag 1958, S. 134. – Die Autorin konnte sich auf Vordenker wie z. B. vor allem Geoffroi de Charny, *Le Livre de chevalerie, Œuvres de Froissart*, hrsg. [Joseph Bruno] Baron Kervyn de Lettenhove, Brüssel 1867, Bd. II, S. 463–553, hier: S. 463–466, stützen. Vgl. dazu A. Piaget, »Le Livre messire Geoffroy de Charny«, *Romania* 26 (1897), S. 396–411.
53 William Caxton, *The Book of Fayttes of Armes and of Chyvalrye*, hrsg. A.T.P. Byles, London 1932, S. 124.

loir pour le defense du bien publique,⁵⁴ und in seinen Memoiren wird er nicht müde, immer wieder darauf hinzuweisen, daß die an Fürstenhöfen veranstalteten Kampfspiele der Ausbildung für den kriegerischen Nachwuchs dienten.⁵⁵ Derartige Argumente sind schlicht nicht von der Hand zu weisen, denn der eine Waffengebrauch nützt gewiß grundsätzlich dem anderen.⁵⁶ Doch gibt zu denken, daß weder die fürstlichen oder königlichen Ordonnancen noch die offiziellen Heeresinstruktionen, noch die militärischen Handbücher dem Turnier eine wirkliche Bedeutung beimaßen.⁵⁷ Und daß im ausgehenden Mittelalter die joute – der spielerische Zweikampf also, bei dem die individuelle Waffenkunst ins beste Licht gerückt werden konnte – immer beliebter wurde und dabei die mêlée – den Mannschaftskampf, bei dem Taktiken angewandt werden mußten, die eher den Kriegsanforderungen entsprachen – vergleichsweise stärker in den Hintergrund treten ließ;⁵⁸ auch diese Tatsache spricht nicht gerade dafür, daß der militärisch-pragmatische Nutzen der Kampfspiele allzu hoch angesetzt wurde.

Zu welchem Ergebnis auch immer man kommen mag,⁵⁹ Versuche, auf solchem Wege die Rolle der spätmittelalterlichen Turniere oder Tjoste ausloten zu wollen, mögen zwar nicht unerheblich sein, doch sie gehen am Eigentlichen vorbei. Sie übersehen, daß es sich um Kampf- und Schauspiele zugleich handelte. Sie übersehen den ausgeuferten Prunk der Inszenierungen, die erstarrte Förmlichkeit der Rituale, die praxisfernen Regulierungen des Kampfes und den rational gesteuerten Aufwand eben gerade um diese Elemente.⁶⁰ Für ein Spiel war es fruchtbar, diesen Aufwand zu treiben, für den pragmatischen Zweck einer kriegerischen Übung jedoch völlig überflüssig.

---

54 Olivier de la Marche, *Le livre de l'advis de gaige de Bataille*, hrsg. in: Bernard Prost, *Traicte de la forme et devis comme on faict les tournois*, Paris 1878, S. 1–54, hier: S. 23 f. [Die erste Auflage erschien 1872 unter dem Titel *Traités du duel judiciaire*.]

55 *Mémoires d'Olivier de la Marche* (Anm. 6), z.B. Bd. I, S. 286: *[...] le duc et la duchesse firent de grans chieres en leur ville de Dijon, et là furent faictes unes joustes à selles plattes, et en harnois de jouste, de josnes gens et de nouveaulx jousteurs, pour apprendre le mestier.*

56 Geoffroi de Charny, *Le Livre de chevalerie* (Anm. 52), S. 466: *Car en guerre convient-il jouster de fer de glaive et ferir d'espée comme a tournoiement et encontrer d'estoc et d'autres glaives comme pour la guerre.* Vgl. dazu Contamine, *Guerre, état* (Anm. 25), S. 186 ff.

57 Vgl. Philippe Contamine, »Les tournois en France à la fin du Moyen Age«, in: Fleckenstein, *Das ritterliche Turnier*, S. 425-449, hier: S. 448.

58 Mit vielen Beispielen Contamine, »Les tournois« (Anm. 57), S. 440 ff.; siehe auch Fleckenstein, »Nachwort: Ergebnisse und Probleme«, S. 640.

59 Es gilt wohl tatsächlich, was Contamine, »Les tournois« (Anm. 57), S. 449, am Schluß seiner Darlegungen salomonisch sagte: »Le tournoi à l'extrême fin du Moyen Age: une occupation à plusieurs registres, à plusieurs finalités.«

60 Die vanitas des weltlichen Luxus und die Förderung des eitlen Stolzes waren – neben den körperlichen Risiken – nach wie vor die Gründe, die von kirchlicher Seite auch im Spätmittelalter zu einer Ablehnung der Turniere führten. Siehe z.B. Denis le Chartreux, *De vita militarium*, *Opera omnia*, Tournai 1909, Bd. XXXVII, S. 580; zum Turnierverbot im Überblick Sabine Krüger, »Das kirchliche Turnierverbot im Mittelalter«, in: Fleckenstein, *Das ritterliche Turnier*, S. 401–422.

Im Frankreich und im Burgund des 15. Jahrhunderts vor allem war das Turnier ein von den Fürstenhöfen veranstaltetes[61] »exklusives Gesellschaftsspiel, das in gesteigerter Künstlichkeit jetzt seinen vollsten Glanz entfaltet«.[62]

> Je me suis avisé de vous faire un petit traité, le plus au long étendu que j'ai su, de la forme et manière dont il me semblerait qu'un tournoi serait à entreprendre à la Cour ou ailleurs en quelque marche de France, quand aucuns princes le voudraient faire faire,

schreibt der große Förderer adeliger Kultur, René d'Anjou, als Einleitung zu einem prächtig illuminierten Werk[63] über die ideale Inszenierung eines Turniers und handelt dann über alles, was ihm wesentlich erscheint: über die feierlichen Einladungszeremonien, über die Festlichkeiten des Einzugs, über die Rituale der Helmschau, über die prunkvollen Waffen und über die Etikette bei der Preisverleihung – nur kaum über den Kampf selbst![64] Die Bühne war wichtig, dann lief auch das Stück, das darauf gespielt wurde. Und bei ihrer Ausstaffierung schienen der Phantasie oftmals die Zügel gerissen zu sein.

Da wird eine zu schützende Jungfrau der Tränen auf einer Insel postiert,[65] da wird die Minneburg aus der arthurischen Welt aufgebaut, vor der zwei Türken mit lebenden Löwen Wache halten,[66] da wird vorgeblich der Baum Karls des Großen errichtet, den passieren zu wollen, Kampfansage bedeutet,[67] da wird eine Geschichte gewoben um eine verschüchterte Wallfahrerin, deren Beschützer sich als Held der Verteidigung einer Wegpassage zu erweisen gelobte,[68] da will sich ein Ritter durch ein Kampfspiel aus der Gefangenschaft eines zauberkräftigen

---

61 Im Gegensatz dazu blühte das Turnierwesen östlich des Rheins vor allem bei eigens dafür ins Leben gerufenen ritterlichen Turniergesellschaften; siehe dazu Werner Meyer, »Turniergesellschaften. Bemerkungen zur sozialgeschichtlichen Bedeutung der Turniere im Spätmittelalter«, in: Fleckenstein, *Das ritterliche Turnier*, S. 500–512; und vor allem jetzt Holger Kruse, Werner Paravicini u. Andreas Ranft (Hrsg.), *Ritterorden und Adelsgesellschaften im spätmittelalterlichen Deutschland*, Frankfurt/M. [u.a.] 1991. Zu Städten als Organisatoren vgl. Thomas Zotz, »Adel, Bürgertum und Turniere in deutschen Städten vom 13. bis 15. Jahrhundert«, in: Fleckenstein, *Das ritterliche Turnier*, S. 450–499.

62 Fleckenstein, »Nachwort: Ergebnisse und Probleme«, S. 645, dessen angeblich implizite Verfallstheorie des Rittertums (in Bezug u.a. auf dieses Zitat) scharf von Klaus W. Hempfer, »Ernst und Spiel oder die Ambivalenz des Rittertums um 1500», *Romanische Forschungen* 99 (1987), S. 348–374, hier: S. 351 f., angegriffen wird. Vgl. auch Anm. 16.

63 René d'Anjou, *Livre des Tournois – Traité de la forme et devis comme on fait des tournois*, hrsg. Edmond Pognon, Paris 1946; eine Reproduktion der Illustrationen nach der Originalhandschrift: *Le livre des tournois du Roi René: de la Bibliothèque Nationale (ms. françois 2695)*, hrsg. François Avril, Paris 1986; vgl. N. Coulet, A. Planche u. F. Robin, *Le Roi René, le prince, le mécène, l'écrivain, le mythe*, Aix-en-Provence 1982.

64 Eine – trotz ihrer professionellen Nüchternheit – inhaltlich vergleichbare, jedoch stärker normativ wirkende Darstellung der Rituale und Regeln findet sich etwa gleichzeitig z.B. beim Herold Sicile: *Comment la noble office d'armes se doibt conduire en ung tournoy*. – *Parties inédites de l'œuvre de Sicile* (Anm. 26), S. 191 ff.

65 Beim Pas d'armes de la Fontaine de Pleurs; dazu noch unten.

66 Pas de la Joyeuse garde (1446); siehe M. Vulson de la Colombière, *Le vray theatre d'honneur et de chevalerie*, Paris 1648, S. 81 ff.

67 Pas d'armes de l'Arbre de Charlemagne (1443); *Mémoires d'Olivier de la Marche* (Anm. 6), Bd. I, S. 290 ff.

68 Pas d'armes de la Belle Pèlerine (1449); siehe *Chronique de Mathieu d'Escouchy* (Anm. 27), Bd. I, S. 244 ff.; *Mémoires d'Olivier de la Marche* (Anm. 6), Bd. II, S. 118 ff.

Zwerges befreien, welcher Diener einer geheimnisvollen Jungfrau mit einem magischen Pfeiler ist[69] – um nur einiges zu nennen. Und tatsächlich stießen alle, die den Kampf annehmen wollten, auf einen entsprechend wohlausgestatteten theatralischen Raum, dessen Staffagen ›Jungfrauen‹ waren, die dank sorgfältig installierter Hydraulik weinten, oder Einhörner oder Schwäne, sogenannte ›Wilde Männer‹ oder goldene Bäume, und sie sahen in diesen Gebilden wohlvertraute Dinge aus der Welt der Romane und Lieder[70], die von den Helden des ritterlichen Ethos handelten – von Lancelot, von Tristan, von den neuf preux, oder sie staunten über neue Schaustücke[71], deren tieferes Geheimnis verschlossen bleiben sollte.

Die Beispiele bezogen sich alle auf Pas d'armes – jene Kampfspiele mit dem sicherlich höchsten Grade theatralischer Ausformung.[72] Ihr Grundprinzip – und der Bezug zu gewissen Handlungsschemata aus dem Stoffkreis der höfischen Romane läßt sich dabei nicht verkennen – bestand darin, daß eine einzelne Person oder eine Gruppe von adeligem Geblüt einen bestimmten Punkt in der Landschaft (und manchmal auch in einer Stadt) besetzte und grundsätzlich jeden Standesgenossen aufforderte, herbeizukommen und zu kämpfen. Die Kampfregeln waren zuvor in statutenähnlicher Niederschrift durch Herolde an allen Höfen veröffentlicht worden. Zauber aber war der Aktion verliehen durch eine kühn entworfene *emprise*[73], die die Beziehung herstellte zu den eben genannten Szenerien.

---

69 Pas du Perron Fée (1463); siehe F. Brassart, *Le Pas du Perron Fée*, Douai 1874.
70 Nur knapp dazu Ruth H. Cline, »The Influence of Romances on Tournaments of the Middle Ages«, *Speculum* 20 (1945), S. 204–211, bes. S. 209 ff.
71 Neu erfundene oder neuen Moden gehorchende Themen überwiegen sogar (z.B. die Schäferidylle beim Pas d'armes de la Bergère des René d'Anjou; siehe G.A. Crapelet, *Le Pas d'armes de la Bergère*, Paris 1835)! Richtig ist im übrigen, was Jean-Pierre Jourdan sagt: »L'originalité de ce théâtre de chevalerie n'est pas dans l'utilisation des signes dont la dimension symbolique est parfaitement attestée dans le roman courtois, mais dans le choix même de leur représentation.« – Ders., »Le thème du Pas dans le royaume de France (Bourgogne, Anjou) à la fin du Moyen Age. Aspects d'un théâtre de chevalerie«, in: *Théâtre et Spectacles hier et aujourd'hui, Moyen Age et renaissance (Actes du 115e Congrès National des Sociétés Savantes, Avignon 1990)*, hrsg. Ministère de l'Education Nationale, Comité des Travaux Historiques et Scientifiques, Paris 1991, S. 285–304, hier: S. 286.
72 Zum Pas d'armes liegen jetzt neben Barber/Barker (Anm. 50), S. 110 ff., die neueren Untersuchungen vor von Jourdan, »Le thème du Pas dans le royaume« (Anm. 71); ders., »Le thème du Pas et de l'Emprise. Espaces symboliques et rituels d'alliance au Moyen Age«, *Ethnologie française* 22 (1992), S. 172–184; ders., »Le symbolisme politique du Pas dans le royaume de France (Bourgogne et Anjou) à la fin du Moyen Age«, *Journal of Medieval History* 18 (1992), S. 161–181. Einschlägig auch ders., »Le langage amoureux dans le combat de chevalerie à la fin du Moyen Age (France, Bourgogne, Anjou)«, *Le Moyen Age* 99 (1993), S. 83–106; ders., »Les fêtes de la chevalerie dans les Etats bourguignons à la fin du Moyen Age: aspects sociaux et économiques«, in: *Jeux, sports et divertissements au Moyen Age et à l'Age classique (Actes du 116e Congrès National des Sociétés Savantes, Avignon 1991)*, hrsg. Ministère de l'Education Nationale, Comité des Travaux Historiques et Scientifiques, Paris 1993, S. 257–277.
73 Vgl. zu diesem Begriff Jourdan, »Le thème du Pas dans le royaume« (Anm. 71), S. 294 f. ›Emprise‹ kann hier sowohl eine durch Gelöbnis gebundene Aktion wie auch deren sichtbares Zeichen – ein Emblem, ein Schild, ein am Körper angehefteter Gegenstand (»matérialisation d'un engagement, d'un serment, d'un vœu donné«; Jourdan, ebd., S. 295) – bedeuten; vgl. auch ders., »Le thème du Pas et de l'Emprise« (Anm. 72), S. 177 ff.

Ein Geschehen wie ein Pas d'armes mag uns auf dem ersten Blick bizarr vorkommen. Und zwar nicht allein, weil es ein treffliches Produkt stilisierter Illusion auf der Suche nach der Schönheit theatralischer Lebensformen gewesen sein mag. Nicht allein, weil in einer eigentümlichen Weise Inszenierungen und Rituale des Phantastischen ernst genommen wurden, obgleich sie in eine Welt wiesen, in der Träume, Fabeln und Mythen beheimatet sind, wo sich Sinn nur findet, wenn man bereit ist, diesen auch dem vordergründig Zwecklosen beizumessen. Sondern bizarr erscheint vor allem die Tatsache, daß dieses Geschehen zugleich mit größter Rationalität komponiert und durchgeführt wurde, daß es zugleich auf einer Organisation von höchster Pragmatik aufruhte, und daß es zugleich ein Konstrukt war aus schriftlich fixierten Regeln, die den juristischen Charakter verbindlicher Geschäftsbedingungen hatten. Und doch gerade, weil er beides vereinigte, war ein Pas d'armes in vollendeter Weise ein Spiel – ja Spiel schlechthin, welches seinem Wesen nach die Irrationalität einer Sonderwelt mit der Rationalität einer Ordnung verbindet.[74] Warum aber gab man sich dem schillernden Aufwand eines solches Spiels hin?

Spiel ist eine »reservierte, geschlossene und geschützte Welt«[75], die fern des pflichtgebundenen Lebens eine Wirklichkeit nach ihren eigenen Regeln zu konstituieren pflegt. Jacques' de Lalaing legendärer Ruf gründete auf einem Leben im Spiel, und dieses überstrahlte die Leistungen, die ihm die Pflicht des Dienstes vorschrieb. Ein Pas d'armes, der von seinem Dienstherrn genehmigt und finanziert wurde,[76] war der Höhepunkt...

IV.

[...] et quant il veit le pavillon, et le herault qui gardoit la barriere à cotte d'armes vestue, il descendit de son cheval, et salua le herault, et luy pria qu'il luy voulsist declairer la signiffiance et la cause du pavillon, et du mistere qu'il avoit trouvé. Le herault, qui bien le sceust faire, luy declaira comment ung chevalier, entrepreneur en ceste partie, sans luy nommer le nom, luy faisoit garder la fontaine de Plours chascun samedi de l'an, pour fournir chascun noble homme qui vouldroit toucher à l'une des trois targes ou à plusieurs, pendans à ladicte fontaine, et luy declaira la condicion desdictes trois targes, et le plus avant de celle entreprinse qu'il le peust faire, luy offrant de luy bailler les chappitres par escript [...][77]

---

74 Siehe dazu demnächst Gert Melville, »Gespielte Welten im Mittelalter. Variationen zu einem Thema von Huizinga«, in: Peter Johanek (Hrsg.), *Spiel, Sport und Kurzweil im Mittelalter*.
75 Roger Caillois, *Die Spiele und die Menschen. Maske und Rausch*, Stuttgart 1960, S. 13. – Ähnlich auch Johan Huizinga, *Homo ludens. Vom Ursprung der Kultur im Spiel*, Hamburg 1956, S. 14 ff.
76 Siehe *Livre des Faits de Jacques de Lalaing* (Anm. 1), S. 199. Jacques de Lalaing wurde bei dem Pas d'armes von seinem Freund Pierre Vasque, ebenso *conseiller et chambellan* Philipps des Guten, begleitet. Auch dessen Ausstattung bezahlte der Herzog; siehe *Mémoires d'Olivier de la Marche* (Anm. 6), Bd. II, S. 144, Anm. 2.
77 *Mémoires d'Olivier de la Marche* (Anm. 6), Bd. II, S. 154.

Am 7. Februar des Jahres 1450, gegen 11 Uhr vormittags, läßt sich der Chevalier Jacques de Lalaing mit einem kleinen Boot über einen Arm der Saône vor den Toren von Chalon auf eine Insel rudern. Er benützt nicht die Brücke, die ihn an dieser Stelle ebenfalls über den Fluß geführt hätte – sie ist den anderen zugewiesen, mit denen er sich nun zu treffen gedenkt.[78] Umhüllt von einer langen Robe aus grau schimmerndem und mit Marderfell besetztem Goldbrokat, begibt er sich feierlich vor eine Gestalt, die den Wappenrock Philipps des Guten trägt und einen weißen Stab in den Händen hält. Es ist Toison d'or, der Wappenkönig des herzoglichen Ordens;[79] er hatte schon auf Jacques gewartet, in einem umzäunten Platz. Der Chevalier spricht ihn mit folgenden Worten an: *Noble roy d'armes de la Toisor d'or, je me présente par devant vous, juge commis de par mon très redoubté et souverain seigneur, pour faire, fournir et acomplir les armes contenues ès chappitres par moy emprins; vous priant que me veulliez tenir en droit et en justice.*[80] Der Wappenkönig heißt ihn willkommen und antwortet, er wolle seine Bitte gerne erfüllen. Der Ritter zieht sich daraufhin in einen Pavillon aus weißen Satin, über und über bestickt mit blauen Tränen, zurück. Kurz danach erscheint eine andere Person – in vollem Harnisch, den Wappenrock über die Schultern geworfen und 400 Berittene mit sich führend. Es ist Pierre de Chandios,[81] einer der großen und kraftvollen ecuyers Burgunds.

Vor sieben Tagen schon war dessen Herold auf der Insel gewesen und hatte dort eine wundersame Bühne betreten, die Schauplatz werden sollte für das kommende Geschehen. Ein Ensemble von Zelten und Häusern hatte er vorgefunden, zwei fein mit Sand bestreute Kampfareale – ein langgestrecktes für das Lanzenrennen, ein quadratisches für das Duell zu Fuß –, Tribünen für Zuschauer, Depots für Speisen, Getränke, Rüstungen und Waffen, Ställe für die Pferde... Doch auf all dies war der Sinn des Herolds nicht gerichtet. Sein Ziel war ein großer Pavillon, prächtiger Blickfang inmitten der Szenerie, über der jene spannungsvolle Ruhe lag, die dem Warten auf ein auslösendes Moment eigen ist. Den Giebel des Pavillons krönte eine Figur der Muttergottes mit

---

78 Der Anschaulichkeit halber wird die Dramatik des Pas d'armes de la Fontaine des Pleurs zunächst kurz anhand einiger Episoden nachgezeichnet. Das Geschehen ist ausführlich beschrieben in einer *Epitre* von Jean le Fèvre (Anm. 4), S. 206–238, im anonym verfaßten *Livre des Faits de Jacques de Lalaing* (Anm. 1), S. 188–246, und in den *Mémoires d'Olivier de la Marche*, (Anm. 6), Bd. II, S. 142–203. Nur die Statuten, nicht aber bei den anderen beiden genannten Werken fehlen, überliefert zudem noch die *Chronique de Mathieu d'Eschouchy* (Anm. 27), Bd. I, S. 264 ff. Zu den Rezeptionszusammenhängen zwischen diesen Berichten siehe noch unten. Eine eingehendere Analyse erfuhr der Pas d'armes de la Fontaine des Pleurs bereits durch Alice Planche, »Du tournoi au théâtre en Bourgogne. Le Pas de la Fontaine des Pleurs à Chalon-sur-Saône 1449–1450«, *Le Moyen Age* 81 (1975), S. 97–128.
79 Es handelt sich um Jean le Fèvre, der mit seiner Epître zugleich späterer Berichterstatter des Ereignisses ist; zu ihm siehe François Morand in seinem Vorwort zur *Chronique de Jean le Fèvre* (Anm. 28), Bd. II, S. V ff.; F. Koller, *Au service de la Toison d'or (Les officiers)*, Dijon 1971, S. 137 ff.
80 *Epître de Jean le Fèvre* (Anm. 4), S. 214.
81 Zu seiner Genealogie siehe Caron (Anm. 30), S. 345.

dem Kinde. Rechts neben dem Eingang befand sich eine weitere Statue. Sie stellte eine Jungfrau dar, die heftige Tränen vergoß. Sie flossen an ihrer linken Seite herab in einen Brunnen, auf dem ein Einhorn saß. Und diese Figur wiederum hielt drei Wappenschilde – ein weißes, ein violettes und ein schwarzes. Als einziges menschliches Wesen war ein Wächter vor dem Pavillon zu sehen, ohne dessen Erlaubnis man sich dem Mysterium nicht nähern durfte. Es handelte sich um Charolais, den Herold des jungen Karl, des Sohnes des Herzogs. Der Herold von Pierre de Chandios bat ihn um Zutritt, denn er wollte im Namen seines Herrn einen der Schilde mit seinem Stab berühren. Die Bitte wurde ihm gewährt. Er kniete vor der Jungfrau Maria nieder, grüßte ehrerbietig die ›Dame der Tränen‹, stieß sodann auf den weißen Schild und sprach:

> Je touche à la blanche targe pour et ou nom de Pierre de Chandios, escuyer; et afferme en parolle de veoir, disant que au jour que luy sera baillé il fournera de sa personne les armes condicionnées et ordonnées pour ladicte targe, et selon le contenu des chappitres du noble entrepreneur, si Dieu le garde d'encombrier et de loyale ensongne.[82]

Der weiße Schild war gewählt worden – der Schild, das für das Kampfbeil stand. Dann hatte man Jacques de Lalaing, den Herausforderer, in seinem Quartier zu Chalon unterrichtet, daß ein großer Gegner gekommen sei, um bei der ›Jungfrau der Tränen‹ gemäß jenen 25 Statuten zu kämpfen, die Jacques schon eineinhalb Jahre zuvor, schriftlich und mit seinem Siegel versehen, niedergelegt hatte und über alle Länder verbreiten ließ. Ein Tag des Treffens war vereinbart worden, und es war der Tag, an dem wir Jacques zur Insel übersetzen und Pierre de Chandios einreiten sahen.

Nun überreicht ihm ein Herold eine emaillierte Goldrute und weist ihn an den Wappenkönig, um sich vorzustellen. Sein Onkel, der Graf von Charny[83], führt für ihn das Wort:

> Roy d'armes de la Toison, véez cy Piere de Chandio qui se présente par devant vous, juge commis par mon très redoubté seigneur monseigneur le duc. Jà soit ce que, par les chappitres, il pourroit mectre un juge adjoint avec vous, dès maintenant, pour le sens, preudommie et loiaulté qu'il sent en vous, il s'en déporte et vous prie que, en bonne justice, vous veulliez garder son droit.[84]

Auch Pierre heißt der Wappenkönig willkommen und weist ihm einen eigenen, mit seinen Wappen geschmückten Pavillon zu. Rege Geschäftigkeit setzt ein. Die Zuschauer werden vom Platz auf die Tribüne gedrängt, Herolde beginnen mit den Kampfrufen, Trompeter tun ihr Werk, und auf Anordnung des Wappenkönigs, der der Kampfrichter ist, begibt sich der mareschal de la lice, der Seigneur de Sandon[85], zu Pierre de Chandios und bittet ihn zu erklären, wie

---

82 *Mémoires d'Olivier de la Marche* (Anm. 6), Bd. II, S. 148.
83 Zu Pierre de Bauffremont, comte de Charny, siehe Caron (Anm. 30), S. 315 ff.
84 *Epître de Jean le Fèvre* (Anm. 4), S. 215.
85 Es handelte sich um Antoine de la Marche, *le cousin germain* des Olivier de la Marche, welcher somit durch ihn gut über den Pas informiert worden sein dürfte; vgl. *Mémoires d'Olivier de la Marche* (Anm. 6), Bd. II, S. 151.

viele Schläge mit dem Beil durchgeführt werden sollen. Pierre entscheidet sich für 17 – eine hohe Zahl, die sogleich dem Herausforderer mitgeteilt wird und die dieser akzeptiert. Zwei reich geschmückte Kampfbeile werden herbeigebracht und Pierre zur Auswahl gestellt. Dann tritt Pierre – voll gerüstet und sein Wappentuch auf dem Rücken – aus dem Pavillon heraus. Auf der anderen Seite des Platzes erscheint Jacques de Lalaing – anstelle seiner Wappen trägt er einen weißen Rock, entsprechend der Farbe des gewählten Schildes. Beide Kämpfer treten vor den Wappenkönig, sehen sich jetzt zum ersten Mal in die Augen und erwarten das Zeichen zum Beginn... Der Kampf wird heftig gefochten und mit großer Tapferkeit, keiner läßt sich zu Boden schlagen von den gewaltigen Hieben. Wäre es geschehen, hätte der Besiegte sich verpflichten müssen, ein goldenes Armband zu tragen, bis eine Dame sich bereit finden würde, es aufzuschließen. Nach einer knappen Stunde ist das vereinbarte Maß des Wettstreits erfüllt. Der Wappenkönig wirft seinen Stab, die Kämpfer werden getrennt und vor den Schiedsrichter beordert. Ritterlich hätten sie sich verhalten, Ehrerbietung komme ihnen zu, und Ruhm hätten sie mit ihrem Tun erworben, sagt man ihnen. Man fordert sie auf, *qu'ilz touchassent l'un à l'autre et fussent bons amis*[86]. Sie tun es und gehen vom Platz, der nun wieder für neue Waffengänge vorbereitet wird – im nächsten Monat und dann erneut im darauffolgenden und so fort noch bis zum Herbst.

Am Nachmittag des 25. Oktober 1450 dann – eben war der letzte Kampf abgeschlossen – begibt sich Jacques de Lalaing, umringt von einer großen Schar von Rittern, Knappen und sonstigen Edelleuten, auf dem weiten Platz zum Wappenkönig und richtet folgenden Sätze an ihn:

> Noble roy d'armes de la Toison d'or, juge commis de par mon très redoubté et souverain seigneur, je me présente devant vous à celle fin que, se aucune chose a à parfaire touchant l'emprise de ce présent pas et le contenu de mes chappistres, qu'il vous plaise à le moy dire et ordonner; car je suis prest, à l'ayde de Dieu, d'acomplir ce que je doy faire.[87]

Der Wappenkönig antwortet ihm:

> Monseigneur, selon la déclaracion de voz chappitres, je ne sçay riens que de vostre part ne soit acompli bien et honorablement et chevaleureusement en toutes choses; et, le temps que y deviez estre, y avez esté, la mercy Dieu, à vostre très grant honneur.[88]

Man schreitet zu einem großen Fest in der Stadt Chalon. Alle, die zur ›Jungfrau der Tränen‹ gekommen waren, um zu kämpfen, sind geladen, sehen in einem prächtigen Schauspiele beweglicher Figuren noch einmal die Jungfrau und hören deren Dank für die erwiesene Tapferkeit. Die Preise werden verteilt, die Herolde erhalten großzügige Geschenke. Man pflegt Gemeinschaft beim feierlichen Mahle.

---

86 Ebd., S. 216.
87 Ebd., S. 232 f.
88 Ebd., S. 233.

V.

> Vous, mes compagnons et seigneurs,/ Tant humblement que le puis faire,/ Je vous mercie des honneurs/ Que m'avez fait par vostre affaire,/ Guerredon ne vous puis-je faire,/ Fors qu'un chevalier me tenez,/ Sur qui commandement avez.[89]

In einer »reservierten, geschlossenen und geschützten Welt«[90] spielten sich diese – wie Toison d'or, der Wappenkönig, sie nannte – *haulz, loables et honnorables faiz d'armes*[91] ab. Alle Einrichtungen und Handlungsabläufe wiesen darauf hin – sie taten es faktisch und, mehr noch, symbolisch.

»Das Spiel sondert sich vom gewöhnlichen Leben durch seinen Platz und seine Dauer«, sagt Huizinga.[92] Symbolhaft handelnd, überwand man jene Grenzen, hinter denen sich die vom Alltag freien Räume des Spieles auftaten. Obgleich die Brücke bequemer war, ging man zunächst auf einen ›passage périlleux‹[93] und ließ sich hinüberrudern über den Fluß zur Insel. Vollzogen von einem Herold auf einen Schild, hob der Wettstreit ›mit einem Schlage‹ an, und eröffnet war ein Spiel mit Waffen, deren Ernst man sich damit zugleich entzog: *Quant le requerant arrache l'emprinse de son compaignon, c'est pour la vie de l'ung ou de l'aultre, mais quant l'on n'y fait que toucher seulement, c'est pour chevalerie.*[94] Und beglichen wurde am Schluß, was während des Kampfes in Form handgreiflicher Gewalt doch die Härte des wirklichen Leben hatte aufleuchten lassen – am Schluß stand die versöhnliche Aufforderung, den Körper des Gegners zu berühren: *et le juge dit qu'ils touchassent l'un à l'autre*[95]. Symbolhaft weist ein Bogen zurück zum auslösenden ›touchier la targe‹: ebenso ›mit einem Schlage‹ war die Spannung gelöst.[96] Auf umgrenztem Platze fand das Kampfspiel statt, und umgrenzt war er nicht nur durch die hölzernen Barrieren der Turnierbalken,

---

89 *Livre des Faits de Jacques de Lalaing* (Anm. 1), S. 243.
90 Vgl. oben S. 266.
91 *Epître de Jean le Fèvre* (Anm. 4), S. 239.
92 Huizinga, *Homo ludens* (Anm. 75), S. 17.
93 Dazu, auch Vergleiche zu anderen Pas d'armes ziehend, Jourdan, »Le thème du Pas dans le royaume« (Anm. 71), S. 287; ders., »Le thème du Pas et de L'Emprise« (Anm. 72), S. 172.
94 *Mémoires d'Olivier de la Marche* (Anm. 6), Bd. II, S. 66, erläuternde Worte Galiots de Baltasin über Gebräuche des Anschlagens von Zeichen der emprise wiedergebend. In der Tat liegt auch der Vergleich zum ernsten (und gerichtlichen) Duell, also zu Gebräuchen und Formen der gage (oder gaige) de bataille, nahe. Siehe dazu als seinerzeit stark normativ wirkende Quelle Honoré Bovet, *Arbre des batailles*, hrsg. Ernest Nys, Brüssel 1883 (in englischer Übers. hrsg. G. W. Coopland, Liverpool 1949), den auch der Herold Sicile in seinem viel benutzten Werk (*Parties inédites de l'œuvre de Sicile* [Anm. 26], zur gaige de bataille S. 148 ff.) rezipierte. Vgl. Vale (Anm. 14), S. 76 ff.; Wright (Anm. 18).
95 *Mémoires d'Olivier de la Marche* (Anm. 6), Bd. II, S. 216.
96 Wie höchste Anspannung gebrochen werden konnte durch ein bewußt gesetztes Ende des Kampfes, zeigt z. B. folgende Stelle aus der *Epître* des Jean le Fèvre (Anm. 4), S. 219: *Et après l'acomplissement de X ou XII coups, le dessusdit chevalier print de sa main destre la haiche dudit de Boniface, et, de sa main senstre, tenoit sa haiche, et en féry en la visière dudit Boniface trois coups d'esctoc; et, ce fait, ledit chevalier laissa aler la haiche dudit de Boniface, et le print par les plumas qu'il portoit sur sa teste, et le tira tant rudement qu'il*

nicht nur als Friedensbezirk gesonderten Rechts, nicht nur sinnbildlich und tatsächlich als Insel,[97] umgrenzt war er auch durch jenen Rahmen, den die Szenerie des Theatralischen setzte. Kaum anderswo aussagekräftiger als hier zeigt sich die wörtliche Bedeutung des Begriffes ›Rahmengeschichte‹. Die ›Jungfrau der Tränen‹ war Herrin eines Bannes, der fern der Welt nur die eigene Bühne kannte. Durch seine selbstgesetzte *emprise* war Jacques de Lalaing in die Schranken dieser Bühne getreten und diente dort einem *mystère*[98], das ihm eine aus dem normalen Leben herausgebrochene ›Liturgie‹ des schönen Spiels[99] um den Dienst an einer weinenden Dame abverlangte. Und angesichts der geforderten

---

le fist cheoir à terre de tout le corps. Et quant le juge le vist par terre, il dist aux gardes qu'ilz le levassent et qu'ilz l'amenassent devant lui, et pareillement feissent venir ledit chevalier. Et lors leur dist le juge que, selon le contenu des chappitres, les armes estoient parfaictes et acomplies [...] Et lors ledit juge les fist coler et touchier ensemble.

97 Zum ›lieu dramatique‹ auch anderer Pas d'armes vgl. Jourdan, »Le thème du Pas dans le royaume« (Anm. 71), S. 286 f. Hinzuweisen ist auch auf die Tatsache, daß die Insel exakt auf einer bedeutenden Grenze (der zwischen Frankreich und dem Reich) lag und damit sozusagen als ein ›Niemandsland‹ verstanden werden konnte, wie es sonst oft auch als Ort von Gipfeltreffen zwischen Herrschern benützt wurde. Zur Symbolik derartiger Orte siehe Jean Richard, »Les débats entre le roi de France et le duc de Bourgogne sur la frontière du royaume à l'ouest de la Sâone, l'enquête de 1452«, *Bulletin philol. et hist. du comité des travaux hist. et scientif.* 1964, S. 112–132; demnächst auch Philippe Contamine, »Les rencontres au sommet dans la France du XVe siècle«, in: Heinz Duchhardt u. Gert Melville, *Soziale Kommunikation im Spannungsfeld von Recht und Ritual*, Norm und Struktur 5.

98 So begrifflich gekennzeichnet in den *Mémoires d'Olivier de la Marche* (Anm. 6), Bd. II, S. 202. – Zur zeitgenössisch verbreiteten Belegung eines Pas d'armes mit dem Terminus technicus ›mystère‹ siehe Jourdan,»Le thème du Pas dans le royaume« (Anm. 71), S. 285 ff.; ders., »Le thème du Pas et de l'Emprise« (Anm. 72), S. 172 ff., wobei er allerdings nicht näher auf die noch zu wenig geklärte Frage eingeht, inwieweit diese begriffliche Verwendung im ideellen Zusammenhang mit den (auch) im Frankreich des 15.Jahrhunderts so beliebten religiösen Mysterienspielen steht. Planche (Anm. 78), S.126, allerdings erläutert die äußerlichen Ähnlichkeiten: »Le même mot ›mistère‹ désigne la grande forme dramatique de la fin du Moyen Age et, entre autres, le Pas d'armes ou ses accessoires. Les analogies ne manquent pas. Les lices, closes de palissades, dominées par les ›hourts‹ ou échafauds, évoquent la scène qu'entoure un parterre et que surplombent les loges. La maison du juge du tournoi, au milieu de l'arène, et les tentes des combattants, à ses extrémités, répondent aux ›mansions‹ édifiées sur les aires de jeu. Certaines passions muettes et mimées suivent un canevas comparable au ›scenario‹ inclus dans les chapitres du pas. Dans les deux domaines, la place du geste se situe entre le rituel et l'improvisation. Au théâtre, des maîtres d'œuvre – les ›fatistes‹ – vrais responsables du succès peuvent être rapprochés des entrepreneurs des emprises.« – Zu den französischen Mysterienspielen ist jetzt vor allem auf das Erscheinen der Thèse d'Etat von J.-P. Bordier, *Recherches sur le message théâtral des Mystères de la Passion en français (XIIIe–XVIe siècle)*, Paris 1990, zu warten.

99 Die Berechtigung, hier den Begriff ›Spiel‹ gerade als Gegensatz zur rauhen Wirklichkeit echter Feindseligkeiten zu verwenden, erweist sich – neben vielen anderen Belegen – deutlich aus einer Passage der Beschreibung des von Jean le Meingre veranstalteten Pas d'armes von Saint-Inglevert, welcher von englischer Seite auch als ernst gemeinte Herausforderung verstanden werden konnte: *Les Anglois, qui tous jours ont eu ataïne aux François et qui voulentiers se peinent en tous temps de les desavancier et surmonter en toutes choses, se ilz peussent, orent bien ouÿ et entendu le cry de la sus dicte honorable emprise. Si distrent li plusieur et les plus grans d'entre' eulx que le gieu [!] ne passeroit mie sans eulx. – Le Livre des fais du bon messire Jehan le Maingre* (Anm. 15), S. 70.

Tugenden hatte sich die Bühnenpforte als gut bewacht und nur schwer zugänglich stilisieren lassen: [...] *il puist parvenir au riche palais où honneur, la desirée des bons, tient sa court royal, duquel palais les portes en sont gardées par vertu ez haultesse de cuer, et sans leur aide et moyen l'on n'y puet avoir entrée*[100] – mögen die Mauern dieses *riche palais*, um beim Bild zu bleiben, an manchen Stellen auch dünn gewesen sein. Jacques de Lalaing befürchtete selbst Störung durch Krieg,[101] sein Schiedsrichter, der Wappenkönig Toison d'or, hatte sich monatelang vom Schauplatz wegen diplomatischer Aufträge des Herzogs entfernen müssen.[102] Einmal war es auch zu einer ernsthaften Gefährdung durch einen Spielverderber gekommen, der sich durch vermeintliche Unfairneß betrogen sah und sich nun als schmählich Besiegter fühlte.[103] Und hinter jedem Waffengang dürfte stets unverhohlen die einmal tatsächlich geäußerte Frage gestanden haben, *si ce eust esté à oultrance*.[104] *A oultrance* hätte das Duell auf Leben und Tod, die Fehde, den Krieg bedeutet und hätte den so sorgfältig umgrenzten Friedensraum zerbrochen.

Eine geschlossene, aber nicht weniger auch eine freie Welt bedeutete der Pas d'armes. ›Urlaub‹[105] nahm Jacques de Lalaing vom Hofe, von seinem Fürsten in Brügge und dann – ganz chevalier errant – *sy chevaucha tant par ses journées, qu'il vint en Bourgogne*[106]. Dieses Unterfangen rechtfertigend und begründend, schrieb er in seine *chappitre: On est à present en ces marces assez à repos du travail des guerres*,[107] um zugleich hinzufügen, daß das Spiel sofort unterbrochen

---

100 Aus einer wahrscheinlich autographen *minute* Jacques' de Lalaing, in der er das Konzept des Pas d'armes darlegt; hrsg. in: *Livre des Faits de Jacques de Lalaing* (Anm. 1), S. 197 f., Anm. 1.
101 *Epître de Jean le Fèvre* (Anm. 4), S. 211. – Ein anderer Pas d'armes drohte noch kurz vor jenem in Chalon daran zu scheitern, daß Krieg bevorstand; siehe *Mémoires d'Olivier de la Marche* (Anm. 6), Bd. II, S. 119 f.: *Mais ainsi advint que l'on commença dès lors à murmurer tant de la paix come des treves, et par François et par Angloix, tellement que chascun se disposa pour la guerre, et vindrent à icelluy pas peu de gens.*
102 *Epître de Jean le Fèvre* (Anm. 4), S. 220. Als Ersatzmann ist der herzogliche Bailli von Chalon, Guillaume de Sercey, ernannt worden; siehe über ihn, einen Verwandten Oliviers de la Marche, Caron (Anm. 30), S. 149.
103 *Epître de Jean le Fèvre* (Anm. 4), S. 223 ff. Der anschließende Aufwand, den vermuteten Ehrverlust wieder auszugleichen, war mindestens ebenso hoch wie das Eingangsritual zum Kampf um Ehre.
104 Ebd., S. 224. – Eine Episode aus dem Leben Jacques' de Lalaing zeigt recht anschaulich die dünne Grenzlinie zwischen Ernst und Spiel beim Umgang mit Turnierwaffen: Als der junge Karl, der später der Kühne genannt werden wird, im Jahre 1452 zum ersten Mal öffentlich eine Tjost kämpfen sollte, gab man ihm vorweg als Übungspartner den routinierten Jacques de Lalaing. Dieser schonte zunächst den Eleven, indem er mit schwachen Attacken ein falsches Spiel trieb. Von Philipp dem Guten ermahnt, stach er dann endlich doch zu, wie es die Regel wollte. Karl fiel zu Boden. Die zuschauende Mutter schrie entsetzt auf, ihr ging es um die *seureté* ihres Sohnes, der Vater lachte zufrieden, ihm lag es an der *espreuve*, die diese spielerische Übung bot; siehe *Mémoires d'Olivier de la Marche* (wie Anm 6), Bd. II, S. 213 ff.
105 *Sy prit congé au duc, en le remerciant très-humblement* [...]; *Livre des Faits de Jacques de Lalaing* (Anm. 1), S. 200.
106 Ebd., S. 201.
107 *Epître de Jean le Fèvre* (Anm. 4), S. 212; *Livre des Faits de Jacques de Lalaing* (Anm. 1), S. 196; *Chronique de Mathieu d'Escouchy* (Anm. 27), Bd. I, S. 273.

werde, falls ihn sein Herzog doch zu einem Feldzug rufe.[108] Überall sonst auch ›vertrieb man sich die Zeit‹ in den Pausen des ernsten Geschäfts, im *repos du travail des guerres*, und hielt Tjoste ab, etwa beim langen Warten vor einer belagerten Stadt. ›Hochzeiten‹ (im mittelalterlichen Sinne des Wortes: Festzeiten) brachten Hochkonjunktur auch dem Kampfspiel. Gipfeltreffen von Herrschern, fürstliche Vermählungen, feierliche Besuche der Könige oder Herzöge in einer ihrer Städte und dergleichen waren seit langem willkommene Gelegenheiten, zu turnieren und zu tjosten.[109] Nun aber war das Vergnügen an solchem Spiel epidemisch geworden. Zwischen den ernsten Zeiten des politischen Geschäfts erwartete man es wie andere Entspannungen auch. *Esquelz jours furent faiz oudit lieu de Compiengne grandes festes et esbatemens, tant en boires et mengers, comme en danses, joustes [!] et autres joieusetez [!]*, wie sogar der diesen Dingen gegenüber äußerst reservierte Enguerran de Monstrelet in einem Kapitel seiner Chronik notiert, das ansonsten nur darüber handelt, *comment la guerre se meut de rechef entre les ducs de Bar et de Lorraine, et des mariages faiz à Compiengne, et des aliances entre les ducs d'Orléans et de Bourgogne*[110]. Und es fiel auf, wenn dem einmal nicht so war: *[...] et fust la feste, sans tournoy et jouste, aussi belle que on pouvoit veoir*, versuchte leicht spöttisch der Wappenkönig Toison d'or sich selbst zu überzeugen, als er Gast bei der Heirat des Grafen von Gent war.[111]

Diese freie Welt aber war zugleich eine in sich strikt geordnete Welt. Um aufs neue Huizinga zu zitieren: »Spiel schafft Ordnung, ja es ist Ordnung. In die unvollkommene Welt und in das verworrene Leben bringt es eine zeitweilige begrenzte Vollkommenheit.«[112] Grundlage dieser Ordnung bilden die Regeln des Spiels, die unerbittlicher für den, der sich auf sie einläßt, gelten als die Gesetze der ›eigentlichen‹ Welt für jedermann. Dies trifft in besonderem Maße für die fürstlichen Turnierveranstaltungen des (vor allem französisch-burgundischen) Spätmittelalters zu,[113] doch mehr noch für die Pas d'armes.

---

108 *Epître de Jean le Fèvre* (Anm. 4), S. 211. Allerdings legte er zugleich fest, daß er auch am Kriegsschauplatz in den Pausen der Gefechte zur Erfüllung seiner emprise bereitstehe.
109 Sehr anschaulich dazu Barber/Barker (Anm. 50), S. 183 ff.
110 Enguerran de Monstrelet, *Chronique*, hrsg. L. Douët-d'Arcq, Paris 1857, Bd. I, S. 128 f.
111 *Chronique de Jean le Fèvre* (Anm. 28), Bd. II, S. 297.
112 Huizinga, *Homo ludens* (Anm. 75), S. 17.
113 Dazu Barber/Barker (Anm. 50), S. 107 ff.; Contamine, »Les tournois« (Anm. 57), mit anschaulichen Beispielen, denen gegenüber ein Turnier des 13. Jahrhunderts als eine noch recht schlichte Veranstaltung erscheint, obschon auch dort höchster Wert auf Prunk und Zeremoniell gelegt wurde. Man vergleiche etwa die bekannte Darstellung Jacques Bretels vom Turnier zu Chauvency im Jahre 1285 (hrsg. M. Delbouille, Paris 1932) mit den vom Herold Sicile im zweiten Drittel des 15. Jahrhunderts zusammengestellten Regeln eines Turniers (*Parties inédites de l'œuvre de Sicile* [Anm. 26], S. 191 ff.)! Zu den französischen Turnieren des hohen Mittelalters siehe Michel Parisse, »Le tournoi en France, des origines à la fin du XIIIe siècle«, in: Fleckenstein, *Das ritterliche Turnier*, S. 175–211; ferner sehr illustrativ Georges Duby, *Guillaume le Maréchal oder der beste aller Ritter*, übers. Reinhard Kaiser, Frankfurt/M. 1986, passim. Vgl. auch Josef Fleckenstein, »Das Turnier als höfisches Fest im hochmittelalterlichen Deutschland«, in: ders., *Das ritterliche Turnier*, S. 229–256; Bumke, *Höfische Kultur*, Bd. I, S. 342–379.

Jacques de Lalaing hatte, wie es üblich war, auch für sein Unternehmen bereits Monate zuvor Satzungen (*chappitres*) schriftlich niedergelegt[114] und sie dann durch die Herolde an den Höfen Europas verteilen lassen. Sie waren absolut verbindlich – sowohl für den Veranstalter wie auch für den Herausforderer – und mußten vor dem Kampf feierlich beschworen werden. Ein Vertragsverhältnis im engsten Sinne zu schaffen war die Absicht, damit der korrekte Ablauf des Vorhabens sicher gestellt war. Tatsächlich auch war nahezu jedes organisatorische Detail akribisch genau, gleichsam in Form von Regieanweisungen, geregelt: die Prüfung der Turnierfähigkeit, die Art der Waffen und der Rüstungen, die Bereitstellung von Pferden und Logis, das Schiedsrichteramt, die Preise für den Sieger und die Auflagen für den Besiegten; ebenso wie die Form der Kampfansage oder die Zuteilung von Kampfzeiten innerhalb der vorgesehenen zwölf Monate,[115] die erlaubten und unerlaubten Kampftechniken und die Vorkehrungen bei eventueller Kampfunfähigkeit bzw. bei Abwesenheit des Veranstalters. Und die nüchterne Rationalität dieser Bestimmungen scheint auf dem ersten Blick eher zum funktionalen Stil einer Ordonnance oder zu Rechtssätzen irgendeiner sozialen Institution zu passen denn zu einem Ereignis, das zugleich auch der poetische Schleier eines *mystère* umgab.

Spielregeln sind künstliche Gebilde, sie konstruieren Handlungsformen – und warum sollten sie kunstvoll nicht auch die Poesie einer Leitidee mitgestalten können?

> C'est assavoir: qu'il fera, par un an entier, tous les premiers jours de chascun mois, tendre devant la Fontaine de Plours [...] un pavillon devant lequel aura un officier d'armes [...] qui illec se tendra chascun desdiz jours pour compaignier une dame, laquelle sera audit pavillon, tenant une licorne portant targes, ausquelles pourront touchier ou faire touchier par roys, héraux ou poursuivans d'armes tous chevaliers et escuiers [...],

heißt es, in die Statuten einleitend, bei Jacques de Lalaing.[116] Die Märchenwelt der weinenden Dame war schlichtweg konstruiert, sie hatte kein Vorbild[117] –

---

114 Überliefert in: *Epître de Jean le Fèvre* (Anm. 4), S. 207 ff.; *Livre des Faits de Jacques de Lalaing* (Anm. 1), S. 188 ff.; *Chronique de Mathieu d'Escouchy* (Anm. 27), Bd. I, S. 264 ff.

115 Zur Veranschaulichung der überaus sorgfältigen Planung hierzu der volle Wortlaut: *Par ainsin que cellui qui touchera le premier à chascune desdictes journées sera tenus, dedens le VIIe jour après ensuivant, à tel jour que ordonné lui sera par ledit officier d'armes, de faire, fournir et acomplir les armes cy après déclarées ès chappitres cy dessoubz escrips. Et pareillement le second qui touchera icelluy jour sera tenus de faire et acomplir les armes en la sepmaine ensuivant, à tel jour que pareillement lui sera ordonné. et ainsin le tiers et le quart seront délivrez de sepmaine en sepmaine ensuivant, tellement que, pour chascun mois, en seront délivrez jusques au nombre de quatre. Et s'il avenoit que, l'un des premiers jours des mois, touchassent ou feissent touchier plus grant nombre que de quatre, en ce cas ilz seront tenus de garder les degré en degré, pour avoir les premiers touchié, au premier jour du mois ensuivant. Toutesvoyes, s'il plaît à l'entrepreneur, il les pourroit, par grâce, délivrer en ce mesmes mois, et non autrement.* – *Epître de Jean le Fèvre* (Anm. 4), S. 207 f.

116 Ebd., S. 207.

117 Gegenüber den anderen theatralischen ›Accessoires‹ – der mit dem Ritterkult eng verbundenen Muttergottes und dem Einhorn als Zeichen der Jungfräulichkeit – bleiben die allegorischen Bezüge der ›Jungfrau der Tränen‹ im dunklen. Einen Lösungsversuch bie-

doch gab gerade dieses Konstrukt den sicheren Boden für eine andere Ebene ab, die ebenso das Spiel regelte. *A l'honneur de la dame de Plours* rankten sich durch den ganzen Pas d'armes prunkende Zeremonien und Rituale, die gleichermaßen wie das gesatzte Organisationsrecht der *chappitres* eine entscheidende Stütze für den Ablauf waren. Feierlich hatte man die *targes* der *emprise* mit einem Stab zu berühren. Unter Wahrung einer strengen Etikette hatte man sich beim Kampfrichter vorzustellen und wurde ebenso von ihm begrüßt.[118] In einem sich stets wiederholenden Ritual wechselte man die Prunkkleider des Auftritts mit der Rüstung des Kampfes, wählte man die bereitgestellten und absolut gleichwertigen Waffen aus, wurde der Kampf eröffnet – [...] *que les cris et deffenses et toutes les sérimonies acoustuméez et y appertenans furent faictes, on bailla audit chevalier gardant le pas sa lance* [...][119] – und geschlossen. Im Ritual um den phantastisch anmutenden Dienst an der ›Jungfrau der Tränen‹ suchte man die kunstvoll gestaltete Gleichförmigkeit des Geschehens, und wichtig war, die unveränderliche Art und Weise des Handelns auch ausdrücklich zu unterstreichen: [...] *et ainsin, par la forme et mainère que dit est, fist, au long de l'an, son entrée èsdictes lices et sa présentacion devant ledit juge* [...][120]. Auf Rituale konnte man sich mehr verlassen als auf gewillkürtes Recht. Rituale enthoben die, die sich ihnen unterwarfen, jeglichen Zweifels ob der Zulässigkeit ihres Tuns. Rituell handeln hieß enttäuschungsfrei handeln – noch bevor es einsetzte, wußte man, wie es ausgeht.[121]

Das Spiel war aus, und ein ›Nachspiel‹ begann. – Ein Fest wurde gefeiert, und es war von bemerkenswerter Zeichenhaftigkeit, denn bei aller Belustigung durch

---

tet Planche (Anm. 78), S. 124 f., an, indem sie Vergleiche zum ›Fasanenfest‹ in Lille (1453; also eine gewisse Zeit nach dem Pas d'armes!) anstellt, wo bei einem *entremectz pitoyable* die weinende Dame *Saincte Eglise* auftritt; vgl. *Mémoires d'Olivier de la Marche* (Anm. 6), Bd. II, S. 359 ff.

118 Ausdrücklich weist der Berichterstatter, der am Geschehen beteiligte Wappenkönig Jean le Fèvre, z.B. darauf hin, daß die Vorstellung vor dem Schiedsrichter *disant telles ou semblables parolles que les autres avoient dit* geschehe; *Epître de Jean le Fèvre* (Anm. 4), S. 227.

119 Ebd., S. 217. – Die bemerkenswerten Analogien zur Eröffnung einer *gage de bataille* (siehe Anm. 94 u. vgl. die Erläuterungen des Herold Sicile (*Parties inédites de l'œuvre de Sicile* [Anm. 26] S. 132 ff.) zeigen, wie entscheidend gerade die Anbindung des Geschehens an eine Fabel ist, um die Differenz zwischen Ernst und Spiel deutlich zu ziehen.

120 Ebd., S. 214.

121 Niklas Luhmann, *Soziale Systeme. Grundriß einer allgemeinen Theorie*, Frankfurt/M. 1984, S. 613, weist in diesem Zusammenhang mit Recht darauf hin, daß man Rituale begreifen kann »unter dem Gesichtspunkt des Coupierens aller Ansätze für reflexive Kommunikation«. Er hebt hervor (ebd.): »Die Elemente des Prozesses und ihre Reihenfolge werden unauswechselbar festgelegt, Worte wie Dinge behandelt, die Gegenwart zählt und ist weder im Hinblick auf die Zukunft noch an Hand jeweils angefallener vergangener Erfahrungen korrigierbar.« – Über mittelalterliche Rituale und ›Spielregeln‹ in der ernsten Welt der politischen und sozialen Konflikte informiert eindrucksvoll und mit wichtigen grundsätzlichen Überlegungen Gerd Althoff, »Königsherrschaft und Konfliktbewältigung im 10. und 11. Jahrhundert«, *FMST* 23 (1989), S. 265–290; ders., »Demonstration und Inszenierung. Spielregeln der Kommunikation in mittelalterlicher Öffentlichkeit«, *FMST* 27 (1993), S. 27–50.

Tanz, Schmaus und Trank diente es in erster Linie dazu, in Spielform der Bedeutung des Pas d'armes noch einmal Nachdruck zu verleihen. Ein *entremez assis sur une table d'environ VIII piés de long et de VII piez de large*[122] konnte man sehen, bei dem alles dargestellt war, was zum Pas d'armes gehört hatte. Die Stadt Chalon mit ihren Häusern, Palästen und Kirchen, der Fluß, die Brücke, die Insel und die Bühne des vergangenen Geschehens mit ihren Pavillons, dem Kampfplatz, den Pferdeställen und Scheunen. Und erneut begann die Aufführung eines Spieles: Noch auf dem stadtseitigen Ufer der Saône tritt die Figur des Jacques de Lalaing auf Maria und die ›Jungfrau der Tränen‹ zu.[123] Reden des Dankes und Gebete werden gesprochen. Dann reitet die ›Jungfrau‹ über die Brücke auf die Insel. Wieder stellt sich ihr ›Jacques‹ entgegen und bekundet ihr seine Dienstbereitschaft. Nichts wolle sie mehr, erfährt er, als daß er zu seinen *compaignons* gehe und ihnen danke für die Ehre, die sie ihm bekundet haben. Auf der kleinen nachgebauten Insel kann man alle am Pas d'armes Beteiligten – die Kämpfer, den Schiedsrichter, die anderen Herolde und Chargen – erkennen. In ihrer Mitte steht ›Jacques‹, *en tout tel harnois et abillement que tousiours avoit combatu de haiche, son espée ceinte, sa haiche en ses mains*[124]. Und nun dankt er, umgeben von den acht Bannern der je vier väterlichen und mütterlichen Adelslinien, mit den schon zitierten Worten[125] allen für den Ehrgewinn.

Iceluy entremets [...] estoit bel et riche, et moult bien fut regardé de tous ceux qui là estoient; car pour ce temps on n'avoit vu plus bel, ne mieux ordonné, schreibt ein beobachtender Zeitgenosse.[126] Ein theatralisches Spiel ist zum Abschluß angesetzt worden, um ein Tun zu bekräftigen, das selbst in Form eines Spieles abgelaufen war. Es war ein ›Schauspiel‹ gewesen – nicht jedoch, wie jetzt, ein Stellvertretungsspiel, bei dem man nur auf der Tribüne steht und zum Spielfeld blickt. Der Pas d'armes war kein *ludus circensis*. Man ließ sich nichts vorspielen, sondern spielte selbst, und man spielte keine fremde Rolle, sondern spielte sich selbst.

---

122 Zu Folgendem siehe *Epître de Jean le Fèvre* (Anm. 4), S. 233–238 und *Livre des Faits de Jacques de Lalaing* (Anm. 1), S. 239–246. Die *Mémoires d'Olivier de la Marche* (Anm. 6), Bd. II, S. 200 f., gehen nur kurz darauf ein und verwenden für das sich nun gestaltende Schauspiel den zutreffenden Ausdruck *representacion*.
123 Zum Verständnis: Es handelte sich hier wie bei den anderen Auftretenden um puppenhaft kleine Figuren, vermutlich aus Holz.
124 *Epître de Jean le Fèvre* (Anm. 4), S. 236.
125 Siehe oben Anm. 89. – Es ist hier wie bei den anderen kurzen Ansprachen nicht überliefert, aus wessen Mund die Laute tatsächlich kamen. Der hervorgehoben dialogische Charakter läßt auf Sprecher aus dem Hintergrund schließen; die *Mémoires d'Olivier de la Marche* (Anm. 6), Bd. II, S. 201, schreiben allerdings einmal von einem *petit couplet d'escripture, qui disoit* [...]
126 *Livre des Faits de Jacques de Lalaing* (Anm. 1), S. 243.– Der Stellenwert eines bei aristokratischen Festen des Spätmittelalters dargebotenen *entremets* weist trotz seiner zumeist höchst manieristischen Ausgestaltung grundsätzlich über eine reine Unterhaltungsfunktion weit hinaus; dazu jüngst – sich auf das Fasanenfest von Lille beziehend – Heribert Müller, *Kreuzzugspläne und Kreuzzugspolitik des Herzogs Philipp des Guten von Burgund*, Göttingen 1993, S. 61 f. Siehe allgemeiner und literatursoziologische Aspekte hervorhebend auch Agathe Martel-Lafortune, *Fête noble en Bourgogne au XVe siècle. Aspects politiques, sociaux et cultures*, Montréal u. Paris 1984.

Eine in Raum und Zeit geschlossene und zugleich eine vom Ernst des Lebens freigestellte Welt, eine rational geregelte und zugleich eine verzaubert rituelle Welt sollte der Pas d'armes sein – eine Welt ohne die Willkür jener *mauldicte forsenée Fortune*[127], ohne die Unwägbarkeiten der kriegerischen Betriebsamkeit. Eine Inszenierung ritterlichen Lebens war er, deren Elemente neben all ihrem eigenwillig ästhetischem Reiz vor allem einem Ziel dienten: gemäß den kämpferischen Idealen handeln zu können – unter Verhinderung von Kontingenz.

So gab es bei jenem Schauspiel des Kampfes (trotz ausgesetzter Preise) im Grunde keine Sieger und Verlierer.[128] Gewonnen haben alle. Mit Recht konnte der Veranstalter seinen Kampfgefährten, die ihm gleichrangig waren und die sich ihm mit gleichwertigen Waffen gestellt haben, zum Abschluß sagen: *Vous, mes compagnons et seigneurs, tant humblement que le puis faire, je vous mercie des honneurs que m'avez fait par vostre affaire.*[129] Alle haben selbst Ehre erlangt, weil sie Jacques de Lalaing, dem Veranstalter, im Waffengang die Ehre erwiesen haben – und nur darum ging das Spiel. Dessen Regie hatte einen ritterlichen Helden in Szene gesetzt.

VI.

> Mais celle fois cette mauldicte forsenée Fortune faillit à son atteinte; car elle heurta au front du noble chevallier à telle heure et à tel bruict, que la renommée de ses vertuz et de son sens et de sa chevallerie vivra et demourera en estre et en memoire, non pas seullement par les souvenances des vivans et de leurs recors, mais autant que les escriptures faictes et à renouveler auront cours et durée en ce monde.[130]

Knapp drei Jahre nach dem Pas d'armes in Chalon war Jacques de Lalaing bereits gestorben. Die *haulz et loables faiz d'armes*, die er im Laufe seines Lebens vollbrachte, *n'ont guères duré*, klagt Jean le Fèvre, der Wappenkönig Toison

---

127 Siehe S. 253.
128 Zwei Wappenkönigen, den kundigen Beurteilern von Kampfesleistungen, wurden zwei sehr ähnliche (und von der aristokratischen Welt jener Zeit höchst beachtete) Fragen gestellt, und ihre Antworten werfen ein bezeichnendes Licht auf die Differenz zwischen dem Kriegshandwerk und Waffenspiel: Als der englische König nach dem Gemetzel von Azincourt übers Schlachtfeld schritt, ließ er den französischen Wappenkönig Monjoye zu sich kommen und stellte ihm die Frage nach dem Erfolgreicheren: [...] *et lors icellui Monjoye dist et respondi au roy d'Angleterre, qu'à lui devoit estre la dicte victoire et non au roy de France* (Enguerran de Monstrelet, *Chronique* [Anm. 110], Bd. III, S. 111). – Als Jacques de Lalaing den letzten Kampf seines Pas d'armes gefochten hatte, fragte auch er einen Wappenkönig, ob er erfolgreich gehandelt habe. Und dieser erwiderte ihm: *je ne sçay riens que de vostre part ne soit acompli bien et honorablement et chevaleureusement en toutes choses* (vgl. oben S. 269). Dem einen kam Ehre durch einen Sieg zu, dem anderen nicht minder durch Erfüllung einer emprise.
129 *Livre des Faits de Jacques de Lalaing* (Anm. 1), S. 243.
130 *Mémoires d'Olivier de la Marche* (Anm. 6), Bd. II, S. 310.

d'or.[131] Vorbeigeeilte Schaustücke waren es, bei denen der Mime sich selbst sein Leben spielte. Der Tod schrieb das letzte Kapitel ritterlicher Ambitionen und schien den Vorhang über die Bühne gedeckt zu haben. Die Requisiten des großen Kampfspiels – Maria, die ›Jungfrau der Tränen‹, das Einhorn – waren als stumme Zeugen in die Kirche Notre-Dame zu Bologne-sur-Mer gebracht worden, *où l'on les peult encoires veoir et trouver en l'eglise, sur l'oratoire du duc de Bourgoingne*[132]. Ein Epitaph blieb.[133] Ein Grabmal, an dem 32 steinerne Herolde mit den Bannern und Wappen Wache hielten, konnte jeder sehen, der zum Stammsitz der Familie Lalaing im Hennegau kam.[134] Die von allen Edelleuten so sehnlich erhoffte memoria[135] war Jacques de Lalaing durch dingliche Monumente gesichert.

Doch es geschah mehr. Der Vorhang ging bei jenem Schauspiel wieder auf! Die neue Inszenierung allerdings wählte einen anderen Aufführungsort mit einem größeren Publikum.

Einen Trost gebe es für alle über Jacques' de Lalaing Tod Trauernden, schreibt Georges Chastellain: *c'est que tant que les livres dureront, sa bonne renommée ne faulra*[136]. Und Olivier de la Marche äußert sich hierzu noch genauer: [...] *car je sçay bien que le roy d'armes de la Thoison d'or, George Chastelain, nostre grant historiographe, ne plusieurs aultres qui se meslent et entremettent d'escripre, n'oublieront point, en leurs ramentevances et escriptz, cestuy messir Jacques de Lalain* [...][137]. Der Wappenkönig Toison d'or, der in einem Brief tatsächlich die Taten des Verstorbenen schilderte, hebt hervor, daß eine solche Darlegung dazu diene, *afin que ceulz qui sont yssus et ystront de la noble maison dont il* [Jacques de Lalaing] *estoit yssu prenent exemple à des haulz et nobles faiz*[138], und er erwähnt den Herold Charolais, Jacques' langjährigen Begleiter, der noch viel ausführlicher berichtet habe. Der anonyme Verfasser eines ganzen Buches über die *faits de Jacques de Lalaing* schließlich erklärt sein Motiv mit ähnlichen Worten:

> j'ai voulu mettre et escrire les hauts faits et emprises très-vaillantes qu'en son temps fit et acheva messire Jacques de Lalaing [...] lequel, pour acquérir gloire immortelle, mit grande peine et labeur, durant son temps, d'augmenter et accroistre en tout honneur et bonne renommée la maison dont il estoit issu.[139]

---

131 *Epître de Jean le Fèvre* (Anm. 4), S. 181.
132 *Mémoires d'Olivier de la Marche* (Anm. 6), Bd. II, S. 202. – Die Notiz wurde etwa 20 Jahre später gemacht.
133 Vgl. oben S. 260 f.
134 Siehe die im *Livre des Faits de Jacques de Lalaing* (Anm. 1), S. 256 f., Anm. 2, abgedruckte Beschreibung.
135 Angesichts der Fülle an einschlägigen Untersuchungen sei hier auf eine längere Literaturliste verzichtet; hingewiesen werden soll nur, weil direkt den angesprochenen Kulturkreis behandelnd, auf Kamp (Anm. 30), mit ausführlicher Bibliographie.
136 Georges Chastellain, *Chronique* (Anm. 29), Bd. II, S. 364. Zu diesem klassischen Topos der consolatio siehe Peter v. Moos, *Consolatio. Studien zur mittellateinischen Trostliteratur über den Tod und zum Problem der christlichen Trauer*, 4 Bde., München 1971/72, passim. Seit kurzem liegt eine ausgezeichnete Analyse zur Gattung französischer ›Helden‹-Viten vor: Elisabeth Gaucher, *La bibliographie chevaleresque. Typologie d'un genre (XIIIe–XVe siècle)*, Paris 1994.
137 *Mémoires d'Olivier de la Marche* (Anm. 6), Bd. II, S. 310.
138 *Epître de Jean le Fèvre* (Anm. 4), S. 181.
139 *Livre des Faits de Jacques de Lalaing* (Anm. 1), S. 2.

Auf dem ersten Blick scheinen diese Äußerungen nichts Besonderes darzustellen, außer daß sie für einen Mann, der nicht im Fürstenrange stand, erstaunlich zahlreich waren. Panegyrik und Paränese gingen hier offensichtlich ihre übliche Ehe ein, um *gloria* und *fama* historiographisch wirkungsvoll vermarktet zu können. Bei näherer Betrachtung jedoch wird deutlich, daß hinter der Suggestion, einer Person das Gedenken bewahren bzw. den Ehrgewinn eines adeligen Geschlechts sichern zu können, sich ein wesentlich subtilerer Zweck verbarg: Der individuelle Wert, Ehre und Ansehen vorzüglich bei der Aufführung von Kampfspielen gewonnen zu haben, der uns bei der Lektüre des Epitaphs Jacques' de Lalaing dazu verleitet hat, auf einen Kontrast zwischen fürstlichem Dienst und ritterlichen Träumen zu schließen[140] – dieser den dominanten politischen Strukturen scheinbar so widerständige Wert sollte nun von den schreibenden Zeitgenossen gerade in seiner universellen Bedeutung affirmiert und propagiert werden. Und dazu eben mußte ein ›Leben im Spiel gelebt‹ durch Texte erneut inszeniert werden.

Zwei Werke noch sind uns überliefert, die dieser Aufgabe in bestechender Weise nachkamen: die ›Epître de Jean le Fèvre‹[141], bald nach dem Unglück von Poeke geschrieben, und der ›Livre des Faits de Jacques de Lalaing‹[142] eines Anonymus, etwa um 1470/72 verfaßt.[143]

Er sende dem Vater des Verstorbenen nur *certaines mémoires des haulz et loables faiz d'armes que fist, en champ cloz, feu de bonne mémoire [...] messire Jacques de Lalain* – und lasse dabei die Taten, die Jacques im Dienste des Herzogs vollbracht habe, beiseite, da über diese, *comme raison est*, die allgemeinen Chroniken[144] sowieso zu berichten hätten, kündigt Jean le Fèvre an[145] – und

---

140 Siehe oben S. 261 f.
141 Siehe oben Anm. 4.
142 Siehe oben Anm. 1.
143 Die von Jean le Fèvre erwähnte Darstellung der Taten Jacques' de Lalaing aus der Feder des Herolds Charolais ([...] *car aussi Charrolais, qui a veue la plus part de ses nobles faiz, en a escript bien au long [...]*; *Epître de Jean le Fèvre* [Anm. 4], S. 181) ist nicht mehr authentisch überliefert. In weiten Passagen benützt aber hat sie der *Livre des Faits de Jacques de Lalaing*, in welchen zudem noch längere Auszüge aus der *Epitre de Jean le Fèvre* und in Form eines Anhangs zudem Abschnitte aus der Chronik Georges Chastellains eingegangen sind; dazu der konzise Abriß in Hasenohr/Zink, *Dictionnaire des Lettres Françaises*, S. 951, und Gaucher (Anm. 136), S. 211 ff., mit weiterer Literatur.
144 Tatsächlich gehen bedeutende Geschichtsschreiber jener Zeit ausführlich auch auf die Kriegstaten Jacques' ein, z.B.: Georges Chastellain, *Chronique* (Anm.29), Bd. II, S. 221 ff. passim; *Chronique de Mathieu d'Eschouchy* (Anm. 27), Bd. I, S. 392 f. u. Bd. II, S. 84 ff.; Jehan de Waurin, *Chroniques*, hrsg. William u. Edward L.C.P. Hardy, Rer. Brit. Scr. 39/6, London 1891, S. 200 ff.; *Mémoires d'Olivier de la Marche* (Anm. 6), Bd. II, S. 205 ff. (Die Leistungen bei den Kampfspielen werden von ihnen nicht minder gewürdigt.) – Zum Genter Krieg, der neben einem luxemburgischen Feldzug vornehmlich Schauplatz der militärischen Leistungen Jacques' war, siehe Vaughan (Anm. 30), S. 303 ff.
145 *Epître de Jean le Fèvre* (Anm. 4), S. 181. – Jean le Fèvre wäre durchaus in der Lage gewesen, auch über den Genter Feldzug zu berichten, wo er auf engstem Raum die Taten Jacques' miterlebte. Bei dessen Tod war er Augenzeuge und beteiligt an einer dramatischen Schlußszene: *Devant que l'âme partit du corps dudit messire Jacques de Lalaing, lequel portoit l'ordre de la Toison d'or à son col pendue à un las de soie noir, Toison*

genau daran hält er sich auch. Vier Episoden führt er zunächst an: Die Tjost, die Jacques mit Giovanni di Bonifacio 1445 in Gent vor Philipp dem Guten, der Schiedsrichter war, gefochten hatte; dann jene mit Diego de Guzman 1447 in Valladolid; weiter jene mit James Douglas 1449 im schottischen Stirling, wohin Jacques in Kampfgemeinschaft mit seinem Onkel Simon de Lalaing und mit Hervé de Mériadet, einem *escuier de l'escuerie* Philipps des Guten, gereist war; und schließlich jene mit dem Engländer Thomas Qué, wieder vor den Augen seines Herzogs in Brügge, 1449.

Es war nur eine knappe Auswahl[146] der Taten *en champ cloz*, aber sie war gut getroffen. Zwei Fälle spielten sich in der heimatlichen Umgebung ab. Am ersten konnte Jean le Fèvre exemplarisch aufzeigen, daß es am herzoglichen Hofe Männer gab, die beliebig ankommenden chevaliers errants sehr wohl zu begegnen verstanden, denn Giovanni war auf seiner Suche nach Kampfpartnern, von diesem Rufe gelockt, zur Residenz nach Gent gereist. Am zweiten Beispiel war deutlich zu machen, daß es dann bereits ein besonderer Recke, nämlich Jacques de Lalaing, war, der die Suchenden an den Hofe zog: [...] *arriva à Bruges un gentilhomme natif du royaume d'Engleterre, nommé Thomas, qui* [venoit] *pour faire armes contre ledit de Lalain* [...]. *Ledit de Lalain fut très joieux de la venue dudit escuier.*[147] Und die anderen beiden Fälle gaben Gelegenheit, Jacques selbst als chevalier errant auf dem Wege der Erfüllung einer *emprise* auszuweisen:

> Il est vray que ledit de Lalain mist sus une entreprinse d'un bracelet d'or auquel avoit actaichié un couvrechief de plaissance, et le porta en la plus part des royaumes crestiens, pour acomplir en un chascun d'iceulz les armes contenues et déclarées en ses chappitres[148].

Vor dem Hintergrund dieser geschickt gezeigten Vernetzung Jacques' in die möglichen Riten der Herausforderung zum Kampfspiel[149] weisen die inhaltlichen Erzählelemente jedoch eine bemerkenswerte Stereotypie des Handelns auf. Recht ausführlich werden stets die Begrüßungszeremonien geschildert, dann die *chappitres* der Kampfvereinbarungen protokolliert, der Kampfplatz und der Waffengang beschrieben und schließlich die Rituale der ehrenvollen Verabschiedung dargelegt.

Doch all dies wirkt in dem Bericht nur wie eine Vorbereitung auf das krönende Ereignis: den Pas d'armes de la Fontaine des Pleurs, dessen Ausmalung etwa drei

---

d'or [Jean le Fèvre] *luy leva ladite ordre du col, en couvrant sa face de grosses larmes, en faisant si grant deuil que homme du monde pouvoit faire, car tant le aimoit et plus son propre frère*; Georges Chastellain, *Chronique* (Anm. 29), Bd. II, S. 363.
146 Siehe dazu das Vorwort der *Epître de Jean le Fèvre* (Anm. 4), S. 177–180, hier: S. 178–180.
147 Ebd., S. 203.
148 Ebd., S. 190.
149 Auch hier wird wieder deutlich, welche Fortentwicklung die Formalisierung der das Kampfspiel suchenden errance seit dem 12./13. Jahrhundert genommen hat. Man ziehe zum Vergleich z. B. die *Histoire de Guillaume le Maréchal*, hrsg. Paul Meyer, 3 Bde., Paris 1891–1901, heran; siehe auch Duby (Anm. 113), passim.

Fünftel des Textes einnimmt.[150] Es bedarf hier nicht mehr einer längeren Wiedergabe; der Verweis auf die obenstehende Skizze mag im wesentlichen genügen. Da sie der ›Epître‹ weitgehend folgte, verdeutlichte sie zugleich,[151] welche Sorgfalt Jean le Fèvre aufgewandt hatte, um die gesonderte Welt jenes Kampf- und Schauspiels mit ihrem Pomp, ihrem Zauber wie auch mit ihrem rational organisierten und gleichzeitig rituell verläßlichen Gefüge eindringlich zu schildern.[152] *[...] car, véritablement, ce a esté vraye notable et haulte entreprise, et honorablement conduite du commencement jusques à la fin, et bien digne de mémoire*,[153] schloß der Autor bekräftigend die Darstellung des *Pas d'armes*, und es blieb ihm in seinem Brief außer eines Seitenblicks auf eine italienische Gesandtschaftsreise Jacques' de Lalaing nur noch Raum für einen kurzen biographischen Nachtrag in Form eines einzigen Satzes:

> Item, et n'est pas à oublier les haulz fais et vailances d'armes que fist ledit messire Jacques de Lalain avec son souverain seigneur et maistre mondit seigneur le duc de Bourgoigne, ès guerres de Flandres; ès quelles guerres il fina ses jours.[154]

Der thematische Schwerpunkt war im ›Livre des Faits‹ nicht anders gesetzt worden. Auch dort finden sich nur wenige Worte über den militärischen Fürstendienst und über die diplomatischen Aufgaben. Das gesamte Buch, das im Druck immerhin 259 Oktav-Seiten umfaßt, ist eine einzige Eloge auf den Helden der ritterlichen Kampfspiele[155] – auf einen Helden, der aus einer Gegend stammt, wo – wie es heißt – die *fleur de chevalerie* ihre Heimat habe. Wo er aufgewachsen ist, sei es seit jeher Brauch gewesen, daß die Edelleute, kaum daß sie die Waffen tragen konnten, sich aufmachten *enquérant les hauts faits d'armes et les beaux voyages d'outre-mer et autre part, où ils acquéroient et faisoient tant par leur hautes prouesses, que leur renommée s'espandoit et fleurissoit par tous règnes*

---

150 *Epître de Jean le Fèvre* (Anm. 4), S. 206 ff.
151 Der Falle, die man sich dabei hermeneutisch u. U. selbst stellt, muß man sich allerdings bewußt sein. Sie verliert ihre Brisanz jedoch zu einem großen Teil, da in Olivier de la Marche (*Mémoires* (Anm. 6), Bd. II, S. 142 ff.) ein weiterer und sehr ausführlich berichtender Gewährsmann zur Verfügung steht, der sich auf die Autopsie seiner teilnehmenden Verwandten (s. Anm. 85 u. 102) stützen konnte.
152 Nachzutragen ist nur, wie sehr Jean le Fèvre auf eine Beschreibung des äußerlichen Aufwandes als Zeichen adeliger Würde (und eines möglichen Imponiergehabes) Wert legte, z. B.: *Item, et après, ledit de Boniface vint tout armé sur un coursier couvert de ses armes, et, devant lui, avoit un paige sur un cheval armé de cuir bouly armoyé de ses armes à la façon de Lombardie; et, en la teste dudit paige, un armez, et sur l'armet, un plumas où il y avoit un croissant d'or, et aux deux debouz plumes de paon, et ou mylieu, une houppe e plumes de paon blanches; et par dessus tout un couvrechief de plaisance [...]*; *Epitre de Jean le Fèvre* (Anm. 4), S. 217. – Zwar handelte es sich hier nicht um eine Blasonierung im engeren Sinne, die Professionalität eines Heroldes ist jedoch stark zu spüren; vgl. dazu Michel Pastoureau, *Traité d'héraldique*, Paris 1993, S. 61 ff., S. 170 ff. u. S. 205 ff.
153 *Epître de Jean le Fèvre* (Anm. 4), S. 237.
154 Ebd., S. 239.
155 Eine kurze Interpretation findet sich bei Doutrepont (Anm. 37), S. 99 ff.; vgl. Gaucher (Anm. 136), passim u. S. 654 weitere Literaturangaben.

[...][156]. Was von ihm also gepriesen werden wird, ist unbenommen sein persönliches Verdienst und zugleich eine Leistung, die von jedem seines Standes vollbracht werden sollte.

Bereits die ersten Kapitel, die über das Elternhaus und die Jugend Jacques' handeln und Elementen der märchenhaften Fiktionen aus dem Roman ›Jehan de Saintré‹ ähneln,[157] schildern nichts anderes als die sittliche Vorbereitung zum *vray chevalier*, der hinausgesandt werden wird in die Welt der Höfe, damit er *bonne renommée* erwerbe und vermehre.[158] Um seine spätere Leidenschaft anzukündigen, wird ein hübsches Bild gebraucht: Ganz natürlich habe der junge Jacques alles anziehend gefunden, was das Herz eines Edelmannes begehre – mit der einen Ausnahme, daß er in seiner Kindheit nie mit Waffen in Berührung gekommen sei, nie von Turnieren und Tjosten gehört habe; doch wie das Sprichwort sagt: ein guter Vogel mache sich von alleine – so sei es eben auch mit Jacques, dem künftigen Helden *en champs cloz*, geschehen.[159]

Dann – schon nach wenigen Kapiteln über Jacques' Aufenthalt in der entourage des burgundischen Herzogs – sucht der Autor den Leser zu verstricken in die bunte Kette der Abenteuer einer wildbewegten errance, und er will ihn damit gefangen halten bis zum Schluß seines Buches. Von Tjost zu Tjost führt er ihn und wird nicht müde, dabei Jacques' *merveilles faiz à son très-grand honneur* minutiös aufzuzeigen. Auch für diesen Autor ist der Pas d'armes de la Fontaine des Pleurs der Höhepunkt. 18 Kapitel von insgesamt 66 widmet er diesem Ereignis – getreulich die ›Epître‹ Jean le Fèvres ausschreibend. Mit den Worten Georges Chastellains – des *grant historiographe*, wie es hieß[160] – setzt auch er zum Abschluß die Hoffnung auf die Früchte seines Wer-

---

156 *Livre des Faits de Jacques de Lalaing* (Anm. 1), S. 2. Der Autor nennt dann als Beispiele Gillion de Trazegnies, eine historische Figur, die durch einen beliebten Roman des 15. Jahrhunderts (*Histoire de Gilion de Trasignyes et de Dame Marie, sa femme*, hrsg. Oscar Ludwig Bernhard Wolff, Paris u. Leipzig 1839) Berühmtheit erlangte, dann Gilles de Chin, eine vergleichbare Gestalt, über die ebenfalls im 15. Jahrhundert ein Prosaroman (*La chronique de bon chevalier messire Gilles de Chin*, hrsg. R. Chalon, Mons 1837) nach einer Versvorlage abgefaßt worden war, und schließlich Jean de Werchin, zu Beginn des 15. Jahrhunderts Sénéchal des Hennegaus, chevalier errant und Autor eines allegorischen Werkes (vgl. Hasenohr/Zink, *Dictionnaire des Lettres Françaises*, S. 862 f.).
157 *Jehan de Saintré* (Anm. 15); siehe dazu M. Stanesco, »Sous le masque de Lancelot. Du comportement romanesque au Moyen Age«, *Poètique* 61 (1985), S. 23–33; A. Black, »Jehan de Saintré and le Livre des faits de Jacques de Lalaing: a Common Source?«, *Notes and Queries* 34 (1987), S. 353–355.
158 *Mon très-cher fils*, – so wird berichtet, habe ihm sein Vater gesagt – *je vous envoye à la cour de mon souverain seigneur Philippe, duc de Bourgogne, pour servir et accompagner le jeune duc de Clèves, lequel vous a fait tant d'honneur et à nous de vous requérir, que je crois, si à vous ne tient, que ne pouvez faillir de parvenir à un grand bien. Si ainsi le faites, à moi et à vostre mère ferez plaisir*; Livre des Faits de Jacques de Lalaing (Anm. 1), S. 24.
159 Ebd., S. 11.
160 Vgl. oben S. 278.

kes: [...] *car tant que livres dureront, sa bonne renommée et ses nobles et hauts faits reluiront sur terre*[161]. Durch Texte war der Held erneut in Szene gesetzt.

VII.

De ce coup Jacques de Lalaing acquit un si grand bruit, que partout hérauts, poursuivants, trompettes et plusieurs autres crioient: »Lalaing!« à haute voix, dont les roys de France et de Sicile, les roynes, princesses et dames le commencèrent à louer et priser, en eux esmerveillant, vu sa grande jeunesse, comme il avoit pu durer à deux si vaillants hommes et les avoit pu souffrir, et sembloit chose incroyable, qui ne l'eust vue.[162]

In einer zweckorientierten Welt – wurde oben gesagt – standen kampfgesinnte Männer wie Jacques de Lalaing, und ihr Trachten war nicht vergeblich, wenn sie ihren Mut in den Kriegen der Fürsten bewiesen. Jacques war als Jüngling an den Hof eines Fürsten gezogen und beendete sein Dasein auf dem Feldzug eines Fürsten. Die Melodie seines Lebens jedoch war anders komponiert – von ihm selbst und von denen, die darüber schrieben. Held war er, und zum Helden wurde er stilisiert, weil er auf die errance ritterlicher Träume gegangen war, weil er mit hochfliegenden *emprises* in die Wolkenheime der Märchenwelt vorgestoßen war – und vor allem, weil er eine wohlgeschützte Bühne errichtet hatte für ein Spiel, das der Schönheit eines edlen Kampfes gewidmet war. Als Wunschbild erschien er all denen, die dem ritterlichen Lebensstil einen ungebrochenen Wert beimaßen – ein bloßes Trugbild wäre er gewesen, wenn die schlichte Rationalität der fesselnden Fürstenmacht das eigentliche Sagen gehabt hätte.

Doch Wunsch und Trug ließen sich vereinen in Zeiten eines Umbruchs, dessen blanke Schärfe dazu zwang, Neues sich mit den Illusionen des Althergebrachten zu verbrämen. Jacques de Lalaing war ein ›gemachter‹, ein inszenierter Held!

Honneurs mondains, soit en armes, comme en assaulx, batailles, sieges, ou autrement en joustes, en tournois, en haultes et pompeuses festes et obseques[163] sollte der Adel anstreben, hieß es eingangs. Beides war angesprochen: der Kriegsdienst und die Festlichkeiten der Kampfspiele. Und beide Bereiche hatte das office d'armes, hatten die Wappenkönige also und die Herolde wachsam zu beobachten, denn man liest an der zitierten Stelle weiter:

Et toutes choses faictes en grans magnificences et tendans a honneurs par vous [die Herolde] doivent estre herauldées et publiées en divers royaumes et pays; donnez courage a plusieurs princes et nobles chevaliers de faire de haultes entreprinses par quoy il soit d'eulx longue fame et renommée, et devez dire verité en armes et departir les honneurs a qui ilz appartiennent.[164]

---

161 *Livre des Faits de Jacques de Lalaing* (Anm. 1), S. 256.
162 Ebd., S. 56.
163 *Le Débat des hérauts* (Anm. 11), S. 2.
164 Ebd.

Die Herolde handelten in solchen Dingen nahezu ausschließlich im Auftrag der Könige und Fürsten,[165] und von diesen war ihnen keine Trennungslinie gezogen zwischen Krieg und Spiel. Hier wie dort ging es ohne Unterschied um die Feststellung von ehren- oder unehrenhaftem Verhalten. Um nur einige Beispiele anzuführen: Thomas Lancaster, der Seneschal Englands, ließ um 1417 anordnen:

> Item nous voulons et chargeons que toutes manieres de solemnitees, actes solemnelz et faitz des nobles aussi bien touchant les faitz d'armes comme aultrement soient veritablement et indifferentement registrez [...] par le premier Roy d'armes.[166]

Der oberste Wappenkönig Frankreichs, Monjoye, sollte von Amts wegen alle drei Jahre Bericht erstatten, ob irgendein Adliger *faisoit aulcune infame, ou deshonnesté, ou de costume au prejudice d'honneur de Chevalerie ou de Noblesse, s'engendrast*[167]. Toison d'or, der Wappenkönig des Ordens vom Goldenen Vlies encquerra – wie es in den Statuten hieß – *dilligamment des prouesses et haulx faiz et honnourables entreprises du souverain et chevaliers de l'ordre, dont il fera véritable rapport au greffier de l'ordre, pour estre mis en escript, comme faire se devra*.[168]

Die Souveräne verstanden es offenkundig sehr wohl, sich Mittel zur Kontrolle des ritterlichen Lebensstils zu verschaffen, gleichfalls aber auch Mittel einzusetzen zur Steuerung des ritterlichen Strebens nach elitärer Geltung. Lebensstil und Geltungsstreben mußten in Einklang gebracht werden, und deshalb durfte keine wertende Trennungslinie gezogen werden zwischen Krieg und Spiel.

Die Herrscher monopolisierten die Aufführung von Kampfspielen fast vollständig.[169] Der investierte Aufwand war derart hoch, daß kein einfacher Edelmann damit noch zu konkurrieren in der Lage war – ja daß er nicht einmal an eine Teilnahme hätte denken können, wäre diese nicht subventioniert gewesen. Längst war es außer Gewohnheit geraten, sich auf Turnieren ein saftiges Löse-

---

165 Diese Feststellung gilt nur für den hier angesprochenen westeuropäischen Raum! Siehe dazu mit ausführlicher Erläuterung die in Anm. 12 genannte Literatur. Vgl. zur Tätigkeit der Herolde im Krieg und im Fürstendienst auch Antony R. Wagner, *Heralds and Heraldry in the Middle Ages. An Inquiry into the Growth of the Armorial Function of Heralds*, 2. Aufl., Oxford 1956; P. Adam Even, »Les fonctions militaires des hérauts d'armes. Leur influence sur le développement de l'héraldique«, *Archives héraldiques suisses* 71 (1957), S. 2–23; Lutz Roemheld, *Die diplomatischen Funktionen der Herolde im späten Mittelalter*, Diss. Heidelberg 1964.
166 Der Text dieser Ordonnance abgedruckt bei Wagner (Anm. 165), S. 136–138, hier: S. 138.
167 Auszug aus dem Eide des Wappenkönigs anläßlich seiner Krönung (vermutlich unter Karl VII. niedergeschrieben): *Glossarium mediae et infimae latinitatis*, hrsg. Carolus Dufresne [Du Cange] u. Léopold Favre, Niort 1885, Bd. IV, S. 187.
168 *Chronique de Jean le Fèvre* (Anm. 28), Bd. II, S. 250. Andere weltliche Ritterorden hatten analoge Bestimmungen; vgl. Melville, »Hérauts et héros« (Anm. 12), S. 92.
169 Nochmals sei betont, daß dies in erster Linie für den westlichen Teil Europas galt; vgl. Anm. 61. Siehe zu Folgendem aber vergleichend auch Jan-Dirk Müller, *Gedechtnus. Literatur und Hofgesellschaft um Maximilian I.*, Forschungen zur Geschichte der älteren deutschen Literatur 2, München 1982, S. 222 ff.; Thomas Szabó, »Der mittelalterliche Hof zwischen Kritik und Idealisierung«, in: Fleckenstein, *Curialitas*, S. 350–391.

geld zu verdienen durch die Gefangennahme eines Gegners; nur Ehrenpreise gab es normalerweise noch. Die Kosten für die largesse jedoch, die den Herolden und dem anderen Dienstvolke gewährt werden mußte, hatten sich nicht verringert.[170]

Die Fürsten waren die Mäzene der Turniere, Tjoste und Pas d'armes[171] und setzten diese Spiele gezielt ein, wenn es der Repräsentation ihrer politischen Ziele oder Erfolge diente.[172] Sie waren aber auch deren Organisatoren – der ›Traité de la forme et devis d'un tournoi‹ Renés d'Anjou[173] entwirft dazu ein ideales Modell – und vor allem deren eigentlichen Bannherren. Ohne die Einwilligung des Fürsten konnte in dessen Territorium kaum jemand mehr ein größeres Turnier veranstalten. Und teilnehmen durfte niemand – so belehrt uns der Herold Sicile in seiner normsetzenden Schrift –, der den Herrn des Landes durch ein Verbrechen beleidigt habe.[174] Einem Mann des Hofes war hierin sogar eine noch größere Abhängigkeit von der Zustimmung des Fürsten auferlegt. Dem jungen Jacques de Lalaing, der mit dem in der herzoglichen Residenz eingetroffenen Giovanni di Bonifacio eine Tjost kämpfen wollte, erklärte der Wappenkönig Toison d'or: *Jacques de Lalaing, de votre haut vouloir et bon courage j'ay grande joie en mon coeur; mais je vous avertis qu'en nulle manière vous ne devez toucher à l'emprise du chevalier, sans la licence et congé du duc vostre maistre et seigneur.*[175] Da der Herzog abwesend war, verwies er ihn dann an den seiner Funktion nach zwar höherrangigen, vom Adel her gesehen aber wesentlich niedriger gestellten Kanzler Rolin.

Die Turniere und Tjoste waren zu fürstlichen Veranstaltungen eigener Art geworden, und dies galt nicht minder für einen Pas d'armes wie jenen Jacques' de Lalaing. Vorgesehen war dort, daß der Herzog selbst der Schiedsrichter sein würde, wie es bei Tjosten am Hofe schon öfters der Fall gewesen war. Da dies angesichts der Dauer verständlicherweise nicht möglich war, hatte Philipp an seiner Stelle immerhin den Ranghöchsten seines office d'armes abgestellt. Während des ganzen Verlaufs fand der Herzog nichtsdestoweniger eine ehrenvolle Präsentation: erst *après les cris faiz de par mondit seigneur de Bourgoigne*[176] konnte mit dem Waffengang begonnen werden...

---

170 Vgl. zu diesen Bedingungen die anschauliche Darstellung bei Keen (Anm. 16), S. 305 ff.
171 Vgl. Anm. 76 (beispielsweise zur Finanzierung des Pas d'armes Jacques' durch Philipp den Guten).
172 Dazu mit illustrativen Fällen neuerdings Jourdan, »Le symbolisme politique du Pas« (Anm. 72).
173 Siehe oben Anm. 63.
174 *Parties inédites de l'œuvre de Sicile* (Anm. 26), S. 187 f. Es handelt sich eine Maßnahme, die die durch die Helmschau umgesetzten Kriterien der Turnierfähigkeit noch einmal von obrigkeitlicher Seite aus einer Kontrolle unterwirft. – Sicile erwähnt auch (ebd., S. 187), daß der Landesherr andererseits jedem zunächst zugelassenen Teilnehmer ein *seur et léal saulf-conduite* ausstelle, das acht Tage lang vor und nach dem Turnier Geltung habe.
175 *Livre des Faits de Jacques de Lalaing* (Anm. 1), S. 72.
176 *Epître de Jean le Fèvre* (Anm. 4), S. 215.

Keine abgetrennten »Nischen« also waren die ritterlichen Kampfspiele jener Zeit, »in denen der Adel sich noch ungeschoren dem Vergnügen der Selbstversicherung seiner Brillanz hingeben konnte« – wie wir oben meinten zur Debatte stellen zu können.[177] Sie standen mehr denn je im vollsten Rampenlicht. Ihre Bühne war ausgeleuchtet von dem gleißenden Prunk des höfischen Lebens rund um den Fürsten. Und dieser war es, der nun den Edelleuten ihre Brillanz zu zeigen erlaubte.

Gleichzeitig mit der Gewaltmonopolisierung war es den Fürsten also gelungen, alle Quellen zu vereinnahmen, aus denen Gewinn von *honneur* und *prouesse* zu schöpfen war – [...] *soit en armes, comme en assaulx, batailles, sieges, ou autrement en joustes, en tournois* [...][178]. Mit der Aufführung von Waffenspielen, deren ehrgeizige Ausgestaltung in der Zelebrierung von Pas d'armes gipfelten, aber eröffneten sie – wie wir oben betonten – »eine in Raum und Zeit geschlossene und zugleich eine vom Ernst des Lebens freigestellte Welt, eine rational geregelte und zugleich eine verzaubert rituelle Welt«[179], die mehr Garantien bot, die Sehnsucht nach einem ruhmvollen Leben in schöner Form zu stillen, als die rüde Zufälligkeit der Kriegsgeschicke. Im Trugbild einer verhinderten Kontingenz nur ließen Wunschbilder sich realisieren.

Die Höfe liebten die Helden, die sich dort bewährten. Diese Helden boten Gewähr, daß der in die Staatsräson einzubindende Adel Idole hatte, die für das standen, was im Spannungsfeld zwischen Fürstendienst und selbständiger Verwirklichung eigener Ehre zu schwinden drohte.

> Afin que la gloire et louange que jadis acquirent nos anciens prédécesseurs ne soit esteinte, mais augmentée et ramentue pour donner exemple aux nobles et vertueux hommes du temps présent, j'ay voulu mettre et escrire les hauts faits et emprises très-vaillantes qu'en son temps fit et acheva messire Jacques de Lalaing,

heißt es zu Beginn des ›Livre des Faits‹.[180] Die Fürsten bedurften des Adels als politischer und militärischer Elite auch jetzt in den gewandelten Strukturen einer neu verstandenen Staatlichkeit. Und so sorgten sie dafür, daß Helden sich in Szene setzten und in Szene gesetzt wurden – doppelt also: durch ›Aufführung‹ und durch ›Text‹, in pragmatischen Spielen der Illusion und in illusionären Schriften über pragmatisch verwertbare Tugenden. – Diese Helden kämpften selbst gegen Kanonenkugeln nicht vergebens, denn ihr ›Leben im Spiel gelebt‹ schon war aus dem Stoff, aus dem man die Mythen formt, die man braucht.

---

177 Siehe oben S. 262.
178 Vgl. oben S. 254 u. 283.
179 Siehe oben S. 277.
180 *Livre des Faits de Jacques de Lalaing* (Anm. 1), S. 1 f.

Höfische Repräsentation
im ›Thesaurus picturarum‹ des Marcus zum Lamm
(1544–1606)

HELGA MEISE

I.

Der ›Thesaurus picturarum‹ ist eine Sammlung von illustrierten Flugblättern und Flugschriften, Porträts, Federzeichnungen und Aquarellen sowie umfangreichen handschriftlichen Einträgen, die in über 40 Jahren, zwischen 1564 und 1606, von dem Heidelberger Kirchenrat Markus zum Lamm (1544–1606) zusammengetragen wurde.[1] Das Werk, noch in 33 Bänden überliefert und heute in Darmstadt[2], gilt als repräsentativ für die »späthumanistische Welterschließung«[3]: Es stellt chronikartig die Geschichte einzelner Länder dar, behandelt Glaubensspaltung und Konfessionalisierung, Wunderdeutung, Verbrechen und Bauernunruhen, aber auch neu entstehende Felder des Wissens wie Ornithologie und Meteorologie.

Aber nicht das breite Themenspektrum oder die Akkumulation unterschiedlichster Nachrichten und Materialien machen das Besondere oder spezifisch Neue der Lammschen Sammlung aus. Andere zeitgenössische Sammlungen weisen dieselbe Vielfalt an Informationen und Informationsträgern auf; sie gilt als

---

1 Zur Person des Sammlers und seinem Werk: *Deutsche Illustrierte Flugblätter des 16. und 17. Jahrhunderts. Bd. IV: Die Sammlungen der Hessischen Landes- und Hochschulbibliothek in Darmstadt*, hrsg. Wolfgang Harms u. Cornelia Kemp, Tübingen 1987, S. VIII–XI. Zu Entstehung und Gestalt des ›Thesaurus‹ sowie zu seiner Fortschreibung nach Lamms Tod zuletzt Frieder Hepp, *Religion und Herrschaft in der Kurpfalz aus der Sicht des Heidelberger Kirchenrates Dr. Marcus zum Lamm (1544–1606)*, Heidelberg 1993, S. 13–31, hier: S. 21 ff. Weitere Literatur in: *Deutsche Illustrierte Flugblätter* und bei Hepp. Ich möchte mich an dieser Stelle bei Herrn Dr. Kurt Hans Staub, Handschriftenabteilung der Hessischen Landes- und Hochschulbibliothek (HLHB) Darmstadt, und bei seiner Mitarbeiterin Frau Irmgard Bröning für ihre prompte, überaus hilfreiche Unterstützung bedanken.
2 HLHB Darmstadt, Hs. 1971. Im folgenden zitiert mit Angabe des Bandes in lateinischer, der Seiten in arabischer Zählung. Zu den Bänden im einzelnen *Deutsche Illustrierte Flugblätter* (Anm. 1), S. IX; u. Hepp (Anm. 1), S. 25.
3 *Deutsche Illustrierte Flugblätter* (Anm. 1), S. X.

eines der typischen Merkmale dieser Werke.[4] Sucht man die Eigenheit des
›Thesaurus picturarum‹, sein eigentliches novum zu bestimmen, so rückt eine
andere Dimension dieses Sammelwerks in den Blick: die Perspektive, in der hier
öffentliche Aufführungssituationen und Repräsentationsakte erscheinen. Die
Lammschen Darstellungen machen immer wieder den Text zum Schauraum von
Repräsentation, sie nutzen die Möglichkeiten, die die Materialität der Schrift
bietet, um Repräsentationsakte bei der Überführung in die Dokumentation umzudeuten und ihnen hier, im Schauraum von Schrift und Text, die Gestalt, die
Pointierung zu geben, die den Interessen des Sammlers entspricht. Diese Akzentverlagerung charakterisiert den ›Thesaurus picturarum‹ auf besondere Weise;[5]
geht man ihr genauer nach und rekonstruiert das Lammsche Verfahren im Detail,
so liefert das Werk nähere Aufschlüsse über die Interdependenzen, die sich in der
Literatur des ausgehenden 16. Jahrhunderts zwischen ›Aufführung‹ und ›Schrift‹
entspannen.

Zunächst ist festzuhalten, daß das Sammelwerk selbst deutlich unterscheidet
zwischen aufgeführter Literatur einerseits und schriftlich überlieferter Literatur
andererseits. Häufig stellt der ›Thesaurus‹ Situationen dar, die belegen, daß die
zeitgenössische Literatur vor allem in der Aufführung, in Vortrag und Vollzug,
lebt. Die Schilderung von Aufführungssituationen dieser Art zieht sich durch das
gesamte Werk, unabhängig von der thematischen Ausrichtung der einzelnen
Bände. Im Gegensatz dazu geht die Sammlung auf schriftlich überlieferte Literatur nicht ein. Der ›Thesaurus‹ präsentiert zwar in einem einzigen Band, dem

---

4 *Deutsche Illustrierte Flugblätter* (Anm. 1), S. IX, Anm. 26; zu Lamms direkter Übernahme von Materialien aus einem zeitgenössischen Hausbuch: Johannes C. Stracke, *Alt-
friesische Trachten nach dem Hausbuch des Unico Maninga*, Quellen zur Geschichte
Ostfrieslands 6, Aurich 1967, S. 68–72; dagegen: Rolf Walther, »Die Trachtenbilder im
Thesaurus Picturarum des Dr. Markus zum Lamm (1544–1606)«, *Zeitschrift f. Waffen-
und Kostümkunde* 13/2 (1971), S. 77–97, hier: S. 89–91. Zu Kollektaneen im Kontext
der frühneuzeitlichen Stadt vgl. Erich Kleinschmidt, *Stadt und Literatur in der Frühen
Neuzeit. Voraussetzungen und Entfaltung im südwestdeutschen, elsässischen und
schweizerischen Städteraum*, Literatur und Leben 22, Köln u. Wien 1982, S. 152–157; zur
Tradition spätmittelalterlicher Chronistik sowie zu der von Haus- und Kaufmannsbüchern
und deren Fortleben vgl. Horst Wenzel, »Zu den Anfängen der volkssprachlichen Autobiographie im späten Mittelalter«, *Daphnis* 13/1 (1984), S. 59–77, hier: S. 63 f.; Urs Martin Zahnd, *Die autobiographischen Aufzeichnungen Ludwig von Diesbachs. Studien zur
spätmittelalterlichen Selbstdarstellung im oberdeutschen und schweizerischen Raume*,
Schriften der Berner Burgerbibliothek, Bern 1986, S. 279 ff. Für diesen Hinweis danke ich
Wolfgang Harms.

5 Etwa im Vergleich zu den Berichten der ›Wickiana‹, der 24 Bände umfassenden Sammlung des Züricher Chorherrn Wick; über die Bartholomäusnacht vgl. Matthias Senn, *Johann Jakob Wick (1522–1588) und seine Sammlung von Nachrichten zur Zeitgeschichte*,
Diss. Zürich 1973, S. 105: »Im übrigen scheinen ihm [Wick] die Texte keiner Erklärung zu
bedürfen. Sie sprechen für sich selbst und erfüllen in ihrer Form der reinen Dokumentation den Hauptzweck der Sammlung, die Trübsal der Zeit aufzuzeigen, aufs beste.«
Gleichwohl macht Wick nicht nur dieses Anliegen, sondern auch die eigene konfessionelle
Position deutlich; vgl. ebd., S. 75–77 u. S. 53–60; er geht offensichtlich aber nicht dazu
über, die von ihm gebotenen Nachrichten in einer Weise zu bearbeiten, die der Lamms vergleichbar wäre.

Band XXII, *Poetae* aus Antike und Renaissance, reiht aber ausschließlich die Namen und Porträts von Dichtern aneinander und stellt diese zwischen *Philosophi* einerseits und *Musici et Pictores* andererseits. Die Aufzählung ist unsystematisch; das Interesse gilt vor allem Künstlern und Wissenschaftlern des Humanismus[6], erwähnt deren Texte, Veröffentlichungen und Werke aber mit keinem Wort. Der Band, so ließe sich folgern, bietet in erster Linie ein Namensregister humanistischer Gelehrsamkeit.

Auch wenn die Häufigkeit, mit der auf das Phänomen der Aufführung rekurriert wird, dessen Bedeutung hervorzuheben scheint, so vollzieht der ›Thesaurus picturarum‹ selbst die Ablösung der Literatur als ›Aufführung‹ durch die Literatur als ›Schrift‹. Diese These soll im folgenden exemplarisch an der Darstellung von Aufführungssituationen und Repräsentationsakten belegt werden. Deren Schilderung bildet einen der inhaltlichen Schwerpunkte der Sammlung, sie prägt vor allem die chronikalische Berichterstattung des ›Thesaurus‹ über einzelne Territorien.[7] Hier setzt die spezifische Akzentverlagerung des Sammelwerks ein, indem Lamm den Aufführungscharakter der zeitgenössischen Literatur reproduziert, zudem aber eine auf die Neuzeit vorausweisende Literaturform entfaltet, die durch drei Momente charakterisiert ist:

1. Die höfische Repräsentation wird in Schrift- und Bildform reproduziert. Dabei verliert sie durch das Wesen der Verschriftlichung ihren performatorischen Charakter und gerinnt zum konstativen Moment des Berichtes, des *Festhaltens*.

2. Zu diesem Moment des Berichtens von repräsentativen Akten tritt, unter anderem aus Gründen der Privatisierung (als Gegenbewegung zu der Öffentlichkeit und Politik der höfischen Repräsentation und der Theologie), ein Anreichern der Berichte durch ›anekdotisches‹ Material, das als extrem temporäre Besonderheit das genaue Gegenteil zum historisch Invarianten der höfischen Repräsentation ins Spiel bringt. Hier konstituiert sich der ›Thesaurus‹ als Vorläufer der Schilderung ›unerhörter‹ – wenn auch ›banaler‹ – Begebenheiten, wie sie die Kalendergeschichten und die Novelle später zum Thema haben werden.

3. Dieser ›Literarisierungsbewegung‹ steht aber entgegen, daß von einer Autorschaft, von dem Autor als Urheber des Textes, hier keine Rede ist. Das Anekdotisieren der repräsentativen Aufführungsakte und ihr Anreichern um Begebenheiten punktueller Aktionen wird in Form eines Verzeichnens, als Anlegen von Listen und von Aufzeichnungen bewerkstelligt. Diese re-collectio ist eine Form des automatisierenden Gedächtnisses, welches das sich aus der Abfolge

---

6 Unter dem Titel ›Philosophi, Poetae, Musici et Pictores‹ erscheinen zuerst Aristoteles und Marcus Tullius Cicero, ihnen folgen auf insgesamt 249 Blättern neben anderen Sebastian Münster, Angelo Poliziano, Juan Luis Vives, Thomas More, Kopernikus, Pierre de la Ramée, Tycho Brahe, Homer, Vergil, Dante, Petrarca, Boccaccio, Ariost, Orlando di Lasso, Hieronymus Bosch, Michelangelo und Martinus de Vos.

7 Ihr sind allein 16 der 33 Bände gewidmet, die ›Welterschließung‹ erstreckt sich auch auf ›Turcica‹ (Bd. XV) oder ›Juliacensia‹ (Bd. XVI). Zum ›Thesaurus‹ als historiographischem Werk unter besonderer Berücksichtigung der ›Palatina‹ als »Versuch, die pfälzische Geschichte in der Phase ihres konfessionellen Umbruchs darzustellen« vgl. Hepp (Anm. 1), S. 253 u. passim.

von ›Begebenheiten‹ konstituierende Zeitkontinuum als Historie des bürgerlichen Subjekts begründet und damit eine Gegenbewegung zur literarischen Kontinuität des Hofes darstellt, die repräsentativ sozusagen nicht erst durch Momente gestiftet werden muß, sondern immer gleich auf einen Schlag ›da‹ ist. Die Historie des bürgerlichen Subjekts ist eine potentielle Geschichte, die durch die recollectio je aus dem Moment der Gegenwart zu erzeugen ist. Die Historie des Hofes oder der Repräsentationsgesellschaft ist eine Geschichte in actu, sie ist actualiter stets in der repraesentatio ganz gegeben.

II.

Mustert man die Bände, die die Geschichte einzelner Territorien des Alten Reiches chronikartig zusammentragen, so fällt die zentrale Rolle von Repräsentationsakten sofort ins Auge. Immer wieder notiert Lamm Einritte, Auf- und Umzüge, Huldigungen, die Darreichung von Präsenten, das Abhalten von Hochzeiten und Trauerzeremoniellen, fürstliche Besuche, Empfänge und größere Zusammenkünfte.[8] Die meisten der Belege entstammen der höfischen Gesellschaft, die Repräsentationsakte stehen im Kontext konfessioneller Konflikte und strittiger Herrschaftsverhältnisse. Bedenkt man, daß die Aufführung, der Vollzug bestimmter Akte und Verhaltensweisen, sowohl für die Bestätigung und neuerliche Legitimation frühneuzeitlicher Herrschaftsverhältnisse[9] als auch für die Auf-

---

[8] Auffällig ist besonders die beeindruckende Anzahl von immer gleichen Katafalken, deren Abbildungen das gesamte Werk durchziehen. Zu den Einritten zwei beliebig ausgewählte Beispiele: *Anno MDLXXXIII (1583) des 27. Aprilis, hatt Eberhardt von Dienheim der Neue Bischoff zu Speyer daselbsten seinen solen Einritt gehalten.* (Bd. XXIV, fol. 3^r.) – *Einritt der Türckischen Bottschaft Ephraim Stroys mitt den Presenten so sie von deß Türcken wegen, Kayser Ferdinando gethan Geschehen zu Franckfurt am Mayn den 23 Novembris Anno 1562.* Daneben stehen Ausführungen zum politischen Kontext dieser Situation und ein Aquarell, das die Überreichung der Geschenke darstellt (Bd. XXIV, fol. 1^v und 3^v). Anzumerken ist, daß das Titelblatt des Bandes XXIV, das laut Auskunft der Forschung den Titel »Einzüge« trägt, fehlt. Der Band berichtet außer von Einzügen u.a. auch über die Hinrichtung von *Goltmachern* in Bayern, über den Fang eines Walfisches, über Hexenwerk in München und einen Brand in Eißleben; vgl. *Deutsche Illustrierte Flugblätter* (Anm. 1), S. VIII. Fragen der Überlieferungsgeschichte des Sammelwerks – von den Verfassern der handschriftlichen Einträge bis hin zur Anordnung der einzelnen Bände – können im Rahmen dieses Beitrags nicht behandelt werden. Daß Lamm selbst neben zeitgenössischen »Flugblättern und Flugschriften« (*Deutsche Illustrierte Flugblätter* (Anm. 1), S. XI) auch für seine handschriftlichen Einträge auf gedruckte Werke wie die Frankfurter Meßrelationen zurückgriff, wird unten dargestellt.

[9] Zur rechtlich-politischen Dimension von Aufführungssituationen zuletzt am Beispiel des Anlasses ›Huldigung‹: André Holenstein, »Huldigung und Herrschaftszeremoniell im Zeitalter des Absolutismus und der Aufklärung«, *Aufklärung* 6/2 (1991), S. 21–46, hier: S. 21 f.; sowie ders., *Die Huldigung der Untertanen. Rechtskultur und Herrschaftsordnung (800–1800)*, Quellen u. Forschungen z. Agrargeschichte 36, Stuttgart u. New York 1991, bes. S. 433–479.

rechterhaltung höfischer Repräsentation[10] konstitutiv ist, so verwundert das Interesse Lamms an diesen Situationen nicht. Sie stellen die Beziehungen zwischen Herrscher und Untertanen dar, machen ihre Rechtlichkeit sinnfällig und bekräftigen sie damit stets von neuem als legitime Ordnung. In dem selben Maße sind Aufführung und Vollzug für den Funktionszusammenhang der höfischen Gesellschaft entscheidend, denn erst sie vermögen Zeremoniell und Etikette durchzusetzen und im Geflecht von Rang- und Statusunterschieden die Position des einzelnen bei Hofe festzulegen. Daß sich dabei die Manifestation von politischen Beziehungen einerseits und die von ästhetischen Phänomenen andererseits immer wieder gegenseitig durchdringen, ist eines der Kennzeichen der Repräsentation vom Mittelalter bis ins 18. Jahrhundert.[11]

Lamms Notate über die Aufführungssituationen sind zumeist nur kurz. Auf den ersten Blick scheint es, als würden die Ereignisse lediglich als politische Eckdaten eines Regentenwechsels markiert. Aber der mit jedem Ereignis verbundene ›Aufführungscharakter‹ ist immer mitzudenken: Dessen Sinn stellt sich im Vollzug her; gerade weil das Moment der Aufführung selbstverständlich ist, kann der ›Thesaurus‹ auf die ausführliche Darstellung der einzelnen Handlungen und Handlungsabläufe verzichten. Verdeckt das bloß lakonische Verzeichnen höfischer Ereignisse deren Aufführungscharakter eher, so thematisieren ihn erst längere Schilderungen direkt. Daß an seine Stelle Kommunikationsstrukturen treten, die nicht mehr in der Aufführung, sondern in der Schrift existieren, machen die Lammschen Beschreibungen deutlich; die Beispiele, die hier vorgeführt werden, zeigen auch, daß Akzente und Pointen präzise und direkt auf den Einzelfall zugeschnitten sind.

So zeigt der Einritt des Pfalzgrafen Johann Casimir (1543–1592) in Frankenthal am 24. 5. 1577, den der ›Thesaurus‹ im 1. Band der beiden Bände ›Palatina‹ überliefert, deutlich, in welchem Ausmaß die zeitgenössische Literatur von der

---

10 Die zu Beginn des 18. Jahrhunderts in Deutschland entstehende Zeremoniellliteratur macht gleichsam im Rückblick noch einmal auf diesen Kern höfischer Verhältnisse im Absolutismus aufmerksam, wenn sie das *Staats=Ceremoniel Überhaupt* definiert: *Das Staats=Ceremoniell schreibet den äusserlichen Handlungen der Regenten, oder derer, die ihre Personen vorstellen, eine gewisse Weise der Wohlanständigkeit vor, damit sie hierdurch ihre Ehre und Ansehen bey ihren Unterthanen und Bedienten, bey ihren Hoch=Fürstlichen Anverwandten und bey andern Mitregenten entweder erhalten oder noch vermehren und vergrössern.* Julius Bernhard von Rohr, *Einleitung zur Ceremoniel-Wissenschaft der Grossen Herren* [1733], hrsg. Monika Schlechte, Weinheim 1990, S. 1. Zum Begriff ›höfische Repräsentation‹ im Anschluß an Elias vgl. Monika Schlechte, »Nachwort«, ebd., S. 1–53, hier: S. 1–9; vgl. a. Jörg Jochen Berns, »Die Festkultur der deutschen Höfe zwischen 1580 und 1730: eine Problemskizze in typologischer Absicht«, *GRM* 34/3 (1984), S. 295–311.

11 Zur Bedeutung von höfischer Repräsentation im Mittelalter: Wenzel, »Repräsentation und schöner Schein«, S. 180: »Repräsentation ist demnach resümierend zu beschreiben als eine symbolische Form öffentlicher Statusdemonstration, die mit der Person des Statusträgers interpersonale Wert- und Ordnungszusammenhänge für alle Sinne wahrnehmbar zur Darstellung bringt. Repräsentation trägt somit bei zur Ausdifferenzierung gesellschaftlicher Rangunterschiede und ermöglicht Kommunikation und Integration in einer unvollständig integrierten Lebenswelt«.

Aufführung, in der Aufführung lebt. Die Huldigung, die der Flecken dem Fürsten ausrichtet, beginnt mit einem öffentlichen Auftritt, dem Einzug des Fürsten und seiner Begrüßung durch die Bürgerschaft.[12] Dazu werden Ehrenpforten errichtet, die Bürger versammelt, Musik und Gedichte vorgetragen. Der ›Thesaurus‹ bietet diese Gedichte im Wortlaut (Bd. IV, fol. 169r–174r); er präsentiert außerdem eine Zeichnung, die die zu Ehren des neuen Herrn organisierte Veranstaltung auf einen Blick zeigt: die Triumphbögen, die Aufstellung der Bürger, die Dekoration des Marktplatzes und die Ankunft des Herzogs (Bd. IV, fol. 259r, vgl. Abb. I)[13].

Sowohl die vorgetragenen Gedichte wie die aufgebauten Kulissen bringen den politischen Hintergrund des Einritts zur Sprache: Ludwig VI. (1539–1583), der ältere Bruder Johann Casimirs und damalige Regent der Kurpfalz, hatte bei seiner rechtmäßigen Sukzession nach dem Tod des Vaters im Jahr zuvor den Calvinismus, den dieser erst zu Beginn der sechziger Jahre in seinem Territorium eingeführt hatte, wieder abgeschafft und das Luthertum restauriert. Dies hatte sein Vater Friedrich III. (1515–1576) bereits zu Lebzeiten vorhergesehen: Da er nicht in seinem ältesten Sohn Ludwig, dem legitimen Nachfolger, seinen »geistlichen Waffenträger«[14] erblickt hatte, sondern in Johann Casimir, seinem dritten Sohn, hatte er diesem noch kurz vor seinem Tode zur Stärkung seiner Position dem Bruder und künftigen Regenten gegenüber im Zuge testamentarischer Sonderregelungen zusätzlichen Land- und Ämterbesitz verschafft, unter anderem eben auch Frankenthal, den Flecken, der seit 1562 unter seiner Obhut gestanden hatte und der seitdem als Zufluchtsort für verfolgte calvinistische Niederländer prosperierte.

Allen Beteiligten des Einritts in Frankenthal ist diese Situation gewärtig. Sie motiviert nicht nur die vorgetragenen Texte und die errichtete Szenerie, sondern auch die allegorische Gestalt der vier Ehrenjungfrauen, die an der ersten Triumphpforte den Herzog erwarten und denen vier der Gedichte zugeordnet sind. Es sind *Frankenthalia* und *Justitia* auf der einen sowie *Constantia* und *Sinceritas* auf der anderen Seite; die beiden Tugenden, auch auf der Ehrenpforte selbst zu lesen, bilden die Devise Johann Casimirs, seit er wegen der testamentarischen Sonderregelungen mit seinem Bruder im Streit liegt. An der zweiten Ehrenpforte sind der »bedrängte und geknechtete Glaube« sowie die »freie und unverfolgte reformierte ›Religio‹«[15] aufgestellt, die das fünfte der

---

12 Aufschlußreich eine der Bemerkungen Rohrs über die Einzüge: *Heutiges Tages würde diese C e r e m o n i manchen gar spöttisch vorkommen* [...]. Vgl. Rohr, *Einleitung zur Ceremoniel-Wissenschaft* (Anm. 10), S. 610.
13 Die Abb. auch bei Hepp (Anm. 1), Abb. 22.
14 F. J. Hildenbrand, »Der Einzug des Herzogs Johann Casimir in Frankenthal am 24. 5. 1577«, *Monatsschrift des Frankenthaler Altertumsvereins* 21/4 (1913), S. 13 f., hier: S. 13. Die Texte im Wortlaut bei Hepp (Anm. 1), S. 105–107, der Einzug ebd., Abb. 22. Zur Bedeutung Frankenthals für den Aufbau der Herrschaft Pfalz-Lautern durch Johann Casimir vgl. Manfred Kuhn, *Pfalzgraf Johann Casimir von Pfalz-Lautern 1576–1583*, Diss. Mainz 1959, S. 91–97.
15 Hepp (Anm. 1), S. 106 f.

Abb. I: *Einzug Johann Casimirs in Frankenthal, 24. 5. 1577, Aquarell*
(Marcus zum Lamm, Thesaurus picturarum,
Hessische Landes- und Hochschulbibliothek Darmstadt, Hs. 1971, Bd. IV, fol. 259ʳ).

Abb. II: *Leichenzug der Pfalzgräfin Dorothea, Aquarell*
(Marcus zum Lamm, Thesaurus picturarum, Bd. IV, fol 287ʳ).

Gedichte aufsagt. *Frankenthalia* benennt gleich zu Beginn der Zeremonie deutlich, worum es geht:

> Sie werden, obgleich zürne die böße Welt
> Auß führen das werck Ihres Vatters und herrn.
> (Bd. IV, fol. 170ʳ)

In Anbetracht der weiteren Entwicklung erscheint der Einritt Johann Casimirs in Frankenthal als erstes Anzeichen für die – nach dem plötzlichen Ableben des Bruders 1583 tatsächlich eintretende – Regentschaft des Herzogs und die erneute Restauration des Calvinismus.

Ganz anders verfährt der Bericht über den Regensburger Reichstag von 1594. Der Text, einer der längsten Einträge der Sammlung überhaupt (Bd. XXIV, fol. 80ʳ–102ᵛ), fällt in mehrere Teile auseinander: Lamm gibt den Einzug des Kaisers wieder, schenkt einem Rangstreit zwischen Kaiser Rudolf II. (1552–1612) und Herzog Friedrich von Württemberg (1557–1608) detaillierte Aufmerksamkeit und liefert abschließend eine Bilanz der Veranstaltung. Dabei geraten im Zuge der Schilderung die chronikalische Berichterstattung, die Demonstration des rechten Glaubens und die eigene Verflechtung mit der höfischen Gesellschaft in Widerspruch zueinander. Lamm schildert zunächst die Einzüge des Kaisers und des Herzogs. Der Württemberger sei

> [...] mit 850 wolgerüste Pferd eingeritten darunter acht Graven, vier Freyherrn, und über die 100 von Adel gewesen, in solcher Zier schmuck und pracht zu Regenspurg eingeritten, dergleichen kein Chur, zu geschweigen anderer Fürst damals gethan: Ja auch wol stattlicher und prächtiger als die kayserliche Mayestät selbst, so viel das volck und gesint so Sie bei sich, und mit sich gebracht gehabt, ahnlangt, dan alle sein württembergers vom Adel wie auch die graven und freiherrn so er bey sich gehabt, zum allerstattlichsten in Sammet und Seiden Mit golt belegt gekleidet, und mit gewaltigen gülden ketten behangt gewesen [...] Er für sein Person uff einem schönen braunen hengst, mitt sammett, silber goltt, vnndt stattlichen Federbüschen, wie auch in gleichen Er auch selbsten und seiner Edelknaben, zum stattlichsten und herlichsten geziert und heraus gestrichen [...]
> (Bd. XXIV, fol. 94ᵛ/95ʳ).

Dieser Einritt ist nicht nur Statusdemonstration, er richtet sich direkt an den Kaiser:

> Ist also in solchem pomp im Einziehen, vor der Kayserlichen Mayestät Losament übergezogen, welches es gleichwol zu seinem losament zu kommen füglich umb ghen hette können, wie dan auch dasselb I. M. Nit zum besten sol gefallen haben
> (Bd. XXIV, fol. 96ᵛ);

und Lamm resümiert abschließend: *Über dises hatt er in wehrendem Reichstag mitt bancketten halten und anderer Magnificierung sich gantz stattlich gehalten* (Bd. XXIV, fol. 96ᵛ). In merkwürdigem Widerspruch zu der Detailliertheit, mit der Lamm diese beiden Einritte festhält, steht die Kritik, die am Ende des Berichts über den Reichstag formuliert wird:

> Sonsten ist uff diesen Reichstag mechtige üppigkeit mit übermachten pracht, Banketirn, fressen, saufen und hurerei und viler grosser anderer gottlosigkeit und großen Sünden mehr von dem meisten theil hohen und Niedern standes, ja die grösten von den allerhöchsten häubtern getrieben und gott schwerlich erzürnet worden, daß also von diesem Reichstag

nitt vil guts und glücklichen sigs wider den türcken zu verhoffen, womitt Gott sonst seiner Frommen, außgewölten kinder gebet erhöret und seine arme Christenheit schützet. (Bd. XXIV, fol. 100r/v)

Vergleicht man diese Darstellung des Regensburger Reichstags mit der Quelle, die Lamm mehrmals heranzieht, den seit 1591 halbjährlich erscheinenden Frankfurter Meßrelationen[16], so wird klar, daß die Akzente, die der ›Thesaurus‹ setzt, sich keineswegs dem Zufall verdanken. Die Verarbeitung von Text- und Bildmaterial aus den Meßrelationen, die auch in diesem Fall nachweisbar ist[17], zielt auf eine ganz bestimmte Pointe ab. Ausführlichkeit und Genauigkeit von Lamms Berichts gelten nämlich – im Gegensatz zum Bericht der ›Relatio Historica [...] Warhafftige Beschreibung‹ von 1595 – nicht dem Kaiser, sondern dem Württemberger. Während dem Aufzug des Württembergers mehrere Seiten gewidmet sind (Bd. XXIV, fol. 94v–97r), tritt die *Römische Kayserliche Majestät selbst* in der *Ordnung deß Einritts* (Bd. XXIV, fol. 83v–92r) von insgesamt 35 Gliedern nur kurz als *Nr. 22* (Bd. XXIV, fol. 87v/88r) auf. Begrüßung, Einholung und Huldigung vor und in der Stadt durch Rat und Bürgerschaft werden reduziert auf die Darreichung der *Stadt Schlüssel* durch die Ratsherren am *ersten Brückenthurm* und auf das Geleit, das sie dem Kaiser vom *Inneren thor* bis zum *innersten Brückenthurm* geben, wo auf einer errichteten Tafel die Titel der Kaisers zu lesen sind.[18] Der ›Thesaurus‹ verlagert das Gewicht seines Berichts vom ›Festkern‹[19] weg auf einen Nebenschauplatz: Der Herzog trifft am 23. 5.

---

16 Jacobus Francus, *Relatio Historica Quinquennalis. Warhafftige Beschreibung/ aller fürnemen vnnd gedenckwürdigen Geschicht*, Frankfurt/M. 1595. Vgl. a. Sebastianus Brennerus, *Continuator Temporis Quinquennalis. Das ist: Fünffjärige Histori Erzelung/ ander/ dritter/ und vierdter Theil*, Frankfurt/M. 1599. Zu den Meßrelationen vgl. Heinrich Meidinger, *Frankfurt's gemeinnützige Anstalten*, Frankfurt/M. 1845, S. 373–384, hier: S. 373: »Der erste Herausgeber dieser Meßrelationen war [...] ein hiesiger Pfarrer, Namens Conrad Lautenbach, ehemaliger Bibliothekar zu Heidelberg, ein Mann von Umsicht und Kenntnissen, der öfters größere Reisen machte und seine auf glaubhafte Mittheilungen gegründeten Nachrichten klar und bündig darzustellen wußte [...]. Seinen wahren Namen verbarg Lautenbach unter dem angenommenen von Jacob Frank.« Ob es direkte Kontakte zwischen ihm und Lamm gab, konnte ich nicht überprüfen. Daß Lamm ein Netz an Korrespondenten unterhielt, um seine Sammlung voranzutreiben, ist bekannt; vgl. *Deutsche Illustrierte Flugblätter* (Anm. 1), S. IX; Hepp (Anm. 1), S. 26; Robert Lauterborn, *Der Rhein. Naturgeschichte eines deutschen Stroms*, 2 Bde., Freiburg/Br. 1930, Bd. I, S. 149.

17 Francus, *Relatio Historica Quinquennalis* (Anm. 16), S. 477–486 u. S. 522–524; Brennerus, *Continuator* (Anm. 16), S. 1–8. Vgl. weiter unten die Ausführungen zum Tod des Kurfürsten Christian I. von Sachsen sowie zu den Illustrationen zum Einritt des Kurfürsten Friedrich IV. von der Pfalz in Neustadt an der Hardt.

18 Bd. XXIV, fol. 88r–89r. Bei Francus ist es gerade umgekehrt: Er stellt den Einritt des Württembergers, *gantz zierlich und herlich [...] mit 650 Pferden* auf knapp einer Seite dar, braucht aber für den Bericht über den Einritt des Kaisers, über dessen Ordnung sowie die Abfolge aller Handlungen vom Stadttor bis zum Verlassen der Pfarrkirche – *unter Singen* – drei volle Druckseiten; bezeichnend ist auch die Erwähnung, die Zeremonien hätten von *zwischen vier und fünff uhren nach Mittag* bis *umb sechs Uhren gegen der Nacht* gedauert. Vgl. Francus, *Relatio Historica Quinquennalis* (Anm. 16), S. 522 f. u. S. 479–482.

19 Berns (Anm. 10), S. 302 f.

erst fünf Wochen nach dem *Vortrag der Kayserl. Mayestät* in Regensburg ein; gleichwohl erscheint sein Einritt größer (200 Pferde mehr!); Fürst und Gefolge werden aufwendiger ge›schmückt‹, Rangstreit und ›Magnifizierung‹[20] hinzu erfunden.

Im Unterschied zu den Meßrelationen, die diese Ereignisse unverbunden nebeneinander stellen[21], verdichten sich in Lamms Schilderung die beiden zeitlich voneinander getrennten Repräsentationsakte, werden in seiner Darstellung neu ›inszeniert‹, um den Kaiser durch die ›Aufführung‹ des Gegenaufzuges zu desavouieren. Hier wie schon im Bericht über den Einzug des Pfälzers in Frankenthal machen die Ereignisse selbst deutlich, worum es geht. Im Unterschied dazu sind es im sechsten Band des ›Thesaurus‹, den ›Saxonica‹, die Darstellungen, die der Sammler von den Repräsentationsakten gibt, die zu ihrem Verständnis beitragen; es sind in viel stärkerem Maße Schrift und Text, die die Ereignisse entschlüsseln. Zum Besuch des Kaisers Maximilian II. (1527–1576) in Dresden 1575 hatte August I. von Sachsen (1526–1586)

> etliche arcus triumphales mit grossem gepreng zum zierlichsten ufrichten [lassen] [...] unde under denselben zuvorderst Einen so der Erste vnde fürnembste gewesen, mit Einem Trachen darauf Hercules cum Clavo gestanden, dardurch die Calvinische Sect, (wie sie unsere ware in Gottes Wort gründete Reformirte Christliche Religion schmelich nennen) gesetzet gewesen, mit einer Uffschrift dis inhalts. Gleich wie hercules den siebenkopffichten Trachen erlegt, alß werde auch Churfürst Augustus die in dieselben Lande heimlich eingeschlichene und umb sich gefressene Calvinische Sect, ausrotten und vertilgen.
> (Bd. VI, fol. 70r/v)

Aber die darauf folgende Inszenierung bricht in sich zusammen:

> Als sie nhun desselben tags am abent das künstliche Fewerwerck so bei dem gemelten Triumpfporten zugerichtet gewesen ahnghen zu lassen, mit köstlichen Fhanen, vnnde sonst zum aller stattlichsten außgerüst unnde geziert ufgezogen, ist uhrplötzlich ein grosser platz Regen kommen, welcher Ihnen Ire köstlichen Fhanen alle zerfleischt vnnde jämmerlich verderbt, auch das angezündete Fewr außgelöscht hat, das es nit brennen können; vnnde von dem Ihenigen so es angezündet zu boden geschlagen, unde nitt wenig beschediget worden seint. (Bd. VI, fol. 76v)

Lamm plaziert zwischen den beiden Passagen Bilder, die ihre Aussage in eindeutiger Weise unterstreichen. Zu sehen ist Herkules auf dem Triumphbogen, unter seinen Füßen sein Kontrahent, die *calvinische Sect*: Inmitten der Raketen des Feuerwerks erscheinen auf vier aufeinanderfolgenden Bildern beide in jeweils anderer Gestalt, als Herkules und als Ritter, als Wilder Mann und als Heiliger, der auf einen Löwen, auf ein Lamm und auf einen Drachen tritt (Bd. VI, fol. 71v–74r, vgl. Abb. III–V). Aber was den Triumph des Kurfürsten begründen sollte – die Ausrottung, die Verbrennung der Calvinisten –, verkehrt sich in den

---

20 Bezeichnend die Differenz zur Schlußbemerkung Francus' über den Aufbruch des Kaisers, der sich *in das Bischöffliche Schloß/ welches ernewert und herlich zugerüstet/ als in ihr* [der Majestät] *verordnetes Losament begeben* habe. Francus, *Relatio Historica Quinquennalis* (Anm. 16), S. 482.

21 Vgl. Anm. 17.

Triumph des Reformators: Auf dem fünften und letzten Bild erscheint ruhig und gelassen Calvin, Papiere in der Linken, die Rechte predigend erhoben (Bd. VI, fol. 75r, vgl. Abb. VI). Ihm vermag das Feuer nichts anzuhaben, als Strahlenkranz unterstreicht es vielmehr seinen Sieg. Das Autodafé, der Akt des Glaubens, wird in einen Akt der Repräsentation des Calvinismus verwandelt. Die Darstellung und die Reihung der Illustrationen lassen keinen Zweifel an der intendierten Aussage Lamms; der Satz, der die Beschreibung der errichteten Aufbauten von der Schilderung der eigentlichen Aufführung trennt – *Inmassen solches aus Nachvolgendem zu ersehen* –, nimmt die Verkehrung bereits ironisch vorweg. Das Scheitern der Aufführung läßt die höfische Repräsentation brüchig werden; gegen die ›Hercules Saxonicus‹-Ikonographie der sächsischen Kurfürsten, deren sich erstmals Moritz von Sachsen (1521-1563), der ältere Bruder Augusts, zu propagandistischen Zwecken bedient hatte,[22] wird die eigene Darstellung gesetzt; der ›Thesaurus‹ betreibt Gegenpropaganda. Er rückt weitere Ereignisse der sächsischen Geschichte in dieselbe Perspektive: August erscheint im Zusammenhang der in Band VI dargestellten *Grumbachschen Händel* als *Executor* (Bd. VI, fol. 59v); zum Katafalk seiner Gemahlin heißt es: *Anno MDLXXXV. den 12t. Octobris ist Frau Anna [...] mit todt abgangen. Und dieselb nacht ein sehr schrecklicher grosser windt geweßen, welcher vil Bäum auß der Erden gerissen hatt.* (Bd. VI, fol. 77r.)

Allein bei Augusts Nachfolger, dem Kryptocalvinisten Christian I. (1560-1591), verfährt Lamm anderes. Anläßlich seines Todes liefern die ›Saxonica‹ eine ausführliche, fast enthusiastische Beschreibung der Aufbahrung der fürstlichen Leiche sowie des Leichbegängnisses (Bd. VI, fol. 81r-92r). Lamm verzichtet auf ›Gegenaufführungen‹, er berichtet stattdessen, daß die Versuche des Kurfürsten *zu reformirn*, die sich eben auch auf öffentliche Akte höfischer Repräsentation bezogen hatten, sofort nach seinem Tod widerrechtlich rückgängig gemacht worden waren: *gleichwohl S. Churf. Dl. Damals also versprochen vnd zugesagt, aber baldt hernacher geradt das wieder Ins Werk gerichtet, Dieses vergebliche welt gepreng das er gar nitt begert, mitt seinem abgelebtem Cörper, zu äusserlichen pracht vnndt Spectacul angestellt* (Bd. VI, fol. 91r/v). Lamms Beschreibung folgt auch hier fast wörtlich der Darstellung der Meßrelationen von 1595,[23] präsentiert aber, anders als diese und vergleichbar der Verdichtung, die sein Vorgehen bei der Schilderung des Regensburger Reichstages kennzeichnet, im direkten Zusammenhang mit dem Bericht über das Ende der Regent-

---

22 Monika Schlechte, »HERCULES SAXONICUS – Versuch einer ikonographischen Deutung«, in: Reiner Groß (Hrsg.), *Sachsen und die Wettiner Chancen und Realitäten*, Dresden 1990, S. 298-307, hier: S. 299.

23 Francus, *Relatio Historica Quinquennalis* (Anm. 16), S. 92-103. Zur Bedeutung gerade dieses Begräbnisses und seiner Aufnahme in die Meßrelationen für die Entwicklung des protestantischen Trauerzeremoniells und der Funeralpublizistik vgl. Jill Bepler, »Das Trauerzeremoniell an den Höfen Hessens und Thüringens in der ersten Hälfte des 17. Jahrhunderts«, in: Jörg Jochen Berns u. Detlef Ignasiak (Hrsg.), *Frühneuzeitliche Hofkultur in Hessen und Thüringen*, Erlangen u. Jena 1993, S. 249-265, hier: S. 254.

298 Helga Meise

Abb. III–IV: *Tableaux vivants zum Besuch Kaiser Maximilians II. in Dresden 1575,
aquarellierte Federzeichnungen
(Marcus zum Lamm, Thesaurus picturarum, Bd. VI, fol. 71ᵛ, 72ᵛ).*

schaft dieses Kurfürsten auch den über die Verhaftung seines Kanzlers und Beraters Nikolaus Krells und anderer Kryptocalvinisten (Bd. VI, fol. 85ʳ–87ʳ) sowie den dazu gehörigen, der gedruckten Kompilation entnommenen Kupferstich (Bd. VI, fol. 86).[24] Wie schon beim Regensburger Reichstag setzt Lamm nur die religiös und politisch motivierte Wendung Christians gegen die *Spectacul* hinzu. Vergleicht man die Darstellungen der verschiedenen Repräsentationsakte miteinander, so wird die zunehmende Verlagerung der Aufführungssituationen in den Interpretationsrahmen der Schrift deutlich. Lediglich der Einritt Johann Casimirs wird als solcher in das Sammelwerk übertragen. In den anderen Fällen ist es die eigene Darstellung, der eigene Text, nicht aber die Aufführungssituation

---

24 Francus, *Relatio Historica Quinquennalis* (Anm. 16), S. 104 f., die Illustration zur Verhaftung der Kryptocalvinisten in: *Deutsche Illustrierte Flugblätter* (Anm. 1), S. 108: Laut Bildunterschrift und Francus' Bericht stellt das Blatt die Verhaftung der Calvinisten an verschiedenen Orten simultan dar.

Höfische Repräsentation im ›Thesaurus picturarum‹ 299

*Abb.V–VI: Tableaux vivants zum Besuch Kaiser Maximilians II. in Dresden 1575,
aquarellierte Federzeichnungen
(Marcus zum Lamm, Thesaurus picturarum, Bd. VI, fol. 74ʳ, 75ʳ).*

als solche, in der die Repräsentationsakte gezeigt und gedeutet werden. Dabei geht es zunächst um die Manifestation der eigenen konfessionellen und politischen Position. Daß der pfälzische Einritt unmittelbar mit der Lebensgeschichte des Markus zum Lamm und seiner konfessionspolitischen Position verknüpft ist, muß im Rahmen der ›Palatina‹ nicht eigens ausgeführt werden: Lamm war 1576 unter Friedrich III. zum *Kirchenrathsdienst zu Heydelberg beruffen* worden (Bd. IV, fol. 185ʳ), hatte dieses Amt unter dessen Nachfolger verloren und wird es unter Johann Casimir zurückerhalten.[25] Im Unterschied dazu bringt der Bericht über die Einzüge des Regensburger Reichstages 1594 Lamms eigene Stellungnahme direkter zum Ausdruck. Die abschließende generelle Wertung des Reichstages, die die zuvor kundig geschilderten höfischen Auftritte plötzlich in ein völlig neues Licht taucht, markiert die eigene Haltung und kommt einer Manifestation des Privaten gleich, eine Sichtweise, welche die Aufführungssituatio-

---

25 *Deutsche Illustrierte Flugblätter* (Anm. 1), S. X; Hepp (Anm. 1), S. 16–23, hier: S. 18.

nen in den ›Saxonica‹ durchgängig thematisieren, wenn die Berichterstattung Lamms durchweg seinen calvinistischen Standpunkt zu erkennen gibt, nicht zuletzt, weil konfessionelle Differenzen in Bezug auf Sachsen von grundlegender Bedeutung sind[26] und sich erst für die Regierung Christians I. erledigen, der im Verdacht steht, Calvinist zu sein.

Läßt sich an diesen Beispielen beobachten, wie sich in Lamms ausführlichen Darstellungen die persönliche Wahrnehmung, die private Sicht des Berichterstatters in den Vordergrund schiebt und den Aufführungscharakter der Ereignisse sukzessive unterhöhlt, so gestattet die Akzentverlagerung darüber hinaus Einblicke in den Umbruch, der sich im ›Thesaurus picturarum‹ vollzieht. Auch in dieser Hinsicht ist das ›Dossier‹ über den Frankenthaler Einritt von zentraler Bedeutung. Es ist paradigmatisch für das Auf-der-Kippe-Stehen des ›Thesaurus‹ als Text des Umbruchs. Einerseits schreibt der Lammsche Text noch die in die höfische Ästhetik eingebundenen literarischen Texte ab, er gibt sie vollständig wieder und reprodzuziert damit ihren Repräsentations- oder Aufführungscharakter. Gleichzeitig schickt Lamm auch hier der vollständigen Dokumentation der Situation einen prachtvoll geschriebenen Titel voran, der in der Form eines Triumphbogens die Aufführung gleichsam nachzeichnet. Im Unterschied dazu läßt Lamm bei den anderen Aufführungssituationen die ›originalen‹ Texte weg. An ihre Stelle treten eigene Berichte, in denen die Spuren der Aufführung weitgehend gelöscht sind; es kommt aber auch der Umstand hinzu, daß sie zum Teil direkt aus gedruckten Quellen kompiliert wurden. Damit führt der ›Thesaurus‹ im repräsentierenden Darstellen des Geschehen zugleich den Präsentationscharakter oder die Präsenz der Schrift vor. Darin liegt, so könnte man sagen, eine Verschiebung des ›Performatorischen‹ des höfischen Repräsentationsvollzuges und dessen Konstitutionsleistung auf den Akt des Schreibens, für den dieses ›Performatorische‹ konstitutive Voraussetzung ist. So wie die höfische Repräsentation den Raum konstituiert oder aufspannt, in dem sich dann die höfische Gesellschaft erst ›einschreibend‹ vollziehen kann, so spannt die ›performatorische‹ Dimension der Schrift den Raum auf, in den nun neue Aussagen einschreibbar werden.

III.

Die Darstellungsweise, die Lamm im Lauf der Zeit entwickelt, blendet die Aufführung als ganze, den Vollzug, der Vortrag und Bewegung, Text und Bild gleichermaßen einsetzt, aus. Dies geschieht zunächst auf inhaltlicher Ebene. Der

---

26 Unter anderem befindet sich Lamms Gönner Johann Casimir mit seiner Gemahlin Elisabeth (1552–1590), der ältesten Tochter des lutherischen Kurfürsten August von Sachsen, in permantem ›konfessionellen‹ Kriegszustand. So die Formulierung bei Hepp (Anm. 1), S. 177–180, hier: S. 179 der aufschlußreiche Vorwurf an die Adresse der Pfalzgräfin, sie »verkleinere ihren Herrn bei fremden Leuten und tue also wider seine Reputation.«

›Thesaurus‹ gibt lediglich einzelne Handlungen wieder; präsentiert er den Ablauf der Ereignisse wie beim Reichstag von Regensburg oder die Folge von *Bancketen, Schauessen, Music, tantzen, Fußturnir* wie bei der Darstellung der Hochzeiten, die im Dezember 1600 unter Kurfürst Friedrich IV. (1574–1610) in Heidelberg gefeiert werden (Bd. V, fol. 257ʳ–272ʳ), so listet er ihn lediglich auf, konzentriert sich dann aber auf einzelne Abschnitte. Die höfischen Ereignisse werden auf diese Weise aus ihrem Kontext herausgelöst, sie erscheinen nurmehr als bloß einzelne Akte. Gleichzeitig reproduziert das Sammelwerk die derart segmentierten Aufführungssituationen, um sie für die eigene Aussage einzusetzen. Dies belegen die Einritte Johann Casimirs oder des Württembergers, aber auch der Rückgriff auf die tableaux vivants des sächsischen Kurfürsten.

Bemerkenswert ist, daß der ›Thesaurus‹ dazu seinerseits sowohl auf Texte wie auf Bilder zurückgreift und dabei Text und Bild auf die gleiche Art instrumentalisiert. So zeigen die der Beschreibung der Heidelberger Hochzeitsfeierlichkeiten beigegebenen Aquarelle Turniere, bilden diese aber gleichfalls nur im Ausschnitt ab: Zu sehen sind zwei kämpfende Ritter, einzeln und allein bei Fußturnier und Kübelstechen – im Gegensatz zu den aufwendig gestalteten und illustrierten Festpublikationen, die gerade den Vollzug und die räumliche Anordnung der Turniere *als ganze* in actu in den Blick rücken.[27] Der Gesamtzusammenhang der Aufführung geht verloren, gleichzeitig erlaubt die Reduktion der Aufführungssituation ihre Umdeutung.

Wie weit Lamm dabei geht, macht die Verwendung eines Kupferstiches deutlich, der aus den Meßrelationen von 1599 stammt[28] und in den ›Palatina‹ zweimal Verwendung findet, einmal im Original und einmal als Fälschung. Das Blatt, so die Bildunterschrift, zeigt den *Einriett Churfürst Friederich deß Vietenpfaltzgraffen bey Rhein [...] zur Neustatt an der Hart den 31. Augusti 1598* zunächst am richtigen Ort, neben dem Bericht über das Ereignis aus dem Jahre 1598 in Band V (fol. 116ʳ/117ʳ, vgl. Abb. VII), dem Band, der die Geschichte Friedrichs IV. (1574–1610), des Nachfolgers Johann Casimirs, schildert. Gleichzeitig erscheint das Blatt noch einmal, nun als kolorierter Kupferstich in Band IV als Illustration zu der Einnahme der gleichnamigen Stadt *Nevstatt an der Hardt* durch Johann Casimir 20 Jahre zuvor, im Jahre 1578 (Bd. IV, fol. 261ʳ–263ᵛ). Das Blatt wird im wahrsten Sinne des Wortes umgezeichnet: Der Zug Friedrichs und seines Gefolges durch die Stadt sowie die Bürger, die Spalier stehen, werden abgedeckt, der Einritt in den Kriegszug verwandelt, vor den Toren erscheinen nun Heerscharen, mit denen sich der Eroberer auf die Stadt zubewegt hatte

---

27 Die Aquarelle Bd. V, fol. 268ʳ/ᵛ u. fol. 269ʳ, auch bei Hepp (Anm. 1), Abb. 57 u. 58. Im Vergleich dazu die zeitgenössische Darstellung eines Turniers in höfischen Publikationen wie anläßlich einer Taufe: Ludwig Krapf u. Christian Wagenknecht (Hrsg.), *Stuttgarter Hoffeste. Texte und Materialien zur höfischen Repräsentation im frühen 17. Jahrhundert. Esais Van Hulsen, Matthäus Merian, Repraesentatio der Furstlichen Avfzvg und Ritterspil. Die Kupferstichfolge von 1616*, Neudrucke deutscher Literaturwerke 26 u. 27, 2 Bde., Tübingen 1979.

28 Brennerus, *Continuator* (Anm. 16), 5. Teil, S. 101 f.

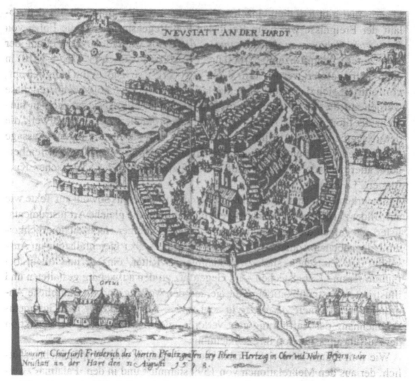

*Abb. VII: Einritt Friedrichs IV. von der Pfalz in Neustadt an der Hardt, 31. 8. 1598,
Kupferstich
(Marcus zum Lamm, Thesaurus picturarum, Bd. V, fol. 117ʳ).*

(Bd. IV, fol. 264ʳ; vgl. Abb. VIII).[29] Daß es von dieser Umdeutung nur ein kleiner Schritt bis zur Aufgabe des Aufführungscharakters überhaupt ist, zeigen die drei Bände ›Aves‹. Dort finden sich immer wieder Erläuterungen wie die folgende:

> Grawer oder aschenfarbener Schwan, Recht und eigentlich nach dem Leben Contrefaict von einem Natürlichen so den 30ten Octobris Anno 1601 bei dem Churfürstlichen kindtauff alhie zu Heydelberg im Schloß zu einem Schauessen ufgetragen ist worden.
> (Bd. XXX, fol. 67ʳ)

Löst Lamms Berichterstattung also einerseits die höfischen Ereignisse von ihrem Kontext ab, indem sie sie ›stillstellt‹, zu einem Moment gerinnen läßt, so wird sie andererseits beständig ausgeweitet, zum einen durch die Kritik an höfischer Prachtentfaltung, zum andern durch das Interesse an ›äußeren‹ Gegebenheiten. Unweigerlich und regelmäßig taucht der Topos von den Kosten höfischen Aufwands auf, immer neben dem Bekenntnis des eigenen Glaubens. Beides bildet

---

29 Zur Bedeutung Neustadts für Johann Casimir vgl. Hepp (Anm. 1), S. 108–111, der allerdings die Umzeichnung nicht erkennt; Kuhn (Anm. 14), 29–48 u. 87–90.

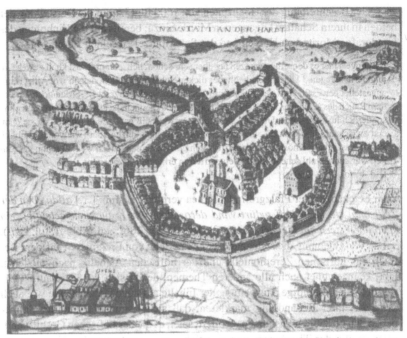

Abb. VIII: Neustadt an der Hardt, kolorierter Kupferstich
(Marcus zum Lamm, Thesaurus picturarum, Bd. IV, fol. 264ʳ).

den Schlußpunkt der Berichte über den Regensburger Reichstag und die Heidelberger Hochzeiten.[30] Zum anderen finden ›außergewöhnliche‹ Ereignisse, merkwürdige Zufälle, die bei den Aufführungssituationen auftreten, steigendes Inter-

---

30 Vgl. oben S. 301 ff. sowie den Zusatz: *NB. Uf diesem Reichstag, hatt ein kramer, wie man dessen gewisse kundschaft hatt, nur aus Federn zum Schmuck der Mensch und Pferdt, uff die hunderttausent gülden gelößett.* (Bd. XXIV, fol. 102ʳ.) – *Diese Hochzeiten unnd Zusammenkunft der Hoch und Wolgemelter Fürsten und Herrren [...] haben die Ch. Pfaltz bey diesenn ohne das sehr geschwinden tewern Zeitten, und vorhin nicht überflüssigem Vorrath an Gelt, Wein (dessen täglich nicht wenig etlich Fuder ufgangen), Khorn, Habern, Fleisch- und andern Victualien (Sintemal vonn dem 8. Decembris abents ahn, bis uff den 13. ejusdem Alle Imbs allein zu Hoff über 300 Tisch gespeiset worden seint, ohne das Ihenige, so an speiß und tranck täglich herab in die stadt getragenn ist wordenn, Vom gesint und andern, so man hieunden gespeiset, weil sie nit alle zu Hoff gesetzt und traktirt werden khönnen) uber eine Tonne Gold gekhostet. Et sic nos edimus, bibimus, ludimus, cantamus, saltamus, gaudemus, perpetuaque bachanalia celebramus, Rions et faisons bonne chiere jours et nuits, Interea dum fratres nostri et sorores in diversis locis plorant, contristantur, patiantur, moriuntur, captivi abducuntur atque a Turcis, Hispanis et alijs hostibus in exilium pelluntur et quam miserrime affliguntur. Fati scilicet sortisque nostrae futurae nescij et onmium saluberrimarium admonitionem contemptores securissimi. In summa: Wir bekhimmern unns Leider seher wenig umb den Schaden Josephs. Nota, bei den obgemelten Hochzeiten seint an Wein uffgangen LXXXIII (83) Fuder.* (Bd. V, fol. 264ʳ–265ʳ).

esse. Der Beschreibung der Hochzeiten von 1600 fügt Lamm die Darstellung der beiden in ihrem Schatten begangenen Morde hinzu; bereits auf die Einholung des Landgrafen Moritz von Hessen und das Scharmützel zu seinen Ehren war,

> [...] ungeachtet es denselben gantzen tag über sehr schön, hell, clar und vast khalt gewesenn, ungeferlich gegen 3 Uhren einn heßlicher dicker Nebel eingefallen, das ob wol Alles lustig angestellet gewesen, auch das auß gefürte Volck sich wacker erzeigt [...] Man doch gar vor dem Rauch des schießens und Nebel nichts sehen hatt khönnen, Ist also diese Kurtzweil ohne sonderlich lust abgangen, Und hatt sich damit verweilt biß gar uff den Abendt, da sie dann erst zwischen 5 und 6 uhren alhie eingezogen. Wellichen einzug aber (wiewol er zimblich starkh, vast schön, Khöstlich und überfürstlich gewesen) man jedoch weil eß schon gar tunkell war, nicht wohl sehenn unnd kheinen Herren erkhenn hat khönnen.
> (Bd. V, fol. 259ᵛ–260ʳ)

Zum Leichenzug der Pfalzgräfin Dorothea vermerkt Lamm: *[...] allda eben der Zeitt man sie ghen hoff gefürt vnnd deroselben wie bräuchlich geleuttet, ein schön hell stern am himmel gesehen*[31] (Bd. IV, fol. 286ᵛ; vgl. Abb. II, fol. 287ʳ).

Die Verschiebung, die sich an dieser Darstellung von Ereignissen aus dem Bereich des höfischen Zeremoniells und der höfischen Ästhetik nachvollziehen läßt, kennzeichnet auch alle anderen Themen, denen sich der ›Thesaurus‹ zuwendet. Die beständige Ausweitung der Inhalte auf neue Gegenstände wie auch diese Art ihrer Behandlung markieren, daß sich Lamms ›Thesaurus‹ immer neben den offiziellen Diskursen etabliert, seien es die der höfischen Gesellschaft, seien es die der Theologen oder der sich erst konstituierenden Naturwissenschaften. Spiegelt sich darin einerseits die konfessionspolitische Position, die den eigenen ›wahren‹ Glauben wie im Bericht über die Veranstaltung zu Ehren Maximilians II. (Bd. VI, fol. 70ᵛ–75ʳ) im Rückzug auf das Anekdotische für sich selbst – privatorisch – festhält, so ist dies andererseits ein Reflex der curiositas, die am Beginn der Entstehung neuer Wissensfelder steht.[32]

Dem Überhandnehmen von neuen Informationen, das sich in Lamms Geschichtsschreibung, aber auch in seinen anderen Beschreibungen inhaltlich durchsetzt, entspricht auf formaler Ebene die Organisation der Einträge als solcher, die Entwicklung und Ausbildung einer stereotypen Schreibweise, die alle Themen auf die gleiche Weise erfaßt und so den gesamten ›Thesaurus‹ strukturiert. Kombiniert werden dabei vier Verfahren: Sammeln, Zitieren/Beglaubigen, Illustrieren, Kommentieren. Sind die für das Sammelwerk interessanten Objekte –

---

31 Vgl. Hepp (Anm. 1), Abb. 31. Daß und wie Lamm in allen diesen Situationen die alten Entsprechungen zwischen Mikro- und Makrokosmos ins Spiel bringt, wäre eine eigene Untersuchung wert. Für den Hinweis möchte ich Horst Wenzel danken.

32 Für die Verschränkung von beidem seien zwei ›Episoden‹ genannt: die oben bereits zitierte Erläuterung aus den ›Aves‹, S. 14, sowie die Geschichte des Tartaren, den Friedrich IV. zum Geschenk erhält: *Anno MDXCV. Ist dieser Tartar zu Vngern gefangen hernacher dem Herzogen zu Würtemberg* [Friedrich von Württemberg, dessen Einritt der ›Thesaurus‹ beschreibt] *zu kommen vnndt Fürter von demßelben den 13. Novembris dis 1595. Jahrs ghen heydelberg geschickt, vnndt dem Churfürsten Pfalzgraffen Friederichen dem IIII. sampt dem Camel verehret worden, zu dem Moren vnndt Einem Andern Camel So Seine Fürstl. Gn. Iren Churf. Gn. unlengst geliefert gehabt.* (Bd. V, fol. 105ʳ.)

Texte und Bilder – vorerst gleichrangig, so werden sie im Zuge ihrer Aufnahme – man müßte sagen ihrer ›Umschrift‹ – einerseits zu eigenständigen Einheiten, zu neuen Texten, andererseits werden sie in das ›Werk‹ integriert.

Die Texte, auf kleinformatigen Bögen festgehalten, sind je nach Umfang der einlaufenden Informationen beliebig erweiterbar und zusammenlegbar. Die automatenhafte Durchführung dieser Techniken stützt sich im Laufe der Zeit mehr und mehr auf die Schrift, diese gewinnt als organisierendes Prinzip und privilegierter Datenträger allmählich eine Vormachtstellung: Die schriftlichen Dokumente überwiegen rein zahlenmäßig; Quellen selbst werden so gut wie nie ›historisch‹ getreu wiedergegeben oder zitiert, sie werden bearbeitet und ›umgeschrieben‹; dabei wird nur gelegentlich der Name eines Verfassers oder Wissenschaftlers genannt. Bilder werden durchgängig von Schrift gerahmt – jedes einzelne wird angekündigt und erläutert und erhält seinen Platz nur durch diese explizite Zuweisung.[33] Auch die Beglaubigung der in den ›Thesaurus‹ integrierten Objekte geht an die Schrift über und wird erst von ihr garantiert: Der Abbildung der Hochzeitsröcke, die die einzige Tochter Johann Casimirs, Dorothea, bei ihrer Vermählung mit Johann Georg von Anhalt 1595 trägt, ist folgender Kommentar beigegeben: *Diese bede Röck wie auch der Ihenige so sie zu Irem Beyläger angehabt, unndt die Decke, über dem güldenen wagen bei der heimfürung, seint von dem rechten zeug selbst, dessen ieden ein Stücklin mir der Hofschneider mitgetheilet, nachgemalt worden* (Bd. V, fol. 101ʳ). Auch anläßlich der Darstellung verschiedener Vögel heißt es:

Einen solchen Vogel hab Ich der Marx zum Lam den 31. Juliy Anno 1600, Abents nach 6. Uren alhie zu heidelberg über der Neckarbrücken uf dem weg sitzen sehen und nach dem ich Ihn wol besichtiget gehabt, Memorirt und fürters hierher nachmhalen lassen. Scheinet als ob es einem Geschlecht der Bachsteltzen [...] etwas verwant seye [...].
(Bd. XXIX, fol. 36ʳ).

Daß der ›Thesaurus‹ sich aus ›neuen‹, ›originalen‹ Texten formiert, machen die häufigen, immer im nachhinein vorgenommenen, die Einheiten erst abschließenden *Notae* und *Correctiones* unmißverständlich klar. Diese Bemerkungen fungieren immer wieder als Überschriften, sie stehen als Titel über Lamms Ausführungen zur ›Echtheit‹ der Hochzeitsröcke wie zum Katafalk der Anna von Sachsen oder der Fortsetzung einer Geschichte über einen gefangenen Tartaren:

Nota. Dieser Tartar, ist hernacher zu heidelberg in der waren Christlichen Religion mit allem vleis vnderrichtet vnd daruff den 28t. Februarij Anno 1602 in der kirchen zum h. Geist alda getauft worden. Hatt sich auch volgens daselbst an eine Wittwe ehelich verheüratet vnndt mit deroßelben hochzeit gehalten den 16t. May Anno 1603.[34]
(Bd. XXIX, fol. 106ʳ)

Der ›Thesaurus‹ dokumentiert als enzyklopädisches Unternehmen der (Re-)Kollektionierung den bereits erreichten Stand der Verschriftlichung, gleichzeitig

---

33 Besonders deutlich bei den Katafalken, die durchweg durch eine Notiz auf dem vorhergehenden Blatt identifiziert werden.
34 So der abschließende Kommentar zur Geschichte des Tartaren; vgl. Anm. 32.

wird er selber zum Motor dieser Bewegung. Die Schrift ist zum privilegierten Datenträger avanciert.

Die Technik des ›Thesaurierens‹ von Begebenheiten, die Lamm als Autor im modernen Sinne eigentlich verschwinden läßt, eröffnet aber den Raum für eine erneute, forttreibende Gegenbewegung. Sie gestattet dem Kollektor nämlich, Texten des Autors Lamm einen Platz in dieser schriftlichen ›Wunderkammer‹ anzubieten, als curiosum unter curiosa – so erklärt sich das Vorkommen von Gebeten, Bibelauslegungen, Wetterbeobachtungen, das Erstellen des eigenen Kalenders. Und nicht nur das: Auf diese Weise kann der Kollektor zugleich von der Verantwortung für das Gesammelte zurücktreten und sich von der eingegangenen Urheberschaft distanzieren. In der den beiden Bänden ›Palatina‹ nachgeschickten Vorrede, datiert auf den 16. 5. 1606 und gesiegelt, heißt es unter dem Titel ›Protestatio‹ in doppelter Ausfertigung:

> Im fhall sich wider Mein verhoffen, in diesen vnndt allen den andern vorgehenden TOMIS HISTORIAE PALATINAE etwas befinden solte, welches das ansehen haben, oder scheinen möchte, als ob es dem frommen Gottseligen Churfürsten, vnndt trewen Vatter des Vatter Landes meinem Gnedigstem hern, Pfaltzgrafen Friederichen des Nhamens des IIII. (oder auch allen andern hern Pfaltzgrauen, keinen außgenommen) zue dem aller wenigsten vnglimpf, oder geringer Reputation ufgenommen oder gedeütet werden Möchte. So beZeüge ich hiermitt offentlich vnndt außtrücklich bei Meinem Gewissen vor dem Almechtigen Alwissenden Gott, das ein solches auch was es immer sein kan, oder Mag, so sich dessen vom anfang bis zum ende in den gemelten Tomis befinden würde so denselben verstandt zweck Sin vnndt Meinung ganzt und nitt hab, auch mit dem wenigsten dahin nit gemeint, sonder wegen der Historien, in qua Candor Requisitur, vnndt wie die Zeitten vnndt Sachen sich selben mals verlauffen, auch zum theil von andern referirt vnndt gesagt worden, hienein kommen seie.
> (Bd. IV, fol. 10ʳ–11ʳ)

Diskussionsbericht
Partizipation – Mimesis – Repräsentation in Liturgie, Recht und Hof

Anders als in den drei übrigen Sektionen wurden, um der Komplexität und thematischen Vielfalt der Diskussion gerecht zu werden, zunächst die Beiträge berücksichtigt, die den Begriff der ›Repräsentation‹ thematisieren. Im Anschluß daran wird die Diskussion zu den übrigen Beiträgen unter den Aspekten »Medienhistorische Aspekte: Mündlichkeit und Schriftlichkeit«, »Beobachterebenen‹ und das Postulat einer ›nicht-hermeneutisierbaren Ebene‹« und »Der Realitätsstatus literarischer und historischer Quellen« zusammengefaßt.

I. Repräsentation

›Repräsentation‹ soll verstanden werden als zeichenhafte, sinnliche Vergegenwärtigung von nicht-sinnlichen, nicht-präsenten Werten und Leitvorstellungen bzw. als Ensemble standardisierter Muster höfisch-adligen Verhaltens mit hauptsächlich symbolisch-verweisender Bedeutung (Wenzel). Bezogen auf den zweiten Aspekt stellt Althoff in Frage, ob Repräsentation überhaupt notwendig gewesen sei, um den adligen Status immer wieder aufs neue zu sichern. Diese Vorstellung werde zwar durch die mittelalterliche Literatur vermittelt, sei aber aus der Sicht des Historikers aufgrund der ›Omnipräsenz‹ des Adels in Kirche und Welt zu bezweifeln. Melville stellt dies für das Spätmittelalter in Frage. Ihm zufolge ist der Adel im 14. und 15. Jahrhundert wenigstens in England und Frankreich auf diese repräsentative Selbstdarstellung angewiesen.

Mit Bezug auf Kantorowicz hebt Wenzel hervor, daß Macht allein zur Sicherung von Herrschaft nicht ausreicht, sondern daß die Übereinstimmung von faktischer Herrschaft und ihrer symbolischen Darstellung gesichert werden muß. Repräsentation dient auch dort zur Herstellung der Präsenz von Herrschaft, wo der Herrscher selbst nicht leiblich anwesend sein kann. Ein Beleg für die Wichtigkeit von Zeichen im Rahmen der Repräsentation ist Walthers Spruch L. 18, 29 (1. Philippston), in dem die Krönung am richtigen Ort und mit den richtigen Insignien eine entscheidende Rolle spielt. Ähnliches gilt für Texte wie etwa Einhards ›Vita Caroli Magni‹, in der sich die Defizienz der letzten Merowinger-Könige darin äußert, daß ihre Insignien entwertet werden, mit der Folge, daß die letzten Merowinger den König lediglich ›spielen‹ (›effingere‹).

Anhand der Vorlage Wandhoffs werden Störungen herrscherlicher Repräsentationsfähigkeit im ›Erec‹ erörtert. Die Unfähigkeit, angemessen zu repräsentieren, wird hier durch einen Handlungsverlauf eingeholt, durch den das Herrscherpaar erst zur Repräsentation befähigt wird. Repräsentation ist dabei als Form der öffentlichen Darstellung von Herrschaft zu verstehen, die sich nicht auf die verbalen Zeichen beschränkt, sondern in der die nonverbalen Zeichen eine außerordentliche Rolle spielen. Daher erscheint es nur konsequent, wenn im zweiten Cursus des ›Erec‹ das Hören und Sehen thematisiert und isoliert wird, um es so in seiner Funktion bzw. in seinem Nicht-Funktionieren hervorzuheben (Wenzel).

Mit Bezug auf die Vorlage Althoffs wird die Frage diskutiert, ob auch das herrscherliche Weinen als Repräsentation anzusprechen sei. Einerseits läßt sich der Vorgang im Sinne der ›caput-Repräsentation‹ verstehen, wonach das Weinen des Königs in einer wechselseitigen Spiegelung von Haupt und Gliedern das Weinen der ganzen Sozietät meint. Ein resonanzloses Weinen würde das Abrücken der Glieder vom caput bedeuten und einen Defekt der Herrschaft indizieren (Wenzel). Andererseits bereitet es Schwierigkeiten, Tränen, die nach neuzeitlichem Verständnis der Willkür entzogen sind, umstandslos der Repräsentation zuzuschlagen. Es kann jedoch nicht geklärt werden, inwieweit dieses neuzeitliche Verständnis auf mittelalterliche Verhältnisse zutrifft (Müller). Immerhin ist eventuell auch im Mittelalter mit dem Vorgang der »Selbstinduktion« (Kallweit) zu rechnen, wie ihn Cicero und Quintilian beschreiben: Nach der actio-Lehre muß der Redner sich so sehr mit seinem Thema identifizieren, daß der körper-rhetorische Ausdruck überzeugt und mit dem thematisch Vorgetragenen korrespondiert. Dies könnte ein Muster dafür abgeben, wie der König in einer vorab konzipierten Situation tatsächlich weint. In diesem Zusammenhang wird die von Althoff vorgeschlagene Leitdifferenz ›Emotionalität‹/›Konventionalität‹ kritisiert; zum einen verdankt sie sich einer nachmittelalterlichen Form der Subjektkonstitution, zum anderen bleibt zu unterscheiden, ob es sich um konventionelle Schilderungen oder um Schilderungen konventioneller Abläufe handelt (Strohschneider). Durch die Begriffe ›Emotionalität‹ und sogar ›Spontaneität‹ soll offenbar etwas ›Ursprüngliches‹ gefaßt werden, das dann ›konventionell‹ bearbeitet bzw. deformiert würde. Sinnvoller scheint es, mit historischen Konzepten der ›Affektmodellierung‹ zu operieren, wie sie sich in den genannten Situationen manifestieren (Kallweit). Daß die Opposition ›emotional‹/›konventionell‹ nicht stimmig ist, kann am Beispiel Ottos III. gezeigt werden, der sich auf den Boden der Kirche wirft und so das Vorbild des büßenden David nachlebt. Das Nachleben von Bildern, selbst wenn oder gerade weil es inszeniert ist, scheint von einer sehr starken Emotionalität geprägt: Im Augenblick der Inszenierung ist Otto III. überzeugt, daß er David nachlebt (Saurma-Jeltsch). Althoff akzeptiert den Vorschlag, den Begriff der Konventionalität durch den der Repräsentation zu ersetzen, da ›Konventionalität‹ beinahe ein Synonym für ›Repräsentation‹ sei. Zumindestens seien alle Akte der Repräsentation Konventionen verpflichtet, die von den Formen affektgeleiteten Spontanhandelns abzusetzen seien (Althoff).

Den konventionalisierten Repräsentationsakten vorgeschaltet sind »hoch elaborierte vertrauliche Vorklärungen«, die die an einer Zeremonie Beteiligten vornehmen. Herrschaft benötigt ihre Geheimbereiche, in denen alle Weichen gestellt werden; in der Öffentlichkeit hingegen werden diese abgesprochenen Rituale so präsentiert, als ob es sich um spontane Aktionen handle. Zu beobachten ist also eine »reflektierte Theatralik der Rituale«, die verhandelbar und veränderbar ist. Gerade nach gescheiterten Inszenierungen werden die Kontrahenten an die vor der Aufführung getroffenen Zusagen erinnert (Althoff).

Als Sonderfall von Repräsentation dürfen die unterschiedlichen Inszenierungen der Geschlechterdifferenz gelten (Bennewitz). Dabei nutzt die diskursive Praxis nur selten die Chance, den Binarismus des biologischen Geschlechts (›sex‹) in mehr als zwei ›gender‹-Typen zu proliferieren. Eventuell sei jedoch diese diskursive Möglichkeit im Mittelalter (Ulrich von Liechtenstein) vielfältiger gewesen als heute (Gumbrecht). Problematisch scheint an Bennewitz' Papier die Kreuzung zwischen dem ›gender‹-Konzept mit einem ›Rollenverhaltens‹-Konzept. Außerdem beruhe das ›gender‹-Konzept auf einer neuzeitlichen Perspektive. Eine Projektion auf das Mittelalter sei daher nicht akzeptabel (Kleinschmidt). Im Gegensatz dazu betont Gumbrecht, wie sinnvoll die Einführung eines ›transzendentalen‹, nicht aber ›historischen‹ Unterschieds zwischen ›sex‹ und ›gender‹ sei.

Angesichts der konzeptionellen Divergenzen in bezug auf den Begriff ›Repräsentation‹ schlägt Gumbrecht vor, ›Repräsentation‹ in Abhängigkeit von einer nicht-teleologischen Steigerung oder einem nicht-teleologischen Wechsel in der Komplexität der Beobachterpositionen zu analysieren. Dabei wäre ›Repräsentation‹ abzusetzen von ›Konvention‹, ›Theatralität‹ und dem ›Kollabieren von Theatralität‹. Unter ›Konvention‹ sind Verhaltensmuster zu verstehen, die tradiert und performiert werden können, ohne daß Reflexion eingeschaltet werden muß und ohne daß sie Zeichencharakter haben *müssen*. ›Repräsentation‹ im neuzeitlichen Sinn hingegen betrifft Verhaltensmuster, die als Zeichen für etwas gesehen werden und die im Bewußtsein ihrer Zeichenhaftigkeit performiert werden. Von ›Theatralität‹ läßt sich sprechen, wenn zu der Reflexionsebene der Repräsentation mindestens noch eine weitere Beobachterebene hinzukommt. Als Minimum ist hierfür die Ebene der ›Zuschauer‹ anzusetzen, die Anzahl der Beobachterebenen ist aber unbegrenzt, möglich sind unendliche ›Beobachtungskaskaden‹. Daher benötigt Theatralität von einem bestimmten Komplexitätsgrad an die Reflexionskapazität der Schrift.

Die Schriftlichkeit gestattet nicht nur den Aufbau dieser Komplexität, sondern auch das ›Kollabieren von Theatralität‹ (vgl. den Beitrag von Meise).

II. Medienhistorische Aspekte:
Mündlichkeit und Schriftlichkeit

Die Dichotomie zwischen fiktionaler Welt und wirklicher Welt ist auf den Medienwechsel von der Mündlichkeit zur Schriftlichkeit zurückzuführen (Haug). Um ein ›Zwischenstadium‹ zwischen Oralität und Literalität bestimmen zu können, geht Haug von den idealisierten Positionen einer reinen Mündlichkeit und einer reinen Schriftlichkeit aus. Die Korrespondenz zwischen ›Innen‹ und ›Außen‹ – bis hinein in kosmische Konzeptionen – gerät durch die Schrift in eine ›Krise‹, die vormals unproblematische Darstellung »am Körper« wird unter dem Primat der Schrift in »symbolische Erscheinungsformen« überführt. Letztlich resultiert hieraus eine ›Kluft‹, und der vorher unzweifelhafte Konnex zwischen ›Erscheinung‹ und ›Wesen‹ bricht auf. Haug definiert in diesem Zusammenhang ›Repräsentation‹ als »Einheit von Körperlichkeit und geistigem Status«.

Haugs heuristisches Drei-Phasen-Modell wird kritisiert, da man kaum eine historische Entwicklung von der Mündlichkeit zur Schriftlichkeit annehmen, sondern nur die verschiedenen ›Mischungsverhältnisse‹ analysieren kann (Curschmann). Andernfalls besteht die Gefahr, daß eine »kulturhistorische Differenz« mitgedacht wird und das ›Identische‹ auf die Seite der Mündlichkeit, die ›Differenz‹ hingegen auf die der progressiveren Schriftlichkeit geschoben wird, so daß sich historische Stufen und systematische Oppositionen überlappen (Kablitz). Als ›Entwicklung‹ interpretiert, könnte ein Verfallsmodell impliziert sein (Kiening).

Haug bestätigt, eine doppelte Strategie zu verfolgen. Auf der einen Seite geht es um eine allgemeine kategoriale Differenzierung von ›Mündlichkeit‹ und ›Schriftlichkeit‹, auf der anderen Seite aber ist ein kulturhistorischer Gegensatz gemeint. Damit aber soll kein ›Verfallsmodell‹ impliziert sein, sondern die Ausdifferenzierung unterschiedlicher Wissensgebiete.

Bezweifelt wird allerdings die kategoriale Differenz zwischen ›Oralität‹ und ›Literalität‹: Das ›Leibgedächtnis‹ des Mündlichen sei das gleiche wie das der Schriftlichkeit. Wohl ist das archaische Leibgedächtnis sehr viel weiträumiger inszeniert als die ›Sublimationsstrategien‹, die dann kultursemiotisch in der Schriftlichkeit inszeniert werden und höhere Stufen von Komplexität ermöglichen (Kleinschmidt). Das Beispiel, das Haug für eine mündlich geprägte Kultur anführt, sei ein Musterbeispiel für die Funktionsweise von ›Schrift‹. Es geht um ein Zeichen im Saussureschen Sinn: Die urinierende Frau (Derbforgaill) ›schreibt sich in den Schnee ein‹, im Moment des Gelingens muß die ›Schrift‹ vom Kollektiv gelöscht werden. Was Derbforgaills Subjektqualität ausmache, werde in einer ›Kastration‹ getilgt (Kleinschmidt).

Ergänzend wird darauf verwiesen, daß in mündlichen Traditionen nicht nur das Handlungsgerüst, sondern auch die ›Figurenkonzepte‹ die Identität des Erzähltextes tragen. Dabei liegt der ›Sinn‹ vielleicht weniger im gleichbleibenden Handlungsschema als in den intertextuellen Differenzen der verschiedenen Aktualisierungen (Strohschneider).

Wie die Vorlage von Bennewitz zeigt, trägt die Verschriftlichung volkssprachiger Literatur dazu bei, ›gender‹-Merkmale hervorzubringen und das Bild der Frau zu normieren. Gleichzeitig entsteht ein Potential der Problematisierung (Hahn). Der Wechsel des Mediums erlaubt neue Akzentuierungen. Die Verschriftlichung der Kriemhilt-Figur versucht, die bereits in der oralen Überlieferung angelegte Verräterrolle zu rechtfertigen und so eine »emanzipierte Frauengestalt« zu schaffen. Diese Rolle ist aber nicht akzeptiert worden, im

13. Jahrhundert galt vielmehr der Topos von der »bösen Kriemhilt« (Curschmann).

In der Vorlage Curschmanns wird an der Generationenfolge modellhaft der Medienwechsel demonstriert, allerdings abweichend von einer im allgemeinen unterstellten Teleologie. Der Vater (Balduin II.) hat ›Bücher im Schrank‹, sein Sohn Arnold aber bevorzugt den mündlichen Erzähler mit klassischer Erzählergeste. Das Literaturprogramm verlagert sich gleichzeitig vom höfischen Roman (Vater) auf Geschichtswissen (Sohn), das paradoxerweise einerseits mit der Rolle des mündlichen Erzählers, andererseits im Gegensatz dazu auch mit der lateinischen Schrift verknüpft wird (Müller). Hinzukommt, daß sich gerade am ›genus historicum‹ auch die Piktoralität entwickelt (Curschmann). Dies korrespondiert mit der Beobachtung, daß allgemein im 12. Jahrhundert das Visuelle vordringt – etwa im Phänomen der Schaufrömmigkeit (Wenzel). Die Illustration unterstützt in der historiographischen Literatur das neue Medium der Schrift, lange bevor sie in einer vormals mündlichen Gattung, der Heldendichtung (ab dem 14. Jahrhundert), eingesetzt wird (Curschmann).

Curschmanns Beitrag zeigt, daß verschiedene mediale Alternativen nebeneinander statt in historischer Abfolge existieren. Die Literaturwissenschaft muß daher auf die Annahme verzichten, daß sich die volkssprachige Schriftlichkeit in zwei- bis dreihundert Jahren die lateinischen Ausstattungsformen angeeignet habe (Saurma-Jeltsch).

Althoff merkt an, daß die in Curschmanns Vorlage behandelte Figur des Ratgebers in anderen Zeugnissen nicht in ähnlicher Deutlichkeit hervorgehoben werde; dies könnte auf die besonderen Entstehungsbedingungen des Textes zurückzuführen sein. Versteckt sich der Autor hinter diesem Ratgeber, um so dem Auftraggeber der Chronik Unangenehmes sagen zu können? Der Autor greift in erster Linie nicht auf schriftliche Quellen, sondern ostentativ auf mündliche Erzähltraditionen zurück. Entsprechend betont er die Funktion der drei Ratgeber, die mündlich – im Rahmen einer ›Aufführungssituation‹ – versuchen, mit ihren Erzählungen im Fürsten ein historisches Gedächtnis aufzubauen. Indem Lambert die mit den typischen signa der Oralität ausgestattete Geschichtserzählung des Walter von LeClud, die mit dem Gegenstand seiner Chronik identisch ist, wiedergibt, stellt er auch seine eigene ratgebende Funktion in diesen Rahmen mündlicher Belehrung: Statt Mündlichkeit als ungeeignetes Medium für die Tradierung geschichtlichen Wissens abzulehnen, macht er sie sich zunutze (Curschmann).

Im Spätmittelalter öffnet Schrift einen Raum, in dem – weiterhin geknüpft ans Thema der Repräsentation – individuelle Aussagen und Konfigurationen einschreibbar werden. Wie der Beitrag von Meise zeigt, leistet der ›Thesaurus picturarum‹ primär eine interessegeleitete Organisation enzyklopädischen Wissens. Das Material erstreckt sich von Tierdarstellungen bis hin zu kalendarischen Daten, empirischen Beobachtungen, Genealogien etc. (Harms). Die spezifische Präsentation des Materials belegt aber auch die Steigerung und umdeutende Modellierung der höfischen Repräsentation. So erscheint ein Stern über der Grablegung der Pfalzgräfin Dorothea, der den Zusammenhang von Mikro- und Makrokosmos bezeugt. Er kann kaum authentisch sein und wird zur Vollendung des Repräsentationsaktes in den Schauraum der Schrift-Bild-Darstellung projiziert (Meise).[1]

Jedes Bild ist von vorneherein auf den Text, auf die Schrift bezogen. Deutlich wird dies an der zweifachen Präsentation eines Kupferstichs. Einmal stellt der Stich den Einritt Pfalzgraf Friedrichs IV. 1598 in Neustadt an der Hardt dar, an früherer Stelle wird derselbe Stich verwendet, um die Einnahme der Stadt durch Pfalzgraf Johann Casimir zu illustrieren, von der im Text die Rede ist (Meise). Die Tatsache, daß die ursprünglich dargestellten Personen im Stadtpanorama abgedeckt sind, könnte vielleicht als »bewußter Akt der Vorwegnahme der bevorstehenden Katastrophe« zu deuten sein (Saurma-Jeltsch). Dergleichen sei sonst nur als Ikonoklasmus beobachtbar, der in der Zerstörung von Menschen oder ihren Körperteilen im Bild deren Zerstörung in der Realität antizipiert. Ähnlich visualisiert Lamm möglicherweise die kommende Zerstörung Neustadts.

III. ›Beobachterebenen‹ und das Postulat einer ›nicht-hermeneutisierbaren Ebene‹

Im Kontext der Mündlichkeit-Schriftlichkeit-Debatte wird auch der Luhmannsche ›Beobachter‹ thematisiert. Dabei stellte sich primär die Frage, ob und wie der Medienwechsel mit einer steigenden Komplexität der Beobachterstandpunkte korreliert. Daß sich dieser Komplexitätszuwachs nicht unmittelbar auf die Einführung des neuen Mediums ›Schrift‹ zurückführen läßt, verdeutlicht Cormeau an einem Beispiel aus der bildenden Kunst: Giottos neutestamentarische Bilder weisen neue Organisationsmuster auf, da sie über die Blickrichtungen und über bildliche Darstellungen akustischer Äußerungen strukturiert sind. Obwohl also in verblüffender Weise visuelle und auditive Kommunikation Eingang in das Bild gefunden haben, hat sich im Medium der bildlichen Darstellung selbst nur wenig verändert.

Eine der zentralen Leistungen der Verschriftlichung von Erzählungen im 12. und 13. Jahrhundert besteht darin, die Beobachtung von sozialen Interaktionen zu verbessern und so auf der Ebene der Schrift eine »Beobachtung zweiter Ordnung« zu installieren. Nicht zuletzt aufgrund dieser Verbesserung rechtfertige sich die Einführung des neuen Mediums ›Schrift‹, das zunächst immer ›unwahrscheinlich‹ im Sinne Luhmanns sei (Wandhoff). Die theoretische Unwahrscheinlichkeit des Medienwechsels impliziert allerdings keine empirische Aussage. Empirisch existierte Schrift bereits seit langem innerhalb der klerikalen Kultur. Ihre Leistungen waren also erkennbar und möglicherweise Anreiz für eine Übernahme in der Laienkultur (Müller).

---

1 Es stellt sich die Frage, ob aus dem von Meise vorgelegten Material ein Zusammenbrechen von Repräsentation abgeleitet werden kann oder ob es sich bei den Beispielen scheiternder Repräsentation um das »viel schlichtere Phänomen von Propaganda und Gegenpropaganda« handelt. Ein Akt fürstlicher Repräsentation wird aus der Sicht eines kritischen Calvinisten geschildert und sein Scheitern zugleich gedeutet – es ist »Gottes Gericht«, wenn etwa ein Triumphbogen zusammenbricht (Müller).

Erst die durch das Medium der Schrift geförderte Ausprägung mehrerer Beobachter-Standpunkte läßt Reflexion zu. Bei einer Textanalyse ist dann eine genauere Differenzierung der verschiedenen Beobachter-Positionen notwendig, als dies in Wandhoffs Vorlage der Fall sei. So entspricht im ›Erec‹ die Ebene des ersten Beobachters der Interaktion, die zwischen Erec und Enite stattfindet. Sie ist als eine präverbale zu bestimmen und umfaßt etwa choreographische Figuren. Davon abzusetzen ist die zweite Ebene des Erzählers, der diese Interaktion verbalisiert. Auf einer dritten Ebene wäre Chrestien anzusetzen, auf einer vierten Hartmann usw. (Gumbrecht).

Es fragt sich allerdings, ob der Beobachter-Begriff zur Analyse der im ›Erec‹ dargestellten Phänomene taugt. So wird in Hartmanns Roman keine Kommunikation zwischen Erec und Enite vorgeführt, sondern die »Intensivierung des Sehens, das ans Nicht-Sehen reicht, Hören, das ans Nicht-Hören reicht«. Daher handelt es sich weniger um ›Beobachtung‹ als um einen »Medieneffekt der Schriftlichkeit«, der die Fiktion von ›Unmittelbarkeit‹ auf einer ersten Ebene überhaupt erst entstehen läßt. Im Übergangsfeld Mündlichkeit/Schriftlichkeit ist daher Vorsicht im Umgang mit der ›Unmittelbarkeit‹ von face-to-face-Situationen geboten (Vogl).

Beim Beitrag von Brüggen stellt sich die Frage, ob die beschriebene Semiotik des Körpers von einer zweiten Ebene aus beobachtet wird oder ob dies bereits auf der ersten Ebene geschieht, mit anderen Worten: Würde ein am höfischen Zeremoniell Beteiligter irgendeinen der Vorgänge als ›Körpersprache‹ lesen, oder ist dies eine Interpretation, die sich erst einem »Beobachter zweiter Ordnung« und dessen Versprachlichungsmöglichkeiten erschließt? Auch in Passagen wie dem Hoflager Karls des Großen im ›Rolandslied‹ entwirft der Text Situationen, in denen eine Gruppe eine Szene beobachtet und der Leser sie mit ihren Augen sieht. Symptomatisch dafür ist die Formulierung *man sach* in älteren Quellen. Die Beobachterebenen fallen also ineins, doch bleibt die Bedeutung des Gesehenen offen. Im Unterschied dazu verfügt Wolframs ›Parzival‹ über die zusätzliche Beobachterperspektive eines allwissenden Erzählers, der der geschilderten Szene eine genau umrissene Bedeutung zuweist: So werden etwa die zahlreichen Küsse in der Joflanze-Handlung näher spezifiziert als Begrüßungsküsse (Ginover/Gefolge Gawans 671, 5–16), Küssen zwischen Liebenden (Gramoflanz/Itonje 724, 19–30) und zwischen Verwandten (Gawan/Feirefiz 758, 6–17) usw. Daher ist unsere Interpretation der Szene von vornherein durch die Instanz des Erzählers konditioniert, was für andere Texte – ›Nibelungenlied‹, historiographische Quellen – in geringerem Maße gilt (Müller). Bei der Analyse des ›Parzival‹ wäre aus diesem Grund eine Differenzierung in einen textinternen und einen textexternen Beobachter wünschenswert, um so der Komplexität der Darstellung gerechter zu werden (Wenzel). In deutlichem Unterschied zum unbeteiligten Erzähler im ›Erec‹ ist der Erzähler bei Wolfram sehr aktiv und sicher seine kommentierenden Beobachtungen auf dem Weg einer Übereinkunft mit dem Publikum (Curschmann). Allerdings gibt es bei Wolfram auch die Identifizierung des Erzählers mit der Perspektive des Helden (Wolf). Außerdem handelt es sich nicht unbedingt um eine Entwicklung oder einen historischen Fortschritt, sondern vielleicht nur um unterschiedliche Erzählhaltungen (Wandhoff).

Die methodisch sinnvollerweise unterschiedene erste Ebene von ›Performanz‹ hängt in geringem Maße von bewußten Symbolisierungsleistungen der Teilnehmer eines Zeremoniells ab. Nur bei Annahme dieser Ebene, die per definitionem nicht hermeneutisierbar sein kann, bleibt ein Widerstand gegen einen ›Pan-Konstruktivismus‹, der in eine unendliche Kette aufeinander verweisender Bilder mündet, möglich (Gumbrecht). Der Einwand, daß einerseits aufgrund des unbefriedigenden Forschungsstands über das höfische Zeremoniell, andererseits aber auch aus grundsätzlichen Erwägungen heraus eine Aussage über die erste Ebene schwierig ist, greift daher nur teilweise. Allerdings sind sichere Rückschlüsse über die Performanz ausgeschlossen, möglich sind lediglich tangentiale oder asymptotische Annäherungen.

Einen sehr hohen Komplexitätsgrad erreicht die in Melvilles Text dargestellte Situation. Weil etwas bereits Reflektiertes wiederum der Beobachtung ausgesetzt wird, gerät man in eine »Kaskade von Rahmenprogrammgeschichten«, die eigentlich nicht zu begrenzen ist. Davon betroffen ist auch der Begriff der ›Inszenierung‹, der sich gegenüber der im Beitrag von Althoff dargestellten Situation geändert hat. Zwar kann man von einem ›Schauspiel‹ sprechen, die Protagonisten bewegen sich aber nicht auf einer ›Bühne‹. Vielmehr spielt der Hof sich selbst und will Jacques de Lalaing als Helden vorführen. Da es sich um »gesatzte Rituale« handelt, ist fraglich, ob überhaupt noch von ›Ritualen‹ gesprochen werden sollte. Dabei besteht eine Differenz zwischen Jacques de Lalaing, der sich selbst spielt, und einem professionellen Schauspieler. Jacques' de Lalaing Profession ist Offizier, sein Spiel hingegen ›pflichtfrei‹; der Turnierkämpfer bewegt sich so zwischen dem Schauspieler auf der einen, dem Soldaten auf der anderen Seite. Das »individuelle Ich« Jacques' de Lalaing im Pas d'armes fügt sich in einen konventionalisierten Spieltyp ein, in ein »kollektives Ich«; Lalaing spielt um Ehre. ›Ehre‹ aber ist auf ein Rahmensystem angewiesen, das auch eine Niederlage so auffängt, daß sie nicht als Schande, sondern innerhalb eines gültigen Regelkodexes als angemessen im Sinne dieser Kodierung definiert wird (Melville und mehrere Diskussionsteilnehmer).

Die beschriebenen mehrfachen Verdopplungen des »allgemeinen Ichs« scheinen erst durch die Schrift abgesichert. Zunächst handelt es sich bei den Pas d'armes um ein »gelebtes Spiel«, das dann zunehmend zum Schauspiel wird und schließlich zur Chronik und zur ›biographie romancée‹ gerät. Fast noch wichtiger wird die Schrift aber in ihrer Protokollier- und Registrierfunktion. Den Roys d'armes genügt offenbar nicht die Zeugenschaft, nicht das Sehen von Heldentaten, sondern sie tragen an anderem Ort die Heldentaten vor, die dann aufgezeichnet werden. Ein ähnliches Wuchern von Schrift, das – vielleicht surrogathaft – Präsenz wiederherstellen soll, läßt sich auch in anderen Kontexten der Zeit beobachten, z.B. im Umkreis Maximilians I. So ist die klassische Herrschertugend ›milte‹ traditionell auf ein Demonstrationshandeln im Rahmen höfischer Repräsentation gerichtet. Maximilian läßt jedoch über milte genau Buch führen. Die nach modernem Verständnis auseinanderfallenden Bereiche von Demonstrationshandeln und Buchführung sind hier untrennbar miteinander verbunden. Dies zeigt, daß die Verschriftlichung ein wesentliches Moment bei der Ausdifferenzierung des Apparates solcher Inszenierungen ist (Müller). Melville bestätigt das Zusammenwirken von erfundener Märchenwelt einerseits und der minutiösen schriftlichen Planung (›Bürokratisierung‹) andererseits, die im hohen Mittelalter so noch undenkbar gewesen wäre.

In einer solchen Konstellation läßt sich kaum entscheiden, ob die Akteure Texte spielen oder ob die Texte erst Spiele erzeugen. Der Leser tritt in eine Textordnung ein, die ihm bestimmte Aktivitäten nahelegt. Im Grunde möchte der Leser in diesem Text ›erwachen‹, die Vorstellung soll »konkret, präsent und unmittelbar gelebt« sein (Kleinschmidt). Da das Spiel immer wieder reproduzierbar war (und reproduziert wurde), kann man den Text als pragmatischen Gebrauchstext ansehen.

IV. Der Realitätsstatus literarischer und historischer Quellen

Trotz interdisziplinärer Zusammenarbeit zwischen Literatur- und Geschichtswissenschaft wird der Realitätsstatus historiographischer bzw. literarischer Quellen unterschiedlich bewertet. So seien die Quellen der Historiker zwar nicht ›besser‹, aber realitätsnäher. Mittels Urkunden und Briefen könnten Zeitraum und Personen verortet werden, so daß den Erzählungen eines Historiographen ein höherer Realitätsgrad zukommt als etwa dem Artusroman. Historische Quellen sind, da nachprüfbar, in hohem Grad »positivistisch richtig«, abgesehen von Irrtümern, Verschreibungen usw. (Althoff). Dieser ›Realitätsanspruch‹ der Historiker beruht allerdings auf der stillschweigend vorausgesetzten Dichotomie ›fiktional‹/›nicht-fiktional‹, die so nicht auf das Mittelalter appliziert werden darf. Die Dichotomie funktioniert überdies nur bis zum Kollaps des aus dem 19. Jahrhundert stammenden Fiktionalitäts- und Realitätsbegriffs (Gumbrecht).

Trotzdem bleibt das unterschiedliche Vorgehen von Literatur- und Geschichtswissenschaftlern im Umgang mit der – gemeinsamen – Skala von Quellen unterschiedlich: Die Literaturwissenschaftler müssen vom Text ausgehen, den Text zu verstehen versuchen, indem weitere Quellen und Kontexte herangezogen werden, und schließlich zum Text zurückkommen. Die Historiker gehen von einer Fragestellung aus und benutzen dazu Texte, um den fraglichen Sachverhalt zu klären. Während Literaturhistoriker Texte analysieren, *um* Texte zu analysieren, benutzen Historiker die Texte als Quellen (Melville).

Konkretisiert wurden die unterschiedlichen Positionen am Beitrag von Brüggen. In Wolframs ›Parzival‹ sind bei der Schlichtung eines Streits eine ganze Reihe von Details (Kuß als Friedenszeichen usw.) erwähnt, die dafür im Mittelalter so wichtigen ›Mittler‹, die verbindliche Akte der Genugtuung aushandeln, fehlen dagegen. Ferner wäre es nach Sachlage der historischen Quellen unmöglich, daß die Handelnden vor einem (tödlichen) Zweikampf miteinander sprechen. Das Miteinander-Reden ist im hohen Mittelalter stets erst vor dem Hintergrund eines Vertrauensverhältnisses möglich. Somit scheint im ›Parzival‹ eine Art Gegenmodell zur historischen Realität entworfen zu werden (Althoff).

Hahn macht darauf aufmerksam, daß im ›Parzival‹ Herrschaftskonflikte hauptsächlich auf der Minneebene ausgetragen würden. Diese Beobachtung könnte ein Begreifen des Unterschieds zwischen historischen und literarischen Quellen fördern.

Der Zuwachs literarischer Quellen gegenüber historiographischen scheint außerdem in der Doppelung von ›Öffentlichkeit‹ und ›Heimlichkeit‹ zu liegen, wie sich an der Wolframschen Kußszene exemplarisch aufzeigen läßt. In dieser Möglichkeit zur ›Introspektion‹ liege der Zugewinn literarischer Texte. Während der Protagonist nicht hinter die repräsentative Oberfläche schauen kann, wird dies dem Leser durch den »epischen Blick« ermöglicht (Wenzel).

Die gemeinsame Bezugsebene von Literatur- und Geschichtswissenschaft läßt sich mit dem Begriff der ›Gesellschaftsbilder‹ genauer fassen. Gesellschaftsbilder sind zwischen den res factae und den res fictae situiert, auf sie hin sind sowohl historiographische als auch literarische Quellen orientiert. ›Gesellschaftsbilder‹ hat jeder auf unterschiedliche Weise internalisiert, außerdem wird an ihnen unentwegt gearbeitet. Historiographische und literarische Texte müssen daraufhin befragt werden, wie an ihnen ›Gesellschaftsbilder‹ fixiert oder revidiert werden (Kallweit).

Achim Diehr

Abendvortrag

Mappa Mundi und Performanz. Die mittelalterliche Kartographie

PAUL ZUMTHOR

I.

Die Organisatoren dieses Kolloquiums hatten mich zunächst gebeten, über Probleme zu sprechen, welche mit Stimme und Schrift verbunden sind. Dies habe ich nicht annehmen können, denn seit nahezu sechs Jahren habe ich mich mit einem anderen Problem beschäftigt, nämlich dem des Raums und der räumlichen Metaphern. Zu diesem Thema habe ich bereits ein Buch mit dem Titel ›La mesure du monde‹ veröffentlicht, das in Frankreich vor wenigen Monaten erschienen ist.[1] Dennoch läßt sich in mehreren Punkten eine Analogie, manchmal sogar eine Übereinstimmung feststellen zwischen den Fragen, die durch die Wirkung der Stimme aufgeworfen werden, und denen, die die Relation zwischen Mensch und Raum stellt. Ich gebe allerdings zu, in meinen Forschungen noch nicht weit genug fortgeschritten zu sein, um dieses Phänomen in seiner allgemeinen Bedeutung mit Gewinn zu behandeln. Ich möchte Ihnen heute wenigstens einen besonderen Fall als Beispiel präsentieren. Ich habe mit Absicht einen interessanten, aber außerhalb enger Fachkreise wenig bekannten Fall gewählt: den der mittelalterlichen Kartographie.[2]

Seinem Wesen nach läßt die mittelalterliche Landkarte die latenten Gegensätze zwischen der Materialität des Objekts und seiner Darstellung in Erscheinung treten, sowie auch (was die Darstellung betrifft) die Opposition zwischen Diskurs und Performanz. Sie bringt die ›scheinbaren‹ Widersprüche zwischen Schrift und Bild ›real‹ zum Ausdruck.

Die Karte ist in der Tat alles zusammen: Objekt und Figur, Schrift und Bild, Diskurs und Performanz. Aber diese Ambiguität verbirgt sich zum Teil unseren Augen unter ihrer Erscheinung: unter der einer pictura, um mit den mittelalterlichen Kartographen zu sprechen.

---

1 Paul Zumthor, *La mesure du monde*, Paris 1993.
2 Für einleitende Informationen verweise ich auf: Anna-Dorothee von den Brincken, *Kartographische Quellen*, Typologie des sources du moyen âge occidental 51, Turnhout 1988, sowie auf P. D. Harvey, *Medieval Maps*, Toronto 1993.

›Pictura‹ ist ein gezeichnetes oder gemaltes Bild, das also als Bild durch seine Zweidimensionalität gekennzeichnet ist. Nehmen wir diese Bezeichnungen wieder auf:

1. Ein Bild anzufertigen heißt notwendigerweise, es zu spezifizieren, es an einem konkreten Ort (seinem Träger) zu situieren; das heißt, aus ihm letztlich das einzige Zentrum eines bestimmten Raumes zu machen.

Das Bild tritt dabei als gegenwärtige Realität auf; was jedoch ist seine Beziehung zu dem, was es repräsentiert? Die Philosophen des Mittelalters diskutierten zwei oder drei Jahrhunderte darüber. Sicherlich unterzieht sich das Reale im Bild einer Reduktion – einer translatio nach ihrem Vokabular. Aber auf der anderen Seite geht das Bild aus den Händen seines Herstellers so hervor, als ob sich ein dunkler magischer Wille über die Dinge erstrecken würde, um sie zu beherrschen. Infolgedessen ist das Bild ein Akt des Bewußtseins, der ein Subjekt sowie sein Objekt in Beziehung setzt; so ist das Bild nicht ›die‹ Sache, die es darstellt: Es ist als solches nur ›eine‹ Sache.

2. In dieser Beziehung ist die Zweidimensionalität eine beträchtliche Einschränkung, da sie verlangt, daß sich ein Kunstgriff an die Stelle der dritten, nicht vorhandenen Dimension setzt: Seine Realität ist, mit anderen Worten, fiktiv. In dieser Situation gibt es nur zwei mögliche Auswege: Entweder akzeptiert der Künstler, die gesamte Räumlichkeit auf die einer Ebene zu reduzieren; oder aber er versucht, den Anschein von Relief und Tiefe zu erwecken. Beide Tendenzen existieren nebeneinander in der mittelalterlichen Kunst bis zum 14. Jahrhundert, aber die zweite ist seltener. Allgemein hebt sich das Bild von einem einfarbigen Hintergrund oder einem Rahmen ab, der jegliche Flucht nach außen verbietet; die Darstellung schließt sich selbst wie eine ›Bühne‹ ab. Der Raum, in dem sich das Bild unserem Blick offenbart, ist nicht die kosmische Weite, sondern der Ort eines Schauspiels.

Das zweidimensionale Bild hat somit eine doppelte Existenz: Es bezieht sich auf einen äußeren, narrativen Raum und fordert zu seinem fortschreitenden Verständnis auf; und es besitzt einen eigenen ikonographischen Raum, der bloße Eigenschaft ist und der den Geist gewissermaßen dazu einlädt, einen inneren Garten zu betreten, wo sich der Sinn von Dingen und Wesen offenbaren würde.

II.

Indem es sowohl für das eine wie auch für das andere das gleiche Wort ›pictura‹ gebrauchte, unterschied das Mittelalter nicht zwischen Kunst und Kartographie. Sowohl die eine wie auch die andere stellten identische Techniken in den Dienst einer Interpretation des Realen. Die zahlreichen Weltkarten, die bis zum 13. Jahrhundert auf Kirchenwände gemalt wurden, sind – romanische oder gotische – religiöse Kunstwerke. M. Kupfer bringt so die Weltkarte von Chalivoy in Zusammenhang mit dem Bildprogramm am Portal von Vézelay;[3] J. Friedman sieht

---

3 Marianne Kupfer, »The Lost *Mappamundi* at Chalivoy-Milon«, *Speculum* 66 (1991), S. 540–571, hier S. 569.

eine Verbindung zwischen den Weltkarten von Ebstorf und Hereford mit den Werken, die die Wallfahrtswege zur heiligen Magdalena markieren.[4] Als der Venezianer Frà Mauro im 15. Jahrhundert erklärte, daß die Betrachtung einer Karte Vergnügen machen solle, bestätigte er damit nur deren ästhetischen Charakter. Durch ihre Gestaltung selbst rückt die mittelalterliche Karte in eine ästhetische Perspektive; sie zielt im Genuß des Objekts auf die Offenbarung eines, genau genommen, unsagbaren Sinnes. Wie jeder mittelalterliche Künstler macht es sich der Kartograph zur Aufgabe, eine Ordnung zu schaffen, die beständig genug ist, um die Unordnung des Realen zu überwinden. Diese Funktion haben zweifellos die Farben, die er verwendet, um seine Figuren zu konstruieren, die Räume zu charakterisieren, die Umrisse zu unterstreichen: Farben, die nicht – wie die unserer modernen Karten – kodiert sind, sondern zwischen denen sich eine ästhetische Harmonie einstellt.

Ich möchte diese Betrachtungen genauer aufnehmen und sie unter drei verschiedenen Gesichtspunkten beleuchten, um folgende Vergleiche anzustellen:
– Kartographie und Schrift.
– Kartographie und Symbolisierung.
– Kartographie und Theater.

III.

Im Gegensatz zur Schrift, die die Sprache notiert, zeichnet die Karte nicht einen linearen Inhalt auf. Sie stellt koexistierende, aber heterogene Formen dar (den Boden, Städte, Pflanzen, Menschen...); sie repräsentiert die extreme Komplexität ihrer Beziehungen. Durch diese manchmal nicht miteinander zu vereinbarenden Forderungen veranlaßt, kombiniert der Kartograph mehrere expressive Systeme oder stellt sie nebeneinander und überläßt so dem Leser die Aufgabe, sie zu interpretieren: ›realistische‹ oder allegorische Zeichnung, bedeutungsvoller Gebrauch von geometrischen Formen, mehr oder weniger rigorose emblematische Umsetzung der Farben, textuelle Fragmente wie Titel oder Randbemerkungen, historische oder biblische Verweise.

Die Dichte der meisten mittelalterlichen Karten verlangt somit eine vielschichtige Lektüre, ein Entziffern auf mehreren Niveaus. Jedoch gibt es keine Regel zum Entziffern, kein sicheres Dekodieren. Aus diesem Grund wird die Lektüre einer Karte nur selten erschöpfend sein. Fast immer bleibt ein uninterpretierbarer Rest. Der ›Diskurs‹ der Karte ist in diesem Sinne poetisch, wenn nicht sogar prophetisch. Die Weltkarten des frühen Mittelalters, sogar noch die des 13. Jahrhunderts, drücken den Plan der göttlichen Vorhersehung aus oder, wie die von Chalivoy, die Struktur der Christenheit und die von Ebstorf die Identität der Erde mit dem Leib Christi. Noch 1536 stellt sich der Humanist Oronce Finé eine ›herzförmige‹ Projektion der irdischen Sphäre vor: Die Welt nimmt dabei die Konturen eines Herzens an, und das Herz wird unterhalb einer Narren-

---

4 John Friedman, *The Monstrous Races in Medieval Thought*, Harvard 1981, S. 79–83.

kappe an die Stelle des Gesichts gesetzt. Darüber steht die Devise: ›Erkenne Dich selbst‹.

Diese emblematische Tradition wird sich bis ins 18. Jahrhundert erhalten. Solange sich die Erstellung einer Karte den mathematischen Zwängen entzieht, drängt sich eine nicht-wörtliche Lektüre des Werkes auf. Bis zur Aufklärung wird der kartographische Raum Gegenstand der Phantasie sein.

Daher stammt seine Ambiguität. Semantisch gesehen, ähnelt die Karte auf der einen Seite einem ›Text‹, indem die global produzierte Bedeutung sich nicht auf die Summe der verschiedenen Einzelbedeutungen reduzieren läßt, die durch jedes ihrer Teile oder jedes ihrer Elemente geschaffen werden. Aber auf der anderen Seite unterscheidet sie sich grundlegend vom Text. Sie hat zur Aufgabe, Elemente bildlich darzustellen, die als solche nicht ›schreibbar‹ sind, insbesondere all das, was der linearen Darstellung widerstrebt. Was sie somit nicht ›schreiben‹ kann (das heißt, in einen Text verwandeln kann), das ›zeigt‹ sie – das heißt, sie ›führt es auf‹, sie ›performiert‹ es.

Zwischen diesen beiden Typen entscheidet sich der Kartograph nur selten. Er kombiniert sie, mehr oder weniger gut, innerhalb seines Werkes. Deshalb trifft man vor dem 17. Jahrhundert, ja sogar vor dem 18. Jahrhundert, auf wenige Karten, die nicht Inschriften zusammen mit der Zeichnung umfassen.

Die topographische Linienführung bildet mit jenen Inschriften eine Kommunikationseinheit: Die bildlichen oder textuellen Elemente der Karte (selbst wenn sie eine ästhetische Funktion erfüllen) sind ebenso zum Verständnis der übertragenen Botschaft notwendig. Sogar die Ansichten von Gebäuden, Porträts von Tieren, Ungeheuern oder Menschen, Allegorien der Jahreszeiten, biblische, historische oder dem Alltag entlehnte Szenen: all das schafft Bedeutung (übrigens mehr auf kumulative als auf synthetische Weise).

Der Leser wird damit gefordert, in jedem Moment vom Lesbaren zum Sichtbaren und umgekehrt zu wechseln: Die Karte ist zugleich Zeichen, Anzeichen und Objekt. Linienführung, Zeichnung und Schrift unterstehen verschiedenen semiotischen Ordnungen; die ersten beiden liefern eine ungefähre Reproduktion einer äußeren Sache auf das Pergament; die Schrift ist Teil eines Diskurses. Aber zwischen diesen ungleichen Registern besteht eine Äquivalenzbeziehung, vergleichbar mit der, die eine Erzählung mit ihrem Kommentar verbindet.

Die Tradition der Kartographie hat nie gewußt, wie sie das Schwanken zwischen Umriß und Schrift regeln sollte; jede Karte stellt einen besonderen Fall dar. Nur in wenigen Beispielen dringt die Schrift in das kartographierte Feld ein: Listen von Namen von Regionen (Ländern) oder Völkern sind nebeneinandergestellt oder in der Reihenfolge, in der sie aneinandergrenzen, geordnet. Dennoch bleibt die Verbindung der zwei Register die allgemeine Regel. Im Prolog zu seiner ›Descriptio‹ führt Hugo von St. Victor um 1130 genau aus: Die Funktion der Zeichnung besteht darin, die Dinge oder das Bild der Dinge zu zeigen; der Text dagegen soll mitteilen, auf welche Weise sie Bedeutung tragen. Im 14. Jahrhundert nimmt der Venezianer Paulinus Minorita dieses Thema am Anfang seiner ›Historia universalis‹ wieder auf.

Damit erklärt sich ein innerer Zusammenhang zwischen Schrift und Zeichnung. Der Text stellt eine der Bedeutungsebenen der Karte dar, die legenda (im wörtlichen Sinn: das, was zu lesen ist): signaturae, kurze oder lange Notizen, über verschiedene Stellen der Karte verteilt, deskriptive oder explikative Bemerkungen, die Personen, Objekte oder historische Episoden an dem Ort lokalisieren, an dem von ihnen berichtet wurde. Diese Inschriften sind auf manchen Karten verstreut und spärlich; auf anderen sind sie reichlich vorhanden: Die Landkarte Englands von Mathieu Paris weist nicht weniger als 250 auf! Obwohl sie sehr häufig unpersönlich sind, sind sie manchmal ganz persönlich gefaßt ja sogar polemisch, wie bei Frà Mauro.

Umgekehrt bilden die Figuren der pictura weniger den Ersatz verbaler Beschreibungen als deren Übersetzung in das visuelle Register, sie übertragen den Beschreibungen somit Unmittelbarkeit und Gewißheit. Diese Bilder existieren unabhängig vom Text. Der (vorher gegliederte und mit Bedeutung besetzte) Raum, in dem sie angeordnet sind, bestimmt ihr Wesen und ihre Verteilung; sie aber demonstrieren den letzten (intellektuellen, emotionalen, ja sogar mystischen) Sinn dieses Raumes. Menschliche, tierische, pflanzliche Figuren, Bauten, stilisierte Ansichten von Bergen treten als ›Erzähler‹ auf, die für die Vermittlung zwischen dem Kartographen und seinem Leser sorgen, sie sprechen über das, was die Linienführung nicht ausdrücken kann: Ein Schiff erzählt vom Meer und seinen Gefahren; Tiere und Pflanzen berichten von Landschaften und Klimaten, Menschen (oder ebenso eine Fahne, ein Wappen) von Nationen, und Gebäude von Städten, die über die Weite verstreut sind.

Die Proportionen spielen keine große Rolle. Auf dem Raum, der Europa darstellt, sind die Bilder winzig wegen der großen Zahl der ›Legenden‹, die dieser Kontinent erfordert; die Afrikaner dagegen werden in einer öden Leere gigantisch dargestellt. Aber wie dem auch sei, diese Bilder haben eine wunderbare Macht: Hier rufen sie die Erinnerung an ein Wunder hervor, dort die an eine epische Erzählung; anderswo kommen Monster vor, die gemäß der Bibel und den antiken Autoren auf unbekannten Teilen der Erde verstreut sind, Löwen, Elefanten, Paviane... Die Karte wird zu einer Ansammlung von mirabilia. Ein toskanischer Kaufmann bestellt um 1400 vier Weltkarten bei einem Kartographen in Barcelona: Der Vertrag legt genau fest, daß die Illustration 165 Personen und Tiere, 25 Schiffe, 100 Fische, 140 Bäume und 340 Banner umfassen soll! Im 16. Jahrhundert spielen die Karten von Amerika mit diesen bildlichen Darstellungen, um den Gegensatz zwischen Wilden und Christen sichtbar zu machen, wir würden sagen: zwischen Natur und Kultur, kurzum zwischen ›ihnen‹ und ›uns‹.

IV.

Eine Karte kann also nicht wie eine Schriftseite gelesen werden. Aber (wie ein Text) erfordert sie zur gleichen Zeit Interpretation und Lektüre. Die Kartographen des frühen Mittelalters, die sich dieses Anspruchs sehr bewußt waren, nutzten sie zugunsten einer theologischen Sicht der Erde. Unabhängig von ihrer informativen Funktion wirkt die Karte in der Tat auf die Vorstellungskraft des Lesers; und genau auf diesem Niveau stellt sich über das Medium der Karte Kommunikation her: Die

Karte hat einen gewissen utopischen Aspekt. Aus ihren Bildern resultiert ihre Überzeugungskraft, das Band, das sie mit der Macht verbindet: mit der diffusen Macht, die die Gesellschaft auf das Individuum ausübt, wie mit der politischen Macht. Man kann sich sogar fragen, ob die relative Schwäche der europäischen Königreiche vor dem 14. Jahrhundert in dieser frühen Epoche nicht mit dem Fehlen nationaler Landkarten in Zusammenhang gebracht werden muß.

Das Objekt der Karte ist ›diese‹ Erde, die völlig konkret ist: ›unsere‹ Erde. Die Karte versammelt die Wissensarchive einer menschlichen Gruppe; sie hält auf ihre Weise die Geschichte dieser Gruppe in Erinnerung. Deshalb wiederholt die Mehrzahl der Karten vor 1400 bei jeder Gelegenheit die Lehren der Bibel und der antiken Autoren. Indem sie die verstreuten Orte verbindet, artikuliert die Karte Räume und versieht Strecken mit warnenden Signalen; sie wendet sich implizit gegen das Umherirren, sie stellt den nomadischen Geist in Frage. Sie tritt für Stabilität ein. Die große Epoche der prämodernen Kartographie, vom 13. bis zum 15. Jahrhundert, ist ebenso die der scholastischen Vernunft, des Triumphs des Staats, der ersten Regungen einer Profitwirtschaft – all dessen, wogegen sich der alte Nomadismus sperrte.

Die Kartographie versucht, das Unendliche zu beherrschen, indem sie es mit einem Lese-›Raster‹ überzieht. Zu diesem Zweck kombiniert sie kodifizierte Elemente und andere außerhalb des Kodes. Dadurch ist sie eine graphische Schöpfung, die durch die Persönlichkeit ihres Autors geprägt ist. Folglich besitzt jede Karte ihre eigene Logik. Die Zeichen, die sie nach außen trägt (vorausgesetzt, daß sie Zeichen und nicht einfache Markierungen sind), weisen weniger auf eine räumliche Realität hin als auf die Vorstellung, die sich der Leser aufgrund von kulturellen, ihn prägenden Traditionen davon macht. Das Verfahren der Schematisierung und der Symbolisierung, aus dem die Karte hervorgeht, impliziert einen Informationsverlust, aber auf der anderen Seite tritt die Karte, indem sie solch ein ›Modell‹ erstellt, mehr oder weniger als ein Werk der ›Fiktion‹ auf. Dieser Charakter der Fiktionalität dominierte die Kartographie von der späten Antike bis zum 14. und 15. Jahrhundert.

Die Umrisse, die der Erde gegeben werden, sind als solche bedeutend. Auf den Weltkarten des hohen Mittelalters, bis zum 13. Jahrhundert und selbst darüber hinaus, stellt diese Form das wichtigste bildliche Element dar.

Aufgrund von Gewohnheiten, die bis ins 8. Jahrhundert zurückgehen, variiert diese allgemeine Form allerdings: Kreis, Oval, Quadrat, Rechteck. Diese Figuren geben nicht vor, die Wirklichkeit nachzuahmen; sie kümmern sich nicht um ihren Gegenstand: Sie bezeugen vielmehr das Verlangen des Kartographen, die Interpretation auf diese oder jene Weise symbolisch zu lenken.

Ein solches Verfahren ist mit antiken griechischen Reflexionen über die abstrakten Eigenschaften geometrischer Figuren verbunden. Es bringt eine gewisse Möglichkeit freier Gestaltung mit sich. Folglich besitzen einige Karten die Form eines Kleeblatts, bei dem jedes der kreisförmig oder oval schematisierten Blätter einen Kontinent darstellt und Jerusalem das Zentrum kennzeichnet, in welchem ihre Grundlinien zusammenkommen.

Seit Isidor von Sevilla wird der Kreis zweifellos aufgrund seiner symbolischen Potenz bevorzugt, da er auf die Perfektion des göttlichen Werkes hinweist. Die kreisförmigen Weltkarten, die am zahlreichsten sind, sind allgemein auch die sorgfältigsten, und sie beinhalten die meisten Informationen. Der Blick, der sie erfaßt, gelangt, indem er sich vom Zentrum auf die Peripherie wendet, vom Bekannten zum weniger Bekannten, er erreicht schließlich die Zonen, von denen niemand etwas weiß, aber bei denen die Tatsache der Entfernung selbst schon bedeutungstragend ist. Daraus resultiert die Wichtigkeit, die das Zentrum des Kreises besitzt, sei es, daß man es als einen Raum (eine Region) oder als einen Punkt auffaßt. Meistens handelt es sich um Jerusalem.

Bestimmte Karten, sogenannte halbkugelförmige, zerschneiden den Kreis in zwei Hälften, von denen nur eine die bewohnte Erde bildlich darstellt, die andere die vermeintlich unbewohnten Regionen. Die ›Zonenkarten‹, von denen man Beispiele vor allem im 11. und 12. Jahrhundert findet, teilen den Kreis von Norden bis Süden in fünf parallele Streifen, die die kalten, gemäßigten und heißen ›Klimazonen‹ jeweils in vollkommener Symmetrie anzeigen. Was die rechteckigen oder quadratischen Karten anbelangt, so ähnlen sie stark dem Oval, wenn sich die Winkel zu Kurvenfragmenten abrunden: so zum Beispiel auf der großartigen Weltkarte, die um 1100 in die Londoner Handschrift eines Kommentars zur Offenbarung durch den spanischen Abt Beatus von Liebana gezeichnet wurde. Anderswo schließen Rechteck oder gleichmäßiges Quadrat den Plan wie einen Rahmen ein, und dieser, der die Form der bewohnten Erde begrenzt, ist wiederum seinerseits umgeben von den Wellen des Flusses Ozean.

Was die Darstellung der Heiligen Erde angeht, trifft man, interessanterweise in der gleichen Epoche (zwischen dem 12. und dem 15. Jahrhundert), auf viel strengere symbolische Techniken, die im gelehrten jüdischen Milieu benutzt wurden.[5] Diese Karten, von denen die älteste aus der Hand von Maïmonides stammt, geben Eretz Israel eine ausschließlich aus geraden Linien (Quadraten, Rechtecken, seltener Dreiecken) kombinierte Form. Manchmal stilisieren sie den Buchstaben ›Beth‹, den ersten des Heiligen Buches, zugleich Initiale des Wortes ›Haus‹ (›baith‹), das göttliche Große Haus, welches die Bibel in der talmudischen Tradition ist. Das Quadrat stellt übrigens die Seite des heiligen Textes dar. Von diesen Analogien ausgehend, verknüpfen sich Folgen von symbolischen Assoziationen, die uns mehr und mehr von einer konkreten Wahrnehmung der Erde entfernen.

Man kann sagen, daß die von den christlichen Kartographen praktizierte Symbolisierung nicht völlig die Absicht verdrängt, das Portrait der Welt zu schaffen, ihr Gesicht darzustellen. Dagegen hat die jüdische Symbolisierung kein Interesse mehr an diesem Gesicht; in der ihr eigenen Ordnung verneint sie dessen Existenz. Das biblische Verbot, die menschliche Figur darzustellen, wird anscheinend selbst bis auf die Erde ausgeweitet. Anscheinend verneint die jüdische Tradition so die Geographie. Die viereckigen Figuren, die durch das fast kubische Bild des Buches semantisiert werden, zeigen Gehalte philosophischen und theo-

---

5 Mein israelischer Kollege, Professor Gandelman, hat die Liebenswürdigkeit gehabt, mir einen noch unveröffentlichten Artikel zu diesem Thema zukommen zu lassen, wofür ich ihm danke.

logischen Wissens an. Die rabbinische Tradition benützt wohl kreisförmige Linien, aber diese Linien verweisen auf eine mystische Kontemplation des Kosmos. Der Gegensatz zu den christlichen Karten ist klar: Die jüdische Karte steckt einen mentalen, nicht einen körperlichen Weg ab. Sie markiert die Punkte einer Erinnerung an Gottes Wort. Sie reproduziert die Gestalt des Heiligen Buches, nicht die eines Territoriums. Das System ist so abgeschlossen, daß es sich nicht entwickeln kann. Es wird im 16. Jahrhundert verschwinden. Der Symbolismus der Karten aus der christlichen Tradition bleibt im Gegensatz dazu ohne echte Kodifizierung, er ist vieldeutig, unvollständig und nicht ohne einen gewissen spielerischen Aspekt: Auf diese Weise werden ab dem 15. Jahrhundert mehr und mehr deskriptive Elemente eindringen (unter dem Druck von Seefahrern, Königen, Siedlern) – so sehr, daß sie nach 1600 die letzten symbolischen Züge auf ein unwesentliches Dekor oder auf unnütze Personifikationen aus der Tradition der Rhetorik reduzieren.

V.

Die Funktion der mittelalterlichen Karte besteht somit weniger darin darzustellen, zu ›repräsentieren‹, als zu ›präsentieren‹, zu zeigen. Diese Karte ›stellt‹ ihr Objekt ›aus‹. Sie übertragt eine Erkenntnis vom Impliziten und Unsichtbaren ins Explizite und Sichtbare. Sie führt ihre Botschaft einem ›Leser‹ vor Augen: Dieser verwandelt sich im Verlauf seiner Lektüre zu einem Zuschauer. Besser noch, diese Lektüre erfordert, daß er sich einmischt, daß er seine persönlichen und kulturellen Vorstellungen bei der Interpretation einsetzt.

So verfährt die Karte auf eine Weise, die mit der Methode vergleichbar ist, von der in den ordines und ludi Gebrauch gemacht wurde. In ihnen versuchte die Liturgie des 10. und 11. Jahrhunderts, den Gläubigen die abstrakten Wahrheiten der Theologie zu erklären und begreifbar zu machen. Verwandte semiotische Ordnungen verbinden damit im frühen Mittelalter die Kartographie mit den rudimentären Manifestationen dessen, was zum Theater des 14. und 15. Jahrhunderts wurde: Die äußerste Mannigfaltigkeit des Realen wird (auf einem begrenzten, isolierten und gekennzeichneten Raum: dem Kirchenchor, dem Pergament der Karte) auf eine sehr geringe Zahl von bestimmten, konkreten, offensichtlichen Zeichen zurückgelenkt, die das Auge nicht als allegorische Figuren, sondern als ausdrückliche Aufforderung auffaßt zu glauben, zu erkennen und im weiten unendlichen Raum der alltäglichen Erfahrung zu handeln.

Die Lektüre der Karte ähnelt also einer ›performance‹ oder Aufführung, einer quasi de-placierten sekundären Aufführung, denn es ist zwischen der Vollendung der Zeichnung und seiner Lektüre Zeit verstrichen. Aber diese Lektüre, wie auch die Rezeption eines aufgeführten Werkes, behält einen stark persönlichen Charakter. Im Prinzip kann es keine zwei identischen Lektüren derselben Karte geben, und diese Mannigfaltigkeit fließt in die Absicht des Kartographen mit ein (wie es auch bei einem Predigttext der Fall sein könnte). Dieser ›hermeneutische‹ Charakter wird bis zu dem Tag erhalten bleiben, an dem die Kartographie mathematisch umgesetzt wird.

Meine These ist also, daß die Entwicklung der Kartographie (in ihrer Zielsetzung und ihren Techniken) sich während Jahrhunderten parallel zu derjenigen des Theaters ausrichtete.

Kartographie und Theater gelangten von der einfachen Bejahung einer sichtbar und fühlbar gemachten Essenz zur Erstellung von komplexen Botschaften, die dann mehr und mehr von Figuren der imitatio besetzt wurden. Am Ende dieses Prozesses (ungefähr um 1600) haben diese sich durchgesetzt, so daß die Karte und das Theater dazu neigten, sich jeweils auf ihre mimetische Funktion zu beschränken.

Diese Tendenz fasse ich in drei Phasen zusammen.

Erste Phase. – In ihrer frühen Epoche erfaßt die Karte, qualitativ gesehen, die Realität. Sie begründet sich auf Hierarchie-, Korrespondenz- und Gegensatzvorstellungen; sie erfordert die gleiche Art von Lektüre wie die Wappenkunde. Die bildliche Darstellung hat nicht eine unmittelbare und absolute Wahrhaftigkeit zum Ziel, sondern eine Verwendbarkeit, die sich nach einer bestimmten Situation richtet.

Ausgehend von einer solchen Situation geht der Kartograph dieser ersten Phase durch Deduktion vor. Sein Ziel ist es, eine Anschauung zu bestätigen, und nicht, eine Erkenntnis zu schaffen. Das kartographische Genre par excellence ist die Weltkarte – räumliches Äquivalent zu den Weltchroniken, die man im 9. Jahrhundert zu erstellen beginnt. Die Weltkarte rühmt die Einheit der Schöpfung, die sie als eine Manifestation der göttlichen Vorsehung begreift. Bis zum Ende des 13. Jahrhunderts wird man sie mit dem Namen ›historia‹ bezeichnen – was zugleich ›Bild‹ und ›Geschichte‹ bedeutet.

Je schematischer die Karte ist, um so klarer tritt die reiche Bedeutung der leitenden Linien hervor. Das klarste Beispiel wird durch die sogenannten T-O-Karten geliefert. Sie stellen die bewohnte Erde in der Form einer Scheibe (dem ›O‹) dar, die durch zwei Achsen T-förmig aufgeteilt wird: Die vertikale Achse bezeichnet das Mittelmeer, die horizontale Achse die Flüsse Nil und Don; die drei so unterschiedenen Räume stellen bildlich die Kontinente dar: oben Asien, unten Europa und Afrika, das eine links, das andere rechts. Obgleich sich ab dem 12. Jahrhundert auf vielen T-O-Karten deskriptive Details und topographische Hinweise häufen, bleibt der globale Plan unverändert. Als Inschrift gelesen, bedeutet er ›Terrarum Orbis‹ und bildet ein Ideogramm, das sich auf die Gesamtheit von Raum und Zeit bezieht, die dem Menschen von seinem Schöpfer zugestanden wird. Dieses Bild hat sich so tief in die europäische Vorstellungswelt eingeprägt, daß es im 16. Jahrhundert lange die Identifizierung eines vierten Kontinents verhinderte.

Aber das ›T‹ aus ›T-O‹ ist auch das Kreuz. Nach dem am weitesten verbreiteten Brauch stellt der obere Bereich der Zeichnung den Osten dar, der den Beginn des Tages anzeigt – und, wenn dort das Bild Christi gemalt ist, den Ursprung des Heils: so zum Beispiel noch um 1235 auf der berühmten Karte von Ebstorf (die 1943 durch einen Bombenangriff vernichtet wurde). Auf dieser sehr schönen kreisförmigen Weltkarte, die 3,50 Meter im Durchmesser maß, wird das ›T‹ vom Maler neu gedeutet. Die zwei zueinander im Lot stehenden Linien werden im Norden und im Süden nur durch eine ausgestreckte Hand, im Westen durch zwei

Füße und im Osten durch ein Gesicht angedeutet. Es ist offensichtlich Christi Gesicht, dessen Körper so ›unter‹ der Karte verborgen ist und diese umfaßt: Jerusalem nimmt am Kreuzungspunkt dieser Achsen den Platz des Herzens ein.

Zweite Phase. – Die Karte von Ebstorf ist auch die erste, auf der durchscheint, was man entsprechend dem aufkommenden scholastischen Geist ›Enzyklopädismus‹ genannt hat: indem die Karte (reelles und symbolisches) Lokalisieren mit Darstellung (von Bauten, Tieren oder Pflanzen) verbindet, indem sie Geschichte (den Grabstein Christi), Theologie (Jerusalem im Mittelpunkt), Topographie (die recht genau ist für die sächsische Region um Lüneburg, zweifellos die Heimat des Malers), Teratologie (die Ungeheuer, die über die Erde verstreut sind) integriert – durch dies alles verweist die Karte auf den gesamten Kreis des Realen und des Wissens. Sie entwirft (wie das Theater, das von der Kirche auf den Marktplatz verlegt wird) einen im Menschen zentrierten Diskurs, der der Welt so aufgeschlossen ist, wie es überhaupt in dieser Zeit möglich ist. Sie bezeugt dadurch das enge Band, das die Geographie noch mit der Betrachtung des Kosmos verbindet. Diese ›enzyklopädische‹ Sichtweise charakterisiert alle großen Karten des 13. und 14. Jahrhunderts.

Dritte Phase. – Im Laufe des 13. Jahrhunderts ist die Karte nicht länger ein sehr seltenes und mehr oder weniger geheiligtes Objekt. Ihr Gebrauch weitet sich zur selben Zeit aus wie die noch verworrene Vorstellung ihrer praktischen Verwendbarkeit. Hier und da treten durch Konventionen Züge einer empirischen Realität zutage. Als um ungefähr 1120 Lambert de Saint-Omer eine spezielle Karte von Europa entwirft und Guido da Pisa eine von Italien, verfahren sie mittels Aufteilung einer Weltkarte. Aber um 1250 bemüht sich der englische Chronist Mathieu Paris, regionale Karten ohne diesen Umweg zu erstellen. Er entwirft jene von England und vom Heiligen Land. Die erste ist von besonderem Interesse: Der Autor hat sich eines Wallfahrtsführers bedient, von dem er das Bruchstück von Newcastle bis Dover beibehält, das er genauer festlegt und ausarbeitet, während Randkartuschen die Insel im Verhältnis zu Irland, zur Normandie und zu verschiedenen Ländern der Nordsee situieren.

Die großen Durchbrüche des 15. Jahrhunderts nach Übersee beeinflussen tiefgreifend die kartographische Bewegung: indem sie die Neugierde der Kartographen, den Stolz der Seefahrer, die Habsucht der Fürsten anregen, aber auch indem sie zwischen all diesen einen Austausch von Interessen etablieren. Der Zeichner befragt den Matrosen und sammelt dessen empirisches Wissen. Er selber ist für den Kaufmann und nicht weniger für den Staat fast unerläßlich geworden. Kartograph wird zu einem wirklichen Beruf, der von nun an als solcher geachtet wird. Kolumbus und sein Bruder Bartolomeo übten ihn während mehrerer Jahre aus. Städte haben ihre kartographischen Schulen und besitzen ihre eigenen Traditionen, ihre Techniken und ihre Geheimnisse (Genua, Lisabon, Dieppe).

Ab 1472 erobert der Buchdruck die Kartographie, von der er sich große Profite erhofft. Die neue Technologie begünstigt die Verbreitung von Karten. Aber es bleibt in der Öffentlichkeit ein Gefühl für ihren ästhetischen Charakter bestehen: Fürsten sammeln Karten und andere Gemälde. Der Eintritt der Kartographie in die Moderne hat nicht vollständig ihre ehemalige theatralische Funktion abgeschafft. Die alten Bräuche, die das eigentliche Verständnis der Karte beherrschten, erhalten sich bei einigen Kartographen, deren Zahl sich allerdings immer weiter verringert. Die Absicht, das Göttliche zu symbolisieren, den biblischen Diskurs zu artikulieren, bleibt in vielen Karten des 15.Jahrhunderts, der Epoche der letzten kreisförmigen Weltkarten, spürbar; und noch im 16.Jahrhundert mischen sich Träume oder Phantasmen unter die Darstellung des Reellen: fabelhafte Monsterfiguren, Malereien von Schwarzen oder Indianern; die Karte ›inszeniert‹ ihre topographische Botschaft. Zu diesem Zweck benutzt sie anstatt des Zentrums immer häufiger die Ränder der Zeichnung: Trotz dieser Vorsichtsmaßnahme bleibt der Eindruck eines ›Schauspiels‹ bestehen.

Ab 1500 häufen sich jedoch Initiativen, die dazu neigen, die Repräsentation auf Kosten der Symbolisierung und des Theatralischen siegen zu lassen. So zum Beispiel die (verlorene) Karte des Florentiners Toscanelli, von der man vermutet, daß Kolumbus sie studiert hat: Sie entwarf die zwei Ufer und die Inseln des Atlantiks und situierte Portugal auf dem 130. Längengrad – gegenüber China. So auch vor allem der erste Globus, den der Bankier und Kosmograph Martin Behaim aus Nürnberg baute oder bauen ließ. Das Werk wurde 1492 fertiggestellt, vor oder während der ersten Reise von Kolumbus. Behaim, der von der Kugelgestalt der Erde überzeugt war, verzichtete auf die zweidimensionale Karte. Noch war keine Theorie der Sphärenprojektion entwickelt worden.

Im geistesgeschichtlichen Kontext, den die politischen und wirtschaftlichen Veränderungen der Renaissance hervorrufen, gibt sich die Kartographie die bildliche Darstellung des nützlichen Realen immer deutlicher zum Ziel. Aber erst während der hundert Jahre von 1650 bis 1750 prägen sich mit den Cassini, Vater, Sohn und Enkel, die modernen, mathematischen Elemente der Kartographie vollständig aus, die sich auf Triangulation, Regelmäßigkeit der Proportionen und ein streng mit konventionellen Zeichen kodiertes System stützen: das Gegenteil von dem, was eine ›Demonstration‹ – eine Dramatisierung – ermöglicht. Die ›Repräsentation‹ ist von nun an ohne irgendeinen unmittelbar ästhetischen, die Empfindung ansprechenden Charakter; sie fordert nur noch zu einer intellektuellen Dekodierung auf.

III.
Inszenierung von Gesellschaft –
Ritual – Theatralisierung

III.

Einführung

HANS ULRICH GUMBRECHT

Vier Begriffe hat Jan-Dirk Müller in seiner Eröffnungs-Bemerkung diesem Kolloquium zur möglichen Revision vorgegeben: den Begriff des ›Textes‹ (einschließlich des Repertoires unserer textanalytischen Verfahren), den Begriff der ›Literatur‹ (im Kontext eines mediengeschichtlich erweiterten Horizonts verschiedener Symbolsysteme), den Begriff der ›Fiktionalität‹ (im Zusammenspiel mit je spezifischen historischen Rahmenbedingungen) und den Begriff der ›Materialität‹ (in seinen je differenten Kommunikationspraktiken entsprechenden Variationen). Es ist mein Eindruck, daß die ersten beiden Sektionen unserer Tagung tatsächlich bedeutsame Tendenzen in der Transformation des Textbegriffs und des Literaturbegriffs aufgenommen und fortgeführt haben – und dies mit durchaus überraschenden Ergebnissen. Eine Anzahl von Vorlagen der ersten Sektion haben die Texte des Minnesangs als ›Partituren‹, als Repertoires von Verhaltens-Instruktionen in den Blick gebracht – und mithin Abstand genommen vom Habitus der Text-Interpretation, dem es ausschließlich um die Identifizierung der in Texten aufgehobenen Bedeutungen geht. Ausgehend von einer prinzipiellen Problematisierung der Weise, in der Texte auf ›Realität‹ referieren, haben die Diskussionen der zweiten Sektion vor allem die traditionelle Hierarchisierung zwischen den Quellentexten der Historiker und der sogenannten ›Literatur‹ des Mittelalters in Frage gestellt. Alle Texte – nicht nur jene Texte, welche die Historiker als ›Quellen‹ favorisieren – haben hinsichtlich einer zu erschließenden Vergangenheit den Stellenwert von Symptomen; alle Texte – nicht nur die ›literarischen‹ – konstituieren sich mittels sprachlicher Gesten und rhetorischer Codes, die eher Teil denn Verzerrung vergangener Wirklichkeiten sind. Während nun eine Diskussion des Fiktionsbegriffs vor allem von den Vorlagen der vierten Sektion anvisiert wird, läßt sich das Konzept ›Materialität‹ als ein Konvergenzpunkt der hier vorzustellenden Beiträge ausmachen. Dies gilt freilich in einem sehr spezifischen Sinn. Indem die Vorlagen verschiedene Modalitäten des Verhältnisses zwischen Text und Körper thematisieren (häufig, aber nicht ausschließlich über das für Formen der Aufführung konstitutive Konzept der ›Verkörperung‹), lenken sie unsere Aufmerksamkeit auf das Phänomen der ›Präsenz‹ als einen zentralen Aspekt von Materialität.

›Präsenz‹ steht deshalb im Zentrum meiner einleitenden Bemerkungen – und das bedarf im akademisch-epistemologischen Klima unserer Gegenwart vorab einer Begründung (wenn nicht geradezu einer Rechtfertigung). Jene philosophische Position und jene Praxis im Umgang mit Texten, die wir mit Namen wie Jacques Derrida oder Paul de Man und mit dem Begriff der ›Dekonstruktion‹ assoziieren, hat so gewichtige Gründe für die Unmöglichkeit (vor allem sprachlich vermittelter) Präsenz geltend gemacht, daß jegliche Rede von Präsenz Gefahr läuft, vorschnell als philosophisch naiv abgestempelt zu werden. Keine der hier zu diskutierenden Vorlagen stellt andererseits diese dekonstruktivistische Kritik prinzipiell in Frage (obwohl es wohl möglich wäre, ein Bedürfnis, ja geradezu eine Sehnsucht nach Präsenz als Ursprung der Dekonstruktion zu identifizieren). Denn es geht in allen Vorlagen um historische Modalitäten dessen, was man (Roland Barthes' Konzept des ›Realitäts-Effekts‹ variierend) ›Präsenz-Effekte‹ nennen könnte, das heißt: Es geht um Eindrücke, Illusionen, ja sogar Ideologien von Präsenz und um jene Verfahren, denen sie sich verdanken. Unter dieser Kautele möchte ich eine Diskussion des Phänomens ›Präsenz‹ aus vier verschiedenen Perspektiven initiieren. Ich werde beginnen (1.) mit einer Beschreibung des Begriffs ›Präsenz‹, die vor allem auf eine Explikation seines Verhältnisses zum menschlichen Körper und zu dessen Materialität ausgerichtet ist. Auf dieser Grundlage sollen dann (2.) verschiedene, historisch spezifische Verfahren (und situationale Umstände) beschrieben werden, welche die Herstellung von Präsenz ermöglichen. Damit sind die begrifflichen Voraussetzungen gegeben, um (3.) im kontrastierenden Überblick die verschiedenen Varianten von Präsenz und deren Ermöglichung vorzustellen, welche die einzelnen Vorlagen der dritten Sektion herausarbeiten. Meine Bemerkungen schließen (4.) mit dem Verweis auf einige – üblicherweise zentrale – Begriffe der Literaturwissenschaft, deren – zunächst – unmittelbar einleuchtend erscheinende Beziehungen zum Problem der Präsenz für eine Problematisierung anzustehen scheinen.

1. Präsent ist das, was ich in der Reichweite meines Körpers weiß – und, in einem abgeleiteten Sinn, auch das, was ich als in der Reichweite meines Körpers liegend imaginieren kann. Alles, was präsent ist, identifiziere ich als in demselben Raum befindlich, den ich als meinen – und mithin notwendig als den um meinen Körper konstituierten – Raum erfahre. Was mir präsent ist, kann ich berühren, – und es ist genau dieser Aspekt, der ein wechselseitiges Implikationsverhältnis zwischen Präsenz und Materialität bedingt. Sekundär ist gegenüber der Gegebenheit unmittelbarer räumlicher Nähe ein Verhältnis der Gleichzeitigkeit mit dem Präsenten. All das, was mir präsent ist, und all das, was ich mir präsent mache, befindet sich zwar zu meinem Körper in einem Verhältnis der Gleichzeitigkeit, aber umgekehrt gilt nicht, daß all jene Gegenstände, die meinem Körper gleichzeitig sind, mir deshalb auch schon in einem Verhältnis von Präsenz vorliegen. Vieles von dem, was mit meinem Körper gleichzeitig ist, muß erst in ein Verhältnis räumlicher Nähe gebracht werden, um präsent zu sein.

Die spezifische Faszination, welche in der Welt des europäischen Mittelalters von Phänomenen der Präsenz ausgeht, ergibt sich fraglos aus dem Theologem einer ›Realpräsenz‹ in der Eucharistie (welches sich seinerseits vielleicht als eine Reaktion auf das Trauma der aufgeschobenen Parusie-Erwartung erklären ließe). Der Leib und das Blut Christi werden als in den Gestalten der konsekrierten Hostie und des konsekrierten Weines substantiell präsent geglaubt, und diese

Präsenz läßt sich in der religiösen Praxis als eine Intensivierung der ohnehin gegebenen Präsenz Gottes im Leben der Menschen erfahren. Komplizierte Vorschriften regeln den Umgang mit jenem Brot und jenem Wein, in denen man den Leib Christi berühren kann. Kommunion ist Theophagie. Der zeitliche Aspekt der eucharistischen Realpräsenz geht daher nicht in der Gleichzeitigkeit des ewigen Gottes im Verhältnis zu der zeitlichen Begrenztheit jedes menschlichen Lebens auf. Im Meßritual wird darüber hinaus das vergangene Geschehen des Abendmahls, das Christus mit seinen Jüngern hielt, zur Präsenz gebracht. Das Ereignis der Wandlung von Brot und Wein in Christi Leib und Blut ereignet sich aufs neue, wann immer der Priester Christi Wandlungs-Worte nachspricht.

Präsenz in diesem Sinn ist nicht kompatibel mit den neuzeitlichen Begriffen von ›Repräsentation‹ und ›Darstellung‹. Diese verwenden wir gewöhnlich für Situationen, in denen ein Signifikant – ein sprachliches Zeichen, ein Symbol, ein Bild – als Stellvertreter eines Signifikats – eines Gegenstands, einer Person – fungiert, das weder präsent ist noch durch die Repräsentation präsent wird. Das so Repräsentierte ist nicht in die Reichweite meines Körpers gebracht, es läßt sich nicht berühren. In diesem Sinn definiert die neuzeitlich-protestantische Theologie die Wiederholung und das Wieder-präsent-Werden des Abendmahlgeschehens im Meßritual um zu einem Akt der Erinnerung an vergangenes (und vergangen bleibendes) Geschehen. Wo aber Abwesendes präsent gemacht wird, wo Re-Präsentation stattfindet, kollabiert die Distanz zwischen Signifikant und Signifikat. Analoges gilt für jene Bedeutungen des Begriffes Dar-Stellung, die sich (wie die Rede über die Schaubrote in der Bundeslade des Alten Testamentes) auf das Zeigen, das Heraus-Stellen von präsent Gemachtem beziehen – und nicht auf die zeichenhafte Stellvertretung von Abwesendem.

Solches Verweisen auf den Phänomenbereich der Präsenz führt (oft unbemerkt) zur Umkehrung einer aktuellen Grundprämisse literaturanalytischer und literaturhistorischer Arbeit. Für lange Zeit standen wir im Bann jener Tendenz der Semiotik und der Diskursanalyse, welche Gegenstände aller Art ihren Lektüren und Interpretationen unterwarf – und dabei auch das nicht sprachlich oder zeichenhaft Konstituierte in ›Texte‹ oder ›Diskurse‹ umdefinierte. Texte und Diskurse (im eigentlichen wie im übertragenen Sinn) aber stehen für Abwesendes, ja oft sogar für jenes ›Reale‹, auf das verschiedene Philosophien (aus verschiedenen Gründen) als das prinzipiell Unerreichbare verweisen. Unter dem Vorzeichen des Interesses an Präsenz kehrt sich diese Allgegenwart der Texte und Diskurse nun um in eine Allgegenwart von Körpern und von Dingen, in denen Körper präsent sind. So gesehen konvergiert das Zentralthema dieser dritten Sektion des Kolloquiums mit der Tendenz der ersten Sektion, Texte als Verhaltensinstruktionen zu analysieren – statt sie (als ›Texte‹) bloß zu interpretieren. Was in den Vereinigten Staaten ›New Philology‹ genannt wird, ist ein Interesse an Manuskripten als Zeugnissen für spezifische Produktions- und Gebrauchssituationen, in die sich Körper eingeschrieben haben – nicht mehr ein Interesse an Manuskripten als Wegweisern auf dem Weg zurück zu einem Archetyp. Am Eingang zur frühen Neuzeit scheint Cervantes diese Differenz übrigens schon erfaßt zu haben. Als Don Quijote, der Texte mit seinem Körper liest und sich überhaupt zu Texten so verhält wie (vermutlich) mittelalterliche Rezipienten, eine Druckerei in Barcelona besucht, zeigt er sich vor allem beeindruckt vom materiellen Gewicht der dort gelagerten Bücher. Aus dieser Perspektive sprechend, erlaubt ihm die kastilische Sprache, die Texte ›Bücher-Körper‹ (*cuerpos de libros*) zu nennen.

2. Die Frage nach der Herstellung von Präsenz erschließt ein breites Feld verschiedener Praktiken (der Herstellung) und eine differenzierte Skala von Intensitätsgraden (der Präsenz) – sie läßt sich also gewiß nicht mit der binären Opposition zwischen Präsenz und Absenz ausschöpfen. So wie die Realpräsenz des Leibes Christi im Eucharistiesakrament als eine Intensivierung der Präsenz Gottes im Leben der Menschen angesehen werden kann, können bestimmte Rituale – als Dar-Stellungen – etwa die alltägliche Präsenz des Körpers (oder genauer: der ›zwei Körper‹) eines Königs steigern. Was wir ›Rituale‹ nennen, sind (häufig in Texten festgeschriebene) Choreographien von Verhaltenssequenzen, deren funktionaler Zusammenhang mit der Herstellung von Präsenz schon durch den Umstand deutlich wird, daß ihre periodische Wiederholung den Status einer kosmologisch motivierten Pflicht hat. Sie inszenieren die gesteigerte Präsenz dessen, was nie wirklich abwesend ist. Häufig enthalten mittelalterliche – und sogar neuzeitliche – Rituale archaische Elemente magischer Praxis, nämlich dann, wenn sie um Gegenstände arrangiert sind, deren Anciennität die präsent zu machende Vergangenheit und die Gegenwart ihrer Vergegenwärtigung umgreift und eben deshalb Präsenz erzwingen kann.

Ein ganz anderer Modus der Herstellung von Präsenz läßt sich überall dort ausmachen, wo Aufführungen mit Spielcharakter so nahe an Situationen alltäglichen oder religiösen Ernstes gerückt werden, daß ihre wechselseitigen Grenzen zu changieren beginnen. Das ist der Fall des geistlichen Spiels – und das ist noch im Barock der Fall des vor allem durch Calderón zu höchster Komplexität elaborierten auto sacramental. Analoges gilt für das Überlappen von Ritualen des Rechts mit Formen des Spiels. Öffentliche Hinrichtungen und Bestrafungen verschaffen der Herrscher- und Staatsmacht zu einer Präsenz, die nicht bloß (wie es das semiotische und das diskursanalytische Paradigma suggerieren wollen) als Unausweichlichkeit von institutionellen Strukturen und von Strukturen des sozialen Wissens erfahren wird. Vielmehr inszenieren sie die räumliche Nähe und die Gegenwärtigkeit einer physischen Gewalt, welche den Körper jedes Zuschauers erreichen kann – und deshalb bedroht. An solch potentielle Präsenz von Macht – und vielleicht zugleich an Instinkte der Machtausübung – appellieren die Texte zahlreicher Spiele, welche die literaturwissenschaftliche Tradition allzu eindimensional als ›literarisch‹ kategorisiert hat.

Gewiß ist Fiktionalität, indem sie alltägliches Verhalten in die Klammer eines entpragmatisierenden ›Als ob‹ stellt, ein Modus, der hergestellte Präsenz löschen und die Herstellung von Präsenz unterbinden kann. Für das Mittelalter – und noch für die frühe Neuzeit – stellt sich aber die Frage, ob wir mit einer vollen Verfügbarkeit von Fiktionalität als einer solchen Modellierung alltäglichen Verhaltens rechnen können. Das Interesse an Formen der Herstellung von Präsenz bringt so die Aufgabe einer Historisierung des ›Als ob‹ als einer Anweisung auf Aufhebung von Präsenz mit sich. Unter dieser Perspektive erscheint es dann nicht mehr ausgeschlossen, daß sich Repräsentation im Sinn einer Stellvertreterfunktion des Signifkanten (für das Signifikat) und daß sich Fiktionalität als Neutralisierung des Referenzanspruchs von Signifikanten als Ausnahmefälle innerhalb mittelalterlicher Kultur erweisen könnten. Aber selbst wenn man dieses Postulat einer prinzipiellen Historisierung der Fiktionalität weniger ernst nimmt, bleibt die Möglichkeit, die Brüchigkeit von Fiktionalität und den prekären Status des ›Als ob‹ in bestimmten Situationen als eine Quelle von Präsenz zu thematisieren. Jedenfalls müssen der Raum und die Konventionen des Spiels stets gegen eine auf Präsenz der Körper und Präsenz der Macht gegründete Alltagswirklichkeit durchgesetzt und durchgehalten werden. Dem Literaturhistoriker fällt es dann zu, die verschiedenen Strategien solchen Durchsetzens und die verschiedenen Symptome seines Kollabierens aus den Spuren zu rekonstruieren, die sie in den uns überlieferten Texten hinterlassen haben.

3. Meine Überlegungen zum Begriff der Präsenz und meine Thesen zu den historisch spezifischen Modalitäten der Herstellung von Präsenz habe ich weitestgehend aus den Materialien und Beobachtungen der Vorlagen entwickelt. Einen Sonderfall markiert in diesem Kontext der Essay von Thomas Hare über die Inszenierungspraxis des japanischen No-Theaters – und dies nicht nur weil es sich dabei (leider!) um den einzigen Beitrag handelt, der dem Thema durch den Blick auf eine nicht-europäische Kultur die Variationsbreite historischer Anthropologie eröffnet. Was sich am No-Drama studieren läßt, ist ein Prozeß, welcher die genaue Umkehrung der Herstellung von Präsenz durch Inszenierung der Körper zu beschreiben scheint. Wechselseitige Präsenz der Schauspieler-Körper und der Zuschauer-Körper ist hier nicht ein Ziel, sondern ein Ausgangspunkt der Aufführung, welche dann durch eine Sequenz höchst komplizierter Bühnentechniken in rein spirituelle Erfahrung überführt werden soll. Ganz im Gegensatz dazu ist die Präsenz der Körper nirgends bedrohlicher als in jenen Spielen des englischen Spätmittelalters, deren dialogische Beziehung zu öffentlichen Ritualen der Folter und der Bestrafung Seth Lerer untersucht. Der von ihm aufgegriffene Begriff eines ›Theaters der Exekution‹ erfaßt die Konvergenz der schriftlichen Spielvorlagen, die als Instruktionen für Körperbewegungen fungieren, mit der von den (scheinbar oder wirklich) gefolterten Körpern ausgelösten Angst der Zuschauer. Komplementäre Aspekte aus der Geschichte von Aufführungspraktiken bringt Gerhard Wolfs Vorlage in den Blick. Wolf betont nicht allein den im Mittelalter stets prekären Status der Spielsituation, die sich ganz offenbar noch nicht auf eine stabile Konvention des Fiktionalitäts-Kontrakts verlassen konnte. Er erweist darüber hinaus auch den besonderen Wert von historiographischen Prosaquellen für eine Archäologie von Aufführungsformen, indem er anhand solcher Texte verschiedene Fälle der Ausdifferenzierung und der Durchsetzung des rituellen und des spielerischen Handelns aus dem Kontext alltäglicher Wirklichkeit analysiert.

Der kunsthistorische Beitrag von Lieselotte E. Saurma-Jeltsch problematisiert eine im Kontext teleologischen Geschichtsdenkens allzu selbstverständlich gewordene Annahme: Während wir gewohnt sind, die Herausbildung des perspektivisch konstruierten Bildes als ›Überwindung‹ vorausgehender Darstellungskonventionen zu feiern, zeigt Saurma-Jeltsch, daß bis weit in die Neuzeit hinein alternative Raumkonzeptionen – und mithin andere deiktische Verweissysteme – benutzt wurden, wenn es darum ging, den Blick des Betrachters ›auf Höheres zu lenken‹. Dann besetzt ›Demonstration‹ – Dar-Stellung – den Ort von bereits voll entwickelten, perspektivisch ›richtigen‹ Formen der neuzeitlichen Repräsentation. Um die Konstitution von Raum geht es auch in der Vorlage von Sebastian Klotz, allerdings nicht um die der Zweidimensionalität des Bildes abgewonnene Raum-Illusion, sondern um jene Dialektik, welche um tanzende Körper jenen Raum entstehen läßt, den ihr Tanz als Bedingung seiner Möglichkeit schon immer voraussetzt. Anhand von italienischen Traktaten aus dem fünfzehnten Jahrhundert diskutiert Klotz aber nicht allein Aspekte der Interaktion zwischen einer schriftlich verfaßten Vorgabe (samt ihrer aus der grammatischen und rhetorischen Tradition übernommenen Versatzstücke). Seine Analyse legt das – wahrscheinlich durch den Begriff ›leggerezza‹ markierte – Ziel frei, den Körper-Bewegungen des Tanzes durch spezifische Formen idealisierender Stilisierung etwas von ihrer Präsenz zu nehmen.

Ganz auf ein homogenes Textkorpus konzentriert ist Christian Kienings Analyse von Totenklagen, die am spätmittelalterlichen Burgunderhof verfaßt wurden: Statt der einschlägigen Forschungstradition zu folgen, welche immer wieder die hochgradige Konventionalität und rhetorische Traditionsgebundenheit dieser Gattung herausgearbeitet hat, stellt Kiening die Frage nach den von ihr beförderten Möglichkeiten aktueller Erfahrung. Intensivierung der Trauer, Vergegenwärtigung des Todesereignisses und Erinnerung an die Verstorbenen werden als spezifische Funktionspotentiale identifiziert. Sylvia Huot schließlich verfolgt Spuren der Präsenz von Lesern und Lektüreerfahrungen in der Manuskriptüberlieferung des Rosenromans. Indem sie verschiedene Typen solcher Leser-Einschreibung – von Illuminationen über Federzeichnungen bis hin zu anscheinend spontanen Markierungen bestimmter Textpassagen – unterscheidet, stellt sie die analytischen Möglichkeiten einer nicht mehr nur die Texte selbst interpretierenden Rezeptionsforschung vor und exemplifiziert zugleich, daß die Frage nach textinhärenter Präsenz – hier nach der Präsenz von Lesern – immer in eine Frage nach den Graden von Präsenz überführt werden kann.

4. So weit einerseits alle Vorlagen in das noch kaum strukturierte Territorium bisher nur selten traktierter theoretischer Probleme, neuer historischer Fragestellungen und erst am Beginn ihrer Erprobung stehender Analysepraktiken vordringen, so sehr verweisen sie doch andererseits schon auf vorläufige und auf prinzipielle Grenzen des Forschungsparadigmas, an dessen Inauguration sie beteiligt sind. Wir werden natürlich nie erfahren, wie mittelalterliche Aufführungspraxis oder frühneuzeitliche Tanzvergnügen ›wirklich‹ ausgesehen haben, und wir werden deshalb auch nie definitiv das Verhältnis der uns zugänglichen schriftlichen Zeugnisse zu solchen ›Wirklichkeiten‹ austarieren können. Im Blick auf das Erleben und auf die Modi der Herstellung von Präsenz sind wir sogar noch weit davon entfernt, die Phänomene unserer eigenen Gegenwartskultur zu verstehen, weil wir erst jüngst begonnen haben, den Universalitätsanspruch der auf den klassisch-neuzeitlichen Begriff von Repräsentation eingeschworenen semiotischen und hermeneutischen Analyseparadigmen zu relativieren.

Für einige Zeit jedoch wird sich eine Neuorientierung auf dem Forschungsfeld, das die Vorlagen erschließen, an die Aufgabe einer Revision – und das heißt in den meisten Fällen: an die Aufgabe einer Historisierung – jener zentralen Begriffe halten können, deren metahistorische (oder historisch-langfristige) Geltung in der Diskussion – nicht zum ersten Mal – problematisch geworden ist. Das betrifft im weitesten Sinn das – von der vierten Sektion dieser Tagung ins Zentrum gerückte – Konzept der ›Fiktionalität‹ (und mit ihm gewiß den Begriff der ›Literatur‹). Wir haben vielfach erfahren, wie prekär im Mittelalter und oft noch in der Frühen Neuzeit der Status von Entpragmatisierung, Entreferentialisierung, Präsenz-Aufhebung und anderen Implikationen war, die wir mehr oder weniger selbstverständlich mit der Kategorie der Fiktionalität assoziieren. Wenn wir nach Spuren der Präsenz mittelalterlicher Autoren (?) und Schreiber, Schauspieler (?) und Rezipienten in den uns überlieferten schriftlichen Zeugnissen suchen, müssen wir uns fragen, ob wir vor der vollen Entfaltung neuzeitlicher Subjektivität ohne weiteres mit Differenzierungen rechnen dürfen wie denen zwischen Autor-Individuum und textimpliziter Autorrolle, zwischen individuellen Lesern und textimpliziter Leserrolle. Schließlich sind auch Zweifel gegenüber der Annahme angebracht, daß die Unabhängigkeit der Vorstellungskraft von der Körper-Präsenz als ein so universales menschliches Vermögen disponibel war, wie es der gängige literaturwissenschaftliche Gebrauch des Konzepts ›Identifikation‹ nahelegt.

Vielleicht ist es an der Zeit, Don Quijote eine neue – nicht-hermeneutische – Gerechtigkeit widerfahren zu lassen. Er sah Bücher als Körper, und er vermochte es wie kein anderer, die Bücher-Körper mit seinem eigenen Körper zu rezipieren.

Nohbody.
The Performing Body in Japanese Medieval Drama

THOMAS HARE

I.

The middleness of Japan's middle ages is generally thought of in chronological terms. The periodization which designates a Japanese middle ages is, after all, borrowed from a traditional Western vision of history sandwiching a dark and ill-defined Middle Ages between the Classical glories of Greece and Rome and the intellectual, technological, political and economic advancements of the ›Modern Period‹. Overlaying such a scheme upon the history of Japan creates a classic age of aristocratic culture and relative political stability in the Heian period, and an early modern political hegemony in the Tokugawa shogunate. Inbetween lies the the Middle Ages, translated to *chûsei*, a ›middle world‹ of political fragmentation and unstable networks of power.

The scheme is open to criticism for many reasons, but it has enough plausibility to serve as a heuristic framework for more subtle and specific discussion and has been widely adopted. But my concern here is less with chronology and history proper than with other kinds of middleness. It is, for instance, frequently asserted that the arts and broader cultural life of Kamakura and Muromachi Japan were characterized by mixture and synthesis unparalleled in earlier Japan. In this middle world the mixture of ›high‹ and ›low‹, rural and urban, erudite and facile, ascetic and prodigal, opened up a new range of aesthetic possibility and in this context many of the arts today considered ›most characteristically Japanese‹ were developed. In a time of social and political instability, such a ›middleness‹ enabled a broader cultural and intellectual fluidity and diversity than Japan enjoyed either under the aristocratic centralism of the Heian state or the xenophobic and rigidly hierarchical Tokugawa period. This kind of ›middleness‹ is profitable for the study of Japan's ›medieval‹ drama, noh, and will provide a recurrent theme in the present discussion.

We cannot proceed, however, without mentioning another kind of middleness, more basic to this study, and indeed, central to any study of the performative application of texts. That is the middleness between text and body, a field of interaction which, though it could hardly have been new, was, in Muromachi Japan, exploited in ways that had not appeared before, most expansively and enduringly in the drama of the noh stage.

I will be heavily engaged in this discussion with texts written by, or dictated by, the playwright, actor, and dramaturge, Zeami Motokiyo (1363–1443), with primary attention to ›treatises‹[1] and only passing reference to ›plays‹. There is some justification for the view that study of noh concentrates rather too heavily on Zeami, to the detriment of current performance practice, folk ›origins‹, ›heterodox‹ plays and performance styles. The fact remains that the great majority of what we know of noh today was formed at a crucial point by the interventions of Zeami. His identity is associated with the change in noh from a rural and almost exclusively oral performing tradition to a cosmopolitan and highly self-conscious dramatic form with important and readily demonstrable links to the written culture of the contemporary élites and the earlier ›high culture‹ of Japanese poetics. It is, moreover, in the ›treatises‹ of Zeami that we find the earliest accounts of the criticism of noh, that is to say, of a poetics of noh, how the ephemeral act of performance on any given occasion relates to the training of the actor, the economic security of the troupe, and the intangibles of aesthetic and spiritual value with which noh was, in Zeami's view, deeply endowed. How indeed was the body to realize the text – and we must understand ›text‹ here much more broadly than merely ›libretto‹ – and what were the practical consequences of the actor's engagement with the word: these concerns appear to us first and foremost in the writing of Zeami, and they maintain a middleness between practical detail and abstract conceptualization in Zeami's writing which is very difficult to find elsewhere in the traditional ›criticism‹ of noh.

And with the body and the text, we must account for yet a third nexus of concern in the (natural) world, most specifically because the organic process exemplified by a tree, coming into leaf and blossom, bearing fruit, and dying back with the onset of winter, maintains a tenacious metaphorical consistency in the writing of Zeami. Unquestionably this figurative stance reaches back into the legacy of Sino-japanese poetics, most immediately identifiable in the Japanese preface to the first imperially commissioned anthology of Japanese poetry, *Kokinwakashû* (or, more simply, *Kokinshû*, ca. 905):

> Yamato uta wa hito no kokoro wo tane to shite, yorodzu no koto no ha to zo narerikeru. – ›Japanese poetry takes the hearts/minds of people as its seeds, and comes to fruition in the myriad leaves of their words.‹[2]

While deriving from ancient antecedents in the prefaces to the Chinese ›Classic of Songs‹ (*Shijing*) and generally incorporating their affective critical stance, the Japanese preface to the *Kokinshû* incorporates a vegetable gloss not present in the commentaries to the ›Classic of Songs‹. It has been argued that this is derived from a letter by the celebrated poet Bo Juyi to his friend Yuan Zhen where

---

1 The term is something of a catch-all, and at its most basic simply means those writings of Zeami which are not plays per se. The ›treatises‹ contain anecdotes, notes on training, abstract speculation about aesthetics, critiques of famous actors, performance notes, and other miscellaneous information.
2 Translations are mine unless otherwise noted.

he asserts, ›Poetry has the heart as its root, words as its sprouts, music as its flowers, and meaning as its fruit.‹[3]

The attribution is plausible, given the adulation of Bo Juyi in early Japan, but it is important to note certain differences. Bo Juyi's statement seems too neat in its fullness, too automatic. The *Kokinshû* restatement is not complete in the same way. The blossoms are omitted altogether (perhaps because the relation between music and poetry is never so explicitly articulated in Japanese aesthetic discourse as in the *Shijing* Prefaces). The *Kokinshû* preface also profits from two Japanese puns, incorporating the organic metaphor less forcedly than in the Bo Juyi statement. ›Leaves‹, *ha*, links directly with words, *koto(no)ha*, or *kotoba*, and ›to be composed of, to have come to fruition‹, *narerikeru*, with a verb meaning ›bear fruit‹, *naru*.

Zeami brings the blossoms back as his imagistic shorthand for various types of dramatic achievement and aesthetic accomplishment. More importantly, however, his incorporation of this element into the *Kokinshû* formula serves as the foil against which he posits a contrasting view of the relation between feeling and expression. Zeami's reformulation reads *hana wa kokoro, tane wa waza nari*. – ›The blossoms are the heart/mind, the seed is action.‹[4]

If the flowery metaphor seems precious, we must make extra efforts to engage the quite unexpected inversion of causality it disguises, because it is here that we find most emblematically and economically stated a conviction about praxis in the arts ranging widely through medieval Japanese thought (from noh to tea ceremony to martial arts), exemplifying the middleness of body and text to which I referred a moment ago. Zeami's contention is not that feelings in the heart force their way to the surface of expression in words, but rather that the ›heart/mind‹, the sensibility or apprehension, or, perhaps even, ›enlightened state‹, of the accomplished artist is the product, or goal of the performance, and that it is attained through the action of performance. (The translation ›action‹ for *waza* is inexact and unsatisfying, but I cannot think of a better single word to convey the combination of technique garnered over long years of devoted training and practice, with the actual phenomenal experience of performance.)

The most immediate contrast one can draw between Zeami's theories of action and the high poetics which he ›in-körper-ates‹ (the pun is awkward, but significant) therein must reside in the conscious acknowledgement Zeami makes of practicality, practicability, and praxis on the stage. The rationale for a consideration of ›theory‹ is its application for dramatic effect. This is crucial for the economic viability of the troupe (a persistent concern) as well as for the realization on stage of those aesthetic ideals so characteristic of (particularly) his later dramaturgical writings.

---

3 Helen McCullough, *Brocade by Night: ›Kokin Wakashû‹ and the Court Style in Japanese Classical Poetry*, Stanford 1985, p. 313, *Bo shi chang qing ji*, p. 28, 3a.
4 Zeami quotes the Chinese Chan [Zen] patriarch, Huineng. Zeami Motokiyo and Komparu Zenchiku, *Zeami, Zenchiku*, ed. Omote Akira and Katô Shûichi, Nihon shisô taikei 24, Tokyo 1974, p. 37.

We will want to return to a consideration of Zeami's statement about the blossoms and the heart vis-à-vis the seed in action, but we must do so from a more informed perspective regarding the characterization of the body in noh, the task before us now.

II.

Zeami's critical language is replete with metaphors, metonymies and other figural references to the body, but there has been little attention to this in scholarship on noh. Scholarship on noh is, almost exclusively, a twentieth-century phenomenon,[5] and has been shaped by a strain of puritanism in modern Japanese culture, a desire to overlook the body in favor of philological and historical study. The same could perhaps be said of the study of the body in ›the West‹, but in the visual arts of the West, it has been exhuberantly depicted, from Old Kingdom Egypt to classical and post-classical Greece and Rome, the Renaissance, and well beyond. In South and Southeast Asia, as well, the nearly or completely naked body is high in the canons of representation. In East Asia, though, the case is different. Japan (and China) have shown little aesthetic interest in the human body. In Japan, specifically, the body in the arts is nearly always not only clothed, but its very shapes largely concealed by clothing, exceptions to the rule being primarily pathological (*Yamai zôshi*), admonitory (e.g., *Ono no Komachi sôsui emaki*), or pornographic (e.g., *shunga*).[6]

The body is sometimes well modeled under the folds of a bodhisattva's gown, say, or the cassock of a monk, but the clothes of secular figures are stiffer, and tend to a life of their own, taking the body rather as armature. In noh, this tendency reaches its extreme.

Concealment of the actual body in favor of the construction of a semiotically keyed complex volume, then, becomes a highly characteristic siting of the body and is occasionally even mentioned in popular discussions of Japanese theater as a significant distinction between the spectacle presented on the noh stage and that one sees on the kabuki stage. Although altered inevitably from the encoding of hierarchy in the court uniform of the old imperial court upon which they are based, the costuming conventions of noh reflect class hierarchy, season, the cha-

---

5 The many chapbooks and handbooks of performance practice of earlier centuries (such as *Yôkyoku shûyôshô*, perface 1741, publication 1772; see Omote, *Nôgakushi shinkô*, vol. I, p. 299) are grounded in the practical necessities of performance, and were written either for professionals of the five shogunally commissioned ›schools‹ or for the large body of amateurs among the samurai and merchant classes.

6 The body of Buddha or of the bodhisattva is, in some degree, an exception to this general observation, and one finds in Japan demonstrable interest in corporeality in, for example, the imprints of Buddha's footprints and the poems about them now at Yakushiji Temple in Nara, or the thirty-two signs of the great being (*mahâpurunsalakṣana*) or the esoteric doctrines of the three bodies of Buddha (*nirmânakâya*, *sambhogakâya*, and *dharmakâya*). Each of these has a history traceable to the highly body-conscious culture of India.

racter's age and gender, political and economic circumstances. But if the body proper is not an object of scrutiny in noh, its link with consciousness is, nonetheless, explicit in the discourses of noh, and is central to other religious, martial, and aesthetic disciplines. The body is the tool, the means to a livelihood, the grounding of art, and the foundation of spiritual development.

We must remember that the discourses of the body in Japanese medieval drama, for all their concern about the body as perceived from the audience, are also discourses of a lived, interior body, and our sharpest insights into notions of the deployment of the body, take this perspective. Nonetheless, they must as well engage the intersubjectivity of performance, because as the manipulation of the actor's body becomes the strategic means for success on stage, so also the receptive body of the audience becomes an imagined strategic target for the actor's energies. The interpenetration of subject and object enabled by this conjunction provides some of the most cogent discussion of the subject in medieval Japan.

Not surprisingly, the concern for the performing body results in an anatomization of the body, a separation into parts for specific attention. We will shape our examination along these lines, focusing on body parts as we proceed into the next section of this paper.

III.

Noh is a masked drama. The central role (termed the *shite*) is played from behind a mask (termed the ›surface‹, or ›front‹, *omote*, in Japanese). Exceptions to this rule are limited to those roles in which an actor portrays a young living man.[7]

These exceptional unmasked roles generally belong to vendetta plays and the modern viewer of such a role might be surprised to notice that even in such cases as these, where the actor's own face is open to the view of the audience, it is not used as an expressive tool. The actor makes every effort to perform his role without changing facial expression throughout the play. In discussing such roles, Zeami says,

> This role [...] is very important. Such a character is, by definition, of ordinary station, and ought to be easy to portray, but surprisingly, unless the actor is considerably accomplished, it is not worth watching. [...] Although there is no reason to believe you might actually alter your own features in imitation of someone else, actors sometimes try to change their expression and mimic the looks of another. This is not at all worth watching. You should imitate the general comportment and demeanor of the character in question. You should make no attempt to imitate the facial expression of the character, but maintain rather your own expression.[8]

---

7 It may seem strange to modify ›young man‹ with the further adjective ›living‹, but a great many of the central characters in noh are ghosts or supernatural beings, and the function of the mask itself has relation to the fact that the characters portrayed are not generally normal living human beings.

8 *Zeami, Zenchiku* (note 4), p. 22.

The insistence is surprising in view of more familiar types of Western film and stage acting. And in Japan, as well, a tradition of ›impressions‹, that is, of facial, vocal and bodily imitation of celebrities, exists, but such mimesis is specifically excluded from the performative vocabulary of noh, and we see here that the artificial face of the mask becomes the central convention for the treatment of the actor's visage. (Exceptions to this facial expressionlessness can be found in Zeami's writings in the form of reference to moving the eyes, that is, directing the gaze in one direction or another, for dramatic effect, but even this has fallen out of contemporary performance practice.)

Nonetheless, the discourse of the eyes in noh is rich and informative, and provides our first evidence of the interpenetration of actor and audience. That discourse is most pointed and interesting in the discussion of *riken no ken*, which is to say, ›the vision apart‹. The term is probably consciously paradoxical and related to the pervasive discourse of Buddhism (especially Zen) in the culture of Muromachi Japan.[9] All the same, in its first appearance in Zeami's writing it exhibits a quite commonsensical awareness that the actor must be able to calculate and understand the visual perspective of the audience in his movements on stage.

> In the dance, we say, eyes ahead, mind behind. That is to say, »look to the front with your eyes, put your mind to the back.« [...] Your appearance seen from the audience is a vision apart from your own, but what your own eyes see is your own vision, and not the vision apart. To see with the vision apart is, in effect, to see with the same mind as the audience. At such a time, you must gain a clear view of your own appearance. If you can clearly see yourself, you will see as well what is to your right and left, what is before you and what behind.[10]

In other words, ›take careful account of how you appear on stage‹. A rather obvious concern to any actor, one might imagine, but the mundane commonsense of this first statement about *riken no ken* does not foreshadow developments of the concept later on in Zeami's theoretical corpus. It may well be that my English translation does not suggest the complexity of *riken no ken*. *Ri* is straightforward enough as ›apart‹ or ›separated‹, but *ken* is neither noun (›sight‹, ›view‹) nor verb (›see‹, ›perceive‹), but both; neither subjective (of the visual penetration of the object) nor objective (of the object seen), but, indeed, both.

In work written a short time later, Zeami already separates the subject of the separated view from the actor to the audience itself, adding as well a temporal progression, such that, during the performance, the audience is so deeply engrossed in the effect created that it is only after the fact that they come back to think about the performance and reflect upon its content. Here, *riken no ken* is constructed in contrast to *sokuza no fûtei*, the vision actuelle, the object of sight on stage contemporaneous with the performance. It is then in that impression of the performance by the viewer, which temporally transcends the occasion of per-

---

9   The term is also, as Steven Brown has pointed out to me, doubled, so that a more ›literal‹ translation would be ›the vision of a vision apart‹. I will, however, retain ›vision apart‹ for simplicity's sake.
10 Zeami, Zenchiku (note 4), p. 88.

formance. This reflection after the fact – a persistence of image in retrospective contemplation – is *riken no ken* in this context, thus the range of the term is extended beyond its narrow and specific technical sense in the previous quotation.[11]

The term appears subsequently in treatises of a highly abstract and difficult nature and has been the object of considerable, and contradictory, speculation which we will not undertake to review here. We may, however, direct our attention to a similar usage in another treatise, where Zeami speaks of ›that visual effect wherein the actor has abandoned all conscious concern for what is being done on stage, instead attaining a level of no-mind and no-form‹ (*nasu tokoro no waza ni sukoshi mo kakawarade, mushin mufû no kurai ni itaru kenpû*).[12]

For our present purpose, it will suffice to note the fluidity of the subject of the *riken no ken*, and the fact that the visual is gradually and paradoxically eliminated from the signified.

Discussions of the voice in Zeami's treatises occupy a middle ground between specific identifiable technical specifications and abstract desiderata of performance, and despite the sometimes rather daunting technical context in which they are couched, these discussions provide an interesting comment on the middle ground between training and aesthetic goals. The brief note quoted below is exemplary. It is entitled: *itchô niki sansei*, ›One: Gradus. Two: *Ki*. Three: Voice.‹ The passage combines technical specifics with traditional East Asian generalities about the physiology of voice, and may seem rather confusing, but we will all the same proceed to a direct quotation before any attempt at explanation:

> It is the *ki* which sustains the tone. When you first focus on the tone of the flute and take the occasion to match the *ki* with it, close the eyes, and draw in a breath, finally, to produce the voice, then your voice will proceed forth in the proper tone. When you focus on the tone, but loose the voice without having first matched it to the *ki*, it is difficult for the voice to proceed from the tone. Since one produces the voice only after having located the *ki* within the tone, we say, as a rule, »first, tone; second, *ki*; third, voice.«[13]

The terminology is specialized and my English rendering is at best a temporary expedient. Allow me to expand on two of the problematic terms to give you a sense of the parameters within which we are working.

The word I have translated ›Gradus‹ is, in Sino-japanese *chô*, and in moving from the title to the discussion proper, Zeami immediately translates it to the more colloquial and straightforward Japanese word *chôshi*, which I have resignedly termed ›tone‹. Other translations have used the more readily understandable ›pitch‹, which is good as far as it goes, because the word does indeed refer to the Japanese version of a highly self-conscious and theoretical Chinese musical system with fixed pitch. ›Pitch‹ however, is too restrictive because the ›pitches‹ in question are also, in the context from which they have been taken, indicative

---

11 Zeami, Zenchiku (note 4), p. 117. A similar construction of the separated view can be found in another Zeami treatise, *Goi*, ibid., p. 170.
12 I have relied heavily on Omote's notes on *riken no ken*, in Zeami, Zenchiku (note 4), p. 471 f. His discussion goes into greater detail than I have room for here.
13 Zeami, Zenchiku (note 4), p. 84.

of emotional range, season (in some cases), mood, and other contingencies of the performance which ›pitch‹ cannot convey.

I have thrown up my hands in trying to translate the second problematic term, *ki*, but it will be familiar to those with any knowledge of Japanese language, or martial arts, as that combination of breath, vital force, spirit, and (meta)physical principle which underlies all vital processes. *Ki* can represent the mind or disposition of a person, his or her sanity, affective capability or mood, erotic or intellectual interest, or it can be seen more impersonally as the natural animus which moves the winds and essentially characterizes life or indeed, metaphysical dynamics. The term, familiar as it is (and was in Muromachi Japanese), has been miswritten by Zeami. He uses a wrong sign, and by so doing introduces ›opportunity‹, or ›occasion‹ into the mix. While it is true that Zeami's use of Sinojapanese graphs (*kanji*) can be eccentric, and seemingly ill-informed on occasion, here that may not be the case. His writing betrays a pervasive concern for time and contingency, and I would hesitate to excise the meaning ›opportunity‹ from a reading of this passage. How then, might we construct our understanding of it?

On the one hand, the passage suggests a concrete strategy for voice production. Listen to the flute for the pitch, consider the spirit of the occasion, and only then, let your voice sound forth. Simple enough. It would not do to be out of pitch, after all, and the caution to consider the occasion could hardly be considered bad advice, however vague it may seem. A problem occurs, however, if we look at this passage from the perspective of modern performance practice. The flute used in noh today is so constructed that it plays sounds which cannot be imitated by the human voice. (A supplementary piece of bamboo is inserted in the shaft between the mouth hole and the first finger hole such that the overtones of all notes in the middle and higher registers, where the musician characteristically plays, are flattened to create a range of pitches unique to noh and very difficult, if not impossible, to imitate.)

We do not know enough about Muromachi performance practice to determine whether the noh flute used then had been so adapted, but it is highly likely that the term *chôshi* should not be taken to refer merely to staying in tune. Moreover, the intrusion of *ki* between tone and voice also suggests that the passage proposes more than merely a vocal technique.

There is, in this indeterminacy, a mark of the middleness of performance which we alluded to earlier. The technical demands of vocal production are certainly not to be ignored, but they alone are insufficient for the creation of the most aesthetically desirable goals. This becomes clear as we turn to consider the place of the voice in noh in a more general context.

The voice occupies a place of broader formal significance in the theory of noh than the view (i.e., sight, or the eyes), and types of vocalization play a key role in the generic determinations articulated in an important treatise called *Go on*, ›The Five Sounds‹. There, Zeami has taken his basic understanding from Chinese musical and poetic theory, linking the performance of song with the ethical quality of the state. He constructs, therefore, a five part scheme of vocalization with underlying moral significance, but also reflecting the different thematic concerns of noh as he has come to place them within a full day's performance. Thus, the most basic type of music is *shûgen*, ›auspicious‹, and other edificatory musical genres are said to have their grounding in *shûgen*, but *shûgen* is not of itself very interesting or engaging, and it is in the complications which other varieties of performance offer that Zeami expects to find the most promising material for dramatic performance. There is an inherent contradiction in this theory, in that the morally foundational *shûgen* actually occupies only a fraction of performance time on the stage, at the beginning of the day's performance (when, indeed, most of the audience may not even be assembled). Moreover, the greatest performance styles of all are not constricted by such generic or ethical bounds, so in the achievement of excellence, the presumed standards for performance are overtaken and abandoned. In a yet more paradoxical sense, indeed, the voice achieves its greatest expression in silence. This can be exemplified most efficiently by a brief examination of one of Zeami's several classificatory schemes.

In his later theoretical work, Zeami clearly differentiates the aesthetic goals and ›accessibility‹ of certain different types of performance styles and one cannot but see a tendency towards restriction and elitism in his characterization of aesthetic progress. It is no surprise to find that the ladder of training and accomplishment for actors grows ever more difficult to climb, so that the middle range of dramatic competency is primarily a matter of application and correct training, and anyone with a modicum of ability and a serious commitment to the art should be able to develop an acceptable level of competency. Beyond that competence, however, the display of real talent, not to mention genius, is in the capacity of smaller and smaller groups of actors. Common sense, one might say; anyone can learn to play a couple tunes on the guitar, but there's only one Eric Clapton.

A complication comes, however, when one perceives that just as the number of actors who can proceed from one level of dramatic achievement to the next higher level grows more restricted, so as well, does the audience able to appreciate such virtuosic display decrease. As the greatest actors develop, they demand great connoisseurs, and they may not, in their most profound performances, impress the middlebrow playgoer. In earlier treatises, Zeami counteracts the elitism of these assertions with cautions to the effect that the greatest actors must also maintain a diverse repertory and retain the ›love of the masses‹ (*shûnin no aigyô*). This caution goes unstated in later treatises.

Within this context, then, Zeami finds a tripartite classificatory scheme for plays, actors, performance styles, and audiences. At the lowest level (the lowest common denominator), one finds plays of strong visual appeal, readily appreciable by any audience, and within the grasp of a competent actor provided his training has been sound and he has applied himself diligently. A more accomplished style concentrates rather on the voice, and offers greater aesthetic rewards even if those able to appreciate it form a smaller part of the actor's potential audience. Fewer actors will attain the ability to perform at such a level, even with proper training and diligence. Finally, there are performances which transcend both sight and sound, and have their residence in mind (*kokoro*).

IV.

Zeami's hierarchy of aesthetic goals is, of course, intimately related to concerns about the training and professional development of the actor. A major proportion of his treatises are in one way or another concerned with such matters, not surprisingly, given the extraordinary practical importance of these concerns for the well-being of his troupe. We cannot undertake a detailed or systematic discussion of the training of actors here, but we can take the opportunity to make certain remarks about the relation between training and concepts of the body, because in the anatomization which we have taken as our expository ground here, the body as a whole must be considered within the context of movement. A quotation from Zeami's earliest treatise on the portrayal of an old man is instructive:

> An accomplished actor approaches the role of an old man with the same intent as an old amateur decking himself out to dance and perform [...] Being an old man to begin with, he has no need to imitate an old man, but instead concentrates all his efforts on the particular role he is playing [...]
> The secret in playing an old man, the way to seem old and still bring your performance to full dramatic flowering is as follows. First of all, don't set your mind on the decrepitude of age. It's generally the case that the dances of noh – both elegant and vigorous – are done in time to music; the actor moves his feet, extends and draws back his arms, and performs the appropriate actions in accordance with the beat. But when an old man is dancing, he moves his feet and extends and draws back his arms just a little late, catching the beat slightly behind the taiko drum and the cadences of the tsuzumi drum. He does everything just as if he were young, but unavoidably he falls slightly off beat [...] [His performance] is like blossoms on an ancient tree.[14]

The remarks come from a section on ›the level of not imitating in the portayal of characters‹ (*monomane ni nisenu kurai*). Zeami's conviction is that the accomplished actor can effect an interior mental transformation such that there is no need to take conscious measures to imitate a given character in the portrayal of a role: ›If one has truly entered into and become the object of imitation, there is no awareness of imitating.‹ Such a conviction already diminishes the need for a repertory of mimetic stage business, and the vocabulary of movement which it encourages can be less representational and more abstract. The scale ranging from ›realistic‹ or ›naturalistic‹ portrayal on the one hand to ›purely formal‹ movement on the other is never taken to the latter extreme entirely, and the proportion of ›naturalism‹ versus ›formalism‹ in noh acting must be calibrated carefully against a range of factors including the play in question, the given moment in that play, the actor's position within the social hierarchy, the degree of receptiveness of the target audience, and so on (and seemingly irrelevant issues like the season, the occasion, the availability of costumes and masks, may also play a role in this calibration). That said, however, a distinct preference for non-representational movement is apparent in noh, especially in the plays of Zeami and his followers.

---

14 *Zeami, Zenchiku* (note 4), p. 58. The translation is taken from Thomas Hare, *Zeami's Style*, Stanford 1986, p. 65 (paperback edition, 1996).

A corollary of this preference is that all stage action can be standardized and codified into a semiotics of movement which has canonical significance. There is a specific way to raise the fan with the right hand, there is a correct way to stand up, there is a particular way to move the feet in making a right turn. In the ideal performance, every movement is prescribed and conforms to a canon of movement which is taken to be the eternal standard against which the individual performance is to be judged. The common assumption that such movements can be traced back six-hundred years in an unchanging line to the acting of Zeami's own day is, of course, naive, and can be disproven relatively easily, but the kinetic consistency of noh drama is, all the same, remarkably stable over generations of performance, and it is possible to identify the stage movements of, say, three hundred years ago, in modern performance practice through reference to performance manuals which start to proliferate around the Genroku period (1688–1704).

In this context, the body is all the more a tool which is to be conformed to a code of performance standards with a long pedigree. It is no accident that the oldest sizeable evidence we have for this ›canon of movement‹ comes from a time when noh was being appropriated by the samurai class as its state ritual music. This occurred in the seventeenth century, and imposed certain conditions on actors in exchange for guaranteed state support and a concomitant elevation and stabilization of social status. As a consequence, actors were required to belong to specific guilds or ›schools‹ (*ryûha* or *ryûgi*), submit to the dictates of the heads of those schools, accord their performance styles with the standards established in the schools, and be ready to perform any of the some three hundred plays in the contemporary repertory on three days notice. This last condition must in particular have exerted a strong influence on noh performance, standardizing roles, stereotyping structures, fixing a musical practice which had been more improvisatory in previous ages, and, indeed, crystallizing the canon of movement of which we have been speaking. For better and for worse (and the argument must proceed in both directions), the noh was given a decisive shape by these circumstances, and it is probably due to this ›standardization‹ that noh can make a plausible claim to being the oldest continuous dramatic tradition in the world. (Certain forms of Indian drama contest this claim.)

The canon of movement creates a vocabulary of specific motions, termed *kata*, which comprise the individual units of a given performance. The term *kata* is common to many arts with medieval origins in Japan, and underlies a link between such diverse performances as noh, the tea ceremony, and the martial arts of *jûdô* or *kendô*, as well as certain meditation and ritual practices of the Buddhist sects.

V.

A discussion of the body in noh (or anywhere else) must take notice of what is repressed as well as what is expressed, and in this connection we should briefly consider the phallus in noh. In early theater elsewhere in the world, rites of the phallus have a prominent role which is very difficult to uncover in the early evolution of noh. There are suggestive references to a certain ribaldry in old sarugaku, the precursor of noh, in the mention of skits about bald and ostensibly celibate priests shopping for hair ornaments, and nuns looking to buy diapers. Among the records of early performances can be found a comic reference to someone with a prodigiously large penis, but the fellow in question is not an actor, but rather a member of the audience.[15]

We must, moreover, be careful not to assume that ribaldry is the only context in which the phallus might be expected to play a part in this, or any, drama. That it should be hidden, or disguised, may perhaps simply accord with the general practice of concealing the corporal to which we have made reference earlier, but one hesitates to leave the issue there. We are all, after all, familiar to some degree with the complicated and controversial discourse of the repressed phallus in Freud, and the derogation or outright erasure of woman's sexuality in which it is implicated.

If the phallus were to be uncovered (and thereby, recovered) in noh, perhaps it might be done indirectly, in a consideration of the heated issue of artistic transmission. This is a persistent and often wearying theme in the history of noh. It engages the socio-economic background of the art, its dependence on the discrimination of class and gender, proprietary conflict, intense nostalgia, often pettyness and mystification, and it can be documented back into the lifetime of Zeami himself, in particular in his refusal to give his blessing to his nephew as artistic heir once his much beloved and much anticipated eldest son had died. I will not rehearse the biographical details here, but instead direct your attention to related issues of a more theoretical nature.[16]

In brief, one strain of concern in Zeami's discussion of training, and the goals it is to fullfil in the career of the actor, relies on the word *shoshin*. The word means, literally, ›first heart/mind‹, and is important to the figuring of mind in noh, but it makes better immediate sense as a way of discussing the actor's understanding and conviction, his apprehension or grasp of a technique or a metatechnical strategy. Among these are *zehi no shoshin*, ›the first apprehension, good or bad‹, *tokitoki no shoshin*, ›the first apprehension at each stage‹, and *rôgo no shoshin*, ›the first apprehension in old age‹. We can make our own grasp of these ideas most efficiently by quoting Zeami directly:

Zehi no shoshin (›the first apprehension, good or bad‹):
What I mean by »don't forget your first apprehension, good or bad« is that when you don't forget the first apprehension of something from your youth, but keep it with you all along, then there are manifold advantages to be had once you've grown old. [...] »the place where one cart drops its load forwarns the next cart down the road«. If you forget your first apprehension, then you forget your apprehension later on as well, isn't that so? When your time and effort pay off and you gain fame, that's the result of your art improving. If you

---

15 *Shinsarugakuki*. Interestingly, the document in question pays less attention to the performance on stage on the occasion in question than the audience for the more significant carnivalesque of the interplay of class on the public ›stage‹.
16 I have discussed Zeami's biography in Hare (note 14), p. 11–38, and p. 225–235.

forget how this has come about, then you'll fail to apprehend a regression toward your first apprehension in your work. But to regress to the first apprehension surely means your art is declining. So you must, therefore, contrive a way not to forget your first apprehension, in order not to forget your present rank of attainment. If you should happen to forget your first apprehension, you will regress to it; ruminate most carefully on this principle.[17]

Tokidoki no shoshin (›the first apprehension at each stage‹):
As for »don't forget your first apprehension at each stage«, for your first apprehension, through your prime, until you have attained old age, you concentrate your efforts on dramatic expression appropriate to your artistry at that particular stage. Since this is so, should you forget the artistry of each particular stage, abandoning it as you move along, then you will have nothing in your control but the artistry of your present stage. If you retain a present capability to perform in each style you mastered in the past, then you will have great diversity at your disposal, and will never deplete your repertory. The dramatic expressions of each of these stages comprise the first apprehension at each stage, so it follows, doesn't it, that maintaining these in one's current art amounts to not forgetting your first apprehension at each stage? [...] So don't forget your first apprehension at each stage.[18]

Rôgo no shoshin (›the first apprehension in old age‹):
As for »don't forget your first apprehension in old age«: life comes to an end, in one's noh, there must be no limitations. Mastering each particular style as it comes along, and then learning means of dramatic expression appropriate to old age; this is the first apprehension in old age. Since this is the first apprehension in old age, you keep your previous capabilities in the back of your mind. I have said that from fifty on, »there is nothing to do but do nothing«. That one should, in old age, execute this great matter whereby there is nothing to do but do nothing, doesn't this in itself amount to a first apprehension?
Thus, since you have passed your entire life without forgetting your first apprehension, you sing your swan song in the full possession of your powers, and your art never diminishes. So you end your life without showing any limitation in your art; now this is the ultimate teaching in our school, a secret transmission for the instruction of our descendants. I make this my plan for the art: to transmit these depths of understanding as the transmission of the first apprehension to coming generations. When you forget your first apprehension, you cannot transmit it to your descendants. Don't forget your first apprehension, pass the first apprehension on from generation to generation.[19]

The first two types of *shoshin* are not particularly problematic, and seem to conform to common sense: remember your mistakes as well as the times you first got something right, and calibrate your consistent progress in light of the past; once you learn how to do something and progress to the next task, make sure you retain the previous accomplishment.

It is in the third type of *shoshin* that paradoxes begin to appear.[20] The relevant problem here is the idea that the ›first apprehension‹ (so much a matter of the mind engaged upon the experiential body in its training and through its failures and successes in performance) has not been commodified as something which

---

17 Zeami, Zenchiku (note 4), p. 108.
18 Ibid., p. 108 f.
19 Ibid., p. 109.
20 The paradox involved in ›there is nothing to do but do nothing‹ sketches Zeami's ambivalence about the viability of the aged actor who made his youthful career through good looks, charm and vitality. I have discussed it in Hare (note 14), p. 29–32.

can be passed on to descendents. The desire that the art continue beyond the death of the individual actor has provoked Zeami to ›make a plan‹, as he puts it,

> to transmit these depths of understanding as the transmission of the first apprehension to coming generations. When you forget your first apprehension, you cannot transmit it to your descendants. Don't forget your first apprehension, pass the first apprehension on from generation to generation.[21]

In light of the tragedies and reversals of Zeami's last years – the death of his son, his own exile, and so on – these words bear a certain poignancy, but can the paradox inherent in Zeami's ›plan‹ be overcome? How can the hard earned experience of *shoshin* through decades of hard training and the layers of bodily experience on stage be packaged for transmission to the next generation? The tradition of noh purports to answer this question through a devoted commitment to training as the senior generation may choose to impart it, to a strictly hierarchical guild structure, secret treatises, minutely codified performance conventions built upon the canons of movement, a highly conventionalized semiotics of costuming, etc. as well as other details of performance practice. The phallus, though hidden under silk and satin, crepe and brocades, still imposes itself upon the art as the (rather implausible) mechanism of artistic transmission. Father to son, father to son, something to be kept among the men of the house.

Or is it a phallocentric obsession (Lacanian or otherwise) to see in such desire for the continuity of the line, a repression of the phallus? One could make such a case, perhaps, but it would still be necessary to return to the structure of transmission, and the fact that this transmission is overwhelmingly figured as the transmission from father to son, implying a seminal transfer, even if the seminal substance is nothing more than a figure for that transfer.[22] The fact, moreover, that the ›object‹ purportedly transferred is not an object per se, but the abstract and highly subjective understanding of dramatic technique, in combination with individual talent, makes this more than merely a case of patrilineality or the transfer of goods through the male line. And yet the apparent absence of imagistic reference to the phallus in this context indicates a significant difference from many strains of phallocentrism in Western cultural and intellectual history. (Perhaps we can understand this absence in the context of the previously remarked reticence about the body, especially the nude body, in the visual arts of East Asia.)

The conflict is between the subjective experience of training and artistic achievement from the mind, on the interior, and the trace of the father inseminating and legitimizing the artistic status of the son. That the artistic insemination is not always successful (indeed not even frequently successful), yet persists through some six centuries to the present, bespeaks its ideological power. It also brings us to the last body part in our process of anatomization, the mind.

---

21 Zeami, Zenchiku (note 4), p. 109.
22 There are numerous occasions when the artistic line continues only by virtue of adoption. Even in this cases, however, the adoptive parent may search widely to find a scion from the same root as himself. Thus, when the line of Onnami dies out in the late Momoyama, they have recourse to Zeami's rusticated descendants in Ochi, to preserve the seminal legacy of Zeami's father, Kannami.

VI.

That the mind should be a body part will no doubt catch some unawares. The mind is mind by virtue of its not being of the body, they might argue. But this is not a common view in East Asia. The mind may be spoken of in the rhyming dualism *shinshin* in Japanese, it is true, but we would be too hasty to erect the kind of barrier between *shin* (i.e., *kokoro*) and *shin* (i.e., *mi*) which is common to discussions of mind and body in the West. In the traditions of East Asia, mind is not considered separate from its embodiment. It is one of the six senses (with the familiar five) in Buddhist discussion, and it is indeed too hasty to accept, even heuristically, the translation ›mind‹ or ›heart‹ for *kokoro* before further discussion. The same holds true, as well, for a translation of ›body‹ for *mi*.

The bodily organ, the heart, can be called *kokoro*, but the preferable term is the Sinicism, *shinzô*. *Kokoro* has its cardiac implications, but it is intellective as well, indeed, it is the force behind emotion, thought, intent, cognition and a range of what we too might ascribe to mental process. But it is also the old word for ›meaning‹. It can as well refer to the intent in a poem or other statement, and can stand for ›sensibility‹ or ›understanding‹, as well.

Mi, ›body‹, can indeed mean that: the flesh and blood and the rest which comprise the most palpable physical presence of each of us. It means as well the self, the individual's social status or position, the meat (as opposed to the hide), life (as in ›barely get away with one's life‹), the contents of a box, or the part of a container in which the contents rest (as opposed to the lid). Such a characterization will reveal some things that are familiar, others which are novel. It is important to grasp the mutual interpenetration of the two elements *shin* and *shin*, however, in constant (but not equal) combination.

In the discourse of noh, a telling example of this interpenetration can be found under the title *dôjûbunshin, dôshichibunshin*, ›Move Ten Parts of the Mind (*kokoro*), Move Seven Parts of the Body (*mi*)‹, from the treatise *Kakyô*:

> When I say »move ten parts of your mind and move seven parts of your body«, I mean that you should stretch out your arms and move your feet as your teacher has directed, and having mastered that portion [of the technique], restrain the movement of your arms a bit more than that of your mind, and pull them inward a bit more than your mind. This doesn't necessarily apply just to dances and kinetic exercises. In all the movements of your body, when you perform with less of the body than of the mind, the body becomes the material grounding and the mind the dynamic affect, and the result draws interest.[23]

This passage bears an important similarity to the motto quoted at the beginning of this paper, *hana wa kokoro, tane wa waza nari*, ›the blossoms are the heart/mind, the seed is action‹, and reveal the clear hierarchy between the material substance of the performance (the canon of movement and gestures, care-

---

[23] Zeami, Zenchiku (note 4), p. 84. I translate the binarism *tai-yû* as ›material grounding‹ and ›dynamic affect‹, an expedient at present for a rather complex and changeable pair of terms which occur repeatedly in Zeami's writing, but also participate in a broader philosophical and epistemological discourse based in Confucianism and Neo-Confucianism.

fully coded costumes and masks, and the like) and an emotional or aesthetic effect which is believed to proceed from and at the same time overreach the concrete physical details of performance. This provides the context in which intersubjective penetration we remarked in Zeami's discussion of ›the view apart‹ can occur, and it gives us occasion to turn from dramaturgy to drama in concluding this paper.

Two examples may suffice. Both are based on the celebrated eleventh century narrative, *Genji monogatari* (›The Tale of Genji‹). In the first, Lady Aoi, the principle wife of the hero Genji, takes ill mysteriously, late in her first pregnancy. All the medicine and prayer which the imperial court can provide seems to offer little help, but a shamaness reveals that the ill-fated lady is possessed by the jealous and malevolent spirit of a rival in love, the beautiful Lady Rokujô. The noh play in question is entitled *Aoi no Ue*, ›Lady Aoi‹, but the eponymous character appears in the drama only as a carefully folded brocade robe laid upon the stage as the play begins. The central character in the play is her rival, Lady Rokujô, who appears first in the guise of a mysterious aristocratic woman, later to reappear in the terrifying aspect of a jealous woman, with horns, bulging eyeballs, and a gaping jaw. The play takes the form of an exorcism and, contrary to its antecedent in *Genji monogatari*, concludes with a happy ending. Our concern is not to recount the plot, but merely to note a puzzling line in the first half of the play. The mysterious court lady has come on stage chanting lines about the difficulty of escaping from the wheels of karma. She makes references to a humiliating incident where her carriage was pushed to the side of the road and broken by her rival's lackeys. She then approaches the brocade robe representing the suffering rival, Lady Aoi. She strikes out, enflamed with a rage that ›chars her very being‹. Now comes the line in question: *Omohishire, urameshi no kokoro ya, ara urameshi no kokoro ya.* – ›Take full account of this, oh, hateful mind, oh, what a hateful mind!‹[24]

The reference to ›mind‹ rather than to the rival in a more corporal form is difficult and confusing. Given the preceding account of Lady Rokujô's own tormented interior world, one would be inclined to imagine that the mind in question is her own, rebuked for the persistent agony it has imposed upon her, but none of the Japanese commentaries takes it thus, and a more careful consideration leaves one to conclude that the mind in question is Lady Aoi's. How is it that her mind is hateful, rather than, say, her beauty, or her attraction or her social status as Genji's wife?

The answer must bring us back to the status of the mind, and to etymological speculation about the word *urameshi*, which I have translated as ›hateful‹. The latter may relate to the two far simpler words *ura*, ›underside‹, and *miru*, ›see‹. The adjectival form *urameshi* would then suggest a desire to see the underside, to see beyond the visible to the interior, to understand what is not apparent. We see, then, an obsessive interest on the part of Lady Rokujô to uncover and pene-

---

24 *Yôkyokushû*, ed. Yokomichi Mario and Omote Akira, Iwanami koten bungaku taikei 40, Tokyo 1960, vol. I, p. 128.

trate the mind of her rival, to know all its intimacies and confidences, to colonize that mind which is, in its impenetrability, hateful.

This brief discussion can only begin to suggest the complexity of intersubjective reference in the play *Aoi no Ue*, but it serves as a telling counter-example of the expansion and suffusion of the mind of the performer in the audience for the realization of Zeami's artistic ambition. Another example can be cited from a play written perhaps a half-century after *Aoi no Ue*, this one, also, concentrating on the interior world of Lady Rokujô. This second play, *Nonomiya* (›The Shrine upon the Moor‹), takes a far more sympathetic view of Lady Rokujô. The greater part of the play involves recollection of the love affair Rokujô had with Genji and the chains of attachment which imprisoned her for ever after. In the vain hope that she might escape the nagging desire to gain his love again, and the humiliation of living in the capital without it, Rokujô had decided to leave the capital and accompany her daughter on a distant posting to the Ise shrine. It had been necessary, first, to stop at a smaller shrine west of the city for a period of lustration and prayer, and during this sojourn, she had been visited one last time by Genji. This much of the story is recounted in *Genji monogatari*. The noh play, however, takes a much more radically retrospective stance vis-à-vis the original love affair. From the perspective of the play, the love affair lies centuries in the past; the central character in the play is the ghost of a long dead Lady Rokujô. We will not be able to pursue the play much further on the present occasion, but, again, in view of the question of the mind (or ›heart‹, in this particular translation; the original term is, of course, *kokoro*), it will be worth quoting briefly one song which appears early on: *Kokoro no iro ha onodzukara chigusa no hana ni utsurohite otorohuru mi no narahi kana.* – ›The colors of the heart depart, and of themselves suffuse the autumn's wildflowers. Yes, this is the rule with ruined souls.‹[25]

The significance of this short song for our present purpose is in its terse expression of the diffusion of the subject into the natural scene, a highly characteristic setting of scene in noh, and a further example of the status of mind in medieval Japanese thought. The emotional ties between Rojukô and Genji were so intense as to imbed the subjectivity of the dead lady into the place where their last encounter occurred, there to ›suffuse the wildflowers‹. The phrase may seem merely a poetic illusion, but the wedding of a subjective identity to a specific setting is so common in noh that it cannot go unnoticed. It is, moreover, a new variation on the question of middleness with which we opened this paper: here, the subjectivity of the central character is so specifically *positioned* as to haunt the site of the play. If this is not precisely the effect Zeami desires in his discussion of the actor's subjective penetration of his audience, it is analogous thereto and particularly suggestive of a construction of the mind in its relation to other minds and to the natural environment. The important difference lies in the subject's initiative. This is readily demonstrable by recourse to another quotation from Zeami's treatises:

---

25 *Yôkyokushû*, ed. Yokomichi Mario and Omote Akira, Iwanami koten bungaku taikei 41, Tokyo 1963, vol. II, p. 319.

> Members of the audience often observe that the places where nothing is done are interesting. This is a secret stratagem of the shite. You see, the two arts of song and dance, the different types of stage business, and varieties of dramatic imitation, are all techniques performed with the body. The gap inbetween is where nothing is done. Why is it that this gap where nothing is done should be interesting? This is because of an underlying concentration whereby the mind bridges the gap. The stratagem entails maintaining your intent, and not loosening your concentration in the gaps where you've stopped dancing the dance, in the places where you've stopped chanting the music, in the gaps between all the types of speech and dramatic imitation, and so on. This internal tension diffuses outward and creates interest.
> However, should it be apparent to others that you have adopted this stratagem, that is no good. If it becomes apparent then it turns into a dramatic technique in itself. Then it is no longer »doing nothing«. At the rank of no-mind, one bridges the gaps between what comes before and after with such a stratagem so that one's intent is hidden even from oneself. This is »Binding the Many Arts with a Single Mind«.[26]

If the central characters in noh drama are helpless victims of their own subjective diffusion into relics of past loves, past resentments, and past attainments, Zeami's successful actor is rather the agent of subjective infusion into the minds of his ideal audience. In both cases, extraordinary fluidity and motility are attributed to mind. Such a construction may seem significantly different from characteristic Western settings of mind, whether medieval or not.

Where does the body find its place vis-à-vis such a diffused subject? In noh plays, that body would seem merely a persisting illusion projected upon the screen of mental attachment, and staged therefore before a priest or other medium of presentation. In noh dramaturgy, that body is rather a tool to be relentlessly inculcated with the methods of the fathers to allow the escape of the actor's subjectivity, its ›blossoming‹ in Zeami's way of putting it, to create effects wherein ideally the body falls away and subjective presence alone pervades the theater. So in the end, the noh body becomes no body at all.

---

26 *Zeami, Zenchiku* (note 4), p. 100.

»Representyd now in yower syght«: The Culture of Spectatorship in Late-Fifteenth-Century England

SETH LERER

I.

Sometime during the mid-1470s, the Corporation of the town of Lydd, in Kent, commissioned the transcription of their ›Customall‹, or Custom Book, the codified account of legal and community practices drawn from the inheritance of English customary law. In addition to the other records of the Corporation – the Chamberlain's Books and the court Books that were kept from the mid-fourteenth through the sixteenth century – this ›Customall‹ offers a detailed picture of late medieval town life in both its public and its private ways.[1] Documents such as this one have long been the purview of social historians, from the great collections made for the ›Reports of the Historical Manuscripts Commission‹ in the late nineteenth century, through the more popular accounts of everyday life ranging from Mrs. J. R. Green's ›Town Life in the Fifteenth Century‹ of 1894 to H. S. Bennett's ›The Pastons and their England‹ (originally published in 1922 and frequently reprinted).[2] Among the many picturesque aspects of such life are the punishments deriving from traditional customary law, and one that had been singled out by local antiquarians and popular historians was the punishment for cutpurses from Lydd.

> Also, it is used, if ony be founde cuttyng purses or pikeyng purses or other smale thynges, lynyn, wollen, or other goodes, of lytille value, within the fraunchise, att the sute of the party, [he] be brought in to the high strete, and ther his ere naylyd to a post, or to a cart whele, and to him shalbe take a knyffe in hand. And he shall make fyne to the towne, and after forswere the towne, never to come ayene. And he be found after, doyng in lyke wise,

---

1 Selections from the records of the Corporation of the town of Lydd have been edited by Henry Thomas Riley and published in the *Fifth Report of the Historical Manuscripts Commission*, London 1876, vol. I, p. 516–33; and in *Records of Lydd*, ed. Arthur Finn, trans. and transcr. Arthur Hussey and M. M. Hardy, Kent 1911; records of dramatic activity at Lydd, culled from surviving volumes in the Lydd archives, have been collected and published in: *Records of Plays and Players in Kent 1450–1642, Collections Volume VII*, ed. Giles E. Dawson, London 1965, p. 89–112.
2 Mrs. J. R. Green, *Town Life in the Fifteenth Century*, New York 1894; H. S. Bennett, *The Pastons and Their England* (1922), 2nd ed., Cambridge 1932.

he thanne to lose his other ere. And he be found the thirde tyme, beryng tokyne of his ii eris lost, or els other signe by which he is knowene a theffe, at sute of party be he jugged [judged] to deth.³

The editors of this report in the ›Historical Manuscripts‹ volume from which I have quoted this text then explain: »The ›knife in hand‹ was delivered to him, that he might liberate himself by cutting off his own ear« (p. 530).

This colorful account clearly spoke to the nineteenth-century imagination of a small-town Middle Ages, a world of penal curiosities in which the rigors of a centralized judicial system or the appeals to a written law had yet to take effect.⁴ It was a world in which, as Luke Owen Pike had put it in the 1870s, a »petty thief in the pillory, a scold on the dunking-stool, a murderer drawn to the gallows on a hurdle, were spectacles familiar« to the eye, where »there was no town so little favored as not to receive ever and anon the ghastly present of an ear or a quarter, wherewithal to decorate its walls or its gates.«⁵ Or, as Pollock and Maitland put it, in their authoritative ›History of English Law‹, »many things were left to the rule of social custom, if not to private caprice or uncontrolled private force, which are now, as a matter of course, regulated by legislation, and controlled by courts of justice.«⁶

But this account also adresses a more modern fascination with the theatrics of punishment and the cultural display of the marked and mutilated body. Its placement of the scene of legal action in the high street and its specificity of corporeal marking speak directly to Michel Foucault's construction of premodern punishment as public and spectacular, part of a ritual of marking that »is intended, either by the scar it leaves on the body, or by the spectacle that accompanies it, to brand the victim with infamy.«⁷ Its attentions, furthermore, to the tools of marking – its catenulate account of nail, post, cartwheel, and the knife – articulate

---

3 From the *Fifth Report* (note 1), vol. I, p. 530. All future references to Lydd records in this volume will be cited in the text.
4 Lee Patterson, *Negotiating the Past: The Historical Understanding of Medieval Literature*, Madison 1987, p. 9–18; Hans Ulrich Gumbrecht, »›Un Souffle d'Allemagne ayant passé‹: Friedrich Diez, Gaston Paris, and the Genesis of National Philologies«, *Romance Philology* 40 (1986), p. 1–37; R. Howard Bloch, »New Philology and Old French«, *Speculum* 65 (1990), p. 38–58. For a brief bibliographical review of nineteenth- and early twentieth-century histories of crime and punishment in England, see John Bellamy, *Crime and Public Order in England in the Later Middle Ages*, London 1973, p. 205–207.
5 Luke Owen Pike, *A History of Crime in England* (1873/76), 2 vols., reprt. Montclair 1968, this quotation from vol. I, p. 420 f.
6 Frederick Pollock and Frederick William Maitland, *The History of English Law Before the Time of Edward I*, Cambridge 1895, vol. I, p. XXIV.
7 Michel Foucault, *Discipline and Punish: The Birth of the Prison*, trans. Alan Sheridan, Harmondsworth 1979, p. 34. See, too: Pieter Spierenburg, *The Spectacle of Suffering*, Cambridge 1984; Randall McGowen, »The Body and Punishment in Eighteenth-Century England«, *Journal of Modern History* 59 (1987), p. 651–679; John B. Bender, *Imagining the Penitentiary*, Chicago 1987; Elizabeth Hanson, »Torture and Truth in Renaissance England«, *Representations* 34 (1991), p. 53–84; Stephen Wilf, »Imagining Justice: Aesthetics and Public Executions in Late Eighteenth-Century England«, *Yale Journal of Law and the Humanities* 5 (1993), p. 51–78.

Elaine Scarry's contentions that the display of the weapons of torture and punishment »assists in the conversion of absolute pain into the fiction of absolute power«, leading to a vision of torture and punishment as »a grotesque piece of compensatory drama.«[8] And, in its ceremonialized aspects, this account fits into what a range of recent cultural and literary critics have seen as the workings of a ›punitive aesthetics‹, a complex relationship among legal practice and social imagination that was designed to assure deterrence by creating memorable spectacle. As Stephen Wilf has put it, in a formulation synthesizing much recent historical and critical inquiry, at stake in the history of punishment may not be so much the ways in which societies define »what activities are criminalized or how seriously society will punish offenders« as it is »the way aesthetic conventions are used to fabricate punitive rituals.«[9]

I have begun this essay by apposing late-nineteenth and late twentieth-century visions of medieval punishments not necessarily to chide the former and espouse the latter as to illustrate the shifting function of supposedly historical documents in the critical construction of late medieval cultural norms. It has become a commonplace to recognize that documents once valued for their purely historical content have come to be read as literary texts – a process characterized by Natalie Zemon Davis as the ›fictionalization‹ of archival record, the construction of a crafted, culturally defining account out of the inherited forms of annal, chronicle, law book, and letter.[10] What Davis, along with a range of other recent cultural and literary theorists, sees as the potential readability of historical forms also reflects on the historical value of literary artifacts. Works of ostensible fiction, such as the contes and nouvelles of sixteenth-century France, are for Davis the literary vehicles for representing social realities, while at the same time they provided the writers of ostensibly ›historical‹ pardon tales with the rhetorical principles of organization that make their stories, in effect, ›literary‹ narratives.[11]

Davis's work provides one paradigm for my account of a particular example of the tensions between history and fiction in late medieval England: that of the relationships between late medieval legal practice and theatrical performance. Such documents of drama as the plays of the Wakefield Cycle and the ›Croxton Play of the Sacrament‹ offer late fifteenth-century narrative and performative transformations of the legal and social practices of bodily torture and corporeal mutilation. But the difference between my texts and those of Davis's study is that mine are not offered as representations of social practices as »marks of their reality«.[12] And even when such texts »claim […] to be retelling actual events« (as, say, in the ›Croxton Play‹), they do so not so much to mirror everyday norms as

---

8 Elaine Scarry, *The Body in Pain: The Making and Unmaking of a World*, New York 1985, p. 27 f., respectively.
9 Wilf (note 7), p. 51 and p. 54, respectively.
10 Natalie Zemon Davis, *Fiction in the Archives: Pardon Tales and Their Tellers in Sixteenth-Century France*, Stanford 1987.
11 For the critical inheritance in narrative theory, historiography, and reception history that inform Davis's work, see her bibliographical review (ibid., p. 147 f.)
12 I am appropriating Davis's phrasing (ibid., p. 5).

to affirm enduring ideologies: for example, the sacrality of the Eucharist, the demonization of the Jews, the hierarchies of the Church, the powers of liturgical symbolism.

The question, then, of what resemblance these plays bear to ›fictions in the archives‹, in my case the records of the borough customs of late-fifteenth-century England, lies on the blurred lines between history and fiction, action and mimesis, or what I would label ›practice‹ and ›performance‹. Can we productively draw the line between a community's response to the lived experience of bodily torture or punishment on the one hand, and, on the other, their response to the mimetic representation of bodily mutilation as enacted in the medieval drama? The pervasive theatricality of legal practice in the Middle Ages finds its counterpart in the pervasive legalisms of theatrical performance. The plays that have come down to us as representative of medieval drama – the great Corpus Christi cycles of the Northern towns, the saint's dramas keyed, perhaps, to particular feast days, and the moralities and miracle plays associated with local traditions of performance – are all, to some degree, imbued with a concern for bodies whole and broken, and with an awareness of the legal practices that judged offenses and worked punishments or tortures on the human form.[13] My argument will be that late medieval social and cultural habits facilitate the blurring of these lines between practice and performance and that we need to locate the theatrical aesthetic not just in the texts of medieval drama or the records of their playing but in what I hope to define as a ›spectatorial sensibility‹ controlling audience reactions to both plays and punishments. Such a sensibility was the means by which individuals defined themselves as witnesses to power, viewers of drama, readers of documents, and participants in the public exercise of law. New ways of apprehending books and bodies in this period gave rise to what I consider as the making of a seeing self, a sense of personal identity as viewer, spectator, or reader. Such a spectatorial sensibility, moreover, could be public or private, decorous or transgressive, participatory or voyeuristic, and part of my purpose here will be to outline some of the contexts, methods and particular texts that may aid in the historical recovery of the public pleasure, horror, and interpretation of the marked and mutilated body.

Part of my purpose, too, will be to understand the literary representation of these cultural phenomena. The spectatorial impulse that may control new attitudes towards law or new approaches to the written page are thematized in the dramatic works themselves. The ›Croxton Play of the Sacrament‹ – with its elabo-

---

13 Peter Travis, »The Social Body of the Dramatic Christ in Medieval England«, *Early Drama to 1600, Acta* 13 (1985), p. 17–36; and »The Semiotics of Christ's Body in the English Cycles«, in: Richard Emmerson (ed.), *Approaches to Teaching Medieval Drama*, New York 1990, p. 67–78; Theresa Coletti, »Purity and Danger: The Paradox of Mary's Body and the Engendering of the Infancy Narrative in the English Mystery Cycles«, in: Linda Lomperis and Sarah Stanbury (eds.), *Feminist Approaches to the Body in Medieval Literature*, Philadelphia 1993, p. 65–95; Sarah Beckwith, »Ritual, Church, and Theatre: Medieval Dramas of the Sacramental Body«, in: David Aers (ed.), *Culture and History 1350–1600*, Detroit 1992, p. 65–89; and *Christ's Body: Identity, Culture, and Society in Late Medieval Writings*, London 1993.

rate stage-directions for the bleeding of the Host, the severing and restoration of the Jew's hand, the appearance of the imago Christi on the side of an oven, and the bursting of that oven to reveal Christ's body itself – is as much a play about the pleasures and the horrors of the vision of the mutilated corpus as it is a play that enacts or represents those phenomena. Similarly, the narratives of the Lydd customalls (whatever social practices they may record historically) may be read as the illustrations of a communal fascination with display, whether it be the presentation of local theatricals, the trotting out of foreign exotica, the processions of royal or noble power, or the presentation of punitive pain.

Such concerns lead to a second set of potentially blurred distinctions I seek to investigate. What conditions the survival of the documents that chronicle legal action or record dramatic performance? My claim, developed at this paper's close, is that certain texts may be preserved, copied, compiled, and relied upon not so much because they exemplify particular traditions but because they speak to certain preoccupations of their readership (for example, the pleasure of sensationalism). Such texts, and I take both the Lydd decrees and the ›Croxton Play of the Sacrament‹ as my examples, may possess less an *historical* value for reconstructing the environments of original performance or enactment and offer more an *interpretive* value for helping us recover something of the climate of reception or the later personal or social function of these documents or traditions. The lines between the lived and the enacted, between practice and performance, then, may be redrawn not so much along medieval but more modern lines, as Tudor fascinations with surveillance and dissent may have shaped the conditions of the manuscript survival of the ›Croxton Play‹, or as Victorian concerns with institutional policing and the history of English law may have guided the selection and publication of the documents from Lydd. What I hope to suggest in closing, therefore, is that these texts' preoccupations with wholeness and fragmentation reenact themselves in the processes of transmission and reception, as we are left in both the drama and the law with but the shards of old traditions and the bits and pieces of a literary history.

II.

To understand some of the changing attitudes towards books and bodies in late-fifteenth-century England, it is necessary to review some of the cultural developments that distinguish the period's intellectual and literary history. Much recent work on English courtly and aristocratic culture has stressed the public and performative features of its discourse. The tournamentary and the chivalric impulses of the Anglo-Burgundian courts (from the time of Edward IV through that of Henry VII and the early years of Henry VIII's reign) found their expression in the range of allegorical romances and didactic dramas written by such figures as Stephen Hawes, John Skelton, Henry Medwall, and others. Moreover, the imported Italian humanist preoccupations with the monumentality of literary artifice, together with the new technology of print that reinforced that interest, led to changes in the spatialization of the ways of thinking. A fascination with the visual appeal of the book had developed, in part due to the lavishness of late medieval habits of illumination, and in part due to the patterns of reorganization that shaped the pages of the early printed books.[14]

But part of these changing attitudes towards texts also developed from the changing habits of reading itself. The rise of silent reading as a social practice in the fifteenth century, together with the interest in the value of private study, had fostered what Paul Saenger considers as a shift in Northern European ideas of the book, and these shifts also affected the idioms of late fifteenth-century theorizing on the act of reading. »References to the eyes and vision become more frequent in the rubrics of fifteenth-century prayers«, Saenger notes, and there is a growing sense of visualization, rather than auralization, as the way of engaging with texts.[15] Perhaps nowhere is such a sense defined as clearly as in Guillaume Fillastre's ›Toison D'Or‹ of about 1470. Fillastre's work, the manual of Burgundian courtly ideals and the model for the English King Edward IV's ordinals of power, centered both royal display and private study in the field of vision, and his polemics on the cultivation of sign, on the power of the written word, and on the need for literate celebrants of aristocratic honor informed the fuller development of Anglo-Burgundian humanism under Henry VII.[16] For my purposes here, it is worth quoting some of Fillastre's text to illustrate the growing emphases on visualization in the period.

> [...] knowledge is not acquired by hearing alone, but also is acquired and increases by study, by reading and by subtly thinking and meditating on what one has read and studied [...] [T]he study of books is necessary in order to retain what one has learned by inquiry and hearing [...] For the sense of sight is much firmer than hearing and makes man much more certain, because the spoken word is transitory, but the written letter remains and impresses itself more on the understanding of the reader.[17]

These arguments articulate what I believe to be a cultural awareness of display, one that informs the practices of law, liturgy, and the drama in the late-fifteenth

---

14 Material in this and the next two paragraphs summarizes evidence and arguments from Seth Lerer, *Chaucer and His Readers: Imagining the Author in Late-Medieval England*, Princeton 1993, p. 182–191, with references and bibliography on p. 275–279. A collection of specific studies that appeared too late for my account in that book, but which supports and qualifies some of its claims, is Sandra L. Hindman (ed.), *Printing the Written Word: The Social History of Books, circa 1450–1520*, Ithaca 1991, especially the essay of Michael Camille, »Reading the Printed Image: Illuminations and Woodcuts of the ›Pélerinage de la vie humaine‹ in the Fifteenth Century«, ibid., p. 259–291.

15 Paul Saenger, »Books of Hours and the Reading Habits of the Later Middle Ages«, in: Roger Chartier (ed.), *The Culture of Print*, Princeton 1989, p. 141–173, this quotation from p. 147; see also the remarks in Paul Saenger, »Silent Reading: Its Impact on Late Medieval Script and Society«, *Viator* 13 (1982), p. 367–414.

16 On Anglo-Burgundian cultural relations and the place of Guillaume Fillastre's ›Toison D'Or‹ as a manual of conduct and guide to political organization, see Gordon Kipling, *The Triumph of Honour: the Burgundian Origins of the Elizabethan Renaissance*, The Hague 1977; and Gordon Kipling, »Henry VII and the Origins of Tudor Patronage«, in: Guy Fitch Lytle and Stephen Orgel (eds.), *Patronage in the Renaissance*, Princeton 1981, p. 1117–1164.

17 I quote from the translation in Saenger, »Books of Hours« (note 15), p. 167 f., note 76.

and early-sixteenth centuries. The poetry of Stephen Hawes, for example, often narrates the confrontations of its allegorical heroes as forms of reading. The heroic lover/traveller encounters engraved objects, signs and symbols, and pictorial displays, that instruct or guide him. Images are *grauen* in Hawes poetry, and the lessons of the texts and preceptors are, variously, *impressed*, or *enprynted* in the mind of the hero. So too, in his religious verse, Hawes emphasizes the engraved, marked, or imprinted quality of spiritual experience. The ›Conuercyon of Swerers‹ is described as a *lettre* offered to the reader to *prynte it in youre mynde* (v. 61 f.), and in the version of this poem printed by Wynkyn de Worde in 1509 portions of the poem are shaped as a picture designed to arrest the reader's eye.[18] *See/me* one shaped section begins (v. 113 f.), as it invites the reader both to meditate on Christ's signifying wounds and to marvel at the printer's craft. At the poem's end, Christ invites the audience to associate the body and the text, the incisions of his wounds with the impressions of both type and seal.

> With my blody woundes I dyde youre chartre seale
> Why do you tere it / why do ye breke it so
> Syth it to you is the eternall heale
> And the releace of euerlastynge wo
> Beholde this lettre with the prynte also
> Of myn owne seale by perfyte portrayture
> Prynte it in mynde and ye shall helthe recure.
>   (v. 346–352)[19]

This textualization of Christ's relationship to Christian, and of author to audience, also informs what I believe to be the growing emphases on visualization in late medieval legal practice, and furthermore, a growing self-consciousness about the theatricality of theater in the medieval drama itself. The marked and mutilated body constitutes a document to be interpreted or a text to be read, as the signs and symbols convey a specificity of legal meaning. The abscission of hands, ears, breasts, other body parts, for example, defines the surviving criminal with all the directness and specificity of a badge. In some cases, transgressors were even branded with a letter for their crimes: unwilling workers were branded with an ›F‹ in mid-fourteenth-century Yorkshire, while perjurers had the letter ›P‹ burned in to their forehead.[20] The criminal, on these occasions, becomes

---

18 On this section of the *Conuercyon* (lines 113–158), see the edition, Stephen Hawes, *The Minor Poems*, ed. Florence W. Gluck and Alice B. Morgan, Early English Text Society, Extra Series 271, London 1974, and the editors' discussion, ibid., p. 147. The shaped portion of verse appears in de Worde's printing on Sigs. Aiii^v–Aiii^r; a reproduction of these pages may be found in Lerer (note 14), p. 191.
19 For a brief discussion of this section of the poem in the context of the imago pietatis and the late-fifteenth-century fascinations with the wounded, bleeding Christ as man of sorrows, see Eammon Duffy, *The Stripping of the Altars: Traditional Religion in England, 1400–1580*, New Haven 1992, p. 107.
20 These examples are from, respectively, Bellamy (note 4), p. 182, and William Harrison, *An Historical Description of the Iland of Britaine*, printed as the introductory material to Raphael Holinshed, *Chronicles of England, Scotland, and Ireland*, London 1807, vol. I, p. 311.

something of a readable text: a walking marker not just of the crime committed but of certain definite relationships of power between individual and community.[21]

Such relationships have long been considered to have focused not just on maintaining corporate or state power, but on figuring the exemplary or deterrent force of legal retribution. To terrify the criminal and frighten a potentially transgressive populace had largely been the purpose of the bodily mutilations of the wrongdoer; so, too, had been the purpose of the stocks and pillory, and their later descendant the dunking stool. The punishment for scolds in Hereford defines the function of this particular engine of humiliation as bringing the offender within the purview of the populace. »[T]he scold must stand with bare feet and let her hair down ›during such time as she may be seen by all passers-by upon the road‹.«[22] Indeed, the need to see the victim – to make justice a thing beheld as well as simply done – informs much of the local records and chronicle histories of late medieval England and survives well into the juridical debates of the eighteenth century. From Bishop Alnwick's need to parade his Lollard heretics bareheaded and barefoot in the market place[23] to George Osborne's recognition, three centuries later, of the exemplary possibilities of spectacular execution, the masters of judicial pain recognized that »what was seen was less the suffering of the individual than the theater of justice«[24]. *The more public the punishment*, wrote George Osborne in 1733, *the greater influence it has commonly had*, and to a large degree this tradition of theatricalized punishments and execution was what the later eighteenth-century reformers sought to bring out of the public's eye and locate privately and securely in prison walls.[25]

For late-fifteenth- and early-sixteenth-century England, however, such debates were far from the concerns of those who drew up and enacted the displays of mutilation in the English towns. The traditions of borough law were noted even to contemporaries for their specificities of pain. William Harrison's ›History of England‹, while praising the English for refusing the elaborate theatrics of the tortures of the Continent, nonetheless records in great detail the elaborate construction of a guillotine-like device for beheading witches in Halifax. With a curious blend of embarrassment and fascination, he describes the making of this *engine*, its precise dimensions, its detailed workings, and its immense power, such that when the blade is released it *dooth fall downe with such a violence, that if the necke of the transgressor were so big as that of a bull, it should be cut in sun-*

---

21 On the ›textualization‹ of the marked or mutilated criminal, see Foucault, (note 7), p. 34; and Michel de Certeau, *The Practice of Everyday Life*, trans. Steven Rendall, Berkeley and Los Angeles 1984, p. 139–141.
22 Bellamy (note 4), p. 185.
23 See John A. F. Thomson, *The Later Lollards 1414–1520*, Oxford 1965, p. 231; and Beckwith (note 13), p. 72.
24 McGowen (note 7), p. 666.
25 George Osborne, *The Civic Magistrates Right of Inflicting Punishment*, London 1733, p. 8 f., quoted in McGowen (note 7), p. 666. For a variety of perspectives on the eighteenth-century reformers transformation of public punishment into private incarceration, see McGowen (note 7), passim, Bender (note 7), and Wilf (note 7).

der at a stroke, and roll from the bodie by an huge distance. And at the close of this remarkable account, Harrison avers: *This much of Halifax law, which I set downe onelie to shew the custome of that countrie in this behalfe.*[26]

But of course, we must query if not Harrison's motives then at the very least his rhetoric. In setting down the *custome of that countrie*, he offers us a script for the pageantry of horror, an account of local practice that, for all of his apology, resonates with his own pleas for *sharper law* against adultery and fornication:

> For what great smart is it to be turned out of an hot sheet into a cold, or after a little washing in the water to be let lose againe vnto their former trades? Howbeit the dragging of some of them ouer the Thames betweene Lambeth and Westminster at the taile of a boat, is a punishment that most terrifieth them which are condemned therto.[27]

Though writing in the later sixteenth century, Harrison gives voice both to specific surviving practices and to certain attitudes and images behind the English public sense of punishment. What he illustrates in discursive form is what the Customalls and borough records illustrate prescriptively or annalistically: that there is a theatrical mechanics to enacted law – that as important as the crime condemned or the judgment executed are the stagings, tools, machinery, and visible spectacle of the action. Late medieval law, much like late-medieval courtiership or the Mass, is something that goes on before the field of vision.

But like its contemporary institutional practices, late medieval punishment also raises some questions as to the nature and function of the audience before it. Richard van Dülmen, writing of European habits, notes that for all of the displays of political power occasioned by punishments and executions, the citizens beholding such performances used them as occasions for »organized celebrations« and, at times, »quasi-religious festivals«.[28] Spectators »became witnesses to a criminal's punishment as well as participants in a sacrificial rite that purged society.«[29] And yet, such emphasis on performance fostered a theatricalization of the law that may, at times, have overshadowed whatever participatory, ritualized, and purgative sense it might have had. In late fifteenth-century Belgium, for example,

> »the people of Mons paid a large sum of money for a convicted brigand in order that they might enjoy watching him being quartered, while in 1488, the citizens of Bruges were so pleasurably excited by the sight of various tortures being inflicted on some magistrates suspected of treason that the performance was extended, long after it had achieved its desired ends, for the sole purpose of their gratification.«[30]

The question remains where to draw the line between »purgative ritual« and »pleasurable excitement«, a question that, as Eammon Duffy asks it, also moti-

---

26 Harrison, *Historical Description* (note 20), vol. I, p. 312.
27 Ibid., p. 311 f.
28 Richard van Dülmen, *Theater of Horror: Crime and Punishment in Early Modern Germany*, trans. Elizabeth Neu, Oxford 1990, p. 3.
29 Ibid.
30 Andrew McCall, *The Medieval Underworld*, London 1979, p. 72.

vates inquiry into the late medieval Mass.³¹ The emphases on visualizing the Host, on the spectacular nature of sacramental observance, and on the »gruesome images of the Eucharistic miracle stories« (p. 106) all contribute to what Duffy identifies as the motivating visual imagination of lay piety. »Seeing the Host«, Duffy writes, »became the high point of lay experience of the Mass« (p. 96), and to a great extent the devotional verse and public sermons of the later fifteenth century address the deep emotional response that every Christian celebrant would feel before the vision of the elevated bread and the artistically rendered or personally imagined wounds and blood of Christ. And yet, as Duffy makes clear, such a spectacularism of the Mass did not necessarily foster the passive, nonparticipatory form of worship that some scholars have attributed to it. The uses of the veil and screen in parish churches to shield the altar and the Host were, by and large, things temporary in their function. As Duffy summarizes,

»[t]he veil was there precisely to function as a temporary ritual deprivation of the sight of the sacring. Its symbolic effectiveness derived from the fact that it obscured for a time something which was normally accessible; in the process it heightened the value of the spectacle it temporarily concealed.« (p. 111)

Such devices, redolent of the mechanics of stage-prop, costume, and scenery, form what Duffy calls »a frame for the liturgical drama« of the Mass (p. 112), a drama in the course of which the congregation could be both spectators and participants.

»Spectators or Participants?« Duffy asks (p. 109). This is for me the central question in discerning the public response both to the social reality of legal punishment and the literary mimesis of cycle play or morality. It is a question, too, raised by the plays themselves, not simply in the ways that they work out the dramaturgy of the torturing of Christ or the mutilations of the Jews, but in the ways that they thematize the issue of theatricality itself, and in turn, the nature and social function of representation. As in the allegorical adventures of Hawes, the public acts of execution, or the showings of the Host, ›behold and see‹ becomes the central trope of a self-consciousness of vision in the drama.³² The characters

---

31 Duffy (note 19), p. 95–116, with specific references hereafter in the text. My brief review cannot do justice either to the remarkable depth of Duffy's research and analysis or to the potential controversy over his arguments in the historiography of late-medieval religion. Suffice it to say that Duffy's arguments for the vigor and participatory nature of the lay experience of the Mass challenges some fundamental assumptions about the theatrics of the liturgy governing Gail M. Gibson, *The Theater of Devotion*, Chicago 1989, (see Duffy, p. 110 f.), and also Beckwith (note 13), (p. 76.

32 For the thematics of vision in the Corpus Christi Plays, see David Mills, »The ›Behold and See‹ Convention in Medieval Drama«, *Medieval English Theatre* 7/1 (1985), p. 4–12; and the discussion in Greg Walker, *Plays of Persuasion: Drama and Politics and the Court of Henry VIII*, Cambridge 1991, p. 11–13, especially his remarks in note 17 concerning the »stress upon the physical, observable, presentation of spiritual truths« in the Cycle Plays, in particular, that »the audience is asked to judge the veracity of the message expounded on the strength of their own observation. Hence characters repeatedly refer to what the audience has seen, does see or will see.«

within the play, together with the audience before it, both bear witness to the sufferings and mutilations of the body. At times, the plays inscribe the idea of an audience within them, as for example, in the Wakefield ›Buffeting‹ where Caiphas scripts out and stage manages Christ's torturing. His long speech toward the beginning of the play distills the approaching mutilation of Christ's body through specific references to tortured limbs and organs and through the controlling rhetoric of game.[33] He announces at the start, *I myself shall make examining* (l. 128), and then goes on to detail each of Christ's body parts as the object of humiliation and pain. The ear and the mouth are the first parts of his threatened anatomy (l. 129–35); his closed lips shall be forced open in pain (l. 172); his eyes shall be put out (l. 194), his head cut off (l. 199), and even the feet that brought him to town are cursed in possible anticipation of their beating (l. 255). Each of the torturers' punishments imagined for the silent Christ is anticipated in Caiphas's speechmaking: he shall be put in the stocks (l. 202 f.), murdered *with knokys* (l. 207), beaten (l. 218), hanged (l. 228), his neck wrung (l. 237), struck even with Caiphas's own head (l. 264), pelted (l. 283), rapped on the pate (l. 301), *knowked* on the head (l. 314), hit so his head would throb (l. 327), and finally knocked in a game among torturers (l. 342).

This catalogue – this »liturgy of punishment«, in Foucault's words – delineates how Caiphas attacks Christ's body, and moreover, how his verbal taunts provide a kind of script for the play of torture we will witness at the close of the ›Buffeting‹. Caiphas has prepared for us, and for his torturers, the scene of torture we have yet to see, and he has done so by translating the brute force of bodily abuse into the spectacle of language. Before it happens, he presents the mutilation of the body as theatrical discourse, for by *talking* about torture Caiphas constructs a language of punishment, a way of representing the potential fear and horror of mutilation. In the process, though, he provides a model not just for his torturers but for the Wakefield playwright who created him. Caiphas is a figure for the dramatist here. Like him, he seeks a language for describing the indescribable. Like him, too, he performs that language through elaborate gestures and threats. His very questioning of Annas – why is Jesus so far from him? why cannot he lay a hand on him? (l. 298 f.) – are questions not just for the jurist but the stage director. Caiphas theatricalizes the torture of Christ by setting up the buffeting as theater: scripted, stage-managed, and directed by a governing authority. But if, as I am arguing, Caiphas is himself a figure for the playwright, then the questions that he raises go to heart of dramatic authorship itself. For what the Wakefield Master does is both define and query the possibilities of scripting spectacle. Caiphas and his torturers give voice to the problematics of the cycle drama itself: to the relationship among individual author and civic performers. Both face the difficulty of describing mutilation and enacting it. Both, too, must devise a performative context for displaying pain. Caiphas, then, is not just a bully; he is an actor and an author. He writes the script for Christ's punishment long before

---

[33] All references to the Wakefield *Buffeting* play are from the edition in David M. Bevington, *Medieval Drama*, Boston 1975, cited by line number in the text.

the torturers perform it. It is he who makes Christ *King Copyn in oure game*, he who mockingly invests him with the royal title, he who makes Christ into the *fatur*, the impostor or actor in a drama of religious rule. When the torturers finally get their hands on him, they follow Caiphas's model, for before they touch him, they theatricalize their torture as a play:

> Go we now to oure noyte with this fond foyll
> We shall teche him, I wote, a new play of Yoyll.
> (v. 343 f.)

The point of these lines extends beyond the mere identification of the *new play of Yoyll* with the children's game of Hot Cockles, or for that matter, beyond V.A. Kolve's well-known arguments about the universality of play acting in medieval presentations of the Passion.[34] The purpose of these lines is to begin the enacting of Caiphas's own directions: to put into performance the script and staging he has already provided for his torturers.

The lines between action and mimesis, between practice and performance, are continuously and constructively blurred here, much as they are, as I have suggested, throughout the social practices of law and literature in late medieval England. In turning now to the archival records of the town of Lydd, and to the punishment for cutpurses that opened this essay, I will attend therefore not only to their documentary purpose but to their rhetorical effect. Lydd's records stand as evidences for a spectatorial sensibility in the late medieval town: one that informed not just a taste for theater or a punitive aesthetics but a rhetoric of Customary law that makes this text into a set of stage directions for a public drama.

III.

The documents assembled for the town of Lydd present a community accustomed to the regular performances of visiting professional drama, of aristocratic and royal minstrelsy and play, and of a strong local tradition (shared with the neighboring township of New Romney) of seasonal theatricals.[35] The records of the Corporation note in detail the payments, both in coin and in *bred, wine and bere*, to such performers, as well as the costs of stage props, costumes, and occasionally transportation. On certain Sundays, Lydd would stage its own plays, called ›The May‹ and ›The Interlude of Our Lord's Passion‹, and these plays clearly had such regional influence that New Romney borrowed Lydd's Passion play and, at one point, even paid someone to return to Lydd *to see the original of our play there* in order to check on the traditions of local performance.[36]

---

34 V.A. Kolve, *The Play Called Corpus Christi*, Stanford 1966, p. 175–205.
35 See the account in the Manuscripts of the Corporation of New Romney in the *Fifth Report* (note 1), vol. I, p. 540, and the brief discussion in Green (note 2), vol. I, p. 148.
36 Ibid.

The citizens of Lydd clearly loved a good show, and not just a scripted one. Such elaborate public gestures as the gift of a porpoise to the rebel Jack Cade in 1450 – a gift designed to win his friendship just in case his Rebellion succeeded – shows us a veritable dramaturgy of political protection.

> Paid for one purpoys, sent to the Captain [Cade] by the Jurats and commoners 6s. Paid for the hire of one horse, ledyng up the said purpoys from Herietssham to Londone to the Capitayn 12d. For the hire of a horse that John Menewode rode uppon to Londone the same tyme, for to helpe to present the porpys to the Capitayn 14d. Paid for an horse hire [sic] that Richard Alayn rode uppon from Lyde to Londone, with the purpoys 20d. For expenses the same time, in ledyng uppe of the purpoys 2s. 8d [...] Paid to John Hays, for carrying a letter to the Captain, in excuse of this town 3s. 4d.[37]

To read this account within the context of the many records of largesse to visiting troupes and accompanying minstrels, or for the *exspense of our bane cryars of our play* (p. 524) is to get a sense of how these records codify not just the act of payment for performance, but what might be thought of as the commodification of display. Against this story of the elaborate presentation of the porpoise and the prearranged remuneration of invited theatricals, we might compare the town's obvious delight at the serendipitous. Players show up on the *hyge strete* and are duly paid (5d; p. 527); and to *the man who came through with the dromedary*, the Corporation offers 8 pence (account in editorial remarks, p. 517). Within the record books of Lydd, these narratives of performance and display are interlarded with accounts of punishment, and both come to represent rhetorically the notarial construction of official, civic life. The reader of the record comes fresh from a record of payment *for making the buttys against the day for play, 9s 2d* to an account of the *expenses made by the steryng* [stirring] *of Sir Andrew Ayllewyn agaynys the towne*, and the note that the *costes and expensis at that tyme made for counsell to be had for to have the feturs of yrone of his leggys and for* [to] *come out of prisone, comyth to 40s* (p. 519).

In this environment of notarial record and social elaborations of theatrics, the story of the punishment for cutpurses takes on an interlocking set of possible interpretations. At one level, the account may be appreciated as but one of the most recent survivals of an old customary practice familiar from local laws and borough books. The Selden Society ›Borough Customs‹ volume quotes and records nearly a dozen versions of this punishment in documents from the early thirteenth through the early sixteenth century, in Latin, French, and English and ranging from the Scottish ›Leges Burgorum‹ in the north to the records of Portsmouth to the south.[38] The mutilation of the body for larceny, too, had been a feature of Germanic law, stretching back to some of the earliest recorded documents of legal practice, and there is a certain obviousness to this kind of punishment.[39]

---

37 *Fifth Report* (note 1), vol. I, p. 520. Further references in the text.
38 *Borough Customs*, ed. M. Bateson, Selden Society Publications 18, London 1900, vol. I, p. 55–57.
39 Heinrich Brunner, *Deutsche Rechtsgeschichte*, Leipzig 1887–92, vol. II, p. 472; see, too, the discussion in van Dülmen (note 28), p. 47–49.

First, it reenacts the crime of *cuttyng purses* on the criminal's body, severing if not the offending member of the hand, then at the very least a symbolic member, marking the criminal for his crime and thus distinguishing him to the populace. The wonderful symbolic value of this form of mutilation was recognized until well into the eighteenth century (there is a record of a thief in the German city of Freiburg in 1785 having his ear cut off),[40] and its survival may be as much a testimony to its theatricality as well as its convenience. For by publicly marking the criminal – by staging his mutilation as a kind of theater of punishment – the civic corporation provides a bit of local entertainment for a populace that had come to expect something of its judicial system.

At another level, this account – both in its narrative form and its civic function – might fit into the socio-anthropological paradigms of Mervyn James, whose conception of the notion of the social body in late medieval culture has informed much work on the historical environments of medieval drama.

> »The concept of body provided urban societies with a mythology and a ritual in terms of which the opposites of social wholeness and social differentiation could be both affirmed, and also brought into a creative tension, one with the other.«[41]

Each element of the community was represented as a limb or organ of the body politic, and if the charge of civic government was to maintain the wholeness of that body, then at least part of that charge would have been to sever those diseased members that posed a threat to social health.

> »[T]he persisting tension between whole and differentiation meant that the process of incorporation into the social body needed to be continually reaffirmed, and the body itself continually recreated. Ritual, in an effective and visual way, projected the tensions and aspirations, and the resolution of these, which this press involved.« (p. 8 f.)

For James, that ritual is the performance of the Corpus Christi drama and the growing civic pageantry around the feast of Corpus Christi that affirmed, in country towns like Wakefield and provincial capitals like York, the power of the urban magistracy and the later medieval ascendancy of the guilds.

From a Jamesian perspective, the dismemberment of the criminal's body enacts the severing of the offender from the body politic. At the heart of the Lydd decree is the spectacle of this dismemberment, as the criminal marks himself as a criminal and then severs himself from the body politic. He acts in contradiction, say, to the dictates of the ›Sarum Missal‹, which as James points out, had counselled the citizen not to »sever himself from the fit joining together of all the members [...] let him be goodly, and useful, and healthy« (p. 9). Bound to a tree or a cart wheel, performing on the high street, this criminal cuts loose from the social body, and in so doing, renders himself an outcast damaged limb.

But in the narrative recorded in the ›Customall‹, there is a palpable gap in the description of the punishment. We are not told specifically just what the criminal

---

40 See the account in van Dülmen (note 28), p. 48.
41 Mervyn James, »Ritual, Drama and the Social Body in the Late Medieval English Town«, *Past and Present* 98 (1983), p. 3–29 (further references by page number in my text).

does with the knife; nor are we told precisely what the relationship is between the *fyne to the towne* and the execution of this punishment. It is left to the nineteenth-century editors to explain these various relations, to fill in, in other words, the drama of self-mutilation carefully elided by the ›Customall‹. Now, where these editors derive their explanation is from the very tradition of punishment the Lydd decree reiterates. The other documents (here relying on the Selden Society volume) all make clear that the purpose of nailing the offender's ear to a tree, pillory, or cart wheel is that it be cut off.

> *Portsmouth:* his ere to be nayled to the pelery, he to chese whether he woll kytt or tere it of.
> ›Leges Burgorum‹: [...] et a quo captus est debet auricula amputari.
> *Romney:* [...] et depuis a sa dite sute soit sa une oraile de soun chef trenche.[42]

Lydd's version of this punishment is unique, and I want to suggest that its uniqueness raises a problem not just of judicial practice but of dramatic theory. It is as if its text has taken out the very thing we want to read, as if it dares not to describe the actions that we (and everyone, for that matter) know must have been performed and that, both narratively and judicially, make sense out of this text. If the description from the ›Customall‹ could be considered as a kind of script, then what it leaves out is the central stage direction for its actor. Drama begins at Lydd where the text leaves off; in the space between *take a knyffe in hand* and *he shall make a fyne* lies an action that may thrill but may not be described.

For what the ›Customall‹ juxtaposes are the two concerns of civic sponsorship for theater, and the two concerns that fill the records of the Corporation: object and money, stage prop and payment. Thus, it may come as no surprise to find, in the book of the Corporation Accounts for 1470, the entry *[p]ayd for the naylyng of Thomas Norys [h]is ere 12d* (p. 525). Here, what is recorded is not income from the *fyne* but the outlay for the performance. Just who is paid here we do not know; but the point, it seems to me, is that the nailing of Thomas Norys's ear constitutes as much a kind of theatrical expenditure as the performances of the minstrels of the Lord of Arundell or the *Kyng* or the *plyars of Stone, crying the banes here* (all of whom, by the way, received 3s.4d. in 1469). What I am suggesting, then, is that within the rhetoric of the notarial account, the line is blurred between the legal and the theatrical. The narrative of how to deal with cutpurses takes the inherited practices of a particular customary law and recasts them into a kind of theatricalized ritual. And it is the very familiarity of that ritual that, at one level, permits the writer to leave out the most obvious point of direction: the cutting of the criminal's ear.

It is this elision of what the modern scholar may most wish to read, and what the medieval spectator would no doubt see, that makes the Lydd decree so interesting – that shifts the focus of rhetorical attention away from the act of personal self-mutilation and the things that shape that act. This is a text, now, less about action than object, less about staging than stage-props. It is a text (and I am arguing that, for the present, we must read it as a text) that, for all of its emphases on objects, placement, sequence, and performance, seems like the flip side of

---

42 *Borough Customs* (note 38), p. 55–57.

stage direction: a text that elides mention of the very act that all these actors and accoutrements have been assembled to perform. And it is this elision that distinguishes Lydd's version of the punishment from those similar accounts in other borough records. For what it does is transform this discourse from a record of social action into a shaped text of literary narrative. It makes the reader of this document pause and consider; it effects, in what it says as much as what it does not say, the shift from the archive to the fiction, from a record of unmediated social practice to a narrative shaped to the standards of rhetorical control. Its events transpire not so much in the lived time of public experience as in what Natalie Davis calls the »time of storytelling«.[43]

If, as I am suggesting, Lydd's decree stands as something of a literary text, it also stands as something of a social gloss on those literary documents that had transformed the practices of law and liturgy, punishment and spectacle, into mimetic drama. It represents a social practice of what the ›Croxton Play of the Sacrament‹ would transform into self-theatricalizing drama: a play so taken with the mutilations of its criminal Jews and the miraculous transformations of its Host that it comes off, much like the dramatic punishments of town and borough, »overtly, explicitly and outrageously theatrical, drawing attention histrionically to its sense of show«.[44] ›Croxton‹ plays with the textuality of bodies, with the problems of mimesis, and with the uneasy relations between spectatorship and participation that had informed so much of legal, literary, and liturgical culture in late-medieval England. Rather than reading ›Croxton‹ as a drama of doctrinal argument or sacramental politics (though both, of course, inform its meaning) I see it as a drama about drama: a reflection on the raw materials of legal practice and religious imagery that restore a social harmony or, conversely, pander to individual attentions to the fragmentary, maimed, and bleeding.

IV.

Midway through ›Croxton Play of the Sacrament‹, the Jews have gotten their hands on the Eucharist. Jonathas, Jason, Jasdon, Malchus, and Masphat proceed to mock the sacrament and its performance, and in the course of their blasphemy one of the Jews, Jasdon, suggests a clever way of testing the substantial quality of the host.

> Surely with owr daggars we shall ses on this bredde,
> And so with clowtys we shall know yf he have eny blood.
> (v. 451 f.)[45]

---

43 Davis (note 10), p. 1–35.
44 Beckwith (note 13), p. 68.
45 All quotations from the *Croxton Play of the Sacrament* will be from: *Non-Cycle Plays and Fragments*, ed. Norman Davis, Early English Text Society, Supplementary Series 1, London 1970, p. 58–89. I have also occasionally preferred the emendations in the edition of David Bevington (note 33), p. 754–788, and have checked, too, the facsimile of the unique manuscript (Dublin, Trinity College MS F.4.20, ff. 338r–356r) as reproduced and analyzed in Norman Davis, *Non-Cycle Plays and The Winchester Dialogues*, Leeds 1979, p. 93–131.

To Jasdon, this idea is *masterly ment* (v. 454), and the Jews mutilate the Host in an elaborate, and elaborately described, series of technical operations. They *smite* it, *stroke* it, *sese* it, *afeze* it, *punche* it, and *prike* it; they attack it with daggers and augers, announcing: *In þe middys of this prynt I thynke for to prene* (v. 467). But their attacks are thwarted, for in their attempt to boil it, the Host sticks to Jonathas's hand. Trying to remove the Host, they nail it to a post, and when Jonathas attempts to pull his hand away, the play gives this direction: *Here shall thay pluke þe arme, and þe hond shall hang styll with þe Sacrament.*

This horrific scene, which even by the standards of the medieval English drama seems bizarrely overdone, has long been appreciated for its challenges both to the presumed acting troupe who could perform it and to the modern critic who must reconcile its blend of sensationalism and risibility.[46] Together with the later episodes in which the image of the wounded Christ appears on the face of the cauldron boiling the Host and in which Jonathas's hand miraculously is restored, this moment in the ›Croxton Play of the Sacrament‹ can serve as a touchstone for many modern scholarly presuppositions about the function of pain and game in medieval drama and, more generally, about the social function of dramatic representation itself. Surely, these scenes differ both in tone and effect from the playful jestings of the torturers in the Wakefield ›Buffeting‹ and ›Scourging‹ plays and from the cruel laughter of the soldiers in the York ›Crucifixion‹. Unlike the cycle plays, whose representation of the passion as a play and game grants, in V.A. Kolve's famous formulation, a kind of comically restorative technique »of making meaningful Christ's judgment on His tormentors [...] and [...] a dramatically exciting mode into which the humiliation and the death of Christ could be translated«,[47] the ›Croxton Play of the Sacrament‹ has seemed to many scholars as little more than a bad joke irrevocably grounded in the limiting specifics of its time and place – an awkward blend of anti-Semitism and anti-Lollardism, didactically rephrasing the historical event which had inspired it and posing almost insurmountable problems for the nine players who, the manuscript announces, *may play yt at ease*.[48]

---

46 See, for example, the remarks in Bevington (note 33), p. 755: »The theatrical devices seem obvious and even comic, [...] Surely a medieval audience would have recognized these stage contrivances as entertaining theatrical illusions««; and the comments of Richard L. Homan, »Devotional Themes in the Violence and Humor of the ›Play of the Sacrament‹«, *Comparative Drama* 20 (1986/87), p. 327–340, especially on p. 328 f.: »Any performance which hazards the use of horrific special effects risks appealing ludicrous [...]. The success of this pattern of action and of the stage effect must depend, therefore, on the skill with which the scene is written and on the effect executed.« For an account of some possible historical contexts for recovering the medieval staging of the ›Croxton Play‹, together with some reflections on modern attempts to recreate their effects, see Darryll Grantley, »Producing Miracles«, in: Paula Neuss (ed.), *Aspects of Early English Drama*, Cambridge 1983, p. 78–91.
47 Kolve (note 34), p. 180.
48 In addition to the studies cited above, see the arguments of Ann Eljenholm Nichols, »The Croxton ›Play of the Sacrament‹: A Re-Reading«, *Comparative Drama* 22 (1988), p. 117–137 (who considers the play less a piece of anti-Lollard propaganda than a »reflection of fifteenth-century Eucharistic piety«, p. 117). More detailed attempts to ground

Within the contexts of theatricalized punishment and spectatorial sensibilities exemplified by Lydd's decrees, however, the sensationalism of this play may restage something of the public drama of the mutilations of the criminal. Both the play and the lawbook center their attentions on the nailing and dismemberment of body parts. Both, too, may be read as enacting Mervyn James's concern with the corporealization of the social entity, as the restitution of the Jew's hand, his ultimate conversion, and the concluding gestures of inclusion and celebration before the church all show the reincorporation of the severed member back into the body politic and illustrate how, through rituals of Christian rite and Christian drama (to take O. B. Hardison's old phrase, perhaps against itself),[49] the criminal or unbeliever may be reaccepted into Christian society. When the stage directions of the ›Croxton Play‹ state, [h]ere shall Ser Jonathas put hys hand into þe cawdron, and yt shalbe hole agayn, they signal not just the directive to the players but the thematics of reincorporation for an audience. Jonathas returns to the body politic and symbolically mends the wound to that body by suffering the return of his own disjoined limb. Moreover, as if to signal the forgiveness granted him by admitting Jesus, the sign of Jonathas's torture is erased. No one can see the scar on his arm, much as none could see the scars inflicted in the Host after it has transformed itself from the imago Christi back into the bread.

One interpretation of these gestures, then, would be to claim that ›Croxton‹ stages the possibilities of professional theater not just to entertain or shock an audience, but to effect a kind of social reintegration. At stake in the play is not so much the simple skill of the actors or producers in presenting the sensationalism of its stage-directions, but rather how dramatic skill is thematized within the play and how the scenes of mutilation and dismemberment constitute a self-conscious reflection on the power of theatrical artifice to move an audience. The Jews appear here as professionals in crime, deployers of the tools of torture. Their display of the instruments of pain in the scene with the Host presents them as the figures who make drama, not just act in it. They are the agents of theatrical control and staged pain. Each of their words signals quite specifically the artifice of the metal shop, the wood cutter, the engraver, and the carpenter. Theirs is not so much an enactment of the *play* of pain – after the fashion of the playful, mocking, gaming torturers in the Corpus Christi cycles – as of the job of pain. Their mangling of the Host is less a game than a trial: a reenactment of the judicial proce-

---

the play in the various cultural traditions of late-fifteenth-century England include those of Duffy (note 19), p. 105–109 (who sees the function of its Jews as concerned less with the virulence of living anti-semitism than with the stock symbolism of the »unbelieving Jews [who] regularly feature in Eucharistic miracle stories«, p. 105), and Beckwith (note 13) (who deploys a range of historical and methodological approaches to approach the play as a problematizing the nature of sacramental symbolism and the theatricality of the liturgy). The final words of the manuscript, *IX may play yt at ease*, have long been understood as evidence for ›Croxton‹ as a ›touring‹ play, appropriate for itinerant players of limited company. For an attempt to use this scribal remark as evidence for the recovering of the historical environment of the play's performance, see Gibson (note 31), p. 34 f.

49 O. B. Hardison, Jr., *Christian Rite and Christian Drama in the Middle Ages*, Baltimore 1965.

dure before Caiphas and Pilate and the courts of Roman law. Like the Caiphas of the Wakefield ›Buffeting‹, the Jews of the ›Croxton Play‹ are directors of this legal show, agents of the theatrical control and staged infliction of pain on a bodily representation of Christ. But unlike Caiphas, who details the mutilations of Christ's body in terms solely of that body's parts and his own bodily contact with them, the Jews act through instruments. Their language both professionalizes and textualizes their mutilation of the Host, inscribing on the symbolized corpus Christi the marks of a legal judgment coded in the misapprehensions of the Old Law and the suspicions of disbelief.

Malchus begins this process by recapitulating the beliefs of Christians who would try to convert the Jews. God, in the Christian sphere, is Judge and ruler, and he notes,

> To turne vs from owr beleve ys ther entent –
> For that he sayd, »judecare viuos et mortuos.«
> (v. 439 f.)

Jonathas picks up this legal language to affirm the late medieval social practice of torture as an instrument of proof.

> Now, serys, ye haue rehersyd the substaunce of ther lawe,
> But thys bred I wold myght be put in a prefe
> Whether þis be he that in Bosra of vs had awe.
> Ther staynyd were hys clothys – þis may we belefe;
> Thys may we know, ther had he grefe,
> For owr old bookys verify thus.
> Theron he was jugett to be hangyd as a thefe –
> »Tinctis [de] Bosra vestibus.«
> (v. 441–447)

The Jews as torturers now become the Jews as judges, reenacting in the trial of the Host's mutilation the search for truth that motivated the trial of Jesus. Judgment and control, torturing and texts all come together in this speech, as we see here the appeal to the *old bookys* that *verify* a fact of history, while the allusions to the stained garments of Christ Himself affirm the marked or signed body as the locus of those force relations that both judged and branded him a *thefe*. Now the assault on the Host becomes the symbolic, textualized reenactment of that hanging. As Jasdon affirms, *[a]nd with owr strokys we shal fray him as he was on þe rood* (v. 455). But it is also a self-consciously staged performance: an enactment of a trial and torture by professionals of the theater of pain. Malchus announces:

> Yea, goowe to, than, and take owr space,
> And looke owr daggarys be sharpe and kene:
> And when eche man a stroke smytte hase,
> In þe mydyll part therof owr master shall bene.
> (v. 461–464)

Malchus's plan defines the staging of a play. They are directives for performance, where each actor in the show should take his *space* and where each prop be carefully prepared for the display.

The line between action and stage direction – between the voicings of a character and the written stage directions of the manuscript – is blurred now. In the succeeding scenes with the bogus doctor, Master Brundiche, and his servant Colle, we witness the staging of attempted healing. Colle will announce, for example, what he has *told all þis audiense* (v. 579), and Master Brundiche will aver,

> Here ys a grete congregacyon,
> And all be not hole, without negacyon.
> (v. 601 f.)

Yet Master Brundiche cannot heal what only Christ can restore. After the terrifying visitation of the imago Christi on the oven that had received the mutilated Host, the Jews repent of their sins and enter Christian society. The apparitional Jesus advises Jonathas:

> No Jonathas, on thine hand thow art but lame,
> And ys thorow thyn own cruelnesse.
> For thyn hurt þou mayest þiselfe blame,
> Thow wasshest thyn hart with grete contrycion.
> Go to the cawdron – þi care shalbe the lesse –
> And towche thyn hand to thy salvacion.
> (v. 770–777)

At this point the stage directions read, [*h*]*ere shall Ser Jonathas put hys hand into þe cawdron, and yt shalbe hole agayn*. Jonathas's restoration of his hand signals the reacceptance of the criminal or unbeliever into Christian society. He returns to the body politic and symbolically mends the wound to that body by suffering the return of his own disjointed limb. Moreover, as if to signal the forgiveness granted him by admitting Jesus, the sign of Jonathas's torture is erased. No one can see the scar on his arm, much as none could see the scars inflicted on the Host after it has transformed itself from the imago Christi back into the bread.

›Croxton‹ is, at one level, a drama of inclusion and restoration, and it is fitting that at the play's end its audience is invited to participate in the procession and the song that celebrate the miracles of Christ. The directions of the Episcopus suggest that the entire audience was to proceed, first to the Jew's house where they witness the restoration of the image of Christ into the bread, and then to the church itself where the Host shall be restored to its correct place in the service of communion.

> Now wyll I take this Holy Sacrament
> With humble hart and gret devocion,
> And all we wyll gon with on consent
> And beare yt to chyrche with solempne processyon.
> (v. 834–37)

By enjoining the audience to proceed to the church, the Episcopus erases the boundary between staged performance and religious ritual. He holds up the newly restored Host in order to invite each member of the audience to share, now, in the celebration both of Christ's body and the social body, made whole by the performance of that ritual. The effect of this dramatic narrative is to affirm again the possibilities of finding social harmony in the performance of the holy rites, and furthermore, to confirm the possibilities of professional theater in the performance of a scripted play.

For where the force of this performance lies, and where it differs markedly from Wakefield or the other cycle plays, is in the way that ›Croxton‹ defines its drama as that of the visiting professional troupe. The ›Croxton Play‹ is not a play performed by members of a local guild or scripted by a civic author under the employ or patronage or merchant government. It is clearly a travelling play, one to be acted by outsiders who have been invited into a community.[50] What the ›Croxton Play‹ enacts is the possibility of a visiting, professional theater to enter a community and restore the wholeness of the social body through its stagings of the rituals of torture, dismemberment, and reincorporation. The presentation of the Jew's hand nailed to the post becomes the fictive reenactment of the kind of mutilations witnessed by the populace at Lydd. The mutilations of the Host become the highly symbolized torturings of the body of the Christ reexperienced with each attendance of the Mass or each beholding of a play of Corpus Christi. ›Croxton‹ is thus a kind of meta-drama, a play about the possibilities of theater and its symbols. And if the ›Croxton Play‹ is, in any sense, a miracle play, the miracle it stages may be not so much the transubstantiations of the Host or the forgivenesses of God or even the restoration of the hand of the offending outsider, but the miracle of the theater itself. What is miraculous about the play is how it uses the technologies of stagecraft or the skill of a performer to evoke the fear, the horror, or the pleasure of the spectacle of torture.

This professionalized, meta-dramatic quality of ›Croxton‹ may explain one of the most distinctive features of its text: its stage directions. One of the points that I have tried to make is that, throughout the play, the actions of its characters are signalled through the rhetoric of dramatic direction. The Jews's announcements of just what they will do to the Host, Malchus's directive to *take owr space*, Master Brundiche's announcements to his *audiense* and *congregacyon*, and the final directions of the Episcopus all give voice to the play's concern with controlling the actions of its characters and audience. But at its most sensationalist moments, the specificity and fullness of the stage directions takes precedence over scripted speech. Indeed, such moments in the play are met with only awe and wonder by the characters. When the Jews prick the stolen Eucharist, the stage direction reads, *[h]ere þe Ost must blede*, and Jonathas is left to exclaim *Ah! owt! owt! harrow! what deuyll ys thys?* (v. 480). Similarly, when Jonathas's hand is torn away, having been nailed to the post, the stage-direction reads, *[h]ere shall thay plouke þe arme, and pe hond shall hang styll with þe Sacrament*, and Malchus cries out: *Alas, alas, what deuyll ys thys?* (v. 516). And, towards the play's end, when the staging directs, *[h]ere the owyn must ryve asunder and blede owt at þe cranys, and an image appere owt with woundys bledyng*, Masphat rejoins: *Owt! owt! here ys a grete wondere!* (v.713). At moments such as these, the exclamations of the Jews are voicings, not just of their own amazement at miraculous events, but of what must be the audience's wonderment at the miracles of stagecraft. They call attention to the skills of the prop-master, and the object of their attention extends beyond the mimesis of theater to the education of the audience. It is as if

---

50 See the materials assembled in Gibson (note 31), p. 34 f.

these characters provide the spectator with a vocabulary of theatrical response, as if the viewer must exclaim *here ys a grete wondere!* and in the process further blur the line between spectatorship and participation.

These emphases on both the specificity of stage direction and the wonderment of character response realigns the relations of the audience and the performers. They make the populace part of the directed actorship of theater, bringing them into the controlled space of dramatic performance. At the close of the play, when the audience becomes a congregation, the confines of theatrical disbelief may break down and liturgical reality may take over. But, as Sarah Beckwith has astutely argued,

»alternatively, it is possible to see this ending of the play not so much as the movement out of theatrical space, but rather the absorption of procession into theater. The spectators, the ›congregation‹, become not so much processors, following the body of Christ (which is, after all, a stage prop), but actors, absorbed into the histrionic heart of the play.«[51]

What I am suggesting is that the logic of this absorption has been controlling ›Croxton‹ almost from its opening: a self-consciousness about the nature of theatrical performance and the powers of stagecraft to effect a reintegration of the severed limbs of the social body. Where I would differ somewhat, too, from Beckwith's emphases is in attending to the influences of the legal, as well as liturgical, theory and practice of the time. For what the ›Croxton Play‹ does is offer in mimetic, representational, staged form, a vision of bodily dismemberment strikingly akin to the forms of punishment still practiced on the high streets and the marketplaces of the towns in the late fifteenth century. What it also shares with the borough punishments is a rhetorical affinity with customary law. The language of stage direction and of borough law share a concern with direction and control. Both set themselves the task of placing action precisely in time and space: for customary laws, the constant rhetoric of ›if‹ and ›when‹ that introduces the announcement of a punishment and guides the sequencing of actions in the narratives, and moreover, the precise locations of those punishments in public places, complete with the props, machinery, and actors necessary to perform them. What the spectators have been absorbed into is not just the theatrics of the show but the legal system through which such theatrics may be pressed into the service of both punishment and salvation.

But if the close of ›Croxton‹ offers up a vision of incorporation – a vision, much like that of Lydd's decrees, calibrated towards the maintenance of the social body and the exclusion or benign reincorporation of a community's disiecta membra – it also limns a view of fragments. The world conjured by the play's Jews, much like that evoked by Lydd's accounts, remains a world of things: of objects whose significance and social function have been radically transformed into the props of theater. The Host, the tools, the body parts, even, as in the case of Lydd, the knife and cartwheel, are the paid-for instruments of pain. For ›Croxton‹, the commodification of the Host rests with the merchant Aristorious. His bargaining over its price transforms its absolute and stable value as symbol into something that may be exchanged: a thing of fluid, and thus ultimately, of debased

---

51 Beckwith (note 13), p. 78.

worth.[52] For Lydd, the annalistic impulse to record places a value on everything. Indeed, one might say that the very principle of annalistic inclusion depends on whether a price can be set for object or for deed. That 12d was paid out for the punishment of Thomas Norys; that the man with the dromedary was paid 8d; or that the minstrels, players, and performers of the local and the visiting troupes were reimbursed for expenses makes all these actions part of an economy of spectatorship.

The iterative feel of the account of Jack Cade's porpoise in the Lydd records, for example, takes this fish and centers it in an elaborate display of political fealty. By the time one reaches the end of this string of accounts, on cannot help but *see* this creature, and see it no longer as a simple gift or even as a piece of ritual exotica, but as an object of delectation. The very parade of the oddity (whether it be a porpoise or a dromedary or a self-mutilating cutpurse) becomes a source of entertainment and expense. The commodification of these objects of intrigue, then, goes beyond the simple civic act of payment and separates the thing paid for from its action. The objects of the Lydd records are forgrounded as objects: as props for the agency of pain or power that, in the end, come to replace the very actions of that power.

These fascinations with the props of legal and liturgical theatrics bespeak what may be a broader and more compelling affiliation between ›Croxton‹ and the traditions of punitive spectacle. The banns that open ›Croxton‹ deploy the polysemous linguistic resources of late Middle English to affiliate the drama of the play with the impulses of judicial visualization. The Second Vexillator announces at the close of the play's banns:

> And yt place yow, thys gaderyng þat here ys,
> At Croxston on Monday yt shall be sen;
> To see the conclusyon of þis lytell processe
> Hertely welcum shall yow bene.
> (v. 73–76)

These lines have long been valued for their information on the provenance of the play: its *Croxston* has been identified as Croxton in East Anglia, and from this re-

---

52 Ibid., p. 79.
53 Bevington (note 33), p. 756, remarks, »Although a number of places named ›Croxton‹ have been found in the Midland area, local allusions to ›colkote a lytyll besyde Babwell Mill‹ make it clear that the play was performed near Bury St Edmunds in Suffolk«. This information is pressed into the service of Gibson's (note 31, p. 34) argument that the ›Croxton Play‹, in spite of its exotic location in Aragon, Spain, »is pointedly East Anglian in its topography of mind and purpose«. Beckwith (note 13), p. 70, develops Gibson's claims to aver that »it is evident that the play has definite connections with Bury St Edmunds, and was possibly written for performance there in the first instance«, and her note to this passage affirms: »Arguments about the authorship and production of the play are inevitably speculative; the Bury St Edmunds connection seems, however, irrefutable« (p. 85, note 25). Except for the mentions of Croxton and *colkote a lytyll besyde Babwell Mill* (which Gibson believes is »the ›Tolcote‹ or tollhouse just opposite the friary near the North Gate of Bury«, p. 34), there is no other evidence to link the play irrefutably with Bury St Edmunds. As I will argue at the close of this paper, what counts as evidence in understanding the ›Croxton Play‹ as a *document* are the details of its manuscript – details which locate it in environments specific to the second quarter of the sixteenth century, not the last half of the fifteenth.

ference scholars have spun out a skein of associations on the play's affiliations with East Anglian dramatic and religious culture.[53] But, as important as this reference to a place are these lines' definitions of a genre. For what the Second Vexillator does is define both the nature of the play and the expected situation of its viewership. The invitation is to *place yow*, to take a present gathering of individuals and transform them into an audience for theater by directing them to both the time and locus of performance. What will be seen there and then is the conclusion of a process – not simply how the plot turns out but how the law works. Middle English ›proces‹ meant not just story, tale, or action, but connoted the proceedings of the law, an action, or a suit. The ›Middle English Dictionary‹ cites a range of usages throughout the fourteenth and the fifteenth centuries that define the ›proces‹ as a course of legal argument or judgment,[54] and the sense of ›Croxton‹'s invitation to behold the *conclusyon* of this process evokes the ambiance of law court and of public judgment. The emphasis on justice visualized here recalls the remarks of the Second Vexillator at the beginning of the banns:

Souereyns, and yt lyke yow to here þe purpoos of þis play
That ys representyd now in yower syght
(v. 9 f.).

The Middle English ›representen‹, too, has a set of late medieval legal connotations: to bring an offender or a prisoner into the custody of officers of the law.[55] To represent, conclude, or behold a process – all have about them the veneer of legal diction, and what I suggest is that this creates a context of allusion and connotation in which we may understand the function of the banns as (in addition to an invitation to behold a play) a summoning to bear witness before a legal action.

One function of these banns, then, is to associate theatrical and legal performance in a way that initiates those blurrings of the lines between drama and law, mimesis and action, spectatorship and participation that are the business of the play itself. The banns, together with the final notes on title, dramatis personae, and performance that end the text of the play in its manuscript, thus bracket the play text itself with two sets of remarks on generic, formal, and dramaturgical definition. The title of the play (›The Play of the Blyssyd Sacrament‹), the historical event behind it (the miracle at Aragon in 1460), the list of dramatis personae, and the enigmatic remark that *IX may play yt at ease*, all constitute the information that may help the reader understand the nature of this document. They situate the body of the play in the generic and dramatic norms of late-medieval performance: in the familiarities of Eucharist miracle and of travelling theater. The purpose of these closing notes is to make the play playable and to redefine its subject as not one of action – *þe Conuersyon of Ser Jonathas þe Jewe*, as the manuscript's title has it following the banns – but of thing. This is a play, now, of the blessed sacrament, of an event in the history of an object, a play that, for all its challenges to dramaturge or prop-master, nine may play at ease.

---

54 *Middle English Dictionary*, ed. Hans Kurath, Ann Arbor 1956 ff., s. v., ›proces‹, def. 4. The *MED* offers a definition (3. f.) of the word as »a play, pageant, or performance«, but cites only this passage from the ›Croxton Play‹ as evidence.
55 *MED* (note 54), s. v., ›representen‹, def. 1. b.

V.

Just what is, then, the ›Croxton Play of the Sacrament‹: a play, a representation, a process; a story of a miracle grounded in historical fact; a piece of itinerant theater, offered up, on this occasion, at a small town in East Anglia? These are the questions raised, not just by modern scholarship, but by the play itself. ›Croxton‹, as I have argued, thematizes the problems of drama, takes the details of liturgical and legal performance and self-consciously reflects on their effects on a viewing public, compelling them to play both spectators and participants. Its vivid presentations, as well as its specific directions for performance, draw on what I have sought to identify as the traditions of customary law – not just in that both attend to the brutal mutilations of the body and the fascinations with the tools of punishment but, furthermore, in that both blur constructively the line between viewer and actor, practice and performance, history and fiction. Such blurrings may help us to redefine the nature of late medieval theatricality by locating the spectatorial impulse not only at the stage but on the high street. The cultural connections between reading habits, religious devotion, and punitive spectacle made in the last decades of the fifteenth century (connections that I have only been able to sketch here) create the possibilities of interchange between what may have been traditionally separate forms of institutional expression. That law or liturgy appears theatrical, or that the drama draws on features of legal and liturgical practice, are cultural phenomena that share in a new emphasis on vision and display in late medieval English life and that associate the body and the book as inscribed documents of social understanding.

The fascinations with the fragment, therefore, are perhaps a natural result of seeing bodies whole and broken on the stage, the altar, or the high street. If ›Croxton‹ is in any sense a ›funny‹ play, or if the borough customs of bodily punishment have perhaps an unfortunate risibility about them, it may also be due to their emphases on fragmentation. Such texts are comic in a dark sense, one that, as Carolyn Walker Bynum has phrased it, »undergirds our sense of human limitation«, and that, in its revelry in bodies shattered or disfigured, shows us a narrative of human history where »the pleasant [has been] snatched from the horrible by artifice and with acute self-consciousness and humility.«[56] In effect, this is what the ›Croxton Play‹ and Lydd's decrees have done. By offering a vision of incorporation and the miracle of Jewish conversion, ›Croxton‹ snatches something, if not pleasant, than at least both amusing and redemptive from the horrible. And if the punishments at Lydd inflicted, to the modern eye, undue pain on the body of a pickpocket, they provided a drama of social control for a community accustomed to the theatrics of local play, visiting entertainers, and the occasional exotica of everyday life.

---

56 Carolyn Walker Bynum, *Fragmentation and Redemption*, New York 1990, p. 24 f.

Inszenierte Wirklichkeit und literarisierte Aufführung. Bedingungen und Funktion der ›performance‹ in Spiel- und Chroniktexten des Spätmittelalters

GERHARD WOLF

I.

Seit jeher ist es für die Altgermanistik ein unbefriedigender Zustand, daß ihre Texte, deren Vermittlung so entscheidend von ihrer ›performance‹[1] geprägt ist, so wenig explizite Informationen über Umstände, Bedingungen und Wirkungen ihrer Aufführung enthalten.[2] Eine gewisse Ausnahme stellen nur die weltlichen und geistlichen Spiele dar, zu denen gelegentlich Bühnenpläne, Abrechnungsunterlagen, Dirigierrollen, Regieanweisungen, sogar Berichte von konkreten Aufführungen in historiographischer Überlieferung erhalten sind. Dabei können erstaunliche Details über die dramaturgischen Gegebenheiten von Passions-, Oster- oder Fastnachtsspielen[3] zutage gefördert werden, und zugleich erlaubt es das Nebeneinander von Spielüberlieferung und historiographischem Bericht, das Verhältnis der beiden Texttypen zu beobachten. An diesen Stellen läßt sich denn auch eine Interdependenz zwischen der Sprache der Körper und jener der Texte beschreiben.

---

1 Zum Begriff vgl. Victor Turner, *The anthropology of performance*, New York 1987, S.72–98; zur Verwendung in der Mediävistik Zumthor, *Die Stimme und die Poesie*.
2 Die Diskussion der Aufführungsbedingungen hat sich bislang auf den Minnesang konzentriert; vgl. dazu Kuhn, »Minnesang als Aufführungsform«; Kleinschmidt, »Minnesang als höfisches Zeremonialhandeln«; zur Forschungsgeschichte Strohschneider, »Aufführungssituation«.
3 Die Literatur zum Spiel des Mittelalters kann hier nicht verzeichnet werden. Nützliche Einführungen in den Gegenstand bietet immer noch David Brett-Evans, *Von Hrosvit bis Folz und Gengenbach. Eine Geschichte des mittelalterlichen deutschen Dramas*, 2 Bde., Grundlagen der Germanistik 15 u. 18, Berlin 1975; sowie zu den geistlichen Spielen Rolf Steinbach, *Die deutschen Oster- und Passionsspiele des Mittelalters*, Kölner Germanistische Studien 4, Köln u. Wien 1970; speziell zum Aufführungsaspekt vgl. Rainer H. Schmid, *Raum, Zeit und Publikum des geistlichen Spiels. Aussage und Absicht eines mittelalterlichen Massenmediums*, München 1975; Herman Braet, Johan Nowé u. Gilbert Tournoy (Hrsg.), *The Theatre in the Middle Ages*, Löwen 1985; Bernd Neumann, *Geistliches Schauspiel im Zeugnis der Zeit. Zur Aufführung mittelalterlicher religiöser Dramen im deutschen Sprachgebiet*, 2 Bde., München 1987; zur Überlieferung der Spiele vgl. Rolf Bergmann, *Katalog der deutschsprachigen geistlichen Spiele und Marienklagen des Mittelalters*, Veröffentlichungen der Kommission für deutsche Literatur des Mittelalters der bayerischen Akademie der Wissenschaften, München 1986.

Im folgenden sollen aber nicht nur die ›performance‹-Situationen von Spielen, deren Aufführung explizit als solche gekennzeichnet war, untersucht werden; vielmehr geht es auch um spielanaloge Inszenierungen, die im Rahmen anderer lebensweltlicher Interaktionen stattfanden beziehungsweise erst deren Rahmen bildeten. Dazu gehören jene schwankhaften Inszenierungen,[4] die in Chroniktexten überliefert und so detailliert auf ihre konkrete ›performance‹ hin konzipiert sind, daß es scheint, als ob sie zum Zweck ihrer Reproduktion geschildert werden. Diese ›Schwänke‹ sind verortet in einem alltäglichen Kontext, ihre ›performance‹ wird nicht eigens angekündigt, sondern als ad-hoc-Geschehen inszeniert, und das Publikum wird über den artifiziellen Charakter der Kommunikation bewußt im unklaren gelassen.[5] Anders als bei einem angekündigten Spiel, wo dies auch nicht in jedem Fall gilt, weiß der Rezipient hier weder, daß er unterscheiden muß zwischen dem Darsteller und der dargestellten Person, noch daß die vorgeführten Handlungen nicht die der darstellenden Personen sind.[6] Gemeinsam ist beiden Aufführungstypen die Dominanz körpergebundener Kommunikation.[7] Sie unterscheidet sich von literarischer grundsätzlich darin, daß sie offen ist gegenüber der Kontingenz der jeweiligen konkreten Aufführung und der dabei ständig präsenten Beziehungen zur Außenrealität. Während die (private) literarische Kommunikation vom Rezipienten nach eigenem Gutdünken begonnen und beendet werden kann, entwickelt die öffentliche ›performance‹ aus dem Zusammenwirken von inszeniertem Geschehen und nicht vorhersehbaren Reaktionen von Spielern und ›Zuschauern‹ ihre eigene Dynamik. Insofern kann also die Aufführung eines Spieles auch scheitern. Während die private Lektüre die Auseinandersetzung mit der Mehrdimensionalität eines Textes zuläßt, ist die öffentliche, körpergebundene Aufführung so entscheidend von den Umständen der jeweiligen Situation abhängig, daß die Erfahrbarkeit des mehrdimensionalen Sinns des Gesehenen stark eingeschränkt ist[8] und sich in der Reaktion der Anwesenden auf das (Bühnen-)Geschehen eine kollektive Form der Rezeption ereignen kann. In welcher Weise sich diese entwickeln wird, ist durch Planung und Aufführung des Spiels freilich nur bedingt gezielt zu steuern.

Was hier über das Spiel gesagt wurde, gilt auch für einen weiteren spielanalogen Bereich einer kommunikativen Gesellschaft: das Ritual. In ihm bringt sich

---

4 Der performative Aspekt von ›Schwänken‹ wurde bislang von der Forschung, die die Texte nur als Erzählungen sah, zu wenig berücksichtigt. Bezeichnend dafür ist die Kürze, in der Erich Strassner den »dramatischen Schwank« des Mittelalters behandelt; vgl. ders., *Schwank*, Sammlung Metzler 77, 2. Aufl., Stuttgart 1978. Zum Schwank vgl. auch Werner Röcke, *Die Freude am Bösen. Studien zu einer Poetik des deutschen Schwankromans im Spätmittelalter*, Forschungen zur Geschichte der älteren deutschen Literatur 6, München 1987, S. 23–28.
5 Vgl. unten S. 393 f.
6 Vgl. unten S. 402.
7 Zur Kommunikation der Körper vgl. Jacques Le Goff, *Kultur des europäischen Mittelalters*, München 1970, S. 608 ff; Norbert Schindler, *Widerspenstige Leute. Studien zur Volkskultur in der frühen Neuzeit*, Frankfurt/M. 1992, bes. S. 159–167; zu den literaturgeschichtlichen Implikationen vgl. Gumbrecht, »Beginn von ›Literatur‹«.
8 Vgl. Gumbrecht, »Beginn von ›Literatur‹«, S. 21.

die Gesellschaft in Fest und Kult selbst zum Ausdruck; es wirkt gemeinschaftsstiftend, indem es die verbindlichen Normen und Leitbilder aktualisiert und einübt beziehungsweise das alltägliche und weniger alltägliche Handeln strukturiert und ordnet.[9] Auf diese Weise garantiert das Ritual, daß sich innerhalb der Gesellschaft die Kommunikation der Körper in möglichst vorhersehbaren Abläufen vollzieht. Jedes Ritual ist aber auch ein repräsentativer Akt[10] und als solcher Teil einer prinzipiell dynamischen und ungesicherten Interaktion. Die Zuschauer sind nie nur passives Publikum, und deswegen kann – wie beim Spiel – auch die ›performance‹ des Rituals scheitern.[11] Beide Formen berühren sich in der Gleichzeitigkeit von restriktiver Funktion und Offenheit gegenüber der Kontingenz der jeweiligen (Aufführungs-)Wirklichkeit, und für beide gilt, daß die Erkenntnis, die aus der Teilhabe an ihnen entsteht, eine Erkenntnis des Körpers ist. Ob und inwieweit diese sozialen und politischen Rituale tatsächlich inszeniert sind, ist ebenfalls auf den ersten Blick nicht zu erkennen.

Spiel und Ritual stehen einander dort am nächsten, wo sie Distanz zu einer Alltagsrealität aufweisen, in der Erfahrungen unorganisiert entstehen.[12] Derjenige, der ein Ritual vollzieht, repräsentiert wie der Darsteller auf der Bühne eine bestimmte Situation nach außen;[13] folglich sind seine Handlungen in ein explizites und implizites Regelkorsett eingebunden, und ihm bleibt kaum Spielraum für spontane Handlungen. Eine Kommunikation der Körper ist zwar immer noch gegeben, ja für das Gelingen des Rituals sogar unabdingbar, aber diese Körperlichkeit ist schon wesentlich restringiert. An ihre Stelle tritt sowohl im Spiel wie auch im Ritual das Moment des ›Als ob‹: Die Handlungen werden von ihren Trä-

---

9 Vgl. Hans-Georg Soeffner, »Rituale des Antiritualismus – Materialien für Außeralltägliches«, in: ders., *Die Ordnung der Rituale – Die Auslegung des Alltags 2*, Frankfurt/M. 1993, S. 102–130, bes. S. 106 ff; zum Verhältnis von Spiel, Zeremonie und Ritual vgl. Dietrich Schwanitz, *Systemtheorie und Literatur*, Opladen 1990, S. 110 ff; über die Ritualisierung des höfischen Lebens, insbesondere am Hof Karls des Kühnen von Burgund, vgl. Johan Huizinga, *Herbst des Mittelalters. Studien über Lebens- und Geistesformen des 14. und 15. Jahrhunderts in Frankreich und in den Niederlanden*, 11. Aufl., Stuttgart 1975, S. 36–72.
10 Zu den verschiedenen Aspekten der Repräsentation und ihres Verhältnisses zum Ritual vgl. Ragotzky/Wenzel, *Höfische Repräsentation*.
11 Anders als Hans Ulrich Gumbrecht sehe ich im Scheitern des Rituals kein Kriterium, in dem es sich vom Spiel abgrenzt; vgl. ders., »Für eine Erfindung des mittelalterlichen Theaters aus der Perspektive der frühen Neuzeit«, in: Johannes Janota [u. a.] (Hrsg.), *FS Walter Haug u. Burghart Wachinger*, 2 Bde., Tübingen 1993, Bd. II, S. 827–846, hier: S. 846. Insofern als im Spiel und im Ritual – darin berühren sich beide Formen mit dem Fest – unterschiedliche soziokulturelle Logiken aufeinander treffen, ist das Scheitern bei jeder Aufführung zumindest latent präsent. Vgl. dazu Roger Chartier, »Phantasie und Disziplin. Das Fest in Frankreich vom 15. bis 18. Jahrhundert«, in: Richard van Dülmen u. Norbert Schindler (Hrsg.), *Volkskultur. Zur Wiederentdeckung des historischen Alltags (16.–20. Jahrhundert)*, Frankfurt/M. 1984, S. 153–176. Vgl. auch unten S. 399 f.
12 Zum Verhältnis von Spiel und theateranalogen Bereichen wie Zeremonie und Ritual vgl. Schwanitz (Anm. 9), S. 110–128.
13 Hierin unterscheidet sich das geistliche Spiel von der liturgischen Feier; vgl. dazu Johan Nowé, »Kult oder Drama? Zur Struktur einiger Osterspiele des deutschen Mittelalters«, in: Braet/Nowé/Tournoy (Anm. 3), S. 269–313, bes. S. 270–282.

gern vorgestellt, ohne Rücksicht darauf, in welcher inneren Beziehung sie zu diesen stehen. Freilich bleibt es – abgesehen von der expliziten Spielsituation – dem außenstehenden Betrachter mitunter verborgen, ob er ein Ritual vor Augen hat oder vielleicht sogar durch seine eigenen Handlungen daran teilnimmt.

Um dies zu erkennen, bedarf es der Interpretation der jeweiligen Szene. Dies leistet die schriftliche Aufzeichnung der Spiele und Rituale, wobei die Interpretation gelenkt wird von der Einbettung der ›performance‹ in einen narrativen Gesamtzusammenhang. Aus der Konfrontation zwischen der körperlichen Wirklichkeit des Vorgestellten im Spiel oder Ritual auf der einen und der schriftlichen Aufzeichnung auf der anderen Seite ergibt sich eine Spannung, die der zwischen Körper und Literatur entspricht. Diese Spannung spiegeln einige der erhaltenen Berichte über Spielaufführungen wider, aber auch jene detaillierten Regieanweisungen, mit denen die Spielautoren der Kontingenz einer ›performance‹-Situation Herr werden wollten. Die öffentliche Aufführung wie auch jede politisch-gesellschaftlich relevante face-to-face-Kommunikation steht immer an der Grenze zum Chaos,[14] weil die Trennung von Spiel und Wirklichkeit von einem teilweise illiteraten Publikum nicht mitvollzogen wird.[15] Zugleich ist die kommunikative Gemeinschaft aufgrund des öffentlichen Charakters des Spiels gefährdet, weil durch die Einbeziehung eines größeren Publikums sowie durch das Aufeinandertreffen von Volks- und Elitenkultur völlig unberechenbare Faktoren zusammentreffen.

Insofern scheint denn auch die Untersuchung der Interdependenz von Aufführung und Schrift anhand jener ›Als ob‹-Situationen besonders lohnend, da sich daraus zwei Fragestellungen ableiten lassen: Zum einen kann analysiert werden, inwieweit sich die klassische ›Als ob‹-Situation des Spiels auch in anderen ›performance‹-Situationen wiederfindet beziehungsweise diese strukturiert, zum anderen läßt sich anhand der Überführung von Aufführungssituationen in das Medium der Schrift zeigen, welche Funktionen ›performance‹-Situationen innerhalb des literarischen Mediums haben und wie sie dieses beeinflussen. Hier stellt sich dann die an dieser Stelle allerdings nicht hinreichend zu beantwortende Frage, wie in historiographischen Texten ›performance‹-Kriterien selbst zur Inszenierung politischer und gesellschaftlicher Ordnungen beitragen und welche Modi der Wirklichkeitserfahrung und -bewältigung sich dahinter verbergen.[16] Insofern können jene Texte, welche Aufführungssituationen regulieren oder rezipieren, als Dispositive für historisch spezifische Modifikationen der Erkenntnis gelten.

Wollte man einen solchen Ansatz mit empirischer Stringenz durchführen, müßte man eine Vielzahl von Texten heranziehen. Wenn sich diese Untersuchung jedoch nur auf drei Texte des 15. und 16. Jahrhunderts konzentriert, dann geschieht dies nicht allein aus forschungspragmatischen Gründen. Der Materialbegrenzung

---

14 Zur prinzipiellen Unsicherheit der face-to-face-Kommunikation vgl. Hans Robert Jauß, *Ästhetische Erfahrung und literarische Hermeneutik*, Frankfurt/M. 1982, S. 228 f.
15 Vgl. dazu unten S. 390.
16 Vgl. dazu Gerhard Wolf, *Von der Chronik zum Weltbuch. Sinn und Anspruch südwestdeutscher Hauschroniken*, Habil. masch. Regensburg 1992, S. 272–280 u. passim.

liegt die Überlegung zugrunde, daß sich anhand von drei innerhalb ihrer jeweiligen Gattung besonders exponierten Texten auch die Bedeutung einer ›Als ob‹-Situation exemplarisch darstellen läßt; die zeitliche Beschränkung rechtfertigt die Beobachtung, derzufolge wir es hier mit Höhepunkt und Endphase der mittelalterlichen Kultur der Gestik zu tun haben[17] und sich in diesem Zeitraum »fast alles am Körper orientiert, bevor es abstrakteren Kalkülen zum Opfer fällt«.[18]

Bei der Textauswahl war zu berücksichtigen, daß sowohl die Spiele selbst und ihre Gegebenheiten berücksichtigt werden sollten wie auch literarische Berichte über Spielaufführungen und über politisch-gesellschaftliche Rituale. Die Gattung geistliches Spiel repräsentiert das ›Donaueschinger Passionsspiel‹, welches aufgrund seiner ausführlichen Bühnenanweisungen eine Sonderstellung in der Gattung einnimmt.[19] Da in ihm relativ viele Hinweise zu Gesten, Zeichen, Orten, Spielsituationen etc. verzeichnet sind, lassen sich die Restriktionen, die durch den verschriftlichten Text in die face-to-face-Kommunikation einfließen, besonders gut analysieren. Zudem zeigt sich in den Bühnenanweisungen des ›Donaueschinger Passionsspiels‹, wie sehr die Inszenierung einer ›Als ob‹-Situation als grundsätzliches Problem erkannt wird beziehungsweise wie prekär das Nebeneinander von Spiel und Alltagsrealität der Rezipienten ist.

Die face-to-face-Kommunikation und die Inszenierung gesellschaftlicher Ordnung sowie die literarische Verarbeitung von Ritualen wird anhand von zwei historiographischen Werken untersucht. Dabei wende ich mich zuerst den ›Mémoires‹ Philippes de Commynes[20] zu, einem Werk, welches sich zwar nicht auf konkrete Spielsituationen bezieht, das jedoch aufgrund seines außergewöhnlich hohen Reflexionsniveaus politisch-gesellschaftliche Rituale nicht nur schildert, sondern auch deren inszenatorischen Charakter enthüllt und zugleich die dramaturgische Problematik dieser Rituale ins Blickfeld rückt. Bei dem dritten Werk handelt es sich um die ›Chronik‹ der Grafen von Zimmern[21], die eine poetologi-

---

17 Le Goff (Anm. 7), S. 608; vgl. dazu auch Schwanitz (Anm. 9), S. 122–126; zum Verhältnis von Kommunikationsform und Bewußtseinsstruktur im Rahmen eines Medienwechsels vgl. Gumbrecht, »Beginn von ›Literatur‹«, bes. S. 21 ff.; Schmitt, *La raison des gestes*.
18 Schindler (Anm. 7), S. 160.
19 *Das Donaueschinger Passionsspiel*, hrsg. Anthonius H. Touber, RUB 8046, Stuttgart 1985. Die neuere Literatur zum ›Donaueschinger Passsionsspiel‹ ist verzeichnet bei Steinbach (Anm. 3), S. 251 f; Bergmann (Anm. 3), S. 96; vgl. auch Elly Vijfvinkel, *Das Donaueschinger Passionsspiel im Luzerner Osterspiel*, Diss. Amsterdam 1986; Anthonius H. Touber, »Die Bühnenanweisungen im Donaueschinger Passionsspiel und im Luzerner Osterspiel«, in: *Wortes anst – verbi grati. FS Gilbert A. R. de Smet*, Löwen u. Amersfoort 1986, S. 489–493.
20 Philippe de Commynes, *Mémoires*, hrsg. Joseph Calmette, Les classiques de l'histoire de France au moyen age 3, 3 Bde., 12. Aufl., Paris 1964/65. Zu Leben und Werk vgl. auch Jean Dufournet, *Sur Philippe de Commynes. Quatre études*, Paris 1982; ders.: *Etudes sur Philippe de Commynes*, Paris 1975.
21 *Zimmerische Chronik*, hrsg. Karl August Barack, 4 Bde., 2. Aufl., Freiburg/Br. u. Tübingen 1881/82; vgl. dazu: Gerhard Wolf, »Froben Christoph von Zimmern«, in: Stephan Füssel (Hrsg.), *Deutsche Dichter der frühen Neuzeit 1450–1600*, Berlin 1993, S. 512–528; ders. (Anm. 16), bes. S. 333 ff.; Schindler (Anm. 7), S. 42–77.

sche Fundgrube für das hier zu behandelnde Thema darstellt. In diesem Werk wird neben zahllosen Ritualen auch von konkreten Aufführungen weltlicher und geistlicher Spiele berichtet und zudem von der ›Veranstaltung‹ nicht angekündigter, spontaner Spiele – regelrechter ›one-man-shows‹ –, die als literarische Form meist der Gattung des Schwanks zugeordnet werden. Obwohl in der ›Zimmerischen Chronik‹ eine Unzahl von Ritualen beschrieben sind, beschränke ich mich in diesem Zusammenhang auf die Rezeption von Spielsituationen. Aus der Sicht des Chronisten ist dabei das gelungene Spiel nur von untergeordnetem Interesse, wirklich mitteilenswert erscheint ihm erst das gescheiterte Spiel. Solche Spiele – und dies gilt auch für viele Rituale – werden vom Chronisten mit besonderer Hingabe beschrieben, denn indem sie scheitern,[22] wird für einen kurzen Moment ein unverstellter Blick auf die Wirklichkeit freigegeben.[23]

II.

Das ›Donaueschinger Passionsspiel‹ aus dem letzten Drittel des 15. Jahrhunderts unterscheidet sich von anderen geistlichen Spielen durch Anzahl und Gestaltung seiner Bühnenanweisungen.[24] Während in den meisten Spieltexten die in lateinischer Sprache abgefaßten Bühnenanweisungen dazu dienen, die Bewegungen der Darsteller zwischen den einzelnen Bühnenpositionen anzugeben, den Sprecherwechsel zu bezeichnen, und allenfalls sparsame, den Evangeliumstext illustrierende Handlungen verlangen,[25] enthält das ›Donaueschinger Passionsspiel‹

---

22 Zum Scheitern von Konstruktionen als Voraussetzung für die Erkenntnis der Realität vgl. etwa Theo Reucher, *Das Glas hat einen Sprung*, Darmstadt 1993, S. 70–91.
23 Daß die Untersuchung der literarischen Rezeption von Aufführungen auch sozialgeschichtlich von Interesse ist, weil hier Friktionen zwischen Volks- und Elitenkultur zu beobachten sind, sei hier nur am Rande erwähnt; vgl. dazu auch Schindler (Anm. 7), S. 122.
24 Das ›Donaueschinger Passionsspiel‹ ist wegen seiner dramatischen Gebärdensprache berühmt; vgl. Steinbach (Anm. 3), S. 217–222. Auch in den Fastnachtspielen – etwa im ›Großen Neidhartspiel‹ – findet sich gelegentlich eine ausführliche Szenenregie; vgl. *Neidhartspiele*, hrsg. John Margetts, Wiener Neudrucke 7, Graz 1982, S. 56, S. 76 u. S. 86 f.
25 Touber geht in seiner Ausgabe des *Donaueschinger Passionsspiels* (Anm. 19), S. 34–40, davon aus, daß die Regieanweisungen der geistlichen Spiele – und besonders die des ›Donaueschinger Passionsspiels‹ – sich an Szenen der darstellerischen Kunst anlehnen: Das Spiel wirke in vielen Szenen wie ein tableau vivant und sei deswegen mit dem mittelalterlichen Andachtsbild vergleichbar. Dies mag zwar für eine Reihe von Spielen zutreffen, jedoch gehen die Regieanweisungen des ›Donaueschinger Passionsspiels‹ insofern darüber hinaus, als die Reflexion über die Bühnendarstellung auch dort einsetzt, wo es nicht um die Bildebene geht. Die traditionelle Ausfüllung der Heilsgeschichte repräsentieren etwa die Bühnenanweisungen des ›Frankfurter Passionsspiels von 1493‹, in: *Das Drama des Mittelalters*, hrsg. Richard Froning, Darmstadt 1964.: *Joselin dicit ad Judeos vertens se ubique* (V. 3760a); *Salman Judeus* (V. 3764a); *Cursor Pilati apponit literam cruci, ubi scriptum est: »Jhesus Nazarenus, rex Judeorum«. quo facto servus redit ad Pilatum. Judei murmurant contra literam* (V. 3778a–c). Vgl. dazu das ›Donaueschinger Passionsspiel‹, V. 1620a–d.

eine Reihe von Anweisungen, die genaue Vorgaben für dramaturgische Szenen auf der Bühne enthalten. Beim Entwurf dieser Bühnenszenen kam der Autor offenbar zwangsläufig zu Überlegungen hinsichtlich der besonderen Eigenart von ›performance‹, zu der grundsätzlichen Differenz zwischen Zeichen und Bezeichnetem. Damit grenzte er den Text eindeutig von seinem liturgischen Ursprung ab, denn Liturgie ist zu verstehen als gegenwärtiger Vollzug von Gottes Heilshandeln, nicht als dessen Darstellung.[26] Seinen Niederschlag findet dies in der – vor allem am zweiten Aufführungstag – besonders häufigen Verwendung der ›Als ob‹-Formel in den Bühnenanweisungen.[27] Diese Formel hat verschiedene Bedeutungen.[28] So bringt der Autor damit zum Ausdruck, daß die Handlungen der Darsteller nicht real sind.[29] Die Bühnenanweisung verlangt etwa von der Darstellerin, die die Rolle von Pilatus' Frau spielt, sie solle so tun, *als ob sÿ schlieff* (V. 2975c), wenn der Teufel an sie herantritt, um ihr einzuflüstern, ihrem Mann die Kreuzigung Jesu Christi auszureden. Auch bei der Gefangennahme Jesu weist der Autor mit der ›Als ob‹-Formel darauf hin, daß sich Malchus nur so verhalten solle, als habe ihm Petrus ein Ohr abgeschlagen (V. 2116a–g). Wichtiger für unseren Zusammenhang ist eine andere Verwendung der Formel: Der Autor benutzt sie auch dann, wenn er signalisieren will, daß zwischen Handeln und Intention der dargestellten Person eine Diskrepanz besteht. So geben die Jünger am Ölberg nur vor, sie wollten beten, in Wirklichkeit sind sie müde und schlafen ein. Als ihnen Christus dies vorhält, erwachen sie und markieren konzentriertes Beten (V. 2017a–c; V. 2027a–c). Auch wenn der Jude Israel Petrus erschrecken will, heißt es, der Darsteller solle *gegen / petro louffen als ob er in well / fahen* (V. 2392a–b), selbst wenn dies nur eine Drohgebärde bleibt.[30]

Trotz der häufigen Verwendung der ›Als ob‹-Formel im ›Donaueschinger Passionsspiel‹ verwundert es, daß sie an entscheidenden Stellen fehlt – etwa in den brutal-naturalistischen Geißelungsszenen oder bei den detaillierten Anweisungen für die Kreuzigung. Hier verfährt der Autor so, wie es auch in den anderen Spielen üblich ist, wo ebenfalls keine distanzierende ›Als ob‹-Ebene in den Text eingezogen wird, und der Eindruck der Unmittelbarkeit entsteht. Deswegen ist nach weiteren Motiven für die Verwendung der ›Als ob‹-Formel zu fragen. Aus-

---

26 Zur Abgrenzung von Spiel und Liturgie vgl. Nowé (Anm. 13), bes. S. 269–275.
27 Vergleichbares findet sich zwar auch in anderen Osterspielen oder selbst schon in den Osterfeiern: *in imaginario sepulcro, ex personis mulierum* etc. (zitiert nach Nowé [Anm. 13], S. 280). Insofern grenzt sich auch das ›Donaueschinger Passionsspiel‹ mit dieser Formel von der Liturgie ab, aber darüber hinausgehend hat diese Formel hier eine dramaturgische Funktion.
28 Zur Formel vgl. Nowé (Anm. 13), S. 281. Eine kleine Typologie der Interaktionsprogramme des ›Als ob‹ im Theater bietet Schwanitz (Anm. 9), S. 110–115. Zu den Implikationen eines ästhetischen Rollenverhaltens vgl. Jauß (Anm. 14), bes. S. 226–231.
29 Vgl. Touber (Anm. 19), S. 491.
30 Ein weiteres Beispiel bietet das ›Donaueschinger Passionsspiel‹, V. 3116a–b: *iechomas zuht sein kolben als ob / er Simon wolte schlachen vnd zücht / in zum crütz vnd spricht*. Iechomas droht nur mit dem Einsatz des Prügels, benutzt ihn jedoch nicht. Dafür zieht er Simon dann realiter zum Kreuz hin.

schlaggebend sind zunächst dramaturgische Gründe: In einigen Szenen geben die Dialoge der Darsteller nicht genügend Auskunft über das Geschehen. So ist etwa bei Petrus' Attacke gegen Malchus die gesamte Handlung ins Gestische verlegt; dem Autor war daran gelegen, die wenigen unmittelbaren Handlungsszenen des Bibeltextes dramaturgisch besonders attraktiv zu gestalten.[31] Die Reflexion über den spezifischen Status eines Bühnengeschehens, über seine Abgrenzung von der Alltagsrealität und über seine rezeptionsästhetischen Impulse entzündet sich dort, wo der Spieltext schweigt. Dem entspricht auch, daß solche Szenen nicht aus dem Zentrum der Heilsbotschaft stammen dürfen. Bei der Kreuzigung und der Grablegung vermeidet es der Autor strikt, durch eine ›Als ob‹-Formulierung den dramaturgischen Charakter sichtbar werden zu lassen.

Doch nicht nur pragmatische Überlegungen veranlaßten den Autor zu einer genaueren Beschäftigung mit den Prinzipien der Darstellung, sondern analog dazu auch jene Passagen des Evangeliums, in denen der Evangeliumsbericht selbst für den geistlichen Regisseur unbefriedigend war. So erwähnt allein das Matthäusevangelium (Mt 27, 3–10) den Selbstmord des Judas, läßt jedoch alle näheren Umstände seines Todes unberücksichtigt. Die Mehrzahl der Passionsspiele folgen dem Schrifttext: Im ›Mittelrheinischen Passionsspiel‹ etwa wird nur mitgeteilt, daß Judas Selbstmord begangen und sich dadurch der Gnade Gottes beraubt habe (V. 852–869). Die Regieanweisung des ›Donaueschinger Passionsspiels‹ hingegen fordert eine höchst komplizierte Darstellung dieses Selbstmords. Im großen Abstand zum Bericht des Matthäus wird die Mitwirkung des Teufels bei Judas' Selbstmord dargestellt: Wenn Judas den Verrat Jesu Christi bereut und nicht weiß, wie er sich *halten sol* (V. 2429), steht auch schon ein Teufel mit Rat und Tat bereit: *nu kumpt beltzeback der tüffel/ mit eim strick louffen vnd gat/ vmb iudas schwenken* [...]. Die Inszenierung des direkten Wegs des Verräters in die Hölle stellt sich der Autor der Regieanweisungen dann so vor:

> Ein Seil ist zwischen einem Baum und der Hölle gespannt. Der Teufel Belzebok legt einen Strick um Judas' Kopf und befestigt den Strick an einem Haken unter Judas' Kleidung und an einer Scheibe am Seil. Danach setzt sich der Teufel auf ein Bänkchen, das auch mit Rollen am Seil hängt, und zusammen fahren sie zur Hölle, während der Unterteufel Fäderwusch unter dem Seil mitläuft, wohl um zu schieben und zur Überwachung des gefährlichen Vorgangs.[32]

Durch diesen spektakulären Vorgang, in dem ein Requisit sowohl das Mittel zum Selbstmord als auch den Weg zur Hölle darstellt, wird das Augenmerk des Publi-

---

31 Vgl. dazu die entsprechende Regieanweisung (›Donaueschinger Passionsspiel‹, V. 2116a–h): *Nu truckent die iuden gegen dem/ saluator vnd doch nit gantz zů im vnd gat malchus vor dran/ als ob er den saluator allen well/ fachen das er sicht petrus vnd/ zuckt sin schwert vnd schlecht/ malchus zum kopff der falt den/ nider als ob er im ein or ab sy so gat/ der saluator hin zů vnd thůt glich/ als er im daz or wider an satzt vnd/ Spricht zů petro.*

32 Paraphrase von Touber, *Donaueschinger Passionsspiel* (Anm. 19), S. 291. Ebenso wie die auf der Bühne installierte ›Seilbahn‹ zur Hölle nachdrücklich über die direkte Heilsverwirkung durch den Selbstmörder aufklärt, wirkt die Anweisung, daß die beiden Schächer am Kreuz ein *bildly im mull han, als ob es ein/ sel were* (V. 3487a) und ein Engel und ein Teufel diese Bilder in den Himmel bzw. in die Hölle tragen.

kums sehr nachdrücklich auf den Spielcharakter des Schauspiels gelenkt – die Vermittlung des Heilsgeschehens tritt in solchen Szenen eindeutig hinter die Theatralisierung zurück. Der Autor will den Vorgang – offenbar im Gegensatz zu anderen Spielen, in denen lediglich ein Dialog oder Monolog vom Selbstmord des Judas berichtet – mit abschreckender Wirkung in Szene setzen und zugleich zum Ausdruck bringen, daß Judas erst damit und nicht wegen seines Verrats sein Seelenheil verwirkt hat. Dazu muß auf der Bühne eine sinnlich wahrnehmbare Beziehung zwischen Judas und der Hölle in Szene gesetzt und der Teufel als derjenige identifiziert werden, der Judas zum Selbstmord verführt hat. Die Regieanweisung dient so der Bewältigung eines exegetischen Problems, denn im Evangelium wird der Selbstmord des Judas eben nicht verurteilt, es wird lediglich davon berichtet.

Wenn das ›Donaueschinger Passionsspiel‹ in diesen Regieanweisungen dezidiert eine Bühnenrealität erzeugt und parallel dazu mit der explizierten ›Als ob‹-Ebene verschiedene Bedeutungsebenen des Gesehenen entfaltet, dann stellt sich die Frage nach der Funktion dieser Phänomene auch im Hinblick auf die Interdependenz zwischen Aufführung und Schrift. In den Regieanweisungen wird das Spiel als Spiel kenntlich gemacht. Dabei vermeidet es der Autor gezielt, das vorgeführte Geschehen als realitätsnahe Nachahmung der Heilsgeschichte darzustellen. Vielmehr schafft er durch die aufwendigen Inszenierungen eine eigene Bühnenwirklichkeit, die eben als eigenständig-ästhetische erscheint und das Spiel als solches transparent macht.[33] So kleidet sich der Darsteller des ins Grab gelegten Christus für die Höllenfahrt nicht etwa heimlich im Grab um, sondern er tritt aus dem Grab heraus und legt für alle sichtbar priesterliche Gewänder an (V. 3700a) – eine Handlung, mit der der Spielcharakter des Geschehens unterstrichen wird.[34] Offenbar soll zwar auf der einen Seite die Bühnendarstellung das Publikum affizieren, gleichzeitig aber eine Identifizierung des Gesehenen mit der Heilsgeschichte vermieden werden. Auch damit wird das Spiel eindeutig von der Liturgie, in der sich die Heilsgeschichte gegenwärtig vollzieht, abgegrenzt.[35]

---

33 In diesen Zusammenhang gehört auch die beginnende Abgrenzung von Bühne und Zuschauerraum, die sich anhand eines Vergleichs von ›Alsfelder Passionsspiel‹ und ›Alsfelder Dirigierrolle‹ beobachten läßt: Während die frühere Dirigierrolle noch den gemeinsamen Gesang von Zuschauern und Spielern kennt, entfällt dies im späteren Spiel; vgl. Christoph Treutwein, *Das Alsfelder Passionsspiel. Untersuchungen zur Überlieferung. Edition der Alsfelder Dirigierrolle*, Germanistische Bibliothek, Heidelberg 1987, S. 55.

34 Die Nähe zum epischen Theater der Neuzeit ist an solchen Stellen unübersehbar. Diese Technik findet ihre Entsprechung auf der Dialogebene im ›Künzelsauer Fronleichnamsspiel‹; vgl dazu den Aufsatz von Ralph J. Blasting »Metatheatrical elements in the ›Künzelsauer Fronleichnamsspiel‹«, in: *Monumentum dramaticum. FS Eckehard Catholy*, hrsg. Linda Dietrick [u.a.], Waterloo/Ont. 1990, S. 93–103.

35 Vgl. Nowé (Anm. 13), S. 281. Gumbrecht (Anm. 11), S. 830, betont zu Recht den Bruch zwischen Liturgiefeier und mittelalterlichem Theater. Ich gehe ebenfalls davon aus, daß die Bedeutung der ›performance‹ für die mittelalterliche Welt in deren gestischer Erkenntnisstruktur zu suchen ist und daß die Form der Liturgiefeier sich ebenfalls hieraus ableiten läßt.

Allerdings kann man es nicht dabei belassen, für das ›Donaueschinger Passionsspiel‹ die Manifestation einer eigenen, von Liturgie und Alltag abgehobenen Bühnenwirklichkeit zu konstatieren. Wenn der Autor darüber hinaus in den Regieanweisungen die ›Als ob‹-Ebene auch dazu benutzt, die Bühnenhandlungen der Darsteller – etwa das angebliche Gebet der Jünger im Garten Gethsemane – in ihrem Täuschungscharakter zu decouvrieren, dann läßt dies auf ein Interesse schließen, die Zuschauer überhaupt auf verschiedene Facetten von Wirklichkeitswahrnehmung und -darstellung aufmerksam zu machen. Die Regieanweisungen mit ihren verschiedenen ›Als ob‹-Ebenen sind demnach ein Hinweis darauf, daß sie für den Autor nicht nur Versuche sind, die Form der Aufführung seines Textes möglichst umfassend und verbindlich zu regeln, sondern daß er sich in ihnen mit den Bedingungen der Bühnenrealität beschäftigt.[36] Insofern wird eigentlich erst in den Regieanweisungen der performative Aspekt zum Ausdruck gebracht; es wird der Kommunikation der Körper auf der Bühne eine Form gegeben, die zwar die Darsteller in ihren Handlungsmöglichkeiten einschränkt,[37] aber gerade dadurch das Gesehene als Inszenierung zur Geltung bringt[38] und deutlich von der Alltagsrealität absetzt.[39] In den Regieanweisungen manifestiert sich demnach das Bewußtsein der Entwicklung einer eigenständigen Bühnenwirklichkeit. Damit aber kann ›performance‹ auf der Bühne zu einem eigenständigen Bereich werden, der sich aus der alltäglichen ›performance‹ ausdifferenziert.

Wenn diese Perspektivierung der Wahrnehmung sich in den Regieanweisungen widerspiegelt und in der Schriftlichkeit greifbar wird, dann ist auch danach zu fragen, welche Konsequenzen sich daraus für die Funktion des überlieferten Textes des ›Donaueschinger Passionsspiels‹ ergeben. Es muß mithin die in der Spielforschung der jüngsten Zeit zentrale Frage behandelt werden, inwieweit es sich um einen Aufführungs- oder Lesetext handelt.[40] Die Handschrift selbst ist

---

36 Insofern ist auch die Annahme Bergmanns (Anm. 3), S. 96, zu modifizieren, daß das »Verzeichnis der Bühnenorte und die Bühnenanweisungen [...] deutlich für eine Bestimmung der Handschrift als Aufführungsexemplar« spricht.
37 Vgl. dazu auch Gumbrecht (Anm. 11), bes. S. 834 ff.
38 Dazu gehört auch jene Szene aus dem ›Donaueschinger Passionsspiel‹ (V. 3615a–3631), in der die Figur der Christiana aus dem Spielgeschehen heraustritt (*Christiana facht an vnd spricht/ zů aller welt;* V. 3615a) und zur Verfolgung der Juden aufruft: *O ir schwestern vnd brüder min/ helffent mir rechen dise tat/ an dem falschen iudischen rat* (V. 3625–3627).
39 Man darf die Schwierigkeit nicht unterschätzen, eine eigenständige Bühnenwirklichkeit gegen den Augenschein der Zuschauer durchzusetzen. Bezieht man die Bedingungen der Simultanbühne mit ein, auf der nicht nur die meisten Darsteller ständig präsent sind, sondern auch die einzelnen Spielorte für sich einen visuellen Anreiz bilden, dann ist es unübersehbar, daß die Bühnenwirklichkeit sehr viel mit der bunten und unübersichtlichen Fülle alltäglichen Lebens gemein hat. Insofern schließt sich die Innovation auch wiederum eng an die Erfahrungswelt der Zuschauer an; vgl. dazu auch Gumbrecht (Anm. 11), S. 838.
40 Gegen eine »Einengung der Funktionsbestimmung [der Handschriften] auf die Alternative Aufführungstext oder Lesetext« wendet sich Rolf Bergmann, »Aufführungstext und Lesetext. Zur Funktion der Überlieferung des mittelalterlichen geistlichen deutschen Dramas«, in: Braet/Nowé/Tournoy (Anm. 3), S. 314–329, hier: S. 329; vgl. dazu auch

eindeutig eine Abschrift, wobei die Dialoge mit schwarzer, die Regieanweisungen mit roter Tinte geschrieben worden sind. Das einheitliche und sorgfältige Schriftbild läßt darauf schließen, daß der Kopist dem Leser auch einen ästhetischen Genuß bereiten wollte. Außerdem richtet sich der Text eindeutig an einen des Lateinischen unkundigen Leser, da die Regieanweisungen, sonst in Latein gehalten,[41] hier in der Volkssprache abgefaßt sind. Man wird die Möglichkeit, daß dieser Text auch als Grundlage weiterer Aufführungen gedacht war, sinnvollerweise nicht ausschließen wollen. Die Qualität der Regieanweisungen zeigt jedoch auch, daß hier grundsätzliche dramaturgisch-poetologische Überlegungen eingeflossen sind, die über den konkreten Anlaß der Spielaufführung hinausgehen.[42] Fast scheint es, als habe dem Verfasser der Regieanweisungen der Spieltext vorgelegen, und er machte sich sowohl Gedanken darüber, an welchen Textstellen Verständnisbarrieren auftraten, als auch über die Bedingungen und Möglichkeiten einer perspektivierenden Interpretation der Heilsgeschichte auf der Bühne. Dies gilt nicht für den ganzen Text – über weite Passagen sind die Regieanweisungen des ›Donaueschinger Passionsspiels‹ genauso spärlich wie bei der Mehrzahl vergleichbarer Spiele –, aber gerade an den Stellen, die für den Autor exegetische oder darstellerische Probleme aufwarfen, kommt er zur Reflexion über den Zusammenhang von Alltagsrealität und Bühnenwirklichkeit. Die Voraussetzung dafür ist der Übergang des Textes von der freien Aufführung in die Schrift. Dies geschieht nicht in Diskursform, sondern die entsprechenden Überlegungen tauchen hinter den ›Als ob‹-Formulierungen auf. Offensichtlich wollte der Autor hier den Darstellern nachdrücklich ans Herz legen, daß sie sich nicht auf die Kenntnis der Heilsgeschichte auf seiten des Publikums verlassen, sondern die entsprechenden Handlungen auch spielen sollten. Auf diese Weise geht die Darstellung beziehungs-

---

Hansjürgen Linke, »Versuch über deutsche Handschriften mittelalterlicher Spiele«, in: Volker Honemann (Hrsg.), *Deutsche Handschriften (1100–1400). Oxforder Kolloquium 1985*, Tübingen 1988, S. 527–589.

41 In der Regel sind die Regieanweisungen in lateinischer Sprache gehalten und für einen lateinkundigen Kleriker gedacht, der das Spiel aufführte. Dort erscheinen Regieanweisungen weitgehend unnötig, weil der Kleriker ja den Bericht des Evangeliums kannte und er in Fragen der Dramaturgie nicht unerfahren gewesen sein dürfte. Vgl. etwa die Geißelungsszene im *Mittelrheinischen Passionsspiel*, hrsg. Rudolf Schützeichel, Tübingen 1978: *Tunc exuant eum milites et ligant eum statuam et flagellant* (V. 917a). – *Frankfurter Passionsspiel von 1493* (Anm. 25): *Et sic exuunt sibi tunicam et ligant Jhesum ad statuam, et dicit tercius miles Ribenbart habens virgas in brachio* (V. 3439a); *Et percucient flagellis. primus miles vadit sessum (revertatum)* (V. 3457a).

42 Mit den »metatheatrical elements« in den Dialogen des Künzelsauer Fronleichnamsspiels befaßt sich Blasting (Anm. 34). Ich stimme mit Blasting darin überein, daß bei allen Spielen »the spectator can never forget for very long that they are observers of a presentation which is meant to be directly relevant to their daily lives« (S. 97). Anders als im ›Künzelsauer Fronleichnamsspiel‹ wird jedoch im ›Donaueschinger Passionsspiel‹ die Spielebene nicht ständig von didaktischen Kommentaren unterbrochen, sondern derselbe Effekt wird dadurch erzielt, daß die Aufmerksamkeit des Zuschauers möglichst von der Expressivität der Bühnendarstellung gefesselt und so das Spiel gegenüber den Störungen der Außenrealität immunisiert wird.

weise reine Illustration der Heilsgeschichte in ein wirkliches Spiel über. Damit wären die Regieanweisungen dann als das Medium zu verstehen, mit dessen Hilfe sich der Blick auf die exegetischen und dramaturgischen Möglichkeiten des Spiels öffnet. Diese werden jedoch nur dann freigesetzt, wenn das Spiel bewußt als solches begriffen wird. Zugleich deutet sich darin eine Entwicklung an, die sowohl im dogmatischen wie im soziologischen Kontext von erheblicher Bedeutung ist. Das kirchliche Ritual wird allmählich zu einem subjektiven Prozeß und die Repräsentation wird abgelöst durch Prozessualität.

III.

Am 29. August des Jahres 1475 standen sich bei Picquigny an den Ufern der Somme zwei Heere in voller Schlachtordnung gegenüber – sie waren jedoch nicht zum Kampf angetreten, sondern dienten als Kulisse für den feierlichen Akt des Friedensschlusses zwischen dem englischen König Eduard IV. und dem französischen König Ludwig XI. Eduard war ursprünglich nach Frankreich gekommen, um die Expansionspolitik seiner Vorfahren auf dem Kontinent wieder aufzunehmen, hatte sich jedoch nach zähen Verhandlungen bereit erklärt, gegen eine erhebliche Tributzahlung Frieden zu schließen und nach England zurückzukehren. Ein Friedensvertrag war bereits in allen Einzelheiten ausgehandelt, aber es bedurfte zu seiner Ratifikation der feierlichen Beurkundung durch die beiden Könige, die diesen Akt mit einer persönlichen Begegnung vollziehen mußten. Davor hatten beide Seiten Angst, denn niemand konnte sicher sein, wie die beiden bislang verfeindeten Herrscher, die sich zuvor noch nie gesehen hatten, aufeinander reagieren würden. Es mußte damit gerechnet werden, daß mögliche persönliche Animositäten zu Streit und Handgreiflichkeiten führen könnten und damit der vereinbarte Frieden in Gefahr geriete. Anderseits durfte auf das Ritual nicht verzichtet werden, damit der Friedensschluß nicht gefährdet wurde. Philippe de Commynes schildert nun in seinen ›Mémoires‹, welche Vorkehrungen getroffen wurden, damit der persönliche Kontakt zwischen den Herrschern möglich werden konnte und gleichzeitig die Friedenspolitik nicht gefährdet wurde:

> Prinse la conclusion de nostre lieu, il fut ordonné d'y faire ung pont bien puissant et assez large; et fournismes les charpentiers et les estoffes; et, ou milieu de ce pont, fut faict ung fort treilleiz de boys comme on faict aux caiges des lyons. Et n'estoient point les trouz entre les barreaulx plus grans que à y boutter le braz à son aise. Le dessus estoit couvert d'aiz seullement pour la pluye, si avant qu'il se povoit mettre dix ou douze personnes dessoubz de chascun costé. Et comprenoit le treilleiz jusques sur le bort du pont, affin que on ne peüst passer de l'ung costé à l'autre. En la rivière y avoit seullement une petite sentine, où il y avoit deux hommes pour passer ceulx qui vouloyent aller d'ung costé à l'autre. (Bd. II, S. 60)

Nachdem solchermaßen die Szene bereitet ist, betreten die Könige von beiden Seiten die Brücke und treffen sich am Löwengitter in der Mitte. Dann beginnt die eigentliche Zeremonie:

> Lors commança à parler ledit chancellier d'Angleterre, qui estoit ung prelat appellé l'evesque d'Isle, et commença par une prophetie, dont les Angloys ne sont jamais despourveüz, laquelle disoit que en ce lieu de Pequigny se devoit faire une grand paix entre France et Angleterre. Et après furent desployées les lettres que le roy avoit faict bailler audict roy d'Angleterre touchant le traicté qui estoit faict. Et demanda ledict chancellier au roy s'il les avoit commandées telles et s'il les avoit pour aggreables. A quoy le roy respondit que ouy; et aussi celles qui luy avoient eté baillées de la part du roy d'Angleterre.
> Et lors fut apporté le missel et misdrent les deux roys la main dessus et les autres deux mains sur la saincte vraye croix; et jurèrent tous deux tenir ce qui avoit esté promis entre eulx: cèst assavoir les trèves de neuf ans, compriz les alliéz d'ung costé et d'autre, et d'accomplir le mariage de leurs enfans, ainsi qu'il estoit contenu oudict traicté.
> Après le serment faict, notre roy, qui avoit la parolle bien à son commandement, commença à dire au roy d'Angleterre, en se ryant, qu'il failloit qu'il vint à Paris et qu'il le festieroit avecques les dames et qu'il luy bailleroit mons le cardinal de Bourbon pour confesseur, qui estoit celuy qui l'assouldroit très voulentiers de ce peché, s'aulcun il en avoit commis, car il sçavoit bien que ledict cardinal estoit bon compaignon.
> (Bd. II, S. 65 f.)

Die Bedeutung der körperlichen Anwesenheit beider Könige wird hier unübersehbar vorgeführt: Erst durch ihre öffentliche Eidesleistung auf ein Missale wird der Vertrag wirksam. Damit der Ablauf der gesamten Handlung den Anforderungen und der Bedeutung der Situation entspricht, ist jeder Schritt genau geplant, der Vorgang auf der Brücke wirkt wie ein einstudiertes Bühnenstück – zumindest stellt es Commynes so dar. Erst in dem Augenblick, als das Ritual seinen Abschluß gefunden hat, bricht die Kontingenz der Wirklichkeit in Form eines Gelächters des französischen Königs in die Szene ein. Dieses Gelächter wird von Commynes nicht nur als ein vielleicht verlegenheitsbedingter Übergang zum informellen Teil der Verhandlungen geschildert, sondern sofort mit einer Bemerkung darüber verknüpft, wer von beiden Königen im Wettkampf des Gesprächs besser abschneidet. Eduard IV. und Ludwig XI. fungieren nun nicht länger als herrscherliche Darsteller in einem Ritual, sondern als Individuen. Dabei entsteht dann prompt unterschwellig eine gewisse Mißstimmung, wobei jedoch das Löwengitter den allzu nahen Kontakt zwischen den beiden Herrschern zuverlässig verhindert. Die wenigen Worte, die gewechselt werden, genügen, um bei beiden Herrschern das alte gegenseitige Mißtrauen wieder aufkeimen zu lassen. Zwar ist diese Episode letztlich ein Beispiel für ein geglücktes Ritual, aber Commynes läßt keinen Zweifel daran, daß dies nur der sorgfältigen Inszenierung zu verdanken ist. Wie verheerend es sein kann, wenn man ein solches Zusammentreffen dem Zufall überläßt, zeigt Commynes an einem anderen Beispiel, der Begegnung zwischen dem kastilischen und dem französischen König. Hier spottet das jeweilige Gefolge über die Kleider der Gegenpartei, bis man sich schließlich in allgemeiner Mißstimmung trennt (Bd. I, S. 136–138).[43] So gefährdet der Ablauf solcher Rituale ist: Sie sind doch

---

43 Allerdings erwähnt Commynes, daß die gegenseitige Aversion auch handfeste politische Gründe hatte (Bd. I, S. 136 f.).

die Voraussetzung dafür, daß eine körperliche Kommunikation der Herrscher zustande kommen kann.[44]

In dieser Szene wird deutlich, daß Commynes Politik als Frage der richtigen Inszenierung versteht und daß er deswegen die Vorgänge so darstellt, als ob es sich um Bühnenaufführungen handelte. Zugleich ist damit auch der prinzipielle Unterschied zwischen ›Aufführung‹ und ›Schrift‹ bei Commynes erkennbar: Die ›Aufführung‹ umfaßt in etwa das, was sich dem Zuschauer der politischen Rituale bietet, die ›Schrift‹ hingegen perspektiviert das Geschehen, sie läßt – um hier ein gleichermaßen geeignetes wie verfängliches Bild zu gebrauchen – erkennen, was hinter den Kulissen passiert: Trotz des Friedensschlusses von Picquigny besteht das gegenseitige Mißtrauen der beiden Könige fort und ist sogar noch größer geworden. Aber dies wird für die Zuschauer des Rituals nicht transparent, läßt sich auch an der Kommunikation der Körper nicht unbedingt ablesen, sondern nur in der Schrift beschreiben, deren Privileg es ist, Rituale nicht allein zu überliefern, sondern auch deren Bedingungen mitzuteilen und damit eigene Perspektiven des Verstehens zu eröffnen. Die Schrift stellt so den Kontakt des Rituals zum frame der Außenwelt her,[45] und zugleich hebt sie die einfache Ursache-Wirkung-Relation der Aufführungssituation zugunsten einer systemischen Sicht auf die Ereignisse auf. Commynes läßt keinen Zweifel daran, welches Ziel er damit verfolgt: *Et pourroit par aventure servir, le temps advenir, à quelcun qui auroit à faire semblable cas* (Bd. II, S. 60). Die Sprache der Körper wird hier immer noch als Wesen des politischen Handelns beziehungsweise seiner Inszenierung angesehen, aber zugleich ist es erst Commynes' perspektivierende Intention – Strategien zur Vermeidung eines persönlichen Kontakts zwischen Gegnern zu finden[46] –, die das Ereignis für den Eingang in den Text prädestiniert. Wer also die Erkenntnis politischen Handelns vermitteln will, darf sich nie auf die bloße Wiedergabe von Ritualen beschränken.

Ein weiteres Beispiel für dieses Verfahren ist jene Passage der ›Mémoires‹, in denen Commynes von den Verhandlungen über die Heirat Marias von Burgund, der Tochter Karls des Kühnen, berichtet (Bd. II, S. 253 f.). Der deutsche Thronfolger Maximilian hatte Gesandte nach Brügge geschickt,[47] die Maria fragen

---

44 Nicht nur friedliche Verhandlungen erscheinen bei Commynes als Ritual, selbst eine Schlacht (Bd. I, S. 70 ff.) beschreibt er wie die Inszenierung auf einer Bühne, auf der die Soldaten wie Figuren agieren, die dem Willen eines unsichtbaren Regisseurs gehorchen. Auch bei der öffentlichen ›Aufführung‹ einer Hinrichtung zeigt sich, wie prekär jede Störung sein kann – etwa wenn sich die Zuschauer plötzlich für den Verurteilten einsetzen und die Hinrichtung zu vereiteln drohen (Bd. II, S. 222 f.).
45 Zum Verhältnis zwischen Spiel und Rahmen vgl. Erving Goffmann, *Rahmen Analyse. Ein Versuch über die Organisation von Alltagserfahrungen*, Frankfurt/M. 1977, bes. S. 60 ff. (zuerst engl.: *Frame Analysis. An Essay on the Organization of Experience*, New York [u.a.] 1974).
46 Commynes hat auch ein theoretisches Kapitel in sein Werk eingeschoben, worin er die Notwendigkeit von Begegnungen zwischen Fürsten diskutiert (Bd. I, S. 135–142).
47 Commynes nennt in seinem Werk irrtümlicherweise Gent anstelle von Brügge als den Ort der Begegnung Marias mit den österreichischen Gesandten. Vgl. Hermann Wiesflecker, *Kaiser Maximilian I. Das Reich, Österreich und Europa an der Wende zur Neuzeit. Bd. I: Jugend, burgundisches Erbe und Römisches Königtum bis zur Alleinherrschaft. 1459–1493*, Wien 1971, S. 125 ff.

sollten, ob sie ihn heiraten wolle. Angesichts der Bedeutung dieses Aktes konnte dies nur in Form eines Rituals geschehen, an dem auch der Rat Marias beteiligt war.[48] Die Mehrheit der Ratsmitglieder wollte die Hochzeit mit dem Habsburger verhindern, und so wies man Maria an, die Gesandten zwar anzuhören, ihnen jedoch eine sofortige Antwort mit der Begründung zu verweigern, erst das Votum ihres Rates einholen zu müssen. Die Audienz lief zunächst auch nach dem üblichen Ritual ab: Die Gesandten wurden vor den Rat und Maria geführt, man nahm ihre Beglaubigungsschreiben entgegen, wechselte die notwendigen Höflichkeitsfloskeln und trug schließlich die entscheidende Frage vor. Doch an diesem Punkt hielt sich Maria nicht mehr an die Absprache mit dem Rat, die sie zuvor sogar noch ausdrücklich bestätigt hatte, und erklärte kurzerhand, daß sie zur Heirat mit Maximilian bereit sei. Dieser öffentliche Akt hatte rechtsförmige Bedeutung und konnte vom Rat nicht mehr revidiert werden. Für den außenstehenden Beobachter mag dies so erschienen sein, als würde das bekannte Ritual einer Brautwerbung vollzogen. Commynes dagegen zeigt mit diesem Bericht, wie schwierig es ist, hinter dem Ritual die ›wahre‹ Geschichte zu erkennen. Denn nicht nur der Rat hatte versucht, das öffentliche Ritual in seinem Verlauf zu beeinflussen; Maria hatte ihre eigene Inszenierung dagegen gesetzt. Sie hatte sich insgeheim bereits zur Heirat mit Maximilian entschlossen, stand mit dessen Gesandten in Kontakt und sorgte dafür, daß es genau zu jener öffentlichen Szene kam, in der sie dann alle Trümpfe in der Hand hatte und ihre eigenen Wünsche durchsetzen konnte. Ob sich dies alles tatsächlich so abgespielt hat, ist zwar aus der Parallelüberlieferung nicht beweisbar,[49] hier interessiert nur, wie das politische Ereignis in Commynes' Geschichtsschreibung Eingang gefunden hat. Er enthüllt eine für den zufälligen Zuschauer ganz normal wirkende Szene als Ergebnis zweier sorgfältig vorbereiteter – wenngleich gegenläufiger – Inszenierungen. Erst die Einordnung in einen über die Aufführung hinausgehenden Zusammenhang ermöglicht die Vermittlung von zweierlei Erkenntnissen, um die es Commynes geht: Zum einen zeigt er, wie sehr alle öffentlichen Handlungen auf bewußte Inszenierungen zurückgehen, zum anderen, daß diese Inszenierungen wiederum Teil einer längeren Kette von Ereignissen sind. Dabei gibt Commynes in seiner Grammatik des Rituals implizit Hinweise darauf, wie man sich dessen inszenatorischen Charakter zunutze machen kann, um seine eigenen Interessen durchzusetzen.

Besonderen Wert auf die Hervorhebung des inszenatorischen Charakters von Ritualen legt Commynes bei der Beschreibung von entrées royales: Nach dem Tod seines Vaters besteht einer der ersten repräsentativen Herrschaftsakte Karls des Kühnen darin, feierlich in Gent einzuziehen (Bd. I, S. 118 f.). Irrtümlicherweise rechnet er aufgrund ihres bisherigen Verhaltens mit besonderen Sympa-

---

48 Zur ausgefeilten Ritualisierung des höfischen Lebens am Burgunder Hof Karls des Kühnen vgl. Huizinga (Anm. 9), bes. S. 51 ff.
49 Vgl. zu Maximilian und Maria von Burgund Wiesflecker (Anm. 47), S. 125 ff.; zur literarischen Verarbeitung auf habsburgischer Seite im ›Theuerdank‹: Jan-Dirk Müller, *Gedechtnus. Literatur und Hofgesellschaft um Maximilian I*, Forschungen zur Geschichte der älteren deutschen Literatur 2, München 1982, S. 108 ff.

thien der Genter Bürger und demgemäß mit einem besonders freundlichen Empfang. Er übersieht dabei jedoch, daß die Zuneigung der Genter Bürger auf deren Abneigung gegen seinen Vater beruhte und eine entrée royale von ihm in jedem Fall die überzeugende, auch militärische Demonstration seines Herrschaftsanspruchs verlangt.[50] Zwar verläuft Karls Einzug zunächst entsprechend seinen Erwartungen, aber kaum ist er in der Stadt, behandeln ihn die Bürger wie ihren Gefangenen und pressen ihm eine Reihe von Privilegien ab. Commynes demonstriert hier, wie gefährlich es für den Herrscher ist, wenn er die geforderten Voraussetzungen des Rituals nicht beachtet, und wie rasch sich daraus tiefgreifende Störungen ergeben können.[51] Die Spannung entsteht bei einem solchen tableau daraus, daß die Trennung zwischen Akteuren und Zuschauern blitzschnell aufgehoben werden kann. Als die Genter bei seiner entrée merken, daß Karl der Kühne nicht hinreichend gerüstet ist, nutzen sie seine Schwäche mit Hilfe eines scheinbar kirchlichen Rituals, der entrée royale ihre eigene Inszenierung aufzuzwingen.[52] Auch hier macht Commynes deutlich, wie sorgfältig jedes Ritual inszeniert sein muß, soll es nicht scheitern, und wie wenig man sich darauf verlassen kann, daß die Regeln des Rituals für alle Beteiligten bindend sind. Angesichts dessen kann man die entrée royale als eine Aufführung charakterisieren,[53] die umso intensiver der Inszenierung bedarf, je weniger es eine Trennung zwischen ›Bühne‹ und ›Zuschauerraum‹ gibt und je mehr potentiell alle Beteiligten zu aktiven ›Mitspielern‹ werden können.

Commynes' Beschäftigung mit einzelnen Szenen – vor allem bei wichtigen Begegnungen zwischen Adligen – ist geprägt von einer grundsätzlichen Ausrichtung auf den ›performance‹-Charakter solcher Situationen. So berichtet er etwa von der Todesstunde Ludwigs XI. (Bd. II, S. 313–316) und kritisiert den Ritualbruch seiner engsten Vertrauten, die Ludwig mit *briefves parolles et ruddes* (Bd. II, S. 315) den nahen Tod ankündigen, während er den König dafür lobt, daß er sich genauso verhält, wie es die Liturgie des Sterbens vorsieht.[54] Aller-

---

50 Karl der Kühne verfügte bei seinem Einzug in Gent nicht über die notwendigen Truppen. Nach dieser Erfahrung zog Karl nur noch mit großem militärischen Gefolge in seinen Städten ein (vgl. Bd. I, S. 122). Zum Einzug des Herrschers in eine Stadt vgl. jetzt grundsätzlich Dagmar Tillmann-Bartylla, »Theatralisierung. Städtische ›Spiel‹-Räume: Partizipationsformen und Zeigfelder«, in: dies., Giesela Smolka-Koerdt u. Peter M. Spangenberg (Hrsg.), *Der Ursprung von Literatur: Medien, Rollen, Kommunikationssituationen zwischen 1450 und 1650*, Materialität der Zeichen [1], München 1988, S. 222–235.
51 Dies geschieht etwa auch, als bei einem Treffen zweier Heere ein einfacher Soldat aus Übermut Schwärmer in die Menge wirft und es deswegen zwischen den zwei Heerführern fast zu einem Konflikt kommt (Bd. I, S. 41 f.).
52 Als Vorwand für die Vernichtung einer herzoglichen Zollstation behaupteten die Genter Bürger bei einer spontan inszenierten Prozession, die Figur eines Heiligen müsse ihren Weg genau durch das Gebäude nehmen (Bd. I, S. 118). Da die Figur nicht durch die Türe paßt, reißen sie die Zollstation kurzerhand ein.
53 Vgl. dazu auch Gumbrecht (Anm. 11), S. 839.
54 Zum Tod Ludwigs vgl. Werner Paravicini, »Sterben und Tod Ludwigs XI.«, in: Arno Borst [u.a.] (Hrsg.), *Tod im Mittelalter*, Konstanzer Bibliothek 20, Konstanz 1993, S. 77–168.

dings ist diese strikte Befolgung der Norm auch für Commynes fragwürdig, weil er der Durchbrechung des Rituals durch die königlichen Vertrauten seine Anerkennung nicht versagen kann.[55] Commynes versteht Politik als ›performance‹ und folglich muß sie in den Kategorien der Bühnenaufführung verstanden und gestaltet werden. Jeder öffentliche Akt wird als ›Spielsituation‹ – die freilich immer auch eine existentielle Bedeutung hat – verstanden.

Welche Folgerungen ergeben sich daraus, daß sich Commynes in seinem Werk so ausführlich mit dem Thema Politik und Ritual befaßt, und welche Gebrauchsfunktion wird dadurch der Literatur zugeschrieben? Zum einen unterstreicht der Chronist sein explizites Ziel, die Bedeutung seines eigenen Standes, der Fürstenberater, hervorzuheben. Zum anderen aber werden seine ›Mémoires‹ selbst zum Medium richtigen politischen Verhaltens. Denn wie sich der Diplomat zwischen den körperlichen Kontakt der Fürsten schiebt, so verhindert die Lektüre seines Werkes, daß man unbedacht in eine unerwünschte face-to-face-Kommunikation gerät. Der mediale Charakter der Literatur wird auf diese Weise sehr stark betont und mit den genauen Schilderungen von Gesten, Kleidern, Reden etc. der Akzent darauf gelegt, wie man überlegt und erfolgreich Politik inszeniert und jede spontane Handlung unter Machtträgern vermeidet.[56] Indirekt zeigt Commynes damit, daß man die Wirklichkeit auf keinen Fall sich selber überlassen kann, sondern daß sie das Produkt einer perfekten Inszenierung sein muß.

Vergleicht man Commynes' Darstellungen von öffentlichen Ritualen mit den Regieanweisungen im ›Donaueschinger Passionsspiel‹, dann sind die Berührungspunkte zahlreicher, als die verschiedenen Gattungen zunächst vermuten lassen. Beide Autoren befassen sich mit dem inszenatorischen Charakter von Handlungen, einmal auf der Bühne des geistlichen Theaters, ein anderes Mal auf der Bühne der Politik, und beide identifizieren ein spezifisches ›Als ob‹-Verhalten als zentrales Moment öffentlicher Aufführungen. Beide Autoren setzen mit ihren Überlegungen dort an, wo es darum geht, Aufführung beziehungsweise Ritual als eigenständiges Medium zu begreifen, das eigenen Gesetzen gehorcht. Wie für den Autor des Passionsspiels die Heilsgeschichte den Stoff bereitstellt, den man mit den Mitteln des Spiels in Szene setzen kann, so verfährt Commynes letztlich mit der politischen Geschichte, die ihm dazu dient, sie performativ darzustellen. Damit freilich hat Commynes ein gefährliches Parkett betreten, da die Aufdeckung der Bedingungen von Ritualen nicht im Interesse derjenigen sein konnte, die vom Glauben an die Verbindlichkeit und Sicherheit von Ritualen profitierten. Es ist gut vorstellbar, daß hier einer der Gründe liegt, weswegen vor der Übersetzung der ›Mémoires‹ in die Volkssprache gewarnt wurde.

---

55 So berichtet Commynes über das Verhältnis Ludwigs zu seinem Arzt: *Ledict medecin luy estoit si trés rude, que on ne diroit point à ung varlet les oultraigeuses et ruddes parolles quil luy disoit. et si le craignoit tant ledict seigneur qu'il nèust osé lèn envoyer et sèn plaignoit à ceulx à qui il parloit; mais il ne lèust osé changer, comme il faisoit tous autres serviteurs* (Bd. II, S. 319).

56 Zur Notwendigkeit der Inszenierung von Politik anhand frühmittelalterlicher Beispiele vgl. Gert Althoff, »Demonstration und Inszenierung. Spielregeln der Kommunikation in mittelalterlicher Öffentlichkeit«, *FMST* 27 (1993), S. 27–50.

IV.

Zu den vielen Berührungspunkten, die es zwischen den ›Mémoires‹ Commynes' und Graf Frobens von Zimmern Chronik gibt,[57] gehört auch die umfangreiche literarische Verarbeitung politischer und gesellschaftlicher Rituale. Während Commynes seinen Schwerpunkt jedoch eindeutig auf politisch bedeutsame Ereignisse legt, bezieht der zimmerische Chronist auch den *gemain lauff* des Lebens mit ein. So gelangen – eine Seltenheit in der zeitgenössischen Literatur – auch Berichte über Spielaufführungen, die während der Fastnacht, der Passionszeit oder zu Ostern stattgefunden haben, in den Text. Aber nicht nur diese expliziten Spielsituationen werden hier aufgezeichnet, der Chronist berichtet auch von Schwank-›Aufführungen‹, die ohne jede Ankündigung, quasi ad hoc, inszeniert worden sind. Diese Schwänke oder *possen*, wie sie in der Chronik genannt werden, lassen sich oft als eigenständig überlieferte literarische Gegenstände identifizieren, deren inhaltliche Struktur Froben aus der Literatur entnommen und mit Personen und Topographie seiner schwäbischen Heimat besetzt hat. Diese schwankhaften ad-hoc-Aufführungen sind vom Chronisten so sorgfältig wiedergegeben, daß man die betreffenden Passagen fast als Regieanweisungen für ihre Reproduktion verstehen kann. Insofern verbinden sich in der ›Zimmerischen Chronik‹ jene Linien, die wir beim ›Donaueschinger Passionsspiel‹ und in den ›Mémoires‹ Commynes' identifiziert haben: Froben von Zimmern befaßt sich mit Bedingungen und Wirkungen öffentlicher Aufführungen, betrachtet zugleich die Rituale des täglichen Lebens unter performativer Perspektive und ordnet sie so in seinen Text ein, daß sich anhand der Wiedergabe von ›performance‹-Situationen Erkenntnisse über den *gemain lauff* ergeben.

Aus der Fülle von öffentlichen Ritualen, die in der ›Zimmerischen Chronik‹ dargestellt werden, wähle ich Frobens Bericht über ein vom französischen König Franz I. veranstaltetes Prunkturnier aus, an dem Frobens Bruder Christoph als Zuschauer teilnahm. Der besseren Sicht wegen bestieg Christoph mit einigen anderen Schaulustigen ein hölzernes Tor, das à l'antique für das Schauspiel errichtet worden war. Auf dem Höhepunkt des Turniers hält das Portal der Belastung nicht länger stand, bricht zusammen, und alles stürzt auf die darunter sitzenden Zuschauer:

> Was es für ain doblen uf der treppen gehapt, auch für ein gelechter des gemainen mans und ein greusenlichen geschrai gewesen, das künden alle die bedenken und merken, die etwann in andern fellen was unversehenlichs also haben fürgeen. [...] Das beschah alles in beiwesen und allernechst des kaisers, des königs und der andern grosen herren, auch des frawenzimmers. Der ain het den kopf zerfallen, dem prast das, dem ain anders, gleichwohl herr Gotfridt Christofen nichs beschehen, dann allain, das er vom fall übel erschrocken, mit finger uf seine mitgesellen zaigt, stillschweigendt, so zaigten dieselbigen uf ine. Domit wardt das gelechter und geschrai vom gemainen man noch vil gröser.
> (Bd. III, S. 183, Z. 10–24)

---

57 Vgl. dazu auch Wolf (Anm. 16), S. 524 ff.

Im Festritual wird die herrscherliche Macht nach außen demonstriert – *dann es wolt der alt künig* [Franz I.] *hiemit sonderlichen seins künigreichs magnificenz erzaigen* (Bd. III, S. 182, Z. 35 f.) –, und deswegen ist jede Störung des Rituals prekär, weil im Scheitern des zeichenhaften Rituals auch das Bezeichnete fragwürdig werden kann.[58] Deswegen gilt das Gelächter des *gemain man* auch dem Veranstalter und der von ihm repräsentierten Ordnung. Die Anwesenheit der vielen Körper ist für das Gelingen der ›performance‹ unabdingbar, jedoch liegt gerade darin auch die Gefahr einer Enantiodromie. Genau wie Commynes zeigt Froben, daß die Inszenierung zwar unentbehrlich für das Gelingen der Rituale ist, ihr Scheitern jedoch nicht ausgeschlossen werden kann, weil in die ›performance‹ immer die Realität eindringt und durch die Anwesenheit der Zuschauer ad-hoc-Inszenierungen entstehen können, die die ursprünglichen Intentionen des Regisseurs konterkarieren. In die Schrift gelangt ein solch gescheitertes Ritual aber noch aus einem weiteren Grund: Der Chronist vermag hier zu zeigen, daß der Nutzen des Rituals selbst noch in seinem Mißlingen erhalten bleibt. Die unfreiwillige Einlage der Schaulustigen erhöht die Attraktivität des Rituals. So habe – resümiert Froben – sein Bruder *dem kaiser und dem könig, auch der ganzen massenei [...] ain kurzweil gemacht* (Bd. III, S. 183, Z. 41 – S. 184, Z. 1). Das Ritual mit seiner durchsichtigen, repräsentativen Absicht langweilt also nicht nur die Zuschauer, sondern letztlich auch die Veranstalter. Das Prunkturnier wird folglich nicht nur deswegen besucht, um die fürstliche Repräsentation zu bestaunen, sondern auch in der leisen Hoffnung auf ein Mißlingen des Rituals. Dies erwartet ein Publikum, dessen Teilnahme am Ritual nun nicht mehr – wie bei einer traditionellen entrée royale – notwendig ist, sondern das nur noch Kulisse darstellt. Wenn sich also hier bereits eine schärfere Trennung zwischen Akteuren und Zuschauern der ›performance‹ abzeichnet, dann drückt die Begeisterung der Zuschauer über das Unerwartete zugleich aus, wie wenig sie die Grenzziehung befriedigt, weil sie eben ihre politisch-soziale Marginalisierung zur Folge hat. Insofern bietet dem Autor die Erzählung vom gescheiterten Ritual einen willkommenen Anlaß, sein Publikum sowohl durch Komik zu unterhalten als auch zur Erkenntnis der Strukturen öffentlicher Aufführung anzuleiten.

Wie gefährdet Rituale wegen der unmittelbaren Präsenz der Körper sind, zeigt sich nicht nur bei Repräsentationsakten, sondern selbst im Rahmen spielerischer Unterhaltung. Dies verdeutlicht der Chronist anhand eines Maskenfests in Köln, das er zusammen mit seinem Bruder und einem Freund der Familie, Graf Christoph von Gleichen, besucht. Peinlich wird es, als die Masken gelüftet werden: *Grave Christof von Gleichen den kant man baldt, aber die baid herren von Zimbern die kant niemands, erschracken zu baiden thailen, standen vor ainandern, wie die hanen, biss der graf von Gleichen sie zu erkennen gab* (Bd. III, S. 161, Z. 23–27). Anhand dieser kleinen Szene wird sichtbar, wie sehr die Erfahrung des Körpers des anderen abhängig ist von der Kenntnis seines Status. In dem

---

58 Ein Beispiel dafür, wie »die Störung der Form selbst zur Form geworden ist«, bietet Huizinga (Anm. 9), S. 61 f; zum Spott des Volkes und seiner Wirkung vgl. Schindler (Anm. 7), S. 151–159.

Augenblick, als die Masken abgelegt werden, ist das Fastnachtsritual suspendiert, und es gilt wieder die Norm. Nachdrücklich weist Froben darauf hin, daß selbst in der Zeit, in der gesellschaftliche Regeln außer Kraft gesetzt sind,[59] die Repräsentation des adligen Körpers nicht suspendiert werden darf.[60]

Wie die Rituale sind für Froben auch Spielaufführungen vor allem dann interessant, wenn sie scheitern,[61] wobei der Autor die ›performance‹ jeweils mit einer kontingenten Realität konfrontiert. Damit erhalten wir indirekt auch Einblick in die zeitgenössische Abgrenzung von Alltags- und Spielwirklichkeit. So erzählt Froben in seiner Chronik eine mündlich überlieferte Geschichte, wonach der Pfarrer von Kreenheinstetten einmal

> ain osterspill hab halten wollen und die historiam des palmtags, wie der herr Christus uf aim esel zu Jherusalem ingeritten, splien, und namlich so hab er sein mesner uf ain mülleresel gesetzt, im ain langen rock angelegt; dem seien zwelf bauren nachgefolgt, wie die zwelf jünger; er aber, der pfaff, seie bei der kirchen mit den überigen bauren, auch jungen und alten gestanden, hab in mit dem gewonnlichen gesang entpfangen. Do hab ainer under dem haufen, der dem mesner sonst feindt gewesen, ain palmenast dem mesner uf ain aug geschossen, dardurch der mesner erzürnt, ab dem esel gefallen, darvon geloffen und gesagt, der teufel solle iren Hergott sein (Bd. II, S. 469, Z. 27 – S. 470, Z. 2).[62]

In dieser Szene wird deutlich, daß selbst im liturgienahen Bereich die Alltagswirklichkeit eindringt und infolgedessen das Spiel regelrecht kollabiert. Die besondere Komik der Situation besteht im harten Aufeinandertreffen einer sorgfältig inszenierten Spielhandlung, die der religiösen Erbauung wie dem ökonomischen Profit dient, mit einer potentiell nicht beherrschbaren Alltagswirklichkeit, in der menschliche Emotionalität regiert. Die Kontingenz der Wirklichkeit, die Begrenztheit menschlicher Inszenierungen sind es, die Froben hier darstellen will; ob und wie das Spiel noch weitergeht, interessiert ihn überhaupt nicht. Was die Geschichte überlieferungswürdig macht, ist ihr Gewinn für die Er-

---

59 Besonders verwerflich findet es Froben, wenn der Karneval dazu mißbraucht wird, gesellschaftliche Tabus zu brechen: *Was wunderbarlicher exempel waren desshalben zu vermelden, da einer ain fromen frawen oder dochter hat mit sich in die mommerei genommen und hat wider ain huren haim gepracht* (Bd. III, S. 191, Z. 6–9).

60 Welche körperlichen Nachteile entstehen können, wenn der einzelne Adlige nicht bekannt ist, zeigt die ›Zimmerische Chronik‹, die an anderer Stelle (Bd. I, S. 574, Z. 1–11) davon berichtet, daß ein Adliger über seine Unbekanntheit und die daraus entstandene, nachlässige Behandlung so in Rage geraten ist, daß er eine verschlossene Tür aufzutreten versucht und sich dabei schwer verletzt.

61 Eine Ausnahme stellt Frobens Erwähnung des Passionsspiels von Issoudun dar, bei dem er sich mit dem ökonomischen Aspekt befaßt: *Es gab ain grosen genieß den spielhern, wie auch den gemainen burgern zu Essoudun, dan es war ain wunderbarlich groß zureiten dahin und wolt iederman das spil sehen, dann in vil jaren nichs sollichs war in Frankreich fürgenommen worden, darumb es so seltzam war* (Bd. III, S. 149, Z. 35 – S. 150, Z. 26).

62 Die Authentizität der Szene ist nicht über jeden Zweifel erhaben. Das gestörte Osterspiel hat eine breite literarische Tradition. Vgl. dazu die 13. Historie des ›Eulenspiegel‹, in der der Konflikt ebenfalls in der Vermischung von Spiel und Alltag begründet ist. (*Ein kurtzweilig Lesen von Dil Ulenspiegel*, hrsg. W. Lindow, RUB 1687/88, Stuttgart 1966, S. 39 ff.)

kenntnis des Verhältnisses von Spiel und Wirklichkeit. Das Osterspiel, welches der Pfarrer aufführen läßt, ist im Augenblick der ›performance‹ den Bedingungen der Alltagswirklichkeit ausgesetzt, und deswegen können selbst die besten Inszenierungen mißlingen. In der gescheiterten Realisation des Spiels zeigt sich freilich auch, wie notwendig es für eine ›Inszenierung‹ der Wirklichkeit ist, den Aufführungscharakter möglichst für alle Beteiligten sichtbar zu machen. Aber dafür wäre die konsequente Trennung von Bühne und Publikum sowie die Erkenntnis eines spezifischen Spielcharakters notwendig, der jedoch einer Zeit, in der alles ›performance‹ ist, nicht selbstverständlich ist. So wird es jener Kontrahent des Mesners gar nicht als Ebenenwechsel angesehen haben, wenn er in das Spiel eingriff, denn ebenso wie bei der festlichen, rituellen entrée des Herrschers ist er als Betrachter unverzichtbarer Teil des Spiels und hat daher – sei es mit Beifall oder Mißfallensäußerungen – ein Recht auf Artikulation.[63] Umgekehrt ist der vom Esel heruntergeschossene Mesner ebenfalls nicht bereit, sich weiterhin als Christusdarsteller zu verhalten, auch für ihn ist die Spielwirklichkeit aufgehoben. Theatergeschichtlich liegt die Pointe der Situation im abrupten Referenzwechsel des Mesners, der zunächst noch Darsteller war, dann aber auf die Seite des Publikums wechselt und dabei mit seinem Fluch demonstriert, daß für ein Publikum, welches den Charakter der ›performance‹-Situation nicht erkennt und würdigt, ruhig auch der Teufel ihr Heiland sein könne.

Ähnlich liegen die Verhältnisse bei der Störung eines Fastnachtsspiels durch einen Vorfahren des Chronisten. Aufgeführt werden soll die Geschichte von Medea und Peleus:

> Herr Wernher freiherr zu Zimbern hat uf ain zeit in ainer fastnacht ain comediam oder fastnachtspill zu Mösskirch von dem Markt zu spielen vergont und selbs auch zugesehen. Die comedia aber ist gewesen ain alter man, den hat man erjungt, gleich wie die Medea mit dem alten Peleo umbgangen. Als aber die personnen mit dem alten man ganz grob und unverschempt umbgangen, namlich ime die alten peccatores usshieben und anders, erzürnt sich der alt herr als ein ernsthafter man dermassen, das er sie wolt in thurn legen, vermaint, solliche handlungen weren wider die guete deutsche und züchtigen sitten; aber es wardt im wider abgebetten und ussgeredt. (Bd. I, S. 480, Z. 35 – S. 481, Z. 6)

Entweder vermag Werner von Zimmern die Grenze zwischen Spiel und Wirklichkeit nicht zu erkennen – dafür spricht die emotionale Erregung des Freiherrn[64] –, oder aber er akzeptiert diese nicht und fühlt sich in seiner Eigenschaft als Stadtherr herausgefordert, der über die *deutschen sitten* zu wachen hat. Im

---

63 Schindler (Anm. 7), S. 153, vermutet hinter den kirchlichen Umzügen und Spielprozessionen einen neuen »liturgischen Ernst«, der eine »willkommene Kontrastfolie für den populären Witz« bot. Die schriftliche Überlieferung dieser Erzählung in der adligen Hauschronik ist eher ein Beleg dafür, daß der Autor die Ambivalenzen des Spiels demonstrieren wollte.

64 Einen anderen, jedoch unhistorischen Beleg für die emotionale Erregung, die von einem Spiel ausgehen konnte, bietet ein Bericht über den Tod des Thüringer Landgrafen Friedrichs des Freidigen. Dieser hatte am 4. Mai 1321 an der Aufführung eines Zehnjungfrauenspiels teilgenommen und angeblich aus Verzweiflung darüber, daß selbst Maria den Sündigen nicht vor der ewigen Verdamnis retten konnte, einen Schlaganfall erlitten; vgl. Schmid (Anm. 3), S. 121.

Kontext dieser Szene – die Aufführung bedarf der Genehmigung des Stadtherrn – ist bereits zu erkennen, daß die öffentliche Veranstaltung eines Fastnachtsspiels als prekär empfunden wird. Seine Inszenierung findet nicht in einem separierten Raum statt, und dementsprechend wird kein prinzipieller Unterschied zwischen Spiel und Alltag gesehen. Das Selbstverständnis Werners von Zimmern ist noch immer generell an die ›performance‹ gebunden: Was öffentlich vorgeführt wird, hat stets auch eine die Herrschaft repräsentierende, politisch-soziale Bedeutung, und deswegen muß die ›performance‹ als solche grundsätzlich davor bewahrt werden, die bestehende Ordnung zu stören. Soweit entfaltet Froben anhand der ›performance‹-Situation das mentale Panorama, das dem Verhalten seines Urgroßvaters zugrundegelegen hat. Damit aber ist noch nicht die Perspektive aufgezeigt, unter der Froben dieses Ereignis in seine Chronik aufnimmt. Denn hierbei läßt er keinen Zweifel daran, daß er für das engstirnige Verhalten seines Urgroßvaters nur feinen Spott übrig hat.

Die fehlende Unterscheidung von Alltag und Spiel liegt auch einem weiteren Aufführungsbericht zugrunde: Zu einem der bereits erwähnten Schwänke, die der Autor als reale Begebenheit in seine Chronik insertiert hat, gehört jene aus dem ›Eulenspiegel‹ bekannte Erzählung, wonach ein gerissener Spaßvogel vorgibt, er sei in der Lage, einem Fremden durch Zauberei seinen Willen aufzuzwingen;[65] in der ›Zimmerischen Chronik‹ ist es ein Peter Schneider, der mit den Ratsherren wettet, er könne durch Fernbeschwörung vom Fenster des Rathauses aus einen Töpfer dazu bringen, seine Waren zu zerschlagen. Peter Schneider gewinnt die Wette, weil er zuvor mit dem Töpfer eine geheime Verabredung getroffen hat (Bd. II, S. 32, Z. 30 – S. 33, Z. 18), und er verdient ein zweites Mal an der Blindheit seines Publikums, als er ihm anschließend gegen Bezahlung das Geheimnis seiner magischen Künste preisgibt. Hier stellt Froben seinem Publikum ganz unzweideutig die materiellen Folgen vor Augen, die das Nichterkennen von Inszenierungen haben kann. Zugleich werden hier verschiedene Modi von Wirklichkeit ausdifferenziert, wird ›performance‹ als ein mögliches Mittel der Gestaltung begriffen, das Spiel als solches erkannt. Damit hat Froben vorgeführt, daß eine Differenz zwischen der eigenen Wahrnehmung und der Wirklichkeit entstehen kann. Derjenige, der seine eigene Wahrnehmung nicht zu relativieren versteht, kann Schaden erleiden, weil er nicht in der Lage ist, den Inszenierungscharakter der Situationen zu erkennen.

Froben befaßt sich ebenso wie Commynes mit dem inszenatorischen Charakter der Wirklichkeit, aber darüber hinaus vermittelt er, daß die wahrgenommene Realität das Ergebnis der Perspektive des jeweiligen Betrachters ist. Damit gelangt Froben letztlich auch indirekt zu der Frage, inwieweit die Wahrheit der Welt überhaupt erkennbar ist und ob es sich für den Menschen nicht eher verbieten sollte, über menschliches Handeln zu urteilen.[66] Öffentliche

---

65 Vgl. dazu die 87. Historie des *Eulenspiegel* (Anm. 62), S. 247–252.
66 Diese Prämisse wird – wahrscheinlich im Anschluß an Mt 7, 1 *(Nolite iudicare ut non iudicemini)* – sowohl von Commynes (Bd. II, S. 140 f.) wie auch von Froben (Bd. III, S. 303, Z. 19 f.) als Grundlage ihrer historiographischen Darstellung ausgegeben, obwohl sich beide letztlich nicht daran halten können.

›performance‹-Situationen sind für Froben deswegen immer mit der Wahrnehmung von Wirklichkeit verbunden, da sich Realität überall dort herstellt, wo die Aufführung beziehungsweise das Ritual scheitert. Wie sehr Froben dies fasziniert, beweist die Fülle von Situationen, in denen er vorführt, wie groß die Kluft zwischen Ritual und Wirklichkeit oft ist. In der Verschriftlichung von Spiel und Aufführung belegt die ›Zimmerische Chronik‹ zugleich, daß die Trennung zwischen Spiel und Wirklichkeit fragwürdig ist, weil Gesten, Zeichen, Handlungen nicht eindeutig oder verbindlich sind und die Unverfügbarkeit der Welt das Spiel nicht selten zunichte macht. Im Spiel, mit seiner autopoetischen Dimension, wird dies nur allzu oft deutlich. Da dieses Mißlingen jedoch nicht im Spieltext selbst niedergelegt sein kann, muß der Weg zum Rezipienten über die schriftliche Aufzeichnung der Bedingungen und Wirkungen des Scheiterns führen. Spiel und Ritual haben dabei für Froben eine ambivalente Funktion: Auf der einen Seite wird die bloße Konfrontation der Körper durch Ordnung gemildert, zugleich aber wird diese Ordnung ständig unterlaufen, mischt sich in deren versuchte Inszenierung immer auch die Unordnung – oder mit den Begriffen Victor Turners formuliert: Das ›cultural drama‹ hat stets einen fließenden Übergang zum ›social drama‹.[67]

V.

So verschieden die ›performance‹-Situationen in den behandelten Texten auch sind, gemeinsam ist ihnen, daß sich in ihnen ein gewandeltes Verhältnis zur Aufführungssituation widerspiegelt. Unabhängig davon, ob es sich um politische Rituale, geistliche oder weltliche Spiele handelt, werden solche ›performance‹-Situationen in ihrem zunehmend autonom werdenden Status nach außen hin kenntlich gemacht. In den Regieanweisungen des geistlichen Spiels wird die ›Als ob‹-Ebene des Spiels nicht mehr stillschweigend vorausgesetzt, sondern als solche bezeichnet. Die heilsgeschichtliche Verkündigung erfährt dadurch keine Relativierung, sie erhält vielmehr auf der Bühne ihre eigene Wertigkeit, weil sie jetzt von der Alltagsrealität abgehoben und damit auch vor deren störenden Einflüssen geschützt werden kann.[68] Ebenso wie der unbekannte Spielautor sehen Philippe de Commynes und Froben von Zimmern die von ihnen berichteten Geschichten als Handlungen auf der Bühne des theatrum mundi[69] und inszenieren

---

67 Turner (Anm. 1); vgl. dazu auch Gumbrecht (Anm. 11), S. 845 f.
68 Blasting (Anm. 34) versteht das Nebeneinander von dramaturgischen Elementen, die das Augenmerk auf die mimetische Qualität richten, und der Glaubensverkündigung als Paradox. Indessen wird in einem Kontext, in dem die ›performance‹ zur Ästhetisierung und Bewältigung des Lebens gehört (vgl. Huizinga (Anm. 9), bes. S. 55–62), die Darstellung auf der Bühne sehr nachdrücklich als ›tua res agitur‹ verstanden – auch und gerade wenn dies als Spiel erscheint. Vgl. dazu auch Schmid (Anm. 3), S. 208 ff.
69 Zum spätmittelalterlichen Bild des Welttheaters und dem Zusammenhang mit den Überlegungen zur ›performance‹ vgl. Schwanitz (Anm. 9), S. 115 ff.

politische Rituale, Zeremonien und ad-hoc-Spiele wie Bühnenaufführungen. Alle drei Werke entfalten dabei die spezifischen Bedingungen und Probleme der ›Als ob‹-Ebene von ›performance‹-Situationen. Auf dieser Ebene beziehen sich die Regieanweisungen des ›Donaueschinger Passionsspiels‹ gleichermaßen auf Fragen der Bühneninszenierung wie auf die vorzuführenden Täuschungsmanöver der Darsteller. Analog dazu vergegenwärtigen Commynes und Froben, wie schwer Täuschungen und Intrigen innerhalb einer politischen Inszenierung zu erkennen sind. Jeder der drei Texte schließt eine Perspektive dafür auf, wie durch Inszenierungen von ›performance‹-Situationen die Wahrnehmung von Wirklichkeit entscheidend bestimmt und verändert werden kann. Commynes und Froben interessiert dabei vor allem das Scheitern dieser Inszenierungen,[70] das die detaillierten Regieanweisungen des geistlichen Spiels beziehungsweise der Aufbau einer ›Bühne‹ für das Ritual eigentlich verhindern sollen.[71] Die Ursache des Scheiterns sehen die Autoren zuerst dort, wo die Kontingenz der Wirklichkeit immer wieder zerstörend in die Ordnung von Spiel und Ritual einbricht. Als Instrument zur Stabilisierung dieser Ordnung dienen die immer umfangreicher werdenden und präziser formulierten Regieanweisungen, mit deren Hilfe die unkontrollierte und unorganisierte Außenrealität des Publikums – wie sie Froben an mehreren Stellen schildert – aus dem Spiel verbannt werden soll. Sie zielen darauf ab, für die Aufführungen einen autonomen, vor Grenzüberschreitungen zur Alltagsrealität geschützten Bezirk von eigenem ästhetischen Rang zu schaffen.[72] Diese Entwicklung wird durch die Verschriftlichung der Regieanweisungen charakterisiert; die Auseinandersetzung mit den Gegebenheiten der Aufführung ist – wie im Fall des ›Donaueschinger Passionsspiels‹ – gedacht für einen Leser, der sich nicht nur mit dem Spielinhalt, sondern auch mit Bedingungen und Wirkungen von ›performance‹-Situationen befassen will. In den beiden Chroniken wird dieser Ansatz dann explizit auf das grundsätzliche Problem der Wahrnehmung von Wirklichkeit ausgedehnt. Hier wird erstmals gezeigt, wie unterschiedliche Perspektiven auf die Wirklichkeit auch unterschiedliche Verhaltensweisen bedingen können. Dabei arbeiten die Autoren auch die entscheidende Schwäche der face-to-face-Situation heraus, die darin liegt, daß in der Kommunikation der Körper meist nur eine Wirklichkeitsebene erfahren wird: In der Auf-

---

70 Ein Beispiel für den völligen Zusammenbruch eines Rituals aufgrund eines inszenatorischen Eingriffs findet sich in der ›Zimmerischen Chronik‹, Bd. II, S. 102, Z. 3–39.
71 Vgl. dazu das ›Löwengitter‹ auf der Brücke über die Somme (vgl. oben S. 392 f.). Da von den Herrschenden Politik immer als Theater verstanden wurde, dieses Theater jedoch stets mit den Aktivitäten des Publikums oder mit Kontingenz zu rechnen hatte, mußten die Herrscher darauf bedacht sein, die Regie nicht aus der Hand zu geben. Anders Schindler (Anm. 7), S. 248, der im 15./16. Jahrhundert die Grenze zwischen Herrschenden und Beherrschten bereits als stabil betrachtet.
72 Damit ist eine Entwicklung eingeleitet, die zwangsläufig zur Abtrennung des Bühnengeschehens von der Heilsgeschichte führt und dann schließlich zum Ende des geistlichen Spiels. Daran ist gegen Blasting (Anm. 34), bes. S. 101 f., festzuhalten, der davon ausgeht, daß die Dramatisierung des Heilsgeschehens die didaktische Wirkung der Spiele unterstützt. Diese Konsequenz dürfte von den Spielautoren sicher nicht beabsichtigt gewesen sein.

führung ist der Zuschauer unmittelbar mit seinem Körper beteiligt, er nimmt ein Bild wahr und wird vom Gesehenen direkt berührt, d.h. im Augenblick der Rezeption vollzieht sich eine Erkenntnis des Körpers, wohingegen die anderen Dimensionen des Verstehens verlorengehen.

Demgegenüber erlaubt die der unmittelbaren Kommunikation enthobene Aufzeichnung (und Rezeption) einer ›performance‹ die Distanzierung von jener Situation und die reflektierte Entwicklung von Verhaltensvarianten. In der schriftlichen Aufzeichnung einer ›performance‹-Situation spiegelt sich so zugleich die Autopoesis jeder literarischen Interaktion. Hier kann das einmal geschehene Ereignis perspektiviert und beliebig in einen historiographischen, unterhaltenden oder didaktischen Kontext eingelagert werden; die vergangene Aufführungssituation ist nun für verschiedene, aktuelle Zwecke verfügbar geworden. Damit büßen auch die Rituale und Spiele ihren relativ stabilen Charakter ein, an ihre Stelle treten subjektive Prozesse, die wesentlich unberechenbareren Bedingungen unterworfen sind, denen die Autoren aber gleichwohl gerecht werden wollen. Im Verhältnis zwischen der Aufführungssituation und dem Bericht darüber wird deutlich, daß der Übergang von einer unangefochtenen Rezeption von Spielsituationen zu einer Reflexion über deren Bedingungen unmittelbar zusammenhängt mit der Frage der Wahrnehmung der Wirklichkeit und ihrer Deutung. Der Autor des ›Donaueschinger Passionsspiels‹ etwa verläßt sich nicht länger darauf, daß die Heilsgeschichte allein in den Dialogen der Darsteller vermittelt wird, sie muß sich nun auch in der Bewegung der Körper der Bühnendarsteller ausdrücken. Diese Kommunikation der Körper aber bedarf der schriftlichen Überlieferung, und insofern ist der Text hier zum Medium der Absicherung körperlicher Kommunikation geworden. Dies gilt im selben Maße auch für die Wiedergabe von Ritual und Spiel in den Chroniken, wo ebenfalls die Bedeutung der körperlichen Kommunikation innerhalb politischer Herrschaftsakte und im Zusammenhang mit der Vermittlung der Heilsgeschichte oder didaktischer Inhalte präsent bleibt. Die Wiedergabe des Aufführungsgeschehens und seiner Bedingungen in der Schrift bezeugt die Erkenntnis einer notwendigen Differenzierung von Alltags- und Bühnenwirklichkeit, die damit verknüpfte Ausdifferenzierung[73] eines eigenständigen Aufführungsbereichs bestätigt so die fortdauernde Bedeutung von Mündlichkeit und Körper-Kommunikation als zentralem Erfahrungsdispositiv.[74] Damit künden die behandelten Texte nicht vom ›Ende des Körpers‹, sondern von dessen ungebrochener Bedeutung.

---

73 Die Erkenntnis dieser sich ausbildenden Differenz ist eine Erscheinung des ausgehenden 15. Jahrhunderts, wogegen – pointiert formuliert – das Mittelalter selbst deswegen kein Theater kannte, weil alles Theater war. Zur Ausdifferenzierung einer ›fiktionalen‹ Theaterwelt aus den Alltagserfahrungen im 16. Jahrhundert vgl. Gumbrecht, »Beginn von ›Literatur‹«, S. 30 f.

74 Insofern bleibt es fraglich, ob man anhand der behandelten Texte bereits von einer »Ausblendung des Körpers aus der Kommunikation« (Gumbrecht, »Beginn von ›Literatur‹«, S. 21), die zu einer neuen Bewußtseinsstruktur führt, sprechen kann.

Bildverfremdung gegen Bildverehrung.
Zu einigen Darstellungsstrategien
in der nördlichen Tafelmalerei des Spätmittelalters

LIESELOTTE E. SAURMA-JELTSCH

I. Einführendes

Im Rahmen des Themas »›Aufführung‹ und ›Schrift‹« sich mit bildender Kunst des Mittelalters zu beschäftigen, scheint zunächst eine Auseinandersetzung nahezulegen mit der Beziehung dieser Kunst zum Theater, etwa zum geistlichen Schauspiel. Tatsächlich bestehen ja eine Reihe von Verwandtschaften zwischen den beiden Medien: Ihr gemeinsames Ziel ist die Übermittlung von theoretischen, didaktischen und unterhaltsamen Inhalten in visualisierter Form.[1] Aber nicht allein in ihrer Vermittlungsaufgabe, sondern auch in den Inhalten und selbst in ihren Anliegen entsprechen sie sich. Die Passionsgeschichte und Heiligenviten sind hier wie dort die zentralen Themen, die sich meist aus denselben oder zumindest ähnlichen Quellen speisen.[2] Die Forschung, die sich in der Kunstgeschichte in eigenartigen Wellenbewegungen entweder für eine besonders enge Verbindung zwischen den beiden Medien ausspricht[3] oder im Gegenteil eine solche bagatellisiert[4], hat

---

1 Zur allgemeinen Bibliographie vgl. Götz Pochat, *Theater und bildende Kunst*, Graz 1990, S. 36 f., Anm. 129.
2 Zur Gemeinsamkeit der Strukturen vgl. Frank O. Büttner, *Imitatio Pietatis. Motive der christlichen Ikonographie als Modelle der Verähnlichung*, Berlin 1983, bes. in der Einleitung; Sixten Ringbom, *Icon to Narrative*, 2. Aufl. Doornspijk 1984, bes. S. 11–23; Pochat (Anm. 1), S. 51; Marie-Leopoldine Lievens-de Waegh, »Le langage de l'image chez les ›primitifs flamands‹. Parallèles avec le langage verbal«, *Revue des archéologues et historiens d'art de Louvain* 20 (1987), S. 153–177.
3 Besonders betont von Emile Mâle, *L'Art religieux du XIIe siècle en France*, Paris 1922, Kapitel IV und V.
4 Dazu bes. Pochat (Anm. 1), S. 37 ff. – Zur Schwierigkeit einer direkten Übertragbarkeit von Begriffen und Mustern vgl. Robert Suckale, »Süddeutsche szenische Tafelbilder um 1420–1450. Erzählung im Spannungsfeld zwischen Kult- und Andachtsbild«, in: Wolfgang Harms (Hrsg.), *Text und Bild, Bild und Text. DFG-Symposion 1988*, Germanistische Symposien-Berichtsbände 11, Stuttgart 1990, S. 15–34, bes. S. 15; vgl. dazu auch Martin Stevens, »The Intertextuality of Late Medieval Art and Drama«, *New Literary History* 22 (1991), S. 317–337: Die Verbindung versteht Stevens als eine grundsätzlich mißverständliche, da die Umsetzung in das jeweilige Medium eine Bedeutungs- und Inhaltsverschiebung bewirke; vgl. bes. Memlings Turiner Passionsbild, das in der kunsthistorischen Literatur als Paradebeispiel für eine Parallele zum Drama mit seiner Kumulierung von szenischen Bühnen gilt; dazu Pochat (Anm. 1), S. 41 ff.

mindestens im Motivischen, in der Verwendung bestimmter Requisiten, aber auch in den erzählerischen Strukturen[5] unmittelbare Beziehungen feststellen können.

Nicht die Frage der Relation von Schauspiel und bildender Kunst wird jedoch im folgenden thematisiert, sondern es sollen bestimmte Präsentationslösungen in der religiösen nordeuropäischen Tafelmalerei besprochen werden, die ein gleichsam theatralisiertes oder ›aufgeführtes‹ Bild ergeben. Der in den betreffenden Darstellungen zu beobachtende Verzicht auf die Wiedergabe eines mimetischen, der geschauten Wirklichkeit entsprechenden Eindrucks wird nicht als Unvermögen der Maler verstanden, sondern als ein bewußt verfremdendes Formmittel interpretiert. So kommt eine Distanz zwischen Betrachter und Bild zustande, durch die das Bild – wie auf einer Bühne – auf einen ihm eigenen Wirklichkeitsausschnitt begrenzt wird.

Die Intentionen für den Aufbau einer solchen Distanz zwischen Betrachter und Bildinhalt dürften vielfältig sein;[6] im Zusammenhang der vorgegebenen Fragestellung möchte ich nur eine verfolgen, nämlich die Veränderung der Rezeptionsanweisung. Da es sich ja ausschließlich um religiöse Bilder handelt, soll mit solchen Mitteln der Verfremdung die Identifikation des Betrachters mit dem Bild verhindert werden: Er soll nicht in das Bild ›eintreten‹, sondern durch dieses auf eine andere, projektive Ebene geführt werden. Das Bild dient lediglich als Einstieg; es verweist auf die Beschäftigung mit dem Thema, das als gleichsam von der Tafel zu ihm sprechend präsentiert wird.

Mit diesem Verweis auf einen ›eigentlichen‹ Inhalt wird nun auf eine ältere Bildauffassung rekurriert. Die innerbildliche Realität im Sinne eines eigenen Wirklichkeitsausschnitts wird zurückgenommen, um als oberste Instanz die Heilige Schrift bewahren zu können. Dadurch wird die im ganzen Mittelalter gültige Stellung des biblischen Wortes als eine dem Bild übergeordnete Autorität zurückgewonnen.

Im folgenden soll der Prozeß dieser mit ganz unterschiedlichen Mitteln vorgenommenen Verfremdung und der damit verbundenen Zuwendung zur theatralischen Repräsentation dargestellt werden. Als Beispiel dient die Untersuchung der Veränderungen, welche ein von Jan van Eyck entwickeltes Thema bei seinen Nachfolgern erfährt. Zunächst werden die Mittel der Verfremdung analysiert werden müssen; das heißt, es wird zu fragen sein, in welcher Weise der Bildgegenstand den Betrachter einbezieht oder sich von ihm distanziert. Daraufhin wird zu untersuchen sein, wie weit der Verzicht auf die Wiedergabe der geschau-

---

5 Hans Belting, *Das Bild und sein Publikum im Mittelalter*, Berlin 1981, bes. S. 77 ff., mit weiterführender Literatur. Zur Beziehung zwischen ›tableau vivant‹ und bildender Kunst vgl. Pochat (Anm. 1), S. 83 f.
6 Dazu etwa Erwin Panofsky, *Early Netherlandish Painting*, 2 Bde., Cambridge/Mass. 1953, bes. Bd. I, S. 309 ff. – Einen Eindruck von der Komplexität des Themas, bei dem zweifellos auch wirtschaftliche und soziologische Komponenten eine Rolle spielen, vermittelt Craig Harbison, »Realism and Symbolism in Early Flemish Painting«, *Art Bulletin* 46 (1984), S. 588–602, bes. S. 589 f.; ders., *Jan van Eyck. The Play of Realism*, London 1991, bes. S. 198 ff.

ten Wirklichkeit mit meiner These des ›aufgeführten‹ Bildes einer Erklärung zugeführt werden kann. Dabei wird es gelten, Veränderungen der Bildfunktionen zu beachten und den Verweischarakter im Sinne eines Einstiegs in die Beschäftigung mit übergeordneten Themen zu prüfen.

II. Die Entwicklung zum ›autonomen‹ Bild

Aktuell werden kann unsere Fragestellung erst mit dem Prozeß der allmählichen Entwicklung einer bildnerischen Autonomie, mit dem wir uns daher kurz beschäftigen müssen. Gregors des Großen berühmtes Diktum über die Funktion der Bilder als Hilfsmittel für die illiterati bezeichnete ja nicht so sehr einen mehr oder weniger eingeschränkten Benutzerkreis – waren die illiterati meist doch kaum in der Lage, komplexere Bilder zu ›lesen‹ – als daß es genau jenen Gebrauch von Bildern umschrieb, der noch während des ganzen Mittelalters weitgehend seine Gültigkeit behielt.[7] Vornehmste Aufgabe des Bildes war, wie auch Gregor dies forderte, Lehre und Erinnerung der Heiligen Schrift zu sein, was zu einer besonderen und sehr engen Bindung an das Wort Gottes führte. Dieses blieb als oberste Instanz bewußt und verschaffte den Bildern ihre eigene ›Heiligkeit‹, die – wie das tiefe Unverständnis zeigt, mit dem die Karolinger auf die byzantinische Bilderfrage reagierten[8] – einen falschen Bildergebrauch im Sinne einer Idolisierung ausschloß.

Die Intensivierung der Diskussion im 12. und 13. Jahrhundert[9] belegt, daß man sich der Gefahr dennoch und wohl erneut bewußt war, wie sehr Bilder zu Mißverständnissen führen, ja sogar die Verwechslung des Abbildes mit dem Urbild provozieren können. Vorwürfe der Götzenanbetung, der Statuenliebe[10] und der Verblendung durch Bilder häufen sich nicht umsonst genau in jener Zeit, in der die Bilder eine neue Realitätskraft gewinnen, nämlich in der Frühgotik.[11]

Der Wandel zu dem neuen Bildverständnis zog sich über mehrere Jahrhunderte hin. Ein wichtiger Schritt ist dabei in der zunehmenden Emanzipation des Erzählens, insbesondere in Andachtsbildern, zu sehen, war doch damit eine verstärkte Ansprache an den Betrachter verbunden. An dessen emotionale und sub-

---

7 Lawrence G. Duggan, »Was Art Really the Book of the Illiterate?«, *Word and Image* 5 (1989), S. 227–251; Celia M. Chazelle, »Pictures, Books and the Illiterate. Pope Gregory I's Letters to Serenus of Marseilles«, *Word and Image* 6 (1990), S. 138–153.
8 Vgl. dazu Lieselotte E. Saurma-Jeltsch, »Zur karolingischen Haltung gegenüber dem Bilderstreit«, in: *794 – Karl in Frankfurt. Ausstellungskatalog zur 1200-Jahrfeier*, Sigmaringen 1994, S. 69–72; immer noch überzeugend: Gert Haendler, *Epochen karolingischer Theologie. Eine Untersuchung über die karolingischen Gutachten zum byzantinischen Bilderstreit*, Theologische Arbeiten 10, Berlin 1958, bes. S. 74 ff.
9 Michael Camille, *The Gothic Idol. Ideology and Image-Making in Medieval Art*, Cambridge/Mass. 1989, bes. S. 197 ff.
10 Berthold Hinz, »Statuenliebe. Antiker Skandal und mittelalterliches Trauma«, *Marburger Jahrbuch für Kunstgeschichte* 22 (1989), S. 135–142, bes. S. 139 ff.
11 Camille (Anm. 9), S. 203 ff.

jektive Kräfte wird mit den Bildern appelliert. Im Sinne einer imitatio bieten sie eine affektive, ja sogar körperliche Übernahme des Bildgegenstandes an, wodurch zwar die Distanz des Betrachters zum Inhalt des Bildes in einem projektiven Vorgang aufgehoben wird, aber keineswegs diejenige zum Bild selbst: Es bleibt in einer klar identifizierbaren, eigenen Bildräumlichkeit.[12]

Mit der Forderung nach einer getreuen Nachahmung der Natur, wie sie als erster Leon Battista Alberti in seinem Traktat ›Della pittura‹ (1435) auch in der Theorie formulierte[13], hat sich allerdings der Gegenstand der Malerei im Vergleich zum mittelalterlichen Bild grundsätzlich geändert. Es ist – so Alberti – zu einem Fenster geworden, hat den Durchblick geöffnet in eine Welt, welche der natürlichen Wahrnehmung des Betrachters entspricht. Christopher Braider[14] sieht in diesem Wandel eine Ablösung von zwei Wahrheitsbegriffen, nämlich demjenigen, der sich einzig durch die Heilige Schrift definierte und demjenigen, der sich allein auf die sinnliche Wahrnehmung stützte: »[...] what is this window if not the art of painting itself as distinguished from the textual sources to which it owes its topics and authority?«.[15] Ja, er zielt auf einen noch viel radikaleren Paradigmenwechsel mit der Behauptung, Malerei porträtiere nicht nur, sondern sie sei das, was sie darstelle. Dies würde bedeuten, daß das Bild selbst zu einer Wahrheit wird, die vorher allein dem Wort Gottes zukommen konnte, eine These, auf die noch ausführlicher einzugehen sein wird.

In der dem Konzept Albertis entsprechenden Bildgestaltung der Frührenaissance werden zur Nachahmung der Natur die neuen Erfahrungen mit der Optik eingesetzt. Dadurch, daß die Physiologie des Auges den Horizont des für die Menschen Ersichtlichen bestimmt, wird dieses Organ auch zum grundlegenden Maßstab jeglicher Erkenntnis. Die gemalten Objekte werden durch ihre perspektivische Wiedergabe in eine objektiv überprüfbare Ordnung eingefügt. Zwischen dem Objekt und dem Subjekt des Betrachters oder Malers besteht infolgedessen ein klar definiertes Verhältnis. Beispielsweise wird bei der Lucca-Madonna des Jan van Eyck[16] (Abb. I) der Betrachter zum Bezugspunkt; er ist es, der die räumliche Ordnung des Bildes definiert. ›Der Mensch als Maß aller Dinge‹[17] prägt folglich die Erfahrung der Objektwelt in ihrer Objektivität, zu-

---

12 Vgl. dazu Hans Belting, *Bild und Kult. Eine Geschichte des Bildes vor dem Zeitalter der Kunst*, München 1990, S. 459 ff.; David Freedberg, *The Power of Images. Studies in the History and Theory of Response*, Chicago u. London 1991, bes. S. 161 ff.
13 Zur Übergangsstellung Albertis vgl. Christopher Braider, *Refiguring the Real. Picture and Modernity in Word and Image, 1400–1700*, Princeton/N. J. 1992, bes. S. 20–36; Michael Baxandall, *Giotto and the Orators*, Oxford 1971, S. 121 ff.; Hans Belting, *Ikone und Bilderzählung in der venezianischen Malerei*, Frankfurt/M. 1985, S. 31 ff.; ders. (Anm. 12), S. 524 f.
14 Braider (Anm. 13), S. 69.
15 Ebd.
16 Frankfurt, Städel: Inv. Nr. 944; vgl. dazu Jochen Sander, *Niederländische Gemälde im Städel. 1400–1550*, Kataloge der Gemälde im Städelschen Kunstinstitut Frankfurt am Main 2, Mainz 1993, S. 245–263, mit Literatur.
17 Peter Burke, *Die Renaissance in Italien. Sozialgeschichte einer Kultur zwischen Tradition und Erfindung*, Berlin 1984, bes. S. 194 ff.

gleich allerdings wird er nun in seiner Betrachtung auf einen bestimmten Standpunkt festgelegt – man denke etwa an eine der ältesten perspektivisch richtigen Darstellungen, das Trinitätsfresko von Masaccio in Sta. Maria Novella in Florenz: ›Richtig‹ präsentiert sich das Wandbild nur zu bestimmten Tageszeiten und in einem genau definierten Abstand.[18]

Die Erfahrbarkeit der Bildwelt ist somit mit Erfahrbarkeit der Welt des Betrachters kongruent.[19] In einem ganz besonderen Maße wird diese Übereinstimmung in den Werken der frühen Niederländer nachvollziehbar, in denen die perspektivische Wiedergabe des Raumes verbunden wird mit einer perfekten sinnlichen Beschreibung des optischen und taktilen Eindrucks der Objekte.[20] In der Lucca-Madonna werden dem Betrachter das Fenster mit den Butzenscheiben, die Nische mit dem im Licht glänzenden messingenen Lavabo, die mit Flüssigkeit gefüllte Glaskaraffe, in der sich ein Fenster spiegelt, wie auch der mit Brokatstoff verkleidete Thron mit den Löwenlehnen in einer solchen Deutlichkeit präsentiert, als ob er sie greifbar vor sich hätte. Diese Illusion wird überdies durch die Konstruktion des Bildraumes noch weiter gesteigert, in den der Betrachter mit einbezogen ist: Das Gewölbe der Decke, die seitlichen Wände, aber auch der Teppichboden sind so beschnitten, daß sie sich im Betrachterraum fortzusetzen scheinen. Dank dieser Konstruktion erfährt er den Blick auf die Madonna und den Raum, als ob er an dessen Eingang stünde und dazugehörte. Bedenken wir nun, daß dieses Bild folglich eine Begegnung face-à-face mit dem Heiligen – mit der Madonna und dem Kind – gestattet, die sich überdies in einem scheinbar der Welt des Betrachters entsprechenden Raum abspielt, so wird erst die Kühnheit der Darstellung bewußt. Der Betrachter ist zum Mitakteur geworden, ja – so Jochen Sander – »die Bildaussage erschließt und vervollständigt sich erst mit der und durch die Anwesenheit des andächtigen Betrachters«.[21] Das Bild wird infolgedessen erst dann ›aktiviert‹ oder komplettiert, wenn der andächtige Betrachter in den Bildraum eintritt.

Ein solches Einbeziehen des Betrachters birgt nun genau jene Gefahr in sich, welche Christopher Braider für bereits überwunden und nichtig erklärt, nämlich die Identifizierung des Bildes mit der Wahrheit. Für die Lucca-Madonna würde dies nichts anderes heißen, als daß der Betrachter in einen Raum eintreten kann, in welchem er die Madonna mit Kind nicht als Bild, sondern in Realpräsenz sieht. Daß tatsächlich solche Verwechslungen vorgekommen sind und vor allem deren Gefährlichkeit den Zeitgenossen sehr bewußt war, ließe sich mit der – für ein an der mittelalterlichen Tradition geschultes Auge – Mißverständlichkeit der neuen Bildkonzeptionen erklären.

---

18 Martin Kemp, »Science, Non-Science and Nonsense. The Interpretation of Brunelleschi's Perspective«, *Art History* 1 (1978), S. 134–161.
19 Max Imdahl, »Überlegungen zur Identität des Bildes«, in: Odo Marquard u. Karlheinz Stierle (Hrsg.), *Identität*, Poetik und Hermeneutik 7, München 1979, S. 187–211, bes. S. 191–195.
20 Vgl. Harbison, *Jan van Eyck* (Anm. 6), S. 13 ff.
21 Sander (Anm. 16), S. 257.

Abb. 1: Jan van Eyck, Lucca-Madonna,
Städelsches Kunstinstitut, Frankfurt/M., Inv. Nr. 944
(Foto: Frankfurt, Ursula Edelmann).

III. Die Gefahr des ›falschen‹ Bildes

Der Vorwurf an die Malerei, daß sie eine Realität fingiere, die – bleibt sie doch eine gemalte – keine ist, und daß sie das, was nicht ist, zum Sein bringen könne, war ihr während des ganzen Mittelalters präsent. Bereits in der Antike war immer wieder vor ihrem falschen Schein gewarnt worden.[22] Die Frührenaissance erst nahm dieses Paradoxon positiv auf – so lobt etwa Cennini, Giotto sei ein solches Genie gewesen, daß er Gegenstände wie die Natur wiedergegeben habe, ja sie sogar noch ähnlicher gemacht habe, so daß arme Leute gemeint hätten, es seien die Gegenstände selbst.[23]

Kein anderer Meister seiner Generation verstand die Verführungskunst der Malerei besser zu nutzen als Jan van Eyck.[24] Die funkelnden Juwelen in seiner Tafel veranlaßten angeblich Diebe dazu, sich ihrer bemächtigen zu wollen. Kein anderer aber war sich zugleich der Gefahr des Verismus so sehr bewußt. Sein Streben galt denn auch nicht dem Abmalen der geschauten Wirklichkeit, sondern er versuchte, den Widerschein des Unsichtbaren im Sichtbaren wiederzugeben.[25] Ein vergleichbares Verständnis formulierte etwa Nikolaus von Kues, der ebenfalls im Sichtbaren das Unsichtbare, das Unendliche und Göttliche sieht:

> O Gott [...], daß ich sehe, Dein an Nichts gebundenes, nur in sich stehendes Antlitz sei das natürliche Angesicht jeder Naturart und -beschaffenheit, sei das Angesicht, welches die unbedingte und unbeschränkte Seinsheit jeden Seins, die Könnens- und Wissensumfassung alles Wißbaren ist![26]

Gerade an solchen Vorstellungen scheint sich Jan van Eyck zu orientieren, der immer wieder den Verweischarakter gemalter ›Wirklichkeiten‹ heraushebt. Beinahe spöttisch setzt er für den intellektuellen Betrachter das oben erwähnte Paradoxon der Malerei ein und weist immer wieder darauf hin, daß das, was sie zum Sein zu bringen vermag, nicht wirklich ist.[27] Das Spiel mit Realitäten ge-

---

22 Gute Zusammenfassung bei David Summers, *Michelangelo and the Language of Art*, Princeton/N.J. 1981, S. 45 ff.
23 Ebd., S. 50; Rudolf Preimersberger, »Zu Jan van Eycks Diptychon der Sammlung Thyssen-Bornemisza«, *Zeitschrift für Kunstgeschichte* 54 (1991), S. 459–489, bes. S. 466.
24 Harbison, *Jan van Eyck* (Anm. 6), bes. S. 158 ff. u. S. 198 ff.; Panofsky (Anm. 6), Bd. I, S. 137–139; Lotte Brand Philip, *The Ghent Altarpiece and the Art of Jan van Eyck*, Princeton 1971, S. 163 f. u. S. 193 ff.
25 Harbison, *Jan van Eyck* (Anm. 6), S. 199, erklärt die unterschiedlichen Realismen in van Eycks Bildern mit dem Zusammenspiel von Auftraggeber/Gebrauchssituation und dem Vorgehen des Künstlers; als Lösung vermutet er, van Eyck habe Bilder mit mehrfacher Bedeutung hergestellt, die für ein variables Publikum gedacht waren.
26 Nikolaus von Kues, *De visione Dei*, Kapitel 7, zitiert nach: *Von Gottes Sehen*, hrsg. Elisabeth Bohnenstaedt, *Schriften des Nikolaus von Cues*, hrsg. Ernst Hoffmann [u.a.] im Auftr. d. Heidelberger Akademie der Wissenschaften, Philosophische Bibliothek, Leipzig 1947, Heft IV, S. 73. – Zur Beziehung der niederländischen Kunst und Nikolaus von Kues vgl. Götz Pochat, *Geschichte der Ästhetik und Kunsttheorie. Von der Antike bis zum 19. Jahrhundert*, Köln 1986, S. 216–222; dagegen der pragmatische Ansatz von Harbison, *Jan van Eyck* (Anm. 6), S. 199 ff.
27 Preimersberger (Anm. 23), bes. S. 466 ff. u. S. 480 f.; Summers (Anm. 22), S. 50 ff.

winnt gerade bei ihm einen übergeordneten, metaphysischen Bezug. Der Betrachter wird immer wieder an die Sätze des Nikolaus von Kues erinnert, verweisen doch die vielen von Jan van Eyck eingesetzten Spiegelbilder in ihren den Gesetzen der Optik folgenden Reflexen darauf, daß sie bloße Erscheinungen des an anderem Ort befindlichen Urbildes sein sollen.[28] Wird damit nicht jene Erkenntnis des Cusanus verbildlicht, daß sich ›im Spiegel der Ewigkeit‹ das Abbild gleichsam als Schatten des Urbildes des Betrachters zeige?

> Wenn einer in diesen Spiegel schaut, erblickt er seine Gestalt [...]. Und er meint, die Gestalt, die er in diesem Spiegel erblickt, sei die Abbildung seiner eigenen Gestalt [...]. Es ist zwar das Gegenteil davon der Fall. Was er in diesem Spiegel der Ewigkeit sieht, ist nicht Abbildung, sondern die Wahrheit, von der er, der Sehende, Abbild ist.[29]

Denn alles Abbild sei in der Wahrheit das Urbild, und Nikolaus vergleicht den Menschen mit einem lebendigen Schatten, zu dem Gott die Wirklichkeit darstellt.[30]

In den sich im schwarzen Stein des Hintergrunds spiegelnden Statuetten des Diptychons der Sammlung Thyssen-Bornemisza dürfte nicht nur, wie Rudolf Preimersberger gezeigt hat, »die körperliche Wirklichkeit [der Statuetten] für den Betrachter sich spiegelnd bewähren, [und] zugleich [...] der Prüfstein der [...] spektakulären Kunstleistung« ihres Malers sich befinden[31], sondern ebenso sind sie – im Sinne des Cusanus – Belege für die Existenz des Urbildes, das im Abbild immanent vorhanden ist. In mehrfachen Brechungen erhält hier das Bild einen Wahrheitsanspruch, der aber nicht so sehr darin besteht, zu belegen, daß die Malerei selbst nun die Wahrheit sei, wie Braider dies behauptet, sondern im Gegenteil auf einen Parallelschluß verweist, wie er ja in der Argumentationsweise des Nikolaus von Kues üblich ist.

In den van Eyckschen Darstellungen geht es also nicht um das Abbilden einer autonomen Wirklichkeit, sondern um die Darstellung der in dieser Wirklichkeit sich spiegelnden Abbilder des Urbildes. Realitätsbrüche[32] und Verweise auf austauschbare Realitäten sollen den Spiegelcharakter seiner Darstellungen erkennen lassen. Seinen Nachfolgern aber scheint diese sehr intellektuelle, artistische Verfremdung nicht genügt zu haben, kehren sie doch – wie wir noch sehen werden – zu den älteren Bildtypen zurück.

Nicht zuletzt die Bilderkritik der Hussiten hatte die Gefahr vor ›Götzenbildern‹ erneut ins Bewußtsein gerufen.[33] Im 15. Jahrhundert werden denn die Ermahnungen, Bilder nie zur Abgötterei, sondern lediglich als Instrument der Verehrung zu

---

28 Preimersberger (Anm. 23), S. 476.
29 Nikolaus von Kues, *De visione Dei* (Anm. 26), Kapitel 15, S. 102.
30 Zur Verfremdung des Urbildes im Spiegel vgl. Karl-Josef Pazzini, »Von Meister Eckharts ›Bildung‹ zu Brunelleschis ›Abbildung‹«, in: Christian Rittelmeyer (Hrsg.), *Bild und Bildung*, Wiesbaden 1991, S. 187–214, bes. S. 200.
31 Preimersberger (Anm. 23), S. 489.
32 Hans Belting u. Dagmar Eichenberger, *Jan van Eyck als Erzähler*, Worms 1983, bes. S. 46 ff u. S. 151 ff.
33 Horst Bredekamp, *Kunst als Medium sozialer Konflikte. Bilderkämpfe von der Spätantike bis zur Hussitenrevolution*, Frankfurt/M. 1975, S. 288 f.; Jacek Debicki, »Ein Beitrag zur Bildertheologie der vorhussitischen und hussitischen Zeiten in Böhmen«, *Umení* 40 (1992), S. 415–422.

verwenden, immer zahlreicher und eindringlicher.[34] Alle diese vehement gegen die Identifizierung des Abbildes mit dem Urbild gerichteten Aussagen beruhen auf der alten, eingangs erwähnten Auseinandersetzung der Kirche mit dem Bildergebrauch und dem Bilderverbot. Verschärft hat sich diese Problematik im Spätmittelalter noch durch die zunehmende private und von Laien gepflegte Frömmigkeit, die unter den Reformbewegungen im 15. Jahrhundert ein großes Ausmaß annahm. Über die ›biedere‹ Suche nach der Veranschaulichung Gottes und über den Bildermißbrauch schrieb schon Meister Eckhart: [...] *aber etlîche liute wellent got mit den ougen ansehen, alse sie ein rint ansehent.*[35] Gott sei eben nicht mit den äußeren, sondern mit den inneren Augen zu sehen. Das von Menschen hergestellte Bild soll – so die Bildtheorie der Mystiker wie auch der späteren Reformbewegungen, etwa in der Art der devotio moderna – lediglich dem Einstieg in die Andacht dienen.[36]

IV. Das Bild als Erfahrungsakt

Reformbewegungen wie die devotio moderna[37] betonen den neuen Wert einer Frömmigkeitserfahrung, die mit Hilfe der Visualisierung gewonnen werden kann. Entsprechende Äußerungen finden sich sowohl in der Predigtliteratur als auch in Anweisungen zum Gebrauch von Bildern. Auf deren Bedeutung für die Veranschaulichung von bestimmten Heilswahrheiten wird nicht selten sogar in den Predigten selbst hingewiesen.[38] Geiler von Kaisersberg etwa rät dem From-

---

34 Michael Baxandall, *Die Kunst der Bildschnitzer. Tilman Riemenschneider, Veit Stoß und ihre Zeitgenossen*, München 1984, S. 63 f.; S. 64 ein Zitat aus dem anonymen Traktat *Der Spiegel des Sünders*, Augsburg 1475: Man solle *bildnuß, nit für sich selbs, sunder von der wegen, der bildnuß sy seind [...] eren. Wann taetest du anders, als das du anbettest die bildnuß christi und der heiligen [...] du begiengest die sunde der abgoeterei.*
35 Meister Eckhart: *Deutsche Predigten*, Nr. 14, zitiert nach Pazzini (Anm. 30), S. 188.
36 Büttner (Anm. 2), S. 2; Pochat (Anm. 26), S. 201; Jean Wirth, »La naissance de Jésus dans le cœur: Etude iconographique«, in: *La dévotion moderne dans les pays bourguignons et rhénans des origines à la fin du XVIe siècle*, Publications du centre européen d'études bourguignonnes (XIVe–XVIe s.) 29, Neuchâtel 1989, S. 149–158; Fritz O. Schuppisser, »Schauen mit den Augen des Herzens. Zur Methodik der spätmittelalterlichen Passionsmeditation, besonders in der Devotio Moderna und bei den Augustinern«, in: Walter Haug u. Burghart Wachinger (Hrsg.), *Die Passion Christi in Literatur und Kunst des Spätmittelalters*, Tübingen 1993, S. 163–210.
37 Generell zur Beziehung zwischen bildender Kunst und devotio moderna vgl. Albert Châtelet, »Hugo van der Goes et la dévotion moderne«, in: *La dévotion moderne* (Anm. 36), S. 129–139; Jean Rivière, »Robert Campin et son influence sur la devotio moderna à Bruxelles à la fin du XVe siècle«, ebd., S. 139–146; Lloyd Benjamin, »Disguised Symbolism Exposed and the History of Early Netherlandish Painting«, *Studies in Iconography* 2 (1976), S. 11–24.
38 Walter Dress, *Die Theologie Gersons. Eine Untersuchung zur Verbindung von Nominalismus und Mystik im Spätmittelalter*, Gütersloh 1931, bes. S. 116–119; vgl. etwa auch die Übergänge zum Schauspiel in der dramatischen Visualisierung von Predigern; dazu Michael Baxandall, *Die Wirklichkeit der Bilder. Malerei und Erfahrung im Italien des 15. Jahrhunderts*, 2. Aufl., Frankfurt/M. 1980, S. 64 f.

men, anhand eines Bildes beispielsweise das Geheimnis der visitatio nachzuvollziehen: Das Bild solle betrachtet werden; und

> [...] gedenck daran wie sie frölich gewesen seind [...] und erken das im glauben (recognoscere per fidem), darnach wan du es erkant hast, so hab ein gefallen daran [...] Zu dem dritten darnach so erzög dich gegen inen in üßerlicher eer erbeitung. Küß die bild [...] neig dich vor irem bild oder knüw darfür nider und rüff sie an [...].[39]

Diese durch das Bild provozierten Formen emotionaler Anteilnahme entsprechen jenen Visualisierungsstufen, auf denen der Gläubige – gemäß gewissen Gebetsanleitungen – in unterschiedlichen Gefühlslagen jeweils verharren soll.[40] Solche Affektzustände zu erreichen und damit nicht bloß ein physisch-psychisch begründetes Memorieren der Ereignisse zu fördern, sondern auf der höheren Erfahrungs- und Erlebensstufe auch die Nachahmung der Mysterien zu ermöglichen, ist Grundlage sowohl der Liturgie, des Schauspiels als auch der Bilder.

Wie Anweisungen zur meditativen Praxis wirken beispielsweise die zwei Versionen des heiligen Hieronymus in der Wüste, die uns von Gerard David überliefert sind. Die Frankfurter Darstellung[41] (Abb. II) zeigt den Heiligen in einer Felslandschaft kniend vor einem gemalten Kreuzigungsbild, das an einem Baum hängt und unter dem sich der Löwe räkelt. Obwohl am Boden als Zeichen seiner Buße das abgelegte Kardinalsgewand liegt, scheint eine aktive Buße in diesem Bild zu fehlen. Dafür spricht offenbar auch die eigenartig abwehrende Haltung der linken Hand, was die bisherige Literatur zur Deutung veranlaßt hat, es handele sich bei dieser Darstellung um ein ›domestiziertes‹ Routinebild.[42] Die noch unversehrte Brust des Heiligen sowie die abwehrende Haltung der Linken, die den Gestus Mariens in der Verkündigung aufnimmt, sprechen nun allerdings dafür, daß es sich im Gegenteil um die Thematisierung einer bestimmten Form der Meditation und Auseinandersetzung handelt. Hier wird genau jenes Zwiegespräch festgehalten, das der Betrachter des Bildes ebenfalls führen sollte, stellt es doch den Heiligen in einem Zustande der conturbatio, einem emotional erwünschten Zustand der Verwirrung, dar, wie ihn Maria als erste Reaktion auf die Ansprache des Engels gezeigt hatte.[43] In der wohl dem David-Umkreis zuzuschreibenden Hieronymus-Tafel der National Gallery in London[44] (Abb. III) ist nun der Heilige in einer anderen Gefühlslage geschildert, hat er doch hier offen-

---

39 *Das Evangelienbuoch mit uszlegung des hochgelerten Doctor Keiserspergs*, Straßburg o.J., zitiert nach: L. Dacheux, *Un réformateur catholique à la fin du XVe siècle. Jean Geiler de Keysersberg. Prédicateur à la cathédrale de Strasbourg 1478–1510*, Straßburg 1876, S. 272.
40 Baxandall (Anm. 38), S. 61 ff.
41 Frankfurt, Städel: Inv. Nr. 1091; dazu Sander (Anm. 16), S. 223–232; dort ältere Literatur.
42 John D. Farmer, »Gerard David's Lamentation and an anonymous St. Jerome«, *Museum Studies* 8 (1976), S. 51 f.; vgl. auch Sander (Anm. 16), S. 231, Anm. 42.
43 Dazu Baxandall (Anm. 38), S. 66 ff.
44 London, National Gallery: No. 2596; Max J. Friedländer, *Early Netherlandish Painting*, Bd. VI/2, Leiden 1971, S. 109, Taf. 226; vgl. auch Sander (Anm. 16), S. 225, Anm. 15, dort weitere Literatur.

Abb. II: Gerard David, der Heilige Hieronymus in der Wüste, Städelsches Kunstinstitut, Frankfurt/M., Inv. Nr. 1091 (Foto: Frankfurt, Ursula Edelmann).

Abb. III: Umkreis Gerard David, Heiliger Hieronymus in der Wüste,
London National Gallery, No. 2596
(Foto: London National Gallery).

bar die Vision akzeptiert und sich ihr, wie die Wundmale und der Stein in seiner Hand zeigen, bereits unterworfen. In den beiden Tafeln ist Hieronymus infolgedessen in zwei unterschiedlichen Meditationsstufen gezeigt: Erst in der Phase des aktiven Mitleidens, der imitatio Christi, befindet er sich in jener Erkenntnisform, die es ihm ermöglicht – wie der am Baum aufscheinende Kruzifixus im Gegensatz zur gemalten Tafel des anderen Bildes deutlich macht – die Vision des Gekreuzigten zu sehen.[45]

In beiden Darstellungen wird der Betrachter zum Zuschauer, dem die Bilder eine Lektion im Umgang mit ihnen übermitteln: Die Akteure leben ihm exemplarisch die unterschiedlichen Formen von Teilnahme vor, von Verähnlichung. Obwohl sich die Hieronymus-Gestalten nicht unmittelbar an den Betrachter richten, sprechen sie dennoch zu ihm durch die Zurschaustellung ihrer nachahmenswerten Zustände. In ihrer Vorbildlichkeit dienen sie eher der Anleitung, als daß sie zur Identifikation auffordern, was sie an ein traditionelles Bildverständnis anknüpfen läßt.

Erst im Vergleich zu diesen Hieronymustafeln ist die ganz andere Funktion eines Bildes, wie sie Jan van Eyck mit der Lucca-Madonna (Abb. I) anstrebt, zu ermessen. Während bei der Lucca-Madonna der Betrachter durch sein eigenes Auge sich im Abbild selbst findet – ist doch sein Augenpunkt identisch mit dem Zentrum des Mysteriums, dem auf dem Schoß der Mutter sitzenden Kind –, wird er in den Hieronymustafeln auf Distanz gehalten. Die Bilder präsentieren sich ihm hier mit der Aufforderung zur Nachahmung. Es ist streng darauf geachtet, daß die innere, visionäre Welt von der äußeren des Betrachters abgegrenzt wird. Nun wird wiederum – wie in der überkommenen Bildtradition – zu ihm gesprochen,[46] er ist Zu-Schauer und wird als solcher zur aktiven Teilnahme animiert.

V. Der Weg von der Einsicht zur Ansicht

Das Beispiel der Lucca-Madonna diente dazu, eine Bildauffassung bewußt zu machen, die zumindest bis in die Phase der sogenannten ›konkreten‹ Kunst unseres Jahrhunderts gültig bleiben sollte, die sich zugleich aber radikal von allen älteren Konzepten absetzte. Wie sehr sich van Eyck dieser Ablösung bewußt war und deren Gefahr, falsche Wahrheiten zu produzieren, erkannt hatte, haben wir gesehen. Während nun der Betrachter bei Jan van Eyck virtueller Mitspieler in

---

45 Dagegen steht allerdings die Interpretation von Harbison, der in der Tafelmalerei der ersten Generation der Niederländer gerade eine Form von entmaterialisierter, daher der Vision zugänglicher Kunst sieht; vgl. Craig Harbison, »Visions and Meditations in Early Flemish Painting«, *Simiolus* 15 (1985), S. 87–118, bes. S. 117 f. – Dieser Deutung widerspricht die abwehrende Haltung des Heiligen in der Frankfurter Tafel, die auf keinen Fall als Zustand der Gottesschau interpretiert werden kann, wird doch diese erst in der absoluten Ruhe und Versenkung dem Auserwählten geschenkt.
46 Zum sprechenden Bild vgl. Belting (Anm. 5), bes. S. 126 ff.; vgl. auch ders. (Anm. 12), S. 459 ff.

den Bildern bleibt und – wie spätere Vergleiche noch weiter verdeutlichen werden – zur Vermeidung einer Idolisierung andere Mittel angewandt werden, ist seine Rolle bei allen Nachfolgern unmißverständlich als diejenige eines Zuschauers festgelegt. Diese Rückkehr zu einem alten Bildverständnis soll zunächst an drei Tafeln aufgezeigt werden, welche das Thema der Lucca-Madonna aufgreifen. In unserem Zusammenhang ist vor allem zu prüfen, welche Bedeutung solche Veränderungen für den Gebrauch der Bilder haben, und ob dadurch tatsächlich, wie eingangs behauptet wurde, im Sinne einer Verfremdung eine Distanzierung zwischen Betrachter- und Bildwelt geschaffen werden soll.

In der nicht selten als genuines Werk Jan van Eycks angesehenen, sogenannten Ince-Hall-Madonna[47] (Abb. IV) wird der rote Mantel Mariens zu einem bestimmenden Bildelement. Während nun allerdings Jan van Eyck dieses Motiv zur Distanzierung des Gnadenbilds vom Rest des Bildes benutzt, indem er mit Hilfe des Mantels und dessen scharfer Konturierung der heiligen Gruppe eine ungreifbare und überdimensionierte Monumentalität verleiht,[48] wird es in der Ince-Hall-Madonna in ganz anderer Weise eingesetzt. Der Mantel in seiner mächtigen Breite, seiner unklaren Tiefenräumlichkeit, die zugleich die körperliche Gestalt Mariens in einer ungreifbaren Farbenflut versinken läßt, dient hier dazu, das gesamte Bild aus der räumlichen Erfahrungswelt des Betrachters herauszuheben, ihm eine eigene Gesetzlichkeit zu verleihen. Damit stimmt auch überein, daß nun der Blick zum Beobachter hin geöffnet ist, die Mutter das Kind präsentiert und dieses noch zudem das Buch der Bücher vorweist. Verzichtet wird somit auf die Einbeziehung des Betrachters als Akteur: Das Bild ist in seiner eigenen Räumlichkeit von derjenigen des Betrachters abgesetzt, es ist zur An-Schauung konzipiert mit dem eindeutigen Hinweis, daß hier repräsentiert wird.

Wesentlich effektiver wird die Distanzierung des Bildinhaltes aus der Betrachterwelt in einer anderen Version desselben Themas angeboten, nämlich in dem für Abt Wolfhard Strauss gemalten Madonnenbild (Abb. V).[49] In dieser in St. Emmeram in Regensburg aufbewahrten Tafel sind aus der Lucca-Madonna die folgenden Motive übernommen worden: die nährende Mutter mit dem Kind,

---

47 Melbourne, National Gallery of Victoria: Felton Bequest, 1922. Vgl. dazu *Stephan Lochner Meister zu Köln. Herkunft – Werke – Wirkung. Ausstellung, Köln 1993*, Katalog 17, S. 262 f.; Ursula Hoff u. Martin Davies, *The National Gallery of Victoria Melbourne*, Brüssel 1971, Nr. 132, S. 29–50, dort ältere Literatur; hier, wie auch im Lochner-Katalog, wird die Tafel als zeitgenössische Kopie eines Werkes von Jan van Eyck eingeordnet. Dagegen nimmt Sander (Anm. 16), S. 261, an, es handle sich um ein »Pasticcio, das in erheblichem Umfang gerade bei der Lucca-Madonna Anleihen macht«; ebd., Anm. 68, weitere Beispiele der Nachfolge.
48 Auf die verschlüsselte Sakralität des Bildes macht besonders Sander (Anm. 16), S. 259 f., aufmerksam.
49 Vgl. dazu Alfred Stange, *Deutsche Malerei der Gotik*, Bd. X, Reprint Nendeln 1969, S. 102; Ernst Buchner, »Zur spätgotischen Malerei Regensburgs und Salzburgs«, *Sitzungsberichte der Bayerischen Akademie der Wissenschaften, Phil.-hist. Klasse*, München 1959, S. 3–9; Robert Suckale, »Das Znaimer Retabel. Zur künstlerischen Herkunft des Bildschnitzers«, *Österreichische Zeitschrift für Kunst- und Denkmalpflege* 42 (1988), S. 2–14, bes. S. 6 f.

die Gewandbildung des marianischen Mantels, die Geschlossenheit der Gruppe sowie der mit Brokat überzogene Vorhang. Mit großer Nachdrücklichkeit jedoch wird darauf verwiesen, daß dieses Bild keine Darstellung einer Gnadenvision sein will. Mächtig scheint die Mutter Gottes vor ihrem Thron zu schweben; die winzige Gestalt des Stifters vor dem linken Bildrand steht gleichsam stellvertretend für den Betrachter, den er hin zu dem Gnadenbild weist. Die über dem Haupt der Mutter Gottes eine Krone haltenden Engel konkretisieren die Darstellung nicht allein als eine der Maria Regina, sondern zeigen auch, wie unerreichbar für den Betrachter diese Vision ist, nehmen sie doch das Thema einer revelatio auf und siedeln damit das gesamte Bild in den Himmelssphären an.

In sehr sublimer Weise schließlich wandelt Petrus Christus in seiner Frankfurter Madonna mit Kind und den Heiligen Hieronymus und Franziskus[50] (Abb. VI) das van Eycksche Thema ab.[51] Die Ausweitung des Darstellung im Sinne einer italienischen sacra conversazione auf eine von zwei Heiligen flankierte Madonna mit Kind[52] hat der Szene einen feierlichen und repräsentativen Charakter verliehen. Im Gegensatz zu den beiden anderen Versionen – der Ince-Hall-Madonna wie auch der Strauss'schen – wird zwar auch hier, wie bei Jan van Eyck, mit den Mitteln der Zentralperspektive gearbeitet, wobei allerdings diese nun für eine ganz andere Aussage eingesetzt wird.[53] Hier wird nämlich dem Betrachter der Blick in einen nachvollziehbaren, der Größe der Mariengestalt entsprechenden Raum geöffnet, der jedoch gekennzeichnet ist als ein für ihn nicht betretbarer. Abgesetzt vom vorderen Bildrand erhebt sich der Thron, in dessen untere Stufe überdies als Beleg, daß es sich hier um ein Artefakt handelt, in Steinschrift die Künstlersignatur eingemeißelt ist. Die beiden Heiligen übernehmen die Rolle, Stellvertreter des Betrachters zu sein. Der Blick in den Himmel und in die kleinteilig gemalte Landschaft hinter dem Franziskus scheint die Irrealität dieser Darstellung eher zu verstärken als ihr eine eigene bildliche Autonomie zu verschaffen. Die bildparallele Anordnung, die Übergröße der Figuren und deren feierliche Haltung schaffen den Eindruck eines zum Bild erstarrten tableau vivant.

Jochen Sander ist zuzustimmen, wenn er den Vergleich zwischen der Lucca-Madonna und derjenigen von Petrus Christus folgendermaßen resümiert: »Wo Jan van Eyck auf die Aufhebung von Bild- und Betrachterraum zielt, hält Petrus

---

50 Frankfurt, Städel: Inv. Nr. 920; Maryan W. Ainsworth (Hrsg.), *Petrus Christus. Renaissance Master of Bruges*, New York 1994, Nr.13, S. 136–141 [Katalog der Ausstellung im Metropolitan Museum of Art]; Sander (Anm. 16), S. 155–173, dort ältere Literatur.
51 Literatur zur negativen Bewertung dieser Abhängigkeit in Sander (Anm. 16), S. 162, Anm. 31 u. 32. – Allgemein zu dieser Beziehung vgl. Joel M. Upton, *Petrus Christus. His Place in Fifteenth-Century Flemish Painting*, Philadelphia 1990, S. 41, Anm. 50.
52 Zum Typus der sacra conversazione vgl. Sander (Anm. 16), S. 162, Anm. 35 u. 36; zur Inhaltsverschiebung vgl. Barbara G. Lane, *The Altar and the Altarpiece*, New York 1984, S. 23 f.
53 Zur Analyse dieser Unterschiede vgl. auch Upton (Anm. 51), S. 41 f. – Zur Perspektive-Diskussion bei Jan van Eyck zuletzt James Elkins, »On the Arnolfini Portrait and the Lucca-Madonna: Did Jan van Eyck have a perspectival system?«, *Art Bulletin* 73 (1991), S. 53–62, dort ältere Literatur. – Zur Perspektive bei Petrus Christus vgl. Sander (Anm.16), S. 168–170.

Bildverfremdung gegen Bildverehrung 421

*Abb. IV: Nachfolge Jan van Eyck, Ince-Hall-Madonna,
Melbourne, National Gallery of Victoria, Felton Bequest 1922
(Foto: Melbourne, National Gallery).*

Christus den Betrachter [...] auf Distanz«.[54] Der versteckte ikonographische Symbolismus, der auch in den veristisch wiedergegebenen Gegenständen der Lucca-Madonna zu lesen ist, wird hier in einer solchen Dichte vorgetragen, daß er paradoxerweise eher eine weitere Distanzierung vom Dargestellten bewirkt. Der Thron mit seinen kostbaren, durchsichtigen Säulen, den Reliefs mit den Szenen aus dem Alten Testament,[55] vor allem aber die aufgezogenen Vorhänge sollen dem Betrachter die Distanz bewußt machen: Ihm wird – so Barbara Lane – entsprechend dem Moment der Messe, in dem während der Transsubstantiation der Vorhang den Altar verbarg, der Blick auf das Wunder der Inkarnation eröffnet.[56] Das Bild wird zur Bühne, auf der das heilige Ereignis so zelebriert wird, daß es den Zuschauer auf die theologischen und liturgischen Bezüge verweist.

In Jan van Eycks Konzeption allerdings sind, wie schon erwähnt, ebenfalls Elemente der Verfremdung eingebaut, die jedoch allein innerbildliche Wirkung haben. Der Betrachter wird – vergleichen wir etwa die Ince-Hall-Madonna mit der Lucca-Madonna – erst im Bildraum darauf aufmerksam, daß die ihm scheinbar zum Greifen nahe heilige Gruppe nur in einer eigenartigen Kompaktheit und unlebendigen Starrheit sichtbar wird. Die rigide Strenge und Geschlossenheit der Gruppe ermöglichen eine Monumentalität der Maria, die Harbison wohl zu Recht in Zusammenhang mit der zeitgenössischen Diskussion über die immaculata conceptio bringt[57] und die sie unberührbar erscheinen läßt. Sie wird als Bild im Bild erkannt, scheint doch van Eyck hier mit Assoziationen an eine Statuengruppe zu spielen.[58] Erst in der intensiven Auseinandersetzung bemerkt der Betrachter, daß die Umgebung der Madonna trotz ihres Verismus mit komplizierten ikonographischen Bezügen besetzt ist und der Raum sich ihm keineswegs als ein einordenbarer erschließt. Ähnlich wie mit seinen Spiegelbildern weist van Eyck den bereits in das Werk eingetretenen Betrachter wieder aus diesem hinaus und macht ihn in versteckten Anspielungen darauf aufmerksam, daß dieses Bild die letzte Wahrheit doch nicht sei.

Van Eycks Distanzierung bleibt infolgedessen eine innerbildliche, gehört doch die Lucca-Madonna zur visuellen Erfahrungswelt des Betrachters; er ist sozusagen stummer Akteur, der die ebenso stumme Figurengruppe in einem scheinbar visionären Akt heraufzubeschwören vermag.[59] Seine Nachfolger jedoch sind bestrebt, das Bild demonstrativ aus der Welt des Betrachters zu entfernen. In der Ince-Hall-Madonna präsentiert es sich trotz seiner perspektivischen Raumge-

---

54 Sander (Anm. 16), S. 172. – Ganz anders deutet Upton (Anm. 51), S. 42 diese Darstellung, interpretiert er doch die Richtigkeit der Perspektive als eine Ausweitung des Betrachterraumes, ohne dabei die entsprechende Abgrenzung zu sehen.
55 Die beiden Stammeltern an den Thronwangen verweisen auf Maria und Christus als neue Eva und neuer Adam; in den beiden alttestamentlich gekleideten Gestalten an der Thronrückwand dürften Propheten angesprochen sein, die gemäß der Darstellung mit ihrer Prophezeiung den Vorhang schon geöffnet hatten.
56 Lane (Anm. 52), S. 25.
57 Harbison, *Jan van Eyck* (Anm. 6), S. 75–85.
58 Ebd., S. 78; vgl. auch Lane (Anm. 52), S. 25.
59 Otto Pächt, *Van Eyck. Die Begründer der altniederländischen Malerei*, hrsg. Maria Schmidt-Dengler, München 1989, S. 23 f.

Abb. V: Regensburg(?), Madonna des Abtes Wolfhard Strauss,
Regensburg, St. Emmeram
(Foto: Regensburg, Denkmalamt).

staltung als eine eigene Realität. Bezeichnenderweise werden der Teppich wie auch alle übrigen Objekte deutlich abgesetzt vom Bilderrahmen und in einem ihnen zugehörigen Bereich so situiert, daß der Betrachter nicht eintreten kann, sondern ihm lediglich die Anschauung gewährt wird. Mobiliar und Teppich, vor allem aber der Thron, sind Requisiten geworden, die im Gegensatz zu den Objekten in Jan van Eycks Tafeln nicht dazu dienen, einen Raum – und damit ein Erzählkontinuum – zu schaffen. Unklar bleibt denn auch die räumliche ›Ortung‹ der Madonna mit dem Kind. Sitzt sie nun auf dem Teppich oder auf einem unsichtbaren Stuhl oder Thron? Wo der weit sich ausbreitende knittrige Faltenmantel oder der Frauenkörper sich befindet, wie die Übergröße der Maria sich im Raum zu bewähren hätte, dies alles wird uns verborgen. Nicht zuletzt der breit in die Fläche

Abb. VI: *Petrus Christus, Madonna mit Hieronymus und Franziskus,
Städelsches Kunstinstitut Frankfurt/M., Inv. Nr. 920
(Foto: Frankfurt, Ursula Edelmann).*

sich ausbreitende, üppige Samtmantel schafft eine Abgrenzung der Madonna gegenüber dem Betrachter, die – wie auch der attributive Raum – bewußt machen, daß die Realität dieses gemalten Raums keine Fortsetzung des Betrachterraums sein will. Er schaut diesen an und tritt nicht hinein. Zum Bühnenraum schließlich wird der Raum in der Darstellung von Petrus Christus, der hier ein tableau vivant präsentiert.

VI. Das Bild spricht zum Betrachter

In der neu geschaffenen innerbildlichen Welt der Nachfolgewerke von Jan van Eycks Lucca-Madonna hat sich auch das Verhältnis der Figuren zum Betrachter gewandelt. Das ehemals ›stille‹ Bild hat wiederum einen Ansprachecharakter erhalten.[60] In der Ince-Hall-Madonna richtet sich das Kind nach außen. Sein Blättern im Buch mahnt den Betrachter, gleiches zu tun. Das Buch und die demonstrativ präsentierte Windel, auf welcher das Kind sitzt, werden hier als Heilswahrzeichen geradezu vorgezeigt. Gerade die Windel, die sowohl die Geburt als auch den Tod, vor allem das Korporale der Messe impliziert, demonstriert dem Betrachter, daß mit Hilfe solcher Zeichen die Wahrheiten von Inkarnation und Erlösung einzig in der Messe übermittelt werden können.

Ähnliche Verweise benutzt auch Petrus Christus, der zwar die Gruppe im Vergleich zu Jan van Eyck scheinbar öffnet, aber zu einer innerbildlichen Kommunikation zwischen Kind und Heiligen gestaltet. Nicht dem Betrachter wird dieses Gespräch zuteil, sondern die heiligen Figuren sehen stellvertretend für ihn auf das visionäre Bild. Madonna wie Kind werden entsprechend der Ince-Hall-Madonna präsentiert. Das Vorzeigen von Buch, Rosenkranz und des im Licht aufblitzenden Stabes des Vortragekreuzes gemahnen klar an den ›richtigen‹ Kontext, der einzig in der Liturgie liegen kann. Nur dort – und darauf verweist auch die Ince-Hall-Madonna – kann auf jene letztgültigen Wahrheiten geschaut werden.

In der Strauss-Madonna scheint das Heilige als eine Aufführung ins Bild übersetzt worden zu sein. Die Staffelung der Darstellung läßt den Stifter zu Füßen der Madonna zum Regisseur werden, der zwischen der Madonnenvision und dem Betrachter vermittelt und diesem als Anleitung und Vorbild dient. In Nachahmung seiner im Bild vorgeführten, verehrenden Haltung hat sich der Betrachter dem in die himmlische Sphäre entrückten Madonnenbild zu nähern.

Gemeinsam war den Nachfolgewerken erstens die Wiederherstellung einer eigenen ikonischen Realität, in der das Heilige aufgeführt wird; zweitens die Ansprache an den Betrachter, indem eine der agierenden Personen sich an ihn wendet oder als Stellvertreter eine gewisse Übermittlung übernimmt; drittens eine attributive Demonstration der einzelnen Inhalte – Buch, Windel, Vortragekreuz, Thron, Brokatvorhang usw. Jeweils unterschiedlich wurde die vierte Veränderung behandelt, nämlich der Einbezug von Handlungsmomenten. Während in der Lucca-Madonna die Handlung im Eintreten des Betrachters besteht, wird in allen Nachfolgewerken diese wiederum im Bild selbst dargestellt. In der Version von Petrus Christus allerdings scheint trotz der hinzugefügten Personen die Handlung im Sinne eines lebenden Bildes eingefroren worden zu sein. In den anderen beiden Varianten jedoch intensivieren das agierende Kind,

---

60 Zum früheren Wandel vom stillen zum sprechenden Bild vgl. Belting (Anm. 5), S. 20 f.; in einem anderen Kontext vgl. Richard C. Trexler, »Das sprechende Bildnis. Versuch einer Typologie im Spiegel spanischer Quellen des 16. Jahrhunderts«, in: Klaus Schreiner (Hrsg.), *Laienfrömmigkeit im späten Mittelalter*, Schriften des Historischen Kollegs, Kolloquien 20, München 1992, S. 283–308; obwohl es sich hier um die Berichte der Eroberer über zu den Ureinwohnern sprechende Bilder handelt, läßt sich gerade an solchen Projektionen die auch im 16. Jahrhundert noch vorhandene, besondere Wirksamkeit der bildlichen Ansprache und auch des Dialogs mit dem Bild erkennen.

die rauschenden Engel und der Stifter die Erzählung in dramatisierender Weise.

Gehen wir zu den eingangs geäußerten Annahmen zurück, so haben sich die Nachfolgewerke der Lucca-Madonna als eine Abkehr von der objektiven, das heißt perspektivisch richtigen, mimetischen Wiedergabe der geschauten Welt erkennen lassen. Damit verbunden ist eine andere Funktion des Bildes. Nicht mit dem Bild soll sich der Betrachter identifizieren, sondern dieses leitet ihn an, in eine außerikonische, höhere Wirklichkeit aufzusteigen. Während in der Lucca-Madonna der Betrachter auf einer ihm und dem Bild gemeinsamen Bühne steht, infolgedessen das ›Andachtsstück‹ ohne seine Anwesenheit nicht vollständig ist, wird in den späteren Bildern der Gegenstand demonstriert und damit wiederum mit einer vom Betrachter unabhängigen Identität versehen. Das Bild bezeichnet eine eigene Wirklichkeit, die den Betrachter in wachsender Eindringlichkeit dazu anhält, seinen Blick auf die übergeordnete Wahrheit zu richten.

Diese Konzepte greifen zwar auf ältere Bildtraditionen zurück, werden allerdings – sind sie doch mit der ganz anderen Bilderfahrung, etwa der ›Ars Nova‹ des Jan van Eyck[61], konfrontiert – in ihren Bezügen auf die übergeordneten Wahrheiten, vor allem der Heiligen Schrift, wie auch in ihren Anweisungen an den Betrachter zur nachagierenden Teilnahme immer intensiver. Diese Dringlichkeit des Appells, sich mit Hilfe des Bildes dem ›Eigentlichen‹ zu nähern, läßt die Maler zu wiederum dem Schauspiel strukturell verwandten Lösungen greifen, beispielsweise zur Bühnenpräsentation und zu Teilrealismen, zur Dramatisierung der Handlung oder Kumulierung von unterschiedlichen Erzählbühnen.[62]

Die erneute Betonung des Bildes als fiktional, die in den hier besprochenen Beispielen die Distanz zum Betrachter mit einer zugleich intensiveren Ansprache kombinieren, kann recht unterschiedliche Formen finden. Keinesfalls kann sie als einlinige Entwicklung etwa im Sinne einer zunehmenden Theatralisierung verstanden werden. Neben höchst dramatischen Wiedergaben eines erschütternden Passionsrealismus werden gerade gegenteilige Formen der Ansprache gesucht. Im Erfurter Regler Altar[63] beispielsweise wird dem Betrachter in eindrucksvoller Dramatik das Passionsgeschehen wie eines der tatsächlich üblichen Schauspiele im und auf dem Lettner[64] dargeboten. Der Colmarer Altar des Caspar Isenmann[65] dagegen, eines Malers, über dessen Beteiligung an Fron-

---

61 Zur Übertragbarkeit des aus der Musikgeschichte stammenden Begriffes der ›Ars Nova‹ auf die erste Generation der Niederländer vgl. Pochat (Anm. 26), S. 216 f.
62 Zur Simultanbühne etwa bei Memling vgl. Pochat (Anm. 1), S. 46 ff.
63 Abb. vgl. Heinrich Theodor Musper, *Gotische Malerei nördlich der Alpen*, Köln 1961, Abb. 160–162.
64 Zu den Aufführungen auf und im Lettner vgl. Pochat (Anm. 1), S. 86 ff. Auch hier dient die Fiktion eines Flügelaltars als gemalter Lettner der Verfremdung. Von debattierenden Propheten, Engeln und den Gestalten des Passionsgeschehens bevölkert, ermöglicht der Lettner ein typologisches Programm.
65 Abb. vgl. Sylvie Lecoq-Ramod u. Pantixika Béguerie, *Le musée d'Unterlinden de Colmar. Musées et monuments de France*, o. O., o. J., S. 44.

leichnamsspielen wir informiert sind,[66] verzichtet auf eine dramatisierende Darstellung und reiht Bild an Bild wie einzelne Kulissenversatzstücke nebeneinander. Das Demonstrieren der Glaubensinhalte, das Vorweisen der individualisierten Trauer der einzelnen Akteure wird hier vorgeführt.[67] Tendenziell nehmen allerdings die Deutlichkeit der Verweise und oft auch die Drastik der Erzählung zu.[68] Da die Aufgaben und wohl auch das Publikum der einzelnen Medien – ja sogar der einzelnen Tafelbilder – oft verschiedenartig und vielschichtig sind, müssen infolgedessen auch die Arten der Ansprache wechseln.

Das hier untersuchte Phänomen einer neuen Fiktionalität des Bildes, die bei den frühen Niederländern mit dem Spiel des über sich selbst hinausweisenden Realismus gesucht wird, während die nächsten Generationen zur innerikonischen Realität zurückkehren, kann nicht allein theologisch erklärt werden. Ebensowenig allerdings vermag die Annahme eines Wandels der Bedürfnisse diesen Vorgängen gerecht zu werden.[69] Zwar müssen die Maler die einmal gefundene mimetische Seherfahrung mit einem gewissen Angebot an den Betrachter beantworten, aber womit sollte dann gerade das konservative Element dieser Prozesse

---

66 Vgl. dazu Friederike Blasius, *Bildprogramm und Realität. Untersuchungen zur oberrheinischen Malerei um die Mitte des 15. Jahrhunderts am Beispiel der ›Karlsruher Passion‹*, Frankfurt/M., Bern u. New York 1986, S. 36.
67 Besonders deutlich wird diese Funktion der Bildakteure als Träger individueller Trauer- und Mitleidensbotschaften am Beispiel der Grablegung. Hier wird das Bildthema, das sich wohl auf die Grablegung des sogenannten Seilern-Triptychons, London, Courtauld-Institute, bezieht (Abb. vgl. Pächt (Anm. 59), Taf. 2), so abgewandelt, daß jede einzelne Gestalt sich in ihrer jeweils isolierten Trauer nach außen zum Betrachter richtet. Eine ähnliche Hinwendung ist beispielsweise auch beim Meister des Marienlebens im sogenannten De-Monte-Triptychon zu beobachten (Abb. in Hans Martin Schmidt, *Der Meister des Marienlebens. Studien zur spätgotischen Malerei in Köln*, Beiträge zu den Bau- und Kunstdenkmälern im Rheinland 22, Düsseldorf 1978, Abb. 29 u. 30). – Zu den Einflüssen vgl. Barbara Jakobi, *Der Einfluß der niederländischen Tafelmalerei des 15. Jahrhunderts auf die Kunst der benachbarten Rheinlande am Beispiel der Verkündigungsdarstellung in Köln, am Niederrhein und in Westfalen (1440–1490)*, Kölner Schriften zu Geschichte und Kultur, Köln 1987, S. 123 ff.
68 Eine ähnliche Reihe wie diejenige der Lucca-Madonna ließe sich auch am Beispiel der Trinitätsdarstellung des Robert Campin (Frankfurt, Städel) verfolgen. Die Fiktion des Andachtsbildes im Stein (Sander (Anm. 16), Taf. 7) wird etwa in der St. Petersburger Version zu einem Blick auf die ›realen‹ Wunden Christi, die in einem entschleierten Baldachin dem Betrachter dargeboten werden. Die Situierung des Themas in einem Hoheitsbezirk – in einer späteren Version Colin de Cotters im Himmel von Engeln mit den Leidenswerkzeugen umgeben und schließlich kombiniert mit der Fürbitte von Maria und Johannes – sind ähnliche Stationen der zunehmenden Entrückung, Theatralisierung und narrativen Verdeutlichung; vgl. Rivière (Anm. 37), Abb. 5 u. 6.
69 Diese Lösung bietet der Aufsatz von Thürlemann an, der mit seiner rein ästhetischen Argumentation zweifellos zu einseitig ist: Felix Thürlemann, »Die Madrider Kreuzabnahme und die Pariser Grabtragung: das malerische und zeichnerische Hauptwerk Robert Campins«, *Pantheon* 51 (1993), S. 18–45, bes. Abb. 12 u. 14–17. – Eine Kombination ganz verschiedener Beweggründe erwägt Harbison, *Jan van Eyck* (Anm. 6), S. 198 ff., wobei auch Überlegungen zur Multifunktionalität von Bildern angestellt werden.

erklärt werden? Hierfür scheint die Verwendung der Bilder vor allem eine Rolle gespielt zu haben. Dabei müssen wohl entsprechende Vorgänge in der Frömmigkeitspraxis – so etwa derjenigen der devotio moderna[70] – wie auch die alten Auseinandersetzungen über die Gefahren des Bildes und seiner notwendigen Unterordnung unter die Heilige Schrift mitbedacht werden.

---

70 Dazu Rivière (Anm. 37), S. 146, der den Wandel »de l'irréalité du gothique international à la Vision Claire des choses [bei Campin], pour revenir, avec les artistes de la fin du siècle, à ce que l'on pourrait appeler une réalité contrôlée« allein mit der devotio moderna zu erklären versucht, was angesichts der verschiedenen angebotenen Lösungen ebenfalls zu einseitig erscheint.

Matte Idealität.
Beobachtungen zu Schrift- und Verhaltensformen im Quattrocento-Tanz

SEBASTIAN KLOTZ

I.

In einem italienischen Tanztraktat des 15. Jahrhunderts findet sich ein Anhang, in dem der Verfasser der Schrift, ein berühmter maestro, die Stationen seiner Karriere folgendermaßen einführt:

> Io Giohanne Ambrosio da Pesaro me so atrovato a tucte queste feste soctoscricte de imperadori e de re de marchesi et de gran signori e anche me so atrovato a molte feste de citadini le quale che io no ne fo mencione.[1]

Daraufhin geht er auf die von ihm gestalteten *balli* ein. Zu der ersten von ihm angeführten Verpflichtung heißt es:

> Imprima me atrovai alle noççe del marchese Leonello che tolse la figliola de re Alfonso che un mese durò la corte bandita e gran giostre e gran balli foro facte e 'l signore messere Ridolfo ne menò con esso lui e allora sposò madonna Camilla.[2]

Die knappen Beschreibungen formen sich im Verlauf der dreißig Festlichkeiten, von denen Giohanne Ambrosio berichtet, zu einer formidablen Autobiographie des Künstlers, der sein Handwerk mitten in den höfischen Auftrag und in die Genealogie der *imperadori et de re* einschreibt. Für die Schilderung technischer Details der Tänze bleibt in Giohannes Lebensbilanz wenig Raum. Es kam eben darauf an, daß in einer durch ihn angeregten und autorisierten Form getanzt wurde.

Dieser stolze und selbstbewußte Verweis auf eine Tradition, die durch den maestro selbst geprägt wurde und die auf die persönliche Vermittlung der prakti-

---

1 Zitiert nach F. Alberto Gallo, »L'autobiografia artistica di Giovanni Ambrosio (Guglielmo Ebreo) da Pesaro«, *Studi musicali* XII (1983), S. 198–202, hier: S. 197. – ›Ich, Giohanne Ambrosio aus Pesaro, habe mich auf all den Festlichkeiten von Kaisern, Königen, Markgrafen und von Großen Herren befunden, die unten beschrieben sind, und ich habe mich auch auf vielen Festen von Bürgern befunden, von denen ich hier keine Erwähnung mache.‹
2 Ebd., S. 197. – ›Als erstes befand ich mich auf der Hochzeit des Marquis Leonello, der die Tochter von König Alfonso nahm, die Festlichkeiten dauerten einen Monat lang, große Turniere und große balli fanden statt, und der Signor Messer Ridolfo nahm mich mit, und er hat die Madonna Camilla getraut.‹

schen Kenntnisse angewiesen war, wurde durch den Versuch ergänzt, dem Hoftanz eine eigene, schriftgebundene Existenz zu verleihen, um dem ursprünglich geheim gehaltenen Produktionswissen des Meisters die Würde und Anerkennung einer scientia zu verleihen. Die schriftliche Fixierung der Tanzpraxis und ihrer theoretischen Grundsätze, die vorbildlos einsetzt, fällt in die mittleren Jahrzehnte des Quattrocento. Tatsächlich sind einige der von Giohanne entworfenen Choreographien in seinem Traktat nachzulesen.

Die stereotypen Wendungen, mit denen er die Feste in Erinnerung ruft, gemahnen an die Formelhaftigkeit, die seine Choreographien prägen – als färbte die in der Choreographie erprobte Technik der Beschreibung auf die Darlegung des Lebensweges ab.

Hier eröffnet sich eine Reihe von Fragen bezüglich der Autor-Funktion, des eminent politischen und zeremoniellen Charakters der Tanzpraxis sowie der schriftlichen und außerschriftlichen Reproduktionsformen handwerklicher Fertigkeiten.

Im folgenden soll es jedoch um die Verhaltensregeln gehen, die im Selbstverständnis und in den sozialen Projektionsmustern des elitären italienischen Quattrocento-Tanzes angelegt sind. Es könnte sein, daß hier Formen einer emphatischen Körperlichkeit erprobt und zelebriert wurden, die noch vor der neuzeitlichen Kodifizierung inneren Erlebens und äußerer Bewegung die »Einheit von Mimesis und Metrik«[3] nicht nur denkbar erscheinen, sondern direkt körperlich erfahren ließen. Wenn dies der Fall wäre, müßte man erwägen, ob die gängige Diskreditierung der Formalisierung des Bewegungsrepertoires, da sie der ›freien‹ Entfaltung tänzerischen Ausdrucks im Wege stehe, nicht auf einen romantischen Erziehungstopos[4] zurückgeht, und ob nicht im Gegenteil diese Formalisierung eine Sensibilisierung ermöglicht, die Spielräume für kreative Lern- und Aneignungsformen läßt. Meines Erachtens behauptet sich im Quattrocento – vor der kurz darauf einsetzenden übermächtigen neuplatonischen Lektüre künstlerischer Produktionen[5] – in der Kunstpraxis der Hochkultur ein Traditionsstrang, der an harmonia im essentiellen, partizipatorischen und nicht nur metaphorischen Sinn interessiert und auf stark körpergebundene Lernleistungen angewiesen ist.

Als fachfremder Wissenschaftler, der sich auf das Terrain der Tanzforschung begibt, bin ich besonders an der Sozialisierungsform interessiert, die im Tanz prak-

---

3   Rudolf zur Lippe, *Vom Leib zum Körper. Naturbeherrschung am Menschen in der Renaissance*, Reinbek 1988. Der zweite Teil von zur Lippes Studie, der die Überschrift »Die Möglichkeit einer Einheit von Mimesis und Metrik« trägt und den Quattrocento-Tanz zum Gegenstand hat (S. 95–170), geht auf ein Buch des Autors zurück, das erstmals 1974 erschienen ist.
4   Zur Dekonstruktion dieses Topos anhand von Texten Schillers und Kleists vgl. Paul de Man, »Ästhetische Formalisierung. Kleists ›Über das Marionettentheater‹«, in: ders., *Allegorien des Lesens*, übers. Werner Hamacher u. Peter Krumme, Frankfurt/M. 1988, S. 205–233. Dieser Text erschien ursprünglich in *The Rhetoric of Romanticism*, New York 1984.
5   Vgl. die von Christine Smith erbrachten Differenzierungen zur Rolle der Platon-Aneignung im italienischen Frühhumanismus vor 1480 in: dies., *Architecture in the Culture of Early Humanism. Ethics, Aesthetics, and Eloquence, 1400–1470*, Oxford 1992, bes. S. XVIII f. u. S. 71.

tiziert wird. Mittel eines breiten, interdisziplinär orientierten Zugangs möchte ich mit dieser Diskussionsvorlage einen Boden konstruieren, dessen Resonanzen die prekäre Vermittlung zwischen dem einzelnen Schritt und dem Tanz als ›Ganzem‹, zwischen dem Erlernen der Bewegung und der Darbietung als bedeutsamem kollektiven Vorgang in Erinnerung rufen möchten. Ein solcher Zugang zur Verinnerlichung poietischer Normen und ihrer Repräsentation in Gestalt tänzerisch entfalteter Formen spielt bisher in tanzwissenschaftlichen Studien nur eine marginale Rolle. Dabei gilt es, verschiedenen Vorurteilen zu begegnen: Sie reichen von einer vorschnellen Zuordnung des frühen Renaissance-Tanzes zu den Formen der ›Herrschaft‹ über den eigenen Körper, die darin ein politisch wirkungsmächtiges Medium gefunden habe, über pauschalisierende Betrachtungen zum ›Quattrocento‹ als in sich geschlossener Periode bis zu der Ansicht, daß man anhand der Traktate eine Körpererfahrung der Epoche rekonstruieren könne. Demgegenüber plädiert diese Untersuchung für eine differenzierte Betrachtung der Widersprüchlichkeiten, mit denen die verschiedenen Schriftformen den tänzerischen Verhaltensformen Sinn zu geben suchten. Die Traktate stellen Zeugnisse einer künstlerischen Umgangsform dar, die an der Stilisierung der Erscheinung des Körpers arbeitete, die viele Bereiche jedoch nicht kodifizierte und deren Begrifflichkeit unausgereift war. Die Texte waren junge Teilnehmer an der Schriftkultur und gerieten in Begründungszwänge, die mit der mangelnden Würde des Fachs zusammenhingen.

Es ist keineswegs entschieden, ob die *mainiera* der Tanzenden ein ihnen willkürlich zugeschriebenes, aristokratisches Attribut ist oder ob sie eine Disposition darstellt, die sich körper-idiomatisch aus dem Bewegungsablauf ergibt. Ebenso wäre zu überdenken, ob in der Reichhaltigkeit des *memoria*-Konzepts, soweit es in den Schriften entwickelt wird, Funktions- und Verständnisweisen aufscheinen, die sich der neuzeitlichen Ausrichtung der Kunstpraxis auf eine wirkungsmächtige, rhetorisch raffinierte persuasio entziehen.

Diese Studie wird versuchen, einige Bestimmungsstücke dieser Kunstform vor dem Hintergrund dieser Fragen zu diskutieren. Ausgehend von den theoretischen Kapiteln der überlieferten Tanztraktate geht die Untersuchung zunächst auf begriffsgeschichtliche Zusammenhänge ein, die die Voraussetzungen des Tanzens als *movimenti spiritali* betreffen, die in *movimenti corporali* umgesetzt werden, wie es in einem Traktat heißt (II.). Auch die rätselhafte Maxime der *ombra phantasmatica* (III.) und die Forderung des *rilievo* als leichter und gefälliger körperliche Erscheinung (IV.) werden in dieser Studie als Kategorien erörtert, die auf verzweigte Traditionen verweisen und nun in den eigentümlichen Kontext des Tanzes geraten. Daraufhin führen die Bemerkungen zur *memoria* hinüber zur praktischen Aneignung der Grundsätze (V.), die anhand einer Skizze zu den Übungsmethoden erörtert werden (VI.). Die dann folgenden Überlegungen gelten dem Verhältnis zwischen der individuellen Aneignung tänzerischer Kompetenz und der Bedeutungsstiftung des Tanzes als eines kollektiven Ereignisses, das hier mit dem Begriff einer ›matten Idealität‹ umschrieben wird (VII.). Ein Verweis auf textuelle Existenzformen von Choreographien, die außerhalb der bekannten Traktate überliefert wurden, geht dem abschließenden Passus voran (VIII.). Dieser unternimmt Reflexionen über die Historisierung von Körperlichkeit, so weit sie in diesen Text hineinragt (IX.).

Einerseits greift diese Arbeit die aktuelle musikwissenschaftliche Diskussion in materialistischer und anthropologischer Sicht auf. Diese Zugänge gehen von der Komplementarität von »emotiver« und »kognitiver Aneignung« aus, um die historisch geprägten Tätigkeits- und Sozialisierungsformen der musikalischen Praxis hinsichtlich der »Produktion kognitiver Fähigkeiten« und der »Herausbildung des ästhetischen Verhaltens« zu untersuchen.[6]

Andererseits verdanke ich der Studie des Philosophen Rudolf zur Lippe zum Quattrocento-Tanz maßgebliche Anregungen, weil dort die Ideologie des Kaufmannskapitals, die Formen der Naturbeherrschung am Menschen und die Kategorien choreographischer Arbeit in einer geschichtsphilosophisch und anthropologisch motivierten Betrachtung zueinander ins Verhältnis gesetzt werden.[7] Die von zur Lippe und in vergleichbarer Form von Gerhart Schröder vertretene These, derzufolge im Quattrocento die Balance von konstruktiv-messenden und mimetisch-lernenden Vermögen, von körperlicher und geistiger Arbeit, von reflektierendem Innehalten und lebendiger Sinnlichkeit noch gehalten werden konnte, weil die »Bestimmung des Subjekts« wie auch die »Bestimmung der Normen intersubjektiven Handelns« den Spielraum dafür boten;[8] – diese These soll den Ausgangspunkt für diese Untersuchung bilden. Der Tanz könnte für eine Praxis stehen, die in extremer Weise auf den ›Abschied vom Körper‹ reagiert, worunter Hans Ulrich Gumbrecht in seiner historischen Rekonstruktion des »Medienwechsel[s] des XV. Jahrhunderts« die »*Substitution des Körpers* als Kommunikations-Instanz (durch das Bewußtsein)«[9] versteht.

II. Movimenti spiritali/movimenti corporali

Der eingangs erwähnte Giohanne Ambrosio gilt unter seinem bekannteren Namen Guglielmo Ebreo als einer der herausragenden Meister des *ballo lombardo*, des an den norditalienischen Höfen gepflegten Tanzes. In der Nachfolge seines Lehrers Domenico da Piacenza, des Begründers und ersten schriftlichen Verwalters dieser Tanzpraxis,[10] legte er unter dem Titel ›De pratica seu arte tri-

---

6 Vgl. Georg Knepler, *Geschichte als Weg zum Musikverständnis. Zur Theorie, Methode und Geschichte der Musikgeschichtsschreibung*, 2. Aufl., Leipzig 1982, S. 35 f. – Zu nennen sind außerdem Christian Kaden, *Musiksoziologie*, Berlin 1984; ders., *Des Lebens wilder Kreis. Musik im Zivilisationsprozeß*, Kassel 1993; Kurt Blaukopf, *Musik im Wandel der Gesellschaft. Gründzüge einer Musiksoziologie*, München [u.a.] 1984; Wolfgang Suppan, *Der musizierende Mensch. Eine Anthropologie der Musik*, Musikpädagogik, Forschung und Lehre 10, Mainz 1984.
7 Zur Lippe (Anm. 3).
8 Gerhart Schröder, *Logos und List. Zur Entwicklung der Ästhetik in der frühen Neuzeit*, Königstein/Ts. 1985, S. 20.
9 Gumbrecht, »Beginn von ›Literatur‹«, S. 23 f.
10 Für den Zeitraum von 1439 bis 1475, liegen Dokumente vor, die eine Tätigkeit Domenico da Piacenzas am Hof der Este zu Ferrara belegen.

pudii‹ (1463) einen Traktat vor, der in mehreren Redaktionen überliefert und neuerdings in einer kommentierten Ausgabe zugänglich ist.[11]

In dem einleitenden Sonett zu Guglielmos Traktat sind die grundlegenden ästhetischen Forderungen an den Tänzer[12] wie in einer mnemotechnischen Formel fixiert.[13] Doch ein näherer Blick auf die Strukturelemente von Guglielmos Kunst wird vorneuzeitliche und noch nicht ästhetisch hochgezüchtete Verständnisformen entdecken, die tief in die Tanzpraxis hineinreichen und eine spezifische Auffassung stilisierter Geselligkeit regulieren. Guglielmos für heutige Begriffe zaghaftes ästhetisches Bemühen, die Schritte der Tänzer unter einem alles überwölbenden und durchpulsenden harmonia-Begriff zu organisieren, zielt nicht auf die visuell-allegorische Auslegung der Darbietung, sondern auf das kollektive körperlich-motorische Einschwingen in die numerische und metrische Verfaßtheit der jeweils erklingenden Musik.[14]

Erst in diesem Rahmen findet die Bewegungslehre der ›ars tripudii‹ Guglielmos, die ihre Inspiration aus den Seelenbewegungen bezieht,[15] ihre grundlegende Bestimmung. Bereits in der mittelalterlichen Anthropologie beruhte der Zeichencharakter der Gebärde auf der Verbindung von actus animi und actus corporis, von motus corporis und motus animae.[16] Guglielmos *movimenti spiritali*,

---

11 *De pratica seu arte tripudii – On the Practice or Art of Dancing*, hrsg. u. übers. Barbara Sparti, Oxford 1993. – Im folgenden werden Zitate aus dieser Ausgabe mit dem Kürzel Pg-BS angegeben. Dabei ist ›Pg‹ die inzwischen eingebürgerte Sigle für den Codex Paris, Bibliothèque Nationale, fonds ital. 973, der der Ausgabe von Sparti zugrundeliegt. – An dieser Stelle möchte ich Barbara Sparti für wichtige Hinweise danken und für die Materialien, die sie mir freundlicherweise zur Verfügung stellte.

12 *Misura e prima. & seco vuol memoria./ Partir poi di terren con aire bella./ Dolce mainiera, & movimento & poi/ Queste ne dano del danzar la gloria./ Con dolce gratia [...]*; Pg-BS, S. 84. – ›Die misura steht obenan und bedarf der memoria. Dann die Einteilung der Fläche mit schöner Erhabenheit. Süße Manier und Bewegung etc. Das sind die Dinge, die den Tanz seinen Glanz verleihen. Mit süßer Grazie [...]‹. Zu den choreographischen Fachtermini vgl. das Glossar bei Sparti, Pg-BS, S. 217–228.

13 Vgl. Gino Tani, *Storia della danza dalle origini ai nostri giorni*, 2 Bde., Florenz 1983, Bd. I, S. 380.

14 Die im Quattrocento gängige Beschreibung tänzerischer Bewegung in Bildern des Auf- und-Abs und einer wellenartigen Bewegung kommt in der ästhetischen Forderung des *ondeggiare* zum Ausdruck. Vgl. Barbara Sparti, »Style and Performance in the Dances of the Italian Renaissance. Ornamentation, Improvisation, Variation and Virtuosity«, in: *Proceedings of the Ninth Annual Conference. Society of Dance History Scholars*, Riverside/Cal. 1986, S. 31–52, hier: S. 32.

15 *[...] la qual virtute del danzare non e altro che un actione demostrativa di fuori di movimenti spiritali: [...]*; Pg-BS, S. 88. – ›[...] diese Tugend des Tanzens ist nichts anderes als eine anschauliche Tätigkeit, die die spirituellen Bewegungen nach außen trägt: [...]‹.

16 Vgl. Klaus Schreiner, »›Er küsse mich mit dem Kuß seines Mundes‹ (*Osculetur me osculo oris sui*, Cant. 1,1). Metaphorik, kommunikative und herrschaftliche Funktionen einer symbolischen Handlung«, in: Ragotzky/Wenzel, *Höfische Repräsentation*, S. 89–132, hier: S. 89; ders., »Historisierung des Körpers. Vorbemerkungen zur Thematik«, in: ders. u. Norbert Schnitzler (Hrsg.), *Gepeinigt, begehrt, vergessen: Symbolik und Sozialbezug des Körpers im späten Mittelalter und in der frühen Neuzeit*, München 1992, S. 5–22, hier: S. 11.

die auch an die antike Tradition der vielseitigen Vermittlungsleistungen des spiritus zwischen der Seele und der körperlichen Materie anschließen, bleiben bezüglich der Lage der Seele und ihrer Dynamik, wie sie etwa das griechische ormé bezeichnet, eigentümlich neutral. Berücksichtigt man die zeitgenössische Seelenlehre, wie sie bei Cristoforo Landino[17] und Marsilio Ficino[18] entwickelt wurde, überrascht die Zielstrebigkeit und Prägnanz, mit der Guglielmo die Formalisierung der Bewegung direkt in den Entwurf der *movimenti spirituali* verlegt, deren Projektionen figürlich-choreographischer Art dann in den Körperbewegungen zu realisieren sind.

Sichert dieser Zugang Guglielmos einerseits die Legitimation des Tanzes als seelisch-harmonisch gesteuerte scientia, führt die Isomorphie spiritueller und körperlicher Bewegungen[19] andererseits zu einer Transparenz, die anhand der tänzerischen Ausführung einen Blick in die inneren Qualitäten der Beteiligten gestattet.[20]

Den Tanzenden, die in dieser Weise exponiert sind, gibt Guglielmo sechs Grundregeln an die Hand:[21] von dem Gebot, sich selbst zu beherrschen und maßvoll zu verhalten,[22] reichen sie über das Gedächtnis und die Raumaufteilung als unabdingbare Voraussetzungen bis zur angemessenen körperlichen Erscheinung im Innehalten wie in der Bewegung.

Diese Regeln verdienen eine nähere Betrachtung, die durch die Konfrontation mit der Choreographie zu einer *bassadanza* Konturen erhalten soll. Im praktischen Teil seiner Lehrschrift führt Guglielmo einen ›Reale‹ genannten Tanz ein, der von seinem Lehrer Domenico stammt:

---

17 Vgl. Bruce G. McNair, »Cristoforo Landino's ›De anima‹ and his Platonic sources«, *Rinascimento* NF 32 (1992), S. 227–245.
18 Die Ficino-Rezeption fällt allerdings in das späte Quattrocento, um sich erst im 16. Jahrhundert voll zu entfalten.
19 Auch Alberti greift zur Begründung seiner Kunstlehre auf die Kongruenz dieser Bewegungen zurück; vgl. [Leon Battista] Alberti, *De pictura*, hrsg. Cecil Grayson, Reprint, Rom u. Bari 1975, S. 70–74.
20 [...] *per modo che spesse volte stanno essi fermi & attenti ad odire, sonno da essa dolceza & melodia constretti a fare colla persona alchuni movimenti demostrativi di fuori significando quello che dentro sentono.* Pg-BS, S. 106. – ›[...] auf eine Art, so daß sie [die Zuhörenden] innehalten und ihre Ohren spitzen, so daß sie durch die Süße und die Melodie dazu getrieben werden, einige Körperbewegungen zu machen, die ausdrücken, was sie im Inneren fühlen‹. – *Et piu che non solamente gli huomini virtuosi & honesti fa tornare gentili & pellegrini: ma anchora quegli sonno male acostumati & di vil conditione nati, fa divenir gentili & d'assai: la qual da apertamente a cognoscere la qualita di tutti.* Ebd., S. 114. – ›Des weiteren läßt sie [die Tanzkunst] nicht nur tugendhafte und ehrbare Menschen liebenswürdig und anmutig werden: Sondern sogar solche mit schlechten Sitten und von niedriger Herkunft läßt sie äußerst sanft werden; womit sie offen die Qualitäten eines jeden zu erkennen gibt.‹
21 In den oben zitierten Sonettzeilen sind diese Prinzipien bündig zusammengefaßt; vgl. Anm. 12.
22 [...] *per lo qual bisogna che la persona che vuole danzare, si regoli et misuri* [...]; Pg-BS, S. 92. – ›[...] wozu es notwendig ist, daß sich die Person, die tanzen möchte, benimmt und mäßigt [...]‹.

In prima doi sempij & quattro doppij. cominciando col pie sinistro. una represa in sul pie sinistro, & poi vada con doi sempij & un doppio cominciando col pie dritto, & poi faccia doi risprese, una sul pie sinistro et l'altra sul dritto. et poi faccia doi sempii & un doppio partendo col pie sinistro. et poi facciano una riverenza in sul dritto. & poi si tornino in drieto con doi sempii cominciando col pie dritto, et poi facciano due riprese, una sul sinistro ell'altra sul dritto. et poi facciano quattro continenze in sul pie sinistro.[23]

Wie man sofort bemerkt, taucht keine einzige von Guglielmos Grundregeln in dieser Anleitung auf. Weder wird signalisiert, welche Anhaltspunkte die *memoria* in diesem Ablauf finden kann, noch wird darauf hingewiesen, welche Partien durch eine gekonnte *mainiera* besonders wirkungsvoll in Szene zu setzen wären. Ebenso bleiben jegliche Hinweise auf den visuellen Eindruck der verschiedenen Konfigurationen des Ensembles oder auf ein gelungenes ›Schlußtableau‹ ausgespart. Der maestro setzte offensichtlich voraus, daß seine Prinzipien in hohem Maße interiorisiert wurden, um mit jedem Tanz bestätigt und verfeinert zu werden. Um bei der *misura* zu bleiben: Guglielmo erwartet offenbar, daß man als *persona libera*[24] in den Tanz einsteigt und sich gleichzeitig darauf einstellt, daß eine entspannte Haltung angesichts der physischen und intellektuellen Anforderungen des Vorgangs notwendig ist. In dem Attribut ›libero‹, das in der Vulgärsprache bereits im 13. Jahrhundert mit dem Gedanken der Bewegungsfreiheit verknüpft wird,[25] dürfte neben der geeigneten tonischen Disposition auch die Bereitschaft anklingen, sich der harmonia und den verschiedenen Metren der Begleitmusik gegenüber als offen und empfindungsbereit zu zeigen.

Guglielmos Regelvorgaben kulminieren in dem Konzept eines *movimento corporeo*, in dem sich die Reflektiertheit der Grundprinzipien gleichsam körperlich mitteilen und bewußt zur Schau getragen werden soll.[26]

---

23 Pg-BS, S. 126. – ›[Man mache] zuerst zwei sempii und vier doppii; beginnend mit dem linken Fuß; eine ripresa auf dem linken Fuß, gehe dann weiter mit zwei sempii und einem doppio, beginnend mit dem rechten Fuß, und mache dann zwei riprese, eine auf dem linken und eine auf dem rechten Fuß; und mache dann zwei sempii und einen doppio, beginnend mit dem linken Fuß; und dann mögen sie eine riverenza auf dem rechten [Fuß] machen; dann mögen sie zurückgehen mit zwei sempii, beginnend mit dem rechten Fuß, und dann mögen sie zwei riprese machen, eine auf dem linken und die andere auf dem rechten [Fuß]; und dann mögen sie vier continenze machen, [beginnend?] auf dem linken Fuß.‹
24 Pg-BS, S. 92.
25 Vgl. »libero«, in: Manlio Cortelazzo u. Paolo Zolli, *Dizionario etimologico della lingua italiana*, 5 Bde., Bologna 1983, Bd. III, S. 669: »›che ha piena libertà di azione, movimento e sim.‹ (sec. XIII, A. Monte)«.
26 *In questa sexta & ultima parte si denota un atto necessario & conclusivo chiamato movimento corporeo: nel quale apertamente si dimostra in atto & in apparenza tutta la perfectione dell'arte & virtute del danzare, el qual bigiogna che sia in se con ogni perfectione misurato. memorioso. airoso. et ben partito. & con dolce mainiera si come di sopra habiam mostrato.* Pg-BS, S. 98. – ›In diesem sechsten und letzten Teil geht es um ein wesentliches und abschließendes Prinzip, das Körperbewegung genannt wird, in dem die gesamte Perfektion der Kunst und der Tugend des Tanzes sowohl in der Aufführung als auch in der Erscheinung klar demonstriert wird. Sie [die Körperbewegung] muß in sich selbst perfekt gemessen sein, voller Bewußtsein, erhaben, gut eingeteilt und mit süßer Manier, wie wir oben gezeigt haben.‹

Die intellektuelle Durchdringung der Grundprinzipien wie auch der spirituellen Dimension der Bewegung wird von den maestri des Quattrocento durch knappe und zum Teil rätselhafte Bemerkungen zur konkreten Umsetzung der Bewegungen vermittelt. Ohne Zweifel sind sich die maestri darüber im klaren, daß die bewußte Entfaltung von formalisierten Bewegungen gewisse Zeiträume voraussetzt, die der kognitiven Gliederung zur Verfügung stehen müssen, um ein mechanisches oder fehlerhaftes Abspulen des Bewegungsablaufes zu unterbinden. Wie diese Notwendigkeit reflektierenden Innewerdens der maßvollen Regelleistung des Quattrocento-Tanzes zugrundeliegt, hat zur Lippe anhand der Kategorie der *posa*[27] rekonstruiert, die bei ihm zu einem Prinzip avanciert, das in nuce die Einheit von Mimesis und Metrik verkörpert.[28] Wie gelingt es den maestri des Quattrocento, dieses Prinzip didaktisch zu vermitteln? Die folgenden Bemerkungen zielen auf ein tieferes Verständnis der zugrundeliegenden Regeln, die durch die Autoren mit den Begriffen *ombra phantasmatica*, *rilievo*, *mainiera* und *memoria* verknüpft werden.

III. Ombra phantasmatica

In der Tat zielen die theoretischen Ausführungen der maestri auf das Bewußtwerden von Bewegung, wie es im Innehalten der *posa* zum Ausdruck kommt, als Voraussetzung für deren Ausführung. So führt Antonio Cornazano, der ein weiterer Anhänger Domenicos, Humanist und Dilettant in tänzerischen Fragen, jedoch kein maestro war, in seinem ›Libro dell'arte del danzare‹ (1455 und 1465) die Grundprinzipien der Kunst seines Lehrers Domenico mit der Wendung *ombra phantasmatica* ein,[29] die – wie zu zeigen wäre – diese Problematik aufgreift.

Die Konformität spiritueller und körperlicher Bewegungen, die dem Tanz bei Guglielmo Legitimität verleiht, ist nicht nur eine axiomatische Ausgangsposi-

---

27 Ingrid Brainard kommt ebenfalls auf die ›pausa/possa/positura‹ bei Domenico zu sprechen. Sie gehört zu den wenigen Spezialisten für Tanz, die zur Lippes Studie *Vom Leib zum Körper* (Anm. 3) überhaupt zur Kenntnis genommen haben; vgl. dies., »Pattern, Imagery and Drama in the Choreographic Work of Domenico da Piacenza«, in: Maurizio Padovan (Hrsg.), *Guglielmo Ebreo da Pesaro e la danza nelle corte italiane del XV secolo*, Pisa 1990, S. 85–96, hier: S. 90 f. u. S. 95, Anm. 32.

28 »In dem Innehalten des Tanzenden als posa wird Tanz seiner selbst gewahr.« Zur Lippe (Anm. 3), S. 102. Das entsprechende Kapitel trägt die Überschrift »Die posa, eine lebendige Mitte als zentrales Prinzip.«

29 *In questo Misser Domenichino vostro bon servitore e mio maestro ha avuto evidentissimo giudicio dicendo che 'l dançare specialmente di misura larga vole essere simile ad ombra phantasmatica; nella quale similtudine, ad explicarla se intendono molte cose che non si sanno dire*, zitiert nach Sparti (Anm. 14), S. 44. – ›Darin hat Messer Domenico, euer gehorsamer Diener und mein Lehrer, ein äußerst klares Urteil gehabt, indem er sagte, daß das Tanzen, insbesondere zu einer großen Mensur, der ombra phantasmatica gleichen müßte; mit diesem Gleichnis, um es zu erläutern, zielt man auf viele Dinge, die man nicht ausdrücken kann.‹

tion. Da die spiritus-Lehre in unmittelbarer Nähe zu den Kategorien der phantasia und imaginatio steht,[30] berührt die ätherische Mobilität des spiritus auch die ästhetischen Maximen und die körperlichen Regulative des Tanzes.

Die Auseinandersetzung mit dem Konzept der phantasia (insbesondere bei Platon, Aristoteles, in der Stoa, bei Pseudo-Longinus und Quintilian[31]) rückte früh das menschliche Vermögen in den Mittelpunkt, Phantasmen selbst zu erzeugen. Die energeia und vitale Kraft dieser Entwürfe war in der stoischen Tradition stets an den physischen Vorgang der Präsentation von Phantasmen gebunden.[32] Man könnte vermuten, daß diese physische Komponente der phantasia der naheliegende Anknüpfungspunkt für die Tanzmeister des Quattrocento war. Es scheint, als solle die innere Dynamik des phainesthai in der Würde der Erscheinung und des Schreitens wiedergegeben werden, als würde der Eigenrhythmus der spirituellen Tätigkeit in motorische Anschaulichkeit übertragen werden. Der Vorgang des Entwerfens der phantasia, der in der Stoa das physische Eindrücken (Typose) der phantasmata in die Psyche umfaßte,[33] würde somit in der Physik der tanzenden Körper begleitet bzw. wiederholt werden.

In der Kunsttheorie des 15. Jahrhunderts standen zudem nicht die irrationalen Momente der phantasia im Vordergrund, sondern ihre Indienstnahme für die planenden und messenden Verfahren der künstlerischen Praxis.[34] Um so weniger verwundert es, daß Cornazano die *ombra phantasmatica* an die musikalischen Mensuren bindet.

Womöglich kann auch eine Betrachtung des anderen Bestandteils in Cornazanos Wendung, *ombra*, dazu beitragen, dieser »enigmatic quality«[35] näherzukommen. Auch dieser Begriff weist auf eine Auslegungsgeschichte, die ihn in einen Zusammenhang mit körperlichen Abbildungsformen rückt. Insbesondere die in der Debatte um die Eucharistie aufgeworfene Frage, ob Brot und Wein Körper und Blut Christi seien oder ob nur an ihn erinnert werde,[36] führte zur Kopplung von umbra und figura. Bereits im spätantiken christlichen Denken verweist umbra als Metapher für historia auf die Ungleichheit von wörtlichem und spirituellem Sinn.[37] Die von Erich Auerbach nachgezeichneten weitverzweigten

---

30 Vgl. die Aufsätze von Eugenio Garin, »Il termine ›spiritus‹ in alcune discussioni fra Quattrocento e Cinquecento«, sowie »›Phantasia‹ e ›imaginatio‹ fra Ficino e Pomponazzi«, in: ders., *Umanisti artisti scienziati. Studi sul Rinascimento italiano*, Rom 1989, S. 295–303 u. S. 305–317.
31 Vgl. Eugene Vance, *Marvelous Signals. Poetics and Sign Theory in the Middle Ages*, Regents Studies in Medieval Culture, Lincoln/Nebraska u. London 1986, S. 331–336.
32 In Botticellis ›La Primavera‹ (um 1477) speist sich die Darstellung von Zephirus' Pneuma als tatsächlich materielle Inspiration womöglich aus dieser Traditionslinie; vgl. Vance (Anm. 31), S. 336.
33 Vgl. Vance (Anm. 31), S. 332.
34 Vgl. Martin Kemp, »From ›Mimesis‹ to ›Fantasia‹. The Quattrocento Vocabulary of Creation, Inspiration and Genius in the Visual Arts«, *Viator* 8 (1977), S. 347–398, bes. S. 370.
35 Sparti (Anm. 14), S. 33.
36 Vgl. Brian Stock, *The Implications of Literacy. Written Language and Models of Interpretation in the Eleventh and Twelfth Centuries*, Princeton 1983, S. 310.
37 Vgl. Jack M. Greenstein, »Alberti on Historia. A Renaissance View of the Structure of Significance in Narrative Painting«, *Viator* 21 (1990), S. 273–299, hier: S. 285.

Deutungsmuster der figura führen in einen Problemkreis ein, in dem umbra als Pendant, Negativ oder Komplementärbegriff stets den schattenhaften Umriß der figura-Auslegung markiert.[38]

In der Kunsttheorie um 1400, soweit sie in ›Il libro dell'arte‹ von Cennino Cennini dargelegt ist, erschließt der Blick hinter die natürlichen Objekte den Bereich künstlerischer Phantasie, die aus dem ›Schatten‹ der *cose naturali* heraus den nicht sichtbaren Dingen Permanenz zu verleihen vermag.[39]

Die Wendung *ombra phantasmatica* meint bei Cornazano offensichtlich das Vermögen der Psyche, sich von der unmittelbaren sinnlichen Wahrnehmung zu lösen und eine phantastische Sequenz figürlicher Schatten hervorzurufen, die zum Leitbild der tänzerischen Bewegungsfolge werden.

Diese Interpretation der *ombra phantasmatica* war von Cornazanos Formulierung ausgegangen, der vor einer näheren Erläuterung kapituliert (*molte cose che non si sanno dire*). Offensichtlich übernahm er von seinem Meister Domenico lediglich ein Stichwort und die praktisch gewonnene Erfahrung, besonders zu Musik großer Mensur nach Art der *ombra phantasmatica* zu tanzen. Domenico selbst bietet eine Argumentation, die die philosophische Kategorie der phantasmata bezeichnenderweise an eine Maxime der Darbietung bindet.[40] Die *presteza corporalle* weist auf Domenicos Verständnis bestimmter Schrittfolgen, die durch den Wechsel von Hebung und Senkung bzw. von Verzögerung und Beschleunigung eine innere Spannung erhalten. In der Formulierung ›tardezza ricuperata con prestezza‹ (hier in modernisierter Schreibung) wird genau das Moment der tempoabhängigen körperlichen Dynamik eingefangen, die der Gestaltung der Schritte zugrundeliegt.

---

38 Erich Auerbach, »Figura«, in: ders., *Neue Dante-Studien*, Istanbuler Schriften 5, Istanbul 1944, S. 11–71. Zuerst in: *Archivum Romanicum* 22 (1939), S. 436–489.

39 *E quest'è un'arte che si chiama depingere, che conviene avere fantasia e hoperazione di mano, di trovare cose non vedute, chacciandosi sotto ombra di naturali e fermarle con la mano dando a dimostrare quello che non ne sia.* Zitiert nach Wladyslaw Tatarkiewicz, *Modern Aesthetics*, hrsg. D. Petsch, übers. Chester A. Kisiel u. John F. Besemeres, History of Aesthetics, 3 Bde., Den Haag, Paris u. Warschau 1974, Bd. III, S. 31. – ›Das ist eine Kunst, die sich Malen nennt, die Phantasie und Handfertigkeit voraussetzt, um nicht sichtbare Dinge zu entdecken und dauerhaft zu machen, die im Schatten der natürlichen Dinge verborgen sind, um etwas zu zeigen, das nicht sichtbar ist.‹ – *Fantasia* bezeichnet bei Cennini das Vermögen, durch die Umwandlung erinnerter Sinneserfahrungen »vivid but fictive images« zu produzieren; vgl. Greenstein (Anm. 37), S. 285.

40 [...] *E asbasan/dose La causa cioe mexura Laqualle e tardeza Rico/perada cum presteza* [...] *– bisogna danzare per fantasmata: e nota che fantasmata/ e vna presteza corporalle laquale e mossa cum lo intelecto dela mexura* [...]; zitiert nach *Domenico of Piacenza (Paris, Bibliothèque Nationale, MS ital. 972)*, hrsg. u. übers. D. R. Wilson, Early Dance Circle, Sources for Early Dance, Series 1: Fifteenth-Century Italy, Cambridge 1988, S. 8 f. – Diese Ausgabe wird im folgenden mit dem Kürzel Pd-DRW zitiert. – ›[...] Und auf das Grundprinzip reduziert, nämlich auf die misura, die in einer Verzögerung besteht, die durch Beschleunigung wieder aufgeholt wird [...] – man muß durch fantasmata tanzen: Und wisse, daß diese fantasmata in körperlicher Wendigkeit bestehen, wie sie das Verständnis der oben beschriebenen Mensur veranlaßt [...]‹.

Gleich darauf illustriert Domenico sein Gebot des *danzare per fantasmata* mit Hilfe eines Bildes:

[…] e nota che fantasmata/ e vna presteza corporalle laquale e mossa cum lo intelecto dela mexura dicta imprima disopra facendo requia acadauno tempo che pari hauer ueduto lo capo di meduxa/ como dice elpoeta/ cioe che facto el motto sij tutto di piedra inquello instante/ et ininstante mitti ale/ como falcone che per paica mosso sia segonda la riegola disopra […].[41]

Der tödliche Blick in das Angesicht der Medusa wird von Domenico nicht als dramatische Inszenierung, sondern lediglich als treffendes Bild körperlicher Erstarrung gebraucht, die sich im darauffolgenden Tempo mühelos löst, bevor der Tänzer erneut wie zu Stein gebannt erscheint. Die Schrittsequenz ergibt sich also aus dem Alternieren zweier extremer Vorgänge, die die Verquickung von *tardezza* und *prestezza* vor Augen führen. Domenico irritierte es dabei kaum, die Einmaligkeit der Medusa-Szene in der Repetivität des tänzerischen Bewegungsablaufs aufzuheben.

Domenico gibt einen weiteren Fingerzeig auf die orientierende Kraft der *fantasmata*, indem er sie als Rhythmusspender für die Pneumatik des tanzenden Körpers charakterisiert: *spirando elcorpo per fantaxmate*.[42] Auch hier scheinen die *fantasmata* in der spannungsvollen Verklammerung von *tardezza* und *prestezza*, im Wechsel von Medusenblick und freiem Falkenflug die Funktions- und Erscheinungsweise körperlicher Bewegung zu regulieren. Per Respiration werden die *movimenti spiritali* in *movimenti corporali* übertragen.

Ob diese spiritus-Metaphorik auf die Atembewegung oder musikalischen Phrasierungen der Tänzer zu beziehen wären, muß vorerst Spekulation bleiben.[43] In jedem Fall dringen physische Konditionierungen in die Gestaltung von Figuren ein, die im Gewand musikalischer harmonia eine geregelte, außerkörperliche numerisch-proportionale Grundlage haben.

Die Orientierung an der *ombra phantasmatica* hat in weiteren ästhetischen Grundsätzen des Quattrocento-Tanzes wie im *ombreggiare* und *ondeggiare* sowie in der *mainiera* tänzerischer Darbietung Spuren hinterlassen. Die Formulierung signalisiert den diffusen Anschluß an eine verzweigte Tradition, der womöglich unter dem Legitimationsdruck der Schriftkultur und der höfischen Elite zustandekam, auf deren Bildungshorizont die Tanzmeister anspielen. Symptomatisch hierfür ist ihr Versuch, die *fantasmata* zur körperlichen *prestezza* umzudeuten.

---

41 Pd-DRW, S. 8 f. – ›[…] Und wisse, daß diese fantasmata in körperlicher Wendigkeit bestehen, wie sie das Verständnis der oben beschriebenen Mensur veranlaßt; dabei macht man während jedes Tempos einen Augenblick halt, als habe man, wie der Dichter sagt, das Haupt der Medusa gesehen: Das heißt, nachdem man eine Bewegung gemacht hat, ist man in diesem Augenblick wie zu Stein erstarrt und nimmt im nächsten die Bewegung wieder auf wie ein Falke, der einen Flügelschlag macht, nach der oben genannten Regel […]‹. Diese Übertragung in Anlehnung an zur Lippe (Anm. 3), S. 103.
42 Pd-DRW, S. 7.
43 Vgl. Sparti (Anm.14), S. 33; dies., »Antiquity as Inspiration in the Renaissance of Dance. The Classical Connection and Fifteenth-Century Italian Dance«, *Dance Chronicle* 16/3 (1993), S. 373–390, hier: S. 387.

IV. Rilievo/rectitudo

Im Hinblick auf die Verhaltensformen, die den Bezugspunkt dieser Untersuchung bilden, ragt eine weitere Begriffsgruppe hervor, die zurück zu Guglielmos sechs *regule principali* führt. In dem *Capitolo dell'aiere*, dem vierten Grundprinzip, werden die Anforderungen an die Körperhaltung niedergelegt.[44] Die *aiereoso presenza* dürfte wiederum auf die Vorstellung von der Mobilität des *spiritus* zurückgehen, die sich im Tanz als geistig entspannte Wachheit und Leichtigkeit der Erscheinung darbietet. Sie ist gekoppelt an die *atti di rilievo*, an Formen der Erhebung und des Aufgerichtetseins. Das *rilevamento* betrifft nicht nur den äußerlichen Akt der Erhebung. Es ist, wie im Fall der topographischen Erschließung, der Erhebung vom Boden (*rilevamento del terreno*), die von Guglielmo in dem vorausgehenden Kapitel zur Sondierung der Räumlichkeiten des Tanzens (*partire di terreno*) besprochen wurde, zugleich ein aktiver Prozeß der Beobachtung. Bereits bei Giovanni Villani (1348) war die Verbform *rilevare* an die Vorgänge des *conoscere* und *apprendere* gebunden.[45] In der Kunsttheorie des Quattrocento bezeichnet *rilievo* bei Cennini den kunstfertigen Einsatz von Licht und Schatten, bei Leon Battista Alberti bildliche Projektionsformen, bei Cristoforo Landino die Fähigkeit des Malers zur lebensnahen Wiedergabe natürlicher Gegenstände. Leonardo da Vinci bereitete die Übertragung des Begriffs auf das dreidimensionale Medium der Skulptur vor.[46]

Bei Guglielmo gewinnen die Tänzer durch den *atto di rilievo*, der synchron mit dem Schlagen der Tempi abläuft, körperlich-vertikale und rhythmische Konturen. Die Forderung nach ›relief‹hafter Darstellung in Form der Körperstreckung weist hinüber in den Bereich der rectitudo, wie er im Mittelalter unter die Zuständigkeit der Grammatik als ars recte scribendi fiel. Die Aufrichtigkeit als Qualität der Grammatik wurde als *animi rectitudo* auch auf die spirituelle Geradlinigkeit bezogen, ehe sie bei Johannes de Garlandia als Stilkategorie gefaßt wurde.[47] Von dieser Position aus war es naheliegend, die Aufrichtigkeit der Seele im Prozeß der actio durch die körperliche rectitudo zu komplementieren. Das Attribut *humanissimo*, das Guglielmo dem *rilevamento* beigibt, dürfte als genuin menschliche Auszeichnung des Vorgangs auch an die gattungsgeschichtliche Prägung der Erhebung erinnern.[48]

---

44 [...] *un altro argomento et favore chiamato aiere: il qual e un atto de aiereoso presenza et rilevato movimento colla propia persona mostrando con destreza nel danzare un dolce & humanissimo rilevamento.* Pg-BS, S. 96. – ›[...] ein weiteres Prinzip wird aiere genannt: Das ist eine Gebärde von erhabenem Aussehen und einer aufgerichteten Bewegung mit dem Körper, mit der man durch Geschicklichkeit beim Tanzen ein sanftes und äußerst menschliches Aufgerichtetsein zeigt.‹

45 Vgl. »rilevare«, in: Cortelazzo/Zolli (Anm. 25), Bd. IV, S. 1076.

46 Diese Entwicklung nach Luba Freedman, »›Rilievo‹ as an Artistic Term in Renaissance Art Theory«, *Rinascimento* NF 29 (1989), S. 217–247.

47 Vgl. Vance (Anm. 31), S. 238 u. S. 282; Stock (Anm. 36), S. 439 f.; Howard Bloch, *Etymologies and Genealogies. A Literary Anthropology of the French Middle Ages*, Chicago u. London 1983, S. 52 f.

48 Vgl. zur Lippe (Anm. 3), S. 159.

Bezüglich der implizierten Verhaltensnormen stellt sich hier die Frage, ob sich Maximen wie eine *aiereoso presenza* oder die *atti di rilievo* aus der Logik der körperlichen Idiomatik des Bewegungsablaufes ergeben, oder ob diese ›Logik‹ nicht bereits auf zu Herrschaft geronnene Verhältnisse zurückgeht,[49] die im Schatten ästhetischer Forderungen verinnerlicht werden sollen, als wolle sich Willkür durch pures Funktionieren legitimieren.

Die Lektürebefunde stützen die zuerst geäußerte Vermutung, da Domenico, Guglielmo und Antonio Cornazano ihre Forderungen nicht abstrakt, sondern aus dem musikalisch-rhythmischen Geschehen heraus entwickeln. Das gilt für die *fantasmata* ebenso wie für den atmenden Körper, für das an die Tempi gebundene *rilevamento*-Gebot genauso wie für die *mainiera*. Zwar ist auch diese Qualität ein akzidentelles, durch den Intellekt gesteuertes Vermögen,[50] jedoch wird sie dem Tänzer durch Guglielmo nicht in erster Linie unter dem Druck der Fremdbeobachtung, die ihn möglichst überlegen und vorteilhaft erscheinen lassen müßte, nahegelegt, sondern als eine bestimmte Weise der Schrittausführung, die erst in der Praxis deutlich werde.[51] Allerdings kündigt sich mit der bewußten Kontrolle tänzerischer Bewegungen auch die Alternative an, derzufolge die *mainiera* nicht selbstverständlich als von ›innen‹ kommende, substantielle Qualität abgeschirmt ist, sondern als äußeres und womöglich fingiertes Attribut körperlicher Erscheinung fungieren und gewürdigt werden kann.

An dieses vorläufige Fazit zu den Vermittlungsarten und Funktionsweisen von Guglielmos Grundregeln, das erste Differenzierungen zur Aneignung und Ideologie tänzerischer Normen erbrachte, ist nun eine Erörterung der *memoria* anzuschließen, um von den begriffsgeschichtlichen Beobachtungen zur Vielfalt choreographischer Lern- und Arbeitsprozesse überzugehen.

---

49 Etwa nach dem Muster, das Horst Wenzel für die höfische Überformung und »Einübung in kommunikative Normen« im 13. Jahrhundert entwirft: »Aristokratischer Rang wird eingearbeitet in die adligen Körper«; ders., »Repräsentation und schöner Schein«, S. 182.

50 Das Pendant bilden die natürlichen Bewegungen im Sinne von Guglielmos Verständnis des Tanzes als *cosa naturale et accidentale*; Pg-BS, S. 114.

51 *Et questo s'intende che quando alchuno nell'arte del danzare facesse un sempio overo un doppio, che quello secondo accade l'adorni & umbregi con bella mainiera: cioe che dal pie che lui porta il passo sempio o doppio infino ch'el tempo misurato dura, tutto se volti in quel lato colla persona & col pie sinistro o col diritto, col quale lui habia a fare il ditto atto adornato & umbregiato dalla ditta regula chiamata mainiera: la quale nella praticha piu largamente si potra comprendere.* Pg-BS, 98. – ›Darunter versteht man, daß, sobald jemand beim Tanzen einen sempio oder einen doppio macht, er ihn in schöner Manier entsprechend verzieren und schattieren soll: und zwar so, daß er seinen Körper während der gesamten Zeit, die ein sempio oder ein doppio dauert, völlig zu der gleichen Seite wendet wie den Fuß, mit dem er die besagte Bewegung macht, die verziert und schattiert wird nach der besagten Regel, die mainiera genannt wird. Sie wird während des Übens besser zu verstehen sein.‹ – Hier wird deutlich, wie die Forderung des *umbregiare/ombreggiare*, die auf die Kategorie umbra (s. o.) zurückgeht, offensichtlich auf eine Art der Gewichtsverlagerung oder auf eine seitliche Körperdrehung im Sinne einer ›Schattierung‹ der figürlichen Silhouette der Tanzenden zielt.

V. Memoria

Guglielmo schließt prinzipiell an die Charakterisierung der *memoria* an, wie sie Domenico vorgenommen hatte,[52] doch seine Formulierung birgt wichtige neue Akzente:

> Intesa la misura et nell'intelletto ben racolta, [...] e di bisogno in questo secundo luogho havere una perfetta memoria: cio e una constante attentione raducendosi alla mente le parti necessarie ad essa memoria, havendo i sentimenti a se tutti racolti & ben attenti al misurato et concordato suono. [...].[53]

Bei Guglielmo verbürgt die *memoria* das Vermögen, den Gesamtzusammenhang ständig präsent zu halten und zugleich die im jeweiligen Moment geforderten motorischen Operationen auszuführen. Wie zur Lippe gezeigt hat, steuert die *memoria* hier ein ›Reflexionshandeln‹, das bereits in der tänzerischen Erscheinungsform der *posa*, des reflektierenden Innehaltens, angeklungen war.[54] Über die pure Merk- und Speicherfunktion hinaus kann die *memoria* also komplexe Bewegungssequenzen generieren. Insbesondere diesen generativ-spekulativen und aktiv-kreativen Aspekten hat sich die jüngere *memoria*-Forschung zugewendet.[55] Die Spezifik der tanzgebundenen *memoria* besteht darin, daß sie nicht Texte oder textgeprägte Fertigkeiten erinnert oder aktiviert, sondern Inhalte, die genuin motorisch-visueller Natur sind und in erster Linie in dieser Form vermittelt und erlernt werden. Das gedankliche Abschreiten des Gedächtnis r a u m e s steht in ständigem Wechselspiel mit der körperlichen Umsetzung im Tanz r a u m . Als Instrument wacher Kreativität organisiert die *memoria* in jedem Moment die Einpassung der einzelnen Schritte in die *misura* wie auch deren Stellenwert in der Reproduktion des Gesamtablaufes.

---

52 *Oltre di questo e necessario hauere una grande e perfonda memoria laquale e texorera de tutti Li motti/ corporali/ Naturali e Acidentali hec apertene atutti li operanti segondo la forma de la composizione de le danze: [...] No sapiamo che la memoria e madre de la prudentia laquale se aquista per lunga experientia/ no sapiamo che questa uirtu e parte de armonia e de muxicha*; Pd-DRW, S. 8 f. – ›Außerdem ist es notwendig, über ein großes und tiefgründiges Erinnerungsvermögen zu verfügen, das die Schatzkammer von allen Körperbewegungen, der natürlichen wie der akzidentellen, ist und somit an allen Wirkungen gemäß der Form der Komposition der Tänze teilhat: [...] Wir wissen, daß die memoria die Mutter der prudentia ist, die man durch lange Erfahrung erwirbt; wir wissen, daß diese Tugend ein Teil der Harmonie und der Musik ist.‹

53 Pg-BS, S. 94. – ›Sobald die Mensur fest im Bewußtsein verwurzelt ist, [...] ist es an zweiter Stelle notwendig, ein perfektes Gedächtnis zu haben: Das ist eine unablässige Wachheit, die all jene Elemente, die jenem Gedächtnis notwendig sind, ständig vergegenwärtigt, während alle sinnlichen Wahrnehmungen beisammen zu halten und aufmerksam auf den abgemessenen und harmonischen Klang zu richten sind [...]‹.

54 Vgl. zur Lippe (Anm. 3), S. 131–148.

55 Vgl. Anselm Haverkamp u. Renate Lachmann (Hrsg.), *Gedächtniskunst. Raum-Bild-Schrift. Studien zur Mnemotechnik*, Frankfurt/M. 1991, darin bes. die Einführung von R. Lachmann, S. 16–21; Lina Bolzoni u. Pietro Corsi (Hrsg.), *La cultura della memoria*, Bologna 1992, darin bes. Lina Bolzoni, »Costruire immagini. L'arte della memoria tra letteratura e arti figurative«, S. 57–97, hier: S. 75 u. S. 82.

Dieses Verständnis von *memoria* als körperlicher ›Denkform‹[56] weist eine vormoderne Reichhaltigkeit auf, die bereits im späten Quattrocento einschneidenden Verkürzungen unterworfen war. Deshalb soll der eigentümlichen Dynamik der *memoria* im alten Sinn nachgegangen werden, insofern sie für die mnemotechnischen Voraussetzungen des *ballo lombardo* relevant ist.

Nach Reinhart Herzog steht am Beginn der Genealogie der *memoria* auch die Komponente des »Sinnens-auf-etwas«, des »Zu-tun-Gedenkens«, wie sie durch die Muse Melete verkörpert wurde.[57] Entsprechend bezeichnet das lateinische ›meditari‹ auch das mentale Vermögen, einen Handlungsplan unmittelbar vor der Realisierung noch einmal durchzuspielen. Die in der Etymologie der Wurzel ›*men‹ erfaßte Doppelbedeutung von sinnendem Dastehen und verharrendem Standhalten, die in die Handlungen antizipierenden Momente der *memoria* einfließt,[58] findet sich meines Erachtens in der subtilen spirituellen und körperlichen Agogik tänzerischer Bewegungen wieder, wie ihn der Wechsel von innehaltendem Pausieren und ausgeführten Schritten zum Ausdruck bringt und wie er durch die *maestri* pädagogisch vermittelt werden wollte.

Die etymologischen Zusammenhänge lassen auch Domenicos Bild des Medusenhaupts als weniger zufällig erscheinen: Die Gorgone erborgt ihren Namen von der sinnenden Meditation, die hier als ›Götterattribut‹ bis zur Macht der Beherrschung potenziert wird.[59] Domenico greift demzufolge bei der Vermittlung des *fantasmata*-Gebots auf einen Topos zurück, der eine unterschwellige Verbindung zum *memoria*-Begriff aufweist. Außerdem scheint das Innehalten Gelegenheit zu geben, »Erinnern [...] als Erinnern« zu erfahren bzw. als »vorwegnehmende Erinnerung«[60] die passenden Bewegungsmuster rechtzeitig zu aktualisieren.

Wie schon im Falle der *ombra phantasmatica* und des *rilievo* brauchen die *maestri* mit der Spannweite des *memoria*-Begriffs nicht gänzlich vertraut zu sein. Sie greifen andeutungsweise Facetten auf, die für ihre Belange aussagekräftig waren und nun eine Interpretation erlauben.

Das mimetische Erlernen und Entfalten von Beziehungen, wie sie der Quattrocento-Tanz voraussetzt und praktiziert, wird erst durch die Instanz der *memoria* ermöglicht, die für den einzelnen sowohl den Augenblick als auch den Überblick vermittelt. Als beinahe unterbewußte Interiorisierung kann sie bei ausreichender Praxis Flexibilität, Entscheidungssicherheit und eine mühelose Anpassung an die musikalischen Tempi ermöglichen, die für Guglielmo erst die perfekte Be-

---

56 Jürgen Trabant erinnert in Bezug auf Giambattista Vico an diesen körperlichen Charakter; vgl. ders., »Memoria-Fantasia-Ingegno«, in: Anselm Haverkamp u. Renate Lachmann (Hrsg.), *Memoria. Vergessen und Erinnern*, Poetik und Hermeneutik 15, München 1993, S. 406–424, bes. S. 414.
57 Diese und die folgenden Überlegungen nach Reinhart Herzog, »Zur Genealogie der Memoria«, in: Haverkamp/Lachmann (Anm. 56.), S. 3–8.
58 Ebd., S. 4, Anm. 7.
59 Ebd., S. 4, Anm. 8.
60 Ebd., S. 5 u. S. 8; dort allgemein zu diesen mnemotechnischen Vorgängen.

herrschung der Kunst ausmacht.[61] Oder wäre es denkbar, daß man durch Auswendiglernen die bewußte Durchdringung der Bewegungssequenzen einfach unterläuft?

VI. Experimentum / experienza

Diese extreme Spekulation leitet zur Betrachtung einer Choreographie mit der entsprechenden Melodie über, die in Guglielmos Traktat enthalten ist und einen anschaulichen Eindruck von der Vielseitigkeit der Anforderungen und der Natur der Lernprozesse geben soll, die hier hypothetisch zu skizzieren wären. Der *ballo* ›Presoniera‹ besteht aus vier musikalischen Abschnitten, welche Binnenwiederholungen und drei Mensurwechsel aufweisen und über 43 Takteinheiten hinweg sieben Bewegungselemente in den unterschiedlichsten variierenden Verknüpfungen ordnen. Damit muß der Lernaufwand für eine ausgereifte private oder öffentliche tänzerische Veranstaltung ein erheblicher gewesen sein. Konnte Guglielmo in seinem theoretischen Kapitel an das Gebot der *memoria* nur appellieren, ohne es griffig vermitteln zu können, so weist er in seinen *experimentum* genannten Übungen auf Lernmethoden hin, die dem Erkennen der jeweiligen Mensur, der Anpassung an den Charakter der Melodie und der Festigung des rhythmischen Empfindens dienen.[62]

Um sein Konzept der simulativen Pädagogik[63] zu illustrieren, kommt Leon Battista Alberti wohl nicht zufällig auf einen Tanzmeister zu sprechen.[64] Sich in

---

61 Diese Ausführungen verdeutlichen, daß im Quattrocento-Tanz eine Dialektik lebendig war, die der romantischen Ideologie des Tanzes, wie sie Paul de Man als verinnerlichte Gewalt kritisch dekonstruiert, abhanden gekommen ist. In Bezug auf Kleists ›Über das Marionettentheater‹ konstatiert de Man (Anm. 4), S. 229: »Der Text stellt den Tanz der Puppen in der Tat als eine *kontinuierliche* Bewegung dar. Ein nichtformalisiertes, noch selbstreflexives Bewußtsein – ein menschlicher Tänzer im Unterschied zu einer Puppe – muß seine Bewegungen beständig für kurze Augenblicke der Ruhe, die nicht Teile des Tanzes sind, unterbrechen. Sie sind wie die Parabasen des ironischen Bewußtseins, das seine Energie nach jedem Fehlschlag zurückgewinnen muß, indem es diesen Fehlschlag in den fortschreitenden Prozeß einer Dialektik einschreibt. Aber eine Dialektik, die von wiederholten Negationen zerstückelt wird, kann nie ein Tanz sein; bestenfalls ist sie ein Trauermarsch.«
62 Guglielmo empfiehlt u.a. das Tanzen gegen das Tempo und die Erprobung von mensurgebundenen Schrittfolgen in verschiedenen anderen Mensuren. Vgl. Pg-BS, S. 100 u. S. 102.
63 Vgl. zu diesem Konzept Albertis die Studie von Mark Jarzombek, *Leon Battista Alberti. His Literary and Aesthetic Theories*, Cambridge/Mass. u. London 1989, S. 111, wo die Szene mit dem Tanzlehrer als Beleg für Albertis »theory of simulation« angeführt wird.
64 In ›Profugiorum ab ærumna‹ (um 1441) findet sich das folgende Gleichnis: [...] *e in questo così essercitarci faremo come fa el musico che insegna ballare alla gioventù: prima sussequita col suono el moto di chi impara, e così di salto in salto meno errando insegna a quello imperito meno errare. Così noi, so non così a perfetta misura, potremo nei gravi nostri moti subito adattare noi stessi.* Zitiert nach *Leon Battista Alberti, Opere volgari, Rime e trattati morali*, hrsg. Cecil Grayson, Scrittori d'Italia 234, Bari 1966, S. 130. – ›Und darin erlangen wir Übung, wie es der Musiker macht, der der Jugend das Tanzen

den Schüler ganz körperlich hineindenken, ihn in seiner Unbeholfenheit nachahmen, um in der Verkehrung der Rollen schließlich selbst die Führung zu übernehmen, die der Schüler dann nachahmend ›abnehmen‹ kann – dieser treffenden Schilderung einer wirkungsvollen Instruktion wären weitere Lernstrategien an die Seite zu stellen. Das Lernen durch Abgucken und direkte Nachahmung, die Auffindung ›guter‹ Partner und idiomatischer Bewegungsfolgen, das Überspielen schwerer Details und das Wettmachen weniger gelungener Partien dürften ebenso zum Repertoire dieser Strategien zählen wie die Erkundung variativer Spielräume zur emphatischen Verschleifung oder Hervorhebung bestimmter Figuren. Ebenso wird es Momente gegeben haben, in denen man ›Glück hatte‹, ohne alles mitbekommen zu haben. Dabei werden *mainiera* und die *aiereoso presenza* nicht isoliert ›geübt‹ worden sein. Sie werden im Training als immer sinnvoller erscheinende Voraussetzungen aus dem handwerklichen Erfahrungsschatz der maestri in der Totalität des Tanzes miterlernt worden sein, bis sie sich als essentielle *movimenti corporali* sozusagen ›wie von selbst‹ ergeben haben werden. Womöglich entstanden durch das Verschmelzen der Bewegungselemente Gliederungsformen, die gar nicht mehr in der Begrifflichkeit und syntaktischen Interpunktion der Choreographie wahrgenommen und eingeprägt wurden.

Dadurch konnte den improvisatorischen Anforderungen mehr Aufmerksamkeit zukommen, die vom spontanen Gesang zur Tanzweise über tänzerische Variationen identischer musikalischer Abschnitte bis hin zu frei wählbaren Bewegungsformen innerhalb der rhythmischen Rahmenbedingungen reichten.[65] Antonio Cornazano brüstet sich damit, nach dem einmaligen Hören oder der Betrachtung eines ihm unbekannten *ballo* eine Umsetzung bzw. Wiederholung aus dem Stegreif geben zu können.[66]

Nicht zuletzt wären die Lernvorgänge selbst auf die sozialen Erfahrungen hin zu befragen, die sie den Lernenden und dem maestro als intensive Phase direkter körperlicher Interaktion einbrachten. Guglielmo hat den Ehrgeiz, seine po-

---

beibringt: Zunächst folgt er dem Klang und der Bewegung dessen, den er lehrt, und so bringt er von Schritt zu Schritt, indem er weniger Fehler macht, dem Unerfahrenen bei, weniger zu irren. So können wir uns selbst, wenn auch nicht im perfekten Einklang mit der Mensur, in unseren langsamen Bewegungen schnell anpassen.‹– Man beachte, wie die Vermittlung des Tanzes hier noch dem *musico* und nicht dem *maestro di ballo* zufällt.

65 Vgl. Sparti (Anm. 14).
66 In seinem ›Libro dell'arte del danzare‹ (1465) vermerkt er: *ed è questa che non solo io mi tengho a mente le cose da dançare già studiate, ma più volte sonmi trovato in ben signorile sala, dico sul fiore e sul fervore de la gioventù mia, e giungendo improvviso un ballo, overo bassadanca ed uditilla recitare o vedutella fare una sol volta, m'è bastato ad entrare in ballo dicto facto, et fare la predicta senza errare un iota.* Zitiert nach Tani, (Anm. 13), Bd. I, S. 387. (Auf S. 389 datiert Tani den Traktat fehlerhaft.) – ›Ich behalte nämlich nicht nur die Tänze, die ich gelernt habe, sondern in der Blüte und im Feuer meiner Jugend, nicht wahr, bin ich mehrmals in noblen und feinen Sälen anwesend gewesen, als plötzlich ein Tanz begann, und ich brauchte ihn nur einmal zu hören oder ihm zuzuschauen, und schon konnte ich mittanzen, ohne den kleinsten Fehler zu machen.‹

tentiellen Schüler über das Erlernen der Tanzkunst hinaus bis zu dem Punkt zu führen, an dem sie selbst *balli* entwerfen und komponieren können.[67] Das Motiv, sich in seinen Schülern bzw. Lesern zu reproduzieren, indem er sein Vermögen in ihre Körper einschreibt, verdeutlicht den hohen Anspruch, den Guglielmo an die Vermittlung seines Produktionswissens stellt.

Die Beteiligten werden durch das learning by doing als nicht ausschließlich kognitive Einverleibung ihre eigene tänzerische Kompetenz in steigendem Maße als Teil ihrer Identität anerkannt haben.[68]

VII. Matte Idealität

Wie floß diese Identität in die kollektive Gestaltung des Tanzes ein? Hier sei auf die Choreographie der *bassadanza* ›Reale‹ verwiesen, die oben wiedergegeben wurde. Die potentiellen Tänzer scheinen jenseits einer durch Alter, Fähigkeit und soziale Rollen bestimmten Hierarchie in anonym-idealer Form als Adressaten des Bewegungsauftrags zur Verfügung zu stehen. Die Choreographie erzählt eine Schrittfolge, die durch ihre obligatorischen Elemente Blickkonstellationen und Grundmuster der Begegnung und des stummen Dialogs konstruiert, in die dramatische Situationen und Rollenpersonifizierungen nur rudimentär Einlaß finden. In der bewußten Distanzierung von den Repräsentationsformen des Volkstheaters, der sacre rappresentazioni und anderer mimetischer Veranstaltungen, die mit der konkreten Anschaulichkeit der charakterlichen Profilierung oder religiösen Vergegenwärtigung von Figuren und fiktiven Personifizierungen operieren,[69] muß der Tanz in der bewußten Setzung abstrakter Schrittsequenzen seinen ›Sinn‹ aus sich selbst heraus generieren.

Einen Rückhalt fand diese Bedeutungsgebung in der numerisch geregelten *harmonia*, die – anders als die Formen des Tanzens – nicht unter Begründungszwang geriet, und in der Projektionskraft der Seele, die den *movimenti corporali* gleichsam eine spirituelle Instanz vorschaltete.

---

67 *Et piu che habiando in voi tal pruova & experienza potreti perfettamente danzare Todescho. grecho. schiavo. et moresco. & di qual si vuole altra natione. & comporre anche balli.* Pg-BS, S. 118. – ›Des weiteren seid ihr nach diesen Proben und Übungen in der Lage, den deutschen, griechischen, slavischen und den Moriskentanz perfekt zu tanzen, ebenso wie die Tänze irgendeiner anderen Nation, und auch balli zu entwerfen.‹

68 Anhand dieser Skizze der Lernvorgänge, die in der visuell und rhythmisch gesteuerten Aneignung von Bewegungen hohe nicht-kognitive Lernanteile aufweisen, wäre zur Lippes (Anm. 3) Lesart der *posa* als reflektiertes Gewahrwerden zu relativieren. Womöglich erhalten bei zur Lippe bestimmte Vorgänge eine philosophische Dimension, die aufgrund ihres hohen Interiorisierungsgrades sehr viel pragmatischer geregelt wurden. Ob die phantasmatischen *atti di rilievo* und das wiegende Schreiten der Tanzenden als Ausführungsgebote tatsächlich Anlässe zur Reflexion waren, wäre erst noch nachzuweisen.

69 Zu diesen Traditionen in Italien vgl. Fabrizio Cruciani u. Daniele Seragnoli (Hrsg.), *Il teatro italiano nel Rinascimento*, Bologna 1987; Raimondo Guarino (Hrsg.), *Teatro e culture della rappresentazione. Lo spettacolo in Italia nel Quattrocento*, Bologna 1988.

Daß diese Bedeutung in einer matten Idealität befangen bleibt, hängt vordergründig damit zusammen, daß der Tanz als eine Bewegungs- und Verhaltensregel erscheint, die für Rollentransformationen, die spielerisch-rituelle Überhöhung des Selbst, die Überblendung von Rolle und Identität, für Metamorphosen oder für die flexible Durchdringung der self-other-Grenze keinen Raum läßt. Der Quattrocento-Tanz vollzieht auf einer gut zu definierenden Erwartungsebene eine konfliktfreie und stabile kommunikative Modellierung, in der eine sequentiell komplexe, wenn auch matte Selbstentäußerung des Körpers als Funktionsträger mit einem hohen Projektionsanspruch zusammentrifft. Der Tanzende erscheint in neutral-typologischer Prägung, der seine Verantwortung an die harmonia abgibt. Er demonstriert seine Qualität und Agilität, indem er seine spirituellen Bewegungen in körperliche Anschaulichkeit überträgt. Die affektive Dämpfung und Zurücknahme einer tiefreichenden emotionalen Identifizierung schwingt in der Beschreibungstechnik der Choreographie mit, die im ›objektiven‹ Blick auf das Gesamtgeschehen den Einzelnen in den Zusammenhang einschreibt, ohne auf die Wahrnehmungen und das körperliche Erleben der Tanzenden einzugehen.

Tiefgründig erschließt sich die Ideologie des Verhaltens erst, sobald man an die Materialität der Körper erinnert, die die Kommunikation überhaupt erst erzeugen. Die konfliktfreie Begegnung wurde ja nicht nur entworfen, sondern tatsächlich vorgeführt und körperlich erfahren. Dieses direkte Erspüren erlebter Harmonie, sowohl in bezug auf die eigene rhythmische Synchronität wie auch im Ensemble, ist nicht zu unterschätzen.[70] Das Zelebrieren der kollektiven Begegnung ist zugleich ein Zelebrieren dieser Erfahrung einer maßvollen und harmonisch geregelten Geselligkeit, die während der Aufführung aufrechtzuerhalten ist. Antonio Cornazanos Ausflüchte vor den nicht bis ins Detail erklärbaren *ombra phantasmatica* und Guglielmos Verweise auf die notwendige Praxis zielen auf dieses prägende Erlebnis.

Der Quattrocento-Tanz, soweit er anhand der überlieferten Texte und Tanzweisen greifbar ist, steht damit in dem widersprüchlichen Feld zwischen einer nicht mehr ungebrochenen, spontanen Partizipation und einem künstlerischen Verhalten, dessen Begrifflichkeit und strukturelle Beziehungen noch nicht vollends objektiviert sind, dessen ideale Vision einer vergeistigten harmonia an die Einverleibung einer komplizierten Körpertechnik zur Herstellung dieser Harmonie gebunden bleibt.

Die sporadischen Fingerzeige auf die ästhetische Wahrnehmung des Tanzes erklären sich aus dieser eigentümlichen Position. Die Traktate sind um die Vermittlung des Handwerks und um tänzerische Kompetenz bemüht, nicht um die Erläuterung wirkungsvoller Effekte oder gar simulativer Strategien. Die *uomini* und *donne*, wie sie in den Choreographien adressiert werden, bleiben ganz

---

70 Vgl. die Beobachtung Thomas M. Greenes zur »›serious‹ teleology« des Renaissance-Festes: »I think that we can discern within the dance [...] vestigial, half-conscious beliefs that representations are efficacious. Men and women dance, or used to dance, at weddings in order to *accomplish* concord.«; ders., »Magic and Festivity at the Renaissance Court«, *Renaissance Quarterly* 40 (1987), S. 636–659, hier: S. 643.

›sie selbst‹ und figurieren noch nicht als potentiell professionelle *ballerini*. Das Wissen um den Tanz als ästhetische Verhaltensweise ist in den Schriften angedeutet – der Abstand zu Baldassare Castigliones *sprezzatura* bemißt sich jedoch nach der Umbewertung der kaufmännischen zu einer höfischen Arbeitsethik, wie er sich zwischen Alberti und der Jahrhundertwende 1500 vollzog.[71]

Die körperlich-geistige Beschäftigung mußte nicht überspielt werden. Im *rilevamento* wird zugleich demonstriert, daß man um die Würde des Tanzes im Zusammenhang weiß und die harmonia mit dem notwendigen Regelbewußtsein als reflektierten Akt sichtbar macht. Die Nachahmung des Natürlichen wurde in diesem Kontext nicht zu einem Problem.[72] Die überlieferten Choreographien des Quattrocento erzählen, wie die Beteiligten Beziehungen erarbeiten, indem sie eine Tätigkeit absolvieren, statt in ihr ›aufzuleben‹ und alle Ausdrucksdimensionen des Körpers in den Dienst einer durchgeformten Beredtheit zu stellen.

Damit weisen die Texte auf eine Sozialität, deren Spezifik sich daraus ergibt, wie der einzelne Schritt eine ›Bedeutung‹ erhält, die über den physischen Vorgang hinausweist, und wie sich die Beteiligten diese Spannung von eigenem, erlebtem Sinn und objektiver Sinnfälligkeit ihrer Tätigkeit aneignen. Genau an diesem Punkt findet die Vermittlung zwischen der eigenen, leibgebundenen Version tänzerischen Erlebens und der Repräsentation des Körpers als Funktionsträger innerhalb des Tanzes statt.[73]

Die Art und Weise, wie das Verhältnis von der Unmittelbarkeit der Bewegung zu ihrer Objektivierung geregelt und vermittelt wird, berührt auch die wissenschaftliche Interpretation dieser Vorgänge. Die hier skizzierte analytische Beschäftigung mit den Verhaltensmustern im Quattrocento-Tanz signalisiert, daß diese Interpretation einseitig ausfällt, so lange sie sich lediglich auf die Diszipli-

---

71 Zu dieser Umwertung vgl. Manfred Hinz, *Rhetorische Strategien des Hofmannes. Studien zu den italienischen Hofmannstraktaten des 16. und 17. Jahrhunderts*, Romanistische Abhandlungen 6, Stuttgart 1992, S. 126–128. – In der ›canzon morale di Mario Philelfo‹, die am Schluß von Guglielmos Traktat erscheint, wird die Lehrschrift als *nobile lavoro* bezeichnet; vgl. Pg-BS, S. 176.
72 Hier ergeben sich charakteristische Unterschiede zu Albertis zeitgleichem Versuch, Figuren und Figurengruppen in Bilddarstellungen in sinn- und wirkungsvolle Beziehungen zueinander zu setzen. Sein historia-Begriff zielt auf eine rhetorisch gefaßte Gemüts- und Körperbewegung, während die im Tanz körperlich materialisierten *movimenti spiritali* eigentümlich neutral und fern vom inneren Gemütszustand erscheinen. Zu Alberti vgl. Norbert Michels, *Bewegung zwischen Ethos und Pathos. Zur Wirkungsästhetik italienischer Kunsttheorie des 15. und 16. Jahrhunderts*, Kunstgeschichte 11, Münster 1988, S. 9–38.; Harry Berger Jr., »L.B. Alberti on Painting. Art and Actuality in Humanist Perspective«, in: John Patrick Lynch (Hrsg.), *Second World and Green World. Studies in Renaissance Fiction-Making*, Berkeley, Los Angeles u. London 1988, S. 373–408; Lucia Cesarini Martinelli, »Metafore teatrali in Leon Battista Alberti«, *Rinascimento* NF 29 (1989), S. 3–51.
73 Diese Fragen gehen auf die Anregung Pierre Bourdieus zurück, anstelle wissenschaftlicher ›Objektivität‹ und einer hagiographischen Hermeneutik eine »Theorie der Praxis als Praxis« zu entwickeln, um in Gestalt von Habitus-Formen soziale Sinngebung beschreiben zu können. Vgl. ders., *Sozialer Sinn. Kritik der theoretischen Vernunft*, übers. Günter Seib, Frankfurt/M. 1987, insbesondere die Thesen zum Verhältnis von erlebtem und objektivem Sinn (S. 52), zu Manieren als Prinzipien des »kulturell Willkürlichen«, zur körperlichen Hexis als »einverleibte[n] Dispositionen« (S. 128 f.) und zur »praktischen Mimesis« (S. 135).

nierung des Selbst und die restriktive Regulation der Triebe bezieht.[74] Die Absorption und Kanalisierung spontaner Verhaltensformen,[75] deren ›Spontanität‹ ebenfalls zu rekonstruieren wäre, ging nämlich mit Sensibilisierungsleistungen einher, die der Fiktion von der funktionellen Gleichrangigkeit aller Beteiligten und des gegenseitigen Vertrauenkönnens durchaus eine gesteigerte Sinnlichkeit an die Seite gab. Die *leggerezza* (Leichtigkeit) der Erscheinung jedes einzelnen, die nicht behauptet werden mußte, da sie sich aus dem Bewegungsablauf ergab, ging dabei in das spannungsvolle Bezogensein ein, das im Ensemble gestaltet wurde. Zur Lippe beschreibt sehr anschaulich die spielerischen Momente in der Beherrschung des eigenen Körperschwerpunkts und das Auskosten der Bewegungsimpulse,[76] die etwa in der Verklammerung von *tardezza* und *prestezza* zum Ausdruck kommen und den theoretischen Beschreibungen nach nicht unterdrückt werden sollten.

Die Betrachtung der Musik zu den *balli* könnte an diese Erwägungen anschließen.[77] Sie wäre die wichtigste Komplementärperspektive zu dem hier praktizierten Zugang, der seine Thesen anhand der überlieferten Texte entwickelt. Ausgehend von den Tanzweisen, ihren Mensur- und Rhythmustypen, wäre der Tanz seiner innermaterialen Bestimmung nach auf die Arten von Physikalität und Geschwindigkeit[78] hin zu untersuchen, mit denen er den Tänzern seinen musi-

---

74 Vgl. dazu die von Alessandro Arcangeli aufgeworfene Frage, »[...] se la danza sia risultata in misura significativa, all'epoca, l'oggetto di misure repressive di una qualche efficacia; oppure se non possa risultare euristicamente più proficuo riconoscere la danza stessa, a suo modo, come uno degli strumenti, piuttosto che la vittima, delle pratiche disciplinari che sono venute ridisegnando nella cultura occidentale del tempo l'esperienza del corpo in movimento.« – ›[...] ob der Tanz in dieser Periode bis in ein bedeutsames Maß das Ziel repressiver Maßnahmen mit einer gewissen Wirksamkeit geworden ist, oder ob es heuristisch nicht fruchtbarer wäre, den Tanz selbst eher auf seine Art und Weise als eines der Instrumente denn als Opfer zu betrachten, mit denen die Praktiken der Disziplinierung in der abendländischen Kultur dieser Zeit den menschlichen Körper, wie er sich in der Bewegung erfährt, neu entworfen haben.‹ – Zitiert nach Alessandro Arcangeli, »La disciplina del corpo e la danza«, S. 1. Das mir vom Autor freundlicherweise zur Verfügung gestellte Typoskript erscheint demnächst in den Akten des Kongresses *Disciplina dell'anima, disciplina del corpo e disciplina della società tra medio evo ed età moderna* (Bologna, 7.–9. Oktober 1993). – Zu den Erziehungsnormen und dem Begriff der ›nobilitas‹ anhand zeitgenössischer Dokumente vgl. *Knowledge, Goodness, and Power. The Debate over Nobility among Quattrocento Italian Humanists*, hrsg. u. übers. Albert Rabil Jr., Medieval & Renaissance Texts & Studies 88, Binghamton/New York 1991.
75 Vgl. dazu bei Guglielmo die stark reglementierenden Kapitel zu den körperlichen Voraussetzungen der am Tanz Interessierten und zum angemessenen Erscheinungsbild tanzender Damen; Pg-BS, S. 88 u. S. 108 ff.
76 Vgl. zur Lippe (Anm. 3), S. 160.
77 Sowohl bei zur Lippe als auch in Mark Frankos umstrittenem Projekt einer Semiotik des Renaissance-Tanzes, in dem die rhetorischen und gestischen Codes auf Strategien der Höflichkeit und der Konversation bezogen werden, rückt die Diskussion der Musik nicht ins Blickfeld; vgl. Mark Franko, *The Dancing Body in Renaissance Choreography (c. 1416–1589)*, Birmingham/Alabama 1986.
78 Zu einer Theorie musikalischer Geschwindigkeit, die Vorgänge der Verzögerung und Beschleunigung untersucht und auf den Tempo-Aspekt des Rhythmus eingeht; vgl. Steffen Schmidt, *Die Aufwertung des Rhythmus in der Neuen Musik des frühen 20. Jahrhunderts*, Berlin 1994 (Dissertation, Technische Universität Berlin; Druck in Vorbereitung).

kalischen Habitus aufzwingt. Die Musik liefert typische Vorgaben für Bewegungsarten, die eine je eigene Realisierung des Wechselspiels von Verzögerung und Beschleunigung nahelegen. Hier wäre über die Analyse des Mensur- und Proportionensystems hinauszugehen,[79] um in die Gestaltung des Verhältnisses von Takt- und Bewegungsereignissen so tief einzudringen, wie es der Bedeutung der *posa* und der *atti di rilievo* entspricht. So müßte es möglich sein, die Funktionsweisen und Formen körperlicher Eloquenz zu beschreiben, die durch die Melodien in den Tanz mit eingeschleppt werden. Umgekehrt wäre nach den spiel- und mnemotechnischen Normierungen und verkörperlichten Lernleistungen zu fragen, die ihrerseits in die Musik der Tanzweisen Eingang gefunden haben.

Womöglich ließe sich ein musikalisch gesteuertes Interesse an fiktionalen Bewegungsmustern, an der Künstlichkeit von Bewegungssequenzen und an einer unterschwellig wirkenden prinzipiellen Offenheit von Beziehungen feststellen, die mit hohen Improvisationsanteilen ausgestattet waren. Diese Formen einer körper- und musikbezogenen reflexiven Erkundung des Ästhetischen im Sinne eines ganzheitlichen Erlebens sind in Erinnerung zu rufen,[80] da spätere Weisen des souveränen Umgangs mit Formalisierungen hier unter Umständen anknüpfen konnten.[81]

VIII. Choreographie / Telegraphie

Die These von der matten Idealität als Kürzel für die Verhaltensnorm des Quattrocento-Tanzes wurde anhand einer Gruppe von Texten entwickelt, die eine besondere und isolierte Existenzform der Tanzkunst darstellen.[82] Im Gegensatz

---

79 In diese Richtung, allerdings in Bezug auf die Entwicklungen um 1600, zielt die Studie von Franz Jochen Machatius, *Die Tempi in der Musik um 1600*, Laaber 1977. Vgl. bes. S. 248 ff. zu den eigentümlich tänzerisch-spielmännischen Reduktionen des in der Proportionenlehre überlieferten Mensursystems u. S. 277 zu den alternativen metrischen Lesungen von Melodien und Umbetonungen in der Tanztradition.

80 Vgl. Christian Kadens Thesen zur neuzeitlichen Einschränkung dieser Sozialisierungs- und Erlebnisformen: ders., »Abschied von der Harmonie der Welt. Zur Genese des neuzeitlichen Musik-Begriffs«, in: Wolfgang Lipp (Hrsg.), *Gesellschaft und Musik. Wege zur Musiksoziologie*, Sociologica Internationalis, Beiheft 1, Berlin 1992, S. 27–53.

81 Vgl. etwa in der Poetik der Pléiade die »douce violence de [...] mouuemens reglés« (Claude Le Jeune) als ästhetische Spannung von quantifizierter, musikalisch-rhythmischer vermittelter Regelhaftigkeit und betörender Überschreitung. Dazu Sebastian Klotz, »Musik zwischen ›supplément‹ und Zitat. Zur musikalischen Poetik der Pléiade«, *Renaissance-Hefte* 2 (1993), S. 41–49.

82 Es sind vor allem die geringe Zahl überlieferter Redaktionen eines Schlüsseltextes wie Guglielmo Ebreos ›De pratica seu arte tripudii‹, das unhandliche Format und der Zustand der Handschriften, die auf einen selteneren Gebrauch schließen läßt, welche eine praktische Nutzung der Texte als unmittelbare Übungsanleitung oder Memorierhilfe mit einer größeren Breitenwirkung unwahrscheinlich machen. Die verschiedenen Redaktionen von Guglielmos Traktat verzichten zudem häufig auf die Angabe der Mensur und der Anzahl von Schritt/Musik-Einheiten. Genaue Angaben zur Schrittausführung werden ohnehin nicht gemacht. Vgl. Sparti in Pg-BS, S. 19 u. S. 22.

zu den recht ausführlichen Bewegungsberichten, die Guglielmos Choreographien auszeichnen, verdeutlicht eine jüngst gefundene Handschrift aus dem venezianischen Raum, welches die Minimalanforderungen an eine Choreographie waren, die noch flexibel übermittelt werden konnte und die Anwesenheit eines maestro immer weniger erforderte. Guglielmos ausführliche Anweisungen werden hier zu einer Kurzschrift verdichtet, die ein breites Basiswissen und eine gesicherte außerschriftliche Überlieferung der Tanzweisen und Mensuren voraussetzt. Die skizzenartigen Aufzeichnungen befinden sich im Anhang eines astrologischen Codex und zeichnen sich durch orthographische Unsicherheiten und einen Schriftcharakter aus, der auf kaufmännische Praxis deutet.[83] Es ist bisher unklar, ob es sich um die Aufzeichnungen eines maestro[84] oder eines Tanzliebhabers handelt, der hier ältere und gegenüber Guglielmos Choreographien abweichende Formen bekannter *balli* in einer jüngeren Transkriptionsform überliefert. Dort erscheint eine *bassadanza* in folgender Gestalt:

La. basadanca. 2. pasisempi.
e. 4. dopi. elamegavolta
suxo el *[cancellatura]* pedreto e poi. 2.
pasi senpi. elereprexe
2. continecie: 2. e. 2 pasisenpi
.e. lamega. uolta suso
epederto. 2. pasi senpi elereprexe
e. 2. contenecje amen.[85]

Die »telegraficità della descrizione«[86] betrifft hier nicht nur den Schriftmodus, sondern die ›telegraphische‹ Überbrückung der sozialen Entfernung zwischen den oberitalienischen Höfen und dem Milieu der venezianischen Kaufmannsaristokratie, in dem das Dokument wohl entstanden ist. Diese soziale Verpflanzung und Vulgarisierung des *ballo lombardo* ist Bestandteil einer Dynamik, die von neuem die Frage aufwirft, wie sich die von Rudolf zur Lippe und Gerhart Schröder entwickelte Vision der gegenseitigen Befruchtung von Handwerk und

---

83 Diese Handschrift, deren Erschließung für die Tanzforschung auf A. William Smith (1987) zurückgeht, wird kommentiert durch Alessandro Pontremoli, »Gli appunti di un anonimo maestro di danza del XV secolo. Il codice Marciano IT.II.34 (=4906)«, in: ders. u. Patrizia La Rocca (Hrsg.), *La danza a Venezia nel Rinascimento*, Cultura Popolare Veneta NF 2, Vicenza 1993, S. 13–26.
84 Dann könnten die Notizen eine Vorstellung von den *varie carte* geben, von denen Guglielmo in der Widmung seines Traktats berichtet, in dem er sie erstmals zusammengefaßt habe: *Dico ch'el danzar sparso in varie carte/ Ho colto in questa opretta. e i suoi fragmenti/ Ch'ora a voi mando per farvene parte.* Pg-BS, S. 80. – ›Ich meine, daß die Tanzkunst auf verschiedenen Zetteln verstreut ist; ich habe sie in diesem kleinen Werk zusammengetragen, und auch ihre Fragmente, die ich Ihnen jetzt schicke, um sie Euch mitzuteilen.‹
85 Zitiert nach Pontremoli/La Rocca (Anm. 83), S. 103 f. – ›Die bassadanza: 2 passi sempi, und dann 4 doppii, und die mezzavolta auf dem rechten Fuß; und dann 2 passi sempi, und die riprese 2; continenze 2, und 2 passi sempi, und die mezzavolta auf dem rechten Fuß; 2 passi sempi und die riprese und 2 continenze, Amen.‹
86 Pontremoli (Anm. 83), S. 22.

Wissenschaft, von Mimesis und Metrik, dank derer sich die Körper ihre Nähe selbst erschaffen, ohne daß sie zur »Funktion eines abstrakten Raumes«[87] geworden wären, in der sozialen Realität des Quattrocento artikuliert haben könnte. Welches waren die Trägerschichten dieser kurzen »fruchtbaren Begegnung«?[88] Oder war sie als künstlerisch vermittelte Erfahrung den Beteiligten gar nicht zugänglich, um als sekundäre Prägung mit einer begrenzten sozialen Relevanz weiterzuwirken?

Es ist ja keineswegs selbstverständlich anzunehmen, daß die potentiellen Leser die Kategorien und Methoden ungebrochen und unkritisch übernommen haben und ihr Distanzierungsvermögen zu ihrem Dasein als Tanzende nur schwach ausgebildet war. In der tatsächlichen Tanzpraxis der norditalienischen Höfe, die diesen Tanz als Privileg ausübten, wird sich die matte Idealität, die durch die Traktate nahegelegt wird, zudem als Flexibilität hinsichtlich der sozialen Konfigurationen erwiesen haben, in denen die Choreographien benutzt wurden. Schließlich ist Guglielmos künstlerische Autobiographie auch ein Beleg für diese Flexibilität. Abhängig davon, an wen sich eine *riverenza* oder eine *continenza* richtete, erhielten diese Elemente eine ungleich höhere soziale und sexuelle Aufladung, als es ihre neutral-typologische Niederschrift in der Choreographie vermuten läßt.

Die Traktate zum Quattrocento-Tanz organisieren Verhaltensformen, die zum Zweck der kollektiven Selbstdarstellung wie auch der intimen Kommunikation in spezifischen Kontexten angeeignet wurden und als herausragende Paradigmen einer aristokratischen Sozialisierung fungierten. Bestimmte lokale und überregionale Spiel- und Visualisierungstraditionen sowie Übertragungsformen öffentlich-kollektiver Riten in den elitären Raum[89] wurden durch den Quattrocento-Tanz offensichtlich mobilisiert und zugespitzt. Die ›telegraphischen‹ Bemühungen um die bekanntesten Choreographien belegen das nachhaltige Interesse daran, die Kenntnis dieser faszinierenden künstlerischen Praxis in eine überständische Öffentlichkeit hineinzutragen.

Der Tanz war nicht schlechthin Reflex oder Ausdruck einer epochenspezifischen Körpererfahrung, sondern ein Medium, in dem eine hochdifferenzierte Fassung dieser Erfahrung erarbeitet und in exponierter Form repräsentiert wurde, während andere, spielerische, rituelle oder im Volkstheater praktizierte Weisen, der Performanz des Körpers Sinn zu verleihen, fragmentarisiert bzw. in den Hintergrund gedrängt wurden.

Die hier entwickelten Beobachtungen zur Formalisierung des Bewegungsrepertoires, die augenscheinlich hohe Improvisationsanteile in ästhetische Maximen einfließen ließ, die ihrerseits soziale Verhaltensformen abbbilden und befördern konnten, belegen nachdrücklich, wie komplex und widersprüchlich sich dieser Vorgang an der Schwelle zur frühen Neuzeit vollzogen hat. Die Texte der

---

87 Vgl. Schröder (Anm. 8), S. 21.
88 Ebd., S. 32.
89 Zu diesen Vorgängen für Venedig vgl. Sisto dalla Palma, »La festa come opera d'arte«, in: Pontremoli/La Rocca (Anm. 83), S. XI–XX.

maestri operieren zwar mit der Unterscheidung zwischem dem Bewußtsein als »Quelle des Sinns« und dem Körper als »Träger des Sinns«, die nach Hans Ulrich Gumbrecht die Entzweiung von »Kommunikation und Körperlichkeit«[90] und den neuzeitlichen Gedanken der Subjektivität ermöglicht hat, aber in der Aufführung wollen sie diese Differenz wettmachen, indem die spirituelle und die körperliche Motorik in eins fallen.

In den Verhaltensmustern des Quattrocento-Tanzes, die eine emphatische Körperlichkeit und hochgradige Reflektiertheit miteinander zu vermitteln suchen,[91] artikuliert sich mithin eine eigentümliche Umgangsform mit dem Dilemma der anthropologischen Denkansätze der Renaissance, die einerseits eine »bereits neuzeitliche Akzentuierung freiheitlicher Subjektivität« betreiben, andererseits jedoch die »Leiblichkeit des Menschen« verfehlen.[92]

IX.

2. pasi. dopi.
2. the. 9'S. amen.[93]

Dieser Text entstand am Schreibtisch.[94] Über die im Quattrocento-Tanz praktizierte Vermittlung von erlebtem und objektivem Sinn möchte er seinerseits einen historisch objektiven Sinn legen. Dadurch wird der Text selbst zum Erbe einer

---

90 Vgl. zur historischen Genese und Funktion dieser Unterscheidung Gumbrecht, »Beginn von ›Literatur‹«, (Anm. 9) S. 25 u. S. 36.
91 Es wäre spannend zu untersuchen, welche im Barock und im klassischen Tanz ausgeblendeten Aspekte der Quattrocento-Praxis im Ausdruckstanz der 1920er Jahre wieder zur Geltung kamen. Vgl. zu letzterem Inge Baxmann, »Die Gesinnung ins Schwingen bringen‹. Tanz als Metasprache und Gesellschaftsutopie in der Kultur der zwanziger Jahre«, in: Gumbrecht/Pfeiffer, *Materialität*, S. 360–373. Tanz als »Kritik an der Schriftkultur« (S. 360 f.), zu der er, wie gesehen, im Quattrocento aufschließt, die kosmische Dimension des Einschwingens, das Körpergedächtnis und die mimetische Aneignung der Bewegungen (S. 367 f.) wären hier als Anknüpfungspunkte im Auge zu behalten.
92 So Stephan Otto zu diesem Defizit bei Giovanni Pico della Mirandola; vgl. ders., *Renaissance und frühe Neuzeit*, Geschichte der Philosophie in Text und Darstellung 3, Stuttgart 1984, S. 349.
93 Die Überschrift dieses Passus enthält ein Zeilenfragment des Titels *Love 2 the 9'S*, das Prince auf seinem Album *Love Symbol* (Paisley Park/Warner Brothers/France WE 852/9362–45037–2/ © 1992) veröffentlicht hat.
94 Philip V. Bohlman erläutert die Folgen der Ausgrenzung des Körpers aus der musikwissenschaftlichen Betrachtung und verweist auf die Ignoranz des Faches gegenüber dem Tanz und den performance studies: »When dance is studied, it is only as the result of essentializing: the formal properties of the musical representation of dance; the descriptive practices of Laban notation; or the iconographic symbols offered by visual depiction of dancing. Again, the difficulty is that of locating an essentialized music in dance. Or in the body. If one returns music to the body, does one also loosen its hold on the mind? Or the mind's hold on the music?« Philip V. Bohlman, »Musicology as a Political Act«, *The Journal of Musicology* 11/4 (1993), S. 411–436, hier: S. 431.

damals erprobten Beschreibungsform und idealisierten körperlichen Praxis, die nicht nur in den hermeneutischen Verfahren, sondern auch in der Körpererfahrung der Neuzeit Spuren hinterlassen hat. Deshalb unternimmt der Text verschiedene Manöver, um die in den Choreographien diegetisch überdeterminierte und hochstilisierte Mimesis nicht ein weiteres Mal zu wiederholen und um der hermeutischen und körperlichen Kontrolle zu entgehen, die Guglielmos Choreographien über die Tänzer und Leser des Quattrocento wie auch über diesen Text ausüben.

Dabei entwickelt sich bei Guglielmo die ästhetische Kraft der *balli* nicht aus dem Text, der sich zwischen den Figuren entspinnt, sondern aus den Tätigkeitssequenzen und Beziehungen, die sie untereinander entfalten.

Wäre es möglich, diese Tätigkeit nicht als Text, sondern ihrerseits als Tätigkeit einzuholen? Dazu müßte der Autor zunächst einräumen, daß sich die emphatischen und öffentlich-zeremoniellen Konditionierungen (im Sinne der von Morris Berman empfundenen »physicality of modernity«[95]) seines Körpers zwischen – sagen wir – einen *passo doppio* als historisches Ereignis und einen *passo doppio* als real event schieben. Die Suggestion der Nähe, die eine Lektüre von *passo doppio* als Textfigur und ihr ›unmittelbarer‹ Nachvollzug als Tanzfigur aufweisen, wird genau in dem Maß gefährdet, in dem die Ausführung des Doppelschritts zugleich die Erinnerung an den *passo doppio* im Quattrocento und die Differenz zu ihm reflektiert. Ob man vor dieser hermeneutischen Überfrachtung zurückschreckt und stattdessen einen *passo doppio* einfach *macht* – es bleibt eine Ahnung davon, daß ein *passo doppio* als rhetorische Figur genau für den Abstand stehen könnte, den die emphatische Körperlichkeit des Quattrocento-Tanzes von der neuzeitlichen Erfahrung der Gravität als körperlicher Schwere trennt, von der aus es zur affektgeprägten körperlichen Eloquenz und zuweilen *schwer*mütigen Verfaßtheit des Individuums[96] nur ein *passo sempio* war.

---

95 Der Wissenschaftshistoriker Morris Berman führt im Zusammenhang seiner Diskussion der Zivilisationsgeschichte von Norbert Elias eine Episode an, in der er von einem Tanzkurs berichtet »[...] we began the first class with medieval dances. The movements were light, and the dances were all done in group formation [...] We then switched to the dances of the late Renaissance, and the difference in physical sensation was immediate and dramatic; one felt it almost clearly in the pelvis. The sensation was : ›This is *my* space I am standing on, *my* property.‹ [...] I would never have experienced it merely from reading about the history of dance. Have I been deceived? Possibly; but possibly also, I understand something about the physicality of modernity that I would otherwise have missed.« Morris Berman, *Coming To Our Senses. Body and Spirit in the Hidden History of the West*, New York [u.a.] 1990, S. 132 f.
96 Zum Zusammenhang von Gravitationsgesetz, ›Schwere‹ und ›Schwermut‹ vgl. de Man (Anm. 4), S. 229.

Inszenierte Tode, ritualisierte Texte.
Die Totenklagen um Isabella von Bourbon († 1465) und Maria von Burgund († 1482)

CHRISTIAN KIENING

I.

Das späte Mittelalter hat nicht nur jenes absonderliche Panoptikum verwesender Kadaver und aggressiver Todesfiguren hervorgebracht, in dem eine »makabre Vision«, eine »schaudernde Betrachtung«[1] des Todes zum Ausdruck zu kommen scheint. Es hat nicht nur jene ›Dämonisierung‹ des Todes betrieben, die darauf zielt, die Hinfälligkeit des Irdischen und die Notwendigkeit der Buße zu demonstrieren. Es liefert auch Zeugnisse völlig anderen Charakters, die doch die gleiche intensivierte Aufmerksamkeit für mentale und soziale, psychische und physische Aspekte menschlicher Sterblichkeit erkennen lassen, die den Tod als Fluchtpunkt innerweltlicher Bemühungen des Denkens und Handelns ausweisen. Wenn Philippe de Commynes die Versuche Ludwigs XI. († 1483) beschreibt, dem Verfallsprozeß des eigenen Körpers durch medizinische, magische und religiöse Praktiken entgegenzuwirken, bezeugt er neben der Angst des französischen Königs vor dem Tod, die sich in traditionell christlicher Hoffnung nicht mehr aufheben ließ, auch das eigene außergewöhnliche Interesse an jenem Prozeß.[2] Wenn Berichte von Sterbeszenen und Begräbnissen in der gleichen Zeit zunehmend an Ausführlichkeit gewinnen, die artes (bene) moriendi breitenwirksam detaillierte Normen für den Ablauf des Sterbeaktes vorgeben, Trauer zum Element höfischer Zeremonie wird und sich an Grabmonumenten eine prunkvolle Zelebration von memoria entfaltet[3] – so zeigt sich jeweils, daß nicht erst,

---

1 Johan Huizinga, *Herbst des Mittelalters. Studien über Lebens- und Geistesformen des 14. und 15. Jahrhunderts in Frankreich und in den Niederlanden*, hrsg. Kurt Köster, 10. Aufl. [nach der niederländischen Ausgabe letzter Hand von 1941], Stuttgart 1969, S. 207 u. S. 195.
2 Eine mustergültige Analyse bei Werner Paravicini, »Sterben und Tod Ludwigs XI.«, in: Arno Borst [u.a.] (Hrsg.), *Tod im Mittelalter*, Konstanzer Bibliothek 20, Konstanz 1993, S. 77–168.
3 Zur ars moriendi mit der gesamten älteren Literatur: Nigel F. Palmer, »Ars moriendi und Totentanz: Zur Verbildlichung des Todes im Spätmittelalter«, in: Borst (Anm. 2), S. 313–334. Die höfischen Aspekte der Trauer sind eindrucksvoll zu verfolgen am ›Anstandsbuch‹ (*Les honneurs de la cour*) der Alienor de Poitiers, Hofdame am burgundi-

wie manchmal angenommen, das Barockzeitalter durch das ›grand cérémoniel de la mort‹ gekennzeichnet ist.⁴ Schon im 15. Jahrhundert entwickelt sich ein eigenes Formensystem für die Inszenierung des Todes, entsteht eine ausgefeilte Rhetorik der Trauer,⁵ die zwar den Tod noch im Rahmen des elementar christlichen Spannungsfeldes von Schuld und Erlösung behandelt, die Konstituenten dieses Spannungsfeldes aber bereits zu verschieben beginnt. Was hier inszeniert wird, ist ein privilegierter Tod mit klaren Konturen und Verlaufsformen, nicht jener ›undeutliche‹ und ›unordentliche‹ Tod, der den Alltag in den von Seuchen heimgesuchten spätmittelalterlichen Städten prägte und der vielleicht gerade in seiner Nüchternheit die ästhetische Transformation herausforderte.⁶ Die Inszenierung lebt aus der Spannung von Aktualität und Abstraktion, sie entwirft individuelle und soziale Dramen, in denen der Diskurs über den Tod als Konfigurationspunkt anderer Diskurse – über Weltlichkeit, Körperlichkeit und Individualität – dienen konnte.

Am Typus der Totenklage läßt sich dies konkret demonstrieren. Als Form des Übergangs par excellence gehört sie in den Rahmen der ›rites de passage‹, vollzieht sie die schrittweise Überführung des Toten in einen neuen Zustand und zugleich die schrittweise Milderung des Schmerzes der Hinterbliebenen.⁷ In dem Maße jedoch, in dem sie sich von der primär-rituellen Vergegenwärtigung des Toten in intensiver Teilnahme (z.B. bei rhythmischen Rezitationen) löst und als ›Literatur‹ konstituiert, verändert sich auch ihr Charakter. Das Ereignis, von dem die Klage ausgeht, wird nicht unmittelbar verarbeitet, sondern in modellhafte Form verwandelt, mit Sinnüberschuß angereichert, wobei die zentralen Elemente

---

schen Hof (Text bei La Curne de Saint-Palaye, *Mémoire sur l'ancienne chevalerie*, Paris 1759 [u.ö.], Bd. II, S. 171–267; dt.: *Das Ritterwesen des Mittelalters nach seiner politischen und militärischen Verfassung* […], mit Anmerkungen, Zusätzen und Vorrede von Johann Ludwig Klüber, Nürnberg 1791, Bd. III, S. 431–492); vgl. Huizinga (Anm. 1), S. 64–69 u. passim; Bernhard Jussen, »›Dolor‹ und ›Memoria‹. Trauerriten, gemalte Trauer und soziale Ordnungen im späten Mittelalter«, in: Otto Gerhard Oexle (Hrsg.), *Memoria als Kultur*, Göttingen 1995, S. 207–252; zu den Grabmonumenten Kathleen R. Cohen, *Metamorphosis of a Death Symbol. The Changing Meaning of the Transi Tomb in the Late Middle Ages and the Renaissance*, Berkeley u. Los Angeles 1974; Kurt Bauch, *Das mittelalterliche Grabbild*, Berlin 1976.

4 Vgl. zum Zeremoniell des (Fürsten-)Todes im Barock: Michel Vovelle, *La mort des 1300 à nos jours*, Paris 1983, S. 237–364; Georg Braungart, *Hofberedsamkeit. Studien zur Praxis höfisch-politischer Rede im deutschen Territorialabsolutismus*, Studien zur deutschen Literatur 96, Tübingen 1988, S. 203–222.

5 Vgl. George W. McClure, *Sorrow and Consolation in Renaissance Humanism*, Princeton 1991.

6 Vgl. etwa den Bericht von Burkhard Zink zum Pestjahr 1462/63 (*Die Chroniken der schwäbischen Städte. Augsburg* [hrsg. F. Frensdorff und M. Lexer], Chroniken der deutschen Städte 5, München 1866, Bd. II, S. 293–295). Eine eindrucksvolle Studie zur Ritualisierung des Todes in Florenz: Sharon T. Strocchia, *Death and Ritual in Renaissance Florence*, Johns Hopkins Univ. Studies in Historical and Political Sciences, 110th ser. 1, Baltimore und London 1992.

7 Vgl. Hannes Stubbe, *Formen der Trauer. Eine kulturanthropologische Untersuchung*, Berlin 1985, S. 329 f.; Armin Nassehi u. Georg Weber, *Tod, Modernität und Gesellschaft. Entwurf einer Theorie der Todesverdrängung*, Opladen 1989, S. 248 u. passim.

lamentatio, laudatio, commendatio und consolatio selbst den Akt der Trauerarbeit nachbilden können. Das grundsätzliche Wechselspiel von Trauer und Trost geht nun in ein bewußt gesetztes Spannungsverhältnis von Allgemein-Topischem und Individuell-Singulärem ein: Der Typus wird zur Experimentalform, der ältere Text zur Folie eines literarischen Überbietungsaktes.[8] An der französischen Literatur des 15. Jahrhunderts läßt sich verfolgen, wie Totenklagen, Grabreden und Epitaphien zu einer literarischen Mode werden, die, begründet u.a. von Eustache Deschamps und Christine de Pizan, schließlich in den zwei Generationen der rhétoriqueurs einen Höhepunkt erreicht.[9] Charakteristisch ist dabei das Nebeneinander von historischem Authentizitätsanspruch und sprachlich-thematischer Raffinesse. In der detaillierten Erzählung von den Umständen des Sterbens nähern sich die Klagen, nicht selten von Augenzeugen verfaßt, manchmal dem chronikalischen Bericht, zugleich verschreiben sie sich mit ihren Wort- und Reimspielen, ihren allegorischen Effekten und narrativen Inszenierungen einem Prozeß intertextueller und autoreferentieller Poetizität.[10] Wenn Pierre de Hauteville in seiner ›Complainte de l'amant trespassé de dueil‹ (zwischen 1441 und 1447) den Klagenden, der zunächst in traditioneller Weise den Tod als Verursacher seines Leides beschuldigt, schließlich der verehrten Dame nachsterben läßt, folgt er dem Prinzip, den Trauerschmerz ins Extreme zu steigern, aber auch den Text als ›Liveaufnahme‹ eines sich noch selbst artikulierenden Sterbeprozesses mit scheinbar unüberbietbarer Unmittelbarkeit auszustatten. Wenn er an die ›Complainte‹ noch ein ›Inventaire des biens de-

---

8 Zu den hochmittelalterlichen lyrischen oder epischen Texten repräsentative Überblicke mit weiteren Angaben bei M[aria] Hereswitha Hengstl, *Totenklage und Nachruf in der mittellateinischen Literatur seit dem Ausgang der Antike*, Würzburg 1936; Elisabeth Schulze-Busacker, »La complainte des morts dans la littérature occitane«, in: Claude Sutto (Hrsg.), *Le sentiment de la mort au moyen âge*, Montréal 1979, S. 231–248; Urban Küsters, »Klagefiguren. Vom höfischen Umgang mit der Trauer«, in: Gert Kaiser (Hrsg.), *An den Grenzen höfischer Kultur. Anfechtungen der Lebensordnung in der deutschen Erzähldichtung des hohen Mittelalters*, Forschungen zur Geschichte der älteren deutschen Literatur 12, München 1991, S. 9–75; zum Typus: Christian Kiening, [Art.] »Totenklage«, in: Reallexikon der deutschen Literaturwissenschaft, Bd. IV (in Vorb.).
9 Vgl. Claude Thiry, *La Plainte funèbre*, Typologie des sources du moyen âge occidental 30, Turnhout 1978 (basierend auf d. Diss.: *Recherches sur la déploration funèbre française à la Prérenaissance*, 2 Bde., Univ. de Liège 1973, die auch eine Reihe von Textausgaben enthält, die – breiter zugänglich gemacht – nützlich wären); ders., »De la mort marâtre à la mort vaincue: Attitudes devant la mort dans la déploration funèbre française«, in: Herman Braet u. Werner Verbeke (Hrsg.), *Death in the middle ages*, Löwen 1982, S. 239–257; Christine Martineau-Génieys, *Le thème de la mort dans la poésie française de 1450 à 1550*, Nouvelle bibliothèque du moyen âge 6, Paris 1978, S. 295–437. Eine verwandte Bewegung existiert in der niederländischen Literatur, vgl. S. F. Witstein, *Funeraire poëzie in de nederlandse renaissance. Enkele funeraire gedichten van Heinsius, Hooft, Huygens en Vondel bezien tegen de achtergrond van de theorie betreffende het genre*, Neerlandica Traiectina 17, Assen 1969.
10 Paul Zumthor, *Le masque et la lumière. Le siècle des ›grands rhétoriqueurs‹*, Paris 1978; Cynthia J. Brown, *The Shaping of History and Poetry in Late Medieval France. Propaganda and Artistic Expression in the Works of the Rhétoriqueurs*, Birmingham 1985.

mourez du decès de l'amant trespassé de dueil‹ anhängt, verliert er sich scheinbar in der Alltäglichkeit des Todes und überführt diese doch zugleich durch die Erwähnung wichtiger Referenztexte, die sich im Besitz des Verstorbenen befunden hätten, in eine poetische Standortbestimmung.[11] Wenn Georges Chastellain wiederum ein Epitaph auf Pierre de Brezé (†1465) dem Tod selbst in den Mund legt (*Je, mort murtrière, ennemie à nature,* / [...] *Je prye à tous d'icy vouloir entendre*; V. 1 u. 8), zielt er neben dem Überraschungseffekt auch auf die Möglichkeit, ein Phänomen ›zum Sprechen‹ zu bringen, das sich der Sprache wesenhaft entzieht.[12]

Jeweils erhält hier das Zusammenspiel von Rhetorik und Affekt, konstitutiv für die Totenklage, neue Dimension. Das Grundmuster ist eines von Nähe und gleichzeitiger Distanz. Beklagt werden in der Regel hochgestellte Personen von gesellschaftlichem Ansehen, rahmenbildend wirkt damit eine politisch-soziale Öffentlichkeit im Umkreis des Hofes, an der der Autor selbst teilnimmt, die die poetische inventio aber auch in bestimmte Bahnen – formal-artifizieller Art – lenkt. Erzählt wird von der Inszenierung des Sterbens und zugleich – in einer Form poetischer Ritualisierung – vom Sieg der Erinnerung, damit des Textes, über den Tod. Weder für die historischen Fakten eines Sterbefalles noch für die durch ihn ausgelösten Emotionen bieten die Totenklagen also direktes Material. Doch geben sie mit der Transformation des Ereignisses in poetische Textur immerhin Einblick in ein bewußt gestaltetes, historisch genau beschreibbares Wechselspiel von Konvention und Innovation, das sich am Extrempunkt des Todes je neu als existentielles ausweisen konnte. Von besonderem Interesse sind dabei Texte, die den gleichen historischen Fluchtpunkt besitzen und es erlauben, das Spannungsfeld affektiver Rhetorik an relativ kohärenten Situationen auszumessen. Der Umkreis des burgundischen Hofes, an dem seit der ›Ballade sur la mort du duc de Bourgogne‹ von Christine de Pizan Totenklagen fest etabliert waren, liefert dazu mehrere Beispiele. Während die Klagen um Philipp den Guten und Karl den Kühnen fürstlichen Ruhm vor dem Hintergrund der politischen Konflikte der Zeit besingen,[13] legen diejenigen um Isabella von Bourbon und deren Tochter Maria von Burgund mehr Gewicht auf ›Privatheit‹ und Emo-

---

11 Pierre de Hauteville, *La Complainte de l'amant trespassé de dueil. L'inventaire des biens demourez du decès de l'amant trespassé de dueil,* hrsg. Rose M. Bidler, Le moyen français 18, Montréal 1986; zwei andere verbundene Texte gehören ebenfalls in die Tradition der ›Belle dame sans merci‹ (zitiert im *Inventaire,* V. 439): *La confession et le testament de l'amant trespassé de dueil,* hrsg. Rose M. Bidler, Inedita & Rara 2, Montréal 1982; vgl. H. Häyrynen, »La ›Complainte de l'amant trespassé de dueil‹«, in: Ulla Jokinen u. P. Sivonen-Hautecoeur (Hrsg.), *Approches du moyen français,* Studia philologica Jyväskyläensia 22, Jyväskyla 1988, S. 38–89.
12 *Œuvres de Georges Chastellain,* hrsg. [Joseph Bruno] Baron Kervyn de Lettenhove, Brüssel 1865, Bd. VII, S. 67–73; Martineau-Géniéys (Anm. 9), S. 322–326.
13 Zu Philipp (†1467) existieren mindestens elf Texte, zu Karl (†1477) mindestens vier (außerdem eine Reihe von Stücken, die sich z. T. von der politischen Gegenseite her negativ auf seinen Tod beziehen). Genauere Angaben und Nachweise von Ausgaben bei Georges Doutrepont, *La Littérature Française,* S. 385–388 u. S. 397 f.; Martineau-Géniéys (Anm. 9), S. 299–318.

tion. Die poetische Phantasie entzündete sich hier an anderen Punkten und nahm dabei auch Neukonfigurationen historischer Situationen vor, die die genauere Nachzeichnung lohnen.[14]

II.

Als Isabella, Gräfin von Charolais, am 26. September 1465 in Antwerpen mit 31 Jahren wohl an der Tuberkulose starb, war dies für ihre Umgebung vermutlich keine Überraschung (Amé de Montgesoie spricht von dreimonatigem schweren Leiden) und für die zeitgenössische Politik kein Ereignis von besonderer Tragweite – abgesehen davon, daß sie ihrem Mann, Karl dem Kühnen (dessen cousine germaine sie war), bis dahin nur eine Tochter (Maria), aber keinen männlichen Erben geschenkt hatte.[15] Die meisten Chronisten registrierten den Todesfall eher beiläufig,[16] zumal die schon 1467 vollzogene Heirat Karls mit Margarete von York bald die Erinnerung an Isabella überlagerte.[17] Eine anonyme Chronik, die in geringem Abstand von den Ereignissen geschrieben sein dürfte, liefert einige Details: daß Isabella von Gorkem aus nach Gent aufgebrochen sei, um ihre Tochter wiederzusehen, daß sie aber durch einen Krankheitsanfall in Antwerpen festgehalten worden sei, wo ihr Mutter und Schwiegermutter beigestanden hätten.[18] Auch Jacques Du Clerq, der ebenso wie Jean de Haynin Worte eh-

---

14 Allgemeine Quellenübersicht zu den in den folgenden Abschnitten behandelten Ereignissen bei Auguste Molinier, *Les sources de l'histoire de France des origines aux guerres d'Italie (1494)*, Nachdr. d. Ausg. Paris 1904, New York 1966, Bd. V, bes. S. 43–51, und v.a. bei Vaughan (Anm. 17 u. 23).
15 Vgl. Du Clerq und Haynin (Anm. 19) und beispielsweise Georges Chastellain, *Chronique*, 4. Buch, *Œuvres* (Anm. 12), Bd. III, S. 297 f. (zur Geburt Marias).
16 Vgl. u.a. *Mémoires d'Olivier de la Marche*, hrsg. Henri Beaune u. Jules d'Arbaumont, Paris 1886, Bd. III, S. 24; Theodoricus Paulus [Thierri Pauwels], *De rebus actibus sub ducibus Burgundiae compendium*, in: *Chroniques relatives à l'histoire de la Belgique sous la domination des ducs de Bourgogne. Textes latins*, hrsg. [Joseph Bruno] Baron Kervyn de Lettenhove, Collection de Chroniques belges inédites 13/1, Brüssel 1876, S. 276; von Chastellain, von dem eine ausführliche Darstellung zu erwarten wäre, ist der Teil seiner Chronik zwischen Nov. 1464 und Sept. 1466 verloren; auch ist keine recette générale für 1465 erhalten, die ersichtlich machen würde, wem der Tod durch Briefe mitgeteilt wurde.
17 In den *Mémoires d'Olivier de la Marche* (Anm. 16) nimmt die Schilderung der Hochzeitsfeier von 1467 allein zwei Drittel des Raumes ein, der der Zeit Karls des Kühnen gewidmet ist; vgl. mit weiterer Literatur Richard Vaughan, *Charles the Bold. The last Valois duke of Burgundy*, London 1973, S. 48–53.
18 *Le livre des trahison de France* [reicht bis zur Einäscherung von Dinant Anfang 1466], in: *Chroniques relatives à l'histoire de la Belgique sous la domination des ducs de Bourgogne. Textes français*, hrsg. [Joseph Bruno] Baron Kervyn de Lettenhove, Collection de Chroniques belges inédites 13/2, Brüssel 1873, S. 246: *Droit ou mois de septembre ou dit an, la noble contesse de Charolois partist de la ville de Gorkem en Hollande, où son mary l'avoit laissie au partement de son voiaige, laquelle prétendoit de venir à Gand viseter sa fille, que Gantois avoient en garde, mais une maladie luy prist en chemin. Sy s'acchoucha en la ville d'Anvers, en l'abbéye qu'en dist de Saint-Michiel, où elle*

renden Angedenkens für das gütige und großherzige Wesen und die Beliebtheit Isabellas findet,[19] stellt fest, daß die Herzoginnen von Burgund und von Bourbon bei Isabellas Tod anwesend gewesen seien und daß die Schwiegermutter (Isabella von Portugal) Tag und Nacht bei Isabella gewacht habe.[20] Über das sicherlich prunkvolle Begräbnis der Gräfin von Charolais erfährt man wenig (s. u.)[21] – ein Grabmonument ließ Maria von Burgund 1476 für ihre Mutter in der Abtei von St. Michael in Antwerpen errichten.[22] Haynin erwähnt immerhin den großen Schmerz (tres grand dueil), der über Karl (der erst mit etwa einer Woche Verspätung in Conflans vom Tod der Gemahlin erfuhr) gekommen sei; Du Clerq, am ›Menschlichen‹ und ›Außerordentlichen‹ interessiert, spricht von der Liebe zwischen Karl und Isabella, die aufgrund der mysteriösen Umstände der Heirat als Überraschung gelten konnte.[23] So mag es nicht zuletzt diese Aura des Liebes-

---

fut visitée de sa mère la ducesse de Bourbon, quy pour lors se tenoit à Bruxelles aveuc le bon duc Phelippe son frère, et pareillement de la ducesse de Bourgongne, mère à son mari, quy se tenoit à la Motte-au-Bois; mais prestement que ces deux dames l'orent viseté et conforté, elle mourut et rendi son âme à Dieu, dont ce fut domaige, s'il eust pleut à Dieu, car elle estoit bonne damme envers Dieu et envers le monde.

19 *Mémoires de Jacques Du Clerq*, hrsg. F[réderic] de Reiffenberg, Brüssel 1823, Bd. IV, S. 212: *le xxvje jour de septembre, l'an mil iiijc lxv, en la ville de Bruxelles, par ung jeudy, cloist son dernier jour très noble et excellente dame Catherine [!] de Bourbon, femme du comte de Charollois, laquelle ne delaissa que une fille seullement nommée Marie, et n'avoit oncques eu plus d'enfant. Icelle dame avoit la renommée d'estre la plus humble, le plus bénigne et plein de meilleurs moeurs que dame que peust estre. [...] On disoit qu'elle estoit tant gracieuse que à peu l'avoit oncques veu courrouchiée*.
Mémoires de Jean de Haynin (1465–1477). Nouvelle édition, hrsg. [P.-D.] Brouwers, Lüttich 1905, Bd. I, S. 118: *nouvelles luy [Karl] vindrete que la contesse de Charolois nouméé Isabiau de Bourbon, fylle de feu duc de Bourbon, et seur au duc de Bourbon, qi alors estoit sa seconde femme et espeuse, estoit tout nouvellement trespasée en la ville d'Anvers, de quoi et li et tou cheus de son armée et conpagnie furte tres courouchie et desplaisant, car on l'amoit mout. Car chestoit la plus eunble et la plus douse princhesse qi fuist rennant en son tans, et en fit ledit conte de Charolois son mary ung tres grant deuil, Dieu li pardoinst ses defautes. Car che fu damage et pite quelle fini si tenpre, car elle estoit encorre mout jonne et ne remest d'elle qu'eunne seule fylle*.
20 *Mémoires de Jacques Du Clerq* (Anm. 19), S. 212 f.
21 *Cronijcke van den lande ende graefscepe van Vlaenderen, gemaect door Nicolaes Despars [...] Van den jaeren 1405 to 1492*, hrsg. J. de Jonghe, 2. Aufl., Brügge 1840, Bd. III, S. 570: *[Isabelle] starf, binder stede van Antwerpen, aldaer zy, met grooter ghemeener rauwe ende lamentatie, in de abdie van St-Mechiels, voor den hooghen outaer, zeer eerlick begraven wiert, ter presentie ende jeghenwoordicheit van hare zeer bedructe moedere, vrau Agniete voornoemt, metsghaders ooc van de hertoghinne Isabelle, hare schoonmoedere [...]*; die Ausgaben für das Begräbnis Isabellas sind in zwei Aufstellungen bewahrt: Brüssel, Archives du Royaume, Chambre des Comptes, 1869, fol. 68ʳ–76ᵛ; Lille, Archive Nord, série B, 2058, fol. 196 ff.
22 Abgebildet u. a. bei John Bartier, *Karl der Kühne*, Genf 1976, S. 72 f. u. S. 86 f.
23 Vgl. *Mémoires de Jacques Du Clerq* (Anm. 19), S. 59 (die dort ausgelassene Stelle): *le compte et elle avoient aimé l'ung l'autre parfaitement, et tellement qu'il n'estoit point sceu que puis que le comte l'euist espousée*; zu Du Clerqs Berichtstendenzen Gabriele Barner, *Jacques Du Clerq und seine ›Mémoires‹. Ein Sittengemälde des 15. Jahrhunderts*, Diss. Köln 1989. Die Heirat fand großes Echo in den Chroniken, weil sie, als politische Ehe von Herzog Philipp dem Guten vermutlich im Gefolge des berühmten Fasa-

paares gewesen sein, die die Poeten im Umkreis des burgundischen Hofes anzog: Während in der Klage des Amé de Montgesoie ausdrücklich der Sieg Karls in der Schlacht bei Montlhéry dem Faktum gegenübergestellt wird, [*d'*]*avoir perdu du siecle la meilleur* (V. 48), hebt Pierre Michault die *disjuncture et divorce / de deux vrays cuers* (V. 187 f.) hervor und betont eine anonyme chanson, daß der Abschiedsschmerz Isabellas *sans mesure et sans compas* gewesen sei, insbesondere *pour son mary qui n'y fut pas, / qu'elle avoit amé de cœur bon* (V. 4–6).[24]

Diese chanson, bestehend aus sechs Strophen à acht Versen (ababbcbc), artikuliert die Klagesituation in drei Schritten.[25] Angekündigt als *piteux recors*, fordert sie zunächst die Zuhörer zur compassio auf und schildert das Leid, das alle von Isabellas Tod Betroffenen – die Bewohner der verschiedenen Regionen (*Bourguignons, Brabenchons, Flamens, Hennuyers, Piccars*) und *poeupple de toutes fachons*[26] – ergreift; der zweite Teil (Str. III/IV), die laudatio Isabellas, bemißt den Verlust an der moralischen Größe der Verstorbenen, an ihrer Frömmigkeit, Freigebigkeit und Milde, ihrem friedenstiftenden Wirken. Die beiden Schlußstrophen blenden die letzten Momente der Sterbenden ein, die von ihrer Familie (*tout son lignage*) Abschied nimmt und schließlich – in wörtlicher Rede – ihrer Tochter Maria ein gottgefälliges Leben ans Herz legt. Die einzelnen Elemente der chanson – Gebet, Klage, Panegyrikos, ars moriendi – sind somit weitgehend traditionell, die situativen Details (Abwesenheit des Ehemannes,

---

nenbanketts (17. 2. 1454) beschlossen, gegen den Willen des Sohnes durchgesetzt und im Heimlichen vollzogen, in unerwartete Liebe gemündet zu haben scheint; ausführlich zum äußeren Rahmen Chastellain, *Chronique*, 4. Buch, *Œuvres* (Anm. 12), Bd. III, S. 7–10 u. 19–29; *Mémoires d'Olivier de la Marche* (Anm. 16), Kap. 29–31. Poetische Schilderung der Umstände der Heirat bei Luc Hommel, *Marie de Bourgogne ou le Grand Héritage*, Brüssel 1945, S. 59–66, der einen Stimmungswechsel Karls mit dem Tod Isabellas in Verbindung bringen will (S. 66); nüchterner Richard Vaughan, *Philip the Good. The Apogee of Burgundy*, London 1970, S. 342 f.

24 Was die Chronisten ansonsten über das Verhältnis Karls zu den Frauen berichten, steht vor allem unter dem Zeichen des Gegensatzes zu seinem sinnenfreudigen Vater. Philippe Wielant erzählt (in bezug auf Karls dritte Frau Margarete von York), daß Karl nicht gerne von Frauen umgeben war, andernorts ist von homosexuellen Neigungen die Rede; vgl. Vaughan (Anm. 17), S. 158 f.

25 Im Anhang, Nr. 1; Ausgabe in: *Chants historiques et populaires du temps de Charles VII et de Louis XI*, hrsg. [Adrien Jean Victor] Le Roux de Lincy, Paris 1857, S. 75–79 (N° 11), nach einer Handschrift, die eine Sammlung von Liedern zur flandrischen Geschichte enthält und sich im Besitz des Herausgebers befand (heute: Paris, Bibliothèque Nationale, Ms. nouv. acq. fr. 1819; Vorbesitzer im ausgehenden 15. Jh., fol. 2r: Antonio Fabry); zu den folgenden drei, auf Isabellas Tod bezogenen Texten kurze Bemerkungen in: Christian Kiening, »Rhétorique de la perte. L'exemple de la mort d'Isabelle de Bourbon«, *Médiévales* 27 (1994), S. 15–24.

26 Die Nennung der Regionen ist traditionell; vgl. schon das älteste planh von Cercamon auf den Tod Wilhelm X. von Aquitanien (Heinz Bergner (Hrsg.), *Lyrik des Mittelalters I*, RUB 7896, Stuttgart 1983, S. 323–334); *Canchon du Trespas du duc Iehan de Bourgogne*, in: *Chants historiques* (Anm. 25), S. 19–22, Str. VIII; Michault Taillevent, *Lai sur la mort de Catherine de France*, in: Robert Deschaux, *Un poète bourguignon du XVe siècle. Michault Taillevent*, Publications romanes et françaises 132, Genf 1975, S. 242–249, Str. III.

Anwesenheit der Mutter) in Übereinstimmung mit chronikalischen Berichten, doch kaum konkretisiert. Unverkennbar ist das Bemühen, einen authentischen Eindruck zu vermitteln, der die Verstorbene in ihren letzten Momenten noch einmal unmittelbar vergegenwärtigt und der Trauer der Hinterbliebenen ein Pendant verleiht im Abschiedsschmerz der um ihr nahes Ende wissenden *madame de Charolloix*. Vorgeführt wird ein harmonisches Sterben im Familienkreis, das ein der Verständigung und dem Frieden geltendes Leben abrundet (*l'accord et la paix*; III, 8)[27] und sich ganz dem Paradigma *de l'humaine mortalité* (I, 8) einordnet.

Das ist auch die Perspektive der in zwei Handschriften überlieferten ›Complainte de treshaulte et vertueuse dame, madame Ysabel de Bourbon, contesse de Charrolois‹ des Amé de Montgesoie, die allerdings weit ausführlicher und eindringlicher das Sterben Isabellas schildert und dabei teilweise chronikalischen Charakter gewinnt. Zumindest weckt der Gestus der Darbietung wenig Zweifel an der grundsätzlichen historischen Richtigkeit der erwähnten Ereignisse.[28] Amé, zwischen 1457 und 1465 als valet de chambre im unmittelbaren Umkreis Isabellas nachzuweisen, wohnte dem Tod seiner Herrin, wie er betont, selbst bei (V. 94: *bien m'en souvient*; V. 246: *Morir la vis*) und weiß eine Menge von Details beizusteuern: zu der bereits Monate andauernden Krankheit (*ung grief mal qui trois mois lui dura*; V. 59), zu den bei Isabellas Tod Anwesenden (*la bonne dame de Crievecuer,* [...] *la noble duchesse/ de Bourgoingne*; V. 63 u. V. 71 f.), zu den verzweifelten Reaktionen von Verwandten und Bekannten (V. 131–170 in direkter Rede), zur kostbaren Decke über dem Körper der Verstorbenen.[29] Die Augenzeugenschaft schließt die Verarbeitung gängiger literarischer Motive nicht aus, obgleich Amé nur gelegentlich als Autor tätig gewesen zu sein scheint: Man kennt von ihm nur einen weiteren Text, einen ›Pas de la mort‹, der in allegorischem Szenario Figuren (Mort, Accident, Antique, Maladie) auftreten läßt, die auch etwa im ›Dance aux aveugles‹ Pierre Michaults begegnen.[30] Der ›Pas de la mort‹ zeigt Amés Vertrautheit mit der Sprache der Heraldik ebenso wie mit literarischen Formen der Zeit und zeigt ein nicht auf die ›Complainte‹ beschränktes

---

27 Die vermittelnde Wirkung Isabellas z.B. in dem gespannten Verhältnis von Karl dem Kühnen zu seinem Vater Philipp wird von den Chronisten verschiedentlich hervorgehoben; vgl. *Œuvres de Georges Chastellain* (Anm. 12), Bd. III, S. 289; Hommel (Anm. 23), S. 64.

28 Thomas Walton, »Amé de Montgesoie, poète bourguignon du XVe siècle«, *Annales de Bourgogne* 2 (1930), S. 134–158; ders., »Les poèmes d'Amé de Montgesoie (fl. 1457–1478)«, *Medium Ævum* 2 (1933), S. 1–33 (darin, S. 21–28, Textausgabe der *Complainte de treshaulte et vertueuse dame, madame Ysabel de Bourbon, contesse de Charrolois*); kurz zum Text auch Martineau-Génieys (Anm. 9), S. 328–331.

29 V. 257 f.: *D'un fin drap d'or bordé de velours noir/ Estoit couvert son corps*; vgl. Brüssel, Archives du Royaume, Chambre des Comptes, 1869, fol. 70ᵛ: *A Jehan Dulon, pour avoir fait et refait par deux fois ung pale de drap d'or cramoisy tresriche, bordé de velours noir, et icelluy doublé de toille noire, pour servir sur la representation du corps* [...] *iiii l., xvi s. A luy pour xxxiii aulnes de toile noir pour doubler ledit pale, a ii s. l'aulne, font* [...] *lxvi s.* (Walton, »Amé« (Anm. 28), S. 32).

30 Vgl. Walton, »Amé« (Anm. 28), S. 148–154, u. ders., »Poèmes« (Anm. 28), S. 3–21 (Text der *Dance aux aveugles*); Martineau-Génieys (Anm. 9), S. 251–258.

Interesse am Thema des Todes. Auch die ›Complainte‹, wohl nicht zuletzt aus Gründen der Zukunftsicherung verfaßt,[31] weitet sich bei ihm zur Erzählung (270 Verse) und vertritt einen anderen literarischen Anspruch als die anonyme chanson.

Mit der anfänglichen Wendung gegen den Tod als Feind der Natur (*Ennemie des oeuvres de Nature*; V. 3), Prinzip der Destruktion und Ursache des Leides nimmt Amé eine rhetorische Tradition auf, die seit Eustache Deschamps und Alain Chartier zum Gemeinplatz der französischen Totenklagen geworden war. Die Gestalt des Todes repräsentiert in diesem Kontext nicht so sehr (wie in der Todesdidaktik) ein zeichenhaftes und zugleich verzerrtes Spiegelverhältnis zwischen Lebenden und Toten, vielmehr eine Form der Bewältigung des Schmerzes, der umgelenkt wird in die Aggression gegenüber einem ungreifbaren Wesen.[32] Die figürliche Erscheinung selbst allerdings bleibt, so auch bei Amé, meist blaß (abgesehen von dem obligatorischen *dart*). Was zählt, ist das paradoxale Du, das das verlorene Du momenthaft ersetzt und zugleich die Ursache des Verlustes ›dingfest‹ macht – ein Du als Leerform, das im Prozeß der Trauer selbst aufzuheben ist, das bei Amé zurücktritt hinter die Einsicht in die konkreten Umstände von Isabellas Tod und in die allgemeinen Bedingungen menschlicher Existenz.[33]

Mit der sechsten Strophe führt die ›Complainte‹ direkt in die maison bourbonnoise hinein und berichtet, analog zu der chanson, wie die Comtesse Abschied nimmt von ihren nächsten Verwandten und ihrem abwesenden Ehemann aufträgt, für ihre Seele zu beten. Sie empfängt die Sakramente, läßt eine ars moriendi lesen,[34] spricht Gebete und küßt das Kreuz. Als sie den Geist aufgibt, bricht allgemeine Klage aus, einstimmig, ohne Rücksicht auf höfische Etikette (*sans recueil,/ Sans faire fais digne de hault louer*; V. 215f.), betrauern die Anwesenden den schmerzlichen Verlust eines Vorbildes (*exemple, miroir*; V. 151 u. 153). Amé läßt im weiteren in dieser Klage das Paradigma vom Tod des Orpheus anklingen. Er entwirft ein imaginäres Szenario, bei dem die ganze Natur in Trauer verfällt, die Erde nurmehr Bitterkeit hervorbringt, die Elemente, in leidvoller Solidarität, jede freudige Verbindung verweigern und die Vögel in tiefbe-

---

31 Amé wurde in den Dienst von Isabellas Tochter Maria übernommen, wo er als valet de chambre und huissier d'armes zwischen 1467 und 1478 nachweisbar ist.

32 Vgl. Stubbe (Anm. 7), S. 100 ff. (zu Trauerzerstörung und -aggression).

33 Bezeichnend für die primäre Funktion der Wendung gegen den Tod ist die Reaktion der Klagenden (*ces gens doulans*), die ihrerseits – in wörtlicher Rede – den Tod (*Mort maugré*; V. 132) attackieren (*la rigueur de la Mort maudissoient*; V. 175); vgl. auch V. 158: ›*Pour hault monter, la Mort en bas l'enchasse*‹. Auch im chronikalischen Zusammenhang begegnet die Figur häufiger, etwa in der Klage Jean Molinets auf den Tod Karls des Kühnen: *Mort oultrageuse, insaciable, piteuse, acerbe et lamentable, tu as effacié le très resplendissant ymage de nobilité, detrenchié la verde branche de chevalerie et dilapidé le ferme, seul et unicque piler qui soustenoit la glorieuse arche de Bourgoigne* (*Chroniques de Jean Molinet*, hrsg. Georges Doutrepont u. Omer Jodogne, Brüssel 1935, Bd. I, S. 207).

34 Amé, *Complainte* (Anm. 28), V. 91–93: *Puis lire fist ung livre qui contient/ La maniere comment l'Ennemy vient/ L'omme tempter a son heure mortelle.*

wegtes Schweigen verfallen.[35] Doch der Blick auf die Natur entdeckt zugleich deren im Wechsel von Werden und Vergehen unabänderliche Eigengesetzlichkeit (*sa labeur ordonnee*; V. 233), liefert somit auch schon Elemente des Trostes: Das Wissen, daß kein Schmerz einen toten Körper lebendig machen kann, daß alle Menschen – Blumen ohne Dauer, Schatten, die vergehen – in die Hände des Todes fallen werden, fördert die Einsicht, daß auch durch diesen Tod der Lauf der Welt nicht zum Stehen kommt.[36] Die Folgerung aus dieser Akzeptanz menschlicher Vergänglichkeit lautet kurz und bündig: Da die Klage nicht hilft, ist es unsinnig, sich in ihr zu verlieren, nur die Bitte für das Seelenheil jetzt noch am Platz. Amé lenkt zwar noch einmal den Blick zurück zu den Ereignissen nach dem Tod Isabellas, verweigert aber den ausführlichen Bericht.[37] Eine kurze Skizze bietet nur die wesentlichen Fakten (Leichenzug, Obsequien, Begräbnisort) und betont nun vor allem den Kontrast von Glanz und Vernichtung: Die wunderbare goldverzierte Leichendecke aus schwarzem Velour bedeckt einen Körper, der den Würmern gehören wird (*pour estre habandonné es vers*; V. 259). Die Schlußstrophe kehrt zur commendatio animae zurück – nun auch im Hinblick auf die Seele Amés: *c'est mon bien, amé de moult je soye* (V. 270).

Dieses abschließende Wortspiel mit den Bestandteilen des eigenen Namens, das auch am Ende des ›Pas de la Mort‹ begegnet, erinnert daran, daß der Panegyrikos nicht zuletzt auch auf den Ruhm und die memoria des Autors zielt, daß die Totenklage ihre Funktion bei den Lebenden zu erfüllen hat. Damit ist nicht die Ernsthaftigkeit der Klage in Frage gestellt, die Amé an der eigenen Person wie der Hofgesellschaft demonstriert. Doch hat der Autor die Doppelrolle des Klagenden und des Trösters zu spielen. Die aspektreiche, Fakten wie Emotionen gleichermaßen berücksichtigende Schilderung eines vorbildhaften Todes (*nul ne peut morir de mort plus belle*; V. 97) erhebt einerseits Anspruch auf Authentizität, bietet andererseits die Basis für Verallgemeinerung im Sinne jener ars bene moriendi, die auch im Text zitiert wird. Doch der Konflikt zwischen dem Bedürfnis nach (gesteigerter) Wahrhaftigkeit des Schmerzes und der (christlichen) Notwendigkeit des (Selbst-)Trostes ist in jenem Modell nicht einfach aufzuheben. Wenn auch das Ende des Textes der Wendung zu Gott vorbehalten bleibt, so scheint der wirksamste Trost bei diesem im *Parc de Dueil* (V. 9) situierten Ver-

---

35 Ebd., V. 194–197: *la Terre [...]/ Ne nous donroit fors qu'amer a mangier,/ Et sy feroit son vert en noir changier*; V. 201–205: *Les elemens, par las de temps joyeulx,/ De son trespas seroient socieux,/ Sans riens faire qui a plaisir sortisse,/ Et des oyseaulx le champt melodieux/ Se changeroit en coy frenesieux.*
36 Ebd., V. 179 f.: *Combien qu'assez on s'en lamente et deult,/ Ung corps transsy que ravoir on ne peult*; V. 231–240: *Or est morte, de plorer n'y profite,/ Ja, Nature pour ma douleur susdite/ N'en cessera sa labeur ordonnee./ Aler nous fault celle voye despite,/ Et estre, brief, de tous biens mondains quitte/ Comme la fleur qui passe sans duree./ Car nostre fait n'est que tendre gelee/ Qui par chaleur est a cop consoumee,/ Et peu a peu diminue son umbre/ Pour retourner a riens, ainsi que l'ombre*; s. Job 14,2.
37 Ebd. V. 251 f.: *Trop long seroit son obseque a descrire;/ Il ne se peult, sy parfait qu'il fust, dire.* Immerhin denkbar bleibt, daß diese Verweigerung einen latenten Konflikt spiegelt zwischen den exzessiven öffentlichen Trauerbekundungen und dem individuellen Schmerz, der eher den Weg ins Verstummen sucht.

lustdrama doch aus dem Blick auf die Natur als Prinzip von Leben und Tod zu erwachsen. Er ist es, der letztlich die Eigendynamik der Rhetorik, die den schmalen Grad zwischen der Steigerung und der Eindämmung der Trauer ausmaß, auffangen kann.

Die ebenfalls in zwei Handschriften erhaltene, wesentlich stärker an literarischen Modellen orientierte ›Complainte sur la mort d'Ysabeau de Bourbon‹ von Pierre Michault (512 Verse in achtzeiligen Strophen) geht hier noch einen Schritt weiter.[38] Michault war bei dem Geschehen, selbst wenn er sich im Jahre 1465 schon im Umkreis Isabellas aufgehalten haben sollte und die Klage nicht nur seine Empfehlung für den Hofdienst darstellt,[39] wohl nicht selbst anwesend. Seine Angabe im Prolog, daß er zum Zeitpunkt der Ereignisse weit entfernt (vielleicht im Gefolge Karls des Kühnen) geweilt hätte,[40] ist zwar ungenau und zielt eher auf jenes Niemandsland, in dem allegorische Begegnungen meist stattfinden[41], doch gibt es im Text selbst keine Details, die Augenzeugenschaft nahelegen würden. Nach eigener Angabe erfuhr Michault vom Tod der Comtesse durch einen glaubwürdigen Bericht, einen *raport moult dur et moult grevable,/ combien qu'il fust loyal et veritable* (V. 15 f.) – vielleicht die Klage des Amé de Montgesoie, die er im Schlußteil seiner ›Complainte‹ benutzt zu haben scheint.[42] Von vornherein ist damit die Erzählperspektive eine andere, sie bleibt nach innen gerichtet und bezieht die Hoföffentlichkeit, die in den beiden anderen Texten wichtig war, um das Ausmaß der Trauer anzuzeigen, nur indirekt ein.

Auch hier ist zunächst der Tod mit seinem *dart* der Schuldige, ist er verantwortlich für eine Ungeheuerlichkeit, die gegen die Prinzipien einer gottgelenkten, einsehbar geordneten Welt verstößt: *dis en moy que humanité est mise/ en non chaloir et que, pour somme toute,/ Dieu n'en tient compt ou Raison n'y voit goute* (V. 30–32). Der Tod Isabelles, jenes Paradigmas von Vortrefflichkeit (*vertu*), gilt als inakzeptabler Bruch der göttlichen Schöpfung: *Ou il convient loy estable*

---

38 Textausgabe: Pierre Michault, *Complainte sur la mort d'Ysabeau de Bourbon*, in: Barbara Folkart, »Perspectives médiévales sur la mort«, *Le Moyen Français* 4 (1979), S. 29–74, sowie auch ohne Apparat, aber mit interpretierender Einleitung in: Pierre Michault, *Œuvres poétiques*, hrsg. Barbara Folkart, Collection 10/18 1386, Paris 1980, S. 143–169; vgl. außerdem Martineau-Géniéys (Anm. 9), S. 331–338.

39 Urkundlich bezeugt ist er erst im November 1466 als secrétaire signant bei Karl dem Kühnen (weitere Literatur in: Hasenohr/Zink (Hrsg.), *Dictionnaire des lettres françaises*, S. 1186–1188); zum Kontext der herzoglichen Kanzlei, an der ansonsten kaum Literaten tätig waren, P[ierre] Cockshaw, *Le personnel de la chancellerie de Bourgogne-Flandre sous les ducs de Bourgogne de la maison de Valois (1384–1477)*, Anciens pays et assemblées d'états 79, Kortrijk-Heule 1982, S. 227 f.

40 V. 1 f. u. V. 9 f.: *En ung païs loingtainnement distant/ des regions ou mon repos sejourne […] demandant des nouvelles joyeuses/ des frans paÿs et des circunvoisins/ […]*

41 Vgl. Christian Kiening, »Personifikation. Begegnungen mit dem Fremd-Vertrauten in mittelalterlicher Literatur«, in: Helmut Brall, Barbara Haupt u. Urban Küsters (Hrsg.), *Personenbeziehungen in der mittelalterlichen Literatur*, Düsseldorf 1994, S. 347–387.

42 Parallelen bei Walton, »Amé« (Anm. 23), S. 30 f. In der Sammelhandschrift 11020–11033 der Bibliothèque Royale, Brüssel, stehen beide Klagen hintereinander, wobei diejenige Amés ebenfalls Michault zugeschrieben ist.

interrompre/ ou nouvelle creation reprendre:/ autre moyen sur ce ne puis entendre (V. 62–64). Die vorgeschlagenen Alternativen sind rhetorisch, sie artikulieren aber deutlich den Schmerz und den Unwillen, sich mit dem Tod derer abzufinden, die *en tout honneur de pure vertu sainte* (V. 50) gewesen sei. Tief in Gedanken versunken, zieht sich der Autor in einen Garten (*vergier*) zurück, ohne aber vergessen zu können. Plötzlich – *en estasie/ par trop penser et par ymaginer* (V. 78 f.) – erscheinen vor ihm zwei Damen, die seinen inneren Konflikt sichtbar machen: *la Vertu* und *la Mort*. Sie entwickeln in 28 Strophen, dem Hauptteil des Textes, ein Streitgespräch über Recht und Unrecht dieses Todesfalles, wobei es wie in den meisten mittelalterlichen altercationes weniger um die figürliche Ausgestaltung der Personifikationen denn um die Veranschaulichung von Argumenten und Positionen geht. Vertu klagt zunächst den Tod in geläufigen Wendungen als hart, grausam und armselig an. Der Tod zeigt sich überrascht, sieht sich falsch dargestellt, fordert Präzisierungen. Erst jetzt enthüllt Vertu den Anlaß ihrer Klage, erst jetzt nennt sie ihren Namen und erklärt ihre Zuständigkeit. Während die meisten ihrer folgenden Reden Variationen der Klage über den Verlust der *noble creature* (V. 158) bieten, ist die Argumentation des Todes insgesamt nuancierter, vereinzelt nicht ohne Ironie.[43] Er betont den Lauf der Natur, besteht auf seinem Recht, der Blindheit seines Wirkens, der Indifferenz gegenüber Tugenden wie Lastern, setzt den hilflosen Klagen und Anklagen souverän Allgemeinplätze stoischer Natur entgegen. Und er ist es auch, der schließlich den Gedanken des Ruhms ins Spiel bringt, indem er unterstreicht, daß erst durch seine eigene Aktion Isabella sich einschreibe in eine unauslöschliche Erinnerung (*en cronique ou hystoire*) und eingehe in das Paradies.[44] Auch in anderen Totenklagen der Zeit nimmt der Gedanke des Ruhmes des/der Verstorbenen zentralen Raum ein.[45] Ungewöhnlich bleibt bei Michault, daß der Tod selbst im folgenden das demütige und geduldige, also perfekt christliche Sterben Isabellas herausstellt und damit, wie im ›Epitaphe de Messire Pierre de Brezé‹ auf seine Selbstaufhebung hinarbeitend,[46] einen Wendepunkt des Textes markiert. Seiner abschließenden Aufforderung, Vertu, die ununterbrochen am Sterbelager anwesend war, möge von Isabellas Ende erzäh-

---

43 Vgl. Folkart in Michault, *Œuvres poétiques* (Anm. 38), S. 148 f.
44 Michault, *Complainte* (Anm. 38), V. 289–296: *Je l'ay de vie ainsy destituee/ et mise a fin afin que la memoire/ en soit toujours en loz perpetuee/ et qu'elle soit par droit habituee/ ou redigee en cronique ou hystoire,/ et l'ame soit coronné en la gloire/ de Paradis, selon vostre desserte:/ pour ce l'ay fait, car a ce suis experte.*
45 Vgl. Thiry, »De la mort marâtre« (Anm. 9), S. 250 f.: »Au fil des années 1460, le concert des voix poétiques s'amplifie pour chanter la gloire. La mort reste haïssable, mais elle peut être dominée [...]; de plus en plus fréquemment, le deuil est balayé par l'apothéose, les larmes séchées au souffle de la Renommée.«; Françoise Joukovsky, *La gloire dans la poésie française et néolatine du XVIe siècle*, Travaux d'Humanisme et Renaissance 102, Genf 1969; Zumthor (Anm. 10), S. 56–77.
46 *Epitaphe de Messire Pierre de Brezé*, *Œuvres de Georges Chastellain* (Anm. 12), Bd. VII, S. 71 (Rede des Todes): ›*Je fay contraire à ma vieille droiture;/ J'occis cruelle; et vraye, je hault loue;/ Après coup fait, je plains la créature/ Dont j'ay cassé les haux biens de nature*‹.

len, kommt diese nach und läßt dabei nach einer knappen Einleitung Isabella selbst und ihren Gebeten das Wort. Michault kombiniert damit die Prinzipien der Unmittelbarkeit (direkter Rede) und der Ausführlichkeit (äußerer Umstände), die die beiden anderen Texte realisieren, und läßt mit dem narrativen Trick der doppelten Binnenerzählung (Vision und Bericht in der Vision) trotz seiner eigenen Abwesenheit die Situation des Sterbens auch hier direkt präsent werden. Die Gebete selbst folgen den aus Sterbe- und Stundenbüchern bekannten Mustern: Isabella, beständig die Nichtigkeit der Kreatur eingestehend, erfleht die Barmherzigkeit Gottes als Schöpfer und Erlöser, die Hilfe Marias und der Heiligen. Sie wendet sich schließlich an ihren abwesenden Ehemann und nimmt Abschied von ihrer Verwandtschaft. Die letzte Phase des Sterbens stimmt in nahezu allen Einzelheiten – dem Vorlesen der ars moriendi, den miserere-Gebeten, dem Küssen des Kreuzes – mit der Beschreibung Amés überein. Schlußstrophen aus dem Munde der Tugend und des Autors unterstreichen auch hier den Charakter der Vorbildlichkeit und erneuern die Bitte um das Seelenheil.

Auch hier wird also wie in den beiden anderen Klagen das Sterben Isabellas als vorbildlich, als absolut konform mit den Vorgaben der Sterbekünste gezeigt – was die Informationen aus anderen Quellen immerhin als historisch möglich erscheinen lassen.[47] Michault liefert aber keinen zweiten vollständigen Sterbebericht, sondern eine mehrfach gebrochene visionäre Schau, die Amés Version als eine Art von Subtext benutzt, als Folie eines kontrastiven Entwurfs. Er setzt auf Subjektivität anstelle von Repräsentativität, verlagert das ganze Geschehen in das eigene Ich, kennzeichnet aber sein Erlebnis ausdrücklich – und anders als im ›Dance aux aveugles‹[48] – als *ymagination en estasie*, nicht als Traum. Eine Erscheinung also, die, wenn auch Abirrung der Sinne (V. 80), genau einem Seelenzustand entspricht. Da die Faktizität von Amés Bericht kaum zu überbieten war, präsentiert Michault eine Authentizität höherer Art, die mit den Fakten konform geht, aber die Ereignisse als Erfahrungsprozeß begreift. Das erklärt zugleich den scheinbaren Bruch des Registers zwischen dem Streitgespräch und dem Isabella selbst vergegenwärtigenden Binnenexempel.[49] Denn das Streitgespräch löst nicht das zentrale Problem, den Tod Isabellas selbst zu akzeptieren. Auch wenn der Tod die besseren Argumente hat, bleibt Vertu hartnäckig, weil diese Argumente noch kein Begreifen, kein Annehmen des Unbegreiflichen ermöglichen. Nötig ist das Miterleben, ist die Teilnahme, die ihre konsolatorische Wirkung erfüllt in der Transformation des Todes als ebenso ungreifbaren wie

---

47 Roger Chartier, »Les arts de mourir, 1450–1600«, *Annales E.S.C.* 31 (1976), S. 51–70, hier: S. 66: »Avoir conscience de sa fin prochaine, avoir du temps pour recevoir le saint viatique, avoir autour de soi assemblés clercs et laïcs, parents et amis, telles sont les conditions de la meilleure mort.«

48 Michault, *La Dance aux aveugles*, *Œuvres poétiques* (Anm. 38), S. 83–139, hier S. 83 f., II: *L'assiduité et frequentation de mon poignant penser me fit entrer en ung songe qui moult me sembla merveilleux*; zum Text Bruno Roy, »Amour, Fortune et Mort: La danse des trois aveugles«, in: Sutto (Anm. 8), S. 121–137.

49 Vgl. Folkart in Michault, *Œuvres poétiques* (Anm. 38), S. 150.

vertrauten Gegners in die ganz unfigürliche Realität des Todes am Sterbebett. Das einzige, auf der Ebene der Fakten hinzugefügte Element, das letzte Wort der Sterbenden: *Credo* (V. 496), kann damit zugleich als Bekenntnis des Autors gelten, angenommen zu haben, was anfangs, nur vom Hörensagen bekannt, unglaublich und inakzeptabel schien (*la grant enormité/ que par Mort fut, se me sembla, commise*; V. 25 f.). Erst am Ende der Vision, die von eben dieser Unglaublichkeit ihren Impuls empfing, kann der Autor, der sich allein in seinem *vergier* wiederfindet, sagen: *j'apperceux par ce que lors j'oÿ/ que Mort avoit de la dame joÿ* (V. 507 f.).

Michault bleibt Amé verpflichtet, indem er die Authentizität der Schilderung zu gewährleisten, die Präsenz des Ereignisses herzustellen, den Schmerz greifbar zu machen sucht. Er geht aber über diesen hinaus, indem er ansatzweise einen dialektischen Erfahrungsprozeß entwickelt, dessen literarische Modelle er an zentraler Stelle selbst vermerkt: Genau in der Mitte des Streitgesprächs verweist der Tod die Tugend darauf, daß sie bereits von seinem Wesen, von seiner Blindheit gehört habe *en ung traictié par cest auteur dité* (nämlich in Michaults ›Dance aux aveugles‹). Vertu argumentiert daraufhin mit der ›Consolatio‹ des Boethius, in der von erstrebenswerten Toden die Rede gewesen war.[50] La Mort wiederum insistiert scharfsinnig darauf, daß Boethius sich doch, obwohl bereit, alles aufzugeben, über sein hartes Los beklagt hätte. Der intertextuelle Diskurs, der sich hier andeutet, zielt nicht nur auf eine Standortbestimmung der ›Complainte‹, sondern auch auf die grundsätzliche Spannung zwischen Wissen und Verhalten angesichts des Todes. Die Unterstellung, Boethius habe wider besseres Wissen geklagt, ist natürlich gegen das Verhalten von Vertu gerichtet. Doch ist der Tod – wie seine letzten Reden zeigen – nicht nur Kontrahent der Tugend, sondern in bestimmtem Sinne auch deren Komplement (wenngleich in anderer Weise als in den Streitgesprächen zwischen Tod und Leben). Er wird nicht überwunden, sondern als Ermöglichung von über ihn selbst hinausweisender Exemplarizität aufgehoben. Aber auch die Fortdauer von *vertu* ist paradoxerweise an das Zurücktreten der Figur gebunden. Vertu beschreibt nicht die letzten Momente Isabellas, sondern läßt diese selbst sprechen, demonstriert also Tugend- und Vorbildhaftigkeit auf konkrete Weise. Michaults ›Complainte‹ akzentuiert somit nicht nur die Notwendigkeit der Trauerarbeit, nämlich den Prozeß, der von der anfänglichen Schockreaktion über die Aggression gegen ein visuell fixiertes Prinzip und die Identifikation mit der Verstorbenen hin zur Einsicht in das Unabänderliche, zur Überwindung der Trauer führt.[51]

---

50 Michault, *Complainte* (Anm. 38), V. 217–224: *Boece dit, au premier de son livre/ intitulé ›De Consolation‹,/ que Mort seuffrant hommes et femmes vivre/ en leurs doulz ans, sans ce que assault leur livre,/ est bienheureuse en resolution;/ mais ceulx qui sont en desolation/ doit Mort happer:/ or as tu par tes tours/ en ce cas cy commis tout le rebours.*

51 Die ›Arbeit der Trauer‹ ist auch in zeitgenössischen Autobiographien von Stadtbürgern zunehmend dokumentiert, etwa (wenn auch auf andere Weise) in den ›Ricordi‹ des Kaufmanns Giovanni di Bagolo Morelli, der sich (vor sich selbst) für den Tod seines Sohnes (1406) zu rechtfertigen versucht; vgl. Richard C. Trexler, *Public Life in Renaissance Florence*, New York 1980, S. 161–186.

Sie bringt nicht nur durch die doppelte Brechung der Erzählung das problematische Verhältnis des Individuums zum historischen Ereignis, die Spannung zwischen dem unpersönlich Faktischen und dem persönlich Begreiflichen zum Vorschein. Sie markiert auch das Problem, auf das historische Ereignis mit Worten reagieren zu müssen, wo Gesten und Handlungen angebrachter sein könnten. Ihre experimentelle Lösung besteht darin, das Ereignis selbst in einem Nukleus der Unmittelbarkeit und visionärer Intimität zu vergegenwärtigen und über die momentane (hypothetische) Aufhebung der Sprache diese selbst in ihrer therapeutischen Funktion zu enthüllen. Hat dieses Experiment modellbildend gewirkt?

III.

Der Tod Marias, seit 1477 Gemahlin Erzherzog Maximilians von Habsburg, ereignete sich unter anderen Vorzeichen als derjenige ihrer Mutter 17 Jahre zuvor. Maria stand als Regentin der Niederlande, beliebt bei der Bevölkerung,[52] im Mittelpunkt der zeitgenössischen Aufmerksamkeit; dementsprechend zahlreich sind die Notizen über sie in den chronikalischen Quellen.[53] Ihr Tod belastete die ohnehin instabile politische Situation der burgundisch-niederländischen Grafschaften und Herzogtümer im Spannungsfeld zwischen dem Reich und dem französischen König,[54] und er gewann überdies durch seine Umstände dramatischen Charakter. In den wesentlichen Elementen stimmen die meisten Berichte überein:[55] Anfang März 1482 – die Eheleute hatten seit längerem gemeinsam in Brügge geweilt[56] – unternahm Maria, von einer kleineren Hofgesellschaft begleitet, einen Ausflug zur Falkenjagd oder Reiherbeize und stürzte dabei, wohl weil der Sattelgurt

---

52 Als ein Beispiel unter vielen: Philippe de Commynes, *Mémoires*, hrsg. Josephe Calmette unter Mitarb. v. G. Durville, Les classiques de l'histoire de France au Moyen Age 5, Paris 1925, Bd. II [1474–1483], S. 287.

53 Ausführliche Dokumentation bei Paule van Ussel, *De Regeering van Maria van Bourgondië over de Nederlanden*, Université de Louvain, Recueil de Travaux d'Histoire et de Philologie, 3me série, 15e fasc., Löwen 1943, S. XXIX–XXXV; neuere Darstellung bei Yves Cazaux, *Marie de Bourgogne, témoin d'une grande entreprise à l'origine des nationalités européennes*, Paris 1967; und (mit spärlichem Quellenbezug) bei G[eorges]-H[enri] Dumont, *Marie de Bourgogne*, Paris 1982 [1983].

54 Commynes, *Mémoires* (Anm. 52), berichtet von der Freude des französischen Königs Ludwig XI., vom Tod Marias zu hören: *Ledit seigneur me compta ces nouvelles, qui en eut très grant joye [...] Dès l'heure commança le roy à practiquer les gouverneurs de Gand* (S. 287).

55 Beste Zusammenfassung bei Hermann Wiesflecker, *Kaiser Maximilian I. Das Reich, Österreich und Europa an der Wende zur Neuzeit. Bd. I: Jugend, burgundisches Erbe und Römisches Königtum bis zur Alleinherrschaft. 1459–1493*, Wien 1971, S. 160–162 u. S. 464 f. Ausschmückende, aber im ganzen treffende Schilderung bei Cazaux (Anm. 53), S. 320–328; Dumont (Anm. 53), S. 316–324.

56 Herman Vander Linden, *Itinéraires de Marie de Bourgogne et de Maximilien d'Autriche (1477–1482)*, Brüssel 1934, S. 114–117.

riß, von ihrem Pferd. Entweder bei dem Sturz selbst oder durch Hufschläge bzw. durch das Gewicht des Pferdes erlitt sie mehrere Rippenbrüche und innere Verletzungen. Da sie vielleicht die Ausmaße der Blessuren verbarg oder die Ärzte keine Hilfe bringen konnten, entzündeten sich die Wunden, und das Fieber stieg an.[57] Bittprozessionen zogen durch die Stadt.[58] Am 24. März ließ Maria ein Testament errichten,[59] am 27. März starb sie. Die von angeblich 15000 Menschen aus allen Ständen begleitete Grablegung in Notre Dame (Brügge) am 3. April, auf zwei für Maximilians ›Autobiographie‹, den ›Weißkunig‹, vorgesehenen Holzschnitten dargestellt (vgl. Abb. I), gehört zu den aufwendigsten in der Geschichte

---

57 Commynes, *Mémoires* (Anm. 52), Bd. II, S. 287: *la duchesse d'Autriche estoit morte d'une cheütte de cheval, car elle chevauchoit ung hobin ardent: Il la feït cheoir et tumba sur une grant pièce de boyz. Aucuns dient que ce ne fut point la cheütte mais d'une fièvre. Quoy qu'il en soit, elle mourut peu de jours après ladicte cheütte.* – Cronijcke van Vlaenderen (Anm. 21), Bd. IV, S. 214: *Maria sei over dijck over dal geritten, dat zy (lacen!) int ende zeer jammerlick faylgierde, vallende metten peerde over haer lijf in eenen nieuwen ghedolven gracht, ende quetsende haer daer menichsins van binnen, alzo wel int hooft als elders, hoewel dat zyder nochtans gheensins of gheweten en wilde, wat devoir dat mer toedede om tzelve te vernemene, voor anderstont dat haer die voorghescreven apostumerende quetseuren teeneghadere binder stede van Brugghe te bedde wierpen, tal zucker ghemeener droufheit ende melancolie van haren voorzeiden lieven man ende alle die van zijnen hove.* – Annales Flandriae post Jacobum Meyerum (in: *Collection des chroniques 13/1* (Anm. 16)), S. 507: *Illa [Maria], equo conscenso Brugis egressa ad aucupium, dum forte in agris exspatiatur, equo dejecta, solo illiditur. Eo casu contusis artubus graviter afflicta, Brugas relata est. Evocantur ex variis locis peritissimi medici, quibus morbum, paulo serius quam oporteret, aperuit (XXVI martii). Tandem malo artem omnem respuente, in ipso aetatis flore expiravit, relicto omnibus maximo suo desiderio.* – Franciscus Haraeus, *Annales ducum seu principium Brabantiae totiusque Belgii I*, S. 458 (nach [François-Xavier] Würth-Paquet, »Table chronologique des chartes et diplômes relatifs à l'Histoire de l'ancien pays de Luxembourg. Marie de Bourgogne et Maximilien d'Autriche«, *Publications de la section historique de l'Institut de Luxembourg* 35 (1881) [1882], S. 1–147, hier: S. 147): *Erat hoc tempore Maximilianus cum uxore Brugis. Exit illa cum nobilium virorum ac virginum comitate ad venationem inspecta hierofalconum ac accipitrum, quibus plurimum delectabatur, artem et solertiam; insidebat noto asturconi, admodum animoso ac feroci, Cingulaquae sellam sessoriam stringebant, dum incitatus asturco ardentius fertur, inter currendum solvuntur. Labitur supina equo Maria in tergum, laeditque costas adeo graviter, ut post tertiam septimanam decumbere cogeretur. Hactenus enim vim mali dissimulando nemini aperire, mariti causa, fuerat ausa. Tandem accedente continua febri, quinto kal. aprilis a. 1482 in civitate Brugensi Deo animam reddidit, quartum gravida.* Eine Untersuchung des Skelettes durch den Mediziner Paul Janssens (1979) erbrachte nicht nur die Bestätigung, daß auf der rechten Seite vier Rippen des Brustkastens gebrochen waren, sondern zeigte auch, daß Marias Hände wohl durch den Aufprall vollständig verdreht wurden; als Todesursache gibt Janssens eine Infektion der Lungen an; vgl. Dumont (Anm. 53), S. 317 u. S. 337.

58 *Het boeck van al 't gene datter gheschiedt is binnen Brugghe, sichtent jaer 1477, 14 februarii, tot 1491*, hrsg. C. C[arton], Maetschappij der vlaemsche bibliophilen, 3ᵉ serie, Nr. 2, Gent 1859, S. 37.

59 E. M. Lichnowsky, *Geschichte des Hauses Habsburg. Bd. 8: Kaiser Friedrich III. und sein Sohn Maximilian I., Tl. 2*, Wien 1844, S. DCCXXX ff. (Text); Cazaux (Anm. 53), S. 347–349 (Auszüge).

Inszenierte Tode, ritualisierte Texte 471

Abb. 1: Totenmesse für Maria von Burgund. Holzschnitt von Leonhard Beck zum ›Weißkunig‹ Maximilians I. (nach dem Faks. der Ausg. Wien 1775, Weinheim 1985, Nr. 70).

fürstlicher Begräbnisse.[60] Das Herz der Verstorbenen wurde in St. Michael in Antwerpen im Grab der Mutter, Isabella von Bourbon, beigesetzt.[61]

---

60 Wiesflecker (Anm. 55), S. 161; *Chroniques de Jean Molinet* (Anm. 33), S. 369 f.; *Het boeck* (Anm. 58), S. 37 f.; Epitaph des Grabes bei Octave Delepierre, *Marie de Bourgogne*, Brüssel 1841, S. 62 f. (Schluß: *Regrettée, plainte et plorée fut de ses subjects et de tous aultres qui la cognoissoient, aultant que le fut oncques Princesse*).

61 Eine ausführliche Schilderung der Umstände von Marias Tod und Begräbnis findet sich im ›Ehrenwerk‹ des Hauses Österreich (1555), das Hans Jakob Fugger durch den Augsburger Ratsdiener Clemens Jäger herstellen ließ; gedruckt liegt sie in einer Bearbeitung durch Sigmund von Birken vor: *Spiegel der Ehren des Höchstlöblichsten Kayser- und Königlichen Erzhauses Oesterreich [...] durch Johann Jacob Fugger [...] Aus dem Original neu-üblicher umgesetzet [...] vnd in Sechs Bücher eingetheilet Durch Sigmund von Birken*, Nürnberg 1668, S. 914 f. (vgl. Abb. II).

Die Chronisten berichten von Maximilians großem, lange anhaltendem Schmerz durchwegs,[62] und auch in Maximilians Selbstäußerungen, sogar solchen politischer Art, drückt sich eine zunächst scheinbar kaum überwindbare Trauer aus.[63] Im ›Weißkunig‹ heißt es, *der Jung kunig trueg groß laid, um seinen gemahl, Dann Sy heten an ain annder gar lieb gehabt, davon viel zuschreiben were*[64]; und weit verbreitet war im 16. Jahrhundert die Anekdote, daß Johannes Trithemius die Verstorbene vor dem Kaiser in solch realer Präsenz (bis in den verborgensten Leberfleck hinein) hätte erscheinen lassen, daß Maximilian die neuerliche Trennung kaum verwand und dem Sponsheimer Abt gebot, »solche Possen künftig zu unterlassen«.[65] Um 1490 ließ Maximilian durch den Brüsseler Bildhauer Jan Borman ein Grabdenkmal zum Gedächtnis von Maria für die Kirche Notre Dame in Brügge entwerfen, das 1502 fertiggestellt wurde (Vergoldung durch Pierre de Beckere).[66] Es zeigt, wie auch das Gedächtnismonument für Isabella, die Verstorbene nach dem Typus des ›gisant-priant‹ mit offenen Augen auf dem Rücken liegend, die Hände betend gefaltet – eine Nichtlebend-Lebende, eine »Erwählte, die im Frieden und in der Ruhe (*requies*) die Verwandlung des Jüngsten Tages, die Auferstehung« erwartet,[67] die zugleich mit den sich an den Seiten ausdehnenden Ästen eines genealogischen Baumes Abschluß und Erfüllung ihres Geschlechtes verkörpert (vgl. Abb. II).[68] Auch ein für Maximi-

---

62 Nur ein Beispiel unter vielen: Haraeus, *Annales* (Anm. 57, nach der dort zitierten Stelle), spricht von dem *dolor incredibilis Maximiliani* und fährt fort: *In ipso enim juventae flore ac vigore constituti, invicem tenerrime adamabant; adeo ut Maximilianus per omnem vitam cum de ea mentionem inferret, aut fieri audiret, a lacrymis aut suspirio abstinere non potuerit* (wörtl. Übereinstimmung mit dem deutschen Text bei Fugger/Birken, *Spiegel der Ehren* [Anm. 61]).
63 Den Generalständen erklärte Maximilian in der ersten auf Marias Tod folgenden Sitzung am 28. April 1482, *qu'il n'avoit jamais eu de jour ne de nuyt une heure plaisir ne repos ès pays de par dechà, sinon quant il se povoit trouver d'emprès elle car c'estoit la chose qu'il désiroit le plus au monde que d'estre en sa compagnie, la veoir et complaire* (Protokoll von Jeannet de La Ruyelle; vgl. *Bulletin de la Commission Royale d'Histoire*, 3ᵉ série, 1 [1860], S. 315; Cazaux [Anm. 53], S. 306); auch in offiziellen Briefen erwähnt Maximilian Maria als *ma très-redoubtée damoiselle* [...], *nostre très-redoubtée dame et princesse madame la duchesse Marie, à laquèle Dieu soit miséricors* (Brief vom 16. Jan. 1483 an den Dauphin, in: *Lettres inédites de Maximilien, duc d'Autriche* [...] *sur les affaires des Pays-bas. Première partie 1478–1488*, hrsg. [Louis Prosper] Gachard, Brüssel 1851, S. 31 f.).
64 *Kaiser Maximilians I. Weisskunig*, hrsg. H[einrich] Th[eodor] Musper [u.a.], Stuttgart 1956, Bd. II, S. 406, Nr. 83.
65 [Ignaz] Silbernagel, *Johannes Trithemius. Eine Monographie*, Landshut 1868, S. 129 f., mit Quellenangaben.
66 Bartier (Anm. 22), S. 266 und Abb.; andere Ansicht bei van Ussel (Anm. 53), Abb. VIII.
67 Philippe Ariès, *Geschichte des Todes* [frz. 1978], dtv wissenschaft 4407, München 1982, S. 310.
68 Im Bewußtsein der Zeit blieb Maximilian auch nach der Heirat mit Bianca Maria Sforza (1493) mit seiner ersten Gemahlin verbunden, zumal aus der zweiten Ehe keine Kinder hervorgingen; man vgl. das Ölgemälde Bernhard Strigels in der Gemäldegalerie Wien (Maximilian und seine Familie; Abb. u.a. in: Ed[uard] Heyck, *Kaiser Maximilian I.*, Bielefeld u. Leipzig 1898, nach S. 74).

Abb. II: Grab Marias von Burgund (Kupferstich)
(Spiegel der Ehren des Höchstlöblichsten Kayser- und Königlichen Erzhauses Oesterreich [...]
durch Johann Jacob Fugger [...]
Aus dem Original neu-üblicher umgesetzet [...]
vnd in Sechs Bücher eingetheilet Durch Sigmund von Birken, Nürnberg 1668,
nach dem Exemplar der Bayerischen Staatsbibliothek, München).

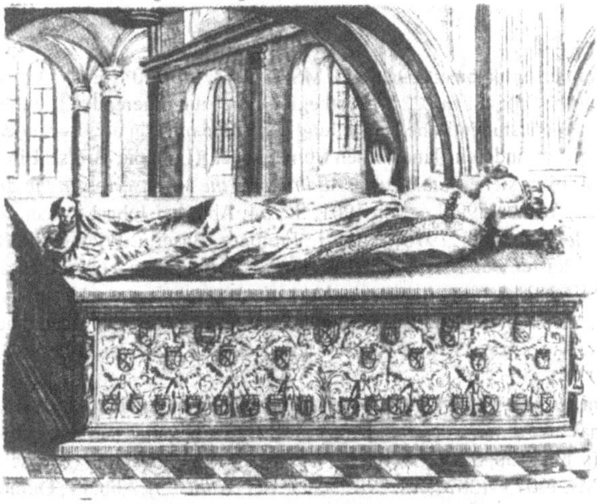

lian und Maria gedachtes kleinformatiges Stundenbuch (10,3 x 7 cm) hielt das Gedenken an die geliebte Tote fest. Die Einleitung zum Totenofficium setzt eine Szene der sog. ›Legende von den drei Lebenden und drei Toten‹ ins Bild, die auch ansonsten in diesem Zusammenhang häufig begegnet.[69] Hier überfallen die drei schwarzen, von flatternden Leichentüchern umgebenen Kadaver eine Jagdgesellschaft, eine Gruppe von drei Reitern, wobei die Attacken nicht den beiden verzweifelt gestikulierenden Höflingen gelten, sondern ausschließlich der zentralen Person in der Bildmitte, die ihr Gesicht dem Betrachter zugewandt hat und die mit Maria von Burgund identifiziert werden darf.[70] Das Blatt könnte dem in seinem Hauptteil vielleicht schon fertigen Stundenbuch nach Marias Tod hinzugefügt worden sein.[71]

Stärker noch als im Falle Isabellas und Karls war also für die Zeitgenossen die Trauer um Maria mit der Liebe zwischen den Eheleuten verknüpft. Fast keiner der Chronisten vergaß es auch, darauf hinzuweisen, daß Maria zum Zeitpunkt ihres Todes vielleicht wiederum (d.h. zum vierten Mal) schwanger gewesen sei. Und schon früh setzte eine Ausgestaltung der Umstände von Marias Sterben ein, die in der Form, die sie in einer flandrischen Chronikkompilation (den sog. ›Wonderlijcken Oorloghen‹) erhielt, selbst geschichtsbildend

---

69 Berlin, Kupferstichkabinett (Dahlem), MS 78 B 12, fol. 220ᵛ (u.a. van Ussel [Anm. 53], S. XI und Abb. V); auf fol. 221ʳ (Textbeginn) ein triumphierender Tod mit langem Pfeil und Sarg. Eine fast identische Darstellung der Szene mit den drei Lebenden und den drei Toten in einem anderen flandrischen Stundenbuch (London, British Library, Add. ms. 35313, fol. 158ᵛ; siehe *Catalogue of Additions to the Manuscripts in the British Museum in the Years 1894–1899*, London 1901, S. 254; Abb. bei John Harthan, *Stundenbücher und ihre Besitzer* [engl. 1976], 3. Aufl., Freiburg, Basel u. Wien 1989, S. 30). Zu den mit dem Meister der Maria von Burgund in Verbindung gebrachten Handschriften G[erard] I[saac] Lieftinck, *Boekverluchters uit de omgeving van Maria van Bourgondie, c. 1475 – c. 1485*, Verhandelingen van de Koninklijke Vlaamse Academie voor Wetenschappen, Letteren en Schone Kunsten van België, Klasse der Letteren 31/66, Brüssel 1969.

70 Die (wohl kaum je bestrittene) Identität geht aus dem Vergleich mit anderen Darstellungen Marias als Reiterin deutlich hervor, z. B. im ›Chevalier délibéré‹ von Olivier de la Marche (s. hier Abb. S. IV) oder in der *Chronijck van Vlaenderen* (Brüssel, Bibliothèque Royale, Ms. 13073–13074, fol. 278ᵛ; van Ussel [Anm. 53], Abb. IV; Dumont [Anm. 53], Abb. nach S. 192); ebenfalls reitend auf der Jagd ist Maria abgebildet auf einem Siegel (Brügge, Archives de la Ville, chartes politiques, n° 1154; Bartier [Anm. 22], S. 269 u. Abb.).

71 Die vieldiskutierte Annahme, daß es sich bei der Szene nicht um eine Veranschaulichung, sondern um eine Vorausahnung des Reitunfalls handeln könnte (Bartier [Anm. 22], S. 269; Harthan [Anm. 69], S. 30), gründet vor allem auf der Wahrscheinlichkeit, daß gemäß den Allianzwappen Maximilians und Marias (erst von fol. 158ʳ an) und der Darstellung der betenden Maria noch auf fol. 355ʳ das Stundenbuch vor März 1482 im wesentlichen abgeschlossen gewesen sein dürfte (zusammenfassend: Lieftinck [Anm. 69], S. 126–147, hier: S. 142 f., und der Ausstellungskatalog: *Zimelien. Abendländische Handschriften des Mittelalters aus den Sammlungen der Stiftung Preußischer Kulturbesitz*, Wiesbaden o.J. [1975], S. 227 f. [Nr. 154 mit Abb.]); sie müßte sich erübrigen, wenn die Vermutung bei Eberhard Freiherr Schenk zu Schweinberg (»Das Gebetbuch für Graf Engelbert II. von Nassau und seine Mutter«, *Nassauische Annalen* 86, 1975, S. 139–157, hier: S. 151) richtig ist, daß ein Blatt hinzugefügt wurde.

wirkte.[72] Diese *schone ende lustlijcke coronijcke* (S. 1) stammt in ihrem vor März 1482 oder sogar vor Januar 1480 verfaßten Hauptteil von einem flandrischen Zeitgenossen, der die meisten Ereignisse wohl aus der Nähe miterlebte und sie mit großer Anschaulichkeit und in lebhaftem Lokalkolorit aus eindeutig pro-burgundischer, anti-französischer Perspektive wiedergab.[73] Der Text wurde einige Jahre später vor allem um die Ereignisse von Marias Tod ergänzt und gelangte um 1531, angereichert mit Holzschnitten, die meist aus anderen Geschichtswerken (auch dem ›Theuerdank‹) stammten, bei Willem Vorsterman in Antwerpen zum Druck.[74] Auch die Fortsetzung (Marias Tod: ›Oorloghen‹, S. 150–159) stützte sich wohl auf älteres Material; ihre Angaben stimmen fast ausnahmslos mit denen der anderen Chroniken überein, sind aber oft wesentlich detaillierter: Hier wird nicht nur vom Transport der Verletzten in ein benachbartes Haus berichtet (S. 150), sondern auch später von der Herrichtung der Toten für die öffentliche Zurschaustellung (S. 158).

Der Unfall Marias – auf der Reiherbeiz – ist hier wie in der ›Cronijcke van Vlaenderen‹ durch einen Graben verursacht, der das Pferd stürzen läßt: *Het peert miste tvoets, ende het vielers over bol, Vrou Marie vielder onder, ende tpeert lach op haer lijf, so dat si al gheborsten was van tvallen van den peerde* (S. 150).

---

72 *Dit sijn die wonderlijcke oorloghen van den doorluchtighen hoochgheboren prince, keyser Maximiliaen. Hoe hij eerst int landt quam. Ende hoe hij vrou Marien troude*, hrsg. W[ybe] Jappe Alberts, Groningen u. Djakarta 1957; französische Übersetzung: *Chroniques des faits et gestes admirables de Maximilien Ier durant son mariage avec Marie de Bourgogne*, übers. Octave Delepierre, Brüssel 1839; ebenfalls nach dieser Quelle überwiegend Carl Vossen, *Maria von Burgund. Des Hauses Habsburg Kronjuwel*, Stuttgart 1982, S. 149–154.
73 Jappe Alberts (Anm. 72), S. IV; zur Parteinahme der Chronik: Beatrijs van Vlaenderen, »Verhalende bronnen en mentaliteitsgeschiedenis. Het voorbeeld van een anonieme, ongedateerde kroniek over de jaren 1477–1482: ›Die wonderlijcke oorloghen van Keyser Maximiliaen‹«, *Handelingen der maatschappij voor geschiedenis en oudheidkunde te Gent* NF 38 (1984), S. 35–68.
74 Vorsterman druckte 1531 auch *Die excellente Coronijcke van Vlaenderen*; zusammenfassend zur Datierung van Vlaenderen (Anm. 73), S. 40–45. Sicher ist demnach, daß die Chronik zu Lebzeiten Marias begonnen wurde (*Oorloghen* [Anm. 72], S. 37: *Maer tverderven des lants dat vrou Marie eerst toebehoorde ende noch toebehoort van rechts wegen*). Einen Wandel der Einstellung gegenüber Maximilian glaubt van Vlaenderen (S. 44) für das Jahr 1480 wahrzunehmen. Ob damit aber alles Folgende, wie sie annimmt (S. 45), frühestens 1519 (Tod Maximilians) entstanden sein kann, scheint mir ungewiß. Die Einleitung kündigt eine Chronik der Jahre 1477–1482 (*Oorloghen* [Anm. 72], S. 1) an, vom Tod Maximilians ist weder hier noch in der Schlußbemerkung explizit die Rede, entsprechende Wendungen, die ihn voraussetzen könnten, mögen bei der Redaktion für den Druck von 1531 hinzugefügt sein (so wie als weiterer Zusatz für den Druck Antwerpen: Jan Van Ghelen 1577, ein kurzer Bericht vom Tode Maximilians eingeschoben ist). Auf einen gewissen Abstand zum Geschehen deutet neben vereinzelten Irrtümern (erwähnt wird S. 151 unter den von Maximilian zum Sterbebett Gerufenen auch der am 7. Okt. 1481 ermordete Jan van Daysele [Jean de Dadizeele]) z. B. der Hinweis auf das mittlerweile ausgeführte Grabmonument für Maria (S. 158: *die tombe, dye doen maer ghemets en was, maer si is nu anders*), was einen terminus post quem 1496–1502 ergibt (wobei auch hier ein späterer Zusatz aus einer gleichwohl noch lebendigen Erinnerung heraus nicht auszuschließen ist).

Maximilian wird schnell herbeigerufen und ist untröstlich über die Verletzung der geliebten Frau. Die folgenden Ereignisse bietet der Autor in geschickter, die Spannung steigernder Parallelmontage zwischen der flandrischen und der französischen Seite. Zweimal unterbricht er die Schilderung der dramatischen Situation in Brügge, indem er Philippe von Crevecuer und Ludwig XI. einblendet, die versuchen, den Moment der Schwäche des Gegners für ihre Interessen auszunutzen. Das Sterben Marias selbst ist als Trennungsdrama des jungen Ehepaares entwickelt. Maria, die schwierige politische Situation nach ihrem Ableben voraussehend, hat die Ritter des Ordens vom Goldenen Vlies zu sich bestellt und verpflichtet sie mehrfach auf absolute Treue gegenüber Maximilian und den gemeinsamen Kindern. Maximilian wiederum ordnet Bittprozessionen an und folgt selbst barhäuptig dem Heiligtum. Versuche, den Erzherzog abzulenken, indem man ihn zum Spazierengehen zwingt oder ihm Neuigkeiten anderer Art übermittelt, schlagen fehl, immer wieder bricht die Verzweiflung durch, so daß Maria ihn schließlich bittet, den Raum zu verlassen.[75] Unter der Versicherung, daß man ihn bei jeder kleinsten Veränderung ihres Befindens rufen werde, zieht sich Maximilian schließlich klagend zurück, fast von Sinnen in seinem Schmerz (S. 153: *van rouwe en wiste hoe ghelaten so was hi ontstelt. Hi wranc sijn handen, hi track sijn haer*). Ein an dieser Stelle in die ›Wonderlijcken Oorloghen‹ inserierter Holzschnitt zeigt ihn dementsprechend in klassischer Trauerhaltung ein wenig abseits vom Sterbebett, an dem ein Geistlicher Maria die letzte Kommunion reicht (Abb. III).[76] Die Sterbeszene in der Chronik selbst folgt dem bekannten Modell der ars bene moriendi, das auch beim Tode Isabellas von Bourbon greifbar war. Der Bischof von Tournai führt Maria wesentliche Stationen der Heilsgeschichte und des Leidens Christi vor Augen, die Sterbende nimmt Abschied von Gemahl, Schwiegervater und Kindern, von Anwesenden, Vertrauten und auch von ihren Herrschaftsgebieten, sie bereut ihre Verfehlungen, bittet um Unterstützung gegen das Böse und gibt ihren Geist auf. Kleinere Zusätze konkretisieren und individualisieren diese Grundsituation: So stellt der Autor Marias bis zum Ende ungebrochenes politisches Verantwortungsbewußtsein heraus,[77] erwähnt jene kurzzeitigen Zeichen einer Besserung ihres Zustands, die doch nur eine letzte Mobilisierung ihrer Kraft vor dem Tod darstellen (S. 151), konstatiert die langsame Veränderung der Gesichtszüge (*haer ghesichte begonste te brekene*; S. 154) und ebenso Marias kurzen Anflug von Unwillen darüber, daß sie schon jetzt (mit 25 Jahren) aus der Welt scheiden müsse,[78] dramaturgisch eindrucksvoll läßt er sie schließlich, als ihre Stimme schon verstummt scheint, noch einmal die Augen öffnen und mit

---

75 *Oorloghen* (Anm. 72), S. 151–153.
76 Der Holzschnitt auch in der *Excellenten coronijcke van Vlaenderen* (Anm. 74), fol. 223ᵛ.
77 Es spiegelt sich auch in dem drei Tage vor dem Tod abgefaßten Testament (zum Vergleich: Marias Widersacher Ludwig XI. starb knapp eineinhalb Jahre später, obgleich er mehrmals schon dem Tode nahe war, ohne Testament; Paravicini [Anm. 2], S. 79 u. passim).
78 *Oorloghen* (Anm. 72), S. 153: ›*mer hadt sijn hooghe godheyt belieft ic hadde liever respijt ghehadt, maer ick ghevoel wel dat niet sijn en mach*‹.

Abb. III: *Tod Marias von Burgund (Holzschnitt):*
›Wonderlijcke Oorloghen‹, *Antwerpen: Willem Vorsteman [um 1531]*
(nach Dit sijn die wonderlijcke oorloghen van den doorluchtighen hoochgheboren prince, keyser Maximiliaen. Hoe hij eerst int landt quam. Ende hoe hij vrou Marien troude, hrsg. W[ybe] Jappe Alberts, Groningen u. Djakarta 1957, S. 152, Nr. 62).

einer letzten Wendung zu Gott und zur Gottesmutter einen perfekt christlichen Sterbemoment finden:

> O vroom campioen staet mi doch by, want mijn ooghen breken, mijn aderen schueren ic en can verroeren een let, die pijne der doot comt mi omvanghen, ic en can niet meer ghespreken, o heere ontfermt mijns, ende ontfaet mijn siele in uwen handen (S. 155).

Der Schluß der Chronik stellt Maximilian ganz in den Mittelpunkt. Ihm, der in den letzten Momenten Marias nicht in ihrem Zimmer war, ist zunächst die Todesnachricht zu überbringen, sodann Trost zu spenden in seiner abgrundtiefen

Verzweiflung.[79] Mehrmals wird er zur Ergebung gerufen, wird er an die Sterblichkeit alles Lebenden und zugleich an seine Vorbildfunktion erinnert.[80] Die Argumente, aus den Totenklagen um Isabella bekannt, tun zwar ihre vordergründige Wirkung, durchschlagend sind sie jedoch nicht[81] – beim abschließenden Leichenschmaus nach dem Begräbniszug bleibt Maximilian der Bissen im Halse stecken, *so groot was hem den druck in sijn herte, datter vele af soude te segghen sijn* (S. 158). Dem Autor/Kompilator der Chronik, der die Erinnerung an Maria verewigen wollte, ging es mehr um die Emotion als um den Trost, den für alle Beteiligten und Zeitgenossen bezeugten Schmerz steigerte er bei Maximilian ins Extreme und bis zur Grenze der Sentimentalität. Die offensichtliche Schwäche des späteren Kaisers konnte einerseits als Beispiel für die Größe des Verlusts gelten, andererseits, kritisch gelesen, auch im Hinblick auf politische Unfähigkeit verstanden werden.[82]

Marias Tod war somit mehr als der übliche öffentliche Tod mittelalterlicher Regenten. Im Schnittfeld von individuellem Geschick und politischer Unsicherheit situiert, bot er sich an als Projektions- und Identifikationspunkt privater wie öffentlicher Emotionen, wurde er zum Paradigma für den Einbruch des Diskontinuierlichen in die historische Kontinuität[83] und zum Element kollekti-

---

79 Ebd., S. 155: ›*O vermaledyde doot wat is u daet dat ghi my ghenomen so schonen ionghen vrouwe, die liefste die weertste die noyt mijn ooghen saghen. O Marie lief mijn hope mijn trouwe, waer is nu dye vrientschap bleven van ons beeden. O Philips sone, o Margriete dochtere sidy nu moederloos eylacen iae ghi. Och wie sal nu mijn troost sijn, comt doot ende wilt my ooc tleven nemen, so werde ic begraven by haren persoone, want noyt edel mans herte en hadde sulc verdriet als ick nu hebbe*‹.
80 Ebd., S. 155 (Herr von Ravenstein): ›*O prince ghenadighe here sijt doch verduldich, het moet al ghestorven sijn, tsy voor oft na, want dye doot en gheeft nyemant respijt, ure, wijle, tijt noch spacie, ende met aldus te mislatene en condijse niet weder hebben*‹; (Gruppe der Adligen): ›*O edel hertoge Maximiliaen syt doch patientich, want den wille Gods moet altijt vore gaen, teghens hem en is gheen steken, dat weet ghy selve wel. God en heefste u op dese werelt nyet langher toe gheschict, dus moet ghijt verduldichlijcken verdraghen*‹; S. 158 (Margarete von York): ›*O edel hertoge stelt u doch te vreden. Hebt druck by maten ende wilt daer af wat cesseren, want ghi beswaertse alle die by u hier int hof sijn. Sy is vore wi moeten nae, wi en weten ure noch tijt*.‹
81 Ebd., S. 155: ›*Ic kenne ghi heeren, dat also is ende dat sijnen wille gaen moet boven den mijnen, ende dat ic teghen hem steken wilde hi is my te machtich om wederstaen. Maer haer doot gaet mi also nae dat icse nemmermeer vergheten en sal so langhe als ic leve*‹; – S. 158: ›*lievere haddick ghescheyden van vadere ende moedere dan van haren persoone. Noyt deerlijker scheeden en was dan mi dit is, al waren si my alle af ghestorven die mi ten thiensten lede bestaen ten soude mi niet so vele aen hebben als dit nu doet, hed scheeden van haer gaet my veel nadere*.‹
82 Vgl. ebd., S. 155 (Herr von Ravenstein): ›*u selven moechdy verderven, u kinderen ende ooc alle u landen, want wisten die Fransoysen van deser saken, oft dat die coninc verneemt oft Philips can Crevecuer, si sullen dincken dat wi alle sonder moet sijn, ende souden wedercomen tlant verstoreren*‹; – S. 159: *Nae vrou Mariens doot ghinc den hertoghe Maximiliaen veel overe, dwelc niet al verhaelt en dient van tghene dat hem daer nae ghebeurde. Daer om eest beter ghesweghen tot dat tijt ende pas gheeft, dat ment vermanen mach*.
83 Vgl. die wohl noch nicht von Jäger stammenden Verse in Fugger/Birken, *Spiegel der Ehren* (Anm. 61), S. 914: *Da der Belgen schöne Venus jaget nach/ dem Flügel Wild:/ wird sie vom flugschnellen Tode selbst erjaget im Gefild* (Abb. II).

ver Erinnerung. Die Affekte, die sich mit ihm verbanden, prädestinierten ihn als Thema poetischer Verdichtung noch Jahrzehnte nach dem Ereignis.[84] Welch unterschiedliche Wege die verschiedenen Ausgestaltungen nahmen, wird deutlich an zwei anonymen flämischen Liedern.[85] Der in das 1544 gedruckte ›Antwerpener Liederbuch‹ aufgenommene Text (7 Strophen à 7 Versen; ababccb) bleibt relativ nahe an den in den Chroniken berichteten Ereignissen und folgt in seinem Ablauf weitgehend dem aus der ›Canchon‹ auf den Tod Isabellas bekannten Muster. Die Eingangsstrophe stellt kurz die Situation des Todesfalls vor, die restlichen Strophen gehören Maria selbst, die der Reihe nach von ihrem Mann, ihren Getreuen und ihren Kindern Abschied nimmt. Die letzte Strophe, nochmals an den *lieue[n] man* gerichtet, führt bereits an das Verstummen der Sterbenden heran: *Jck ben so moede ick en mach niet meere/ die doot beroert mi alle mijn lede.* Das andere Lied (4 Strophen à 4 Verse plus vierzeiliger Refrain; ab[a]b-cdcd) stellt demgegenüber eine wohl spätere Neukonfigurierung der Ereignisse dar, die das erste Lied als Ausgangspunkt benutzt:[86] Die ersten vier Zeilen stimmen fast wörtlich mit diesem überein, nur ist an die Stelle von Brügge als Sterbeort Antwerpen getreten, was mit lokalem Identifikationsinteresse zusammenhängen dürfte. Zwischen den situativ rahmenden Strophen sind auch hier zwei Strophen eingebettet, die Maria selbst sprechen lassen: Sie fleht die Gottesmutter um Beistand an für ihren Mann, der als im französischen Feindesland weilend gedacht ist, und nimmt Abschied ausschließlich von den Eltern (die tatsächlich bereits tot waren) und Geschwistern (die die historische Maria von Burgund nicht hatte): Das »grossartige Drama« am Sterbebett, das man aus anderer Überlieferung kennt, »ist zur rührenden Familienszene geworden«[87]. Die Ereignisse sind auf wenige eingängige Elemente reduziert und, begleitet von dem klagenden Refrain *Ou wy, ou wy, solaes*, in die Sanglichkeit überführt.

Während hier also ein Sterbelied vorliegt, das in Form und Inhalt über den höfischen Zirkel hinaus eine größere Allgemeinheit angesprochen haben dürfte, zielen die ›höfischen‹ Totenklagen auf einen mit literarischen Traditionen mehr oder weniger vertrauten Kreis. Olivier de la Marche, seit 1477 grand maître d'hôtel am burgundischen Hof, seit 1481 kommissarischer Vertreter Erzherzog Maximilians in der Ständeversammlung von Hennegau, gehörte zum engeren

---

84 Eine der zahlreichen Spiegelungen im Kontext einer ›Rhetorik der Trauer‹ findet sich z.B. in Jean Lemaire de Belges, *Les Epîtres de l'Amant Vert*, hrsg. Jean Frappier, TLF 19, Lille u. Genf 1948, Nr. II, V. 159–162: *Et ce hobin malheureux et mauldit/ Est le dolent, par lequel on perdit/ Jadis, helas! trop tost ta noble mere,/ Dame Marie, amyë non amere.*
85 Im Anhang, Nr. 2; *Antwerpener Liederbuch vom Jahre 1544*, hrsg. [August Heinrich] Hoffmann von Fallersleben, Horae belgicae 11, Hannover 1855, S. 191 f.; Johannes Koepp, *Untersuchungen über das Antwerpener Liederbuch vom Jahre 1544*, Antwerpen 1929, S. 157–159.
86 Im Anhang, Nr. 3; Cheltenham, Bibl. Phillipica, Cod. Phill. 6781, fol. 26[r/v] (Handschrift nach 1525); Robert Priebsch, *Deutsche Handschriften in England*, Erlangen 1896, Bd. I, S. 231 f.
87 Priebsch (Anm. 86), S. 232.

Kreis um Maximilian und Maria.[88] In zwei Texten hat er die Erinnerung an die Verstorbene bewahrt.[89] Der über den französischen Raum hinaus erfolgreiche ›Chevalier délibéré‹ (abgeschlossen im April 1483) gedenkt nicht nur Marias, sondern auch der beiden anderen Toten, in deren Dienst La Marche stand, Philipps des Guten und Karls des Kühnen. Im Rahmen einer allegorischen Reise, die den unaufhaltsamen Weg ins Alter abbildet (u. a. in Holzschnitten, die nach La Marches präzisen Anweisungen geschnitten sind; Abb. IV), erlebt der Autor mit, wie Accident die *noble dame* Maria, die gekommen ist, den Tod ihres Vaters zu rächen, mit einem *get de fieures* niederstreckt (fol. e iij^r; S. 53). Der Autor, der selbst daraufhin gegen Accident oder Debile antreten will, wird vom Kampfrichter Atropos zurückgepfiffen. Von Fresche Memoire wieder auf seinen Weg zurückgebracht, bleibt ihm nur die Einsicht in die allgemeine Vergänglichkeit und in die Notwendigkeit, dem eigenen Tod gefaßt und bußfertig zu begegnen. Die Schlußstrophe schreibt dabei in einer für die rhétoriqueurs charakteristischen Weise das Ich des Autors in die poetische Textur selbst ein. Der eigene Name, identifiziert mit dem durchlaufenen gedanklichen Weg, macht den Autor selbst zur Figur des Prozesses, der bei Gott seinen Zielpunkt findet, zum Paradigma des Jedermannes, als der sich der beherzte/räsonnierende Ritter (chevalier délibéré) nun ausweist.[90]

In seiner ›Complainte‹ (392 Verse in achtzeiligen Strophen; zwei Handschriften) wiederum hebt Olivier de la Marche wie Amé de Montgesoie, dem er überhaupt in manchem verpflichtet scheint, seine Augenzeugenschaft hervor und läßt in der ersten Hälfte des Textes Klagevariationen freien Lauf, die fast alle aus der Tradition bekannten Motive aufnehmen.[91] Der Tod Marias wird begriffen als eines der *grans merveilles de ce monde* (V. 1), als Ungeheuerlichkeit, die den Autor in tiefste Verzweiflung stürzt. Auch hier ist es wieder der Tod, *decevant ennemye* (V. 102), der aus Bosheit, aus diabolischem Antrieb (*pour le monde troubler*; V. 6), das vollkommenste Wesen raubt, das Gott oder die Natur je hervorbrachten (*Que Dieu fit oncques ne Nature*; V. 8). Die folgenden 18 Strophen

---

88 Henri Stein, *Olivier de la Marche, historien, poète, et diplomate bourguignon*, Brüssel u. Paris 1888; ders., *Nouveaux documents sur Olivier de la Marche et sa famille*, Mémoires de l'Académie Royale de Belgique, Classe des Lettres 2, 9, 1, Brüssel 1922. Unter den im Testament genannten Zeugen erscheint La Marche allerdings nicht.
89 In den *Mémoires d'Olivier de la Marche* (Anm. 16), Bd. III, S. 316, findet sich nur eine knappe Notiz.
90 *Le Chevalier délibéré by Olivier de la Marche. The Illustrations of the edition of Schiedam reproduced, with a preface [...] and a reprint of the text*, hrsg. F. Lippmann, Illustrated monographs 5, London 1898, S. 65: *En la marche de ma pensee/ Et ou pays dauise toy/ Est ceste queste commencee/ Dieu doint quelle soit acheuee/ Au prouffit de tous et de moy/ Ce liure iay nomme de soy/ Pour estre de tiltre par/ Le cheualier delibere.*
91 Olivier de la Marche, *Complainte sur la mort de madame Marie de Bourgogne*, in: *Recueil de chansons, poèmes et pièces en vers français relatifs aux Pays-bas*, hrsg. Société des Bibliophiles de Belgique, Société des Bibliophiles de Belgique 12, Brüssel 1878, Bd. III, S. 25–38; V. 12 f.: *J'ay veu devant mes yeulx morir/ Du grant monde le parement*; V. 63 f.: *Sa fin a monstré, je le viz,/ Que l'ame soit en paradis*; V. 261: *Morir devant moy*. Bezüglich der Nähe zwischen den Texten von Olivier und Amé vgl. man u. a. die Gegenüberstellung von Opposita (Olivier, V. 169–173; Amé, V. 121–130).

Abb. IV: *Allegorie auf den Tod Marias von Burgund* (Holzschnitt):
Olivier de la Marche, ›Le chevalier délibéré‹ [Gouda: Gottfried van Os, um 1486]
(nach *Le Chevalier délibéré by Olivier de la Marche. The Illustrations of the edition
of Schiedam reproduced, with a preface [...] and a reprint of the text,* hrsg. F. Lippmann,
Illustrated monographs 5, London 1898, S. 52).

wenden sich an die Mitglieder der Familie, an die verschiedenen ›Nationalitäten‹, an alle nur denkbaren sozialen Schichten und Berufe, wobei auch hier die Klage über den Verlust zugleich als laudatio der Verstorbenen fungiert. Erst als La Marche mit seiner Liste am Rande der Gesellschaft angekommen ist (*Chasseurs voleurs, gens de desduyt*; V. 161), lenkt er wieder zum eigenen fast körperlich empfundenen Schmerz zurück:

> Je devins vain & failly poux
> Et si très foible en tous endroiz,
> Qu'il me sambloit qu'on m'eust escoux
> Et froissié de terribles coups,
> Sans avoir puissance ne voix;
> Ainsi me trouvay celle fois
> En une langueur non pareille
> Et cheuz en une dorme-veille.
> Là me sembloit que j'entendoye
> Deux de mes amis rihoter,
> Ces deux oncques veu je n'avoye
> Et touteffoiz je les sentoye
> Et si ne les peulx regarder;
> L'un fut mon œil qui volt plorer,
> Et l'autre fut, pour au voir dire,
> L'âme qui ne vouloit que rire.
> (V. 193–208)

Wie bei Michault soll also die emotionale Krise des Ichs in einem allegorischen Szenario anschaulich und zugleich gelöst werden. Traten dort La Mort und Vertu auf, so sind es nun L'œil und L'âme: das Auge, das nicht glauben will, was es sieht, die Seele, die das Gesehene auf einen höheren Sinn hin transparent macht und tröstet. Indem er nicht mehr Abstrakta, sondern ›Existentialia‹ diskutieren läßt, ersetzt La Marche das problematische Verhältnis von Hören und Begreifen durch dasjenige von Sehen und Begreifen. Er nimmt Michaults Dialogform auf, problematisiert aber deren Konfliktlösung. Der Riß zwischen Wahrnehmung und Einsicht zieht sich nun durch das reflektierende Ich selbst, wobei die Gesprächspartner in ihrem Auseinandertreten gleichzeitig die erst in der leib-seelischen Einheit realisierbare Identität des Subjekts deutlich machen: Die Seele ermöglicht – nach traditioneller Erkenntnistheorie – die Wahrnehmung und verarbeitet zugleich das Wahrgenommene.[92] Dementsprechend hält La Marche auch den Realitätscharakter des *en une dorme-veille* empfundenen Streitgesprächs, das die ganze zweite Hälfte des Textes einnimmt, in der Schwebe (*me sembloit*; V. 195 u. 201), umgeht, darauf insistierend, die beiden Kontrahenten selbst nicht gesehen, sondern nur gehört zu haben, die oft problematische, trügerische Visualität allegorischer Szenarien.

Der Dialog beginnt traditionell: Die Klage des Auges (*O âme sans bonté*; V.214) wird – nach dem gängigen Modell der mittelalterlichen altercatio – von der Seele

---

92 David Lindberg, *Auge und Licht im Mittelalter. Die Entwicklung der Optik von Alkindi bis Kepler* [am. 1976], Frankfurt/M. 1987.

mit der Aufforderung gekontert, den Sachverhalt klar darzulegen. Die im weiteren von der (natürlich überlegen auftretenden) Seele gebotenen Argumente sind auch hier entscheidend gespeist vom Gedanken des Ruhms und himmlischer Seligkeit. Wo das Auge vor allem die Leiden der Sterbenden wahrnimmt, sieht die Seele in der Art und Weise, wie Maria den neunstündigen Todeskampf (V. 266) ertrug, den Beweis für ein gutes Ende: *Je riz quant m'en a souvenu, / Car le signe de la mort telle / Monstre qu'elle a bonne querelle* (V. 270–272). Die Schilderung des Sterbemoments, die das Auge selbst gibt, liegt dann schon fast auf der von der Seele vorgezeichneten Linie.[93] Doch das Ende des Gesprächs lenkt in neue Bahnen. Auf die Klage über die Unersetzbarkeit der Verstorbenen für ihre Umgebung, ihre Kinder, ihr Land, ihre Untertanen, reagiert die Seele zunächst in geläufiger Weise mit dem Prinzip des göttlichen Weltlaufs. Doch läßt sie sich schließlich, indem sie den *noble père* (Maximilian) erwähnt, der die Verantwortung für den noch minderjährigen Erben Philipp übernehmen werde, doch noch auf die Diskussionsebene des Kontrahenten ein. Dessen Zweifel angesichts der Kontinuität der Herrschaft lösen sich in ihrer Schlußrede nicht restlos in traditionellem Gottvertrauen auf: *Soyons loyaux sans varier; / Le filz & le pere honnorer / Devons tous d'une égale marche, / Autre conseil ne scet La Marche* (V. 381–384).

Der dem Trost gewidmete Dialog mündet damit in einen politischen Appell zur Loyalität gegenüber dem minderjährigen Thronfolger Philipp und dem zum Vormund bestimmten Maximilian, die beide als *filz* und *pere* nicht ganz zufällig ohne Namen, aber im Anklang an die Personen der göttlichen Trinität genannt sind.[94] Maria hatte, dem Testament und den Chronikberichten zufolge, eben diese Loyalität ihren Vertrauten und den Rittern des Ordens vom Goldenen Vlies ans Herz gelegt. Daß der Autor hier in der Rede der Seele, in der Rolle des rational Argumentierenden, die Aussagen mit seiner Signatur versieht, unterstreicht deren Bedeutung. Es zeigt zugleich, daß der konsolatorische Prozeß, der im Streitgespräch zwischen Auge und Seele zum Ausdruck kam, nicht aus sich selbst heraus zu einer Lösung gelangt, sondern nur die Voraussetzung schafft, zu den Erfordernissen des Tages, den Problemen von Gegenwart und Zukunft zurückzukehren. So verlieren die von La Marche im Laufe der Klage und des Dialogs verwendeten Trostargumente zwar nicht ihre Geltung, aber ihre Wirkungskraft: Für den Autor, der sich *Tant a souffert La Marche* als Devise erkor,[95] ist das Erwachen nach dem Verschwinden der Figuren nicht wie bei Michault ein befreites. Die Verstimmung dauert zunächst fort, und erst das Schreiben selbst – auch dies ein geläufiger Topos – erscheint als Rettungsanker, als therapeutisches Mittel (*Si ne me peulz oncques tenir, / Continuant mon deplaisir, / D'escripre*

---

93 Olivier de la Marche, Complainte (Anm. 91), V. 289–293: *Quand je luy viz prendre la croiz / Entre ses deux bras & porter / Et baisier des fois plus de trois, / Clorre les yeulx, ouvrir les dois, / Et la chandeille habandonner /* […]
94 Vgl. Molinet, *L'arbre de Bourgogne sus la mort du duc Charles, Faictz et dictz* (Anm. 97), Bd. I, S. 232–250, hier: S. 249: *Le filz, le pere et le grand pere / Sont ainsy que la trinité* (7, 33 f.).
95 Vgl. Huizinga (Anm. 1), S. 40; die Devise auch auf der Schlußseite des *Chevalier délibéré* (Anm. 90).

ceste fantaisie; V. 387–389). Wenn in den Schlußworten der sich an die Leser wendende Autor (*l'acteur*) das zum Lesen ›freigibt‹, das zu vernehmen er anfangs Zuhörer herbeigerufen hatte, wird der Ablauf der Klage zugleich durchsichtig für deren Verschriftlichung, wobei diese wiederum, wie La Marche hervorhebt, von den Spuren der Trauer gezeichnet ist.[96] Der Text fungiert hier als Abbild, materielle Verkörperung und Wiederholung der Emotion.

Die gleiche Richtung, aber einen anderen Weg schlägt die Totenklage von Jean Molinet ein (496 Verse in achtzeiligen Strophen; drei Handschriften).[97] Molinet, der burgundische Hofchronist, gehörte ebenfalls nicht zu den Außenstehenden und von dem Todesfall nur am Rande Betroffenen. Doch nimmt er, anders als La Marche, nicht seine Anwesenheit zum Ausgangspunkt des Textes, sondern zeigt sich eingangs – nach einem antikisierenden Prolog, der die den Frühling bringenden Winde und die die Klage unterstützenden Flüsse der Unterwelt kontrastiert – auf dem Weg nach Brügge (verschlüsselt genannt: *Son nom estoit bruiant, gent et non ville*; V. 28; direkte Nennung der Stadt erst in der Druckausgabe von 1531). Das erste Drittel der ›Complainte‹ beschreibt die Herbergssuche und läßt dabei die erwähnten *hostels* sukzessive transparent werden für eine imaginäre Folge hochgestellter Persönlichkeiten der Zeit, unter ihnen tatsächliche oder erwünschte Gönner Molinets.[98] Die Reihe gipfelt im *Escut de Bourgogne* (geführt von Philipp und seinem Sohn, Karl) und im *Ostel d'Austrisse* (geführt von einem jungen vorbildhaften Paar = Maria und Maximilian). Die doppelte, räumliche wie biographische Bewegung, ist damit an ihrem Zielpunkt angekommen, muß aber zugleich, da eben dieser Zielpunkt sich aufgelöst hat, eine neue Bestimmung finden. Dame Noblesse nimmt an dieser Stelle als Sprecherin für die weiteren die Totenbahre umstehenden Tugenden (*hostellains*) das Wort und artikuliert in klingenden Wort- und Reimspielen, sprachgewaltig, aber inhaltlich, mit ihrer Anrede der verschiedenen Personen, der Nationalitäten und Stände eher traditionell, die eigentliche Totenklage, die auch hier in heilsgeschichtlicher Perspektive schließt: *Prions pour elle en temple et en chapelle,/ Que Dieu l'appelle en gloire pardurable:/ N'est riens de ferme au monde peu durable* (V. 390–392).

An diesem Punkt, an dem alles gesagt scheint, wechselt Molinet plötzlich das Register. Eine klare weibliche Stimme ist zu vernehmen, die lateinisch spricht und offenbar aus dem Nirgendwo kommt: *Cur tantas, proceres, lacrimas effundere nostis!/ Parcite nunc oculis, vos miseri, miseris;/ Quisquis me cernit fatorum turbine versam,/ Casum pro certo noscat habere parem* (V. 401–404). Nur Maximilian (*l'hoste*) versteht, nur er weiß, daß die Worte von der Verstor-

---

96 Olivier de la Marche, Complainte (Anm. 91), V. 9–11: *Vueillez à mon pappier courir,/ Vous tous de sain entendement,/ Venez mes complainctes oyr*; V. 390–392: *Se aucun a de la lire envye,/ Si excuse ma defaillance:/ Où est grant dueil, là fault science*.
97 *Complainte sur la mort madame d'Ostrisse*, Les faictz et dictz de Jean Molinet, hrsg. Noël Dupire, SATF 80, Paris 1937, Bd. I, S. 162–180, u. Paris 1939, Bd. III, S. 954–961 (Erläuterung); zum Text kurz Martineau-Génieys (Anm. 9), S. 357–361.
98 Zur historischen Authentitizität der Angaben Noël Dupire, *Jean Molinet. La vie – les œuvres*, Paris 1933, S. 9–12.

benen selbst kommen, nur er kann antworten. Es entspinnt sich ein Dialog zwischen der *vox ducissa* und dem *dux*, der alles Leid, das eigene, das der Kinder und das des Volkes, zur Sprache bringt. Die körperlose Stimme tröstet – mit praktischen Ratschlägen (Maximilian solle seinen Kindern *pater* und *mater* gleichermaßen sein; V. 419 f.), aber auch mit jenen Argumenten, die in den Totenklagen geläufig sind: *Nostra salus in eo est qui vult salvare redemptos:/ In genitis hominum nulla beata salus* (V. 433 f.). Die Reden verfehlen schließlich ihre Wirkung auf Maximilian nicht, und als die Stimme verstummt, ist die Verzweiflung immerhin gemildert, der Schmerz besänftigt: *de son coeur desbuissonna/ Plus grand doeul qu'on ne sçaroit dire:/ Beau parler apaise grant ire* (V. 454–456).

So wie Michault Tod und Tugend, La Marche Auge und Seele miteinander streiten ließ, so sucht auch Molinet den Dialog, der den Trost ermöglicht. Doch der Dialog setzt nun keine Personifikationen in Szene, sondern den ›Geist‹ der Verstorbenen selbst. Momenthaft schafft er eine die Grenzen des Normalen überschreitende Präsenz, belebt er das bereits verstummte Du wieder, ermöglicht er denjenigen eine letzte Begegnung, an deren Beziehung die Größe des Schmerzes und das Gewicht der Trennung auch ansonsten immer wieder bemessen wurden (*A cœur vaillant il n'est riens impossible*; V. 400). Die Szene ist zugleich öffentlich und von höchster Privatheit: Die bei der Toten Wachenden vernehmen zwar die Stimme und begreifen das Wunderbare der Erscheinung, doch die Inhalte der Konversation, die noch einmal das Wesen eines gemeinsamen Glücks beschwört, bleiben ihnen vorenthalten, bleiben in der absoluten Intimität. Der individuelle Trost, in den die augenblickshafte Zweisamkeit mündet, bildet damit bei Molinet Ergänzung und Erfüllung der zuvor von Dame Noblesse ausgebreiteten Trostgründe. Er basiert auf der intensiven und zugleich eingeschränkten Gegenwärtigkeit des Dialoges, wohingegen die später mit Trithemius in Verbindung gebrachte Anekdote, die ebenfalls die Verstorbene wieder erscheinen läßt, eine greifbar-ungreifbare Körperlichkeit abbilden wird, die den Schmerz in der einseitig visuellen, quasi voyeuristischen Begegnung steigert, ohne ihn in einer wie auch immer punktuellen Gemeinsamkeit zu lindern.

Nach dem Ende des Dialogs erneuert der Autor die schon von Noblesse artikulierte Bitte um das Seelenheil der Verstorbenen, verspinnt dabei aber auf subtile Weise den Namen Marias in ein Netz von (Teil-)Homophonien und figurae etymologicae, das schon bei einer einige Jahre älteren laudatio auf die Herzogin von Burgund begegnet:[99]

---

99 *Le chappellet des dames*, in: *Faictz et dictz* (Anm. 97), Bd. I, S. 100–126, hier: S. 126: *En disant Ave Maria,/ D'une voulenté non marrie,/ A celle qui bon mary a,/ Imaige a la vierge Marie,/ Mon bel chappellet se marie;/ Tres noble et bonne Marie ay je,/ N'y a jusques en Samarie/ De fleurs aussy beau mariage* (13,1–8); vgl. auch *Complainte* (Anm. 97), V. 230–232 (Rede von Noblesse): [der Tod] *Par son brassin, son bransle et son bras fin/ A mis a fin la ducesse Marie:/ N'est marie que mort ne desmarie*; eine mit dem Namen Maria im Akrostichon spielende *Oroison a Maria* in: *Faictz et dictz* (Anm. 97), Bd. II, S. 455 f.

> Puisqu'il fault que mort desmarie
> Marie qui bon mary a,
> Prions a la Vierge Marie
> Que a son enfant la remarie
> Qui oncques ne se maria;
> Se disons Ave Maria
> Pour la belle Marionnette:
> Dieu sera bon mary honneste.
> (V. 465–472)

Der scheinbar spielerische Bezug zwischen Marie/Maria, der Gottesmutter und dem Komplex bräutlicher Verbindung zielt teilweise offensichtlich, teilweise assoziativ auf eine Glorifizierung oder gar Sanctifizierung der Verstorbenen. Die Bindung Marias an Maximilian soll in eine Bindung höherer Art überführt werden. Maria als Braut Christi wird zu einer figura Mariae erhoben, wird mit der Aura der Gottesmutter umgeben: Das von der (poetischen) Gemeinschaft zu sprechende Ave Maria kann sich auf die verstorbene Fürstin als Objekt und Subjekt der Hilfe gleichermaßen beziehen. Abbild der Gottesmutter (*belle Marionnette*), wird diese zur auch religiös vorbildhaften Gestalt für die Gemeinschaft. Der radikale Nominalismus Molinets gilt nicht nur dem Seelenheil der Verstorbenen, sondern schreibt Maria (über die Gottesmutter Maria) in ein Heilssystem ein, dessen Funktion letztendlich auch auf den überlebenden Ehemann, den ebenfalls homophonen *mary* ausgerichtet ist.

Molinet geht somit über die traditionelle laudatio und commendatio hinaus, indem er die Verstorbene in ihrer Heilswirkung weiterleben läßt und zugleich die poetische Sprache als Spannungsfeld von Klang- und Schriftform in die Nähe des religiösen Rituals bringt. Er betreibt nicht nur die in der ›Complainte‹ generell übliche schrittweise ›Selbstaufhebung‹ der Klage, sondern entwirft ein ›Jenseits‹ des Schmerzes, in dem dieser als eine Art des Erfahrungsgewinns den Lebenden zugutekommt. Spätere Texte werden hier noch expliziter werden. Die von Molinets Schüler Jean Lemaire de Belges verfaßte Klage auf den Tod Philipps des Schönen (1505) ist in ihrem Hauptteil Huldigung der Lebenden, nämlich der Witwe Margarete von Österreich, der Tochter von Maria und Maximilian.[100] Der Tod des Fürsten erscheint als Komplott zwischen Atropos/Mort und Infortune; Der Anschlag gelingt, doch die angestrebte Reaktionskette Tod-Verzweiflung bleibt aufs Ganze gesehen aus, Margarete überwindet mit Hilfe der beiden Töchter Vertus, Prudence und Fortitude, die schwere Trauer und findet ihre Fassung wieder – eine Form der Bewältigung des Todes, die Infortune schließlich selbst zur Verzweiflung und

---

100 *La Couronne Margaritique, Œuvres de Jean Lemaire de Belges*, hrsg. [August] J[ean] Stecher, Löwen 1891, Bd. IV, S. 10–167; Text auch in Ernst Münch, *Margarethe von Österreich, Oberstatthalterin der Niederlande. Biographie und Nachlass. 1. Theil*, Leipzig und Stuttgart 1833, S. 141–272; zum Text Pierre Jodogne, *Jean Lemaire de Belges, écrivain franco-bourguignon*, Brüssel 1972, bes. S. 216–219; Ulrike Bergweiler, *Die Allegorie im Werk von Jean Lemaire de Belges*, Kölner romanistische Arbeiten NF 47, Genf 1976, S. 166–185; Martineau-Géniéys (Anm. 9), S. 396–413.

in die Hölle treibt.[101] Der Tod, dramatisch inszeniert, bleibt hier ein ästhetischer, einer, der ein glanzvolles Diesseits abschneidet, aber nicht negiert (der Leichnam bleibt auch im Tode schön). Er wird zur Möglichkeit, den Primat des Irdischen von dessen Gegenpol her umso deutlicher herauszustellen – wie der Mond nach einer Verfinsterung in umso hellerem Licht erstrahlt.[102] Er repräsentiert – in seiner nicht nur zeichenhaften Präsenz – das ganz Andere, eine Figur scheinbar mythischer, letztendlich aber doch artifizieller Dimension, die ihre ›Wildheit‹ nur im Hinblick auf eine schließliche ›Zähmung‹ entwickeln kann.[103] Damit wird aber auch hinter den komplexen Bewegungen der Oberfläche, hinter den allegorischen oder konkreten Verlaufsformen von Klage, Trauer und Trost eine nicht weniger komplexe Dialektik von Furcht und Hoffnung angesichts des Todes sichtbar. Denn der Versuch, Tod in gesteigertes Leben zu überführen, setzt seinerseits eine neue Fremdheitserfahrung voraus, die sich mit dem Modell der christlichen ›Intermediatisierung‹ der (vom ›morsus‹ abgeleiteten) mors nicht mehr bescheidet.[104]

IV.

Deutlich sollte bis hierher geworden sein, daß die literarische Eigentümlichkeit der behandelten Totenklagen im Spannungsfeld von Typus und Ereignis sich einer primär mentalitätsgeschichtlich-seriellen Perspektive ebenso widersetzt wie einer ereignisgeschichtlich-individuellen. Die Texte, die um den Tod Isabellas von Bourbon oder Marias von Burgund kreisen, haben zwar nicht zuletzt pragmatischen Charakter. Erwachsen aus konkreten Situationen, suchen sie den Moment der individuellen und gemeinschaftlichen Selbstvergewisserung poetisch zu fassen, den Augenblick der Unsicherheit zu fixieren wie zu überwinden. Sie beziehen sich auf einen Tod, dessen ›Inszeniertheit‹ im Rahmen

---

101 *Couronne margaritique* (Anm. 100), S. 44: [Infortune] *se plongea dedans la riuiere prochaine et parfonde, dont il feit bouillonner et troubler les cleres vndes. Et de là print son chemin aux enfers, sa compaigne Atropos estant desia partie dillec, pour alles chercher mesauenture.*

102 Ebd., S. 43: [Margarete] *chassa promptement la plus grande partie des tenebres qui tenoient son coeur triste et nebuleux; puis esclarcit sa face, au mieux quelle peut et luy donna serenité [...] et petit a petit se monstra telle aux regardans comme fait la Lune celeste, laquelle après auoir souffert une tenebreuse eclipsation de tout son corps, repare entremy les nues errans, sa beauté specieuse, et rassemble ses rays argentins pour en enrichir la nuict taciturne.*

103 Ebd., S. 26 f.: Infortune verwandelt sich in eine alte Frau (*la simple et bonne femme de village*), die den Weg von Philipp kreuzt und ihm kaltes Quellwasser zu trinken anbietet, Atropos bringt ihm dann, auf ein Zeichen von Infortune hin, mit seinem türkischen Bogen die entscheidende Verwundung bei.

104 Diese bedürfte selbst eingehender Überlegung. Eine Auseinandersetzung mit Ariès' (Anm. 67) vereinfachtem Modell des Übergangs vom ›gezähmten‹ zum ›verwilderten‹ Tod wird in verschiedenen Beiträgen des Sammelbandes von Borst (Anm. 2) geführt.

höfischer Wirklichkeitsgestaltung – nach allem, was man aus historischen Zeugnissen weiß – kaum zweifelhaft ist, und finden nicht zufällig einen besonderen Entfaltungsraum in jener burgundisch-niederländischen Hofkultur, die eine Ritualisierung des Alltags betrieb, bei der Spiel, soziale Inszenierung und höfische Etikette ineinandergreifen. Doch geht es ihnen nicht nur darum, die lebensweltlichen Rituale abzubilden, die, nach Öffentlichkeitsformen komplex unterschieden, zur Herstellung von memoria in der Organisation des Sterbens, des Begräbnisses und der Trauer wirksam wurden. Sie visieren vielmehr einen spezifischen Prozeß an, in dem sich Rituale mittels der Sprache konstituieren und dank ihr zugleich der reinen Instrumentalisierung für Gemeinschaftshandeln entziehen. Gemeinsam ist den Texten der ›rhétoriqueurs‹ die Suche nach der Authentizität eines Ereignisses oder der es spiegelnden Emotionen, das Ausloten des Spannungsfeldes zwischen der Norm des Faktischen und dem Freiraum der Imagination, letztlich das Streben nach der literarischen Erzeugung von Präsenz. Universale Modelle des Trostes und der Bewältigung werden dabei in jeweils neuer Variation in unterschiedlichen Kontexten erprobt – mit dem Ergebnis einer Radikalisierung literarischer Immanenz, die die Spannung zwischen Präsenz und Absenz des Autors (beim Ereignis), womöglich in einem Gestus der Überbietung, zur Diskussion um die Imaginationskraft und den Wirklichkeitseffekt der poetischen Schrift nutzt.[105]

Die Inszenierung des Sterbens – die bei Amé und Michault in der Einblendung der letzten Momente Isabellas greifbar war – tritt bei La Marche wie bei Molinet zurück und mit ihr auch das Modell der ars bene moriendi. Nicht mehr der Tod wird inszeniert, sondern der Prozeß von Klage und Trost, der Spielraum zwischen Auskosten und Aufheben der Trauer. Mit der zunehmend konkreteren Subjektivität der Texte geht die Reflexion von deren Bedingungen einher. Die Klagen gewinnen an ›Fragilität‹, indem die ihnen eigene Notwendigkeit, zur Lebensrealität zurückzulenken, bewußt wird, zugleich an ›Autonomie‹, indem der poetische Prozeß im konsolatorischen mit aufscheint. Die Aufhebung der Klage, damit auch des Textanlasses, wird zum Spannungsmoment der Textentfaltung; zugleich sind Trost und Huldigung an die Zeichenhaftigkeit der Sprache zurückgebunden. Das war in Molinets ›Complainte‹ schon an den figurae etymologicae zu beobachten, die sich um den Namen Maria ranken und die zu einer Aufladung des literarischen Textes mit Theologoumena führen, welche im Extremfall die Umwertung/Entladung heilsgeschichtlicher Kerninhalte zur Folge haben kann. Erprobt wird damit, gerade angesichts der – im toten Körper manifesten – Eindeutigkeit einer Situation, die Freisetzung poetischer Sprache aus eindeutigen Relationen von Signifikanten und Signifikaten, die sich eben dort als Setzung gibt, wo sie scheinbar nur Abbildung zu sein hat. So bildet beispielsweise das lautliche und graphische Spiel der Worte in der Rede von Noblesse

---

105 Der Überbietungscharakter dürfte bei Michaults *Complainte*, die wohl diejenige Amés voraussetzt, evident sein; generell zur Autoreferentialität der Texte der rhétoriqueurs vgl. die in Anm. 10 genannten Arbeiten und auch Cynthia J. Brown, »The rise of literary consciousness in late medieval France: Jean Lemaire de Belges and the Rhétoriqueur tradition«, *Journal of Medieval and Renaissance Studies* 13 (1983), S. 51–74.

einerseits ab, wie diejenigen, die der Tod gleichmachen wird, auch in der Sprache nur mehr minimale Unterscheidungsmerkmale aufweisen;[106] und es entwickelt andererseits eine Eigendynamik (V. 361–376 zu den *povres gens*), die in rasende Bewegung, in gesteigertes Leben versetzt, was inhaltlich in Erstarrung, in der Formalität des Klagegestus verharrt. Die letzten drei Strophen führen dann das Spiel um die Mehrdeutigkeit des Wortes / Namens auf poetologischer Ebene weiter (V. 481–496). In einer Geste des Understatements vergleicht Molinet das eigene dichterische Werk mit einem etwas schnell und nicht ganz sauber betriebenen Mahlvorgang und schließt mit der aus anderen Texten bekannten Pointe der ›homonymischen Signatur‹: *Chascun n'a pas son molin net* (V. 496).[107] Das im Namen konzentrierte metaphorische Feld ist transparent für das literarische Verfahren selbst, setzt den Vorgang des Worfelns und Mahlens zeichenhaft für die Umsetzung historischer Gegebenheiten in literarische Form und sichert zum anderen, daß eben diese Umsetzung nicht als Verwandlung von Lebendem in Totes (oder von Totem in Totes anderer Art) erscheint, sondern als Basis für ›Nahrung‹, der literarische Text als substantielles Element der Lebenswelt. Mit der mirakulösen ›Realpräsenz‹, die bei Molinet die einfache Allegorisierung oder Dialogisierung des emotionalen Konfliktes ablöst, korrespondiert eine ›Realpräsenz‹ des Textes – Versuch, memoria als sprachlich-literarische sowohl zu verinnerlichen als auch zu verewigen, Geste der schreibenden, lebensweltlichen Vergegenwärtigung, die Jean Lemaire auf den Punkt gebracht hat: *ilz veulent que tu vive/ Inmortel homme, et que ton nom s'escripve/ En lettres d'or: en quoy faisant en prive/ Envie et Mort de leur sort inhumain*.[108]

Das Verhältnis von Ereignis und Literarisierung, von Tod und Text ist hier nicht mehr primär auf der Ebene der (wie auch immer verschobenen) Abbildung zu suchen. Die Totenklagen eines Michault oder Molinet suchen keine Repräsentation von Geschehenem, sondern – in der narrativen Prozessualität – die Möglichkeit der Erfahrungsbildung gerade an jener emotional besetzten Grenze, die die Gemeinschaft zur Neubestimmung nach dem Verlust ihres Zentrums zwingt. Der Tod ist damit nicht nur Ereignis, sondern auch experimentelle ›Figur‹, Prüfstein für die Bedingungen der Existenz, für den Umgang mit dem Diskontinuierlichen, das in neue Kontinuität zu überführen ist. Die Totenklagen

---

106 Molinet, *Complainte* (Anm. 97), V. 225–229: *La fiere mort qui les humains amasse,/ Thomas et Masse et Massette et Massin/ Et rend tous mas ceux qu'elle coutumasse/ A mis en masse ung fruict dont mieux j'amasse/ Que je tumasse, en musant d'ung cousin*; zur Stelle auch Martineau-Génieys (Anm. 9), S. 358 f., die von den Worten als »acteurs en mouvement« spricht.
107 Vgl. zu verschiedenen Typen von Namens-, Wort- und Buchstabenspielen Jean R. Scheidegger, »La lettre du nom. L'anthroponymie de Jean Molinet«, *Le Moyen Français* 8/9 (1981), S. 198–235, der für die vorliegende Stelle vor allem das ›nomadenhafte‹ Dasein betont, das der Name, »dispersé, mutilé, châtré de sa majuscule«, führe – »dans le double mouvement de la dispersion du nom, qui marque la perte de l'identité et la quête de l'écriture à travers cette perte même« (S. 211 f.).
108 Jean Lemaire de Belges, *La plainte du désiré*, hrsg. D. Yabsley, Paris 1932, S. 88 f. (V. 418–421).

kreisen um die Relation von Präsenz und Absenz, um das Problem der Substitution, um die Lücke der Lebenswelt, die sie – als Texte – nicht schließen können. Sie verwenden metaphorische Diskurse in metonymischer Funktion und versuchen, jene Erfahrung abzubilden wie zu ermöglichen, die die Lücke in eine brüchige Totalität menschlicher Existenz integriert. Sie versuchen also, sich selbst dem Ritual anzuverwandeln, das sich in der Bewältigung der Lücke ausbildet, und in eben jener Anverwandlung nicht nur absentes Leben in der Erinnerung aufzuheben, sondern in einer Schrift, die Semantik im graphisch-phonetischen Wechselspiel verflüssigt und wieder verfestigt, ›neues Leben‹ herzustellen. Sie zielen – noch über jenes ›Enttöten‹ durch Erzählen/Sprechen hinaus, das den narrativ-instrumentellen Zyklus der zehn jungen Leute in Boccaccios ›Decameron‹ prägt und dort schließlich in eine neue, bewußtere und durch die therapeutische Funktion der Sprache geförderte Lebensbejahung mündet[109] – auf die Eigenmacht der Sprache angesichts einer Grenze, die erst durch dieses Insistieren zu einer solchen wird. Fluchtpunkt der ›Complaintes‹ (in ihrer subtilsten Form) ist in diesem Sinne der ebenso ersehnte wie unerreichbare Umschlag der Sprache in Geste, des Textes in den (verlorenen) Körper. Die bewußt eingesetzte Transparenz dieser ›unmöglichen‹ Sehnsucht – nach einer Überschreitung der Grenze von Literatur und Leben, nach einer Kompensation des Verlorenen über die Materialität des Papiers oder der Stimme hinaus – könnte als eine der Grundfiguren literarischer ›Modernität‹ begriffen werden.[110]

Anhang

1. *Canchon du trespas de Madame de Charolloix yssue de l'ostel de Bourbon, au jour de son trespas espeuse de monseigneur de Charolloix* (Paris, Bibliothèque Nationale, Ms. nouv. acq. fr. 1819, fol. 36r/v; gedr. in: *Chants historiques et populaires du temps de Charles VII et de Louis XI*, hrsg. [Adrien Jean Victor] Le Roux de Lincy, Paris 1857, S. 77–79.)

---

109 Vgl. Volker Klotz, »Erzählen als Enttöten. Vorläufige Notizen zu ›zyklischem‹, ›instrumentalem‹ und ›praktischem‹ Erzählen«, in: Eberhard Lämmert (Hrsg.), *Erzählforschung. Ein Symposion*, Germanistische Symposien-Berichtsbände 4, Stuttgart 1982, S. 319–334; Winfried Wehle, »Der Tod, das Leben und die Kunst. Boccaccios Decameron oder der Triumph der Sprache«, in: Borst (Anm. 2), S. 221–260.
110 Vgl. auch im Hinblick auf die Zirkulation sozialer Energie Stephen Greenblatt, *Verhandlungen mit Shakespeare. Innenansichten der englischen Renaissance* [am. 1988], Fischer Literaturwiss. 11001, Frankfurt/M. 1993, mit der Feststellung (S. 9), daß die Stimulationen der Literatur »in vollem Bewußtsein dessen unternommen [werden], daß das Leben, das sie darzustellen trachten, in ihnen nicht zugegen ist, sie also den Verlust des wirklichen Lebens, durch das sie allererst Macht erhielten, kunstvoll antizipieren und kompensieren müssen.« Außerdem Monika Schmitz-Emans, »Überleben im Text? Zu einem Grundmotiv literarischen Schreibens und einigen Formen seiner Reflexion im poetischen Medium«, *Colloquia Germanica* 26 (1993), S. 135–161.

I. Qui voeult oyr piteux recors
De madame de Charolloix
A qui Dieu soit misericors:
Prions pour elle à haulte voix
Pour la meilleur en tous endroix
Dont depuis cent ans fut parlé,
Qui naguaires paia les droix
De l'humaine mortalité.

II. Tous, Bourguignons et Brabenchons,
Flamens, Hennuyers et Piccars,
Et poeupple de toutes fachons,
Se complaignent de toutes pars;
Seigneurs, escuiers et saudars,
Chascun se demonstre esperdu
Et sont de doleur tous espars,
Car ilz ont larguement perdu.

III. C'est à droit s'on le pleure et plaint:
Car on ne poeult meilleure avoir,
Il est bien villain qui s'en faint
Pour promesse ne pour avoir.
Car tantost qu'elle poeult savoir
Aulcuns par discorde fourfais,
Sans chesser faisoit plain devoir
De traittier l'accord et la paix.

IV. L'eglise y a perdu foison,
Et aussy ont les povres gens,
Car en june, en oroison,
Faisoit aumosnes de tous sens.
Tout son volloir et tout son sens
Estoit à Dieu ardant que fu
Ie croy que puis des ans V cens,
Au pays meilleure ne fu.

V. Helas! Quant la dame perchut
Approchier l'eure à son trespas,
Le regretter où elle en chut
Fut sans mesure et sans compas
Pour son mary qui n'y fut pas,
Qu'elle avoit amé de coeur bon!
Et sy regrettoit pas a pas
Tout son lignage de Bourbon.

VI. Sa noble mere regrettoit,
Et ses freres chascun par soy;
A Ihesus les recommandoit
Et tout son lignage en arroy:
A Dieu, ma fille, avise toy
A servir Dieu devottement
Et de vivre en sy bon castoy
Qu'il t'en soit mieulx au finement.

2. *Van vrou Marie van Bourgoengien* (*Een schoon liedekens*, Antwerpen 1544, Nr. 126; gedr. in: *Antwerpener Liederbuch vom Jahre 1544*, hrsg. [August Heinrich] Hoffmann von Fallersleben, Horae belgicae 11, Hannover 1855, S. 191 f.)

I. O Felle fortuyne wat hebdy gewracht.
    Wat hebt ghi nv bedreuen
    Aen een lansvrou van grooter macht
    Te Brugghe liet si haer leuen
    Cranck auontuer schent menighen man
    Goods gracie wil haer bistaen nochtan
    God wil haer zijn rijcke gheuen.

II. Och edel prince Maximiliaen
    mijn man mijn edel heere
    Hier moet een scheyden zijn ghedaen
    mijn herte doet mi seere
    Ende mijnen natuere wort mi so cranck
    O god almachtich lof ende danck
    Van deser werelt ick mi nu keere.

III. Oorlof van Ghelre neue reyn
     Oorlof mijn heeren alte samen
     Eylaces het moet gescheyden zijn
     God behoede v allen van blamen
     Adieu Philips van Rauensteyn
     Adieu van Beueren neue reyn
     Ende Simpol hooch van namen.

IV. Oorlof mijn lieue nichte soet
    Van Ghelre hertoginne
    Oorlof mijn reyn Keyserlijck bloet
    Dien ic so seer beminne
    Tscheyden van v doet mi so wee
    Ghi en siet mi leuende nemmermeer
    Oorlof alle mijn ghesinne.

V. Adieu Margrite edel bloeme reyn
    Mijn lieffte dochter bidt voor mi
    Mijn herte is in grooten weyn
    Eylaes die doot is mi so bi
    Het moet doch eens ghestoruen zijn
    Adieu Philips lieue sone mijn
    Jck scheyde noch veel te vroech van dijn.

VI. Adieu mijn vrienden altemale
    Ghi hebt mi redelijc wel ghedient
    Nv bidde ick v met corter tale
    Weest doch mijn kinderkens vrient
    Ende mijnen man wilt doen bistant
    Ende zijt eendrachtich in v lant
    Jc hope het wert v noch wel versien.

VII. Oorlof lieue man mijn heere
God verleene v paeys ende vrede.
Jck ben so moede ick en mach niet meere.
Die doot beroert mi alle mijn lede
Adieu Brugghe schoon stede soet
God wil v nemen in zijn behoet
Daer toe elck lant ende stede.

3. *Dit lyedeken is van vrou Mari die keyser maxsimyan' wijf die daer sterf thantwerpen* (Cheltenham, Bibl. Phillippica, Cod. Phill. 6781, fol. 26$^{r/v}$; gedr. in: Robert Priebsch, *Deutsche Handschriften in England*, Erlangen 1896, Bd. I., S. 231 f.)

I. Och doot, doot, doet die niement en spaert,
Wat hebdy nu bedreuen
Aen een lantsvrou van also groter macht
Die thantwerpen liet haer leuen.
Ou wy, Ou wy, solaes,
End sy had also grote begheren
Al om te spreken al hoeren solaes,
Haer prins, haer man, haeren edel
lantsheeren.

II. Des ander dach vrij edel bloet,
Nu leyt hij in franssoeusse lande;
Nu bidic maria, die waerde moder gods,
Dat sy hem bescermt voer viants handen.
Ou wy, ou wy, solaes [...]

III. Och hadieu vader, hadieu moeder,
Ende ic moet varen in een ander lant,
Hadieu suster, hadieu broeder,
Die doot die is my also swaeren pant.
Hadieu, hadieu, solaes [...]

IV. Nu isser een lantsvrouwe doot,
Vergonge die jonghe prinssesse,
Got help haer siel in aberhams scoet
Ende bescerme al voer der hellen.
Ou wy, ou wy, solaes [...]

Drama and Exemplarity in the Narrative Text: Reader Responses to a Passage in the ›Roman de la Rose‹

Sylvia Huot

About two-thirds of the way through the ›Roman de la Rose‹, Genius, priest of Nature, comments on relations between men and women, illustrating his observations with a narrative vignette involving a bedroom dialogue between husband and wife. The passage incorporates a number of themes important in the ›Rose‹ – language, sexuality, marriage, the struggle for dominance between men and women – and the frequency with which medieval readers marked its lines with the designation ›nota‹ suggests that it was a passage much attended to. The attention given to this passage by medieval readers makes it a useful object of study for the modern critic as well. The rubrics and miniatures devised by scribes and illuminators, as well as the marginal annotations and drawings added by readers, afford insight into both the moral interpretation of the passage, and also, more generally, medieval habits of reading.[1] By analyzing this data one can distinguish different manners of reading, visualizing, and responding to a vivid text.

The passage (ed. Lecoy[2], v. 16293–676) appears in the context of the initial interactions between Nature and her priest Genius. During a temporary truce in the battle for the Rose, while the God of Love is occupied with bolstering his troops through the intervention of Venus, the narrative focus moves to the figure of Nature in her forge, lamenting the sins of humanity. Her priest Genius first consoles her, then hears her confession, a long discourse that touches on many topics other than Nature's woe over human sinfulness. At the end of her confession, Genius sends her back to her forge and flies off to deliver her message – essentially, an exhortation to procreation – to Love's troops, thereby giving their effort a fur-

---

1 My remarks about the manuscript tradition are based on my examination of over a hundred ›Rose‹ manuscripts, most dating from the late thirteenth through the early fifteenth centuries. The preliminary results of this work are presented in: Sylvia Huot, ›The Romance of the Rose‹ and Its Medieval Readers: Interpretation, Reception, Manuscript Transmission, Cambridge Studies in Medieval Literature 16, Cambridge 1993. For a general survey of ›Rose‹ manuscripts and their classification into families, see Ernest Langlois, Les manuscrits du ›Roman de la Rose‹: Description et classement, Lille and Paris 1910.
2 Guillaume de Lorris and Jean de Meun, Le Roman de la Rose, ed. Félix Lecoy, Classiques Français du Moyen Age, 3 vols., Paris 1973–75.

ther boost. It is in the course of his initial consolation of Nature that Genius alludes to the emotional outbursts typical of women and tells his tale of a wife who verbally and sexually manipulates her husband into divulging his secrets, then exploits this information to achieve dominance over him. The story is followed by some sententious comments concerning the dangers of female sexuality and of female power over men, and a reminder that while men need to guard their secrets, they should nonetheless continue to consort with women and to care for them. The passage is clearly embedded in Genius's address to Nature. He begins by chastising her for her uncontrolled emotional outburst:

> Dame, toutevois vos conseille
> que vos veilliez ce pleur lessier.
> (v. 16284 f.)
> ›Lady, nonetheless I advise you to leave off this lamentation.‹

From here Genius transitions to a series of reflections on the disorderly passions of women – already something of a leap, since Nature is an allegorical personification, not a human woman:

> Mes, san faille, il est voirs que fame
> legierement d'ire s'anflame.
> (v. 16293 f.)
> ›But, without doubt, it is true that woman's fury is easily kindled.‹

This general consideration of feminine vices leads to the more focused discourse on the dangers of confiding in one's wife, an error that allows the woman to gain the upper hand:

> Et quiconques dit a sa fame
> ses secrez, il an fet sa dame.
> (v. 16317 f.)
> ›And whoever tells his secrets to his wife, makes her his mistress.‹

It is this train of thought that leads, in turn, to the presentation of an exemplary dialogue between a husband who attempts to preserve his secrets and the wife who, through a combination of verbal arguments, tears, and sexual blandishments, breaks down his resistance. Further antifeminist diatribe follows the exemplary narrative, after which Genius abruptly concludes with an acknowledgment that his criticisms of the feminine character do not really apply to the goddess Nature:

> Si n'ai ge pas por vos ce dit,
> car vos avez san contredit
> tourjorz esté leaus et ferme.
> (v. 16671–73)
> ›But I didn't say that for you, for you have certainly always been loyal and stable.‹

At its beginning and end, therefore, the passage is unambiguously anchored in Genius's words to Nature. In between, however, the text drifts noticeably out of this framework. The narrative of the marital struggle for dominance, though seamlessly connected to Genius's chastisement of Nature's emotional outburst, shifts the textual focus away from Nature and her woes and into a very different arena. The break becomes complete with the sententious concluding section, made up entirely of moralizing comments directed very explicitly to men:

> Biau seigneurs, gardez vos de fames,
> se voz cors amez et voz ames.
> (v. 16547 f.)
> ›Fair lords, protect yourselves from women, if you love your bodies and your souls.‹

The ›vous‹ of this section is certainly no longer Nature; and the ›je‹ seems barely identifiable with Genius, whose role does not normally include either advice for marital harmony or misogynistic tirades.[3] The original diegetic framework re-emerges only at the very end, with Genius's comment on the irrelevance of the foregoing for Nature: once again the ›vous‹ is Nature, and the ›je‹ more obviously Genius. This acknowledgment of the text's meandering does have the effect of incorporating the entire passage, however oddly, into the dialogue between Nature and her priest.

It is no surprise that scribes devised various means of handling the twists and turns of the poem throughout this passage. The manuscripts are by no means unanimous in treating it as part of Genius's reply to Nature. It was frequently illustrated and rubricated in a way that marked it as a self-contained narrative exemplum. In particular, the moral commentary following the brief narrative is very often attributed not to Genius, but to the narrator, who is identified throughout the poem in most manuscripts by the rubric *a(u)cteur*.[4] As a result the passage is detached from its larger context and takes on a life of its own. In this respect it differs from the exempla narrated in the discourses of the poem's other characters. All of the major discourses include narratives of various kinds – allegorical, mythological, historical, personal – and many of these do feature characters who speak in their own voices, as well as passages of commentary reflecting on the lessons to be learned from the tale. All of these instances, however, remain explicitly contained within the diegetic structure of the narrative; there is no intrusion of the narrator's voice, nor any allusion to an extra-textual audience. Scribes accordingly attributed exempla and moralization alike to the figure in whose discourse they appeared. The rubric *a(u)cteur* was scrupulously reserved for the narrator, and used only in passages where his voice could be distinguished from that of the first-person protagonist. Its appearance in the midst of Genius's discourse is thus already a sign that the passage in question was read independently of its context.

---

[3] For background on Genius, see Jane Chance Nitzsche, *The Genius Figure in Antiquity and the Middle Ages*, New York 1975; Winthrop Wetherbee, *Platonism and Poetry: The Literary Influence of the School of Chartres*, Princeton 1972. Gui de Mori, who produced a significantly altered version of the ›Rose‹ ca. 1290, must have found the discussion of marital strife inappropriate to Genius, for he relocated the entire passage into the discourse of Ami and connected it to the tirade of the jealous Husband; see Huot (note 1), p. 103 f.

[4] The rubric *a(u)cteur* is used together with the rubric *amant* to distinguish the first-person narrator from the protagonist of the poem. For a discussion of these rubrics and their implications for medieval readings of the narrative voice of the ›Rose‹, see Sylvia Huot, *From Song to Book: The Poetics of Writing in Old French Lyric and Lyrical Narrative Poetry*, Ithaca/NY 1987, p. 90–95; and »›Ci parle l'aucteur‹: Rubrication of Voice and Authorship in ›Roman de la Rose‹ Manuscripts«, *SubStance* 17/2 (1988), p. 42–48.

Drama and Exemplarity in the Narrative Text   497

The treatment of Genius's exemplum in the thirteenth-century MS Vatican Library, Urb. Lat. 376[5] is typical of many manuscripts. A rubric at the beginning of the passage – the recommendation that Nature cease her lamenting – attributes what follows to Genius (fol. 98ᵛ, v. 16284). But the onset of the dialogue between husband and wife is marked as a new beginning through a miniature representing the couple in bed and a large ornamental initial at the first line of dialogue: *Sire, fet ele, quex noveles?* (›Sir, she said, what's new?‹, fol. 99ʳ, v. 16372) (fig. I). The rubric here – *La fame a son mari* (›The wife to her husband‹) – announces the husband and wife as characters in the little drama that follows, and subsequent rubrics chart their dialogue: *Le mari* (fol. 99ʳ, v. 16399) and *La fame* (fol. 99ᵛ, v. 16402). Following the dialogue, the narrative of the husband's indiscretion is attributed not to Genius but to the narrator – *L'aucteur* (fol. 100ʳ, v. 16547) – and the final antifeminist diatribe is rubricated *Ci ensengne l'aucteur que l'en se gart des fames* (›Here the author teaches that one should protect oneself from women‹, fol. 100ʳ; v. 16547). The illustration and initial mark the passage as a narrative unit, separated from the dialogue between Nature and Genius that serves as its immediate frame. The rubrics identifying the speech of husband and wife further articulate the passage as a narrative in its own right, and elevate these figures – mere stereotypes invoked by Genius to illustrate marital discord – into actual characters. And the rubric *aucteur* definitively isolates the set piece from its textual position within Genius's address to Nature, making it instead a device used by the narrator and addressed directly to the extra-textual audience of the poem.

One finds similar rubrics in a great many manuscripts; the miniature is less common, though certainly not unique.[6] MS Vat. Urb. Lat. 376 is one of the earliest surviving ›Rose‹ manuscripts, but its treatment of this particular passage reflects a practice that continued for the next two hundred years. In the fifteenth-century MS Paris, Bibl. Nat. fr. 12596 – to cite just one further example – the husband and wife are somewhat prudishly represented as fully clothed and standing

---

5   MS Vat. Urb. Lat. 376 is one of the earliest illuminated copies of the ›Rose‹. It has been published in facsimile edition with commentary: *Der Rosenroman des Berthaud d'Achy: Codex Urbinatus Latinus 376*, ed. Eberhard König, with an appendix by Gabriele Bartz, Codices e Vaticani Selecti 71, 2 vols., Zurich 1987.
6   A similar illustration appears in the Laurentian Library MS A. e D. 153 (fol. 196ᵛ). The rubrics in this manuscript represent something of a middle ground: the narrative immediately following the wife's monologue is attributed to the narrator, identified by this rubricator as *L'aucteur et amant* (fol. 198ʳ, v. 16507). Subsequent rubrics, however, attribute the antifeminist tirade to Genius. For a complete list of rubrics and miniatures in the manuscript, see Simonetta Mazzoni Peruzzi, *Il Codice Laurenziano Acquisti e Doni 153 del ›Roman de la Rose‹*, Florence 1986. Two other manuscripts that have the same miniature are Paris, Bibliothèque Ste-Geneviève MS 1126 (fol. 117ᵛ), and Oxford, Bodleian Library, Douce 332 (fol. 153ᵛ). Other manuscripts that attribute the closing tirade to the narrator, most of which also rubricate the speech of husband and wife, are too numerous to list here; examples include Bibl. Nat. MSS fr. 378, 1559, 1561, 1565, 1575 [indicated in margins], 9345, 12588, 12589, 12593; British Library MSS Add. 42133, Royal 19 B XIII, Royal 20 A XVII, Stowe 947. Examples of manuscripts in which the entire passage is attributed to Genius include Bibl. Nat. MSS fr. 1563, 1568, and 24390.

beside the bed, but the miniature and rubrics set off the narrative in the same manner that had by this time become a very common practice.[7] The importance of the moral commentary is stressed by a second miniature at v. 16547 (*Biau seigneurs, gardez vos de fames*, fol. 130ʳ) in which a clerical figure addresses an audience of three men (fig. II). The appearance of an author figure in the middle of a discourse spoken by one of the poem's characters is every bit as unusual as the use of the rubric *aucteur*. Normally, author portraits appear only at points where authorship is explicitly addressed in the text: the break between the work of Guillaume de Lorris and that of Jean de Meun, where a rubric generally announces the change in author (v. 4029); the explanation of the poem's dual authorship at the textual midpoint (v. 10496–10644); and Jean de Meun's Apology to the reader (v. 15105–15272).[8] The visual presence of the *aucteur* thus strikingly signals the detachment of the passage from Genius's consolation of Nature. The diegetic framework is completely obscured; the text is represented as a moral tirade delivered by a clerkly author figure directly to his male audience.

Obviously medieval readers were capable of seeing that this passage was constructed as part of Genius's first discourse. In one of her epistles contributing to the debate that she sparked over the ›Rose‹ Christine de Pizan cited this passage in the context of her interpretation of the character of Genius and his advice concerning marriage and sexuality.[9] Moreover, not all scribes chose to rubricate the tale of husband and wife as a separate narrative unit or to attribute its commentary to the narrator. There were those who treated the entire passage solely in terms of the interaction of Nature and Genius, with the only rubrics being those that identified the speech of Nature and Genius respectively, and the only miniatures – if any – representing Nature at her forge or in dialogue with her priest. The separation of the moral exemplum from its narrative and dialogic context is not due to a misreading, but rather to a different set of priorities. For such scribes, the passage in question was not important as a reflection of the character of Genius or for any relevance it might have to Nature's plight. After all, Genius himself admits that his words have been something of a digression. Instead, the passage is important in its own right: as a device for the author to impart moral teachings to his readers, as an edifying narrative, as an amusing drama.

I turn now to the responses of readers, illustrated through examples dating from the late fourteenth and early fifteenth centuries. The manuscript tradition

---

[7] The miniature, along with the rubric *Comment la femme parle a son mary* (›How the wife speaks to her husband‹), appears at v. 16372 (fol. 128ᵛ). The ensuing dialogue, narrative, and commentary are rubricated as follows: *Le mary* (fol. 129ʳ, v. 16399); *Sa femme* (fol. 129ʳ, v. 16402); *L'aucteur* (fol. 129ᵛ, v. 16511); *Comment l'en se doit garder des femmes* (fol. 130ʳ, v. 16547; accompanied by a miniature of the narrator addressing his audience).

[8] For discussion of authorship in the ›Rose‹ and author portraits in ›Rose‹ manuscripts, including the reproduction of several miniatures, see David F. Hult, *Self-fulfilling Prophecies: Readership and Authority in the First Roman de la Rose*, Cambridge 1986, p. 10–104.

[9] See her epistles *Reverence, honneur avec recommandacion* (p. 17) and *Pour ce que entendement humain* (p. 132), in: *Le débat sur le Roman de la Rose*, ed. Eric Hicks, Bibliothèque du XVᵉ Siècle 43, Paris 1977.

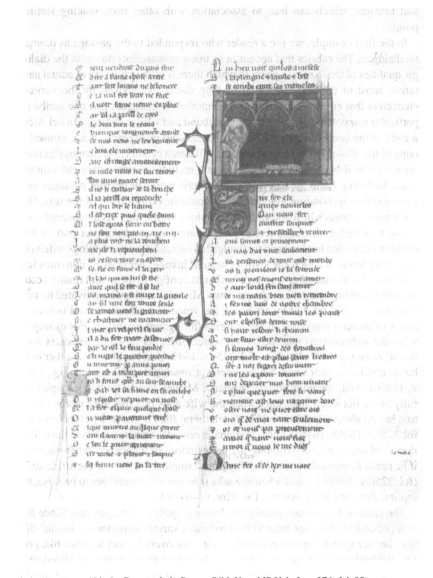

Abb. I: ›Roman de la Rose‹: Bibl. Vat., MS Urb. Lat. 376, fol. 99ʳ
(Foto: Biblioteca Apostolica Vaticana).

records the various ways that different medieval readers, scribes, and illuminators read and responded to this passage as dramatic dialogue and as a framework for moral instruction. Within the manuscript record, one can find evidence for different modes of response: appreciation of or participation in the verbal drama, visualization of key imagery, and identification of moral points and maxims, which can lead to association with other texts making similar points.

In the first example, we see a reader who responded to the passage as dramatic dialogue. The rubrics that appear in so many manuscripts do stress the dialogic qualities of the ›Rose‹, a poem in which there is little in the way of actual narrative, most of the text consisting of long discourses spoken by the various characters that engage the Lover or one another in dialogue. But one scribe in particular responded to the scenario of husband and wife as drama. Michel Alès, a clerk at the court of Cardinal Nicolas Brancaccio in Avignon, made himself a copy of the ›Rose‹ in the early years of the fifteenth century: the manuscript now preserved as Bibl. Nat. fr. 25525.[10] His text includes various marginal annotations, including Latin glosses to clarify archaic words or corrupt passages and Latin maxims responding to moral points made in various parts of the text. His response to Genius's husband and wife is unique both within his manuscript and, to my knowledge, throughout the ›Rose‹ manuscript tradition. As part of her efforts to convince her husband to divulge his secrets, the unscrupulous wife voices a long tirade in which she justifies herself, invokes her fidelity, reassures her husband, claims that other women's husbands confide in them, and finally accuses him of not honoring the marriage vows. Michel was clearly captivated by this tour de force and reacted by assuming the voice of the husband and writing a series of thirteen responses in the margins throughout her tirade. For example, when the wife protests that she has no secrets from her husband, he reacts with doubt: *Je ne soy* (›I don't know‹, fol. 325^r, v. 16431). At her claim that other husbands confide in their wives, he comments, *Comme folx* (›Like fools‹, fol. 325^v, v. 16456). And, speaking for the husband, Michel clearly finds his suspicions fully borne out a few lines later when the wife adds that the other women have told her all about what their husbands tell them: *Bien le croy* (›I well believe it‹, fol. 325^v, v. 16463–16468). Other marginalia provide scathing replies to the wife's rhetorical questions, undermining her protestations of innocence: when she asks if he needs further proof of her fidelity, for example, he replies in the affirmative (fol. 325r, v. 16449 f.), and when she asks if he has ever found her to be false, he replies: *Partout* (›Everywhere‹, fol. 326^r, v. 16479 f.).

The effect is to heighten greatly the dramatic quality of the passage. Since the wife, of course, does not react to the husband's various comments – Michel did not alter her speech, but merely replied to it – the overall effect is rather like getting the husband's interior monologue as he listens to his wife's vocalized monologue. Or more accurately, the marginal replies reflect the thoughts that should have occurred to the husband, if he was to defend himself successfully against this feminine attack. The comments are well designed to take apart the wife's self-justifications, revealing the flaws in her argument and showing the husband's realization that she does not have his interests at heart. Michel could have accomplished this through simple commentary. A fifteenth-century reader of MS

---

10 For detailed description of this manuscript and discussion of Michel's treatment of the poem, see Langlois (note 1), p. 63–71; Huot (note 1), p. 40–46.

Abb. II: ›Roman de la Rose‹: Paris, Bibl. Nat. fr. 12596, fol. 130ʳ
(Foto: Bibliothèque Nationale).

Bibl.Nat.fr.797, a fifteenth-century copy of an altered version of the ›Rose‹ done by the thirteenth-century cleric Gui de Mori, was similarly struck by the hypocrisy of the conniving wife and registered his judgment in a brief marginal comment: *Hé dieu quelle flaterie* (›God! what flattery‹, fol. 84ʳ, v. 16429). But Michel chose to conduct his ›reading‹ of the wife in the voice of the husband. He obviously read the passage with great emotional involvement, identifying with the male character. For him dialogue was the way of entering into the dynamics of the text. The wife's monologue is a display of rhetoric, an abuse of argumentation, and he used the techniques of rhetorical dispute – albeit in simple form – as a means of comically engaging and refuting her position.

The visual response to the passage is exemplified by another fifteenth-century reader who filled the margins of the ›Rose‹ with pen and ink drawings; his work is preserved in Bibl. Nat. fr. 12592. This particular manuscript does not use rubrics to map out the dialogue of husband and wife, nor does it attribute the moralization to the narrator; as a result the passage is not explicitly detached from its place in Genius's address to Nature, nor are its dramatic or narrative qualities particularly highlighted. It is, however, introduced by the heading *Documenta de natura mulierum* at the very beginning of the discussion of feminine irrationality (›Documentation of the nature of women‹, fol. 49r, v. 16293). What follows, then, is presented explicitly as a moral exemplum concerning the feminine nature. It is hardly surprising that the accompanying drawings focus on the dangers posed to men by female sexuality. The first, similar to the miniatures that appear in some manuscripts, shows the husband and wife in bed (fol. 49r; below v. 16406). The wife's position above her husband and her active, somewhat aggressive gesture stress the danger of female dominance through sexual control. The other drawings respond to the allegorical scenario invoked in the citation of Virgil's Third Eclogue.[11] The text expands at some length on the image of the serpent, introducing it with a paraphrase of the Virgilian warning:

anfanz qui cueilliez les floretes
et les freses fresches et netes,
ci gist li froiz sarpanz en l'erbe;
fuiez, anfant, car il anherbe
et anpoisone et anvenime
tout home qui de lui s'aprime.
      (v. 16559–64)

›Boys who gather flowers and fresh clean strawberries, here lies the cold serpent in the grass; flee, boys, for it poisons and infects any man who comes near.‹

This warning is visualized as a man cautioning three boys (fig. III); in the background are a tree and a serpent with a long barbed tongue (fol. 49v, lower margin). The motifs of tree and serpent together create a subliminal allusion to the locus of the Fall, where man first succumbed – with disastrous results – to feminine wiles. The dangers of this ›serpent‹ are even more graphically illustrated on the facing page, in the drawing of a naked man being devoured by a dragon (fol. 50r, upper margin) (fig. IV). This image accompanies a textual reference to death:

ne vos i lessiez pas haper,
se de mort veilliez eschaper.
      (v. 16575 f.)

›Don't let yourself be captured if you want to escape death.‹

---

11 *Qui legitis flores et humi nascentia fraga, / frigidus, o pueri, fugite hinc, latet anguis in herba* (›Ye who cull flowers and low-growing strawberries, away from here, lads; a chill snake lurks in the grass‹; *Ecl*, III, v. 92 f.). Text and translation from Virgil, *Eclogues, Georgics, Aeneid I–VI*, trans. H. Rushton Fairclough, Loeb Classical Library, Cambridge/Mass. and London 1974.

Abb. III: ›Roman de la Rose‹: Paris, Bibl. Nat. fr. 12592, fol. 49ᵛ (Detail)
(Foto: Bibliothèque Nationale).

Abb. IV: ›Roman de la Rose‹: Paris, Bibl. Nat. fr. 12592, fol 50ʳ (Detail)
(Foto: Bibliothèque Nationale).

Clearly, for this reader the passage is important primarily for its didactic content. And this reader responds to the text not by hearing it and talking back to it, but by visualizing it. The forceful behavior of the wife in bed, the fearful appearance of the snake in the grass, and the bloody depiction of the man's demise all heighten the intensity of the message as it is translated into images. Rather than focusing on the passage as a self-contained narrative with commentary, and rather than exploiting its rhetorical qualities as psycho-drama, this reader dissolved dialogue and commentary alike into three concise narrative moments: a woman dominates her husband in bed; youths are warned about the lurking danger of re-enacting Original Sin; a man is vanquished by the ›beast‹ that he has failed to shun. These three images encapsulate the elements of the passage: the female temptress, the warning, and the dire consequences of failing to heed the warning. Translating these three elements into a series of striking, vivid images is a way of analyzing the passage and committing it to memory.

In the third category of response are readers who respond to the teachings of the text by marking its sententious lines. Mostly, they do so with the simple designation ›nota‹.[12] ›Nota‹ signs appear throughout the ›Rose‹ in most manuscripts, with different manuscripts reflecting different patterns of interest on the part of the annotators; but the tale of husband and wife, and the antifeminist polemic in which it is embedded, is certainly among the most frequently annotated portions of the poem. Overall, medieval readers singled out a variety of lines in this passage, including both antifeminist verses and those addressing the dangers of indiscretion. For such readers the text is of interest as a repository of edifying sayings; the passages so marked may have been intended for memorization. Medieval readers certainly did train themselves to remember important lines and verses and to recall them when reading other texts that contained similar ideas; the compilation of thematically arranged florilegia, an extremely common practice, is the direct result of such reading habits. Many ›Rose‹ manuscripts bear witness to this kind of reading through the appearance in the margins of verses from various Latin authors, especially Ovid, that readers associated with passages in the ›Rose‹.[13] One fourteenth-century manuscript, Bibl. Nat. fr. 24390, has a particularly interesting gloss in the commentary section of the husband-wife passage. The exhortation to guard one's secrets, to keep silent that which must not be revealed, is marked with a reference to Gratian's ›Decretum‹. This particular reader, whom I have analyzed in more detail elsewhere, obviously knew the ›Decretum‹ well and had it in mind throughout his reading of the ›Rose‹.[14] His gloss on the warning about indiscretion leads to a passage about priestly indiscretion (Distinctio 43, c. 5), and is probably motivated by similarity

---

12 For a survey of ›nota‹ signs in ›Rose‹ manuscripts, see Sylvia Huot, »Medieval Readers of the ›Roman de la Rose‹: The Evidence of Marginal Notations«, *Romance Philology* 43 (1990), p. 400–420.
13 For a survey of marginal annotations and glosses, see Huot (note 1), p. 47–84.
14 See ibid. p. 69–74. MS Bibl. Nat. fr. 24390 contains numerous marginal citations of the ›Decretum‹ throughout the ›Rose‹, the ›Testament‹ of Jean de Meun, and the anonymous moral poem that follows.

in wording between the two texts. The passage in question focuses on the irrevocability of speech:

> Mes parole une fois volee
> Ne peut puis estre rapelee.
> (v. 16515 f.)
> ›But speech once having flown forth cannot be recalled.‹

The ›Decretum‹, in turn, cautions against that unguarded moment *dum sine iudicio volat irrevocabile verbum* (›when without judgment the unrecallable word flies forth‹). Moreover, the gloss by Bartholemew of Brescia, which typically accompanied the ›Decretum‹ in fourteenth-century manuscripts, includes here the citation of three additional passages, attributed to Horace and Ovid, that address the irrevocability of speech in very similar language, including use of the words ›irrevocabile‹ and ›volat‹.[15] The gloss in the ›Rose‹ is thus a shorthand way of associating this passage with a host of others along the same line. The gloss implies a disregard for the narrative context in which the moral lesson is presented – not only the larger context of Nature and Genius and the quest for the Rose, but even the more immediate context of the struggle between husband and wife. Key words in the passage – *parole, volee,* and *rapelee* – are triggers that lead to other passages in which those words, or rather their Latin equivalents, appear.

The association of Genius's sermonizing with the ›Decretum‹ is – like the focus on the allegory of the serpent and, more generally, the treatment of the entire passage in manuscripts that set it apart from its context – an aspect of what Pierre-Yves Badel has termed »discontinuous reading«.[16] This mode of reading, apparent in the manuscripts themselves as well as in the literary reception of the ›Rose‹, entails a fragmentation of the ›Rose‹ into self-contained sections, each more important for its didactic message, its rhetorical flourish, or its exploitation of a central allegorical or mythological figure than for its relationship to the poem taken as a whole. A tendency toward fragmentary reading, a desire to develop the textual passage on its own and to explore its relations to other texts – or its significance for the reader's own life – rather than its place within the ›Rose‹, is a common ground uniting the various readings that we have seen here.

In a general way, these approaches to the text can be related to three different literary genres: the dramatic farce, the allegorical exemplum, and the florilegium. Michel Alés's responses to the wife probably reflect the important role that oral disputation still played in early fifteenth-century intellectual life. But it also serves to bring the passage one step closer to the vernacular comedic drama that was slowly making its appearance in late medieval France. The rapid-fire manner in which Michel replies to the wife, deflecting her every argument, discrediting her intentions, and even turning some of her own statements against her, recalls the verbal wit of much medieval French drama. Especially close to the scene of bedroom manipulation is the farce, a genre that emerged during the fif-

---

15 For a more detailed account of this gloss and its ramifications, see Huot (note 1), p. 72.
16 Pierre-Yves Badel, *Le Roman de la Rose au XIVe siècle: Etude de la réception de l'œuvre*, Publications Romanes et Françaises 153, Geneva 1980, p. 135 and passim.

teenth century. The farce often employed themes of domestic strife, such as marital infidelity or the struggle for dominance between husband and wife, and the plot frequently turned on ruse and deception. The ›Rose‹ exemplum thus corresponds fairly closely to the genre; and its lively dialogue, particularly as enhanced by Michel's additions, could easily be imagined as fitting into one of these satirical dramatic productions.

The marginal drawings in MS fr. 12592, in turn, reflect an interest in the allegorical images employed in the text. This tendency can be linked to medieval arts of memory, which recommend committing texts and doctrine to memory by associating each textual passage or doctrinal point with a vivid mental image.[17] This practice of expressing intellectual content through visual imagery is fundamentally related to the importance of allegory in medieval literature.[18] One need only think, for example, of the countless ›dits‹ in which a central allegorical image provides the vehicle for political, moral, or devotional exposition. Such texts are often headed with a miniature or initial depicting the central image of the poem, reflecting again that impulse toward the visualization of textual figures.[19] The development in the ›Rose‹ passage of the metaphor of the snake in the grass, exploited still further in the drawings of MS fr. 12592, provides the kernel of a new narrative that recasts the preceding, straightforward account (and illustration) of feminine wiles and male capitulation. In this new visual narrative, a young man is lured by the attraction of flowers and strawberries – themselves potentially erotic images – and ignores a warning about the venomous serpent lurking nearby, which thereby overpowers him. This moral exemplum, indeed, is relevant not only to its immediate context but also to the ›Rose‹ as a whole: a poem in which a young man falls in love with a flower, is unpleasantly surprised by the disagreeable characters that guard it, but nonetheless dismisses the warnings of Reason as he moves single-mindedly in pursuit of the Rose. The lesson of seduction, fall, and destruction presented in the drawings is, of course, far simpler than the ›Rose‹, an immensely complex text; but it does provide one perspective on the possible moral interpretation of the poem.

The third mode of reading, finally, is one that ignores narrative and dramatic development and focuses instead on rhetoric and on didactic content. From this perspective, what makes the textual lessons memorable is neither the amusing narrative in which they are presented, the vivid images that are their vehicle, nor

---

17 For a detailed survey of medieval arts of memory, including discussion of the important role played by visual images, see Mary Carruthers, *The Book of Memory: A Study of Memory in Medieval Culture*, Cambridge Studies in Medieval Literature 10, Cambridge 1990.
18 I have discussed the conceptual relationship between the rise of narrative erotic allegory and the marginal illustrations in the troubadour chansonnier N (New York, Pierpont Morgan Library M 810); see Sylvia Huot, »Visualization and Memory: The Illustration of Troubadour Lyric in a Thirteenth-Century Manuscript«, *Gesta* 31 (1992), p. 3–14. See also Raymond D. DiLorenzo, »The Collection Form and the Art of Memory in the ›Libellus super ludo schachorum‹ of Jacobus de Cessolis«, *Mediaeval Studies* 35 (1973), p. 205–221.
19 Examples are the *dits* of Watriquet de Couvin and those of Baudouin de Condé.

the drama of their delivery by a particular persona, but rather their wording and their participation in a network of other texts that employ similar words. The verbal and thematic associations triggered by such a reading can lead one through a mental review of many other texts. Such a response is natural for a reader accustomed to encountering the poets and other auctores in florilegia, where textual snippets are compiled together without concern for continuity or narrative framework. These florilegia did not, of course, replace the study of complete texts as well; but they did constitute an important part of medieval intellectual life.[20]

Our passage thus has a complex history of transmission and reader response. Scribes commonly treated it as a dramatic narrative with commentary, whose importance lay not in its contribution to the dynamics of the ›Rose‹ narrative or its relevance to the allegorical characters in whose conversation it appears, but rather in its function as a moral exemplum offered by an authoritative narrator to his audience. The use of rubrics and especially the addition of a miniature helped set off the narrative, to mark its importance, and to make it more vivid and more memorable. Beyond that different readers had their own ways of reading and processing the text and its didactic message, which, though not mutually exclusive, can be placed into three categories. One, fundamentally oral, responds to the text as dramatic dialogue; another, fundamentally visual, focuses on an extended metaphor within the text; and the third, fundamentally intertextual, forms an association with other texts in which similar moral doctrine is expressed through similar wording. In combination, this range of approaches to one and the same text provides a showcase of the different mental processes that figured in the medieval experience of reading.

---

20 I have discussed the relationship of the ›Rose‹ to the florilegia, with reference to the marginal annotations of medieval readers, in Huot (note 1), p. 59–63.

Diskussionsbericht
Inszenierung
von Gesellschaft – Ritual – Theatralisierung

Vorlage Hare
Die Diskussion suchte sich dem Andersartigen einer fremden Kultur über das Vertraute und Bekannte der eigenen zu nähern. Für das mittelalterliche Noh-Theater sind die entscheidenden Parameter der Text, die Aufführung und der Körper. Die letzten beiden sind schwer zu untersuchen, da alles Wissen über Noh-Aufführungen auf schriftlicher Überlieferung basiert, die die Aufführungspraxis auf feste Konventionen verpflichten wollte. Keines der erhaltenen Zeugnisse weist jedoch die vollständige Choreographie einer Aufführung auf (Hare).

Die Fragen richten sich zunächst auf die intellektuellen und kulturellen Voraussetzungen. ›Ausdruck‹ spielt in der Theorie des Noh-Theaters keine Rolle (Gumbrecht). Zeami Motokiyo (1363–1443), von dem die früheste theoretische Auseinandersetzung mit dem Noh-Theater überliefert ist, adaptiert aus China seine Theorie der Poesie, wobei Expressivität nunmehr in die Aufführung selbst verlegt wird. Er gibt strikte Anweisungen für jede Bewegung der beteiligten Schauspieler und Vorschriften für jedes Detail einer Aufführung (Kostüme, Masken, Mimik). Die rigiden Festlegungen schließen jede Art von Spontaneität durch Improvisation oder ein mimetisches Ausdrucksverhalten aus. Der Grund dafür ist, daß Ausgangspunkt der Reflexionen Zeamis und Ziel der Aufführung eine an buddhistischen wie chinesischen Traditionen orientierte Spiritualität ist, die durch Konzentration auf den Körper herbeigeführt werden kann. Ästhetische Erfahrung wird nahezu identisch mit religiöser Erfahrung. In der Aufführung wird eine ›Durchdringung‹ des Publikums angestrebt, die im Idealfall zu einer gemeinsamen spirituellen Erfahrung, der Darsteller wie der Zuschauer, führt (Hare).

Besondere Aufmerksamkeit finden die musiktheoretischen Ausführungen Zeamis. So wird danach gefragt, ob die musikalische Darbietung immer wieder aufs Neue improvisiert worden ist (Huber) und ob das Konzept von *ki* und tone dem von pneuma und sonus der Gregorianischen Musik vergleichbar ist (Diehr). Vollständige, die Instrumentierung wie auch Vokalisierung umfassenden Aufzeichnungen sind zwar nicht erhalten, wohl aber Bücher aus den verschiedenen Schulen, die partielle Anweisungen zur Stimmführung oder zur Musik enthalten. Jede dieser Schulen hat für jede einzelne Rolle und für jedes einzelne Instrument eine ganz spezifische Choreographie entwickelt, so daß generalisierbare Aussagen schwierig sind. Eine Analogie zu pneuma und sonus ergibt sich möglicherweise aus der spirituellen Bedeutung von Aufführung und Musik (Hare).

Es besteht ein Gegensatz zwischen dem ursprünglichen Verwendungszweck der handschriftlichen Überlieferung und ihrer späteren Wertschätzung: Anfangs nur für eine Aufführung aufgezeichnet, sind die Texte dann seit etwa 1600 von bedeutenden Künstlern in Kyoto auf kostbarem Papier mit Gold und Silber geschrieben und als Zeugnisse einer reichen Schriftkultur tradiert worden (Hare). Das provoziert die Frage, für welche Art Gebrauch diese späten Abschriften vorgesehen waren (Huot). Es gibt unterschiedliche Gebrauchszusammenhänge, denn es werden nicht nur prächtige Abschriften von den Texten angefertigt, sondern auch solche auf einfachem Schreibgrund wie Reispapier, die dann im 17. und 18. Jahrhundert als Schultexte Verwendung finden. In einer Zeit unterschiedlicher Landesdialekte wird an diesen z. B. die Sprache des Gebietes um Kyoto erlernt. Andere Abschriften dienen als Anleitungen für Aufführungen im privaten Rahmen der bürgerlichen Gesellschaft (Hare).

Aus europäischer Perspektive besonders explikationsbedürftig ist der Status des Noh-Theaters zwischen Ritual und Spiel (Wenzel). Gibt es zwischen Zuschauern und Spielern einen ›Fiktionalitätskontrakt‹ (Lauer), und wie ist die Überschreitung der Grenzen zwischen Darstellern und Zuschauern in gemeinsamer religiöser Erfahrung zu verstehen? Unter welchen Bedingungen vollzieht sich die Transformation des Körpergefühls bei den Zuschauern (Wenzel)? Indem das Noh-Theater auf religiöse Erfahrung und Spiritualität zielt, hat es im wesentlichen einen rituellen Charakter. Zeugnisse aus dem 14. Jahrhunderts betonen, daß ein Darsteller alles zu vermeiden hat, was bloße Unterhaltung ist oder ein alltagsweltliches Interesse erregt. Zeamis und seines Vaters Entscheidung, die traditionellen Rollen der Gattung zu verändern, zielt auf einen höheren Grad von Ritualisierung. Die spirituelle Beziehung zwischen Darstellern und Zuschauern ist das von den Theoretikern des Noh-Theaters erstrebte Ideal. Gefördert wird sie durch die strenge Reglementierung der Bewegungen und durch die Bindung an einen festen Kanon von Handlungsgerüsten. Hinzu kommt ein strenges Training, das auf völlige Kontrolle des Körpers zielt (Hare). Die Tradierung des Noh-Theaters erfolgt insofern auf drei Wegen: durch praktische Übungen, durch mündliche Unterweisung und durch schriftliche Tradition von Text und Musik (Strohschneider).

Vorlage Lerer

An den Beitrag richten sich zunächst drei Fragen: Wie wird mittels des Skandalons des gemarterten und gepeinigten Körpers Präsenz hergestellt? Gibt es eine Art Kommunikation zwischen dem gefolterten Körper auf der Bühne einerseits und den Zuschauern andererseits, wenn man voraussetzt, daß die Teilnahme an den Veranstaltungen Vergnügen bereitete? Sowie: Wie ist das Zur-Schau-Stellen von Körpern mit Konzeptionen der Mimesis-Theorie näher zu beschreiben (Gumbrecht)?

Die Grenzen zwischen Spiel und Alltagswelt werden im Verhältnis von Fiktionalität und sozialer Praxis (Strafrecht) verwischt. Dem Alltagsleben (in diesem Fall dem Strafvollzug) ist Theatralität ebenso inhärent, wie umgekehrt dem mittelalterlichen Spiel die Strukturen alltäglicher Rechtspraxis eingeschrieben sind. Im Anschluß an Michel Foucault läßt sich von Selbstrepräsentation der Macht im Alltag wie im Spiel sprechen. Die Verschriftlichung der Rechtspraxis bringt eine Art von Drehbüchern (»scripts«) des Strafvollzuges hervor, die ihrerseits wiederum auf das geistliche Spiel einwirken. Ort der Theatralisierung von Machtbeziehungen ist im Spiel wie im Strafvollzug der gemarterte Körper. Die Aufmerksamkeit muß sich deshalb vom Text weg auf den Körper richten. Beim Zuschauen oder Lesen identifiziert sich der Rezipient mit dem auf dem Strafgerüst oder der Bühne ausgestellten gefolterten Körper, ohne an sich selbst die Folter zu erleiden. Darin liegt das Vergnügen beim Lesen oder Betrachten. Das läßt sich an der Darstellung des Außenseiters erörtern, des Kriminellen oder auch des Juden im geistlichen Spiel. Das Spiel scheint der einzige Ort in England, an dem der Jude überhaupt existieren kann, und dies nur in der Weise der Zerstückelung und Demütigung. Der als Außenseiter markierte, real absente Körper des Juden wird durch Theatralisierung präsent gemacht. Indem der Zuschauer für die Dauer der Aufführung der Andere wird, trennt er sich vom sozialen Körper ab – ob im Spiel oder bei der Vorführung eines Bestrafungsrituals. Das Ich im Text steht nicht für den Autor, den Sprecher oder den Aufführenden, sondern für den Zuschauer, der sich zwar nicht selbst artikuliert, aber doch durch Übernahme einer Rolle zu einem Bewußtsein seiner selbst gelangt; insofern wird der Zur-Schaugestellte Körper zum Ort der Herausbildung von Subjektivität (Lerer).

Eingewandt wird zunächst, daß der von Lerer herangezogenen Handschrift in Lydd innerhalb der Überlieferung von Rechtshandschriften ein eher singulärer Status zukommt, denn eine neue Art von Theatralität in der Überlieferung von Rechtshandschriften konstituiert sich mit diesem Fall nicht. Sie ist nur deshalb für die Überlegungen zur Theatralität und zum gepeinigten Körper von Interesse, weil sie den eigentlichen Gewaltakt ausspart (Curschmann). Erklärungsbedürftig wird die Handschrift gerade durch diese Besonderheit. Möglicherweise sollte das Verschweigen des eigentlichen Bestrafungsaktes den Leser anregen, diesen zu imaginieren. In diesem Punkt besteht dann eine direkte Verbindung zwischen Strafritual und Spiel (Lerer).

Ein weiterer Diskussionspunkt ist das Problem der Verwischung von Grenzen zwischen Theater und Alltagswelt. Wie kann man eine solche Grenze im Mittelalter bestimmen (Kablitz)? Das Beispiel der Prozession macht deutlich, daß es nicht genügt, nur die Grenze zwischen den Polen ›Spiel‹ und ›Realität‹ in den Blick zu nehmen, da es unterschiedliche Niveaus der Teilnahme von Akteuren und Zuschauern gibt. Im Spiel wird diese Grenze meist ausdrücklich reflektiert (Müller). Besonders auffällig ist die Verwischung der Grenzen unter dem Aspekt der (gespielten oder exekutierten) Verstümmelung. Dabei muß der gemeinsame religiöse Rahmen von geistlichem Spiel und Recht bedacht werden. Beide konvergieren z. B. in Vorstellungen vom Jüngsten Gericht, mit dem in Andachtsbüchern und theologischen Werken konstant theatralische Vorstellungen verbunden werden. In manchen französischen Handschriften wird der Körper Christi als das fleischgewordene Wort verstanden, das, auf Pergament geschrieben, ›präsent‹ ist. Der gemarterte Körper Christi wird mit einem Buch verglichen, das zwar zerrissen werden kann, aber als Idee erhalten bleibt, ähnlich wie Christus verstümmelt wurde und starb, aber wieder auferstand (Huot). Eine Verbindung von geistlichem Spiel, profaner Rechtspraxis und eschatologischen Vorstellungen kennzeichnet z.B. auch die Rezeption des ›Churer Weltgerichtsspiels‹, das als Vorbild für prozessuale Abläufe verwendet wurde, die ihrerseits wieder vor dem Hintergrund des Jüngsten Gerichts diskutiert werden (Müller). Das Moment der Verstümmelung gehört auch zur Theologie der Herrschaft, etwa wenn die Skulpturen eines Herrschers, der aufgrund eines Vergehens seine Macht verloren hat, gemartert und zerstört werden wie ein menschlicher Körper (Wenzel). Religion, Politik, Recht und Theater gehören im Mittelalter zusammen. An der Zerstörung der Repräsentation eines Königs zeigt sich z.B., wie das Theater der Macht auf das Königtum übertragen wird. Noch in den Repräsentationen körperlicher Demütigung erweist sich die Theatralisierung der Macht, wobei die symbolische Zerstörung der Repräsentation dazu beiträgt, die Ganzheit des sozialen Körpers zu bewahren. Aber anders als im Spiel bleibt die zerstörte Repräsentation als Monument des Gewaltaktes in der Realität erhalten. Für die Bedeutung von Verstümmelung in den Spielen ist die Auffassung der Eucharistie entscheidend. Sie wird nicht als symbolische Repräsentation verstanden, sondern als leibhafte Präsenz. In der Verstümmelung der Hostie werden die Juden als Außenseiter definiert, und es kommt die körperhafte Auffassung der Eucharistie zum Ausdruck (Lerer).

Ein wichtiger Aspekt kommt durch die Diskussion des Machtbegriffs (Klotz) und des methodischen Vorgehens (Strohschneider) ins Spiel. Das Denken in Oppositionen teilt die Vorlage mit der Historischen Anthropologie und dem New Historicism. Dabei besteht die Gefahr einer reduktionistischen Auffassung von Macht (Lerer). Den Ausführungen liegt ein problematischer Chiasmus zugrunde, wenn Macht Repräsentation generiert und Repräsentation Macht artikuliert. Das Sprechen über die Macht legt eine Art Metaphysik der Macht nahe, die sich nie materialisieren muß. Dabei bleibt unberücksichtigt, welcher konkrete soziale Druck, welche Instanzen und Institutionen die Macht ausüben, d.h. die Rechtspraxis theatralisieren, inszenieren und autorisieren und sich im Spiel darstellen (Klotz). Eine derartige Gefahr besteht, wo Macht vor allem als diskursives Phänomen untersucht wird statt in ihren konkreten Verkörperungen. Bei Niklas Luhmann ist Macht immer noch bezogen auf die Präsenz von Körpern, ist sie eine latente körperliche Bedrohung, im Gegensatz zur bloß metaphysischen Vorstellung von Macht bei Foucault und vor allem in der Foucault-Rezeption (Gumbrecht). In der Tat stehen hinter den Spielen wie dem Strafvollzug (vornehmlich kommunale) Institutionen. Deshalb wurde von ›Agenturen‹ der Macht gesprochen. Im 16. Jahrhundert wurde durch die Kodifizierung der Rechtspraxis versucht, die Institutionen des Rechts im sozialen und politischen Körper zu verankern (Lerer).

Der Zusammenhang von Theater und Strafvollzug setzt sich in der Darstellung gewalttätiger Akte im Elisabethanischen Theater fort, etwa bei Webster oder Marlowe (Korte). Traditionen mittelalterlicher Theatralität und Bestrafungsrituale werden dort aber in ironischer oder komischer Brechung eingesetzt oder nur noch voyeuristisch wahrgenommen (Lerer). Das führt zu grundsätzlichen Überlegungen zur Verschränkung von Theater und Gericht. Im Theater des Schreckens verschwindet die rechtsetzende Instanz mit jeder Aufführung. Insofern handelt es sich um ein »ephemeres Theater«, dessen Gesetz nach Beendigung der Aufführung »verfällt«. Sinnvoller sei es, von einem »Theater der Exekution« im doppelten Sinn von Ausführung und Hinrichtung, nicht von einem der Repräsentation zu sprechen, denn aufgeführt wird der Tod. Zu fragen ist, wie die Herausbildung eines solchen Theaters mit rechtsgeschichtlichen Veränderungen (z.B. der Habeas-Corpus-Akte in England) zusammenhängt (Vogl).

Vorlage Wolf
Zentral für die Diskussion ist das Problem des Scheiterns von politischem Ritual wie Spiel. Was genau scheitert, und wo sind die Räume für Kontingenz? Welche Rolle spielt dabei die in der Vorlage erwähnte »Körperkommunikation«, und wie ist dieser Begriff zu verstehen (Gumbrecht)?

Die Möglichkeit des Scheiterns ergibt sich immer dann, wenn kontingente Wirklichkeit in das Spiel oder Ritual einbricht. Dadurch wird die »Absence oder Trance der Zuschauer« durchbrochen, sie werden unmittelbar in die Situation involviert. Im Scheitern können, wie bei Froben von Zimmern, die realen Umstände wieder bewußt werden. Es dient also der Erkenntnis der Situation. Zum Konflikt kommt es vorrangig dann, wenn die Bewegung der Körper nicht durch Tradition oder Protokoll vorgeschrieben ist, ihre geregelte Kommunikation also zusammenbricht (Wolf).

Ausgehend von dem Problem des Verhältnisses zwischen Fiktionalität und Ritual (Gumbrecht), konzentriert sich das Gespräch auf die ›Als ob‹-Formeln in den Regieanweisungen des geistlichen Spiels. Diese Formeln wirken auf ganz unterschiedlichen Ebenen: Für den Leser wird das »Spiel als Bühne« kenntlich gemacht, es wird auf die »Verstellung der Figur« verwiesen und auf den »spielerischen Modus der theatralischen Rollenübernahme« (Strohschneider). Es ergeben sich »Brechungen zwischen Inszenierungen und inszenierter Wirklichkeit« (Kiening). Allerdings ist die ›Als ob‹-Formel zu wenig spezifisch; in der Vorlage wird sie zudem auf ganz verschieden gelagerte Fälle übertragen (Einwand gegen die Deutung von Mt 7, 1) (Kablitz). Die ›Als ob‹-Formel muß für das Mittelalter historisch präziser gefaßt werden (Gumbrecht), wobei der Vorschlag von Erika Fischer-Lichte, Zeichen im Spiel als »Zeichen von Zeichen« zu verstehen, möglicherweise den Weg weist (Wenzel). Die Kombination der Beispiele wirft zudem die Frage nach der Unterscheidung zwischen Ritual, Spiel und Repräsentation auf (Wenzel/Müller). Eine Unterscheidung wäre möglicherweise über eine terminologische Differenzierung des ›Als ob‹ in historischer Absicht zu erreichen. Bei Philippe de Commynes wird von einem Ritual erzählt, das sich bereits so weit vom Alltagshandeln entfernt hat, daß es als lächerliche, folglich Lachen provozierende Inszenierung erscheint. Das politische Ritual hat hier eine deutlich andere Bedeutung als im Hochmittelalter (Müller).

Im Scheitern eines Rituals oder Spiels werden die Grenzen zwischen Spiel und Wirklichkeit überschritten. Dabei wäre der Unterschied zwischen Ritual und geregeltem Spiel noch näher zu bestimmen. Unabhängig davon läßt sich eine vorläufige Typologie des Scheiterns entwerfen. Ein erster Grund für Scheitern ist Kontingenz, etwa Fehler im Spielverlauf, die ein Spiel der Lächerlichkeit preisgeben (z.B. zu früh brechende Lanzen). Zweitens kann der Code derer, die spielen und Regie führen, nicht kompatibel sein mit dem der Zuschauer (die Zuschauer halten z.B. das Spiel für Ernst). Ein dritter Grund ist eine Figur, mit der man bei jeder Aufführung rechnen muß: der Spielverderber (z.B. jemand, der im Turnier wild gegen seine Gegner losgeht). Der schlimmste Spielverderber ist jedoch der, der das Spiel als Spiel entlarvt (Melville).

Mit der Möglichkeit, daß ein Spiel in Ernst umschlägt (z.b. auch der Tränenausbruch des Landgrafen von Thüringen beim Betrachten eines geistlichen Spiels) oder die Zuschauer unvorhergesehen mitagieren, ist bei einem Spiel stets zu rechnen. Deshalb wird über die Organisation der Aufführung zunehmend mehr Kontrolle ausgeübt, zumal wenn sie möglichst veristisch inszeniert ist. So ist etwa das Betreten der Passionswege auf dem Sacro monte in Varollo nur gestattet worden, wenn die Geistlichkeit die Gläubigen während der Prozession begleitete, weil eine Verwechslung mit der Realität nahelag. War die Geistlichkeit nicht anwesend, wurden die Zuschauer ausgesperrt: Sie durften die Passionsstraße nur durch ein Gitter betrachten (Saurma-Jeltsch).

Solche Kontrolle kennzeichnet im Spätmittelalter politische Rituale wie geistliches Spiel. Der Schreiber des ›Donaueschinger Passionspiels‹ bestimmte an manchen Stellen jede Geste ganz genau. Auf der Bühne wie im politischen Ritual kommt es zu Konflikten, wenn die Festlegung der Gesten nicht gelingt. Dabei kommt dem Zuschauer eine entscheidende Rolle zu, denn er wird ebenso gebraucht wie gefürchtet. Er ist stets auch Mitspieler, der Zustimmung oder Ablehnung äußern kann. In den Chroniken mitteilenswert ist weniger der Normalfall des gelingenden Spiels oder Rituals als der Fall ihres Scheiterns (Wolf).

Vorlage Saurma-Jeltsch
Die Analyse der Instruktionen spätmittelalterlicher Tafelbilder an den Betrachter gibt Anlaß, vor allem die Verselbständigung der dargestellten Realität vor dem Hintergrund älterer Rezeptionsmodi zu diskutieren. Die Gegenstände auf dem Bild werden »demonstriert«. Ist »Demonstration« im Sinne von Dar-Stellung wie die der Schaubrote im Alten Testament zu verstehen, als theoretische, philosophische oder linguistische Deixis, oder im religiösen Kontext des Vorzeigens wie etwa beim rituellen Erheben der Monstranz? Beim Demonstrieren scheint es um Grade der Intensität zu gehen. Mittel der Demonstration kann die (damals neu entdeckte) Perspektive ebenso wie die Verweigerung der Perspektive sein, die den Blick auf Höheres zu lenken beabsichtigt (Gumbrecht).

Die Tafelmalerei des 15.Jahrhunderts unterscheidet sich von älteren bildlichen Darstellungen. Dort behielt das Bild seine eigene ikonische Realität gegenüber dem Betrachter. Das Verhältnis des Betrachters zum Bild ändert sich aber um 1400. Der Verismus der einzelnen Gegenstände und ihre taktile Präsenz in religiösen wie privaten Bildern eines Jan van Eyck versetzen das Bild in einen scheinbar alltäglichen Zusammenhang, in den der Betrachter nicht zuletzt auch durch die Konstruktion einer Erfahrungsperspektive einbezogen wird. Das aber ist unterschieden von der herkömmlichen Inszenierung von heiligen Gegenständen, wie sie auch von der Liturgie angestrebt wird. In der Lucca-Madonna Jan van Eycks ist der Schritt weg vom älteren Typus vollzogen. Nachfolgende Werke anderer Künstler versuchen demgegenüber, die Distanz zum Betrachter neu zu schaffen. Der Betrachter bleibt in seiner eigenen Welt, ohne in das Bild eindringen zu können. Der Verzicht auf die Konstruktion von Perspektive ist eines der Mittel, das verhindert, daß die höhere Wahrheit des Bildes in die Welt des Betrachters überführt wird (Saurma-Jeltsch).

Allerdings wird auch in van Eycks Lucca-Madonna Distanz hergestellt, jedoch so, daß zugleich Präsenz erzeugt wird. Präsenz, Distanz und Mimesis stehen hier in engem Zusammenhang. Zwar kann die Madonna vom Betrachter als »Realpräsenz« wahrgenommen werden, zugleich aber werden »Realitätsbrüche inszeniert«, so daß deutlich wird, daß das Bild – wie im Beitrag ausgeführt – nur Spiegelcharakter hat. Dies ist kein Widerspruch, denn mittels »Distanz oder Distanzierung« kann wieder eine neue Präsenz hergestellt werden. Reflektiert ist dies bei Nikolaus von Kues, der die traditionelle Urbild/Abbild-Relation in der Diskussion komplexer Spiegelverhältnisse neu interpretiert, die »im philosophischen Sinne das Abbild nicht nur als defizient entlarven, sondern über die unendlich gespiegelte Reduktion zugleich das Urbild im Abbild präsent machen« (Kiening). In ähnlicher Weise wird beim Heben der Monstranz zum einen die Distanz zur Gemeinde größer, während zum anderen eine demonstrative Präsenz Christi hergestellt wird (Gumbrecht). Indem Realitätsbrüche und Spiegelungen aus dem Bild hinausverweisen, oder innerhalb des Bildes weiterverweisen, wird in der Tat die Urbildidee des Nikolaus von Kues aufgenommen. Die Preziosität der Malweise trägt zum Eindruck der Präsenz bei. Gleichzeitig aber wird deutlich gemacht, daß es sich um bloße Erscheinungen des Urbildes handelt (Saurma-Jeltsch).

Zu den beiden Hieronymus-Bildern (Abb. II u. III, vgl. S. 416 f.) stellt sich insbesondere die Frage nach der Präsenz des Betrachters im Bild. In Abb. II wird der Blick des Betrachters vom Löwen gefangen, der seinerseits den Blick auf Hieronymus richtet und dieser dann auf das Christusbild. Die Bewegung führt also vom Betrachter über den Löwen zu Hieronymus und endet schließlich bei Christus. Der Löwe vertritt auch in Abb. III den Betrachter. Hier wird zwar der Blick des Betrachters von Hieronymus gefangen, doch der nach innen gerichtete Blick des Löwen kommt einer Anweisung an den Betrachter gleich, den Blick ebenfalls nach innen zu richten (Haug). In beiden Darstellungen wird jedes illusionistische Mißverständnis ausgeschlossen. Anstelle des Christusbildes steht in Abb. III die Christus-Vision (Saurma-Jeltsch, Strohschneider). In Abb. II entspricht das Christusbild am Baum nämlich nicht dem im 15. Jahrhundert üblichen Typus, sondern zitiert durch seine ikonenhafte Form einen älteren, bis in die Romanik zurückreichenden. Das Zitat eines Bildes im Bild definiert den Umgang des Betrachters mit dem Andachtsbild; das Bild thematisiert Devotion alten Stils (Curschmann). Eine völlig andere Funktion haben Bildzitate bei Jan van Eyck: So werden in Darstellungen neutestamentlicher Szenen Figuren des Alten Testaments von der Farbigkeit des übrigen Bildes abgesetzt, etwa als steinerne graue Prophetenstatuen. Damit wird das Bild als Bild identifizierbar gemacht und auf den Kunstcharakter verwiesen. Auf den beiden Hieronymusbildern geht der Verweis dagegen auf einen bestimmten Typus von Frömmigkeit (Müller).

Das Erobern neuer Positionen bedeutet nicht, daß das bisherige verdrängt wird. In der Druckgraphik zeigt sich ein vergleichbares Nebeneinander von Darstellungen, in denen die Möglichkeiten der Perspektive genutzt werden und solchen, die ganz auf die Andacht reduziert sind und in denen das Identifikationsangebot an den Betrachter in das Bild integriert ist (Harms).

Die Lucca-Madonna und die Hieronymus-Bilder entwerfen unterschiedliche Modelle für das Betrachten. Das Bild der Lucca-Madonna ist erst dann vollständig, wenn ein Betrachter davorsteht. In den Hieronymus-Bildern ist der Betrachter selbst ins Bild integriert. Die Löwen fungieren als eine Art Stellvertreter des Betrachters (Saurma-Jeltsch). Deutlicher noch ist bei van Eyck in seinen Bildern mit Spiegeln der Unterschied zum mittelalterlichen Bild. Die Spiegel demonstrieren einerseits, daß der Betrachter sich außerhalb der Bildwelt befindet (z.B. im Vermählungsbild des Giovanni Arnolfini), andererseits wird er wieder hereingeholt, so daß die Einheit von Bild und Betrachter wiederhergestellt wird. Zu berücksichtigen ist allerdings die zeitgenössische Sehgewohnheit. Die Anstrengung der Ästhetisierung oder der Fiktionalisierung kann fehlgehen, wenn das Publikum noch nicht entsprechend konditioniert ist. Die Qualität eines Bildes liegt deshalb nicht nur im Bild selbst, sondern resultiert aus dem Wechselspiel von Subjekt, Objekt und konstituierendem Blick des Betrachters (Wenzel).

Im Spätmittelalter stehen zwei verschiedene Formen der Bilderfahrung nebeneinander. Die eine entspricht einem Lesevorgang, z.B. bei der Betrachtung der arma Christi. Die Theologen empfahlen, mit ihrer Hilfe die Martern Christi imaginativ nachzuvollziehen. Perspektivische Darstellungen setzen dagegen einen anderen Rezeptionsvorgang voraus. Damit hatten zeitgenössische Rezipienten vermutlich Mühe, so daß spätere Maler die Errungenschaft wieder aufgaben (Saurma-Jeltsch). Bilder wie die des Jan van Eyck lenken den Blick darauf, »daß das Sehen, die Wahrnehmung, das haptische Moment des Auges eine Verlängerung des Körpers« ist. Andererseits wird in der Zuwendung zum Bildtypus des Jan van Eyck der Körper des Betrachters stillgestellt. Der kontemplative Blick dagegen nimmt das haptische Moment ganz zurück. Beim kultischen Umgang mit dem Bild wiederum ist der Körper beteiligt, indem z.B. das Bild geküßt wird. Dies ist der in mittelalterlichen Traktaten thematisierte Umgang mit dem Bild (Kleinschmidt). Bestätigend wird auf Nikolaus von Kues verwiesen, der den Betrachter anleitet, eine vera ikon an eine Wand zu hängen und sich im Raum zu bewegen; dann könne er sehen, daß dieses Bild ihn überall anschaue. Das perspektivische Bild dagegen fordert eine ganz bestimmte Position des Betrachters. In der niederländischen Malerei ist offensichtlich reflektiert, daß das menschliche Auge Teil des Bildes ist. Für die nächsten Jahrhunderte ist dann diese körperliche Präsenz des Betrachters gefordert (Saurma-Jeltsch).

Die Verselbständigung der bildlich dargestellten Realität bezeugen auch Bilddetails, die vom Erzählkontinuum nicht gefordert sind (Brüggen). Die Hieronymus-Bilder erfüllen sich im Prozeß des Betrachtens, wenn der Blick des Betrachters auf die Ikone bzw. Vision gelenkt wird, wohingegen der Raum im Bild Jan van Eycks offen und unvollständig ist (Saurma-Jeltsch). Dabei ist zu fragen, ob das Bild diese Unvollständigkeit selbst ausstellt, ob beabsichtigt ist, daß Vollständigkeit durch den Zuschauer, der den Bildraum betreten zu können glaubt, hergestellt wird, ob der Zuschauer Vollständigkeit herstellt, indem er den Kunstcharakter reflektiert, oder ob Vollständigkeit hergestellt wird, indem der

Zuschauer das Bild dort weiterimaginiert, wo es abgeschlossen ist (Kallweit). Bei Jan van Eyck werden die Objekte so raffiniert eingesetzt, daß der Betrachter erst allmählich erkennt, daß die Madonna keine wirkliche Madonna ist – im Gegensatz zur völlig flächigen Darstellung in Bildern, die in einem liturgisch-sakralen Zusammenhang stehen (Saurma-Jeltsch). In den vorgestellten Beispielen kann eine Schwelle zwischen mittelalterlicher und frühneuzeitlicher Wahrnehmung beschrieben werden, die auch eine Grenze zwischen dem Aufführungscharakter mittelalterlicher und neuzeitlicher Kunstwerke markiert (Müller).

Vorlage Klotz
Ausgehend vom Titel, dessen Formulierung an Leo Spitzers Begriff von der »klassischen Dämpfung bei Racine« erinnert (Gumbrecht), wird der Quattrocento-Tanz als ›Dämpfung‹ der Körperlichkeit in der vorausgehenden populären Tanzpraxis charakterisiert, die stilisiert wird und einen aristokratischen Zug erhält. Vom Tanz des späten 16. Jahrhunderts unterscheidet er sich durch die »durchrhetorisierten Körper«. In der Zeit von 1440 bis 1460 wird Körperlichkeit emphatisch wiederentdeckt. Das Zelebrieren von Bewegung hat teil sowohl am öffentlichen wie am intimen und halböffentlichen Zeremoniell. Doch bestehen weiter große Freiräume für Improvisation, was sich aus der Vielfalt der Übungsformen ergibt.

Durch Verschriftlichung wollen die Tanzmeister ihr Fach zu einer scientia aufwerten, die einen Platz am Hof bekommt. Die Theorie des Tanzes ist jedoch noch nicht neuplatonisch beeinflußt. Die Texte bezeugen die Schwierigkeit, das Bewegungsvokabular verbal zu erfassen. Sie stellen Versuche dar, »sich mit dem Idiom des Frühhumanismus der norditalienischen Höfe zu schmücken«. Zugleich soll damit das handwerkliche Können der Tanzmeister weitergegeben werden (Klotz). Zu fragen ist, in welcher Tradition der Rhetorik-Begriff steht, der der Rede von den »durchrhetorisierten Körpern« zugrundeliegt. In der Gebärde verbinden sich actus animi und actus corporis. Das ist ein Gedanke, der auf Cicero und seinen Versuch, das Verhältnis zwischen motus animi und sermo corporis zu bestimmen, zurückgeht. An späterer Stelle, wo von *phantasia* und *imaginatio* die Rede ist, kommt ein anderer Traditionszweig, der der spiritus-Lehre, ins Spiel. Es stellt sich die Frage, in welcher Weise die Tanztheorie Elemente der klassischen Rhetorik verarbeitet (Kallweit).

Die rhetorische Tradition verstellt eher den Zugang zum Problem. Der Zugang über die Grammatik ist hier brauchbarer. Die Traktate verzichten nämlich auf die – in der Rhetorik stets avisierte – Wirkung über den Tanz hinaus. Insofern entfällt das Ciceros Überlegungen leitende Ziel. Es geht um das Vermögen, sich mit *leggerezza* oder mindestens physisch kompetent zu bewegen. Begriffliche Anleihen an die antike Rhetorik sind dabei nicht erkennbar. Wohl ist der Fluchtpunkt der Überlegungen die Vorstellung, daß geistige Bewegungen in körperliche umgesetzt werden und der Tanz in eine *accione demonstrativa* mündet (Klotz). Mit der *accione demonstrativa* ist eine Verbindung zum Problem der Demonstration in der Vorlage von Lieselotte E. Saurma-Jeltsch gegeben (Gumbrecht). Anhand ihrer ist es möglich, die *qualità der uomini* und *donne* zu erkennen. Der »anatomische Blick« dringt in das Innere der Person (Klotz).

Gefragt wird, welchen sozialen Status der Tanz hat und wie das Verhältnis der Tanzpraxis zur Macht aussieht. Schreibt der soziale Status die Art der Bewegung vor, so daß sich die Semantik der *leggerezza* mit einer Semantik der Macht verbindet? Wie steht es andererseits mit dem sozialen Status der Tanzmeister (eine Reihe von ihnen ist jüdischer Herkunft) (Lauer)? Bezweifelt wird das geringe gesellschaftliche Ansehen des Tanzes. Betrachtet man die artes mechanicae, die Musik und Kunst vertreten, und die profane Malerei, etwa am Hof von Anjou, dann fungiert der Tanz eher als Auszeichnung für bestimmte Schichten (Saurma-Jeltsch). In der mittelalterlichen Gesellschaft schließt der Tanz die Beilegung von Konflikten ab. Wann immer man Gemeinschaft feiert, wird getanzt (Melville). Die Bedeutung von *leggerezza* ist schwierig zu bestimmen. Fraglich ist, ob sie ein Attribut der Erscheinung ist, eine Voraussetzung, die im Tanz erarbeitet werden muß, oder die Disposition, die Voraussetzung dafür ist, den Tanz zu erlernen und den Anweisungen der Choreographie zu folgen. Durch die Verankerung des Tanzes in der Proportionslehre soll der Tanz die Würde einer Disziplin erhalten und an der Würde der Musik teilhaben (Klotz).

Welche Funktion hat die memoria? Die memoria scheint sich an der *posa* (eher ›Innehalten‹ als ›Pause‹) zu orientieren, so daß sich das Gedächtnis immer auf kürzere Schrittfolgen bezieht (Diehr). Das ist möglich, wenngleich in den Tanztraktaten immer wieder erwähnt wird, memoria heiße, alles im Blick zu halten. Memoria ist hier kein Gedächtnisraum und keine Technik, um textliche Inhalte abzurufen, sondern ein an Körper gebundenes Vermögen, Bewegungsprozeduren durch Abgucken und direkte Nachahmung zu verinnerlichen (Klotz). Eng sind die Beziehungen zwischen memoria und Rhetorik. Der Tanz ist topologisch aufgebaut und an ein Körpergedächtnis gebunden wie auch die Schrift. Eine Topologie kann beweglich agiert werden, ohne daß das System zerstört wird, und so hält sich auch die Ordnung des Tanzes durch die Bewegungen durch. Insofern der Tanz beherrschte Körperlichkeit ist, liegt eine enge Analogie zur Schrift vor. Wird der Tanz dann in Schrift überführt, wird diese Beherrschung potenziert (Kleinschmidt).

Die Verschriftlichung von Fachwissen betrifft nicht nur den Tanz. Eine Kunst gewinnt durch die Verschriftlichung ein höheres Ansehen, doch setzt die Verschriftlichung nicht zwangsläufig ein zuvor niederes Ansehen voraus. Im 15. Jahrhundert dringt überall die Schrift vor. An den Fechttraktaten etwa läßt sich beobachten, daß bestimmte Verfahren etablierter Schriftlichkeit auf den neuen Typus übertragen werden, ähnlich wie in den Tanztraktaten eingeführte Begriffe und traditionsgeheiligte Vorstellungen gewählt werden, die primär nicht mit dem Tanz verbunden waren. Möglicherweise verdankt sich der Begriff der *ombra phantasmatica*, der an platonisches Gedankengut erinnert, einer solchen Absicht. Wenn auch der Florentiner Neoplatonismus später zu datieren ist, so ist deshalb doch ein platonisierendes Vokabular nicht ausgeschlossen (Müller).

Die Emphase des Körpers ist im Tanz des Quattrocento nicht als Freisetzung im Sinne des anthropologischen Diskurses der Renaissance begriffen, sondern negativ, nämlich als Verlust an Gebundenheit, an zeichenhafter Inszenierung (Kiening). Welche Rolle spielt in diesem Zusammenhang die Musik? Funktionsweisen und Formen körperlicher Eloquenz sollen über Melodien in den

Tanz kommen. Wie ist das zu verstehen? Mit Hilfe der gleichzeitigen musikalischen Traktate (Tabulaturen, Lautentraktate u. a.) und der schriftlichen Aufzeichnung musikalischer Grundsätze ist dies schwer vorstellbar (Bennewitz). Spielt die Musik beim Tanz überhaupt eine Rolle, außer daß sie den Rhythmus liefert (Huber)? Hierzu sagt die Forschung bislang wenig. In den Traktaten fehlen Anhaltspunkte dafür, wie die Schritte auf Musik zu beziehen sind. Man müßte überlieferte Melodien und Phrasen heranziehen. Dabei wäre z.B. zu untersuchen, wie Repetition organisiert ist oder wie Musik Bewegungsvorgaben liefert (Klotz).

Vorlage Kiening
Nach Bühne, Bild und Tanz werden in dieser Vorlage Texträume thematisiert, in denen ›Präsenz‹ hergestellt werden soll. Mittels welcher Verfahren gelingt dies im Text und wie unterscheidet sich diese Präsenz von der auf der Bühne und beim Tanz (Gumbrecht)? Die untersuchten Totenklagen sind bisher unter der Perspektive ihrer tautologischen Topik behandelt worden, wobei das Besondere marginalisiert wurde. Dabei ist das Verhältnis zwischen den Texten und dem Ereignis, auf das sie sich beziehen, intrikat. Um dies zu klären, wurden chronikalische Berichte hinzugezogen, nicht um die ›Realität als solche‹ zu rekonstruieren, sondern um Referenzpunkte aufzuzeigen. Vor ihrem Hintergrund geht es um den inszenatorischen Charakter des Umgangs mit dem Tod. Dabei entsteht eine Spannung zwischen der Absenz des lebenden Körpers und der Präsenz der Erinnerung. Im intertextuellen Spiel werden Grade der Präsenz vorgeführt, etwa indem die vorgebliche Absenz der Autoren beim Ereignis als Ausgangspunkt einer imaginativen Steigerung Präsenz im Text auslöst (Kiening).

Zunächst stellt sich die Frage nach dem Stellenwert der Totenklagen im Kontext der Trauerhandlungen. In literarischen Gattungen besteht immer wieder die Möglichkeit, vom festgelegten Ritual zum individuellen affektiven Mitgehen vorzustoßen. Es scheint, als habe jede literarische Gattung die Möglichkeit, vom Stadium des bloß Repräsentativen in einen Prozeß subjektiver Reflexion überzuleiten. Insofern artikulieren die Totenklagen eine über die Trauerinszenierungen hinausgehende Dimension. Es stellt sich die Frage, ob das untersuchte Material als Indiz einer Epochenwende zu interpretieren ist (indem das bloß kollektive Ritual verabschiedet wird) oder ob Ritual und individuelle Aneignung über einen längeren Zeitraum nebeneinander bestehen (Haug). Man muß allerdings unbedingt den gesamten Komplex des Bestattungsrituals mitberücksichtigen. Das Ereignis, auf das sich die Totenklagen beziehen, ist in der Historiographie, und zwar in eigens dafür gefertigten Protokollen, verschriftlicht und auch verbildlicht. Beides gehört zusammen. Ein spätmittelalterliches Bestattungsritual in Frankreich umfaßt z.B. die Aufbahrung des (adligen) Toten; die Niederlegung der Totenmaske und der Herrschaftszeichen; die konkurrierenden Formen geistlicher und weltlicher memoria; verschiedene religiöse Handlungen; das Aufstellen des Leichnams in der Kirche; seine Überführung mit einer Prozession zum Grab; das Hinunterlassen in die Gruft, wobei keine geistlichen, sondern nur weltliche Personen wie der Kanzler und die Herolde in die Gruft hinuntersteigen; die Niederlegung der Insignien, die von den Herolden hinuntergetragen werden, die dafür für kurze Zeit ihren Wappenrock ablegen, denn nur solange der Herr lebt, sind sie Herolde; erst in diesem Augenblick ist der Herrscher wirklich tot; mit einem anderen Wappenrock des neu gewählten Königs verlassen die Herolde die Grabstätte. Diese Rituale wurden aufgezeichnet, illustriert und vervielfältigt (z.B. von Ludwig XII.), und in solchen Berichten sind Umbrüche und Entwicklungsprozesse exakter zu erkennen als in den für sich betrachteten Totenklagen (Melville).

Im Mittelalter ist, Otto Gerhard Oexle zufolge, die Präsenz der Toten in ihrer memoria gewährleistet, so daß sie nicht erst erzeugt werden muß. In den Beispielen aus Burgund scheint der Tod dagegen als endgültig betrachtet zu werden, so daß kompensatorisch die Präsenz der Toten mit literarischen Mitteln hergestellt werden muß (Wenzel). Gleichzeitig werden durch literarische Verfahren allerdings die Toten auch auf Distanz gehalten (Gumbrecht). In der Tat wird in den Beispieltexten der Tod in seiner Endgültigkeit zum Problem; er läßt sich offenbar nicht mehr in christlichen Formen der memoria und in heilsgeschichtlicher Erwartung restlos aufheben (Kiening). Es hat den Anschein, als sei gegenüber früh- und hochmittelalterlichem Totengedenken und noch gegenüber den beschriebenen Bestattungsritualen in den Texten der Tod vor allem eine literarische Veranstaltung. So haben z.B. die Vergleiche fürstlicher Personen mit der Trinität keine hyperbolische Verweisfunktion mehr, sondern sind rhetorische Spielerei (Müller). Verwiesen wird auf einen Text von Eustache Deschamps, der gleichfalls spielerisch auf den Tod reagiert: Auf zwei auf seinen Tod verfaßte Gedichte antwortet er, indem er sagt, daß er noch nicht tot sei, die Gedichte aber für den Fall seines Ablebens aufheben werde. Geht es nun um die Illusion der Präsenz der Stimme des Autors – oder (darüber hinaus) um eine Illusion der Präsenz der Verstorbenen (Gumbrecht)?

Einzelne Fragen richten sich noch an die Schlußüberlegungen des Beitrags: Inwiefern ist der »Fluchtpunkt der ›Complaintes‹ [...] der ebenso ersehnte wie unerreichbare Umschlag der Sprache in Geste« (Hahn)? Und welchen Stellenwert hat am Schluß des Beitrags der Begriff des ›Enttötens‹, den Volker Klotz im Zusammenhang mit Boccaccios ›Decameron‹ entwickelt hat (Kallweit)? Dieser Begriff ist an narrative Texte gebunden, und er geht von sogenannten Halsmärchen aus, in denen Erzählen eine Überlebensstrategie ist (Gumbrecht). Der Begriff ist hier metaphorisch zu verstehen; er zielt auf die Leistung der Sprache, lebensweltliches Leid aufzuheben. »Umschlag der Sprache in Geste« meint den Versuch, mit Mitteln der Sprache zu einer höheren Form der Unmittelbarkeit vorzustoßen (Kiening).

Vorlage Huot
Thema ist die Präsenz des Rezipienten im (geschriebenen) Text. Die Reaktionen auf den ›Roman de la Rose‹ haben zum Teil einen eher ›mündlichen‹, auch ›theatralischen‹ Charakter, zum anderen tragen sie dem schriftlichen Medium Rechnung. Besondere Aufmerksamkeit verdient der dramatische Dialog eines Rezipienten mit der Stimme einer Textfigur. Hier kann man von einer Verkörperung des Lesers sprechen. Zugleich thematisiert der Disput zwischen Ehefrau und Ehemann im Text Körperlichkeit, indem die Frau ihre Sexualität einsetzt, um den Ehemann zu beherrschen, während der Mann (durch die Stimme des Rezipien-

ten) sich ihr zu entziehen versucht. Schreiber, Leser und Illustratoren reagieren aus unterschiedlichen Perspektiven auf den Disput. Der Schreiber macht sich innerhalb des Textes geltend, wenn er eine Passage durch tituli als geschlossenen Textabschnitt markiert und die einzelnen Sprecher in den Rubriken nennt. Der Rezipient wird in einem Gestus der Mündlichkeit präsent, indem er sich mit einer der Figuren, dem Ehemann, identifiziert. Federzeichnungen am Blattrand versehen den Text mit einem allegorischen Kommentar. Er lenkt den Leser auf den Text und legt ihm eine bestimmte Interpretation nahe (Huot).

Der ›Roman de la Rose‹ besteht zu einem erheblichen Teil aus Figurenreden. Erlaubt dies, obwohl es sich um einen narrativen Text handelt, eine Lektüre als Drama (»dramatical reading«), zumal, wenn eine Autorfigur im Bild körperlich realisiert wird (Rom, MS Vat. Urb. Lat. 376, fol. 100r)? Die visualisierte Autorfigur unterweist im Bild die Rezipienten, so daß eine ›performance‹ simuliert wird. Den Repräsentationen des Lesers im ›Roman de la Rose‹ vergleichbar ist eine Chaucer-Handschrift aus dem 15. Jahrhundert, die gleichfalls Lachen provozierende Leserkommentare aus männlicher Perspektive enthält. An solchen Beispielen sind sogar geschlechtsspezifische Antworten auf den Text erkennbar. Welche Schlüsse etwa auf laute oder stille, private oder gemeinschaftliche Lektüre legen dergleichen Zeugnisse nahe (Lerer)?

Eine Lektüre des ›Roman de la Rose‹ als dramatischer Text scheint schwer vorstellbar. Über zeitgenössische Lektüregewohnheiten läßt sich wenig sagen. Die untersuchten Anmerkungen, Zeichnungen und Randnotizen lassen eher auf private Lektüre schließen. Beim Lesen in der Gruppe sind solche Einträge funktionslos. Doch gibt es in anderen Manuskripten Hinweise auf Gruppenlektüre, etwa Randnotizen in lateinischer Sprache, die empfehlen, bestimmte Teile des Textes zu überschlagen, weil sie Ärger erregen oder zu falschem Handeln anleiten (Huot).

Lassen sich Beobachtungen, die an Lyrik gemacht wurden,[1] auf den ›Roman de la Rose‹ übertragen, in der Weise, daß ein echter Dialog zwischen verschiedenen Sprechern, von denen einer der Leser ist, stattfindet, so daß die Handschriften also als Zeugnisse von Aufführungen zu werten sind (Wenzel)? Die überlieferten Zeugnisse lassen keine Aufführung hinter dem Text erkennen. Wo der Autor bildlich dargestellt ist, dann immer als Schreiber, nicht als Vortragender (Huot). Zu unterscheiden ist überdies zwischen den tatsächlichen Spuren eines Lesers und den Antizipationen solcher Spuren im Text selbst (Strohschneider).

Wie präsent ist aber der Autor im Text? Das vorgestellte Autorbild mitten im Text hat die Funktion eines titulus, der die Passage als separaten Abschnitt markiert und damit aus dem Kontext herauslöst. Neben den für den gesamten Text zuständigen Autor rückt hier der Erzähler einer Passage. Problematisch wird damit das Verhältnis dieser Autor-persona zu derjenigen des gesamten Textes (Curschmann).

---

1 Vgl. Sylvia Huot, *From Song to Book: The Poetics of Writing in Old French Lyric and Lyrical Narrative Poetry*, Ithaca/NY 1987.

Die Verschriftlichung hat Konsequenzen für die Einrichtung des Textes (was die modernen Ausgaben zum Teil unterschlagen). Offensichtlich enthalten die meisten Handschriften Rubriken, die die einzelnen Sprecher ausweisen. Die Bestimmung dessen, der spricht, ist notwendig in einer schriftsprachlichen Kommunikationssituation, denn nur so sind die Aussagen relationierbar. Die handschriftliche Überlieferung weist insofern auf Distanz zur Aufführung, während die kritische Edition auf der Basis einer schon völlig selbstverständlichen Schriftlichkeit diese Signale wieder getilgt hat (Müller). Allerdings wird auch bei der Aufzeichnung von Spielen und dialogisierten Liedern die jeweilige Sprecherinstanz genannt, was selbstverständlich deren Aufführung nicht ausschließt (Huot).

Die besondere Behandlung der untersuchten Passage in der Romanüberlieferung wirft die Frage nach dem Verhältnis von Gesamttext und Fragment auf. Offensichtlich ist mit einem diskontinuierlichen, fragmentarischen Lesen zu rechnen. Aus dem deutschsprachigen Raum gibt es Hinweise darauf, etwa beim ›Jüngeren Titurel‹. Wie ist ein Lesen zu beschreiben, das nicht auf den gesamten Text gerichtet ist, sondern auf bestimmte Textsegmente? Zu unterscheiden sind drei Typen einer solchen fragmentarischen Rezeption: als der Tendenz nach mündlich, visualisiert oder intertextuell. Der Zusammenhang dieser drei Typen bedarf noch näherer Erörterung (Strohschneider). Selbstverständlich können sich diese Formen überschneiden, wenn auch die herangezogenen Beispiele sie als unterschiedliche Fälle ausweisen. Mündliche und visualisierte Formen können etwa in einer theatralischen Aufführung zusammenkommen (Huot).

Ute von Bloh

IV.
Verkörperung von Texten – Texte in Körpern

Einführung

ERICH KLEINSCHMIDT

In der ursprünglich konzipierten ›Choreographie‹ der Tagung ging es darum, dem Verhältnis von Körper und Text im Medium der Sprache nachzugehen. Auf der einen Seite steht dabei die unmittelbar gegenwärtige ›Sprache‹ des Leibes, wie sie in den älteren Kulturen eine zentrale Rolle spielt, bevor im Prozeß der Zivilisation an die Stelle der Körperrhetorik eine reine Textrhetorik tritt. Andererseits geht es um die Erfassung und Repräsentation von Körperlichkeit und Materialität im Modus von sprachlichen wie auch anderen symbolischen Texturierungen.

Die Bindung der Sprache an Leiblichkeit und Leiberfahrung bildet die zentrale, anthropologische Voraussetzung aller Kommunikation.[1] Dieser selbstverständliche Sachverhalt gerät in theoretischen Überlegungen zu Sprach- und Textfunktion allzu leicht in den Hintergrund. In den abstrakten Debatten der Zeichen- und Erkenntnistheorien hat der Körper keinen systematischen Ort, es sei denn der eines Signifikats unter anderen Signifikaten. Privilegien verleiht ihm hingegen ein psychoanalytisches Textdenken. Es weist in der Verknüpfung von Soma und Psyche den Bahnungen und Energieschüben, denen das körperliche Kontinuum stets ausgesetzt ist, eine sprachinduktive Leitposition im Hinblick auf Lebensgeschichte und Autorschaft zu.

Die markierenden Triebe, denen der Mensch als leibseelische Einheit unterliegt, begründen das ›Andere‹ der Sprache, ihren Rhythmus und Tonfall, ihr materielles Substrat. Die ›semiotische‹ Ebene des Körpers liegt dann vor aller Signifikanz, wie sie erst eine symbolische Ordnung schafft, und ihre artikulative Welt ist die der Widersprüche und Sinnlosigkeiten, des Schweigens und der Abwesenheit.[2] Was der sprachlichen *Bedeutung* entgeht, fällt der heterogonischen Funktion zu, die Freud mit dem psychosomatischen Bereich identifizierte.

Obwohl eine Berücksichtigung dieses Zugangs erwünscht gewesen wäre, mieden die eingereichten Vorschläge und Vorlagen diesen Debattenhorizont. Ein

---

1 Vgl. hierzu Harald Weinrich, »Über Sprache, Leib und Gedächtnis«, in: Gumbrecht/Pfeiffer, *Materialität*, S. 80–93.
2 Vgl. dazu grundlegend im Anschluß an Überlegungen Jacques Lacans und Jacques Derridas: Julia Kristeva, *Die Revolution der poetischen Sprache*, Frankfurt/M. 1978, bes. S. 32 ff. u. S. 53 ff.

Grund dafür mag darin liegen, daß sich eine psychoanalytische Theoriereferenz gegenüber einer älteren Kultur- und Textpraxis immer noch schwer tut, obwohl dafür allenfalls forschungssituative, aber keine methodischen Argumente zu beanspruchen sind. Dieses Defizit und andere Lücken in der thematischen Entfaltung dieses Symposions auch sind zwar problematisch, müssen jedoch vom verfügbaren Beitragsprofil her hingenommen werden, zumal ihnen auch eine aufschlußreiche Symptomatik innewohnt.

Die Leibbindung der Sprache war als historischer Erfahrungsraum zu erörtern, der in der Trias von Körper, Schrift und Text konkret ausagiert wird. Der Ausgangspunkt ist dabei zunächst die Beziehung des Körpers zur Schrift, die als domestizierte Bewegung zum einen von ihm beherrscht wird, zum anderen als solche ihn auch wiederum ergreift. Der Gewinn eines Textraumes bedeutet den Durchgang durch den bewegten Körper, der sich im Supplement der Schrift birgt.[3] Ihre Zeichenwelt enthält ihn und erlaubt, daß er auf der Ebene seiner textuellen Repräsentation gegenständlich ebenso wie die ganze sonstige Welt[4] eigens lesbar gemacht werden kann.

Im Gewinn seiner sprachlichen Präsenz ergeben sich artikulative Spuren der Leiblichkeit, die darstellerisch aufzunehmen und zu deuten sind. Der in Text verwandelte Körper entwickelt eine zunächst zur primären Lektüre physischer Zuständlichkeit parallele Lesbarkeit, die dann aber eine eigene Dynamik entfaltet. Der figurativ vertextete Leib schafft sich seinen eigenen Bedeutungsraum, der sich nicht mehr am realen Substrat und einem darauf gerichteten Inszenierungswissen orientiert, sondern der den Möglichkeiten und Gesetzen einer sprachgebundenen Medialität verpflichtet ist.

Obwohl Sprache die Gegenwärtigkeit des Körpers in zweierlei Weise aufnimmt, der in ihr als bewußt oder assoziativ ›erinnertes‹ Signifikat (Inhalt) wie als verselbständigte, figurale Organisation (Ausdruck) enthalten erscheint, so überwiegt faktisch das Moment der ›rhetorischen‹ Regie. Der literarische Text, der dabei kalkulierte Konstrukte wie spielerische Zugriffe ins Spiel bringt, verfaßt jene ideelle Leiblichkeit, die kulturell wirksam wird und sich historisch jeder kognitiven Rückbindung an den realen Körper überlegen erweist. Die expositorische Formalisierung des Leiblichen entwirft eine eigene, materielle Qualität der Verkörperung, die dann in und für sich funktioniert. Sie bündelt deixis (Zeigeordnung) und doxa (Wahrnehmungsmeinung) der Körpererfahrung und schließt sie zu einer kommunikativ wirksamen Hüllform des Subjekts zusammen. Die auktoriale Leibphantasie wird dabei in die phantasmatische Projektion einer abstrakten Körperlichkeit der Textsignifikanz überführt, an der sich ein produktives wie rezeptives Begehren dann gleichermaßen in der darstellerischen Vermischung von Erkenntnis und Materie abarbeitet.

---

3 Zur zentralen Vorstellung des Supplements und der ›difference‹ bei Jacques Derrida vgl. im Überblick Jonathan Culler, *Dekonstruktion. Derrida und die poststrukturalistische Literaturtheorie*, Reinbek 1988, S. 99 ff.
4 Vgl. hierzu allgemein Hans Blumenberg, *Die Lesbarkeit der Welt*, 2. Aufl., Frankfurt/M. 1983.

Körper und Texte sind weder im historischen Wahrnehmungsbewußtsein noch in denksystematischer Sicht voneinander zu trennen. Sie bedingen und überlagern einander im Repräsentation ausagierenden Medium der Sprache, das es nicht erlaubt, Körperlichkeit unabhängig von uns selbst ›objektiv‹ zu erfahren und zu behandeln. Der cartesianische Schnitt, die res cogitans von der res extensa zu scheiden, erweist sich angesichts des sprachlichen Leibgedächtnisses als Illusion bei der Erfahr- und Darstellbarkeit von Körperlichkeit. Dieser komplexe Sachverhalt muß stets mitgedacht werden, wenn es um die Frage nach der Vertextung des Leibes und um die gegenständliche Präsenz der Texte geht.

Der kognitiven Seite und ihrer sprachlichen Organisation fällt dabei kraft ihrer phänomenologischen Präsenz mehr Aufmerksamkeit zu als den Symptomen und Spuren physischer Materialität im Ausdrucksakt. Dennoch gilt es, jene nicht zuletzt deshalb lesen zu lernen, um etwas über die Geschichte der Subjekte und ihrer Subjektivität zu erfahren. Sie ist eine der Ein- und Überschreibungen in die abgeschattete, diskursiv vernetzte Historizität der Körperlichkeit, die bewußt zu machen und in ihren Strukturen aufzuzeigen ein weiterführendes Forschungsanliegen sein kann und muß.

Das Beitragsspektrum eröffnet über seine thematischen Anschnitte mögliche Einsichten in solche Hintergründe und Grundlagen, wobei sie diese eigentlich schon als Zusammenhang voraussetzen, ohne ihre vielgestaltigen Entfaltungen und Verzweigungen selbst ausfächern zu können. Angesichts der sehr spezifischen Konstellationen, denen die Vorlagen nachgehen, vermochten sie nur einige Wege dort zu skizzieren, wo ein noch nicht exakt vermessenes Terrain insgesamt eine umfassende Zuwendung erforderte. Perspektiven selbst auf die Gefahr hin zu eröffnen, daß durch sie mehr Probleme aufgeworfen als geklärt werden können, ist aber ein Anliegen, dem diese Gesprächsrunde mit ihrer offenen Struktur verpflichtet ist.

Der Beitrag von Andreas Kablitz, der die Sektion eröffnet, nähert sich dem Themenkreis aus einer sehr speziellen Sicht funktionsgeschichtlich. Die politische Selbstinszenierung des italienischen Renaissance-Fürsten, wie sie Machiavelli entwirft, gründet die Idee von Herrschaft auf eine idiomatisierte Präsenz des Körpers. Die diskursive Markierung der Macht mit dem Ziel, gesellschaftliche Führung performativ auszustellen, macht innerhalb einer historischen Konstellation mittelbar deutlich, daß der geistige Handlungsanspruch des Subjekts nicht ohne die personale Konkretisation und damit ohne einen leibbezogenen Subtext auskommt. In der Figur des politisch auftretenden Fürsten bündeln sich physische Existenz und legitimatorische Kommentierung zu einer Ontologie der Macht aus der faktisch heterogenen, aber wirkungsmächtig harmonisierten Fülle einer signifizierenden Textorganisation.

Die theatralische Handlungsdimension des Individuums rückt auch Josef Vogl ins Blickfeld, wenn er innerhalb des aufklärerischen Debattenhorizontes zwischen Hobbes und Rousseau für die gesellschaftliche Vertragstheorie ein poetologisches Reflexionsmoment, die Idee von einem Theater der Gründung und Repräsentation, als gegeben ansieht. Der Modus der Stellvertretung für die Person verbindet die fiktionale Spielsphäre des Theaters mit der ›bürgerlichen‹ realisierten Vertretungsidee des Staates. Theatralische und ›öffentliche‹ Person agieren auf ihren jeweiligen Bühnen, wie sie Goethe exemplarisch im ›Wilhelm Meister‹ als die Welten von ›Theater und Turm‹ antagonistisch nach dem gleichen Gesetz der symbolischen Inszenierung des Körpers abhandelt. Für den Schauplatz der Institutionen und Personen gilt, daß in ihnen stets ein repräsentierter ›Ort des Anderen‹ mitgedacht wird. Er bündelt die semiotische Grundstruktur von An- und Abwesenheit. Die Alterität der Körperlichkeit, zugleich materiell präsent und legitimatorischer Signifikant zu sein, ergibt so ein beziehungsreiches und für das 18. Jahrhundert neuartig funktionalisiertes Exekutions- und Regulationsfeld politischer Rationalität.

Die Vorlage von Wolfgang Harms, die sich weniger dem theoretischen Überbau zuwendet als das Fallbeispiel aufsucht, behandelt den konkreten Eintritt der Körperlichkeit in die Zeichenwelt der Schrift. Auch hier geht es um Inszenierung und ihre Lektüre, doch berührt die ikonische Technik der Buchstabenverkörperung keine Darstellungsgeschichte von Personalität. Es geht um die Analogie von Schrift- und Körpermaterialität, deren elementare Gegenständlichkeit einem spiritualisierten Zugriff ausgesetzt wird. Was als Lektüre begann, die sich mit Texten beschäftigt, um dieses Modell dann auf das ›Buch der Welt‹ und damit auch des Leibes zu übertragen, wird nun auf das mundane Objekt ›Schrift‹ erweitert. Wenn deren Zeichen in der Form von Körpern zu lesen sind, ergibt sich die Chance einer gedoppelten Wahrnehmung. Der Text ist Körper und Schrift, Welt und Chiffre zugleich. Die divergenten Möglichkeiten der *Ein*schreibungen wie der *Um*schreibungen werden so kohärent, wenn ihre Verschlungenheit auch gewollt rätselhaft erscheint.

Der körperalphabetisierte Königsweg einer Verknüpfung von Wort und Sache versagt dort, wo es nicht mehr um den Erwerb phantastischer Freiräume, sondern um die Erfassung realer Topographie geht. Wolfgang Schäffners Rekonstruktion der frühneuzeitlichen kartographischen ›Verschriftungstechniken‹ von Landschaft und Körpern verweist auf die Überwindung eines Lesens, das Ähnlichkeitswissen organisiert. Wo es um exakte Zuordnung geht, wie dies für die hier beispielhaft benannten Bezirke Anatomie und Artillerie gilt, muß eine genaue Erfassung der materiellen Bezugsgrundlagen betrieben werden. Daß dies nicht nur technische Lösungen erfordert, sondern daß es dabei um die Repräsentation von Machtkonstellationen geht, die Körper und Landschaft jeweils neu erzeugen, macht der Beitrag deutlich. Die topographische Vermessung beinhaltet dabei den doppelten Durchgang durch die Leiblichkeit, die kognitive Grundlage und registriertes Objekt zugleich ist.

Die Semiotisierung des Körpers und des durch ihn bestimmten Verhaltens spielt, wie der Beitrag Barbara Kortes es für England konturiert, für den empfindsamen Roman eine wichtige Rolle. Die narrative Errichtung nonverbaler, gestaltbezogener Sprache zielt auf mehr als nur den Gewinn einer abgedrängten kommunikativen Form. Es geht um die Entdeckung einer den Menschen ganzheitlich erfassenden Semiose, die nicht auf die zeichengebundene Interaktion der Sprache allein verwiesen bleibt. Mit Hilfe des Körpers als des Ursprungsortes einer ›natürlichen‹ Semiotik wird Bedeutung gesellschaftlich neu und wirksam ausgetauscht, wobei ein körpergebundener ›Primärtext‹ in den abstrakten Schrifttext übernommen erscheint und so die Ökonomie der literarischen Substitution erweitert. Es kann über und aus der Thematisierung des Leibes und seiner ›Sprache‹ mehr und anderes gesagt werden, als es in einem reinen Wortmodus möglich wäre. Dies ergänzt die Ausdrucksseite, modifiziert aber auch das Spektrum möglicher Inhalte insgesamt. Die Geschichte des sentimentalism wird von diesem Prozeß, der auf eine neue Sensibilisierung der Empfindung hinausläuft, wesentlich mitbestimmt.

Dem Ausdrucksverstehen wird so in der Verabschiedung von rhetorischen Mitteilungsverfahren im 18. Jahrhundert eine neue Systematik auferlegt, die Seele und Körper als integrierte, kommunikative Einheit bündelt. Hilmar Kallweit skizziert anhand der Überlegungen Johann Jakob Engels zu Poetik und Mimik den Gewinn jenes *lebendigen Princips* der *Seelenbewegung*, dem sich Buch wie Gebärde als gleichwertig zu lesende ›Texte‹ verdanken. Leib und Seele verschaffen sich in jeder Form von Mitteilung ihre direkte, ›homogene‹ Evidenz, die Prinzipien einer nur textrhetorischen Repräsentation unterläuft und hinter sich läßt. Entsprechend muß sich die Wahrnehmung verschieben. Sie lernt, einen zeichenverhafteten Zugang zu Sprache und Gebärden zu durchstoßen und hinter ihnen die Bewegung eines denkenden und empfindenden Geistes zu erfahren. Der Universalität genieästhetischer Autorschaft entspringt so das Modell einer Lektüre, die den Menschen in all seinen Äußerungsformen verstehen und ihn als Geno- wie Phänotext[5] begreifen will.

---

5 Zur Begrifflichkeit vgl. Kristeva (Anm. 2), S. 94 ff.

Der Fürst als Figur der Selbstinszenierung – Machiavellis ›Principe‹ und der Verfall mittelalterlicher Legitimationen der Macht

ANDREAS KABLITZ

> Damit ein Ereignis Größe habe, muß zweierlei zusammenkommen: der große Sinn derer, die es vollbringen, und der große Sinn derer, die es erleben.
>
> *(Friedrich Nietzsche, ›Unzeitgemäße Betrachtungen‹, Viertes Stück: ›Richard Wagner in Bayreuth‹)*

I.

Die Verschiebung der Grenze zwischen Kunst und Leben hat schon Jacob Burckhardt als ein Kennzeichen der ›Kultur der Renaissance‹ beschrieben. Als Kunstwerke begriffen, sind der Staat wie das Ich[1] Produkte eines subjektiven Wollens, sind sie Ausdruck jener Emanzipation, mit der der Schleier zerrissen wird, der dem Menschen des Mittelalters seine Welt wie sein Ich vor sich selbst verborgen hatte.[2] Das Kunstwerk also bezeichnet hier vornehmlich eine Figur der Mächtigkeit des Subjekts. Die jüngere Diskussion hat demgegenüber eine Begrifflichkeit der Bühne favorisiert, um die Eigenheiten rinascimentaler Wirklichkeit zu charakterisieren – um jenes Spiel zwischen Wahrheit und Schein zu benennen, in dem man den Kern dieser Kultur, ihre Möglichkeiten wie ihre Abgründe, vermutet. Dafür seien im folgenden zwei Beispiele erwähnt.

---

1 Den Staat, seine Verfassung im Innern wie seine Vertretung nach außen kennzeichnet Jacob Burckhardt ganz ausdrücklich als Kunstwerk; vgl. etwa ders., *Die Kultur der Renaissance in Italien. Ein Versuch*, hrsg. K. Hoffmann, 11. Auflage, Stuttgart 1988, S. 67. Weniger explizit ist dies für das Ich der Fall, wiewohl auch die hier benutzte Begrifflichkeit ein entsprechendes Verständnis nahelegt; vgl. etwa eine Formulierung wie die folgende, ebd., S. 102 f.: »Ein sehr geschärfter kulturgeschichtlicher Blick dürfte wohl imstande sein, im 15. Jahrhundert die Zunahme völlig ausgebildeter Menschen schrittweise zu verfolgen. Ob dieselben das harmonische Ausrunden ihres geistigen und äußern Daseins als bewußtes, ausgesprochenes Ziel vor sich gehabt, ist schwer zu sagen; mehrere aber besaßen die Sache, soweit dies bei der Unvollkommenheit alles Irdischen möglich ist.«
2 Ebd., S. 99.

»Le théâtre est une forme qui s'empare de toute la vie sociale et de toute l'architecture à partir de la Renaissance.«[3] Mit diesem Urteil weist Jean Baudrillard dem Theater eine solche Zentralität als Konsequenz seiner Archäologie des modernen Zeichens zu. Die Konjunktur der Nachahmung am Beginn der Neuzeit ist die erste Stufe einer Bewegung, die die Verbindlichkeit des Zeichens in einer Feudalgesellschaft hinter sich gelassen und in der Matrix des Kodes ihr vorläufiges Ende gefunden hat. ›Contrefaçon‹ erscheint deshalb für Baudrillard als schlüssige Folge demokratischer Proliferation der Zeichen, deren Wert sich nicht mehr durch autoritäre Festsetzung, sondern durch Konkurrenz um das Äquivalent bestimmt; schlüssig aber ist sie, weil sie die Begrenzungen statutenhafter Einmaligkeit zu sprengen erlaubt. Als Mimesis simuliert das Zeichen zugleich noch immer eine de facto längst preisgegebene Zuverlässigkeit und bedient sich zu diesem Zweck einer im Grunde metaphysischen Figur: Es tritt als Ikon der Wirklichkeit in Erscheinung. ›Theater‹ als Inbegriff sozialer Praxis ist insofern ebenso eine Errungenschaft semiotischer Freiheit wie eine Strategie der Rückgewinnung einer unweigerlich verlorenen Verbindlichkeit und gibt in dieser Doppelgesichtigkeit des Zeichens die verwirrende Ambivalenz solcher Verbindlichkeit zu erkennen, ihr Oszillieren zwischen Zwang und Verläßlichkeit.

Baudrillards Rückgriff auf eine Begrifflichkeit der Bühne zur Charakteristik rinascimentaler Kultur läßt allerdings eine Dimension ihres semantischen Potentials sehr weitgehend ungenutzt: den Bezug zum Publikum. Sie benennt bei ihm eine Figur der Überschneidung von Handlung und epistemologischer Differenz: Die Zeichen sind fiktional, weil sie hergestellt sind. Aber einer Handlung, die als bloße Produktion begriffen ist, fehlt zugleich das Spiel zwischen Akteur und Zuschauer, welches Stephen Greenblatt in das Zentrum seiner Beschreibung der Kultur der Renaissance rückt. Greenblatt verzichtet zur Erklärung entsprechender Phänomene auf einen so systematischen Ansatz wie denjenigen Baudrillards und leitet sie aus je unterschiedlichen Zusammenhängen her. Ungeachtet kontextuell variabler Ursachen aber stellt ›theatricality‹ auch für ihn eine durchgängige Erscheinung frühneuzeitlicher Kultur dar. ›Theatricality‹ etwa ist eine – in Anlehnung an Norbert Elias skizzierte – Wirkung der Situation des Hofmanns, der seine überkommene Funktion eingebüßt hat und deshalb umso bewußter sein Verhalten plant, das ihm allein noch soziale Anerkennung verschaffen kann.[4] Inszenierung bildet für Greenblatt sodann einen Schlüssel zur Selbstkonstitution, zum ›self-fashioning‹ eines Thomas More, dessen Person für ihn wesentlich in solchem Rollenspiel aufgeht. Eine entleerte, weil als solche durchschaute Konventionalität bedingt die universelle Herrschaft des Scheins, doch in Ermangelung einer substantiellen Alternative ist die scheinhafte Konvention ersatzlos. So kostet die Existenz Mores die vanitas in ihrem Doppelsinn aus: Das Leben weiß um die Nichtigkeit einer Welt, die sich auf die bloße Fiktion verwiesen

---

3 Jean Baudrillard, *L'échange symbolique et la mort*, Paris 1976, S. 79.
4 Stephen J. Greenblatt, *Renaissance Self-Fashioning. From More to Shakespeare*, Chicago u. London 1980, S. 162; zu Elias vgl. ebd., S. 283 f., Anm. 6.

sieht; aber ihre alternativlose Substanzlosigkeit gerät zugleich zur Ermächtigung, das Selbst in Szene zu setzen, weil das Bühnenspiel unumgänglich geworden ist.[5]

Greenblatt situiert diese Theatralität als Bedingung von Mores Existenz vor der Kontrastfolie von Machiavellis ›Principe‹, dessen Wirklichkeitsentwurf sich demgegenüber entschieden schlichter ausnimmt.

Sein Bündnis von Fiktion und Macht erscheint als bloßes Instrument der Sicherung der Herrschaft; Täuschung und Vorspiegelung falscher Tugend sind hier Praktiken der Mächtigen in einer Welt, die sich noch immer durchschauen läßt und in der deshalb nicht jene kategoriale Opazität von Mores unhintergehbar scheinhafter und deshalb theatralischer Welt gilt. Bei aller Differenz der Begründung wie der Kennzeichnung rinascimentaler Kultur mittels einer Begrifflichkeit des Theaters, in *einem* Punkt stimmen Baudrillard und Greenblatt überein: Simulation, Inszenierung und Spiel sind wesentlich die Konsequenz eines Verbindlichkeitsverlustes. Der Ausfall des fraglos Gültigen setzt eine Marge der Ungewißheit frei, in der sich der Schein anstelle der Wahrheit einrichtet und in der das Gemachte das Gegebene ersetzt. Solche Theatralität ist immer Fiktionalität im landläufigen wie im etymologischen Sinne: Sie meint ebenso die ontologische Differenz wie das Produkt. Handeln als Herstellung von Schein rückt deshalb zugleich die Person des Handelnden als den Ursprung seines Erzeugnisses in den Mittelpunkt. Handeln ist insoweit immer auch Selbst-Darstellung; sie bedarf des Publikums, weil das Er-Scheinende auch wahrgenommen sein will, um nicht belanglos zu werden.

Es verwundert nicht, daß vor dem Hintergrund seines More-Porträts Machiavelli für Greenblatt deutlich traditioneller wirkt. Zweifelsohne besitzt für dessen ›Principe‹ die Opposition von Wahrheit und Illusion nicht jene epistemologische Zentralität, die Greenblatt ihr im Falle Mores zuweist. Indes folgt sein Urteil zugleich konsequent aus seiner Prämisse, daß der Gegensatz von Eigentlichkeit und Schein, von Wahrheit und Fiktion die wesentlichste Achse der Strukturierung von Wirklichkeit darstelle. Inszenierung, Zur-Schau-Stellung, erscheint als unmittelbarer Effekt eines ontologischen Entzugs, der sich in der Scheinhaftigkeit des Handelns und seiner Produkte stets spiegelt. Der folgende Versuch zu Machiavelli wird demgegenüber für die im ›Principe‹ skizzierte Praxis der Macht zwar gleichfalls eine Struktur des Handelns herausarbeiten, deren Eigenheiten sich als Selbstinszenierung oder Selbstdarstellung charakterisieren lassen, und doch fehlt solcher Selbst-Präsentation hier ihre basale Scheinhaftigkeit – ungeachtet der Tatsache, daß die Täuschung gleichwohl zu ihrem Repertoire gehört. Wenn das Tun des Fürsten nach einer Äußerlichkeit verlangt, die auch des Publikums nicht entbehren kann, so ist ein solches Zur-Schau-Stellen paradoxerweise gerade eine Strategie, die darauf zielt, den Kategorien der überkommenen Ethik der Macht eine Substanz zu garantieren, die sie an sich selbst nicht mehr besitzen. Sein Handeln ist eine Selbstdarstellung, die etwas zum Vorschein bringt, ohne der Scheinhaftigkeit anheimzufallen; es ist eine Form der Demonstration, die durchaus anderes als Simulation bedeutet. Machtpraxis als Selbst-

---

5 Ebd., S. 27.

inszenierung sei deshalb im folgenden als die Umbesetzung einer tradierten Herrschaftsethik gedeutet, deren Erosion Machiavellis ›Principe‹ ebenso spiegelt, wie der Text ihre Essenz – und selbst um den Preis ihres Identitätsverlusts – zu erhalten versucht.

II.

Die Begründung irdischer Macht ist dem christlichen Denken nicht leichtgefallen – unbeschadet aller Aussagen des Neuen Testaments, die an der Rechtmäßigkeit staatlicher Gewalt, und sei sie in die Hände des heidnischen Kaisers gelegt, keinen Zweifel aufkommen lassen.[6] Die theologische Skepsis gegenüber der Macht des Menschen über den Menschen mußte sich zumal an ihrer Nähe zu jener Stellung entzünden, die derselbe Mensch einst im Garten Eden wider das göttliche Verbot erstrebte. In der ursprünglichen Ordnung der Schöpfung hatte Gott das Wesen, das nach seinem Bild geschaffen war, zur Herrschaft über alle anderen Geschöpfe bestimmt und zugleich zum Dienst gegenüber dem Allmächtigen verpflichtet. Die Aufkündigung dieses Gehorsams, mit der alle Sünde begann, das Sich-Erheben des Menschen über den ihm zugewiesenen Rang, erscheint deshalb als das Begehren einer Macht, die ihm verwehrt war. So konnte Augustinus die Herrschaft des Menschen über seinesgleichen nur als eine zur Strafe verhängte Pervertierung der ursprünglichen Ordnung begreifen.[7] Als kompensatorische Korrektur seiner Weigerung, sich dem zu fügen, dem er von Natur aus unterlegen war, wird er nun seinesgleichen unterworfen. Doch auch der ebenso erbsündige Machthaber darf seiner Überlegenheit nicht froh werden, und so verwandelt Augustinus den Besitz dieser Macht in eine extreme Form der Züchtigung, in die Peinigung durch eine unersättliche *libido dominandi*, die schlimmer ist als alle Sklaverei.[8]

Es liegt in der Konsequenz des scholastischen Bemühens, die Verhältnisse dieser Welt als den Widerschein göttlicher Ordnung zu deuten, daß auch die Begründung irdischer Macht als bloß postlapsale Deformation, als Kainsmal einer erbsündigen Welt nicht mehr genügt, sondern diese Macht als Spiegel einer universellen Ordnung Legitimität gewinnt. Deshalb gibt der Aquinate, gerade gegen die Präferenz des ansonsten so getreu zitierten Aristoteles für die Staatsform der Politie, der Herrschaft des Einen den Vorzug, weil die Monarchie sich als eine

---

6 Als einer der signifikantesten Belege für solche Rechtmäßigkeit gilt bekanntlich Jesu Wort aus dem Lukasevangelium: *reddite ergo quae Caesaris sunt Caesari / et quae Dei sunt Deo* (Lk 20, 25).

7 Vgl. *Sancti Avrelii Avgvstini De civitate Dei libri XI–XXII*, Corpus Christianorum, Series Latina 48, Turnhout 1955, XIX, 15: *Rationalem factum ad imaginem suam noluit nisi inrationabilibus dominari; non hominem homini, sed hominem pecori. [...] Prima ergo seruitutis causa peccatum est, ut homo homini condicionis uinculo subderetur; quod non fit nisi Deo iudicante, apud quem non est iniquitas et nouit diuersas poenas meritis distribuere delinquentium.*

8 Ebd.: *Et utique felicius seruitur homini, quam libidini, cum saeuissimo dominatu uastet corda mortalium, ut alias omittam, libido ipsa dominandi.*

gottesebenbildliche Macht rechtfertigen läßt.[9] So schlüssig eine solche Konstruktion aus dem Versuch folgt, die vorfindliche Welt mit der ratio divina zu versöhnen, so prekär bleiben ihre anderweitigen Konsequenzen; und solche Brüchigkeit kommt schon bei Thomas selbst zum Vorschein. Eine Lücke klafft zunächst zwischen der metaphysischen Figur, mit der das Handeln des Fürsten installiert wird, und der Funktion, der sie zu genügen hat. Aufgabe des Herrschers nämlich ist vor allem die Verhinderung oder Korrektur aller Ordnungsstörung. Sein Wirken ist deshalb wesentlich das eines Richters, der Strafen verhängt, um die Gefallenen auf den rechten Weg zurückzuführen.[10] Damit aber bleibt ein Widerspruch bestehen zwischen der Form der Legitimation der Macht, welche die Analogie zur göttlichen Herrschaft reklamiert und sich auf ein Verhältnis natürlicher Überlegenheit als Ursache der Machtbefugnis beruft, und einer Praxis der Macht, die allein in der Beschädigung des naturgemäßen Zustands ihre Ursache und in dessen Restitution ihr Ziel hat. Die Brüchigkeit und in eins die Risiken der Errichtung irdischer Macht als einer gottesebenbildlichen Gewalt aber zeigen sich zumal in Thomas' unübersehbaren Anstrengungen, diese Struktur der Begründung irdischer *potestas* zugleich von den Konsequenzen freizuhalten, die daraus für die Person des Machthabers zu folgen scheinen. Ein fast zwangsläufiges Komplement gottesebenbildlicher Macht nämlich ist die *gloria*, die Bestätigung der *excellentia* dessen, der im Besitz solcher *potestas* ist. Das Streben nach der *gloria* aber, der *appetitus excellentiae* also,[11] mußte als die klassische Definition der *superbia* schlechthin verwerflich bleiben. So kann der Leser von ›De regimine principum‹ denn beobachten, wie Thomas sich bemüht, den Fürsten von der Suche nach einer *gloria* abzubringen, die ihm die rechte Handhabung einer gottesebenbildlichen Macht konsequenterweise eintragen müßte. Das Mittel, auf das der Aquinate zu diesem Zweck zurückgreift, findet er im Repertoire jener Strategien, mit denen die christliche Ethik seit altersher den Menschen davon abzuhalten trachtet, auf dieser Erde nach Ruhm zu streben: die Abwertung irdischer *gloria* zugunsten der Verheißung einer ungleich vollkommeneren himmlischen, als deren wertloses Surrogat aller Ruhm dieser Welt nur gelten kann.[12] *Diese gloria* aber und *diese* dem Menschen für die Ewigkeit des

---

9 Thomas von Aquin, *De regimine principum*, I, 13, *S. Thomae Aquinatis opera omnia*, Stuttgart–Bad Cannstatt 1980, Bd. III: *Sed quia, sicut supra ostendimus, homo est animal naturaliter sociale in multitudine vivens, similitudo divini regiminis invenitur in homine non solum quantum ad hoc quod per rationem regitur unus homo, sed etiam quantum ad hoc quod per rationem unius hominis regitur multitudo.*
10 Ebd., I, 16: *[...] ut suis legibus* [rex] *et praeceptis, poenis et praemiis homines sibi subiectos ab iniquitate coerceat et ad opera virtuosa inducat, exemplum a deo accipiens qui hominibus legem dedit, observantibus quidem mercedem, transgredientibus poenas retribuens.*
11 Augustinus, *De civitate Dei XI–XXII* (Anm. 7), XIV, 13, spricht von *perversae celsitudinis appetitus*, bei Thomas heißt es verschiedentlich *appetitus excellentiae*; vgl. etwa *Summa theologiae*, 1–2, q. 84, 2c; 2–2, q. 132, 4c; 2–2, q. 162, 3c, *S. Thomae Aquinatis opera omnia*, Stuttgart–Bad Cannstatt 1980, Bd. II.
12 Thomas von Aquin, *De regimine principum* (Anm. 9), I, 9: *Quis enim mundanus et caducus honor huic honori similis esse potest, ut homo sit civis et domesticus dei, et inter dei filios computatus haereditatem regni caelestis assequatur cum christo?*

Jenseits versprochene Herrschaft[13] kann er nicht mehr aus eigener Kraft gewinnen; sie ist göttlicher Lohn für irdisches Wohlverhalten, für tugendhaftes Handeln. Die Tugend aber erscheint aus christlicher Sicht zugleich als ein Akt der Unterwerfung,[14] und so entsteht eine im Grunde höchst paradoxe Konstellation: Das dem Menschen vorgegebene Ziel, die himmlische *gloria*, vermag er nur über den Umweg seiner *humilitas* zu gewinnen, seine *excellentia* also wird ihm nur als Belohnung der Anerkennung eigener Unterlegenheit bestätigt. Für seine Erniedrigung fällt ihm gnadenhaft eine Erhöhung zu, die ihn weit über den ihm wesensgemäßen Rang hinaushebt und die er schon allein deshalb aus eigenem Vermögen nicht erlangen kann. In der gleichzeitigen Deutung der Tugend als einer Form der Unterwerfung, die in der Erhebung über die eigene Natur hinaus ihren Lohn findet, aber ist die antike Vernunftethik, mit deren Hilfe auch die christliche Moral die *virtus* als ein der *ratio* verpflichtetes Handeln definiert, in der Theologie von allem Anfang an ganz entschieden geschwächt.[15] In der Identifikation mit einer letztlich mythischen Konfiguration, die eine Rivalität zwischen eigenem Machtanspruch und der Forderung nach Anerkennung fremder Superiorität in Szene setzt und schließlich im paradoxen Geschäft einer Erniedrigung als Preis der Erhöhung löst, in der Degradierung der Tugend zum bloßen Prüfstein der Eignung für Höheres, ist die Substanz einer Ethik unterminiert, die im vernünftigen als dem wesensgemäßen Handeln das nicht mehr zu transzendierende Telos des Menschen bestimmt.[16]

---

13 Die Vorstellung vom himmlischen Heil als Teilhabe an Gottes *gloria* und Herrschaft hat im besonderen das Paulinische Denken entwickelt; vgl. Röm 8, 17: *si autem filii et heredes/ heredes quidem Dei/ coheredes autem Christi/ si tamen conpatimur et conglorificemur*; Kol 1, 27: *quod est Christus in vobis spes gloriae*; Kol 3, 4: *cum Christus apparuerit vita vestra/ tunc et vos apparebitis cum ipso in gloria*; 1 Thess 2,12: *qui vocavit vos in suum regnum et gloriam*; vgl. auch 1 Petr 5, 10. Das himmlische Heil ist auch bei Augustinus als eine Form der Herrschaft des Menschen beschrieben. Vgl. *De civitate Dei* V, 17, *Sancti Avrelii Avgvstini De civitate Dei libri I–X*, Corpus Christianorum, Series Latina 47, Turnhout 1955: *Illa ciuitas, in qua nobis regnare promissum est*.
14 Dies bestätigt selbst ein so entschiedener Aristoteliker und ›Rationalist‹ wie Thomas von Aquin; vgl. etwa *Summa theologiae* (Anm. 11), 2–2, q. 19, 11c: *Unde sicut malum creaturae rationalis est ut subdat se creaturae inferiori per amorem, ita etiam malum eius est si non deo se subiiciat, sed in ipsum praesumptuose insiliat vel contemnat.*
15 Im zweiten Artikel der *quaestio* 103 des ersten Teils der ›Summa theologiae‹, welcher sich mit dem Zweck der *gubernatio mundi* beschäftigt, hat Thomas systematisch die Notwendigkeit begründet, als letztes Ziel ein der Welt selbst Äußerliches zu bestimmen; vgl. *Summa theologiae* (Anm. 11), 1, q. 103, 2c: *Cum igitur principium rerum sit aliquid extrinsecum a toto universo, scilicet deus [...]; necesse est quod etiam finis rerum sit quoddam bonum extrinsecum.* Deshalb auch kann die Tugend nicht *ultimus finis* des Staates sein, vgl. *De regimine principum* (Anm. 9), I, 15: *Non est ergo ultimus finis multitudinis congregatae vivere secundum virtutem, sed per virtuosam vitam pervenire ad fruitionem divinam.*
16 Schon die Deutung der Tugend als einer Leistung, die des Lohnes bedarf, denaturiert im Grunde die zugleich übernommene antike Anthropologie, weil sie das natürliche Verhalten, die Vermeidung des Wesensfremden, mit dem Siegel des Besonderen ausstattet. Die christliche Moral als eine Figur der Kompensation von Tugend durch die Teilhabe am Göttlichen umgeht gleich in doppelter Weise die Bestimmungsmerkmale des animal rationale. Dessen naturgemäßes Verhalten gerät zu einer Leistung, die nur noch durch die Erhöhung weit über die eigene Natur hinaus beantwortet werden kann. Die zur Definition der Unterwerfungsprüfung benutzte Vernunftethik entbehrt letztlich im christlichen Denken ihrer Voraussetzungen.

Diese latenten mythischen Potenzen der christlichen Ethik werden denn auch Virulenz gewinnen für eine Handlungslehre, die sich jenseits der Entwertung des tradierten, auf die Vernunft gegründeten und seinem Ursprung nach paganen Tugendsystems formierte, als die spätmittelalterliche Akzentuierung der Omnipotenz des Schöpfers diese rationale Ordnung als eine bloß kontingente auswies und damit um ihre Substanz brachte. Die Praxis der Macht, die Machiavelli für den Fürsten seines ›Principe‹ entwirft, läßt sich nicht zuletzt als eine Umbesetzung des mythischen Fundaments christlicher Ethik begreifen, welche Verwandlung die Konsequenzen der Erschütterung jener rationalen Metaphysik entfaltet, die sich das christliche Denken einverleibt hatte. Thomas vermochte beide Komponenten dieser Ethik, ihre mythische und ihre logische Dimension, noch zur Deckung zu bringen, und so bot ihm das Prinzip von Leistung und Lohn auch eine Handhabe, die Ausnahmestellung, die dem Inhaber gottesebenbildlicher Macht insgeheim zufällt, zu integrieren und damit zu entschärfen. Wenn den Fürsten im Jenseits eine herausgehobene Stellung erwartet, dann entspricht diese Auszeichnung seinen besonderen Verdiensten um die Tugend. Denn nicht nur um das eigene *bonum* ist er bemüht, seine Sorge gilt vielmehr einer ganzen Gemeinschaft, und so ist das ihm versprochene Mehr an Seligkeit nichts als eine angemessene Vergeltung für ein Mehr an Leistung.[17]

Indes geht die Begründung des Ausnahmerangs, den der *princeps* im Jenseits einnehmen wird, in Thomas' Fürstenspiegel in der Logik einer Ethik, die wesentlich auf der Komplementarität von Leistung und Lohn beruht, nicht restlos auf. Wenn Gott die guten Könige in der anderen Welt in hervorgehobener Weise ehrt, dann hat dies seinen Grund auch in der besonderen Ähnlichkeit zwischen ihnen. Die schon von Aristoteles gelehrte, natürliche Liebe zwischen dem, was sich ähnlich ist, läßt den Fürsten im Himmel eine außergewöhnliche Belohnung zuteil werden.[18] Mit diesem Argument aber zerbricht die Zuordnung der strukturellen Legitimation der Macht als einer imago Dei zur allein funktionalen Definition der Herrschaftspraxis als einer Behinderung von Ordnungsstörung; es bezieht den Machthaber und diese Macht Ausübenden in die Figur der Rechtfertigung mit ein. Sub specie aeternitatis ist dem König nun dasjenige bescheinigt, dessen irdische Bestätigung in Gestalt der *gloria* ihm versagt blieb: seine auf eine gottesebenbildliche *potestas* gegründete *excellentia*. Ohne ein vorsichtiges, wiewohl verstecktes Zugeständnis eines gottgleichen Ranges, den der Mensch einst zu seinem Unglück begehrte, kommt Thomas' Legitimation irdischer Macht nicht mehr aus.

---

17 Thomas von Aquin, *De regimine principum* (Anm. 9), I, 10: *Pertinet autem ad regis officium ut bonum multitudinis studiose procuret. maius igitur praemium debetur regi pro bono regimine quam subdito pro bona actione.*
18 Ebd.: *Hinc etiam magnitudo regiae virtutis apparet, quod praecipue dei similitudinem gerit, dum agit in regno quod deus in mundo: unde et in exod. iudices multitudinis dii vocantur. imperatores etiam apud romanos dii vocabantur. tanto autem est aliquid deo acceptius, quanto magis ad eius imitationem accedit [...]. sed si, secundum sapientis sententiam omne animal diligit simile sibi, secundum quod causae aliqualiter similitudinem habent causati, consequens igitur est bonos reges deo esse acceptissimos, et ab eo maxime praemiandos.*

[A]dferte Domino gloriam et honorem[19] – so will es der Psalmist für den Gott des Alten Bundes; aber es kann kein Zweifel bestehen, daß auch der christliche Erlösergott gleiches von den Seinen erwartet – selbst wenn der Aquinate die fast apologetisch wirkende Begründung bemüht, Gott wolle dies nur um des Menschen und nicht um seinetwillen.[20] So fordert der Allmächtige für sich selbst von den Menschen dieser Welt eine *gloria*, von der sein irdisches Ebenbild, der König, gleichwohl lassen soll, weil ihre Unzulänglichkeit sie aller Mühen unwert macht. An der Person des Fürsten verschärfen sich die latenten Aporien der christlichen Ethik: Das dem Menschen als einer imago Dei gesteckte Ziel, die Teilhabe an Gottes *gloria*, aus eigener Kraft anzusteuern, bleibt ihm verwehrt, und so mag er sie nur über den paradoxen Umweg einer Erniedrigung des Selbst, der Absage an alle *excellentia* zu gewinnen. Diese Disziplinierung seines eitlen Strebens übernimmt eine Moral, welche die Tugend als Leistung deutet, um in Gestalt eines himmlischen Lohns dann doch den Zugang zum ersehnten, aber nur um den Preis seiner Verleugnung legitimen Ziel zu gestatten. Freilich offenbaren diese Aporien nur die mangelnde Eignung des Logos als Interpretament des Mythos, zugespitzt aber sind diese Paradoxien für die Person des Fürsten, weil er im Besitz einer gottesebenbildlich installierten Macht letztlich schon auf dieser Erde teilhat an einer Auszeichnung, die ihm zugleich versagt bleiben muß. Noch funktioniert eine Ethik von Leistung und Lohn als Disziplinierung dieses Widerspruchs, weil sie für den Verzicht auf das an sich Zustehende die ungleich größere und deshalb attraktivere Belohnung verspricht. Doch dieses Instrument der Sicherung muß ausfallen, wenn eben solche Verheißung ungewiß wird, und nichts anderes sollte die spätscholastische Erschütterung des hochscholastischen Rationalismus bewirken.

Die Erosion der scholastischen Ordnung kommt vor allem in der Preisgabe einer ontologischen Begründung der Beziehung zwischen Gott und seiner Schöpfung zum Ausdruck, welche sich für den voluntaristischen Allmächtigen des Nominalismus verbot.[21] Ihre Wirkungen aber gewinnen in zweierlei Hinsicht für die skizzierte Legitimation irdischer Macht Gewicht. Folgerichtig scheidet nun eine Herleitung solcher *potestas* aus der Gottesebenbildlichkeit aus, weil mit

---

19 Ps 28, 2.
20 Thomas von Aquin, *Summa theologiae* (Anm. 11), 2–2, q. 132, 1 ad 1: *Unde patet quod deus suam gloriam non quaerit propter se, sed propter nos.*
21 Der Sachverhalt wird in der einschlägigen Forschungsliteratur ausgiebig erörtert, so daß sich spezielle bibliographische Hinweise erübrigen. Zentral bleibt nach wie vor die grundlegende Studie von Hans Blumenberg, *Säkularisierung und Selbstbehauptung*, 2 Bde., Frankfurt/M. 1983 (erweiterte und überarbeitete Neuausgabe von *Die Legitimität der Neuzeit*). Gerade an der Kategorie des Ontologischen zeigt sich die Differenz zwischen der vordergründig nicht weit voneinander entfernten Bestimmung des Verhältnisses von potentia absoluta und potentia ordinata in Hoch- und Spätscholastik. Auch Thomas versäumt es nicht zu betonen, daß Gott die Welt anders hätte schaffen können, als er es getan hat. Aber die Befestigung der damit im Grunde auch für ihn kontingenten Weltordnung in einer Begrifflichkeit des Seins, welches zugleich als eine Abbildrelation zwischen der ratio Dei und seiner Schöpfung verstanden ist, kassiert solche Kontingenz und unterstellt sie jener kategorialen Alternativlosigkeit, wie sie für die antike Kosmosmetaphysik kennzeichnend war.

ihr unweigerlich eine seinsmäßige Stabilität der Beziehung zwischen Gott und seiner Kreatur verbunden ist, welche nun keinen Bestand mehr haben kann.[22] Zugleich aber fällt jene Sicherung aus, mit deren Hilfe das christliche Denken den auch nach seinen eigenen Vorgaben unlöslichen Zusammenhang von Macht und Ruhm für diese Welt zugunsten einer himmlischen Kompensation aufzuheben vermochte. Denn die Auflösung einer ex natura rei geltenden Verbindung von Tugend und Verdienst, gegen die sich mit besonderer Entschiedenheit Wilhelm von Ockham gewandt hat, rüttelt an den Fundamenten einer Ethik, die für tugendhaftes Wohlverhalten einen entsprechenden Lohn garantierte. Das *meritum* des Handelns nämlich ist nun von einer kontingenten *acceptatio divina* abhängig gemacht, die Tugend verbürgt keine in ihr selbst angelegte Heilsgewißheit mehr und ist damit im Grunde entwertet.[23] Doch die überkommene Ethik

---

22 So integrieren die Versuche, jenseits der voluntaristischen Erosion tradierter Definitionen des Menschen als einer imago Dei seine Gottesebenbildlichkeit zu bewahren, bezeichnenderweise die Kontingenz des nominalistischen Gottes in die Anthropologie (vgl. dazu unten Anm. 35). Eine theologische Antwort auf den Ausfall der Legitimation irdischer Macht in der Figur einer imago Dei läßt sich in Wilhelms von Ockham schwierigem ›Dialogus‹ erkennen, wo die Begründung dieser Macht auf einen Akt göttlicher Einsetzung im Paradies zurückgeführt und ihre Legitimität also in der Kontinuität eines Rechtstitels gesichert wird. Als historischer Repräsentant aller solchermaßen legitimen irdischen Macht aber hat das romanum imperium zu gelten, das bemerkenswerterweise nun auch zum Garanten des *bonum commune* gerät: Die systematische Kategorie wird abhängig von historischer Faktizität; vgl. Wilhelm von Ockham, *Dialogus de potestate papae et imperatoris* [*Tertia pars, secundus tractatus, liber secundus, cap. IX*], Turin 1966, S. 910: *Cum autem dicitur, quod reges & principes de bono communi debent esse solliciti, & per consequens debuerunt summe esse solliciti quaerere, an essent Romano Imperio (a quo dependet bonum commune) subiecti.* Freilich läßt Ockhams Schrift auch schon die Brüche einer solchen Begründung erkennen, weil de facto die historischen Rechtsverhältnisse nicht immer zu rekonstruieren sind, weshalb in letzter Konsequenz die bloße Dauer von Herrschaft zur rechtssichernden Instanz aufsteigen kann. Wer in rechter Überzeugung seine Herrschaft angetreten hat, im Glauben einer legitimen Rechtsnachfolge des Römischen Reichs, besitzt solche Macht auch de iure, selbst wenn sie de facto dieser Rechtsgrundlage entbehrt, vgl. ebd.: *quia propter hoc, quod sunt bonae fidei possessores, auctoritate etiam iurium Imperialium possunt multa praescribere & vsurpare, & per continuationem temporum verum dominium acquirere.* Legitimität also gewinnt Herrschaft im Grunde durch den kontingenten Faktor ›Zeit‹.
23 Vgl. hierzu die zusammenfassende Darstellung bei Alister E. McGrath, *Iustitia Dei. A History of the Christian Doctrine of Justification. Vol. I: From the Beginnings to 1500*, Cambridge 1986, S. 115 f. Die theologische Rede selbst hat, wie in der hier zitierten Untersuchung nachhaltig betont wird, der metaphysischen Auflösung des Zusammenhangs von *virtus* und *meritum* dessen Geltung auf der Grundlage eines *pactum* entgegengesetzt, eines göttlichen Vertrags mit den Menschen also, welche Form der Sicherung auch den Fortbestand der kontingenten, de potentia ordinata eingerichteten Weltordnung garantieren soll. Wie brüchig indes bereits in der Theologie selbst dieser von McGrath so hervorgehobene Versuch zu gelten hat, den faktischen Gegebenheiten des überkommenen Systems ungeachtet ihrer metaphysischen Entwertung Geltung zu bewahren, zeigt sich zumal anhand der Bestimmung der Heilsvoraussetzungen. So betont etwa Gregor von Rimini, daß, abweichend von seinem üblichen Verhalten, Gott auch unabhängig von allem Gnadenstand des Menschen diesem das ewige Leben schenken könne; vgl ders., *In I Sent. dist. xvii*, q.1, a.2, hier zitiert nach McGrath, S. 232: *alioquin [...] caritas creata natura*

ist nicht allein im Blick auf die zu erwartenden Kompensationen der Tugend erschüttert, sie ist es auch hinsichtlich der Begründung aller *virtus*. Daß die Tugenden natürliche Dispositionen einer als imago Dei begriffenen menschlichen Vernunft darstellen, stand für Thomas noch außer Frage.[24] Doch die radikal ernstgenommene Willensfreiheit des Allmächtigen läßt eine solche ontologische Befestigung der *virtutes* nicht mehr zu, und folgerichtig wandelt sich alle Tugend in eine bloße Gehorsamsleistung gegenüber einem kontingenten göttlichen Gebot.[25] Tugend also ist zur Machtfrage geworden. Durch die latente mythische

---

sua aliquam dignitatem in respectu ad vitam aeternam tribueret animae quam nullo modo posset sibi per seipsum tribuere Spiritus sanctus. Auch de potentia ordinata also behält Gott jene Freiheit, die letztlich kein Pakt ihm zu nehmen vermag. Vor allem die literarische Rede hat die Konsequenzen solcher Auflösung überkommener theologischer Gewißheiten entfaltet, wofür schon die erste der Novellen von Boccaccios ›Decameron‹ ein beredtes Beispiel bieten kann. Den Kolosserbrief des Paulus (Kol 3, 16 f.) zitierend (was die Kommentare übersehen), beginnt der Erzähler Panfilo die Serie der 100 Novellen im Namen des Herrn, und dies bedeutet für ihn: mit dem Bericht eines seiner Wunder. Doch die *maravigliosa cosa*, von der die Zuhörer erfahren, ist im Blick auf diesen Gott zugleich höchst verunsichernd; sie ist weit mehr wundersam als wunderbar, und statt Gottes Größe zu bezeugen, legt sie seine im Grunde bedrohliche Unberechenbarkeit bloß: Durch eine aus lauter Lügen bestehende Beichte am Ende seines Lebens gelangt der Erzbösewicht Ser Cepparello in den Ruf eines Heiligen. Mag man dies bis hierher noch als Klerikersatire lesen, so verliert eine solch ›harmlose‹ Deutung ihre Berechtigung dort, wo der Erzähler berichtet, daß am Grab dieses Unheiligen, zu dem die Gläubigen pilgern, in der Tat Wunder geschehen. Gleich mit der ersten seiner Geschichten also führt Boccaccio seine Leser mitten in jene Ungewißheiten hinein, die die Verwandlungen der spätmittelalterlichen Theologie für das Verhältnis zwischen Gott und seinen Geschöpfen zur Folge haben.

24 Vgl. Thomas von Aquin, *Summa theologiae* (Anm. 11), 1–2, q. 63, 1c: [...] *virtus est homini naturalis secundum quandam incohationem. secundum quidem naturam speciei, inquantum in ratione homini insunt naturaliter quaedam principia naturaliter cognita tam scibilium quam agendorum, quae sunt quaedam seminalia intellectualium virtutum et moralium.* Genau diese letztlich ontologische Befestigung der Tugend in der Natur des animal rationale wird Ockham ganz ausdrücklich verwerfen: vgl. Wilhelm von Ockham, *Sent.* III, q. 12, a. 1, *Opera Philosophica et Theologica, Opera Theologica VI*, hrsg. Francis E. Kelley u. Girard J. Etzkorn, St. Bonaventure/NY 1982, S. 392 ff.: *Utrum virtutes insunt nobis a natura?*

25 Vgl. hierzu die vorzügliche Darstellung der Prinzipien von Wilhelms Ethik bei A. Garvens, »Die Grundlagen der Ethik Wilhelms von Ockham«, *Franziskanische Studien* 21 (1934), S. 243–273 u. S. 360–408. Daß Wilhelm für seine Ethik gleichwohl am scholastischen Tugendkriterium der recta ratio festhält, macht dieses Prinzip im Grunde zu einem Fremdkörper in seinem Denken, wie schon Garvens festgestellt hat. Es war wiederum die literarische Rede, welche die Konsequenzen aus diesem Widerspruch sehr plastisch vor Augen geführt hat. So demonstriert Boccaccio in der achten Novelle des zehnten Tages seines ›Decameron‹, wie das um seine tradierte Grundlage gebrachte Prinzip der Vernünftigkeit des Handelns – und fatalerweise gerade dort, wo dieses Handeln selbstlos im Dienste eines anderen geschieht – sich in ein höchst pragmatisches Prinzip der Zweckmäßigkeit verwandelt, das den offenkundigen Verstoß gegen alle Moral mit sich führt; vgl. Andreas Kablitz, »Boccaccios ›Decameron‹ zwischen Archaik und Modernität. Überlegungen zur achten Novelle des zehnten Tages«, in: ders. u. Ulrich Schulz-Buschhaus (Hrsg.), *Literarhistorische Begegnungen. FS Bernhard König*, Tübingen 1993, S. 147–181, hier: S. 155 ff.

Dimension christlicher Handlungslehre hatte, wie wir sahen, die ihr gleichwohl integrierte antike Vernunftethik dort seit jeher einen labilen Status. Wenn diese pagane Moral für die Ethik des Neuen Testaments von Belang werden konnte, dann geschah dies infolge der Rezeption der antiken Kosmosmetaphysik. Doch eben diese Stütze fällt mit dem spätscholastischen Nominalismus aus, und so sieht sich die christliche Morallehre vor allem auf ihr mythisches Fundament verwiesen: Das Gute ist ein Akt der Unterwerfung unter fremden Willen, das Böse ist Rebellion gegen ihn. Die radikale Freiheit des nominalistischen Gottes aber unterminiert eben zugleich das im Grunde unverzichtbare Komplement aller christlichen Tugendlehre: die Sicherung des Zusammenhangs von Tugend und Belohnung. Diese Erosion mußte umso gravierender wirken, als auch die betreffende Moral von Leistung und Lohn in den Kategorien definiert war, welche die antike Anthropologie bereitstellte. War es einst die vernunftgemäße Tugend, so ist es nun die auf dem Umweg tugendhafter Fügsamkeit zu gewinnende *gloria,* die das christliche Denken dem Menschen als sein Telos gesteckt hat. Der Ausfall einer ontologischen Sicherung von *virtus* und *meritum* mußte deshalb eine Ethik in ihrem Kern treffen, welche die Begründung des Verhältnisses zwischen dem menschlichen Handeln und seinem Ziel aus der Natur des animal rationale in einen ontologischen Zusammenhang zwischen Tugend und Verdienst umbesetzt hatte. Denn die letztendliche Willkür der göttlichen Entscheidung über Himmel und Hölle nahm dem Menschen jeglichen Einfluß auf das Erreichen des für ihn geltenden Ziels. So mutet ihm die Ethik nun ein Handeln als Verpflichtung zu, dessen Wirkungen gleichwohl unabsehbar bleiben.

Es sind diese Verwerfungen der überkommenen Ethik, von denen die folgende Lektüre des ›Principe‹ ihren Ausgang nimmt, um die mit diesem Traktat vollzogene Verabschiedung des herkömmlichen Fürstenspiegels ebenso als Folgeerscheinung wie als Antwort auf den Verlust tradierter Geltungen der Moral zu verstehen. Die Praxis der Macht, die der von den Medici abgesetzte Sekretär der Florentinischen Republik und schriftstellernde Privatier Niccolò Machiavelli zum Programm erhebt, ist eine Anleitung zur Inszenierung eigener *excellentia* und damit eine Form der Sicherung jener *gloria,* die auch die tradierte christliche Lehre als letztes Ziel bestimmt hatte. Aber weil der zum deus absconditus geratene nominalistische Gott unberechenbar geworden ist, weil diese Veränderung zugleich einen Bruch mitten in die Anthropologie hineinträgt und den Menschen seinem Ziel entfremdet, rückt nun die *gloria* dieser Welt in die Rolle des einzig verbliebenen Surrogats. Die irdische Macht des Fürsten, dem die Scholastik eine gottesebenbildliche Qualität wie Legitimität verbürgt hatte, übernimmt die Funktion des Supplements einer aleatorisch gewordenen transzendenten Erhöhung. Nach den Maßgaben der überkommenen christlichen Ethik ist das Handeln von Machiavellis *principe* eine Praxis der *superbia,* doch die Verwandlung aller Tugenden zum bloß kontingenten Gebot, das zu befolgen keinerlei Gewinn mehr garantiert, hat die Umwertung dieses Ursprungs aller Laster zur Folge; es steigt auf zur Triebfeder eines Handelns, das dem Menschen unter den Bedingungen transzendenter Unverläßlichkeit erlaubt, die ihm seit jeher als Ziel ausgestellte *gloria* gleichwohl zu erwerben.

Um den Anspruch auf sie nicht der Beliebigkeit zu überantworten, ja um für sie gerade eine Aleatorik zu vermeiden, wie sie sich im Verhältnis zwischen dem Menschen und seinem Gott eingestellt hat, bewahrt Machiavelli den tradierten Konnex von *virtus* und *gloria*. Auf die *virtus* gründet er deshalb auch die Legitimität der Macht selbst, welche kein transzendenter Ursprung mehr herzustellen vermag.[26] Um dieses Zusammenhangs willen, so wird zu zeigen sein, entwickelt er aus den Versatzstücken eines substantiell entleerten Tugendkatalogs eine *virtus*, in der die Macht gleichermaßen ihre Berechtigung wie die Sicherung ihres Bestands findet – eine *virtus* zugleich, die den pragmatischen Erfolg mit ihr selbst identifiziert. Die Praxis der Macht, die im ›Principe‹ entworfen wird – dieser Nachweis sei im folgenden geführt – ist ein Programm der Inszenierung eigener Größe, mit der der Fürst die dem tugendhaften Menschen einst für sein Wohlverhalten im Jenseits zugesagte und nun ungewiß gewordene *gloria* und *potestas* auf der Bühne dieser Welt zu erringen antritt und die die ihm Untergebenen zum Instrument wie zum Zuschauer seiner *excellentia* bestimmt. Sie ist eine Schwundstufe der überkommenen Ethik der Herrschaft, eine Form ihrer Bewahrung unter den Bedingungen ihrer gleichzeitigen Unmöglichkeit.[27]

---

26 Die Legitimation der Macht durch die Tugend ist eine ursprünglich Aristotelische Figur des Denkens, welche wir bei Machiavelli in entscheidend veränderter Gestalt, ja, gemessen an ihrem Ursprung, als eine Form ihrer Karikatur wiederfinden; vgl. Aristoteles, *Politik*, III, 4 u. III, 17.

27 Damit unterscheidet sich die hier verfolgte These von einigen jüngeren Studien, die Machiavellis Anthropologie wie seine Staatslehre wesentlich im Horizont des Konzepts der Selbstbehauptung situieren, das vor allem Hans Blumenberg als zentralen Bestandteil einer Archäologie des neuzeitlichen Subjekts entwickelt hat. In einer differenzierten Untersuchung hat H. Pfeiffer mit diesem Begriff einen Kern von Machiavellis Denken herausgearbeitet, wobei es zu den Vorzügen seines Artikels gehört, daß er nicht allein am Paradigma Machiavelli den sich herausbildenden Diskurs der Selbstbehauptung außerhalb philosophischer Systemstrenge verfolgt, sondern innerhalb von dessen Œuvre mit den ›Ghibirizzi‹ noch einmal eine bemerkenswert ›offene‹ Form in den Vordergrund rückt; vgl. Helmut Pfeiffer, »Machiavellis Anthropologie der Selbsterhaltung und ihre Schreibart. Das Beispiel der ›Ghibirizzi‹«, in: Walter Haug u. Burghart Wachinger (Hrsg.), *Innovation und Originalität*, Tübingen 1992, S. 133–161. So unstrittig das Wortfeld des *mantenersi* ein wesentliches Ziel fürstlichen Handelns benennt, so fraglich scheint mir im Hinblick auf den ›Principe‹ allerdings zu sein, daß die dort entwickelte Ethik der Herrschaft sich in ihren Prämissen wie in ihren Konstituenten mit dem epistemologischen Konzept einer Selbstbehauptung verrechnen läßt. Nicht an die Strategien einer Daseinssicherung im Angesicht transzendenter Unverläßlichkeit schließt das Handeln des Fürsten an, es ist mehr und anderes als die Notwendigkeit eines nackten Überlebenswillens. Das Streben nach der Macht gilt nicht der Befestigung der bloßen Existenz, sondern nimmt gerade deren Gefährdung in Kauf; es will dem Selbst nicht allein seine Entfaltung ermöglichen, sondern dient ebenso der Darstellung wie der Bestätigung seiner Außergewöhnlichkeit. Der Wille zur Macht folgt nicht der Sorge um die Identität, sondern steht im Dienst der Beanspruchung eines Vorrangs. Er setzt nicht die – antiken wie christlichen – Bemühungen um eine conservatio sui voraus, sondern verlängert die Verheißung himmlischer *gloria* in die verbliebenen säkularen Strategien, ein mundanes Äquivalent für eine ungewiß gewordene jenseitige Erhöhung zu bewahren. (Die hier formulierten Fragen zielen letztlich auf Blumenbergs Selbstbehauptungstheorem als solches

III.

Wie schon Aristoteles an den Beginn seiner ›Politik‹ stellt auch Machiavelli an den Anfang seines ›Principe‹ eine Typologie der Herrschaftsformen – nicht ohne von diesem Modell zugleich erkennbar abzuweichen. Die bemerkenswerteste Differenz besteht dabei weniger in der Reduktion der Zahl der Typen von drei auf zwei, einer Veränderung, der die Oligarchie zum Opfer fällt, so daß allein die *republiche* und die *principati* zurückbleiben. Gravierender ist, daß Machiavelli nicht mehr die reinen Typen und die Entartungsformen einander gegenüberstellt, sondern – und zwar allein die Fürstentümer – nach einem Zeitkriterium differenziert und den ererbten die neuen Fürstentümer, den *principati ereditarii* die *principati nuovi* entgegensetzt. Auch diese Unterscheidung beinhaltet, wie der Fortgang des Traktats belegen wird, eine Wertung, die den *principati nuovi* den Vorzug gibt. Sie stehen denn vom sechsten Kapitel des ›Principe‹ an auch im Zentrum aller Überlegungen und Ratschläge des Autors. Diese Wertstellung der neuen Herrschaft aber läßt sich als Fortsetzung und zugleich verwandelte Begründung des Prestiges begreifen, das schon für das hochmittelalterliche Staatsdenken alle Stadt- und Reichsgründungen besaßen. Ihre Hochschätzung kann noch einmal Thomas von Aquins ›De regimine principum‹ demonstrieren: Am Beginn des zweiten Buchs empfiehlt er den Fürsten als ein besonders vornehmes Anliegen die Errichtung von neuen Städten und Reichen. Um sie vom Rang wie vom Nutzen dieser Aufgabe zu überzeugen, stellt Thomas ihnen zugleich sehr prägnant den Lohn vor Augen, der sie erwartet, und bekräftigt dies mit einem prominenten Beispiel, dem Gründer der Stadt Rom, Romulus. Dieser Lohn aber besteht in nichts anderem als in der irdischen *gloria*.[28]

---

und betreffen dessen Allzuständigkeit für die Erklärung neuzeitlicher Wirklichkeitsentwürfe.) Machiavellis Staatslehre hatte schon zuvor Herfried Münkler als Konkretisation von Blumenbergs Selbstbehauptungskonzept reklamiert, ohne freilich jenes Maß an Differenzierung dabei zu erreichen, das Pfeiffers Argumentation kennzeichnet; vgl. Herfried Münkler, *Machiavelli. Die Begründung des politischen Denkens der Neuzeit aus der Krise der Republik Florenz*, Frankfurt/M. 1984, S. 104. Die oben formulierten Bedenken gegenüber der Verrechnung von Machiavellis Herrschaftsethik mit der Figur der Selbstbehauptung gelten auch hier, indes scheint mir die entscheidende Schwäche von Münklers Buch in der Kombination letztlich inkompatibler Erklärungsmuster zu liegen. Denn der Verfasser beschränkt sich nicht auf die Situierung von Machiavellis Staats- und Machttheorie im Horizont spätscholastischer Erosion hochmittelalterlicher Ordnungsgewißheit, er liest Machiavellis Entwürfe zugleich als Widerspiegelung der ›politischen und ökonomischen Krise von Florenz‹, eine Deutung, die übrigens ohne die hier fast zwangsläufigen Allegorisierungen nicht auskommt. Das bloße Nebeneinander methodisch – gelinde gesagt – diskrepanter Ansätze aber kommt ihrer wechselseitigen Negation gleich.

28 Thomas von Aquin, *De regimine principum* (Anm. 9), II, 1: *Primum igitur praecipue oportet exponere regis officium ab institutione civitatis aut regni. nam, sicut vegetius dicit, potentissimae nationes et principes nominati nullam maiorem potuerunt gloriam assequi, quam aut fundare novas civitates, aut ab aliis conditas in nomen suum sub quadam amplificatione transferre: [...] hodie namque nomen romuli nesciretur, nisi quia condidit romam.*

Mithilfe ihrer Gründungen haben die Fürsten ihrem Namen Dauer verliehen, wie nicht zuletzt die Bibel belegen kann, näherhin ein Ausspruch des Alten Testaments im Buch Sirach.[29] So unerschütterlich die Heilige Schrift als Autorität, als Quelle der Wahrheit zu gelten hat, so unübersehbar gerät Thomas' Argumentation an dieser Stelle in den Konflikt mit andernorts getroffenen Aussagen, galt doch sein besonderes Bemühen dem Anliegen, den Fürsten von allem Streben nach irdischer *gloria* abzubringen – getreu dem Satz Christi, daß diejenigen, die auf Erden um der Ehre willen handeln, ihren Lohn schon erhalten haben.[30] Ungeachtet solcher Mahnungen aber wird nun nicht allein der hervorgehobene Rang einer Staatsgründung mit nichts anderem als dem Gewinn fortwährender *gloria* begründet, sondern eben dieser Lohn lädt den Fürsten insgeheim zu solchem Tun auch ein. Am konkreten Fall also zerbricht die scheinbar so konsequente Vermeidung irdischen Ruhms. Für den Fürsten, dessen Macht Thomas als eine gottesebenbildliche begründet und in eins legitimiert hatte, wird diese *gloria* schließlich doch zum rechtmäßigen, ihm zustehenden Besitz.

Daß der betreffende Widerspruch gerade anhand der Gründung neuer Städte und Reiche aufbricht, hat seinen Grund zweifelsohne darin, daß gerade hier eine besondere Nähe zum göttlichen Handeln besteht. Um sich dessen zu vergewissern, genügt es, in Thomas' Fürstenspiegel nur ein wenig zurückzublättern, denn schon zuvor hatte der Aquinate zu dieser Fragestellung bezogen. Im 14. Kapitel des 1. Buches beschäftigt er sich mit den allgemeinen Grundsätzen des königlichen Regiments, und selbstverständlich gilt ihm dafür die Herrschaft Gottes im Universum als Modell. Zwei Wirksamkeiten Gottes sind es, die der Philosoph dabei unterscheidet, die Erschaffung der Welt und ihrer Ordnung sowie die Lenkung der von ihm geschaffenen Welt.[31] Am Anfang also steht die Schöpfung, und sie gehört denn auch zu den ursprünglichsten Attributen Gottes, der seine Gewalt nirgends deutlicher zum Ausdruck bringen kann als in einer Erschaffung aus dem Nichts. Deshalb aber ziemt es auch einem Fürsten, dessen Macht gottesebenbildlich befestigt ist, sich an diesem göttlichen Modell auszurichten und die Gründung von *civitates* und *regna* zu seinen Aufgaben zu zählen, selbst wenn nicht alle Könige sie verwirklichen werden. Natürlich ist mit der Begründung durch das Wirken Gottes auch schon das Vorbild gegeben, an dem der Reichsgründer sich zu orientieren hat, und dieses Modell besteht in nichts anderem als in der Nachahmung von Gottes Erschaffung

---

29 Ebd.: *quod quidem documentis sacrae scripturae concordat. dicit enim sapiens in eccli., quod aedificatio civitatis confirmabit nomen.*
30 So versichert es die Bergpredigt denen, die vor den Augen aller Gutes tun. Vgl. etwa Mt 6,2: *cum ergo facies elemosynam noli tuba canere ante te/ sicut hypocritae faciunt in synagogis et in vicis ut honorificentur ab hominibus/ amen dico vobis receperunt mercedem suam.*
31 Thomas von Aquin, De regimine principum (Anm. 9), I, 14: *Oportet igitur considerare quid deus in mundo faciat: sic enim manifestum erit quid immineat regi faciendum. sunt autem universaliter consideranda duo opera dei in mundo. unum quo mundum instituit, alterum quo mundum institutum gubernat.*

der Welt.[32] Gerade hier also zeigt sich das Handeln des Fürsten als ein gottesebenbildliches Tun, denn gerade hier adaptiert es eines der originärsten Attribute Gottes, seine Schöpfungsgewalt. Dieser Zusammenhang erklärt es, daß an der Stelle, wo der Fürst in die vornehmste Tätigkeit Gottes einrückt, auch die Brüchigkeit der Bemühungen zutage tritt, den als eine imago Dei eingesetzten König von der Belanglosigkeit irdischer *gloria* zu überzeugen. Wo er die Nachfolge des Schöpfers antritt, fällt ihm quasi automatisch nicht nur dasjenige zu, was Gott zusteht, sondern es ist sogar als ein heimlicher Ansporn für sein Handeln genutzt. Was sich schon bei der Analyse von Thomas' Legitimation irdischer Macht andeutete, das bestätigt sich nun und gewinnt gleichzeitig an Brisanz: Nur noch in Grenzen läßt sich für eine ad imaginem Dei eingerichtete *potestas* die Preisgabe irdischen Ruhms zugunsten des Gewinns eines viel größeren, ewigen und himmlischen Lohnes aufrechterhalten. Schon hier also ist die Struktur eines Aufschubs durch das Versprechen eines Qualitätszuwachses partiell gebrochen. Die Instabilität dieser Konstruktion aber wird zumal dort zum Tragen kommen, wo das System der Sicherung durch Verheißung selbst brüchig geworden ist, weil kein Tun des Menschen mehr einen Einfluß auf den Gewinn einer jenseitigen *gloria* garantieren kann. Nun ist als einziger Horizont fürstlichen Handelns derjenige Ruhm verblieben, den er selbst zu steuern vermag, ein diesseitiger Ruhm also, den freilich schon Thomas aus seinem Fürstenbild nicht mehr rundherum auszugrenzen vermochte. In diesem Sinne läßt sich Machiavellis ›Principe‹ als eine Antwort auf die Erosion der scholastischen Konstruktion einer gottesebenbildlichen Begründung irdischer Macht lesen, deren Zerfall zugleich die Labilität ihrer Verhältnisbestimmung von *potestas* und *gloria* fortentwickelt, welche schon das hochmittelalterliche Denken selbst nur unzulänglich verbergen konnte.

Daß Machiavellis Fürstenbild sich als eine Umbesetzung tradierter Muster begreifen läßt, zeigt sich mit besonderer Prägnanz anhand eben jener Schöpfungsanalogie, die ihre Bedeutung auch für seinen *principe* behält. Einen signifikanten Beleg für ihr fortwährendes Gewicht bietet bereits die erwähnte Konzentration des gesamten Traktats auf die *principati nuovi*, welche die Bedeutsamkeit der Staatengründung für das Handeln des Fürsten ganz entschieden steigert. Daß auch die Errichtung des *principato nuovo* sich noch immer im Horizont von Gottes Weltschöpfung vollzieht, läßt sich mit besonderer Prägnanz dem sechsten Kapitel der Schrift entnehmen (*De principatibus novis qui armis propriis et virtute acquiruntur*), in dem Machiavelli erstmals das neue Fürstentum zu seinem zentralen Thema macht, um es von nun an nicht mehr zu verlassen. Worauf aber beruht der besondere Rang derjenigen Fürsten, die aus eigenem Vermögen ein Reich gegründet haben? Machiavelli richtet sich wie immer an prominenten Beispielen aus, und diesmal gelten ihm Moses, Cyrus, Romulus und Theseus als solche; unter diesen Namen also findet sich auch der-

---

32 Ebd.: *Ratio autem institutionis regni ab exemplo institutionis mundi sumenda est: in quo primo consideratur ipsarum rerum productio, deinde partium mundi ordinata distinctio.*

jenige des mythischen Gründers der Stadt Rom wieder, der schon Thomas als ein *exemplum* diente. Zur besonderen Pikanterie, welche denn auch zur Sprache gebracht wird, aber gehört es, daß in diese Serie mit dem alttestamentarischen Moses eine Person eingereiht wird, die im unmittelbaren göttlichen Auftrag handelt.[33] Doch im folgenden nivelliert Machiavelli genau diesen Unterschied zwischen dem, der nichts als Gottes unmittelbare Weisung ausführt, und denen, die aus sich selbst agieren:

> Ma consideriamo Ciro e li altri che hanno acquistato o fondato regni: li troverrete tutti mirabili. E se si consideranno le azioni e ordini loro particulari, parranno non discrepanti da quelli di Moisè, che ebbe sì gran precettore. Ed esaminando le azioni e vita loro, non si vede che quelli avessino altro dalla fortuna che la occasione; la quale dette loro materia a potere introdurvi drento quella forma parse loro; e sanza quella occasione la virtù dello animo loro si sarebbe spenta, e sanza quella virtù la occasione sarebbe venuta invano.

> ›Aber betrachten wir Cyrus und die anderen, die Reiche erworben oder gegründet haben; ihr werdet sie alle bewundernswert finden; und wenn man sich ihre Handlungen und ihre Anordnungen im einzelnen ansieht, so scheinen diese nicht sehr verschieden von denen des Moses zu sein, der einen so erhabenen Lehrmeister hatte. Prüft man weiter ihre Taten und ihr Leben, so sieht man, daß sie vom Glück nichts anderes erhalten hatten als die Gelegenheit; diese bot ihnen den Stoff, in den sie die Form prägen konnten, die ihnen vorschwebte; ohne diese Gelegenheit wäre die Tüchtigkeit ihrer Gesinnung erlahmt, und ohne ihre Tüchtigkeit wäre diese Gelegenheit vergebens eingetreten.‹[34]

Die Aspekte, die das Verhältnis zur Fortuna betreffen, werden uns später zu beschäftigen haben, für den Augenblick sei allein die Beschreibung des Gründungsaktes selbst betrachtet. Was also ist es, das die besondere Güte dieses Aktes ausmacht, eine Qualität, die Machiavelli sich nicht scheut, mit dem Prädikat *mirabile* zu versehen? Die – in ihrem Status näherhin noch zu diskutierende – Gelegenheit *dette loro materia a potere introdurvi drento quella forma parse loro*. Der Gründungsakt des neuen Staates ist noch einmal in eine unverkennbare Schöpfungsanalogie gerückt: Es ist ein Prägen der Materie nach einer selbstgewählten Form. Noch einmal also ist hier die überkommene Zuordnung von Staatengründung und Schöpfung fortgeschrieben, indes sind zugleich die Veränderungen unverkennbar, die auf die Verwandlungen des Gottesbildes deuten,

---

33 Niccolò Machiavelli, *Il principe*, Kap. 6, *Opere*, hrsg. M. Bonfantini, Mailand u. Neapel 1954, S. 1–82, hier: S. 18 f.: *Ma per venire a quelli che per propria virtù e non per fortuna sono diventati principi, dico che li più eccellenti sono Moisé, Ciro, Romulo, Teseo e simili. E benché di Moisè non si debba ragionare, sendo suto uno mero esecutore delle cose che li erano ordinate da Dio, tamen debbe essere ammirato solum per quella grazia che lo faceva degno di parlare con Dio.* – ›Um nun zu denjenigen zu kommen, die durch eigene Tüchtigkeit und nicht durch Glück zu Fürsten wurden, so behaupte ich, daß zu den Hervorragendsten Moses, Cyrus, Romulus, Theseus und ähnliche Gestalten gehören. Und obgleich man über Moses keine Erörterungen anstellen darf, da er nur Vollstrecker der von Gott erlassenen Gebote war, so muß er doch bewundert werden allein der Gnade wegen, die ihn würdig machte, mit Gott zu reden‹ (Niccolò Machiavelli, *Il Principe / Der Fürst, italienisch / deutsch*, hrsg. u. übers. Philipp Rippel, RUB 1219, Stuttgart 1986, S. 43).

34 Machiavelli, *Il principe* (Anm. 33), Kap. 6, S. 19; *Il Principe / Der Fürst* (Anm. 33), S. 43.

das mit dem Nominalismus im überkommenen Denken Einzug gehalten hat. Thomas konnte das Modell der Schöpfung für die Gründung von Städten und Reichen noch als einen fixen Katalog von Regeln begreifen, an dem sich der Fürst auszurichten hat. Nun aber stellt sich die Analogie mit dem Schöpfer in der kontigenten Wahl dessen ein, der den *principato nuovo* ins Leben ruft, indem er ihn als das Produkt seines nur sich selbst verpflichteten Willens formt. Solchermaßen integriert die Schöpfungsanalogie hier das Bild des voluntaristischen Gottes, der nach seinem Gutdünken, der willkürlich schafft und in dieser Willkür gerade seine Mächtigkeit zur Geltung bringt.

Für eine solche Anthropologisierung des nominalistischen Gottesbildes, dem nun das Handeln des Fürsten nachgebildet ist, konnte Machiavelli zurückgreifen auf eine Figur des Denkens, die Nikolaus von Kues zur Kennzeichnung des Menschen als einer imago Dei entwickelt hatte. Schon der Kusaner hatte ja in ihm einen alter deus entdeckt und seine Gottesebenbildlichkeit in die unbegrenzten Möglichkeiten verlegt, die auch *sein* Verstand in sich trägt.[35] Genau eine solche, in der unendlichen Fülle des Möglichen begründete Willkürlichkeit des Handelns als ein ursprünglich göttliches Attribut überträgt Machiavelli auf den Fürsten, um im gleichen Zug die überkommene Analogie von Staatengründung und Welterschaffung zu verwandeln. Die Einrichtung des *principato nuovo* folgt nun nicht mehr dem durch die Schöpfung der Welt vorgegebenen Muster, in die Nähe der creatio ex nihilo gerät sie vielmehr durch den kontingenten Akt der Bestimmung jener Form, die der Fürst seiner *materia* einprägt. Die Analogie ist also verschoben von der Qualität des Modells auf die Struktur des Schöpfungsaktes selbst. Wenn der Unterschied zwischen demjenigen, der Gottes Auftrag ausführt, und denen, die aus eigener Machtvollkommenheit handeln, aufgehoben ist, dann erklärt sich das Schwinden dieser Differenz daraus, daß die Gründung des *principato nuovo* schlechthin zum Ausweis einer gottgleichen Schöpfungsgewalt wird; sie alle verdie-

---

35 Nikolaus von Kues, *De beryllo*, VI, *Nicolai de Cusa opera omnia*, Bd. XI/1, hrsg. Ludwig Baur, Leipzig 1940, S. 7: *Nam sicut Deus est creator entium realium et naturalium formarum, ita homo rationalium entium et formarum artificialium; quae non sunt nisi sui intellectus similitudines, sicut creaturae Dei divini intellectus similitudines. Ideo homo habet intellectum, qui est similitudo divini intellectus in creando.* Vgl. auch *De coniecturis*, II, 14, *Nicolai de Cusa opera omnia*, Bd. III, hrsg. Joseph Koch [u.a.], Leipzig 1972, S. 143 f: *Homo enim deus est, sed non absolute, quoniam homo; humanus est igitur deus; [...] Non ergo activae creationis humanitatis alius existat finis quam humanitas. Non enim pergit extra se, dum creat, sed dum eius explicat virtutem, ad se ipsam pertingit. Neque quidquam novi efficet, sed cuncta, quae explicando creat, in ipsa fuisse comperit. Universa enim in ipsa humaniter exovotere diximus.* Nikolaus bezieht solchermaßen in die Bestimmung der imago Dei selbst die Konsequenzen der Erschütterung aller Gottesebenbildlichkeit ein, die das nominalistische Bild eines in die Kontingenz seiner Allmacht entrückten Gottes unweigerlich mit sich führte. Die Bewahrung einer Analogie von Gott und Mensch unter solch veränderten Bedingungen läßt sich für ihn nur noch um den zweifelsohne hohen Preis der Formel eines alter deus ermöglichen, welche das göttliche Prädikat der Unendlichkeit auch dem Menschen konzediert und damit das überkommene Verhältnis zwischen dem Schöpfer und seinen Kreaturen ebenso entschieden wie riskant verändert.

nen nun jenes Prädikat *mirabile*, das einst dem Schöpfergott für seine Werke vorbehalten blieb.

Die erwähnte Verschiebung der Schöpfungsanalogie auf die Struktur des Gründungsaktes bringt zugleich eine erhebliche Veränderung des Verhältnisses des Fürsten zu seinem Staat mit sich, gerät doch dieser Staat im Grunde zum Instrument der Entäußerung seiner Gewalt – auch darin noch einmal einem Universum ähnlich, in dem der Weltenschöpfer seine Herrlichkeit offenbarte. Die Konsequenzen dieser Verwandlung der Beziehung des *principe* zu seinem *principato* und dessen Bewohnern macht Machiavelli im unmittelbaren Anschluß an die soeben zitierten Sätze sogleich kenntlich:

> Era dunque necessario a Moisè trovare el populo d'Isdrael, in Egitto, stiavo e oppresso dalli Egizii, acciò che quelli per uscire di servitù si disponessino a seguirlo. Conveniva che Romulo non capissi in Alba, fussi stato esposto al nascere, a volere che diventassi re di Roma e fondatore di quella patria. Bisognava che Ciro trovassi e Persi malcontenti dello imperio de' Medi, e li Medi molli ed effeminati per la lunga pace. Non posseva Teseo dimostrare la sua virtù se non trovava li Ateniesi dispersi. Queste occasioni pertanto fecino questi uomini felici, e la eccellente virtù loro fece quella occasione essere conosciuta: donde la loro patria ne fu nobilitata e diventò felicissima.

> ›So war es notwendig, daß Moses das Volk Israel in Ägypten als Sklaven und von den Ägyptern unterdrückt antraf, damit es, um der Knechtschaft zu entkommen, sich bereit machte, ihm zu folgen. Es war erforderlich, daß Romulus nicht in Alba blieb, sondern nach seiner Geburt ausgesetzt wurde, um König von Rom und Gründer dieser Stadt zu werden. Es war nötig, daß Cyrus die Perser mit der Herrschaft der Meder unzufrieden und die Meder durch den langen Frieden schlaff und verweichlicht fand. Theseus hätte seine Tüchtigkeit nicht beweisen können, wenn er die Athener nicht verstreut wohnend vorgefunden hätte. Diesen Gelegenheiten verdankten somit jene Männer ihr Glück, und deren überragende Tüchtigkeit ließ sie die Gelegenheit erkennen; daher wurde ihr Vaterland durch sie berühmt und gelangte zu höchstem Glück.‹[36]

Seit altersher gilt es als ein Fundament aller politischen Theorie, daß der Fürst seinem Staat und seinen Untertanen verpflichtet ist, daß er ihr Wohl, das Allgemeinwohl also, zu betreiben hat. In diesem Grundsatz stimmen das antike und das christliche Staatsdenken überein. Die zitierten Zeilen deuten indes eine wesentlich gewandelte Beziehung zwischen dem *principe* und den ihm Untergebenen an. Noch immer ist die *patria* Nutznießer des Handelns ihres Herrschers, und doch ist dieser Nutzen, ihr Glück, kaum mehr als eine bloße Folgewirkung der Selbstdarstellung des Fürsten. *Dimostrare la sua virtù*: In dieser Absicht findet das Tun des Theseus sein Ziel, und darin unterscheidet er sich kaum von den anderen hier diskutierten *exempla*; erst als Nebeneffekt solchen Überlegenheitsbeweises fällt auch der *patria* jener Adel zu, der ihren Fürsten auszeichnet. Seine Macht aber gerät damit zu einer Dimension der Demonstration seiner eigenen *excellentia*. Nach wie vor findet die Macht in der Tugend ihre Legitimität, aber diese Macht wird ihrerseits zur Voraussetzung der Inszenierung einer Tugend, die sichtbar gemacht werden muß, um nicht vergeblich zu sein: *e sanza quella occasione la virtù dello animo loro si sarebbe spenta*. Einen Wert in sich selbst scheint die *virtus* eingebüßt

---

36 Machiavelli, *Il Principe* (Anm. 33), Kap. 6, S. 19; *Il Principe/Der Fürst* (Anm. 33), S. 43.

zu haben, und deshalb muß sie wahrnehmbar gemacht werden, um nicht belanglos zu bleiben. *Virtus* ohne *gloria* also ist zur Unerheblichkeit verurteilt, und so gerät die Macht zugleich zur Ermöglichung ihrer Wirksamkeit in Gestalt der Selbstdarstellung des Fürsten. Noch immer vermittelt sein Handeln zwischen seiner Tugend und seiner *gloria*, aber diese *virtù* findet ihr Telos allein noch in einer Demonstration, welche die Außergewöhnlichkeit des *principe* vor aller Augen bezeugt. *Gloria* ist noch immer die Erfüllung der Tugend, aber sie ist nicht mehr ihr Lohn, sondern die Form ihrer Wirksamkeit selbst: Tugend und Ruhm also werden im Grunde ununterscheidbar. Jene Größen, welche die tradierte Ethik unterschieden und ebenso ontologisch wie funktional einander zugeordnet hatte, sind nun einer Herrschaftspraxis anheimgegeben, die die Macht nur durch eine *virtù* sichern kann, die ihrerseits der Macht bedarf, um in Gestalt der *gloria* ihre Wirkung allererst entfalten zu können. War es bislang das konzeptuelle Verhältnis der überkommenen Moralkategorien, das das Handeln des Fürsten regulierte, so ist es nun die selbstregulative Praxis der Macht, die der Tugend ihren Wert wie ihren Bestand sichert.

IV.

Die Substitution einer Ethik, welche die Maximen des Handelns aus der konzeptuellen Substanz ihrer Kategorien entwickelt, durch eine Ethik, die das Handeln selbst zur Sicherung der Tugend erklärt, die letztendliche Umkehrung also der herkömmlichen Beziehung zwischen Moral und Handlungspraxis, läßt sich als ein erstes Symptom der substantiellen Entleerung der überkommenen Ethik begreifen, deren Ursachen wir oben diskutiert haben. Aus diesem Geltungsverlust läßt sich zugleich eine Plausibilität für jene Dimension von Machiavellis ›Principe‹ gewinnen, die den Text zu einem fortwährenden Skandalon hat werden lassen. Bekanntlich gilt der ›Principe‹ seit altersher als ein Zeugnis der Ruchlosigkeit, als Anleitung zu einer perversen Machtpolitik, in deren Namen der Machthaber um des eigenen Vorteils willen bedenkenlos den Schaden aller anderen in Kauf nimmt.[37] Das Bild, das Machiavelli von seinem Fürsten zeichnet, gerät denn auch zur Karikatur des Porträts, das die überkommenen Fürstenspiegel ihm verbindlich vorschrieben.[38] Der Verfasser selbst hat zu dieser ostentati-

---

37 Dolf Sternberger hat die moralische Brisanz von Machiavellis ›Fürst‹ nicht zuletzt durch dessen weitgehende Reduktion auf den Aristotelischen (Anti-)Typus des Tyrannen entschärft; vgl. ders., *Drei Wurzeln der Politik*, Frankfurt/M. 1984, S. 172 ff. Wie immer es indes um die Identität der beiden Herrscherfiguren stehen mag, *eine* Frage bleibt bei Sternberger ganz gewiß ungeklärt: Eine Antwort auf das Warum dieser »Emanzipation des Tyrannen« (so die Kapitelüberschrift, ebd., S. 159) zeichnet sich nirgends ab.
38 Die wohl größte Provokation beinhaltet der folgende Abschnitt, der dem Fürsten fallweise auch das Verhalten einer *bestia* rät, ihn also zu jener *bestialitas* ermuntert, die stets als der Gipfel moralischer Perversion galt, vgl. Machiavelli, *Il Principe* (Anm. 33), Kap. 18, S. 56: *Dovete adunque sapere come sono dua generazione di combattere: l'uno con le leggi, l'altro con la forza. Quel primo è proprio dello uomo, quel secondo è delle bestie: ma perché il primo molte volte non basta, conviene ricorrere al secondo: Pertanto a uno*

ven Preisgabe bislang verbindlicher Handlungsnormen[39] mit der Attitüde des moralischen Skeptikers Stellung bezogen:

> Ma sendo l'intento mio scrivere cosa utile a chi la intende, mi è parso più conveniente andare drieto alla verità effettuale della cosa che alla imaginazione di essa. e molti si sono imaginati republiche e prinipati che non si sono mai visti né conosciuti essere in vero. Perché egli è tanto discosto da come si vive a come si doverrebbe vivere, che colui che lascia quello che si fa per quello che si doverrebbe fare, impara più tosto la ruina che la perservazione sua: perché uno uomo che voglia fare in tutte le parte professione di buono, conviene ruini infra tanti che non sono buoni. Onde è necessario a uno principe, volendosi mantenere, imparare a potere essere non buono, e usarlo e non l'usare secondo la necessità.

›Da es aber meine Absicht ist, etwas Nützliches für den zu schreiben, der es versteht, schien es mir angemessener, der Wirklichkeit der Dinge nachzugehen als den bloßen Vorstellungen über sie. Viele haben sich Republiken und Fürstentümer vorgestellt, die nie jemand gesehen oder tatsächlich gekannt hat; denn es liegt eine so große Entfernung zwischen dem Leben, wie es ist, und dem Leben, wie es sein sollte, daß derjenige, welcher das, was geschieht, unbeachtet läßt zugunsten dessen, was geschehen sollte, dadurch eher seinen Untergang als seine Unterhaltung betreibt; denn ein Mensch, der sich in jeder Hinsicht zum Guten bekennen will, muß zugrunde gehen inmitten von so viel[en] anderen, die nicht gut sind. Daher muß ein Fürst, wenn er sich behaupten will, die Fähigkeit erlernen, nicht gut zu sein, und diese anwenden oder nicht anwenden, je nach dem Gebot der Notwendigkeit.‹[40]

---

principe è necessario sapere bene usare la bestia e l'uomo. – ›Ihr müßt nämlich wissen, daß es zweierlei Kampfweisen gibt: die eine mit der Waffe der Gesetze, die andere mit bloßer Gewalt; die erste ist dem Menschen eigen, die zweite den Tieren; da aber die erste oftmals nicht ausreicht, ist es nötig, auf die zweite zurückzugreifen. Daher muß ein Fürst es verstehen, von der Natur des Tieres und von der des Menschen den rechten Gebrauch zu machen‹ (*Il Principe / Der Fürst* (Anm. 33), S. 135). – Mit dieser Alternativität von Verhaltensformen des Fürsten, die in der ursprünglichen Ordnung der Schöpfung verschiedenen Kreaturen vorbehalten waren, bildet dieser *principe* gleichzeitig das Gegenbild jenes Menschen, dem Giovanni Pico della Mirandola mit seiner Rede ›De dignitate hominis‹ seine Würde bescheinigt hatte – nicht ohne seinerseits deutliche Anleihen bei der Anthropologie des Kusaners zu machen. Bei Pico war der Mensch aus der Ordnung einer Welt herausgefallen, die keine eigene Position mehr für ihn übrigließ, mit der Folge, daß ihm zugleich alle anderen Wesensformen als Existenzmöglichkeiten zu Gebote standen. Hier blieb diese Herauslösung aus einer festen Wesensbestimmung noch an eine ganz unstrittige Hierarchie der Lebensformen gebunden, deren Rangordnung die gottgleiche Existenz als das selbstverständliche Ideal erscheinen ließ. Bei Machiavelli hingegen begegnet eine ähnliche Alternativität möglicher Verhaltensformen, die indes nicht mehr über eine Werthierarchie einander zugeordnet sind, sondern zu gleichwertigen Möglichkeiten geraten, deren fallweiser Wert sich an ihrem jeweiligen Nutzen entscheidet.

39 Entschieden verharmlost scheint mir demgegenüber Machiavellis prononcierter Angriff auf die überkommene Ethik der Macht zu sein, wenn man die tierische und menschliche Doppelidentität des Fürsten allzu eilfertig als Symbol seiner ›Modernität‹ deutet und seine Provokation damit in Gestalt hermeneutischer Aktualisierung eskamotiert: »Il doppio dà l'immagine della soggettività moderna come forma e come scissione e insieme come prevalere della scissione sulla forma. Niente lo materializza meglio del concetto – simbolo del Centauro, nella raffigurazione mitico – antropomorfica che ne offre Machiavelli«; R. Esposito, *Ordine e conflitto. Machiavelli e la letteratura politica del Rinascimento italiano*, Neapel 1984, S. 34 f.

40 Machiavelli, *Il principe* (Anm. 33), Kap. 15, S. 49 f.; *Il Principe / Der Fürst* (Anm. 33), S. 119.

Dieser Entwurf eines Staates, der mit den gegebenen Verhältnissen ernst macht[41] und die weitgehende Belanglosigkeit moralischer Normen für das Verhalten der Menschen mit dem Programm eines Fürsten beantwortet, der eine gleiche Skrupellosigkeit an den Tag legt, hat Machiavelli den Ruf eines Realisten eingetragen und ihm zum Titel eines jener – zahlreichen – Urväter eines (empirischen) Wirklichkeitsverständnisses verholfen, in dem sich die Moderne wiederzuerkennen glaubte.[42] Indes greift der Gegensatz von Realismus und Idealismus, von Wirklichkeitssinn und Phantasterei zu kurz, um den kategorialen Geltungsverlust zu kennzeichnen, den die tradierte Ethik bei ihm erfährt. Ihre substantielle Schwäche nämlich gründet durchaus nicht allein auf einer faktischen Entwertung durch das Handeln derer, die sich an das moralische Gebot nicht halten; ihre Entleerung betrifft vielmehr den konzeptuellen Kern dieser Moral selbst. Mit besonderer Prägnanz zeigt sich dies im wohl berühmtesten Kapitel des ›Principe‹, dem 25., das den Umgang mit der *fortuna* zu seinem Thema macht: *Quantum fortuna in rebus humanis possit, et quomodo illi sit occurrendum.* Entgegen einer verbreiteten Meinung, welche die launische Dame zur unumschränkten Herrscherin über das Leben erklärt, betont Machiavelli gerade die Grenzen ihrer Wirksamkeit, um aus solcher Zuversicht zugleich den Ansatz für jene Strategien zu gewinnen, mit deren Hilfe man ihr zu begegnen vermag:

> E' non mi è incognito come molti hanno avuto e hanno opinione che le cose del mondo sieno in modo governate dalla fortuna e da Dio che li uomini con la prudenzia loro non possino correggerle, anzi non vi abbino remedio alcuno; e per questo potrebbono iudicare che non fussi da insudare molto nelle cose, ma lasciarsi governare alla sorte. [...] A che pensando, io qualche volta mi sono in qualche parte inclinato nella opinione loro.
> Nondimanco perché il nostro libero arbitrio non sia spento, iudico potere essere vero che la fortuna sia arbitra della metà delle azioni nostre, ma che etiam lei ne lasci governare l'altra metà, o presso, a noi.

› Es ist mir wohl bekannt, daß viele die Meinung vertraten und viele sie vertreten, die Dinge dieser Welt würden auf solche Weise von Fortuna und von Gott geleitet, daß die Menschen mit ihrer Klugheit sie nicht ändern könnten, ja überhaupt kein Mittel dagegen hätten, und die daher zu dem Urteil kommen könnten, man solle sich nicht viel mit den Dingen abplagen, sondern sich der Leitung des Schicksals überlassen. [...] Im Gedanken neigte auch ich bisweilen in mancher Hinsicht dieser Meinung zu. Dennoch halte ich es – um unseren freien Willen nicht auszuschließen – für wahrscheinlich, daß Fortuna zwar zur Hälfte Herrin über unsere Taten ist, daß sie aber die andere Hälfte oder beinahe soviel unserer Entscheidung überläßt.‹[43]

---

41 Vgl. zur Lektüre dieses Passus als Umkehrung Platonischer Staatstheorie L. Vissing, *Machiavel et la politique de l'apparence*, Paris 1986, S. 119 ff.
42 Nur als Beispiel sei ein Satz August Bucks zitiert: »Machiavellis Methode ist gekennzeichnet durch einen voraussetzungslosen Empirismus« (ders., *Machiavelli*, Erträge der Forschung 226, Darmstadt 1985, S. 61).
43 Machiavelli, *Il principe* (Anm. 33), Kap. 25, S. 79 f.; *Il Principe/Der Fürst* (Anm. 33), S. 191–193.

Machiavellis Gegenposition zur Überzeugung von Fortunas Allgewalt ist in verschiedener Hinsicht bemerkenswert. Das Auffälligste besteht zweifelsohne in der Gewißheit, daß die Grenzen ihrer Macht über die Welt und das Handeln des Menschen in der Existenz seines freien Willens begründet sind. Überraschend daran wirkt zunächst, daß Fortuna solchermaßen in eine Rolle gerät, die ihr die Humanisten stets streitig zu machen trachteten, übernimmt sie doch ein Anliegen, das gemeinhin dem providentiellen Gott zugeordnet wird. Daß der Mensch als einzige Kreatur auf Erden über ein *liberum arbitrium* verfügt, gehört in einen Schöpfungsplan, der nur jenem Wesen dieses Privileg zuteil werden ließ, das Gott nach seinem Bild geschaffen hat. Insofern gerät die Fortuna noch einmal zu einer Instanz, die den göttlichen Willen vollzieht. Wenn sie auf ungefähr die Hälfte ihrer Wirkungsmöglichkeiten verzichtet, um sich Gottes Schöpfungsordnung zu fügen, ist sie noch immer eine ministra Dei, in welcher Rolle sie Dante einst dem christlichen Kosmos eingegliedert hatte.[44] Zugleich aber bildet die Sicherung menschlicher Autonomie über eine Komponente der tradierten Anthropologie nur den Ansatz zu einem höchst agonalen Verhältnis zwischen diesem Menschen und einer Fortuna, der er die von ihr konzedierte Handlungsfreiheit gleichwohl beständig abtrotzen muß. Diese ambivalente Beziehung wirkt wie der Spiegel des logischen Konflikts,[45] der in einer Autonomie angelegt ist, die nur durch fremde Selbstbeschränkung zu gewinnen ist – gleichsam als korrigiere der beständige Agon diese brüchige Konstruktion im nachhinein: Der Sieg über den Widersacher soll die nur gewährte Ermächtigung und die allgegenwärtige Feindseligkeit Fortunas ihre – großzügige – Konzession vergessen machen.[46] Zweifelsohne sind diese Ambiguitäten der Begründung menschlicher Autonomie von Belang, ja sie stellen im Grunde die Achillesferse von Machiavellis Konstruktion dar, weil sie den Ansatz der Mächtigkeit seines Fürsten an eine tradierte

---

44 Vgl. Dante, *Divina Commedia*, *Inferno* VII, V. 70–96.
45 Ohne indes nach möglichen Funktionen zu fragen, hat Jean-Jacques Marchand das Paradoxon als rekurrente Figur des ›Principe‹ beschrieben; vgl. ders., »Le discours paradoxal dans le ›Prince‹ de Machiavel. Caractéristiques et fonctions«, *Colloquium Helveticum* 5 (1987), S. 29–41. Detaillierter mit einem speziellen Fall, dem ›Lob der Perfidie‹ in den Kapiteln 16–18, hat sich auseinandergesetzt Ulrich Schulz-Buschhaus, »Vom Lob der Pest und vom Lob der Perfidie: Burleske und politische Paradoxographie in der italienischen Renaissance-Literatur«, in: Hans Ulrich Gumbrecht u. K. Ludwig Pfeiffer (Hrsg.), *Paradoxien, Dissonanzen, Zusammenbrüche. Situationen offener Epistemologie*, Frankfurt/M. 1991, S. 259–273, hier: S. 269 ff.
46 Zu den Strategien der Domestizierung eines Zufalls, dessen Anteil am Handeln des Fürsten nicht zu leugnen ist und dessen Gewicht gerade deshalb minimiert werden muß, gehört auch die Kategorie der *occasione*, die im sechsten Kapitel des ›Principe‹ Gegenstand der Erörterung war. Als eine Figur der Bedeutungsminderung der Fortuna erscheint die ›Gelegenheit‹, weil sie nur eine Voraussetzung selbsttätigen Handelns darstellt, die als solche erst erkannt werden muß (*e la eccellente virtù loro fece quella occasione essere conosciuta*) und deshalb immer auch den Anteil des Handelnden selbst verlangt. Bemerkenswerterweise wird denn die Gelegenheit auch zu einer Figur wechselseitiger Abhängigkeit von Fürst und Fortuna: *e sanza quella occasione la virtù dello animo loro si sarebbe spenta, e sanza quella virtù la occasione sarebbe venuta invano.* (Zu den Zitaten vgl. Anm. 36 u. 34.)

Anthropologie binden, auf deren Zersetzung der ›Principe‹ zugleich antwortet.[47] Gewichtiger noch für die Frage der Geltung überkommener Kategorien der Moral ist indes die Tatsache, daß in den zitierten Zeilen des 25. Kapitels Fortuna potentiell eine Wirksamkeit über den *libero arbitrio* überhaupt zugesprochen wird. Seit altersher gilt sie als die Sachwalterin der äußeren Güter. Sie besitzt Gewalt über materielle Habe, über Ehren und Ämter und schließlich auch über alle körperliche Befindlichkeiten, die gleichfalls zu den *res externae* gehören, weil sie äußerlich gegenüber dem Verstand des Menschen sind, der allein sein eigentliches Wesen ausmacht. Hier wie so oft ist die räumliche Opposition mit derjenigen zwischen dem Eigenen und dem Fremden, zwischen Substanz und Akzidenz gleichbedeutend. Doch genau diese Grenze ist bei Machiavelli nicht mehr gewahrt. Wenn Fortuna auf Einflußmöglichkeiten verzichtet, um den freien Willen des Menschen zu garantieren, dann muß sich auch dieser freie Wille auf jene äußeren Dinge beziehen, über die sie regiert.[48] Dies aber bedeutet eine gravierende Veränderung, letztlich die Perversion des *liberum arbitrium* selbst. Sein herkömmlicher Geltungsbereich ist die innere Entscheidung zwischen Gut und Böse, während das faktische Tun, also der äußere Erfolg des Handelns, ebenso außerhalb seiner Kompetenz wie seines Interesses blieb – und dieser äußere Er-

---

47 Der Rahmen dieser Untersuchung verbietet eine weitergehende Erörterung des facettenreichen Verhältnisses, das das 25. Kapitel zwischen Fortuna und dem Handeln des Menschen zeichnet. Zu diskutieren wären etwa die Implikationen, die darin für die Beziehung zwischen Fortuna und Gott stecken: Der Text differenziert beide begrifflich, ohne ihre Relation auch nur irgend zu klären; vielmehr rückt er sie dort, wo er die – sodann zurückgewiesene – Meinung über die Allgewalt der Fortuna zitiert, in eine gefährliche Nähe zueinander, die sie in eine gemeinsame Verantwortlichkeit dafür zu bringen scheint, daß die Menschen mit all ihrer Klugheit die Dinge dieser Welt nicht zu steuern vermögen: *che li uomini con la prudenzia loro non possino correggerle*. (Bemerkenswert in diesem Zusammenhang ist zweifelsohne auch der Begriff *correggere* als Bezeichnung für das Regiment des Menschen. Etwas voreilig und zugleich entschieden reduktionistisch scheint mir statt dessen das folgende Urteil zu sein: »One can hear an echo of this Dantean concept in Machiavelli, as in *The Prince* 25 where Machiavelli reports others as saying that ›things of the world are governed by fortune and by God‹«; vgl. Anthony J. Parel, *The Machiavellian Cosmos*, New Haven u. London 1992, S. 65). Die partielle Übernahme providentieller Funktionen durch Fortuna wirft die Frage nach ihrer grundsätzlichen Unterscheidbarkeit schließlich auch für die von Machiavelli selbst vertretene Position auf, eine Frage, die angesichts der nominalistischen Verwandlungen des Gottesbildes ebenso Aktualität wie Brisanz gewinnt. Wäre jener Agon, den der Mensch zur Behauptung seiner ihm gleichwohl konzedierten Autonomie mit Fortuna unablässig auszutragen hat, gewissermaßen nur noch ein Stellvertreterkrieg, der in Wahrheit diesen Menschen und seinen – unberechenbar gewordenen – Schöpfer in Konflikt zueinander bringt?
48 Logisch betrachtet, gibt es eine alternative Möglichkeit für die Veränderung des Verhältnisses zwischen Fortuna und dem freien Willen, nämlich das Ich selbst zum Spielball der Kontingenz zu machen. Auch diese Variante der Auflösung ihrer traditionellen Zuordnung hat die Renaissance durchgespielt. Als nur ein Beispiel seien hier die ›Essais‹ des Michel de Montaigne erwähnt; vgl. ders., *Essais*, III, 10: *De mesnager sa volonté*, *Œuvres complètes*, hrsg. Albert Thibaudet u. Maurice Rat, Paris 1962, S. 980: *Autant que je puis, je m'employe tout à moy; et en ce subject mesme, je briderois pourtant et soutiendrois volontiers mon affection qu'elle ne s'y plonge trop entiere, puisque c'est un subject que je possede à la mercy d'autruy, et sur lequel la fortune a plus de droict que je n'ay.*

folg ist belanglos, solange der Wert des Handelns und mit ihm der Wert des Menschen selbst sich aus dem Verhältnis zu einem substantiellen Moralsystem entscheidet und aus dieser Beziehung seinen Lohn garantiert. Was sich also bei Machiavelli vollzieht, das ist die Verschiebung der Wirksamkeit des freien Willens von der inneren Entscheidung zwischen *bonum* und *malum* auf die Sicherung des äußeren Erfolgs. Schon bislang war das *liberum arbitrium* als die *potestas* des Menschen über sein Tun bestimmt, aber solche Mächtigkeit blieb eben auf die moralisch korrekte Wahl des Ziels beschränkt.[49] Die Verlagerung der Instanz, an der sich der moralische Wert allen Tuns entschied, hin zur Sicherung faktischer Durchsetzungsmöglichkeit[50] aber bezeugt schlagend die radikale Entwertung, die die moralischen Kategorien selbst und längst vor ihrer tatsächlichen Nichtbeachtung erfahren.[51] Der aus der tradierten Anthropologie als Sicherung

---

49 Vgl. etwa die – von Dionysius übernommene – Definition des Menschen im Prolog zu 1–2 in Thomas' *Summa theologiae* (Anm. 11), S. 354: *quasi liberum arbitrium habens et suorum operum potestatem.*

50 Leekers Deutung der Kategorie des *libero arbitrio* als eines Synonyms der *ambizione* ist insoweit zuzustimmen, als damit der freie Wille von seiner tradierten moralischen Begründung auch bei ihm gelöst wird; vgl. Joachim Leeker, »Fortuna bei Machiavelli – Ein Erbe der Tradition?«, *Romanische Forschungen* 101 (1989), S. 407–432, hier: S. 425. Zugleich aber verkürzt diese Interpretation den Begriff um einen entscheidenden Aspekt: die Machtfrage. Denn kein noch so entwickelter Ehrgeiz vermag es zu sichern, daß sich gegen Fortunas Herrschaft etwas ausrichten läßt. Die *ambizione* ist ein *desiderio*, der über die Möglichkeiten seiner Verwirklichung nichts besagt. Die wesentliche Transformation des *liberum arbitrium* besteht demgegenüber in der Verlagerung der *potestas* menschlichen Handelns von der vollkommenen Herrschaft über die innere, moralische Entscheidung hin zur partiellen Gewalt über die äußeren Dinge, wobei sich die Partialität zugleich in Gestalt des unablässigen Agon niederschlägt.

51 Belege dafür finden sich auch in anderen Schriften Machiavellis. Bemerkenswert in dieser Hinsicht ist etwa seine Dissoziation von *electio* und *bonum* in den ›Discorsi‹, welche traditionell unauflöslich einander zugeordnet waren, weil das nicht aus freier Wahl getane Gute eine solche Qualifikation nicht verdient; vgl. *Discorsi sopra la prima deca di Tito Livio* I, 3, *Opere* (Anm. 33), S. 101: *che gli uomini non operono mai nulla bene se non per necessità; ma dove la elezione abonda, e che vi si può usare licenza, si riempie subito ogni cosa di confusione e di disordine.* Das überkommene Denken hatte demgegenüber stets die Möglichkeit der Zuschreibung moralischer Attribute von der Willensentscheidung abhängig gemacht; vgl. etwa Thomas von Aquin, *Summa theologiae* (Anm. 11), 1, q. 48, 5c: *Quia vero bonum simpliciter est obiectum voluntatis, malum, quod est privatio boni, secundum specialem rationem invenitur in creaturis rationalibus habentibus voluntatem.* Der Substanzverlust der tradierten Ethik kommt in den ›Discorsi‹ auch in anderer Form zum Vorschein. Lehrreich etwa ist der in I, 2 erzählte Ursprungsmythos, der alle Tugend aus einem originären Schutzbedürfnis ableitet und damit zugleich ihr allein noch pragmatisches Fundament bloßlegt; vgl. Machiavelli, *Opere* (Anm. 33), S. 96: *nel principio del mondo, sendo gli abitatori radi, vissono un tempo dispersi a similitudine delle bestie; dipoi, moltiplicando la generazione si ragunarono insieme, e per potersi meglio difendere cominciorono a riguardare infra loro quello che fusse più robusto e di maggiore cuore, e fecionlo come capo e lo ubedivano. Da questo nacque la cognizione delle cose oneste e buone, differenti dalle perniziose e ree: perché, veggendo che se uno noceva al suo benificatore ne veniva odio e compassione intra gli uomini, biasimando gl'ingrati ed onorando quelli che fussero grati [...].* Nur andeuten lassen sich hier die Fragen, die aus dieser narrativen Herleitung des Moralgesetzes für die Machthaber

menschlicher Handlungsautonomie übernommene und in dieser Funktion unverzichtbare *libero arbitrio* ist zugleich nur noch die Karikatur seiner selbst: Der Wert des Handelns, über den er zu befinden hatte, ist zur Machtfrage geworden, zur agonalen Behauptung der Überlegenheit.[52]

V.

Machiavellis Umdeutung überkommener Figuren der Moral und damit zugleich die Definition der *virtù* eines Fürsten, dessen *excellentia* sich in der Gewinnung und Bewahrung seiner Macht bekundet, die Verwandlung also von moralischer Tugend in faktische Durchsetzung aber vollzieht sich bei aller Distanz gleichwohl im Rückgriff auf den tradierten Tugendkatalog. Sie sichert sich gewissermaßen bei eben jener tradierten Ethik ab, die sie im gleichen Zug zur Disposition stellt, und diese ambivalente Beziehung belegt noch einmal die letztlich unvermeidbare Bindung an eine überkommene Moral, die ungeachtet ihrer konzeptuellen Verabschiedung maßgeblich bleibt. Wie nicht anders zu erwarten, bringt auch diese Vereinnahmung des Traditionellen für die Absage an die Tradition eine erhebliche Veränderung, wenn nicht Entstellung jener herkömmlichen *virtus* mit, die sich Machiavelli zu eigen macht, um an die Stelle einer entwerteten Fürstenmoral eine alternative Ethik zu setzen, und doch macht er sich an dieser Stelle eine *virtus* zunutze, die schon in der hergebrachten Moral, jener Symbiose aus paganer und neutestamentarischer Ethik, eine im Grunde exzentrische Position einnahm. Noch einmal beginnt die Zersetzung also bei den Verwerfungen des Systems.

---

selbst entstehen: Als bloße Nützlichkeitserwägung zum Erhalt existenzsichernden Schutzes, als kaum mehr denn die egoistische Strategie des Hilflosen scheint die Tugend den nicht zu binden, der solchen Schutz gewährt. Wäre nicht auch in diesem Mythos die Unzulänglichkeit herkömmlicher Ethik für die Regulation der Herrschaft impliziert?

52 Vgl. in diesem Sinne auch die folgende Bemerkung aus dem dritten Kapitel des ›Principe‹, die gleichfalls moralische Kategorien in Bewertungskriterien faktischen Erfolgs umdeutet: *È cosa veramente molto naturale e ordinaria desiderare di acquistare, e sempre quando li uomini lo fanno che possono, saranno laudati o non biasimati; ma quando e' non possono e vogliono farlo in ogni modo, qui è lo errore e il biasimo* (Machiavelli, *Il Principe* (Anm. 33), Kap. 3, S. 12). – ›Die Eroberungslust ist wahrlich eine sehr natürliche und verbreitete Erscheinung; und immer, wenn die Menschen – die dazu imstande sind – Eroberungen machen, werden sie gelobt oder wenigstens nicht getadelt; wenn sie aber nicht dazu imstande sind und doch unter allen Umständen Eroberungen machen wollen, so ist dies verfehlt und tadelnswert‹ (*Il Principe/Der Fürst* (Anm. 33), S. 27). – Bekanntlich gehört das Besitzstreben traditionell nicht zu den moralischen Vorzügen eines Menschen, weshalb es als um so bemerkenswerter erscheint, daß es hier mit dem Prädikat *naturale* versehen wird. Zur Natur des Menschen also ist eine Disposition erklärt, die sich nach herkömmlichen Maßstäben allein als Folge seiner schuldhaften Denaturierung verstehen ließe. Der Nivellierung überkommener moralischer Oppositionen aber korrespondiert zugleich ein Wertkriterium, das sich an der faktischen Durchsetzung des Handelnden orientiert und den moralischen Wert durch den äußerlichen Erfolg ersetzt.

Daß die Preisgabe tradierter moralischer Verpflichtungen des Fürsten einhergeht mit der Errichtung einer anderen Wertordnung, belegt schon die Begründung, mit der Machiavelli am Beginn des 18. Kapitels (*Quomodo fides a principibus sit servanda*) den Fürsten von seiner grundsätzlichen Treuepflicht gegenüber seinen Untertanen dispensiert:

Quanto sia laudabile in uno principe mantenere la fede e vivere con integrità e non con astuzia, ciascuno lo intende: nondimanco si vede per esperienza, ne' nostri tempi quelli principi avere fatto gran cose che della fede hanno tenuto poco conto, e che hanno saputo con l'astuzia aggirare e cervelli delli uomini; e alla fine hanno superato quelli che si sono fondati in su la lealtà.

›Wie löblich es für einen Fürsten ist, sein Wort zu halten und aufrichtig statt hinterlistig zu sein, versteht ein jeder; gleichwohl zeigt die Erfahrung unserer Tage, daß diejenigen Fürsten Großes vollbracht haben, die auf ihr gegebenes Wort wenig Wert gelegt und sich darauf verstanden haben, mit List die Menschen zu hintergehen; und schließlich haben sie sich gegen diejenigen durchgesetzt, welche auf die Rechtlichkeit gebaut hatten.‹[53]

Nicht allein legitimieren die *gran cose* den Treuebruch; der Respekt vor der Treuepflicht erscheint gar als Behinderung solcher Größe, welche die Überlegenheit gegenüber jenen mit sich bringt, die die Gebote tradierter Fürstenmoral achten. Die Verbindung beider Momente aber, die Leistung der *gran cose*, welche zugleich eine Form der Mächtigkeit des einen gegenüber den anderen meint, setzt den Leser auf die Spur jener konventionellen Tugend, aus deren Verwandlung Machiavelli seine alternative Ethik der Macht entwickelt: Es ist die Tugend der *magnanimitas*.[54] Die wesentlichen Merkmale dieser *virtus* sind zunächst in der ›Nikomachischen Ethik‹ des Aristoteles entwickelt worden, sodann im Denken der Stoa, welches uns hier wie so oft über Cicero vertraut ist. Eingang hat die *magnanimitas* schließlich auch in die christliche Ethik gefunden, wiewohl ihre Stellung hier nie ganz unproblematisch war, wie aus ihren konstitutiven Eigenheiten unschwer deutlich wird.

Hier wie sonst definiert Aristoteles die Großgesinntheit als eine Mitte zwischen zwei Extremen.[55] Sie steht in gleicher Distanz zu einem Mangel wie zu einem Übermaß: Der Mangel kennzeichnet den Ängstlichen, das Übermaß macht den Prahlhans aus. Dazwischen aber ist der Großgesinnte angesiedelt. Sein Handeln zielt vor allem auf die Ehre. Er vollbringt konsequenterweise solche Taten, die besondere Anerkennung verdienen. Aristoteles bezeichnet die *magnanimitas* deshalb auch als einen Schmuck der Tugenden. Sie setzt die anderen Tugenden voraus und läßt sich zugleich begreifen als außergewöhnliche Erfüllung ihrer Gebote. Schon Aristoteles versteht diese *magnanimitas* als eine Form der Überlegenheit dessen, der sie besitzt, über die anderen; indes, so ent-

---

53 Machiavelli, *Il principe* (Anm. 33), Kap. 18, S. 56; *Il Principe/Der Fürst* (Anm. 33), S. 135.
54 Zu einem informativen Überblick sowie zur einschlägigen Forschungsliteratur vgl. W. Haase, »Magnanimitas«, in: Joachim Ritter (Hrsg.), *Historisches Wörterbuch der Philosophie*, Darmstadt 1974, Bd. III, Sp. 887–900.
55 Vgl. Aristoteles, *Nikomachische Ethik*, IV, 7.

schieden er sie auch in die Systematik seiner Ethik einordnet, in gewisser Weise bleibt sie ein Fremdkörper in seinem Katalog der Tugenden, weil sie die soziale Anerkennung insgeheim der moralischen Substanz verordnet und solche Akzeptanz gleichwohl in den systematischen Kategorien der ›Nikomachischen Ethik‹ beschreibt. Der prekäre Punkt bei diesem Versuch scheint mir zum einen die Definition außergewöhnlicher Erfüllung jenes Tugendhaften zu sein, das mittels einer logischen Figur als mediocritas bestimmt ist. Zum anderen aber, und dies bedeutet zugleich das gravierendere Moment, bleibt letztlich uneinsichtig, wie die eine Mitte zwischen zwei Extremen, das rechte Maß also zwischen Ängstlichkeit und Prahlerei, eine Auszeichnung der Tugend im allgemeinen darstellen kann. Zumal an dieser Stelle scheint mir die Bruchstelle der Aristotelischen Argumentation erkennbar zu werden. Was er hier versucht, das ist die Verrechnung der sozialen Bewertung des Handelns mit eben jenen Kategorien, die seine Ethik allererst konstituieren.[56]

Die Verwandlungen, zugleich die Bedeutungssteigerung, die die *magnanimitas* in der Stoa erfährt, werden für uns in Ciceros ›De officiis‹ greifbar. Sie zeigen sich zunächst in der Stellung dieser *virtus* im Verhältnis zu allen anderen Tugenden: Sie rückt von einer eher marginalen Position in das Zentrum der Ethik und wird nun zum strahlendsten – wie es bei Cicero ausdrücklich heißt – Teil des *honestum* schlechthin.[57] Diese Veränderung ihres Rangs geht einher mit einer Verwandlung ihrer Merkmale, und diese Transformation sei als eine Form der ›Agonalisierung‹ gekennzeichnet. Denn *magnanimitas* erscheint nun wesentlich als das Ergebnis eines Kampfes, als die Abwehr jener Anfeindungen, die den Menschen von seinem eigentlichen Wesen entfernen:

> Omnino fortis animus et magnus duabus rebus maxime cernitur, quarum una in rerum externarum despicientia ponitur, cum persuasum sit nihil hominem nisi quod honestum decorumque sit aut admirari aut optare aut expetere oportere, nullique neque homini neque perturbationi animi nec fortunae succumbere.[58]

Magnanimitas also setzt Ataraxie voraus, die Gleichgültigkeit gegenüber allen Leidenschaften und allen Dingen, die Ursachen solcher Leidenschaft sein können. Die *magnanimitas* meint damit zugleich ein Verhalten, das der Natur des Menschen entspricht, weil sie sich allein der Vernunft und der auf dieser Vernunft gründenden Tugend verpflichtet weiß, die das Wesen des Menschen ausmacht. Deshalb wird der wahrhaft Weise allen Leidenschaften entsagen, die denn

---

56 So hat es den Anschein, als rage in Gestalt der *magnanimitas* ein Rest jener aristokratischen Standesmoral in die ›Nikomachische Ethik‹, welche eine philosophische, im Namen der Vernunft agierende Regulation des Handelns gerade zu verabschieden bemüht ist. Doch den ererbten und an der *magnanimitas* erkennbaren Ansprüchen an die Differenzierung der Tugend, welche die Skalierung des Tugendhaften zugleich mit den Formen ihrer sozialen Repräsentation verschränkt, vermag diese Ethik nur noch in Grenzen, letztlich nur zum Schein gerecht zu werden.
57 *M. Tvlli Ciceronis De officiis*, hrsg. C. Atzert, Leipzig 1963, I, 18, 61, S. 21: *Intellegendum autem est, cum proposita sint genera quattuor, e quibus honestas officiumque manaret, splendidissimum videri, quod animo magno elatoque humanasque res despiciente factum sit.*
58 Ebd., I, 20, 66, S. 23.

auch nichts als *perturbationes* sind; er wird alle äußeren Güter verachten und alle Schmerzen gering achten, weil sie belanglos sind für das, was der Mensch mit seinem Verstand zu gewinnen vermag. Bei Aristoteles wie in der Stoa also gründet die *magnanimitas* wesentlich auf einem vernunftkonformen als einem der Gattung Mensch angemessenen Verhalten, und doch ist die Funktion der Vernunft bei beiden eine deutlich verschiedene. Aristoteles versteht die *ratio* als eine Instanz der Regulierung, als Sicherung der Ordnung des Vorfindlichen, welche sich durch die rechte Mitte zwischen den Extremen herstellen läßt. Sein Denken setzt damit im Grunde immer auch die Ordnung des Unordentlichen voraus, weil selbst das Maßlose so regelmäßig vom rechten Maß abweicht, daß genau in der Mitte zwischen zwei – und stets nur zwei – Maßlosigkeiten der Inbegriff aller Ordnung zu finden ist. Die Vernunft also ist bei Aristoteles eine Figur der Integration und setzt ein tiefes Vertrauen in eine basale, von keiner Störung zu zerstörende Ordnung des Vorfindlichen voraus. Anders in der Stoa: Vernunft setzt hier Unterschiede. Die ontologische Differenz zwischen dem Materiellen und dem Geistigen, zwischen Affekt und Verstand setzt sie um in eine Figur der Abgrenzung und der Überwindung. Sie ist keine Instanz regulativer Integration, sondern eine solche agonaler Ausgrenzung. Die Tugend der *magnanimitas* wird deshalb als ein Sieg über das Widrige begriffen, als Form der Überlegenheit gegenüber allem Äußerlichen und Fremden: *neque homini neque perturbationi animi nec fortunae succumbere*. Die Gestalt, in der diese Vernunft die Oberhand über Menschen, Leidenschaften und die Willkür des Zufalls gewinnt, aber ist die *descipientia*. Erhaben wird der Weise über all das sein, dessen Belanglosigkeit er eingesehen und worüber er Gewalt durch Mißachtung gewonnen hat. *Magnanimitas* läßt sich hier als psychologische Sublimierung einer im Grunde mythischen Figur begreifen, die die Tugend als Sieg definiert.[59]

Die Ethik der Größe, die Machiavelli an die Stelle des konventionellen Fürstenethos setzt, trägt unverkennbar die Spuren jener antiken *virtus* der *magnanimitas*. Bis in Einzelheiten hinein lassen sich im Bild seines *principe* die klassi-

---

59 Daß die Stellung der *magnanimitas* in der christlichen Ethik eine prekäre bleiben mußte, erklärt sich aus ihrer fatalen Nähe zur Ursünde der *superbia*. Denn als Figur des Strebens nach Überlegenheit ähnelt sie sehr weitgehend jenem amor propriae excellentiae, als welcher der Hochmut seit altersher definiert ist. Bezeichnenderweise findet die *magnanimitas* bei Augustinus auch keinen Platz in seiner Ethik, wiewohl einer Bemerkung von ihm durchaus zu entnehmen ist, daß ihm diese antike *virtus* nicht unvertraut war; vgl. hierzu O. Schaeffner, »Christliche Demut. Des heiligen Augustinus Lehre von der humilitas«, *Cassiciacum* 17 (1959), S. 54. Wohl um der integralen Rezeption des Aristotelischen Tugendsystems willen hat Thomas die *magnanimitas* in seine Ethik aufgenommen; ihre Brisanz trachtet er zu mindern, indem er jene Außergewöhnlichkeit, die den *magnanimus* kennzeichnet, sogleich auf denjenigen zurückleitet, dem allein sie rechtmäßig zukommt, auf Gott selbst; vgl. *Summa theologiae* (Anm. 11), 2–2, q. 129, 3 ad 4: *Ad quartum dicendum quod in homine invenitur aliquid magnum quod ex dono dei possidet; et aliquis defectus, qui competit ei ex infirmitate naturae. magnanimitas igitur facit quod homo se magnis dignificet secundum considerationem donorum quae possidet ex deo.*

schen Merkmale des Großgesinnten beobachten. Dafür zunächst ein Beispiel aus dem 19. Kapitel. *De contemptu et odio fugiendo* lauten Überschrift und Anliegen dieses Abschnitts, der mit Verachtung und Haß zwei der riskantesten Gefährdungen für den Erhalt der Macht zu vermeiden lehrt:

> Contennendo lo fa essere tenuto vario, leggieri, effeminato, pusillanime, irresoluto: da che uno principe si debbe guardare come da uno scoglio, e ingegnarsi che nelle azioni sua si riconosca grandezza, animosità, gravità, fortezza.

› Verächtlich macht sich ein Fürst, wenn er für wankelmütig, leichtsinnig, weibisch, furchtsam und unentschlossen gehalten wird; davor muß er sich wie vor einer Klippe hüten und sich bemühen, daß man in seinen Taten Großmut, Kühnheit, Ernst und Stärke verspürt‹.[60]

Dies liest sich wie eine Zusammenstellung jener Merkmale, die Aristoteles und Cicero für den *magnanimus* definieren. Während *gravità*, *grandezza* und *animosità* aus dem Porträt stammen, das der Stagirite vom Großgesinnten zeichnet,[61] deutet die *fortezza* auf die Definition Ciceros, der die *fortitudo* zum genuinen Kennzeichen eines *magnanimus* erklärt hatte, welcher sich ja gerade an der Standfestigkeit gegenüber allen Widerständen und Widrigkeiten beweist.[62] Diese unverkennbare Bindung des Handelns des Fürsten an den klassischen Typus des Großgesinnten[63] aber geht zugleich einher mit einer Neubestimmung des Verhältnisses von äußerem Erfolg und innerem Verhalten, welche die stoische Regulation der Beziehung zwischen beiden Ebenen preisgibt, in der der *magnanimus* bei Cicero seine Identität findet:

> Sanza dubbio e principi diventano grandi quando superano le difficultà e le opposizioni che sono fatte loro: e però la fortuna, massime quando vuole fare grande uno principe nuovo, il quale ha maggiore necessità di acquistare reputazione che uno ereditario, li fa nascere de' nimici, e gli fa fare delle imprese contro, acciò che quello abbi cagione di superarle, e su per quella scala che gli hanno pòrta e nimici sua, salire più alto. Però molti iudicano che uno principe savio debbe, quando e' ne abbi la occasione, nutrirsi con astuzia qualche inimicizia, acciò che, oppresso quella, ne séguiti maggiore sua grandezza.

---

60 Machiavelli, *Il principe* (Anm. 33), Kap. 19, S. 59; *Il Principe/Der Fürst* (Anm. 33), S. 141–143.
61 Vgl. Aristoteles, *Die Nikomachische Ethik*, hrsg. u. übers. O. Gigon, Zürich 1951, IV, 8, S. 140: ›Er ist langsam und bedächtig, [...] unternimmt Weniges, aber dann Großes‹; ebd., S. 139: ›Er bringt sich ferner nicht gerne oder wegen Kleinigkeiten in Gefahr [...]. In großen Dingen dagegen tut er es und schont dann nicht sein Leben.‹
62 Cicero, *De officiis* (Anm. 57), I, 19, 62, S. 22: *Itaque probe definitur a Stoicis fortitudo, cum eam virtutem esse dicunt propugnantem pro aequitate.*
63 Diese Filiation scheint mir weit näher zu liegen als die Annahme einer Formung von Machiavellis Fürsten nach dem Modell des tragischen Helden; vgl. G. Bàrberi Squarotti, *La forma tragica del ›Principe‹ e altri saggi sul Machiavelli*, Florenz 1966, S. 233. Mehr noch als an einer im einzelnen kaum anders als aphoristisch nachgewiesenen Entsprechung zwischen beiden Typen des Heroischen fehlt es an einer konzeptuellen Übereinstimmung. Machiavellis ›Principe‹ ist keine Dramatisierung des Scheiterns als der ultima ratio menschlicher Existenz, denn dieses Scheitern selbst wird kontingent, und eine solche Aleatorik verbietet sich, wo schicksalhafte Unausweichlichkeit zu walten hätte. Wenn es Anklänge seines Fürstenbildes an einen literarischen Typus gibt, dann steht dieser *principe* mit seinen *grandi imprese* in der Nähe des epischen Helden.

›Ohne Zweifel erlangen die Fürsten Größe, wenn sie die Schwierigkeiten und Widerstände überwinden, die ihnen in den Weg gelegt werden; darum läßt das Glück – zumal wenn es einem neuen Fürsten Größe geben will, der es nötiger als ein Erbfolger hat, sich Ansehen zu verschaffen – ihm Feinde erwachsen und ermutigt diese zu Unternehmungen gegen ihn, damit er Gelegenheit hat, sie zu überwinden und auf der Leiter höher zu steigen, die ihm seine Feinde gereicht haben. Daher sind viele der Ansicht, daß ein kluger Fürst, wenn er dazu Gelegenheit hat, sich mit List einige Feinde schaffen muß, um durch deren Überwindung seinen Ruhm zu mehren.‹[64]

Dies ist noch immer stoisch, insofern die Größe an die Überwindung der Schwierigkeiten gebunden wird, und deshalb geraten die Widrigkeiten der *fortuna* zur im Grunde positiven Prüfung, an denen der *magnanimus* seine Tugend beweisen kann. Auch dies, Prüfung als Form der Auszeichnung der Auserwählten, ist ja dem Denken der Stoa vertraut. Indes entfernt sich Machiavelli von ihrem Denken unverkennbar mit dem Rat, solche Gefährdungen selbst herbeizuführen, sofern sie sich einmal nicht einstellen sollten. Eine entschiedene Distanz aber begründet dies, weil damit das Ziel dieses Agons zugleich ein wesentlich verschiedenes wird, dient es doch nun der Demonstration einer Überlegenheit, die zugleich der Sicherung der Macht nutzt.[65] Die stoische Figur einer Mächtigkeit durch Verachtung, die in solcher *despicientia* selbst den Sieg erringt, ist verwandelt in eine faktische Überlegenheit, die sich in jener äußeren Welt beweist, deren Geringschätzung Cicero als Voraussetzung des Großgesinnten bestimmt hatte. Doch für Machiavelli hat die Instanz ihren Wert verloren, in deren Zeichen sich stoische Weltverachtung allererst behaupten konnte: die ontologisch begründete Tugend, die als eine vernunftgeleitete die Natur des Menschen einlöst. Der Ausfall einer solch substantialistischen Ethik und die konzeptuelle Entleerung der Tugend verweisen das Handeln allein auf jene Welt der *res externae*, *gegenüber* der sich nicht mehr, sondern *in* der sich nun eine Überlegenheit zu beweisen hat, die die *virtù* des Fürsten und damit die Legitimität seines Machtbesitzes unter Beweis stellt. Der Bestand seiner Macht ist deshalb gleichbedeutend mit dem moralischen Urteil über sie, weil sie durch ihre bloße Existenz schon eine Überlegenheit demonstriert, die zugleich ihre Rechtfertigung darstellt. In gewissem Sinne ist schon hier die Geschichte das Gericht. Machiavelli also macht die stoische Psychologisierung des Agon, in der der Weise durch Verachtung des Wesensfremden seinen Sieg und in eins seine Tugend errang, im Grunde rückgängig und verwandelt sie in die faktische Behauptung der eigenen Superiorität in der Welt der *res externae*, weil diese äußerliche Welt durch die substantielle Entwertung aller *virtus* der einzig verbliebene Horizont des Handelns ist.[66]

---

64 Machiavelli, *Il principe* (Anm. 33), Kap. 20, S. 69; *Il Principe/Der Fürst* (Anm. 33), S. 167–169.
65 Cicero wußte statt dessen von einer gefährlichen, den *magnanimus* um seine Identität bringenden Gier nach der Macht; vgl. *De officiis* (Anm. 57), I, 19, 64: *Sed illud odiosum est, quod in hac elatione et magnitudine animi facillime pertinacia et nimia cupiditas principatus innascitur.*
66 Eine solche Umdeutung der Strategien, sich des Unverfügbaren zu erwehren, die Ersetzung einer rationalen Nihilierung durch die faktische Unterwerfung, zeigt ihre auch sprachliche Wirkung vielleicht nirgends deutlicher als am Ende des 25. Kapitels, wenn

Die aus der Remythisierung tradierter Moralkonzepte gewonnene Ethik des ›Principe‹ zwingt ihre Kategorien zugleich in eine Äußerlichkeit und Öffentlichkeit, welche tugendhaftes Handeln und Selbstdarstellung identisch werden läßt. Denn nicht allein bedingen Macht und *virtus* einander. Wie wir oben sahen, bedarf die *virtus* zugleich der *gloria*, um allererst wirksam werden zu können. Das ist noch immer die alte christliche Zuordnung der Tugend zur *gloria* als ihrem Telos, aber sie begnügt sich notgedrungen mit jenem Ruhm, den dieselbe christliche Ethik nur als Sünde kannte. Die *gloria*, der nachzueifern den König um allen himmlischen Lohn, um eine unendlich größere *gloria* zu bringen drohte, ist statt dessen nun nicht mehr zu unterscheiden von einer *virtù*, in der alle Macht ihre Berechtigung findet.

Die Polyvalenz fürstlichen Handelns, das Selbstinszenierung, das das Zur-Schau-Stellen der eigenen Überlegenheit ebenso als sein Ziel kennt wie es ihrer zur Stützung seiner Macht nicht entbehren kann, zeigt sich in besonderer Klarheit noch einmal an der Unverzichtbarkeit der *ammirazione* der Untertanen für den Herrscher.[67] *Admiratio*, das ist zum einen die Bewunderung, in der sich die *gloria* als Außergewöhnlichkeitsbezeugung realisiert. *Ammirazione* aber entwickelt zugleich noch einmal ihr Potential als eine *species timoris*, die mit dem Eingeständnis eigener Unterlegenheit einhergeht und deshalb die Macht zugleich stützt.[68] Die Konstituenten der überkommenen Ethik der Herrschaft wandeln sich zu den Funktionen einer Praxis der Macht, in der sie ununterscheidbar

---

Machiavelli die in den Grenzen menschlicher Wandlungsfähigkeit gesteckten Grenzen der Konkurrenzfähigkeit gegenüber Fortuna konzediert und als Gegenmittel kaum anderes als eine metaphorische Gewaltphantasie entwickelt, vgl. *Il principe* (Anm. 33), Kap. 25, S. 82: *Concludo adunque che variando la fortuna e stando li uomini ne' loro modi ostinati, sono felici mentre concordano insieme, e come discordano infelici. Io iudico bene questo, che sia meglio essere impetuoso che respettivo, perché la fortuna è donna: ed è necessario, volendola tenere sotto, batterla e urtarla. E si vede che la si lascia più vincere da questi che da quelli che freddamente procedono. E però sempre, come donna, è amica de' giovani, perché sono meno respettivi, più feroci, e con più audacia la comandano.* – ›Ich ziehe also die Schlußfolgerung, daß, da das Glück wechselt und die Menschen an ihren Methoden festhalten, sie erfolgreich sind, solange beide übereinstimmen, und sie erfolglos sind, wenn beide nicht übereinstimmen. Doch halte ich es für besser, stürmisch als besonnen zu sein; denn Fortuna ist ein Weib, und es ist notwendig, wenn man sie niederhalten will, sie zu schlagen und zu stoßen. Man sieht auch, daß sie sich von denen, die so verfahren, eher besiegen läßt als von jenen, die mit kühlem Kopf vorgehen; daher ist sie als Weib stets den Jünglingen zugetan, weil diese weniger besonnen und stürmischer sind und ihr mit größerer Kühnheit befehlen‹ (*Il Principe/Der Fürst* (Anm. 33), S. 199).

67 Vgl. etwa als Quintessenz des klugen Verhaltens des Ferdinand von Aragon Machiavelli, *Il principe* (Anm. 33), Kap. 21, S. 72: *e così sempre ha fatte e ordite cose grande, le quali sempre hanno tenuto sospesi e ammirati gli animi de' sudditi e occupati nello evento di esse.* – ›So hat er stets große Dinge geplant und ausgeführt, die seine Untertanen ständig mit Spannung und Bewunderung erfüllten und auf den Ausgang neugierig machten‹ (*Il Principe/Der Fürst*, (Anm. 33), S. 175).

68 Vgl. etwa Thomas von Aquin, *Summa theologiae* (Anm. 11), 2–2, q. 180, 3 ad 3: *admiratio est species timoris consequens apprehensionem alicuius rei excedentis nostram facultatem.*

werden und damit ihre herkömmliche Identität einbüßen – zu einer Praxis der Macht aber zugleich, deren Selbstregulation den Zusammenhalt wie den Bestand von Macht, Tugend und Ruhm allein noch sichern kann.

Als Schwundstufe der tradierten Moral ist Machiavellis Herrschaftspraxis ebenso deren Fortschreibung wie ihre Perversion. Die im Rückgriff auf die antike Ethik betriebene Ontologisierung einer letztlich mythisch begründeten christlichen Morallehre, die die Maximen des Handelns des Menschen wesentlich aus dem Verhältnis von Gebot und Gehorsam, von Ergebenheitsprüfung und Unterwerfungsbelohnung entwickelte, mußte fatale Konsequenzen haben, als dieser Ontologie ihr transzendentes Fundament genommen war. Denn der um der Unversehrtheit des Mythos willen erfolgte Entzug solch ontologischer Befestigung gestattet gleichwohl nicht die schlichte Rückkehr zu jener Verläßlichkeit, die der Mythos selbst einst geboten hatte. Daß Gottes Allmacht seine Festlegung auf eine substantielle Weltordnung nicht zuläßt, erscheint nun als eine ontologische Kontingenz, die alle positiven Festlegungen des Mythos, alle Gebote und Verheißungen Gottes und schließlich auch jenen Bund, den er mit seinen Geschöpfen de potentia ordinata eingegangen ist, als ontologisch belanglose Fixierungen markiert, deren Bestand damit im Grunde prekär ist. Anders gesagt: Die substanzlos gewordenen Kategorien der scholastischen Ethik bleiben als Leerstellen zurück. Wenn wir für Machiavellis ›Principe‹ deshalb die Remythisierung überkommener Moralkategorien bemerken konnten, dann ist dies zunächst eine Konsequenz des Ausfalls einer ontologischen Befestigung der Ethik, deren mythisches Fundament dadurch neue Bedeutsamkeit gewinnt. Wenn hier gleichwohl nicht jene orthodoxe Ethik restituiert wird, die der Mythos einst verpflichtend vorgab, dann deshalb, weil dieser Mythos von dem skizzierten Prozeß selbst nicht unberührt geblieben ist und seine eigenen Verheißungen nicht mehr verläßlich einzulösen vermag. Es liegt in der Konsequenz dieser Erosion, daß nun eine Ethik auf den Plan tritt, die den Menschen für die Gewinnung jenes Zieles, das die christliche Ethik ihm in Gestalt der *gloria* gesteckt hatte und das er um den paradoxen Preis der Unterwerfung unter Gottes Suprematie erreichen konnte, auf denjenigen Weg verweist, den der Mythos selbst als die sündhafte Alternative verworfen hatte. Denn wo das Verhältnis von Tugend und Lohn prekär geworden ist, das eigenmächtige Streben nach der Erhöhung des Selbst sich deshalb nicht mehr durch das verläßliche Angebot einer attraktiven Alternative abwehren läßt, gewinnt jener Zugriff auf die *gloria* an Bedeutung, über den der Mensch selbst verfügen kann. Das Handeln des Fürsten, das Machiavelli in seinem ›Principe‹ entwirft und das wesentlich als Inszenierung eigener *excellentia* und damit im Grunde als eine Praxis der *superbia* erscheint, entfaltet zugleich die Potenzen eines Mythos, dem durch den Entzug der ontologischen Ordnung, auf die er sich eingelassen hatte, seine eigenen Ordnungen abhanden gekommen sind.

Die zwei Körper des Staates

JOSEPH VOGL

I.

Die theatralische Sendung ist auch eine politische, und diese entsprechend chimärenhaft. So vereinigt Wilhelm Meisters Initiation zum Schein, zum Puppenspieler und schließlich zum Hamlet-Akteur nicht nur eine emanzipatorische Idee, ein Bild der Öffentlichkeit und ein Individuum, das sich auf die ›harmonische‹ Vollendung seiner Natur versteht: Das Theater selbst umschließt vielmehr das Modell einer Gesellschaft, die sich im Spiel, im Spiel nach dem Spiel, im Spiel hinter den Kulissen für Augenblicke läutert.[1] Vor das Motiv und den pädagogischen Plan eines Nationalschauspiels schiebt sich in Goethes Roman ein theatralisches Konzept, das eine Reihe sozialer Funktionsbestimmungen versammelt und realisiert, und Meisters Theater-Experiment ist der Ort, an dem Eigentumsfragen und Vertragsverhältnisse, der Konflikt zwischen feudalen und bürgerlichen Sozialisationsformen verhandelt werden. Dabei erhebt dieses Theater neben dem notorischen Programm einer Bildung, einer umfassenden *personellen Ausbildung* den Anspruch auf einen Raum, in dem die einzelnen nicht nur sind, sondern auch *scheinen*[2], in den sie sich als Stellvertreter ihrer selbst übersetzen und in dem sie – als ›öffentliche Person‹ – den ebenso fiktiven wie normsetzenden Grund ihres sozialen Verkehrs suchen. Wilhelm Meister, der in der Rolle des Hamlet endlich zur Inszenierung seiner selbst gelangt, formuliert damit eine Poetik des Schauspiels, in der die Bühne und das Spiel zugleich jenen doppelten Boden darstellen, auf dem sich bürgerliche Identitäten und ihr repräsentativer Zusammenhang errichten.

Es ist jedoch nicht bloß die Äquivokation des Begriffs einer ›gebildeten Persönlichkeit‹, welche theatralische Inszenierung und öffentliche Repräsentation zur Deckung bringt und in der literarischen Publizität eine Ersatzform politischer Öffentlichkeit behauptet.[3] Die Poetik des Schauspiels wendet sich vielmehr zu

---

1 Johann Wolfgang von Goethe, *Wilhelm Meisters Lehrjahre, Werke*, hrsg. Erich Trunz, München 1981, Bd. VII, S. 323 ff. u. S. 434.
2 Ebd., S. 290 f.
3 Vgl. dagegen Jürgen Habermas, *Strukturwandel der Öffentlichkeit. Untersuchungen zu einer Kategorie der bürgerlichen Gesellschaft*, Neuwied u. Berlin 1962, S. 25 ff.

einer Poetik des sozialen und politischen Raums, und umgekehrt, dieses Politische selbst ist unmittelbar szenisch organisiert. Die ›zum Publikum versammelten Privatleute‹, die auf der Bühne ihre eigene Sache ansehen und sich – als Zuschauer – selbst betrachten, rufen damit ein politisch-rechtliches Programm in Erinnerung, in dessen Kern das Theater selbst eingeschrieben ist. Denn das Theatralische an der Person wiederzuentdecken, war nicht von ungefähr Sache einer aufgeklärten Politik und eines aufgeklärten Rechts, das seinen Legitimitätsgrund in sich selbst aufsucht und mit jedem seiner Sätze den Augenblick seiner Setzung erinnern will. Seit Hobbes und Pufendorff jedenfalls orientieren sich die Repräsentationslehren politischer Macht an der Apologie einer ›öffentlichen Person‹, einer persona publica, die über die substanzialistischen Wendungen des Mittelalters hinweg auf das Maskenspiel der römischen persona zurückgreift: Person im juristischen wie im theatralischen Sinn.[4] Diese persona bedeutet

> eine *Verkleidung* oder die *äußere Erscheinung* eines Menschen [...], der auf der Bühne dargestellt wird, und manchmal auch in einem engeren Sinn den Teil, der das Gesicht verkleidet, wie eine Maske oder ein Visier. Und von der Bühne wurde dieser Begriff auf jeden übertragen, der stellvertretend redet und handelt, im Gerichtssaal wie im Theater. So ist also eine *Person* dasselbe wie ein *Darsteller*, sowohl auf der Bühne als auch im gewöhnlichen Verkehr, und *als Person auftreten* heißt soviel wie sich selbst oder einen anderen *darstellen* oder *vertreten*.[5]

Das Politische an der Person ist ihr *fürstellender*, repräsentativer Charakter[6], der Verkleidung und Stellvertretung kontaminiert. Politik scheint damit auf den Radius der moralischen und rechtlichen Person eingegrenzt, und dieser grundlegende Personalismus natur- und vertragsrechtlicher Konzeptionen holt das Gesetz der Gesellschaften auf eine Bühne, die dessen Rechtsgrund definiert und auf der dieses Gesetz seine Gründung immer von neuem nachspielt.

Wenn also Person derjenige ist, dem Worte und Handlungen von Menschen – tatsächlich oder fiktiv – beigelegt werden,[7] so ist deren Gesetz die Inszenierung und die Gesetzmäßigkeit der Bühnenraum selbst. Nicht anders jedenfalls verfährt das komplizierte System von Stellvertretungen, Masken und Rollen, das die Identität des einzelnen als Person und das Gesetz als Spiegel seines eigenen Ursprungs bestimmt, wie Hobbes es im Kernstück seiner Lehre beschreibt:

> Ich autorisiere diesen Menschen oder diese Versammlung von Menschen und übertrage ihnen mein Recht, mich zu regieren, unter der Bedingung, daß du ihnen ebenso dein Recht überträgst und alle ihre Handlungen autorisierst.[8]

Wie jedes Individuum notwendig durch ein anderes vertreten wird, so wird der Dritte, der Staat, eines jeden Stellvertreter, dessen Handlungen nun jeder so be-

---

4 Vgl. Thomas Hobbes, *Leviathan oder Stoff, Form und Gewalt eines kirchlichen und bürgerlichen Staates*, hrsg. Iring Fetscher, Frankfurt/M. 1966, S. 123 ff.; Samuel Pufendorff, *Acht Bücher von Natur- und Völcker-Rechte*, Frankfurt/M. 1711, Bd. I, S. 16 ff.
5 Hobbes, *Leviathan* (Anm. 4), S. 123.
6 Pufendorff, *Acht Bücher* (Anm. 4), Bd. I, S. 17.
7 Hobbes, *Leviathan* (Anm. 4), S. 123.
8 Ebd., S. 134.

trachten muß, als habe er sie selbst getan. Immer also ist in diesem ›Als ob‹ des Gesetzes der einzelne drei. Er wird zum Bürger und zum Gesetzessubjekt nur als Stellvertreter der beiden anderen, oder umgekehrt, in jenen anderen erkennt er zuschauend und stellvertretend seinen Willen. Im Akt einer ersten Übereinkunft reflektiert sich der eine im anderen, und mit der wechselseitigen Substitution und Unterstellung gleicher Interessen verfestigt sich eine Gemeinsamkeit, die nun als tertium und Grundriß für eine dauerhafte Verfassung und eine allgemeine Gesetzgebung gelten kann – wie immer der opake Naturzustand auf der einen, der starke Dritte auf der anderen Seite aussehen mag. In dieser Transparenz, entlang dieser aufsteigenden Linie bestimmt sich Politik als Resultat und Bewältigung eines Spiegelstadiums. In mimetischer Reflexion – ich weiß, daß du weißt, daß ich weiß... – ersetzen sich Ego und Alter ego und destillieren aus ihren Spiegelungen ein vertragliches Substrat, das die Ausfällung eines stabilisierenden Ur- oder Übervertrags, des Staates, ergibt und aus der bloßen Menge jene eine und einzige persona ficta herausschneidet. Der einzelne also: ›Autor‹ eines Theaters, auf dem er sich selbst als Streitsache in den Masken der Drei repräsentiert, als Ego, Gegenspieler und Richter, als Aggressor, Opfer und Schuldiger in einem. Staat und Souverän sind ein Theatercoup, und die Hobbessche Vertragslehre installiert das Schauspiel als mythischen Grund im Innern des Gesetzes, im Innern des Leviathan. Jeder Vertrag rekurriert auf einen ersten Vertrag, dieser aber auf ein theatralisches Arrangement, das den historischen Anfang der Dinge in die Identität des Ursprungs übersetzt und schließlich mit jedem Geschäft, zu jedem Datum des Rechts wiederkehrt, wiederkehren soll. Dies sind die Figuren eines Spiegeldispositivs, mit dem die Urszene der Repräsentation in die Mythologie moderner Politik eingegangen ist: abgesonderte einzelne, die sich als gleiche Personen begegnen, sich jeweils im anderen erkennen, einander substituieren, ihre Gemeinsamkeit im transparenten Band der Verträge aufsuchen und sichern, in einem Band, das nun als juristische Fiktion den body politic, den politischen Körper vorstellt.

Der historische Fortgang dieser Verwicklung von Theater, Politik und Recht ist geläufig. Wird nämlich die Institution des Gesetzes unmittelbar theatralisch und – umgekehrt – dieses Theater zum Ursprung des Politischen, so kann das Schauspiel, die Schaubühne selber nur schwach, mangelhaft und riskant erscheinen. Aus dieser Perspektive jedenfalls mag sich Rousseaus Radikalisierung des Sozialvertrags mit seiner Kritik am Institut des Theaters vertragen. Wenn sich nämlich die Repräsentation nur dadurch rechtfertigt, daß sie mit ihrem Akt zugleich ihr eigenes Gesetz wiederholt, so ist das Theater eine bloße, eine defizitäre und zerstörerische Verdoppelung, in der das Repräsentierte immer abwesend ist und damit den Zweck ruiniert, der die Menschen zur Versammlung treibt. *Man glaubt*, schreibt Rousseau in seinem ›Brief an d'Alembert‹,

> sich zum Schauspiel zu versammeln, dort aber trennt sich jeder von jedem, man vergißt seine Freunde, Nachbarn und Verwandten, um sich mit Märchen aufzuhalten, um traurige Schicksale längst Verstorbener zu beweinen oder auf Kosten der Lebenden zu lachen.[9]

---

9 Jean-Jacques Rousseau, *Brief an d'Alembert über das Schauspiel, Schriften*, hrsg. Henning Ritter, 2 Bde., Frankfurt/M. 1978, Bd. I, S. 333–474, hier: S. 348.

Das Widerspiel von Fremdem und Eigenem, An- und Abwesenheit ist das Gesetz der Repräsentation, und während wir darum, wie Rousseau schreibt, auf dem Theater immer nur andere Wesen sehen, *als wir selber sind,* kann die Repräsentation als Gesetz nur durch ihre permanente Revision bestehen: Das Gesetz der Repräsentation muß durch die Repräsentation als Gesetz korrigiert werden. Hier ist das wahre und einzige Theater, das im Innern des politischen Körpers den ersten Zusammenschluß und den Urvertrag stets neu inszeniert. So wenig eine Gemeinschaft ihren Willen, d. h. ihre Souveränität, übertragen kann, ohne sich selbst aufzugeben, so sehr muß sich jede Repräsentation zugunsten ihres Ursprungs zurücknehmen und angesichts der nachbarlich versammelten Individuen annullieren. Das versammelte Volk vertritt sich selbst, indem es jede Vertretung auflöst, und *wo sich der Vertretene befindet* – so heißt es im ›Contrat social‹ – *gibt es keinen Vertretenden mehr.*[10] Die Gesetzmäßigkeit des Gesetzes bemißt sich an seiner Fähigkeit, dessen eigene Urszene zu vergegenwärtigen; hier fließen Inauguralzeit und Zeit der Vermittlung zusammen, und hier ist der Grund des Gesetzes – paradox genug – Theaterboden.

> Wie? Soll es in einer Republik denn gar kein öffentliches Schauspiel geben? Im Gegenteil, man braucht sogar viele. In den Republiken wurde das Schauspiel geboren, in ihrem Schoß sieht man es wahrhaft festlich blühen.[11]

Die Republik und ihr Gesetz verwerfen jedes Theater, weil sie selbst nichts als Theater sind, das sich zur Versammlung, zum *öffentlichen Fest [...] in frischer Luft und unter freiem Himmel* weitet, zum Theater jener ersten Zusammenkunft also, in der keiner den anderen und die Gesamtheit jeden vertritt. Ein Theater jedenfalls, das jeder Institution vorausgeht, das nichts darstellt und in diesem Nichts nur die eigene Theatralität, die eigene Repräsentation inszeniert:

> Was werden schließlich die Gegenstände dieses Schauspiels sein? Was wird es zeigen? Nichts, wenn man will. Mit der Freiheit herrscht überall, wo viele Menschen zusammenkommen, auch die Freude. Pflanzt in der Mitte eines Platzes einen mit Blumen bekränzten Baum auf, versammelt das Volk, und ihr werdet ein Fest haben. Oder noch besser: Stellt die Zuschauer zur Schau, macht sie selbst zu Darstellern, sorgt dafür, daß ein jeder sich im anderen erkennt und liebt, daß alle besser miteinander verbunden sind.[12]

In den Sozialvertragslehren, bei Hobbes und Pufendorff wie bei Rousseau, überspringt das in den Staat inkorporierte Schauspiel – das Theater der Repräsentanzen und Personen, das dieser Vertrag, dieser Protovertrag selbst ist – die Aporie des Gesetzes, eine Aporie, die darin besteht, sich selbst und seinen Ursprung auszusagen, die schließlich darin besteht, im Namen von... zu gebieten und zugleich nichts als die reine Perfomanz dieses Namens zu sein.

Der politische Körper konstituiert sich also im theatralischen Augenblick, der die Bewegungen von Repräsentant und Repräsentiertem, von Zuschauer und

---

10 Jean-Jacques Rousseau, *Vom Gesellschaftsvertrag oder Prinzipien des Staatsrechts, Politische Schriften*, Paderborn 1977, Bd. I, S. 156.
11 Rousseau, *Brief an d'Alembert* (Anm. 9), S. 462.
12 Ebd.

Akteur jeweils im anderen verdoppelt. So wenig allerdings die Wirklichkeit eines ersten Kontrakts in der Geschichte nachweisbar ist, so wenig steht seine Inauguration noch bevor: Mit dieser Überlegung jedenfalls hat Kant Zuschauer und Akteur, Gesetz und Geschichte auseinandergezerrt und eine scharfe Umordnung des Theaters der Repräsentation initiiert. Auch hier ist es ein erster Kontrakt, *auf den allein eine bürgerliche, mithin durchgängig rechtliche Verfassung unter Menschen gegründet und ein gemeines Wesen errichtet werden kann*;[13] auch hier ist es die Stellvertretung und die Person, die jeden einzelnen zum anderen macht und in fortlaufender Spiegelung die Form des Gesetzes garantiert; und schließlich ist es auch hier die Maske und die pure Theatralität, das ›Als ob‹, das das Gesetz zur Katharsis für alle und den Handelnden zum Zuschauer seiner selbst steigert. Kants Auflösung der naturrechtlichen Vertragslehre aber ist bekannt. Wie jeder Gesetzgeber gehalten ist, seine Gesetze so zu geben, *als sie aus dem vereinigten Willen eines ganzen Volkes haben entspringen können*, so wird jeder einzelne, *so fern er Bürger sein will*, so angesehen, *als ob er zu einem solchen Willen mit zusammen gestimmt habe*.[14] Dieser ursprüngliche Vertrag ist demnach kein Faktum, sondern nur eine *bloße Idee der Vernunft* mit rein praktischer Realität, und jede Reflexion über seine historische Herkunft zählt zu den staatsbedrohenden *Vernünfteleien*.[15] An keiner Stelle und zu keinem Augenblick koinzidieren Gesetz und Geschichte, und der spirituelle Körper des Staates hat keinen wirklichen Anfang. Gerade jenes Gesetz und dieser Körper aber sind es, die nun – in kühner Vertauschung von genetischer und paradigmatischer Zeit – als uneinholbare Vorzeitigkeit der empirischen Welt vorauslaufen und die Frage nach dem Rechtsgrund und die Frage nach der Entstehung des Staats auseinanderreißen. Als *Probierstein* der Rechtmäßigkeit vollzieht das ›Als ob‹ des Gesetzes eine asymmetrische Verschiebung im Innern der Repräsentation. Es löst sich vom Boden seiner historisch-pathologischen Verwicklung, und während in noumenaler Hinsicht jeder einzelne immer schon gehandelt hat, wird er es in phänomenaler Hinsicht niemals wirklich tun. Das *repräsentative System* ist demnach das einzige Mittel zur Herstellung einer idealen Republik, seine Urszene aber eine bloße Fiktion. Der passierte Akt wird um einen passiven ergänzt, und wo Geschichte und Gesetz, empirischer und repräsentativer Körper tatsächlich zusammenzufallen scheinen, wird die Tat nur ein Zeichen, die Beteiligung aber vor allem ein Zuschauen sein.

Wie im Gründungsakt der französischen Revolution. Deren Bedeutung liegt – nach Kant – nicht darin, daß, *gleich als durch Zauberei, alte glänzende Staatsgebäude verschwinden, und andere an deren Statt, wie aus den Tiefen der Erde, hervorkommen*;[16] und wahrscheinlich erliegt die revolutionäre Politik insgesamt

---

13 Immanuel Kant, *Über den Gemeinspruch: Das mag in der Theorie richtig sein, taugt aber nicht für die Praxis, Werke*, hrsg. Wilhelm Weischedel, Frankfurt/M. 1964, Bd. VI, S. 125–172, hier: S. 153.
14 Ebd.
15 Immanuel Kant, *Grundlegung zur Metaphysik der Sitten, Werke* (Anm. 13), Bd. VIII, S. 438.
16 Immanuel Kant, *Der Streit der Fakultäten, Werke* (Anm. 13), Bd. VI, S. 261–393, hier: S. 357.

einer ruinösen Verwechslung und einer transzendentalen Illusion, die den Referenten eines praktisch-spekulativen Satzes – die Idee des republikanischen Vertrags – für einen Gegenstand der Anschauung in der historischen Welt hält. Gesetz und Geschichte treten vielmehr nur in der *Denkungsart der Zuschauer* zusammen, die allein den Optimismus der Gründung dessen, was nicht gegründet werden kann, zu rechtfertigen vermag. Während auf der Bühne, bei den Akteuren, das Interesse der reinen moralischen Vernunft und der Appell an die Idee des bürgerlichen Kontrakts unauflösbar mit empirischen Kausalitäten, Leidenschaften und Interessen vermischt sind, wird eben jene Idee zum reinen Beweggrund nur in der Bewegung der Zuschauer, deren *Enthusiasmus* sich als ästhetisches Analogon des wahren republikanischen Eifers und mithin als *Geschichtszeichen*, als hindeutendes Indiz für die moralische Durchdringung des historischen Augenblicks darstellt.[17] Die verlangte *Teilnehmung* ist keine tatsächliche, sie geschieht in den *Gemütern der Zuschauer* und *dem Wunsche nach*. Dieser Wunsch aber wünscht nur als blockierter rechtmäßig die Realisierung jenes Gesetzes. Nur auf diese Weise wird das historische Faktum zu einem Ereignis des Gesetzes; nur auf diese Weise werden die Gründung und das Gesetz als Akte öffentlichen Willens sichtbar; und nur auf diese Weise erhalten das Staats-Theater und das bürgerliche Gesetzessubjekt ihre empirische Sanktionierung, im Zuschauen eben und nicht in der Aktion.

II.

Wer also dieses Theater der Repräsentation für ein Faktum der historischen Welt halten möchte, dem potenziert sich ein endloses Trauerspiel schließlich zur Posse, und wenn – so folgert Kant –

> die Akteure es gleich nicht müde werden, weil sie Narren sind, so wird es doch der Zuschauer, der an einem oder dem anderen Akt genug hat, wenn er daraus mit Grund annehmen kann, daß das nie zu Ende kommende Stück ein ewiges Einerlei sei.[18]

Und während noch der echte Danton, wie Kant moniert, auf der Bühne der Revolution danebengriff und eine existierende bürgerliche Verfassung auf einen wirklich existierenden Zusammenschluß zurückführen wollte,[19] hat später der Bühnen-Danton am Ursprungsort des Gesetzes und der Repräsentation nur endlose Wiederholungen und nichts als bloße Masken und Marionetten gesehen: Denen, die nun gründen und gesetzgeben wollen, ist die Zeit immer schon davongelaufen – *die Zeit verliert uns*, sagt Büchners Protagonist.[20] Der Verfall des Naturrechts und der Vertragstheorien im 19. Jahrhundert jedenfalls mag nicht nur

---

17 Vgl. Jean-François Lyotard, *Der Widerstreit*, München 1987, S. 273 ff.
18 Kant, *Gemeinspruch* (Anm. 13), S. 166–167.
19 Ebd., S. 159.
20 Georg Büchner, *Dantons Tod, Sämtliche Werke und Briefe. Historisch-kritische Ausgabe mit Kommentar*, hrsg. Werner R. Lehmann, 2. Aufl., München 1980, Bd. I/2, S. 28.

deren aporetische Struktur auf ruinöse Weise hervorgetrieben haben – infiniter Regreß, Zirkel oder Stillstand im Anthropologischen –, er hat zugleich den Zusammenhang zwischen Recht, Gründung und Repräsentation neu kodiert; historische Schule, Organismus des Rechts und Funktionalismus mögen dafür als Beispiele stehen. Das bedeutet zugleich: Der theatralische Kern wird aus dem Korpus des Gesetzes herausgelöst, der Ursprungsort der Rede vakant, und die Zeit der Gründung und die Zeit der Geschichte treten nun auseinander.

Aber schon Wilhelm Meisters Theater-Projekt blieb auf eigentümliche Weise defizitär. Denn je mehr sich der Protagonist auf das Schauspiel und den Anspruch öffentlicher Geltung verpflichtet, desto mehr wird er davon abgebracht und auf einen anderen Weg gesetzt. Unterhalb des Konflikts zwischen feudaler und bürgerlicher Inszenierung, unterhalb der Schicht von intentionalem Handeln und Willenserklärungen, die nicht von ungefähr durch die Bühne und die repräsentative Person markiert ist, entwirft Goethes Roman ein Geflecht aus Zufällen und latenten Steuerungen, in deren Fluchtpunkt schließlich die *geheimnisvollen Mächte des Turms*[21] stehen. Zu Recht wurde die Bedeutung nationalökonomischer Motive und die Welt der ›Lehrjahre‹ als eine des Marktes erkannt, die die repräsentativen Formen der Öffentlichkeit unterläuft; und die administrativen Anstrengungen der Turmgesellschaft greifen schließlich nicht auf Institutionen, auf die konsensuelle Vereinigung von Einzelwillen und die Inszenierung von Moral-Personen aus, sondern richten sich auf die Regulierung von *Kräften*, von zirkulierenden Strömen an Waren und Geld, mithin auf die Lenkung der kontingenten Fakten eines materiellen und ökonomischen Lebens.[22] Im Übergang von der ›Theatralischen Sendung‹ zu den ›Lehrjahren‹ ergeben sich damit eine Reihe von Gegenüberstellungen und Oppositionen, die den Entwicklungsgang Wilhelm Meisters ebenso wie die politische Argumentationsschicht des Romans betreffen: Dem auktorialen Handeln des Protagonisten steht die Kontingenz einer Ereignismasse gegenüber, die seinen Lebensplan durchkreuzt und dennoch eine dreifache Wunscherfüllung (Heirat, Wohlstand, Anerkennung) garantiert; die *öffentliche Person* als Maske und apathisches Substrat singulärer Existenzen kontrastiert ein Individuum, das gerade in seinen Leidenschaften, Interessen, Bedürfnissen und Begierden zum Spieleinsatz politischer Planung gerät; die Perspektive wechselt damit vom Anspruch der Repräsentation und des *Scheinens* zu einer materiellen Basis, die das Kalkül und die Projekte der Turmgesellschaft bestimmt; die öffentliche Interaktion nach dem Modell des Theaters wird mit dem verdeckten Wirken des *Turms* konfrontiert, der mit seinen Agenten und Sendboten eine heimliche Steuerung der Individuen vollzieht und die Gegenseitigkeit im sozialen Verkehr unterläuft; und der Inszenierung und der Bühne tritt nun eine Verschriftlichung und ein Aufzeichnungsapparat gegenüber, der sich schließlich in der Organisation, in der Informationsspeicherung und in der archivarischen Tätigkeit im Umkreis der neuen Sozietät realisiert. Theater und *Turm*

---

21 Goethe, *Wilhelm Meisters Lehrjahre* (Anm. 1), S. 547.
22 Ebd., S. 552; vgl. dazu Stephan Blessin, »Die radikal-liberale Konzeption von ›Wilhelm Meisters Lehrjahre‹«, *DVjs* 49, 1975, S. 190–225.

sind damit nicht nur biographische Alternativen des Protagonisten, sie implizieren vielmehr unterschiedliche Beschreibungsebenen des Politischen, die einerseits durch das Modell der Öffentlichkeit, der Repräsentation, des Personalismus und der vertraglichen Reziprozität, andererseits aber durch die Regulierung, Fassung und Verwaltung materieller, physischer, libidinöser und ökonomischer Bewegungen entworfen werden. In den ›Wanderjahren‹ hat Goethe diese Unterscheidung noch akzentuiert und auf der einen Seite das *Recht* ausgemacht, das sich auf Gegenseitigkeit, *Schuldigkeit* und den *Einzelnen* bezieht, auf der anderen Seite aber die *Polizei*, deren Gegenstand das *Geziemende* und die *Gesamtheit* sei.[23] Neben dem repräsentativen Prinzip, neben dem symbolischen Körper des politischen Wesens, der gesetzgebend und normspendend die Choreographie der Personen diktiert, hat sich damit ein Korpus mit anderer Dichte und anderer Konsistenz zusammengefügt, ein Körper, der mit seinen Kräften und Wirkungen gleichsam die Physis des Staatslebens ausmacht.

Zwei Linien, so scheint es, haben sich in diesem anderen Körper des politischen Wesens gekreuzt. So geht es in den naturrechtlichen Theorien des 17. und 18. Jahrhunderts nicht nur um die immanente, säkulare Begründung politischer Herrschaft, sondern um die Erhebung eines Wissens, das die Entstehung und Funktionsweise von Gesellschaften und nicht zuletzt einen Menschen, ›wie er wirklich ist‹, betrifft.[24] Die Untersuchung sozialer Verhaltensweisen wird nach dem Modell naturwissenschaftlicher Objekterfahrung angestrebt, und das Gattungsexemplar rückt nun mit den Bewegungengesetzen seines Handelns ins Zentrum einer politischen Anthropologie. So hat etwa Hobbes sein philosophisches System mit Traktaten über ›Humane Nature; or, the Fundamental Elements of Policie‹ eröffnet, seiner politischen Theorie Überlegungen über die toten und lebendigen Körper der außermenschlichen Welt und über den – physiologisch begriffenen – Menschen vorangestellt und den ›Leviathan‹ mit einer Abhandlung zur menschlichen Natur eingeleitet; und noch schärfer heißt es schließlich bei Vico: *Die Gesetzgebung betrachtet den Menschen, wie er ist, und versucht, ihm eine nützliche Rolle in der menschlichen Gesellschaft zuzuweisen.*[25] – Die andere Linie, die zu jenem politischen Körper unterhalb der Personen und Repräsentanzen führt, könnte mit dem bezeichnet werden, was Michel Foucault in einer seiner späten Studien mit dem Begriff des »Pastorats« belegt hat, einem bestimmten Rationalitätstypus politischer Macht, der nicht auf Personen oder Rechtssubjekte, sondern auf Individuen zielt, die einseitige Sorgepflicht eines »Hirten« gegen seine »Herde« geltend macht und – präfiguriert in frühen jüdischen und christlichen Texten – in neuzeitlichen Überlegungen zur Regierungskunst wiederkehrt.[26] Hier jedenfalls – in der ›Policey‹-Literatur des 17. Jahrhun-

---

23 Johann Wolfgang von Goethe, *Wilhelm Meisters Wanderjahre oder Die Entsagenden*, Werke (Anm. 1), Bd. VIII, S. 299.
24 Vgl. Albert O. Hirschman, *Leidenschaften und Interessen. Politische Begründungen des Kapitalismus vor seinem Sieg*, Frankfurt/M. 1980, S. 20–22.
25 Giambattista Vico, *Die Neue Wissenschaft über die gemeinschaftliche Natur der Völker*, hrsg. Erich Auerbach, München 1924, §§ 132–133.
26 Foucault, »Omnes et singulatim«.

derts – wird der Regent nach dem Modell des göttlichen Hausvaters auf eine Sorge und eine *Weißheit* verpflichtet, die das ganze Land durchdringt und die *Wolfahrth* der Individuen garantiert:

> Sie vergleichet sich einem unerschöpflichen Meer/ darein alle andere Weißheiten/ und Künste einfliessen/ und durch hohe und verborgene Art/ zu der gemeinen Wolfahrth/ durch das gantze Land hinwiederumb außgetrieben und vertheilet/ werden.[27]

Beide Momente, die aus dem neuzeitlichen Naturrecht herkommenden Fragen einer politischen Anthropologie und die ›polizeiliche‹ Sorge um den Wohlstand des Gemeinwesens, treten also zusammen und verlangen nun eine systematische Erfassung sozialen Funktionswissens, das sich nicht auf die rechtliche Architektur, sondern auf die Steuerung materieller und physischer Kräfte der Gesellschaften bezieht. Einige Aspekte dieses neuen Wissens – für das im Deutschland des 18. Jahrhunderts insbesondere die Disziplinen der Kameral- und Polizeiwissenschaften stehen – möchte ich dabei in vier Thesen hervorheben.

1. Während sich noch in der Souveränitätslehre Bodins etwa der Staat als *Regierung auf der Grundlage des Rechts* definiert,[28] treten nun die Grundsätze der Staaten und die Maximen der Regierung auseinander und lassen in dieser Konstellation *alle vermeynten Gesetze des Rechts der Natur, die aus hergesuchten Sätzen abfließen*, als bloße *Chimären der Gelehrten*[29] erscheinen. Zwang, Stellvertretung, Willenserklärung und der Status der Person reichen nicht hin, die Existenzweise des politischen Körpers zu beschreiben, und unterhalb der Schwelle zur naturrechtlich-abstrakten Deduktion zeichnet sich eine Gegenständlichkeit des Staates ab, die diesseits des Juridischen angesiedelt ist.[30] Neue Entitäten treten auf den Plan: die Zahl, die Eigenschaften und der Zustand der Bevölkerung, Produktionsweisen, die Menge von beweglichen und unbeweglichen Gütern, Klima und sittliche Verfassung, Krankheiten und Unfälle, Geldverkehr und die Fruchtbarkeit des Bodens... All diese Faktoren werden nun in komplexen Relationen gedacht, betreffen nicht den Status, sondern die Beziehungen zwischen Menschen und Dingen, mithin den gesellschaftlichen ›Verkehr‹ insgesamt und provozieren die Ausbildung eines Begriffs sozialer Energie. Entsprechend die inflationäre Verwendung von Ausdrücken wie *Kräfte*

---

27 Ludwig von Seckendorff, zit. nach Gotthardt Frühsorge, *Der politische Körper. Zum Begriff des Politischen im 17. Jahrhundert und in den Romanen Christian Weises*, Stuttgart 1974, S. 63. – Zur Herkunft der einseitigen ›polizeilichen‹ Sorgepflicht aus der lutherischen Lehre der Obrigkeit vgl. Hans Maier, *Die ältere deutsche Staats- und Verwaltungslehre (Polizeiwissenschaft). Ein Beitrag zur Geschichte der politischen Wissenschaft in Deutschland*, Neuwied u. Berlin 1966, S. 193 ff.
28 Jean Bodin, *Sechs Bücher über den Staat* [1576], hrsg. Peter Cornelius Mayer-Tasch, München 1981, Bd. I, S. 101.
29 Johann Heinrich Gottlob von Justi, *Natur und Wesen der Staaten als die Quelle aller Regierungswissenschaften und Gesetze*, hrsg. H. G. Scheidemantel, Mitau 1771, S. 7.
30 Vgl. Petra Gehring, »»Eine politische Metaphysik ohne barbarisch zu reden...« Staatswissenschaftliche Situierungsgesten bei Justi, Haller, Bluntschli«, in: Armin Adam u. Martin Stingelin (Hrsg.): *Übertragung und Gesetz. Gründungsmythen, Kriegstheater und Unterwerfungstechniken von Institutionen*, Berlin 1995, S. 15–30.

und *Vermögen*; und entsprechend die Definition und das Aufgabengebiet der Regierung, d. h. einer guten ›Policey‹: *Erhaltung und Mehrung der physischen Kräfte*[31]; das *allgemeine Vermögen* und die *innerlichen Kräfte* des Staates steigern[32]; oder:

> das gesamte Vermögen des Staates durch gute innerliche Verfassungen [...] erhalten und [...] vergößern und der Republik alle innerliche Macht und Stärke [...] verschaffen, deren sie nach ihrer Beschaffenheit nur immer fähig ist.[33]

2. Dieses positive Wissen um das Leben des Staates als Leben der Bevölkerung verlangt nicht nur ein expansives Aufsammeln unterschiedlichster Daten und Materien, sondern zugleich die Verwaltung einer bestimmten Ebene der Wirklichkeit, die man seit Ende des 17. Jahrhunderts ›Ökonomie‹ nennt. Gutes Regieren ist ökonomisches Regieren;[34] und nach der Auflösung der alten hausväterlichen Ökonomik – als bloßer Haushaltsführung – und vor der Emanzipation eines eigenständigen nationalökonomischen Fachs im 19. Jahrhundert bezeichnet das ›Ökonomische‹ ein entgrenztes Beziehungsgeflecht sozialer Tausch- und Verkehrsformen, das die Fragen der politischen Lenkung ebenso wie die Struktur kleinster sozialer Parzellen beherrscht. Damit wird eine systemförmige Ordnung des Wirklichen und ein Denken funktionaler Abhängigkeiten inauguriert, das um die Einheiten von Territorium, Bevölkerung und Wohlstand kreist und dessen anthropologische, moralische, sozial- und geschichtsphilosophische Konsequenzen unübersehbar geblieben sind: Die autarke Einheit des ›Hauses‹ wird in den komplexen Relationen einer Makro-Ökonomie aufgelöst; die kommutative Figur elementaren Tausches transformiert sich zu einem weiten Zusammenhang unpersönlicher Interdependenzen; das Diktat auktorialer Eingriffe wird von Prinzipien der Selbstregulierung absorbiert; und im Innern der Tugendlehren bildet sich eine Apologie partikularer Interessen, die auf die Läuterung der Begierden und auf die zwangsläufige Verwandlung egoistischer Verhaltensweisen ins Gemeinwohl spekuliert. Das Ökonomische kennzeichnet – wie in der deutschen Kameralistik, die erstmals ein Programm zur universalen Bildung des Ökonomischen Menschen formuliert[35] – ein Erkenntnisfeld, auf dem die verschiedensten Disziplinen, Techniken, Wissenschaften aneinanderstoßen, koinzidieren oder ineinander übergreifen; es markiert eine Schicht, in der

---

31 Johann Heinrich Jung-Stilling, *Lehrbuch der Staats-Policey-Wissenschaft*, Leipzig 1788, S. 7.
32 von Justi, *Natur und Wesen* (Anm. 29), S. 581.
33 Johann Heinrich von Justi, *Grundsätze der Policey-Wissenschaft in einem vernünftigen, auf den Endzweck der Policey gegründeten, Zusammenhange und zum Gebrauch Akademmischer Vorlesungen abgefaßt*, 2. Aufl., Göttingen 1759, Vorrede.
34 Vgl. Michel Foucault, »Governmentality«, in: *Ideology and Consciousness* 6 (1979), S. 5–19.
35 So etwa in einem der frühesten kameralistischen Texte – J. H. G., *Curieuser und nachdencklicher Discurs von der Oeconomia und von guten Oeconomis*, o. O. 1713, S. 16 ff. –, der für die Ausbildung der neuen Spezialisten u. a. die Sparten Mathematik, Geometrie, Geographie, Astronomie, Architektur, Theologie, Recht, Tiermedizin, Anatomie, Chirurgie und Körpererziehung vorsieht.

die Menschen miteinander zu tun haben, bevor sie als Rechtssubjekte oder moralische Personen erscheinen. Die Ökonomie gerät damit zu einem privilegierten Ort in der Selbstbeschreibung der Gesellschaften, an dem die Prinzipien und Gesetzmäßigkeiten des Gemeinwesens verhandelt werden – ein integrativer Wissensbereich, der disparate Sozial- und Naturkenntnisse sammelt, homogenisiert und zuletzt auf eine Totalerfassung des Menschen, seiner Kommunikationen und Interaktionen ausgreift und eine intensive Verwaltung des Raums, der Lebewesen und Reichtümer impliziert.

3. Der metaphorische Bezug zwischen politischem und natürlichem Körper erfährt dadurch eine grundlegende Transformation. So gelten noch bis ins 17. Jahrhundert hinein umfassende Analogiebeziehungen: Der Fürst regiert als Gottes Ebenbild auf Erden, der Hausvater nach dem Vorbild des Fürsten, und der Regent ist gebietend mit den Untertanen verbunden wie – nach dem Gleichnis des römischen Senators Agrippa – das Haupt mit den Gliedern.[36] Durch zwei Momente wird nun diese Verschränkung von similitudo-Lehre und politisch-anatomischer Analogie aufgelöst. Einerseits kann das Haus und die Familie – mit dem aristotelischen Oikodespotes an der Spitze – nicht mehr als Leitbild der komplexen ökonomischen Beziehungen figurieren; die Familie ist nicht länger Modell, sondern Instrument: ein privilegiertes Instrument zur Verwaltung der Bevölkerung und kein chimärenhaftes Vorbild einer guten Regierung.[37] Andererseits werden die Bildähnlichkeiten von Körper und Staat[38], deren tertium nicht zuletzt in einer teleologischen Ordnung von Teil und Ganzem besteht, von funktionalen Äquivalenzen abgelöst, die den politischen und den natürlichen Körper über die Konformität von Gesetzen zusammenbringen. So etwa im Paradigma der Zirkulation: Seit dem von Harvey gelieferten Modell werden etwa Physiologie wie Handel als geschlossene Kreisläufe gedacht, und von Hobbes bis Rousseau erscheint die Mechanik des Geldumlaufs als notwendiger Zusammenschluß von venöser und arterieller Bewegung.[39] Über die Metaphern des Strömens und Fließens, über die Bildanalogien von Blutzirkulation, Wasserkreislauf, Geldverkehr etc. hinweg erweist sich die Zirkulation als eine fundamentale Kategorie, die die analoge Struktur von politischem Körper und *politia naturae* (Linné) im Gedanken der Selbstregulierung belegt.[40] Der *gantze Körper der Gesellschaft* ist daher nicht mehr bloß in der *Zusammen-Gesellung der Hausväter*[41] oder im symbolischen Körper des Souveräns abgebildet, er konstituiert sich vielmehr als Gegenstand eines Funktions- und Disziplinarwissens, das von den Gesetzen der

---

36 Vgl. Bodin, *Sechs Bücher* (Anm. 28), Bd. I, S. 33, S. 107 u. S. 166, Bd. II, S. 405.
37 Vgl. Foucault (Anm. 34), S. 17.
38 Zum analogen und bildnerischen Charakter spätmittelalterlicher corpus-Repräsentation vgl. Hasso Hofmann, *Repräsentation. Studien zur Wort-und Begriffsgeschichte von der Antike bis ins 19. Jahrhundert*, Berlin 1974, S. 145.
39 Hobbes, *Leviathan* (Anm. 4), S. 194; Jean-Jacques Rousseau, »Economie«, *Encyclopédie*, Paris 1751 ff., Bd. V, S. 347.
40 Vgl. Georges Canguilhem, *Idéologie et rationalité dans l'histoire des sciences de la vie*, 2. Aufl., Paris 1981, S. 91.
41 Hugo Grotius, *Drey Bücher vom Rechte des Kriegs und des Friedens*, Leipzig 1707, S. 320.

Physiologie bis hin zur Regularität der Interaktionen und Kommunikationen reicht und das Staatsleben nicht in einer symbolischen Ordnung, sondern als kontrollierbares Kräftefeld erfaßt.

4. Die Materialität dieses Lebens unterläuft damit die Formen der theatralischen Repräsentation. Während der naturrechtliche Legitimationsdiskurs die Politik der Gegenseitigkeit durch die Inszenierung des ›Platzes des anderen‹[42] garantiert, verlangt die Komplexität des staatlichen Lebens ebenso wie die polizeiliche Sorge eine strikte Einseitigkeit der Wissenserhebung. Der Raum dieses Wissens ist die Enzyklopädie und sein Träger die Schrift, die nun als Verwaltungsmedium und Kern einer Regierungswissenschaft theoretisiert wird.[43] Am schärfsten vielleicht in einem programmatischen Traktat von Leibniz über die ›Staatstafeln‹: Die schriftliche und archivarische Aufzeichnung ersetzt den Augenschein ebenso wie Interaktionen; sie garantiert die Inventarisierung, Reduktion und Systematisierung expansiven Wissens, das sich zuletzt in den *Staatstafeln* als Katalog der Kataloge komprimiert; sie bezieht sich nicht auf *Vernunfftschlüße und Regeln*, sondern auf empirische Daten und auf ein Erfahrungswissen, das nach dem Kriterium seiner politischen Verwertbarkeit erhoben wird; sie leistet damit keine Generalisierung, sondern eine Individualisierung des Wissenswerten und referiert jene *individualia*, die *einem gewißen Lande absonderlich zukommen*; und sie läßt Geltungsfragen beiseite und konzentriert sich auf all das, was die *Kräffte und Vermögen* des Staatlebens ausmacht. Am Theater der Institutionen und Personen vorbei formiert diese Schrift also kein öffentliches, sondern ein esoterisches Wissen vom Staat. Sein Schauplatz ist nicht die Bühne, es verschließt sich vielmehr in einem *Kästlein* zur ausschließlichen Verwendung des Regenten, *darinn der begriff seines ganzen staats enthalten*. Und diese Verschriftlichung umgeht alle Formen der Gegenseitigkeit, sie ermöglicht schließlich eine Strategie, die Menschen *besser zu gebrauchen, und gleichsam an der schnur zu haben*.[44]

III.

Theater und Schrift, Repräsentation und Funktionalismus, der symbolische und der physische Körper des Staates – man mag hierin die beiden Seiten im politischen Denken der Neuzeit erkennen. Zwei – offene – Fragenkomplexe sind damit angelegt. Erstens: Wie verhält sich diese Verdoppelung des politischen Lebens zu dem, was Ernst Kantorowicz am Beispiel der Rechtstheologie des Mittelalters als die »zwei Körper des Königs« beschrieben hat: den sterblichen und den unvergänglichen, den physischen und den unverletzbaren Träger des König-

---

42 Vgl. Gottfried Wilhelm Leibniz: *La place d'autruy, Sämtliche Schriften*, hrsg. Akademie der Wissenschaften der DDR, 4. Reihe, Berlin 1986, Bd. III, S. 903 f.
43 Vgl. Maier (Anm. 27), S. 44; Walter Seitter, *Menschenfassungen. Studien zur Erkenntnispolitikwissenschaft*, München 1985, S. 65.
44 Gottfried Wilhelm Leibniz, *Entwurf gewisser Staatstafeln, Sämtliche Schriften und Briefe* (Anm. 42), S. 340–349.

tums, eine Zweiheit, die ausgehend von christologischen Modellen eine politische Ikonographie, eine Theorie monarchischer Regierung und bestimmte Rechtsmechanismen organisiert?[45] Wie transformiert sich der doppelte Körper des Königs zu dem, was später als Gegenstand esoterischen Regierungswissens und Personalismus der Herrschaftslegitimation nebeneinandersteht? Wie wird das corpus mysticum körperschaftlicher Doktrinen des ausgehenden Mittelalters[46] zur Staatsperson einerseits, zur neuen Entität der Bevölkerung andererseits? Auf welchen Wegen hat sich damit eine politische Theologie den Weg zu den modernen Formen des Staatswissens gebahnt? Und zweitens: Wie sind die beiden Körper des Staates selbst aufeinander bezogen? In welchen Abhängigkeiten stehen sie zueinander? Auf welche Weise wird damit ein Verhältnis zwischen materieller Basis und legitimierendem Überbau hergestellt, oder besser: das Denken dieser Dichotomie selbst erst begründet? – Das Zusammentreffen beider Momente jedenfalls – des symbolischen und des physischen Lebens des Staates, des Legitimationsspiels der Öffentlichkeit und der Repräsentation und der ›polizeilichen‹ Vollzugsweisen politischer Macht – konstituieren die moderne Form politischer Rationalität, deren genealogische Erforschung noch aussteht.

---

45 Kantorowicz, *Die zwei Körper des Königs*.
46 Ebd., S. 205 ff.

In Buchstabenkörpern die Chiffren der Welt lesen.
Zur Inszenierung von Wörtern durch figurale oder verdinglichte Buchstaben

WOLFGANG HARMS

Wolfgang Frühwald zum 2. August 1995

Von der Ägyptomanie des späten 15. und 16. Jahrhunderts bis zur Entzifferung der ägyptischen Hieroglyphen durch Champollion im Jahre 1822 bezeichnete man mit ›Hieroglyphik‹ in unregelmäßig weiter Differenzierung eine Schrift aus Bildelementen, deren Sinn in neuerer Zeit verlorengegangen oder von Anfang an als Priesterweisheit esoterisch verschlüsselt gewesen sei.[1] Was im Buchdruck von Horapollon bis zu Giovanni Pierio Valeriano an Hieroglyphik zugänglich war, enthielt auch nichtägyptische ikonologisch-signifikative Elemente neuerer Jahrhunderte, verschmolz insgesamt zu einer Vorstellung von kostbarer, in Bildern verschlüsselter alter heiliger Weisheit, deren Sinn vielleicht doch erschlossen werden könne. Wohl am systematischsten, wenn auch unter christlich-exegetischen Auspizien, hat es der Polyhistor Athanasius Kircher um die Mitte des 17. Jahrhunderts unternommen, dem Geheimnis von Hieroglyphen näherzukommen.[2]

---

1 Siehe Karl Giehlow, »Die Hieroglyphenkunde des Humanismus in der Allegorie der Renaissance, besonders der Ehrenpforte Kaisers Maximilian I.«, *Jahrbuch der kunsthistorischen Sammlungen des allerhöchsten Kaiserhauses* 32 (1915), S. 1–232; Eric Iversen, *The Myth of Egypt and its Hieroglyphics in European Tradition*, Kopenhagen 1961; Liselotte Dieckmann, *Hieroglyphics. A History of a Literary Symbol*, St. Louis 1970; Werner Waterschoot, »Hieroglyphica te Gent in 1584«, *Verslagen en Mededelingen van de Koninklijke Academie voor Nederlandse Taal- en Letterkunde* 1978/1, S. 47–85; zur hieroglyphischen Verbindung von Schrift und bildlicher Darstellung als einem Modell für Reaktivierung von Schrift vgl. Jean Gérard Lapacherie, »Der Text als ein Gefüge aus Schrift«, in: Volker Bohn (Hrsg.), *Bildlichkeit*, Frankfurt/M. 1990, S. 69–88, hier: S. 73–75; zu einer stärkeren Annäherung von Hieroglyphe und vorwiegend negativ eingeschätzter Allegorie siehe Hans Körner, »Die Sprachen der Künste. Die Hieroglyphe als Denkmodell in den kunsttheoretischen Schriften Diderots«, in: Wolfgang Harms (Hrsg.), *Text und Bild, Bild und Text. DFG-Symposion 1988*, Germanistische-Symposien-Berichtsbände 11, Stuttgart 1990, S. 385–398; eine Relativierung der Beziehungen zwischen Emblematik und Hieroglyphik nimmt mit Recht vor Daniel S. Russell, »Emblems and Hieroglyphics: Some Observations in the Beginnings and Nature of Emblematic Forms«, *Emblematica* 1 (1986), S. 227–243.

2 Athanasius Kircher, *Obeliscus Pamphilius, hoc est, interpretatio nova* […], Rom 1650. Vgl. auch die Einordnung bei dem Jesuiten Jacob Masen, *Speculum imaginum veritatis occultae, exhibens symbola, emblemata, hieroglyphica, aenigmata, omni tam materiae, quam formae varietate* […], 3. Aufl., Köln 1681.

Dieses variable, durch die jeweilige Interpretation akzentuierbare Sachwissen ist vorauszusetzen, wenn Joseph von Eichendorff wiederholt die Metapher von der Hieroglyphenschrift einsetzt, um die Lektüre im Buch der Natur zu charakterisieren: Bezeichnet wird »ein prinzipiell lösbares, faktisch jedoch, zumindest in der Gegenwart, ungelöstes Rätsel«.[3] In ›Ahnung und Gegenwart‹[4] erklärt Leontin,

> das Leben [...] mit seinen bunten Bildern, verhält sich zum Dichter, wie ein unübersehbar weitläufiges Hyerogliphenbuch von einer unbekannten, lange untergegangenen Ursprache zum Leser.

Und wo Eichendorff über Hierarchien im Bilde vom Dom und vom Münster spricht, erläutert er einen *Wunderbau, der noch in seiner Erstarrung hieroglyphisch auf Vergangenheit und Zukunft deutet.*[5] Gemeinsam ist seinem wie auch Novalis' Verständnis der Hieroglyphenmetapher, daß sie rätselartig verschlüsselte Botschaften umschreibt, die, in Form eines göttlichen Schreibaktes in der Natur oder auf andere Weise von göttlicher Instanz chiffriert, dem Menschen zu Wahrnehmung und Erkennen angeboten werden. Dieses geschieht ohne die Vorstellung einer Inszenierung und, soweit ich sehe, auch ohne den ausdrücklichen Bezug auf allegorisch-exegetische Lektüre in der Natur. Vielmehr wird das Buch der Natur als eine Ansammlung von für die Menschen potentiell entzifferbaren Chiffren angesehen, deren Lektüre sie an jenem zweiten Buch christlicher Offenbarung, eben dem Buch der Natur, teilhaben läßt. In dieser Auffassung hat schon Barthold Heinrich Brockes die Dinge der gottgeschaffenen Welt metaphorisch als Buchstaben eines von Gott geschriebenen ABC verstanden, ohne noch eine Exegese zum Aufdecken eines allegorischen Sinnes zu erwägen, aber konsequent in der Vorstellung, daß auch der naturbeobachtende oder -lesende Mensch selbst Schöpfungsbestandteil ist:

> O unbegreiflichs Buch! O Wunder=A,B,C!
> Worin, als Leser, ich, und auch als Letter steh!
> Laß, grosser Schreiber, mich im Buche dieser Erden,
> Zu Deines Namens Ruhm, ein lauter Buchstab werden!
>
> Laß mich von dieser Schrift die Züge, die so schön,
> Mit immer frischem Blick, empfinden, schmecken, sehn!
> Gib aber, daß ich stets, in diesem grossen Buche,
> Mit frohem Fleiß, nur Dich, den wahren Inhalt, suche![6]

---

3 Nach Klaus Köhnke, ›*Hieroglyphenschrift‹. Untersuchungen zu Eichendorffs Erzählungen*, Aurora-Buchreihe 5, Sigmaringen 1986, S. 30, vgl. dort S. 30–35 weitere Belege; vgl. a. Alexander von Bormann, *Natura loquitur. Naturpoesie und emblematische Formel bei Joseph von Eichendorff*, Studien zur deutschen Literatur 12, Tübingen 1968, S. 1–17.

4 Joseph von Eichendorff, *Ahnung und Gegenwart, Werke*, hrsg. Wolfgang Frühwald, Brigitte Schillbach u. Hartwig Schultz, Frankfurt a.M. 1985, Bd. I, S. 81.

5 Joseph von Eichendorff, *Über die Folgen von der Aufhebung der Landeshoheit der Bischöfe und der Klöster in Deutschland, Werke* (Anm. 4), Frankfurt/M. 1993, Bd. V, S. 467.

6 Barthold Heinrich Brockes, *Die Welt*, in: ders., *Auszug der vornehmsten Gedichte aus dem Irdischen Vergnügen in Gott*, Nachdruck d.Ausg. 1738 hrsg. Dietrich Bode, Stuttgart 1965, S. 337–344, hier: S. 341.

Selbst Produkte, die von Menschenhand hergestellt werden, sieht Brockes in diesem Zusammenhang als *Schrift und Lettern, an, aus GOttes Allmachts = Feder*.[7] Und wo dem Menschen *Wunder-Werck* gelungen sind, so werden diese in ihrem unausweichlichen Verfall *von der Vergänglichkeit ein unvergänglich Bild* und können ebenfalls als Buchstaben einer Botschaft gelesen werden:

> Wo etwas auf der Welt geschickt, zu GOtt zu leiten;
> So ist es dieß verworrne A.B.C.
> In welchem ich in deutlich=heller Klarheit,
> Auch in gebrochnen Lettern, seh,
> Die Lehre voller Licht und Wahrheit
> Von irdischen Vergänglichkeiten.[8]

In diesen Versen entdeckt Brockes zwar eine Sinnbildlichkeit in dem, was er als *Lettern* bezeichnet, doch die Hauptbotschaft seiner Entzifferung der von Gott geschriebenen Buchstaben der Welt bleibt der Einblick in die Schönheit der Schöpfung. In diesem Erkenntnisziel der Weltbetrachtung, in der selbst kleine Lebewesen als *Sittenlehrer* erkannt, aber auf Wahrnehmung und Deutung allegorischer Dimensionen verzichtet wird, steht Brockes der umfassenden zeitgenössischen Bewegung der Physikotheologie nahe.[9] Im selben Kulturraum ist zur selben Zeit aber, ein Indiz für weiträumige Überlagerungen heterogener Prämissen und Ziele, auch der deutende Umgang mit Buchstaben, die ein Stück Welt repräsentieren, möglich. Doch hinter dieser Verfahrensweise, die noch um 1700 der protestantische Prediger Johann Lassenius praktiziert, stehen andere, körperhafte Auffassungen von Buchstaben, die nicht regelmäßig, aber wiederholt von ihren Urhebern als ›hieroglyphisch‹ eingestuft worden sind. Es handelt sich um Buchstaben in der Art von Figurenalphabeten,[10] unabhängig davon, ob ihnen ein vollständiger Alphabetentwurf zugrundeliegt oder nicht.

Daß in nicht wenigen Alphabeten Formen der Schreibschrift als Abbreviaturen ursprünglich konkreter Bilder erklärt werden können, scheint sich auf die Möglichkeit, Buchstaben körperhaft oder dinglich darzustellen und zu verstehen, in der Neuzeit kaum ausgewirkt zu haben. Figureninitialen, deren Buchstabenkörper aus lebenden Wesen, Menschen wie Tieren, besteht, versuchen keine Rückverwandlung in konkrete Frühstadien der Buchstabenentwicklung, sondern eröffnen neue Wahrnehmungsmöglichkeiten von Buchstabenkörpern als Grundelementen von Schrift. Seit dem frühen Mittelalter, im deutschen Sprachgebiet

---

7 Ebd., S. 343.
8 Barthold Heinrich Brockes, *Die lehrenden Ruinen*, in: ders., *Auszug der vornehmsten Gedichte aus dem Irdischen Vergnügen in Gott* (Anm. 6), S. 561–564, hier: S. 564.
9 Vgl. Sara Stebbins, *Maxima in minimis. Zum Empirie- und Autoritätsverständnis in der physikotheologischen Literatur der Frühaufklärung*, Frankfurt/M. [u. a.] 1980, zu den Heuschrecken als *Sittenlehrern der Menschheit* S. 183.
10 Siehe zuletzt Hellmut Rosenfeld, »Figureninitialen«, in: *Lexikon des gesamten Buchwesens*, 2. Aufl., Stuttgart 1989, Bd. II, S. 583 f.; davor u. a. Dietmar Debes, *Das Figurenalphabet*, München 1968.

seit dem 8. Jahrhundert, kommen – zunächst in der Regel als Initialen – körperhaft wahrzunehmende Buchstaben vor.[11]

Diese können ein Konstrukt für detailreiche figürliche Szenen bieten, ohne selbst aus figürlichen Elementen bestehen zu müssen.[12] Wenn die Inszenierung der Schrift auch zur figürlichen oder auf andere Weise körperhaften Darstellung des einzelnen Buchstaben übergreift – ich bezeichne diese vereinfachend als Figuralbuchstaben –, können hiermit ganz unterschiedliche Voraussetzungen und Intentionen verbunden sein. Die Verdinglichung mittelalterlicher Buchstabenkörper, die auch pflanzliche Formen umfaßt, kann eine ähnlich kontextfreie, mit keinen textexegetischen Funktionen zu erklärende Leistung der Phantasie und des Willens zum Schmuck sein, wie sie in einem aspektreichen Aufsatz kürzlich für Figurenalphabete vorwiegend des 16. Jahrhunderts erkannt worden ist.[13] Daneben gibt es im Mittelalter konkurrierend, aber relativ selten, verdinglichte oder auf andere Weise körperhafte Darstellungen von Initialen, deren Konkretisierungen vom Textinhalt und von dessen Exegeseinhalten abhängig sind[14] und ihrerseits Ansätze zu weiteren Deutungsakten bieten können.[15] Gerade anhand der einzelnen Phänomene, die nicht einem Darstellungssystem wie bei Figurenalphabeten untergeordnet sind, lassen sich nebeneinander Möglichkeiten beobachten, die über den jeweils zu beachtenden Wert des Schmückens hinausreichen. Ob inhaltsgeleitet oder inhaltsunabhängig, es läßt sich in diesen Figuralbuchstaben eine praktische »Reaktivierung« der Wahrnehmung der Schrift als Graphik und damit eine praktische, nicht notwendig reflexionsgeleitete Bewußtmachung der »Schrift als einer Existenzform des Textes«[16] erkennen.

Ich verstehe jede Umsetzung einer Buchstabenform in körperhafte Bildelemente als eine Inszenierung, unabhängig davon, ob diese auf Bedeutungsdimensionen hin

---

11 Einen Überblick mit vielen Abbildungen vermitteln u. a. Carl Nordenfalk, *Die spätantiken Zierbuchstaben*, Stockholm 1970; Robert Massin, *Buchstabenbilder und Bildalphabete*, Ravensburg 1970, S. 32–46; Jonathan J. G. Alexander, *Initialen aus großen Handschriften*, München 1978; Robert G. Calkins, *Illuminated books of the middle ages*, Ithaca 1983; Otto Pächt, *Buchmalerei des Mittelalters. Eine Einführung*, München 1984, S. 51–62 u. passim; Andreas Weiner, *Die Initialornamentik der deutsch-insularen Schulen im Bereich von Fulda, Würzburg und Mainz*, Würzburg 1994 (Diss. München 1992), bes. S. 78–80 u. S. 96–101.

12 Einen Überblick vor allem hierüber, ohne Figureninitialen im engeren Sinne einzubeziehen, zuletzt bei Jonathan J. G. Alexander, *Medieval illuminators and their methods of work*, New Haven u. London 1992.

13 Ina Schabert, »Buchstäblicher Doppelsinn: Bildbuchstaben und Text«, in: Klaus Dirscherl (Hrsg.), *Bild und Text im Dialog*, Passau 1993, S. 129–144, hier: S. 131 ff.

14 Alexander (Anm. 11), S. 18, mit Bezug auf eine baumförmige Initiale ›I‹, an der ohne Textbezug ein Mann emporklettert (Reichenau-Schule 11. Jahrhundert; siehe Tafel 14 bei Alexander).

15 Siehe ein beispielhaftes Feld von Initial-, Bild- und Textverknüpfungen bei Rudolf Suntrup, »Te-igitur-Initialen und Kanonbilder in mittelalterlichen Sakramentarhandschriften«, in: Christel Meier u. Uwe Ruberg (Hrsg.), *Text und Bild. Aspekte des Zusammenwirkens zweier Künste in Mittelalter und früher Neuzeit*, Wiesbaden 1980, S. 278–382; vgl. ein Einzelbeispiel bei Alexander (Anm. 11), Tafel 34 (›I‹ als steiler Weg der Büßer, 14. Jahrhundert).

16 Lapacherie (Anm. 1), S. 69.

angelegt ist oder nicht. Eine weitere Form des Inszenierens von Schrift sehe ich in der im folgenden beschriebenen Sinnerschließung durch Wortzergliederung.

Die erwähnte Praxis, den einzelnen Buchstaben in seiner graphischen Besonderheit vorzuführen, könnte auch in einem sprachtheoretischen Zusammenhang stehen, der die Vorstellung einer Atomisierung des Wortkörpers[17] annimmt. Eine der Verfahrensweisen, in denen das Mittelalter, platonische Traditionen aufgreifend, Sinnschichten der einzelnen Worte aufzudecken suchte, ging von der Zerlegung des Wortkörpers in Silben oder in Buchstaben aus. Dabei konnten die einzelnen Buchstaben zum Ausgang neuer Wörter oder Sätze gemacht werden, die den zugrundegelegten kleinsten Teil des Wortes mit Inhalten so verbinden, daß die Gesamtheit der einzelnen Buchstaben des Wortes die Grundlage für eine additiv gewonnene Deutung bildet. Diese sogenannte Expositio-Etymologie setzt eine Vorstellbarkeit einzelner Buchstaben als Glieder oder Bauelemente des Wortganzen voraus, die auch ohne graphisch entfaltete körperhafte Buchstaben zu einer innerschriftlichen Inszenierung des Schriftcharakters von einzelnen Wörtern führt. Im Hoheliedkommentar des Zisterziensers Thomas[18] (letztes Viertel des 12. Jahrhunderts) wird im Wort *flos* in vierfachem Ansatz eine vierschichtige Bedeutung nach diesem Verfahren freigelegt:

feni labens honor seorsum
fundens late odorem suum
fructus libans opem sequentis
faciens laetum odorem suavitatis

Auf einfachere, doch im Verfahren ähnliche Weise kann zumindest seit dem 15. Jahrhundert Maria von den Buchstaben ihres Namens her als *Mediatrix, auxiliatrix, reparatrix, imperatrix, amatrix* gelesen und gedeutet werden. Ähnlich körperhaft zerteilbar wird noch im 16. Jahrhundert der Name des Franz von Assisi (*Franciscus*) vorgestellt, ehe Erasmus Alberus die einzelnen Buchstaben zum Ausgang der Wörter eines Satzes macht, der gegen Franz von Assisi als Mentor der Diebe und Hurer polemisiert: *Furtum Rapinam accipimus, nostros conuentus inde struimus complacentes utriusque sexui.*[19]

In vergleichbarer Weise können graphisch verdinglichte Einzelbuchstaben einen Text mit kommentierenden Inhalten versehen, die mit einer verbalen Aus-

---

17 Zur Vorstellung von den Buchstaben als den Atomen des Wortkörpers in der Antike siehe Hans Blumenberg, *Die Lesbarkeit der Welt*, Frankfurt/M. 1981, S. 37 f., und mit detaillierten Belegen aus antiken Grammatikern Gregor Vogt-Spira, »Vox und littera. Der Buchstabe zwischen Mündlichkeit und Schriftlichkeit in der grammatischen Tradition«, *Poetica* 23 (1991), S. 295–327, u. a. nach Donat: *littera est pars minima vocis articulatae* (S. 297).

18 *Migne PL* 206, 182 B, nach Roswitha Klinck, *Die lateinische Etymologie des Mittelalters*, München 1970, S. 69, mit dem weiteren Zusammenhang dort.

19 Siehe Wolfgang Harms, »Funktionen etymologischer Verfahrensweisen mittelalterlicher Tradition in der Literatur der frühen Neuzeit«, in: ders. u. Jean-Marie Valentin (Hrsg.), *Mittelalterliche Denk- und Schreibmodelle in der deutschen Literatur der frühen Neuzeit*, Amsterdam u. Atlanta 1993, S. 1–18; zu Erasmus Alberus' etymologischem Angriff auf Franz von Assisi vgl. S. 8. Das Zitat aus Erasmus Alberus, *Der Barfuser Münche Eulenspiegel und Alcoran, mit einer Vorrede D. Martini Lutheri*, o. O. 1549, ungez. Blatt am Ende von Alberus' Vorwort.

legung verbunden sein können, aber auch schon ohne diese einen signifikativen Charakter haben. Daß einzelne Buchstaben stärker als andere eine Affinität zur Verdinglichung haben, wird dort erkennbar, wo, verbal oder graphisch oder kombiniert, sämtliche Buchstaben des Alphabets einheitlich-systematisch behandelt werden, aber dennoch einzelne Buchstaben außerhalb des jeweiligen Systems figural dargestellt und gedeutet werden. Das gilt im graphisch-systematisch durchgeführten Figurenalphabet ›Champ fleury‹ des Geofroy Tory von 1529 für das ›A‹ und das ›Y‹,[20] und es gilt für das von Raphael Sadeler 1618 verlegte, strikt verbal durchgeführte Abecedarium ›Alphabetum Diaboli‹, in dem wegen seiner ausgeprägten exegetischen Tradition nur das ›Y‹, graphisch verdinglicht und verlandschaftlicht, als Figuralbuchstabe die Regel durchbricht.[21]

Die graphisch ausgeführten, jeweils einheitlichen Prinzipien unterworfenen Figurenalphabete vom ausgehenden Mittelalter bis ins 20. Jahrhundert[22] sind in der Weise, wie sie den Buchstaben mit Hilfe von Dingen und Figuren oder durch die Einbeziehung von Szenen einzelner Lebensbereiche Körperlichkeit oder szenischen Charakter geben, mit vielen Ansätzen zu Figuralbuchstaben oder Ansätzen zu Figurenalphabeten schon des Mittelalters vergleichbar. Ob wirklich der Gegensatz von deutungsorientierten Figuralbuchstaben und der körperbezogenen Phantasie (wie in Flötners Alphabet von ca. 1535) kausal von einem Gegensatz zwischen Worttheologie und »subversiver Bildimagination« abzuleiten sei,[23] bezweifle ich. Für die Frage, wieweit ihre Körperlichkeit oder Figürlichkeit darauf angelegt ist, den Buchstaben zum Ausgang eines exegetischen Akts zu machen, bleiben die meisten Alphabete unergiebig. Der Einzelbuchstabe ist regelmäßiger zusammen mit einer inszenierten, nämlich bildlichen Körperlichkeit Grundlage für Deutungen geworden, die wiederum in den Fällen, in denen

---

20 Geofroy Tory, *Champ fleury*, Nachdruck d. Ausg. 1529, New York 1970, zu Entfaltungen des ›A‹ siehe Schabert (Anm. 13), S. 133 u. 140, zum ›Y‹ Wolfgang Harms, *Homo viator in bivio. Studien zur Bildlichkeit des Weges*, München 1970, S. 50–57.
21 [Johann Niess], *Alphabetum Diaboli seu vitia quae adolescentes perdunt*, München 1618, S. 431; zugehörig ist das analog angelegte *Alphabetum Christi*, München 1618, ohne Figuralbuchstaben.
22 Siehe u.a. Debes (Anm. 10), Abb. 699–824; Massin (Anm. 11), S. 47–61 u. S. 67–81; Erhart D. Stiebner u. Dieter Urban, *Initialen und Bildbuchstaben*, München 1983, passim; speziell zum Figurenalphabet des Meisters E. S. siehe Holm Bevers, *Meister E. S. Ein oberrheinischer Kupferstecher der Spätgotik*, Ausstellungskatalog, München 1986. Die bloße Ersetzung des einzelnen Buchstabens durch ein ähnlich geformtes einzelnes Ding gehört eher in die Mnemonik, nicht zum Bereich der signifikativen Figuralbuchstaben; siehe Georg Philipp Harsdörffer, *Frauenzimmer Gesprächspiele*, hrsg. Irmgard Böttcher, Tübingen 1969, Bd. V, S. 179 ff. mit Bezug auf das Ding-Alphabet von Tilman Olearius, *Deutsche Sprachkunst*, Halle 1630; vgl. auch einige der zahlreichen ABC-Bücher des 17. und 18. Jahrhunderts. Wo bei Figuralalphabeten lediglich eine »Verlebendigung« registriert wird, geraten die Fortentwicklungen signifikativer Dimensionen mittelalterlicher Dinge oder Körper aus dem Blick, so zuletzt bei Sabine Gross, *Lese-Zeichen. Kognition, Medium und Materialität im Leseprozeß*, Darmstadt 1994, u.a. S. 54 f.
23 Schabert (Anm. 13), S. 142. Auch die mittelalterliche Buchmalerei stellte häufig im Initialschmuck wie in den Randleisten von einfachen Verdinglichungen über Alltagsszenen bis zu kontrastreichen Drolerien Themen dar, die ohne eine Bedeutungsfunktion, aber auch ohne intendierte Subversivität angelegt wurden.

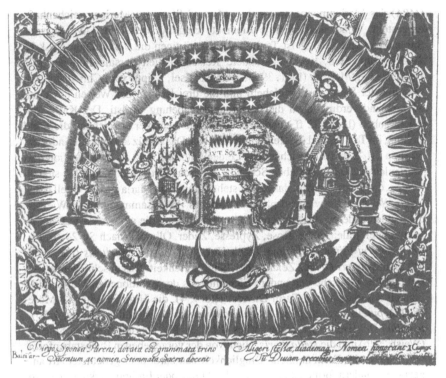

Abb. I: Marienmonogramm von Balthasar Caymox,
Nürnberg 1. Drittel des 17. Jahrhunderts
(Foto nach Deutsche illustrierte Flugblätter des 16. und 17. Jahrhunderts,
hrsg. Wolfgang Harms, Tübingen 1989, Bd. III, Nr. 32).

ein in Buchstaben zerlegter Wortkörper verzögert gelesen werden soll, in zweifacher Weise inszeniert vorgeführt werden: in der Transposition ins Bild und in den prozeßhaft gedehnten mehrgliedrigen Deutungsakten.

Fast ohne eine verbale Stütze, die über Benennungen hinausginge, kommen Namensdeutungen aus, die der Nürnberger Verleger Balthasar Caymox etwa im ersten Drittel des 17. Jahrhunderts mit Hilfe verdinglichter Buchstaben des Christus- und des Marienmonogramms vorgenommen hat (Abb. I).[24] Hier werden Kombinationen von signifikativen Dingen und verdinglichten Abbreviaturen heilsgeschichtlicher Ereignisse vorgenommen, wie sie als Technik auch in mittelalterlichen Figuralinitialen begegnet sind. Bei Caymox werden die Buchstaben selbst ausschließlich deutungsbezogen, nirgendwo nur dekorativ entworfen. Der Kürze halber beziehe ich mich hier nur auf die Gestaltung der Buchstaben

---

24 Siehe die Abbildungen und die Kommentare von Albrecht Juergens in: *Deutsche illustrierte Flugblätter des 16. und 17. Jahrhunderts*, hrsg. Wolfgang Harms, Tübingen 1989, Bd. III, Nr. 12 (Christus) u. 32 (Maria; hiernach Abb. I); ich folge Juergens' detaillierten Identifizierungen.

(*MRA*) des Marienmonogramms. Im ›M‹ sind Stationen Mariens zeichenhaft dargestellt, wobei auch verbale Elemente eingeflochten sind: ›Ave Maria‹-Spruchband und Heiliggeist-Taube vergegenwärtigen die Verkündigung (Lk 1, 26–38), Hut, Stab, Korb und andere Reiseutensilien versinnbildlichen die Heimsuchung Mariens (Lk 1, 39–56), Ochse, Esel, Krippe (mit Christusmonogramm), der Stern von Bethlehem und die drei Kronen der Weisen aus dem Morgenland verdinglichen die Geburt und Anbetung Christi. Der Käfig mit zwei Tauben (Lk 2, 22 ff.) und der fünfarmige Leuchter bezeichnen die Darstellung im Tempel und die Reinigung Mariens. Das Kreuz am unteren Ende des zweiten ›M‹-Schafts bezeichnet das Leiden unterm Kreuz als letzte Station des Marienlebens: Das von sieben Schwertern durchbohrte Herz betont die sieben Leiden, das Buch, auf dem das Kreuz steht, erinnert an Maria als den Quell göttlicher Weisheit. Vorwiegend pflanzlich ist das ›R‹ zusammengesetzt. Wie bei den beiden anderen Buchstaben sichern Beischriften die angemessene Dechiffrierung der Teile: Palme, Rose, Zypresse, Zeder, Ölbaum (nach Sir 24, 13 f.), *flos campi et lilium convallium* (nach Hld 2, 1), *hortus conclusus* (nach Hld 4, 12) und *civitas Dei* als Zeichen der Jungfräulichkeit. Das abschließende ›A‹ stellt architektonische und andere Elemente aus der traditionellen Marienbildlichkeit zusammen: den Turm Davids (Hld 4, 4), die Himmelsleiter (1. Mose 28, 12), *puteus sigillatum* und *puteus aquarum vivarum* (Hld 4, 12 bzw. 4, 15), *templum Dei* (Hes 44), Gideons Vlies (Ri 6, 36 ff.), den unbefleckten Spiegel (Weish 7, 26) und die *stella maris*. Nicht von der vorgegebenen Buchstabenform wird eine in der Form ähnliche Dinglichkeit deutbarer oder gedeuteter Art angezogen, sondern formunabhängig werden Dinge oder Ereignisverkürzungen so montiert, daß eine dichte Aussage innerhalb des vom Buchstaben gegebenen Rahmens abgelesen werden kann. Ereignis, Ding und Textelemente inszenieren die einzelne Buchstabenform; mit der Wahrnehmung der Buchstabeninszenierung verbindet sich sukzessive die mehrgliedrige, aus einzelnen Wahrnehmungsakten zusammengesetzte Lesung der Buchstabenteile. So schnell das Marienmonogramm als Ganzes identifizierbar ist, es wird erst durch die verzögerte Wahrnehmung seiner signifikativen Teile einschließlich eines umfassenden Deutungshintergrundes als Zeichen voll verstehbar.

Andere Versuche des 17. Jahrhunderts, Figuralbuchstaben als deutbare Teile eines Wortes bildlich vorzuführen, werden in der Regel als ›hieroglyphice scriptum‹ oder ähnlich bezeichnet. Mit diesem Stichwort wird auf das Aussehen und die Herleitung dessen verwiesen, was man seit Horapollon, Pierio Valeriano und Kircher für hieroglyphisch hielt und was man auch selbst an Hieroglyphen hinzuerfand: Wo man nicht über originale hieroglyphenbedeckte Obelisken verfügte und diese abkonterfeite, wurden Obelisken mit

---

25 Ein Beispiel von etwa 1620 in Flugblattform (*Es ist keine Obrigkeit ohn von Got*, o. O. o. J.), abgebildet und kommentiert in: *Illustrierte Flugblätter des Barock. Eine Auswahl*, hrsg. Wolfgang Harms [u. a.], Tübingen 1983, Nr. 46; siehe hierzu auch Heimo Reinitzer, »Kinder des Pelikans«, in: ders. (Hrsg.), *All Geschöpf ist Zung' und Mund*, Vestigia Bibliae 6, Hamburg 1984, S. 191–260, hier: S. 202 f.

selbstersonnenen Hieroglyphen im Stile Pierios bedeckt.[25] Es mischen sich Erfahrungen in der graphischen Buchstabenform von Figuralphabeten des 16. Jahrhunderts mit Erfahrungen im Einsatz von ›hieroglyphischen‹, signifikativen Bildbuchstaben, wenn im 17. Jahrhundert allegorisch gedeutete verdinglichte Buchstaben kurzen Texten spirituelle Bedeutungsschichten vermitteln. Das früheste mir bekannte Beispiel, dem aber frühere Versuche gleicher Art vorangegangen sein könnten, stammt aus einem protestantisch geprägten Residenzort, der in jener Zeit die Künste und Wissenschaften komplex förderte: In Stettin publizierte 1615 der damals siebzehnjährige Johann Jacob Cramer, Sohn des gelehrten Theologen, Historikers und Emblematikers Daniel Cramer,[26] ein illustriertes Flugblatt zu Ehren des Landesfürsten, Philipps II. von Pommern-Stettin (Abb. II).[27]

Als Graphik erscheint die in Form von Figuralbuchstaben deutbar gemachte Devise des Herzogs: *Christo et reipublicae*. Jeder der Buchstaben wird in seinem Ding- oder Figurcharakter durch je ein lateinisches Distichon gedeutet, so daß insgesamt ein christliches Herrscherlob entsteht. Dabei werden die Buchstaben des Wortes *Christo* vorzugsweise mit biblisch fundierten Bedeutungen verbunden. So steht der Wal, dessen S-förmiger Darstellung Jonas entkommt, für das Gottvertrauen dieser Figur des Alten Testaments; in Analogie zu ihm habe auch Philipp II. im Unglück seinen festen Glauben bewiesen. Eindeutiger wird anhand des T-förmigen Kruzifixes die Relation zwischen Christus und dem Herzog hergestellt. Doch auch schon in diesem ersten ›Text‹-Teil werden biblische oder heilsgeschichtliche Hintergründe nicht nur allgemein auf die Frömmigkeit Philipps II. bezogen, sondern es gelten einige Deutungen prägnant dem Herrscher als solchem. Dem R-förmig seine Jungen mit seinem Blut rettenden Pelikan, traditionell ein Zeichen für misericordia im Erlösungsgeschehen, wird hier das Fundament für eine Herrschertugend abgelesen: Mit Rat und Hilfe stehe der Herzog seinen Bürgern bei (*reficis [...] cives*), eine Parallelisierung von Herrscher und Heiland, wie sie z.B. innerhalb der Buchstaben von *Reipublicae* beim R-förmigen wachsamen Kranich mit dem Stein fortgesetzt wird: In seiner Wachsamkeit für seine Herde (*grex*) sei er ein Wahrer des Gesetzes bzw. Rechts (*lex*). Durchweg statisch-dinglich haben die Buchstaben Gestalt angenommen; eigentliche Handlungen oder Prozesse erscheinen nicht, allenfalls durch die Markierung eines Schlußpunktes (Gekreuzigter Christus; Jonas verläßt den Wal). Der Inszenierungscharakter liegt im Vorstellen der Wortteile; ein verzögerter Leseakt – vom Erkennen der Buchstabenform bis zur Wahrnehmung der intendierten Deutung – läßt den Betrachter und Entzifferer an einer Reihe von Lese- und Wahrnehmungsakten teilhaben, die, wie beim verwandten, den Leseakt durch bildliche Verzögerungen inszenierenden, aber in der Regel nicht bedeutungs-

---

26 Zu Daniel Cramer siehe zuletzt Sabine Mödersheim, ›*Domini doctrina coronat*‹. *Die geistliche Emblematik Daniel Cramers (1568–1637)*, Frankfurt/M. [u. a.] 1994.
27 *Symbolum Illustrissimi et celsissimi principis [...]*, Stettin 1615 (2. Auflage 1617), abgebildet und kommentiert in: *Deutsche illustrierte Flugblätter* (Anm. 24), Bd. III, Nr. 166; nach der dort angegebenen Fassung a von 1617, siehe Abb. II.

erschließenden Rebus,[28] einer Serie von Leistungs- und Einsichtserlebnissen gleichkommt und den Leser schon während seines Lernprozesses in ein positiv affektbesetztes Verhältnis zum Text und schließlich zu dessen Botschaft versetzt. Dieses Verfahren ist im Rebusblatt des 17. Jahrhunderts auch für die Gewinnung von Lesern eingesetzt worden, die der schließlich hervortretenden Botschaft des Textes von Anfang an abweisend gegenübergestanden hätten, sofern sie diese mit einem Blick hätten überschauen können. Diese leserpsychologischen Möglichkeiten haben bei dem panegyrischen Stettiner Blatt wohl keine Rolle gespielt, können aber als Rätselangebot bei anderen längeren Texten dieser Art Bestandteil des Kalküls gewesen sein, wie der Leser in einen bildgetragenen, durch Rätselelemente verzögerten Leseakt hineingezogen werden könne.

Innerhalb des offenkundig schlüssigen Gesamtkontexts eines illustrierten Flugblatts zur Confessio-Augustana-Jahrhundertfeier von 1630 sind zwei zentrale Aussageelemente der Graphik in Buchstaben nach Art eines hieroglyphischen Figurenalphabets verrätselt.[29] Die Bedeutung der Figuralbuchstaben des Mottos dieser Säkularfeiern, des Bibelzitats (1. Petr 1, 25) *Verbum Domini Manet In Aeternum*, wird innerhalb der Alexandriner des Blatts geklärt, während die ähnlich konstruierten Buchstaben der Jahresangabe (*MDXXX*) in ihrer bildlich formulierten Bedeutung ungeklärt bleiben. Der Quader, der das Chronogramm trägt, und auf ihm der als Altar genutzte Würfel, auf dem das Jubeljahrmotto zu lesen ist, sind nicht nur als Konstrukt, sondern auch als Zeichen der constantia zentrale Stützen der Hauptaussage des Blattes, daß das ›Licht‹ der evangelischen Lehre von Luther auf das ›Wort‹ der Bibel gestützt worden ist. Eine paradigmatische Inszenierung des Bibelwortes und seiner Verkündigung durch die Reformation wird dann ohne Beteiligung von Handlungen historischer Personen dem verrätselnd-verzögerten Leseakt der Figuralbuchstaben-Entzifferung überlassen: Die Lesung beginnt mit der Kerze und der Bibel, die als *Licht*, das *GOttes Wort* sei, identifiziert wird. Danach geht die Dechiffrierung durch bloße reihende Nennung des Gemeinten zu den Figuralbuchstaben über: Das ›V‹ kreuzt die Zweige von Ölbaum und Palme, die als *das rechte FRIEDENSZEICHEN* und als *Das OEL vor welchen muß des Hertzen Schmertzen weichen* erkennbar gemacht werden. Die *HARFFE*, die das ›D‹ verkörpert, wird mit Hilfe der Wirkung, die David mit ihr bei Saul erreichte, umschrieben. Das ›M‹ in Gestalt der beiden Säulen, die durch ein Band mit dem Christusmonogramm *IHS* verbunden sind, wird andeutend als *ZIEHL* erklärt, wobei wohl die Säulen, die

---

28 Siehe zuletzt Dirk Kampmann, *Das Rebusflugblatt. Studien zum Konnex von literarischer Gattung und publizistischem Medium*, Köln [u. a.] 1993. Ein benachbartes weites Gebiet der Schriftinszenierung wird repräsentiert durch Jeremy Adler u. Ulrich Ernst, *Text als Figur. Visuelle Poesie von der Antike bis zur Moderne*, Ausstellungskatalog Wolfenbüttel, 3. Aufl., Weinheim 1990; Ulrich Ernst, *Carmen figuratum. Geschichte des Figurengedichts von den antiken Ursprüngen bis zum Ausgang des Mittelalters*, Köln [u.a.] 1991.

29 *Deß Heiligen Römischen Reichs Hoheit [...] Evangelisches Jubelfest*, o.O. 1630, Graphik und Text von Matthäus Krüger, abgebildet und von Andreas Wang kommentiert in: *Deutsche illustrierte Flugblätter* (Anm. 24), München 1980, Bd. II, Nr. 214.

In Buchstabenkörpern die Chiffren der Welt lesen 585

Abb. II: *Devise des Herzogs Philipp II. von Pommern-Stettin in Form von Figuralbuchstaben, illustriertes Flugblatt von Johann Jacob Cramer, Stettin 1615 (Foto: Herzog August-Bibliothek Wolfenbüttel).*

profan den Rand der bekannten Welt markieren (so in der Habsburger Devise mit dem Motto *plus ultra*), als Grundlage dieser spirituellen Umformulierung gelten dürften. Von der KERTZE, die als wiederholtes Bildelement hier für das ›I‹ steht, sagt der Text, sie müsse *leuchten* [...]/ *so wir nicht jrren wollen*, was als Variation auf die anfangs vorgenommene Gleichsetzung von Licht und Wort Gottes anzusehen ist. Die abschließende Ligatur ›Æ‹ wird verkörpert durch einen Krieger, der hinter einem SCHILD Schutz sucht; diesem Buchstaben liest der Autor einen zweifachen Wunsch des rechten Lesers ab, das Verlangen nach geistlicher Sicherheit und die Bereitschaft zum geistlichen Kampf, offenbar im Sinne des Miles-christianus-Entwurfs des Epheserbriefs (Eph 6, 10–17). Vorbei an den vier Evangelistenzeichen, die auf dem Quader am Altar liegen, muß dann das Auge des Lesers die Zeitangabe des Jubeljahrs in Form der Figuralbuchstaben *MDXXX* bemerken und deren Sinn ohne eine Anleitung im Text aufzudecken versuchen. Das ›M‹ dürfte wohl aus einer Spindel mit aufgezogenem Faden bestehen, die dann auf Fleiß oder durch Fleiß erworbenen Reichtum gedeutet werden könnte, was spirituell zu verstehen wäre. Sicher ist dagegen im ›D‹, das durch einen Engel mit Tuba verkörpert wird, eine geläufige Darstellung der fama, hier im Sinne des ewigen Ruhms zu erkennen. Das erste ›X‹ kreuzt Szepter und Schwert im Rund einer Krone, kombiniert also übliche Zeichen für Herrschaft, könnte hier, in einem spirituellen Sinn, zugleich auch das Erlangen der Krone des ewigen Lebens meinen. Das zweite ›X‹ besteht aus einem geflügelten Federkiel, wobei die unterschiedliche Formung beider Flügel auffällt; ob auf den Engel und den Adler angespielt wird, die in der Graphik mit unterschiedlichen Flügeln zum Kontext gehören und dort für Gott und Kaiser stehen, ist zu erwägen. Sicherer ist dann wieder das abschließende ›X‹ als gekreuzte Schaufel und Kunkelstab zu identifizieren, die eindeutig für sedulitas (›Fleiß‹) stehen; der Kranz, durch den beide Werkzeuge führen, mag dann ein Zeichen des Lohnes sein, der wiederum im Sinne einer corona vitae spirituell zu deuten sein mag. Insgesamt zeigt aber diese verrätselte Botschaft der Jubeljahrsangabe, vor welchen Schwierigkeiten ein Leser und Dechiffrierer steht, sobald ein deutender Text fehlt. Der Gesamtzusammenhang des Blattes ist für jeden zeitgenössischen Betrachter und Leser klar, der verzögerte Lese- und Verstehensakt des Mottos in Figuralbuchstaben gelingt als textgerechte Inszenierung der Kernaussage des Blattes, die verrätselte Botschaft der verdinglichten Jahresangabe aber könnte auch einem zeitgenössischen Dechiffrierversuch Schwierigkeiten bereitet haben.

Wiederum durch eine Feier veranlaßt, die im Mittelpunkt von Herrschaft und weiterer Öffentlichkeit stand, sind die ›Emblemata Exequiarum Hieroglyphica‹, die der bekannte Pädagoge, Philologe und Hofdichter Johann Bödiker 1675 in Berlin (Kölln) auf den Tod des Erbprinzen Karl Emil, den ältesten Sohn des Großen Kurfürsten, verfaßt hat (Abb. IV).[30] Die Deutung der Figuralbuchstaben des Textes *Carolvs Aemilivs Haeres Elect:[oralis] Brand:[enburgensis] Obiit,*

---

30 Johann Bödiker, *Emblemata Exequiarum Hieroglyphica*, Berlin-Kölln 1675; abgebildet und kommentiert in: *Illustrierte Flugblätter des Barock* (Anm. 25), Nr. 75; siehe Abb. III.

*Abb. III: Illustriertes Flugblatt von Johann Bödiker
anläßlich des Todes des brandenburgischen Thronfolgers Karl Emil mit Figuralbuchstaben,
Berlin-Kölln 1675, hier ohne den unteren Textteil abgebildet.
Foto nach Illustrierte Flugblätter des Barock.
Eine Auswahl, hrsg. Wolfgang Harms [u.a.], Tübingen 1983, Nr. 75.*

die Bödiker für jeden Buchstaben in einem lateinischen Distichon vornimmt, folgt dem üblichen Aufbau einer Trauerrede; auf die lamentatio folgt die laudatio, danach die consolatio. Formen und Deutungen vieler Buchstaben setzen geläufige Ergebnisse der Allegorese und speziell der Emblematik voraus, so u.a. die Kerze (*lux extincta*) für ein ›I‹ als Zeichen des erloschenen Lebens, die Sonnenblume (*Christum secutus*) für ein ›I‹ als Zeichen der Orientierung an Christus, das Glück mit geblähtem Segel (*Fortuna favet*) für ein ›R‹ als Gelegenheit für einen an den Bruder des Toten, den späteren Preußenkönig Friedrich I., gerichteten Segenswunsch, der von Bienen umschwärmte Helm (*Pax fiat*) für ein ›I‹ als Markierung der Friedenshoffnung. In die gleiche Traditionslinie gehört auch die vielfach vermittelte biblische Vorstellung von der niedergemähten Blume, hier als *Flos demessus* mit dem Bild der Sense für ein ›L‹. Die Technik der Herstellung der einzelnen Figuralbuchstaben ist hier so unterschiedlich, daß Anregungen verschiedener Art zugrundeliegen dürften; die Addition zweier ›Dinge‹ im ›L‹ (Nr. 5) gleicht Techniken schon mancher mittelalterlicher Figureninitialen, die Einbeziehung des Pommerschen Greifen (Nr. 7) oder des Elefanten (Nr. 20) läßt heraldische oder verwandte Insignien als Vorlagen vermuten, während die ägyptisierende frühneuzeitliche Hieroglyphik inhaltlich keine Spuren hinterlassen hat.

Bödiker erreicht mit der Verbildlichung der Buchstaben des kurzen unterlegten Texts, des Namens des Betrauerten, eine aspektreiche, in der Wahrnehmbarkeit verzögerte, dem lateinkundigen Leser aber nicht die Erkennbarkeit verweigernde Trauerrede. Wenn diese Totenfeieremble im Titel als hieroglyphisch bezeichnet werden, so ist hiermit ein sinnversprechender Sonderfall von Bilderschrift betont, dessen Entzifferung zu verbindlichen Inhalten zu führen verspricht. Wie schon bei Cramer wird bei Bödiker und beim wenig späteren Werk des sächsischen Ingenieurs Johann Franz Griendl von Ach[31] eine Darstellung und Deutung von Figuralbuchstaben betrieben, die einerseits von der Vorstellung ausgeht, die ägyptischen Hieroglyphen verrätselten geheiligte Inhalte, andererseits eine Überlegenheit gegenüber dem ägyptischen Gegenstand erkennen lassen, insofern als sie die Verdinglichungen oder Figuren einer christlichen Exegese unterziehen, die in ihren Inhalten und sogar in ihrer Materie dauerhafter ist als die nichtchristliche Vorform.

Griendl von Ach widmet seinem Landesherrn, dem Kurfürsten Johann Georg III. von Sachsen, eine Pyramide, die mit Figuralbuchstaben bedeckt ist, die als *IOAN GEORG I.I.I.* zu lesen sind. In seiner ›Zueignungs=Schrifft‹ (fol. 2ᵛ f.) verknüpft Griendl eine Kenntnis realer ägyptischer Pyramiden mit dem besonderen Wert, in nichtägyptischen *Sinnreichen Hieroglyphischen Politico-Mystico Sinn=Bildern* eine Botschaft zu formulieren: Eine neue Pyramide zu Ehren seines Landesherrn zu bauen, sehe er als Ingenieur als seine Pflicht an, er ziehe aber einer Konstruktion *aus zerbrechlichen/ und durch das Alter verderblichen Steinwerck* eine Verherrlichung durch Wort und Bild, durch *Ehr= und Denck=Sprüche/ auch Gemählde* vor. Bei der Behandlung des ersten Buchstaben, des ›I‹ in Form einer Säule (*Nusqvam flexa, nunqvam fracta, Niemahls gebogen/ ninder zerbrochen*), verspricht er, diesem Zeichen der Dauer eine *Beyschrifft mit meiner schwachen Feder ein zu graben/ und der Ewigkeit einzuverleiben.* Die auf dem Papier dargebotene Hieroglyphik versteht der Autor im Sinne des Horazischen *Aere Perennius* als die dauerhafte Schrift. In Form und Bedeutung scheint er, direkt oder indirekt, Erfahrungen aufzugreifen, die bei Cramer und Bödiker ausgebildet oder vermittelt worden sind, doch fehlen hinreichende Dokumente, um Filiationen zwischen den einzelnen Denkmälern zu beschreiben. Einstweilen mag die Hypothese gelten, daß die als hieroglyphisch ausgegebene Darstellung von Figuralbuchstaben im 17. Jahrhundert keine allerorts verfügbare Formensprache war, daß aber die relativ wenigen Entwerfer und Deuter derartiger Buchstaben den einen oder den anderen Vorgänger kannten. So verwendet Griendl wie Cramer das Bild vom blutvergießenden Pelikan, um den Inhalt *Amor Patriae. Liebe gegen den Vaterland* darzustellen (fol. Diᵛ). Wo Bödiker einem Anker als Zeichen für *Salvs Patriae* die Form eines ›H‹ (in *Haeres*) gibt, bringt Griendl in Form eines ›E‹ (in *Georg*) eine Kombination von Anker und Steuerruder mit in etwa vergleichbaren, aber differenzierteren Inhalten in Zusammenhang: Unter

---

31 Johann Franz Griendl von Ach, *Pyramis oder Sinnreiche Ehren=Seule/ Mit Hieroglyphischen Politico-Mystico Sinn=Bildern Zu unterthänigsten Ehren und Glückwünschung* [...], Dresden 1680; vgl. Abb. IV (Figuralbuchstabe ›G‹ als Adler, als Initiale von ›Georg‹).

Abb. S. IV: *Johann Franz Griendl von Ach, Pyramis, Dresden 1675, Adler mit sächsischem Schild als Buchstabe* ›G‹.
Foto: Bayerische Staatsbibliothek München.

dem Motto *Sine his periculum. Ohne diese Gefahr* wird der Anker den Hofräten gleichgesetzt, die der Herrscher als Lenker des Staatsschiffs für Zeiten der Gefahr benötigt. Völker und Königreiche werden als das stets unruhige Meer verstanden, durch das *das Regiments=Schiff* segeln muß.[32] Als Anfangsbuchstaben von *Georg* wählt Griendl einen Adler, der auf einer Konstruktion sitzt, die dem sächsischen Rautenschild entstammt (fol. B 4v; Abb. IV). Vor allem mit Bezug auf Plinius wird hier die Adlerdeutung auf naturkundlichen Berichten aufgebaut, die konventionell den Adlerflug zur Sonne als Grundlage für die vielgenannte Adlerprobe enthalten: Nur der Adler, der beim Probeflug *mit unverwendten Aug/*

---

32 Zur Staatsschiff-Metaphorik vgl. Dietmar Peil, *Untersuchungen zur Staats- und Herrschaftsmetaphorik in literarischen Zeugnissen von der Antike bis zur Gegenwart*, München 1983, S. 700–870, zum Anker (auch zu Griendl) S. 715 ff.

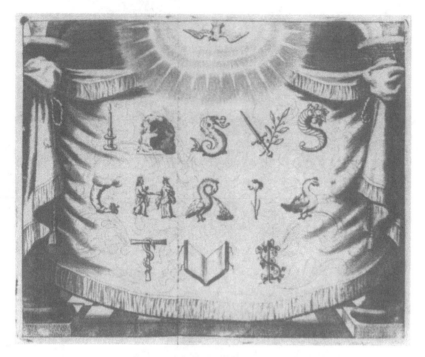

Abb. V: *Johann Lassenius, Verliebte Sulamithin, Kopenhagen 1706:
die beiden Faltblätter (vgl. S. 591) mit den Figuralbuchstaben
JESVS CHRISTVS SALVATOR MVNDI,
die im Buch einzeln behandelt werden.
Foto: Herzog August-Bibliothek Wolfenbüttel.*

die sonnen siehet an (emblematische Verssubscriptio), kommt als volltauglicher Thronfolger in Frage. Hier wird Johann Georg III., der 1680 – im Jahr des Erscheinens des Buches – den sächsischen Thron bestieg, unter dem Motto *Fixis oculis, Mit unabgewendten Augen* als *unser hoch geAdleter Durchlauchtigster Sächsischer Adler* gepriesen, der für Kriegs- und Friedenszeiten gerüstet sei und sein *scharffes Aug* auf den *allgemeinen Nutzen deß Landes werfe*. Hier werden längst etablierte Ergebnisse der Adlerallegorese zitierbar, weil der Buchstabe, der Teil der Lesung des gesamten Herrschernamen ist, entsprechend inszeniert ist: Die vom Deuter benötigte passende Bildlichkeit erscheint so, als wäre sie fester Bestandteil des zu deutenden Namens. Der Buchstabe, der in einem zweiten Akt der Namensinszenierung Teil eines verzögerten Prozesses der Gesamtwahrnehmung des Namens ist, ist selbst tatsächlich unveränderlicher Teil des Namen, wird aber durch einen gezielten Ausschnitt aus der Lektüre des Buches der Natur so verdinglicht, daß tatsächlich eine Variable die Konstante vertritt. Im Rahmen eines auf objektive Gültigkeit angelegten Entzifferungs oder Enthüllungs- oder Lektüreversuchs sichert sich der Autor verdeckt die freie Verfügbarkeit über Form und Inhalt seiner einzelnen Wort-Inszenierungs-Elemente. Soge-

nannte Hieroglyphik und allegorische Deutungskonventionen des Buches der Natur werden als homogene, objektive Einheit behandelt, als gäbe es keine Möglichkeit für das Eindringen subjektiver Zuordnungen oder für Zweifel an der Verbindlichkeit der allegorischen Leseergebnisse.

Bei Johannes Lassenius, dem Prediger der deutschen St. Petri-Gemeinde in Kopenhagen und früherem Mitglied einer Schauspieltruppe, stehen in seinen Predigten zum Thema der Gottes- und Christus-Liebe, der ›Verliebten Sulamithin‹,[33] die Inszenierung von signifikativen Buchstaben und der Verzicht auf naheliegende Inszenierungsmöglichkeiten nebeneinander. Beide Teile seiner Predigten werden wie ein theatrum mundi mit je einem Kupfer eröffnet, das jeweils einen geschlossenen Theatervorhang zeigt, auf dem die Gegenstände seiner Predigtanfänge zu sehen sind (Abb. V). Nach dem Öffnen des Vorhangs, d.h. nach dem Weiterblättern im Buche, stößt man, Predigt für Predigt, auf je eine wiederholende isolierte Darstellung des einzelnen Buchstabens, dem als erster Schritt zur revelatio, zum Aufdecken der Signifikanz, ein weiterer Bildkontext und ein zweizeiliger Spruch zugeordnet sind, ehe dann die eigentliche Predigt und das abschließende Lied nur relativ locker auf den Buchstaben, enger auf das übrige Bild und das Thema des Spruches Bezug nimmt. So wird das ›D‹ (in *Mundi*), das

---

33 Johann Lassenius, *Verliebte Sulamithin*, Kopenhagen 1706, posthum zuerst 1699 (er starb 1692) von seiner Witwe herausgegeben; siehe Abb. S. 590/591 mit den beiden Theatervorhangs-Faltblättern.

592 Wolfgang Harms

Abb. VI: *Johann Lassenius, Verliebte Sulamithin, Kopenhagen 1706,*
Kapitel 25: Buchstabe ›D‹ in Gestalt der Fortuna.
Abb. VII: *Johann Lassenius, Verliebte Sulamithin, Kopenhagen 1706,*
Kapitel 12: Buchstabe ›V‹ in Gestalt eines Buches.
Fotos: Bayerische Staatsbibliothek München.

fremdkörperhaft-weltlich aus der Fortuna mit geblähtem Segel gebildet ist (Kapitel 25, siehe Abb. VI), deutlich erst in der dritten Strophe dem abschließenden ›Liebes-Lied‹ integriert:

Siehe meine Schöne,
Wie die Welt=Syrene
   Mich mit ihrer List,
In Gefahr und Stricken
Tödlich zu berücken
   So geschäfftig ist,
   Daß ich fast
   Bey solcher Last
Über tausend Centner Plagen
Gäntzlich muß verzagen.

Die Predigtprosa konzentriert sich auf Erinnerungen an das Wirken Christi gegen die Nachstellungen des Teufels und die Gefahren der Welt.
 Das Lesen im *Lebens=Buch*, das aufgeschlagen den Buchstaben ›V‹ (in *Christvs*) verkörpert, wird im 12. Kapitel kurz thematisiert (Abb. VII). Auf die

Abb. VIII: Johann Lassenius, *Verliebte Sulamithin*, Kopenhagen 1706,
Kapitel 18: Buchstabe ›A‹ in Gestalt einer Tür.
Foto: Bayerische Staatsbibliothek München.

innerbildliche Explikation, die die Auferstehung (wohl nicht im besonderen die des Lazarus) darstellt, und den Spruch *Wir sind, ob gleich hie todt geblieben, / In Jesus Lebens=Buch geschrieben* kommt die Predigt, die Psalm 23, 4 (*Ob ich schon wandele im finstern Thal* [...]) behandelt, nur insofern zurück, als sie von des Menschen Leben als einer Vorbereitung der Erlösung spricht. Dabei betont Lassenius die Unruhe des menschlichen Lebens:

> Die kleine Welt, der Mensch, weltzet sich eben so herum, Kan eine Kugel auch stille stehen? [...] Wir wandelnde Menschen wissen nicht, wie lange allhier? Wir gehen ab und auf, wie die Comödien=Spieler. (S. 319 f.)

Auf eine weitergehende Inszenierung von Buchstaben-Lektüre oder Lebensbuch-Metaphorik wird verzichtet.

Viel homogener sind im 18. Kapitel der signifikative Buchstabe, das zweite ›A‹ in *Salvator* als offene Tür (Abb. VIII), die Auffahrts- und Himmelstür-Bildlichkeit, der exegetisierte Bibelspruch (Joh 10, 9: *Ich bin die Thür* [...]) und die Auslegungen in Predigt und Lied miteinander verknüpft; Jesus als *die Thüre zu unserer Erlösung* zieht sich als Bild- und Aussageebene durch das gesamte Kapitel.

Während etwa die bildliche Parallelisierung von des Jonas Entkommen aus dem Schlund des Wals (erstes ›S‹ in *Christus*) und Christi Auferstehung aus dem

Grabe (Kapitel 3) erprobte Möglichkeiten bildimmanenter Deutung nutzt, bleibt doch manches unbeachtet, was die Buchstabenexegese-Tradition – vom etymologischen Ansatz bis zu einer detailliert von den Attributen der körperhaft-dinglichen Darstellung ausgehenden Exegese – hätte bereithalten können. Die inszenierte Lesung der Buchstabenfolge *Jesvs Christvs Salvator Mvndi* ist für Lassenius nur eine von mehreren Fundierungen seiner liebestheologischen Predigtreihe.

Für die behandelten Figuralbuchstaben gilt die Annahme einer zur Dechiffrierung angebotenen Rätselhaftigkeit, die mit anderen Erscheinungen allegorischer Signifikanz eine gemeinsame Prämisse hat: ein Akt des Enthüllens soll an die verrätselte Substanz heranführen. Die Logik dieser Abfolge wird im Laufe des 18. Jahrhunderts unsicher. Herder spricht in seinen ›Ideen zur Philosophie der Geschichte der Menschheit‹ von der Auffassung, daß auch in der Verhüllung selbst eine inhaltliche Substanz liege und daß diese mit dem Vorgang des Enthüllens verloren gehe:

> Da den ägyptischen Hieroglyphen ihre schwere Hülle abgestreift ward, so kanns immer sein, daß auch ein gewisses Tiefe, Bedeutungsvolle, Naturweise, was Charakter dieser [d.h. der ägyptischen] Nation war, damit über See verduftete.[34]

Was hier über das vermeintlich spezifisch Ägyptische gesagt wird, ist – vor Champollions Entzifferung – auch auf Auffassungen von jeder Art Hieroglyphik übertragbar. Auch die Verbindung von Form und Funktion, die den auf Deutung angelegten Figuralbuchstaben eigen war, kann verlorengehen. Einige der zuletzt bei Lassenius begegnenden Buchstaben, so das ›D‹ mit Fortuna und ihrem Segel und das ›S‹ mit dem gewundenen Tubabläser, zeigen formal eine direkte Verbindung von Cramer oder Lassenius zu der typographischen Gestaltung des Titelblatts eines utopischen Reiseromans vom Ende des 18. Jahrhunderts.[35] Um anzukündigen, daß der Romanheld die Welt bereist und dabei einem negativen Utopia auf einer Insel namens Monotopa ein positives Utopia in Gestalt der Neuenglandstaaten entgegenstellen kann, wird ein insgesamt ähnliches, in der modischen Kleidung abgewandeltes Alphabet angewandt. Die Wirkung, den Leseakt zu verzögern und damit attraktiv zu machen, dürfte der Titelblattgestalter erreicht haben. Ein Angebot, in diesen Buchstabenkörpern die Chiffren der Welt zu lesen, wird nicht versucht. Ohne den Umweg über Allegorie und Exegese wird von vier Weltteilen erzählt, auch um in ihnen Normen und Botschaften zu erfahren.

Wenn weiterhin von Hieroglyphik gesprochen wird,[36] dann bewahrt das Phänomen der verrätselnden Bilderschrift dauerhafter in metaphorischer Rede Respekt und Faszination. Wenn Jean Paul in seiner ›Vorschule der Ästhetik‹ die Kräfte der ›Phantasie‹ höher einstuft als die des ›Witzes‹, so greift er zur Hiero-

---

34 Nach Heinz Meyer, »Überlegungen zu Herders Metaphern für die Geschichte«, *Archiv für Begriffsgeschichte* 25 (1981) S. 88–114, hier: S. 103.
35 [Andreas Georg Friedrich von Rebmann], *Hans-Kiek-in-die-Welts Reisen in alle vier Weltheile*, 1. Aufl., Leipzig u. Gera 1794, Titelblatt von Johann Carl Dornheim, 1780–1810 in Gotha und Leipzig tätig.
36 Zu Hieroglyphik-Auffassungen anderer Autoren der Romantik siehe Dieckmann (Anm. 1), S. 167–227.

glyphenmetapher; sie macht die Qualität der Leistung der Phantasie eindeutig, während der Witz im Buch der Natur nur einzelne ›Buchstaben‹ ohne Anspruch darauf, daß ihre Lektüre Verbindliches zu bieten vermöge, herausgreift:

> Wenn der Witz das spielende Anagramm der Natur ist: so ist die Phantasie das Hieroglyphen-Alphabet derselben, wovon sie mit wenigen Bildern ausgesprochen wird. Die Phantasie macht alle Teile zu Ganzen – statt daß die übrigen Kräfte und die Erfahrung aus dem Naturbuche nur Blätter reißen – und alle Weltteile zu Welten, sie totalisieret alles, auch das unendliche All.[37]

Wenn Eichendorff metaphorisch von Hieroglyphik spricht, so scheint mir, es handle sich regelmäßig um eine Betonung der Lektüre im Buch der Natur als einer der beiden Offenbarungsschriften, die Gott für den Menschen verfaßt hat. Eine Betonung, daß erst eine ästhetische Leistung eines menschlichen Autors die Leseangebote der Natur zur ›Hieroglyphe‹ mache, gibt es bei ihm nicht. Bei Jean Paul dagegen wird als Hieroglyphe das ästhetisch gebundene Ergebnis einer Wahrnehmung aus dem Buche der Natur genannt. Mit dieser beschreibenden Metapher stehen signifikative einzelne, figurale oder verdinglichte Buchstaben in Einklang, die unter dem Begriff oder unter der formalen Ähnlichkeit mit Hieroglyphen einen Zugang zu Wörtern oder Namen eröffnen, indem sie deren kleinste Teile zu einem durch Bild und Deutung verzögerten Lese- und Erkennensakt umbilden. Die hier eingehender behandelten Beispiele für ›hieroglyphische‹ Figuralbuchstaben des 17. Jahrhunderts setzen unreflektiert die Plausibilität der allegorischen Weltdeutung voraus und leiten aus dem ›Lesen in der Welt‹ ab, daß einzelne von einem Autor geschaffene Buchstaben zugleich Leseinszenierung und Ausgang von allegorischer Deutung sein können. Unter dem Anschein von Hieroglyphik verbindet sich hier das allegorische Entziffern von Schrift und Welt mit einem Werkcharakter, hinter dem sich die Subjektivität des erfindenden und traditionenkombinierenden Autors kaum noch verbergen läßt.

---

37 Jean Paul, *Vorschule der Ästhetik* [1813], in: ders., *Vorschule der Ästhetik. Kleine Nachschule zur ästhetischen Vorschule*, hrsg. Norbert Miller, 2. Aufl., München 1974, S. 7–456, hier: S. 47; siehe dazu Friedrich Ohly, »Das Buch der Natur bei Jean Paul«, in: Hans-Joachim Mähl u. Eberhard Mannack (Hrsg.), *Studien zur Goethezeit. FS Erich Trunz*, Heidelberg 1981, S. 177–232, bes. S. 231.

Schauplatz der Topographie.
Zur Repräsentation von Landschaft und Körper in den Niederlanden (1550-1650)

WOLFGANG SCHÄFFNER

I.

Die Formen der Ähnlichkeit stellt Michel Foucault in ›Die Ordnung der Dinge‹ als den epistemischen Raum der Renaissance dar, in dem Worte und Dinge, Gelesenes und Geschriebenes auf einer Ebene zusammentreffen und eine engmaschige Wissensordnung ergeben.[1] Wenn der Arzt Robert Bayfield noch 1655 den Zusammenhang von Mensch und Universum auf die Formel bringt, daß der Mensch eine *epitome or map of the universe*[2] ist, dann wird damit die Karte als Medium der Ähnlichkeit schlechthin zwischen Mikrokosmos und Makrokosmos bestimmt. Und wenn der Mensch als eine solche Karte der Sichtbarkeit erscheint, verweben sich Landschaft, menschlicher Körper und Himmelssphären, gehen kosmologisches, kartographisches und anatomisches Wissen ineinander über. Diese Transparenz der Dinge jedoch scheint am Ende des 16. Jahrhunderts zu verschwinden; dabei zeichnet sich ein Umbruch von der mikro-/makrokosmischen Ähnlichkeit zu einem System der Repräsentation ab, in dem Worte und Dinge in ein neues Spiel der Zeichen eintreten.[3] An die Stelle der Signaturen-Lektüre, bei der die Ordnung den Dingen einfach abgelesen wird, tritt die Arbeit der Geometer, Anatomen und Exerziermeister, die diese Ordnung erst herzustellen haben. Dieser Umbruch in der Zeichenstruktur soll an einem topographischen Dispositiv um 1600, d.h. an den verschiedenen topographischen Techniken einer Wissensproduktion verfolgt werden. Während der topographische Zusammenhang von Körper und Landschaft im Ähnlichkeitswissen der Renaissance in einer spezifischen Körperlandschaft kulminiert, strukturiert sich dieser Zusammenhang unter den Bedingungen der Repräsentation in neuartiger Weise, wobei die Körperlandschaften verschwinden. Diese Veränderung soll an medizinischen und kartographischen Verfahren sowie an diskursiven Praktiken, die sich an die neuen Kriegstechniken um 1600 anschließen, sichtbar gemacht werden.

---

1 Vgl. Michel Foucault, *Die Ordnung der Dinge. Eine Archäologie der Humanwissenschaften*, Frankfurt/M. 1974, S. 75.
2 Robert Bayfield, *Enchiridion medicum*, London 1655, Einleitung.
3 Foucault (Anm. 1), S. 76.

Wesentliche Koordinaten dieses Umbruchs wird der 80jährige Kriegsschauplatz der Niederlande liefern. Von 1568 bis 1648 bildet hier der Kampf gegen die Spanier Folie und auch Effekt einer vollständigen Neuordnung des Wissens, das in den niederländischen Universitätsstädten internationale Anziehungspunkte ausbildet.[4] Eine geradezu exemplarische Ausformung des neuen Zeichensystems erzeugt hier die Verbindung von Kriegstechniken, kartographischen Verfahren und Körper-Diskursen.[5] Dies kann als eine der historischen Urszenen gelten, in denen spezifische Verfahren moderner Repräsentationstechniken entwickelt werden. Karten sind daher Repräsentationen von Raum, Macht und Wissen zugleich.[6]

Es geht hier nicht um die Darstellung einzelner Disziplinen, sondern um den Versuch, den Schauplatz einer Topographie zu rekonstruieren, die sich als zentrales Verfahren zur Erzeugung, Übertragung und Speicherung des Wissens durch verschiedene Wissensbereiche legt. An den Körperlandschaften, wie sie in Texten und Bildern um 1600 zum Verschwinden gebracht werden, soll in einem Feld, in dem sich anatomisches und kartographisches Wissen mit militärtechnischen Verfahren überlagert, eine Neuordnung des Wissens beschrieben werden. Der Raum der Ähnlichkeitsbeziehungen wird zur Topographie der Repräsentationsfläche. Dies wird auf dem Schauplatz der Topographie das Erscheinungsbild von Landschaft[7] grundlegend verändern und einen zentralen Bruch in der Geschichte des menschlichen Körpers markieren. Hier vor allem werden der menschliche Körper als Gegenstand der Disziplin, die Landschaft als taktischer Ordnungsraum und die Sprache als Befehl entdeckt. Die Zeichen der Repräsentation sind von Beginn an taktisch.

II.

Die Formen der Ähnlichkeit stiften in der Renaissance die grundlegende Ordnung des Wissens. Nicht der Unterschied, sondern der Zusammenhang mit allen anderen Dingen bestimmt die Gegenstände des Wissens. Nur dasjenige, was durch Figuren wie convenientia, aemulatio, analogia oder sympathia bestimmt ist, kann Gegenstand dieses Wissens werden.[8] Der Sternenhimmel, die Landschaft, der menschliche Körper sind nur verschiedene Register der Natur in ein

---

4 Gerhard Oestreich, »Fundamente preußischer Geistesgeschichte«, in: ders., *Strukturprobleme der frühen Neuzeit. Ausgewählte Aufsätze*, Berlin 1980, S. 283 ff.
5 Auch Kartographiehistoriker entdecken Karten als Machtdispositiv: J. Brian Harley, »Maps, knowledge and power«, in: Stephen Daniels u. Denis Cosgrove (Hrsg.), *The Iconography of Landscape*, Cambridge/Mass. 1988, S. 277–312.
6 Harley spricht von »maps as representations of power«: J. Brian Harley, »Deconstructing the map«, *Cartographica* 26/2 (1989), S. 1–20, hier: S. 1.
7 Für das Venedig des 16. Jahrhunderts versucht Denis Cosgrove eine »geometry of landscape« als »a key to this unity of material and cultural change« darzustellen: »The Geometry of Landscape: Practical and Speculative Arts in Sixteenth-Century Venetian Land Territories«, in: Daniels/Cosgrove (Anm. 5), S. 254–276, hier: S. 271.
8 Foucault (Anm. 1), S. 46 ff.

und derselben Topographie der Sichtbarkeit, deren Signaturen lesbar wie ein Buch sind. Daß in diesem Ähnlichkeitswissen der Mensch noch keinen Ort hat, wird im 16. Jahrhundert vielleicht nirgendwo deutlicher als in den medizinischen Schriften des Paracelsus. Denn Heilkunde ist keine Humanwissenschaft, sondern ebensosehr Kosmographie wie Geographie. Krankheiten bilden deshalb Bestandteile *der elementen text*[9], sind Teil einer Textur der Natur: *aus was element kompt die krankheit? aus dem feur, nicht cholera; aus dem ertreich, nicht melancholia; aus dem wasser, nicht phlegmate; aus dem luft, nicht sanguine* (S. 181). Selten war der Mensch weniger existent, denn selbst die inneren Galenischen humores sind so unauflöslich in die Ähnlichkeitsrelation der Natur-Elemente eingebunden, wie sie den Signaturen der Landschaft oder des Himmels ablesbar sind. Diese Ordnung der Natur erscheint bei Paracelsus jedoch von Beginn an gefährdet. Drohend kündigt sich am Horizont der Ähnlichkeit die Gefahr irreführender Zeichen an. Paracelsus' ›Labyrinthus medicorum errantium‹ (1537/38) jedoch verortet eine diese Möglichkeit einschließende Zeichenordnung, die das Zeitalter der Repräsentation bestimmen wird, noch in den Bibliotheken, *in den erdichten büchern, dero buchstaben tot ist* (S. 177), in den historischen Werken der Heilkunst. Die Natur dagegen zeigt und schreibt sich selber:

> aber im firmament da ist es [das Alphabet] im ursprung und der litera ein ding, als ein exempel. ein baum der da stehet, der gibt on das alphabeth den namen baum und darf keins alphabets zu seiner notdurft, und er selbst zeigt an durch sein erzeigen, was er ist, was er gibt, was in ime ist, warzu er ist, und das on papir, dinten und federn. also wie nun der baum sich selbs describirt und uns selbs leret, wie er ist, was da ist, als ist das buch des firmaments auch, von dem kompt der ursprung in das alphabet. (S. 175)

Die Epistemologie der Ähnlichkeit in der Renaissance stellt den historischen Raum dar, in dem *litera* und *ding* in einer Ebene zusammenfallen. Die Selbstdeskription der Dinge erzeugt in einer ternären Ordnung von sich selbst ein Zeichen durch Ähnlichkeit und ist selber nichts als Ähnlichkeit: Es »lösen sich die drei getrennten Elemente dieser Distribution in einer einzigen Figur auf.«[10] Unterschiedslos lagern sich menschlicher Körper, Landschaft und Firmament einander an und werden in ihrer Ähnlichkeit lesbar; *so nun das natürlich buch des firmaments nicht im wissen ist, wie kans durch das spiegelbilt und den schatten bewisen werden, dieweil das nit verstanden wird aus dem es get?*[11] Genau diese Kluft trennt die Zeichen der Ähnlichkeit von denen der Repräsentation.

Der Arzt hat deshalb nicht die Eigentümlichkeit des menschlichen Körpers in einer anatomischen Repräsentation zu entdecken, sondern die *concordanz anatomiae beider fabrication machinae mundi und physici corporis* (S. 183) herzustellen. In einer solchen *anatomia maioris* (S. 182) gehen Landschaft und Körper

---

9   Paracelsus, *Labyrinthus medicorum errantium* (1537/38), *Sämtliche Werke*, München 1928, Bd. XI, S. 182. Die Zitate aus diesem Text sind im folgenden mit Seitenzahl gekennzeichnet.
10 Foucault (Anm. 1), S. 75.
11 Paracelsus, *Labyrinthus* (Anm. 9), S. 177.

ineinander über: wie die Formen des Wassers, so die des Blutes; wie die Knochen, so die Hölzer; wie die Arten des Windes, so die der colica. Solange der menschliche Körper in die Ähnlichkeits-Ordnung der Dinge eingebunden ist, kann das gelten, was im ›Picatrix‹ auf den Begriff gebracht wird: »Das Fleisch seines Körpers gleicht der Erde, seine Knochen den Bergen, das Haar der Vegetation, die Adern den Flüssen, seine inneren Organe den Minen.«[12] Diese topographische Beziehung zwischen Landschaft und Mensch läßt den menschlichen Körper in doppelter Weise als Karte erscheinen: als Landschaft, die zugleich Anatomie ist, und als Körper, dem der Erdkreis als Landkarte eingeschrieben ist. Die Topographien des menschlichen Körpers und die Landkarten erzeugen Vermischungen und Überschneidungen, die auf Karten von Körperlandschaften konsequent angeschrieben werden. Von den mittelalterlichen Rad-Karten wie der Ebstorfer Weltkarte, in der der Christus-Körper den topographischen Erdkreis aufspannt, bis hin zu der in Sebastian Münsters ›Cosmographei‹ verwendeten Europa-Karte, die einen weiblichen Körper darstellt,[13] oder den Uterus-Darstellungen, die den Fötus als Erd-Karte umgeben,[14] reichen die Ähnlichkeitsrelationen einer Wissensorganisation, in der die Topographie des menschlichen Körpers als Körperlandschaft medialen Charakter erhält.

Die erste von Descartes' ›Regulae ad directionem ingenii‹ (1628) markiert eine deutliche Grenze gegenüber dieser Wissensform: *Ea est hominum consuetudo*, schreibt er, *ut, quoties aliquam similitudinem inter duas res agnoscunt, de utraque judicent, etiam in eo quo sunt diversae quod de alterutra verum esse compererunt.*[15] Ähnlichkeit konstituiert demnach nicht mehr, sondern verhindert geradezu Wissen, das entlang von Identitäten und Unterschieden erzeugt werden soll: Statt des Satzes *nostrae mentis conceptio est entium assimilatio* (Cusanus) gilt also von nun an *omnis determinatio est negatio* (Spinoza); wo Ähnlichkeit war, sollen Unterschiede werden.

Doch ebenso wie Worte und Dinge um 1600 aus der Topographie der Ähnlichkeit heraustreten, finden die Körperlandschaften in Karten keinen gemeinsamen Raum mehr. Als lebendes Monument dieser Ähnlichkeit führt Miguel de Cervantes' ›Don Quijote‹ ein Experiment an der Grenze zweier Wissensordnungen vor, die Landschaft und Körper neu bestimmen.[16] Don Quijotes Ausritte werden dabei zu kartographischen Lehrstücken: Nicht nur liest er die mittlerweile historischen Signaturen des Rittertums in die Landschaft ein, wenn er *ven-*

---

12 Zitiert nach Horst Bredekamp, »Die Erde als Lebewesen«, *Kritische Berichte* 4/5 (1981), S. 9.
13 Vgl. den Kupferstich von Matthias Quad, *Allegorie des Europa* (1587), in: Sigrid Weigl, *Topographien der Geschlechter*, Reinbek 1990, S. 146; Sebastian Münster, *Cosmographei*, Basel 1628.
14 Zu den Uterus-Darstellungen in Form der Rad-Karten, bei denen der Paradieszugang zur Vagina wird, vgl. Fritz Weindler, *Geschichte der gynäkologisch-anatomischen Abbildungen*, Dresden 1908; zum Uterus als Erd-Karte vgl. Mathias Merian d. Ä., *Nutrix Terra* (Kupferstich), in: Michael Maier, *Atlanta Fugiens*, Oppenheim 1618, S. 17.
15 René Descartes, *Regulae ad directionem ingenii*, hrsg. u. übers. Heinrich Springmeyer, Philosophische Bibliothek 262/1, Hamburg 1973, S. 2.
16 Vgl. Foucault (Anm. 1), S. 78 ff.

tas für *castillos* hält[17], sondern er kann sich im Territorium bewegen wie in der Topographie seiner Ritterbücher. Doch wenn um 1600 die Karten jede Perspektive auflösen, entwerfen sie einen aporetischen Orientierungsraum. Von dem Augenblick an, in dem Karten in die Zeichenrelation der Repräsentation eintreten, werden sie zu Labyrinthen. Der *caballero andante* Don Quijote hat sich dagegen gerade wegen seines Ähnlichkeits-Wahnsinns nie im Territorium verirrt. Er weiß immer, wo er ist, immer bleibt die Landschaft lesbar und seiner Rittertopographie ähnlich. Selbst dann, wenn sich ein Weg in vier verschiedene aufspaltet, besteht keine Gefahr der Verirrung:

> En esto, llegó a un camino que en cuatro se dividía, y luego se vino a la imaginación las encrucijadas donde los caballeros andantes se ponían a pensar cuál camino de aquéllos tomarían; y por imitarlos, estuvo un rato quedo, y al cabo de haberlo muy bien pensado, soltó la rienda a Rocinante, dejando a la voluntad del rocín la suya, el cual siguió su primer intento, que fue irse camino de su caballeriza.

> ›Indem gelangte er an einen Weg, der sich in vier teilte, und sogleich kamen ihm die Kreuzwege in den Sinn, wo die fahrenden Ritter sich der Überlegung hingaben, welchen dieser Wege sie einschlagen sollten; und um sie nachzuahmen, hielt er eine Zeitlang still, und nachdem er äußerst gründlich überlegt hatte, ließ er dem Rosinante den Zügel frei, dem Willen des Gaules den seinigen unterordnend; der aber folgte seinem ersten Vorhaben, nämlich den Weg nach seinem Stalle zu traben.‹[18]

Er führt damit vor, daß Karten vielleicht nie genauer und nie vollständiger dem Wissen entsprochen haben als im Ähnlichkeitswissen des 16. Jahrhunderts. Schließlich ist es dieses Medium, das wie kein anderes Sichtbarkeit und Sagbarkeit in einen gemeinsamen Raum zusammenbindet, in dem sich die Sprache mit den Figuren der Welt vermischt und die Dinge zu sichtbaren Zeichen, zu Signaturen werden. Landschaft, Himmel und Körper sind in der Abschrift, die sie selber vorschreiben, immer schon eine Karte.

Deshalb glaubt Don Quijote auch seinen Körper in der Harmonie der Elemente aufgehoben. Selbst bei tödlichen Verletzungen könnte ihn ein Balsam wieder vollkommen herstellen.

> Es un bálsamo – respondió Quijote – [...] con lo cual no hay que tener temor a la muerte, no hay pensar morir de ferida alguna. Y ansí, cuando yo le haga y te lo dé, no tienes más que hacer sino que, cuando vieres que en alguna batalla me han partido por medio del cuerpo (como muchas veces suele acontecer), bonitamente la parte del cuerpo que hubiere caído en el suelo, y con mucha sotileza, antes que la sangre se yele, la pondrás sobre la otra mitad que quedaré en la silla, advirtiendo de encajado igualmente y al justo. Luego me darás a beber solos dos tragos del bálsamo que he dicho, y verásme quedar más sano que una manzana.

> ›»Es ist ein Balsam«, antwortete Don Quijote [auf die Frage Sanchos], »[...] bei dem man den Tod nicht zu befürchten hat und bei dem der Gedanke, an einer Verwundung zu sterben, gar nicht aufkommen kann. Wenn ich ihn also bereite und ihn dir übergebe, so hast du

---

17 Miguel de Cervantes, *El ingenioso hidalgo Don Quijote de la Mancha*, Madrid 1981, Bd. I, S. 23.
18 Ebd., Kap. 4, S. 32. Die Übersetzung ist zitiert nach Miguel de Cervantes Saavedra, *Der sinnreiche Junker Don Quijote von der Mancha*, übers. Ludwig Braunfels, mit. e. Nachwort v. Fritz Martini, 9. Aufl., München 1994, S. 45.

nichts weiter zu tun, als daß du, wenn du mich bei irgendeinem Kampf mitten auseinandergehauen siehst, wie das gar oft zu geschehen pflegt, mir die eine Hälfte des Körpers, die zu Boden gefallen ist, sachte und mit großer Fürsicht, ehe das Blut gerinnt, an die andere Hälfte, die im Sattel geblieben, ansetzest, wobei du achthaben mußt, sie genau und richtig aneinanderzufügen; unverzüglich gibst du mir zwei Schluck und nicht mehr von besagtem Balsam zu trinken, und du wirst sehen, gleich bin ich so gesund wie ein Fisch.«‹[19]

Als wäre er eine der anatomischen Figuren aus Andreas Vesalius' ›Fabrica‹ oder aus Charles Estiennes ›De dissectione partium corporis humani‹, die trotz ihrer Zerstückelung noch immer lebendig erscheinen, als wäre er eines der anatomischen Schicht-Klappbilder, in denen der Körper zerteilt und wieder zusammengefügt werden kann,[20] wiegt sich Don Quijote in Sicherheit. Die Vorstellung einer Verletzung, die ihn wie ein exakter anatomischer Schnitt zerteilt, macht ihn so mühelos zusammenfügbar wie zwei Buchseiten. Doch sein Körper ist alles andere als ein lebender Graphismus, wie ihn der anatomische Diskurs vorschreibt. Vielmehr wird er bei seinen Abenteuern geschunden, ja geradezu zerstückelt. Während seine Orientierung im Signaturenspiel der Ähnlichkeiten noch perfekt funktioniert, steht sein Körper schon an der Grenze einer neuen Erfahrung: Als Körper, der noch an der Harmonie jener *anatomia maioris* teilzuhaben glaubt, ist er in einem strategischen Spiel der Zeichen der Zerstörung preisgegeben. Genau dies ist der historische Ort, an dem die Zeichen der Disziplin diesen zerstückelten Körper besetzen werden.

III.

Um 1600 erfahren die kartographischen Verfahren eine tiefgreifende Veränderung. Wenn bis dahin die Natur in jedem Bestandteil ihr ganzes Wesen äußert, dann ist sie ein unbegrenzter Verweisungsraum, der sowohl Form als auch Inhalt dieses Wissens garantiert und im Zusammenhang der Dinge keine Lücken übrigläßt. Genau diese Dichte, mit der das Wissen den Raum besetzt, wird sich um 1600 auflösen. Was sich nun herausbildet, ist ein binäres Zeichenverhältnis, das einen leeren Verhältnisraum öffnet, eine topographische Ebene, die sich nach euklidischen Regeln zwischen Winkeln und Geraden aufspannt und in der sich Landschaft oder menschliche Körper in einzelne Teile zerlegen. Die Geburtsstunde der modernen kartographischen Techniken erweist sich in doppeltem Sinne als Diskontinuität: Wenn nämlich die Konvenienz der Ähnlichkeit von der Rasterung eines Zeichenraums abgelöst wird, dann ist dies zugleich alles andere als eine Überbietung einer geradezu irrationalen Praktik durch exakt numerische Verfahren. Es ist vielmehr der Beginn einer aporetischen Konstellation, in der

---

19 Cervantes, *El ingenioso hidalgo Don Quijote* (Anm. 17), Kap. 10, S. 54 f. Die Übersetzung ist zitiert nach ders., *Der sinnreiche Junker Don Quijote* (Anm. 18), S. 83.
20 Vgl. »Visio Prima«, in: Johann Remmling, *Catoptrum microcosmicum, suis aeris incisis visionibus splendens, cum historia, et pinace, de novo prodit*, Augsburg 1619.

Karte und Territorium, Zeichen und Bezeichnetes nur mehr unter taktischen Maßnahmen zur Deckung kommen können.

Die Repräsentation der Landschaft beginnt mit einem semiologischen Abenteuer, das in der Form › · ‹ angeschrieben werden kann. Deshalb setzt der ›Geometriae practicae novae tractatus I‹ des Mathematikers Daniel Schwenter 1618 ein mit:

> Punctum; Ein punct oder pünctlein/ so deß Erd= oder Feldmessens anfang; ist ein subtiles Düpfelein/ das keine grösse hat/ und doch aller grösse ein anfang ist/ kan derhalben mit keinem Instrument gemachet werden/ daher es bey den Griechen nur Σημεῖον, Signum, ein zeichen gennenet/ sondern muß einig und allein Imaginatione, durch einbildung mit dem verstand gefasset und begriffen werden; dann so bald man ein Instrument/ es sey so spitzig als es immer wolle/ einen punct/ der gesehen soll werden/ zu machen/ ansetzet/ wird auß demselben zeichen eine grösse; dann die Optica oder Perspectiv lehret/ das/ was man sehen könne/ nach einer flechen gesehen werde. [...] Weil wir aber mit der Geometria Practica, die nicht nur allein in den gedancken bestehet/ sondern ins werck will gesetzet sein/ umb gehen [...]/ müssen wir ein andern und sichbahren punct gebrauchen/ Punctum Physicum genennet/ welcher eine größe hat an unterschiedlichen orten/ je grösser/ je kleiner/ dergleichen wir allhie einen mit a verzeichnet.[21]

Das Problem einer geometrischen Erfindung der Landschaft ist damit so alt wie die euklidische Geometrie[22] und zugleich so neu wie eine Topographie, die Teil einer praktischen Geometrie werden soll. Nicht zufällig nimmt also 1665 Robert Hooke in seiner ›Micrographia‹ den Punkt als dasjenige Zeichen unter die Lupe, an dem sich mikrologisch die Aporien einer Repräsentation der Landschaft ausbreiten. Denn:

> the Points of the most curious Mathematical Instruments do very seldome arrive at so great a sharpness; how much therefore can be built upon demonstrations made onely by the productions of the Ruler and Compasses, he will be better able to consider that shall but view those points and lines with a Microscope.[23]

Deshalb verwundert es nicht, daß ein für das bloße Auge exakter Punkt unter dem Mikroskop als *a great splatch of London dirt*[24] erscheint. Unter den medientechnischen Bedingungen des Mikroskops erweist sich auch der exakteste Punkt als ›divisible in infinitum‹.

Die Fläche der graphischen Repräsentation basiert also auf einem topographischen Punkt, der als binäre Figur erscheint: als graphischer, physischer Punkt (*punctum physicum*) und als Ort in der Landschaft, deren Repräsentationsbeziehung von einem Σημεῖον, d.h. einer vorgestellten Zeichenrelation bestimmt wird.

Die Apparatur des Meßtisches bildet genau das Szenario der Repräsentation: Nahezu gleichzeitig stellen der Wittenberger Mathematiker Johannes Praetorius

---

21 Daniel Schwenter, *Geometriae practicae novae tractatus I*, Nürnberg 1618, S. 1 f.
22 Vgl. Euklid, *Die Elemente*, hrsg. Clemens Thaer, Darmstadt 1969, Buch I, Def. 1: *Ein Punkt ist, was keine Teile hat.*
23 Robert Hooke, *Micrographia, or some Physiological Descriptions of Minute Bodies made by Magnifying Glasses* (1665), photomech. Nachdr., New York 1961, S. 2.
24 Ebd., S. 3.

und der Züricher Instrumentenmacher Philipp Eberhard[25] einen Tisch in die Landschaft, der als Meßtisch ins Reich der geometrischen Geräte eingeht. Der dritte Traktat von Schwenters ›Geometria practica nova‹ liefert die erste ausführliche *Beschreibung deß Nützlichen Geometrischen Tischleins* von Praetorius. Schwenter setzt ein mit der ebenso einfachen wie folgenreichen Auflösung der Perspektive. Zur Distanzmessung zweier Landschaftspunkte A und B, die eine direkte, also perspektivische Messung nicht zulassen, weil dazwischen ein Dorf steht, wird in einem dritten Punkt außerhalb der Geraden zwischen den beiden Punkten der Meßtisch errichtet: *so stecke ich erstlich*, erläutert Schwenter,

zween Stäbe in A und B, alsdann erkiese ich mir jenseits deß Dörffleins einen ort als hie c, von welchem ich zu A und B nach geraden Linien gehen kan / Richte mein Instrument allhie mit X bezeichnet über dem c auff / daß es dem Blatz nach / darauff ich messen soll / dem augenmaß oder Bleywag nach parallel stehe / heffte ein Bogen Papier an beyden seyten mit Nägelein drauff [...] / ferner mit dem Bley am Faden finde ich auff dem Tischlein den ort oder den Punct c, daß nemblich gantz wagrecht über dem ort c, von der Erden auff stehe darein heffte ich mit einer Nadel die messin Regel / erhebe beyde absehen / richte die regel / daß ich durch die zwei absehen erstlich den stab A ersiehe / lasse sie also ligen / und ziehe auß c an der scherpffe der regel da die absehen seind eine lini ca auffs Tischlein.[26]

Um aber die Distanz A–B bestimmen zu können, sind zwei Standpunkte des Meßtisches nötig, die in relativ kurzem, und damit leicht meßbarem Abstand voneinander gewählt werden. Auf dieser Basis, deren Länge auf dem Meßtisch angetragen wird, lassen sich die Winkel zu A und B einzeichnen. Die Länge der Linie A–B ist damit konstruiert in einer graphischen Repräsentation, in der jede Perspektive verschwindet. Zwei Beobachtungspunkte, die in der graphischen Ebene selber liegen, und Winkel- und Distanzmessung erzeugen ein Bild, das keinen Beobachterstandpunkt festlegt. Diese Auflösung der Perspektive mag als Indiz dafür gelten, daß in dieser Zeichenordnung der Mensch noch keinen gesicherten Ort erhält. Nichts anderes lösen die Überlegungen Descartes' aus, diesen Ort jenseits aller Repräsentation zu suchen.

Die Repräsentation eines Ortes in der Landschaft verlangt also immer zwei Standpunkte des Meßtisches. Die binäre Zeichenordnung wird als Dreiecksgeometrie konstitutiv für den Meßtisch, diesen neuen Schauplatz der Topographie: Triangulation der Zeichen auf dem Tableau der Repräsentation. *In allen Geometrischen messungen*, so beschreibt dies Zubler 1607, *die Weite vnd Höhe zu erfahren / lassen sich allzeit zwen Triangel sehen / ein grosser im Feld / vnnd ein kleiner so den grossen representiert vnd abbildet / vnd in der Proportion gleich ist / auff dem Jnstrument oder gemelten Brett*.[27]

Das Meßtisch-Verfahren ist nichts anderes als das Verhältnis von Landschafts-Ort und *punctum physicum*, das durch die gedachte Zeichenrelation organisiert

---

25 Vgl. Leonhard Zubler, *Fabrica et usus instrumenti chorographici*, Basel 1607, der Eberhards ›Brett‹-Verfahren veröffentlicht.
26 Daniel Schwenter, *Geometriae practicae novae tractatus III*, Nürnberg 1618, S. 8.
27 Leonhard Zubler (1607) (Anm. 25), zitiert nach Arthur Dürst, *Philipp Eberhard und Leonhard Zubler. Zwei Zürcher Instrumentenmacher im Dienste der Artillerie*, Zürich 1983, S. 22.

wird. Der Ort in der Landschaft soll zugleich ein Zeichen sein, das den Standort des Meßtisches auf sich selbst abbildbar macht. Die Zeichenrelation, die im Meßtischverfahren den graphischen Punkt mit dem Landschaftspunkt verbindet, sprengt damit die räumlichen Dimensionen, wenn die Landschaft mit dem völlig anderen Maßstab des Meßtischblattes überlagert wird und nur an dem einen Punkt mit der Karte in eins fällt, der den Meßtisch selber meint. Alle anderen Meßpunkte, Winkel und Geraden sind dagegen Produkte komplexer Operationen. Damit wird dieses Verfahren jedoch genau dort exakt, wo es nichts anderes als das Verfahren selber abbildet. Landschaft erscheint dabei nur in der Position des Zeichens, also als Produkt und nicht als Ursprung der Repräsentation. Dies begründet die Ordnung und Transparenz in diesem Wissenstableau. Der Meßtisch, auf dem die moderne Kartographie in all ihrer Präzision Landvermessung anschreibt, erweist sich damit als Medientechnik gemäß der Formel ›the medium is the message‹ (McLuhan).

Daß der Arzt Reinier Gemma Frisius im Feld der praktischen Geometrie auftaucht, ist der Effekt einer Disziplinierungsstrategie. Die medizinische Ausbildung in Löwen bestimmt im 16. Jahrhundert nämlich, »que le praticien [der Medizin] [...] *avait besoin plus que tout autre de discipliner son jugement et ses habitudes logiques sous le joug de la plus positive des sciences*«[28]. Wie die Ärzte van Helmont oder Jean Stadius unterrichtet schließlich auch Reinier Gemma Geometrie an der Löwener Universität. Diese disziplinäre Verbindung von Medizin und Geometrie ist eine der Mikrostrukturen, die die Ausbreitung neuer topographischer Verfahren zwischen Anatomie und Kartographie regulieren. So wird es möglich, daß ein Student der Medizin und späterer Lehrstuhlinhaber für Anatomie 1533 mit seinem ›Libellus de locorum describendorum ratione‹ die Grundlagen einer neuen geometrischen Topographie der Landschaft legt. Seine Darstellung ist so einfach wie radikal in den Konsequenzen. Ohne eine einzige Formel schreibt Gemma auf 16 Seiten das Verfahren der Triangulation an. Von einem erhöhten Punkt aus werden zunächst die Lagen der in der Umgebung sichtbaren Orte an einem Kreis als Winkel bezüglich der senkrecht durch den Mittelpunkt verlaufenden Meridianlinie angetragen. Dasselbe wird an einem zweiten Ort wiederholt. Werden die beiden Bebachtungspunkte auf eine graphische Fläche übertragen, ergeben die Schnittpunkte der jeweiligen Ortslinien die Lage der Orte: *Demum trahe ex hoc puncto lineas positionum locorum iam inuentas, & vbi tunc fit intersectio linea alicuius cum prioribus eiusdem loci, ibi notula ponenda est pro tali loco.*[29] In Gemmas Beispiel, bei dem er von Antwerpen

---

[28] Ph. Gilbert, zitiert nach Fernand van Ortroy, »Bio-bibliographie de Gemma Frisius, de son fils Corneille et de ses neveux les Arsenius«, *Mémoires de l'Académie royale de Belgique, Classe des lettres* NF 11 (1920), S. 17.

[29] Reinerus Gemma Phrysius, *Libellus de locorum describendorum ratione, & de eorum distantiis inueniendis nunquam ante hac visus*, Antwerpen 1533, zitiert nach dem Reprint in: A. Pogo, »Gemma Frisius, His Method of Determining Differences of Longitude by Transporting Timepieces (1530), and His Treatise on Triangulation (1533)«, *Isis* 22 (1934/35), S. 487–505; hier: fol. 59. Zitate aus diesem Text sind im folgenden mit Seitenzahl gekennzeichnet.

und Brüssel aus die Winkel der umliegenden Orte mißt, werden beide Punkte in beliebigen Abstand zueinander gebracht, um dann die Lage der übrigen Orte allein nach den Winkeln anzuschreiben: *Vbi igitur nunc fit intersectio lineae Louanij cum priori quae ex Antuerpia ducitur, ibi est locus Louanij* (fol. 59). Die Erfindung der Landschaft erfolgt von nun an im Dreieck: Mindestens zwei Beobachtungsorte ermöglichen die exakte Lagebestimmung anderer Orte nach einfachsten trigonometrischen Regeln. Man muß also nicht mehr in Löwen sein, um diesen Ort auf einer Karte verzeichnen zu können; es genügt, auf Papier die Schenkel von Winkeln zu verbinden.

Damit hat sich die Kartographie in ebenso elementarer Weise von der Vermessung der Landschaft gelöst, wie dies bei der astronomischen Bestimmung der Ortskoordinaten der Fall ist, die Peter Apians ›Cosmographicus liber‹ vorführt, das Gemma mit seinem ›Libellus de locorum describendorum ratione‹ als Appendix 1533 veröffentlicht.[30] Beide Methoden jedoch operieren mit einer graphischen Fläche, die Landschaft in einen Verhältnisraum überträgt: zum einen ein Koordinatennetz, auf dem jeder Ort mit seinen Koordinatenwerten anschreibbar wird; zum andern trigonometrische Operationen, die Orte über Dreieckswinkel bestimmen lassen.

Die Basis, die Gemma in seiner Triangulation noch beliebig wählt, wird von nun an der Ort, an dem eine Längenbestimmung einem ganzen Triangulationsnetz Genauigkeit verleihen soll. Dies unternimmt nicht zufällig in einer Landschaft, deren Mikrostruktur exaktesten Messungen unterworfen wird, der Leidener Mathematiker und Astronom Willebrord Snel van Royen. In seinem ›Eratosthenes Batavus, de terrae ambitus vera quantitate‹ (1617) erläutert er die Bestimmung der Länge eines Meridianbogenabschnittes durch ein Triangulationsnetz zwischen Alkmaar und Bergen op Zoom. Auf der Grundlage weniger Basismessungen wird mit Quadrant und Halbkreis, noch ohne jedes optische Gerät, entlang von 14 Angelpunkten und deren Winkeln ein Dreiecksnetz errechnet,[31] das die 130 Kilometer zwischen Alkmaar und Bergen op Zoom überzieht. Statt Christusfiguren spannen nun Triangulationen das Feld der Repräsentation auf.

Während die Körper sich von den Landkarten trennen, versetzen die Anatomen ihre Figuren in die Landschaft: Anatomisches Wissen wird vor allem seit Andreas Vesalius' ›Fabrica humanis corporis‹ (1543) an menschlichen Körpern abgebildet, die in Landschaften postiert sind und selbst dann noch geradezu klassische Körperhaltungen einnehmen, wenn sie nur noch als Skelett, als Ader-Mensch oder Muskeloberfläche bestehen. Dabei werden diese Figuren der ›Fabrica‹, deren Holzschnitte von Tizian stammen,[32] selber noch zu Präsentatoren ihrer Körperanatomie, indem sie die Muskulatur der Bauchdecke

---

30 Die erste Ausgabe von Peter Apians *Cosmographicus liber* erschien 1526 in Landshut.
31 Vgl. Nicolaas Haasbroek, *Gemma Frisius, Tycho Brahe and Snellius and Their Triangulations*, Delft 1968, S. 87 ff.
32 Marielene Putscher, »Ein Totentanz von Tizian. Die 17 großen Holzschnitte zur Fabrica Vesals (1538–1542)«, in: *Metanoeite. Wandelt euch durch neues Denken. FS Hans Schadewaldt*, Düsseldorf 1983, S. 23–40.

beiseite halten, um den Blick auf die inneren Organe zu ermöglichen, ihre Haut anscheinend selber abgezogen haben, um die Muskulatur sichtbar zu machen, oder selbst noch als bloßer Beintorso im gefälligen Wechselschritt dastehen. Selbst dann noch, wenn der frontal geöffnete Schädel einen Gehirnschnitt sichtbar macht,[33] kalkuliert der anatomische Blick mit der Unversehrtheit und Lebendigkeit des Körpers, die zusätzlich von der umgebenden Landschaft verbürgt scheint.

Diese neue Sichtbarkeit des Körpers jedoch verdankt sich der Unsichtbarkeit der anatomischen Praktiken, die sie erzeugen. Der Diskurs über den Körper, den die Anatomie des späten 16. Jahrhunderts zu formulieren beginnt, ist nämlich Effekt eines Detektionsverfahrens. Anatomie, so schreibt der holländische Arzt Jan van Beverwijk in seinem ›Schat der ongesonthijt‹ (1644), ist nichts anderes als die aktuelle Form griechischer Selbsterkenntnistechnik. In Philipp von Zesens Übersetzung heißt es dort:

> Darüm gab gemelter Tales / als er gefragt ward / was das schweerste sei? zur antwort: Sich selbsten kennen. [...] So kan auch niemand von seinem leibe urteilen / als durch die Entglieder-kunst. Daher haben sich auch die Weisesten der Welt [...] stähts in der Entgliederkunst geübet.[34]

Für den anatomischen Blick ist der menschliche Körper kein Bestandteil einer sich in allem ähnlichen Welt mehr, sondern ein Körper, der sich selbst in einem Akt theatralischer Enthüllung Schicht für Schicht preisgibt. Die Repräsentation zerteilt den Körper in funktionale Einheiten. Nichts anderes inszenieren die Sektionen im anatomischen Theater. Wenn in der Dunkelkammer des 1594 in Padua erbauten ersten festen anatomischen Theaters der menschliche Körper im Kerzenschein auftaucht,[35] beginnt ein komplexes Repräsentationsverfahren. Das Messer des Anatomen, das ein Blick ist, der den Körper Schicht für Schicht in die Topographie der Anatomie überträgt, und die Stimme, die das Zeichensystem der Nomenklatur ausspricht, erzeugen die neue Repräsentation des Körpers und kulminieren in den Augen der Betrachter, für die jeder Schnitt geschieht, jedes Wort bestimmt ist. Vermeers Darstellung der Sektion von Nicolaes Tulp führt nicht so sehr den Effekt als vielmehr die diskursive Praktik selber vor.

Und trotzdem verschwindet der ganze Apparat dieses Repräsentationsverfahrens aus den anatomischen Darstellungen, in denen die Körper in gefälliger Umgebung ihre Anatomie selber präsentieren und damit eher die Paracelsische Selbstdeskription vorführen als den Effekt anatomischer Praktiken. Vor allem die

---

33 Vgl. die Abbildung in: Charles Estienne, *De dissectione partium corporis humani*, Paris 1545, S. 242.
34 Johan von Beverwijk, *Schat der ongesonthijt, ofte genees-konste van de sieckten*, Dordrecht 1644; dt.: *Schatz der Ungesundheit / das ist / Kurtzer Begrif der algemeinen Artzneikunst*, übers. Philipp von Zesen, Frankfurt 1674, S. 98.
35 William Brockbank, »Old Anatomical Theatres and What Took Place Therein«, *Medical History 12*, 1968, S. 374. Nur drei Jahre später läßt Petrus Pauw 1597 ein anatomisches Theater in Leiden errichten. Selbst Vesalius veranstaltet seine Sektionen schon ab 1594 in anatomischen Theatern, allerdings in einer Art hölzerner Wanderbühnen.

sich nicht mehr an der äußerlichen Figur, sondern an den inneren Topographien des Körpers, die die neuen Sehtechniken der Anatomie erzeugen.[40] Muskel, Gefäße oder Nerven erhalten ihre Bezeichnung nach der genauen Lage im Körper. Die anatomische Repräsentation des Körpers ist damit ein Zeichensystem, in dem graphische Darstellung, Bezeichnung und Körper aufeinander verweisen. Caspar Bauhins ›Institutiones anatomicae‹ (1592) können deshalb eine Topographie des Körpers vorführen, die anatomische Details in graphischen Tafeln nur mehr anschreibt. Die Repräsentation des Körpers, die im Theater der Anatomie beim Leichnam beginnt, führt in den anatomischen Tafeln einen zerstückelten Körper vor, dessen Bezugspunkt nun weder Firmament oder Landschaft sind noch die Einheit eines Körpers, sondern ein topographisches Prinzip, das eine neue Zeichenordnung der Dinge herstellt.

Spätestens jedoch die Kombination der Eustachischen anatomischen Tafeln (um 1550) mit Bernard Albinus' ›Explicatio‹ (1744) macht deutlich, daß der menschliche Körper in denselben Schauplatz der Topographie eingegangen ist, der die Kartographie seit der Einführung von Triangulation und Meßtisch bestimmt. Daran ändern auch die Schattenschraffen und perspektivischen Elemente der von Giulio de Musi um 1550 gestochenen Körperdarstellungen nichts. Die Präsentation der anatomischen Tafeln führt den Körper zugleich als vermeßbare topographische Fläche vor, indem die Abbildungen als Doppeltafeln auftreten: die realistische anatomische Figur auf einer Koordinaten-Tafel neben einer schematischen Skizze mit Buchstaben als Erläuterungsschlüssel. Die Lesbarkeit des Körpers führt dabei von einer Vermessung, zu einem Zeichenschlüssel, der mit Hilfe einer zweihundertseitigen ›Explicatio tabularum & figurarum anatomicum‹ und fünfzigseitiger ›Annotationes‹ die Sichtbarkeit des Körpers in Sagbarkeit überführen soll. Eine solche descriptio corporis aber kommt nicht mehr ohne Gebrauchsanweisung *De usu tabularum* aus:

Regulam ex charta aut aere facitio latitudine digitale, quae longitudine harum Tabularum latitudinem exaequet. Eam divideto in gradibus ipsarum Tabularum gradibus ac numeris respondentes; sed regulam accommodabis ad lineas altitudinis tabulae ex eo numero, quem ipsarum index ostendit; quo autem lineae concurrerint, angulumque effecerint, ibi quaesitam partem invenies. Illud vero attendito in indice, locos harum partium, quae depictae sunt, commonstrante, priore numero altitudinem, posteriore latitudinem significari.
Potest etiam aut ex ferro, aut ex ligno fieri circulus planus, cujus ambitus sit paulo major, quam longitudo Tabularum, eique alterum filum rectum, & alterum transversum ad angulos rectos protractum obducere ac infigere oportet. Si enim ejusmodi regulae fila numeris altitudinis ac latitudinis in Tabula descriptis, accomodabis; punctum, quo fila sese intersecant, partem, quam inquiris, ostendet.[41]

---

40 Vgl. dazu Putscher (Anm. 36), S. 15 f.
41 Bernardus Siegfried Albinus, *Explicatio Tabularum anatomicarum Bartholomaei Eustachii*, Leiden 1744, S. 27.

›Tabulae anatomicae‹ von Pietro Berrettini (1618) lassen anatomische Figuren, deren Skelett nur noch wenige Muskeln, Sehnen und Gefäße trägt, Bildtafeln mit früheren Stadien der Sektion der Halspartie präsentieren:[36] Der repräsentierte Körper repräsentiert sich selber. Diese Selbstbezüglichkeit garantiert die Unsichtbarkeit der theatralischen Praktiken der Anatomie, die die neue Sichtbarkeit des Körpers erzeugen. Damit wird er zum Schauplatz einer Repräsentation, indem er selbst die topographischen Verfahren der Anatomie vorführt. Seitdem also Leichen nicht mehr das Ende von Theateraufführungen markieren, sondern deren Anfang, werden keine Handlung, keine Charaktere oder Konflikte mehr vorgeführt, sondern nichts als ein Körper, der in allen seinen Teilen nur auf sich selbst verweist. Er ist kein repräsentierter Körper mehr, sondern vielmehr ein Körper der Repräsentation.

Die Neuformulierung des anatomischen Diskurses um 1600 ist demnach alles andere als der Beginn einer ›realistischen‹ Sichtweise der Anatomen, die nach langer Bindung an das Galenische Wissen den Blick aus den Büchern endlich auf den Körper selbst richten – so zumindest lautet die Geschichte der Anatomie, die mit Vesalius den neuzeitlichen unbestechlichen Blick auf den Körper beginnen läßt. Der Blickwechsel vom Buch in den Körper ist jedoch nichts anderes als ein Medienwechsel, der zunächst ein Wissen auflöst, in dem Worte und Körperorgane nahtlos ineinander übergingen. An die Stelle textueller Beschreibung tritt nun eine graphische Repräsentation, die damit Bestandteil des neuen topographischen Dispositivs wird. Daß dieser ›realistische‹ Blick keine ›natürlichen‹ Körper erzeugt, sondern diese nach graphischen Regeln normiert, zeigt die neue Anatomie seit dem 17. Jahrhundert, die ihre Richtlinien nicht von den Gegenständen, sondern von den diskursiven Praktiken erhält.[37] Die Wahrheit des neuen Blicks ist eine Frage optischen Trainings. Dieses Exerzitium des neuen anatomischen Diskurses leisten gleichermaßen das anatomische Theater wie die Flut von anatomischen Atlanten, die um 1600 vor allem in den Niederlanden gedruckt werden. Neben der graphischen Speicherung ist dieses Körpertheater die einzige Mnemotechnik des neuen anatomischen Wissens, denn, so schreibt der italienische Anatom Vidius Ende des 16. Jahrhunderts (in der englischen Übersetzung von Brockbank): *we can easily forget what we learn with our eyes unless our memories are refreshed.*[38]

Die Nomenklaturen, die die neue Sichtbarkeit des Körpers benennen, beziehen sich seit Andreas Vesalius und Adriaan van den Spieghel auf Lage und Funktion der Organe.[39] Vor allem die binäre Nomenklatur von Caspar Bauhin orientiert

---

36 Vgl. die Abbildungen in Marielene Putscher, *Geschichte der medizinischen Abbildung. Von 1600 bis zur Gegenwart*, München 1972, S. 10 u. S. 15.
37 Zu anatomischen Atlanten als Schauplatz wissenschaftlicher Objektivität vgl. Lorraine Daston u. Peter Galison, »The Image of Objectivity«, *Representations* 40 (1992), S. 81–128.
38 Vidus Vidius, *De anatome corporis humani*, Venedig 1611, zitiert nach Brockbank (Anm. 35), S. 372.
39 Werner Klose, *Die anatomische Nomenklatur Adriaan van den Spieghels*, Bonn 1971.

IV.

Am Anfang war der Befehl. Doch um 1600 spricht kein Gott mehr, sondern alte lateinische Quellen der Römer bzw. Beamte: *Das Gebiete seind Worte*, schreibt Philipp von Zesen, wenn er Allain Manesson Mallet übersetzt, *welche der Kriegsbeamte spricht/ die Bewegungen/ die er befielet/ auszudrükken. Und diese Befehle oder Gebiete kommen allezeit aus dem munde eines einigen Kriegsbeamten/ welcher sich voran auf der Spitze der Schlachtordnung befindet.*[42] Deshalb hebt die Oranische Heeresreform an mit einer Übersetzung. Dazu werden die Militärs zu Altphilologen oder lassen sich von solchen wie Justus Lipsius beraten, deren Rezeption der stoischen Literatur die militärische Reform der Nassau-Oranier »erst ermöglicht«[43]. Wilhelm Ludwigs von Nassau berühmter Brief an Moritz von Oranien über das Exerzieren der Soldaten vom 8. Dezember 1594 macht Philologie zum ›Kriegsdiskurs‹: *V.E: m'a faict dire*, schreibt Wilhelm Ludwig,

de désirer les mots Allemans, lesquels i'usoy en l'exercice de mes soldats, lesquels sont.

Assiste ad arma { stae gereedt
part op u geweer

Miles attendat praeceptis { hoort toe
sijt stil

Dista. Streckt u.
Erige spiculum. Spiesen op.
Series. enn rye.
[...]
Ad hastam immutare, rechts om keert u.
Ad scutum immutare, slinx om keert u.
Restitue. herstelt u.
[...]
Dit syn ongeveer alle praecepta, die Aelianus gebruyckt.[44]

Dies ist demnach der historische Augenblick, in dem die Grundformen der Sprache, wie es bei Spengler heißt, keine Aussagen oder Gefühlsäußerungen mehr sind, »sondern der Befehl, der Ausdruck des Gehorsams, die Feststellung, die Frage, die Bejahung, die Verneinung«, also: »Fertig? Ja! Anfangen!«[45]

Was die antiken Quellen besagen, wird demnach übersetzt, und dies nicht zufällig ins Niederländische. Schließlich ist Exerzieren einer der wesentlichen Bestandteile des neuen Dispositivs der Disziplin, das als Oranische Heeresreform

---

42 Allain Manesson Mallet, *Kriegsarbeit Oder des Neuen Festungsbaus Erster Teil*, übers. Philipp von Zesen, Amsterdam 1672, Vorrede.
43 Gerhard Oestreich, »Der römische Stoizismus und die oranische Heeresreform«, in: ders., *Geist und Gestalt des frühmodernen Staates*, Berlin 1969, S. 15.
44 Wilhelm Ludwig von Nassau an Moritz von Oranien, 8. 12. 1594, in: Werner Hahlweg, *Die Heeresreform der Oranier. Das Kriegsbuch des Grafen Johann von Nassau-Siegen*, Wiesbaden 1973, S. 606 ff.
45 Oswald Spengler, *Der Mensch und die Technik*, München 1931, S. 42 f.

bekannt ist. Im fünften und sechsten Buch seiner ›Politicorum seu civilis doctrinae libri VI‹ formuliert Justus Lipsius dieses Dispositiv im Zusammenhang mit der Darstellung des gesamten Kriegswesens:

> Appello autem Disciplinam, SEVERAM CONFORMATIONEM MILITIS AD ROBUR ET VIRTUTEM.
> Partes eius siue munia [...] facio quattuor: Exercitium, Ordinem, Coërctionem, Exempla. Priores duae ad ROBUR spectant maxime; tertia ad VIRTUTEM, quarta ad vtrumque. Per EXERCITIUM, intellego, vt electum militem assidue ad Arma condocefacias & ad Opus.[46]

Diese Ausweitung der Disziplin wird als *exercitium* den ›gelehrigen Körper‹[47] hervorbringen, der sich im Raum nur mehr so bewegt, wie es Befehle vorschreiben, als *ordo* eine taktische Topographie der Schlachtordnung, der Lagerordnung und des Festungsbaus regulieren, als *coërctio* und *exemplum* eine kalkulierbare Innerlichkeit produzieren. Für den Schauplatz der Topographie, den ich hier an der Repräsentation der Landschaft und des Körpers verfolge, gibt die Disziplin das neue Modell vor, unter dem Körper, Landschaft und Sprache in ein taktisches Spiel der Zeichen eintreten: Kartographie und Anatomie werden dabei als Disziplinarwissen transparent.

Genau dies ist der Ort, an dem die Körper im strategischen Raum der Repräsentation auftauchen. Zerteilt in minimale Informationssequenzen, überträgt sich die anatomische Transparenz des Körpers in ein topographisches Bewegungsmodell. Damit wird es möglich, daß man Schlachtordnungen aus Menschenkörpern nach denselben Prinzipien bauen kann, wie dies für die Festungsarchitektur der Fall ist. Diese militärische Anatomie ist also in ganz analogem, jedoch völlig anderem Sinne wieder eine *anatomia maioris*. Die Körpertechnik von Exerzieren und Schlachtordung, die Architektur der polygonalen Festungen und die artilleristischen Verfahren sind ein Schauplatz der Topographie, an dem Körper und Landschaft von neuem ineinander übergehen. Nur sind es hier keine Körperlandschaften mehr, sondern topographische Repräsentationen, die Körper und Landschaft neu erzeugen.

Als eine Art Summa fortificationis veröffentlicht Philipp von Zesen 1672 in Amsterdam eine deutsche Übersetzung von Allain Manesson Mallets ›Travaux de Mars‹ unter dem Titel ›Kriegsarbeit Oder Neuer Festungsbau‹[48]. Der Dichter Zesen, der nach den Übersetzungen von Matthias Dœgens ›Architectura militaris moderna‹ (1648)[49] und Georges Fourniers ›Traité des fortifications‹[50] geradezu ein Experte in Sachen Festungsbau ist, verleiht seiner neuen Übersetzung kriegs- praktischen Charakter, wenn es ihm darum geht, seinen *Landsleuten* ein Wissen zu vermitteln, *sich vorteilhaftiger und vorsichtiger zu beschirmen*.[51]

---

46 Justus Lipsius, *Politicorum seu civilis doctrinae libri VI*, Leiden 1594, S. 308 f.
47 Michel Foucault, *Überwachen und Strafen*, Frankfurt/M. 1977, S. 173–219.
48 Manesson Mallet, *Kriegsarbeit* (Anm. 42).
49 Vgl. Matthias Doegen, *Heutiges Tages übliche Krieges Baukunst*, übers. Philipp von Zesen, Amsterdam 1648.
50 Georges Fournier, *Handbuch der itzt üblichen Kriegs-Bau-Kunst*, übers. Philipp von Zesen, Amsterdam 1667.
51 Manesson Mallet, *Kriegsarbeit* (Anm. 42), Vorrede.

Die strategische Topographie, die von Festungsbauern entworfen wird, ist für die Repräsentation von Landschaft und Körper in mehrfacher Weise bestimmend: Zunächst sind die verschiedenen Typen des Festungsbaus Verfahren, *einen ort viel stärker zu machen/ als er sich sonst befindet/* [...]; *damit ein kleines heuflein der Menschen einem viel grösseren widerstehen möchte*[52]. Vor allem dann, wenn ein Ort keine alten Bestandteile integrieren muß, ist der neuen topographischen Ordnung kein Hindernis gesetzt:

> Wenn man einen Ort recht Lehrsatzmäßig bauen wil/ so macht man seine Gassen gemeiniglich 3 oder 4 Ruthen breit/ und alle Heuser von einerlei Breite und Höhe/ ja alle Gübel derselben auf einerlei Weise; damit man durch die gantze Stadt eine zierliche Gleichmäßigkeit habe.[53]

Den Mittelpunkt sollen dann, wie kann es anders sein, neben Zitadellen auch Exerzierplätze darstellen. Deshalb verwundert es auch nicht, wenn im Innern der befestigten Städte anatomische Theater auftauchen und das taktische Spiel der Zeichen am und im Körper verdoppeln.

Die Geometrie der Festungen ist damit alles andere als eine bloße »Überwachung des äußeren Raumes«[54]. Gerade die Verbindung von strategischer Ordnung des Außenraumes mit der des Innenraumes, die sowohl in der Architektur als auch in der Erzeugung der Befehlskörper sichtbar wird, machen die polygonalen Festungsbauten des 16. und 17. Jahrhunderts zur Architektur eines komplexen Machtdispositivs.[55] »Eine Schlachtlinie«, könnte man mit Foucault sagen,

> »durchquert die gesamte Gesellschaft durchgängig und andauernd, und diese Schlachtlinie stellt jeden von uns in ein Lager oder in ein anderes. Es gibt kein neutrales Subjekt, man ist unvermeidlicherweise der Gegner von jemandem. Eine binäre Struktur durchzieht die Gesellschaft.«[56]

Nicht zufällig wird deshalb eines der ersten Programme für einen Polizeistaat für die Niederländischen Generalstände verfaßt. 1611 präsentiert Louis de Mayerne-Turquet in seiner ›La monarchie aristodémocratique‹ eine Polizei, die die neuen architektonischen Prinzipien in eine Verwaltungsform umsetzt: *Sie erstreckt sich auf alle Lebensbedingungen des Volkes, auf alles, was es tut und unternimmt. Ihr Feld umschließt Justiz, Finanzen und die Armee.*[57] Die Verwaltungsreformen, statistischen Verfahren, die Medizin als Hygiene[58] wie die Gründung von Irrenhäusern, die sich in dieser Zeit »im ganzen Land weiter verbreiten«[59], sind Formen dieses Kriegs nach innen, der gerade in den geregeltsten Machtmechanismen sich ausbreitet. Deshalb machen nicht erst die Gefängnisse des 19. Jahrhunderts

---

52 Ebd., S. 3.
53 Ebd., S. 35.
54 Foucault (Anm. 47), S. 222.
55 Vgl. dazu Henning Eichberg, *Festung, Zentralmacht und Sozialgeometrie. Kriegsingenieurwesen des 17. Jahrhunderts in den Herzogtümern Bremen und Verden*, Köln 1989, S. 418 ff.
56 Michel Foucault, *Vom Licht des Krieges zur Geburt der Geschichte*, Berlin 1986, S. 12.
57 Louis de Mayerne-Turquet, zitiert nach: Foucault, »Omnes et singulatim«, S. 86.
58 Vgl. Beverwik, *Schatz der Ungesundheit* (Anm. 34), S. 17 ff.
59 Dieter Jetter, *Grundzüge der Geschichte des Irrenhauses*, Darmstadt 1981, S. 151.

deutlich, daß dieser Überwachungsraum – sogar ausschließlich – nach innen gewendet werden kann. Im Zentrum dieser polygonalen panoptica wird dann ein imaginäres Auge eingesetzt, das in das aperspektivische Modell des Festungsbaus wieder einen perspektivischen Blick als Mittelpunkt einführt.

Dem Festungsbau jedoch wie auch den militärischen Operationen in der Topographie, die die Festungen erzeugen, fehlt ein derartiger Blick. Ein Belagerer bedarf nämlich, so Manesson Mallet, lediglich zweier Kartentypen: eines *flachen Grundris des Vorbildes, welcher die Festungswerke einer Stadt mit bloßen und einzelnen zügen vorbildet*, und außerdem eines *ortandeutenden oder etwas erhobenen Grundris*, der auch die Topographie der Umgebung der Stadt verzeichnet. *Etliche machen den Grundris der Städte*, wird dabei angemerkt,

> nähmlich auf Verschüßende weise. Aber diese weise ist sehr mühsam/ sonderlich vor dieselben/ die in der Gesichts= oder Verschüß-kunst nicht wohl unterwiesen: welche ihre sonderliche Lehrsätze hat/ die den Kriegsleuten meisten teils unbekant seind.[60]

Deutlicher kann es nicht gesagt werden, daß die *Gesichtskunst*, d.h. die Zentralperspektive, bei den Kriegstechnikern ausgedient hat. Und dies gilt ebenso für Artilleristen und Landvermesser.

Selbst die niederländische Malerei des 17. Jahrhunderts mit ihrer statischen Beschreibung, die Svetlana Alpers als entscheidenden Bruch mit der italienischen zentralperspektivischen Malerei analysiert, fügt sich in diese strategische Topographie. Die Distanzpunktkonstruktion[61], mit der die Maler ihre so ›realistischen‹ Bilder erzeugen, ist – um Alpers' Argumentation technisch zu präzisieren – nichts anderes als eine Umsetzung der Triangulation.[62] Die Tatsache, daß die »Flachheit« der Niederlande diese »selbst kartenähnlich wirken läßt« und daß ein großer Teil des Bodens im Besitz von Bauern und nicht von Feudalherrn ist, soll nach Alpers jedoch die Möglichkeit zur »Freiheit, Karten herzustellen oder kartenähnliche Bilder zu malen«, liefern.[63] Doch Karten sind gerade auf dem Schauplatz des Achtzigjährigen Krieges alles andere als Schöpfungen der Freiheit, sondern taktische Elemente. Dies gilt ebenso für die Malerei, deren descriptio in gleicher Weise »ein Mittel der Kontrolle«[64] wird. Die Triangulation des Bildraums wie die zahllosen Stadtansichten sind nämlich Bestandteil der strategischen Topographie der Niederlande – wie die Festungsbauten, die Artillerie und die neuen Exerziermethoden. Wie die anatomischen Figuren, die scheinbar von selbst all ihre Innerlichkeit und all ihre Innereien vorführen, präsentieren sich auch die Städte in der Malerei, wenn die Maler angeblich in aller Friedlichkeit, »weit entfernt davon, Anspruch auf Besitz und Eigentum behaup-

---

60 Manesson Mallet (Anm. 42), S. 54.
61 Svetlana Alpers, *Kunst als Beschreibung. Holländische Malerei des 17. Jahrhunderts*, Köln 1985, S. 213.
62 Alpers spricht dagegen nur sehr allgemein von einer »Übertragung einer Landvermessungsmethode auf die Landschaftsmalerei« und erwähnt den kriegstechnischen Aspekt der Verfahren nur beiläufig, vgl. Alpers (Anm. 61), S. 243.
63 Alpers (Anm. 61), S. 259.
64 Foucault (Anm. 47), S. 247.

ten zu wollen, den Städten des Landes Ehre«[65] zollen. Doch solche Bilder sind das Ergebnis langwieriger Beobachtungen, die sich in den unzähligen Belagerungen immer wieder von neuem ergeben. Nur ein einziges Bild jedoch, der nach einer Zeichnung von Pieter Saenredam angefertigte Kupferstich ›Die Belagerung von Haarlem‹ (1626), führt bei Alpers eher beiläufig diesen Schauplatz der Topographie vor, der die Niederlande um 1600 so besonders kennzeichnet. Nicht zufällig tauchen deshalb bei Alpers etwa Bilder von Pieter Snayers nicht auf, die immer wieder das ins Bild setzen, was die Festungsbauer einen *ortandeutenden oder etwas erhobenen Grundris* nennen. Genau dieser Vorlagen der Militärs hat sich Snayers auch bedient[66] und so Bilder der berühmten Belagerungen von Breda, Ostende usw. gemalt.

Für den Achtzigjährigen Krieg, den die Niederländer gegen die Spanier von 1568 bis 1648 führen, ist demnach eine spezifische Taktik zentral: der Festungs- und Belagerungskrieg. Spätestens um 1600, also parallel zur Oranischen Heeresreform, sind nahezu alle wichtigen Städte der Generalstaaten zu Festungen ausgebaut.[67] Damit verbunden ist eine »degeneration of the war into a series of long sieges«, was einerseits zu einer »eclipse of cavalry«[68] führt, andererseits zu Festungsbau und Artillerie. Der Raum zwischen Alkmaar und Bergen op Zoom, den Willebrord Snel van Royen mit seinem Triangulationsnetz überzieht, ist an nahezu allen 14 Angelpunkten längst exakt vermessen; schließlich *ist der Krieg überhaupt vor ein Mittel zu halten, viele Beschreibungen und Nachrichten von Ländern zu erlangen, wohin die viele Theatra belli gehören*.[69] Dordrecht, Breda, Den Haag, Utrecht, Leiden oder Haarlem sind nicht nur Schauplätze langwieriger Belagerungen mit artilleristschem Stellungs- und Grabenkrieg, sondern verdanken sich ebenso als Festungen einer geometrischen Konstruktion, die den Stand der Artillerie in Architektur überträgt. *Die Manier zu fortificiren muß sich nach der Manier zu attaqviren richten* schreibt Christian Wolff 1710; deshalb schickt er seinen *Anfangsgründen der Fortification Oder Kriegs=Bau=Kunst* die der *Artillerie oder Geschütz=Kunst* voraus.[70]

Manesson Mallets ›Kriegsarbeit‹ verbindet wie alle Lehrbücher des Festungsbaus im 17. Jahrhundert in einem topographischen Dispositiv Landvermessung, Festungs-Architektur, Schlachtordnung, Exerzierregeln und Artillerie. Damit

---

65 Alpers (Anm. 61), S. 262.
66 Vgl. Francine-Claire Legrand, *Les peintres flamands de genre au XVIIe siècle*, Brüssel 1963, S. 202.
67 Die Phase der Heeresreform von 1590–1600 ist nicht zufällig diejenige, in der die Generalstaaten unter Moritz von Oranien den gesamten Nordosten von den Spaniern zurückerobern. Vgl. Geoffrey Parker, *Der Aufstand der Niederlande. Von der Herrschaft der Spanier zur Gründung der Niederländischen Republik 1549–1609*, München 1979, S. 275 ff.
68 Geoffrey Parker, *The Army of Flanders and the Spanish Road 1567–1659. The Logistics of Spanish Victory and Defeat in the Low Countries' Wars*, Cambridge 1972, S. 11.
69 Eberhard David Hauber, *Nützlicher Discours, Von dem gegenwärtigen Zustand der Geographie Besonders in Teutschland*, o. O. 1727, S. 33.
70 Christian Wolff, *Der Anfangs=Gründe Aller Mathematischen Wiessenschaften Anderer theil/ Welcher Die Artillerie/ Fortification/ Mechanik/ Hydrostatik/ Aerometrie und Hydraulik in sich enthält*, Halle 1710, S. 84.

sind Verfahren in einem ›Kriegsdiskurs‹ zusammengefaßt, die den Schauplatz der Topographie als neues taktisches Disziplinarwissen beschreibbar machen. Landschaft und Körper treten ein in das strategische Zeichensystem und die transparenten Räume der Repräsentation.

Neben den neuen optischen Techniken (camera obscura, Fernrohre) erzeugen die topographischen Tableaus der Militärlager, der polygonalen Festungsanlagen, die Vermessungstechniken und Richtverfahren der Artillerie bis hin zu den befehlsgeleiteten Bewegungen und der anatomischen Transparenz der Körper ein weit verzweigtes System der Überwachung und Kontrolle. Wenn Meßtisch und Triangulation die Landvermessung von der unmittelbaren Längenmessung des Territoriums ablösen, dann gehen sie über zu einer Technik des Sehens, die sich vom Auge gelöst hat. In dem Maße, wie die neuen Vermessungstechniken Perspektive auflösen, wird die Repräsentation des Raumes als neuartige Machttechnik transparent. Die Ablösung der Vermessung vom perspektivischen Blick überkreuzt sich mit den neuen Richtverfahren der Artillerie, die ebenso wie die Landvermessung den Meßtisch als zentrales Instrument einsetzt. Außerdem erstellen die Büchsenmeister schon vor dem eigentlichen Einsatz Schießtafeln ihrer Kanonen, ohne die deren Einsatz unmöglich ist. *So offt ein Wurff*, so beschreibt der Artillerist und Büchsenmeister Johannes Andreas Daniel die Aufstellung einer solchen Schußtafel,

> in hie oben angedäuter Experientcia vollbracht, wurde all weg sein fohl mit einer Stangen bemerckt, zu letzt mit einem Geometrischen Instrument gantz fleissig zu allen gemessen, sie Samentlichen nach Geographischen Orten wir ein Mappa verinägt, und auff getragen, dadurch alle Wurff in ihrer proportion auffs Papir gebracht, und also Fundaliter darüber hat mögen Discuriert werden.[71]

Deutlicher könnte die strategische Erfindung der Karte als Repräsentationsmedium nicht formuliert werden. Die Streuung der Einschläge der Kanonenkugeln in Abhängigkeit von Kaliber, Ladung und Abschußwinkel erzeugt also eine Karte, deren topographische Punkte durch ein spezifisches semiotisches Verfahren hergestellt werden: An die Stelle des Σημεῖον der Repräsentation treten hier Flugbahn und Einschuß der Kanonenkugel. Während der Meßtisch wie die Kanone bestimmte Punkte ins Visier nimmt, hat die Kanone ihren besonderen semiotischen Apparat, mit dem sie in einer explosionsartigen Semiose in der Landschaft einen Kartenpunkt erzeugt.

Nur der Durchschuß vom Bezeichnenden durchs Bezeichnete also leistet im Zeitalter der Repräsentation, in der die Karte vom Territorium durch ein komplexes Spiel der Zeichen getrennt ist, die Transparenz, die sie verspricht. Die Vermessungstechnik der Topographie ist nur als Schußtechnik exakt. Daher führt jede Kanone ihren topographischen Raum mit sich, der in Schußtafeln angeschrieben zu jedem Elevationswinkel des Rohres zwischen 1° und 45° die entsprechenden Schußweiten liefert. Die Erfindung des neuzeitlichen Raums ist damit von Beginn an ein territorialer Machteffekt eines komplexen Überwa-

---

71 Johannes Andreas Daniel, zitiert nach Dorothea Goetz, *Die Anfänge der Artillerie*, Berlin 1985, S. 77 f.

chungsverfahrens, in dem sich Optik und Ballistik miteinander verweben. Jede Kanone und jede Festung erzeugt Territorien, die als Zeichen im taktischen Kalkül der Schlachtordnungen auftauchen. Die Immobilität des Belagerungskriegs überträgt Kriegshandlung ausschließlich auf diese Form der Erzeugung von Territorien.

Solange die Ballistiker des 16. und 17. Jahrhunderts noch mit einer zweiphasigen Schußbahn rechnen, verlaufen Triangulation von Schuß und Landschaft völlig parallel. Gemäß der Aristotelischen Mechanik, die noch bis ins 16. Jahrhundert gilt, bewegen sich Geschosse in zwei diskontinuierlichen Phasen. Zuerst die erzwungene Bewegung, die geradlinig bis zu einem virtuellen Stillstand verläuft, worauf die natürliche Bewegung des Falls, also senkrecht zur Erde, einsetzt. Beide Bewegungsphasen bilden exakte rechtwinklige Dreiecke, die mit Quadrant und Basislänge einer vertikalen Triangulation errechnet werden können. Erst mit den neuen Berechnungen der Geschoßbahnen, d.h. vor allem mit der Berechnung der Winkel für die maximale Schußweite durch Niccolò Tartaglia, kommt eine dritte Phase hinzu, die zwischen dem geradlinigen Aufstieg und dem senkrechten Fall der Kugel eine aus der erzwungenen und der natürlichen zusammengesetzte Bewegungsphase auf einer Kreisbahn bildet.[72] In den ›Discorsi‹ von 1638 wird Galilei dafür schließlich die Berechnungsgrundlagen liefern. Auch er geht von einer Überlagerung mehrerer Bewegungen aus. Von allen Modifikationen wie Luftwiderstand oder die Parabelform verändernde hohe Anfangsgeschwindigkeit der Geschosse wird abstrahiert, wenn Salviati sagt:

> Dies alles aber hat keine Bedeutung bei unserem Autor und dessen praktischen Versuchen; bei letzteren ist das Wesentliche eine Tafel für die Geschosse. [...] Da der Stoß mit einem Mörser ausgeführt wird, so ist er nicht sehr stark, und übernatürliche Impulse kommen nicht vor, so daß die Geschosse ihre Bahnen recht genau verzeichnen.[73]

Die topographischen Linien einer Halbparabel werden von den Geschossen selber verzeichnet. Den Abschluß dieser Semiose aber bildet der Einschlag, der die Repräsentation der Karte herstellt. Der graphische Vorgang des Kanonenschusses setzt damit ebenso monströse Zeichen wie es schließlich jeder Abdruck einer Nadelspitze auf einer graphischen Fläche tut, wenn man ihn wie Hooke unterm Mikroskop betrachtet. Damit bricht die Ballistik aus dem Modell der Triangulation aus und tritt ins Reich der gekrümmten Linien, der Parabel ein.

Die Ablösung des Zeichensystems der Ähnlichkeit führt um 1600 zu einer neuen taktischen Semiose der Repräsentation. »Zwischen Wort und Sache bewirkt ein Parasit, daß man abschweift«[74], heißt es bei Michel Serres. In der Renaissance ist dies die Parabel von der Allähnlichkeit, die Körper, Himmel und Landschaft miteinander in Beziehung bringt. Um 1600 wird es eine topographi-

---

72 Niccolò Tartaglia, *La nova scientia*, Venedig 1537; ders., *Quesiti et Inventioni diverse*, Venedig 1546, S. 11. Vgl. dazu Dürst (Anm. 27), S. 4 ff.
73 Galileo Galilei, *Discorsi*, zitiert nach Ivo Schneider, »Die mathematischen Praktiker im See-, Vermessungs- und Wehrwesen vom 15. bis zum 19. Jahrhundert«, *Technikgeschichte* 37 (1970), S. 216 f.
74 Michel Serres, *Der Parasit*, Frankfurt/M. 1981, S. 48.

sche Zeichenrelation, die schließlich in der Parabel der artilleristischen Schußbahn Karte und Territorium, Zeichen und Bezeichnetes verknüpft.

Wenn Don Quijote nach Ritterbüchern Ähnlichkeitsrelationen zwischen Worten und Dingen herstellt, sind es bei Toby Shandy Bücher über Festungsbau, mit denen er topographische Relationen herstellt, die Landschaft und Körper in einer taktischen Form verbinden. Weil er seine ominöse Wunde weder am Körper zeigen noch einen klaren Bericht des Hergangs liefern kann, löst er dieses Problem durch eine Karte. Damit kann er endlich den Ort genau anzeigen, an dem er sich seine Verletzung bei der dreimonatigen Belagerung von Namur durch die Briten 1695 zugezogen hat.[75] Die anatomische Lokalisation der Wunde geht damit nahtlos über in eine kartographische.

By this contrivance the machinery of my work is of a species by itself, heißt es in ›Tristram Shandy‹: *two contrary motions are introduced into it, and reconciled, which were thought to be at variance with each other. In a word, my work is digressive, and it is progressive to, and at the same time.*[76] Die Superposition zweier differenter Bewegungen ergibt eine parabolische Kurve, die hier einen Erzählverlauf meint. Sternes ›Tristram Shandy‹ ist also auf dem Stand der Repräsentation.

---

75 Also in einem Teil der ehemaligen habsburgischen Niederlande, den der niederländische Kriegsbaumeister Manno van Coehorn befestigt hatte. (Parker (Anm. 67), S. 218.)
76 Laurence Sterne, *The Life and Opinions of Tristram Shandy*, hrsg. Graham Petric, Harmondsworth 1982, S. 95.

Körpertext im Schrifttext:
Eine Skizze
zur Evolution des nonverbalen semiotischen Systems
im englischen Roman des 18. Jahrhunderts

BARBARA KORTE

> Will not these trembling fingers, which twice have refused to direct the pen,
> and thus curvedly deform the paper, fail me in the arduous moment?[1]

I.

Der Beginn der Schriftliteratur, mit seinem einschneidenden Wandel in der ›Materialität‹ literarischer Kommunikation, bedeutete zumindest in einer Hinsicht einen ›Abschied vom Körper‹.[2] Autor und Rezipient stehen einander nicht mehr körperlich in einer face-to-face-Situation gegenüber; auch die Erzählinstanz des narrativen Schrifttextes ist in aller Regel körper-sprachlos. Der Roman, wie er sich im Verlauf des 18. Jahrhunderts herausbildete, hat eine besondere Affinität zur Schriftlichkeit. So betont u. a. Ian Watt den engen Nexus von Roman und Buchdruck und findet es passend, daß der ›erste‹ englische Romanschriftsteller, Samuel Richardson, den Beruf eines Druckers und Verlegers ausübte.[3] Über das gedruckte Buch wird der Roman zum Objekt eines essentiell privaten Rezep-

---

1 Samuel Richardson, *Clarissa*, Harmondsworth 1985, S. 722, Brief 224; hiernach alle Zitate.
2 Vgl. Gumbrecht/Pfeiffer, *Materialität*; Gumbrecht, »Beginn von ›Literatur‹«.
3 Ian Watt, *The Rise of the Novel* (1957), Harmondsworth 1972, S. 222 f.: »the novel is perhaps the only literary genre which is essentially connected with the medium of print«. Zur impliziten Oralität in Frühformen des englischen Romans vgl. William Nelson, »From ›Listen, Lordings‹ to ›Dear Reader‹«, *University of Toronto Quarterly* 46 (1976/77), S. 110–124; zum Nebeneinander von Oralität und Literalität zwischen dem 16. und 18. Jahrhundert vgl. Heinrich F. Plett, »Oralität und Literalität in Rhetorik und Poetik der englischen Renaissance«, in: Wolfgang Raible (Hrsg.), *Erscheinungsformen kultureller Prozesse*, ScriptOralia 13, Tübingen 1990, S. 167–195; im gleichen Band R. P. Lessenich, »Mündlichkeit in der englischen Literatur und Literaturtheorie des 18. Jahrhunderts«, S. 219–237; sowie Brigitte Schlieben-Lange, »Schriftlichkeit und Mündlichkeit in der Französischen Revolution«, in: Aleida u. Jan Assmann, Christof Hardmeier (Hrsg.), *Schrift und Gedächtnis. Beiträge zur Archäologie der literarischen Kommunikation*, München 1983, S. 194–211.

tionserlebnisses. Ein Gemälde von Sir Joshua Reynolds aus dem Jahr 1771 bringt die Einsamkeit der Lektüre deutlich zum Ausdruck. Die beim Lesen von Richardsons ›Clarissa‹ abgebildete Nichte von Reynolds ist in ihr Buch versunken, von der Außenwelt abgeschirmt. Die einzige körperliche Präsenz außer ihr selbst hat das Buch in ihrer Hand.[4]

Gerade der Roman des 18. Jahrhunderts ist in anderer Hinsicht jedoch nicht ›körperlos‹, denn das age of sensibility setzt die Expressivität des Körpers in einer bislang nicht gekannten Quantität und Qualität als literarisches Gestaltungsmittel ein. Der Verlust des Körperlichen auf der Vermittlungsebene des Erzähltextes scheint durch die Darstellung körperlicher Befindlichkeit auf der Ebene des repräsentierten Geschehens kompensiert zu werden. Richardson hat bei dieser Entwicklung eine für die gesamte europäische Literatur bedeutsame Initialfunktion, auch wenn oder gerade weil der Akzent seiner Romane auf der Darstellung ›mentaler‹ Befindlichkeiten liegt. Die Protagonistin von Richardsons erstem Roman ›Pamela, or Virtue Rewarded‹[5] (1740–41) will ihre Briefe als *the naked sentiments of my heart* (Bd. I, S. 412) betrachtet wissen. Für Dr. Johnson war ›Clarissa, or The History of a Young Lady‹ (1747–48) *the first Book in the world for the knowledge it displays of the human Heart.*[6] Galt schon seit der Antike der Körper als wichtiger Zugang zum Herzen,[7] griff die Empfindsamkeit diesen Gedanken mit besonderem Nachdruck auf:

> »For a number of writers [...] sentimental distress and affection become the outward signs – the body's performances – of its inner virtues. Sentimentality, therefore, cannot be reified as an abstract system of values or disembodied as passive sympathy; it is manifest only in the concrete particularity of a noble or generous action or in physical symptoms: tears, blushes, and palpitating hearts.«[8]

Empfindsamkeit wird körperlich in Szene gesetzt. Auch John Mullan betont diesen Aufführungscharakter, wenn er in seiner Studie zur Empfindsamkeit von einem ›Spektakel des Körpers‹ spricht.[9]

Eindrucksvoll erweist sich die Affinität von sentiment und Körperlichkeit in Richardsons Briefromanen bis hin in die (fiktive) Schrift seiner Figuren. Schreiben ist ein durch die Korrespondenten immer wieder reflektierter ›Akt‹, dessen

---

4 Abgebildet in: Tom Keymer, *Richardson's ›Clarissa‹ and the Eighteenth-Century Reader*, Cambridge 1992.
5 Zitiert wird hier und im folgenden nach der Ausgabe: Samuel Richardson, *Pamela, or Virtue Rewarded*, 2 Bde., London u. New York, 1914.
6 *Johnsonian Miscellanies* (1897), hrsg. George Birkbeck Hill, 2. Bde., London 1966, Bd. II, S. 251.
7 Vgl. etwa Aristoteles, *Rhetorik*, Paderborn 1959, S. 131, über das Mitleid, ein im Kontext der Empfindsamkeit zentrales Gefühl: »da nur das Leid, das vor Augen liegt, bemitleidet wird [...], so muß das Mitleid größer sein, wenn etwas durch Gestalten, Stimme, Kleidung und überhaupt durch Schauspielerkunst dargestellt wird.«
8 Robert Markley, »Sentimentality as Performance: Shaftesbury, Sterne, and the Theatrics of Virtue«, in: Felicity Nussbaum u. Laura Brown (Hrsg.), *The New Eighteenth Century: Theory, Politics, English Literature*, New York u. London 1987, S. 210–230, hier: S. 218.
9 John Mullan, *Sentiment and Sociability: The Language of Feeling in the Eighteenth Century*, Oxford 1988, S. 113.

performatives Moment durch Bezüge zur Physis der Schreibenden besonders hervorgehoben wird.[10] *[I]t brings my hand in,* schreibt Pamela (Bd. I, S. 5, Brief 3), und der körperliche Verfall Clarissas spiegelt sich mitleiderregend in ihrer Schrift:

> I must lay down my pen. I am very ill. [...] The bad writing would betray me, although I had a mind to keep from you what the event must soon –
> (S. 1317 f., Brief 458)

Körpertext ist mit der sentimental novel und ihrer Wirkungsästhetik so eng verknüpft, daß er auch für den Ausdruck von Rezeptionserlebnissen herangezogen wird. So impliziert ein Brief Sarah Fieldings über ›Clarissa‹, daß der *be*schriebene Körpertext mehr aussagt als der mit Tinte *ge*schriebene:

> when I read of her, I am all sensation; my heart glows; I am overwhelmed; my only vent is tears; and unless tears could mark my thoughts as legibly as ink, I cannot speak half I feel. I become like the Harlowe's servant, when he spoke not; he could not speak; he looked, he bowed, and withdrew.[11]

Die folgenden Überlegungen widmen sich einem eingeschränkten Aspekt literarischer Körperlichkeit: der Körper›sprache‹ oder Semiotik des *bewegten* Körpers (im Gegensatz zur statischen Körpersemiotik, die in Form der Physiognomik im 18. Jahrhundert eine vielbesprochene Wiedergeburt erlebte).[12] Die Analyse konzentriert sich dabei vor allem auf ›Clarissa‹. Richardsons großer Roman, dessen Handlung um die Bedrohung des weiblichen Körpers kreist, bietet Betrachtungen zur Evolution der Körpersprache ein besonders reichhaltiges Objekt. Der vielleicht längste Roman der englischen Literatur verwendet einen guten Teil seiner Million Wörter auf die Beschreibung von Körpersprache – obwohl sich der Briefroman bei der Darstellung dieses semiotischen Systems nicht selten hart am Rand der Glaubwürdigkeit bewegt oder spezieller vermittlungstechnischer Manöver bedarf.[13]

In einer auch für spätere empfindsame Romane typischen Form fungiert Körpersprache in zahlreichen Passagen der ›Clarissa‹ als zentraler oder gar einziger

---

10 Zur »physical nature of correspondence« bei Richardson vgl. auch Carol Houlihan Flynn, *Samuel Richardson: A Man of Letters,* Princeton, N.J. 1982, S. 267–270.

11 *The Correspondence of Samuel Richardson,* hrsg. Anna Laetitia Barbauld, Nachdruck der Ausgabe von 1804, 6 Bde., New York 1966, Bd. II, S. 60 f.

12 Für eine ausführlichere Diskussion der Terminologie, ergänzende historische Betrachtungen und weiterführende bibliographische Verweise vgl. Barbara Korte, *Körpersprache in der Literatur: Theorie und Geschichte am Beispiel englischer Erzählprosa,* Tübingen 1993.

13 Die Korrespondenten lassen vor allem ein ungewöhnliches Erinnerungsvermögen bzw. Bewußtsein für die eigene Körpersprache erkennen. In ›Pamela‹ z.B. muß die Briefschreiberin einmal eine Quelle für die Schilderung ihrer Ohnmacht angeben: [...] *I sighed, screamed and fainted away.* [...] *And all in a cold dewy sweat was I.* ›*Pamela! Pamela!*‹ *says Mrs. Jervis, as she tells me since,* ›– *Oh!*‹ *and gave another shriek,* ›*my poor Pamela is dead for certain!*‹ *And so was I for a time* [...] (Bd. I, S. 50, Brief 25) [meine Hervorhebung]. Vgl. zu diesem Punkt auch Gunnar Och, *Der Körper als Zeichen: Zur Bedeutung des mimisch-gestischen und physiognomischen Ausdrucks im Werk Jean Pauls,* Erlangen 1985, S. 79. Zu Richardsons allgemeiner Handhabung der Briefform vgl. Keymer (Anm. 4).

Sinn- und Wirkungsträger. Im folgenden Beispiel aus dem Beginn von Clarissas Sterbeepisode wird der Schmerz der anderen Figuren über das nahende Ende der Protagonistin fast nur über detailliert geschilderte Gebärden, Körperhaltungen und viele Tränen vermittelt:

> The colonel was the first that took my attention, kneeling on the side of the bed, the lady's right hand in both his, which his face covered, bathing it with his tears; although she had been comforting him, as the women since told him, in elevated strains but broken accents.
> On the other side of the bed sat the good widow; her face overwhelmed with tears, leaning her head against the bed's head in a most disconsolate manner; and turning her face to me, as soon as she saw me: Oh Mr. Belford, cried she, with folded hands – the dear lady – a heavy sob not permitting her to say more.
> Mrs. Smith, with clasped fingers and uplifted eyes, as if imploring help from the only Power which could give it, was kneeling down at the bed's feet, tears in large drops trickling down her cheeks.
> Her nurse was kneeling between the widow and Mrs. Smith, her arms extended. In one hand she held an ineffectual cordial, which she had just been offering to her dying mistress; her face was swollen with weeping (though used to such scenes as this) and she turned her eyes towards me, as if she called upon me by them to join in the helpless sorrow; a fresh stream bursting from them as I approached the bed.
> The maid of the house, with her face upon her folded arms as she stood leaning against the wainscot, more audibly expressed her grief than any of the others. (S. 1361, Brief 481)

Derart lange, primär auf kohärentem Körpertext aufbauende Passagen sind in der Geschichte der Erzählprosa ein Novum. Richardson leitet eine ›körpersprachliche Wende‹ ein, die sich nicht nur quantitativ manifestiert, sondern auch in der Art dieser Körpersprache, der Form ihrer Präsentation und vor allem ihrer essentiellen Verankerung in der Ästhetik der Gattung. In England ist bereits eine Generation nach Richardson die Körpersprache für Laurence Sterne ein Gestaltungsmittel, von dem er teils exzessiven, teils auch schon parodierenden Gebrauch macht. Auch auf dem Kontinent wird Richardson u.a. in Hinblick auf die Nutzung von Körpersprache zum Vorbild, mit Denis Diderot an der Spitze seiner vielen Bewunderer.

Vor einer genaueren Betrachtung dieser Körpersprache sei zunächst ein begriffliches Instrumentarium eingeführt, das eine nach Formen und Funktionen differenzierte Betrachtung von Körpersprache auch im literarischen Text ermöglicht.

II.

In Anlehnung an die neuere Forschung zur nonverbalen Kommunikation lassen sich die folgenden körpersprachlichen Modi unterscheiden: Kinesik (Körperbewegungen in Form von Gebärden und Aktionen [d.h. praktischen Handlungen], Körperhaltungen, Gesichtsausdruck, Blickverhalten und Automatismen) sowie die damit eng verwandte Haptik (Berührungsverhalten) und Proxemik (Distanz und räumliche Orientierung zwischen Personen).

Diese Modi realisieren in der Erfahrungswirklichkeit eine Vielzahl von Ausdrucks- und Mitteilungsfunktionen: (1) als Signifikant momentaner mentaler Befindlichkeiten (emotional display – ›Emotions-Darstellung‹), (2) als ›Externalisatoren‹ stabiler Gemütszustände, Einstellungen, Meinungen, Werthaltungen, Persönlichkeitsmerkmale, geistiger Zustände sowie zwischenmenschlicher Beziehungen, (3) als ›Emblem‹ mit festgelegter Bedeutung, entweder als Wortersatz oder mit einer bestimmten weltlich-zeremoniellen bzw. religiös-rituellen Signifikanz; (4) ›Illustratoren‹ betonen, strukturieren, komplettieren oder unterstützen eine verbale Mitteilung; (5) ›Regulatoren‹ steuern den Interaktionsfluß. In diesen Funktionen ist nonverbales Verhalten in der Erfahrungswirklichkeit omnipräsent: »We have seen estimates ranging from a low 65% nonverbal and 35% verbal content in an average message [...] to a high of more than 90% nonverbal content«.[14]

In der Literatur können grundsätzlich alle genannten Modi und Funktionsklassen eingesetzt werden, wenn auch ihre Frequenz, bedingt u.a. durch darstellungstechnische Probleme, teilweise von der Erfahrungswirklichkeit abweicht. So sind z.B. die oft nur umständlich wiederzugebenden, redebegleitenden Illustratoren und Regulatoren im Erzähltext deutlich seltener anzutreffen als in der Alltagserfahrung.

Das spezifische Ausdrucks- und Wirkungspotential der Körpersprache ist – selbst noch bei ihrer Wiedergabe in einem Schrifttext – in weitgehender Komplementarität zur verbalen Sprache begründet. Die Mittel der nonverbalen Kommunikation dienen dem Ausdruck und der Mitteilung in Bereichen, in denen die Sprache in ihrer Kommunikationskraft begrenzt ist: vor allem bei Gefühlen und Beziehungen. Der Großteil nonverbaler Mitteilungen ist nämlich nicht digital kodiert wie Wörter (d.h. diskreten Signifikanten zugeordnet), sondern analog:[15] zwischen Signifikant und Signifikat besteht eine physische oder Ähnlichkeitsbeziehung, so daß feine Gradierungen im Ausdruck möglich sind. Die bei Gefühlen oder im Beziehungsbereich so wichtigen Nuancen können so wesentlich präziser wiedergegeben werden als mit Wörtern. Zudem wird Körpersprache wegen ihrer relativen Unverbindlichkeit weniger überwacht und gilt deshalb in den genannten Bereichen als verläßlicheres Ausdrucksmittel als die Sprache.

Für die Vermittlung dieser Semiotik in Wort oder Schrift besteht das Problem, daß sie, in digitale Zeichen transponiert, ihr spezifisches Ausdruckspotential zumindest partiell verliert. Johann Georg Sulzer vermerkt in seiner ›Allgemeinen Theorie der Schönen Künste‹ *die größten Schwierigkeiten, die Gebehrden bestimmt zu beschreiben.*[16] Trotz dieser Schwierigkeiten hat keine Epoche der europäischen Literatur auf körpersprachliche Signifikanten verzichtet, wenn sie

---

14 Albert M. u. Virginia T. Katz (Hrsg.), *Foundations of Nonverbal Communication: Readings, Exercises, and Commentary*, Carbondale 1983, S. XV.
15 Vgl. zur Dichotomie analog-digital Paul Watzlawick [u.a.], *Menschliche Kommunikation – Formen, Störungen, Paradoxien*, 4. Aufl., Bern 1974, S. 61–64.
16 Johann Georg Sulzer, *Allgemeine Theorie der Schönen Künste*, 2. Aufl., Leipzig 1792, Bd. II, S. 315. Zu Problemen bei der Vertextung von Körpersprache vgl. ausführlicher Korte (Anm. 12), S. 97–109. Körpersprache, die trotz dieser Probleme als literarisches Gestaltungsmittel eingesetzt wird, bekommt unweigerlich einen besonderen Stellenwert, denn sie ist »im schriftlichen Medium [...] für Verstehensprozesse nicht nötig«; Hartmut Kalverkämper, »Literatur und Körpersprache«, *Poetica* 23 (1991), S. 328–373, hier: S. 330.

auch in sehr unterschiedlicher Quantität und Qualität genutzt wurden. Der prägnante Evolutionsschub literarischer Körpersprache seit Richardson soll im folgenden im Kontext des gesamtkulturellen und insbesondere des literarästhetischen Diskurses skizziert werden.

III.

Die Körpersprache des Gefühls, einiger elementarer Beziehungen (insbesondere der Liebesbeziehung) sowie des Zeremoniells und Rituals spielt bereits im Altertum und vor allem im Mittelalter eine wichtige Rolle. Bis in das frühe 18. Jahrhundert sind emotional displays und soziale Embleme im schriftlichen Erzähltext die am häufigsten nachweisbaren Funktionsklassen einer Körpersprache, die sich in einer begrenzten Zahl von Modi manifestiert, oft konventionalisierten Repertoires entstammt und nicht selten formelhaft präsentiert wird.[17]

In Hinblick auf die Art der eingesetzten Körpersprache wird die Wende um 1740 schon bei der Auswertung eines begrenzten Romankorpus nach der modal-funktionalen Klassifikation augenfällig (vgl. die Abb. S. 623). Es versteht sich, daß literaturstatistische Auswertungen allenfalls grobe Entwicklungstendenzen sichtbar machen. Diese Tendenzen sind hier jedoch deutlich: Erst mit und nach Richardson wird das modal-funktionale Spektrum von Körpersprache in seiner vollen Bandbreite genutzt.[18] Dazu kommt – was die abgebildeteten Schemata nicht wiedergeben – eine merklich erhöhte Frequenz körpersprachlicher Signifikanten, zumindest im Vergleich zur Erzählprosa der Renaissance und des 17. Jahrhunderts.

Eine Ästhetik wie die des age of sensibility, die Empfindungen darstellen und insbesondere auch bei den Rezipienten wecken will, bedingt fast natürlich einen Anstieg an emotional displays (bzw. ›pathognomischen‹ Zeichen[19]), wie sie die zitierte Sterbeepisode aus ›Clarissa‹ in für die Epoche charakteristischer Weise kumuliert. Körpersprachliche Innovationen der sentimental novel gehen über eine Intensivierung der Emotions-Darstellung jedoch weit hinaus.

---

17 Vgl. im einzelnen Korte (Anm. 12), S. 93 f. u. S. 186–190.
18 Für Erläuterungen der Schemata vgl. Korte (Anm. 12). Die Funktionsklasse der Regulatoren wurde wegen der generellen Seltenheit ihres Vorkommens in Romanen nicht berücksichtigt. Den Korpora für die beiden Auswertungen liegen je 20 Texte zugrunde.
19 So der gängigste Begriff des 18. Jahrhunderts; vgl. etwa Georg Christoph Lichtenberg, *Über Physiognomik; wider die Physiognomen* (1778), *Schriften und Briefe*, hrsg. Wolfgang Promies, Darmstadt 1972, Bd. III, S. 256–295. Zur besonderen Aufmerksamkeit für Körpersemiotik in der bürgerlichen Gesellschaft vgl. Peter von Matt, *[...] fertig ist das Angesicht: Zur Literaturgeschichte des menschlichen Gesichts*, München u. Wien 1983, S. 137; Gert Mattenklott, *Der übersinnliche Leib: Beiträge zur Metaphysik des Körpers*, Reinbek 1982, S. 18; sowie zwei kunsthistorische Beiträge: Wolfgang Kemp, »Die Beredsamkeit des Leibes: Körpersprache als künstlerisches und gesellschaftliches Problem der bürgerlichen Emanzipation«, *Städel-Jahrbuch* NF 5 (1975), S. 111–134; Ilsebill Barta, »Der disziplinierte Körper: Bürgerliche Körpersprache und ihre geschlechtsspezifische Differenzierung«, in: dies. [u.a.] (Hrsg.), *Frauen, Bilder, Männer, Mythen: Kunsthistorische Beiträge*, Berlin 1986, S. 84–106.

Körpertext im Schrifttext 623

Erzählprosa vor 1740	Funktionale Klassifikation			
Modale Klassifikation	Emotions-Darstellung	Externalisator	Illustrator	Emblem
1. Kinesik Geste				▓
Aktion				
Gesichtsausdruck	▓			
Blickverhalten		▓		
Automatismen	▓			
Körperhaltung				▓
II. Haptik		▓		▓
III. Proxemik				

Abb. I

1740 bis 1830	Funktionale Klassifikation			
Modale Klassifikation	Emotions-Darstellung	Externalisator	Illustrator	Emblem
1. Kinesik Geste	▓		▓	
Aktion	▓	▓		
Gesichtsausdruck	▓	▓		
Blickverhalten	▓	▓	▓	
Automatismen	▓			
Körperhaltung	▓			▓
II. Haptik		▓		▓
III. Proxemik		▓		

Abb. II

Aus: Korte (Anm. 12), S. 187 u. S. 193.

John Mullans Studie ›Sentiment and Sociability‹ deutet bereits in ihrem Titel an, daß der empfindsame Roman im Kontext der neuen bürgerlichen Gesellschaft mit ihrem komplexen Rollengefüge und besonderem Augenmerk auf ›Geselligkeit‹ betrachtet werden muß.[20] In diesem Rahmen entsteht eine erhöhte Sensibilität für die Semiotik des menschlichen Zusammenlebens und damit der Körpersprache dieses Bereichs. Mullan betont, daß emotional displays, da Gefühle mit natürlicher Moralität konnotieren, im Diskurs der sociability eine herausgehobene Stellung einnehmen: »Here sensibility is both private and public«.[21] Noch unmittelbarer spiegelt sich die Einbindung des empfindsamen Romans in diesen Diskurs aber auch in einer differenzierten Körpersprache zwischenmenschlicher Beziehungen, in einem erhöhten Anteil interpersonaler Externalisatoren, die sich besonders häufig in den Modi des Blickverhaltens, der Haptik und der Proxemik realisieren.

In der Literatur höfischer Gesellschaften manifestieren sich soziale Beziehungen körpersprachlich oft in Form von Emblemen mit unmißverständlicher Bedeutung: Verbeugungen, Kniefällen, Segnungsgebärden und anderen Umgangsformen einer auf öffentliche Repräsentanz großen Wert legenden Gesellschaft. Die bürgerliche Literatur schildert ein deutlich anderes Spektrum von Beziehungen und Interaktionsformen.

> Der Roman öffentlich-repräsentativer Begebenheiten und einer ›politischen‹ Gesellschaftsmoral wird abgelöst vom Roman bürgerlich-alltäglicher Begebenheiten im Geflecht einer Handlung, deren Moralität den privaten Tugenden einer sich von höfischen Maximen befreienden bürgerlichen Eigenständigkeit entspricht.[22]

Wo es für das Verhalten keine Maximen mehr gibt, steigt die Notwendigkeit, das Verhalten der Mitmenschen genau *lesen* zu können. »Die Bezugnahme auf den anderen erfolgt [...] als Blick und Beobachtung [...] – wir stellen somit eine zunehmende Visualisierung sozialer Interaktion fest«.[23] In Ermangelung verbindlicher Maximen wird die Deutung des Beobachteten aber schwieriger; sie involviert komplexe Sinnzuweisungsprozesse.

Richardsons Romane lassen beobachten, wie Körpersprache von den Figuren nicht nur differenziert wahrgenommen und beschrieben wird, sondern wie sie bei ihnen des öfteren komplexe Interpretationsprozesse auslöst. Externalisatoren ohne verbindliche Bedeutung, die *interpretiert* werden müssen, lösen die einfach *lesbaren* Embleme der sozialen Beziehung ab. Die Körpersprache ›beschäftigt‹ Richardsons Figuren und wird entsprechend eng in die Vermittlungsstruktur der Romane eingeflochten: sie wird subjektiv wahrgenommen und subjektiv gedeutet, ist in der Semiose also an das individuelle Figurenbewußtsein gekoppelt.

---

20 Zur Verwurzelung von Richardsons Romanen in der bürgerlichen Gesellschaft vgl. mehrere Beiträge in: John Carroll (Hrsg.), *Samuel Richardson: A Collection of Critical Essays*, Englewood Cliffs, N. J. 1969.
21 Mullan (Anm. 9), S. 15 f.
22 Wilhelm Voßkamp, *Romantheorie in Deutschland: Von Martin Opitz bis Friedrich von Blankenburg*, Stuttgart 1973, S. 142.
23 Mechthild Albert, *Unausgesprochene Botschaften: Zur nonverbalen Kommunikation in den Romanen Stendhals*, Tübingen 1987, S. 161.

Das folgende Beispiel findet sich ziemlich zu Anfang der ›Clarissa‹. Clarissa hat sich erstmals geweigert, den vom Vater ausgewählten, für sie in jeder Hinsicht unattraktiven Solmes zu ehelichen, weil sie sich in den Verführer Lovelace verliebt hat. Die Familie, insbesondere Vater und Geschwister, setzt Clarissa daraufhin unter psychischen Druck. Man ›straft‹ Clarissa durch Schweigen, so daß sie gezwungen ist, ihre Familie visuell zu taxieren und über körpersprachliche Signifikanten die Lage einzuschätzen. Umgekehrt vermitteln die Familienmitglieder Clarissa gerade über die Augensprache Botschaften verschiedenster Art (von Verachtung und Schadenfreude bis zur geheimen Sympathie):

> Such a solemnity in every-body's countenance! – My mamma's eyes were fixed upon the tea-cups; and when she looked up it was heavily, as if her eyelids had weights upon them; and then not to me. My papa sat half-aside in his elbow-chair, that his head might be turned from me; his hands folded, and waving, as it were, up and down; his fingers, poor dear gentleman! in motion, as if angry to the very ends of them. My sister sat swelling. My brother looked at me with scorn, having measured me, as I may say, with his eyes, as I entered, from head to foot. My aunt was there and looked upon me as if with kindness restrained, bending coldly to my compliment to her as she sat; and then cast an eye first on my brother, then on my sister, as if to give the reason (so I am willing to construe it) of her unusual stiffness – (S. 63 f., Brief 8)

Wiederholt weist die Passage auf die subjektive und damit relativ unsichere Deutung der Körpersprache durch Clarissa hin; allein die Formulierung *as if* tritt viermal auf und betont so die von Clarissa zu erbringende Interpretationsleistung.

Stärker als in Texten früherer Epochen vermittelt sich in Beispielen wie diesem auch ein Bewußtsein dafür, daß Nuancen von Körpersprache bedeutsam sein können. Clarissa registriert Details wie die schweren Augenlider der Mutter, die Fingerbewegungen des Vaters, die Blickbewegungen der Tante. Die Sensibilität für Körpersprache, die eine Figur hier innerhalb des fiktiven Geschehens offenbart, dürfte im 18. Jahrhundert – ähnlich wie heute – weitverbreitet gewesen sein. So bemerkt z.B. William Hogarth in ›The Analysis of Beauty‹ (1753):

> we can scarce help (if our attention is a little raised) forming some particular conception of the person's mind whose face we are observing, even before we receive information by anyother means.[24]

Daß die Aufmerksamkeit für Körpersprache im Verlauf des Jahrhunderts generell *a little raised* war, geht u.a. aus Zeugnissen hervor, in denen Personen einen Blick für ihre eigene alltägliche Körpersprache unter Beweis stellen. Richardson z.B. beschreibt in einem Brief an ›Mrs. Belfour‹ [Lady Bradshaig], im Kontext eines berühmten Selbstporträts, seine gewohnheitsmäßige Körperhaltung, Gangart und Augensprache:

> looking directly foreright, as passers-by would imagine, but observing all that stirs on either hand of him without moving his short neck; hardly ever turning back [...] a regular even pace, stealing away ground, rather than seeming to rid it: a gray eye, too often over-

---

24 William Hogarth, *The Analysis of Beauty*, Oxford 1955, S. 136.

clouded by mistiness from the head: by chance lively; very lively it will be, if he have hope of seeing a lady whom he loves and honours: [...] as he approaches a lady, his eye is never fixed first upon her face, but upon her feet, and thence he raises it up, pretty quickly for a dull eye [...].[25]

Auch liegen für die Mitte des 18. Jahrhunderts viele Aussagen vor, daß Schauspieler von ihrem Publikum gerade wegen ihrer Körpersprache geschätzt wurden, wie der Engländer David Garrick, den u. a. Diderot und Georg Christoph Lichtenberg bewunderten.[26]

Körpersprache wurde zum vielbesprochenen Objekt eines intensiven gesamtkulturellen Diskurses[27], der die Schauspielkunst ebenso umfaßte wie die allgemeine ästhetische Reflexion, die (Sprach-)Anthropologie, Psychologie oder Physiologie.[28] Die zeitgenössische Aufmerksamkeit für die Sprache des Körpers erweist sich als enzyklopädisches Phänomen. Diderots ›Encyclopédie‹ (1751–1776) widmet der ›geste‹ einen eigenen Eintrag und räumt der Körpersprache damit einen Platz im Universalwissen der Zeit ein.

Die Reflexion über Körpersprache im Kontext der Schauspielkunst akzentuierte die Frage einer natürlichen körperlichen Expressivität, die soeben eine hochstilisierte, rhetorische Theatergeste abzulösen begann. In England z. B. schrieb der Dramatiker und Theatermanager Aaron Hill, ein Bekannter Richardsons, in seinem ›Essay on the Art of Acting‹ (1746):

> To act a passion well, the actor never must attempt its imitation, until his fancy has conceived so strong an image, or idea, of it, as to move the same impressive springs within his mind, which form that passion, when it is undesigned, and natural.[29]

Diese Natürlichkeit wird auch in der (Sprach-)Anthropologie der Zeit diskutiert. Der bewußte Verstand steht dem unbewußten Gefühl gegenüber, was mit einem

---

25 *The Correspondence of Samuel Richardson* (Anm. 11), Bd. IV, S. 290 f.
26 Denis Diderot, *Paradoxe sur le Comédien, Œuvres*, Paris 1951, S. 1033–1088, bes. S. 1052; Lichtenberg, *Briefe aus England (1776/78), Gesammelte Werke*, hrsg. Wilhelm Grenzmann, Baden-Baden 1963, Bd. I, S. 957–1015, bes. S. 971.
27 Vgl. zur Bandbreite dieses Diskurses u. a. *Das achtzehnte Jahrhundert* 14/2 (1990): *Die Aufklärung und ihr Körper: Beiträge zur Leibesgeschichte im 18. Jahrhundert*; sowie Rudolf Behrens u. Roland Galle (Hrsg.), *Leib-Zeichen: Körperbilder, Rhetorik und Anthropologie im 18. Jahrhundert*, Würzburg 1993.
28 Zur engen Verflechtung des philosophisch-psychologischen Diskurses mit dem physiologischen vgl. u.a. R. F. Brissenden, *Virtue in Distress: Studies in the Novels of Sentiment from Richardson to Sade*, London 1974, S. 30; Mullan (Anm. 9), Kapitel 5; sowie Ann Jessie Van Sant, *Eighteenth-Century Sensibility and the Novel: The Senses in Social Context*, Cambridge 1993. Direkte Bezüge zwischen Körpersprache und Physiologie sind bei Richardson weniger offensichtlich, aber bei anderen Vertretern der sentimental novel nachzuweisen, insbesondere bei Laurence Sterne.
29 Zitiert nach Toby Cole u. Helen Krich Chinoy (Hrsg.), *Actors on Acting: The Theories, Techniques, and Practices of the Great Actors of All Times as Told in Their Own Words* (1949), New York 1970, S. 117. Erika Fischer-Lichte hat den Wandel der schauspielerischen Körpersprache im 18. Jahrhundert ausführlich resümiert: *Semiotik des Theaters: Eine Einführung: Bd. II: Vom ›künstlichen‹ zum ›natürlichen‹ Zeichen – Theater des Barock und der Aufklärung*, 2. Aufl., Tübingen 1989; vgl. darüber hinaus auch Wolfgang F. Bender (Hrsg.), *Schauspielkunst im 18. Jahrhundert: Grundlagen, Praxis, Autoren*, Stuttgart 1992.

Gegensatz ihrer Ausdrucksmittel Sprache bzw. Körpersprache korrespondiert. Letztere wird als einzig verläßlicher Ausdruck des Gefühls hervorgehoben. Louis de Cahusac etwa bezeichnet in der ›Encyclopédie‹ die Bewegung von Körper und Gesicht als *une des premieres* [sic!] *expressions du sentiment données à l'homme par la nature.*[30] Aber nur die völlig unkontrollierte Körpersprache ist eine verläßliche Äußerung des Gefühls, und die Frage nach der Bewußtheit und Intentionalität von Körpersprache bekommt daher besonderes Gewicht. So unterscheidet u.a. Henry Home, Lord Kames, in ›The Elements of Criticism‹ (1762) ausdrücklich willkürliche und unwillkürliche (*voluntary and involuntary*) äußere Zeichen der Leidenschaften; nur letztere sind *incapable of deceit.*[31]

Im Kontext dieser Diskussion kommt auch im Roman der Bewußtheit oder Unbewußtheit nonverbalen Verhaltens besondere Signifikanz zu. Immer wieder wird nonverbales Verhalten mit Hinweisen auf seine (in)voluntariness qualifiziert, wie z.B. in der im 16. Brief geschilderten Episode der ›Clarissa‹, in der die Protagonistin zwischen sich und dem verabscheuten Solmes räumliche Distanz zu schaffen sucht; Clarissas Abneigung wird also durch einen proxemischen Signifikanten Ausdruck verliehen. Ihr Verhalten kommentiert Clarissa selbst ausdrücklich als *involuntarily, I think; I could not help it – I knew not what I did* (S. 87).[32] Das spontane, unabsichtliche Verhalten erscheint durch diese Beteuerung nachdrücklich als Signifikant einer ›natürlichen‹ Abneigung, gegen die der Zwang zur ungewollten Ehe umso unnatürlicher und unmenschlicher erscheint.

Zeigt sich in solchen Beispielen die Einbettung literarischer Körpersprache in einen allgemeinen Diskurs, ist ein zentraler Faktor für die Evolution der Körpersprache im Roman natürlich literarästhetischer Natur: die Herausbildung eines neuen Romanprogramms, das durch Anschaulichkeit und Wirklichkeitsnähe charakterisiert ist und bei dessen Durchsetzung Richardson eine Schlüsselrolle zukommt.

In der englischen Begrifflichkeit (sensibility, sentiment) wird die Affinität von Empfindsamkeit und Sinneserfahrung noch deutlicher als in der deutschen:

»Sentimental ideas [...] derive from one basic notion. This is that the source of all knowledge and all values is the individual human experience. [...] The key word is ›sensible‹: what we know derives ultimately from what our *senses* tell us – from our *sensibility* (although Locke himself does not use the word)«.[33]

---

30 Louis de Cahusac, »Geste«, in: Denis Diderot u. Jean Le Rond d'Alembert (Hrsg.), *Encyclopédie, ou Dictionnaire Raisonné des Sciences, des Arts et des Métiers*, 2. Aufl., Genf 1777, S. 111.
31 Henry Home, Lord Kames, *Elements of Criticism*, 3 Bde., New York u. London 1967, Bd. II, S. 119 u. S. 141. Für die Darstellung einer vorgetäuschten, unaufrichtigen und damit unempfindsamen Körpersprache im Roman des 18. Jahrhunderts vgl. etwa die Figur des Verführers in ›Clarissa‹. Wiederholt weiß Lovelace Körpersprache für seine schlimmen Absichten einzusetzen.
32 Auf die Häufigkeit unwillkürlicher Körpersprache bei Richardson verweist auch Mullan (Anm. 9), S. 74.
33 Brissenden (Anm. 28), S. 22.

In einem Jahrhundert, das den Sinnen und dabei insbesondere dem Sehsinn größte Beachtung schenkte[34], kann es nicht überraschen, daß der Roman den Weg zum Herzen seiner Leser über eine stark visuell orientierte Ästhetik suchte.[35] Lord Kames z.B. formuliert in den ›Elements of Criticism‹:

> Writers of genius, sensible that the eye is the best avenue to the heart, represent every thing as passing in our sight; and from readers to hearers, transform us, as it were, into spectators.[36]

Aus diesem Desiderat folgt eine Wertschätzung der Beschreibung, wie Lord Kames an anderer Stelle deutlich hervorhebt: *In narration as well as in description, facts and objects ought to be painted so accurately as to form in the mind of the reader distinct and lively images.*[37] Einige Jahre früher findet sich dieses Programm bei Richardson schon vorformuliert, wenn auch in den Worten einer fiktiven Figur im 2. Brief der ›Clarissa‹. Ausdrücklich wird auf den Bereich des Nonverbalen, *air and manner*, eingegangen:

> Excuse me, my dear, I never was thus particular before; [...] you will always have me give you minute descriptions, nor suffer me to pass by the air and manner in which things are spoken that are to be taken notice of; rightly observing that air and manner often express more than the accompanying words. (S. 42)

Die aus solcher Partikularität erwachsende Anschaulichkeit eignet sich besonders dazu, das wirkungsästhetische Ziel der sentimental novel zu erreichen: eine Darstellung, die so unmittelbar und plastisch ist, daß sie in den Lesern eine Identifikation mit den Figuren der Handlung und so eine empfindsame Reaktion auslöst.[38] Diesen Aspekt des Richardsonschen Œuvres hebt Diderot in seiner ›Éloge de Richardson‹ (1761) hervor, ebenfalls mit direktem Bezug auf Körpersprache:

> Sachez que c'est à cette multitude de petites choses que tient l'illusion [...] Le geste est quelquefois aussi sublime que le mot; et puis ce sont toutes ces vérités de détail qui préparent l'âme aux impressions fortes des grands événements.[39]

---

34 Vgl. eine Formulierung in Joseph Addisons *Spectator*-Essay Nr. 411: *Our Sight is the most perfect and most delightful of all our Senses*, in: The Spectator, hrsg. Gregory Smith, 4 Bde., London u. New York 1907, Bd. III, S. 276.

35 Vgl. auch die Sorgfalt, mit der Richardson Illustrationen in seinen Romanen plazierte; dargestellt bei Janet E. Aikins, »Richardson's ›Speaking Pictures‹«, in: Margaret Anne Doody u. Peter Sabor (Hrsg.), *Samuel Richardson: Tercentenary Essays*, Cambridge 1989, S. 146–166. Die Visualität in ›Clarissa‹, mit besonderem Augenmerk auf Körpersprache, kommentiert auch George Sherburn, »›Writing to the Moment‹: One Aspect«, in: Carroll (Anm. 20), S. 152–160.

36 Lord Kames, *Elements of Criticism* (Anm. 31), Bd. III, S. 197. Janet Todd bezeichnet die empfindsame Literatur treffend als »a kind of pedagogy of seeing and of the physical reaction that this seeing should produce«; dies.: *Sensibility: An Introduction*, London 1986, S. 4.

37 Lord Kames, *Elements of Criticism* (Anm. 31), Bd. III, S. 174 f.

38 Zur wirkungsästhetischen Bedeutung von Strategien der Vergegenwärtigung und Dramatisierung gerade im Briefroman vgl. Wilhelm Voßkamp, »Dialogische Vergegenwärtigung beim Schreiben und Lesen: Zur Poetik des Briefromans im 18. Jahrhundert«, *DVjs* 45 (1971), S. 80–116, bes. S. 106; Dorothea E. von Mücke, *Virtue and the Veil of Illusion: Generic Innovation and the Pedagogical Project in Eighteenth-Century Literature*, Stanford 1991, bes. Kapitel 2: »The Epistolary Novel and Bourgeois Tragedy«.

39 Diderot, *Éloge de Richardson*, Œuvres (Anm. 26), S. 1089–1104, hier: S. 1094.

In welchem Maß die Leser bei Richardson in ›Betrachter‹ oder ›Zuschauer‹ verwandelt werden, gerade auch in bezug auf Körpersprache, illustriert die oben angeführte Sterbeepisode der ›Clarissa‹. Mit Worten entsteht hier eine kunstvolle Bildkomposition, die als ›tableau vivant‹ Anklänge sowohl an die Malerei als auch an das Theater aufweist. Schmerz und Trauer der Figuren werden durch Körpersprache augenfällig ›inszeniert‹. Der Aufführungscharakter einer sehr ähnlichen Sterbeepisode aus einem späteren Roman des 18.Jahrhunderts, Robert Bages ›Hermsprong, or Man as He is Not‹ (1796) wird denn auch im Text selbst explizit als theatralisch deklariert: *So closed the last act of Lord Grondale!*[40]

Während die Sterbeepisode aus ›Clarissa‹ als Tableau ihre Anschaulichkeit in malerischer Statik realisiert, beruht der Effekt zahlreicher anderer Episoden gerade auf der Lebendigkeit von Körpersprache. Eine Affinität Richardsons zu Drama und Theater ist häufig beobachtet und belegt worden: »It was Richardson who developed the dramatic, realistic, vivid, dimensional, and temporal scene and based much of his novels upon it.«[41] Oben wurde bereits die Episode angesprochen, in der sich Clarissas Abneigung gegen den vorgeschriebenen Ehemann durch spontanes Distanzverhalten offenbart. In ihrem szenischen Charakter und der Rolle, die gerade nonverbales Verhalten dabei spielt, ist diese Episode charakteristisch für Richardson:

> Had the wretch kept his seat, it might have been well enough, but the bent and broad-shouldered creature must needs rise, and stalk towards a chair, which was just by that which was set for me.
> I removed it at a distance, as if to make way to my own; and down I sat, abruptly I believe [...]
> He took the removed chair and drew it so near mine, squatting in it with his ugly weight, that he pressed upon my hoop. – I was so offended [...] that I removed to another chair. [...]
> I saw my papa was excessively displeased. When angry, no man's countenance ever showed it so much as my papa's. Clarissa Harlowe! said he with a big voice, and there he stopped – Sir! said I, and curtsied – I trembled and put my chair nearer the wretch, and sat down; my face I could feel all in a glow.
> Make tea, child, said my kind mamma: Sit by me, love, and make tea.
> I removed with pleasure to the seat the man had quitted, and being thus indulgently put into employment, soon recovered myself [...]
> (S. 87 f., Brief 16)

In diesem hektischen Stühlerücken und -wechseln kommt das ›Verfolgtsein‹ der Protagonistin, bis sie in der Nähe ihrer mitfühlenden Mutter zur Ruhe kommen darf, äußerst dynamisch zur Darstellung. Das Wohnzimmer wird zur bespielten Schaubühne, auf der das Geschehen im wahrsten Sinne räumlich inszeniert ist,

---

40 Robert Bage, *Hermsprong, or Man as He is Not*, Oxford 1985, S. 246.
41 Ira Konigsberg, *Samuel Richardson and the Dramatic Novel*, Lexington 1968, S. 102; vgl. auch das Standardwerk von Mark Kinkead-Weekes, *Samuel Richardson: Dramatic Novelist*, London 1973; sowie zur Beziehung von Drama und Roman im England des 18. Jahrhundert allgemein John Loftis [u. a.], *The Revels History of Drama in English*. Vol. V: 1660–1750, London 1976, S. 70–73. Zwar sind Vorläufer dieser Entwicklung und der hier genannten Techniken bereits für das späte 17. Jahrhundert zu beobachten, sie intensivieren sich jedoch auffällig mit und nach Richardson. Vgl. genauer Korte (Anm. 12), S. 236–239.

nicht nur in der Bewegung der Figuren durch den Raum, sondern auch in einem korrespondierenden Akzent auf proxemische Signifikanten.

Räumliche Distanz bzw. Nähe und ein hieraus sich ergebendes haptisches Verhalten sind zentrale Sinnträger auch in einer anderen Szene in ›Clarissa‹ zwischen Mutter und Tochter:

> Then rising, she drew a chair near her own and made me sit down by her, overwhelmed as I was with tears of apprehension of what she had to say, and of gratitude for her truly maternal goodness to me, sobs still my only language.
> And drawing her chair still nearer to mine, she put her arms round my neck and my glowing cheek, wet with my tears, close to her own. Let me talk to you, my child, since silence is your choice; hearken to me, and be silent.
> [...] Oh my Clary Harlowe, rejoice my heart by telling me I have apprehended too much! – I see your concern! I see your perplexity! I see your conflict (loosing her arm and rising, not willing I should see how much she herself was affected). I will leave you a moment – Answer me not (for I was essaying to speak and had, as soon as she took her dear cheek from mine, dropped down on my knees, my hands clasped and lifted up in a supplicating manner). I am not prepared for your irresistible expostulation, she was pleased to say – I will leave you to recollection. (S. 89, Brief 16)

Hier vermittelt die Mutter im nonverbalen Kontakt mit der Tochter dieser ihre Sympathie für den Widerstand gegen den Vater – im Widerspruch zur Sprache, mit der sie die Autorität ihres Ehemanns repräsentieren soll. Als die Mutter bemerkt, daß ihre Körpersprache einen subversiven Diskurs darstellt und die Worte, mit denen sie zum Sprachrohr ihres Mannes werden soll, unterminiert, unterbindet sie abrupt diesen Körpertext. Wie auf der Theaterbühne ist Körpersprache eine selbständige, zur verbalen Sprache teils komplementäre Ausdrucksebene, deren Parallelität zur Rede durch die syntaktische Interpolation zudem effektiv versprachlicht wird. In der Verwendung von Parenthesen für diese Interpolation erinnert nicht zuletzt auch das Schriftbild an den Dramentext.

Neben Anschaulichkeit und Lebendigkeit illustrieren die zuletzt betrachteten Beispiele auch die größere Wirklichkeitsnähe des Romans im 18. Jahrhundert.[42] Die Sterbeepisode aus ›Clarissa‹ läßt erkennen, daß Richardson in stark affektiven Momenten nicht vor der theatralisch-pathetischen Geste früherer Epochen zurückschreckt. Ein Großteil der Körpersprache in seinen Romanen rekrutiert sich jedoch aus dem Repertoire des alltäglichen nonverbalen Verhaltens. Nicht mehr nur große Gebärden sind bedeutsam, sondern die feineren Nuancen des alltäglichen Lebens – des emotionalen wie des sozialen.

Die Darstellung mentaler Befindlichkeiten z.B. erfolgt jetzt häufig auch durch einfache Aktionen statt durch genau umrissene Gesten, also in jenem kinesischen

---

[42] Vgl. etwa Clara Reeve in ›The Progress of Romance‹ (1785): *The Novel gives a familiar relation of such things as pass every day before our eyes [...] and the perfection of it is to represent every scene in so easy and natural a manner, and to make them appear so probable, as to deceive us into a persuasion (at least while we are reading) that all is real, until we are affected by the joys or distresses of the persons in the story as if they were our own.* Zitiert nach: *Eighteenth-Century British Novelists on the Novel*, hrsg. George L. Barnett, New York 1968, S. 135.

Modus, in dem sich ein Großteil der alltäglichen nonverbalen Kommunikation abspielt. So finden sich etwa emotional displays wie die folgenden:

> My master himself, hardened wretch as he was, seemed a little moved, and took his handkerchief out of his pocket, and walked to the window. ›What sort of a day is it?‹ said he. (›Pamela‹, Bd. I, S. 61, Brief 18)

> My sister rose with a face all over scarlet, and stepping to the table where lay a fan, she took it up and, although Mr Solmes had observed that the weather was cold, fanned herself very violently. (›Clarissa‹, S. 114, Brief 21)

Im Beispiel aus ›Pamela‹ ist Squire B.s Hantieren mit einem Taschentuch eine typische Verlegenheitshandlung. In ›Clarissa‹ gibt das Fächerwedeln Clarissas Schwester Gelegenheit, ihrem Zorn unter Wahrung des gesellschaftlichen Anstandes unspektakulär Luft zu machen.

Neben der Aktion werden auch andere ›alltägliche‹ Modi erst im Roman des 18. Jahrhunderts in ihrem vollen Ausdruckspotential entdeckt. Oben wurde auf Subtilitäten bei der Wiedergabe von Blickverhalten hingewiesen. Ähnliches gilt für die Proxemik, deren Authentizitätseffekt bei Richardson nicht zuletzt darauf zurückzuführen ist, daß er hier ein feines Gespür für geschlechtsspezifische Körpersprache beweist. Die moderne Forschung zur nonverbalen Kommunikation hat nachgewiesen, daß Frauen gerade für proxemisches und haptisches Verhalten eine besondere Sensibilität aufweisen,[43] und es sind auch in Richardsons Romanen vor allem weibliche Figuren, die eine solche Sensibilität an den Tag legen. Das weibliche Lesepublikum, an das Richardson sich vor allem wandte,[44] mag auf Körpersprache in diesen Bereichen also besonders ›empfindsam‹ reagiert haben.

Nicht zuletzt auch die Wiedergabe von zur Figurenrede paralleler Körpersprache leistet einen Beitrag zum Wirklichkeitseffekt der Richardsonschen Romane, denn in der face-to-face-Kommunikation der Erfahrungswirklichkeit ist Körpersprache ein normales Begleitphänomen jedes Sprechens. Hierbei setzt Richardson wiederholt auch zwei Funktionsklassen nonverbalen Verhaltens ein, die in der Erfahrungswirklichkeit sehr häufig auftreten, aber in älterer Erzählliteratur äußerst selten belegt sind: Illustratoren und Regulatoren, wie hier in Unterhaltungen zwischen Clarissa und ihrer Schwester bzw. Mutter:

> Can this be from those who have authority –
> Ask them, ask them, child, *with a twirl of her finger*
> – I have delivered my message.
> (S. 63, Brief 8)

> She looked with concern and anger upon me – No compliance, I find! – Such a dutiful young creature hitherto! – Will you not, can you not, speak as I would have you speak? – Then *(rejecting me, as it were, with her hand)*, then, continue silent – I, no more than your father, will bear your, avowed contradiction! –
> She paused, *with a look of expectation*, as if she waited for my consenting answer.
> (S. 107, Brief 20)
> [Meine Hervorhebungen.]

---

43 Vgl. Korte (Anm. 12), S. 10 f., 75 f., 80 f.
44 Vgl. u.a. Jocelyn Harris, *Samuel Richardson*, Cambridge 1987, S. 4.

Durch derart eingeschobene Körpersprache wirkt letztendlich die Figurenrede selbst authentischer, denn die nonverbalen Einschübe suggerieren die für das Sprechen normalen Pausen und den Rhythmus der Rede. Körpertext im Schrifttext leistet somit schließlich auch einen Beitrag zur Wirkung ›dargestellter‹ Mündlichkeit.

IV.

Die neue Phase der Körpersprache im Roman, die in der englischen Literatur mit Samuel Richardson einsetzt, konnte hier nur in Grundzügen umrissen werden. Immerhin wurde erkennbar, daß die volle Ausnutzung des semiotischen Systems der Körpersprache, wie sie der Roman Richardsons initiiert, im Kontext eines gesamtkulturellen Diskurses über den Körper und Körperausdruck stattfindet und wesentlich eine neue Ästhetik des Romans voraussetzt.

Der ›Anfang‹ des (englischen) Romans ist umstritten, aber mit Richardson beginnt ein Roman, der mentale Befindlichkeiten und zwischenmenschliche Beziehungen in komplexer Intensität schildert und diese neue inhaltliche Domäne in ein Programm der anschaulichen und wirklichkeitsnahen Darstellung integriert. In diesem Kontext wird eine differenzierte Körpersprache mit einer Vielfalt künstlerischer Funktionen in der Romanästhetik verankert. Nach Richardson steht Körpersprache Romanschriftstellern als vollausgereiftes semiotisches System zur Verfügung – auch wenn man noch nicht allen seiner unmittelbaren Nachfolger Meisterschaft in der Handhabung des Systems attestieren kann.

Mit der Progression der Verschriftlichung der abendländischen Literatur im 18. Jahrhundert verliert der Erzähltext endgültig den Aufführungscharakter, was die Situation seiner Vermittlung betrifft. Dieser Verlust koinzidiert jedoch mit der Tatsache, daß jetzt die dargestellte Welt selbst einen prononcierten Aufführungscharakter erhält. Wie sich gezeigt hat, trägt eine innovative Verwendung von Körpersprache wesentlich dazu bei, daß der neue Roman zur ›Bühne‹ empfindsamer Gesinnung in einer bürgerlichen Gesellschaftsstruktur wird.

Ausdruck:
Homogenisierung des Textes
ans ›lebendige Princip‹ in Seele und Körper

HILMAR KALLWEIT

I.

Der interessirte, der in Thätigkeit gesezte *[Mensch]* ist es entweder mehr mit seinem Kopfe oder mit seinem Herzen. In beyden Fällen ist Ausdruk.[1]

In jedem Falle ist Ausdruck: Mit allem Nachdruck arbeitet der Spätaufklärer Johann Jakob Engel zunächst als Literaturtheoretiker und dann als Mimiker die Modalitäten eines sich von innen nach außen umsetzenden Ausdrucksverhältnisses und dessen Lesbarkeit aus.[2] Das ›Innen‹ (die geläufige Formel von Kopf und Herz) exploriert Engel als die Vorgänge lebhafter Handlung in der Seele. Das ›Außen‹ als die literarischen Textformen und als mimisches Gebärdenspiel.[3] Fundament ist der im Eingangszitat apostrophierte ›in Tätigkeit gesetzte Mensch‹: Exploration von ›Ausdruck‹ ist immer zugleich Erkundung dieses ›Menschen‹. Engels Theorie von Ausdruck und Ausdrucksverstehen gehört in den Kontext der sich in den letzten Jahrzehnten des 18. Jahrhunderts in ersten Ansätzen formierenden modernen Humanwissenschaften; ›Wissenschaften‹, die noch nicht disziplinär gegeneinander abgesondert sind und jene Erkundung des Menschen vorantreiben, die zeitgenössisch als ›Anthropologie‹ zur neuen Zentralwissenschaft auf-

---

1 Johann Jakob Engel, *Ideen zu einer Mimik, Teil I und II*, Berlin 1785/1786, Reprint Hildesheim 1968, S. 121.
2 Neben der ›Mimik‹ beziehe ich mich für den Literaturtheoretiker Engel auf seinen Traktat *Über Handlung, Gespräch und Erzählung* (1774), hrsg. Ernst Theodor Voss, Realienbücher für Germanisten Abt. G, Reihe a, 3, Stuttgart 1964; sowie auf die *Anfangsgründe einer Theorie der Dichtungsarten aus deutschen Mustern entwickelt. Erster Theil*, Berlin u. Stettin 1783, Reprint Hildesheim u. New York 1977 (die Studie figuriert in der Ausgabe von Engels Schriften als ›Poetik‹).
3 Das zeitgenössisch Topische der Formel von ›Innen‹ und ›Außen‹ braucht hier nicht in reicher Zitatenlese belegt zu werden. Vgl. etwa Kants Resümee zur Physiognomik in seiner *Anthropologie in pragmatischer Hinsicht*, *Werke*, hrsg. Wilhelm Weischedel, Darmstadt 1983, Bd. X, S. 398–690, hier: S. 638.

steigt.[4] In diesem größeren Kontext sind die von Engel für Poetik und Mimik betriebenen Explorationen von ›Ausdruck‹ nur einzelner, aber prägnanter Fall.[5] Aufschlußreich vor allem in der Konsequenz, mit der Engel das Ausdrucksverhältnis bis zu einer größtmöglichen Homogenisierung von Vorgängen in der Seele und ihrer Manifestation als ›Ausdruck‹ im literarischen oder Körper-›Text‹ schlüssig zu machen sucht. Nicht ohne dabei schon auf die Aporien zu stoßen, die bekanntlich nicht verhinderten, daß ›Ausdruck‹ ineins mit den neuen Humanwissenschaften zu einer Zentralkategorie der verstehenden Geisteswissenschaften avancierte.

Für den Fragenkreis von ›Aufführung‹ und ›Schrift‹ hält Engels Theorie von Ausdruck eine ganz eigentümliche Problemvariante parat. Sie läßt nicht nur den literarischen so gut wie den Körpertext als bis ins einzelne artikuliert erscheinen vom sie strukturierenden ›Urtext‹ der lebhaften Handlung in der Seele. Was so in die Lesbarkeit der poetischen Sprache und der mimischen Konfigurationen tritt, entwickelt Engel als von einer Handlung in der Seele bewirkt, deren Abläufe er als ›szenisch‹ und ›gestisch‹ zu fassen sucht. Den manifesten ›Schrift‹-Zeichen geht ein metaphorischer ›Aufführungs‹-Charakter in der denkenden und empfindenden Seele voran. Das Interesse an dieser Argumentation verbindet sich mit einem allgemeineren. In der bis zur Homogenisierung getriebenen Einheit von ›Seelenhandlung‹ und ›Ausdruck‹ hat Engels Theorie entschieden teil an der Symptomatik bestimmter Argumentations-Muster. Aus der Sicht einer unnachgiebig kritischen Geschichte der Humanwissenschaften sind sie mit dem Verdikt ›anthropologischer Zwänge‹ belegt worden.[6] Es geht im folgenden aber nicht um

---

4 Zum Aufstieg der Anthropologie zur ›führenden‹ Aufklärungswissenschaft vgl. etwa Hans Jürgen Schings, *Melancholie und Aufklärung*, Stuttgart 1977; begriffsgeschichtlich vor allem Mareta Linden, *Untersuchungen zum Anthropologiebegriff des 18. Jahrhunderts*, Bern u. Frankfurt/M. 1976. Zum Ort von Engels Ausdrucks-Theorie in dem noch gemeinsamen ›Diskurs‹ der beginnenden Humanwissenschaften vgl. Doris Bachmann-Medick, *Die ästhetische Ordnung des Handelns*, Stuttgart 1989.

5 ›Ausdruck‹ ist bereits seit der Mitte des Jahrhunderts fest installierte Lehre. Vgl. dazu etwa die Übersicht über den Forschungsstand bei Ursula Geitner, »Die ›Beredsamkeit des Leibes‹«, *Das achtzehnte Jahrhundert* 14 (1990), S. 181–195. Besonders instruktiver Beleg dafür ist der Artikel »Ausdruck«, in: Johann Georg Sulzer, *Allgemeine Theorie der Schönen Künste*, Leipzig 1771–1774.

6 Bekanntlich leitet die These von den ›anthropologischen Zwängen‹ (›sujétions anthropologiques‹) Michel Foucaults Analysen zur Episteme der Moderne in ›Les mots et les choses‹ an. Für diese These ist aufschlußreicher Hintergrund, daß Foucault Kants ›Anthropologie in pragmatischer Hinsicht‹ mit einer Einleitung übersetzt hat. Mit dem Befund: »Das Scheitern der nachkantischen Philosophie liegt nach seinem [Foucaults] Urteil darin, im Bemühen um die Begründung einer Anthropologie bzw. in der Hoffnung, auf diesem Wege einen Zugang zum Fundamentalen zu finden, die kritische Lektion vergessen zu haben« (Urs Marti, *Michel Foucault*, München 1988. S. 61). Entsprechend dieser Diagnose hat Foucault in ›L'archéologie du savoir‹ dann auch den Versuch unternommen, diese ›Zwänge‹ aus der Methodologie der Humanwissenschaften rigoros auszutreiben. Ich kann die darin liegende (wenngleich in dieser Rigorosität selbst scheiternde) Schärfung des Blickes auch auf die Argumentationen von Engel hier nur anführen, nicht entwickeln. Vgl. dazu Hilmar Kallweit, »Zur ›anthropologischen‹ Wende in der zweiten Hälfte des 18. Jahrhunderts – aus der Sicht des ›Archäologen‹ Michel Foucault«, in: Wolfgang Küttler, Jörn Rüsen u. Ernst Schulin (Hrsg.), *Geschichtsdiskurs. Band II: Anfänge modernen historischen Denkens*, Frankfurt/M. 1994. S. 17–47.

Homogenisierung des Textes ans ›lebendige Princip‹   635

die bekannte Debatte, wie diese bis heute nachwirkendenen Argumentations-Zwänge in einen Prozeß ihrer rekonstruktiven Tilgung zu verwickeln sind, sondern davorliegend darum, wie sie sich gleichsam unvermerkt und von den zeitgenössischen Autoren undurchschaut eingespielt haben. In diesem Falle in Engels Theorie von Ausdruck, für die der Blick auf das ›Einspielen‹ erfordert, Engels Argumentation selbst genauer zur Sprache kommen zu lassen.

In einer letzten Einleitungsbemerkung also unmittelbar medias in res: Wie setzen Engels konkrete Explorationen an? Die Beispielpassage entstammt Engels ›Mimik‹ mit ihren vielen Fallstudien jeweiligen Gebärdenspiels. Studien, die beschreibungsfähig zu machen suchen, was theoretisch als *Ausdruck der Seele im Körper* erklärbar werden soll.[7] Einen dieser vielen Fälle genau beobachteten und zugleich konzipierend durchdachten Gebärdenspiels wirft Engels so auf:

> Denken Sie sich *Julien* in *Gotters* und *Benda's* Oper, wo sie, ihren *Romeo* erwartend, auf einmal ausruft: Horch! Ein Fußtritt! was für eine Attitude, glauben Sie, wird sie haben?[8]

Vor Engels Explikation dieser ›Attitüde‹ ist zu bemerken: Wie stets in seiner ›Mimik‹, spricht Engel hier in Briefen an einen Freund, von dem er sich Einwände machen läßt. Er ist sich des Explorativen der erst zur Kunst und Wissenschaft zu entwickelnden Mimik ganz bewußt. Und in dieser wie in den meisten Fallstudien greift er das Gebärdenspiel in seiner das gesprochene Wort begleitenden, unterstützenden und auslegenden Funktion auf. Engels mimische Explorationen setzen an zu Zwecken der Schauspiel-Kunst, um von hier aus erst die Dimension einer gleichermaßen auf *Beobachtungen* wie auf *allgemeine Grundsätze* gestützten Wissenschaft vom menschlichen Gebärdenspiel schlechthin zu gewinnen.[9]

Dieses Explorative von Engels ›Versuchen‹ zur Konstituierung einer Mimik steht in auffälligem Kontrast zum apodiktisch-sicheren Beschreibungsgestus der ins einzelne getriebenen Fallstudien. Wie etwa in dieser Explikation des Gebärdenspiels der Julie; welche Attitüde wird sie also haben?

> Ohne Zweifel die: daß sie das Ohr mit dem ganzen Körper, der sich aber nicht mehr bewegen darf, um den Schall nicht verhören zu lassen, nach dem Orte hinbeugt, wo dieser Schall herkommt; daß sie nur an dieser Seite mit dem Fuß fest auftritt und den andern auf die Spitze der Zähe schwebend stellt; daß sie ausserdem noch den ganzen übrigen Körper in einen Zustand der Wirksamkeit sezt. Das Auge wird weit offen seyn, als ob es recht viele Lichtstrahlen von einem Gegenstande, der nicht da ist, auffangen wollte; die Hand nach der Seite des Schalls hin wird sich unfern dem Ohre erhoben zeigen, gleichsam um den Schall mit zu haschen; die andre wird, um des Gleichgewichts willen, niederwärts und vom Körper abgehalten aber zugleich verwandt erscheinen, als ob sie jede Stöhrung zurükscheuchen wollte; auch wird sich, zu desto besserm Einsaugen des Schalls, der Mund um ein Weniges öffnen.[10]

---

7 Engel, *Mimik* (Anm. 1), S. 7.
8 Ebd., S. 179 f.
9 Vgl. ebd., S. 39 f. u. S. 6. Die Wendung auf die Schauspiel-Kunst hat ihren Hintergrund in Engels Tätigkeit als Direktor des Nationaltheaters in Berlin wie für seine ganze (auch auf die poetische Sprache gewendete) Theorie von Ausdruck in seiner eigenen dramatischen Schriftstellerei. Vgl. dazu Hans Gerhard Winter, *Dialog und Dialogroman in der Aufklärung. Mit einer Analyse von J.J. Engels Gesprächstheorie*, Darmstadt 1974.
10 Engel, *Mimik* (Anm. 1), S. 180 f. Engel greift den Fall der Julie später wieder auf, zu einem weiteren, gleichsam experimentellen Durchspielen (S. 348 ff.). Ich komme darauf zurück.

Engels mimische Erkundungen erfassen den ganzen Körper in einer distinkten und sich definitiv gebenden Beschreibung jeder einzelnen Gebärde. Eine meist beigefügte Zeichnung hält die sprachliche Fixierung des Gebärdenspiels auch unmittelbar visuell fest. Der von Engel reklamierte ›Untersuchungsgeist‹ ist vorwiegend der einer an der Theaterbühne geschulten *Beobachtung;* zugleich aber konzipierend auf der Suche danach, wie das Gebärdenspiel der *Wahrheit* nach zu sein hätte.

Das Fundament dieser *Wahrheit* sucht Engel in dem das Gebärdenspiel jeweilig verursachenden ›Zustand der Seele‹, genauer: als Ausdruck von Seelen*handlungen*.[11] Das Distinkte und Definitive der Fallbeschreibungen wahrt dabei einen Rest ›rationalistischer‹ Zeichenidentifikation. Die Beschreibungen verfahren so, als wenn sich ›Inneres‹ im Gebärdenspiel ins einzelne gehend identifizieren und referentialisieren ließe. Zugleich bringt Engel aber die eindeutige Zeichenrelation (der in der Gebärde faßbaren Signifikanten für das Signifikat des Vorgangs in der Seele) schon entschieden in Erosion.[12] Zur Auflösung in jenes zeichenidentifikatorisch kaum mehr definit zu machende *lebendige Principium, das aus der Seele in den ganzen Körper hinauswirkt*.[13] Was auch damit zu tun hat, daß Engel die schulphilosophische Einteilung in ›obere‹ und ›niedere‹ Seelenvermögen, in ›klare‹ und ›dunkle‹ Ideen nicht mehr gelten läßt. Engels Argumentation trägt alle Merkmale eines epistemologischen Umbruchs und Übergangs. Dieser Übergang konkretisiert sich in Engels Explorationen von ›Ausdruck‹, seine Ausgangspunkte sind allgemeiner. Vor dem poetologisch und mimisch Genauen des in Engels Theorie konstituierten Ausdrucksverhältnisses sind diese Ausgangspunkte – in rigoroser Abbreviatur – zu markieren;[14] das Feld also, in dem sich die ›anthropologische‹ Symptomatik der Argumentation einspielt und überhaupt erst verständlich wird.

II.

1. ›Pragmatische‹ Theorie: erfüllter Begriff der Handlung

Das Referentialisieren von ›Ausdruck‹ an die lebhafte Handlung in der Seele arbeitet Engel schon als Literaturtheoretiker aus. Für seine erzähltheoretischen und gattungspoetologischen Studien setzt er an bei der ›Handlung‹, zu deren erfüll-

---

11 Vgl. dazu Bachmann-Medick (Anm. 4), bes. S. 143 ff.
12 Vgl. dazu Andreas Käuser, *Physiognomik und Roman im 18. Jahrhundert*, Frankfurt/M. 1989, S. 64 ff.
13 Engel, *Mimik* (Anm. 1), S. 317. Engel wendet, ebd. S. 130 u. S. 119, diese Einteilung auf den *geheimen gegenseitigen Einfluß der klaren und dunklen Ideen in einander* und auf das Zustandekommen der Gebärden *vermöge einer geheimen Sympathie unter den Kräften*.
14 Ich nehme diese Ausgangspunkte von Engels Argumentation her auf, nicht im Blick auf die »Epistemologie des Jahrhunderts«, mit dem Käuser (Anm. 12), S. 1 ff. u. S. 60 ff., Engels Ausdrucks-Theorie rekonstruiert.

tem Begriff die zeitgenössisch ›pragmatisch‹ genannte Theorie vordringen will.[15] Bekanntlich wird ›Handlung‹ im Kontext dieser Theorie entwickelt als möglichst lückenloser, kausalgenetisch temporalisierter Ursache-Wirkung-Zusammenhang; für die Personen als entsprechend dicht geknüpfter Konnex aller ihrer äußeren und inneren Umstände (insbesondere als innere ›Verarbeitung‹ der ganzen äußeren Lage). Theoretiker wie Engel weisen der Poesie einen privilegierten Ort in dieser Ausarbeitung eines erfüllten Begriffs der Handlung zu. Engel macht geltend: Von sich selbst und vor allem von seinem Inneren hat der Mensch die beste und unmittelbarste Kenntnis, darauf aber richtet sich die Poesie. Insofern gilt: *Der eigentliche Schauplatz aller Handlung ist die denkende und empfindende Seele*.[16] Das ist der eine Ausgangspunkt: von der so begriffenen ›Handlung‹ her konstituiert sich der von Seelen*bewegungen* bewirkte ›Ausdruck‹ in Engels Theorie.

Schon in seinem Traktat ›Über Handlung, Gespräch und Erzählung‹ entwickelt Engel von diesem Zusammenhang her das Besondere der poetischen Sprache:

> Es ist unglaublich, wie sehr sich die Seele den Worten einzudrücken, wie sie die Rede gleichsam zu ihrem Spiegel zu machen weiß, worinn sich ihre jedesmalige ganze Gestalt bis auf die feinsten und delikatesten Züge darstellt. Der logische Satz, oder der bloße allgemeine Sinn, aus den Worten herausgezogen, ist immer das Wenigste; die ganze Bildung des Ausdrucks, die uns genau die bestimmte Fassung der Seele bey dem Gedanken zu erkennen giebt, ist alles.[17]

Bereits hier zeigt Engel sich überzeugt vom Genauen, der *Präcision* des Zusammenhangs. Und er wendet sich, wie seine weitere Erörterung aufweist, auf das Genaue in der Bewegung, der lebhaften Handlung. Für die Dichtung geht es demnach darum, wie die jeweilige *Fassung der Seele* mit all ihren *Nebenideen* und nach ihrer ganzen *Lebhaftigkeit* in der poetischen Sprache Ausdruck wird. Konsequenter noch ist dann in Engels ›Theorie der Dichtungsarten‹ die *Seele* als Schauplatz aller Handlung systematischer Ausgangspunkt der Argumentation.

Für eine neu zu begründende Einteilung der Dichtungsarten orientiert Engel sich an dem Grundsatz: *Was ist Dichtkunst anders, als ein abgerissener Theil der Seelenlehre?* Obwohl im einzelnen dann auch anders verfahrend, formuliert Engel als Prinzip, daß diese Einteilung sich aus den in der denkenden und emp-

---

15 Zur Diskussion um die ›pragmatische‹ Theorie, die in den sechziger und siebziger Jahren des 18. Jahrhunderts zugleich für Roman und Geschichtsschreibung ausgearbeitet wird, nur folgender summarischer Hinweis: Klaus Detlef Müller, *Autobiographie und Roman*, Tübingen 1976; Wilhelm Voßkamp, *Romantheorie in Deutschland*, Stuttgart 1973; Werner Hahl, *Reflexion und Erzählung*, Stuttgart 1971; Georg Jäger, *Empfindsamkeit und Roman*, Stuttgart 1969; speziell zu Engel: das Nachwort von Ernst Theodor Voss zu Engels Traktat *Über Handlung, Gespräch und Erzählung* (Anm. 2), S. 2*–149*. Wichtigstes Zeugnis romanpoetologischer Ausarbeitung ist bekanntlich Friedrich von Blanckenburgs ›Versuch über den Roman‹ (Anm. 20). Im ganzen Kontext der Popularphilosophie der Zeit findet sich der ›Pragmatismus‹ jetzt untersucht von Bachmann-Medick (Anm. 4).
16 Engel, *Über Handlung, Gespräch und Erzählung* (Anm. 2), S. 201; vgl. auch S. 190 f.
17 Ebd., S. 233.

findenden Seele überhaupt möglichen *Ideenreyhen* ergibt. Auch hier geht es dabei um die *Lebhaftigkeit* der in der Poesie in Handlung gesetzten *Seelenkräfte*: diese *in Uebung zu setzen, und sie durch diese Uebung zu erhöhn und zu schärfen*.[18] Von der lebhaften Handlung in der Seele her, die den Text gleichsam durchquert zu einer entsprechenden Aktivierung der Leser, wird konzipiert, was sich im Text als ›Ausdruck‹ manifestiert. Engel bedenkt das vielfach und – worauf es hier ankommen soll – bis in strikte Modalitäten hinein: den literarischen Text in seinen Konstitutionsprinzipien als Doublette gleichsam von *Operationen* der Seele. Für Engels Explorationen von ›Ausdruck‹ verbindet sich diese Ausarbeitung des Handlungsbegriffes mit einem zweiten Ausgangspunkt, der erst in seiner ›Mimik‹ unmittelbar gegeben, in der ›pragmatisch‹ ansetzenden Literaturtheorie aber schon vorbereitet ist.

2. Visuelle Exploration von Ausdruck: *anschauende* Erkenntnis

Wie andere ›pragmatische‹ Theoretiker orientiert Engel sich in seinen erzähltheoretischen wie poetologischen Überlegungen am Vorbild des Dramas. Leitmotiv dieser Orientierung ist die im Drama vollkommenste Vergegenwärtigung einer Handlung: als *jetzt im gegenwärtigem Augenblicke* geschehend und als auf einen Blick im *genauen Zusammenhang* aller Veränderungen ansichtig.[19] Dieser Grundsatz der Vergegenwärtigung findet sich bis hin zu einem Modell der Augenzeugenschaft formiert: Der Roman etwa soll seine Leser das Werden der Begebenheiten *sehen* lassen in einem Vorgang *anschauender* Erkenntnis.[20] Derart *ideale Gegenwart* hält Engel in seinem Traktat ›Über Handlung, Gespräch und Erzählung‹ für die dichtest mögliche, in allen ihren Komponenten genauestens präsente und so zugleich wirkungsvollste Handlung, deren vollkommenste Form er hier (vom Drama noch einmal abgehoben) im *Gespräch* verwirklicht sieht. Im Grundsatz dieser poetischen Vergegenwärtigung – den Leser zum Zuschauer machen – bahnt sich bereits die unmittelbar visuelle Exploration des mimischen Ausdrucks an.

---

18 Engel, *Theorie der Dichtungsarten* (Anm. 2), S. XVII u. S. 10. Engel formuliert, S. 10, als Frage, was seine ›Poetik‹ anleitet: *Und wie, wenn nun der ganze Zweck des Dichters und das ganze Wesen seiner Kunst darauf hinausliefe, durch den Gebrauch der Rede, als die sein einziges Instrument ist, lebhaftere Vorstellungen auszudrücken und zu erzeugen?* Für das in diese ›Lebhaftigkeit‹ eingehende *energische* Prinzip der Dichtkunst (Sulzer) vgl. Bachmann-Medick (Anm. 4), S. 143 f. Die ›Energie‹ der Rede umfaßt alles, was den Zügen eines Gedichts – in Kompensation des unanschaulich Willkürlichen der Sprachzeichen gegenüber den *natürlichen Zeichen* – doch besondere *Kraft und Fülle* gibt und Lebhaftigkeit der Vorstellungen bewirkt (vgl. *Theorie der Dichtungsarten*, S. 182 f.).
19 Engel, *Über Handlung, Gespräch und Erzählung* (Anm. 2), S. 231 ff.
20 Vgl. dazu die von Homes ›Elements of Criticism‹ angeregte Argumentation in: Friedrich von Blanckenburg, *Versuch über den Roman* (1774), Reprint Stuttgart 1965, S. 499 u. passim. Im Kontext der ›pragmatischen‹ Theorie ist ›anschauend‹ nicht mit ›anschaulich‹ zu verwechseln. Die Terminologiegeschichte zeigt, daß es dabei um ›empirische‹ Erkenntnis geht: um die »direkte Wahrnehmung des empirischen Kausalzusammenhangs« (Hahl (Anm. 15), S. 18 ff.). Dieses auf ›Empirie‹ und ›Kausalität‹ gerichtete Moment ist auch in Engels Explorationen von ›Ausdruck‹ stets gegenwärtig.

Schon literaturtheoretisch ist auch das ›Szenische‹ und ›Gestische‹ präsent, nach dem Engel dann vor allem für das Gebärdenspiel die inneren Seelenbewegungen sich in den Ausdruck umsetzen sieht. Engel argumentiert etwa nicht nur damit, daß die poetische Sprache (mit all ihren konnotativen *Schattierungen, Nebenideen* und verdeckt einfließenden *Gesinnungen der Seele*) jeweilige Szenen vom Zustand einer Seele gibt. Er läßt strikter die in der Ausdruckskraft der Sprache sich vergegenwärtigende *Seele* gleichsam leibhaftig auf die Bühne treten und agieren:

> Das Eigne des Ganges, den die Gedanken nehmen, der bestimmte Ort, wo ein jeder hintritt, die Punkte, wo die Seele einhält, und wo sie forteilt, bald mit dieser, bald mit jener Geschwindigkeit forteilt [...].[21]

In der Ansichtigkeit der Bühnenmetaphorik soll gleichsam ›gestisch‹ klar werden, wie die Seelenbewegungen die poetische Sprache und mit ihr den literarischen Text innervieren. Was dann viel unmittelbarer und direkt sichtbar für das Gebärdenspiel der körperlichen Bewegungen wieder zum Thema wird.

Die so schon vorbereitete visuelle Exploration von ›Ausdruck‹ integriert sich mit der ›Mimik‹ direkt in die zeitgenössische Faszination durch das ›Physiognomische‹. Für Engel konkretisiert durch das unvergleichliche ›Genaue‹, mit dem sich im Gebärdenspiel der jeweilige Zustand der Seele manifestiert und beobachtbar wird.[22] Engel nimmt dabei aber eine ganz eigene Stellung in der Physiognomik-Debatte der Zeit ein. So teilt er nicht Lavaters Tendenz zur physiognomischen Festschreibung ›charakterologischer Identität‹. Er greift aber auch nicht Lichtenbergs Einspruch dagegen unter dem Titel einer *Pathognomik* auf: das Determinationen vermeidende Entziffern der Körperausdrücke nur als *Zeichen vorübergehender Handlung* und nicht physiognomisch als *Zeichen stehenden Charakters oder Anlage*.[23] Für Engels ›Mimik‹ stellen sich die Probleme anders, weil sie nicht direkt auf charakterologische Erkenntnis, sondern auf den mimischen Ausdruck als Gebärden-Kunst zielt.

---

21 Engel, *Über Handlung, Gespräch und Erzählung* (Anm. 2), S. 234 f.
22 Auch Engels Wendung auf die *Präcision des Ausdrucks* läßt sich von diesem zeitgenössisch festgeschriebenen Topos leiten. Vgl. etwa den Artikel »Gebehrden«, in: Johann Georg Sulzer, *Allgemeine Theorie der Schönen Künste. Erster Theil*, Leipzig 1771, S. 571: *In gar viel Fällen sind die Gebehrden eine so genaue und lebhafte Abbildung des innern Zustandes der Menschen, daß man ihre Empfindungen dadurch weit besser erkennet, als der beredteste Ausdruck der Worte sie zu erkennen geben würde.*
23 Georg Christoph Lichtenberg, *Über Physiognomik; wider die Physiognomen* (1778), *Schriften und Briefe*, hrsg. Wolfgang Promies, Darmstadt 1972, Bd. III, S. 256–295, hier: S. 278. Zum Einspruch Lichtenbergs gegen Lavater vgl. vor allem S. 257 ff. Zu Lichtenbergs Konzept von ›Pathognomik‹ vgl. Gerhard Neumann, »»Rede, damit ich dich sehe‹. Das neuzeitliche Ich und der physiognomische Blick«, in: Ulrich Fülleborn u. Manfred Engel (Hrsg.), *Das neuzeitliche Ich in der Literatur des 18. und 20. Jahrhunderts. Zur Dialektik der Moderne. Ein internationales Symposion*, München 1988, S. 71–108, bes. S. 89. Zu der hier nur konstatierten Wendung von Lavaters Argumentation auf ›Charakterologie‹ vgl. etwa Richard Gray, »Die Geburt des Genies aus dem Geiste der Aufklärung. Semiotik und Aufklärungsideologie in der Physiognomik Johann Caspar Lavaters«, *Poetica* 23 (1992), S. 95–138. Ich kann in eine auch nur skizzenhafte Auseinandersetzung mit der Engels ›Mimik‹ flankierenden Physiognomik-Debatte hier nicht eintreten.

Obwohl unmittelbare Reaktion auf die ›physiognomische Dekade‹ der siebziger Jahre, verfolgt Engels ›Mimik‹ den schon literaturtheoretisch vorbereiteten Weg weiter. Das heißt den erst in den Künsten vollendeten ›Ausdruck‹ als bewirkt von der lebhaften Handlung in der Seele. Für das Gebärdenspiel konkretisiert sich das – in dieser Hinsicht Lichtenbergs *Pathognomik* nahe – als Untersuchung der *vorübergehenden körperlichen Bewegungen* [...], *die einen solchen und solchen einzelnen Zustand der Seele ankündigen*.[24] Obwohl die Physiognomik-Debatte selbstverständlicher Bezugshorizont der visuellen Explorationen von Engels ›Mimik‹ ist, greift sie in deren Streit um das der Physiognomik mögliche ›Charakterologische‹ nicht eigens ein. Nicht nur, weil Engel auf dem Fundament der ›pragmatischen‹ Theorie den künstlerisch ›vollkommenen‹ Ausdruck im Auge hat. Sondern vor allem auch, weil Engels ›Mimik‹ dieses Erkenntnisziel zugleich und grundlegend in rhetorischer Argumentation entwickelt. Das zu Zwecken der Schauspiel-Kunst untersuchte Gebärdenspiel führt Engel auf diesen Begründungshintergrund: auf die seit der Antike mit der Schauspiel-Kunst eng verbundene eloquentia corporis der rhetorischen *actio*. Dieser dritte allgemeine Ausgangspunkt für Engels Theorie von Ausdruck bedarf einer etwas genaueren Erörterung.

3. Eloquentia corporis – Mimischer *Ausdruck der Seele im Körper*

Engel greift die actio-Lehre nicht auf, ohne daß dieser rhetorische Ansatz letztlich durch das mit dem Instrumentarium zeitgenössischer Theorie entwickelte Konzept vom ›Ausdruck als Seelenhandlung‹ substituiert wird. Diese Substitution vollzieht sich aber nicht nach dem Muster der ›rhetorikfeindlichen‹ Argumentation seit den zwanziger Jahren des 18. Jahrhunderts. Obwohl Engels ›Mimik‹ das Gebärdenspiel als Kunst und Wissenschaft ganz neu konstituieren will, reiht sie sich nicht ein in den Prozeß, welcher der Rhetorik zeitgenössisch im Zeichen von »Natürlichkeit, Authentizität und Aufrichtigkeit« gemacht wird. Im Zeichen (moralischer) Verdächtigung rhetorischer »Simulation und Dissimulation« und in der Richtung zum demgegenüber »freien, natürlichen und individuellen *Ausdruck*«.[25] Vielmehr schließen Engels mimische Explorationen gerade

---

24 Engel, *Mimik* (Anm. 1), S. 7. Hervorhebungen von mir.
25 Gemäß dieser Linie der Rekonstruktion jüngst Ursula Geitner, *Die Sprache der Verstellung. Studien zum rhetorischen und anthropologischen Wissen im 17. und 18. Jahrhundert*, Tübingen 1992, S. 1 ff. Es vollziehe sich »ein rigider Entrhetorisierungsprozeß, der sich insbesondere an der Geschichte der *eloquentia corporis* im 18. Jahrhundert genau beobachten läßt«. Mit dem Konzept von ›Ausdruck‹ werde in diesem Prozeß die Vorstellung einer Restitution »einfacher und natürlicher Kommunikationsverhältnisse« als einer der zentralen Utopien der Aufklärung verbunden: »Ausdruck meint nämlich gerade nicht *elocutio* im rhetorischen Sinne, sondern dem entgegengesetzt eine von *naiveté* bestimmte Übersetzung des ›Innen‹ der Gedanken, Meinungen, Motive und Absichten, der Gefühle und Empfindungen ins ›Außen‹ der Zeichen, der Wörter und Gesten« (Geitner (Anm. 5). S. 184 u. S. 182). Demgegenüber zeigt Engels Theorie von ›Ausdruck‹, wie dieses ganze Konzept der ›Übersetzung‹ gerade auch in unmittelbarem Anschluß an die Rhetorik und fern von ›naiveté‹ entwickelt wird.

an diesen inkriminierten techné-Charakter der Rhetorik an: das Kunstvoll-Bewußte körperrhetorischer Inszenierung.

Mit Lessings Überlegungen zur Mimik des Schauspielers ist sich Engel einig, daß die Gebärden nicht einfach *natürliche Folgen von der inneren Beschaffenheit der Seele*, sondern als *Kunst*-Lehre zu entwickeln sind. Demnach ließe sich aus der Kenntnis aller besonderen Arten von Ausdruck eine *allgemeine Art* zusammensetzen, diese auf unwandelbare Regeln gründen und auf eine *gewisse mechanische Art* erlernen.[26] Das nicht einfach *Natürliche*, sondern nach Regeln Erlernbare und darin Kunstvoll-Bewußte: Auf dieser Linie schreibt Engel das ›Technische‹ der rhetorischen *actio* für die Gebärden der Schauspiel-Kunst fort. Damit ist allerdings nicht einfach auf eine ›Fertigkeit‹ gezielt; der sich so formierende Ausdruck hat seine ästhetiktheoretische Begründung. Engel distanziert seine Theorie von Ausdruck von Anfang an gegen einfache Mimesis und das bloße Postulat der Naturnachahmung. Denn in der Natur finde sich der *vollkommene* Ausdruck äußerst selten; es ist Aufgabe der Kunst, diese *höchste Wahrheit* zu erreichen.[27] Mit dem Kunstvoll-Bewußten des nach Regeln Erlernbaren und mit dieser nur der Kunst möglichen Vollkommenheit hintergeht Engels Theorie jeden einfach als ›natürlich‹ unterstellten Ausdruck.

Tatsächlich ist diese Distanzierung vom einfach ›Natürlichen‹ aber ambivalent. Auch, aber nur nebenher, findet sich *natürlich* als Opposition zur Künstlichkeit der Affektation in Betracht gezogen: nach dem Muster ethnographisch (der ›Wilde‹) und ständisch (der ›Landmann‹) ansetzender Argumentation für das Unverstellte einer eloquentia cordis. Leitend für Engel ist aber nicht die damit unterstellte Unmittelbarkeit des Ausdrucks, sondern dessen vielfache Bedingtheit. ›Natürlich‹ wird zum Kriterium für die im gelungenen Ausdruck möglichst vollkommene Übereinstimmung von Wort, Ton, Bewegung, Leidenschaft, Situation, Charakter.[28] Also als – nach ›pragmatischer‹ Theorie – Angemessenheit an den ganzen inneren und äußeren Konnex, nach rhetorischer Lehre an das innere und äußere aptum. In dieser zur Angemessenheit reflektierten ›Kunst‹-Form des Natürlichen ist das die Übereinstimmung, die schon Cicero in ›De oratore‹ (dem rhetorischen Leittext von Engels ›Mimik‹) aus der Sicht unschätzbarer Bedeutung der *actio* für die Wirkung der Rede formuliert: *Est enim actio quasi sermo corporis, quo magis menti congruens esse*

---

26 Gotthold Ephraim Lessing, *Auszug aus dem Schauspieler des Herrn Remond von Sainte Albine*, *Sämtliche Schriften*, hrsg. Karl Lachmann und F. Muncker, Stuttgart 1890, Bd. VI, S. 151 f. Lessing stellt daher auch – nicht zufällig die rhetorische Terminologie aufnehmend – eine Studie über *körperliche Beredsamkeit* in Aussicht. Engel zitiert Lessing in extenso; vgl. *Mimik* (Anm. 1), S. 4 ff.

27 Vgl. Engel, *Mimik* (Anm. 1), S. 17 ff. Engels Überlegungen sind von Beginn an durch diese Natur/Kunst-Dopplung – die das ›Natürliche‹ durch die Kunst zur Vollendung formiert sehen will – bestimmt, vgl. ebd., S. 19: *Werke der Kunst jeder Art müssen als die vollkommensten Produkte der Natur erscheinen, die unter Millionen möglicher Würfe in der That einmal fallen könnten, aber nach aller Wahrscheinlichkeit so leicht nie fallen werden.* Deshalb sind Engels Explorationen von ›Ausdruck‹ auch immer beobachtend und konzipierend zugleich.

28 Vgl. Engel, *Mimik* (Anm. 1), S. 19 f.

debet.[29] In der Reflexion zur ›Kunst‹-Form bleibt gleichwohl das sie *a natura* Begründende präsent. Was zur Übereinstimmung geführt sein soll, steht auch in seinem immer schon ›natürlich‹ gegebenen Zusammenwirken zur Debatte. Für Cicero – wie in transponierter und ins einzelne entwickelter Form für Engel.

Aus dieser Sicht sitzt Engels Theorie von Ausdruck entschieden einem ›Natur‹-Substrat auf, das – in knappster Wendung gesagt – seine Theorie instruiert gemäß dem seit den siebziger Jahren des 18. Jahrhunderts festgeschriebenen Leitmotiv ›anthropologischer‹ Erkundung des Menschen nach dem commercium mentis et corporis; und gemäß der zeitgenössischen Wendung von der Naturgeschichte zu einer Geistesgeschichte der Natur des Menschen.[30] Von seinem rhetorischen Begründungshintergrund her nimmt Engel aber nicht teil an der Moralisierung des Zusammenhangs von geistiger und körperlicher Humannatur. Er erkundet mit dem aktuellen Theorie-Instrumentarium seiner Zeit weiter, was sich in Bezug auf den Zusammenhang von *motus animi* und *sermo corporis* im Grundsatz schon in Ciceros actio-Lehre formuliert findet. Ciceros Bestimmungen zum Verhältnis von Rhetor und Bühnen-Aktor, die bereits Hintergrund für den von Engel aufrechterhaltenen techné-Charakter des Gebärdenspiels in der Schauspiel-Kunst sind, führen darauf.

Cicero formuliert in diesem Kontext einen Grundsatz der *veritas*, an dem sich auch Engels Theorie von Ausdruck orientiert. Engel meidet nicht nur die Moralisierung, er subordiniert auch – obwohl seine ›Mimik‹ zu Zwecken der Gebärdenkunst auf der Bühne ansetzt – die Frage *was ist schön* der Frage *was ist wahr* im Gebärdenspiel.[31] Das ist die *veritas*, die Cicero allerdings gerade dem Rhetor im Gegensatz zum Schauspieler zuspricht. Zwar kann der Rhetor in der Inszenierung des eigenen Körpers von den Schauspielern lernen, die aber nur Imitatoren der Wirklichkeit (*veritas*) sind und insofern in ihrer Wirkung dem Rhetor unterle-

---

29 Cicero, *De oratore*, III, 59, 222.
30 Vgl. als klassischen Beleg für die – Descartes' Substanzentrennung aufhebende – Wendung zur ›Connexion von Leib und Seele‹ den Artikel »Anthropologie«, in: J. G. Walch, *Philosophisches Lexicon*, 4. Aufl., Leipzig 1775, Teil I, Sp. 172 f. Zwar wird hier einerseits die Doppelnatur des Menschen noch klar auseinandergehalten. Zugleich aber auch schon entschieden statuiert, daß beide Naturen des Menschen *den Leib und die Seele zum Grunde* haben, von deren je für sich eigener Beschaffenheit *als auch in Ansehung* i h r e r V e r e i n i g u n g *unter einander kann gehandelt* werden. Das neue Leitmotiv zur Erkundung der Humannatur nach dem commercium mentis et corporis ist installiert. – Die Emphase der Wendung vom detaillierten Wissen der Naturgeschichte auf den noch unbekannten – und so auch im Ausdruck seines Körpers noch unbekannten – ›Menschen‹ ist topisches Gemeingut; vgl. etwa Sulzers Ausruf: *Warum sollte eine Sammlung redender Gebehrden weniger möglich und nützlich seyn, als eine Sammlung von abgezeichneten Muscheln, Pflanzen und Insekten?* (»Gebehrden« (Anm. 22), S. 572). Vgl. Engel, *Mimik* (Anm. 1), S. 23 f. Engel stellt seine ›Mimik‹ in diese Wendung und will sie von daher gerade auch in ihrem Potential verstanden wissen, die im einzelnen nur durch ihre *Wirkungen* bekannte ›Seele‹ durch die *mannichfaltigen Ausdrücke ihrer Ideen und Bewegungen im Körper* zu erkunden.
31 Vgl. Engel, *Mimik* (Anm. 1), S. 72 ff.

gen.³² So wie die Rede und mit ihr die Körperrhetorik des Orators in der Lebens-
›Wirklichkeit‹ situiert ist, bleibt diese Rhetorik verpflichtet auf den sich *a natura*
formierenden Zusammenhang von *motus animi* und *sermo corporis*. Auf dieser
Formierung fußt die körperrhetorische Inszenierung der Rede, so sehr der Rhetor
in der *actio* auch *instructus* zu sein und *arte* zu verfahren hat. Engel schließt hier
in einer bestimmten Weise an. Seine Theorie von Ausdruck problematisiert die
beiden Seiten des Ausdrucksverhältnisses, die *denkende und empfindende Seele*
ebenso wie den Zeichencharakter des Gebärdenspiels als eine Art ›Körpersprache‹,
aber als einen schon rhetorisch verbürgt *a natura* gegebenen Zusammenhang.

Engel kann hier umso eher anschließen, als Cicero die sich so formierende
Körperrhetorik sofort in den Bereich der ›Künste‹ hinüberspielt.

> Omnis enim motus animi suum quemdam a natura habet vultum et sonum et gestum; to-
> tumque corpus hominis et eius omnis vultus omnesque voces, ut nervi in fidibus, ita sonant
> ut a motu animi quoque sunt pulsae.³³

Der ›Kunst‹-Charakter des Harfengleichnisses (das Cicero ergänzt durch den
Vergleich der körperrhetorischen Mittel mit den vom Maler zu verwendenden
Farben) sitzt der Formierung *a natura* auf. Also jenem Konnex von *motus animi*
und *sermo corporis*, den Engel von anderen theoretischen Voraussetzungen her
als ursächlichen Zusammenhang von Seelenbewegungen und Gebärdenspiel
ausarbeitet, der sich als Kunst und Wissenschaft (nach ›Regeln‹) fassen lassen
soll: Ausarbeitung der *a motu animi* zum Klingen gebrachten ›Harfe‹ des Körpers als das ›lebendige Princip‹, das von der lebhaften Handlung in der Seele in
den ganzen Körper hinauswirkt.

In der poetologischen und mimischen Ausarbeitung der Differenzqualitäten
(Engel faßt das – Ziel seiner Explorationen – als *Präcision des Ausdrucks*), nach
denen dieses ›lebendige Princip‹ sich in *Ausdruck* umsetzt, substituiert Engel die
rhetorische Argumentation durch Psychologie und Ästhetik. Aber in spektakulä-
rer Weise ist die systematische Hauptachse seiner ›Mimik‹, die überhaupt erst
zur Ausarbeitung des Besonderen von ›Ausdruck‹ führt, dabei rhetorisch instruiert. Sie ist direkte Aufnahme einer (wieder im Zusammenhang von Rhetor und
Bühnen-Aktor) getroffenen Unterscheidung in Ciceros actio-Lehre. Engel beruft
sich für diese systematische Hauptachse seiner Argumentation, die er als die Opposition von Malerei und Ausdruck faßt, auf Ciceros körperrhetorisch gewendete
Unterscheidung von *demonstratio* und *significatio*.³⁴ Diese Argumentation ist

---

32 Vgl. Cicero: *De oratore*, III, 52, 215. Daß der Rhetor vom Schauspieler lernen kann, findet sich in Quintilians ›Institutio oratoria‹, die auch Bezugstext von Engels ›Mimik‹ ist,
viel ausführlicher und konsequenter entwickelt. Aber auch Quintilians actio-Lehre betont
zugleich – noch in ihrem letzten Satz – die dabei einzuhaltende Differenz (*Institutio oratoria*, IX, 3, 184).
33 Cicero, *De oratore*, III, 57, 216.
34 Cicero geht es dabei um die Unterscheidung bloßer Nach- und Abbildung der Wortin-
halte, die er dem Bühnen-Aktor zurechnet (*verba exprimens scenicus*) zum einen. Und
um die den ganzen Bedeutungskontext fassenden Gebärden (*universam rem et sententiam non demonstratione sed significatione declarans*) zum anderen, wie sie sich in der
Lebens-›Wirklichkeit‹ etwa der körperlichen Innervationen von Krieger oder Ringer finden (vgl. *De oratore*, III, 59, 220).

der besonders evidente Fall dafür, wie Engels Theorie von Ausdruck auf der Rhetorik fußt, um sich zugleich von ihr zu lösen.

Hier zeichnet sich bereits die Leitlinie ab, in der ›Ausdruck‹ zum überlegenen, weil das ganze Spiel der feinsten Differenzen fassenden Begriff sinnlicher Repräsentationen avanciert. Für die Kunst des Gebärdenspiels faßt Engel Malerei als: *jede sinnliche Darstellung der Sache selbst, welche die Seele denkt*. Demnach als die direkte sinnliche Umsetzung des ›Inhalts‹, mit dem die Seele befaßt ist. Als Ausdruck dagegen: *jede sinnliche Darstellung der Fassung, der Gesinnung, womit sie sie denkt; des ganzen Zustandes, worinn sie durch ihr Denken versetzt wird*.[35] Hier kommt also der Gesamtkontext der innerseelischen Vorgänge zur Geltung, die jeweilige ›ganze‹ Verfassung der Seele; mithin im Gebärdenspiel als deren sinnlicher Repräsentation die ganze Komplexität dieser Zuständlichkeit. Sie hält Engel für im ›Ausdruck‹ distinkt repräsentierbar. Und zwar durch Zeichen, die nicht ›willkürlich‹ sind, weil ursächlich vom Seeleninneren bewirkt und gemäß dem *a natura* sich formierenden Ausdrucksverhältnis in Erscheinung tretend.

Engel hat für seine von Ciceros actio-Lehre hergeleitete Unterscheidung von Malerei und Ausdruck noch nicht abgesehen, was Johann Georg Sulzer bei der Adaptation der rhetorischen Argumentation für die zeitgenössische Psychologie und Ästhetik schon prognostiziert. Ciceros Instruktion führt Sulzer zu der Konsequenz:

> Man muß, sagt Cicero, nicht einzelne Worte, sondern das, was man im Ganzen empfindet, nicht durch *Abzeichnung*, sondern durch *Andeutung* ausdrucken.[36]

Andeutung ist hier selbst nur ein erster Hinweis auf die Richtung, in der dieses Fußen auf der rhetorischen actio-Lehre sich transformierend ausarbeitet: als die in immer feinere Differenzqualitäten geführte und sich immer mehr der Zeichenidentifikation entziehende ›Expressivität‹ des Ausdrucks.[37] Engels Theorie von Ausdruck – darin gründet ihre große Erkenntniszuversicht – ist genau auf der Schwelle situiert. Rhetorisch instruiert, argumentiert sie für den *motus animi* mit der ›rationalistischen‹ Affekten-Lehre, deren Identifikation von einzelnem Affekt und entsprechend eindeutigem Ausdruck aber schon entschieden in Erosion bringend. Gleichwohl sucht Engel noch *Klassen* von Gebärden aufzustellen, dringt auf die *Gradationen* des Ausdrucks in seiner Unterschiedenheit, auf die in einer Art Differentialdiagnostik erreichbare *Präcision* des Ausdrucks.

Das führt auf das Genaue von Engels Explorationen des mimischen und literarischen Ausdrucks, von dem gleich zu sprechen ist. Nochmals unterstrichen sei aber zuvor der Horizont, in dem die allgemeinen Ansatzpunkte von Engels Theorie von Ausdruck sich integrieren. Auch hier liegt das Muster des Adap-

---

35 Engel, *Mimik* (Anm. 1), S. 79; vgl. die Hinführungen auf diese Unterscheidung ebd., S. 55 u. S. 60.
36 Sulzer, »Gebehrden« (Anm. 22), S. 573.
37 Vgl. dazu Bachmann-Medick (Anm. 4), bes. S. 85.

tierens rhetorischer Vorformulierung an den Theoriestand der Zeit vor. Mit dem *a natura* sich formierenden Zusammenhang von *motus animi* und *sermo corporis* ist für Cicero zugleich gegeben, daß in den jedermann gemeinsamen und verständlichen Zeichen der Körperrhetorik das vorliegt, was Quintilian dann (am Beispiel der Bewegungen der Hände) prägnant *omnium hominum communis sermo* genannt hat: die gemeinsame Sprache der Menschheit.[38] Engel faßt dies als ›allgemeine‹ Mimik, die sich in einer wissenschaftlichen-systematischen Form zur ›philosophischen‹ müßte erheben lassen. Zu einer jener neuen Grundlagenwissenschaften also, in denen die Erkundung der Humannatur vorangetrieben wird. In dieser Wendung als eine Art von Kenntnis des Menschen, die ihren *innern absoluten Werth hätte*.[39] Das mimisch und poetologisch Genaue von Engels Explorationen des Ausdrucks bleibt auf diese ›anthropologische‹ Programmatik stets rückbezogen.

III.

Von dieser Ausgangskonstellation her führt Engels Theorie von Ausdruck auf eine bemerkenswerte Problemlage für das Verhältnis von ›Schrift‹ und ›Aufführung‹. Die hier nicht zu diskutierende Entwicklung ihres Auseinandertretens findet eine spezifische Reintegration in der Konzeption von Ausdruck selbst. Nicht nur *im* Text nach dem ›pragmatischen‹ Prinzip der Vergegenwärtigung einer dichtest verknüpften Handlung, die so zu inszenieren ist, daß sie den Leser gleichsam zum Augenzeugen und Zuschauer macht. Vielmehr schon *vor* dem Text durch die szenisch-gestisch gefaßten Vorgänge der ›inneren‹ Handlung, die den Ausdruck allererst bewirken. Dies ist die eine Linie, die im Blick auf das poetologisch und mimisch Genaue von Engels Ausdrucks-Theorie zu verfolgen ist: Die in einem gleichsam dramatischen ›Aufführungs‹-Charakter gedachten Vorgänge auf dem Schauplatz der denkenden und empfindenen Seele, die, sich der poetischen Sprache ›eindrückend‹ und in das mimische Gebärdenspiel ›hinauswirkend‹, Ausdruck werden.

Das zweite herauszuhebende Problem ist die distinkte Lesbarkeit des so konzipierten Ausdrucks. An dieser Lesbarkeit besteht zunächst kein Zweifel: Die vom jeweiligen Zustand der Seele bewirkten Zeichen – als so bewirkte sind sie ›natürliche‹ und keine ›willkürlichen‹ Zeichen – formieren den Ausdruck als in seiner Differenz lesbar. Engels Theorie von Ausdruck wahrt einen Rest jener ›Theodizee‹ des Zeichens (in der besten aller Welten muß auch der *allerbeste bezeichnende Zusammenhang* sein), die das *natürliche* Zeichen zum *allervollkom-*

---

38 Quintilian, *Institutio oratoria*, IX, 3, 87. Der Gedanke findet sich auch von den Autoren der Spätaufklärung festgehalten. Vgl. etwa Kants Bemerkungen im Zusammenhang der ›physiognomischen Charakteristik‹ in der *Anthropologie in pragmatischer Hinsicht* (Anm. 3), S. 645: *Sonst gibt es von der Natur konstituierte Gebärdungen, durch welche sich Menschen von allen Gattungen und Klimaten einander, auch ohne Abrede, verstehen.*
39 Engel, *Mimik* (Anm. 1), S. 23.

mensten erhebt, das *nicht zweydeutig* sein kann.[40] Engel orientiert sich noch an dieser Eindeutigkeit der Zeichen. Aber seine Explorationen von Ausdruck dringen bis an die Schwelle vor, an der die Differenzqualitäten des Ausdrucks nicht *zweydeutig*, aber zeichenidentifikatorisch unfaßbar werden. Das ist die zweite Linie, die im Blick auf das poetologisch und mimisch Genaue von Engels Ausdrucks-Theorie zu verfolgen ist: wie in der zur *Präcision des Ausdrucks* getriebenen Theorie sich als Grenzwert ihrer Differentialdiagnostik die Identifizierbarkeit der Zeichen auflöst.

Zur Supposition des distinkt unterscheidbaren Ausdrucks gehört, daß Engel in seiner ›Mimik‹ den Gebärden eine klassifikatorische Ordnung zu geben sucht.[41] Sie zerlegt das Gesamte der ›Synergie der Kräfte‹ (den ›ganzen‹ Menschen), von dem der Ausdruck bewirkt wird, in die Übersichtlichkeit verschiedener Ursachenfelder. Diese Klassifikationen verbinden sich mit Erklärungsmustern. So in der Unterscheidung der vom *Mechanismus des Körpers* bewirkten physiologischen Gebärden von den durch *Einwirkung der Seele* veranlaßten *malenden* oder *ausdrückenden*.[42] Oder in einer mit Transparenzsupposition getroffenen Unterscheidung, die das für Engels Theorie wichtigste Feld der *ausdrückenden* Gebärden gliedert. Erklärungsmuster ist hier die Kombinatorik des je für sich Identifizierbaren: Fortschreiten von den *einfachen* zu den *zusammengesetzten* Empfindungen, deren Ausdruck im Gebärdenspiel – wie Engel vermutet – *mehrere einfache Ausdrücke verbinden würde*.[43] Engels Klassifikationen setzen im einzelnen vielfältiger an, stets aber als der Versuch, das Mannigfaltige der beobachteten Ausdrücke zugleich regulatorisch auf den Begriff des ihnen Gemeinsamen zu bringen.

Hier soll besonders interessieren, wie Engel auch Transparenz für das Ausdrucksverhältnis selbst zu gewinnen sucht: für die Vorgänge, in denen sich die Seelenbewegungen in das Gebärdenspiel umsetzen. Da Engel jede ›mechani-

---

40 Ich nehme hier – in rigoroser Abbreviatur der zeitgenössischen Semiotik-Problematik – Bezug auf Georg Friedrich Meier, *Versuch einer allgemeinen Auslegungskunst*, Halle 1757, z.B. § 37 u. § 55. Meiers Hermeneutik repräsentiert den Standpunkt, den Engel im Grundsatz noch teilt. Vgl. das Prinzip von ›Grund‹ und ›Folge‹: Wo das Zeichen ist, da muß auch die *Würklichkeit der bezeichneten Sache seyn* (§ 7). Und den Ansatz für Engels strikt und visualisiert gefaßte ›Analogie‹ von ›Grund‹ (Seelenhandlung) und ›Folge‹ (Ausdruck): Er wird besonders klar anhand der signa essentialia (Engel diskutiert das als das ›Natürliche‹ und ›Wesentliche‹ des Ausdrucks), *deren Theile und Art der Zusammensetzung den bezeichneten Sachen in einem hohen Grade ähnlich sind* (§ 54).
41 Vgl. etwa Engel, *Mimik* (Anm. 1), S. 46 ff. u. S. 96 ff. Engel betreibt diese klassifikatorische Ordnung allerdings nicht mit dem Anspruch, das Untersuchungsfeld auf diese Weise noch *logischpräcis* und *vollkommen* gliedern zu können (S. 214).
42 Vgl. Engel, *Mimik* (Anm. 1), S. 46. Insgesamt gesehen, wird in Engels Theorie von ›Ausdruck‹ die Seite der physiologischen Erklärungen abgeschattet, obwohl in den einzelnen Explorationen rein physische Vorgänge immer wieder mit einbezogen werden. Seinem Erklärungsansatz nach will Engel *alle Gebehrden, so viel nur möglich, aus der dunklern Gegend der physiologischen in die hellere der absichtlichen herübergezogen* sehen (S. 191). Engel will sich an der aussichtslosen *Unkenntnis*, die auf dem Feld der physiologischen Erklärungen herrsche, nicht beteiligen (S. 216 ff.). Zur Klasse der ausgesonderten, weil trivial uninteressanten, rein *physiologischen Gebehrden* vgl. S. 99.
43 Engel, *Mimik* (Anm. 1), S. 27 f.

sche‹ Erklärung (etwa über eine Physiologie der Nerven) als unbewiesene Hypothese meidet, setzt die Explikation bei der ›Bewegung‹ selbst und ihrer szenisch-gestischen Konfiguration an. So soll zur Transparenz kommen, daß der Körper nie die gleiche Attitüde beibehält, *wenn innerlich die Gedanken umsetzen.*[44] Leitterminus ist die zwischen Seelenbewegung und Bewegungsgeste der Gebärde statthabende *Analogie*. Engel will dieses Analogische aber strikt verstanden wissen und als gründend in der ganzen Konstitution des Menschen. Er substantiiert diesen über die Vernunft-Natur des Menschen hinausreichenden Ursprung durch das Zusammenwirken der verstandesmäßig ›klaren‹ mit den ›dunklen‹ Ideen-Bewegungen zum Ausdruck.[45] Vor allem aber durch einen ›anthropologisch‹ festsitzenden *Instinkt* des Menschen: durch den ganz ursprünglichen *Trieb* der Seele, die von ihr gefaßten unsinnlichen Ideen als *sinnliche zu fingiren*. Hier setzt die Argumentation mit dem ›Aufführungs‹-Charakter auf dem Schauplatz der denkenden und empfindenden Seele ein: als das sinnliche Fingieren der unsinnlichen Ideen – mit der Konsequenz, diese schon auf dem Schauplatz der Seele *durch figürliche körperliche Veränderungen nachzubilden*.[46]

Daran schließt Engel von seiten des unmittelbar beobachtbaren Gebärdenspiels mit einer Theoretisierung der Bewegungsabläufe an. Exemplarischer Fall ist das Gebärdenspiel jener Affekte, die sich in Zu- oder Abwendung auf einen äußeren Gegenstand richten. Engels Theorie von Ausdruck formiert hier die körperlichen Bewegungen zu einer dem zielorientierten Affekt analogen Deixis der Gebärden. Diese Theoretisierung der Bewegungsabläufe entwirft Momente einer dieser Deixis inhärenten Bewegungs-›Logik‹. Etwa nach einer Art physischer Ökonomie der Gebärden: Das Gebärdenspiel setzt am unmittelbarsten mit den am leichtesten beweglichen Körperteilen ein.[47] Oder nach einer Art geometrischer Logik der Bewegungsabläufe: Der Affekt entschiedener Zu- oder Abwendung setzt sich in Gebärden auf gerader, weil kürzester Linie um.[48] Und be-

---

44 Ebd., S. 129.
45 Engel führt diese das ganze Feld von ›psychologia empirica‹ und ›psychologia rationalis‹ berührende Debatte nicht eigens. Der von ihm vollzogene Schritt zum Zusammenwirken ist aber von entscheidender Bedeutung für die den ›rationalistischen‹ Ansatz letztlich überschreitende Konsequenz seiner Theorie von Ausdruck. Zur allgemein gewordenen Unterscheidung von ›unteren‹ und ›oberen‹ Seelenvermögen – nach dem Unterschiedenheitsgrad der Vorstellungen: ›dunkel‹, ›klar‹, ›verworren‹ oder ›deutlich‹ – in der deutschen Schulphilosophie seit Leibniz vgl. etwa Raimund Bezold, *Popularphilosophie und Erfahrungsseelenkunde im Werk von Karl Philipp Moritz*, Würzburg 1984. Wie weit Engel mit dem Zusammenwirken auf die ganze Konstitution des Menschen zielt (wenn auch gerade nicht durch ›mechanisch‹ physiologische Erklärungen) zeigt sich an der Invektive Kants: Demnach *ist das Feld* d u n k l e r *Vorstellungen das größte im Menschen*, das Kant aber als zur *physiologischen Anthropologie* gehörig von seiner ›pragmatischen‹ gesondert wissen will (*Anthropologie in pragmatischer Hinsicht* (Anm. 3), S. 419).
46 Engel, *Mimik* (Anm. 1), S. 130.
47 Vgl. ebd., S. 163.
48 Vgl. etwa für die ins einzelne gehenden mimischen Explikationen, in die ich hier nicht eintreten kann, Engel, *Mimik* (Anm. 1), S. 166: *die heftige Furcht* [wird] *nicht erst den Körper wenden, eh sie* [vom gefürchteten Gegenstand] *zurücktritt; in gerader Linie wird der Fuß hinten ausgreifen* [...].

sonders manifest in einer Art Paradigmatisierung der Raumbeziehungen: Die Bewegungsgeste der Gebärde wird als nach Relationen wie ›hoch‹ und ›niedrig‹ im Verhältnis zwischen Person und Gegenstand reguliert begriffen.[49]

Dies ist in Engels Theorie von Ausdruck der einfachere, weil plausiblere Fall: Die Zielorientierung des als Bewegung verstandenen Affektes auf ein äußeres Objekt hin läßt dessen Umsetzung in die Deixis der Gebärden als ein einheitliches Handlungskontinuum entwerfen. Kern von Engels Theorie ist aber jener andere Fall der von Außenorientierung unabhängigen *Affekte des Herzens* und der auch hier strikten Entsprechung von Bewegung in der *Seele* und im Spiel des Gebärdenausdrucks. In diesem Fall tritt die Argumentation mit dem schon innerseelisch Szenisch-Gestischen des Ablaufs der Bewegung ins Zentrum. Etwa in Engels Explikation des Ausdrucks, den der Affekt der ›Freude‹ annimmt:

> In dem Spiel dieser Freude erblickt man die vollkommenste Analogie, den deutlichen Abdruk einer Seele [...], die das *Maaß* in den Bewegungen ihres Körpers genau nach dem Maaße der Geschwindigkeit, Leichtigkeit und Gebundenheit abmißt, welches sich in dem *Gange* ihrer herrschenden klärern Vorstellungen findet.[50]

Mit dem genauen *Maaß* des *Ganges* – und weiter: in den präzisen ›Schritten‹, mit denen die denkende und empfindende Seele auf ihrem Schauplatz hier oder dort ›hintritt‹ – konkretisiert sich der den sichtbaren körperlichen Bewegungen vorausliegende innerseelische ›Aufführungs‹-Charakter.

Engel entwickelt das für das Gebärdenspiel wie für den Ausdruck im literarischen Text. Die ›Mimik‹ diskutiert das ihnen Gemeinsame anhand einer allgemeinen Theorie der ›energischen Künste‹. Ihre generellen Bestimmungen – sie stehen in Übereinstimmung mit Engels Theorie von Ausdruck – sind: das *in der Zeit wirkende* (Ausdruck als ›Handlung‹) und das *Sinnliche* (Ausdruck als ›sinnliche Darstellung‹).[51] In diesem Kontext macht Engel für die am unmittelbarsten ›sinnliche‹ Seite des literarischen Textes (Vers, Rhythmus, Deklamation) das als ›Aufführungs‹-Charakter gefaßte Ausdrucksverhältnis ganz strikt. Und für das ›Energische‹ der Handlung die derart vorgezeichnete Verlaufsform des literarischen Textes. Die in den mimischen Explorationen entwickelten Befunde führen Engel auf diese explizitere Ausarbeitung seiner Theorie auch für den literarischen Ausdruck.

Ich dokumentiere kurz die Muster dieser Argumentation. Zunächst für Engels Wendung auf die am unmittelbarsten ›sinnliche‹ Seite des literarischen Textes. In einer parallelen Untersuchung des mimischen und literarischen Ausdrucks, in dem der Affekt der ›Bewunderung‹ sich realisiert, heißt es resümierend:

---

49 Vgl. etwa für die mimischen Beispielexplikationen Engel, *Mimik* (Anm. 1), S. 170: *Wenn der Knabe auf den Arm der Mutter hinanstrebt, so tritt er auf die Spitzen der Zähen, strekt seine ganze Figur in die Höhe, spannt alle Muskeln [...]*.
50 Engel, *Mimik* (Anm. 1), S. 244 f. Hervorhebungen von mir.
51 Vgl. Engel: *Mimik*, Teil II (Anm. 1), S. 73 ff. Für diese Theorie der ›energischen Künste‹ reproduziert sich der allgemeine Kontext, von dem aus Engel schon den ›mimischen‹ Ausdruck entwickelt. Diese Theorie soll nach *Grundsätzen* transparent sein. Allen diesen Künsten liegen demnach *einerley Hauptbegriffe und Regeln zum Grunde*. Und die Theorie ist eingerückt in die ›anthropologische‹ Programmatik: als *höchst wichtig für die Aesthetik, höchst wichtig für die Seelen- und vielleicht selbst für die Sittenlehre*.

Eben der langsame, bey jedem Merkmal verweilende Ideengang, welcher Schritt und Händespiel im Affect der Bewunderung so gehalten, so feyerlich macht; eben dieser Ideengang zieht und dehnt auch jeden einzelnen Ton und schleift und bindet Wort an Wort, Sylbe an Sylbe.[52]

Was hier ins einzelne der Stimmführung hinein verfolgt wird, findet sich schon in der ›Theorie der Dichtungsarten‹ allgemeiner und als den ganzen Text formierend festgelegt. Formiert von den *Operationen* der Seele, die in einer vielfachen *Uebereinstimmung* ihr Äquivalent in der Textkonstitution haben:

So wie bey heftigen Leidenschaften, als z.B. im Zorne, die Ideen einen sehr raschen ungestümen Lauf nehmen [...] so wird auch durch die Beschaffenheit der Füße, durch die Länge oder Kürze der Zeilen und Strophen, durch die Stellung der Einschnitte und den Bau der poetischen Perioden ein ähnlicher Gang in die Rede gebracht.[53]

In aller Direktheit wird hier der in der Verlaufsform des Textes sich konstituierende Ausdruck sowohl als vom *Gang* der Ideen vorgezeichnet wie ihm unmittelbar homogenisiert gedacht.

Engel geht in der Explikation des Ausdrucksverhältnisses durch den ›Aufführungs‹-Charakter aber entschieden weiter. Nicht nur durch ihren *Gang* haben die Ideen an sich selbst schon eine Ausdrucksqualität. In mimischer Exploration beobachtet Engel am Gebärdenspiel der ›Freude‹ die Momente von ›Grazie‹. Diese anschaubare Qualität eignet aber auch schon den Ideen, die das sich so artikulierende Gebärdenspiel bewirken. Die mimischen Erscheinungsformen werden *um so mehr der Freude ähnlich sehen* [...] *je mehr Schönheit und Anmuth die Ideen selbst haben, welche die Seele anschaut*.[54] Nicht die inhaltlichen Vorstellungen der ›Freude‹ (das wäre im Gebärdenspiel ›Malerei‹), aber das zu Anmut und Schönheit Formierte der von der Seele *angeschauten* Ideen enthält schon innerseelisch eine visualisierte Ausdrucksqualität. Auf ihrem Schauplatz ›bewegt‹ die denkende und empfindende Seele sich nicht nur wie auf einer Bühne; indem sie ihre eigenen Ideen *anschaut* und sie so visualisiert, befindet sie sich zugleich vor und auf der Bühne. Der ›Aufführungs‹-Charakter wird bis in seine einzelnen Komponenten hinein entwickelt.

Das Entscheidende ist nicht diese Metaphorisierung an sich, sondern ihr besonderer Status. Engel ist sich der Differenz von innerseelischem Schauplatz und konkreter Sichtbarkeit des Gebärdenspiels bewußt. Deshalb faßt er das sich so konstituierende Ausdrucksverhältnis stets als *Analogie*. Aber er entwickelt zugleich Momente, dieses Analogische in Richtung des Identischen zu überschreiten. Ein solches Moment ist der *Trieb der Seele* zum ›figürlichen‹, körperlichen Nachbilden unsinnlicher Ideen. Ein anderes Moment ist die Temporalstruktur der Bewegung, die Engel als sich genauestens bis zur Identität von den Seelenvorgängen in die Bewegung des Gebärdenspiels umsetzend entwickelt. Die Metaphorisierung der lebhaften Handlung in der Seele zum ›Aufführungs‹-Charakter erhält durch solche Momente den Status einer ›absoluten‹

---

52 Engel, *Mimik*, Teil II (Anm. 1), S. 83.
53 Engel, *Theorie der Dichtungsarten* (Anm. 2), S. 106.
54 Engel, *Mimik* (Anm. 1), S. 246.

Metapher.⁵⁵ Der Ausdruck wird zur unmittelbaren Doublette von ›Operationen‹ der Seele.

Engel exploriert dieses Ausdrucksverhältnis stets in seiner Natur/Kunst-Dopplung: den im schriftverfaßten Text wie im Gebärdenspiel manifesten Ausdruck auf seine zur Kunst *vollendete* Form hin; und das ihn in der denkenden und empfindenden Seele ursprünglich Bewirkende nach dem Vorbild des Dramas in seinem ›Aufführungs‹-Charakter. So ist das Ausdrucksverhältnis nie einfach ›natürlich‹. Engel will aber zugleich ganz strikt zeigen, daß es gleichwohl keineswegs ›willkürlich‹ ist. Es kann dies nicht sein, weil sich im Willkürlichen die der Seelenhandlung zurechenbare *Präcision des Ausdrucks* als Ziel von Engels Theorie auflösen würde. Eben dieser Versuch der Präzisierung nicht nur des in Fallstudien beobachtbaren Ausdrucks, sondern des Ausdrucksverhältnisses selbst, treibt Engels Theorie zugleich aporetisch über sich hinaus. In der Konkretion der Theorie von Ausdruck zeichnet sich dabei ein viel allgemeineres Problem im Entstehungsprozeß der sich formierenden neuen Humanwissenschaften ab.

Engel geht aus von den in der Eindeutigkeit der Zeichen faßbaren *Gradationen* des Ausdrucks: d.h. der Übergänge des Ausdrucks, aber als eindeutig unterscheidbarer. Seine Explorationen von Ausdruck zeigen ihm aber, daß in bezug auf diese Unterscheidbarkeit die den Ausdruck bewirkenden Zustände der Seele und die in der poetischen Sprache wie im Gebärdenspiel manifesten Ausdrücke auseinandertreten. Die Identitäten und Unterschiede bestimmen sich mit dem Begriffsinstrumentarium der Psychologie anders als in einer auf Beobachtung gestützten Theorie des Ausdrucks: Es gibt *für den Philosophen Einheit, die für den Mimiker Mannichfaltigkeit wird*, und umgekehrt.⁵⁶ Engel konkretisiert das als Differenz der wortsprachlichen Denotationen gegenüber den sich in Ausdruck umsetzenden Signifikaten. Die in ihrem ›Namen‹ wie *Eifersucht* oder *Haß* identifizierten und so zugleich in ihre Unterschiede gegeneinander eingesetzten Affekte kommen mit den Identitäten und Unterschieden in den *sichtbaren Ausdrücken* nicht überein. Engel arbeitet das gegen die Lexikalisierung der Affekte in Tableaus von *Passion* und *Expression* aus, wie sie exemplarisch die Methode zeichnerischer Abbildung in den Studien von Charles Le Brun instruiert: als die *differents effets* [...] *de chaque Passion en particulier*.⁵⁷

In genauer Reproduktion seines eigenen Analyseganges kritisiert Engel zunächst, daß Le Brun etwa *Eifersucht* und *Haß* ihrem Ausdruck nach nicht genau genug unterscheidet. Dann, daß sie sich bei Le Brun nicht in das Über-

---

55 Vgl. dazu Käuser (Anm 12), S. 93 u. S. 353. Gegen Käuser ist allerdings einzuwenden, daß Engel die Metapher nicht einfach »gewissermaßen wörtlich« nimmt und eine »kausale Erklärung und semiotische Repräsentation durch eine räumliche Semantik und Semiotik« substituiert (S. 91). Engel kann das nur vollziehen auf dem Fundament des zwingenden Kausalverhältnisses von ›Grund‹ und ›Folge‹ zwischen Seelenvorgängen und Ausdruck. Auf dieser Linie erst wird das in der ›Analogie‹ Binäre dann überschritten zur »Selbstreferenz der Performanz, des Ausdrucks«.
56 Engel, *Mimik* (Anm. 1), S. 230.
57 Charles Le Brun, *Méthode pour apprendre à dessiner les passions*, Amsterdam 1702, Reprint Hildesheim 1982, S. 3.

gängliche der *gemischten Empfindungen* zusammengeführt finden. Also zu der Form der Exploration von Ausdruck, die Engel in experimentell durchgespielter Beobachtung zu immer größerer Präzision zu führen sucht. Etwa im Falle der eingangs zitierten Studie von Juliens Attitüde. Die zitierte Explikation faßt das Gebärdenspiel der mit ›Sehnsucht des Herzens‹ einfach nur ›horchenden‹ Julie. Engel spielt durch, daß in dem Falle, wo sich diese Sehnsucht mit anderen Affekten mischt, die Attitüde sich zwangsläufig je anders präzisiert.[58] Eben dieses Durchspielen läßt aber den ganzen Präzisierungsansatz von Engels Ausdrucks-Theorie in Erosion geraten. Das Ungenügende wortsprachlicher Lexikalisierung gegenüber den Ausdruckskomplexionen ist mit dem Schritt zu den *gemischten Empfindungen* nicht behoben. Das ist nicht nur das Engel ganz bewußte Problem einer für die Beschreibung von Ausdruck erst zu erfindenden adäquaten Sprache. Es ist das Problem, wie die am manifesten Ausdruck beobachtbare Präzision auch für das Fundament der Theorie – *Grund* und *Folge* im Verhältnis von lebhafter Handlung in der Seele und Ausdruck – ausweisbar sein soll.

Engel sucht eine Lösung im Ausgang von der ›pragmatischen‹ Theorie, die schon die poetologischen Anfänge seiner Theorie von Ausdruck anleitet. Das Erklärungsmodell eindeutiger Affekt-Signifikate, die auf der Ausdrucksseite zeichenidentifikatorisch faßbar wären, wird in den Prozeß handlungstheoretischer Argumentation verwickelt: Es wird überführt in *Bewegung*. Gerade dafür hält Engel aber zunächst an eindeutiger, ja präziserer Zurechenbarkeit fest. In diese Funktion tritt der ›Aufführungs‹-Charakter der lebhaften Handlung in der Seele: die schon auf dem Schauplatz der denkenden und empfindenden Seele szenisch-gestischen Vorgänge, die sich strikt bis zur Homogenisierung – und darin eben ›genau‹ – in die manifeste ›Schrift‹ des Ausdrucks umsetzen. Auch so aber gerät Engels Präzisierungsansatz in Auflösung. Engel stößt darauf in der immer feineren Differentialdiagnostik der beobachtbaren Ausdrücke. Der Auflösungsprozeß wird aber auch – als entscheidendes Moment eines durchgreifenden epistemologischen Umbruchs – theoretisch bewußt: im Durchdenken der Konsequenzen, auf die der ›pragmatische‹ Ansatz mit seiner minutiösen Temporalisierung der Handlung zwangsläufig führt.

Erst am Schluß der ›Mimik‹ ist diese Einsicht erreicht und wird in einem prägnanten Beispiel auf den Begriff gebracht. Engel bedenkt hier das Übergängliche der Vorgänge in der Seele im Vergleich zu den sich überlagernden Tönen der Musik. So wie die nachklingenden Töne sich mit den neuen mischen und *verwirren*, tragen sich auch die abwechselnden Zustände der Seele fort und verbinden sich zu *Mischempfindung[en]*.[59] Wenn man diesen Sachverhalt, das *in der Zeit* Wirkende, konsequent zur Geltung bringt, verliert sich jeder *Maßstab*. Das betrifft einmal die Unterscheidbarkeit der Ausdrücke nach ihren *Gradationen*. Sie lösen sich auf vom Genauen der Differenzen in das noch Genauere, aber nicht mehr in ›Stufen‹ Faßbare eines Ausdruckskontinuums. Es

---

58 Vgl. Engel, *Mimik* (Anm. 1), S. 348 ff.
59 Vgl. Engel, *Mimik*, Teil II (Anm. 1), S. 256 f.

betrifft zum anderen das Ausdrucksverhältnis selbst: die nach dem ›Aufführungs‹-Charakter begriffenen Vorgänge auf dem Schauplatz der denkenden und empfindenden Seele als sich in ihrem genauen *Maaß* in den Ausdruck umsetzend. Wo die Temporalisierung der lebhaften Handlung in der Seele zu Ende gedacht wird und es also nur *Uebergänge* gibt, verliert sich diese genaue Zurechenbarkeit. Entgegen seinem Präzisierungsansatz muß Engel eingestehen: Insofern *kann die Theorie nichts bestimmen; die Verschiedenheiten erstrecken sich hier ins Unendliche* – man kann seinen Maßstab nicht *an das Unermeßliche* legen.[60]

Engel löst damit aber nicht die von ihm ins Einzelne und Strikte ausgearbeitete ›anthropologische‹ Klammer um die Theorie von Ausdruck. Er revoziert nicht das für ihn schon rhetorisch als Zusammenhang von *motus animi* und *sermo corporis* verbürgte Explorieren von Ausdruck in der Relation zur ihn bewirkenden Seelenhandlung. Vielmehr schreibt er diese Explorationsrichtung, über das Scheitern seines Präzisierungsansatzes hinweg, für die weitere Entwicklung der Ausdrucks-Theorie fest. In die Richtung, die schon Johann Georg Sulzer prognostiziert hatte mit dem ›Andeutungs‹-Charakter von Ausdruck, sofern darin das ›Ganze‹ der Empfindungen sich repräsentieren soll: von der eindeutigen Zurechenbarkeit und zeichenidentifikatorischen Unterscheidbarkeit des Ausdrucks zu der das ›Ganze‹ sinnlich repräsentierenden ›Expressivität‹. Engel hat diese Richtung mit der systematischen Hauptachse seiner ›Mimik‹, der Unterscheidung von Malerei und Ausdruck, im Grundsatz selbst schon von Beginn an eingeschlagen. Noch Ciceros actio-Lehre entlehnt – und diesen rhetorischen Ansatz dann gänzlich substituierend – legt sie das Spezifische von Ausdruck als sinnliche Darstellung nicht denotierbarer Inhalte, sondern des ›Ganzen‹ der jeweiligen Zuständlichkeit fest, in der die denkende und empfindende Seele mit diesen inhaltlichen Ideen befaßt ist.

Nimmt man Abstand von der Einzelausarbeitung des Theorieversuchs von Engel, so ist dessen widersprüchliche Übergänglichkeit als symptomatisch zu lesen. In Engels Theorie von Ausdruck zeichnen sich allgemeinere Argumentations-Muster ab, die sich im spätaufklärerischen Formierungsprozeß der neuen Humanwissenschaften vielfach reproduzieren. Engels Theorie hat daran in der Form teil, daß mit der ›anthropologischen‹ Klammer um den ganzen Theorieansatz die Exploration von Ausdruck identisch ist mit einer Erkundung des ›Menschen‹ durch einen poetologisch wie mimisch in Gang gesetzten Prozeß der Selbstreflexion. Einer Reflexion, die Selbstverhältnis in dem strikten Sinn ist, daß der in seiner Natur/Kunst-Doppelung entwickelte Ausdruck seinen Grund immer in dem hat, was ihn vorab in der denkenden und empfindenden Seele konstituiert. Engels Theorie ist dabei noch – das konkretisiert sich in der Klassifikation der Gebärden, im Versuch der Zeichenidentifikation, in der erst zur Erosion getriebenen Lexikalisierung der Affekte – von Transparenz-Suppositionen geleitet. Sie stößt an die Grenze, tritt aber noch nicht eigentlich ein in

---

[60] Vgl. ebd., S. 231. Siegel auf diese Einsicht ist die Formel vom Ausdruck als *Proteus* (S. 234).

die sich bereits abzeichnende Umdeutung des »transparenten« Subjekts in ein »Selbstverhältnis ohne auslotbaren Grund«.[61]

Genau an dieser Schwelle hat Engels Theorie von Ausdruck teil am Einspielen jener Argumentations-›Zwänge‹, die sich in die Formel von den aporetischen Verdopplungen des selbstbezüglichen modernen Subjekts fassen lassen.[62] Engels Theorie betreibt diese Verdopplung nicht auf dem Stand tranzendentaler Reflexion, sie faßt sie für die Erklärung von Ausdruck im Ausgang von einem vor allem ›empirischen‹ Beobachtungsgeist. In der Weise theoretischer Explikation des Beobachteten aber werden die Verdopplungen geradezu ausgestellt: Mit dem ganzen Denkansatz des Analogischen; in der Parallelisierung des als ›Schrift‹ sichtbaren Ausdrucks mit dem ›Aufführungs‹-Charakter auf dem Schauplatz der denkenden und empfindenden Seele; in der bis zur Homogenisierung getriebenen Einheit dieses Doppelten im Ausdrucksverhältnis selbst. Mit diesen in strikter Orientierung am Selbstverhältnis eingespielten Argumentations-›Zwängen‹ ist Engels Theorie symptomatisch. Sie ist es aber – und dies ist rekonstruktiv nicht so leicht aufzulösen – auch mit dem, was sie in eins mit dieser Argumentation in den Diskurs der sich formierenden neuen Humanwissenschaften hineingetragen hat. In einer bis dahin unbekannten Genauigkeit der Exploration an ihn weitergeben hat: in jedem Falle ist *Ausdruck*.

---

61 Vgl. dazu Manfred Frank: »›Ein Grundelement der historischen Analyse: die Diskontinuität‹ – Die Epochenwende von 1775 in Foucaults ›Archäologie‹«, in: Reinhart Herzog u. Reinhart Koselleck (Hrsg.), *Epochenschwelle und Epochenbewußtsein*, Poetik und Hermeneutik 12, München 1987, S. 97–130, hier: S. 122.

62 Vgl. zu dieser Analyse Foucaults und zu den Erscheinungsformen, in denen die aporetischen Verdopplungen sich in den literarischen Texten der Zeit konkretisieren, Hilmar Kallweit, »Szenerien der Individualisierung«, in: Anselm Haverkamp u. Manfred Frank (Hrsg.), *Individualität*, Poetik und Hermeneutik 13, München 1988, S. 384–420.

Diskussionsbericht
Verkörperung von Texten – Texte in Körpern

Vorlage Kablitz
Die Begrifflichkeiten von Bühne und Theater werden häufig zur Kennzeichnung der Renaissance-Kultur verwendet. Konkretisieren läßt sich diese Metaphorik anhand der Machtpraxis des Fürsten in den Schriften Machiavellis. Insbesondere das Verhältnis Fürst-Untertan ist charakterisiert durch das theatralische Moment der Demonstration, die aber nicht mit Simulation verwechselt werden darf. Die Ambivalenz der deutschen Begrifflichkeit des ›Scheins‹ als ›Simulation‹ ist bei Machiavelli nicht konnotiert.

Das Modell der Macht als Selbstinszenierung über Selbstbeherrschung, als Performanz, die einer ständigen Selbstkommentierung und Selbstkontrolle unterliegt (Kleinschmidt), führt jedoch nicht zu einem historisch nachweisbaren, neuen Fürstentypus. Vielmehr ist der Blick auf die diskursiven Umbesetzungen schon vorhandener Modelle wie dem mittelalterlichen virtù-gloria-Konzept zu richten (Müller). Der Status von politischen Programmschriften, die immer von vorgängigen diskursiven Prägungen abhängig sind, muß berücksichtigt werden. Als Quellentexte für die Erfassung einer historischen Realität sind sie daher nur bedingt tauglich (Kablitz). So ist der Fürst Machiavellis nicht mit dem absolutistischen Herrschertypus des 17. und 18. Jahrhunderts gleichzusetzen, der tendenziell hinter dem Apparat der Bürokratie verschwindet, während die Verkörperung der Macht in seiner Person zunehmend zur bloß theatralischen Inszenierung gerät (Müller). Auch wenn sich in der Funktion des Sekretärs in der florentinischen Republik, dessen Stellung Machiavelli innehatte, ein neuer Typus von Macht in der historischen Konstellation andeutet (Schäffner), sind der ›textuelle‹ Fürst und seine Macht im ›Principe‹ eher als vormodern charakterisierbar.

Die neue Qualität von Machiavelli im Vergleich zum Mittelalter ist also weniger in der historischen Realität als in dem Moment einer diskursiven Programmatik zu suchen: Die Machtpraxis wird diskursiv befragt, ein didaktischer Effekt stellt sich ein. So ist auch die mit dem Verfall der christlichen Ethik gekoppelte Genese einer neuen politischen Rationalität, deren Erfindung traditionell Machiavelli zugeschrieben wird, erst für später anzusetzen. Er legt zwar ein Verknüpfungsschema auf psychologischer Grundlage vor, verzichtet aber noch auf die kausalisierende Verschränkung von Logik und Zeit bei der Strukturierung von Geschichte (Debatte Vogl/Kablitz).

Die diskursive Koppelung von Handeln und Macht, wie sie Machiavelli vornimmt, verweist auf den Zusammenhang von Machtpraxis und Körper. Eine Performanz von Macht ist ohne Körperlichkeit nicht zu denken, wobei es zwei Modalitäten der Selbstinszenierung gibt. Ein Modus wäre der Zusammenfall von Macht und unmittelbarer Körperpräsenz vor einem Publikum; er ist für Machiavelli der wichtigste Stabilisierungsfaktor von Macht. Der andere Inszenierungsmodus wäre der Versuch, den eigenen Körper von den Auswirkungen der Macht zu trennen, seine Nicht-Sichtbarkeit zu erzeugen. Beide Modalitäten sind im ›Principe‹ vertreten (Gumbrecht). Die Bedeutung und ›Neuheit‹ der Schriften Machiavellis in bezug auf das Verhältnis Körper-Macht liegt dabei nicht in der Darlegung einer vom mittelalterlichen Konzept differierenden körperlichen Inszenierung des Fürsten, sondern in der Diskursivierung dieser Verbindung (Debatte Melville/Kablitz).

Vorlage Vogl
Die Metonymisierung von Körper und Macht als Faktor eines verhandelten bürgerlichen Gesellschaftsvertrags ist die zentrale Problematik in der Vorlage von Vogl. Es geht um das Demonstrationsproblem der politischen Rationalität im 18. Jahrhundert, das sich aus der Einbindung des Subjekts in die Trias Bürger-Gesetzessubjekt-Staat ergibt (Kleinschmidt). Denn der problematische Punkt in der Rousseauschen Zuspitzung des Sozialvertrags besteht darin, daß Repräsentation in dem Augenblick, da sie auftritt, in sich selbst zurückgenommen werden muß, damit Legitimität entsteht (Vogl).

Die Sozialvertragslehren und Poetologien des 17. und 18. Jahrhunderts erzeugen im Wechselverhältnis von Theater und Politik einen politischen Körper, der als symbolischer bzw. repräsentativer Körper des Staates beschrieben werden kann (Vogl). Es gilt jedoch zu berücksichtigen, daß neben dem Modell des Sozialvertrags andere Bühnenmodelle wie die Selbstbeobachtung im Moritzschen Sinne und das Benthamsche Panoptikum in der Verschränkung von Politik und Theater miteinander konkurrieren (Kallweit).

Gleichzeitig entsteht durch neue Gegenstände des politischen Wissens eine veränderte Form der Wissenserhebung, die an neue politische Instanzen (›Policey‹-Wissenschaften, Kameralistik) gebunden wird. Es konstituiert sich der physische Körper des Staates, dessen Aufzeichnungssystem nicht mehr das Theater, sondern die Schrift, das Archiv, die Statistik ist. Die Erzeugung eines esoterischen, nicht mehr entzifferbaren Wissens durch das Medium der Schrift (seit Leibniz steht die Schrift in der Hierarchie der Informationsbeschaffung an erster, der Lokalaugenschein an letzter Stelle) bedarf dabei nicht mehr einer bewußten Geheimhaltung, da die Komplexität des Wissens – ob zugänglich oder nicht – von dem einzelnen Individuum nicht mehr zu bewältigen ist. Das Wissen des Staates wird in letzter Konsequenz zum Katalog der Kataloge (Debatte Gumbrecht/Vogl).

Diese Aufspaltung des Staates in einen symbolischen und einen physischen Körper in der Dichotomie ›als ob‹/›real‹ darzustellen, soll nicht eine Schein/Sein-Problematik suggerieren, sondern eine Reflexionsstufe des Politischen beschreibbar machen, die durch das Inbeziehungsetzen von symbolischem und physischem Staatskörper Denkfiguren wie die des Basis/Überbau-Modells ermöglicht hat. Daß die Möglichkeit einer Oszillation, eines beständigen ›crossing‹, zwischen diesen beiden Körpern die Herstellung differierender Formen des Staates impliziert, wäre als These zu verfolgen (Gumbrecht/Vogl).

Die Körperhaftigkeit des physischen Staatskörpers als Ansammlung und Verwaltung von Texten ist nicht nur durch die Inhalte des neuen Wissens charakterisiert, das sämtlich auf die Frage der Reproduktion der Bevölkerung bezogen wird. Auch läßt sie sich nicht allein auf die Institutionalisierung der Wissenserhebung durch die ›Policey‹-Wissenschaften reduzieren. Die Physis des Staatslebens ist nicht in Individuen (etwa vermittels des Modells der Herrschaftsrepräsentation) niedergelegt, sondern vor allem in Relationen zwischen Individuen, Territorien und bestimmten Wissenselementen bestimmbar. ›Hygienische Maßnahmen‹ an diesem Körper können so z.B. Kollektivsubjekte wie Nationen oder den ›gesunden Staats- und Volkskörper‹ konstruieren (Debatte Müller/Vogl).

Diese ›Poetik des Staates‹ zeigt, daß die gängige Opposition zwischen ›Öffentlichkeit‹ und ›Privatheit‹ im Habermasschen Sinne nicht zureichend ist, das Politische zu beschreiben. Die entscheidende Erkenntnis ist vielmehr, daß die Politik des Öffentlichen ergänzt wird um eine Politik des staatlich produzierten ›Geheimnisses‹. Diese Beschreibung einer Selbstbegründung des Staates stellt dabei nicht die Frage nach der tatsächlichen Beschaffenheit der jeweiligen Staatsform (Vogl).

Vorlage Harms
Die Trias von Körper, Schrift und Text sowie die verschiedenen Verhältnisebenen zueinander scheint nicht unbedingt historisch, entwicklungsgeschichtlich fixierbar. Doch das kulturelle Phänomen frühneuzeitlicher Hieroglyphik und ihrer Körper- und Dingalphabete verweist auf einen neuen Umgang mit Körperlichkeit und Zeichenwelt. Die auseinandergefaltete Trias fällt gleichsam in einer Symbiose zusammen. Die Leiblichkeit von Schrift und Bild wird jenseits einer reinen Abbildungsfunktion neu erfunden, die ikonische Lesbarkeit der Schriftwelt wird wieder ins Bewußtsein gerufen, indem in der Hieroglyphik des 16. und 17. Jahrhunderts die Signifikanten selbst zu materiellen Körpern, zu Signifikaten werden, denen sich der Auslegungsdiskurs zuwendet (Kleinschmidt).

Diese Neugewinnung von Materialität ist in Konkurrenz zu anderen Lese- und Erfassungsmodi von Welt zu sehen wie dem allegorisch-exegetischen Lesen im Buch bzw. in den Dingen der Welt und der die Sinndimension unterminierenden Signaturenlehre, die die Wahrnehmung von Ähnlichem in den Vordergrund stellt. An diesem historischen Ort konkurrierender Lesarten von Welt gewinnt der Rätselcharakter der Hieroglyphen im 16. Jahrhundert seine Faszination und die Autorschaft einer als hieroglyphisch verstandenen Bilderschrift als kulturelles Phänomen an Bedeutung (Harms).

Die Mutmaßung von wichtigem Geheimnis (Arkanwissen) und das gleichzeitige Mißlingen von Lektüre als Sinnentschlüsselung sind die zwei konstitutiven Bestandteile frühneuzeitlicher Hieroglyphik. Damit steht vor allem der Zeichencharakter der Hieroglyphen zur Diskussion. Während der alltägliche bzw. hermeneutische Zeichenbegriff die Materialität des Signifikanten nach der Dechiffrierung von Sinn tilgt, verweist die hieroglyphische Schrift mit dem Versuch, eine ursprüngliche Präsenz zu erzeugen, auf eine differente kulturelle Topik. Das Oberfläche/Tiefe-Modell, das sich in dem Saussureschen Verhältnis zwischen Signifikant und Signifikat manifestiert, ist tendenziell in Frage gestellt (Gumbrecht). Die Vorstellung einer unmittelbaren Präsenz und Evidenz des Buchstabens bzw. der Schrift versucht die wirkungsmächtige Entgegensetzung von ›totem Buchstaben‹ und ›lebendigem Geist‹ rückgängig zu machen (Müller). Sie widersetzt sich einem Zeichenbegriff, der die Funktion des Zeichens lediglich im Präsentmachen einer Absenz begreift.

Der hieroglyphische Buchstabe läßt sich allerdings nicht auf den Status reduzieren, ›nur Ding‹ zu sein. Da seine Dinghaftigkeit in der Diskussion der Zeit immer auch Bedeutung erzeugt und damit der Zeichencharakter nicht gänzlich in Abrede gestellt werden kann, ist die Form des kulturellen Artefakts ›Hieroglyphik‹ als beständige Oszillation zwischen Oberfläche (Ding- bzw. Monumentencharakter) und Tiefe (Zeichenhaftigkeit) beschreibbar. Weil die Objekte der Sinndeutung Widerstand leisten, weil die Leseinszenierung des Hieroglyphen-Autors auf Verzögerung bis hin zur Verweigerung von Dechiffrierbarkeit setzt, entsteht eine beständige Polarität zwischen Textualität und Körperhaftigkeit im Lektüreakt, eine nicht aufhebbare Spannung zwischen Präsenz und Absenz, die die spezifische Qualität der Hieroglyphik ausmacht (Debatte Gumbrecht/Schäffner/Harms).

Die literarhistorische Beziehung zwischen der emblematischen Tradition und den hieroglyphischen Texten der Frühen Neuzeit muß weniger als Alternative denn als Verschränkung gedacht werden. Der tendenziell synonyme Begriffsgebrauch in der Zeit verweist auf die fließenden Übergänge. Dennoch lassen sich die Buchstabenkörper nicht als Schwundstufe oder Restformen der Emblematik bezeichnen, da die emblematische Leseinszenierung nicht durch die Oszillation zwischen Aufforderung nach Sinnentschlüsselung und gleichzeitiger Verweigerung dieser Entschlüsselung charakterisiert ist. Während das Emblem-Buch den Leser zur Deutung hinführt, ist für die Hieroglyphik die tendenzielle Aufrechterhaltung des Änigmatischen konstitutiv (Debatte Haug/Harms).

Vorlage Schäffner
Die Kartierung von Körper und Landschaft als neuartiges Verschriftungssystem, wie man es in den Niederlanden um 1600 beobachten kann, ist nicht mehr von dem älteren historischen Modell des diskursiven Tausches geprägt. Körper und Landschaft werden in diesem Abbildungsmodus, der Wissensorganisation und Wissensbeherrschung erzeugen will, nicht mehr als Einheit gedacht (Kleinschmidt). Die mikro-makrokosmische Verwandtschaft von Wort und Ding, von Körpern und Landschaften wird dadurch als Wissensformation zunehmend verdrängt. Eine veränderte, diskrete Zeichenordnung entsteht durch die Verortbarkeit von verschiedensten Gegenständen auf einem Tableau. Das Meßtisch-Verfahren als moderne kartographische Technik sowie die Neuformulierung des anatomischen Diskurses seit Vesalius können als Beispiele für diese andersartige Topographie des Wissens fungieren, die (nach Foucault) als Episteme der Repräsentation zu bezeichnen wäre. Das Beobachtungsmodell wird in dieser Topo-

graphie nicht mehr von individuellen Beobachtern erzeugt, sondern ist abhängig von einem Beobachtungsdispositiv, in dem jeder jeden Standpunkt einnehmen kann (Schäffner).

Die epochale Wende von dem einen Modus der Wissenserfassung zum anderen vollzieht sich jedoch nicht als Schritt. Es ist auszugehen von einem signifikanten Nebeneinander von analogischem Denken und dem System der Repräsentation über einen längeren Zeitraum. Die vermessungstechnisch sehr exakten Portolan-Karten des Mittelmeerraumes, die auf das 13. Jahrhundert zurückgehen, verdrängen z.B. nicht die Formen der symbolischen Kartographierung. Allerdings ist in der spezifischen Situation der Niederlande um 1600 eine strategische Homogenität bei der Einführung des neuen topographischen Prinzips nachzuweisen (Debatte Wenzel/Harms/Schäffner).

Foucaults Repräsentationsbegriff, der sich auf Wissensordnung bezieht, ist nicht gleichzusetzen mit dem gesellschaftlichen Repräsentationsbegriffs des Mittelalters. Dabei steht nicht mehr die Herstellung von Präsenz im Zentrum des Interesses, sondern die Etablierung von Beschreibungs-Modellen, also im vorliegenden Fall von Techniken der Raumerzeugung. Aus dem Blickwinkel des älteren Repräsentationsmodells ließe sich dann gleichsam von ›Appräsentation‹ sprechen (Wenzel).

Im Umgang mit der Präsenz vollzieht sich ein historischer Wandel, der es ermöglicht, den Unterschied zwischen der Episteme der Ähnlichkeit und der Repräsentation beschreibbar zu machen. Die These wäre, daß die Wissensordnung der Ähnlichkeit auf beiden Seiten der Repräsentation Gegenwärtigkeit voraussetzt: Damit die Phänomene ähnlich sein können, müssen Signifikant und Signifikat auf derselben ontischen Ebene angesiedelt sein. Die Episteme der Repräsentation ginge stattdessen davon aus, daß es verschiedene Grade von Präsenz gibt (Gumbrecht).

In dieser neuen Formierung des Wissens ist Macht als Operationalität zu begreifen. Disparate Wissenselemente werden durch spezifische taktische Operationen in Zusammenhänge gebracht, die nicht notwendig kausalisierte Machteffekte erzeugen. Die Foucaultsche These muß problematisiert werden, nach der ›Macht‹ ein Synonym für ›Diskursivität‹ ist bzw. im Hinblick auf ›Macht‹ alle Diskurse gleich sind. Aufgabe wäre es, einer Hierarchisierung der Diskurse in Bezug auf die spezifischen Machteffekte nachzugehen (Gumbrecht). Es müßte auch nach dem Ort der Macht in der Wissensordnung der Ähnlichkeit gefragt werden (Kablitz).

Vorlage Korte
Ein Phänomen der Literatur des 18. Jahrhunderts ist die thematische Rückgewinnung körpersprachlicher Interaktion. Der Körper kehrt als symbolisches Zeichensystem, als Träger von Zeichen in die Literatur zurück (Kleinschmidt). Insbesondere der neuzeitliche Roman spricht von Körpern und ihrer Sprache, weniger über Körperlichkeit im elementaren Sinne. Diese wird vor allem im Lektüreakt – wie die Existenz der ›heulenden Leserinnen‹ beweist – wieder eingebracht (Müller). Eher geht es in diesem Diskurs um Körpersprache als nonverbales Verhalten, das semiotisch aufgefaßt wird. Bezeichnen ließe sich diese

Kommentierung, in der der weibliche Körper im Gegensatz zu davorliegenden literarischen Epochen einer wesentlich stärkeren Beobachtung unterliegt, als Ökonomie der literarischen Substitution: Literatur wird zum Supplement des Körpers, sie verlängert den Körper, indem sie von ihm spricht (Kleinschmidt).

Die Klärung der Ursachenfrage, warum im Roman des 18. Jahrhunderts diese Supplementierung in einem nicht gekannten Ausmaß erfolgt, läßt sich jedoch nicht allein auf den medialen Aspekt reduzieren. Zwar wird durch die Verschriftlichung der Literatur Körperlichkeit entzogen (Aufführungscharakter im Gegensatz zur privaten Rezeptionssituation des Romans). Sie kehrt im Roman durch die Thematisierung von Körpersprache wieder. Doch gilt es, das diskursive Klima der Empfindsamkeit als Kompensation für eine defizitär erscheinende rationale Moral als ursächlichen Zusammenhang mitzubedenken (Kablitz). Auch die Dissoziation des modernen Subjekts im Sinne einer Moritzschen ›Erfahrungsseelenkunde‹, in der das Subjekt lernt, sich selbst zu beobachten, ist als Kontext zu beachten (Kallweit).

Wenn man Fiktionalität als doppelte Erzeugung von körperlicher Absenz begreift, da die Referenz für die besprochenen Körper nicht einlösbar ist, läßt sich auch die spezifische Subtilität des Brief-Romans im 18. Jahrhundert im Verhältnis von Körper, Schrift und Text fassen: Durch die Verwendung des Mediums Brief entsteht die Suggestion einer größeren Körperbeteiligung, da sich der Körper im Brief – anders als im Druck – einschreibt. Authentizitätseffekte werden erzeugt (Gumbrecht). Dabei ist die Frage, ob das Medium Brief ein Modell (fiktiver) weiblicher Autorschaft begünstigt, weiterzudiskutieren (Lauer).

Wenn man hingegen den Blick auf die juristische Konstellation des Romans lenkt, läßt sich das Verhältnis Körper–Brief jenseits des Expressivitätsmodells beschreiben. Der Körper wird zum Beglaubigungsmedium, der Brief durch die Unterschrift zum pseudojuristischen Dokument; durch das Dokument kann sich z. B. der Körper Clarissas zur Rechtsperson sublimieren. In diesem juristischen Emanzipationsvorgang verschwindet gleichzeitig der ›reale‹ Körper, die ›Frau‹ Clarissa (Debatte Vogl/Korte).

Herausgestellt werden muß, daß der Diskurs des 18. Jahrhunderts über Körper und Körpersprache anders als in der älteren Literatur geführt wird, wo es vor allem um den Tausch von realer Körperlichkeit und signifizierender Körperaktion geht (Kleinschmidt). Eine These wäre, daß die Körpersprache des Mittelalters von den an der Performanz Beteiligten bewußt als Programm aufgefaßt wurde. Gestik und Mimik unterliegen einem Code, der von den Protagonisten kalkuliert verwendet wird. Diese kodifizierte Kalkulation, dieser bewußte Einsatz von körpersprachlichen Modi ist dem neuzeitlichen Umgang mit dem Körper fremd. Die Tränen Clarissas sind Ausdruck ›echter‹ Emotionalität (Gumbrecht).

Die Differenz läßt sich aber auch textimmanent mit Hilfe des Begriffs der Beobachterebenen erläutern: Während in der mittelalterlichen Literatur Körpersprache hauptsächlich auf der Erzählerebene dargestellt und semiotisch eingesetzt wird, ist sie in Richardsons Roman in die Reflexion der Romanfiguren selbst eingebaut. Das moderne Subjekt ist – nicht nur in der Romanästhetik – charakterisiert durch die Fähigkeit der Selbstbeobachtung körpersprachlicher Aktionen und deren Protokollierung (Korte).

Daß diese ›Erfindung‹ aber eher als Umorganisation von Reflexionsmodi gedacht werden muß, darauf verweist die Verbindung von Raumkonstruktion und Reflexionskonstruktion der Körperlichkeit. Der fürstliche Spiegelsaal, der die totale Kontrollierbarkeit des eigenen Körpers ermöglicht, verschwindet im bürgerlichen Interieur. Die Selbstbeobachtung erschiene dann als Spiegel-Ersatz des bürgerlichen Subjekts funktionalisierbar (Strohschneider).

Vorlage Kallweit
Die Semiotik einer inneren Sprache erscheint als wesentliche ›Entdeckung‹ des 18. Jahrhunderts. Es geht um die Annahme einer Körper und Geist/Seele verbindenden Einheit, die sich über und in Sprache manifestiert (Kleinschmidt). Das Engelsche Modell der ›Ausdrucksbewegung‹ bindet in strikter Homogenisierung die ›äußere‹ Performanz an eine ›innere‹, dem Sprachhandeln vorgängige. Man kann darin einen gleichsam vorweggenommenen ›psycho-physischen Parallelismus‹ sehen, der aber noch in Zusammenhang mit dem klassischen rhetorischen System zu denken ist. Dessen Apparat wird allerdings im 18. Jahrhundert zunehmend durch eine neuformierte Psychologie und Ästhetik ersetzt (Debatte Kleinschmidt/Kallweit).

Das Konzept einer identifikatorischen Referentialisierung von Ausdruck mit Vorgängen der ›denkenden und empfindenden Seele‹ kann sich nur in der Phase einer schon installierten Selbstbezüglichkeit des modernen Subjekts und der damit einhergehenden Etablierung der Anthropologie zur Zentraldisziplin aufklärerischer Theorie verwirklichen. Leitmotiv wird die ›Erkundung des Menschen‹ (Kallweit).

Engels Theorie integriert sowohl die poetologisch-theoretische als auch die mimisch-praktische Seite des Ausdrucks. Die Beziehung zwischen Ausdruck und Seelenleben soll sich nicht nur im mimischen Gebärdenspiel, sondern auch im literarischen Text wiederfinden lassen: Die agierende Seele bringt den Ausdruck, den Text hervor, und dieser Vorgang wird im Rezeptionsakt noch einmal wiederholt. Der poetische Autor setzt somit eine Übung und Schärfung der Seelenkräfte bei sich wie beim Rezipienten in Gang (Wenzel).

Zu fragen wäre auch nach dem epistemologischen Bruch, der im Anschluß an Engel die Gewißheit einer Transparenz zwischen Ausdruck und ›denkender und empfindender Seele‹ unsicher macht, den Rückgang des Expressivitäts-Paradigmas einleitet und das Subjekt ›ohne auslotbaren Grund‹ installiert. Im ökonomischen Diskurs ist dieser Bruch z.B. in der Umwandlung von Leidenschaften in Interessen auszumachen, in der selbst die Intentionslosigkeit des Subjekts funktionalisierbar wird für das gesellschaftliche Gesamtsystem. Die diskursive Umdefinition des (bürgerlichen) Subjekts vom Handelnden in einen Zuschauer bzw. (Selbst-)Beobachter, der durch unendliche Beobachtungsschleifen gerade zwangsläufig auf die eigene ›unauslotbare Tiefe‹ verwiesen wird, ist als Kontext ebenfalls zu beachten (Debatte Vogl/Kallweit).

Die spezifische Qualität der Bühnenmetaphorik der Engelschen Theorie, in der die Bühne zum Schauplatz der ›Seelenbewegungen‹ wird, also interiorisiert wird zu dem Ort, wo der Ausdruck verursacht wird, muß geschichtlich mit einer pragmatischen Theorie in Verbindung gebracht werden. Diese entwickelt im

18.Jahrhundert das Konzept einer minutiös nach Ursache und Wirkung temporalisierten Handlung. Engel verlegt nun den Schauplatz der Handlung in die ›denkende und empfindende Seele‹ und denkt die psychischen Vorgänge schon als Bühnenbewegungen (Kallweit). Dabei gilt, daß dieses Programm Engels insofern problematisch ist, als das Primäre (Psyche) nur aus dem Sekundären (Ausdruck) ableitbar ist und damit selbst nicht faßbar wird (Müller).

Stephanie Kratz

Verzeichnis abgekürzt zitierter Literatur

1. Quellen

ATB: Altdeutsche Textbibliothek.
HMS: *Minnesinger. Deutsche Liederdichter des zwölften, dreizehnten und vierzehnten Jahrhunderts* [...], hrsg. Friedrich Heinrich von der Hagen, 5 Bde., Nachdruck der Ausgabe Leipzig 1838 u. Berlin 1856, Aalen 1963.
KLD: *Deutsche Liederdichter des 13. Jahrhunderts. Band I. Text*, hrsg. Carl von Kraus, 2. Auflage, durchgesehen von Gisela Kornrumpf, Tübingen 1978.
KLD-KOMMENTAR: *Deutsche Liederdichter des 13. Jahrhunderts. Bd. II. Kommentar*, besorgt von Hugo Kuhn, 2. Auflage, durchgesehen von Gisela Kornrumpf, Tübingen 1978.
L.: *Die Gedichte Walthers von der Vogelweide*, hrsg. Karl Lachmann, 13., aufgrund der 10. von Carl von Kraus bearb. Ausg., neu hrsg. Hugo Kuhn, Berlin 1965.
MF: *Des Minnesangs Frühling. I.: Texte*, bearb. Hugo Moser u. Helmut Tervooren, unter Benutzung der Ausgaben von Karl Lachmann u. Moriz Haupt, Friedrich Vogt u. Carl von Kraus, 38. Aufl., Stuttgart 1988.
MGH: Monumenta Germaniae Historica, 1826 ff.
MIGNE PL: *Patrologiæ cursus completus, Series II: Ecclesia latina*, hrsg. Jacques Paul Migne, Paris [u.a.] 1844–1864.
SMS: *Die Schweizer Minnesänger. Band I: Texte*, nach der Ausgabe von Karl Bartsch, neu bearb. u. hrsg. Max Schiendorfer, Tübingen 1990.

2. Literatur

(Zeitschriften werden nach den Gepflogenheiten der Zeitschrift *Germanistik* abgekürzt.)

BUMKE, »Höfische Kultur. Versuch einer kritischen Bestandsaufnahme«: Joachim Bumke, »Höfische Kultur. Versuch einer kritischen Bestandsaufnahme«, *PBB* 114 (1992), S. 414–492.
BUMKE, *Höfische Kultur*: Joachim Bumke, *Höfische Kultur. Literatur und Gesellschaft im hohen Mittelalter*, 2 Bde., 5. Aufl., München 1990.
CORMEAU, »Minne und Alter«: Christoph Cormeau, »Minne und Alter. Beobachtungen zur pragmatischen Einbettung des Altersmotivs bei Walther von der Vogelweide«, in: Ruhe/Behrens, *Mittelalterbilder*, S. 147–165.
DOUTREPONT, *La littérature française*: Georges Doutrepont, *La littérature française à la cour des ducs de Bourgogne. Philippe le Hardi – Jean sans Peur – Philippe le Bon – Charles le Téméraire*, Bibliothèque du XVe siècle 8, Paris 1909.

FLECKENSTEIN, *Curialitas*: Josef Fleckenstein (Hrsg.), *Curialitas. Studien zu Grundfragen der höfisch-ritterlichen Kultur*, Veröffentlichungen des Max-Planck-Instituts für Geschichte 100, Göttingen 1990.
FLECKENSTEIN, *Das ritterliche Turnier*: Josef Fleckenstein (Hrsg.), *Das ritterliche Turnier im Mittelalter. Beiträge zu einer vergleichenden Formen- und Verhaltensgeschichte des Rittertums*, Veröffentlichungen des Max-Planck-Instituts für Geschichte 80, Göttingen 1985.
FLECKENSTEIN, »Nachwort: Ergebnisse und Probleme«: Josef Fleckenstein, »Nachwort: Ergebnisse und Probleme«, in: ders., *Das ritterliche Turnier*, S. 624–651.
FOUCAULT, »Omnes et singulatim«: Michel Foucault, »Omnes et singulatim. Zu einer Kritik der politischen Vernunft«, in: Joseph Vogl (Hrsg.): *Gemeinschaften. Positionen zu einer Philosophie des Politischen*, Frankfurt/M. 1994, S. 65–93.
FRANK, »Zur Entwicklung der graphischen Präsentation mittelalterlicher Texte«: Barbara Frank, »Zur Entwicklung der graphischen Präsentation mittelalterlicher Texte«, *OBST* [Osnabrücker Beiträge zur Sprachtheorie] 47 (1993), S. 60–81.
FS HELMUT DE BOOR: Ursula Hennig u. Herbert Kolb (Hrsg.), *Mediævalia litteraria. FS Helmut de Boor*, München 1971.
GAG: Göppinger Arbeiten zur Germanistik.
GRLMA: *Grundriß der romanischen Literaturen des Mittelalters*, hrsg. Hans-Robert Jauß u. Erich Köhler, Tübingen 1968 ff.
GRUBMÜLLER, »Ich als Rolle«: Klaus Grubmüller, »Ich als Rolle. ›Subjektivität‹ als höfische Kategorie im Minnesang«, in: Kaiser/Müller, *Höfische Literatur*, S. 387–406.
GUMBRECHT, »Beginn von ›Literatur‹«: Hans Ulrich Gumbrecht, »Beginn von ›Literatur‹/Abschied vom Körper?«, in: Gisela Smolka-Koerdt, Peter M. Spangenberg u. Dagmar Tillmann-Bartylla (Hrsg.), *Der Ursprung von Literatur: Medien, Rollen, Kommunikationssituationen zwischen 1450 und 1650*, Materialität der Zeichen [1], München 1988, S. 15–50.
GUMBRECHT/PFEIFFER, *Materialität*: Hans Ulrich Gumbrecht u. K. Ludwig Pfeiffer (Hrsg.), *Materialität der Kommunikation*, stw 750, Frankfurt/M. 1988.
HÄNDL, *Rollen*: Claudia Händl, *Rollen und pragmatische Einbindungen. Analysen zur Wandlung des Minnesangs nach Walther von der Vogelweide*, GAG 467, Göppingen 1987.
HAHN, »›dâ keiser spil.‹«: Gerhard Hahn, »›dâ keiser spil.‹ Zur Aufführung höfischer Literatur am Beispiel des Minnesangs«, in: Hahn/Ragotzky, *Grundlagen*, S. 86–107.
HAHN/RAGOTZKY, *Grundlagen*: Gerhard Hahn u. Hedda Ragotzky (Hrsg.), *Grundlagen des Verstehens mittelalterlicher Literatur. Literarische Texte und ihr historischer Erkenntniswert*, Kröners Studienbibliothek 663, Stuttgart 1992.
HASENOHR/ZINK, *Dictionnaire des lettres françaises*: Geneviève Hasenohr u. Michel Zink (Hrsg.), *Dictionnaire des lettres françaises. Le moyen âge*, Paris 1992.
HEINZLE, *Literarische Interessenbildung*: Joachim Heinzle (Hrsg.), *Literarische Interessenbildung im Mittelalter. DFG-Symposion 1991*, Germanistische Symposien-Berichtsbände 14, Stuttgart u. Weimar 1993.
HEINZLE, *Modernes Mittelalter*: Joachim Heinzle (Hrsg.), *Modernes Mittelalter. Neue Bilder einer populären Epoche*, Frankfurt/M. u. Leipzig 1994.
KAISER/MÜLLER, *Höfische Literatur*: Gert Kaiser u. Jan-Dirk Müller (Hrsg.), *Höfische Literatur – Hofgesellschaft – Höfische Lebensformen um 1200*, Studia humaniora 6, Düsseldorf 1986.
KANTOROWICZ, *Die zwei Körper des Königs*: Ernst H. Kantorowicz, *Die zwei Körper des Königs. Eine Studie zur politischen Theologie des Mittelalters* (1966), München 1990.
KLEINSCHMIDT, »Minnesang als höfisches Zeremonialhandeln«: Erich Kleinschmidt, »Minnesang als höfisches Zeremonialhandeln«, AfK 58 (1976), S. 35–76.
KUHN, »Minnesang als Aufführungsform«: Hugo Kuhn, »Minnesang als Aufführungsform (Hartmann 218, 5)«, in: ders., *Text und Theorie*, Stuttgart 1969, S. 182–190 u. S: 364–366 [Anm.] [Erstdruck in: Eckehard Catholy u. Winfried Hellmann (Hrsg.), *FS Klaus Ziegler*, Tübingen 1968, S. 1–12].

LEXIKON DES MITTELALTERS: *Lexikon des Mittelalters*, hrsg. Robert Auty [u.a.], München u. Zürich 1977 ff.
MARQUIS, *Sprachliche Kommunikation:* Wolfgang Marquis, *Sprachliche Kommunikation als besprochenes Handeln in deutscher Lyrik um 1200. Ein Beitrag zur linguistischen Stilforschung*, Diss. Bonn 1975.
MTU: Münchener Texte und Untersuchungen zur deutschen Literatur des Mittelalters.
MÜLLER, »Ir sult sprechen willekommen««: Jan-Dirk Müller, »Ir sult sprechen willekomen‹. Sänger, Sprecherrolle und die Anfänge volkssprachlicher Lyrik«, *IASL* 19 (1994), S. 1–21.
PEIL, *Gebärde:* Dietmar Peil, *Die Gebärde bei Chrétien, Hartmann und Wolfram. Erec–Iwein–Parzival*, Medium Aevum 28, München 1975.
RAGOTZKY/WENZEL, *Höfische Repräsentation:* Hedda Ragotzky u. Horst Wenzel (Hrsg.), *Höfische Repräsentation. Das Zeremoniell und die Zeichen*, Tübingen 1990.
RUB: Reclams Universalbibliothek.
RUHE/BEHRENS, *Mittelalterbilder:* Ernstpeter Ruhe u. Rudolf Behrens (Hrsg.), *Mittelalterbilder aus neuer Perspektive. Diskussionsanstöße zu amour courtois, Subjektivität in der Dichtung und Strategien des Erzählens. Kolloquium Würzburg 1984*, Beiträge zur romanischen Philologie des Mittelalters 14, München 1985.
SCHILLING/STROHSCHNEIDER, *Wechselspiele:* Michael Schilling u. Peter Strohschneider (Hrsg.), *Wechselspiele. Kommunikationsformen und Gattungsinterferenzen mittelhochdeutscher Lyrik*, GRM-Beihefte, Heidelberg (im Druck).
SCHMITT, *La raison des gestes:* Jean-Claude Schmitt, *La raison des gestes dans l'Occident médiéval*, Bibliothèque des histoires, Paris 1990; dt.: *Die Logik der Gesten im europäischen Mittelalter*, übers. Rolf Schubert u. Bodo Schulze, Stuttgart 1992
SCHWEIKLE, *Minnesang:* Günther Schweikle, *Minnesang*, Sammlung Metzler 244, Stuttgart 1989.
STROHSCHNEIDER, »Aufführungssituation«: Peter Strohschneider, »Aufführungssituation: Zur Kritik eines Zentralbegriffs kommunikationsanalytischer Minnesangforschung«, in: Johannes Janota (Hrsg.), *Kultureller Wandel und die Germanistik in der Bundesrepublik. Vorträge des Augsburger Germanistentages 1991*, 4 Bde., Tübingen 1993, Bd. III [*Methodenkonkurrenz in der germanistischen Praxis*], S. 56–71.
STROHSCHNEIDER, »Höfische Romane in Kurzfassungen«: Peter Strohschneider, »Höfische Romane in Kurzfassungen. Stichworte zu einem unbeachteten Aufgabenfeld«, *ZfdA* 120 (1991), S. 419–438.
stw: suhrkamp taschenbuch wissenschaft.
TRE: *Theologische Realenzyklopädie*, hrsg. Gerhard Krause u. Gerhard Müller, Berlin u. New York 1976 ff.
VL: *Die deutsche Literatur des Mittelalters. Verfasserlexikon*, hrsg. Kurt Ruh [u.a.], 2. Aufl., Berlin u. New York 1978 ff.
WARNING, »Lyrisches Ich«: Rainer Warning, »Lyrisches Ich und Öffentlichkeit bei den Trobadors«, in: Christoph Cormeau (Hrsg.), *Deutsche Literatur im Mittelalter. Kontakte und Perspektiven. Gedenkschrift Hugo Kuhn*, Stuttgart 1979, S. 120–159.
WENZEL, »Repräsentation und schöner Schein«: Horst Wenzel, »Repräsentation und schöner Schein am Hof und in der höfischen Literatur«, in: Ragotzky/Wenzel, *Höfische Repräsentation*, S. 171–208.
ZUMTHOR, »Körper und Performanz«: Paul Zumthor, »Körper und Performanz«, in: Gumbrecht/Pfeiffer, *Materialität*, S. 703–713.
ZUMTHOR, *La lettre et la voix:* Paul Zumthor, *La lettre et la voix. De la ›littérature‹ médiévale*, Collection poétique, Paris 1987.
ZUMTHOR, *Die Stimme und die Poesie:* Paul Zumthor, *Die Stimme und die Poesie in der mittelalterlichen Gesellschaft*, übers. Klaus Thieme, Forschungen zur Geschichte der älteren deutschen Literatur 18, München 1994 (frz.: *La poésie et la voix dans la civilisation médievale*, Paris 1984).

Namenregister

Addison, Joseph 628
Agricola, Johannes 116
Agrippa, Marcus Vipsanius 572
Albert, Mechthild 624
Alberti, Leon Battista 409, 434, 440, 444 f., 448
Alberus, Erasmus 579
Albinus, Bernardus 608
Albrecht, Dichter des *Jüngeren Titurel* 123, 202, 521
Albrecht von Johansdorf 54, 76–78
Alès, Michel 500–502, 505
Alfrid, Autor und Übersetzer 164
Alienor de Poitiers 455 f.
Alpers, Svetlana 612 f.
Alsfelder Dirigierrolle 389
Alsfelder Passionsspiel 389
Amé de Montgesoie → Montgesoie
Ameln, Konrad 113
Angerer, Marie-Luise 234
Anna von Sachsen, Gemahlin des Kurfürsten August I. 297
Antoine de la Sale 282
Aoi no Ue 353 f.
Apian, Peter 605
Arcangeli, Alessandro 449
Ari Thorgilsson 153
Aribo, Erzbischof von Mainz 249
Ariost, Ludovico 289
Aristoteles 289, 437, 533, 541 f., 555–558, 572, 618
Arnold, Graf von Ardres (später Graf von Guines) 149, 151 f., 154, 158–163, 311
Arundell, Lord of 380
Asher, John Alexander 62
Atlilied 199
Auerbach, Erich 437 f.

August I. von Sachsen, Kurfürst 296 f., 300
Augustinus, Aurelius 156, 533–535

Babst, Valentin 117
Badel, Pierre-Yves 505
Bage, Robert 629
Balduin II., Graf von Ardres 153
Balduin II., Graf von Guines 149, 151, 154–158, 160–165, 311
Balduin V., Graf von Hennegau 220
Barthes, Roland 135, 332
Baudrillard, Jean 531 f.
Bauffremont, Pierre de, Graf von Charny 268
Bauhin, Caspar 607 f.
Bäuml, Franz H. 155
Baxmann, Inge 453
Bayfield, Robert 596
Beatrix von Bourbourg, Gemahlin Arnolds von Ardres 159
Beatus von Liebana 323
Bechstein, Ludwig 121
Beckere, Pierre de 472
Becket, Thomas → Thomas Becket
Beckwith, Sarah 377
Bédier, Joseph 126 f.
Beethoven, Ludwig van 95
Behaim, Martin 327
Bein, Thomas 58
Bennett, H.S. 356
Bennett, Judith M. 234
Bentham, Jeremy 655
Berman, Morris 454
Bern, Abt von der Reichenau 245
Bernger von Horheim 59, 76, 84 f.
Bernhard von Clairvaux 250
Berrettini, Pietro 607

Beverwijck, Jan van 606, 611
Bevington, David M. 378
Bezzola, Reto R. 150
Bianca Maria Sforza, Gemahlin Maximilians I. 472
Birken, Sigmund von 471
Bischoff, Bernhard 31
Blanckenburg, Friedrich von 637 f.
Blankenburg, Walter 107
Blasting, Ralph J. 391, 403 f.
Bligger von Steinach 23, 26, 54
Blumenberg, Hans 537
Bo Juyi 339 f.
Boccaccio, Giovanni 289, 490, 519, 539
Bödiker, Johann 586–588
Bodin, Jean 570
Boethius 468
Bohlman, Philip V. 453
Bolz, Norbert 31
Boor, Helmut de 55
Borman, Jan 472
Bosch, Hieronymus 289
Boucicaut, Jean le Meingre genannt 203, 259, 271
Bourdieu, Pierre 448
Brahe, Tycho 289
Braider, Christopher 409 f., 413
Brancaccio, Nicolas 500
Brennerus, Sebastianus 295, 301
Bretel, Jacques 273
Brockes, Barthold Heinrich 576 f.
Brown, Peter 45 f.
Bruno, Erzbischof von Köln 251
Bruno, Verfasser des *Buchs vom Sachsenkrieg* 248
Brunwart von Oughein 80 f.
Büchner, Georg 567
Bueil, Jean de 256, 259 f.
Bühler, Karl 59
Bumke, Joachim 151, 167
Burckhardt, Jacob 530
Burggraf von Rietenburg 80
Butler, Judith 232 f.
Bynum, Carolyn Walker 380

Cade, Jack 368, 378
Cahusac, Louis de 627
Caillois, Roger 266
Calderón de la Barca, Pedro 334
Calvin, Jean 297
Campin, Robert 427
Carmina Burana → *Codex Buranus*
Cassini, Kartographenfamilie 327

Castiglione, Baldassare 145 f., 448
Caxton, William 262
Caymox, Balthasar 581 f.
Cennini, Cennino 412, 438, 440
Cerquiglini, Bernard XV, 125
Cervantes, Miguel de 204, 333 f., 337, 599–601, 616
Chalivoy-Weltkarte 318 f.
Champollion, Jean-François 575, 594
Charolais, Herold 268, 278 f.
Chartier, Alain 463
Chastellain, Georges 258, 278 f., 282, 458 f.
Chaucer, Geoffrey 520
Chrétien de Troyes 129, 166, 170, 172–174, 176–182, 186, 189, 194, 200–202, 313
Christian I. von Sachsen, Kurfürst 297 f., 300
Christiane, Gräfin von Ardres, Gemahlin Balduins II. von Guines 151, 165
Christine de Pizan 262, 457 f., 498
Christus, Petrus 420, 422, 424 f.
Chronijcke van Vlaenderen 475
Churer Weltgerichtsspiel 511
Cicero, Marcus Tullius 259, 289, 308, 555 f., 558 f., 641–645, 652
Classen, Albrecht 63
Clover, Carol J. 235–237
Codex Buranus 31–47, 65, 132
Coehorn, Manno van 616
Commynes, Philippe de 385, 392–399, 402–405, 455, 469 f., 512
Contamine, Philippe 263
Cormeau, Christoph 55, 189
Cornazano, Antonio 436–438, 441, 445, 447
Cosgrove, Denis 597
Cotter, Colin de 427
Cramer, Daniel 583
Cramer, Johann Jacob 583–585, 588, 594
Crevecuer, Philippe de 476
Croxton Play of the Sacrament 358–360, 371–380
CuChulainnsage 198 f., 201 f.
Cusanus, Nicolaus → Nikolaus von Kues

Daniel, Johannes Andreas 614
Dante Alighieri 289
David, Gerard 415–418
Davis, Natalie Zemon 358, 371
Derbforgaills Tod 197 f., 201 f., 310
Derrida, Jacques 332, 526

Descartes, René 527, 599, 642
Deschamps, Eustache 457, 463, 519
Diderot, Denis 620, 626, 628
Diego de Guzman 254, 280
Dietmar (von Eist) 54, 59, 61, 63, 68
Dietrichepik 125
Dionysius Areopagita 156
Discurs von der Oeconomia (J.H.G.) 571
Doegen, Matthias 610
Dohm, Christian Wilhelm 236
Domenico da Piacenza 432, 434, 436, 438 f., 441–443
Donaueschinger Passionsspiel 385–392, 397 f., 403–405, 513
Dorothea, Pfalzgräfin, Gemahlin Johann Georgs von Anhalt 293, 304 f., 311
Douglas, Sir James 254, 280
Dressler, Wolfgang 53
Du Clerq, Jacques 459 f.
Du Guesclin, Bertrand 258 f.
Duby, Georges 159
Duden, Barbara 233
Duffy, Eamon 362, 364 f., 373
Dülmen, Richard van 364

(Meister) E.S. 580
Eberhard von Sax 57
Eberhard, Philipp 603
Eberlin von Günzburg, Johann 114
Ebstorfer Weltkarte 319, 599
Meister Eckhart 414
Eduard IV., engl. König 360 f., 392 f.
Edzardi, Anton 129
Eichendorff, Joseph von 576, 595
Einhard, Verfasser der *Vita Caroli Magni* 243, 307
Elias, Norbert 531
Elisabeth, Pfalzgräfin, Gemahlin Johann Casimirs 300
Engel, Johann Jakob 529, 633–653, 660 f.
Erben, Willhelm 151
Erbse, Hartmut 120
Esposito, R. 549
Estienne, Charles 601, 606
Euklid 602
Eulenspiegel 400, 402
Eustache, Graf von Guines 153
Eyck, Jan van 407, 409–413, 418–426, 513–516

Farmer, John D. 415
Fenske, Lutz 220 f.

Ferdinand II. der Katholische, König von Aragon 560
Fichtenau, Heinrich 219
Ficino, Marsilio 434
Fillastre, Guillaume 361
Finé, Oronce 319
Fitzstephen, William 220 f.
Fleckenstein, Josef 207
Flötner, Peter 580
Foucault, Michel 357, 366, 510 f., 569, 571, 596–598, 610–612, 634, 653, 657 f.
Fournier, Georges 610
Francus, Jacobus 295–298
Frank, Manfred 653
Franko, Mark 449
Frankfurter Passionsspiel 386, 391
Franz I., frz. König 398
Pseudo-Fredegar 244
Freidank 223 f.
Freud, Sigmund 349, 525
Friderich der Knecht 79
Friedman, John 318 f.
Friedrich III. der Fromme von der Pfalz, Kurfürst 292, 299
Friedrich IV. von der Pfalz, Kurfürst 301 f., 304, 306, 312
Friedrich I., Herzog von Württemberg 294 f., 301, 304
Friedrich der Freidige, Markgraf von Meißen 401
Friedrich von Hausen 20–22, 54 f., 134
Frye, Northrop 37
Fugger, Hans Jakob 471

Galenus 607
Galilei, Galileo 615
Ganshof, François Louis 151, 162
Garrick, David 626
Geiler von Keisersberg, Johann 414 f.
Geitner, Ursula 640
Gemma Frisius, Reinerus 604 f.
Genji monogatari 353 f.
Gennep, Arnold van 47
Genroku 348
Gerhard, Graf von Geldern und Zutphen 158
Gibson, Gail M. 378
Gilles de Chin 282
Gillion de Trazegnies 282
Giohanne Ambrosio → Guglielmo Ebreo
Giotto di Bondone 312, 412
Giovanni di Bagolo Morelli 4 68
Giovanni di Bonifacio 254, 270, 280 f., 285

Giovanni Villani 440
Gislebert von Mons 220
Gleichen, Christoph von 399
Der von Gliers 23, 71
Go on 345
Goethe, Johann Wolfgang 528, 561 f., 568 f.
Goffman, Erving 12
Gormont et Isembart 163
Gottfried, Magister 163
Gottfried von Neifen 23, 57, 77, 79, 81, 83, 229 f.
Gottfried von Straßburg 13, 19, 49, 119, 121, 123, 223, 228, 236
Gottschalk, Bischof von Freising 250
Gottsched, Johann Christoph 156
Der Graf von Anhalt 79 f.
Graindor von Douai 164
Gratian 504 f.
Green, J.R. 356
Greenblatt, Stephen J. 9, 490, 531 f.
Greene, Thomas M. 447
Gregor I. der Große, Papst 408
Gregor VII., Papst 246
Gregor von Rimini 538 f.
Griendl von Ach, Johann Franz 588–591
Grotius, Hugo 572
Grubmüller, Klaus 21 f.
Guglielmo Ebreo (da Pesaro) 429 f., 432–436, 440–452, 454
Gui de Mori 496, 501
Guido da Pisa 326
Guillaume de Lorris 494, 498 → Jean de Meun → *Roman de la rose*
Gumbrecht, Hans Ulrich 188 f., 383, 389, 405, 432
Gutknecht, Jobst 113 f.

Habermas, Jürgen 562, 656
Hadewijch 64
Hadloub, Johannes 57, 71
Hadrian I., Papst 243
Haferland, Harald 208
Hahn, Gerhard 70
Hammer-Tugendhat, Daniela 227 f., 230
Händl, Claudia 59, 70
Harbison, Craig 412, 418, 422, 427
Hardison, O.B. 373
Harrison, William 362–364
Harsdörffer, Georg Philipp 580
Hartlieb, Johannes 235
Hartmann von Aue 54, 57 f., 85, 93, 119, 122, 129, 147, 158 f., 170–189, 308, 313

Harvey, William 572
Harweg, Roland 53
Hasard von Andrehem, Bibliothekar 155 f., 164
Hauber, Eberhard David 613
Haupt, Moriz 53, 121
Hawes, Stephen 360, 362
Haynin, Jean de 459 f.
Hegel, Georg Wilhelm Friedrich 237
Heinrich II., dt. Kaiser 243 f., 250
Heinrich III., dt. Kaiser 245, 248
Heinrich IV., dt. Kaiser 246–248, 252
Heinrich V., dt. Kaiser 247
Heinrich VI. (›Kaiser Heinrich‹), dt. Kaiser 48, 50, 77
Heinrich II., engl. König 220
Heinrich, Sohn Heinrichs II. von England 221
Heinrich V., engl. König 277
Heinrich VII., engl. König 360 f.
Heinrich VIII. engl. König 360
Heinrich III., Graf von Sayn 158
Heinrich Teschler 23
Heinrich von dem Türlin 203
Heinrich von Frauenberg 23
Heinrich von Morungen 11, 19, 24–29, 54, 69 f., 76, 83 f., 89, 229
Heinrich von Rugge 68
Heinrich von Sax 23
Heinrich von Veldeke 54, 76, 80, 86, 121 f.
Heinzle, Joachim 125
Heldris de Cornuälle, Verfasser des *Roman de Silence* 158
Helmont, Johann Baptist van 604
Herbort von Fritzlar 123
Herder, Johann Gottfried 594
Hereford-Weltkarte 319
Herger 57 f.
Hermann, Landgraf von Thüringen 158
Hervé de Mériadet 280
Herzog, Reinhart 443
Hilarius von Orléans 43
Hilka, Alfons 31
Hill, Aaron 626
Hiltbolt von Swanegöi 79, 81, 230
Hiltgart von Hürnheim 227
Hirschauer, Stefan 233
Hobbes, Thomas 527, 563, 565, 569, 572
Hoffmann, Ernst Theodor Amadeus 95
Hofmann, Hasso 142
Hofmann, Heinz 153
Hogarth, William 625

Home, Henry, Lord Kames 627 f.
Homer 289
Honegger, Claudia 236
Hooke, Robert 602
Horapollon 575, 582
Huber, Christoph 72
Hug von Mülndorf 83
Hugo von Montfort 87, 97 f.
Hugo von St. Victor 320
Hugo von Trimberg 223
Huizinga, Johan 255, 261, 270, 273, 455
Hunt, Toni 164

Ida, Gräfin von Boulogne 159
Isabella von Bourbon, Gemahlin Herzog Karls des Kühnen von Burgund 455–493
Isabella von Portugal, Mutter Herzog Karls des Kühnen von Burgund 460
Isenmann, Caspar 426 f.
Isidor von Sevilla 322

Jacques de Lalaing 148, 253–286, 314
Jäger, Clemens 471
James, Mervyn 369, 373
Jan I. von Brabant 51
Jean Bodel 160 f.
Jean de Bueil → Bueil
Jean de Meun 498 → Guillaume de Lorris → *Roman de la rose*
Jean de Werchin 282
Jean le Fèvre 253, 258, 262, 267–270, 272–282, 284 f.
Jean le Meingre → Boucicaut
Jean Paul (Friedrich Richter) 594 f.
Johann Casimir, Pfalzgraf bei Rhein 291–294, 298–302, 305, 312
Johann Georg, Fürst von Anhalt 305
Johann Georg III. von Sachsen, Kurfürst 588–590
Johannes de Garlandia 440
Johnson, Samuel (Dr.) 618
Jonas, Justus 116
Jourdan, Jean-Pierre 265, 271
Jung-Stilling, Johann Heinrich 571
Justi, Johann Heinrich Gottlob von 570 f.

Kaiser Heinrich → Heinrich VI.
Kakyô 352
Kalverkämper, Hartmut 621
Kannami 351, 509
Kant, Immanuel 566 f., 633 f., 645, 647
Kantorowicz, Ernst 142 f., 307, 573 f.
Der Kanzler 71

Karl VII., frz. König 284
Karl der Große 243, 264
Karl der Kühne, Herzog von Burgund 268, 394–396, 458–460, 463, 474, 480, 484
Karl Emil, Erbprinz von Brandenburg 586 f.
Karlstadt (Andreas Bodenstein) 108
Katz, Albert M. 621
Katz, Virginia T. 621
Kircher, Athanasius 575, 582
Klug, Joseph 111, 115 f.
Köhnke, Klaus 576
Kokinwakashû (Kokinshû) 339 f.
Kol von Niunze 63 f.
Kolmarer Liederhandschrift 104
Kolumbus, Christoph 326 f.
Kolve, V.A. 367, 372
König Rother 194
Konigsberg, Ira 629
Konrad II., dt. König 248–250, 252
Konrad III., dt. König 250
Konrad von Querfurt 220
Konrad von Würzburg 202
Kopernikus, Nikolaus 289
Kornrumpf, Gisela 72
Korth, Michael 44
Kraus, Carl von 62, 81
Krell, Nikolaus 298
Kristan von Luppin 20
Krüger, Matthäus 584, 586
Krüger, Sabine 160
Kudrun 194, 243
Kuhn, Hugo XIII, XVII, 3 f., 48, 58, 93, 134, 175, 181, 183, 190
Künzelsauer Fronleichnamsspiel 389, 391
Kupfer, Marianne 318

La Marche, Antoine de 268
La Marche, Olivier de 253, 262 f., 266, 270–272, 275, 277–279, 281, 479–485, 488
La Ramée, Pierre de 289
Lachmann, Karl 118 f., 121 f., 126
Lalaing → Jacques de Lalaing → Simon de Lalaing
Lambert de Saint-Omer 326
Lambert von Ardres, Verfasser der *Historia comitum Ghisnensium* 146, 149–167, 311
Lamm, Marcus zum → zum Lamm
Landino, Cristoforo 434
Landri von Waben, Autor und Übersetzer 164

Namenregister

Lane, Barbara G. 442
Laqueur, Thomas 235
Lassenius, Johann 577, 590–594
Lasso, Orlando di 289
Lautenbach, Conrad 295
Lavater, Johann Caspar 639
Le Brun, Charles 650 f.
Le Doeuff, Michele 234
Le Jeune, Claude 450
Leeker, Joachim 553
Leibniz, Gottfried Wilhelm 573, 647, 655
Leisentrit, Johann 107
Lemaire de Belges, Jean 479, 486 f., 489
Leonardo da Vinci 440
Lessing, Gotthold Ephraim 641
Lévi-Strauss, Claude 95
Lichtenberg, Georg Christoph 626, 639 f.
Linné, Carl von 572
Lipsius, Justus 609 f.
Liutold von Savene 71, 77, 82
Loersfeld, Johannes 114
Pseudo-Longinus 437
Lord, Albert B. 193, 196
Lothar I., dt. Kaiser 245
Ludwig I. der Fromme, dt. Kaiser 245 f., 252
Ludwig VII., frz. König 221
Ludwig XI., frz. König 392 f., 396 f., 455, 476
Ludwig XII., frz. König 519
Ludwig VI. von der Pfalz, Kurfürst 292
Lufft, Hans 115
Luhmann, Niklas 96, 275, 312, 511
Luther, Martin 107–117, 136 f., 584
Lydd Customall 356, 360, 369–371, 373, 377 f., 380, 510
Lydd Passion Play 367
Lyotard, Jean-François 567

Machiavelli, Niccolò 527, 530, 532, 540–542, 544–555, 557–561, 654 f.
Maitland, Frederick William 357
Maler, Matthes 114
Man, Paul de 332, 444
Manessische Liederhandschrift 12, 24
Manesson Mallet, Alain 609 f., 612–614
Mann, Thomas 95
Marchand, Jean-Jacques 551
Margarete von Österreich, Tochter Maximilians I. 486 f.
Margarethe von York, Gemahlin Herzog Karls des Kühnen von Burgund 459, 461

Maria von Burgund, Gemahlin Kaiser Maximilians I. 394 f., 455–493
Markley, Robert 618
Marlowe, Christopher 511
Der Marner 70 f.
Marold, Karl 121
Marquard vom Stein 223, 225
Marti, Urs 634
Masaccio (Tommaso di Giovanni di Simone Guidi) 410
Masen, Jacob 575
Mathieu Paris 321, 326
Mathilde, dt. Königin, Gemahlin Heinrichs I. 244, 250 f.
Frà Mauro 319, 321
Maximilian I., dt. Kaiser 314, 394 f., 469–472, 474–480, 483–486
Maximilian II., dt. Kaiser 296, 298, 304
Mayenne-Tourquet, Louis de 611
McCall, Andrew 364
McConeghy, Patrick M. 180
McFarland, Timothy 220
McGrath, Alister E. 538 f.
McLuhan, Marshall 191, 604
Mc Namara, Jo Ann 223
Medwall, Henry 360
Meier, Georg Friedrich 646
Memling, Hans 406
Meyer, Wilhelm 31
Michault, Pierre 461 f., 465–469, 482, 485, 488 f.
Michelangelo Buonarotti 289
Milis, Ludo 162
Mittelrheinisches Passionsspiel 388, 391
Möbius, Paul 237
Mohr, Wolfgang 3
Molinet, Jean 463, 471, 484–489
Mönch von Salzburg 98–104, 135
Monjoye, Herold 277, 284
Monstrelet, Enguerran de 273, 277
Montaigne, Michel de 552
De-Monte-Triptychon 427
Montgesoie, Amé de 459, 461–465, 468, 480, 488
Moritz von Hessen, Landgraf von Hessen-Kassel 304
Moritz, Prinz von Oranien, Statthalter der Niederlande 609
Moritz, Herzog von Sachsen, Kurfürst 297
Moritz, Karl Philipp 647, 655, 659
Morus, Thomas 289, 531 f.
Mullan, John 618
Müller, Jan-Dirk 9

Müller, Ulrich 44
Münkler, Herfried 542
Münster, Sebastian 289, 599
Muschg, Adolf 209, 212, 215
Musi, Giulio de 608

Neidhart 4, 12 f., 23, 57, 70, 78 f., 83 f., 86 f., 121
Großes Neidhartspiel 386
Nibelungenklage 123, 125, 129
Nibelungenlied 7 f., 55 f., 123, 194, 223, 229, 243, 310 f., 313
Niess, Johann 580
Nietzsche, Friedrich 187, 530
Nikolaus von Kues 412 f., 514 f., 546, 549, 599
Niles, Bernd 50
Nolte, Theodor 92
Nonomiya 354
Norys, Thomas 370, 378
Novalis (Friedrich von Hardenberg) 576

Onnami 351
Ono no Komachi sôsui emaki 341
Orel, Alfred 44
Orff, Carl 36
Osborne, George 363
Oswald von Wolkenstein 64, 93, 95, 103
Otto I. der Große, dt. Kaiser 243, 250 f.
Otto III., dt. Kaiser 243, 246 f., 251, 308
Otto von Botenlauben 44
Otto, Stephan 453
Ovid (Publius Ovidius Naso) 153, 505

Paracelsus (Theophrastus Bombastus von Hohenheim) 598 f.
Parel, Anthony J. 552
Parkes, Malcolm B. 127 f.
Patze, Hans 165
Paul, Hermann 119
Paulinus Minorita 320
Paulus, Theodoricus (Thierry Pauwels) 459
Pauw, Petrus 606
Peil, Dietmar 208
Peter von Blois 160
Petrarca, Francesco 289
Pfaffe Konrad → *Rolandslied*
Pfeiffer, Helmut 541 f.
Philipp von Schwaben, dt. König 220
Philipp der Gute, Herzog von Burgund 254, 258, 267, 280, 282, 285, 458, 461, 480, 484

Philipp der Schöne, Sohn Kaiser Maximilians I. 483, 486 f.
Philipp, Graf von Flandern 158, 160, 162
Philipp II., Fürst von Pommern-Stettin 583
Philipp von Monjardin 152, 159, 161, 163
Picatrix 599
Pickford, Cedric E. 164
Pico della Mirandola, Giovanni 549
Pierio Valeriano, Giovanni 575, 582, f.
Pierre de Brezé 458, 466 f.
Pierre de Chandios 267–269
Pierre de Hauteville 457 f.
Pierre de Saint-Cloud 157
Pike, Luke Owen 357
Platon 437, 550
Plessner, Helmuth 132
Poliziano, Angelo 289
Pollock, Frederick 357
Pontus und Sidonia 223
Praetorius, Johannes 602 f.
Preimersberger, Rudolf 413
Pufendorff, Samuel 563, 565

Qué, Thomas 280
Quintilian, Marcus Fabius 308, 437, 645

Racine, Jean Baptiste 516
Ranke, Friedrich 121
Rasmussen, Ann Marie 232
Rebmann, Andreas Georg Friedrich von 594
Reeve, Clara 630
Regemar, Graf von Boulogne 153
Reinhart Fuchs 63
Reinmar 14–17, 19, 22 f., 50, 52–54, 56 f., 59–61, 72, 76, 78, 81 f., 85, 88
Reinmar der Videler (der Fiedler) 71, 86
Reinmar von Brennenberg 54, 71
Remmling, Johann 601
René d'Anjou, König von Neapel und der Provence 264 f., 285
Reynolds, Joshua 618
Richard le Pélerin, Verfasser der *Chanson d'Antioch* 163 f.
Richardson, Samuel 617–632, 659
Rivière, Jean 428
Robert von Coutances 152, 160, 162
Rodewald, Dierk 26, 69 f.
Rohr, Julius Bernhard von 291 f.,
Rolandslied 243, 313
Rolin, Nicolas, burgundischer Kanzler 285
Roloff, Volker 181
Roman de Horn 13

Roman de la rose 336, 494–507, 519–521
Roman de Renart 157
Rouse, Richard A. 127 f.
Rousseau, Jean-Jacques 527, 564 f., 572, 655
Ruberg, Uwe 174
Rubin 23, 72–76, 89–91, 135
Rudolf II., dt. Kaiser 294 f.
Rudolf von Fenis 14 f., 54, 80 f.
Rudolf von Rotenburg 19, 72, 80 f.
Ruh, Kurt 121, 129, 164 f., 182, 186
Rumzlant 70 f.
Rychner, Jean 125

Der von Sachs 57
Der von Sachsendorf 57
Sadeler, Raphael 580
Saenger, Paul 361
Saenredam, Pieter 613
Sallust (Gaius Sallustius Crispus) 259
Salman und Morolf 194
Salomon und Markolf 163
Sander, Jochen 410, 419 f., 422
Saussure, Ferdinand de 131, 310, 657
Scarry, Elaine 358
Schabert, Ina 580
Schaefer, Ursula 190
Scheer, Eva B. 173
Der Schenk von Limpurg 76
Schindler, Norbert 401, 404
Schlegel, Friedrich 170
Schmeller, Johann Andreas 31
Schmitt, Jean-Claude 42
Schramm, Percy Ernst 240
Schröder, Gerhart 432, 451 f.
Schröter, Michael 231
Schumann, Otto 31
Schweikle, Günther 56, 61–63
Schwenter, Daniel 602 f.
Seckendorff, Ludwig von 570
Seilern-Triptychon 427
Seneca, Lucius Annaeus 259
Serres, Michel 615
Der von Seven 86
Shijing 340
Shinsarugakuki 349
Sicile, Herold 264, 257, 273, 275, 285
Sigibert 244
Simon de Lalaing 280
Simon von Boulogne, Autor und Übersetzer 156, 164
Skelton, John 360
Smyts, Kathryn 172

Snayers, Pieter 613
Snel van Royen, Willebrord 605, 613
Snorri Sturlusson 153
Solinus, Gaius Iulius 156
Spechtler, Franz Viktor 103
Speratus, Paul 109, 113
Spervoge 157
Spieghel, Adriaan van den 607
Spinoza, Baruch 599
Stackmann, Karl 120
Stadius, Jean 604
Sternberger, Dolf 548
Sterne, Lawrence 616, 620
Stevens, Martin 406
Strassner, Erich 382
Strauss, Wolfhard, Abt von St. Emmeran 419, 423, 425
Der Stricker 9, 20, 243
Sulzer, Johann Georg 621, 634, 639, 642, 644, 652

Der Tannhäuser 12 f., 65
Tartaglia, Niccolò 615
Thales von Milet 156, 606
Thangmar, Verfasser der *Vita Bernwardi* 251
Thietmar von Merseburg 243 f., 250
Thomas, Zisterzienser 579
Thomas Becket 220 f.
Thomas Lancaster, Seneschal von England 284
Thomas von Aquin 533–537, 539, 542–557, 560
Thomasin von Zerklaere 160, 223–227, 231, 236
Thürlemann, Felix 427
Tizian (Tiziano Veccelli) 605
Todd, Janet 628
Toison d'or → Jean le Fèvre
Tory, Geoffroy 580
Toscanelli 327
Tour Landry, Geoffroy de la 223
Trexler, Richard C. 425
Trithemius, Johannes 472
St. Trudperter Hohelied 164
Tucholsky, Kurt 66
Tulp, Nicolaes 606
Turner, Victor 47, 132, 403

Ulrich von Gutenburg 81 f.
Ulrich von Liechtenstein 48, 57, 86 f., 94, 131, 147, 204, 223, 231 f., 237 f., 309
Ulrich von Singenberg 23, 71, 89 f.

Ulrich von Winterstetten 57, 70, 80, 89
Der Unverzagte 57
Upton, Joel M. 422

Vehe, Michael 107
Vergil (Publius Vergilius Maro) 153, 244, 289, 502
Vermeer, Jan 606
Vesalius, Andreas 601, 605–607, 657
Vico, Giambattista 443, 569
Vidius, Vidus 607
Villard de Honnecourt 157
Vives, Juan Luis 289
Vögel, Herfried 98
Vos, Martinus de 289
Voßkamp, Wilhelm 624

Wachinger, Burghart 45
Wakefield Buffeting 366 f., 372, 374
Wakefield Cycle 358, 376
Wakefield Scourging Play 372
Walch, Johann Georg 642
Walker, Greg 365
Walter Silens 157 f., 164
Walter von LeClud 152–154, 159, 161–163, 311
Walter, Johann 111, 115
Walther von der Vogelweide 12, 18–20, 24 f., 44, 48, 50, 54, 57, 59, 62 f., 67, 70–72, 74, 77, 80, 83, 85–89, 92, 121, 135, 229, 307
Walther von Mezze 19
Warning, Rainer 5, 9 f., 50
Watt, Ian 617
Webster, John 511
Wedekind, Frank 66
Weinrich, Harald 131, 135
Weise, Christian 74
Wick, Johann Jakob 288
Widukind von Corvey 243, 249
Wielandsage 199

Wiener Passionsspiel 44
Wilf, Stephen 358
Wilhelm Ludwig, Graf von Nassau-Dietz 609
Wilhelm von Ockham 538–540
Wilmanns, Wilhelm 48
Winsbeckische Gedichte 222 f., 230 f.
Wipo, Chronist Kaiser Konrads des II. 249
Wirnt von Grafenberg 203
Wittenwiler, Heinrich 204
Wittig, Monique 224
Wizlaw von Rügen 50 f.
Wolff, Christian 613
Wolff, Ludwig 122
Wolfram von Eschenbach 68, 119, 122, 125, 147, 149, 151, 166 f., 205–221, 313, 315 f.
Wonderlijcke Oorloghen 474–477
Worde, Wynkin de 362
Wunderlich, Dieter 50
Würzburger Liederhandschrift 24

Yamai zôshi 341
York Cycle 372
Yuan Zhen 339

Zeami Motokiyo 339–355, 508 f.
Zehnjungfrauenspiel 401
Zesen, Philipp von 606, 609–611
Zimmerische Chronik 385 f., 398–405
Zimmern, Christoph von 398 f.
Zimmern, Froben von 398–400, 402–404, 512
Zimmern, Werner von 401 f.
Zink, Burkhart 456
Zubler, Leonhard 603 f.
zum Lamm, Marcus 148, 287–306, 311 f.
zur Lippe, Rudolf 432, 436, 442, 446, 449, 451 f.
Zumthor, Paul XIII–XV, 33–36, 65 f., 97 f., 125, 132, 141–143, 196
Zwierżina, Konrad 119

9783476014238